# AUTO
*mobile*

# Alfred Buberl

# AUTO
*mobile*

Die bewegte Geschichte des Straßenfahrzeuges

NORKA Verlag Dr. Norbert Kastelic

ISBN 3-85126-014-7
© NORKA Verlag Dr. Norbert Kastelic
A-1190 Wien, Gatterburggasse 18, DVR: 0577294

Satz und Druck:
Druckerei Gerstmayer Gesellschaft m.b.H.,
A-1120 Wien, Schönbrunner Straße 215

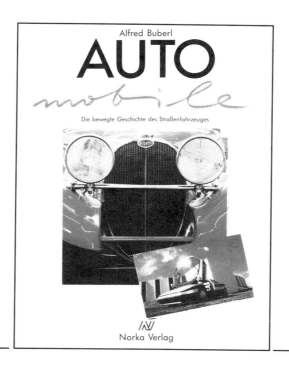

Alfred Buberl

# AUTO
*mobile*

Die bewegte Geschichte des Straßenfahrzeuges

Norka Verlag

# INHALTSVERZEICHNIS

## 4. DIE VORLÄUFER DES AUTOMOBILS MIT VERBRENNUNGSKRAFTMASCHINE (1673—1886) 82

## 5. BEGINN DER WELTMOTORISIERUNG (1885—1900) 120

## 6. DIE PIONIERZEIT DER KRAFTFAHRT 1885 bis 1900 150

## 7. DER INDUSTRIELLE AUFSTIEG 1900 bis 1914 176

## 12. VERVOLLKOMMNUNG DER AUTOKONSTRUKTION DURCH UMWELTZWÄNGE (1973—1990)     448

# VORWORT

Der Grund, weshalb es bisher nur spärliche Versuche gegeben hat, die Geschichte des Automobils in einem Buchband zusammenzufassen, liegt wohl darin, daß sich gerade der Werdegang des für den Menschen so wichtig gewordenen motorbetriebenen Straßenfahrzeuges besonders schwierig gestaltet hat. Seine bis ins Detail gehende Schilderung würde ohne Schwierigkeiten mehrere Bände füllen, schlöße dann aber auch die Gefahr in sich, daß über den zahllosen interessanten Einzelheiten der Überblick verlorenginge.

Gerade um einen für jedermann verständlichen, geschlossenen Überblick und Zusammenhang aber ging es dem Autor, denn es ist immer wieder zu beobachten, daß das Automobil den Menschen bereits über so viele Generationen und das Weltbild verändernde Geschichtsabschnitte begleitet, daß er nach Grund und Werden dieses Universalgerätes gar nicht mehr fragt und auf Angriffe dagegen nur wenig Argumente bereit hat.

Es schien daher von allgemeinem Interesse, einmal den echten Stellenwert des Kraftfahrzeuges fundiert und anschaulich herauszuarbeiten, objektiv zu bestimmen, und dies nicht nur im Hinblick auf heute, sondern auch morgen. Dazu gehört aber vor allem der geschichtliche Werdegang.

Das vorliegende Buch ist notgedrungen sehr reichhaltig, und dennoch mußte auf vieles verzichtet werden, das das geschichtliche Bild bereichert hätte, aber im Interesse der angestrebten Übersichtlichkeit wurde häufig zur Kunst des Weglassens Zuflucht genommen, was allerdings durch die reiche Bebilderung zum Teil wieder ausgeglichen werden konnte.

In diesem Zusammenhang muß darauf hingewiesen werden, daß für die Aufnahme einer Abbildung oder Darstellung nicht die Bildqualität an sich den Ausschlag gab, sondern allein der Wert, den es im Sinne der Vergegenwärtigung eines bereits verflossenen Zeitabschnittes für den interessierten Leser haben muß. Es sei hier deshalb gleichzeitig die Bitte ausgesprochen, auch für jene Abbildungen und deren Texte Interesse aufzubringen, die als eher unscheinbare Zeitdokumente vielfach erst bei näherem Hinsehen aufschlußreiche Hinweise liefern.

Eine ähnliche wie die vorliegende Autogeschichte ist bereits 1950 erschienen. Auch damals war der Autor federführender Ideenträger, der für die Förderung durch den damaligen Vizedirektor des Technischen Museums Wien, Dipl.-Ing. Dr. techn. Erich Kurzel-Runtscheiner, einem international anerkannten Technikhistoriker, sehr dankbar war, da er durch ihn mit wichtigem Quellenmaterial versorgt wurde. Kurzel-Runtscheiner wie auch der ehemalige k.k.-Major, Ing. Friedrich Beranek, — nicht zuletzt auch der Vater des Autors — gehörten der k.k. Österreichischen Kraftfahrtruppe des ersten Weltkrieges an und konnten deshalb auf reiche Erfahrung und fachliches Wissen hinweisen. Ing. Beranek sind denn auch die Beiträge über Entwicklung und Einsatz der von ihm miterlebten Militärkraftfahrt zu danken.

Der Autor konnte vor 1950, vielfach auch noch später, wertvolle Kontakte mit Kraftfahrzeug-Pionieren pflegen, die den Werdegang des Automobils von seinen Anfängen unmittelbar miterlebt hatten und bereit waren, darüber zu berichten. Zusammen mit den eigenen praktischen und theoretischen Erfahrungen der letzten Jahrzehnte sowie dem ungebrochenen Interesse an der Kraftfahrzeug-Historik konnte der Autor die Herausgabe einer vollständig überarbeiteten, erweiterten und weit reichhaltiger und besser bebilderten Geschichte des Automobils wagen. Er wurde darin nicht zuletzt dadurch bestärkt, daß ihn all die zahlreichen, ihm noch persönlich bekannten Vorgänger, die ihr Leben meist ausschließlich in den Dienst der Fortentwicklung des Kraftfahrzeuges gestellt hatten, allein schon aus Gründen der Unwiederholbarkeit ihrer Aussagen und Mitteilungen dazu autorisiert haben.

AUTO mobile wurde nach drei Gesichtspunkten konzipiert:

1. Ein fortlaufender Text gibt die geschichtliche Entwicklung in allen Sparten möglichst überschaubar wieder.

2. Die reiche Bebilderung stellt nicht nur eine Ergänzung dieses Textes dar, sondern vermittelt unabhängig von ihm einen umfassenden Überblick über den technischen Werdegang des Kraftfahrzeuges und der Randgebiete.

3. Mit Hilfe von Kunstruktionszeichnungen und schematischen Darstellungen wurde versucht, technische Vorgänge auch dem Laien verständlich zu machen. Ebenso wurde mit Hilfe der zahlreichen zeichnerischen Darstellungen verschiedener Autotypen und -modelle eine bessere Vergleichbarkeit untereinander angestrebt, was aufgrund der meist sehr unterschiedlichen Qualität der Fotos — wenn überhaupt greifbar — nicht möglich gewesen wäre.

Schließlich sei noch darauf hingewiesen, daß die jeweilige Heranziehung oder Weglassung dieser oder jener Autotype in keinem Fall eine Wertung darstellt — ob nun positiv oder negativ —, sondern sich allein aus dem technischen Werdegang herleitet.

Ing. Allfred Buberl
Sieghartskirchen b. Wien, Sommer 1990

# EINLEITUNG

Das Automobil, wie wir es heute kennen, ist das Produkt eines notgedrungenen Bedarfes ebenso wie einer über die letzten Jahrhunderte dauernden Entwicklung. Auf den verschiedensten Gebieten ist immer wieder zu verfolgen, wieviel Zeit es erfordert, bis ein neuer Gedanke auch in den Köpfen der Zeitgenossen Form anzunehmen beginnt. Oftmals sind es erst nachfolgende Generationen, die die Richtigkeit und Tauglichkeit einer neuen Idee zu würdigen wissen.

Erweist sich die Realisierung etwa eines technischen Gerätes aber als besonders schwierig, wie es beim Auto der Fall war, dann wird der Entwicklungsgang bereits ursächlich geraume Zeit erfordern. Der selbstbewegliche Straßenwagen in seiner grundlegenden Struktur machte aber nicht nur die Lösung zahlreicher Einzelprobleme, sondern zusätzlicher Erfordernisse (Rohstoffe, Straßen usw.) notwendig, sodaß seine Entwicklung zusammen mit der allmählichen Gewöhnung der Zeitgenossen an dieses Produkt ihrer jeweiligen Epoche besonders viel Zeit in Anspruch nahm.

Es waren die ersten Straßendampfwagen, aus denen das selbstbewegliche Fahren auf Schienen, die Eisenbahn, hervorging. Sie konnte vorerst einen Teil der gegebenen Transportprobleme einer Lösung zuführen, was allerdings die Weiterentwicklung des eigentlichen Straßenwagens für einige Zeit beeinträchtigte. Erst als man erkannte, daß die bereits seit Ende des 18. Jahrhunderts immer drängenderen Transportfragen ohne Zubringerdienste durch den Straßenwagen nicht befriedigend zu lösen waren, wurde er wieder mit dem notwendigen Interesse vorangebracht und nun relativ zügig vielerlei Lösungen zugeführt.

Das seefahrende, hafenreiche England wies um 1800 bereits einen an den modernen Welthandel erinnernden Warenumschlag auf, der nicht zuletzt durch die reichen Kolonien bedingt war. Er erforderte für den Transport über Land eine so große Zahl an Fuhrwerken, daß die dafür notwendigen zwei Millionen Pferde durch ihren Haferbedarf bereits die ausreichende Ernährung der Inselbewohner in Frage stellten. „Alternativenergie" war erstmals dringend gefragt. Durch ein ausgeklügeltes Kanalsystem und dem damit möglichen Binnenschiffsverkehr auf der Insel wollte man zwar eine gewisse Erleichterung des Frachtentransportes erreichen, doch kletterten die Frachtspesen aufgrund der geforderten Gebühren bald in nicht mehr zu tolerierende Höhen.

Diesen Problemen hatte der Straßendampfwagen in England seine rasche Entwicklung und seine Erfolge zu verdanken, die allerdings nach Einführung der Eisenbahn in Frankreich fortgesetzt wurde. Eher zaghaft regte sich dort nach Jahren wieder das Interesse am Dampfstraßenwagen, führte aber schließlich Ende des Jahrhunderts zu ausgezeichneten Konstruktionen und vielfachem Einsatz, nicht zuletzt als öffentliches Verkehrsmittel.

Immer häufiger begann man damals bereits mit dem Rechenstift Vor- und Nachteile von Pferdewagen und selbstbeweglichen Gefährten gegeneinander abzuwägen. Die Haltung eines Wagens mit Gespann erforderte nicht nur entsprechende Unterbringungsmöglichkeiten, was aufgrund der zunehmenden Bevölkerungsdichte insbesondere in den Städten auf immer größere Schwierigkeiten stieß, sondern Pferde mußten auch dann gefüttert und gepflegt werden, wenn sie keine Leistung zu erbringen hatten. Das aber erforderte außerdem die Dienstleistung einer Person. Und ein New Yorker Wissenschaftler etwa rechnete bereits überzeugend aus, daß diese Großstadt in Bälde im Pferdemist „ersticken" werde, wenn Bevölkerung und entsprechender Fahrzeugbedarf weiterhin anstiegen.

Das Automobil war demnach die immer drigender benötigte Alternative im Straßenverkehr.

Dazu kam noch, daß die fortschreitende Kolonisierung von Nordamerika, vor allem aufgrund der gewaltigen Ausdehnungen des Kontinents und der dadurch zu überwindenden Entfernungen, entsprechend große Transportprobleme mit sich brachte, die letztlich auch hier wieder nicht allein durch die Eisenbahn gelöst werden konnten, noch dazu die Zubringerstrecken ungleich größer waren als in Europa.

Amerika brachte denn auch den Straßendampfwagen bald zu einem relativ breiten Einsatz und begann zugleich mit der Motorisierung der Landwirtschaft, die bei den ausgedehnten Landwirtschaftsflächen ein dringend zu lösendes Problem darstellte. Der Dampfantrieb war dort ebenso wie der Elektroantrieb auf dem besten Weg, als Lösung der Verkehrsprobleme betrachtet zu werden, und eine intensive Weiterentwicklung wäre in Ermangelung des Benzinmotors sicher gerechtfertigt gewesen.

Mit der wachsenden Industrialisierung in Westeuropa und Amerika, sicher aber auch durch die zunehmende Intensität der naturwissenschaftlichen Forschung, war man sich außerdem immer deutlicher eines Faktors bewußt geworden, der bis dahin eine eher untergeordnete Rolle gespielt hatte: der Zeit! Bereits lange bevor in Amerika das Schlagwort „Zeit ist Geld" zum stehenden Begriff wurde, war man an den Vorteilen ihrer möglichst intensiven Nutzung besonders interessiert, was bald auch in dem Bestreben nach Rationalisierung der Arbeitsvorgänge seinen Ausdruck fand. Die Erwartungshaltung gegenüber dem „Zeitraffer" Automobil war in Amerika deshalb schon früh sehr ausgeprägt.

Es war ein echtes Phänomen, daß sich das Lebenstempo etwa ab Mitte des 19. Jahrhunderts in auffallender Weise — am augenfälligsten allerdings in Frankreich, und da wieder in Paris — beschleunigte. Das machte sich nicht nur in einem allgemein gesteigerten Lebensgefühl bemerkbar, man war ganz allgemein schnelligkeitsbesessen, was unter anderem in den vielerlei Geschwindigkeitswettbewerben, aber auch in den bevorzugten, zunehmend schnelleren Tänzen jener Zeit zum Ausdruck kam.

Und im temposüchtigen Frankreich fiel denn auch die Entscheidung: 1895 wurde nach dem großen Geschwindigkeitswettbewerb für Automobile, der von Paris nach Bordeaux und zurück führte, der Verbrennungskraftmotor endgültig als bestes Antriebssystem für das Automobil erkannt, damit nicht zuletzt aufgrund des leicht mitzuführenden Treibstoffes Benzin im Vergleich zu allen anderen Antriebsarten am weitesten und schnellsten gefahren werden konnte. Es waren übrigens vor allem Daimler-Konstruktionen, die diese weittragende Entscheidung mit herbeigeführt hatten. In Mitteleuropa hätte dieser Erfolg noch lange auf sich warten lassen.

Unverzüglich schritt man nun an die praktische Anwendung dieser Entscheidung und baute bald überall nur mehr Automobile mit Benzinmotor.

Dampfmaschinen und Elektroantrieb verloren damit nach und nach auf der ganzen Welt an Überzeugungskraft und die außerdem auch noch sehr entwicklungsfähige Verbrennungskraftmaschine wurde zum Träger des ab nun unaufhaltsam anwachsenden automobilen Straßenverkehrs.

Es kann nur als ein weiteres erstaunliches Phänomen bezeichnet werden, daß man mit dem Heraufkommen des Materialismus anscheinend zunehmend bemüht war, das Unvermögen, die statische Schwere der Materie mit Hilfe von Physik und Technik gleichsam zum Sprechen zu bringen, wie es durch die Telegrafie und Telefonie möglich geworden war, und sie zu beschleunigen, wie es durch das Fliegen und nicht zuletzt das Automobil realisiert werden konnte.

Der unstillbare Durst nach Schnelligkeit und Tempo, nach Belebung und Beschleunigung der schwerfälligen Materie, hat, wenn man es genau betrachtet, schließlich in der Elektronik, dem Computer und der Weltraumrakete ihren vorläufigen Höhepunkt gefunden, wobei nicht weniger interessant erscheint, daß das eine ohne das andere kaum zu jener Bedeutung und Funktionsfähigkeit gelangt wäre, wie wir sie heute kennen.

Wer sich mit dem Werdegang der einzelnen technischen Errungenschaften nur einigermaßen auseinandersetzt, dem drängt sich ganz allgemein der Eindruck auf, daß in der Kette von Entwicklungen etwa des 19. Jahrhunderts System steckt, der durch die vielfältig verflochtenen Bedingungen von Entstehung und Entwicklung nur verstärkt wird.

Der wahre Motor aller Technik ist zwar der Mensch, aber es setzt doch immer wieder in Erstaunen, daß seine rational nicht ohne weiteres zu erklärenden, intensiven Antriebe in ein großes Konzept zu passen scheinen, auch wenn er die zukünftigen Entwicklungen weder beabsichtigt, noch voraussehen kann, denn sie gehen meist über das ursprünglich Angestrebte und Vorstellbare weit hinaus.

Die bedeutendsten Erfindungen, die die Welt verändert haben und heute unser Leben bestimmen, sind fast durchwegs im 19. Jahrhundert, und da vor allem in seinem letzten Drittel in das Licht der Geschichte getreten. Von ihnen hat das differenzierte Automobil den längsten Reifeprozeß erfordert, stellt es doch das Produkt einer ganzen Kette von Bemühungen dar, die über Jahrhunderte reichen, deren jede einzelne wiederum das beste Ergebnis einer oft langen Reihe von Geistesleistungen und unermüdlichen Versuchen war. Aufgrund der Anpassungserfordernisse der jeweiligen Zeitperiode wird das in so mancher Beziehung notgedrungen auch weiterhin Geltung haben. Das beste Beispiel dafür erleben wir in der Gegenwart, die endlich einen möglichst sparsamen Umgang mit Rohstoffen und höchstmögliche Schonung der Umwelt auch im Hinblick auf das Kraftfahrzeug fordert.

Dieses technische Hilfsgerät ist vor allem durch das präzise Zusammenwirken mehrerer Aggregate gekennzeichnet, die den einzelnen Organen des menschlichen Körpers nicht unähnlich sind. Es stellt ja auch eine Art Hilfsorganismus, eine wirkungsvolle Ergänzung des menschlichen Körpers und seiner Fähigkeit dar, die allerdings auf die Einwirkung von Willen und Gehirn des Menschen ausgerichtet bleibt: ein Roboter, in den man hineinsteigt!

Dennoch wird nur wenigen der zahlreichen Mitwirkenden am Entstehen und Vervollkommnen dieser technischen Sonderleistung wirklich voll bewußt gewesen sein, in welch weitreichender Form sie das Leben des einzelnen wie die gesamte Wirtschaft beeinflußten. Ja sogar die frühen Benutzer werden die volle Bedeutung für die menschliche Gesellschaft von heute noch nicht voll erkannt haben, obwohl sie aus Begeisterung viel Geld, Mühe und Geduld investierten, um das Automobil endlich wirklich zum Laufen zu bringen. Das war vor allem der Faszination zu verdanken, die dieses Vehikel schon immer auf den Menschen ausübte. Sie war in diesem Fall schon früher nicht ganz zu erklären, aber sogar heute noch stehen viele Zeitgenossen immer noch unter diesem Bann, mißverstehen, mißdeuten ihn und betrachten ihn allen Ernstes immer noch als wichtigsten Grund für das Heraufkommen dieser staunenswerten Prothese des modernen Menschen. Sogar in der Politik agiert man seit Jahrzehnten — allerdings gegen besseres Wissen — mit dieser Meinung, wenn Versäumnisse in der Verkehrspolitik zu offenkundig werden oder neuerliche Forderungen an den Kraftfahrer gestellt werden sollen, ist doch der kostspielige Sozialstaat westlicher Prägung durch das Steueraufkommen aus der Kraftfahrt überhaupt erst denkbar.

In der Pionierzeit etwa muß die vom Automobil ausgehende Wirkung dem unwiderstehlichen kindlichen Charme nicht unähnlich gewesen sein, der die Erwachsenenwelt stets dazu veranlaßt, „Kindchen" unter größten Opfern großzuziehen, nicht wissend, was einst aus ihnen noch alles werden würde. Heute, da das Automobil längst erwachsen ist, bietet es dem Menschen eine Reihe unentbehrlich gewordener Annehmlich-

keiten wie das zeitraffende Zurücklegen kleiner bis größter Entfernungen auf angenehmste, Kräfte schonende Weise, den Transport jedweder Lasten, die höchstens noch zum Fahrzeug hin und wieder weggebracht werden müssen, usw. Trotz einem unerhörten Leistungszuwachs werden die menschlichen Kräfte demnach in jedem Fall weitgehend geschont. Aber auch den Wetterunbilden ist man höchstens kurzzeitig ausgesetzt und schützt dadurch Gesundheit und Kleidung in einem heute meist unterschätzten Umfang, weil man fast vergessen hat, wie es war, wenn längere Strecken in Hitze und Kälte, Regen und Schnee zu Fuß zurückgelegt werden mußten.

Die Freizeitgestaltung, Reisen und prinzipiell alles, was unter höherer Lebensqualität zu verstehen ist, haben in ungeahntem Ausmaß dazugewonnen, ganz zu schweigen von den weitreichenden Freiheiten, die ein ungebundenes Bewegen, wohin immer man will, vermitteln. Das Auto ist demnach Arbeitswie auch Freizeitgerät, Transportmittel für Mensch, Tier und Güter.

Es vermittelt vor allem eine um ein Mehrfaches höhere Geschwindigkeit als sie Mensch oder Pferd angeboren ist, die beide ihre Höchstleistung noch dazu nur sehr begrenzte Zeit durchzuhalten vermögen. Die schnelle Fortbewegung erfolgt aber auch noch in höchst bequemer Position und kann durch jedermann erreicht werden. Es bedarf dazu weder besonderer Stärke noch Intelligenz. Das Auto macht denn auch nicht persönlich stärker oder intelligenter — nur sehr einfachen Gemütern erscheint das mitunter so —, aber sicher ohne Unterschied leistungsfähiger, und ist insofern ein höchst demokratisches Hilfsmittel, das auch von dieser Seite her exakt in die Zeit paßt.

Je intensiver man sich allerdings am Wirtschaftsprozeß beteiligt, umso dringender benötigt man ein Auto und desto erfolgreicher kann man damit sein. Es fördert nicht nur das eigene Bestreben, die Zeit und damit die gebotenen Chancen so weitgehend wie möglich zu nützen, es treibt in jedem einzelnen Fall den Wirtschaftsprozeß zusätzlich und unmittelbar an, und zwar ganz allgemein durch seine spezielle Wirkungsweise. Dazu kommen noch die wirtschaftlichen Vorteile der eigenen Herstellung, des Vertriebes, des Fahrzeugbetriebes, des Services usw. Was es in all diesen Richtungen zu bewirken vermag, zeigen am besten jene Länder, in denen das Kraftfahrzeug fast gar nicht oder viel zu wenig zum Einsatz gelangt: Die wichtigste Schlüsselindustrie fällt aus.

Natürlich muß sogar ein so vielseitiges Hilfsmittel auch Nachteile aufweisen, die heute vor allem in der Umweltbelastung, im zu hohen Rohstoff- und Energieverbrauch zu sehen sind. Auf diesen Gebieten ist jedoch seit fast zwanzig Jahren viel geschehen, und die intensiven Bemühungen um eine Behebung der verbliebenen Unzulänglichkeiten geben zu berechtigtem Optimismus Anlaß. Auf mehreren Gebieten gäbe es sogar bereits alternative Lösungen. Sie passen jedoch noch nicht in das Konzept so manchen internationalen Multiunternehmens. Mit alleinigen Veränderungen in der Autokonstruktion oder in der Frage des Energieverbrauches werden allerdings nicht sämtliche anstehenden Probleme zu bewältigen sein. Es wird auch eine breitere Koordinierung des gesamten Verkehrsgeschehens Platz greifen müssen, will man endlich zu praktikablen, die Lebensqualität des Menschen fördernden Lösungen gelangen, denen nach wie vor politische Interessen sowie Versäumnisse großen Umfangs im Wege stehen.

Die Nachteile der Motorisierung wären zum größten Teil bereits in den nächsten Jahren zu lösen, wollte man sich nur vor Augen halten, daß der Mensch auf das ihn so gezielt ergänzende Auto zwar nicht mehr verzichten will, das aber angesichts der Erfordernisse einer unermeßlich angewachsenen Weltbevölkerung auch gar nicht mehr darf, soll sie nicht in Hunger und Armut versinken.

Wie es zu dieser wichtigen Voraussetzung für Leben und Wohlergehen, gleichermaßen aber auch Abhängigkeit von einem technischen Hilfsmittel gekommen ist, das wird dem Leser auf den folgenden Seiten anhand der Kontinuität der Entwicklung überschaubar vor Augen geführt.

# 1. DER MECHANISCHE SELBSTBEWEGER

Der selbstbewegliche Wagen kann wahrscheinlich auf eine weit längere und interessantere Vergangenheit zurückblicken, als man heute gemeinhin annimmt. Obwohl derzeit eindeutige Beweise aus der Vorzeit fehlen, sprechen doch mehrere Faktoren für diese Annahme. Die Tatsache, daß nach Heliodoros in Athen bereits um 1000 v. Chr. eine Art hieratischer Wagen nicht gezogen, sondern von im Inneren verborgenen Sklaven durch Betreiben eines Hebelwerkes fortbewegt wurde, man aber auch von ähnlich betriebenen Fahrzeugen aus Ägypten und anderen Ländern weiß, legt eigentlich die Annahme nahe, daß hier früh Fahrzeuge imitiert wurden, die sich vor langer Zeit sehr wohl selbsttätig mit anderen Antrieben vorwärtsbewegten. Wollte man nur die Zugtiere vom Tempelbezirk fernhalten, dann hätten Gläubige ohne weiteres das heilige Fahrzeug, den Opferwagen, oder das automatische Theater ziehen können.

Heute weiß man aus ältesten Überlieferungen, aber auch Schriftwerken, daß es eine hochentwickelte Technik vor mehreren tausend Jahren anscheinend tatsächlich gegeben haben muß.

Im Gedächtnis der Menschheit gibt es hier aber anscheinend sehr zwiespältige Erinnerungen an gemachte Erfahrungen, denn einerseits wurde lange der selbstbewegliche Wagen — oft in verkleinerter Form — an heiligen Stätten imitiert, andererseits aber kam der praktische Gebrauch des Rades bei vielen Völkern einem Sakrileg gleich, und das hat in einzelnen Fällen sogar noch heute Gültigkeit. Die Aufklärung dieses eigenartigen Gegensatzes wird vielleicht eines Tages Licht in einen der interessantesten Abschnitte einer weit zurückliegenden Vergangenheit bringen.

Heron von Alexandrien berichtet 120 v. Chr. in seinem technischen Handbuch, dem ersten überhaupt, über automatische Fahrzeuge, und zwar Automatentheater, die sich noch zu seiner Zeit, vor allem aber bei „den Alten", großer Beliebtheit erfreuten. Er setzt sich auch mit seinen Vorgängern auseinander, die jedoch ihre Sache — und hier meinte er die Fahrtüchtigkeit des „Theaterbaues" — nicht so gut gemacht hätten wie er selbst. Vor Heron mußte demnach bereits mehrfach eine Naturkraft, vor allem die Schwerkraft, zu ähnlichen Zwecken eingesetzt worden sein. Heron beschrieb u.a. auch den durch eine Äolipile betriebenen Wagen (siehe Dampfwagen).

Vom ersten praktischen Einsatz des selbstfahrenden mechanischen Wagens auf der Straße hören wir durch den römischen Historiker Julianus Capitolinus. Nach seinen Angaben hat der Nachfolger des im Jahr 193 v. Chr. ermordeten römischen Kaisers Comodus dessen Nachlaß versteigern lassen. Unter den Objekten der Verlassenschaft sollen sich mehrere Reisewagen befunden haben, die ohne Vorspann gefahren und durch ein kunstvolles Triebwerk bewegt worden sein sollen, das Sklaven im Inneren des Wagens betätigten. Außerdem habe eine „merkwürdige Einrichtung" den zurückgelegten Weg gemessen und die hierfür erforderliche Zeit angegeben. Man nimmt an, daß es sich um einen durch Vitruvius (24 v. Chr.) beschriebenen Wegmesser handelte, bei dem die Zahl der Laufradumdrehungen durch eine in einen Zählkasten fallende Kugel und die verflossene Reisezeit durch eine Sanduhr gemessen wurden, was auf Überlandreisen schließen läßt.

Insbesondere bei der Belagerung von Städten und Festungen wurden früh schützende, von innen zu bewegende fahrbare Schilde und Belagerungstürme eingesetzt. Hier führte demnach vor allem der notwendige Schutz vor Feindeinwirkung zum selbstfahrenden Kampfwagen. Auch während der Kreuzzüge und im Mittelalter bis zum Beginn der Neuzeit fand diese wichtigste Angriffswaffe Verwendung.

Da ist vor allem der Bericht glaubwürdiger Zeugen aus dem 14. Jahrhundert erwähnenswert, der besagt, daß die Hussiten Kampfwagen zum Einsatz brachten, die selbstfahrend waren und zum großen Schrecken ihrer Feinde auch häufig in Aktion traten. Diesem gefürchteten Kriegsgerät konnte niemand Gleichwertiges entgegensetzen. Ob es sich hier unter Umständen sogar um echte Selbstfahrer handelte, worauf die außerordentliche Wirkung hindeutet, konnte bisher nicht geklärt werden.

Der mechanische Wagen war hinsichtlich Straße bzw. Untergrund besonders anspruchsvoll, was sich erst änderte, als der Motorantrieb erhöhte Antriebskräfte zur Verfügung stellte.

Die gut befestigte Straße ist keineswegs eine Erfindung der Römer, wie vielfach angenommen wird. Bereits 4000 v. Chr. besaßen die Kreter ein ausgezeichnetes gepflastertes Straßennetz, das die 90 Städte der Insel miteinander verband. Bis zu 16 m breite, quadernbelegte Prunkstraßen — teilweise mit Fahrrillen — gab es im Altertum bei fast jedem Heiligtum oder Palast. Aber in die Ferne führende, wetterfeste Straßen hatten nur wenige, vor allem Handel treibende Völker. Auch die Römer bauten, etwa in Italien, zu einem großen Teil auf dem vorhandenen Straßennetz der Etrusker auf. Nach dem Bau der Via Appia 312 v. Chr. durch Appius Claudius Caecus konnten sie auf ein zunehmend besseres Straßennetz verweisen, das dank der quadernbelegten Heerstraßen nach und nach einen regelmäßigen Verkehr durch vierrädrige Postwagen ermöglichte, so daß auch die Reisen von Comodus denkbar erscheinen. Es wird zu wenig gewürdigt, daß auch die Kelten bereits lange vor den Einfällen der Römer in ihr Gebiet über ein gut ausgebautes Straßennetz verfügten, das sie für den Transport ihrer sehr früh in Serie hergestellten ausgezeichneten Waffen und Geräte wie auch Schmuck in viele Teile Europas benötigten. Er wurde mittels vierrädriger, gut gebauter Wagen bewerkstelligt. Aber es waren auch ausgerechnet diese guten Straßen, die schließlich den Untergang der Kelten beschleunigten, da sie den Römern ein rasches Vorankommen ihrer Truppen ermöglichten. Die berühmten Eilmärsche der Römer wären ohne bereits vorhandene, intakte Straßen gar nicht denkbar gewesen. Viele Straßenzüge, die lange Zeit hindurch als Römerstraßen galten, waren eigentlich Teil des keltischen Verkehrsnetzes.

Hier sollte auch einmal erwähnt werden, daß die Entwicklung der Technik in Europa vielleicht weit rascher und harmonischer vor sich gegangen wäre, wenn die Kelten, die damals in allen technischen Belangen Spitzenleistungen erreichten, von den Römern nicht fast ausgerottet worden wären. Zum Glück fügten sich relativ viele von ihnen in die in den eroberten Gebieten verbliebenen Völker ein, wodurch ihre insbesondere von den Römern sehr geschätzten technischen und künstlerischen Talente wie auch ihre handwerkliche Geschicklichkeit nicht ganz verlorengingen. Wenn man sich vergegenwärtigt, in welchen Ländern und Gebieten eigentlich die meisten grundlegenden technischen Erfindungen und wichtigen Weiterentwicklungen stattgefunden haben, dann stellt man mit Erstaunen fest, daß es interessanterweise ehemals keltische Stammländer sind, die hier am meisten zum Fortschritt beigetragen haben, nämlich England — sowie überwiegend englische und irische Einwanderer in Nordamerika —, Frankreich, Süddeutschland und nicht zuletzt Österreich.

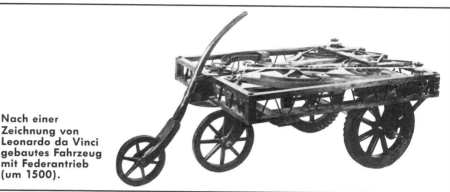

Entwurf eines durch Windräder angetriebenen Wagens von Valturio 1472.

Nach einer Zeichnung von Leonardo da Vinci gebautes Fahrzeug mit Federantrieb (um 1500).

Englischer Sturmwagen aus dem 16. Jahrhundert.

Nach den Römern, der Völkerwanderung, den Einfällen der Hunnen und anderer östlicher Reitervölker lag Europa darnieder. Es gab fast keine Straßen, deshalb auch keinen Handel, und umgekehrt. Erst der Templerorden, dessen oberstes Gebot es war, die Kreuzzugrouten ins Heilige Land zu sichern, schuf

Links:
Joanes Fontanas Zeichnung eines mechanischen Wagens von 1420, die älteste Darstellung eines selbstbeweglichen Fahrzeuges. Durch Ziehen an einem endlosen Seil wurden Trommel und Zahnräder betrieben.

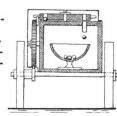

Wegmesser von Vitruvius (24 v. Chr.).

Rechts:
Entwurf eines Wagens von B. Holzschuher von 1556. Germanisches Museum, Nürnberg.

**Wagenkonstruktion nach Branca 1629.**

in Europa wieder die Voraussetzungen für ein funktionierendes Straßen- und Handelsnetz. Das weitverzweigte Bankensystem der Templer tat ein übriges, so daß Europa nach vielen Jahrhunderten erstmals wieder keinen Hunger litt und sein geistiges Kapital zu aktivieren beginnen konnte. Dazu belebte das Wissen, das nun aus dem Orient nach Europa gelangte, außerdem noch den geistigen Aufbruch. Die gotischen Dome sind der Beweis dieser Erneuerung. Es war nicht zuletzt Marco Polo und nach ihm mehrere Jesuiten, die u. a. über die mechanischen Wunderwerke Chinas berichteten, dessen Grenzen damals viel weiter nach Westen reichten als etwa heute. Seit über dreitausend Jahren gab es dort bereits kunstvollstes, mechanisch betriebenes Spielzeug, das u.a. auch schnell dahinfuhr.

Wie das Fliegen, ist auch das Fahren im Wagen ohne Vorspann rätselhafterweise einer der ältesten Träume der Menschheit gewesen, der ab dieser Zeit nun mit besonderer Hartnäckigkeit verfolgt wurde. Der gelehrte Mönch Roger Bacon sagte 1277 voraus, daß es einst möglich sein werde, Wagen herzustellen, die sich mit wunderbarer Genauigkeit, nur mit Hilfe von Wissenschaft und Kunst und ohne Hilfe von Tieren, in Bewegung setzen werden.

Kaum 150 Jahre nach Bacon wird über die Ausführung eines selbstbeweglichen Kriegswagens berichtet. Ein zeitgenössisches Dokument besagt, daß Herr Archinger von Seinsheim, einer der Ingenieure des Kriegsheeres, das Kaiser Sigismund im Jahre 1421 zur Belagerung der Stadt Saaz an der Eger heranführte, einen mit Menschenkraft bewegten Schutzschirm bzw. ein Geschütz konstruierte, das durch eine Haspel beliebig vor- und

**Wegmesser von Leonardo da Vinci (1500).**

**Links Dürers Entwurf eines Selbstfahrers mit Antrieb durch Handrad, rechts oben, mit Kuppelstange zwischen den Triebkurbeln (beide 1526).**

rückwärts bewegt werden konnte. Eine ähnliche Vorrichtung wird in der beinahe gleichzeitig erschienenen technischen Bilderhandschrift des Joanes Fontana, Rektors der Universität Padua, dargestellt, die um 1420 entstanden ist.

Beschreibungen und Hinweise auf verschiedene mechanische Wagen der damaligen Zeit findet man hauptsächlich in den der Kriegskunst gewidmeten technischen Bilderhandschriften, wie sie nach dem Jahre 1410 entstanden sind und ihren Höhepunkt im Codice Atlantico des Leonardo da Vinci gefunden haben, der das ganze technische Können jener Zeit umfaßt.

F. M. Feldhaus erwähnt in seinem Buch „Ruhmesblätter der Technik", daß in der Memminger Chronik über einen am 2. Januar 1447 stattgefundenen Fahrversuch mit einem selbst-

beweglichen Wagen berichtet wird. Dieser sei „ohne Roß, Rindter und Leutt" gefahren, „doch sass der Meister so In gemacht hatt darin".

Von Roberto Valturio aus Rimini ging im Jahre 1472 ein „Elenchus et index rerum militarium" in Druck. In diesem ersten technischen Schriftwerk der neueren Zeit, das bekannt geworden ist, findet sich auch die Darstellung eines Wagens, der durch Windräder bewegt werden sollte. In der vom Augsburger Drucker Ludwig von Hohenwang 1476 hergestellten deutschen Ausgabe dieses Werkes stehen unter der Abbildung dieses Windwagens die Worte: „Das ist ein Windwagen unden mit redern angericht". Die Windflügel waren jedenfalls zu klein, um einen Wagen wirklich zum Laufen zu bringen.

Auch über einen im Jahre 1504 erbauten mechanischen Wagen sind authentische Nachrichten erhalten. In der handschriftlichen Chronik von Pirna des Petrus Albinus wird erzählt: „Selzamer wagen: Im Jahre 1504 unterstunde sich ein burger, einen wagen mit raedern- und schraubengezeug zu machen, der solte ohne pferdt, so einer drauff sass und schraubte fuer sich fahren. Als er es nun wolt probiren gegen Dresden zwei meilen zu fahren und richtet alles notdurfftig zu, fuhr er nicht weit, blieb in dem kot, der die zeit gross war, stecken; uff der eben und um truckenen hette er es moegen enden. Dabey war ein gross weldvolk, jedermann wolt solch neue ding sehen."

Welcher Art dieser Wagen gewesen sein mag, läßt sich am ehesten aus den Dürerschen Holzschnitten des Triumphzuges Kaiser Maximilians I. ersehen. Die Mechanik der mitgeführten Wagen bestand aus Treträdern, Handkurbeln, Schubstangen, Kurbeltrieben und vielerlei Kammradübersetzungen. Es ist kaum anzunehmen, daß Maximilian diese Wagen tatsächlich besaß. Die Vielfalt der Mechanismen aber sollte dafür zeugen, daß sowohl Dürer selbst als auch der Kaiser profunde Kenner der damaligen Ingenieurkunst waren. Diese Triebwerke geben eine systematische Übersicht über alle zu jener Zeit bekannten

Mechanismen, deren man sich beim damaligen Stand der Technik zum Befördern von Lasten zu bedienen wußte.

Der Wagen des Pirnaer Bürgers, der im Morast steckenblieb, und die Prunkwagen Kaiser Maximilians I. waren sich konstruktiv wohl ähnlich und sie liefen ohne ein Uhrwerk oder eine sonstige treibende Kraft, außer der Muskelkraft. Die Erfahrung lehrt, daß auf die Dauer und bei schlechten Wegen ein sehr kräftiger Mann höchstens 100 bis 150 kg zu befördern vermag. Auch an einem Kurbeltrieb wird ein Mann kaum mehr zu leisten vermögen. Bei großer Glätte und Härte der Straße gehört weniger dazu, einen Wagen in Bewegung zu halten. Damals jedoch waren die Wege auch bei gutem Wetter uneben und rauh, das Gewicht der Wagen groß, die Räder klein und außer der Reibung in den Radachsen der Kraftverbrauch im Getriebe beträchtlich. Das Gewicht der Maximilianischen Wagen muß wohl etwa auf 2000 kg geschätzt werden. Es wären demnach acht bis zehn Mann nötig gewesen, um diese Wagen, selbst auf guten Wegen, auf die Dauer vorwärts zu bringen. Jedenfalls war auch der Wagen des Pirnaer Bürgers mehr als 150 kg schwer, so daß es selbst bei gutem Wetter auf bester ebener Straße sehr schwer sein mußte, den Wagen von einem Mann in Bewegung zu setzen und in raschem Gang zu erhalten.

Wenige Jahrzehnte später, nämlich im Jahre 1558, entwarf der Nürnberger Meister Berthold Holzschuher zwei Kriegswagen, denen er große praktische Bedeutung beimaß. Die kleinere dieser Fahrzeugtypen, deren Mechanismus Holzschuher detaillierter zeichnete, sollte von acht an zwei Haspeln arbeitenden Männern fortbewegt und von einem neunten gelenkt werden. Auf guten Straßen wäre ein solches Fahrzeug immerhin fahrfähig gewesen, aber weder dieses noch der viel größere, mit Artillerie bestückte „Basilisko" wurde je zur Wirklichkeit.

Als interessante Abart des selbstfahrenden Fahrzeuges kann der Segelwagen angesprochen werden. Reisende sollen Fahrzeuge dieser Art bereits im 14. Jahrhundert in China gesehen haben. In Europa aber baute erst um 1600 der Niederländer Simon Stevin, ein Mathematiker aus Brüssel, mehrere Segelwagen, die vom Wind angetrieben wurden. Sie glitten, Schiffen

ähnlich, über die ebenen Straßen und Küstenstreifen der Niederlande. Segel und Räder waren an einem sehr kräftigen Fahrgestell angebracht. Die Achse der Hinterräder war um einen Zapfen drehbar am Gestell befestigt und konnte mittels eines Steuers in die gewünschte Fahrtrichtung eingestellt werden. Ein Flugblatt aus dem Jahre 1600, das in französischer, holländischer und lateinischer Sprache gedruckt wurde, berichtet, daß die Strecke zwischen Scheveningen und Petten an der holländischen Küste — 67,6 km — mit dem Wagen des Prinzen Moritz von Nassau-Oranien, in dem sich 28 Personen befanden, in zwei Stunden zurückgelegt wurde. Dies entspricht

Segelwagen sollen schon zur Zeit der Pharaonen an den Ufern des Nils und früh auch in China gefahren sein. Segelwagen, wie die drei hier dargestellten, wurden Jahrzehnte an der holländischen Küste auch im regelmäßigen Liniendienst betrieben. Bei gutem Wind sollen sie bis zu 34 km/h erreicht haben. Alle drei Wagen waren um 1600 in Betrieb.

„Kundstwagen" von Hans Hautsch (1649), der durch im Wagen versteckte Männer mittels Kurbelantrieb bewegt wurde.

Invalidenwagen von Stephan Farffler (1685).

**Geschützwagen aus der Zeit um 1760. Germanisches Museum, Nürnberg.**

einer Durchschnittsgeschwindigkeit von 33,8 km pro Stunde. Daß Fahrzeuge dieser Art durch starke Windstöße gefährdet werden konnten, dürfte wohl vor allem der Grund für ihre massive und schwere Bauart gewesen sein.

Der Sport, der sich hier entfaltete, muß durch Jahrzehnte hindurch betrieben worden sein, da Howel nach 1650 in seinen Briefen von diesen Fahrzeugen als dem „Wunder von Haag" spricht. Selbst 1775 bemerkt ein anderer Schriftsteller, Scheveningen sei berühmt wegen seiner Segelwagen, während in Newmercet 1820 nur noch ein einziger Segelwagen in Betrieb gewesen sein soll, dem allerdings 1834 Hacquet mit seinem Segelwagen „Eolienne" folgte, mit dem er durch Paris fuhr.

Agostino Ramelli zeichnete in seinem 1588 in Paris als Privatdruck erschienenen Werk „Le diverse et artificiose Machine" sonderbare selbstbewegliche Kriegswagen. Diese sollten mit Pferden bis an den mit Wasser gefüllten Graben einer Festung herangebracht werden, dann ins Wasser geschoben und durch Schaufelräder zu einer Bresche fortbewegt werden. Die Mann-

schaft war gedeckt im Innern des Fahrzeuges verborgen. Aber auch diese Fahrzeuge blieben wohl bloße Phantasiegebilde. Um 1650 jedoch erbaute der Nürnberger Zirkelschmied Hans Hautsch einen prunkvollen, vierrädrigen, selbstbeweglichen Wagen. Obwohl dieses Fahrzeug nicht einmal mit einem Fußgänger Schritt halten konnte, schien es dem Kronprinzen Karl Gustav von Schweden ein so begehrenswerter Besitz, daß er es dem Erbauer für 500 Reichstaler abkaufte. Dieses Fahrzeug wurde im Krönungszug mitgeführt, als Karl Gustav im Jahre 1654 den schwedischen Thron bestieg. Es erregte hierbei solches Aufsehen, daß der bei den Feierlichkeiten anwesende König von Dänemark nicht eher ruhte, als bis Hautsch auch ihm ein solches Fahrzeug verfertigt hatte. Ein Flugblatt berichtet, daß der Wagen des Hautsch „frey gehet", also kein Zugtier erforderlich war, „sondern wann man sich darauff setzt und nimmt den Stab mit dem Wurmskopff in die hand, so kan man den Wagen hin lencken wo man wil, auff die recht oder linck Seit, hindersich oder fürsich, Berg oder Thal, wie er dann

Rechts: Tretwagen des Pariser Arztes Dr. Richard (1690).

Mitte: Französischer Wagen mit Trethebeln (1770).

Außen: Wagen unbekannter Herkunft, bei dem der Gehilfe in ungewöhnlicher Stellung Trethebel bediente (um 1800).

Rechts unten: Antrieb durch zwei kleine Hunde — eine der verstiegenen Ideen, wie man Zugtiere ersetzen könnte.

Mitte: „Tretmotorwagen" aus der Zeit um 1900.

Außen: „Velociped-Droschke" aus Berlin um 1890, eigentlich ein vierrädriges Fahrrad.

unterschiedlich mal zu Nürmberg die Vestung hinauff und wider herab gefahren... und geht solcher Wagen in einer Stund 2tausend Schritt, mann kan still halten und fort fahren wann man wil, uind ist doch alles von Uhrwerk gemacht, der Wagen ist so groß als ein Landkutschen, wie Kauffleut auff die Mess fahren, und kan der Meerdrach Wasser spritzen, die Augen verwenden, die Posaun auffheben, und blasen..." Hautsch war also der erste, der das Warnsignal mit dem selbstfahrenden Wagen in Verbindung brachte. Der Drache am Kopfende spie Wasser auf etwaige Neugierige, die dem Wunderwagen allzu nahe kamen.

Wenn Hautsch tatsächlich die steile Strecke zur Nürnberger Burg hinaufgefahren ist, muß die Federkraft beträchtlich gewesen sein. Es ist aber auch leicht möglich, daß die Reklame etwas skrupellos betrieben wurde. Dem findigen Zirkelschmied sei jedoch nicht nahegetreten, da die Zeitgenossen an seine Fahrt glaubten.

Der Jesuit Caspar Schott, Mathematikprofessor in Würzburg, erwähnt in seiner „Magia universalis naturae et artis" (Würz-

burg 1658) ebenfalls den Hautsch'schen Wagen und fügt bei, daß der Bürgermeister Schaupp von Würzburg ihm von einem ähnlichen Wagen erzählt habe, der von einem Meister in Bin-

gen gebaut worden wäre, auf dem er selbst mit vier Frankfurter Bürgern in eineinhalb Stunden von Frankfurt nach Höchst und wieder zurück gefahren sei. Der Erfinder habe ihn nur mit einer Hand betrieben.

Schott und der damals sehr berühmte Jesuit Athanasius Kircher wurden einst von einem belgischen Maler in Rom eingeladen, ein von ihm erfundenes, ohne Pferde anzutreibendes hölzernes Kastell zu besichtigen, das 100 Mann fassen und mit Artillerie besetzt werden könne. Der Erfinder konnte sein fahrendes Kastell allerdings auf ebenem Boden und leer mit der größten Anstrengung kaum einige Schritte bewegen, so daß ihn die beiden Patres auslachten, was ihn aber nicht abhielt, nach Malta zu reisen und seine Erfindung dem Ritterorden anzubieten.

In England wurde John Marshall 1625 ein Patent auf einen Karren erteilt, der große Lasten ohne Zuhilfenahme von Menschen- oder Tierkraft bewegen sollte. David Ramsay und Thomas Wildgosse erhielten 1618 ein Patent auf „Pflüge ohne Pferde und Ochsen" und „Boote ohne Segel". 1634 erweiterte derselbe Ramsay in Verbindung mit anderen dieses Patent auf Kutschen, Karren und andere mit Rädern ausgestattete Wagen, ohne daß festgestellt werden kann, ob damals schon Dampf als treibende Kraft vorgesehen war. Wahrscheinlicher aber ist es, daß es sich hierbei um Einrichtungen handelte, die im Innern des Fahrzeuges von Hand angetrieben werden sollten. In Birchs „History of the Royal Society" wird 1663 von einem Mr. Potter berichtet, der einen Wagen erfunden hätte, der sich selbsttätig mit Hilfe von krückenartigen Füßen (an Stelle von Rädern) fortbewege. 1665 suchte Dr. Peter Chamberlain um ein Patent auf „die einzig mögliche Art von Kutschen, Wagen, Karren und Pflügen ohne Pferde" nach, so wie er sie 50 Jahre vorher in Augsburg gesehen habe. 1667 wurde Sir Ellis Leighton ein Patent für eine Maschine erteilt, die angeblich bei allen Arten von Wagen für Lasten- und Personentransport anwendbar war.

Der seit seinem dritten Lebensjahr gelähmte Uhrmacher Stefan Farffler aus Altdorf bei Nürnberg konstruierte sich, um seine Bewegungsmöglichkeit zu erweitern, 1685 einen drei-

**Erstes Velociped nach Freiherrn von Drais 1817.**

**Links: Damen auf dem Fahrrad 1819.**

rädrigen Fahrstuhl, der mittels eines mit Handkurbeln angetriebenen Vorderrades fortbewegt wurde. Obwohl sehr einfach in der Mechanik, erregte dieses Fahrzeug seinerzeit viel Aufsehen und wurde oftmals abgebildet. Im Jahre 1674 berichtet Ozanam über einen selbstbeweglichen Wagen, mit dem sein Erbauer, Dr. Elias Richard, wenige Jahre vorher die Straßen von Paris befuhr. Ein Lakai bediente, hinten auf dem Wagen stehend, das Tretwerk.

Einen ähnlichen Tretwagen aus der Wagenburg der Wittelsbacher verwahrt das Deutsche Museum in München. Ludwig XV. besaß 1748 einen von Jacques de Vaucanson erbauten Kunstwagen, in dem zwei Personen Platz fanden. Er soll zu Spazierfahrten im Park von Versailles benutzt worden sein. Die Pariser Akademie der Wissenschaften aber bezeichnete ihn als nicht unbedenklich, da er Menschen und Pferde erschrecken könnte, weshalb der Betrieb eines solchen Kunstwagens in den Straßen von Paris nicht zulässig sei.

1711 war in Londoner Zeitungen folgende Ankündigung zu lesen, die als das erste Automobilinserat bezeichnet werden kann: »Eine Erfindung eines wundervollen Wagens, in welchem Personen mehrere Meilen pro Stunde reisen können, ohne Hilfe von Pferden, und in dem man zugleich die Meilen, die man zurücklegt, messen kann.« Obwohl sonstige Erläuterungen fehlen, ist aus dem weiteren Text des Inserates ersichtlich, daß der Erfinder sich darüber völlig im klaren war, daß solche Wagen am besten in leichter Ausführung, und dann wohl ausschließlich auf gepflegten, ebenen Wegen, verwendet werden konnten.

Hatten sich die erwähnten Erbauer mechanischer Wagen durch weise Beschränkung Erfolge, wenn auch im bescheidensten Maße, gesichert, so verurteilte die Unkenntnis der technischen Voraussetzungen das Projekt eines Geschützwagens mit Kurbeltrieb, das Gabriel Bodenehr um 1760 zeichnete, von vornherein zum Mißerfolg.

Alte Quellen berichten, daß mit Muskelkraft-Fahrzeugen bis ins 19. Jahrhundert Versuche gemacht wurden, die allerdings, obwohl sie nach und nach leichter gebaut wurden, immer wieder unbefriedigend verliefen. Solche selbstfahrende Wagen wurden vor allem Herrschern vorgeführt. Über ihre Antriebsart wird jedoch meist nichts berichtet.

Wenn nicht alles trügt, dann wurde die bestmögliche Konstruktion eines mechanischen Straßenwagens vom späteren Erfinder des Laufrades, Freiherrn von Drais, geschaffen. So berichtet Varnhagen von Ense, der 1816 bis 1819 am Karlsruher Hof lebte:

»... Der Jagdjunker von Drais trug in anderer Weise zur Unterhaltung der Gesellschaft bei; sein Vater war ein hoher Beamter in Mannheim... der Sohn aber galt für ein Genie an Wissen und Erfindungsgeist. Schon im Wiener Kongreß war er in einem Wagen gefahren, der ohne Pferde durch die Füße der Darinsitzenden in Bewegung gesetzt wurde, später hatte er die nach ihm benannte Draisine erfunden, ein Rädergestell, auf dem man zugleich saß und lief.

In seinen in Karlsruhe aufbewahrten Dienstakten fand ich in einer Eingabe des Barons einen Hinweis auf eine Zeitung vom 16. Januar 1815. Dort wird aus Wien berichtet:

»... Ist es heiter und freundlich, so geht man von 12 bis 2 Uhr auf die Bastei, wo sich die elegante und vornehme Welt vereinigt. Gewöhnlich erscheinen auch mehrere Souveraine, um sich im Freien eine kleine Bewegung zu machen und frische Luft zu schöpfen; doch darf man den eignen Weg nicht über den Monarchen und schimmernden Damen vergessen, wenn

zu einem Dorf hinausgefahren, die Bauern würden sich bekreuzigt haben, und niemand hätte ihnen den Wahn benehmen können, daß diesen Wagen der Teufel regiere."

Vielleicht wäre diesem Wagen sogar ein breiterer Erfolg sicher gewesen, wenn in England um die gleiche Zeit nicht bereits die Vorzüge der motorbetriebenen Dampfstraßenwagen deutlich zu erkennen gewesen wären.

Wenn Drais in dieser Richtung auch keine bleibende Wirkung erzielen konnte, so hat er doch eine Entwicklung eingeleitet: Das unentbehrliche, für jedermann brauchbare Fahrrad, das bis zum heutigen Tag eine bemerkenswerte Vervollkommnung erfährt, die den Wert mechanischer Fortbewegungsmittel dokumentiert.

Es ist zwar verständlich, daß mit dem Heraufkommen des motorbetriebenen Fahrzeuges auf die Vorteile, die die Mechanik auf diesem Gebiet zu bieten hat, zu früh verzichtet wurde. Energiesparen und Rücksichtnahme auf unsere Umwelt sollten es uns heute jedoch wieder angelegen sein lassen, die aufgrund der geschickten Nutzung der Naturgesetze funktionierende

man nicht in Gefahr sein will, gerädert zu werden, denn mit Blitzesschnelle kommt ein Wagen ohne Pferd und Deichsel, von zwei Bedienten mit unglaublicher Leichtigkeit gelenkt, dahergefahren, und durchschneidet die Reihe der strömenden Menge.'"

Durch diesen Hinweis von Drais erklärt sich auch eine vor einigen Jahren in dem Tagebuch des Kaiserlich Königlichen Rechnungsoffiziers Pereth aus Wien aufgefundene Notiz. Professor Journier, der sich mit Studien über die Geschichte des Wiener Kongresses beschäftigte, stellte sie damals der „Neuen freien Presse" zur Verfügung. Er bemerkte dazu: „Über den Namen des Erfinders, die Art des Mechanismus, der hier ins Spiel kam, kein Wort. Auch ich wage darüber keine Vermutung. Doch wie dem auch sei, interessant bleibt es jedenfalls, daß bereits vor 86 Jahren den Wienern ein Schauspiel geboten wurde, das wir erst der allerjüngsten Zeit zu verdanken glauben."

Die Notiz in dem Perethschen Tagebuch aber lautet: „Sonntag, den 30. Oktober 1814. Vor Mittags kam ich heute von einem imposanten, seltenen Spektakel. Ich befand mich auf dem Burgplatz, wo eben die Wachen ablösten. Auf einmal lief das Volk dem Schweizerhofe zu; ich folgte, unwissend, was die Ursache sey. Plötzlich rollte ein schöner, vierrädriger, offener Wagen, ohne Bespannung, zum Thor hinaus und fuhr mit außerordentlicher Schnelle über den Burg- und Michaelerplatz. In selben saßen zwei Personen, welche den Wagen dirigierten. Ein hier anwesender Mechaniker hat denselben erfunden und hofft in Wien einen Käufer zu finden. Nach seiner Ankündigung können dieselben zwei Menschen durch Ebene und Hügel, nach Gefallen rechts, links oder umwenden. Vom Kohlmarkte an fuhr der Wagen über den Graben, Stock im Eisen, Stephansplatz, Bischofsgasse, und Rothethurmstraße, bald sehr schnell, bald im Trabe, durch den Rothen Thurm, über die Schlagbrücke durch die ganze Jägerzeile nach dem Prater. Es gewährte auf jeden Fall einen ganz besonderen Anblick, einen Wagen, vor dem keine Pferde gespannt sind, so schnell dahin rasseln zu sehen, und wäre vor 50 Jahren solch ein Wagen

Mechanik in möglichst großem Umfang auch beim modernen Kraftwagen zur Anwendung zu bringen, da hier unter Einsatz der Elektronik unter Umständen so manches Problem auf energiesparende und umweltschonende Weise gelöst werden könnte.

Ein überzeugendes Beispiel für das, was hier angesprochen wird, stellt die von Volkswagen geschaffene Schwungnutzautomatik dar, durch die es mit Hilfe der Elektronik endlich möglich wird, auf den Motor überall dort zu verzichten, wo er zum unmittelbaren Antrieb des Fahrzeuges nicht erforderlich ist, wobei der Fahrbetrieb ebenso rasch und noch dazu komfortabler als bisher vonstatten geht. Energieeinsatz, Umweltbelastung und nicht zuletzt Lärmentwicklung — insbesondere in der Stadt — werden hiermit bis auf ein Drittel der heutigen Werte herabgesetzt.

**Oben:
Ein Fahrrad mit „Damensattel". Wurden damit etwa nur Gefällestrecken befahren?**

**Das moderne Sportrad ist zwar leichtgängiger und schneller (hier mit 12-Gang-Schaltung), unterscheidet sich aber im Prinzip nicht von einem Fahrrad der Jahrhundertwende.**

# 2. STRASSENDAMPFWAGEN — DIE ERSTEN AUTOMOBILE

Bereits im 18. Jahrhundert setzte die damalige Welthandelsmacht England alles daran, den durch die Kolonien in Amerika und Asien stark anwachsenden und beschleunigten Warenumsatz durch eine rasch voranschreitende Industrie und Technik möglichst zu entlasten. Zu Beginn des 19. Jahrhunderts benötigte allein der englische Handelsverkehr zwei Millionen Pferde, wodurch man sich aus ernährungstechnischen Gründen bald darüber im klaren war, daß ihre Zahl unbedingt eingeschränkt werden mußte.

Dank Watts und seiner Vorgänger erfuhr der Einsatz stationärer Dampfmaschinen einen bedeutenden Aufschwung, aus dem heraus der pferdelose Straßenwagen sichtbare Gestalt gewinnen sollte. Das selbstbewegliche Fahrzeug entstand demnach aus einem dringenden Bedarf, dem mit der aus dieser Entwicklung hervorgegangenen Eisenbahn fürs erste auf breiter Basis entsprochen werden konnte. Der zumindest ebenso wichtige Selbstbeweger für den Zubringerdienst in den Städten und im ländlichen Raum wurde in England zwar unterschätzt, erfuhr aber eine kontinuierliche Weiterentwicklung vor allem auf dem Festland und in Nordamerika.

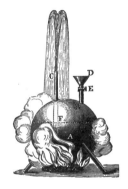

Die Geschichte des durch Motor angetriebenen Selbstbewegers begann mit dem Dampfstraßenwagen. Trotz anderslautender Voraussagen vor nun fast 90 Jahren ist das Ende des Dampfantriebes weniger denn je abzusehen, ja niemand kann sagen, ob er nicht eines Tages über andere Antriebsarten triumphieren könnte, denn die Vorteile des Dampfautomobils sind nach wie vor groß, insbesondere der ausgereiften Konstruktionen von heute. Aufgrund des Ölschocks 1973 und verschärfter Umweltschutzbestimmungen haben große amerikanische wie auch europäische Autofirmen den Dampfantrieb für ihre Typen und Modelle wieder ernsthaft in Erwägung gezogen und vielversprechende Dampfmotoren entweder selbst geschaffen oder gefördert, die dank elektronischer Steuerung einen ebenso energiesparenden wie umweltschonenden Betrieb garantieren.

Im klassischen Land des Bergbaues und der Industrie, in England, kam es bereits zu Beginn des 19. Jahrhunderts zu einer „Vorblüte des Automobilismus", die unter den gegebenen Bedingungen, insbesondere des Bergbaues, aber auch der allgemein auftretenden Transportschwierigkeiten, eine logische, ja notwendige Entwicklung darstellte. Harte Fakten — wie könnte es im England jener Zeit anders gewesen sein — bestimmten damals das Heraufkommen und später den vielfachen Einsatz von mit Dampfmaschinen betriebenen Fahrzeugen und Omnibussen.

Am Beginn des automobilen Verkehrs stand zwar der Straßenwagen, aber weit älter ist der praktische Einsatz von Schienen. Ihr Vorzug, den Reibungswiderstand beim rollenden Rad beträchtlich zu vermindern, wurde bereits in vorgeschichtlicher Zeit genützt, damals meist in Form von Vertiefungen in Steinplatten, mit denen vielbefahrene Straßenstücke befestigt waren.

Die eigentlichen Vorläufer der heutigen Schienenwege sind jedoch jene hölzernen Radbahnen, die im deutschen Bergbau am Ausgang des Mittelalters zum Einsatz gelangten. Im Harz waren die „Gleise von Trömen", die „Trambahnen" der damaligen Zeit, bereits im Jahr 1556 bekannt, und es gab auch bald die „Hunte", die darauf liefen.

Deutsche Bergleute, die um 1600 nach England gerufen wurden, um dem damals arg darniederliegenden Bergbau aufzuhelfen, brachten die Gleisbahnen auf die Insel, wo sie eine weit größere Verbreitung fanden als im Mutterland. Sie wanderten zwei Jahrhunderte später als englische Erfindung auf den Kontinent zurück — nun allerdings als Walzeisenschiene.

Die Vorzüge des automobilen Dampfstraßenwagens in Kombination mit den ausgezeichneten Erfahrungen mit Geleisen

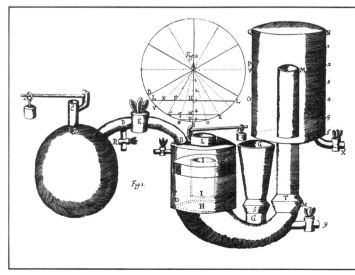

Papin erfand den Dampfkessel. Hier eine Dampfpumpe von 1706. Links: Kessel mit Sicherheitsventil, Mitte: der Zylinder mit dem Kolben, rechts: Windkessel.

Der Dampf aus einer Äolipile von Branca treibt das Schaufelrad eines Stampfwerks an (ca. 1629).

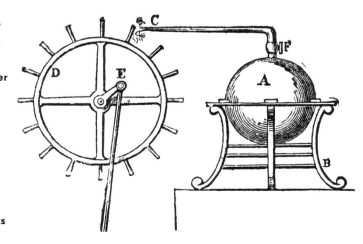

James Watt (1736 bis 1819) erfand 1765 die direktwirkende, 1782 bis 1784 die doppeltwirkende Niederdruckdampf- maschine und ließ sich auch bereits einen Wagen mit Dampfantrieb patentieren.

Rechts: **Saverys Dampf- apparat zum Heben von Wasser (1698).**

mußten fast notgedrungen zur Eisenbahn führen, durch die man vorläufig die Transportprobleme aller Art als gelöst be- trachtete.

Was war naheliegender, als daß man den nicht zuletzt durch schlechte Straßen beeinträchtigten Straßenverkehr auf die Schiene verlegte und damit die Eisenbahn schuf, die nach dem berühmten Wettbewerb in Rainhill am 6. Oktober 1829, aus dem das beste Lokomotivsystem hervorgehen sollte, schließ- lich volle Anerkennung fand. Durch den überlegenen Sieg der „Rocket" von Stephenson wurden alle Zweifler und Gegner des Dampfwagenbetriebes für immer zum Verstummen ge- bracht, ja die Ablehnung schlug unversehens in Begeisterung um, und die ganze zivilisierte Welt hieß dieses Verkehrssystem willkommen.

Damit änderten sich schlagartig die Verhältnisse in allen kulti- vierten Weltteilen so umwälzend, daß die nächsten Jahrzehnte fast ausschließlich im Zeichen der Einrichtung und Entwick- lung des Eisenbahnnetzes sowie der Folgeerscheinungen stan- den. Die Industrialisierung erhielt ihren bis dahin stärksten Impuls und schritt überall ungewöhnlich schnell voran.
Aber gerade diese Entwicklung bedeutete das Ende des auto- mobilen Straßenverkehrs in England. Besonders strenge Vor- schriften brachten ihn schließlich fast zum Erliegen und behin- derten bis zur Jahrhundertwende den später vom Festland her zurückflutenden Automobilismus. Dort und in Nordamerika hatte man nicht zuletzt anhand der vielfach aus England bezo- genen Dampfwagen dazugelernt und zu eigenen, sehr fort- schrittlichen Konstruktionen gefunden, so daß ein Stillstand in der Vervollkommnung der Dampfmotorsysteme für Stra- ßenfahrzeuge dennoch nicht eintrat.
Das Verdienst der ersten Anwendung eines Motors — und hier

**Schnitt der doppeltwirkenden Dampfmaschine von Watt (1769).**

Rechts: **Atmosphärische Dampfmaschine von Newcomen (1712).**

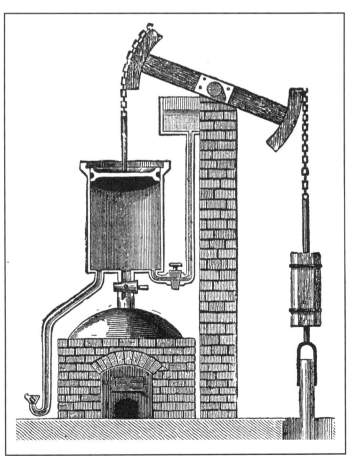

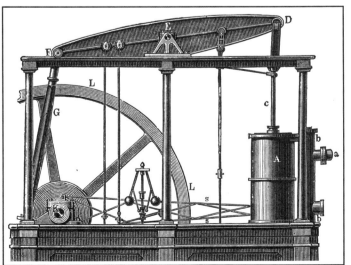

Links: **Watts doppelt- wirkende Dampf- maschine (Ansicht) von 1769 mit getrenntem Kondensator.**

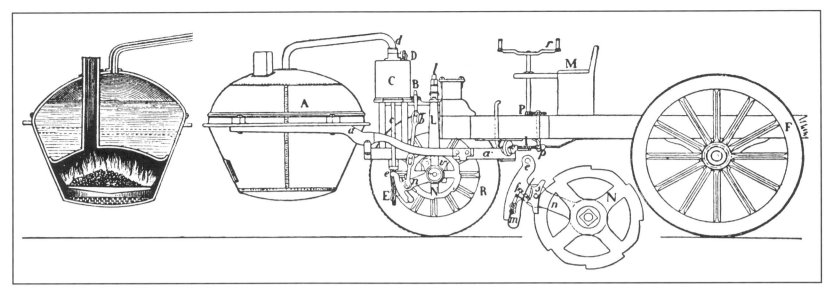

Betriebsschema eines Dampfwagens von Nicolas Joseph Cugnot.

Unten:
Dreirädriger Dampfwagen von Nicolas Joseph Cugnot (1771), der als Zugfahrzeug für Geschütze der französischen Armee eingesetzt werden sollte. Es war der erste Dampfwagen, der tatsächlich auf einer Straße fuhr.

vor allem einer Dampfmaschine — für den Betrieb eines Fahrzeuges gebührt dem Jesuitenpater Ferdinand Verbiest, einem Astronomen, der 1623 in Pettham bei Courtrai in Westflandern geboren wurde und 1688 in China starb. 1659 kam er als Missionar nach Peking, wo er durch sein außergewöhnliches Wissen die Gunst des jungen Kaisers Cam-Hy errang. Als Direktor des Pekinger Observatoriums baute er zahlreiche mathematisch-astronomische Instrumente und überwachte außerdem die dortige Kanonengießerei. Das Kapitel 24, „Pneumatica", seines großen Werkes „Astronomia Europea", dessen Manuskript ein Ordensbruder nach Europa brachte, wo es 1687 in Dillingen (Donau) gedruckt wurde, enthält die Beschreibung des ersten Motorfahrzeuges der Welt. Es geht daraus hervor, daß Verbiest Versuche, die den Zweck hatten, die von einer Aeolipile erzeugte Kraft zu erforschen, auf die Idee brachten, mit ihr einen kleinen Wagen anzutreiben.

Nachdem er einen vierrädrigen, ca. 60 cm langen, leichten Wagen hatte bauen lassen, setzte er in dessen Mitte einen Kessel, in dem Dampf erzeugt wurde. Ein regelrechter Dampfturbinenantrieb bewegte dieses erste automobile Fahrzeug der Welt. Verbiest hat gelegentlich dieser Beschreibung erstmalig die Bezeichnung „Motor" in der heutigen Bedeutung verwendet. Er schrieb: „Diese Maschine ist ein Motor, der es erlaubt, jeden entsprechend mit ihm verbundenen Apparat leicht in Bewegung zu setzen."
1680 machte der auf physikalischem Gebiet tätige Jesuit Kestler den Vorschlag, einen Wagen dadurch zu bewegen, daß man eine mit Quecksilber gefüllte Röhre abwechselnd durch eine Flamme erwärmt und wieder abkühlt. Die dadurch entstehende Bewegung sollte auf die Räder übertragen werden.
Mit der Erfindung des Dampfkessels durch den französischen Physiker Denis Papin (1617—1712), des Dampfpumpwerkes

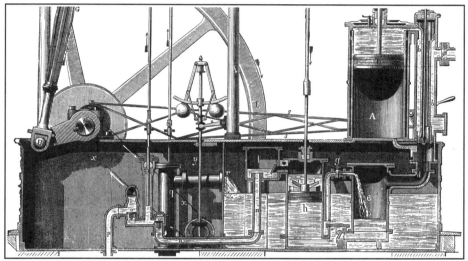

Rechts:
Saverys Dampf-
apparat zum
Heben von Wasser
(1698).

mußten fast notgedrungen zur Eisenbahn führen, durch die man vorläufig die Transportprobleme aller Art als gelöst betrachtete.

Was war naheliegender, als daß man den nicht zuletzt durch schlechte Straßen beeinträchtigten Straßenverkehr auf die Schiene verlegte und damit die Eisenbahn schuf, die nach dem berühmten Wettbewerb in Rainhill am 6. Oktober 1829, aus dem das beste Lokomotivsystem hervorgehen sollte, schließlich volle Anerkennung fand. Durch den überlegenen Sieg der „Rocket" von Stephenson wurden alle Zweifler und Gegner des Dampfwagenbetriebes für immer zum Verstummen gebracht, ja die Ablehnung schlug unversehens in Begeisterung um, und die ganze zivilisierte Welt hieß dieses Verkehrssystem willkommen.

Damit änderten sich schlagartig die Verhältnisse in allen kultivierten Weltteilen so umwälzend, daß die nächsten Jahrzehnte fast ausschließlich im Zeichen der Einrichtung und Entwicklung des Eisenbahnnetzes sowie der Folgeerscheinungen standen. Die Industrialisierung erhielt ihren bis dahin stärksten Impuls und schritt überall ungewöhnlich schnell voran.

Aber gerade diese Entwicklung bedeutete das Ende des automobilen Straßenverkehrs in England. Besonders strenge Vorschriften brachten ihn schließlich fast zum Erliegen und behinderten bis zur Jahrhundertwende den später vom Festland her zurückflutenden Automobilismus. Dort und in Nordamerika hatte man nicht zuletzt anhand der vielfach aus England bezogenen Dampfwagen dazugelernt und zu eigenen, sehr fortschrittlichen Konstruktionen gefunden, so daß ein Stillstand in der Vervollkommnung der Dampfmotorsysteme für Straßenfahrzeuge dennoch nicht eintrat.

Das Verdienst der ersten Anwendung eines Motors — und hier

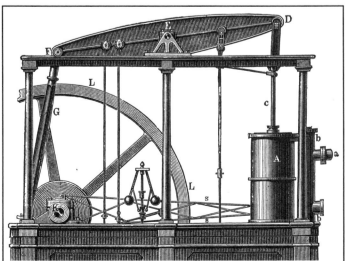

Schnitt der
doppeltwirkenden
Dampfmaschine
von Watt (1769).

Rechts:
Atmosphärische
Dampfmaschine
von Newcomen
(1712).

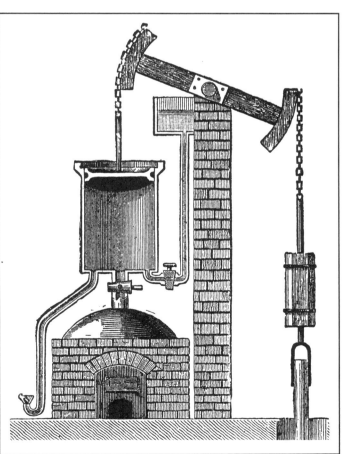

Links:
Watts doppelt-
wirkende Dampf-
maschine (Ansicht)
von 1769 mit
getrenntem
Kondensator.

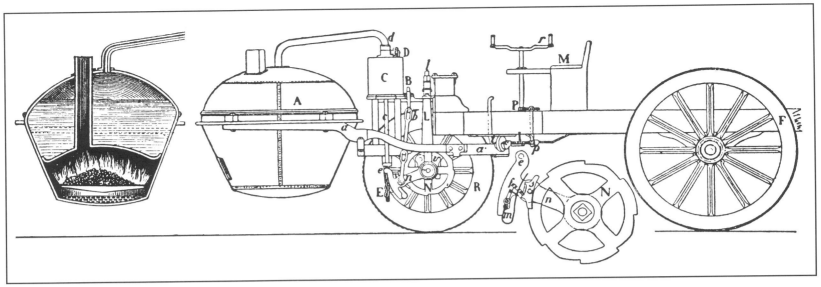

vor allem einer Dampfmaschine — für den Betrieb eines Fahrzeuges gebührt dem Jesuitenpater Ferdinand Verbiest, einem Astronomen, der 1623 in Pettham bei Courtrai in Westflandern geboren wurde und 1688 in China starb. 1659 kam er als Missionar nach Peking, wo er durch sein außergewöhnliches Wissen die Gunst des jungen Kaisers Cam-Hy errang. Als Direktor des Pekinger Observatoriums baute er zahlreiche mathematisch-astronomische Instrumente und überwachte außerdem die dortige Kanonengießerei. Das Kapitel 24, „Pneumatica", seines großen Werkes „Astronomia Europea", dessen Manuskript ein Ordensbruder nach Europa brachte, wo es 1687 in Dillingen (Donau) gedruckt wurde, enthält die Beschreibung des ersten Motorfahrzeuges der Welt. Es geht daraus hervor, daß Verbiest Versuche, die den Zweck hatten, die von einer Aeolipile erzeugte Kraft zu erforschen, auf die Idee brachten, mit ihr einen kleinen Wagen anzutreiben.

Nachdem er einen vierrädrigen, ca. 60 cm langen, leichten Wagen hatte bauen lassen, setzte er in dessen Mitte einen Kessel, in dem Dampf erzeugt wurde. Ein regelrechter Dampfturbinenantrieb bewegte dieses erste automobile Fahrzeug der Welt. Verbiest hat gelegentlich dieser Beschreibung erstmalig die Bezeichnung „Motor" in der heutigen Bedeutung verwendet. Er schrieb: „Diese Maschine ist ein Motor, der es erlaubt, jeden entsprechend mit ihm verbundenen Apparat leicht in Bewegung zu setzen."

1680 machte der auf physikalischem Gebiet tätige Jesuit Kestler den Vorschlag, einen Wagen dadurch zu bewegen, daß man eine mit Quecksilber gefüllte Röhre abwechselnd durch eine Flamme erwärmt und wieder abkühlt. Die dadurch entstehende Bewegung sollte auf die Räder übertragen werden.

Mit der Erfindung des Dampfkessels durch den französischen Physiker Denis Papin (1617—1712), des Dampfpumpwerkes

durch den Bergwerksbeamten Savery 1698, der atmosphärischen Dampfmaschine durch den Engländer Newcomen 1712 und der doppeltwirkenden Kondensations-Dampfmaschine durch James Watt (1736—1819) war die Grundlage gegeben, Fahrzeuge mechanisch anzutreiben.

Schon Papin und Savery, die die Dampfkraft bereits für industrielle Zwecke nutzten, dachten an die Anwendung des Dampfes zum Antrieb von selbstbeweglichen Fahrzeugen. Sie kamen aber ebensowenig über die Idee hinaus wie Dr. Robison in Glasgow, der 1759 seinem Freund Watt von seiner Absicht Mitteilung machte, den Dampf zur Fortbewegung von Wagen verwenden zu wollen. Auch von Isaak Newton war 1680 ein

Bereits 1663 schlug Newton diesen Reaktions-Dampfwagen vor, der jedoch nicht zur Ausführung kam.

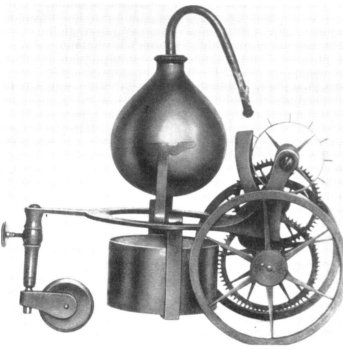

Links:
Modell des ersten Dampfwagens nach der Beschreibung von Ferdinand Verbiest aus dem Jahr 1678.

bis in die Einzelheiten ausgearbeiteter Vorschlag gemacht worden, einen Wagen mit Dampfantrieb zu versehen, und zwar sollte die Vorwärtsbewegung hierbei durch die Reaktionswirkung des ausströmenden Dampfes erfolgen.

Aber erst als die Dampfmaschine, die damals vor allem in Kohlengruben zu Pumpzwecken zum Einsatz gelangte, durch Weiterentwicklung kleiner, leichter und leistungsfähiger wurde, hat als erster die Idee, den Dampf zur Fortbewegung von Straßenverkehrsmitteln zu benützen, der in Lothringen geborene französische Militäringenieur Nicolas Joseph Cugnot im Jahre 1770 realisiert. Cugnot, 1725 geboren, nahm französische Dienste als Ingenieur der Artillerie. 1769 baute er auf Kosten der Regierung einen Dampfwagen, der jedoch immer nur eine Viertelstunde lang in Betrieb zu halten war. Das Kesselspeisen benötigte dann ebensoviel Zeit. Über eine Geschwindigkeit von etwa 4 km in der Stunde kam dieser erste Dampfwagen nicht hinaus. So gering der erste Erfolg auch war, die maßgebenden Persönlichkeiten erkannten die Entwicklungsfähigkeit des Fahrzeuges, und der Kriegsminister Choiseul beauftragte Cugnot, einen neuen, zum Transport schwerer Geschütze dienenden, wesentlich kräftigeren Wagen zu bauen. 1770 war dieser Lastwagen (Fardier à vapeur) fertiggestellt.

Es handelte sich um einen schweren Dreirad-Lastwagen in Eichenholzkonstruktion. Vorne hing frei in schmiedeeiserner Umfassung der teekesselförmige Papinsche Dampfkessel, dessen mäßig gespannter Sattdampf von etwa 3 atü zwei einfach wirkenden, nach unten offenen, stehenden Dampfzylindern aus Bronze — 330 mm Durchmesser und 330 mm Hub — zugeführt wurde, deren starre Kolbenstangen unter Zwischenschaltung eines Sperradgetriebes an den am vorderen Rad um 180 Grad versetzten Kurbeln anfaßten. Verteilt wurde der Dampf durch einen zwischen den Oberteilen des Zylinders angeordneten Vierwegehahn. Die Umsteuerung der Maschine erfolgte durch Umstellen der die Kolbenkräfte auf das Treibrad übertragenden Sperrklinken. Durch Drehen der Vorderachse ließ sich

der Wagen vom Führersitz aus lenken. Das muß trotz des benutzten Zahnradvorgeleges auch für sehr kräftige Führer nicht leicht gewesen sein. Die zu befördernde Last sollte etwa 4500 kg betragen und mit einer Stundengeschwindigkeit von 4 km auf ebener Straße befördert werden. Zur Vergrößerung der Straßenreibung war das Antriebs-(Vorder-)Rad geriffelt. Zu schwer lenkbar, fuhr dieser Wagen bei seiner ersten Ausfahrt gegen eine Mauer, die, ohne daß er selbst viel Schaden genommen hätte, arg zugerichtet wurde. Dieser Unfall war der Grund, weshalb weitere Versuche unterblieben.

Dampfwagen von Richard Trevithick um 1791.

Dampfwagenmodell von William Murdock um 1784. Zwecks besserer Wärmenutzung war der Zylinder in den Kessel eingebaut. Kraftübertragung auf die Räder über Balancier.

Links:
**Dampfwagen mit Schiebefüßen von David Gordon (um 1824).**

Rechts:
**Werbeaushang von Joseph Božek für seine Dampfwagen-Vorführung in Bubenitsch 1815.**

**Das Dampf-Velociped kann als Vorläufer aller motorisierten Zweiräder gelten, blieb jedoch nur Prototyp und das insbesondere in dieser Karikatur von 1818.**

Ein Schweizer Offizier namens Planta bemühte sich zu dieser Zeit um die Schaffung eines Dampfwagens, brach aber seine Experimente sofort ab, als er von Cugnots Tätigkeit erfuhr.
Noch bevor in England die dann über Jahrzehnte vorangetriebene Weiterentwicklung des Dampfstraßenwagens richtig einsetzte, nahm sie in Nordamerika bereits ihren Anfang, um — wenn auch mit kleinen Unterbrechungen — bis heute fortgeführt zu werden. Diesem Umstand haben wir die ausgereiften Konstruktionen zu verdanken, die heute sogar imstande wären, die Problematik der Luftverschmutzung, soweit sie durch das Kraftfahrzeug verursacht wird, zu verringern.

Schon lange vor der Französischen Revolution erkannte man in Nordamerika anscheinend, daß die unendlichen Weiten dieses Kontinents ohne technische Hilfsmittel nicht zu überwinden sein würden und insbesondere die Landwirtschaft ohne Einsatz von Maschinen kaum auskommen konnte.
Es war vor allem der damals bereits berühmte Dampfmaschinen-Ingenieur Oliver Evans, der ab 1772 versuchte, eine von ihm erfundene Hochdruckdampfmaschine für automobile Zwecke nutzbar zu machen. Das von ihm um 1786 eingebrachte Ansuchen um ein Patent auf seinen Dampfwagen wurde vorerst abgewiesen, da man seine Vorschläge für zu

VÉLOCIPÉDRAISIAVAPORIANNA.

waren nicht nur unerhört hoch, die zu erwartenden Leistungen erfolgten auch noch sehr saumselig.

Die erste Eisenbahnlinie Liverpool—Manchester wurde 1827 als erste verzweifelte Maßnahme gegen diese Ausbeutung gegründet und sollte ursprünglich mit Seilzug — wie in Bergwerken — betrieben werden. Die Begeisterung, mit der man Stephenson, der ursprünglich als Huntejunge und Pferdewärter begonnen hatte, dankte, als er das Problem mit seiner berühmt gewordenen Lokomotive „Rocket" ein für allemal löste, wird deshalb umso verständlicher.

Richard Trevithick aber, der „Vater der Lokomotive", hatte mit seinen Bemühungen um die Schaffung und Anerkennung der Straßen- und später der Schienenlokomotive als erster den Weg zu dieser keineswegs nur technischen Großtat gewiesen, die schießlich allen Völkern zugute kam.

Welche Bedeutung der Lösung der Verkehrsfrage in England tatsächlich zukam, geht u. a. aus den damals gegebenen Transportverhältnissen hervor, die denkbar ungünstig waren. Die großen Binnenschiffahrtsgesellschaften, die fast alle wichtigen Ferntransportwege beherrschten, hatten sich zu einem Ring zusammengeschlossen. Sie mißbrauchten ihre Monopolstellung grob und brachten schließlich im ersten Viertel des 19. Jahrhunderts beinahe den gesamten inneren Waren- und Personenverkehr auf den schiffbaren Flüssen und dem damals bereits ausgedehnten Kanalnetz unter ihre Kontrolle. Die Tarife

**Stephensons Lokomotive „Rocket", die Siegerin von Rainhill.**

**Oben:
Die Eisenbahnstrecke Liverpool—Manchester mit ihrer kreuzungsfreien Trassenführung setzte neue Maßstäbe.**

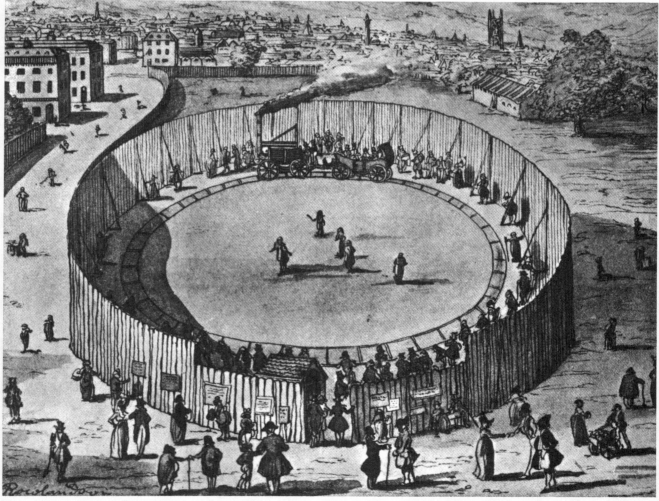

**1808 konnte jedermann gegen Entgelt mit einer Lokomotive von Richard Trevithick, dem „Vater der Lokomotive", auf dem Euston Square in London fahren oder sie besichtigen.**

phantastisch hielt, und erst elf Jahre später erteilt. Infolge drin- genderer und lohnenderer Unternehmungen kam Evans erst nach 1800 dazu, sein Projekt mit Unterstützung durch Robert Patterson auszuführen. Im Winter 1803/04 gelang es Evans, die erste Straßenlokomotive „im Angesicht von wenigstens 20.000 Zuschauern durch die Straßen von Philadelphia bis an den Schuykill-Fluß" zu fahren. Es handelte sich um ein Boot auf vier Rädern mit einem Schaufelrad am Heck, also ein Land- und Wasserfahrzeug, das anscheinend genau auf die damaligen amerikanischen Verhältnisse zugeschnitten war. Angetrieben wurde es durch eine Hochdruckmaschine mit einarmigem Balancier. Von der Bedeutung der Anwendung der Dampfkraft für den Verkehr überzeugt, prophezeite er: „Ich zweifle nicht, daß meine Maschinen noch die Boote auf dem Mississippistrom aufwärts treiben und auf den Straßen, dem Lande zum Nutzen, verkehren werden. Es wird eine Zeit kom- men, wo man mit dem Dampfwagen von einer Stadt zur ande- ren fast so schnell, wie die Vögel fliegen, reisen wird. Am

Morgen wird ein Wagen aus Washington abgehen, dessen Insas- sen an demselben Tage in Baltimore frühstücken, in Philadelphia zu Mittag und in New York zu Abend speisen werden."
Ohne praktischen Erfolg blieb auch ein zweiter Nordamerika- ner, der sich vor allem in der Dampfschiffahrt einen Namen gemacht hat: Nathan Read aus Massachusetts. Er beschäftigte sich von 1788 an mit Dampfwagen und erhielt 1790 auch ein Patent auf einen vierrädrigen Dampfstraßenwagen mit zwei waagrecht angeordneten Zylindern. Die Kolbenstangen liefen in Zahnstangen aus, die in ein entsprechendes Getriebe eingrif- fen. Read verwendete als erster einen vielröhrigen Kessel, der eine unerläßliche Vorbedingung bei allen Dampfwagenkon- struktionen ist. Er wollte auch den Rückstoß des Dampfes nutzbar machen und ließ diesen deshalb rückwärts ausströ- men. Ein Modell seines Wagens stellte er aus, scheint aber keine wesentliche Unterstützung gefunden zu haben.
Die weitere Entwicklung brachte in Nordamerika früh Land- wirtschaftsmaschinen hervor, die bald erfolgreich eingesetzt

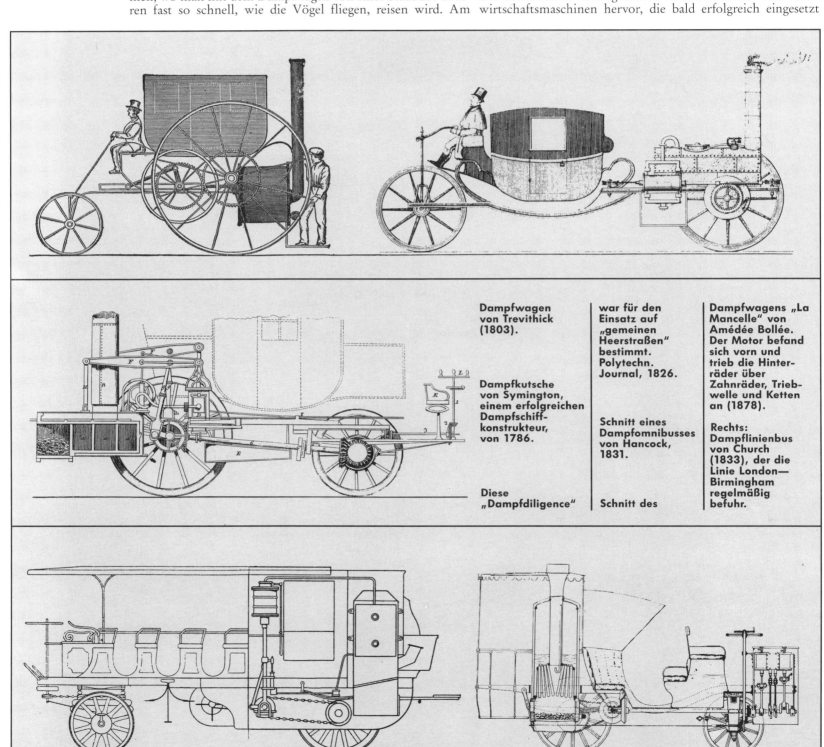

Dampfwagen von Trevithick (1803).

Dampfkutsche von Symington, einem erfolgreichen Dampfschiff-konstrukteur, von 1786.

Diese „Dampfdiligence"

war für den Einsatz auf „gemeinen Heerstraßen" bestimmt. Polytechn. Journal, 1826.

Schnitt eines Dampfomnibusses von Hancock, 1831.

Schnitt des

Dampfwagens „La Mancelle" von Amédée Bollée. Der Motor befand sich vorn und trieb die Hinter-räder über Zahnräder, Trieb-welle und Ketten an (1878).

Rechts: Dampflinienbus von Church (1833), der die Linie London—Birmingham regelmäßig befuhr.

wurden. Sicher bestimmten auch hier nicht zuletzt die schlechten Straßen diesen Trend. Sie waren in weiterer Folge ja auch in England und auf dem Kontinent zu dieser Zeit eines der größten Hindernisse für die Entwicklung von motorbetriebenen Straßenwagen. Oliver Evans hat das früh zur Kenntnis nehmen müssen, als er meinte: „Bedenkt man die Hartnäckigkeit, die von seiten der meisten Menschen jedem Fortschritt entgegengesetzt wird, sieht man, wieviel es brauchte, um von schlechten Straßen auf Chausseen, von Chausseen auf Kanäle, von Kanälen auf Eisenbahnen zu kommen, so scheint es töricht, zu erwarten, daß man in einem Wundersprung von schlechten Straßen auf Dampfwagen gelangen kann. Ein Schritt vorwärts in einer Generation ist alles, was man erreichen kann."

In England aber entwickelte sich in den letzten Jahren des 18. und im ersten Drittel des 19. Jahrhunderts, gerade zur Zeit, als dieses Land die unbestrittene Weltmeisterschaft der Ingenieurkunst und des Gewerbes innehatte, eine wahre „Vorblüte des

Automobilismus". Das Inselreich ist daher als das klassische Land der Dampfstraßenfahrzeuge anzusehen. Namhafte Ingenieure bemühten sich, durch Konstruktion und Führung von Dampfstraßenwagen eine Umwälzung des Transportwesens herbeizuführen. In den Jahren 1824 bis 1834 befuhren zahlreiche solcher Wagen die Straßen um London. Auf die Entwicklung dieser Transportart wurden die größten Hoffnungen gesetzt. Sie waren sicher berechtigt, wenn sie auch mit den technischen Mitteln jener Zeit und bei der Feindseligkeit, die die neue Verkehrsart bald auslöste, noch nicht voll verwirklicht werden konnten.

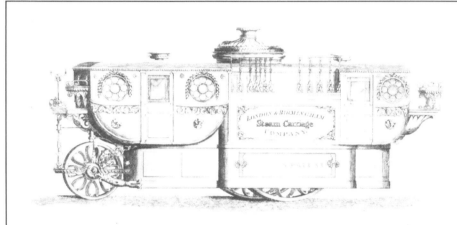

James Watt, der Altmeister des Dampfmaschinenbaues, hatte 1784 in seine fast alle Anwendungsmöglichkeiten der Dampfmaschine umfassenden Patente auch die Konstruktion eines Dampfwagens aufgenommen. Er selbst war zwar verhindert, diese Idee zur Ausführung zu bringen, aber er sicherte sein Vorrecht darauf, obwohl er selbst daran gezweifelt haben soll,

Unten:
Diese Karikatur
von 1842 zeigt die
zu erwartenden
chaotischen Folgen
eines weiteren
Anwachsens des
Straßenverkehrs
mit Dampfwagen.

daß Dampffahrzeuge jemals zu irgendwelcher praktischer Bedeutung gelangen könnten.

Watts Patent sieht jedenfalls einen zylindrischen oder kugelförmigen Kessel mit Holzverkleidung oder aus dünnem Metall mit innerer Feuerung vor. Der Dampf pufft ins Freie aus oder strömt in einen Oberflächenkondensator. Die Maschine hatte zwei doppeltwirkende Zylinder, die abwechselnd auf eine oder mehrere Achsen arbeiten sollten. Die Geschwindigkeit sollte durch ein Zahnradgetriebe geregelt, die Kraftübertragung von den Rädern auf die Achse durch Sperräder bewerkstelligt werden.

Aus dieser Zeit ist übrigens eine Episode bekannt, die für den Motorenbau und die Kraftfahrt der nachfolgenden Zeit von nicht geringer Bedeutung sein sollte.

James Watt sah sich eines Tages genötigt, eine Maßeinheit für die Leistung seiner Dampfmaschinen zu finden. Es war vor allem wichtig, ein Vergleichsmaß aufzustellen, das zum Ausdruck brachte, wie viele im Dauerbetrieb am Göpel gehende Pferde seine Dampfmaschinen zu ersetzen vermochten.

Daß Watt seine Versuche bei einem schlauen Brauereibesitzer in Birmingham namens Welbread anstellte, hatte lange seine besonderen Auswirkungen. Welbread gab nämlich den Auftrag, Watt die stärksten und bestgefütterten — angeblich außerdem durch Alkohol gedopten — Pferde aus seinem Stall zu überlassen. Bei ununterbrochener, äußerster Kraftanstrengung pumpten die Tiere in acht Stunden eine Wassermenge auf eine Anhöhe, der eine durchschnittliche Leistung von 73½ Meterkilogramm in der Sekunde entsprach. Watt verstand von Pferden weit weniger als von seinen Maschinen und nahm diese Leistung als gesunden Durchschnitt. Er nannte die erreichte

Leistung ein „Horsepower" (HP). Dieses Maß erfuhr auf dem Kontinent eine Erhöhung auf 75 Meterkilogramm in der Sekunde (Pferdestärke = PS). Damit war die Grundeinheit für die Motorleistung gegeben.

Die Vergleichszahl war von vornherein nicht glücklich gewählt, denn während ein Pferd für Momente ein Vielfaches an PS zu leisten imstande ist, erzielt es im Dauerbetrieb höchstens ¾ PS. Dies ist darauf zurückzuführen, daß das Pferd außerordentlich überlastbar ist, während Maschinen auf Überlastungen in der unangenehmsten Weise zu reagieren pflegen.

Wenn Watt selbst auch keinen Dampfwagen baute, so doch sein Betriebsingenieur William Murdock. Er beschäftigte sich mit praktischen Versuchen, ein selbstbewegliches Fahrzeug zu konstruieren, und entwarf und baute im Jahre 1781 zunächst das Modell eines dreirädrigen Dampfwagens, das er mit einem kleinen Maschinchen von ¾ Zoll Durchmesser und 1½ Zoll Hub ausrüstete. Die Flinkheit der Bewegungen begeisterte die Zuschauer, und der Vertreter Watts berichtete diesem sehr erfreut über den Erfolg des kleinen Modells. Im Jahr 1784 baute Murdock ein weiteres dreirädriges Versuchsfahrzeug, mit dem er Fahrversuche unternahm. Es bedurfte jedoch der Arbeit zweier weiterer Jahre, bis er Watt die Mitteilung machen konnte, daß es gelungen sei, das Modell eines wirklich brauchbaren Dampfstraßenwagens fertigzustellen. Von einem weiteren Versuch ist jedoch nichts bekannt.

Dieses Dampfdreirad von Murdock wird in der Birmingham Art Gallery aufbewahrt. Es hat einen hinter der Treibachse angeordneten kastenförmigen kupfernen Kessel mit Spiritusheizung, in den, nur mit seinem oberen Teil hervorragend, der ¾ Zoll weite Zylinder eingebaut ist. Die Maschine ist doppeltwirkend, die Kolbenstangen greifen an einem langen einarmi-

gen Hebel an, von dem aus die Kraft mit Schubstange und Kurbel auf die Treibachse übertragen, während der Dampf durch eine Art Rohrschieber verteilt wird. Eines der Hinterräder sitzt lose auf der Achse. Die Notwendigkeit eines Differentials kam damit schon sehr deutlich zum Ausdruck.

Im Jahre 1786 traten die beiden Brüder Georg und William Symington, die als Ingenieure einer Kohlengrube in Wanlockhead in Schottland lebten, mit einer dreirädrigen Dampfkutsche an die Öffentlichkeit, von der man bald viel Aufhebens machte. Voreilige Propheten weissagten sogar, bevor diese Dampfkutsche überhaupt noch gefahren war, daß sie die pferdegezogene Postkutsche bald völlig verdrängen werde. Die Dampfkutsche der Symingtons ist aber den Postpferden niemals ein gefährlicher Konkurrent geworden, und die Brüder wandten sich bald von den Versuchen ab. Bemerkenswert ist, daß Robert Fourness aus Elland in Halifax und James Ashworth bereits 1788 ein Patent auf einen Traktor erhielten, der

durch einen vertikalen Dreizylindermotor ohne Kondensator betrieben werden sollte. Bald folgten zahlreiche weitere Erfinder. Der genialste und erfolgreichste unter ihnen, Richard Trevithick (1771—1833), dem u. a. die Einführung des Hochdruckdampfes im Kraftmaschinenbau zu danken ist, führte am Weihnachtsabend des Jahres 1801 eine Probefahrt mit einem dreirädrigen Straßendampfwagen durch, der mit Passagieren besetzt war.

In den Grubenbezirken Cornwalls, mitten zwischen den gewaltigsten Maschinenanlagen der damaligen Zeit aufgewachsen, hatte Trevithick schon als Kind Gelegenheit, Murdocks kleinen Dampfwagen zu bewundern. Früh begann er sich mit Dampfmaschinen zu beschäftigen und verwendete im Gegensatz zur Praxis von damals höher gespannte Dämpfe, verzichtete vielfach auf die Kondensation und erhielt dadurch derart kleine und einfache Maschinen, daß es zunächst unmöglich schien, mit ihnen gute Leistungen zu erzielen. Watts

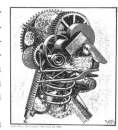

**Oben:
André Poyet: Der Erfinder (Holzstich um 1890).**

**Friedrich Voigtländer warb 1834 für die Besichtigung eines englischen Dampfwagens im Circus Gymnasticus im Wiener Prater.**

**Rechts:
Dampfkutsche für den regelmäßigen Verkehr zwischen englischen Städten (1833).**

**Dampfgetriebenes Straßenfahrzeug um 1830 in England, ein Schnellpostwagen von Goldsworthy Gurney (16 km/h).**

**Vorschlag für einen Dampfmaschinenpflug. Deutsches Flugblatt von 1830.**

Firma strebte vergeblich an, daß die Hochdruckmaschine verboten würde, da sie lebensgefährlich sei, die Regierung aber sandte Ingenieure zu Trevithick, die sich davon überzeugen sollten, ob Dampfmaschinen wirklich ohne Kondensation betrieben werden könnten.

Der kleine Raumbedarf, das geringe Gewicht und die allgemeine Einfachheit der Maschine Trevithicks machten sie für den Verkehr besonders geeignet. Schon im Jahre 1797 baute er das Modell einer Straßenlokomotive, das ausgezeichnet arbeitete. Es hatte einen doppeltwirkenden, senkrecht angeordneten Zylinder von 1,55 Zoll Durchmesser und 3,6 Zoll Hub, der fast vollständig in den Kessel hineinhing. Um bei nur einem Zylinder über den toten Punkt hinwegzukommen, fand man das Schwungrad für unerläßlich. Der Kessel war zylindrisch mit einem ovalen Flammrohr, in das ein in besonderem Feuer stark erhitzter gußeiserner Block als rauchlose Feuerung eingeschoben werden konnte.

Stark beeinflußt von der allgemein verbreiteten Meinung seiner Zeitgenossen, daß die Räder durch ihre glatte Lauffläche auf der jeweiligen Fahrbahn nicht greifen, also durchdrehen würden, wollte sich Trevithick, bevor er daranging, die Versuche im großen fortzusetzen, davon überzeugen, ob diese Ansicht berechtigt sei. Im Sommer 1801 unternahm er mit seinem Freund Davis Gilbert einen sehr einfachen Versuch. Sie belasteten einen normalen Wagen und brachten seine Räder durch Eingreifen in die Speichen zum Drehen, so daß er sich bewegte. Das so sehr gefürchtete Gleiten der Räder trat zu ihrer Genugtuung so wenig auf, daß daraufhin sofort ein großer Dampfwagen in Angriff genommen und am Weihnachtsabend 1801, wie bereits erwähnt, erstmals in Betrieb gesetzt wurde. „Captain Dick", wie man Trevithick in seinem Heimatort nannte, fuhr kühn die Fahrstraße entlang und ließ von den neugierigen Zuschauern so viele aufspringen, wie die Maschine Platz bot. Sieben oder acht Personen sollen diese erste Ausfahrt mitgemacht haben. Einer dieser Mitfahrenden erzählte später begeistert, daß der Wagen, den das Volk den „puffenden Teufel" nannte, eine beträchtliche Steigung „wie ein kleiner Vogel" hinaufgefahren sei. Trevithick fand in seinem Vetter Vivian einen Teilhaber, der gemeinsam mit ihm um ein Patent auf die Hochdruckmaschine und den Dampfwagen ansuchte, das 1802 auch erteilt wurde.

Die Bauart dieses ersten Dampfwagens war folgendermaßen: Der zylindrische Kessel war aus Gußeisen. In ihm lag das schmiedeeiserne Flammrohr mit Innenfeuerung. In ihn hinein hing der Dampfzylinder, der mit zwei Schubstangen die unter ihm liegende Treibachse in Bewegung setzte. Da es sich um Hochdruckdampf ohne Kondensator handelte, kam der Kesseldampf mit hoher Spannung in den Zylinder und drückte den Dampfkolben vorwärts, um dann direkt ins Freie auszupuffen, wobei der Abdampf durch einen über dem Kessel angeordneten Vorwärmer in den Schornstein ging. Der Dampfdruck betrug rund 4 atü. Der gußeiserne Kessel diente als Tragrahmen und als Maschinengestell.

Ein zweites Dampfwagenmodell wurde 1802 in Camborne versucht und 1803 nach London gesandt, wo es die Aufmerksamkeit einflußreicher Kreise auf sich zog. Es wies bereits wesentliche Verbesserungen auf und war erheblich leichter. Der waagrecht angeordnete Zylinder ermöglichte eine größere Gleichmäßigkeit der Bewegung. Die bei diesem Dampfwagen verwendeten sehr großen Räder (2,4 m) waren für die schlechten Straßen günstiger. Der Wagen faßte acht bis zehn Personen und fuhr 6,4 bis 8 km, zuweilen auch 13 bis 16 km in der Stunde. In London erregte diese Anwendung der Dampfkraft das größte Aufsehen. Die praktischen Erfolge aber waren vor allem wegen der schlechten Straßen so gering, daß Trevithick sich vom Straßendampfwagen ab- und der Schienenlokomotive zuwandte, die dann Stephenson zum endgültigen Sieg führte.

Trevithick erkannte nach ersten Erfolgen, die jedoch keine Unterstützung für weitere Entwicklungen brachten, daß er seine Erfindungen einem größeren Publikum zugänglich machen müsse als dies durch bloße Ausfahrten möglich war. Da seine Mittel langsam zu Ende gingen, pachtete er nahe London ein brachliegendes Stück Land — auf dem sich heute

kurioserweise ein großer Bahnhof Londons befindet — und errichtete dort innerhalb einer Plankeneinfassung eine kleine Kreisbahn, auf der er seine zuletzt erbauten Lokomotiven eine Kutsche ziehen ließ. Für Besichtigung und Rundfahrt wurden Gebühren eingehoben, wodurch Trevithick zu entsprechenden Mitteln für seine Weiterarbeit zu kommen hoffte.

Diese Kreisbahn stellte die erste auf Schienen laufende Dampfeisenbahn der Welt dar. Sie bewirkte tatsächlich, daß sich ein umfangreiches Publikum mit der Schienenbahn vertraut machen konnte. Aber obwohl der Zulauf ziemlich groß gewesen sein soll, konnte der finanzielle Zusammenbruch des Erfinders nicht mehr verhindert werden. Seine Lokomotiven wurden in einzelne Teile zerlegt und als Alteisen verkauft. Dieses verdiente Genie starb bald darauf im Elend. Er war der erste, der das Lokomotivtraktionssystem zur Durchführung von Transporten benützte.

Nach Trevithick versuchten sich eine ganze Reihe anderer Erfinder an den Straßendampfwagen. Neben technisch wertvollen Vorschlägen tauchten phantastische, wenn auch geistreiche Ideen auf, von denen viele nie praktischen Erfolg erzielten. Nach wie vor vermutete man eine besondere Schwierigkeit im Gleiten der Räder auf der Straße. Während man bis dahin stets getrachtet hatte, für die von Zugtieren gezogenen Fahrzeuge die Fahrwiderstände durch Verbesserung der Straße herabzusetzen, wurde nun bei Einführung der motorisch betriebenen Fahrzeuge — obwohl die Versuche Trevithicks gerade das Gegenteil erwiesen hatten — befürchtet, daß diese Wagen wegen zu geringer Adhäsion zwischen glatten Treibrädern und der Oberfläche der Fahrbahn sich nicht würden fortbewegen können. Die Treibräder wurden mit eisernen, vorspringenden Nägeln oder Flacheisenstücken versehen. Unangenehm wirkten sich für die Straßen krallenartige, eiserne Haken aus, die sich, am Umfang der Räder angebracht, besonders bei Steigungen in den Boden eingraben sollten. Am sonderbarsten scheint uns heute jedoch die damals von vielen vorgeschlagene und auch ausgeführte Verwendung von Schiebestangen, die sich hebelartig — eine Nachbildung der Tierfüße — gegen den Boden stemmten und dabei den Wagen nach vorn stießen.

W. Brunton wandte diese Füße 1813 zuerst bei einer Eisenbahnlokomotive an, die sogar so lange in Dienst stand, bis der Kessel explodierte. 1824 ließ sich David Gordon einen Wagen schützen, dessen Antrieb wie Pferdefüße wirken sollte. Als man aber bemerkte, daß der Wagen besser lief, wenn die Beine den Dienst versagten, kamen die nachgeahmten Pferdefüße wieder außer Gebrauch.

1822 wurde dem gleichen Erfinder ein noch merkwürdigeres Dampffahrzeug gesetzlich geschützt, das ein Beispiel für die phantastischen Blüten ist, die technischer Erfindergeist manchmal zu treiben vermag. Die Lokomotive sollte im Innern einer 2,7 m weiten und 1,5 m breiten Trommel emporklettern, sie dadurch fortrollen und dabei den eigentlichen Wagen vor sich herstoßen.

Praktische Erfolge aber hatte Griffith 1821/22 zu verzeichnen. Seine Dreitonnen-Lastwagen vermochten fünf Meilen in der Stunde zu fahren und wiesen angeblich 25 Prozent Ersparnis gegenüber dem Pferdetransport auf. Griffith verwendete eine Oberflächenkonstruktion mit Luftkühlung, wobei flache, gruppenweise miteinander verbundene Röhren zur Kühlung dienten. Burstall und Hill bauten 1824 einen Dampfwagen, dessen Maschine der Evans'schen glich und die durch einen ungeheuren Balancier ein charakteristisches Aussehen erhielt. Was diesem Fahrzeug aber besondere Bedeutung verlieh, war der Umstand, daß es sich hierbei um den ersten Kardanwagen handelte, der auch eine Kegelradübertragung wie der moderne Benzinwagen aufwies. Erst 80 Jahre später kam Serpollet wieder auf diese Antriebsart zurück. Dieser Dampfwagen besaß noch kein Differential. Das wurde dadurch ausgeglichen, daß seine beiden Räder mittels Sperrwerken auf der Achse saßen, wodurch wenigstens das Gleiten in den Kurven vermieden werden konnte.

Die erste maschinenbetriebene, geschlossene Kutsche wurde in Winson-Grun in England im Jahre 1825 von William James

**Dampfpflug aus dem Jahr 1845 (Fliegende Blätter).**

mit Unterstützung von Sir James Anderson verfertigt. James wandte Wasserröhrenkessel und kleine Dampfzylinder mit Hochdruck an, die getrennt auf jedes Treibrad wirkten. Beim Kurvenfahren wirkte die Lenkung auf die Drosselventile in der Weise, daß der eine der Zylinder mehr Dampf erhielt als der andere.

Ungeheure Schwierigkeiten hatten die Erfinder bei der Konstruktion der Dampferzeuger zu überwinden. Hier mußten neue Wege beschritten werden. Außer geringem Gewicht und kleinem Raumbedarf war eine möglichst große Sicherheit gegen Explosion erforderlich. Das führte fast durchwegs zu Konstruktionen mit kleinem Wasserraum, zu Heizrohr- und Wasserrohr- oder sogenannten Kammerkesseln. Hier bewährten sich insbesondere die Kessel von Goldsworthy Gurney aus Cornwall, einem Mann von hoher wissenschaftlicher Begabung, und jene von Walter Hancock. Die erste große Zeit, die dem motorbetriebenen Straßenfahrzeug beschieden war, wurde durch die Bemühungen Gurneys eingeleitet. Er war als Arzt und Chemiker durch Versuche auf dem Gebiet der Wärmelehre bewogen worden, sich eingehender mit der Dampfmaschine zu beschäftigen und ihre Ausnutzung für den Verkehr ins Auge zu fassen.

Gurneys Kessel bestand aus mehreren nebeneinander angeordneten Rohrbündeln, die in zwei größere, zylindrische Gefäße mündeten. Darüber lag als Wasserabscheider und Dampfbehälter ein größerer Zylinder. Zwischen den Röhren, so daß die untere Rohrreihe zugleich als Rost diente, fand die Feuerung statt. Interessant ist die Lenkung der Gurneyschen Wagen, die praktisch aus einem vor diesem herlaufenden, schwach belasteten Lenkräderpaar bestanden hat.

Hancocks Kessel — 1827 patentiert — hielt Faraday, einer der sachkundigsten Maschinenbauer der damaligen Zeit, für den besten. Der Erbauer verwendete dünne Kammern, die er in verschiedener Anzahl batterieähnlich zu einer Einheit verband. Es war vorteilhaft, daß dadurch der Raumbedarf gering und ein leichtes Auswechseln schadhafter Kammern möglich war.

**Unten:**
**L'Obéissante von**
**Amédée Bollée**
**um 1873.**
**Erstes Fahrzeug**
**mit Einmann-**
**bedienung.**

Die mit diesen Kesseln ausgerüsteten Gefährte waren schwerfällig, und schwer und kompliziert war es auch, sie zu lenken. Zuerst konstruierte Hancock ein Phaeton-Tricycle für vier Personen, später einen Wagen etwa in der Form unserer Kremser, bei dem der Kessel in einer Art Koffer untergebracht war, und endlich eine ganze Anzahl von Omnibussen, die 17 Personen zu befördern vermochten und regelmäßigen Liniendienst versahen.

Der Erhöhung der Betriebssicherheit dienten damals schon Schmelzpropfen, Sicherheitsventile, Probierhähne, Wasserstandsgläser und gewöhnlich auch ein Kolbendruckmesser (alte Bezeichnung und Ausführung des Manometers). Die Rohrleitung war oft äußerst kompliziert. Bei den Gurneyschen Wagen, bei welchen sich der Kessel hinten, die Maschine unter dem Wagen und der Einlaßhahn vorne am Führersitz befanden, gab der Konstrukteur selbst ganz naiv zu, daß von den 5 bis 9 atü, mit denen er im Kessel arbeitete, höchstens noch 1,4 atü zum Zylinder kämen.

Die Anordnung der Maschinen war von großer Vielfalt. Nach den anfänglich oft auf Irrwegen vorwärtsschreitenden Entwicklungen Gurneys und nach Verminderung des Wagengewichtes von 4 Tonnen auf 1750 kg begannen seine Fahrzeuge einwandfrei zu funktionieren. Er richtete einige Omnibuslinien ein, die als Sehenswürdigkeit galten.

Ein Bericht über die Fahrt mit einem dieser Wagen besagt, daß die ersten sechs Meilen in 35 Minuten zurückgelegt wurden und dann wegen Wasseraufnahme gehalten werden mußte. Bei der langsamsten Fahrt bergan wurden mit viel Mühe acht Stundenkilometer, im weiteren Verlauf der Fahrt aber 22 bis

24 Kilometer in der Stunde erreicht — bei den damaligen Straßenverhältnissen eine enorme Leistung. Der Dampf zum Anfahren konnte angeblich in weniger als fünf Minuten erzeugt werden.

Größere Erfolge erzielte Walter Hancock mit Fahrzeugen, die nach Gurneys Ideen fortgebildet worden waren. Hancock verwendete nach mehreren Versuchen bald ausschließlich stehende Maschinen mit über der Kurbelwelle angebrachtem Zylinder. Die unmittelbar neben dem Kessel angeordnete Maschine war vor ungünstigen Witterungseinflüssen geschützt und außerdem leicht zugänglich.

Diese Maschinenanordnung hatte sich auf allen Dampfwagen am besten bewährt. Der erste dieser Wagen, der „Infant", kam 1831 auf der Straße Stratford—London in Betrieb und war das erste Automobil, das in regelmäßigen Fahrten gegen Entgelt Personen beförderte.

Die Kraft übertrug Hancock von der Kurbelwelle mittels eines Kettentriebes auf die Treibachse. Statt der Kette verwendeten andere Riementriebe. Es finden sich weiters Antriebe durch Sperräder, Klinken und unmittelbar an der Triebwelle angreifende Kurbeltriebe.

Die Zahl der englischen Konstrukteure, die sich zu jener Zeit mit dem Bau von Straßendampfwagen beschäftigten, ist ziemlich groß. Dr. Church war der Schöpfer eines äußerst prunkvollen dreirädrigen Dampfwagens, der etwa 1832 die Straßen zwischen London und Birmingham befuhr und lange Zeit als das Schulbeispiel einer Dampfwagenkonstruktion galt. Er soll als erster Ketten als Übertragungsmittel angewendet haben.

**Dampf-**
**Velocipède**
**von 1869.**

**Dampf-**
**Motorrad von**
**1879. Drei-**
**rädriges Modell**
**von Perreaux.**

**Dreirädiges**
**Dampfmobil**
**aus Ungarn, 1875,**
**von Ferenc Preiner.**

J. Squire, früher Arbeiter bei Gurney, baute mehrere praktisch erprobte Wagen. Es handelte sich vor allem um vierrädrige Wagengestelle, die vorne die Wagenkasten und den Kutschbock für die Passagiere trugen, während sich hinten der Kessel und der Sitz für den Heizer befanden. Unter dem Wagen waren die Zylinder liegend angeordnet. Der mit einem Dampfsammler in der Mitte ausgestattete, senkrechte Röhrenkessel hatte einen Arbeitsdruck von 12 atü! Ein Druck also, den die Ingenieure in vielen anderen Zweigen der Technik sich erst ein halbes Jahrhundert später anzuwenden getrauten. Dieser Wagen lief 1700 Meilen ohne Reparatur. Die Betriebskosten sollen äußerst gering gewesen sein, während die Geschwindigkeit durchschnittlich 14 Meilen pro Stunde betrug.

Es muß um diese Zeit gewesen sein, daß Richard Roberts von der Firma Sharp, Roberts & Co., Manchester, einen Wagen mit einem Differentialgetriebe ausstattete. 1840 verwendete auch F. Hill ein Ausgleichsgetriebe, das ausdrücklich als „Compensating gear" bezeichnet wurde.

Dampfwagen von damals bewältigten angeblich Steigungen bis zu 30 Prozent. Zahnradvorgelege waren zwar bekannt, im allgemeinen aber fuhr man auf ebener Strecke mit stark gedrosseltem Dampf und öffnete bei Steigungen die Drosselklappe ganz. Einer der Erfinder spricht sehr geheimnisvoll von einer „preparation", die er vor jeder Steigung anstellte. Sie bestand wohl darin, daß er vorher anhielt, das Feuer stark anfachte und das Sicherheitsventil festband, um dann, wenn die Dämpfe „sehr stark" waren, plötzlich loszufahren. Derselbe Dampfwagenbesitzer schlug auch ernsthaft vor, Wagenräder verschiedener Größe mitzuführen, um die Zugkraft nach Bedarf

Straße in Abständen von etwa 20 km Heißwasser- und Koksstationen zu errichten.

Das Dampfautomobil hat damals in England seine große Verbreitung gefunden. 1830 gab es etwa 26 Dampfwagen in der unmittelbaren Umgebung Londons, und in ganz England wurde ihre Zahl bereits auf 100 geschätzt. Im Straßenbild von London wirkte der Dampfwagen damals nicht mehr aufsehenerregend, man war ihn gewöhnt. Die Anteilnahme der Öffentlichkeit an diesem neuen Verkehrsmittel war eine äußerst lebhafte. Die Zeitungen beschäftigten sich mit der Neuerung und waren bemüht, über Vor- und Nachteile der Dampfwagen zu informieren und aufzuklären. Die Gegner hingegen zählten mit boshafter Ausführlichkeit alle Mißerfolge und Unglücksfälle der Dampfwagen auf und riefen nach der Polizei zum Schutze des friedlichen Staatsbürgers. Sie fragten, was aus all den Fuhrleuten und Eilwagenbesitzern werden solle. Witzblätter zeigten drastisch, welch ungeheuerliche Gefahren dem armen Fußgänger durch das neue Verkehrsmittel drohten.

Die Freunde des Automobils aber wiesen vor allem auf die volkswirtschaftliche Bedeutung hin, die ihm durch den Umstand zukam, daß Großbritannien und Irland damals allein für den Handelsverkehr etwa zwei Millionen Pferde brauchten. Von dem Ertrag einer Bodenfläche aber, die das Futter für ein Pferd liefert, könnten sich acht Menschen ernähren. Durch Ersatz der Pferde, die nur dem Handel dienten, wären demnach die Daseinsbedingungen für 16 Millionen Menschen gesichert. Auch an die Tierquälerei wurde gedacht, die sich durch Einführung des Automobils verringern

Dampfwagen als Massenverkehrsmittel. Obwohl hier übertrieben wird, hätte sich die Umweltfrage bei weiterem Anwachsen des Dampfwagenverkehrs mit Sicherheit bald gestellt.

durch Auswechseln der Räder zu erhalten. Die „Quarterly Review" beschrieb damals ironisch die Umständlichkeit der praktischen Durchführung dieses „herrlichen Manövers, dieser köstlichen Anstalten zum Reisen im 19. Jahrhundert". Was die Geschwindigkeit betrifft, so scheinen 16 bis 24 km in der Stunde üblich gewesen zu sein. Bei dem starken Dampfverbrauch der Maschinen mußte alle 16 bis 20 km mit einem Aufenthalt von 15 Minuten gerechnet werden, der für die durch kleine Handpumpen bewerkstelligte Wasseraufnahme erforderlich war. Daß die langen Aufenthalte unzuträglich waren, dessen war man sich bewußt, und es war geplant, längs der

ließ. Bei den theoretischen Erörterungen in den Zeitungen blieb es jedoch nicht allein. Auf den Straßen wurden die frühen Automobile vielfach von leidenschaftlich erregten Volksmengen umringt, die johlend und pfeifend die Fahrer verhöhnten und langsam fahrenden Wagen kaum den Weg freimachten, ja, Führer und Fahrgäste bedrohten und mit Steinen bewarfen. Wiederholt kam es auch zu blutigen Zusammenstößen, denen einige Male sogar durch Einschreiten von Militär ein Ende gemacht werden mußte. Die Straßen wurden oft derart aufgerissen, daß auch Eilkutschen steckenblieben. Wenn dann dem kühnen Dampfwagenfahrer bei dem

Diese Feststellungen wurden veröffentlicht und in einem „Locomotive Acts" genannten Gesetz niedergelegt. Mit der Entscheidung der Parlamentskommission hebt eine kurze Periode der Verbreitung der Dampfstraßenwagen in England an, die zu zahlreichen Gründungen von Dampfwagenfabriken führte.

Aber nicht nur gegen unverständiges Volk, Fuhrherren und Pferdebesitzer hatte der Straßendampfwagen zu kämpfen. In der Eisenbahn entstand ihm der gefährlichste Konkurrent. Man erkannte damals noch nicht, daß die Schienenfahrzeuge für die vielfältigen Transporte in den Straßen der Großstädte und auf dem flachen Land nicht immer ausreichten. Es wandten sich alle bedeutenden Techniker dem neuaufgegangenen Stern zu, ohne sich weiter um die Möglichkeit der Fortentwicklung der Motorfahrzeuge für Straßen zu kümmern. Außer diesem Mangel an Interesse der damals maßgebenden Konstrukteure und auch des großen Publikums für die weitere Ausbildung der Straßenfahrzeuge hat auch die Mißgunst der Eisenbahngesellschaften dem motorisierten Verkehr auf Straßen, speziell in England, die allergrößten Schwierigkeiten

Versuch, das Hindernis zu nehmen, ein Maschinenteil brach und Pferde das verhaßte Fahrzeug abschleppen mußten, war die Freude groß.

Diese Mißhelligkeiten und Widerstände standen aber im Gegensatz zu einer klaren Entscheidung des englischen Parlaments von 1825, das besagte, daß die Verbesserung der Verkehrsgelegenheiten nicht durch behindernde Vorschriften eingeengt werden dürfe. Die Fabrikanten und Automobilbesitzer machten auch gegen den Unfug der Schlagbaumabgaben und unbillige Lokalgesetze energisch Front und setzten es durch, daß sich 1831 die Kommission des englischen Unterhauses nochmals monatelang mit den Dampfwagen beschäftigte. Das Ergebnis war ein ausgesprochener Erfolg zu seinen Gunsten: „Sie lassen sich auf den Landstraßen mit einer durchschnittlichen Geschwindigkeit von 10 Meilen (16 km) stündlich betreiben. Sie können bei dieser Geschwindigkeit 14 Fahrgäste befördern. Das betriebsfertige Gewicht bleibt unter 3 Tonnen. Bedeutende Steigerungen können in beiderlei Richtung leicht und sicher überwunden werden. Die Fahrgäste sind in keiner Weise gefährdet. Die Dampfwagen, wenn richtig erbaut, stören oder belästigen durchaus nicht das Publikum. Der Dampfbetrieb ist schneller und billiger als der Pferdebetrieb. Die Wege werden durch die hier angewandten breiteren Radkränze mehr geschont."

Erster Traktor der Firma Case Comp. of Racine, Wiscounsin (1886).

**Links oben:** Eines der ersten Dampfwagenmodelle von Amédée Bollée (1878).

**Links unten:** Dampf-Automobil von De Dion-Bouton von 1884, das bei den ersten Automobilrennen eine Rolle spielte.

bereitet. Sie wurde von verschiedenen schweren Betriebsunfällen bei Dampfwagen begünstigt. Einer dieser Unglücksfälle ereignete sich am 23. Juni 1831 in London, und wenn er auch von keinen weiteren Folgen begleitet war, so datiert von da an doch eine noch größere Mißstimmung im Publikum. Des weiteren ereignete sich im April 1834 eine besonders katastrophale Kesselexplosion eines Dampfwagens auf der Route zwischen Glasgow und Baisley, bei dem mehrere Menschen ums Leben kamen. Dieser Unfall trug sehr zur Steigerung der Feindseligkeit bei, derzufolge bald darauf die weitere Führung von motorbetriebenen Dampfwagen auf Straßen so gut wie unmöglich gemacht wurde. In dieser Zeit wurde jenes berüchtigte Gesetz erlassen, das erst 1895 wieder aufgehoben wurde. Danach hatte einhundert Meter vor jedem „pferdelosen Wagen" ein Mann mit einer roten Fahne einherzugehen, um vor dem Nahen des gefährlichen Wagens zu warnen (Sprengstofftransport!). Dabei war die Höchstgeschwindigkeit auf vier Stundenkilometer festgesetzt. Wer es nur halbwegs eilig hatte, konnte von da an ein Automobil nicht mehr benutzen. All dies hatte das fast völlige Verschwinden eines Verkehrsmittels zur Folge, das zu schönen Hoffnungen berechtigt hatte.

Einige Unentwegte halfen sich durch Umgehen dieser Einschränkungen. Auf die heiterste Lösung mag wohl ein Londoner gekommen sein, der 1861 einen von Carrett gebauten Dampfwagen erwarb und mit ihm nach und nach 800 Meilen zuallermeist in der Nacht fuhr, was seinem Wagen die Bezeichnung „Fly-by-night" eintrug. Der Besitzer zahlte wegen Schnellfahrens Strafe auf Strafe. Endlich wußte er sich zu helfen: er maskierte sein Fahrzeug als Feuerwehrwagen, und seine Reisegenossen hatten Feuerwehrausrüstungen und Messinghelme. Auf diese Weise frönte er noch einige Zeit ungestört seiner Sportbegeisterung, bis alles nichts mehr half und er endgültig die Geschwindigkeit seines Wagens gebührend verlangsamen mußte. Wenn auch in der weiteren Entwicklung in England ab und zu noch ein Dampfwagen auftauchte — so der von Thomas Rickett 1858, von Marquis von Staffort 1859, von W. C. Carrett 1861, von R. B. B. Crompton 1861, von Bratri Tangyoeve, einem Inder, 1862, und von Charles Randolph 1873 —, so war doch der eifrige, frische Wettbewerb, der bei derartigen technischen Neuerungen unerläßlich ist und der allein immer Besseres hätte hervorbringen können, völlig lahmgelegt und mit ihm nicht zuletzt das Erfindergenie. Dadurch ging die weitere Automobilentwicklung auf andere Länder über.

Das motorisch betriebene Fahrzeug für die Personenbeförderung verschwand somit um die Mitte des 19. Jahrhunderts in England völlig von der Straße und wandelte sich zur schweren Straßenlokomotive. Sie gewann namentlich für landwirtschaftliche Zwecke in den Kolonien, als Betriebsmaschine für die Dampfpflüge, die von England aus die Welt eroberten, große Bedeutung.

Am Ausgang dieser Ära steht noch ein wichtiges Ereignis: die erste versuchsweise Anwendung von Gummireifen bei Automobilen. Das Jahr 1867 brachte den ersten Road-Steamer, dessen Räder mit dickem Kautschuk versehen waren. 1870 wurde Gummi in Verbindung mit Hanf das erstemal von Nairn bei einem Dampfomnibus verwendet.

*

Vereinzelte Bestrebungen, betriebsfähige Dampfstraßenwagen zu schaffen, sind auch aus anderen Ländern bekannt. So bemühte sich bereits 1836 Virgilio Bordino in Italien um die Lösung der Dampfwagenfrage und baute eine merkwürdige Kutsche. R. Thury und J. Nußberger, zwei Schweizer, schufen um 1878/79 einen kleinen, recht unbequemen Dampfwagen. Außerdem konstruierten noch van Rijn 1887 in Holland, 1895 Jules Miesse in Belgien und ein Schwede um dieselbe Zeit Dampfautomobile, die zwar gefahren wurden, aber doch auf die Dauer erfolglos blieben.

## Frankreich

Am Kontinent aber, und da insbesondere in Frankreich, wurde neben Versuchen mit aus England importierten Dampfwagen von einheimischen Konstrukteuren Bedeutendes geleistet. Und hier sei vor allem auf den Theoretiker Onesiphore Pecqueur, damals Chef des Atelier de Conservatoire des Arts et Metiers in Paris hingewiesen, der 1828 nach verschiedenen Vorarbeiten einen Dampfwagen patentieren ließ, der angeblich „alle Teile eines vollendeten Automobils zumindest im Keim aufwies", was insofern stimmen mag, als er sich über Wirkungsweise und Notwendigkeit eines Differentials vollkommen im klaren war und auch eine entsprechende Konstruktionszeichnung lieferte. Seine ausgezeichneten Ideen wurden leider nie in die Tat umgesetzt.

In Frankreich tat sich aber vor allem Ingenieur Charles Dietz hervor, der im August 1835 mittels eines nach seinen Angaben gebauten Dampfwagens einen regelmäßigen Verkehr zwischen Paris und Versailles einrichtete, der allerdings nach einigen Wochen schon wieder eingestellt wurde. Die Wagen nannte man ihrer Form wegen „Diligence à vapeur". Auf eine längere Dauer als die Dietzsche Dampfwagenlinie konnte eine von Osmont ins Leben gerufene hinweisen, deren Wagenkonstruktion 1837 patentiert wurde. Sie stand von 1840 bis 1850 in Betrieb.

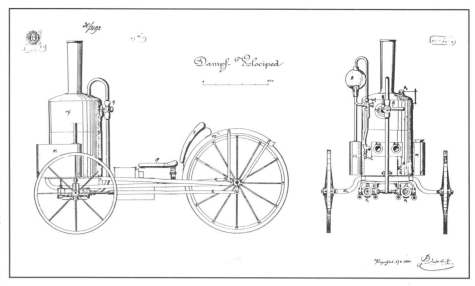

Die verschiedenen Arten von Dampfwagenkonstruktionen, die in den folgenden Jahren auftauchten und deren Erfinder u. a. Albaret und Larmengeat waren, hatten nur wenig Interessantes zu bieten. Anders das „Automobil Lotz" der Weltausstellung von 1867. Es war eine Lokomotive von gewöhnlicher Form, die entweder selbst Sitzplätze hatte oder mit einem Wagen verbunden wurde. Diese Lokomotive war augenblicklich anzuhalten und leicht lenkbar. Sie zog eine Last von 10.000 kg. Ihre Geschwindigkeit betrug 24 km/h. Dieses Fahrzeug erregte allgemeines Aufsehen, wohl vor allem deshalb, weil der große, schwere, für die Aufnahme von vielen Personen eingerichtete und mit Verdeckplätzen versehene Wagen von der rückwärts befindlichen Lokomotive nicht gezogen, sondern vorwärtsgeschoben wurde. In rascher Folge wurden in Frankreich einige weitere Dampfwagenlinien eingerichtet, und es war meist der Dampfwagen „System Lotz", der den Verkehr auf ihnen bewerkstelligte.

Im April 1869 tauchte auch das erste Dampf-Velociped auf, dem bald andere folgten. Mehrere Ingenieure waren an seiner Konstruktion beteiligt.

Vor allem aber muß hier ein Name genannt werden: Amédée Bollée aus Le Mans. Er bewarb sich im April 1873 um sein erstes Patent, an dessen Verbesserung er dann Jahre hindurch rastlos und unermüdlich arbeitete. Die „Obéissante" war sein erster Erfolg. Dieser Wagen wurde zwar zuerst nur in den Straßen von Le Mans eingesetzt, kam aber Ende 1875 nach Paris, wobei der 230 km lange Weg ohne jeden Unfall zurückgelegt

**Dampfwagen von Virgilio Bordino, Turin 1854. Bei einem stündlichen Verbrauch von etwa 30 kg Kohle erreichte das Fahrzeug nur etwa 8 km/h.**

**Dampfwagen von Virgilio Bordino, Turin 1854. Bei einem Verbrauch von etwa 30 kg Kohle erreichte das Fahrzeug nur etwa 8 km/h.**

Mit diesem Dampfwagen-gespann wurde De Dion 1894 beim Rennen Paris—Rouen zwar Erster, galt aber nicht als Sieger, weil sein Fahrzeug nicht als Auto anerkannt wurde.

Ransom E. Olds (Oldsmobile) aus Michigan schuf zahlreiche Automobile. Hier 1891 auf seinem ersten Dampfwagen.

Unten: Die berühmte „rote Fahne" mußte in England vor schweren Dampfzug-maschinen sogar noch nach 1900 einhergetragen werden.

wurde. Das Fahrzeug zeichnete sich durch besonders gute Lenk-barkeit aus (daher auch die Bezeichnung). Es hatte die zwar schon seit 1816 bekannte, aber hier zuerst an Kraftfahrzeugen verwen-dete Achsschenkellenkung, die das erstemal vom Münchner Hofwagner Georg Lankensperger an Pferdewagen ausgeführt wurde und die bis zum heutigen Tage in Verwendung steht. Wei-ters konnten zum erstenmal die zur Regelung der Fahrgeschwin-digkeit dienenden Steuerungsorgane und die Lenkung von einer einzigen Person betätigt werden.

1876 konstruierte Bollée unter Mithilfe von Dalifol einen auto-mobilen Trambahnwagen zum Transport von 50 Personen, 1878 eine Viktoria-Kalesche und die berühmte „Mancelle", die eine Dauerfahrt nach Wien bewerkstelligte. Bei diesem Wagen verwendete er das erstemal ein Kegelrad-Ausgleichsgetriebe mit Kettenübertragung und einen vorne stehenden Motor. Die Kette, die neue Lösung der Übertragungsfrage, war für die erste Zeit des Automobilbaues von großer Bedeutung, weil hier-durch auch die Federungskomplikationen wegfielen und die Kette außerdem Deformierungen des Gestells und mangelnde Präzision in der Ausführung ausglich. Bollée erkannte in genialer, völlig vorurteilsfreier Weise die Vorteile der Kombi-

Die besorgte Hausfrau „Um Gottes Willen, Eugen, gib die Cleverstolz-Marga-rine her!" Lustige Blätter 1914.

nation eines stehenden Motors mit dem Kegelrad-Kettenge-
triebe und der durch den ganzen Wagen laufenden Längswelle.
Bereits 1879 erschienen wieder zwei neue Typen aus seiner
Werkstätte, die „Marie-Anne", ein Koloß von 27.000 Kilogramm Gewicht, und ein Dampfomnibus mit Verdeck. 1880
folgte ein weiterer Dampfomnibus „La Nouvelle", das einzige
Dampfgefährt, das im Jahre 1896 die Wettfahrt Paris—Bordeaux mitmachte und den Weg in 89 Stunden 54 Minuten
zurücklegte. Außer diesen berühmtesten Wagen baute er bis
zum Jahre 1885 noch viele weitere, von denen „La Rapide"
eine Höchstgeschwindigkeit von 60 km in der Stunde
erreichte.
Trotz des nunmehrigen Erscheinens und der Entwicklung des
Benzinautomobils wurde die Weiterentwicklung des Dampf-

**Gardner-Serpollet-Dampfautomobil des Ehepaares Compton, das es auf seinem Landsitz in New Forest, Hampshire, fuhr.**

**Einer der ersten Dampf-wagen von Léon Serpollet um 1891.**

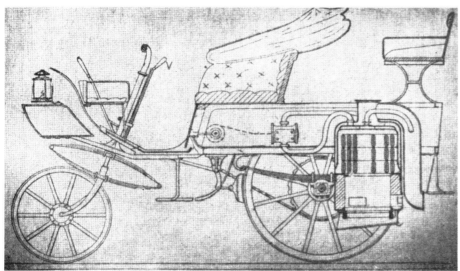

fahrzeuges fortgesetzt. Sie war in der Folgezeit zunächst an den
Namen des Grafen De Dion in Paris geknüpft. In Verbindung
mit den Ingenieuren Bouton und Trépardoux schuf er die
ersten leichten Automobile, und zwar 1884 ein Tricycle und
bald darauf einen Vierradwagen. Die Erfinder verbesserten ihre
Dampfwagen derart, daß sie mit ihnen im Jahre 1894 eine
Geschwindigkeit von 50 km in der Stunde erreichten. Sie konstruierten weiterhin große Omnibusse und Mail-coaches, die in
den meisten Fällen durch einen vorgespannten Dampfwagen
gezogen wurden. De Dion-Bouton gingen ebenso wie Bollée
später zum Bau von Benzinautomobilen über.

**Langjährige Erfahrung im Bau von Straßenzug-maschinen für landwirtschaft-liche, industrielle und militärische Zwecke hatte die Firma John Fowler & Co. in Leeds. Hier Straßenloko-motive normaler Bauart mit auf der vorderen Plattform angeordnetem Dynamo zur Erzeugung von Strom für Licht- und Kraftzwecke.**

**Eine von der Firma William Foster & Co. Ltd. in Lincoln gebaute Dampfstraßenzug-maschine.**

# Dampf~ Lastwagen
# Omnibusse
# Eisenbahn-
# Motorwagen

### mit Sicherheits-Rohrplatten-Dampferzeugern,
::: :::      Patent Stoltz      ::: :::

| Geräusch-, geruch- und rauch-loser Betrieb, ohne Abdampf | Billiger im Betriebe als jedes andere System |
|---|---|

### Fried. Krupp, Aktienges.,    Eisenwerke Gaggenau
### Germaniawerft, Kiel      Akt.~Ges. in Gaggenau

### Hannoversche Maschinenbau~Akt.~Ges.
### vorm. Georg Egestorff, Linden vor Hannover

Generalvertretung
### Peter Stoltz, Techn. Bureau, Berlin NW. 6, Albrechtstr. 14

Ungefähr zur gleichen Zeit erwarb sich Ingenieur Léon Serpollet große Verdienste um den Dampfwagenbau. Er wurde am 4. Oktober 1858 in Culoz in Frankreich geboren und starb am 1. Februar 1907 in Paris. Serpollet gab durch seine scharfsinnigen Erfindungen und Verbesserungen am Dampfwagen den Anstoß zu seiner raschen Entwicklung. Kaum 18jährig, arbeitete er schon mit seinem Bruder Henry in Culoz in der einfachen Tischlerwerkstatt des Vaters an der Ausführung seiner Idee. 1877 hatte er bereits sein erstes Modell fertiggestellt. Er vereinfachte den Dampfentwickler bedeutend, der dann ohne Wasserstandsgläser, Injektoren, Manometer usw. funktionierte,

und montierte ihn 1887 auf ein Tricycle — damals bereits erster Besitzer eines Führerscheins —, mit dem er 1890 eine Fernfahrt nach Lyon unternahm. Unter dem Titel „Eine Automobilfahrt mit Hindernissen" erschien 1898 in den „Mitteilungen des Österreichischen Automobilclubs" folgender Artikel, der ein ausgezeichnetes technisches Zeitbild enthält:

„Was für Mut, für unbeugsame Energie die kühnen Vorkämpfer der automobilen Bewegung brauchten, ist fast unbeschreiblich. Namentlich die phantastische Reise, die vor acht Jahren der Franzose Serpollet in seinem Dampfwagen machte, beweist trotz ihrer vielen komischen Episoden, welchen Glauben, welche Überzeugung die ersten Pioniere der jungen Erfindung entgegenbrachten.

Serpollet machte eines schönen Tages im Jahre 1890 den Vorschlag, in Gesellschaft seines Freundes M. Archdeacon mit einem Dampfwagen, der dem noch sehr primitiven Benzinmotorwagen der damaligen Zeit bedeutend überlegen war, eine Reise von Paris nach Lyon zu machen.

Es ist mir, als habe ich den Moment des Startes des primitiven Phaetons auf drei Rädern, wie er über das holprige Pflaster der Rue des Cloys dahinklapperte, noch immer vor Augen. Es war wahrhaftig ein Wagenkasten, der mit einem Ofen verbunden war. Koks brannte sehr lebhaft in diesem Ofen und versetzte eine Kühlschlange von Stahl, welche im Zentrum desselben röstete, in glühendes Rot. Diese war die Seele der Maschine, der beständige Erzeuger des erforderlichen Dampfes.

Die Abfahrt von Paris verlief ohne Unglücksfall. Der Wagen rasselte, die Pferde, welche vorbeikamen, bäumten sich und schnoben, aber die Reisenden empfanden ein um so größeres Vergnügen.

Von der Einfahrt in die Bannmeile an beginnen Schrauben und sonstiges kleines Zubehör des Fahrzeuges nach und nach die Landstraße zu besäen. Bei jedem Dorfe steigt Serpollet vom Wagen, sucht eine Schmiede, und indem er seine Kleider auszieht, schmiedet er selbst Ersatz für das, was unterwegs ‚flöten' gegangen ist. Dann füllt man die Kühlschlange mit Wasser und fährt mit verdoppelter Schnelligkeit weiter, um die verlorene Zeit wiederzugewinnen. Mit einem Male, in der Mitte eines steilen Abhanges, bricht die Stange, welche das alleinige Treibrad lenkt, glatt durch. Man preßt die Bremse und hält an. Was tun? Die Reise aufgeben, wegen einer solchen Kleinigkeit?

Serpollet—Archdeacon rührt das nicht. Man fährt weiter. Alle beide über das Vorderteil des Wagens gelehnt, der eine auf der rechten, der andere auf der linken Seite, lenken sie mit Fausthieben auf die Speichen das toll gewordene Rad und erreichen endlich nach unsäglicher Mühe vier Kilometer weiter das Dorf. Ein Schlosser wird aufgetrieben, eine neue Lenkstange ist geschmiedet, enorm, unzerbrechlich. Man reist ab, fährt, was das Zeug halten will, um die verlorene Zeit wiederzuerobern.

Die Lenkstange bricht nicht. Aber mit einem Male, ganz plötzlich, werden die Fahrer nach vorwärts geschleudert, und der Wagen hält an. Was zum Teufel ist geschehen? Ein Bolzen,

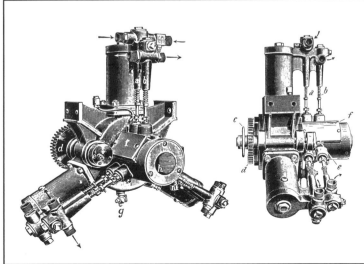

der über den Weg rollt und in den Graben fällt, macht es ihnen klar, daß das Leitrad ihnen entwischt ist. Man bringt es zurück. Einige Speichen sind zerbrochen, aber das ist nicht von Bedeutung. Zwei Stunden darauf ist alles repariert und dazu noch solide.

Man fährt wieder ab und dabei eine Zeit, unvergleichlich. Da beginnt das Pech mit dem Hinterwagen. Die Tür des Ofens geht verloren, man findet sie nach vielem Umhersuchen wieder. 100 Meter weiter wird das Feuer zu lebhaft, die Roststangen schmelzen eine nach der anderen. Eine Stunde später erhitzt sich der Zylinder; man denkt, daß er Bauchgrimmen hat und platzen will. Man rettet ihm das Leben und fährt weiter.

Dies ist der authentische Bericht, wie die Herren Serpollet und Archeacon im Jahre 1890 in zehn Tagen die Reise von Paris nach Lyon auf dem Dampfwagen machten (Motorfahrer)."

Der geniale Techniker Serpollet war einer der letzten, die damals auf dem Gebiet des Dampfautomobils grundlegend neue Ideen verwirklichten. Seine vierzylindrige Dampfmaschine war eigentlich ein dem Benzinautomobilmotor ähnlicher Dampfmotor in Boxerform mit einem ausgezeichneten Dampferzeuger (Petroleumheizung). Dieser Motor leistete bei 500 U/min. etwa 4 PS. Serpollet führte seine Dampfwagen mit Erfolg gegen das immer vollkommener werdende Benzinautomobil ins Treffen und errang auch einen Weltrekord. Er fuhr 1902 auf der Strandpromenade von Nizza mit seinem „Serpollet", den der Witz seiner Zeit „Sapperlot" nannte, den fliegenden Kilometer (Kilometer lancé) in 29,8 Sekunden, also mit einer Durchschnittsgeschwindigkeit von 120,805 km/h.

Es folgte nun eine Zeit, da auch schon Benzin und Elektrizität für den Betrieb von Kraftfahrzeugen herangezogen wurde. Nach anfänglicher Unsicherheit in der Anwendung der Antriebsmittel ergab sich dann aber doch rasch ziemliche Klarheit: Elektrizität für die Fiaker der Städte, Benzin für die dem Tourismus bestimmten Luxuswagen der Sportsleute und Dampf für die Schwergewichte, also Omnibusse und Lastwagen. Später wurden nur noch Dampfomnibusse für 14 bis 20 Personen mit 25 bis 30 PS gebaut und Lastwagen mit bis zu 5 t Tragkraft bei 30 PS sowie sogenannte Remorqueure, die ein Nutzgewicht von 10 t bei 50 PS zogen.

Als typisch für alle damaligen Lastwagenkonstruktionen sei hier jene der Firma De Dion-Bouton erläutert: Der kleine Kessel befand sich ganz vorne, umgeben von einer Wand, die gleichzeitig zur Aufnahme von Koks diente. Der Wasserbehälter war unter den Passagiersitzen bzw. unter der Brücke untergebracht. Die Räder waren aus Holz, durch Eisen verstärkt und mit Eisenbeschlag versehen. De Dion vermied die Verwendung von Ketten und nahm zur Kraftübertragung Zahnräder. Die Wagen konnten für 70 km Brennstoff und für 30 km Wasser aufnehmen. Die Schnelligkeit schwankte zwischen 15 und 20 km/h. Fünfprozentige Steigungen sollen ohne, zehnprozentige mit Verminderung der Schnelligkeit genommen worden sein. Vermöge der sinnvoll durchdachten

Fig. 1.

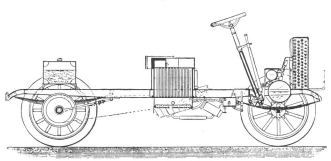

Fig. 2.

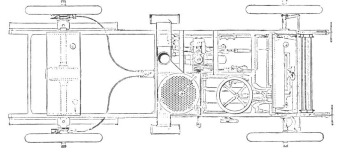

Fig. 3.

Anordnung war die Führung des Wagens leicht. Die Kosten des Betriebes waren unbedeutend: 3 kg Koks genügten für den Kilometer, bei kleineren Lastwagen sogar 2 kg.

Frankreich war das Land, in dem der automobile Dampfwagen seine höchste Entwicklung erreichte, bevor dem Benzinantrieb der Vorzug gegeben wurde. Er war bereits derart zum Allgemeingut geworden, daß ihn zahlreiche Firmen in Serienproduktion erzeugten. Es gab in Frankreich damals 47 Firmen, die sich mit der Herstellung von Motorwagen beschäftigten. Einige von ihnen stellten Benzin- und Dampfwagen her,

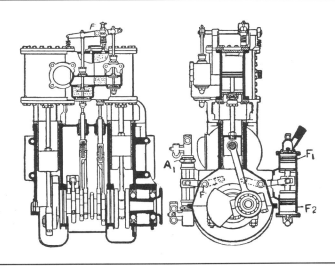

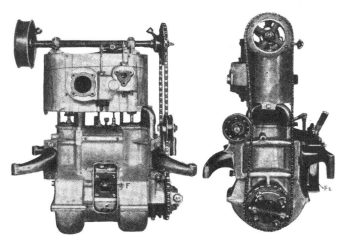

wenige nur Benzinkraftfahrzeuge. Viele von ihnen waren maschinell großartig eingerichtet, alle aber mit Aufträgen aus dem In- und Ausland so überhäuft, daß sie nicht mehr imstande waren, eine Lieferzeit zu fixieren.

Erwähnenswert ist vielleicht noch, daß die im ersten Weltkrieg von der französischen Heeresverwaltung verwendeten automobilen Dampfwagen, System Sentinell, die mit Vierzylinder-Compoundmaschinen ausgerüstet und gummibereift mit 30 Tonnen Nutzlast und 26 km/h in der Ebene fuhren, im Jahre 1920 in Lizenz bei Skoda in Pilsen weitergebaut wurden. Zur Ausnutzung der Braun- und Steinkohlenlager von Dux und Mährisch-Ostrau wurden diese Maschinen im öffentlichen Verkehr eingesetzt. Sie haben sich im Dienst der Städte und Gemeinden der Tschechoslowakischen Republik außerordentlich bewährt und standen bis 1945 in Verwendung. Die Fahrzeuge besaßen einen stehenden Siederohrkessel, der sowohl mit Steinkohle als auch Braunkohle gleich vorteilhaft bedient werden konnte. Ihre Bereifung wurde im Jahre 1924 von Vollgummi auf Pneumatiks umgestellt und ihre Fahrgeschwindigkeit in der Ebene auf 40 km pro Stunde erhöht.

## Österreich

Auch in Österreich wurden auf dem Gebiet des Dampfstraßenwagens Versuche unternommen, aber die Bestrebungen der Erfinder standen weit weniger im Mittelpunkt des allgemeinen Interesses als in England und in Frankreich.

Ziemlich früh tritt hier Josef Božek auf, der dem Kreis seiner Zeitgenossen Franz Joseph Ritter von Gerstner angehörte, dem Schöpfer der ersten österreichischen Schienenbahn Linz—Budweis. Ritter von Gerstner war Direktor des 1805 eröffneten Polytechnischen Instituts in Prag und ihm assistierte bei seinen Versuchen der Mechaniker Josef Božek, dem die ersten Verdienste um das österreichische Dampfautomobil zukommen. Prof. Dipl.-Ing. Friedrich Steiner berichtet in seinem Buch „Bilder aus der Geschichte des Verkehrs" (Prag 1880) darüber:

„Im Jahre 1815 konnte der Mechaniker zum ersten Male Probefahrten ankündigen, welche er mit einem von ihm erbauten Dampfwagen vornehmen wollte. Sie fanden am 24. und 28. September in Bubenitsch (bei Prag) unter den Beifallsbezeigungen zahlreicher Zuschauer, namentlich aus Adelskreisen, statt. Zwei Passagiere konnte Božeks Wagen aufnehmen, er selbst saß vorne, rücklings den Wagen steuernd, den kupfernen Kessel zu seinen Füßen, dessen Dampfentwicklung bloß darunter litt, daß die auf den Rost gelegten Kohlen nur kurze Hitze gaben und das Vehikel bei jeder Fahrt ein paarmal halten mußte, um wieder frisch feuern zu können...

Im folgenden Jahre beschäftigte sich unser Meister mit der Herstellung des Modelles eines kleinen Raddampfschiffes, mit dem er auf dem Teiche im Garten des Grafen Waldstein Versuche vornahm, welche ihn ermunterten, weitere Proben im großen

anzustellen. Er mietete ein sieben Klafter langes Schiff, versah es mit Rädern und montierte diese so, daß dieselbe kleine Dampfmaschine, welche den Dampfwagen trieb, vom Fahrzeug gelöst, aufs Boot gebracht, auch dieses in Bewegung setzen konnte...

Gleichzeitig mit dem Schiffe sollte der uns bekannte, zum Teil verbesserte Dampfwagen vorgeführt werden...

Ein Unwetter beeinträchtigte die beabsichtigte Vorführung derart, daß Božek keine Versuche mehr unternahm."

1830 erwarb Josef Ressel (1793—1857), der Erfinder der Schiffsschraube, ein österreichisches Privileg auf ein „Dampffuhrwerk". Gleich vielen anderen Ideen Ressels, wurde auch diese nicht verwirklicht, da seinen Arbeiten Verständnis und insbesondere geldliche Unterstützung versagt blieben. Sehr rege war das Interesse der Wiener der damaligen Zeit dagegen, als Friedrich Voigtländer einen vom Engländer Hancock gebauten Dampfwagen nach Wien brachte. Er stellte dieses Fahrzeug vom 4. bis 28. September 1834 im Zirkus Gymnasticus im Prater zur Schau. Der vom 28. bis 30. Oktober 1834 veranstalteten „Dampfwagenfahrt" im Prater wohnten 15.000 Zuschauer bei.

Erst im Jahre 1860 tritt wieder ein Österreicher, Georg Sigl, Schnellpressenfabrikant und Gründer der Siglschen Lokomotivfabrik in Wiener Neustadt, mit einem selbsterbauten Dampfstraßenwagen, der wohl der erste seiner Art gewesen sein dürfte, an die Öffentlichkeit. Dieses etwas ungeschlachte Fahrzeug war tatsächlich in Betrieb und wurde zu Ausfahrten verwendet. Auf den ersten Blick ist zu erkennen, daß sich hier die Stehkessel-Straßendampfwalze ankündigt, die im Hochgebirgsstraßenbau bald unentbehrlich werden sollte.

Die Entwicklung der Dampffahrzeuge erreichte in Österreich ihren eigentlichen Höhepunkt im Lokomotiv- und Eisenbahnbau (vier Lokomotiv- und sieben Waggonfabriken), der in Österreich-Ungarn bald auf breitester Grundlage einsetzte.

Seit 1898 bemühte sich der erste österreichische Sachverständige für das Kraftfahrwesen, Prof. Ludwig Czischek, den automobilen Dampfwagen in Österreich zu fördern und vor allem vereinfachte und erleichternde Gesetze für die Haltung von Dampfkesseln zu erwirken. Im Hinblick auf das angestrebte Ziel konstruierte er einen kleinen Schnellverdampfungskessel mit nur drei bis fünf Liter Wasserinhalt und zwangsläufiger Dampfabgabe in Verbindung mit automatischer Speisewasserzufuhr sowie gleichzeitiger Brennstoffregelung. Damit erreichte er, daß Kessel dieser Größe und Ausstattung ohne periodische Kesseluntersuchung durch die Dampfkesselinspektoren zum Verkehr zugelassen wurden. Trotz dieser wesentlichen Begünstigung, die speziell im Vergleich zu Deutschland sehr weitgehend war, fand der Dampfwagen in Österreich wenig Anklang, und das selbst dann nicht, als die Herren Friedmann und Knoller im Jahre 1902/03 einen ganz erstklassigen viersitzigen Dampf-Pkw schufen, der allen damaligen Höchstanforderungen entsprach.

Die Firma Weyher und Richemond in Pantin (Seine) scheint die Patente Friedmann-Knollers erworben zu haben, da sich

# DAMPF-WAGEN

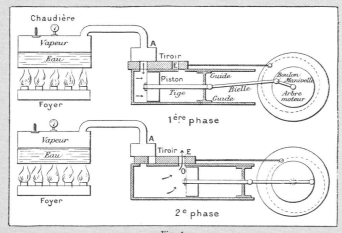

Fig. 1.

Arbre moteur = Trieb- (Motor-) Welle; Bielle = Bleuelstange; Boulon =
Bolzen; Chaudière = Dampfkessel; Eau = Wasser; Foyer = Feuerraum
(Feuerung); Guide = Führung; Manivelle = Kurbel; 1ére phase = 1. Phase;
2ére phase = 2. Phase; Piston = Kolben; Tige = Kolbenstange; Tiroir =
Schieber; Vapeur = Dampf.

## GRUNDBEGRIFFE DES AUTOMOBILISMUS

Das Princip der Dampfmaschinen ist ein höchst einfaches.
Irgend ein Feuerraum, welcher Kohle, Gas, Petroleum, mit
einem Wort eine Wärmequelle enthält, erhitzt einen grossen,
geschlossenen, Dampfkessel genannten Behälter, der ungefähr
bis zur Hälfte mit Wasser gefüllt ist. (Fig. 1.)

In Folge der Hitze verwandelt sich das Wasser in Dampf,
das heisst in ein gasartiges Fluidum, dessen Molecüle eine
starke Tendenz haben, sich von einander zu entfernen. Da
die Spannung der sich abstossenden Molecüle natürlich eine
grosse ist, übt der Dampf auch auf die Kesselwände einen
bedeutenden Druck aus.

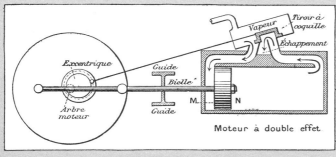

Fig. 2.

Dieselben deutschen Ausdrücke wie vorher.

Excentrique = Excenter; Moteur à double effet = Doppelt wirkender
Motor; Tiroir à coquille = Muschelschieber.

Nothwendigerweise soll derselbe immer schwächer bleiben
als der Widerstand des Metalles, da sonst der Kessel zer-
springen würde. Daher sind an Dampfkesseln stets angebracht:

Ein, Manometer genannter, mit einem Zeiger versehener
Apparat, welcher den Spannungsgrad des Dampfes anzeigt,
und ein Ventil, d. h. ein Verschluss, der durch eine Feder
festgehalten wird. Die Spannung der Feder ist eine derartige,
dass der Verschluss sich hebt, sobald die Spannung des
Dampfes eine gefährliche wird. In diesem Falle strömt etwas
Dampf ins Freie, und der innere Druck nimmt verhältnissmässig ab.

Zum Dampfkessel kommt gewöhnlich eine Speisepumpe
welche ihm Wasser im Verhältnisse zum Dampfverbrauch zuführt.

Die bei den Dampfmaschinen wirkende Kraft ist also
diejenige des Wasserdampfes. Die Kraftäusserung der sich
gegenseitig abstossenden Molecüle wird dazu benützt, den
Kolben im Cylinder zu bewegen.*)

Es ist in der That leicht zu begreifen, dass, wenn der
Dampf bei *A* in einen oberhalb des Cylinders gelegenen Raum
tritt und durch die zu diesem Zwecke vorhandene Oeffnung
in den Cylinder selbst gelangt, er den vor ihm befindlichen
Kolben vor sich herstossen wird; dieser macht durch seine
Stange, welche zur Verhütung des Verbiegens in einer Führung
läuft, durch seine Bleuelstange und seine Kurbel die Triebwelle eine halbe Umdrehung beschreiben. Es ist dies die
Phase der Einströmung.

\* \* \*

Bis nun ist, wie wir sehen, die Sache höchst einfach.
Jetzt handelt es sich jedoch darum, den am Ende seines Laufes
angelangten Kolben wieder zurückgehen zu machen, damit die
Triebwelle eine vollständige Umdrehung beschreiben könne.

Zu diesem Zwecke ist auf derselben ein Schwungrad
verkeilt, eine runde gusseiserne Masse, welche, durch die Vorwärtsbewegung des Kolbens einmal in Drehung versetzt,
genügende Kraft behält, um den Kolben wieder an seinen
Ausgangspunkt zurückzubringen.

Dieses Resultat kann jedoch nur dann erreicht werden,
wenn der Dampf dem zurückgehenden Kolben keinen Widerstand leistet. Sobald also der erstere die Vorwärtsbewegung
des Kolbens bewirkt hat, muss seine Thätigkeit sofort ihr
Ende nehmen.

Zu diesem Zwecke ist auf demjenigen Punkte des Cylinders,
wo die Vorwärtsbewegung des Kolbens aufhört, eine von
letzterem plötzlich freigelegte Oeffnung O (siehe 2. Phase)
vorhanden, durch welche der im Cylinder befindliche Dampf
ins Freie gelangt. Man nennt dies die Phase der Ausströmung.

Es ist jedoch begreiflich, dass es nicht genügt, den im
Cylinder enthaltenen Dampf ausströmen zu lassen, sondern
dass auch unbedingt das Einströmen einer neuen Dampf-
menge aus dem Kessel in den Cylinder während der Ausströmung verhindert werden muss. Es ergibt sich deshalb

ihre Bauart stark an dieses Konzept anlehnte. Diese Firma erzielte bei den Pariser Automobilausstellungen der Jahre 1904—1906 größten Erfolg, und das mit Recht. In einem einwandfreien Kfz-Fahrgestell damaliger Höchstform (pneubereift) war ein Dampfaggregat von klassischer Übersichtlichkeit und Güte eingebaut. Kühler vorne — als Kondensator —, dahinter der Kessel mit Schornstein nach rückwärts unten, Düsenbrenner für Petroleum mit Vorwärmung durch Schlangenrohr. Blitzkessel mit liegenden Rohrschlangen (wärmeisoliert), abgeschlossen durch Motorhaube und Spritzwand, welche die Armaturen und Kontrollinstrumente trug. Unter dem Führersitz war die liegende, einfach wirkende Vierzylinder-Hochdruckdampfmaschine mit zweifacher Ventilsteuerung von einer Nockenwelle aus, die die Variierung der Füllungsgrade und die Umsteuerung zuließ, Leistung 25 bis 32 PS. Das Differentialgetriebe war mit dem Kurbelgehäuse vereinigt (Kurbelwinkel 90 Grad), von wo die Leistung durch zwei Rollenketten an die Hinterräder abgegeben wurde. Es gab voll-

**Dampfwagen von Serpollet.**

automatische, aber jeweils nach- und einstellbare Regelung von Brennstoff, Dampf, Speisewasser und Schmierung, entsprechend der Dampfentnahme zur Fahrt. Geradezu bestechend war die minutiöse Ausführung und Konstruktion der Brennstoff- und Kesselspeiseautomatik. Unter dem Fondsfuß-

die Nothwendigkeit, die Verbindung zwischen Kessel und Cylinder während des durch das Schwungrad bewirkten Rückganges des Kolbens automatisch aufzuheben.

Dieser Nothwendigkeit verdankt der Schieber sein Entstehen; derselbe besteht aus einer Platte mit zwei Oeffnungen, welche bald mit der Ein-, bald mit der Ausströmöffnung des Cylinders verbunden sind; sie muss vollkommen hermetisch schliessen, um jede Dampfentweichung unmöglich zu machen, und wird vom Motor entweder mittelst eines Excenters oder irgend eine andere Vorrichtung automatisch bethätigt.

So sehen wir, dass, wenn der Schieber wie in Fig. 1, durch einen, in einer am Schwungrade selbst befindlichen excentrischen Führung gleitenden Knopf bethätigt wird, die Einströmöffnung *D* des Schiebers in der ersten Phase mit derjenigen des Cylinders übereinstimmt, während im Gegentheile die Ausströmöffnung *E* des Schiebers sich nicht mit *O*, derjenigen des Cylinders, deckt. Wie wir wissen, ist diese erste Phase diejenige der Einströmung des Dampfes hinter dem Kolben.

Hingegen bemerken wir, dass in der zweiten Phase die Ausströmöffnungen *E* und *O* sich decken, während diejenigen der Einströmung verschlossen sind. Der Dampf strömt somit nur aus, nicht ein.

Wenn, wie dies manchmal der Fall ist, der Dampf ins Freie gelangt, geht er verloren. Meistens wird er jedoch in einen kalten, Condensator genannten Raum geleitet, dessen niedrige Temperatur ihn wieder in Flüssigkeit verwandelt, welche durch die Speisepumpe neuerdings zum Kessel geführt wird.

\* \* \*

### Doppelt wirkender Dampfmotor.

Wir haben bisher nur von einem einfach wirkenden Motor, d. h. von einem solchen, bei dem nur eine der zwei Seiten des Kolbens der Wirkung des Dampfes ausgesetzt ist, gesprochen.

Es kommt jedoch häufig vor, dass beide Seiten des Kolbens abwechselnd arbeiten. In diesem Falle nennt man den Motor einen doppelt wirkenden. (Fig. 2.)

Der Dampf gelangt hier in die Dampfkammer, welche einen stets durch einen Excenter bethätigten, sogenannten Muschelschieber enthält und deren Inneres immer mit der atmosphärischen Luft in Verbindung steht.

Dieser Schieber verschliesst bald die eine, bald die andere der beiden Oeffnungen, durch welche der Dampf auf die eine oder andere Seite des Kolbens gelangt. Wenn er die Seite *M* freilegt, strömt der Dampf dahin. Gleichzeitig wird die verschlossene, an der Dampfaufnahme verhinderte Seite *N* mit der äusseren Luft oder dem Condensator in Verbindung gebracht, und die Ausströmung des Dampfes tritt an der Seite *N* des Kolbens ein. Dasselbe findet umgekehrt statt.

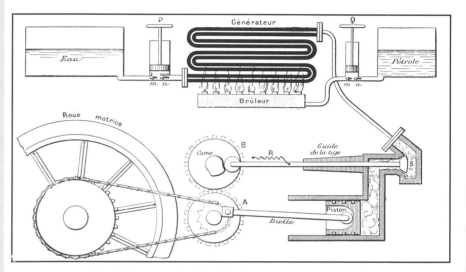

Fig. 4. Schema der mechanischen Einrichtung eines Dampfwagens Serpollet.

Die Ventile *m n* der Pumpe *Q* sind in der Zeichnung in Folge eines Versehens nach der unrichtigen Seite gewendet. Das Ventil *m* muss sich im Moment des Ansaugens der Pumpe schliessen und erst im Augenblicke des Zurückströmens öffnen. Dieselben deutschen Ausdrücke wie vorher.

Brûleur = Brenner; Came = Nocke; Générateur = Generator (Dampferzeuger); Pétrole = Petroleum; Roue motrice = Triebrad.

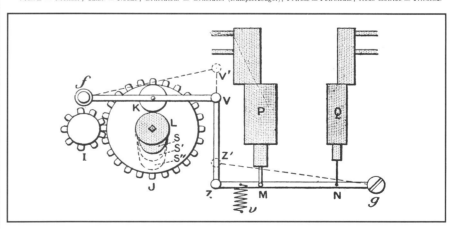

Fig. 5.

Schema der Steuerung der Wasser- und Petroleumpumpen.

boden befand sich das Wasserreservoir für 70 Liter, am Ende des Wagenrahmens das Petroleumreservoir für 35 Liter. Der Aktionsradius betrug 100 bis 120 Kilometer. Der Aufbau wurde nach Wunsch des Käufers geliefert. Die Höchstgeschwindigkeit in der Ebene soll 80 km/h betragen haben.

Wie ausgezeichnet und brauchbar auch andere ausgereifte Typen der Dampfautomobile damals waren, möge nachstehende Schilderung einer Fahrt mit einem solchen Wagen veranschaulichen, die in der „Allgemeinen Automobilzeitung", Wien, am 17. November 1901 erschien.

„Letzthin hatte ich Gelegenheit, mit Herrn Alexander Wiesner, Vorstandsmitglied des Automobilclubs, der Besitzer eines Serpollet-Dampfwagens von der 6-HP-Type ist, eine Spazierfahrt zu machen. Der Dampf, der dem Automobilismus Pate gestanden ist und dann dem Benzin das Feld räumen mußte,

**Dieser Dampfomnibus aus Chemnitz war den Triebwagen der Eisenbahn nachempfunden (1890).**

kommt allmählich wieder zu Ehren. Man glaubte, ihn anfangs überhaupt nicht brauchen zu können, dann gestand man ihm den beschränkten Wirkungskreis des Lastentransportes zu, und jetzt beginnt er in die privilegierte Domäne des Benzinmotors, die Touristik, einzudringen.

Herrn Wiesners Serpollet ist ein schlankes, viersitziges Gefährt. Ich hatte es mir mit Zuhilfenahme eines Plaids und einer Lederdecke in einer Ecke des fahrbereiten Wagens recht bequem gemacht. Als Benzinist hätte ich beinahe das Ankurbeln des Motors erwartet, doch es war ja ein Dampfwagen, und gleitend setzte er sich in Bewegung. Was den Dampfwagen vom Benzinvehikel unterscheidet, das ist vor allen Dingen die Geräuschlosigkeit, und ich möchte den Serpollet in dieser Hinsicht fast mit dem Elektromobil vergleichen. Auf dem Serpollet hörte man nichts als das leise Tick-Tack des Motors und das Schnurren der Kette.

Ich war bisher der Meinung, der Fahrer eines Dampfautomobils müsse etwas vom Akrobaten an sich haben, muß er doch drei Manometer im Auge behalten, zwei Pumpen betätigen, drei Bremsen beaufsichtigen und Aus- und Einschaltung nebst der Lenkung besorgen. Ich befand mich dem Dampfwagen gegenüber fast in der Situation eines Laien, der zum erstenmal in einen Benzinwagen hineinsieht und erschreckt ausruft: Ist das kompliziert. Aber es war gar nicht kompliziert. Herr Wiesner pumpte mit einer kleinen Handpumpe Druck in das Petroleumreservoir (das ist eine Arbeit, die dem Lenker eines Benzinautomobils mit Glührohrzündung auch nicht erspart ist), dann pumpte er Wasser in den Generator, der die Stelle des Dampfkessels vertrat. Eine Arbeit, die etwa dem Ankurbeln des Benzinmotors gleichkommt, nur daß sie leichter ist. Es dauerte kaum 20 Sekunden, und der Dampfdruck stieg mit erstaunlicher Schnelligkeit auf 2,4, 6 und 10 Atmosphären.

**Rechts:
Dampf-Touren-
wagen für große
Strecken von
Clarkson &
Capel Steam
Car Synd.,
Chelmsford.**

**Links:
Stanley-Dampf-
wagen Runabout
mit Verdeck und
Dienersitz.**

**Schnittdarstellung
eines Stanley-
Dampfwagens.**

Dann wurde ein kleiner Hebel auf Anfahrt geschoben, und der Wagen glitt zum Tor hinaus. Inzwischen war der Dampfdruck auf 20 Atm. gestiegen, doch sofort nach dem Anfahren wieder auf 11 Atm. gefallen. Der Druck hat aber selbst bei 20 Atm. noch genügend Spielraum, denn die äußerste zulässige Spannung, bei der erst das Sicherheitsventil spielt, ist 40 Atm. Geprüft sind die Generatoren auf 200 Atm. Zur Stadt hinausfahrend, hatten wir bald die erste Steigung. Ohne einen Handgriff zu tun und ohne den Dampfdruck zu steigern, lenkte Herr Wiesner sein Gefährt mit stets gleichbleibender Schnelligkeit bergan. Unter solchen Umständen war rasch die Höhe erreicht. Eine kurze Fahrt bergan, und wir befanden uns außerhalb des Weichbildes der Stadt. Nun begann die Demonstration auf Schnelligkeit. Vorher aber gab es noch eine Eisenbahnlinie zu übersetzen, die ihrer schlechten Gleitschwellen wegen gefürchtet ist.

Herr Wiesner zog die Bremsen an. Sie funktionierten nur schlecht, und ich erwartete, daß der Wagen mit kaum verminderter Schnelligkeit über den Schienenstrang rumpeln werde. Doch der Lenker zog einen Hebel zurück, und der Schwung des Wagens war augenblicklich gebrochen. Der erwähnte Hebel regulierte die Dampfzuströmung, und diese hatte Herr Wiesner gesperrt, so daß die Kompression des Motors den Wagen bremste. So kamen wir im Fußgehertempo über die kritische Stelle. Kaum war der Wagen jenseits des Geleises, so ließ der Lenker wieder die Maschine wirken, und sofort hatte der Wagen sein früheres Tempo erreicht. Das gab mir Gelegenheit, einen interessanten Unterschied in der Wirkungsweise des Explosions- und des Dampfmotors zu konstatieren. Hat ein Benzinwagen einmal seinen Schwung verloren, so muß der Lenker von vorne anfangen. Er muß die ganze Skala des Schnelligkeitswechsels spielen lassen. 1., 2., 3., 4. Schnelligkeit, oft erst 200 Meter hinter dem Hindernis ist der Benzinwagen wieder in seinem Tempo. Ganz anders der Dampfwagen. Ist das Hindernis vorüber, und läßt der Lenker den Druck auf den Kolben wirken, dann hat man einen Augenblick fast das

Gefühl, als ob sich ein paar kräftige Pferde plötzlich ins Geschirr würfen. Es ist nicht jener charakteristische Ruck, den der Benzinmotor mit gut ziehender Friktion dem Wagen gibt, sondern der Dampf beginnt vielmehr — trotz der Plötzlichkeit der Aktion — seine Arbeit sanft. Im Verlauf einer Sekunde durchläuft aber der Druck alle Steigerungsgrade, so daß der Wagen im Nu seine alte Schnelligkeit wieder hat.

Die Straße ist frei. Man hat soviel davon gesprochen, was der Wiesnersche Serpollet leisten könne: Nun hic Rhodus, hic salta! Eine leichte Aktion mit der Handpumpe, eine kleine Verschiebung des die regulären Pumpen für Wasser und Feuerung besorgenden Hebels, und unter einem Dampfdruck von 15 bis 18 Atm. steigert sich die Fahrt zu rapider Schnelligkeit. 50, 60, 70 km/h, rechne ich nach der Stoppuhr. Der Eindruck, den man von einem so schnellen geräuschlosen Wagen hat, ist ein merkwürdiger. Es scheint, als ob nicht mehr das Automobil in Bewegung wäre, sondern die Straße. Diese läuft einem förmlich entgegen...

Ein Fuhrwerk taucht auf, der Kutscher schläft natürlich. Kontradampf. Wie an die Stelle gebannt steht das Automobil still. Volldampf! Und wieder geht der Motor sanft und doch so plötzlich an. Das Tempo steigert sich bis zu 80 Kilometer. Eine mäßig lange, aber starke, zirka neunprozentige Steigung gibt dem Lenker kurz vor der Heimfahrt noch Gelegenheit zu einer Schlußproduktion im Bergfahren. Ein Dampfdruck von 35 Atm. treibt den Wagen im Tempo von 40 Kilometer bergan.« (Es folgt eine Abbildung, dann heißt es weiter:)

„Die Illustration des Serpollet zeigt Herrn Alexander Wiesner am Steuer. Der spitz zulaufende Behälter an der Brustwehr des Wagens dient zur Aufnahme des Wassers. Der vierzylindrige, liegende Motor befindet sich unter dem Fußboden der rückwärtigen Sitze. Die durch Petroleum gespeisten zwölf Brenner sowie der Dampferzeuger sind ganz rückwärts am Wagen in einem Kasten untergebracht. Unter dem Steuerrad sieht man von rückwärts die beiden Manometer für Dampfdruck und Petroleumfeuerung und weiter unten an der Steuerungssäule das Sicherheitsventil. Der große, schräg nach vorne gerichtete Hebel bedient die Handpumpe. Ganz rechts neben dem Sitz des Fahrers sieht man die Handbremse und in horizontaler Lage darunter die kleine Pumpe, welche den Druck in einem Petroleumreservoir erzeugt. Der ungewöhnliche Aufbau hinter den Sitzen dient als Staub- und Rauchfänger.

**Serpollet-Dampfrennwagen von 1903.**

**Rechts oben: Stanley-Dampfwagen, mit dem beim 3. Automeeting auf Florida 1906 der absolute Weltrekord über 1 Meile mit 205,404 km/h erstellt wurde.**

**Stanley-Dampfautomobil Runabout von 1910.**

Die Dampfautomobile von Gardner-Serpollet haben sich heuer bei den französischen Manövern bestens bewährt...“

## Deutschland

Obwohl Deutschland bereits im Deutsch-Französischen Krieg schwere Dampfstraßenwagen eingesetzt haben soll und die Wirtschaft immerhin einige Dampfwagen verwendete, konnte diese Betriebsart scheinbar doch nicht durchdringen, ganz zu schweigen von schöpferischer Tätigkeit auf diesem Gebiet. Bekannt ist eigentlich nur ein Versuch, und zwar beschäftigte sich in München der berühmte Ingenieur Georg Friedrich von Reichenbach (1771—1826) mit dem Bau von kleinen Hochdruck-Dampfmaschinen, die er auch für Automobilzwecke verwenden wollte. Hatte er selbst nur „entfernte Hoffnung“ auf das Gelingen seiner Pläne, so erzählten seine begeisterten Verehrer schon von einem fertigen Automobil, mit dem er in 50 Stunden von München nach Wien fahren würde.

Josef von Baader, bayrischer Oberbergrat, wandte sich 1816 in äußerst scharfer Form gegen die Reichenbachschen Vorschläge und suchte die Unmöglichkeit, sie auszuführen, nachzuweisen. In dem bei dieser Konstruktion erforderlichen Schornstein von drei bis vier Meter Höhe sah Baader ein besonders unüberwindliches Hindernis für ein Fuhrwerk, das auch durch „niedrige Tore und Bogen“ fahren müsse. „Soll die Maschine“ — fragt er in seiner Streitschrift — „an jeder solchen Stelle ihr Rohr einziehen, wie die Schnecke ihre Fühlhörner? Oder sollten für den freien Durchzug des Reichenbachschen Dampf-Kleppers überall die Stadtmauern eingerissen werden, wie einst Trojas Mauern für das berühmte Kunstpferd der Griechen?..“ Baader ereiferte sich vergeblich, da der Dampfwagen Reichenbachs nie ausgeführt wurde.

# Nordamerika

Nirgends aber wurden um die Jahrhundertwende so viele leichte Dampfwagen (mit Petroleumfeuerung) hergestellt wie in den USA. Die Produktion ging in die Tausende.
Hier ist vor allem der Name Lucius Copeland zu nennen, der bereits 1884 den kleinen Kessel eines Dreiradfahrzeuges mit glühendem Koks heizte, während eine Miniaturdampfmaschine mittels Reibungsgetriebes auf die Radränder wirkte. Die weitaus meisten Dreirad-Dampfwagen aber produzierten die Brüder F.E. und F.O. Stanley, die die Locomobile Company of America gründeten. Sie erzeugten in Amerika und England leichte Dampfwagen, System Stanley.
Ihre Vorzüge waren sowohl die schnelle Betriebsbereitschaft (2 bis 4 Minuten) als auch die leichte Führigkeit. Ein Dampfgenerator als Blitzkessel in der Ausführung des sogenannten Drahtkessels (Kessel mit Drahtumwicklung zur Erhöhung der Druckfestigkeit) lieferte trockenen, hochgespannten Dampf in eine kleine stehende Zweizylinder-Compoundmaschine, die ebenso wie der Kessel unter dem Führersitz angeordnet war, Kondensation mittels Oberflächenkondensators. Die leichte Bauweise auf Drahtspeichenrädern mit hohem Bodenabstand gewährleistete ein flottes Vorwärtskommen auch auf schlechten Straßen. Diese Wagentype fand durch England vielseitige Verwendung im Burenkrieg und war auch sonst sehr beliebt und weit verbreitet. Der letzte Dampfwagen von Locomobile war „Runabout" aus dem Jahr 1910. Er ist heute der Stolz des Henry-Ford-Museums. Mit einem ähnlichen Wagen unternahmen Ende August 1901 ein Mister Felker zusammen mit einem Mister C. A. Sont eine Fahrt auf den berühmten Pikes Peak in den 4336 Meter hohen Rocky Mountains in Colorado. Sie sollen den Gipfel bezwungen haben. Die Schwierigkeiten dieser Fahrt lagen nicht so sehr in den steilen Abhängen, als vielmehr in der Beschaffenheit der Straßen, die mit Geröll und Baumstämmen übersät waren und ein tiefes Geläufe hatten. Die Strecke war 22 Kilometer lang, stellte aber an das Fahrzeug die höchsten Anforderungen und wurde an einem Tag hin und zurück (Ausgangspunkt Manitou) ohne Zwischenfälle bewerkstelligt.

In Florida fuhr 1906 Marriot auf einem Stanley-Dampfautomobil eine Meile mit 205,404 km/h Weltrekord, eine Schnelligkeit, die erst einige Jahre später (1909) durch das Benzinautomobil erreicht wurde.
Noch 1930 stellte die amerikanische Firma Delling Motors Co.

**Der erste Peugeot von 1889 war ein Dampfdreirad.**

**Unten rechts: Schon um 1900 gab es einen dampfgetriebenen Lieferwagen von White.**

**Unten: Der Dampfwagenpionier Léon Serpollet in einem seiner Wagen (rechts) während des Rennens Paris—Rouen, 1894.**

**US-Präsident Taft vor seinem White Steamer.**

Luxus-Dampfwagen her, die 3500 Dollar kosteten und wegen ihrer Geräuscharmut geschätzt wurden. Der „Double Steam" war der letzte serienmäßig produzierte Dampfwagen (1931). Der Dampfantrieb dieser Fahrzeuge war technisch vollendet. Er erreichte den hohen Betriebswert von 5 MPa (50 atü) bereits zwei Minuten nach Brennerzündung. Die Lebensdauer war fünfmal so hoch wie wie jene von Benzinmotoren.
Bis 1910, zu welcher Zeit der dampfangetriebene Wagen trotz aller tatkräftigen Bemühungen der Sportsleute und Fabrikanten dem Benzinautomobil weichen mußte, wurden Dampfwagen vor allem von folgenden Firmen (Marken) erzeugt:
Pkw mit Zwergkesseln,
die den großen Kesseltypen nachgebildete, rationelle kleinere Kesselformen darstellten, und zwar von Lok-, Wasserrohr-, Feuer-, Quersiede- und Siederohr- (Cornwall-) Kesseln (jedoch nicht Flammrohrkesseln): Altmann Ges. m. b. H. sowie Busch & Co., Deutschland (Dreizylinder-Sternmotoren); Stanley (stehende Zwillings- oder Compoundmaschine), Amerika; Clarkson and Capel, England.
Pkw mit Blitzkesseln,
die keinen effektiven Wasserstand im Kessel führten, wenn er in Betrieb war: Salamandrine sowie White (stehende Zweizylinder, Compound vorne), Amerika; Gardner-Serpollet, Frankreich; Chaloche, Frankreich.
Lkw,
(fast alle mit Zwergkessel): Coulthard, Thornycroft, Lancashire, alle England; H. Lamprecht, Deutschland; Aultman (Vierradantrieb), England; Pioneer (horizontaler Vierzylinder-Rotationsmoter), England; Morgan (zehn Tonnen), Amerika;

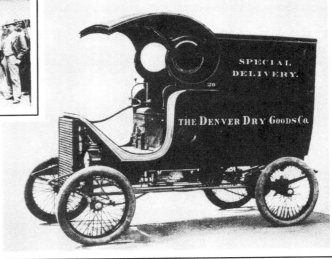

Scott, Frankreich; Mann (Fowler), Deutschland; Stoltz (Blitzkessel), Deutschland.
Zugmaschinen bzw. Pfluglokomotiven,
(mit Lok-Kessel): Foster, England; Clayton and Shuttleworth, England; Fowler (auch Walzen), England; Maffay (auch Walzen), Deutschland; Wolf, Deutschland; Lanz, Deutschland.
Bei Dampf-Pkw wurden meist vorne, hinter dem Kondensator montierte, stehende Zwei- und Vierzylinder-Hochdruckmaschinen mit Ventilsteuerung (Gardner-Serpollet, Weyher-Richemond) oder Compoundmaschinen mit Exzenter-Stephenson-Steuerung verwendet. Abgesehen von Zugmaschinen (Straßenlokomotiven) mit bis zu 17 Tonnen Reibungsgewicht, bei welchen die Maschinenanlage samt Antrieb oben am Kessel montiert war (Kurbelwelle führerstandseitig), befand sich am Lkw die Kesselanlage im Führerstand und die Maschine als Zwei- oder Vierzylinder (Compoundtype) in der Wagenmitte liegend unter dem Aufbau in den Fahrzeugrahmen eingebaut, während die Kurbelwelle parallel zu den Differentialhalbachsen lag.
Die Gründe, weshalb sich die Dampfmaschine trotz aller sonstigen Vorzüge damals nicht durchzusetzen vermochte, lagen (auch bei Blitzkesseln)
— in der verhältnismäßig langen Startzeit (je nach Größe

und Konstruktion 1 bis 15 Minuten zur Verhinderung des gefährlichen Wasserschlages),
— in der Kondensationsfrage,
— in den Dampfkesselgesetzen (zum Typenschein noch Dampfkesselpapiere mit allen Gebühren, jedes Jahr behördliche Kesselinspektion, alle drei Jahre Wasserdruckprobe in demontiertem Zustand, Anmeldung und behördliche Abnahme nach jeder Kesselinstandsetzung [Reparatur] inklusive der Kesselarmaturen).

Ausläufer bis nach dem zweiten Weltkrieg bildeten die Dampf-straßenwalzen und Dampf-Pfluglokomotiven (John Fowler in England, G. H. Maffey in München, Lizenzbau z. B. Wolf, Magdeburg-Buckau, Simmering-Graz-Pauker-Werke). Es handelte sich hierbei um Hochdruckdampfmaschinen in Compoundform mit Lokomotivröhrenkessel, die je einen Hoch- und einen Niederdruckzylinder in Verbindung aufwiesen (daher auch Verbund-Dampfmaschine).

## Der moderne Dampfkraftwagen

Erst in den zwanziger Jahren unseres Jahrhunderts konnte die Kondensationsfrage als gelöst betrachtet werden. 1924—1926 haben Versuche bei der RAF (geräuschloses Fliegen) mit aus modernsten Blitzkesseln gespeisten Dampf-Flugmotoren bei 75prozentigem Vakuum eine Kondensationsrückbildung in einem Ausmaß erbracht, das, auf Kfz-Verhältnisse übertragen, nur mehr einen Speisewasserverlust von 0,75 Liter auf 100 Kilometer ergäbe.
1950 wurde vom VDI (Verein Deutscher Ingenieure) ein Ausschuß gebildet, der sich eingehend mit dem Problem des Dampfautomobils befaßte, da dieses eine Lösung der dringenden Treibstofffrage in Deutschland herbeiführen hätte können. Durch seine unleugbaren Vorteile, wie Verwendungsmöglichkeiten verschiedener minderwertiger Heizstoffe, Fortfall von Kupplung und Getriebe, volle Leistungsabgabe der Maschine in allen Drehzahlbereichen, Geräscharmut und sehr hohe Lebensdauer, ist der Dampfstraßenwagen dem Benzinautomobil in mancher Beziehung überlegen, und es hat deshalb immer wieder Techniker gegeben, die es nicht aufgaben, sich dieser Vorteile zu bedienen und letzten Endes in eine Form zu bringen, die das Dampfkraftfahrzeug in die erste Reihe vor das Benzinautomobil reihen sollte.
Heute spricht aber noch ein weiterer Faktor für den Einsatz des Dampfautomobils: Die weitgehende Verhinderung der Abgase von Verbrennungskraftmaschinen im Interesse des Umweltschutzes.
Einen vollkommen neuen Weg der Konstruktion und Entwicklung von Dampfwagen haben in dieser Richtung die schwedischen Werke Saab-Scania beschritten. Ihr für Pkw bestimmter Motor weist eine Leistung von 205 kW (280 PS) auf, und dies bei einer Masse von nur 25 kg. Durch Rohre von 1 mm Durchmesser liefert der Kessel fünf Sekunden nach Entzünden der Brenner den nötigen Dampf. Die Drehzahl des Motors wird während der Fahrt kontinuierlich geregelt, weshalb das System mit einem zweiten kleinen Dampfmotor ausgestattet ist, der die Kraftstofförder- und Speisepumpe des Kessels sowie den Wechselstromgenerator versorgt. Dem Einfrieren des Wassersystems wird dadurch begegnet, daß die Automatik bei Minusgraden (bis —20 Grad Celsius) den Dampfgenerator auch bei abgestelltem Fahrzeug anläßt, was innerhalb eines Monats nicht mehr Kraftstoffverbrauch verursacht als zwei Liter.
Wer hier noch behauptet, daß der Dampfkraftwagen keine Zukunft hat, der irrt.
Die bekannten Konzerne General Motors und Ford unterstützten, vor allem aus Umweltgründen, die mehrjährigen Versuche der Bostoner Firma Thermo Electron, die diese mit einem Dampffahrzeug mit Hochdruckkessel durchführte. Die elektronisch gesteuerte Verbrennung des Dieselkraftstoffes dezimiert hier die Abgase auf ein absolutes Mindestmaß. Ein

Dieser Dampfrennwagen des Australiers Gene van Grecken wurde nach dessen Entwurf von der Gesellschaft Sydney Motor-Show im Jahr 1970 gebaut und angeboten.

Dampfwagen mit 73 kW (100 PS) verbraucht nicht mehr als 8 Liter Dieselkraftstoff auf 100 km.
Aber auch W. P. Lear und V. L. Minto, amerikanische Kraftfahrzeughersteller, statten ihren Dampf-Sechssitzer mit einem Motor in Dreieckanordnung aus und verwenden statt Wasser Freon. Das Fahrzeug fährt 15 Sekunden nach Brennerzündung.
Und der australische Architekt Gene van Grecken empfiehlt seinen Dampfrennwagen GVANG, der eine Leistung von 300 kW (410 PS) bei 3500 U/min aufweist.
Das Kapitel Dampfkraftwagen scheint demnach noch lange nicht abgeschlossen zu sein. Fest steht, daß hier derzeit Vorteile ungenutzt bleiben, die es wert wären, aktiviert zu werden.

Bis vor dem zweiten Weltkrieg baute man diese Dampfwalzen und -traktoren.

Ein „Käfer" mit Dampfmaschinenmotor, der zu Beginn der Ölkrise in Versuch genommen wurde.

# 3. DIE ENTWICKLUNG DER ELEKTROFAHRZEUGE VON 1835–1990

Bis zum heutigen Tag ist der Elektroantrieb für den Kraftwagen prädestiniert wie kein anderer. Für den Erfolg des Benzinwagens war seinerzeit einzig und allein der Umstand ausschlaggebend, daß der Energievorrat für größere Strecken relativ leicht mitgeführt werden konnte. Solange man meinte, auf die Umwelt keine Rücksicht nehmen zu müssen, blieb dies der entscheidende Faktor.

Gerade die Umweltfrage ist es jedoch vor allem, weshalb man dem Elektrowagen wieder großes Interesse entgegenbringt. Da die Entwicklung neuer Batterien große Fortschritte macht, das Hybrid-System ernsthaft geprüft wird und nicht zuletzt die Solarzellen völlig neue Wege weisen, rückt das Elektromobil immer stärker ins Blickfeld. Die Aussichten eines breiteren Einsatzes dieser Antriebsart sind heute bereits realistisch.

Der elektrische Antrieb für Straßenfahrzeuge stand von Anfang an im Schatten zuerst der Dampfmaschine, später des Verbrennungskraftmotors. Dennoch sind die Vorzüge dieser Antriebsart schon immer richtig eingeschätzt worden, und zwar als geradezu ideal für das Straßenfahrzeug: Leichte Bedienbarkeit, unkomplizierter Aufbau, dadurch wenig Reparatur und lange Lebensdauer, Geräuscharmut und Abgasfreiheit.

Die Nachteile aber, wie der Einsatz schwerer Batterien bei längerer Ladezeit, wobei nur eine begrenzte Energiespeicherung möglich ist und geringe Beschleunigungsfähigkeit wie auch Spitzengeschwindigkeit des Fahrzeuges, haben bald zur allgemeinen Bevorzugung des benzinbetriebenen Automobils durch den Privatmann geführt. Im Lastenverkehr allerdings wurden die Vorzüge des Elektrobetriebes sehr bald erkannt und kamen lange zum Tragen, in einigen Sparten sogar bis heute, und finden derzeit wieder mehr und mehr Beachtung. Die nicht abgeschlossene Entwicklung der Batterie wie auch die Möglichkeiten, die der Einsatz von Solarzellen in der Zukunft zu bieten haben wird, berechtigen zu der Annahme, daß die große Zeit des Elektromobils erst bevorsteht. Im Stadtverkehr erscheint sein Einsatz schon heute gerechtfertigt, ja notwendig, aber die zahlreichen Versuche, die in den letzten Jahren von verschiedenen, auch großen Autofirmen unternommen worden sind, um ein kleines Stadtfahrzeug dieser Art auf den Markt zu bringen, sind bisher aus dem Versuchsstadium noch nicht herausgekommen. Dabei entspräche das kleine Elektromobil den speziellen Erfordernissen der städtischen und Nahverkehrsgegebenheiten in besonderem Maß. Auch für den vielfach ventilierten Bahntransport und anschließenden, auf einen bestimmten Radius beschränkten Fahrbetrieb, erwiese sich diese Fahrzeugart als echte Problemlösung, ganz abgesehen vom energiearmen, lautlosen und umweltschonenden Betrieb.

Als in der ersten Hälfte des 19. Jahrhunderts die wirtschaftliche Erzeugung, Verteilung, Weiterleitung und auch der geregelte Verbrauch der damals bekannten neuen Energieformen Dampf, Arbeitsdruck verbrennender — „explodierender“ — Gase wie auch der Elektrizität durch den raschen Fortschritt der Technik möglich und in der Wirtschaft anwendbar wurden, fanden sich sehr bald auch ambitionierte Zeitgenossen, die der Meinung waren, daß Fahrzeuge — und da vor allem Straßenfahrzeuge — für den elektrischen Antrieb besonders geeignet wären.

## Elektromobile mit Batteriebetrieb

Sobald die sogenannten konstanten Elemente und die ersten auf dem Elektromagnetismus beruhenden elektrischen Apparate für den allgemeinen Bedarf hergestellt wurden, vom Starkstrom und der elektrischen Kraftübertragung jedoch noch keine Rede war, gab es bereits Erfinder, die Elektrizität zum Antrieb von Verkehrsmitteln einsetzen wollten.

Bereits im Jahr 1835 bauten Sibrandus Stratingh und Bäcker in Gröningen Straßenfahrzeuge und Boote, die mit Elektromotoren angetrieben wurden. 1836 versuchte Domenico Botto in Mailand unter Verwendung galvanischer Batterien (wahrscheinlich nach Volta) automobile Wagen zu betreiben. 1838 trat der Berliner Mechaniker J. S. Wagner in Frankfurt am Main mit elektrisch betriebenen Fahrzeugen hervor. In Edinburg versuchte im Jahre 1855 ein M. Davidson mit kleinen Elektromotoren einen Wagen zu betreiben, der jedoch unbefriedigend funktionierte. Ihnen allen blieb jedweder Erfolg versagt, denn die Geschichte des Elektro-Fahrzeuges sollte vor allem von der Batterietechnologie bestimmt werden, und wird es noch heute.

Zwei bahnbrechende Erfindungen bzw. Entdeckungen auf dem Gebiet der Elektrotechnik beschleunigten aber die Ent-

**Eines der ersten Elektrofahrzeuge Deutschlands von 1888.**

wicklung des elektrischen Straßenfahrzeuges: 1859 erfand der französische Physiker Plantée den ersten Speicher elektrischer Energie, den Bleiplatten-Akkumulator. Er wurde später durch Faure und Volkmar 1881 bedeutend verbessert und in seiner Leistungsfähigkeit erhöht (Gitterplatten mit Formierungsmasse, Plusplatten Bleisuperoxyd, Minusplatten Bleisulfat). Der von Edison 1903 konstruierte Nickel-Eisen-Akkumulator in Kalilauge war zwar transportunempfindlicher und leichter, die Zellenspannung aber um ein Drittel geringer.

Die zweite Entdeckung machte der deutsche Gelehrte und Industrielle Werner von Siemens, der im Jahre 1866 das dynamo-elektrische Prinzip fand. Es wurde alsbald beim Bau von Dynamomaschinen und Elektromotoren verwendet und ist zu einem der Grundelemente der elektrischen Kraftübertragung geworden.

Wie bei allen Antriebsarten, hatte auch hier das Straßenfahrzeug für den Schienenbetrieb Pionierarbeit geleistet: Bald fuhren in Berlin die ersten elektrischen Straßenbahnen und der erste Elektrobus, der den Strom aus einer Oberleitung bezog. Im gleichen Jahr — 1879 — soll auch in Cleveland die erste elektrische Bahn in Betrieb gegangen sein. Sehr rasch folgten weitere Städte und Länder. Es erwies sich, wie schon beim Dampfstraßenwagen bzw. der Eisenbahn, daß die Probleme der schienengebundenen Verkehrsmittel leichter und rascher lösbar waren als jene der Straßenfahrzeuge.

In Deutschland aber rollte vier Jahre vor Daimler, nämlich 1882, in Berlin bereits ein batteriebetriebener leichter Jagdwagen über den Kurfürstendamm.

Im Gegensatz zum übrigen Westen brachten in Deutschland erst leistungsfähigere Batterien von 19 Wh/kg — bis vor der Jahrhundertwende allgemein 9 Wh/kg — ein stärkeres Ansteigen der Aktivitäten. Das Batterie-Elektroauto machte daraufhin eine geradezu stürmische Entwicklung durch, und das in Europa ebenso wie in Amerika.

Deshalb brachte die Firma Vollmar & Kühlstein in Berlin erst wieder 1899 Elektromobile heraus, die noch die Form von Pferdekutschen aufwiesen. Ein Jahr später fuhr man aber bereits mit einer Elektro-Mail-Coach der gleichen Firma durch Berlin, die zahlreichen Passagieren Platz bot. Auch NAG in Berlin widmete sich dem Elektrowagenbau.

1904 präsentierte die Akkumulatorenfabrik Gottfried Hagen in Köln den viersitzigen Stadtwagen Urbanus, der eine Reichweite von nicht weniger als 100 km bei 30 km/h Höchstgeschwindigkeit gehabt haben soll. Ab 1905 verkauften die Dürrkopp-Werke aus Frankreich importierte Elektromobile.

Alle größeren Städte, besonders aber Berlin, konnten bis 1910 geradezu auf eine Flotte von Elektro-Taxis hinweisen, von den Elektrotransportern für Post, Brauereien und andere große Unternehmen gar nicht zu reden.

Um diese Zeit diente als Kraftquelle so ziemlich aller Elektrofahrzeuge ein stets neu zu ladender Bleigitter-Akkumulator von 60—70 Volt Klemmenspannung bei 170—300 Ampèrestunden Kapazität, mit dem ein Aktionsradius bis etwa 70 km — vereinzelt auch mehr — bei einer Geschwindigkeit von etwa 40 km/h erreicht wurde. Der private Elektrowagen war das Fahrzeug reicher Leute. Er verkehrte wegen der überall schlechten Straßenverhältnisse vor allem in den Städten, war im Aufbau konservativ und meist schwarz.

In Frankreich baute der Franzose Raffard 1881 ein Tricycle und einen „Tramcar", der mit Hilfe von Akkumulatoren betrieben wurde, die einen Elektromotor speisten. Der Tramcar vermochte 50 Personen zu befördern und erregte großes Aufsehen. Damit war der Bann gebrochen und es folgten nun laufend weitere Konstruktionen. In England konstruierte der Ingenieur Magnus Volk 1885 ein mit Akkumulatoren betriebenes Dogcart, in Frankreich Gustave Trouvé ein motorbetriebenes Tricycle. Jeantaud baute zwar schon 1881 einen Elektrowagen, blieb aber bei seinen ersten Fahrten immer wieder damit stecken und mußte seine Akkumulatoren alle 25 Kilometer neu laden, errang aber 1887 und 1893 mit seinem verbesserten Wagen viele Erfolge. 1887 gelang es Sartia und Mousette, mit ihrer Victoria-Kalesche eine Geschwindigkeit von 30 km/h zu erreichen. Von da an tauchten immer mehr neuartige Elektrofahrzeuge auf.

Berühmtheit erlangten die elektrischen Wagen Kriégers, des bedeutendsten französischen Herstellers, dessen Tochterfirmen die British Electromobile, Namag in Deutschland und S.T.A.E. in Italien waren. Seine berühmten Pariser Taxis legten bei einem Wagengewicht von 1130 Kilogramm und fünf Personen Belastung mit einer Geschwindigkeit von 22 km/h ohne Neuladung 80 Kilometer zurück.

1896 erhielt C. Epstein in London das englische Patent Nr. 15.004 über die „elektrische Fortbewegung von Wagen und Booten".

Natürlich nahmen an den ersten Automobilrennen in Frankreich auch Elektromobile teil und waren oftmals erfolgreich. Ein interessanter Wettbewerb war jener vom 18. Dezember 1898. Chasseloup-Laubat eröffnete mit einem Jeantaud-Elek-

Aussichtswagen von Porsche mit elektrischem Antrieb (Radnabenmotor vorn), 1900.

Fahrgestell des Mixtwagens Daimler-Porsche (benzin-elektrisch) von 1905 mit einer Leistung von 16 PS.

Obusse an der Endstelle in Wien-Klosterneuburg um 1908.

Horlacher-Solarmobile von 1986.

Thomas A. Edison mit Gattin auf dem Elektromobil vor seinem Laboratorium.

Elektromobil von Darracq, 1896.

Sichtbare Antriebsanlage eines Elektrowagens, 1899.

tromobil die Reihe der absoluten Geschwindigkeitsrekorde für Automobile. Er wählte die ebene und breite Landstraße von Achères, die durch ein kleines Gehölz bei Paris führte, und fuhr auf ihr den fliegenden Kilometer in 57 Sekunden. Die vom Französischen Automobilklub durchgeführte Zeitnehmung ergab somit einen Stundendurchschnitt von 63,157 km/h. Zieht man außer den damaligen Straßenverhältnissen den Stand der Automobilkonstruktionen in Betracht, dann erwies sich das Ergebnis als beachtlich. Diese Fahrt war der

Amerikanische Briefmarke von 1901 mit einem Elektromobil als Markenbild.

Auftakt zu einem Wettstreit, denn bereits am 17. Jänner 1899 trat auf der gleichen Straße, die demnach ihre Vorzüge gehabt zu haben scheint, der Belgier Camille Jenatzky — später einer der ganz Großen des Rennsports — mit seinem selbstkonstruierten Elektromobil „La Jamais Contente" zum ersten Weltrekord mit einem Ergebnis von 54 Sekunden und einem Durchschnitt von 66,666 km/h an. Nach wiederholten Konkurrenzen erreichte Jenatzy auf „La Jamais Contente" 34 Sekunden,

Fortsetzung auf Seite 59

Baudry de Saunier war um 1900 einer der namhaftesten, fachlich kompetentesten Autojournalisten seiner Zeit. Er setzte sich mit der gesamten Problematik des Automobilismus zeitnah und mit Blick auf die Zukunft auseinander. Hier ein Auszug aus seinem im Verlag A. Hartleben, Wien, um 1900 erschienenen Buch „Grundbegriffe des Automobilismus".

L. BAUDRY DE SAUNIER

## GRUNDBEGRIFFE DES AUTOMOBILISMUS

### Der elektrische Wagen.

Das Princip des elektrischen Wagens ist im Grunde genommen ganz dasselbe, wie dasjenige, nach welchem sich die Geissler'schen Röhren, die wohl den Meisten von uns in der Kinderzeit als Spielzeug gedient haben, drehen. Letzteres geschah, weil die Röhren auf einem Elektromotor montirt waren, und dieser wurde von einem in einer Flasche enthaltenen bichromatischen Elemente gespeist.

Erweitern wir nun den Motor und das Element, geben wir ihnen die durch die Erfahrung gelehrten vortheilhaftesten Formen und Einrichtungen — und wir haben das Schema eines elektrischen Wagens. Aus dem Element sind Elemente oder vielmehr Accumulatoren geworden und der Motor besteht aus einer oder zwei Maschinen, wie diejenigen, welche zur Erzeugung des elektrischen Lichtes dienen, deren Rolle jedoch jetzt eine umgekehrte ist: anstatt die ihnen durch einen Benzin-, Gasmotor oder eine Turbine übertragene Bewegung in Elektricität (Licht) umzusetzen, verwandeln sie die ihnen von den Accumulatoren zugeführte Elektricität in Bewegung (das Vorwärtstreiben des Wagens).

\* \* \*

### Die Elektricitätsquelle.

Wir bedürfen somit in erster Linie einer Elektricitätsquelle.

Was eigentlich die Elektricität ist, weiss niemand. Wenn jedoch ein Körper gewisse, ziemlich genau bestimmte Eigenthümlichkeiten aufweist, sagt man, er sei mit Elektricität geladen. Man weiss auch, dass in einzelnen, feststehenden Fällen, z. B. bei gewissen chemischen Verbindungen (Auflösung oder Wiederzusammensetzung), Elektricität erzeugt wird, und sind die meisten Elemente eben auf dem mehr oder minder gut ins Praktische übersetzten Princip einer chemischen Reaction basirt.

Wenn wir beispielsweise in einem gewöhnlichen Trinkglase auf der einen Seite ein an den Rand des Glases gestütztes, dünnes Kupferblatt, auf der anderen, gegenüberliegenden Seite aber ein Zinkblatt stehend anbringen; wenn wir hierauf ungefähr bis zur Hälfte des Glases Salzwasser oder auch mit Essig oder Schwefelsäure vermischtes Wasser eingiessen, haben wir ein elektrisches Element hergestellt. Verbinden wir nun die beiden Metallblätter, die wir Elektroden nennen wollen, durch einen dünnen Draht, so ist der Durchfluss des elektrischen Stromes geschlossen. Dass ein solcher wirklich durch den Draht fliesst, können wir durch Annäherung eines Compasses, dessen Nadel, je nachdem wir den Apparat nähern, ihre Stellung verändern wird, constatiren. Der Strom geht von der, positive Elektrode genannten Kupferplatte zur Zinkplatte, die man als negative Elektrode bezeichnet.

Durch bedeutende Verstärkung dieses Stromes, d. h. durch Aneinanderreihung vieler Elemente, die natürlich eine grössere Oberfläche als diejenige eines Wasserglases besitzen und in weniger primitiver Weise hergestellt sein müssten, erhalten wir eine Batterie, welche uns einen zum Vorwärtstreiben des Wagens genügend starken Strom liefern würde.

Die aus solchen Elementen bestehende Elektricitätsquelle wäre eine fast unversiegbare, da es zur Wiederherstellung ihrer ursprünglichen Kraft genügen würde, das durch den Gebrauch erschöpfte, überall leicht erhältliche Metall oder die Flüssigkeit zu erneuern. — Wir werden jedoch sehen, dass sich Elemente als Elektricitätserzeuger für Transportzwecke nicht verwenden lassen.

Leider ist nämlich die Capacität der Elemente eine sehr geringe; trotz eines grossen Volumens und Gewichtes liefern sie nur sehr wenig und bloss während einer kurzen Dauer elektrischen Strom.

Auch ist der Kostenpreis der von ihnen erzeugten Kraft ein sehr hoher. Bei Verwendung der allgemein bekannten Daniell'schen Elemente stellt sich zum Beispiel der Preis einer Pferdekraft während einer Stunde auf Frs. 3·80. Erfordert also unser Wagen 6 Pferdekräfte, so würde uns derselbe in der Stunde auf Frs. 21·80, also auf eine Summe zu stehen kommen, welche der eleganteste Viererzug nicht kostet.

Angesichts dieser unmöglichen Umstände war man daher gezwungen, Apparate zu ersinnen, die nicht mehr Quellen, sondern Magazine von Elektricität sind, in welchen sich die geheimnissvolle Kraft accumuliren lässt, um sie später wieder, je nach Bedarf, in kleineren oder grösseren Dosen herauszunehmen. So entstanden die Accumulatoren.

Doch auch die Accumulatoren, welche heute das einzige praktische Mittel bilden, Elektricität mit sich zu führen, besitzen noch ihre grossen Fehler, deren hauptsächlichster ihr Gewicht ist. Das Pech will es nämlich, dass gerade jenes Metall, welches sich am besten zu den zur Aufstappelung der Elektricität nöthigen chemischen Verbindungen eignet, eines der schwersten sei: das Blei.

Ein weiterer, mit dem Wesen des Accumulators selbst zusammenhängender Uebelstand liegt darin, dass man ihn laden muss und es, wenn er einmal entladen ist, keine Manipulationen mit Metallen und Säuren gibt, welche seine entschwundene Energie wieder herstellen könnten, wie dies bei einem Element der Fall ist. Der Accumulator ist eine Flasche, in die ein Fluid, die Elektricität, gegossen wurde; wenn sie geleert ist, muss sie von einer sachverständigen Person aufs Neue gefüllt werden.

Nun können wir aber mit den gegenwärtigen Accumulatoren höchstens Distanzen von 80 Kilometern*) zurücklegen. Dann sind unsere Flaschen leer geworden und das Wiederfüllen derselben ist eben nicht immer eine leichte Sache. Mit elektrischem Materiale ausgerüsteten Fabriken, Ladestationen etc. begegnet man auf den Landstrassen weniger häufig als Wirthshäusern. Und selbst wenn wir die gesuchte Stromquelle zur Hand hätten, sind unsere Leiden noch nicht zu Ende, denn das Wiederladen unserer Accumulatoren erfordert immerhin längere Zeit.

*) Diese Angabe ist nicht ganz richtig. Es wurden von elektrischen Fahrzeugen schon zu wiederholtenmalen Distanzen von 100 Kilometern, von einem Porsche-Wagen sogar eine solche von 120 Kilometern ohne Wiederladung zurückgelegt.     Anmerkung des Uebersetzers.

Dieser letzteren grossen Schwierigkeit könnte allerdings eines Tages durch das mögliche — jedoch kaum wahrscheinliche — Uebereinkommen sämmtlicher Constructeure von Accumulatoren, ein einziges Format zu adoptiren, begegnet werden. In diesem Falle könnten in allen etwas bedeutenderen Localitäten, etwa auf je 50 Kilometer Entfernung, Depots geladener Accumulatoren errichtet werden. Ein Elektromobil hätte dann nur, gleich einem Benzinwagen, der seine geleerten Benzinflaschen gegen volle eintauscht, frisch geladene Accumulatoren an Stelle der entladenen aufzunehmen und den festgesetzten Preis für die Ladung zu entrichten. Der hiemit verbundene Aufenthalt wäre ein ganz unbedeutender.

Aber — es gibt leider kaum eine zweite Frage, bei welcher so viele »Wenn« und »Aber« vorkommen, wie diejenige des Transportwesens auf Strassen, besonders des elektrischen — aber die Accumulatoren besitzen noch einen dritten sehr grossen Fehler, ihre Gebrechlichkeit.

Dieselbe rührt nicht etwa daher, dass sie äusserlich aus Glas-, Porzellan- oder Celluloïdbehältern bestehen, denn diese Substanzen sind genug widerstandsfähig, um beim Transporte nicht zu zerbrechen. Sie ist einzig und allein die Folge der inneren Construction des Accumulators, dessen Bleiplatten, welche die Elektricität aufspeichern, unter der Wirkung des Stromes leicht ihre Gestalt verlieren und sich bei den fortgesetzten Stössen des Wagens, besonders aber bei plötzlichen und heftigen Entladungen, wie sie das Anfahren, die Steigungen etc. erfordern, rasch zersetzen. Eine starke und rapide Entladung, wenn sie auch nur einen kurzen Augenblick dauert, übt auf die Platten der Accumulatoren dieselbe Wirkung aus wie ein Schlag mit einem Hammer. Die Platte krümmt sich, und der active Theil ihrer Substanz fällt auf den Boden des Behälters.

Ungeachtet dieser Uebelstände kann jedoch, wie schon erwähnt, die zur Bewegung der Elektromobile nöthige Kraft nur aus Accumulatoren geschöpft werden. Bei dieser Gelegenheit sei erwähnt, dass der Automobile-Club de France gegenwärtig in den Kellerräumen seines Hauses zu Paris eine 6 Monate währende Concurrenz von Accumulatoren veranstaltet, bei welcher sich dieselben so viel als möglich in den gleichen Bedingungen wie bei ihrer Verwendung zum Transporte befinden, somit fortwährenden Erschütterungen, Stössen, langsamen und rapiden Entladungen etc. ausgesetzt sind. Es wäre sehr zu wünschen, dass diese Initiative des grossen französischen Clubs einen wenn schon nicht vollkommenen, so doch stark verbesserten Accumulator schüfe. Damit wäre das Signal zur vollen Entfaltung des köstlichsten aller mechanischen Fahrzeuge, des Elektromobils, gegeben.

Fig. 7.
Elektrischer Wagen, System Jeantaud.

Erwähnen müssen wir noch, dass jeder Behälter, welcher seine positiven und negativen Platten, seine Elektroden, die in einer säuerlichen, Elektrolyt genannten Flüssigkeit baden, einschliesst, eine sogenannte Zelle bildet. Jede Zelle gibt ihre Elektricität mit einer elektromotorischen Kraft, einem Druck oder einer Spannung ab, welche niemals $2\frac{1}{2}$ Volt überschreiten kann, wie gross auch die Dimensionen des Elementes seien. Seine Capacität, d. h. die in ihm aufgespeicherte Elektricitätsmenge, hängt hingegen von seiner Grösse ab.

Bei einem Elektromobil bilden die Zellen der Accumulatoren eine sogenannte Batterie. Meistens sind dieselben in der Anzahl von 44 (4 Gruppen von 11 Zellen) vorhanden, und zwar deshalb, weil die elektrischen Centralstationen, an welchen man die Batterie wiederladet, gewöhnlich für eine Gebrauchsspannung von 110 Volts eingerichtet sind und die Batterie dann zur Ladung eine gleiche Spannung erfordert ($44$ mal $2\frac{1}{2}$ Volt).

* * *

### Einige elektrotechnische Ausdrücke.

Obgleich technische Abhandlungen so wenig als möglich in den Rahmen dieses Werkchens gezogen werden sollen, ist es doch am Platze, hier einige Ausdrücke zu erwähnen, die zwar noch keine vollständig landläufigen geworden sind, welche jedoch der sich stets mehr verbreitende Gebrauch elektrischer Maschinen und Apparate immer häufiger im Gespräche erscheinen lässt.

So wie bei einem Elemente können wir auch bei einer Batterie durch die Annäherung eines Compasses an die mittelst eines Drahtes verbundenen zwei Pole derselben die Existenz eines Stromes, d. h. den regelmässigen Zufluss eines Fluids von einem Pole zum anderen constatiren.

Die Stärke dieses Stromes bewerthet man mit Hilfe von besonderen Messinstrumenten und drückt ihn durch conventionelle Masseinheiten aus, so wie man z. B. das Gewicht eines Körpers in Gramm, das Volumen eines Gefässes in Litern, angibt.

Die Masseinheit für die Stärke, die Intensität des Stromes, ist das Ampère. Zur Messung der Stromstärke dient ein kleiner, Ampèremeter genannter Apparat, welcher die Abgabe der Stromquelle von so und so viel Ampères in der Secunde anzeigt.

Man begreift, dass die Intensität des elektrischen Stromes, wie diejenige eines jeden Fluids, sich einerseits mit dem auf denselben ausgeübten Druck oder der Spannung, andererseits mit der mehr oder minder grossen Schwierigkeit, dem Widerstand, verändert, welchen er beim Durchflusse der Leitung findet.

Bezüglich des ersten Punktes ist es einleuchtend, dass, wenn wir den Hahn eines ebenerdig gelegenen Wasserabflusses, dessen Reservoir sich unter dem Dache des Hauses befindet, öffnen, das Wasser mit grösserer Gewalt ausfliessen wird, als wenn das Reservoir nur einen halben Meter oberhalb des Hahnes angebracht wäre. Die Abgabe des letzteren, die während einer Secunde ausfliessende Wassermenge, hängt also grösstentheils von dem vorhandenen Drucke ab.

Dieser Druck (Spannung), welcher durch die mehr oder minder nahe chemische Verwandtschaft der vorhandenen Substanzen bestimmt wird und den man mit Potential-, Niveaudifferenz etc. bezeichnet, existirt nun auch beim elektrischen Fluid und wird mittelst eines Voltmeters genannten Apparates gemessen und in Volt ausgedrückt.

Was den zweiten Punkt betrifft, so ist es ebenso leicht begreiflich, dass die Abgabe des Fluids eine umso geringere wird, je grösseren Widerstand dasselbe in der Leitung findet. Diese Widerstandsfrage, welche auf hydraulischem Gebiete nur eine ganz nebensächliche Rolle spielt, ist bei den elektrischen Phänomenen von grösster Wichtigkeit. Es sei hier gleich gesagt, dass der Widerstand von der Länge des Leitungsdrahtes, hauptsächlich aber von dessen Natur (das Kupfer setzt z. B. einen geringeren Widerstand als das Blei entgegen) und Durchmesser (ein dicker Draht leistet dem Durchfliessen des Stromes weniger Widerstand als ein dünner) abhängt.

Aus dem eben Gesagten wird es verständlich, dass es zur Veränderung der Wirkungen des von den Accumulatoren zum Motor gehenden Stromes hinreicht, die Intensität des Stromes dadurch zu variiren, dass man diesen, bevor er zum Motor gelangt, gegebenen Falles durch einen Apparat fliessen lässt, welcher einen mehr oder minder grossen Widerstand leistet, d. h. einen bedeutenden Theil des Stromes absorbirt und nur die gewünschte Quantität zum Motor gelangen lässt. Ein solcher Apparat heisst Rheostat.

––––––

### Elementarprincip des elektrischen Motors.

Ein gewöhnlicher Magnet in Hufeisenform, wie man ihn bei jedem Eisenhändler findet, übt auf einen in seiner Nähe passirenden elektrischen Strom verschiedene Wirkungen aus, je nach dem Obwalten bestimmter Gesetze, auf welche näher einzugehen hier nicht der Platz ist. Es genügt uns zu wissen, dass, wenn man eine mit einer Elektricitätsquelle verbundene Kupferdrahtspule zwischen den Armen eines hufeisenförmigen Magnetes in dem magnetischen Felde (Fig. III der Tafel Nr. 8), welches zwischen dessen beiden Polen (Enden seiner Arme) liegt, derartig anbringt, dass sie sich um ihre Achse drehen kann, die Spule sofort in Bewegung geräth.

Wir können uns auf diese Art selbst einen kleinen elektrischen Motor construiren. Wir schneiden (Fig. 8) in eine cylindrische Holzspule $A$ zwei Rinnen und umwickeln dieselben mit einem langen, vielfach gewundenen, mit Seide überzogenen Kupferdraht. Hierauf legen wir durch die Spule eine Achse $ST$, deren Enden auf kleinen Trägern ruhen, in welchen sich die Achse drehen kann. Ferner bringen wir daran die kleinen Kupferringe $a$ und $b$ an, in die wir je ein Drahtende der Spule einfügen. Wenn wir nun die Spule zwischen den beiden Polen eines Magnetes $E$ (vorzugsweise selbst in liegender Stellung) auf ihre Träger legen und die Drahtenden mittelst

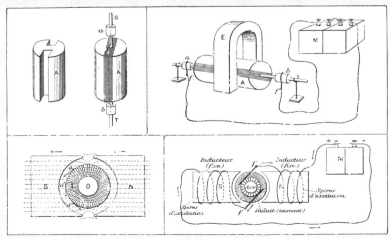

Fig. 8.

I. Herstellung einer inducirten Spule. — II. Magneto-elektrischer Motor. — III. Im magnetischen Felde entstehende, auf die inducirte Spule einwirkende Kraftlinien. — Dynamischer Motor.
Inducteur (fixe) = Fixer Inductor; Induit (tournant) = Inducirte, sich drehende Spule (Armatur); Spires d'exitation = Erregende Spiralen.

der Federn *FF* (Schleifcontacte, Bürsten etc.) mit den beiden Polen eines Elementes oder eines Accumulators *M* verbinden, wird die Spule sich um sich selbst drehen.

Wäre der Magnet nicht vorhanden, so bliebe die Spule ungeachtet des durchfliessenden Stromes unbeweglich. Damit ist der Beweis geliefert, dass das magnetische Feld im Vereine mit dem elektrischen Strome das Phänomen der sich drehenden Spule verursacht. Die letztere ist der inducirte, der Magnet der inducirende Theil (Inductor).

Der kleine, allerdings höchst primitive Motor, welchen wir uns auf diese Art construirten, ist ein magneto-elektrischer, da die natürliche Magnetisirung, der permanente Magnetismus des Eisens, die Drehung der Armatur bewirkt.

\* \* \*

Der permanente Magnet hat jedoch verschiedene Nachtheile, deren kleinster in der selbst bei einem grossen Volumen geringen Leistungsfähigkeit besteht. Um ein energisch wirkendes magnetisches Feld zu erhalten — der Werth der magnetischen Kräfte ist selbstverständlich von grossem Einflusse auf die Leistungsfähigkeit des Motors — kann man, wie es die Erfahrung lehrt, nicht auf einen permanenten Magnet zählen.

Hiezu gehört ein temporärer Magnet, ein Eisen, welches nur dann magnetisch wird, wenn wir es wünschen, und in dem wir die Stärke der Magnetisirung, somit diejenige des von den beiden Polen gebildeten Feldes beliebig verändern können.

\* \* \*

Arago war der Erste, welcher nachwies, dass zur Herstellung eines temporären Magnets nichts weiter gehört, als ein Stück weichen Eisens, das mit einem Metalldraht, durch welchen ein elektrischer Strom fliesst, umwickelt ist. Ein derartig umgebenes und elektrisirtes Eisen zieht sofort Metallspäne an sich wie ein gewöhnlicher Magnet; lässt dieselben jedoch augenblicklich wieder fallen und wird wieder zum inactiven Eisen, wenn man den elektrischen Strom unterbricht.

Hiemit war das Mittel zur Schaffung eines temporären Magnets gefunden. Wir nehmen zwei Stücke möglichst weichen, möglichst wenig magnetischen Eisens und umgeben sie mit seideüberzogenem Kupferdraht. Sobald wir in diesen einen von einer Batterie oder Accumulatoren kommenden Strom leiten, haben wir einen temporären, jedoch wirklichen Magnet, der zwei Pole *N* und *S* (Fig. 8) besitzt und ein Magnetisirungsfeld entwickelt, dessen elektro-magnetische Kraftsphäre auf unserer Zeichnung mit punktirten Linien angegeben ist. Eine auf einer drehbaren Achse *O* montirte Spule *I*, durch welche mit Hilfe der Bürsten *FF* ein elektrischer Strom geht, erleidet an allen ihren Punkten den Einfluss der auf sie einwirkenden Kräfte und beginnt sich zu drehen. Auf den imaginären Punkt *a* wird z. B. der Einfluss der Kräfte bei *a'* am stärksten sein, bei *a''* bereits wieder abnehmen u. s. w.

Eine derartig hergestellte Maschine ist keine magneto-elektrische mehr, sondern eine dynamo-elektrische (Dynamo). Der Unterschied zwischen diesen beiden besteht somit einfach darin, dass bei ersterer der Inductor ein permanenter, bei der zweiten jedoch ein temporärer Magnet ist, dessen Magnetisirung nur so lange dauert, als ihn der erregende Strom durchfliesst.

\* \* \*

## Die Erregung.

Eine Dynamo oder einen elektrischen Motor erregen,

heisst, um die den Inductor bildenden Massen weichen Eisens einen elektrischen Strom leiten, welcher ihnen die Eigenschaften eines Magnets verleiht, sie ein magnetisches Feld entwickeln lässt, dessen Kraftlinien eine bewegende Wirkung auf die Spiralen der zwischen ihnen liegenden inducirten Spule ausüben.

Es gibt verschiedene, sich je nach dem verfolgten Zweck richtende Arten der Erregung, die hier zu besprechen jedoch zu weit führen würde.

Zur Erleichterung des Verständnisses dieser Elementarbegriffe wollen wir annehmen, dass der den Inductor erregende, um die Elektromagnete fliessende Strom derselbe sei, welcher zu den Bürsten der inducirten Spule geht. Dieser Erregungsmodus besitzt allerdings für den Motor eines Fahrzeuges verschiedene Nachtheile, ist jedoch der einfachste und billigste, da ein und derselbe Strom die ganze Arbeit besorgt. Man kann die Elektromagnete auch selbständig erregen, indem man die sie umgebenden Drähte mit einer besonderen kleinen Batterie verbindet, während man die Hauptbatterie für die inducirte Spule reservirt etc.

Doch haben, wie schon gesagt, die acht oder zehn in der Industrie gebräuchlichen Erregungsarten für uns keine weitere Bedeutung.

\* \* \*

## Die Regelung des Ganges des Wagens.

Wir sind nunmehr im Besitze: 1. einer Accumulatorenbatterie von 44 Zellen, getheilt in vier Abtheilungen zu je 11 Zellen, und 2. eines Motors, der sich dreht, sobald wir ihm den in der Batterie enthaltenen Strom zuleiten.

Jetzt tritt aber eine weitere wichtige Frage an uns heran. Je mehr Strom wir dem Motor zuführen, umso leistungsfähiger wird dieser. Da jedoch die für unsere Zwecke benöthigte motorische Leistungsfähigkeit jeden Augenblick mit der Terrainbeschaffenheit, der Geschwindigkeit des Wagens etc. wechselt, handelt es sich darum, die Stromabgabe in praktischer Weise zu regeln.

Die Mittel hiezu sind verschieden. So könnten wir beispielsweise zwischen die Batterie, die abgibt, und den Motor, der empfängt, einen Widerstand, einen Rheostat einschalten, der nur die uns nöthig scheinende Quantität Electricität passiren lässt und den Rest in Hitze verwandelt. Doch wäre dies ein ebenso unpraktisches als verschwenderisches Verfahren.

Viel vernünftiger ist es z. B., dem Motor nur den aus einer einzigen, aus zwei, aus drei oder vier Abtheilungen unseres Accumulators von 44 Zellen kommenden Strom zu-

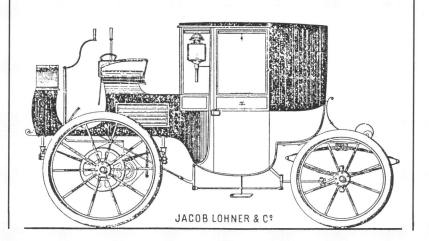

JACOB LOHNER & Cᵒ

zuführen. Anstatt der Spannung der ganzen Batterie, 110 Volt, haben wir sodann im Motor nur mehr eine solche von $27\frac{1}{2}$ Volt (1 Abtheilung) oder 55 Volt (2 Abtheilungen) oder $82\frac{1}{2}$ Volt (3 Abtheilungen).

Noch besser ist es jedoch, die Erregungsstärke des Inductors, d. h. seines Magnetisirungsfeldes zu variiren, indem wir in die Erregerwicklungen mehr oder weniger Strom gelangen lassen.

Da die Leistungsfähigkeit des Motors zum grossen Theile von dem Werthe des Magnetisirungsfeldes abhängt, verliert derselbe an Kraft, wenn man die Erregung vermindert, und umgekehrt.[*]

Um nun diese zahlreichen Schalt-, Erregungscombinationen u. s. w. zu erzielen, setzen wir zwischen die Batterie und den Motor einen

---

[*] Man könnte sich eventuell auch einen elektrischen Wagen mit einem mechanischen Geschwindigkeitswechsel, wie er bei den Benzinwagen gebräuchlich ist, vorstellen. Doch wäre dies für einen so eleganten, geschmeidigen, sich zu allen Variationen eignenden Motor wie der elektrische eine zu sehr contrastirende, barbarische Einrichtung. Immerhin ist es jedoch ausser Zweifel, dass, wenn die bedeutenden Arbeitsveränderungen, welchen ein Wagen unterwegs unterliegt, auf mechanischem Wege erfolgen, die Accumulatoren hiedurch in hohem Grade geschont werden. Nichts schadet den letzteren mehr als der Wechsel in der Stromabgabe, welchem man sie bei einem nicht mit einem mechanischen Geschwindigkeitswechsel versehenen Wagen gezwungenerweise aussetzen muss.

---

Controller genannten Steuerungsapparat. Dieser ist es, welcher durch Herstellung des Contactes zwischen den verschiedenen, mit dieser oder jener Anzahl von Abtheilungen verbundenen Drähten, durch Abstellung einzelner Leitungen etc. die Wirkungen des in der ganzen Batterie enthaltenen Stromes je nach den Bedürfnissen verändert und auf diese Art das Anfahren, sämmtliche Geschwindigkeiten nach vorwärts, die Rückwärtsfahrt, das elektrische Bremsen und selbst die Wiederumsetzung der Bewegung in elektrischen Strom bewirkt.[*]

Der Führer eines elektrischen Wagens bedarf daher nur einer einzigen, den Controller steuernden Kurbel, um das Fahrzeug nach seinem Belieben vorwärts oder rückwärts gehen, langsam oder schnell fahren, anhalten zu machen und dasselbe zu bremsen. Diese bewundernswerthe Einfachheit beweist allein, dass das Elektromobil die führende Rolle im Transportwesen zu spielen berufen ist, sobald man einen praktischen Accumulator gefunden haben wird.

Was den Controller betrifft, so existiren davon mindestens zwanzig verschiedene Typen. Die einfachste besteht aus einer cylindrischen, mittelst einer Kurbel gesteuerten Walze (Fig. 9), welche verschieden lange Contacte trägt, die dazu berufen sind, je nach der Stellung der Walze diese oder jene Stromdurchflüsse einzuschalten und andere zu unterbrechen. Man kann einen derartigen Controller etwa mit der Walze eines Musikwerkes vergleichen, welche auf gewisse Tasten drückt,

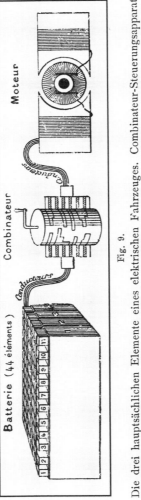

Moteur

Combinateur

Conducteurs

Batterie (44 éléments)

Fig. 9.

Die drei hauptsächlichen Elemente eines elektrischen Fahrzeuges. Combinateur-Steuerungsapparat (Controller).

andere wieder unberührt lässt, um eine bestimmte Melodie zu spielen.

\*

## Die Uebertragung der Bewegung auf die Räder.

Dieselbe erfolgt in einfachster Weise. Das Ende der Welle der inducirten Spule trägt ein Zahnrad, welches in einen Zahnkranz eingreift oder eine Kette steuert. Complicirte Einrichtungen sind niemals vorhanden.

\* \* \*

## Ueber den praktischen Werth der elektrischen Wagen.

Der elektrische Wagen vereinigt, bis auf eine, alle Eigenschaften, welche ein Fahrzeug zu einem geradezu idealen machen können. Der geräuschlose Motor ist der reinlichste, geschmeidigste, den' man sich nur wünschen kann, und seine Leistungsfähigkeit erreicht sogar 90 Percent. Er verbreitet weder einen üblen Geruch, noch lässt er weisse oder schwarze Rauchwolken als unangenehmes Zeichen seiner Gegenwart am rückwärtigen Theile des Gefährtes zurück.

Dabei ist der elektrische Wagen der mit dem sanftesten Gange bevorzugte, den es gibt. Keine Stösse beim Anfahren, keine kreischenden Zahnräder für den Geschwindigkeitswechsel, keine unausstehlichen Erschütterungen während des Stehenbleibens; Motor und Fahrzeug sind mit einander solidarisch, und existirt keine Ausschaltung. Der erstere beginnt seine Thätigkeit ohne jeglichen Antrieb beim Durchfluss des Stromes und bleibt zugleich mit dem Wagen stehen. Hiezu kommt die grosse Einfachheit: keine Röhren, keine complicirten Reservoirs für Benzin, Wasser, Oel, keine Pumpen, keine Zugstangen, keine Schwierigkeiten bei Herstellung der Carrosserie. Die Lobeslitanei des elektrischen Wagens nähme fast kein Ende — wenn demselben nicht eine, aber eine der wichtigsten Eigenschaften fehlen würde: die leichte Beschaffung seines Betriebsmateriales.

Die Bemühungen aller derjenigen, welche sich mit der Verbesserung der elektrischen Fahrzeuge befassen, müssen daher auf die Accumulatoren gerichtet sein, die allerdings nur eine gründliche Revolution aus ihrem alten Geleise reissen könnte.[*]

Sobald einmal ein leichter Accumulator von grosser Capacität gefunden sein wird, haben alle Wagen, welche durch eine andere Kraft wie die elektrische bethätigt sind, zu existiren aufgehört. Der Benzinwagen verdankt seinen Erfolg nur der grossen Leichtigkeit seiner Wiederverproviantirung und der enormen, in einem Liter Benzin ruhenden Kraft. Als welch barbarisches Fahrzeug würde er jedoch neben einem so einfachen und eleganten Gefährte wie das Elektromobil erscheinen, wenn dieses mit einem Schlage die »lange Fahrt« antreten und über genügende Kräfte verfügen könnte, um seine Herrschaft auch ausserhalb der grossen Städte, deren Souverain es bereits ist, einzuführen!

---

[*] Ein elektrischer Motor ist, wie wir bereits erwähnten, eine umgekehrt wirkende Dynamo, d. h. anstatt Bewegung zu empfangen, um Strom zu erzeugen (Dynamo zu Beleuchtungszwecken z. B.), erhält er Strom, um Bewegung hervorzurufen. Nun können aber gewisse, bei Wagen verwendete elektrische Motoren in einigen Fällen, wenn z. B. das Gefährte ein Gefälle hinabfährt und sie nicht mehr motorisch wirken, als Dynamo functioniren. Der Wagen überträgt ihnen die Bewegung, und sie erzeugen dann Strom, der sich in der Batterie aufstapelt. Dieses merkwürdige Phänomen nennt man »Wiederumsetzung«.

Grundbegriffe des Automobilismus.

## Oesterreichische Elektromobilwerke Wien

### A. LEHNER, A. v. DAUBER & CIE.

Direction: I. Schottenring 17          Fabrik: XIII. Linzerstr. 221
Telephon 12042.          Telephon 3433.

**Coupé.**
Maximale Fahrgeschwindigkeit: 24—35 Kilometer.
Streckenleistung: 75—100 Kilometer.

**Geschäftswagen.**
Maximale Fahrgeschwindigkeit: 18—20 Kilometer. Strecken=
leistung: 50—60 Kilometer.

**Phaëton.**
Maximale Geschwindigkeit: 35 Kilometer.
Streckenleistung 70 Kilometer.

**Lastwagen.**
Maximale Nutzlast: 2.57, Maximale Geschwindigkeit:
14 Kilometer. Fahrleistung: 50 Kilometer.

**Break für 6—8 Personen.**
Geschwindigkeit: 25 Kilometer. Streckenleistung:
50—60 Kilometer.

**Verkehrs= und Hôtel=Omnibus.**
Geschwindigkeit: 22 Kilometer. Streckenleistung:
50—60 Kilometer.

## Erzeugung elektrischer Fahrzeuge

Last=, Geschäftswagen, Omnibusse, Luxuswagen aller Gattungen u. Schienenfahrzeuge.

═══ Bestes Accumulatoren-System. ═══

**Fabrication von Elektromotoren eigener Systeme.**

Fortsetzung von Seite 54

also 105,882 km/h Durchschnitt. Zum ersten Mal wurde somit auf der Straße eine Geschwindigkeit von 100 km/h überschritten. Es ist kaum anzunehmen, daß die technische Ausgestaltung der beiden Wagen während so kurzer Zeit derart verbessert werden konnte, um eine 40prozentige Steigerung der Geschwindigkeit zu erreichen. Vielmehr kann auch ange-nommen werden, daß die Fahrkunst der beiden Weltrekordler in kurzer Zeit eine außerordentliche Vervollkommnung erfuhr.

Inzwischen fanden in den USA die mit Begeisterung aufge-nommenen elektrischen Fahrzeuge weite Verbreitung. 1888 erzeugten F. M. Kimball und P. W. Pratt „Electrics", obwohl es auch heißt, Edison habe 1889 das erste Elektroauto gebaut. Als

Elektromobile
System
LOHNER-PORSCHE

**Elektro-Mail-Coach von Vollmer & Kühlstein, von 1900 (Deutsches Museum München).**

sehr praktisch erwies sich der Zweisitzer von W. Morrison 1891.

Die Firma Electric Carriage and Wagon Co. in Philadelphia nahm als erste die Serienproduktion auf und lieferte 1897 auch mehrere E-Taxis für New York. 1902 gab es die ersten Studeba-ker mit Elektroantrieb. Bis 1912 standen in den USA 20.000 Pkw dieser Antriebsart in Verwendung, die meisten mit den bewährten Gleichstrommotoren von General Electric.

**Rechts: Werbung für „Elektrische Wagen" der Firma Jakob Lohner & Co., Wien, um die Jahr-hundertwende.**

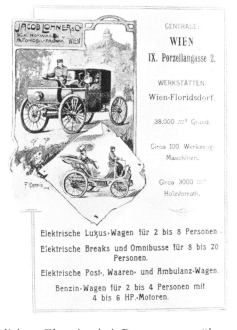

JACOB LOHNER & Co.
K. K. HOFWAGEN UND
AUTOMOBIL-FABRIK WIEN

CENTRALE:
WIEN
IX. Porzellangasse 2.

WERKSTÄTTEN:
Wien-Floridsdorf.

38.000 m² Grund.

Circa 100 Werkzeug-
Maschinen.

Circa 3000 m²
Holzvorrath.

Elektrische Luxus-Wagen für 2 bis 8 Personen.

Elektrische Breaks und Omnibusse für 8 bis 20 Personen.

Elektrische Post-, Waaren- und Ambulanz-Wagen.

Benzin-Wagen für 2 bis 4 Personen mit 4 bis 6 HP.-Motoren.

**Oben: Markenzeichen der ersten Lohner-Porsche-Elektromobile.**

Auch in Amerika blieben Electrics bei Rennen gegenüber Fahrzeugen mit Dampf- und Benzinmotoren lange erfolgreich. So soll schon 1886 etwa ein Morrison-Auto bei schwerem Schneefall ein Wettrennen zwischen Chikago und Evanston über eine Entfernung von 86 km bestritten haben. Mit dem Riker Torpedo aber wurde 1901 sogar ein Rekord mit 92 km/h aufgestellt, und in einem Straßenwettbewerb auf Long Island besiegte Wright Electric in einem 80 km-Rennen innerhalb 2 Stunden 3,5 Minuten das gesamte Benzin- und Dampfwagen-Feld.

Durch die stürmische Entwicklung des Batterie-Elektroautos begünstigt, blieb dieser Wettbewerb der Antriebssysteme bis etwa 1910 aufrecht.

Das geräusch- und geruchlos dahingleitende Gefährt, das spielend zu betreiben war und weder besondere Manipulationen mit der Startkurbel erforderte, noch ein Scheuen der Pferde befürchten ließ, erfreute sich trotz der hohen Anschaffungskosten großer Beliebtheit und fand vor allem den Beifall der begüterten Damenwelt. Über 100 amerikanische Hersteller erzeugten 1912 nicht weniger als über 6000 solcher Pkw und etwa 4000 kommerzielle Fahrzeuge, wenn auch die Preise hoch lagen. So kostete etwa ein Standard Baker $ 2000, ein Columbia Victoria mit getrenntem Chauffeursitz $ 3000, während etwa ein Detroit Electric Coupé der Anderson Electric Car Co., das unter anderem auch die Gattin von Henry Ford bevorzugte, nicht unter $ 3730 zu haben war.

Schon 1898 scheint das Wichtigste bei der Beurteilung des Elektromotors der Rechenstift gewesen zu sein. Nachfolgend ein Ausschnitt aus einem damals in Wien gehaltenen Vortrags:

# „Über elektrische Automobile"

„...Wir kommen nun zur Frage der Betriebskosten eines elektrischen Automobils und müssen uns hiebei zunächst klar sein, dass ein Automobil als Sport- und Luxusfahrzeug einen volkswirthschaftlichen Wert nicht haben kann. Die Betriebskosten eines solchen kommen daher für uns gar nicht oder erst in

Elektrotaxis wurden in den USA bereits 1896 erzeugt und in Dienst gestellt. Der Radius, der mit einer Batterieladung gefahren werden konnte, betrug 60 km, was eine ausgezeichnete Leistung darstellte.

Heute nicht mehr ohne weiteres nachzuvollziehen ist die Tatsache, daß die Erfindung des elektrischen Starters im Jahr 1912 das eigentliche „out" für das Elektromobil bewirkte, obwohl sich das Ford-Modell K von 1906 bereits als starke Konkurrenz erwiesen hatte, kostete es doch ungefähr die Hälfte eines Elektrowagens. 1924 stand der jährlichen Produktion von 391 Elektroautos in Amerika bereits ein Bestand von 3,185.490 Benzinfahrzeugen gegenüber.

Zuletzt wurde 1931 die 2,5 t schwere Limousine vom Typ 99 bei der Detroit Electric Car Comp. in Serie hergestellt. Höchstgeschwindigkeit 70 km/h. Das Fahrverhalten soll ausgezeichnet gewesen sein. In den USA hat das Elektromobil über den längsten Zeitraum seine größte Verbreitung gefunden.

zweiter Linie in Betracht. Für die Praxis ist es erforderlich, elektrische Wagen zu besitzen, die nicht nur in technischer Beziehung mit dem animalischen oder übrigen maschinellen Betrieb concurriren können, sondern deren Anschaffungspreis und Betriebskosten sich auch in angemessener Zeit bewegen. Ist dies gelungen, so ist eine Einführung solcher Fahrzeuge für den Städtischen Verkehr, ja später auch für den inter-

**Elektroautomobil von Vollmer & Kühlstein 1900.**

urbanen Verkehr wahrscheinlich. Bezüglich des ersteren verweise ich auf London, Paris und New-York, in welchen Städten solcher Fahrzeuge schon hunderte laufen, während deren Indienststellung in Berlin bereits im Begriffe ist.

Anlangend den Anschaffungspreis des elektrischen Automobils darf der absolute Vergleich desselben mit dem Preise eines Wagens sammt Pferden nicht massgebend sein. In Betracht

kommen hiebei vielmehr noch die täglich mögliche Kilometerleistung sowie die erzielbare Geschwindigkeit, auch die Anzahl der Personen, welche im Wagen befördert werden können sowie die Grösse überwindbaren Steigungen. Ausser diesen die Wagenleistung bestimmenden Factoren muss man bedenken, dass das elektrische Automobil in den baulichen Investitionen günstiger daran ist, da naturgemäss Pferdestall, Futterkammer, Geschirrkammer etc. entfallen. Dies vorausge-

**Erstes Elektromobil von Lohner-Porsche mit Radnabenmotor um 1900, mit einer Betriebsspannung von 60 Volt und 2 x 6 PS bei 100 Ah. (Techn. Museum Wien)**

**Elektromobil Columbia Electric von 1904, USA. Reichweite bis 100 km bei 30 km/h.**

**Rechts: Ein Riker-Elektrotaxi in New York um 1900.**

**Elektrowagen für die Landwirtschaft im Staat New York.**

**Rechts außen: Electric-Carriage, USA, von 1900.**

**Unten: Elektromobil, Marke Camble, von 1900, USA, im Stil Louis XV.**

Betriebskosten:

| | |
|---|---:|
| Remisenmiethe, Erhaltung und Beleuchtung derselben .................................................. | fl. 150 |
| Fahrerlohn, 52 Wochen à fl. 14 ........................... | 728 |
| Schmiermaterial, Putzmaterial, event. Aushilfe u. Div. | 200 |
| Stromkosten, 365 Tage à 60 km Fahrtleistung pro Tag à 200 Wattstunden Ladestrom à fl. 15 ........... | 657 |
| Erhaltung des elektrischen Theiles exclusive Accumulatorenbatterie, des Wagens und des zweiten Wagenkastens, 7% von fl. 4200 ................................................ fl. 300 | |
| Erhaltung der Accumulatorenbatterie 40% von fl. 1600 ......................................... | 640 |
| Erhaltung der Equipirung 50% von fl. 100 ... | 50 |
| Erhaltung der übrigen Anschaffungen, 10% von fl. 500 ....................................... | 50 |
| | 1040 |
| Amortisation von fl. 6400 auf 15 Jahre ................... | 425 |
| Summe der jährlichen Auslagen fl. | 3200 |

Man sieht, dass die gesammten, hier mit Zugrundelegung hoher Anschaffungskosten und sicherer Ausgabenbeträge calculirten Betriebskosten blos um fl. 500 höher sind, als die Miethe des Monatswagens. Werden statt 60 km täglicher Fahrtleistung

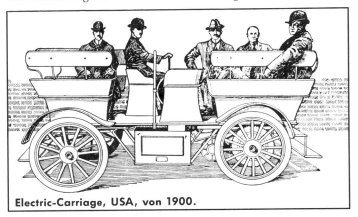

**Electric-Carriage, USA, von 1900.**

schickt, möchte ich sagen, dass das billigste zweisitzige elektrische Automobil, welches ich in Paris sah, ca. 7000 Frcs. kostete, das billigste viersitzige ca. 9000 Frcs. Der maximale Preis, den ich nennen hörte, betrug 25.000 Frcs.; dass hiebei viel Liebhaberei ist, bedarf wohl keiner Erwähnung; für Miethwagen zahlt man solche Preise natürlich nicht. Wenn ich früher gesagt habe, dass die täglich erzielbare kilometrische Leistung des Wagens schon bei der Beurtheilung seines Kaufwerthes in Betracht komme, so gilt dies noch vielmehr bei der Bestimmung der Betriebskosten. Denn es ist unmöglich, mit einem einzigen Paar Pferden vor einem zweispännigen Wagen täglich regelmässig 60—80—100 km zu machen.
Den Kosten des elektrischen Betriebes stelle ich das billigste Wiener Fuhrwerk entgegen, nämlich den Monatsfiaker, welches für erhebliche Fahrtleistungen und Geschwindigkeiten in Betracht kommen kann. Ein solches kostet nach meinen Umfragen circa fl. 225 per Monat, mithin fl. 2700 per Jahr, wobei zu bemerken ist, dass allerdings ein solcher Wagen nicht 60 km per Tag machen kann, wie dies der nachfolgenden Berechnung für die elektrischen Wagen zu Grunde gelegt ist.

Es ergeben sich hiedurch folgende Investitionen, ferners folgende Auslagen pro Jahr:

| | |
|---|---:|
| Ankauf eines geschlossenen elektrischen Automobils fl. 5000 | |
| zweiten offenen Wechsel- Wagenkastens ................... | 800 |
| Equipirung des Führers ............................. | 100 |
| Reservebestandtheile, Diverses u. Unvorhergesehenes ................................. | 500 |
| | fl. 6400 |

**Links: Die Königlich-Bayerische Post erprobte dieses Elektrodreirad zur Briefkastenleerung 1901. Hersteller waren die Nürnberger Schuckert-Werke.**

**Das Riker-Renn-Elektromobil von 1901.**

beispielsweise blos 30 km gefordert, so reduciren sich die Stromkosten auf die Hälfte, also auf fl. 361, während naturgemäss auch die Erhaltungskosten infolge der geringeren Abnützung aller Theile sinken werden, so dass die Kosten des animalischen Betriebes leicht erreicht würden. Nach Berechnungen des Herrn Lohner, welche derselbe in einem am 15. Jänner 1897, im niederösterreichischen Gewerbeverein gehaltenen Vortrage anstellte, kostet die Eigenregie, und zwar unter Annahme von blos 3 Pferden, per Jahr fl. 3528, demnach ca. fl. 330 mehr als die elektrische Eigenregie.
Hinsichtlich des anderen Falles, d. h. Vergleich der Kosten des gemietheten Wagens mit der elektrischen Eigenregie, müssen wir berücksichtigen, dass nicht nur durch Sinken der täglichen

# Widersinnige amerikanische Schnelligkeitsversuche und deren Folgen.

Die „Studiengesellschaft für elektrische Schnellbahnen" in Berlin hat es bislang mit ihren auf der Militärbahn Marienfelde—Zossen unternommenen Versuchen bekanntlich bis zu Fahrgeschwindigkeiten von etwas über 160 km p. Std. gebracht. Zu diesem Zwecke musste der Oberbau erheblich verstärkt werden: Die Bettung wurde verbessert, die Schwellen dichter verlegt und besonders die Stossschwellen näher an die Schienen-Stösse gelegt. Doch schon bei genannter Fahrgeschwindigkeit erkannte man, dass der Oberbau noch wesentlich zu verstärken sei, bis die als Ziel gesteckte Geschwindigkeit von 200 km p. Std. erreicht werden kann.

Uncle Sam dauert das jedoch zu lange; er will nicht gezwungen sein, vollständig neue Schienenwege legen zu müssen; nein, auch gänzlich ohne Schienen will er in 200 km-Tempo von New-York nach San Franzisko rasen können — und wenn's im Bauche eines drachenartigen Ungetüms sein soll. Da es keine lebenden Exemplare dieser edlen Haustiere der alten Germanen mehr giebt, so baut er sich ein solches aus Eisen und Stahl, und setzt es — um nicht die gleiche Schwerfälligkeit in der Fortbewegung mit in Kauf nehmen zu müssen — auf vier grosse elastische Räder; er bewegt das Ungetüm durch

Jahrgang 1902                BERLIN, den 5. Juli 1902.                Heft XII.

## Zeitschrift des Mitteleuropäischen
# MOTORWAGEN
### VEREINS

Herausgegeben vom
Mitteleuropäischen Motorwagen-Verein,
vertreten durch den
Präsidenten A. GRAF v. TALLEYRAND-PÉRIGORD

Selbstverlag des Vereins

Die Zeitschrift erscheint monatlich zwei Mal.

Bezugspreis jährlich 20 M. Einzelhefte 1 M.
Die Mitglieder erhalten die Zeitschrift
kostenlos zugesandt.

Geschäftsstelle:
Berlin N.W. 7, Universitätsstrasse No. 1.

Für Redaktion und Verlag verantwortlich
die Geschäftsstelle des Vereins,
vertreten durch den
General-Sekretär OSCAR CONSTRÖM

Postvertrags-Katalog für 1902 No. 8d/8a.

Anzeigenpreis: Für den Raum von 1 mm hoch,
50 mm breit 20 Pf.
Für Vereinsmitglieder 15 Pf.
bei Wiederholungen Preisermässigungen.

Geschäftsstelle:
Berlin N.W. 7, Universitätsstrasse No. 1.

Organ für die gesamten Interessen des Motorwagen- und Motorbootwesens
und für die Beförderung mittelst motorischer Kraft.

Inhalt: Widersinnige amerikanische Schnelligkeitsversuche. — Dampfwagen auf der Londoner Automobil-Ausstellung (Schluss). — Die Internationale Motorboot-Ausstellung Wannsee 1902. — Eingesandt betr. Dampfwagen. — Verschiedenes: Einfuhr von Automobilen nach Japan. Absatz von Automobilen nach Syrien. Automobilverbindung zwischen Magdeburg und Oltersleben. Automobil-Fernfahrt Paris—Wien. Benzinstationen. — Zu der Automobilfahrt Berlin—Hamburg etc. — Vereine.

Elektrizität — warum soll nicht im 20. Jahrhundert ein feuerspeiender, Tod und Verderben bringender Drache elektrisch bewegt werden, nachdem uns Galvani dies schon im 18. Jahrhundert am Froschschenkel gezeigt hat — und, um die diё Gefahr erhöhende „lebendige" Kraft nicht fehlen zu lassen, giebt er dem Ungetüm noch einige Centner Blei zu schlucken in Form von electr. Batterien. Das Mordinstrument ist fertig. Zwei Drachenbändiger (auf deutsch „Chauffeurs") kriechen in den Bauch desselben, ohne mit der Aussenwelt anders als durch ein am Nacken eingesetztes Auge in Verbindung zu stehen, und nun soll es alle Rekorde „brechen" — „bricht" aber statt dessen seine Rippen, sowie die von 20 Zuschauern, von denen zwei tot am Platze bleiben. Die beiden „Chauffeurs" speit der Drache unversehrt, wenn auch ein wenig „echauffiert", in's Gefängnis und bleibt selbst zerschmettert auf und neben seinen Extremitäten wie ein Häuflein Unglück liegen. — Ein Blick auf die dem „Autocar" und dem „Automotor Journal" entnommenen Abbildungen wird die obige drastische Schilderung bestätigen.

Der Schauplatz war Grand City auf Staten Island, einer am New Yorker Meerbusen und Hafen gelegenen, durch eine schmale Wasserstrasse (Kull's Creek) vom Festlande getrennte Insel. Der Automobil-Club von Amerika hatte für die am 31. Mai stattgehabten Geschwindigkeitsversuche

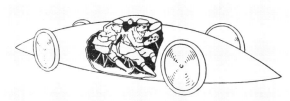

Fig. 1.    Baker und sein Elektrotechniker in Baker's Renn-Elektromobil.

Fig. 2.    Baker's Renn-Elektromobil.

den South Shore Boulevard bestimmt, eine macadamierte, etwas hügelige, unebene und mit Krümmungen verlaufende Chaussee, welche von einer elektrischen Bahn gekreuzt wird. Die Vorbedingungen zu den geplanten Veranstaltungen waren also denkbar ungünstigste; dazu kam noch, dass die an beiden Seiten der Strasse durch Seile abgetrennten Menschenmengen gegen ausdrückliches Verbot der Polizeiorgane sich innerhalb dieser Abgrenzungen vordrängten, trotzdem schon vorher Gerüchte verbreitet wurden, dass die Steuerung des Elektromobils Baker ein „ungewisses Etwas" sei.

Das Fahrzeug selbst war konstruiert von W. C. Baker, Direktor der Baker'schen Elektromobilfabrik und der Amerikanischen Kugellager-Gesellschaft.*) Dementsprechend waren alle Achsen und Zwischenlager mit äusserst fein gearbeiteten Kugellagern zur Verminderung der Reibung versehen, und sollte ein 7 PS.-Elektromotor, der bis zu einer ausnahmsweisen Leistungsfähigkeit von 12 PS. gesteigert werden konnte, genügen, dem Fahrzeug die hohe Geschwindigkeit zu erteilen, zumal auch zur Ueberwindung des Luftwiderstandes ausser den Rädern das Ganze durch ein torpedoförmiges Fichtenholzgehäuse umkleidet war. Als verhängnisvoll erwiesen sich nur die Holzräder bezw. Holzfelgen mit Drahtspeichen, welch letztere - ebenfalls zur Verringerung des Luftwiderstandes — mit schwarzem Lacktuch umkleidet waren; als nämlich kurz nach Passierung der Kurve das Strassenbahngeleise kreuzte, welches vorsichtsbalber mit Lehm zugestopft worden war, barst eine Holzfelge, und zwar, wie sich an einem später nahe dem Geleise gefundenen Stücke herausstellte, an der Leimstelle. Mr. Baker, welcher das Fahrzeug selbst steuerte (während sein Elektrotechniker hinter ihm die elektrischen Schaltungen bediente), bemerkte dies sofort und bremste, doch war die Wirkung der Bremsen illusorisch bei nur drei Rädern: das Elektromobil schoss zuerst nach rechts und bedrohte eine innerhalb der Abgrenzung stehende Gruppe von 500 Personen, dann im weiten Bogen nach links, wo es in eine kleinere, ebenfalls innerhalb der Abgrenzung befindliche Gruppe hineinraste und mitten in derselben zertrümmerte. Ohne die torpedoartige Form, durch welche die auf verbotenem Terrain stehenden Zuschauer gewissermassen auseinandergedrückt wurden, dürfte das Unglück noch weit grösser gewesen sein; so flogen 2 Personen in die

Kilometerleistung die elektrischen Betriebskosten sich reduciren, sondern, dass auch eine erhöhte Tagesleistung, ohne Vermehrung der Investitionen, mit demselben Automobil durch-

führbar ist, während der Pferdebetrieb durch Einstellung von Wechselpferden grössere Anschaffungen bedingt. Man muss zugeben, dass sonach das Automobil thatsächlich eine rationell arbeitende Maschine ist...

Unleugbar ist nämlich das Halten eines eigenen Wagens mit Pferden und Wechselpferden, sammt Stall, Futterkammer, Geschirrkammer, Kutscherwohnung (die ja beim Automobil ebenso entbehrlich ist, wie etwa, dass ein Fabriksmaschinist im Hause wohnt) und alles was drum und dran hängt, für viele unerwünscht, ja oft unmöglich. Und diese Leute müssen sich dann Miethwagen halten. Anders beim Automobil. Dessen Eigenbesitz ist mit keinerlei nebenher laufenden Schwierigkeiten verbunden; es ist eine Maschine, welche zu halten Niemandem Unannehmlichkeiten bereiten kann. Ich möchte sagen, dass hier das gleiche Verhältniss herrsche wie zwischen Fahrrad und Reitpferd. Von diesem Standpunkte aus betrachtet, erscheint wohl auch der durchgeführte Vergleich der Betriebskosten nicht unberechtigt.

... Wie ich ja Eingangs gesagt habe, können wir vom Elektromotor alles das, was gar nicht, oder nur gekünstelt und mit complicirten Bedienungsmechanismen beispielsweise vom Benzinmotor zu erzielen ist, schon deshalb verlangen, weil es in seinem Systeme begründet, weil es seine ureigensten Attribute sind. Vor- und Rückwärtsfahrt, Schnell- und Langsamfahrt, Ueberlastbarkeit, elektrische Bremsung, nicht nur beim Anhalten, sondern auch beim Bergabfahren, und all dies mit einem einzigen Hebelgriff erzielbar. Abwesenheit jeglichen Geräusches und üblen Geruches, Vermeidung von Vibrationen, sind die Hauptcharakteristiken des elektrischen Fahrzeuges..."

Luft, ohne erhebliche Verletzungen, ein alter Mann blieb tot am Platze, indem ihm Drahtspeichen des zertrümmerten Rades in die Brust drangen, ein anderer wurde bei Stillstand des Gefährts zwischen die Gestellteile gequetscht und konnte erst durch Zuhilfenahme von Winden entfernt werden. Die übrigen Verletzten kamen mit Quetschungen, Kontusionen etc. davon, und wurden in dem ganz in der Nähe befindlichen Zelt des „Roten Kreuzes" behandelt, welches für eventuelle Verletzungen von

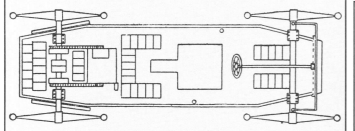

Fig. 3. Anordnung des Untergestells von Baker's Renn-Elektromobil.

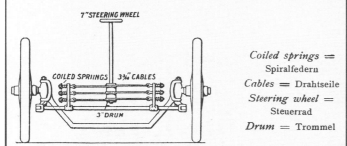

Coiled springs = Spiralfedern
Cables = Drahtseile
Steering wheel = Steuerrad
Drum = Trommel

Fig. 4. Steuerung zu Baker's Renn-Elektromobil.

Rennfahrern vorgesehen war — an Gefährdung des die Abgrenzung überschreitenden Publikums hatte man am wenigsten gedacht. Die Insassen des torpedoförmigen Kastens, Mr. Baker und Mr. Denzer, welche auf ihren Sitzen mit Riemen festgeschnallt waren, kamen jedoch mit einigen Beulen davon und wurden bald darauf verhaftet, später gegen 5000 und 3000 sh. aus der Haft entlassen und dann freigesprochen, da das Gericht den Gesichtspunkt vertrat, dass die Verletzten durch Ueberschreitung der Abgrenzungen — entgegen den Aufforderungen der Polizisten — ihr Unglück selbst verschuldet hatten.

Dies ist der objektive Thatbestand, im Gegensatz zu der anfänglichen sarkastischen Schilderung.

---

') Bei einer früheren Gelegenheit machte Baker bereits von sich reden, als er sein Renn-Elektromobil von der Ladestelle bis zum Start von Pferden ziehen liess, um ja kein tausendstel Volt inzwischen an Spannung zu verlieren. Er gewann, und war damals also selbst der, welcher zuletzt lachte.

# FREMDENRUNDFAHRT DURCH MÜNCHEN

„TÄGLICH MIT GERÄUSCHLOSEN ELEKTROMOBILEN" BEI
JEDER WITTERUNG ZUR UMFASSENDEN BESICHTIGUNG
DER HAUPTSÄCHLICHEN SEHENSWÜRDIGKEITEN DER
STADT NEBST BEGLEITUNG SPRACHENKUNDIGER FÜHRER,
ZEITDAUER CA, 1¾ STUNDEN,
ABFAHRT AM HAUPTBAHNHOF BEIM KAUFHAUS TIETZ,
VORMITTAGS, 9,³⁰ 9,⁴⁵ 11,³⁰ UHR
NACHMITTAGS, 2,³⁰ 2,⁴⁵ 4,³⁰ "
FAHRKARTEN SIND IN DEN HOTELS U, AM ABFAHRTSPLATZ
ERHÄLTLICH,

„... Dann muss aber auch anerkannt werden, dass die finanzielle Seite des elektrischen Automobilismus eine gesunde ist. Es ist gewiss bemerkenswerth, wenn eine so junge Sache bereits heute so weit gediehen ist, dass man ihr eine berechtigte, erfolgreiche Concurrenz mit den bestehenden Betriebsmethoden nicht absprechen kann, umsomehr, wo fast jeder Tag neue Verbesserungen und neue Ideen bringt. Es ist daher auch mit Bestimmtheit zu erwarten, dass sich die Kosten des elektrischen Betriebes so stellen werden, dass die Automobile auch als Miethwagen ihre Verwendung finden dürften. Sowohl die Pariser Berechnung von Forestier deutet hierauf hin, als auch insbesondere der Umstand, dass, wie schon erwähnt, einschlägige Miethwagenunternehmungen bereits in London, Paris und New York in Action getreten sind. Ich habe diese Seite der Betriebsführung mit Absicht nicht näher behandelt, weil sich bei dieser eben aus dem Unternehmerwesen heraus, unbedingt noch bessere Resultate ergeben müssen, und ich das Ungünstigste herausgreifen wollte, und das ist eben die Eigen- und Einzelregie..."

# Die gleislose elektrische Straßenbahn

Hansa Lloyd in Bremsen, Daimler-Stoll in Wiener Neustadt, die AEG in Berlin und Siemens-Schuckert schenkten dem gleislosen Elektrobetrieb bald ihre besondere Aufmerksamkeit, ist er doch überall dort, wo Verkehrs- und Straßenverhältnisse es nicht gestatten, Schienenfahrzeuge einzusetzen, zur Beförderung von Personen und Gütern gleich gut geeignet. Es

dauerte deshalb nicht lange, bis neben den rapide zunehmenden Straßenbahnen auch gleislose Elektrobusse eingesetzt wurden. Hinsichtlich des Fahrgestells hielt man sich streng an den jeweiligen Stand der Omnibuskonstruktionen der Benzinfahrzeuge. Im Unterschied zu den Autobussen nannte man sie Trolleybus. Diese Bezeichnung wurde etwa ab 1935 von der deutschen Abkürzung „Obus" (Oberleitungsomnibus) abgelöst. Der elektrische Teil bestand aus der die Energie in Form von Gleichstrom von 500 bis 750 Volt führenden zweipoligen Oberleitung — also mit zwei Fahrdrähten je Fahrtrichtung — und dem Wagenantrieb.

Die ersten Linien dieser Art wurden dem Verkehr 1905 in Halle a. d. Saale in Deutschland, 1907 in Birmingham und Manchester in England, 1908 in zahlreichen größeren französischen Provinzstädten mit starkem Berufsverkehr wie Lyon, Nantes usw., und 1910 in der Umgebung Wiens in Klosterneuburg-Weidling und Salmannsdorf übergeben. Bis heute hat dieses Verkehrssystem die oft bereits vorhanden gewesene elektrische Schienenstraßenbahn verdrängt.

Die Fahrgeschwindigkeit gleisloser Bahnen mit Oberleitung bewegt sich heute bis zu 45 km/h, die Auslastbarkeit der Transporteinheiten zwischen 50 und 90 Personen (Zug) oder

Auch dieser Elektrowagen wurde um 1900 als Taxi in New York eingesetzt.

Unten: Ladestation für Elektromobile von 1911. Eine Marmortafel nahm Ampèremeter, Schalthebel, Zähler und den Anschluß des in Leder eingenähten Kabels auf.
Ganz oben: Das Elektro-Zweirad mit Oberleitung war nur eine der zahlreichen Ideen dieser Zeit.

Oben: Ladestation für Elektroautos um die Jahrhundertwende.

Der erste Fahrdraht-Omnibus bei der Erprobung in Berlin-Halensee, 1882.

Rechts: „Elektrischer Landstraßenwagen", ein in Amerika patentiertes System, aus dem später der Obus hervorging.

Daimler Omnibus, der Akkumulatoren zur Erzeugung elektrischer Antriebskraft mitführte, 1896.

Gütern bis 10 t (Zug). Ihre Beschaffungskosten liegen einschließlich Oberleitung weit unter jenen eines mittleren oder größeren Benzin-Automobil-Wagenparks gleicher Leistung. Noch günstiger erweisen sich Instandhaltung und Betrieb. Der Wirkungsbereich ist naturgemäß beschränkt.

Der Wagenantrieb und die Fahreinrichtung ließen bis etwa 1910 auf den ersten Blick das Mixtum Compositum von Benzinauto, Elektromobil und Tramway erkennen. Am Dach (Innenseite) befand sich analog der Straßenbahn der Hauptschalter, außen oben der Blitzschutz, links neben der recht klobigen Lastwagenlenkung der Standkontroller (Stufenschalter), rechts Hupenball und Handbremshebel, am Lenkrad der Umschalter für Vor- und Rückfahrt, an der Brustwehr (Spritzwand) die Lichtschalter, Sicherungen und Meßinstrumente. Obwohl sich der Einzelradantrieb mittels Zahntrieblings (Rit-

Straßenbahn-Omnibus (kombiniert) von 1899. In den Schienen wurden nur die Fronträder geführt.

zel) auf die Hinterräder mit Hauptstrommotoren (gut verkapselt) als am zweckmäßigsten herausstellte, waren anfangs alle drei Arten der genannten Antriebsformen in bunter Reihe und oft bei demselben Betrieb zu finden.

Das schwierigste Problem bildete aber die zufriedenstellende Lösung der Frage des geeigneten Stromabnehmers. Die ersten Versuche mit dem „Troll" an jeder Stange, einer tiefeingeschnittenen Leitrolle aus Messing, ähnlich wie bei der Tramway, schlugen restlos fehl (1905). Die weitere Entwicklung brachte das Übergehen von der den Vorteil der freizügigen Bahnwahl sehr einengenden Stange zum flexiblen, frei herabhängenden Kabel. Dies machte die Verwendung eines mit vier Rollen versehenen Abnehmerwagens nötig, der die beiden Fahrdrähte nichtleitend überbrückte und die Stromabnahmekontakte trug, an die das am Wagen mit Steckdose und Stecker angebrachte Kabel angeschlossen war. Wollte nun ein Obus den anderen überholen, mußte eine Umstellung vorgenommen oder eine Nebenstrecke befahren werden, dann hatten Wagenführer und Schaffner allerlei zu tun, wie die Übergabe vom Stromabnehmerwagen mit Kabel beim Überholen, während Lösung und Anschluß von Wagen zu Wagen noch eine weniger komplizierte Sache war. Mußte aber auf offener Strecke umgekehrt oder am Endpunkt der Strecke mangels einer Schleife zur Rückfahrt umgestellt werden, so war mittels einer langen Stange mit Gabel der Abnehmerwagen samt dem Zuleitungskabel vom Leiterpaar 1 auf das Leiterpaar 2 zu übertragen (1908—10). Ähnlich verhielt es sich, wenn eine Seiten-

Stoll'sche Wagen beim Kontaktaustausch.

strecke befahren werden mußte, vor allem aber verursachte das frei hängende Kabel an Bäumen und Mauerecken durch Verhängen oft recht unangenehme Überraschungen.

Um etwa 1908—1910 wurde die freie Kabellänge zwischen Abnehmerwagen und Fahrzeug durch automatische Federarbeit korrigiert. Erst 1930 entdeckte man, daß die aufschneidbare Federweiche auch für den Oberleitungsdraht anwendbar war, die obendrein eine billigere Fahrdrahtleitung aus Rund- und Flachprofilen ermöglichte und eine glatte Abwicklung im Stadtverkehr gewährleistete. Elektrisch leitende Schmieröle waren die Voraussetzung hierzu.

Im Führerstand war folgende Veränderung vor sich gegangen: Handbremse und Hauptschalter sowie Blitzschutz blieben. Am handlichen Lenkrad fand sich nur das Warnsignal (elektrisches Horn), links die Betätigungshebel für Fahrtrichtungsanzeiger und pneumatische Beorderung der Türen.

Gräf & Stift-Obus FO von 1949 für Betriebsspannungen von 500 oder 750 Volt (Anhänger möglich).

# Elektrolastwagen und das Mixt- heute Hybridsystem

Um die Jahrhundertwende machten sich Bestrebungen bemerkbar, den Elektro- und Benzinantrieb gemeinsam zu nutzen, wobei eine Energieumwandlung stattfinden sollte: Ein Verbrennungsmotor betrieb einen Generator (Dynamomaschine), dessen Gleichstrom über Kabel und Pufferbatterie an den Antriebsmotor des Elektromobils geliefert wurde.

Man fragte sich zunächst: Wozu Energieumwandlung?

In den Jahren 1896—1900 waren die mechanischen Kraftübertragungsmittel wie Kupplung, Zahnradgetriebe, Differential

---

### Die Benzin-Elektromobile.

Nach dem im Vorstehenden über die enormen Vortheile, aber auch über den grossen Fehler der elektrischen Wagen Gesagten wird es begreiflich, dass man alles aufbietet, seinem einzigen Nachtheile dadurch zu begegnen, indem man die zur Fortbewegung des Elektromobils nöthige Elektricität auf diesem selbst erzeugt.

Zwei französische Firmen, die sich besonders mit der Herstellung von Rennwagen befassen, haben die versuchsweise Construction von Benzin-Elektromobilen begonnen, welche wahrhaftige, auf vier Rädern befindliche kleine Elektricitätswerke vorstellen. Die Maschinen bestehen aus einem Benzinmotor und einer Dynamo (Generator), welche den Strom an Elektromotoren abgibt. Diese sind derartig angeordnet, dass jedes der vier Räder als Triebrad fungiert.

Die jedenfalls interessante Idee hat, wie die meisten Dinge, ihre gute und ihre schlechte Seite. Der grösste Vortheil, vom Standpunkte der Constructeure von Rennwagen ausgenommen, besteht jedenfalls darin, mit solchen Wagen noch grössere Geschwindigkeiten als bisher erzielen zu können. Bei den gegenwärtig für Rennen verwendeten Ungeheuern von 60 und 70pferdigen Benzinwagen hat jeder Pneumatik der Hinterräder (Triebräder), selbst wenn man nur eine 50percentige Leistung an der Felge annimmt, eine Kraftäusserung von 15 Pferdekräften oder mehr zu übertragen. Das ist sehr viel für einen Kautschukreifen, zwischen welchem und dem Boden — vorausgesetzt dass er und die Strasse eine vollkommen geometrische Form hätten — theoretisch nur ein Berührungspunkt existirte. Nun ist dem allerdings in Wirklichkeit nicht

so, und da der Reifen sich unter dem Gewichte des Wagens abplattet, wird die Berührungsfläche verhältnissmässig gross. Deshalb verbleiben aber doch die 15 Pferde an der Felge jedes Triebrades und man begreift, dass sich die Pneumatiks unter solchen Umständen nur zu rasch abnützen.

Vom Standpunkte der Schnelligkeit und der Erhaltung der Luftreifen genommen, dürfte also in den vier elektrisch gesteuerten Triebrädern eine entschiedene Verbesserung liegen.

Damit sind übrigens die Vortheile der Mitverwendung der Elektricität noch nicht erschöpft. Dank ihr können das Differential und die Geschwindigkeits-Wechselgetriebe wegfallen. Auch dürfte hiedurch der Benzinwagen den so geschmeidigen, leicht zu regelnden Gang des Elektromobils annehmen — lauter sehr beachtenswerthe Umstände.

Wenn wir nun aber auch die Kehrseite der Medaille betrachten, so finden wir vor Allem, dass der Wegfall des Differentials und des Wechselgetriebes durch die Nothwendigkeit, drei elektrische Maschinen anzubringen: eine Dynamo und für jede Achse einen Motor reichlich aufgewogen wird.

»Ferner,« werden die Pessimisten vielleicht nicht mit Unrecht sagen, »kommen dann zu den 'Panneaussichten' des Benzinwagens auch noch diejenigen des elektrischen hinzu. Wenn man etwa aus weiser Vorsicht zwischen die Dynamo und die Motoren noch eine Accumulatorenbatterie einschaltet, wird man wohl riesig, schnell aber wahrscheinlich nicht sehr lange fahren.«

Es ist ziemlich schwierig, sich bei so vielen widerstreitenden Ansichten ein klares Urtheil über die neue Combination, von der man übrigens gegenwärtig so ziemlich überall zu sprechen anfängt, zu bilden. Jedenfalls ist hiedurch der Erfindungsgeist der Constructeure auf neue Bahnen gelenkt, von welchen auch diejenigen Automobile, welche die wahre Zukunft des Automobilismus bilden: die guten Touristenwagen, nur profitiren können.

und Kettentrieb konstruktiv unbefriedigend und verschlangen so viel von der am Schwungrad des Motors vorhandenen, ohnedies geringen effektiven Leistung, daß diese Umformung ein ideales Mittel darstellte, um dem Fahrzeug ein Plus an Antriebskraft zuzuführen und damit den mechanischen Wirkungsgrad an den Triebrädern zu vergrößern. Er war selbst bei den E-Maschinen jener Zeit, die noch lange nicht auf der Höhe waren, so erheblich, daß die Frage der elektrischen Kraftübertragung im Automobilbau nicht von der Hand zu weisen war. Nimmt man als die am Schwungrad des Motors gemessene Leistung als die gegebene an, so verbrauchte damals die rein mechanische Kraftübertragung 45 Prozent und nur 55 Prozent gelangten günstigenfalls an die Triebräder.

Beim gemischten System war der Generator mit dem Benzinmotor direkt gekuppelt, die E-Motoren saßen an oder in den Rädern, der Leitungsweg (Kabel) mit reichlich dimensioniertem Querschnitt war kurz. Die mechanischen Verluste betrugen nur 10 Prozent, Leitungswiderstand und Blindströme (eigener Energiebedarf durch E-Maschinen-Erregerstrom) 12 Prozent, zusammen also etwa 22 Prozent. Demnach konnten etwa 78 Prozent der Energie auf die Triebräder übertragen werden. Dazu kam noch der Vorteil, die Energie im Leerlauf anderweitig verwenden zu können.

Bereits 1898/99 baute die Batton-Motor-Vehicle Corp. in Chikago den ersten Lastwagen mit einem Mixtsystem, Lizenz C. Epstein. 1900/01 trat jedoch die Wiener Firma Lohner anläßlich der ersten internationalen Automobilausstellung in Paris mit Neukonstruktionen hervor, die die weitere Entwicklung dieser Richtung bis auf den heutigen Tag bestimmten. Das eine der beiden neuen Modelle, das den Namen „Semper vivus" trug, war ein nach Lohner-Porsche-Patenten gebauter Wagen, bei dem die Leistung des elektrischen Hauptmotors über ein mechanisches Differentialgetriebe auf die Hinterräder übertra-

— Nun interessierte sich Lohner für das Elektrofahrzeug und überprüfte die gegebenen Möglichkeiten.

Anläßlich der ersten europäischen Automobilausstellung 1898 stellte er noch ein Elektroauto mit Batteriebetrieb aus, aber noch im gleichen Jahr engagierte er Ferdinand Porsche, womit eine intensive, aber auch kostspielige Versuchs-, Konstruktions- und Entwicklungszeit begann, die als wichtigstes Resultat den Elektrowagen mit Radnabenmotoren zeitigte. Die Pariser Weltausstellung 1900 brachte einen großen Erfolg und zahlreiche Bestellungen aus aller Welt.

Die Lohner-Elektrowagen wurden in allen ihren Teilen selbst gefertigt. Sie waren in Konstruktion und Ausführung eine Meisterleistung auf diesem Gebiet und der größte Erfolg der Firma. Als Porsche 1905 zur Österreichischen Daimlergesellschaft nach Wiener Neustadt ging, arbeitete Lohner mit Ingenieur Karl Paulal. Das Daimler-Stoll-Oberleitungssystem brachte durch den damit verbundenen Omnibusbau zusätzliche Aufträge, wobei nicht nur die Fahrgestelle, sondern auch die elektrischen Einrichtungen im eigenen Betrieb hergestellt wurden. Nach 1918 stellte sich das Unternehmen auf den Karosseriebau um.

Bald nach dem Erfolg in Paris bauten ab 1902 nach Lohner-Porsche-Patenten zahlreiche Firmen in Lizenz:
Elektromobile: in Frankreich 14, Deutschland 7, England 6, Belgien 1, Italien 1, Österreich-Ungarn 2 und USA 4.
Mixtwagen: In England die Firma Bristlay Benzin-Elektro-Wagen, Belgien Pipper und Paris Haidmann Dampf-Elektrowagen, Österreich-Ungarn Lohner-Daimler Benzin-Elektrowagen.

Neben Lohner-Porsche in Wien bzw. Lohner-Daimler Wiener Neustadt, die das Radnabenmotorsystem als Räderantrieb in den Vorderrädern verwendeten, baute Bergmann in Berlin in Rahmenmitte einen schwenkbaren Hauptmotor ein, der seine Leistung mittels Kardanwelle und Differential an die Hinterräder

**Austro-Daimler-Landwehr-C-Zug, Benzin-Elektro, von 1916/18, mit 8 Motoren, Transportleistung 51 t.**

gen wurde. Der zweite Wagen war ein Batterie-Fahrzeug in Form einer Kutsche, dessen pneubereifte Vorderräder erstmals Radnabenmotoren aufwiesen.

Ludwig Lohner (1858—1925) stammte aus einer Familie, in der der Wagenbau seit dem Dreißigjährigen Krieg betrieben wurde. Sein Großvater gründete 1823 das Unternehmen, dessen Firmentitel später „Jakob Lohner & Co." lautete. 1892 übernahm Ludwig Lohner von Vater und Onkel als alleiniger Erbe das große Unternehmen. Er entschloß sich bald, auf den Automobilbau umzusteigen.

Früh wollte er bereits von Gottlieb Daimler und Carl Benz Motoren und Triebwerke beziehen, was jedoch durch deren anderwärtige Verträge unmöglich war. Im August 1897 fuhr er nach München zu Diesel und machte ihm den Vorschlag, Fahrzeug-Dieselmotoren zu bauen, die er in seine Wagen einzubauen gedachte. Die von Diesel gegebene Erklärung, innerhalb eines Jahres liefern zu können, wurde nicht erfüllt. Diesel war mit der Entwicklung seines Motors noch lange nicht so weit.

abgab. Unabhängig von beiden Systemen bauten die Protos-Fahrzeugwerke vom Siemenskonzern in Berlin einen Radantrieb, bei dem jedes Hinterrad einen Elektromotor erhielt, der mittels Ritzel (kleines Zahnrad) in den großen Innenzahnkranz am Rad eingriff und es antrieb (Daimler-Lizenz). Auch hier war, wie bei Porsche, die Differentialwirkung durch die Elektromotoren (Serienschaltung oder Hauptstromausgleich) gegeben.

Der Elektrolastwagen dieser Bauart konnte sich bis 1914 gegen den Pferdebetrieb wirtschaftlich nicht durchsetzen. Anders lagen die Dinge ab 1920 in jenen Ländern, die sich durch hohe Treibstoffeinfuhren genötigt sahen, die Ersatztreibstoff-Frage zu lösen. War doch nach durchgeführter Erstanschaffung des Fahrzeuges mit zwei Batterien — eine im Wagen, eine in der Ladestation —, die zusammen fast die Beschaffungskosten eines Benzinlastwagens gleicher Tonnage erreichten, die weitere Betriebskostenrechnung bestechend niedrig. Für städtische oder staatliche Betriebe verbilligten sich überdies die Ladekosten wesentlich.

Gewicht und Wartung der Batterien sowie deren stoßsichere Unterbringung — die Übelstände mit der Säuremanipulation nicht zu vergessen — waren lange das größte Sorgenkind des E-Wagens. Deshalb griff man hier bald zum Luftreifen, durch den die Erschütterung stark vermindert wurde. Der Edison-Akkumulator brachte keine Gewichtserleichterung bei gleicher Leistung. Es blieb nur der Vorteil des Wegfalls der Säure und der größeren Transport-(Stoß-)Unempfindlichkeit. Da aber die Gaszellen schon sehr bald durch Hartgummi- und später durch Preßstoffzellen (Kunstharz) ersetzt werden konnten (Edison verwendete Eisenzellen), blieb es hier beim alten Tudor-Volkmar-Akkumulator, bei dem durch eine spezielle Plattenaufhängung die Bruchgefahr und durch die Verwendung gut ventilierter, aber geschlossener Zellen das Verspritzen der Säure restlos behoben werden konnte.

Die technische Bedienung solcher Fahrzeuge — Lenkung und Bremsvorgang analog dem Benzinautomobil — war äußerst

lungspedal" am Boden bewirkte im Gefahrenfall (Kurzschluß) die sofortige Trennung der Batterie und aller stromführenden Teile des Wagens. Das zweite Pedal betätigte die Strombremse. In ähnlicher Weise waren alle Elektrolastwagen ausgerüstet. Sie hatten an den Verkehrsunfällen den prozentuell geringsten Anteil. Wie leistungsfähig und wirtschaftlich diese Betriebsart ist, bewies der Umstand, daß sich bis lange nach dem zweiten Weltkrieg fast alle Staaten — Deutschland war 1916 der erste, Österreich 1922 der zweite — zur Erfüllung des Post-Sammel-, Zustell- und -Verteilungsdienstes dieser Art von Kraftfahrzeugen bedienten.

Ein großer Nachteil lag jedoch in den Gestehungskosten — E-Maschinen mit Schaltzugehör waren kostspielig — und dem gegenüber einem Benzinwagen gleicher Leistung um fast ein Drittel größeren Gewicht des Fahrgestells. Die Verwendung als Pkw konnte sich daher ab etwa 1907 bei den damaligen technischen Möglichkeiten nicht durchsetzen, war aber beim Heer

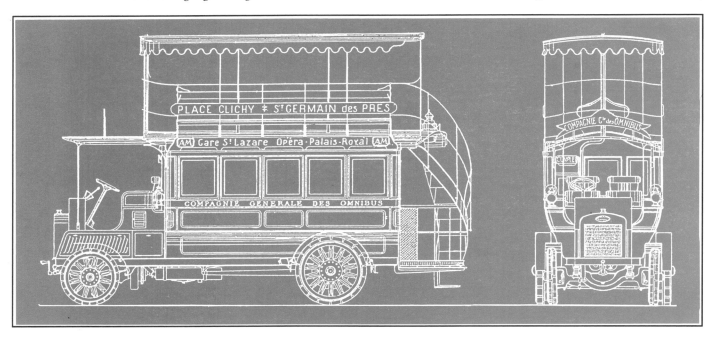

Benzin-elektrischer Wagen von Kriéger, 1906.

Feuerwehrwagen mit benzin-elektrischem Antrieb von 1914.

**Die Wiener Feuerwehr setzte nach dem ersten Weltkrieg gleichzeitig Elektro-, Benzin- und Mixtfahrzeuge ein.**

einfach. An der Spritzwand befanden sich die Strommeßapparatur (Volt- und Ampèremeter), der Hauptschalter und der Steckanschluß zum Laden der Batterie. Rechts neben der Handbremse der an einem Segmentbogen geführte Ganghebel, der als Walzenschalter (Kontroller) den Batteriestrom über die Anlaßwiderstandsstufen den Motoren zuführte. Am Lenkrad ein Zellenschalter, mit dem bei Steigungen die letzten fünf Zellen der Batterie zugeschaltet werden konnten. Das „Kupp-

und für spezielle Probleme des Straßenschwertransports hochwillkommen.

Insbesondere aufgrund der lärmfreien und umweltschonenden Antriebsart erkennt man heute von neuem die Vorzüge des Mixtsystems, das man unter der neuen Bezeichnung Elektro-Hybrid-Antrieb zu nutzen beabsichtigt, wie etwa beim VW Golf Diesel Elektro-Hybrid, dessen Betrieb hier als Beispiel erläutert werden soll.

## Diesel/Elektro-Hybridantrieb

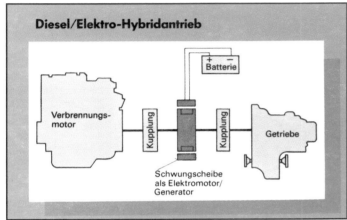

Schwungscheibe als Elektromotor/Generator

Verbrennungsmotor — Kupplung — Kupplung — Getriebe

Batterie + −

## Kraftstoffverbrauch und Emissionen im US-Test '75 Golf Diesel und Golf mit Diesel/Elektro-Hybridantrieb

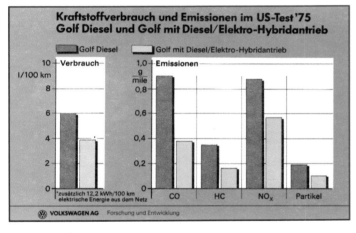

Golf Diesel / Golf mit Diesel/Elektro-Hybridantrieb

Verbrauch l/100 km

Emissionen g/mile — CO, HC, NOₓ, Partikel

*zusätzlich 12,2 kWh/100 km elektrische Energie aus dem Netz

VOLKSWAGEN AG Forschung und Entwicklung

zelnen Antriebsarten erfolgt automatisch und rasch, sodaß bereits von einem ausgereiften System gesprochen werden kann.

Die österreichisch-ungarische Heeresverwaltung hat im Jahre 1912/13 für ihre militärische Versorgungstransporte in Bosnien und der Herzegowina zwei Benzin-Elektro-Lastzüge System Daimler-Landwehr in Dienst gestellt, die die schmalen, kurvenreichen Straßen — in zwölf Achsen Gleichspur haltend — mit 25 Tonnen Nutzlast befuhren. (Projektant: Oberst, später General Landwehr-Pragenau, Chef des Armee-Motorfahrzeugwesens. Detailkonstruktion und Bau: Austro-Daimler, Wiener-Neustadt, Dr. h. c. Ferdinand Porsche.) Der Generator-(Führer-)Wagen nahm neben dem zweimotorigen Selbstantrieb die Kraftanlage für den zehnachsigen Zug (fünf Wagen) auf. Ein 150-PS-Sechszylinder-Motor mit einer Bremsleistung von 150 PS bei 1000 U/min. war mit einem 250-V-Gleichstromgenerator von 93 kW mit Fremderregung gekuppelt, dessen Strom zehn E-Motoren (je zwei in jeder Vorderachse pro Anhängewagen) zugeleitet wurde. Der Zug lief 26 km/h, hatte vollgummibereifte Räder und durchfuhr Krümmungsradien von 6 Meter, so daß der Kühler des Führerwagens im kleinsten Kreis die Hinterachse des letzten, fünften Beiwagens erreichte. Die Achsdrücke betrugen: 3+6, 4,3+3,7, 4,3+3,7, 4,3+3,7, 4,3+3,7, 4,3+3,7 = 49 Tonnen. Mit Kriegsbeginn 1914 liefen bereits zehn solcher Züge, und als es sich darum handelte, die schwersten Geschütze der Feldarmee mechanisch zu transportieren (42-cm-Mörser und 38-cm-Haubitzen), wurde 1916/17 diese schwere Straßentransportaufgabe durch den „C-Zug" gelöst. Der bereits beschriebene Generatorwagen war einem achtmotorigen geländegängigen Vierachsanhänger von 15 Tonnen Eigengewicht vorgespannt, der mit 27 Tonnen belastet wurde [je Rohr, Wiege (Lafette) oder halbe Bettung (Unterbau)]. Die Achsdrücke waren: 3+6+4 x 10,5 = 51 Tonnen.

Der von Bosch entwickelte neue Elektromotor mit 58 mm Baubreite ermöglicht eine Kombination, die eine wahlweise Aktivierung der Verbrennungsmaschine — die auch ein Benzinmotor sein kann — und des E-Motors erlaubt. Während die Gänge normal geschaltet werden, wird der Kupplungsvorgang automatisch ausgelöst. Der erste Gang aktiviert den 1,6-l-Saug-Dieselmotor mit 40 kW. Bei Gasgeben schließt die Kupplung Nr. 1 zum Getriebe, worauf sich das Fahrzeug zügig in Bewegung setzt. In den höheren Gängen wird bei Halbautomatik über die elektronisch gesteuerte Kupplung Nr. 1 geschaltet. Sobald bei 50—60 km/h das Gaspedal entlastet wird, also eine geringere Fahrleistung erforderlich ist, öffnet Kupplung Nr. 2 zum Verbrennungsmotor, der sofort verstummt, weil nun mit dem nur 58 mm breiten E-Scheibenmotor gefahren wird.

Die vorhandene 200 kg schwere 60-V-Batterie für den Elektroantrieb wird prinzipiell aus dem 220-V-Netz geladen, weil dies die sparsamste Betriebsform ist. Der Betriebsschalter erlaubt es, zwischen H (Hybrid), E (Elektrobetrieb) und S (Schwungnutzung- und Verbrennungsmotor) zu wählen. Der reine Elektrobetrieb, den man überall dort bevorzugen wird, wo Lärm und Abgase vermieden werden sollen oder müssen, bedingt eine geringere Beschleunigung. Der Wechsel zwischen den ein-

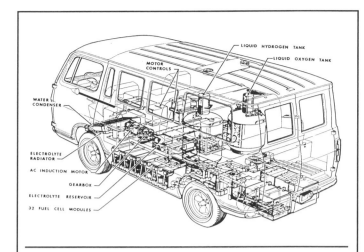

„Electrovan", Versuchsfahrzeug der General Motors Corp. (1965—1970) mit einem AC-Antriebssystem von Delco-Remy. Gewicht: 3200 kg, Höchstgeschwindigkeit: 115 km/h, Reichweite: 250 km, Beschleunigung: 0—100 km in 30 sec. Das 50/150 kW, 480 V, Wasserstoff-Sauerstoff-Brennstoffzellen-System wurde von Union Carbide Corp. gebaut. Batteriegewicht: 1500 kg, Nutzlast: 1,5 t oder 8 Personen.

# Das Elektroauto heute

Die zunehmende Umweltbelastung durch Abgase und Lärm, nicht zuletzt aber auch die mehrmals gestiegenen Erdölkosten und der drohende Rohstoffmangel waren die Gründe für ein Wiederaufleben des Interesses am elektrisch angetriebenen Straßenfahrzeug. Gefördert wurde diese Entwicklung noch durch verbesserte bzw. neue elektrochemische Akkumulatoren wie auch die Möglichkeiten, die die Elektronik bietet.

Seit Ende der sechziger Jahre ist die internationale Autoindustrie bemüht, vor allem durch neue Batterien die Nachteile des Elektrofahrzeuges soweit auszugleichen, daß seine unbestreitbaren Vorzüge endlich zum Tragen kommen. Die Schlüsselposition kommt also nach wie vor der Batterie zu. Massentechnologisch gesehen überwiegt bis heute die Bleibatterie, deren Kapazität mit 20—30 Wh/kg für den Betrieb eines Straßenfahrzeuges gerade ausreicht. Abgesehen von den teilweise bereits fertigen und in Bälde zu erwartenden neuen Batterie-Typen wurden auch die Motoren wirtschaftlicher und ver-

**AEG-Elektrowagen von etwa 1935 für Straßenbetrieb mit ausgefahrener Akku-Batterie.**

**Elektro-Personenkleinwagen Elli von 1976, Italien.**

**Elektro-Personenkleinwagen Enfield von 1975, England.**

**Elektromobil Mixte mit gemischtem Antrieb. Der ständig arbeitende Benzin-Kleinmotor mit einer Leistung von 5 kW ist mit einem Pfeil gekennzeichnet.**

**Elektro-Lkw der Type Borgward von 1941.**

**Batteriewechsel an einer Wechsel- und Ladestation.**

**Unten: Nissan Elektrofahrzeug.**

**Elektrotransporter von Mercedes-Benz.**

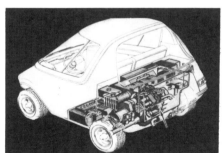

**Sinclair C 5 Stadtfahrzeug, Spitze 24 km/h, Reichweite 32 km.**

lustloser, die elektronischen Steuerungsanlagen kleiner und die Fahrzeuge leichter und billiger.
Im Gegensatz zur Bleibatterie, die bei zu starker Entladung Schaden nimmt, können neuere Batterien bereits voll entladen oder auch überladen werden, was heute, da der nahezu wartungsfreie Pkw-Betrieb die Norm darstellt, geradezu unerläßlich ist. Trotz eines geringeren Wirkungsgrades werden etwa die Nickel-Eisen-Batterie, die Zink-Brom-Batterie, aber auch

die Natrium-Schwefel-Batterie (Hochtemperatur) als chancen-
reich bezeichnet, während die Nickel-Kadmium- derzeit noch
teuer ist und die Aluminium-Luft-Batterie sich erst am Beginn
ihrer Entwicklung befindet.

Aber auf der ganzen Welt ist man darum bemüht, dieses Problem einer befriedigenden Lösung zuzuführen, weshalb schon
morgen ein neues System auf dem Markt erscheinen kann, das
die geforderten Eigenschaften bringt. Fachleute sind deshalb
auch der Meinung, man sollte das Elektro-Fahrzeug so bald
wie möglich auf die Straße bringen, da es gerade bei diesem
System einfach ist, den alten gegen einen neuen Energiespen-
der auszutauschen, ohne größere Kosten zu riskieren.

Ab etwa 1970 bemühen sich also weltweit namhafte Firmen
um die Schaffung von Elektroautos, die vor allem im Nah- und
Stadtverkehr den gestellten Anforderungen wie auch dem
Kosten-Nutzen-Verhältnis entsprechen. Entwicklungen in den
USA waren vor allem durch ein Förderprogramm beeinflußt,
das unter der Bezeichnung Electric and Hybrid Vehicle Research, Development and Demonstration Act lief und 160 Millionen Dollar Förderungsmittel zur Verfügung stellte. Wenn es
bis heute auch zu keiner größeren Serienfertigung gekommen
ist, so war das Echo darauf doch beachtlich.

Bereits 1967 hatte General Motors Versuche mit einem Elec-
trovair durchgeführt, gefolgt vom Chevrolet-Corvair mit Silber-Zink-Batterien, die gegenüber Bleibatterien eine fünffache
Kapazität aufweisen, aber teuer sind. General Electric brachte
zusammen mit Chrysler das Elektroauto ETV 1 heraus, bei

dem sich die Bleibatterien in einem Tunnel längs der Fahrzeug-
achse befanden, eine allgemein als günstig beurteilte Anordnung. GM kündigten an, ab 1985 jährlich etwa 100.000 Elektroautos bauen zu wollen, was bisher nicht eingetreten ist. Die
für das Fahrzeug vorgesehene Nickel-Zinn-Batterie erweist sich

**Kleines Kommu-
nalfahrzeug Graf-
Carello mit
Batterieantrieb.**

**Rechts:
BMW mit Elektro-
antrieb.**

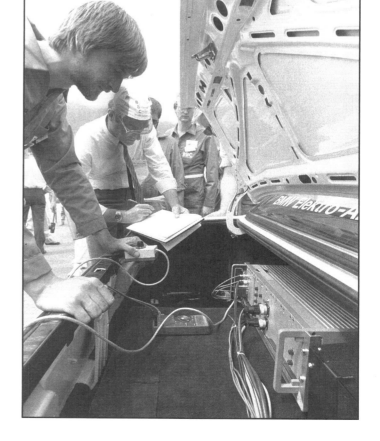

**Links: VW City-
Stromer mit BBC-
Hochenergie-
batterie, wird seit
1982 gebaut.
Siehe auch ganz
oben.**

als teuer und auch die Lebensdauer soll noch nicht befriedigend sein.

Etwas Neues stellte das von Ford konzipierte Antriebssystem
dar, das diese Firma gemeinsam mit General Electric entwickelte. Auch McKee, Illinois, hat mehrere Fahrzeuge in
Erprobung, teils mit Reichweiten bis zu 220 km.

In England hat sich der Elektroantrieb vor allem bei Verteiler-
fahrzeugen bewährt. Nicht weniger als allein 30.000 Milch-

**Meßanlage des
BMW-Elektro-
versuchswagens.**

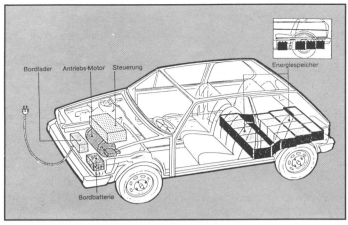

lieferfahrzeuge mit 30—40 km/h gibt es dort. Aber auch ein interessanter Kleinwagen, Typ Enfield, von 1975 mit Aluminiumkarosserie, Reichweite 90 km, hätte mehr Beachtung verdient. 1984 stellte Sinclair (Computer) die neue Schöpfung C 5 vor, ein Massenverkehrsmittel, dessen 15-kW-Batterie einen Radius von 30 km bei 25 km/h erlaubt.

In Frankreich förderte Electricité de France — EDF — seit 1970 mehrere Versuchsprogramme auf diesem Gebiet. Ca. 120 Serienfahrzeuge, verschiedene Typen von Renault, wurden auf Elektroantrieb umgerüstet und weisen überwiegend Bleiakkus auf. Auch Peugeot rüstete 1984 den Typ 205 auf Elektrobetrieb um. Mit Hilfe einer Nickel-Eisen-Batterie erreichte der Wagen 140 km bei 100 km/h Spitze.

In Dänemark soll die junge Firma Hope Automobil Industries A.S. ein Elektroauto herausbringen wollen.

In Italien war man ebenfalls nicht müßig und schuf 1976 den

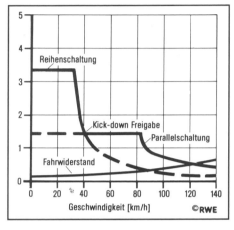

„City-Stromer" im Schnitt, Motor 12 kW, Spitze 23 kW (5 min.) Nennspannung 90 V, entwickelt von der GES, Ges. für elektrischen Straßenverkehr, Essen.

Zugkraft F über Geschwindigkeit v für Reihen- und Parallelschaltung der Fahrmotoren.

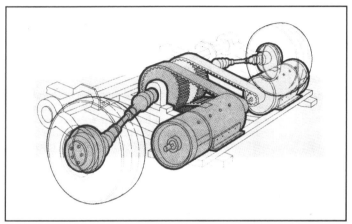

Antriebseinheit mit Fahrmotoren und Zahnriemenuntersetzung des Pöhlmann Elektrowagens.

Pöhlmann Elektrowagen, Serienfahrzeug.

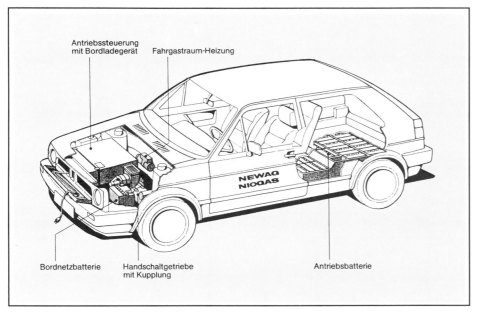

Schematische Darstellung des Antriebssteuerung mit Bordladegerät · Fahrgastraum-Heizung · Bordnetzbatterie · Handschaltgetriebe mit Kupplung · Antriebsbatterie

**Schematische Darstellung des VW City-Stromers.**

Elektro-Kleinwagen Elli, ebenso das Stadt-Elektromobil Zele-1000 mit Elektromotoren an den Hinterachsen.

Auch in Deutschland wurde und wird der Elektroantrieb mehrfach erprobt. Es überwiegt zwar ebenfalls der Einsatz des Bleiakkus, aber es sind auch andere Versuche im Laufen. Allein über 1230 Transporter verschiedener Marken waren bzw. sind auf diese Weise im täglichen Einsatz, ganz zu schweigen von den Elektro- und Hybridbussen in großer Zahl. An Pkw befinden sich bekanntlich 30 VW Elektro-Golf in Erprobung. Als besonders elegant erweist sich der Elektro-Pkw von Pöhlmann EL.

In Österreich hat die EVN — früher Newag-Niogas — die Entwicklung des City-Stromers in Angriff genommen, bei dem man von der Schaffung einer Sondertype abging und den in vieler Hinsicht günstigen Einsatz eines bewährten Serienfahrzeuges bevorzugte, und zwar des VW Golf Diesel. Der Aktionsradius beträgt ca. 60 km bei 70 km/h Geschwindigkeit.

Ähnlich verfuhr die Oberösterr. Kraftwerke AG mit einem Fiat Panda und andere E-Versorgungsbetriebe.

Auch K. Kordesch, TU Graz, brachte bisher einige Problemlösungen, die Beachtung verdienen.

In Japan ist man ebenfalls um die Lösung des Elektro-Problems bemüht. Die 1983 anläßlich der Autoschau in Tokio gezeigten Elektroautos wurden hauptsächlich aus Bleiakkus gespeist. Nissan beabsichtigte allerdings ein Auto mit Nickel-Eisen-Batterien,

**Fiat Panda Elektro, der seit 1988 bei der Oberösterreichischen Kraftwerke AG in Erprobung ist.**

**Batterie des Fiat Panda Elektro.**

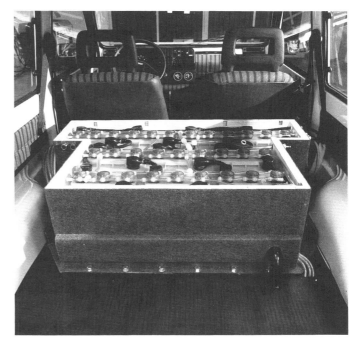

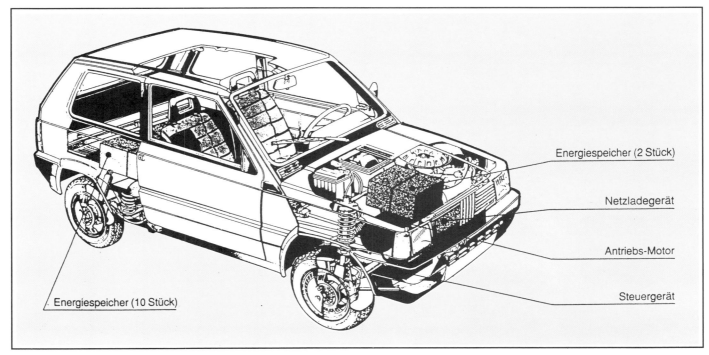

Energiespeicher (2 Stück) · Netzladegerät · Antriebs-Motor · Steuergerät · Energiespeicher (10 Stück)

**Schematische Darstellung des Fiat Panda Elektro.**

Reichweite 90 km, auf den Markt zu bringen, während Toyota um Lizenz der bei Exxon entwickelten Zink-Brom-Batterien bemüht war, und Hitachi nahm die Entwicklung einer Natrium-Schwefel-Batterie auf.

Bei der zum Teil ausgesprochen zukunftsweisenden Formgebung dieser meist als Stadtwagen vorgesehenen, modernen Elektromobile ist man von der heute üblichen Linienführung bewußt abgegangen: Sie nimmt nicht nur auf möglichst hohe Parkfreundlichkeit, sondern auch auf den klaglosen Bahntransport Rücksicht, auf welchem Gebiet gerade der Elektrowagen Möglichkeiten bei der Bewältigung des Verkehrsproblems der Zukunft zu bieten hat.

# Energiespeicher für Elektrofahrzeuge

Univ.-Prof. Dipl.-Ing. Dr. Christoph Fabjan, Institut für Elektrochemie, TU Wien, faßte anläßlich eines Symposiums über Elektrofahrzeuge den Entwicklungsstand der so wichtigen Energiespeicher wie folgt zusammen:

# „Das erste alltagstaugliche Elektroauto"

nannten General Motors den im Jänner 1990 vorgestellten „Impact", der die Beschleunigung eines Sportwagens und die Reichweite von 190 km besitzt.

Der Impact verfügt über 2 Wechselstrom-Induktions-Elektromotoren, die über eine Antriebswelle je eines der beiden Vorderräder antreiben. Zusammen leisten sie 85 kW bzw. 115 PS bei 6.600 U/min. Im Interesse einer möglichst großen Reichweite wird die mögliche Höchstgeschwindigkeit von 160 km/h bei 120 km/h elektronisch abgeregelt. Von 0 auf 100 km/h beschleunigt dieser Wagen in 8 Sek., von 50 auf 100 km/h in nur 4,6 Sek.

Beide Motoren haben jeweils ein in das Motorgehäuse integriertes Planetengetriebe, das die Vorderräder mit der einzigen notwendigen Übersetzung von 10,5 : 1 antreibt. Die innere Reibung von Motor und Planetengetriebe ist so minimal, daß etwa bei konstanter Autobahngeschwindigkeit von 100 km/h nur etwa 10 Prozent der Antriebsleistung benötigt werden, also 11,5 kW. Der Wirkungsgrad des Getriebes liegt zwischen 94 und 98 Prozent.

32 extrem flache Blei-/Säure-Batterien von Delco Remy mit je 10 Volt Spannung sind im Mittelkanal des Impact untergebracht. Kapazität je 42,5 Ah bei 13,6 kW/h. Schnelles Wiederaufladen in zwei Stunden. Für 1992 rechnet man mit neuen, leichteren Batterien.

Die Kunststoffkarosserie weist den minimalen $c_w$-Wert von 0,19 auf. Trotz der fast 400 kg schweren Batterien beträgt das Leergewicht unter 1.000 kg. Spezielle Pneus reduzieren den Abroll-Widerstand um die Hälfte und sind besonders leise.

Der Motor- und Antriebselektronik kommt beim Impact große Bedeutung zu. Sie regelt und verkraftet Leistungen von über 100 kW und wiegt selbst nur mehr 30 kg.

Die elektrochemische Energiequelle stellt das Kernstück des Elektrofahrzeuges dar und ist zugleich eine wesentliche Voraussetzung für die Realisierung der erforderlichen Leistungsfähigkeit, aber auch für die wirtschaftliche Konkurrenzfähigkeit.

Während im Verbrennungskraftmotor bei Umsetzung des Treibstoffes mit einer theoretischen Energiedichte in der Größenordnung von 10 kWh/kg bei 20% Wirkungsgrad etwa 2 kWh/kg erreicht werden, liegen die realisierbaren Werte elektrochemischer Energiespeicher zwischen 25 und höchstens 150 Wh/kg, bei theoretischen Werten von einigen 100 bei mehr als 1.000 Wh/kg. Das bisher vorherrschende System des Blei/Schwefelsäure-Akkumulators wird trotz beachtlicher Verbesserung — z. B. durch erhöhte Ausnutzung der aktiven Massen mittels gezielter Elektrolytbewegung, Modifizierung des Aufbaues der Platten, Kontrolle und Optimierung des Ladevorganges — die Ansprüche für Elektrofahrzeuge mit fortgeschrittenem Entwicklungsstand nicht ausreichend erfüllen können.

Die alkalischen Akkumulatoren wie Nickel/Eisen, aber auch die Nickel/Zink-Zelle wurden von verschiedenen Firmen (z. B. DAUG und General Motors) in den beiden letzten Jahrzehnten bearbeitet, doch konnte infolge der Probleme der Eisen- und Zinkelektrode kein endgültiger technischer Erfolg erzielt werden.

Besondere Hoffnungen wurden in die Hochtemperatursysteme Lithium-Aluminium/Eisensulfid und Natrium-Schwefel gesetzt, die hohe Leistungsfähigkeit und Energiedichte versprachen. Während die Entwicklungsprogramme für die erstgenannte Batterie (insbesondere bei den Argonne National Lab. konzentriert) nach anfänglichen Erfolgen bereits weitgehend reduziert wurden, hat die Na/S-Zelle einen beachtlichen technologischen Standard erreicht (z. B. bei BBC, Chloride Silent Power) und wurde bereits auch im Fahrzeugbetrieb getestet.

Aussichtsreiche Kandidaten sind ferner die Zink-Halogensysteme Zink-Chlor und Zink-Brom mit zirkulierendem Elektrolyten („flow batteries") und externer Speicherung des Chlors als Hydrat (Kühlung) und des Broms als organischem wasserunlöslichen Komplex. Während ein 50 kWh Prototyp des Zink-Chlor-Systems (bei Gulf & Western bzw. EDA) für den Fahrzeugbetrieb entwickelt und auch erfolgreich getestet wurde, zielen die Arbeiten am Zink-Brom-System in Österreich durch die Studiengesellschaft für Energiespeicher und Antriebssysteme — SEA GmbH — auf einen weniger spezi-

fisch ausgelegten Grundmodul der Batterie, der bereits erfolgreiche Tests absolviert hat.

Sogenannte Metall-Luftbatterien gehören ebenfalls zu den Sekundärsystemen, die als Traktionsbatterien interessant erscheinen (Metalle: Eisen, Zink, Aluminium, Lithium). Während Fe und Zn / Luftsysteme wiederaufladbar sind, müssen Al und Li nach ihrer Umsetzung extern regeneriert werden. Der Gesamtwirkungsgrad liegt in diesem Fall niedrig, obwohl von den beiden letztgenannten Systemen sehr günstige Leistungsdaten erwartet werden können.

Die Brennstoffzellen (BZ), in denen elektrische Energie direkt und kontinuierlich aus Brennstoff (z. B. Wasserstoff, Methanol) und Oxidationsmittel (Luft-Sauerstoff) erzeugt wird, sind für den Fahrzeugbetrieb als Systeme der Zukunft anzusehen. Während ihr Einsatz für vielfältige Zwecke (z. B. Raumfahrt, als Kraftwerk für die Energieversorgung) bereits erfolgreich getestet wurde, stehen die noch zu geringe Leistungsdichte, die hohen Kosten sowie die Schwierigkeiten bei der Mitführung des Brennstoffes (gasförmiger bzw. verflüssigter $H_2$- oder Hydridspeicher) noch als entscheidende Hindernisse einem endgültigen Durchbruch entgegen, und die direkte „kalte Verbrennung" von flüßigem Methanol als idealem Brennstoff ist noch nicht in zufriedenstellendem Maß gelungen.

Als Hydrid — z. B. in Kombination mit einem Akkumulator — bieten die BZ hingegen sehr gute Möglichkeiten für den Fahrzeugbetrieb, da die individuellen Schwächen beider Systeme kompensiert, die Vorteile jedoch erhalten werden. Kurzzeitige Leistungsspitzen werden vom Speichersystem geliefert, während die Energiedichte, d. h. die Reichweite, vom BZ-Aggregat bestimmt wird. Bereits vor 15 Jahren konnte Kordesch bei der UCC den einwandfreien Testbetrieb eines hydridbestückten Pkw demonstrieren. Gegenwärtig läuft ein Programm bei Elenco (Belgien-Niederlande) über die Entwicklung hydridbetriebener Transportfahrzeuge. In beiden Fällen kommen alkalische Niedertemperatur-$H_2$/Luft-BZ mit einer parallel-geschalteten Bleibatterie zum Einsatz.

# Solarfahrzeuge

Bereits 1839 experimentierte der Franzose Antoine Becquerel mit verschiedenen Materialien, mit deren Hilfe er durch Lichteinwirkung elektrischen Strom erzeugen konnte. Obwohl es damals zu keiner praktischen Nutzung kam, wurde auf die Möglichkeit dieser Art von Energiegewinnung nicht mehr vergessen.

Eine ernsthafte Entwicklung in dieser Richtung setzte allerdings erst mit der Notwendigkeit der Energieversorgung von Satelliten und Raumsonden, also mit Hilfe der Weltraumtechnologie, ein. 1954 entdeckten Forscher der Bell Telephone Laboratories in den USA das Prinzip der modernen Solarzellen, nämlich dünne Siliziumplättchen, die mit einer noch dünneren, mit Bor gesättigten Siliziumschicht Sonnenlicht in elektrische Energie umwandeln. Die anfangs geringe Stromausbeute konnte Ende der siebziger Jahre auf 18% und inzwischen weiter gesteigert werden. Auf der ganzen Welt ist man heute unermüdlich darum bemüht, immer billiger herzustellende Solarzellen mit einem günstigen Konversionsgrad zu entwickeln.

Nach der Ölkrise war man auch auf dem Automobilsektor bestrebt, kleine, leichte Fahrzeuge mit Hilfe von Solarzellen zu betreiben. Obwohl die anfänglichen Versuche nur von wenigen ernst genommen wurden, werden sie voraussichtlich eines Tages einen wichtigen Beitrag zum Straßenverkehr der Zukunft liefern, nachdem die Entwicklung auf diesem Gebiet zusehends befriedigendere Fortschritte macht.

Gefördert werden diese Bestrebungen vor allem durch Bewerbe und Rennveranstaltungen. So wurde 1987 bereits der 10. Welt-Solar-Challenge-Cup durchgeführt. Ein wichtiger Schritt wurde hier aber auch durch die seit 1985 jährlich stattfindende „Tour de Sol" getan, eine von der Schweizerischen Vereinigung für Sonnenenergie vorwiegend für mit Solarstrom angetriebene Fahrzeuge organisierte Rallye. 1986 erreichte bei dem auf öffentlichen Straßen abgehaltenen Bewerb das Siegerfahrzeug eine Durchschnittsgeschwindigkeit von 49,7 km/h (ohne Panne 57,1 km), und dies über eine Distanz von 383 km bei

**Dieser alte Baker-Elektrowagen wurde als eines der ersten Fahrzeuge in den USA nachträglich mit einem Solarantrieb ausgestattet.**

**Solarfahrzeug Steyr-Puch-Soly (Tour de Sol).**

1851 m Steigung. 1987 betrug die Durchschnittsgeschwindigkeit bereits 60 km/h.

Die Solarantriebskette ist sehr komplex und besteht im wesentlichen aus folgenden Elementen: Solargenerator, Power Tracker, Batterie, Antriebselektronik, Motor, Getriebe, Antriebsrad. Die von der Sonne einfallende Energie wird im Solargenerator in elektrischen Strom umgewandelt. Um aus dem Solargenerator die größtmögliche Leistung entnehmen zu können, muß der Arbeitspunkt, der von der Intensität der Sonneneinstrahlung und von der Generatortemperatur abhängt, optimiert werden. Diese Optimierung sowie die Ladung bzw. die Anpassung der Spannung an die Ladespannung der Batterie, übernimmt der Power Tracker. Bei stillstehendem Fahrzeug wird also die Batterie aufgeladen. Während der Fahrt entnimmt die Antriebselektronik die Energie aus dem Solargenerator via Power Tracker und meistens zusätzlich aus der Batterie. Die Antriebselektronik regelt über das Gaspedal das Drehmoment des Antriebsmotors. Da das Fahrzeuggewicht und damit auch das Motorgewicht möglichst klein gehalten werden muß, ist zur Anpassung des Motordrehmomentes an das erforderliche Raddrehmoment ein Getriebe notwendig.

Es ist Sache der Solarmobil-Konstrukteure, alle Elemente der Antriebskette so zu wählen, daß mit der verfügbaren Energie eine größtmögliche Strecke zurückgelegt werden kann.

Beim Bau eines Solarfahrzeuges spielen die mechanischen

Eigenschaften eine ebenso große Rolle wie die elektrischen der Solarkette. Bei der Untersuchung der Formeln, welche die Bestimmung der nötigen Umfangskräfte am Rad bei gegebener Geschwindigkeit ermöglichen, stellt man fest, daß folgende Größen den Energieverbrauch bei der Fortbewegung entscheidend beeinflussen:

— Masse des Fahrzeuges,
— Massenträgheitsmoment der rotierenden Teile,
— Rollwiderstandszahl,
— Luftwiderstandszahl des Fahrzeuges,
— Geschwindigkeit,
— angeströmte Fläche (Querspanfläche),
— Strömungsgeschwindigkeit des Mediums.

Die wichtigste dieser Größen ist die Masse. Sie sollte, wie bereits erwähnt, möglichst gering sein, eine Anforderung, die in Anbetracht der großen Batteriemasse (Blei) nur durch eine Leichtbaukonstruktion zu erreichen ist (z. B. selbsttragende Karosserie aus Kohlefaser). Durch die Wahl einer aerodynami-

**Solarmobil der Ingenieurschule Biel.**

**Rechts oben: Sulky-Solar-Serienfahrzeuge. Dahinter Solartankstelle (Tour de Sol).**

**Die Zellen eines Solar-Paneels werden zur Sonne gerichtet aufgeladen (Tour de Sol).**

schen Karosserie und einer minimalen Querspanfläche kann der Luftwiderstand klein gehalten werden. Der Rollwiderstand wird vor allem durch den Reifen bestimmt. Leider sind zur Zeit keine geeigneten Produkte auf dem Markt erhältlich.

Bei jeder Tour de Sol können enorme Fortschritte festgestellt werden, die alle Gebiete betreffen. Es ist bereits leicht abzusehen, daß der allgemeine Automobilbau vor allem von der bei Solarfahrzeugen unerläßlichen Leicht(est)bauweise in Bälde profitieren wird.

24 starteten. Nach fünfeinhalb Tagen fuhr der Sunraycer von General Motors als erster Wagen durchs Ziel. Der zweitplazierte Teilnehmer brauchte ganze zweieinhalb Tage länger. Der Vorsprung betrug mehr als 1.000 km.

Das Reglement für die Wagen war sehr einfach: Länge 6 m, Breite 2 m, Höhe 2 m, Gewicht des Fahrers 85 Kilogramm. Tägliche Fahrzeit 9 Stunden, tägliche Reparaturzeit je zwei Stunden morgens und abends. Während dieser Zeit durften die Batterien solar geladen werden. Auch die Straßentauglichkeit

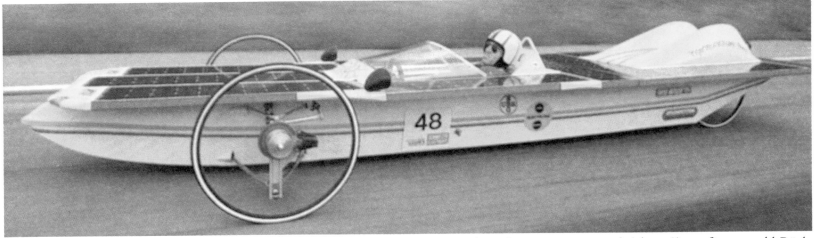

Was aus den Bemühungen eines der größten Autoproduzenten der Welt, nämlich General Motors wird, wenn an die Konstruktion eines Solarfahrzeuges herangegangen wird, das läßt weit in die Zukunft blicken. Nachfolgend soll deshalb auf diese Konstruktion näher eingegangen werden, da sie mehr über den Stand der Dinge auf diesem Sektor auszusagen vermag als die Beschreibung von noch so vielen anderen Versuchsfahrzeugen, obwohl die Leistungen ihrer Urheber erst alle zusammengenommen eines Tages ein neues Konstruktionsprinzip hervorbringen werden, durch das dem durch Solarenergie unterstützten Elektrowagen der Durchbruch gelingen wird.

## Der Solar-Weltrekordwagen Sunraycer

Im November 1987 fand in Australien der 10. Welt-Solar-Challenge-Cup und gleichzeitig das erste transkontinentale Solarfahrzeug-Rennen der Welt statt. Die Strecke führte über 3.200 Kilometer von Darwin im Norden auf dem Stuart-Highway bis in den Süden nach Adelaide.

25 Teams aus sieben Nationen waren zum Rennen angemeldet,

der Fahrzeuge war vorgeschrieben. Sie mußten sowohl Rückspiegel als auch Blinker und Bremslichter aufweisen und stabil genug sein, den gefürchteten Luftverwirbelungen durch die Roadtrains standzuhalten.

In das internationale Teamwork von GM waren 16 verschiedene Gesellschaften des Unternehmens integriert. Hilfe bei Entwicklung und Konstruktion kam aus vier Kontinenten. Das Ergebnis war ein erstklassiges Design und fortschrittlichste Technologie im Automobil- und Sonnenkraftwagenbau.

Dieses futuristische Forschungs-Fahrzeug, das ausschließlich durch Sonnenkraft angetrieben wird, setzt Ideen um, von denen auch Wissenschaftler annehmen, sie könnten Teil eines künftigen Alltags-Fahrzeuges sein.

Der Sunraycer ist 6 m lang und 190 kg schwer. Für seine Konstruktion wurden die modernsten hochfesten Superleicht-Materialien verwendet, die es weltweit gibt. Der Aluminiumrahmen des Sunraycers wiegt nicht ganz 7 kg und trägt 250 kg samt Fahrer.

Die Oberfläche dieses Fahrzeuges ist von 7.200 von Hughes Aircraft gebauten Sonnenzellen bedeckt, den gleichen, die bei Weltraum-Satelliten eingesetzt werden. Sie laden die 68 Silber-Zink-Batteriezellen auf, die am frühen Morgen und späten Nachmittag dem Solarfahrzeug zusätzlich Kraft spenden, wenn die Sonnenstrahlen zu schwach sind.

Als Antrieb dient ein Elektromotor, der superstarke Magnete von GMs Delco-Division verwendet. Er heißt „Magnequench" und wiegt nur 4 kg, kann aber den Wagen auf 95 km/h beschleunigen, wenn sowohl Sonnenkraft als auch die in den Batterien gespeicherte Energie eingesetzt werden.

Die sehr funktionelle Tropfenform des Sunraycers wurde im GM-Windkanal getestet und verfeinert, bis ein besonders geringer Luftwiderstandsbeiwert erreicht war, — ein wesentlicher Beitrag zur Erringerung des Weltrekords.

Der Sunraycer wird laut GM Fortschritte in einer ganzen Reihe von Fachgebieten bringen:

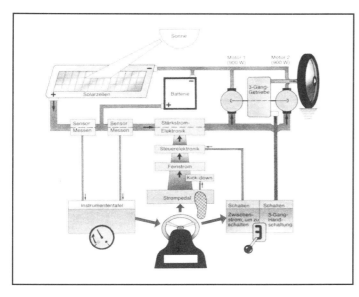

— Aerodynamik bei niedriger Geschwindigkeit
— Leichtbau und Hochleistungs-Leichtmaterialien
— Elektrische Hochleistungsbauteile für Batterien, Sonnenenergiezellen oder Solarbatterien
— Leistungsfähigere Elektromotoren
— Geringerer Rollwiderstand, Reifen mit wenig Reibverlusten
— Leichtgewichtige Radaufhängung und Lenkung.

Was durch den Sunraycer geschaffen und erprobt wurde, kann bei weiteren Solarfahrzeugen, Elektrowagen und allen anderen Arten von mit alternativer Energie betriebenen Fahrzeugen angewendet werden.

Ingo Tanthur, einer der Fahrer des GM Sunraycers und Ingenieur in der Motorvorausentwicklung bei Opel: „Die Renntage liefen so ab: Nach dem morgendlichen Start um acht Uhr wurde durchgefahren und außer für die Pressestops mit gleichzeitigem Fahrerwechsel oder bei den wenigen Reifenpannen wurde nicht angehalten. Abends um 17.00 Uhr suchte der Wetterbeobachter einen Platz zum Campen. Sobald der Sunraycer dort zum Stillstand gekommen war, wurden die Solarzellen des Sunraycers hochgeklappt und in den günstigsten Winkel zur Sonne gestellt. So konnten die Batterien am besten geladen werden. Dann erst stieg der Fahrer aus.

Morgens um 6.00 Uhr wurde der Sunraycer, der über Nacht zugedeckt war, weiter aufgeladen. Dann wurden die Zelte abgebrochen und gefrühstückt. Um 8.00 Uhr früh fuhr der Sunraycer von der Stelle los, an der er am vorhergehenden Abend um 17.00 Uhr angehalten hatte.

Nun noch zur Technik: Die Grundprinzipien aller solarelektrischen Fahrzeuge sind ähnlich. Zunächst wird durch den photovoltaischen Prozeß eine Spannung in den Solarzellen erzeugt. Diese Spannung ist recht niedrig. Deswegen müssen immer eine ganze Reihe von Solarzellen hintereinander geschaltet werden. Die Solarzellen werden mit dem Motor und der Batterie zu einem Stromkreis geschlossen. Notwendig ist noch eine Regelung des Motors zum Anfahren und Anpassen an die gewünschte Geschwindigkeit...

Die Präzision der Steuerung, der Regelung, der Überwachung sowie der Ausführung des Motors, der Energiedichte der Batterie sowie in der Leistungsoptimierung der Solarzellen sind beim Sunraycer optimal.

Die hochwertigen Gallium-Arsenid-Solarzellen sind fest angebracht und in zwölf Felder eingeteilt. Jedes ist mit einem eigenen Peak-Power-Tracker versehen. So kann der Unterschied zwischen der Einstrahlung auf die jeweils verschiedenen, der Sonne zugewandten Felder ausgeglichen werden...

Beim Sunraycer ist der Motor stark genug, um die größte vorkommende Steigung ohne Getriebe zu bewältigen. Im bürstenlosen Magnequench-Motor dreht sich ein Anker mit besonders starken Magneten, die nach einem neuen, von General Motors entwickelten und patentierten Verfahren hergestellt werden.

In der Batterie wird Strom während der Stehzeiten und beim Bremsen gespeichert und bei Bedarf wieder entnommen. Die sehr energiereichen Silber-Zink-Batterien sind um den Faktor zwei bis fünf leichter als leistungsgleiche Bleiakkus, aber nicht nur sehr teuer, sie lassen sich auch nur wenige Male aufladen und sind daher in zukünftig denkbaren Elektrofahrzeugen wirtschaftlich noch nicht vertretbar.

Die leichte Außenhaut, die beim Sunraycer die Solarzellen trägt, wurde aus einem Kevlar-Nomes-Verbund hergestellt. Das Ganze erhielt dann noch im Windtunnel eine superströmungsgünstige Form: $c_W$-Wert 0,125!"

Nach dem derzeitigen Stand kann die Solarenergie im Straßenverkehr in nicht zu ferner Zukunft und je nach Energiesituation echte Bedeutung erlangen. Es ist bereits abzusehen, daß der Solartankstelle dabei eine wichtige Rolle zufällt, da sie es ermöglichen wird, mit Solarenergie zu fahren, ohne die dafür erforderlichen Paneele mit Solarzellen stets mit sich führen zu müssen. In unseren Breiten wird man mit ziemlicher Sicherheit nicht auf die Mitwirkung der Elektrizitätsgesellschaften verzichten können.

Natürlich wartet hier noch eine ungeheure Entwicklungsarbeit auf eine wohlüberlegte, ausgewogene Durchführung, da die unterschiedlichen Tankprobleme bei Kurzfahrten (Selbsttanken) und Fernfahrten (Fremdtanken) einer Lösung harren und das Zusammenspiel mit der E-Wirtschaft organisiert werden muß, indem sie wahrscheinlich zeitweise überschüssige Energie aus den Paneelen übernehmen, teils aus der eigenen Erzeugung ergänzend liefern wird müssen.

Der Erfolg wäre vor allem eine zunehmende Entlastung der Umwelt und nicht zuletzt eine Verminderung der Energiekosten durch alternative Energiebereitstellung. Diese Umstellung könnte im gleichen Umfang zunehmen, in dem der Einsatz an Verbrennungskraftmotoren zurückgedrängt wird.

Diesen wichtigen Vorgang einzuleiten, sobald es die Entwicklung der Solarfahrzeuge ermöglicht, wird eine der wichtigsten Aufgaben einer vielleicht gar nicht so fernen Zukunft sein.

**Der Weltrekordwagen Sunraycer.**

# 4. DIE VORLÄUFER DES AUTOMOBILS MIT VERBRENNUNGSKRAFT-MASCHINE

Noch vor der Erfindung des Dampfkessels wurde das Prinzip des Explosionsmotors — später Verbrennungskraftmaschine — gefunden. Nach und nach erkannte man eine zusätzliche Arbeitsenergie für den Menschen als wichtig. Auf der Suche nach geeigneten Methoden erschien die Feuerwaffe als Explosionsmaschine entwicklungswürdig, weil durch sie große Kraft freigesetzt wird. Diese Kraft zu bändigen, in ungefährliche und dauerhafte Leistung umzuwandeln, war das Bestreben der zahlreichen Erfinder, die alle gebotenen Möglichkeiten zu erkunden trachteten.

Schwierigkeiten bereitete es vor allem, den plötzlichen Explosionsdruck des gezündeten Pulvers oder Gases in eine gemäßigtere Bewegung umzusetzen, was schließlich über ein Sperradgetriebe gelang, wodurch man zu einem, wenn auch unregelmäßig, so doch konstant laufenden Flugkolbenmotor gelangte. Erst die Kombination des im Zylinder stattfindenden Verbrennungsdruckes mit dem von der Dampfmaschine her bekannten Kurbeltrieb schuf die Voraussetzung für den bis heute in Verwendung stehenden Kolbenmotor.

1678 bereits wurde von Hautefeuille die erste Explosionsmaschine in Form einer Vakuum-Pulvermaschine erfunden, die durch Verpuffung von Schießpulver und daraufffolgende Abkühlung der Verbrennungsgase in einem mit Ventilen versehenen Kasten ein Vakuum erzeugte und dieses zum Ansaugen von Wasser benutzte. Nach demselben Verfahren erzeugte Huyghens 1680 bereits in einem Motorzylinder eine „Luftleere", um den äußeren Luftdruck zum Antrieb eines Kolbens zu verwerten. Die Leistungen dieser eigenartigen Pulvermaschinen hingen somit von einem Druckunterschied auf beiden Kolbenseiten, d. h. vom Grad der Luftverdünnung unter dem Kolben und dem Querschnitt des Kolbens ab. Die Wirkung war aber äußerst gering, da es auf diese Weise nicht gelingen wollte, auch nur einen mäßigen Unterdruck zu erzielen.

**Spätere Darstellung des Pater Berthold Schwartz, der als Erfinder des Schießpulvers gilt. Tatsächlich war es in China längst bekannt und Jesuiten brachten die Kunde davon nach Europa.**

**Rechts außen: Der Holländer Christian Huygens führte 1673 an der Französischen Akademie seinen ersten Pulver-Explosionsmotor vor. Das dabei hervorgerufene Vakuum wurde als motorische Kraft genützt.**

**Rechts oben: Dreißig Jahre nach der Reformation stellte eine Schweizer Chronik den Erfinder des Schießpulvers als teuflischen Gesellen dar.**

## Isaac de Rivaz

Es bedurfte des Genies und der zähen Ausdauer Isaac de Rivaz', um den ersten bekannten Verbrennungsmotor zu konstruieren und zu bauen. De Rivaz war Ingenieur, wurde am 19. Dezember 1752 in Paris geboren und war seiner Abstammung nach Walliser, also Schweizer. Er trat nach seiner Schulausbildung ins französische Heer ein und wurde Leutnant, ging aber 1777 in die Schweiz, wo er von 1785—1791 Major der Miliz in Monthey war. Von 1802 bis 1810, während der französischen Besetzung seiner Heimat, war er Staatsrat und nach der Einverleibung des Kantons Wallis in das Departement Simplon Präfekturbeamter. Nach dem Sturz Napoleons aber wurde Wallis wieder zu einem Schweizer Kanton und de Rivaz Staatskanzler. Er spielte als Staatsmann und Politiker in den Sturmjahren 1798—1815 in seiner Heimat eine bedeutende Rolle und starb am 30. Juli 1828.

Wahrscheinlich brachte ihm der Umstand, daß Volta um 1770 eine elektrisch zu zündende Pistole konstruieren wollte — damals wurden Handfeuerwaffen noch mittels Feuersteinschlössern betätigt —, auf den Gedanken, die gleiche Kraft in motortechnischer Richtung anzuwenden. De Rivaz experimentierte zehn Jahre lang in einem Kellergewölbe, um einen brauchbaren Motor zu finden. Er baute ihn in ein Fahrgestell ein. Trotz aller Mißerfolge war das Fahrzeug, das 20 Zentner befördern sollte, 1788 vollendet, fiel aber einer Brandkatastrophe zum Opfer.

Überzeugt von der Leistungsfähigkeit und Brauchbarkeit seines Wagens, machte de Rivaz 1802 der Postverwaltung von Bern den Vorschlag, die Pferde durch seine Maschine zu ersetzen. Er fuhr trotz Rückschlägen mit seinen Versuchen unermüdlich fort, und führte im Jahre 1804 in Sitten endlich seine „Machine à feu" (Feuermaschine) vor. Abbé Amstaard, Professor der Physik an der höheren Lehranstalt in Sitten, der diese Ausfahrt miterlebte, schildert diese öffentliche Probefahrt und sagte, er habe „ein Fahrzeug gesehen, das nicht durch die direkte Explosion luftähnlicher Substanzen, sondern durch einen Motor, der mittels dieser Explosion in Gang gesetzt wurde, betrieben wurde, dergestalt, daß das Fahrzeug nicht etwa ruck- oder stoßweise, sondern in fließender Bewegung vorwärts getrieben wurde..." Am 15. Mai 1805 reichte de Rivaz der französischen Regierung seine Erfindung als Patent ein, das er am 30. Jänner 1807 auf 15 Jahre erhielt. Napoleon unterzeichnete

**Unten:**
1807 erhielt Isaac de Rivaz ein Patent auf einen

Wagen, der mittels Flugkolbenmotors angetrieben wurde. Die

Zündung des Gas- gemisches erfolgte durch eine Volta'sche Säule.

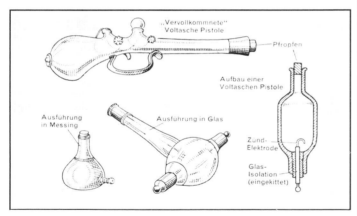

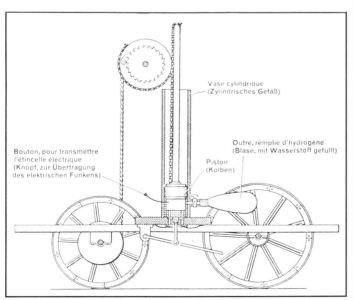

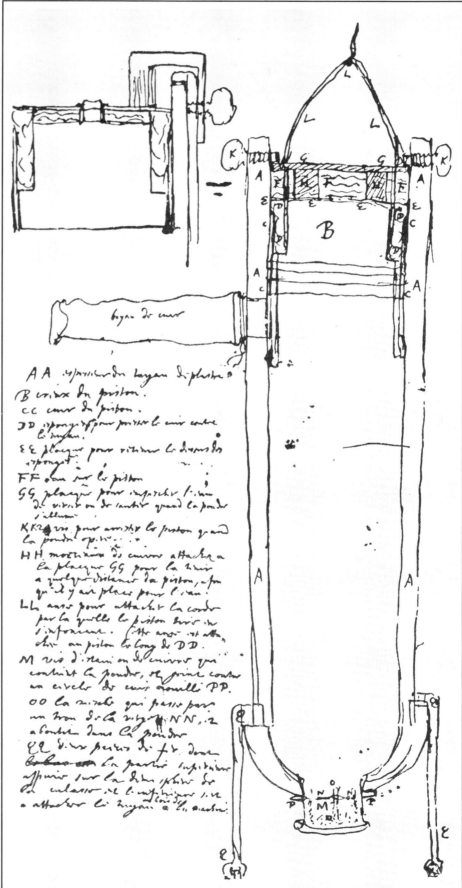

Aber grössere Verbreitung im Kleinbetriebe konnte sich erst die atmosphärische Maschine von Otto und Langen erwerben, welche die Erfinder zuerst 1867 in Paris vorführten. Diese Maschine (Fig. 2) war so angeordnet: In dem aufrechten, oben offenen Cylinder $A$ bewegt sich der Kolben $B$, dessen Bahn nach oben hin durch Gummibuffer begrenzt ist, damit er nicht etwa aus dem Cylinder herausfliegen kann. Die gezahnte Kolbenstange $C$, welche oben ein Querstück trägt, mit dem sie sich an zwei auf der Deckplatte des Cylinders stehenden Säulen führt und welche ausserdem durch einen kleinen, gleichfalls auf dieser Platte befestigten Bock gegen den Zahndruck gestützt wird, überträgt ihre Bewegung auf einen Zahnkranz $D$; dieser nimmt beim Niedergange des Kolbens die Hauptwelle $E$ durch eine Reibungskupplung mit, beim Aufgange des ersteren aber gleitet er lose auf ihr. Eine Nebenwelle $F$, welche durch die gleichen Stirnräder $GG$ betrieben wird, besorgt die Steuerung des Verteilungsschiebers $H$. Die Maschine arbeitet nun folgendermassen: Aus der unteren Totpunktstellung wird der Kolben zunächst durch die lebendige Kraft der Welle angehoben und der Schieber so gestellt, dass das Gemisch eintreten kann. Unmittelbar nachdem die Einströmung vollendet ist, folgt die Entzündung; der Kolben fliegt empor und der Zahnkranz geht rechts herum, während die Welle sich unbehindert weiter nach links dreht. Die Spannung unter dem Kolben sinkt nun infolge der Verpuffung und der gleichzeitig stattfindenden Kühlung schnell; so dass, wenn der Kolben nach Verbrauch seiner ihm anfangs erteilten lebendigen Kraft zur Ruhe kommt, dieselbe beträchtlich unter den äusseren Luftdruck gesunken ist. Nun wechselt der Kolben seine Bewegung und geht infolge des äusseren Luftdruckes und seines Eigengewichtes nieder, indem er die Welle beschleunigt. Dabei wächst die Spannung unter ihm allmälich, und zwar der Wasserkühlung wegen verlangsamt. Die auf den Kolben wirkende Kraft ist also eine abnehmende, so dass seine Geschwindigkeit nachgerade kleiner wird als die Umfangsgeschwindigkeit der Welle. Dadurch löst sich die Verbindung beider selbstthätig, und der Kolben treibt nun, indem er wegen seines Eigengewichtes weiter niedersinkt, die Verbrennungsgase aus. Die Kolbenbewegung besteht demnach aus vier Abschnitten: Im Anhube verzehrt derselbe einen Teil der lebendigen Kraft der Triebwelle, während des Auffluges ist er unabhängig von dieser, im ersteren Teile des Niederganges steigert er ihre lebendige Kraft, im letzteren Teile desselben ist er wieder frei von ihr. Die nützliche Arbeit ist also gleich dem Unterschiede der Arbeiten in dem dritten und in dem ersten Abschnitte.

(Otto Lueger: Lexikon d. ges. Technik)

es am 31. Mai desselben Jahres. 1809–1813 unternahm de Rivaz zwei weitere Versuchsfahrten über größere Entfernungen. Über die erste ist bekannt, daß er nach Mirroir fuhr, wo sich ein Besitz der Familie befand. Der Bericht über die zweite stammt aus Vevey, wo „ein Wagen, 20 Fuß lang, mit 6 Fuß hohen Rädern und im Gewicht von 19 Zentnern, mit einer Last von 1400 Pfund Steinen und einigen Personen beladen, über das Pflaster rollte".

Etwas später unternahm ein Zeitgenosse namens Chavanne den Versuch, mit dem Wagen zu fahren, aber es scheint nicht ganz leicht gewesen zu sein, ihn in gleichmäßiger Fahrt zu erhalten. Chavanne berichtet, daß der Wagen nach jeder Explosion nur etwa 20 Fuß weit fuhr, und erst eine neuerliche Explosion schnellte ihn abermals weiter.

1825 war der Wagen de Rivaz' noch in einem Schuppen in Vevey zu sehen, wo er mit der Zeit zugrunde ging. Das Fahrzeug selbst war ein einfacher vierrädriger Karren, auf dem der eigentliche Motor ungefähr in der Mitte aufgebaut war. Er bestand aus einem stehenden, nach oben hin offenen Zylinder, in dem sich ein Kolben befand, an dem eine Zahnstange befestigt war, die aus dem Zylinder herausragte und in ein Zahnrad eingriff. Dieses wiederum wirkte mittels eines Sperradgetriebes über eine Schubstange auf das Vorderrad. Durch einen am unteren Teil des Zylinders in den sogenannten Laderaum mündenden, mit einem Hahn versehenen Gasbeutel wurde von Hand aus Gas in den Verbrennungsraum gedrückt, das — und das war erstaunlich fortschrittlich — mittels eines elektrischen Funkens zur Entzündung gebracht und dadurch der Kolben mit erheblicher Vehemenz nach oben geschleudert wurde. Es ist begreiflich, daß de Rivaz nicht die überaus heftig aufwärtsgehende Bewegung zur Arbeitsleistung heranzog. Erst der nach unten zurücksinkende, mit schweren Bleiplatten versehene Kolben sowie der auf ihm lastende Luftdruck im Zylinder (die Gase zogen sich dann durch Abkühlung bereits wieder zusammen) besorgten den Antrieb des Vorderrades über das Sperradgetriebe und die Schubstange. Der Ausstoß der Verbrennungsrückstände aus dem Zylinder wurde mittels eines von Fuß aus zu bedienenden Auslaßventils bewerkstelligt. Es ist dabei leicht verständlich, daß, sollte eine gleichmäßige Bewegung des Fahrzeuges erreicht werden, die Bedienung der Maschine eine große Geschicklichkeit erfordert haben muß, da alle notwendigen Vorgänge nicht automatisch erfolgten, sondern mit Hand und Fuß bewerkstelligt werden mußten. Ungeachtet dessen sagt de Rivaz über seine Erfindung: „...die Gelehrten werden darin (in seiner Erfindung) nicht irgendeine vervollkommnete Maschine entdecken, sondern eine Erfindung, die Bedeutung erlangen kann und der Wissenschaft sowie dem Maschinenbau ein weites Betätigungsfeld eröffnet." Dieser realistische Wunsch ging in Erfüllung.

## Gasmotoren nach Rivaz

Nach dem ersten Gasmotor von Rivaz begann die Kleinarbeit einer langen Reihe von Erfindern, die ihn weiterentwickelten und immer wieder verbesserten, um ihn letzten Endes zu praktischer Brauchbarkeit und Verwertung zu bringen. Sie alle haben für den Maschinenbau und das Automobil viel getan, obwohl sie im allgemeinen fast der Vergessenheit anheimgefallen sind.

Eine sehr modern anmutende Erfindung stammt von John Barber aus dem Jahre 1791, der aus festen oder flüssigen Brennstoffen herzustellendes Gas, in einer Mischkammer mit Luft und Wasser vermengt, entzündete und den so entstehenden Feuerstrahl zum Antrieb eines Schaufelrades verwendete: eine Gasturbine.

1794 konstruierte Robert Street bereits einen Ölmotor, bei dem der flüssige Brennstoff im Zylinder selbst verdampfte, sich mit der während der ersten Hubhälfte angesaugten Luft vermischte und dann durch eine ständig brennende Zündflamme

## Die ersten betriebsfähigen Viertakt-Verbrennungsmotoren

**Oben: Otto-Viertakt-Gasmotor für ortsfesten Betrieb nach dem Patent von 1876.**

**Rechts: Viertaktmotor von Christian Reithmann aus dem Jahr 1873, der bereits vor dem Otto-Patent in Betrieb war.**

**Benzin-Viertaktmotor von Siegfried Marcus von 1875, wie er in seinem zweiten Wagen verwendet wurde.**

auf Hubmitte entzündete, worauf der Kolben durch die Verbrennungsgase aufwärts getrieben wurde.

Lebon wandte 1801 bereits einen elektrisch gezündeten, doppeltwirkenden Leuchtgasmotor an, dessen Gas und Luft durch zwei Pumpen in einen Behälter gedrückt, vermischt, von hier in den doppeltwirkenden Arbeitszylinder geleitet und dabei elektrisch entzündet wurden.

1823 konstruierte Samuel Brown einen Gasmotor mit direkter Gaszuführung, Wassermantel und Ventilen. In dem mit Wassermantel versehenen Arbeitszylinder wurde eine Luftverdünnung dadurch erzeugt, daß der Verpuffungsdruck durch Ventile schnell abgeleitet und der entspannte Gasrest abgekühlt wurde. Der dadurch hervorgerufene Unterdruck ließ die Atmosphäre als Treibmittel wirken. Brown soll diesen Motor auch in einen Wagen eingebaut haben, mit dem er einige Fahrten „zur Zufriedenheit der Zuschauer" unternahm.

Ein doppeltwirkender Verpuffungsmotor ist von Wellman Wright aus dem Jahre 1833 bekannt, der zwei Ladepumpen und einen Fliehkraftregler, der auf den Gasgehalt der Ladung einwirkte, aufwies. Der Arbeitszylinder und die Kolben waren wassergekühlt. Die Zündung erfolgte im Totpunkt durch eine äußere Zündflamme.

William Barnett kam 1838 zum erstenmal der Gedanke, das Gas vor der Entzündung zu komprimieren. Die Zündung erfolgte im Totpunkt durch glühenden Platinschwamm oder Flammenschieber (Vorläufer der Glührohrzündung).

1841 baute James Johnston einen Kondensations-Gasmotor, dessen Kolben zunächst durch Verpuffung eines Wasserstoff-Sauerstoff-Gemisches angetrieben wurde, worauf durch Niederschlagen des in den Verbrennungsgasen enthaltenen Wasserdampfes eine Luftverdünnung unter dem Kolben erzeugt wurde.

Drake konstruierte 1842 einen Glührohr-Gasmotor, bei dem es sich um einen Leuchtgasmotor mit Tauchkolben handelte. Das Ansaugen erfolgte in der ersten Hubhälfte, die Gemischveränderung durch einen Fliehkraftregler. Ein mit Preßgas geheiztes, gußeisernes Glühröhrchen, dessen Zündkanal auf Hubmitte durch den Kolben gesteuert wurde, besorgte die Zündung.

Eugenio Barsanti und Felice Matteucci in Florenz aber waren die ersten, die im Jahre 1853 eine nach dem atmosphärischen Prinzip arbeitende, mit Leuchtgas betriebene Flugkolbenmaschine kostruierten, die John Cockerill in Seraing bei Lüttich zu einer probeweisen Ausführung brachte.

## Jean Joseph Etienne Lenoir

Eine vielumstrittene Persönlichkeit unter den Motoren- und Kraftfahrzeugerfindern stellt der am 12. Jänner 1822 in Mussy-la-Ville geborene Jean Joseph Etienne Lenoir dar. Als er 1838 nach Paris kam, verfügte er weder über Geldmittel noch konnte er auf eine besondere Vorbildung irgendwelcher Art hinweisen. Er begann damit, sich als Kellner sein Brot zu verdienen. Bald darauf wurde er Emailleur und entdeckte 1847 das weiße Email ohne Zinnoxyd. Von 1851 an war er auch auf dem Gebiet der Galvanoplastik tätig und trug zu ihrer Vervollkommnung bei. Für das Eisenbahnwesen ersann er umfangreiche Signalanlagen, elektrische Bremssysteme u.a. 1859 aber gab er unter dem Titel „Moteur à air dilaté par la combustion du gaz" die Konstruktion eines neuartigen, doppeltwirkenden, stationären Gasmotors ohne Kompression mit elektrischer Zündung bekannt. Die Maschine stellte den ersten Ansatz zu den modernen, schlellaufenden Verbrennungsmotoren dar. Sie wies eine Leistung von 1½ PS bei 100 Umdrehungen in der Minute auf. Neuartig an den Maschinen Lenoirs war, daß sie die Energie, die durch Entzündung des Gas-Luft-Gemisches

**Deutscher Prospekt für eine Lenoir-Maschine.**

**Daimler-Motoren-Prospekt von 1896.**

frei wurde, direkt für den Arbeitshub des Kolbens nutzbar machte. Der doppeltwirkende Gasmotor mit 75 mm Bohrung und 140 mm Hub saugte auf halbem Kolbenweg das elektrisch gezündete Gas-Luft-Gemisch an. Die dabei stattfindende Explosion trieb den Kolben die zweite Hälfte des Kolbenweges mit Kraft weiter, wobei auf der gegenüberliegenden Kolben-seite die bei der vorhergehenden Arbeitsleistung entstandenen Rückstände ausgestoßen wurden. Die Steuerung der Maschine erfolgte durch zwei mit Exzentern bewegte Flachschieber, während die beiden Totpunkte und die Ansaugstrecken ein Schwungrad überwand. Die Arbeitsweise dieses Gasmotors beruhte vor allem auf dem Prinzip der doppeltwirkenden

Dampfmaschine, und der Unterschied lag nur darin, daß der Druck des Arbeitsgases im Zylinder erst durch die Explosion erzeugt wurde. Auf diesen Motor bekam Lenoir am 24. Jänner 1860 das französische Patent Nr. 43.624.

In der Patentschrift heißt es u.a.: „Meine Erfindung besteht erstens in der Verwendung von Leuchtgas, verbunden mit Luft, entzündet durch Elektrizität als treibender Kraft. Zweitens in der Konstruktion einer Maschine zum Zweck der Verwendung besagten Gases." Und weiter: „Das, was ich vor allem zu patentieren beabsichtige, ist die Anlage, durch die das Gas und die Luft in den Zylinder strömen und arbeiten, und die Entzündung des Gemisches mit Hilfe von zwei durch Porzellan isolierten Platinfäden, verbunden mit einem sogenannten Ruhmkorffschen Apparat, der selbst wieder an eine Säule oder irgendeinen anderen Elektrizitätserzeuger angeschlossen ist." Bezüglich der Arbeitskraft sagt er: „Ich kann anderes Gas als Leuchtgas verwenden, wie z.B. Kohlenwasserstoff, oder aber Gas in dem Augenblick des Arbeitsvorganges mit dem flüssigen Kohlenwasserstoff erzeugen, oder auch noch den reinen Wasserstoff wie auch schwefelhältiges Gas und schließlich jeden in einem Zylinder in Verbindung mit Sauerstoff entzündbaren Stoff. Ich kann auch eine vertikale oder hängende Maschine herstellen." Er schließt endlich mit den Worten: „Als Ergebnis läßt sich sagen, daß mein ausschließlicher Anspruch auf die Methode, Gase und Luft in einem Zylinder sowohl einströmen wie arbeiten zu machen, darin besteht, sie durch das durch irgendeinen Kolben hervorgerufene Vakuum anzusaugen und im gewünschten Zeitpunkt zu entzünden."

Am 17. April 1860, drei Monate nach diesem Patent, forderte Lenoir eine zusätzliche Bescheinigung, die die Sätze enthielt: „In meinem Patent vom 24. Jänner sage ich, daß ich mich flüssigen Kohlenwasserstoffes als Heizstoff bedienen kann, um die Luft und ihre Verbindungen zu erwärmen und auszudehnen, um endlich eine motorische Kraft zu erhalten. In diesem Zusatz werde ich erklären, auf welche Weise ich das gewünschte Ergebnis erhalten zu können hoffe und den kleinen Apparat, den ich verwende, beschreiben. Wenn ich die Maschine mit ausgedehnter Luft arbeiten lassen will, führe ich in einem Behälter entweder ätherisches Öl, Leichtöl, bituminösen Schiefer, Teer oder Brandschiefer ein, oder jeden anderen Kohlenwasserstoff oder das Gemisch dieser oberwähnten Stoffe. Ich beginne, den Behälter mit Hilfe einer kleinen Spirituslampe oder irgendeines anderen Brennstoffes zu erhitzen, worauf sich sofort entzündbare Dämpfe entwickeln, die in ein provisorisches Gas verwandelt und in den Zylinder der Maschine mit der ausgedehnten Luft eingeführt werden; das übrige vollzieht sich schließlich wie beim Gas, das durch die Destillation des Öles gewonnen wird, d.h. daß die Dämpfe in den Zylinder eingelassen werden, wie es in meinem Patent vom 24. Jänner 1860 steht, mit einer bestimmten Menge Luft, dann durch Elektrizität entzündet werden. Das Gas, das sich infolge der erzeugten Hitze ausdehnt, stößt auf den Kolben, und das Ergebnis der Verbrennung entweicht schließlich durch die Auspuffventile, die verbunden sind mit einem schlangenförmigen Rohr, das am Grund des Behälters mit der Flüssigkeit oder den anderen Destillationsstoffen angebracht ist. Wie man aus dem Vorhergehenden ersieht, kann ich alle flüssigen Kohlenwasserstoffe verwenden, indem ich sie verdampfen lasse, und ich kann mich auch des doppelten Kohlenwasserstoffes bedienen, ebenso auch fester Kohlenwasserstoffe wie der Harze etc. etc."

Der Ausbau dieses Stationärmotors wurde später von leistungsfähigen Lizenzfirmen durchgeführt. In einer von Fabrikant M. Lefevre in Paris im Jahre 1864 herausgegebenen Denkschrift heißt es: „Die Maschine Lenoirs verwendet den Kolben nach Patent Street; sie ist direkt- und doppeltwirkend wie der Motor von Lebon; sie entzündet durch elektrische Funken wie die Maschine von Rivaz; sie kann durch flüchtige Wasserstoffe betrieben werden wie von Herskine-Hazard vorgeschlagen; vielleicht würde man im Talbot sogar den geistvollen Gedanken der Kreisscheibensteuerung wiederfinden. — Aber der Lenoir-Motor saugt Gas und Luft durch das Kolbenspiel selbst

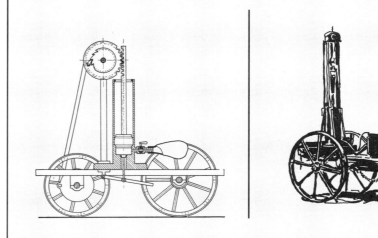

# Entwicklung der mit Verbrennungsmotor angetriebenen Fahrzeuge bis Daimler und Benz

**Jedes der dargestellten Fahrzeuge bewies bereits realistische Vorstellungen und Erkenntnisse auf dem Weg zum praktikablen selbstbeweglichen Straßenfahrzeug. Bei entsprechender Weiterentwicklung hätte jedes von ihnen die**

**Lenoir-Wagen von 1863, angetrieben durch einen Gasmotor.**

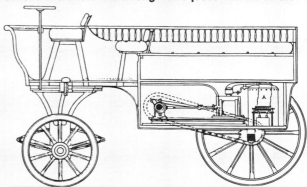

**Zweiter Marcus-Wagen von 1871/72, angetrieben durch einen atmosphärischen Zweitakt-Benzinmotor.**

**Patent-Zeichnung von Edouard Delamare-Deboutteville und Léon Maladin von 1884. Der Wagen wurde durch einen Viertaktmotor angetrieben.**

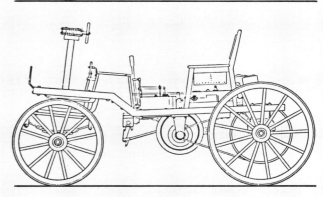

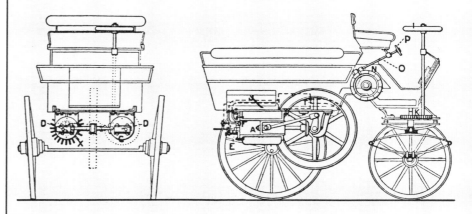

an, ohne vorhergehende, immer gefährliche und die Anwendung von Pumpen erfordernde Mischung — und das ist sein Patentschutz, den man ihm nicht nehmen kann."

Zwei Jahre vor Lenoir konstruierte der Franzose Hugon einen sehr ähnlichen Motor, bei dem die Vermischung des Gases mit der Luft bereits vor dem Eintritt in den Zylinder erfolgte. Hugon befriedigte diese Erfindung jedoch so wenig, daß er sie nicht einmal veröffentlichte (nach dem französischen Zivil-Ing. Barrault 1860).

Lenoir baute seinen Motor später in ein Fahrgestell ein und unternahm mit diesem Fahrzeug auch Ausfahrten. Der ehemalige Chef der Lenoir-Werkstätten, Goriot, berichtete darüber 1899 an den ACF:

„Das vierrädrige Lenoir-Automobil wurde im Jahre 1862 ge-

baut. Das dürfte der genaueste Zeitpunkt sein. Es hatte einen Motor, der nicht zu seinem Gebrauch gemacht wurde. Er war horizontal und hatte nur einen Zylinder. Er hatte eine Schwungscheibe, die mindestens einen Meter Durchmesser gehabt haben dürfte. Daher bestand eine große Schwierigkeit, den Motor auf dem Wagen zu montieren, die Herr Lenoir umgangen hat, indem er ihn seitwärts anbrachte, das heißt, daß er ihn auf seiner natürlichen Grundlage ruhte. In dieser Stellung lag die Welle vertikal. Auf diese Art lag die Schwungscheibe flach gegen den Wagenboden zu, es gab eine Transmissionswelle, die auf dem Boden angebracht war und durch zwei Kegelräderpaare mit Ausrückvorrichtung in Tätigkeit gesetzt wurde. Diese Welle trug ein Rad mit Gallescher Kette und mitten auf einem der rückwärtigen Räder war das Zwischenrad angebracht. Das Kohlengas (Leuchtgas) wurde von einer Flüssigkeit, die in einem Behälter aufgespeichert und leicht vorgewärmt war, angesogen.
Die erste Ausfahrt dieses Wagens fand an einem Sonntag statt. Herr Lenoir fuhr selbst. Er mußte sein Lehrgeld teuer bezahlen, denn als er aus der Cité (Cité Industrielle, rue de la Roquette 115 à Paris — in der Nähe des Voltaire-Platzes; Anmerkung von L. Ferrus) wo sich die Werkstätten befanden, hinausfuhr, hat er die Kurve ein wenig zu kurz genommen und ist gegen eine Mauer gefahren..."

Lenoir wurde 1933 nach dem Beschluß einer Französischen (nationalen) Kommission der ACF zum Erfinder des Automobils erklärt. In einem Auszug aus „Histoire de la Vitesse" par Pierre Rousseau, Presse Universitaires de France 1946, p. 69—71, heißt es:
„...Eine merkwürdige Sache: Die neue Maschine entwickelte keinen Dampf und man konnte auch keinen Heizer bemerken, dafür lief sie unter fürchterlichem Geknalle und reichlicher Abgaserzeugung. Dieses schwere Fahrzeug war das Werk von Lenoir. Es benötigte 1½ Stunden für die 18 Kilometer lange Strecke Paris—Joinville—Paris. Sein Motor arbeitete nach einem völlig neuen Prinzip. Lenoir füllte seinen Zylinder anstatt mit komprimiertem Wasserdampf mit einem Luft-Leuchtgas-Gemisch. Ein elektrischer Zündfunken brachte das Gemisch zur Explosion und die sich rasch ausdehnenden Explosionsgase setzten den Kolben in Bewegung. Da die Verwendung von Leuchtgas Nachteile mit sich brachte, ersetzte er es 1862 durch Petroleum." (Das dürfte auf einem Irrtum beruhen, da nach anderen Quellen nur der Stationärmotor, nicht aber das Fahrzeug Lenoirs mit Petroleum betrieben wurde. — Anmerkung des Verfassers.) Können wir deshalb Lenoir als den Erfinder des Automobils ansprechen? Nein, denn wie Baudry de Saunier richtig sagt, „saugte zwar der Zylinder seines Motors ein Gas-Luft-Gemisch an, aber der Kolben komprimierte es nicht! Der Motor verbrauchte deshalb enorme Gasmengen für Leistungen, die 1½ PS nie überschritten haben..."
Obwohl Lenoir das Verdienst zukommt, ein selbstbewegliches Straßenfahrzeug mit Verbrennungskraftmaschine gebaut zu haben, weist dieses jedoch verhältnismäßig geringe Ähnlichkeit mit der eigentlichen Automobilkonstruktion auf. Das hatte seinen Grund vor allem darin, daß eine für den Betrieb von Automobilen wirklich geeignete Antriebsmaschine noch nicht gefunden war. Sie fand sich erst in der nach dem Viertakt-Prinzip arbeitenden Verbrennungskraftmaschine.

Chance gehabt, den Beginn der Kraftfahrt zu kennzeichnen. Tatsächlich ist es dem Benz-Dreirad und der Daimler-Motorkutsche vorbehalten geblieben, die Motorisierung einzuleiten und auch kontinuierlich fortzuführen. Nach einem Jahrhundert geht diese Entwicklung immer noch weiter.

Und dennoch waren die meist beachtlichen Leistungen der Vorläufer unerläßlich, auch wenn sie nicht direkt zum Erfolg geführt haben. Das gilt insbesondere für Siegfried Marcus.

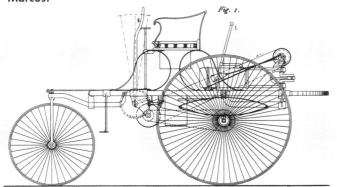

*Fig. 1.*

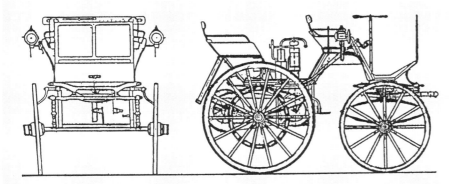

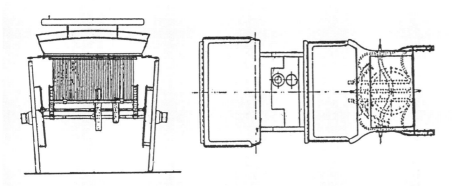

## Alphons Beau de Rochas

Obwohl der Gedanke des Viertaktmotors von Alphons Beau de Rochas, einem Ingenieur der französischen Südbahn, stammt, der ihn 1861 in einer 53seitigen Handschrift darlegte, gelangte er erst 1884 gelegentlich der Patentstreitigkeiten zwischen Otto und Reithmann an die Öffentlichkeit. Im Anschluß an den Vorschlag, die Verdichtung bis zur Selbstentzündung zu steigern, schlägt Beau de Rochas folgende Wirkungsweise eines Motors vor: 1. Ansaugen während eines ganzen Kolbenhubes; 2. Kompression während des darauffolgenden Hubes; 3. Entzündung im toten Punkt und Expansion

**Nikolaus August Otto**

während des dritten Hubes; 4. Herausschieben der verbrannten Gase aus dem Zylinder beim vierten und letzten Hub.

Hugo Güldner jedoch schreibt in seinem Buch „Verbrennungsmotoren": „Allerdings steht wohl fest, daß Beau de Rochas über die zur Durchführung seiner Arbeitsweise nötigen baulichen Mittel im unklaren geblieben ist; er würde sonst kaum unterlassen haben, wenigstens die so wesentliche Gestaltung des Zylinders als Verdichtungsraum und den Einfluß der in diesem verbleibenden Abgase auf den Verbrennungsvorgang zu berühren." Vielleicht hat es ihm aber, wie vielfach behauptet wird, wirklich nur an den erforderlichen Mitteln gemangelt, seine Idee zu verwirklichen.

## Christian Reithmann

Christian Reithmann aber, ein gebürtiger Österreicher und Uhrmacher in München, ist der Erbauer des ersten Viertaktmotors. Er nahm die grundlegenden Gedanken des Otto-Motors vorweg, als er 1873 seinen Viertaktmotor mit Kompressorpumpe baute. Als die Gasmotorenfabrik Deutz (Otto und Langen) im Jahre 1883 wegen Patentverletzung klagte, stellte das Gericht fest: „Wenn sonach feststeht, daß schon im Jahre 1873 der Beklagte (Reithmann) einen Motor erbaut hat, bzw. seinem jetzigen Motor jene konstruktive Beschaffenheit gegeben hatte, wonach derselbe im Viertakte arbeitete und unter Mitverwertung der Verbrennungsrückstände seine Arbeitskraft erzeugte, so kommt die zweite Frage zu untersuchen..." und weiter: „In der Tat ist aber auch nachgewiesen, daß der Motor des Beklagten in dem Zustande, in dem er sich vor Anmeldung des klägerischen Patentes befand, nicht nur in Betrieb gesetzt, sondern auch zu gewerblichen Verrichtungen, wenn auch nur in beschränktem Umfange, verwendet wurde."

Christian Reithmann wurde am 9. Februar 1818 in Fieberbrunn bei St. Johann in Tirol geboren. Er war der Sohn eines Uhrmachers, der außerdem den Beruf eines „Mühlenarztes" ausübte, der allem Anschein nach in der Familie erblich war. Das technische Talent, das bei Christian Reithmann schon früh zutage trat, war ihm also von Generationen her vererbt worden. Als Knabe bereits soll er besonders sinnreiche, vom Bach betriebene Kugelmühlen verfertigt haben, in welchen Marmorbrocken zu Spielkugeln geschliffen wurden. Und wie berichtet wird, hat er zum Geburtstag des Kaisers Franz mit selbstverfertigten Raketen ein wunderbares Feuerwerk veranstaltet. Nachdem er bei seinem Vater in die Lehre gegangen war, verließ er siebzehnjährig Fieberbrunn, um nach Salzburg zu gehen. Die Wanderjahre brachten ihn anscheinend 1842 nach München, wo er seine Wahlheimat fand.

Er war ein tüchtiger, anerkannter Uhrmachergeselle und später Geschäftsführer einer Uhrmacherwerkstatt in Schwabing. Obwohl er es keineswegs immer leicht hatte, setzte er sich durch und strebte die Selbständigkeit an. 1848 glückte es ihm endlich, ein Unternehmen zu gründen, das bald großen Anklang fand. Er war ein fortschrittlicher Mann und es gelang ihm, einzelne Bauelemente der Uhren zu verbessern. Aber nicht genug damit, war er bestrebt, seinen Betrieb durch die Zuhilfenahme von Maschinen leistungsfähiger zu gestalten. Für eine 1854 auf der ersten Münchner Industrie- und Gewerbeausstellung zur Schau gestellte Zahnradfräsmaschine eigener Konstruktion erhielt er die Bronzemedaille. Lange Zeit hindurch war er bemüht, seine neuartigen Arbeitsvorrichtungen auf mechanische Weise zu betreiben. Versuche mit einer selbstgebauten, durch Strom aus einer Primärbatterie gespeisten elektromagnetischen Maschine befriedigten ihn jedoch nicht. 1852 kam er aber auf die richtige Fährte, indem er einen doppeltwirkenden Flugkolben-Zweitaktmotor mit Batteriezündung entwarf. Vorerst diente ihm ein Gemisch aus Luft und Wasserstoff als Betriebsmittel, das nach Eröffnung der Städtischen Münchner Gaswerke billigerem Leuchtgas weichen mußte. Da ihm aber diese Methode noch nicht genügte, baute er alles um, und 1873 lief der erste (das angesaugte Gasgemisch komprimierende) Viertaktmotor der Welt.

**George B. Selden**

## Nikolaus August Otto — Eugen Langen

Nikolaus Otto, ein junger Kaufmann aus Köln am Rhein, unternahm 1861 — angeregt durch die Versuche Lenoirs in Paris — mit einer kleinen Gasmaschine den Versuch, für die Verbrennung und Expansion einen vollen Kolbenhub verfügbar zu haben, um die Leistung zu steigern. Er ließ also ein Gas-Luft-Gemisch so lange in den Zylinder einströmen, bis der Kolben mit seinem Boden vom Zylinderkopf am weitesten entfernt war, schloß dann das Auslaßventil und drehte langsam das Schwungrad zurück, bis er vermeinte, die größtmögliche Verdichtung des Gemisches erreicht zu haben. Dann drückte er die elektrische Taste, der Funke zündete. Es erfolgte eine derart heftige Explosion, daß der Kolben geschoßartig im Zylinder nach rückwärts geschleudert wurde und das Schwungrad in tollem Wirbel andrehte. Die Resultate blieben nach Wiederholung des Versuches die gleichen. Diese heftigen Stöße glich er mittels eines Pufferzylinders aus. Obwohl er noch einige Verbesserungen vornahm, gelang es ihm jedoch nicht, vorläufig noch einen zufriedenstellenden Motor nach dem Viertakt-Prinzip zu schaffen.

1864 ging er eine geschäftliche Verbindung mit dem Ingenieur Eugen Langen ein. Ihm ist die nun folgende planmäßige Entwicklung und konstruktive Durchbildung des Motors wesentlich zuzuschreiben. 1874 wurde das D. R. P. Nr. 532 erteilt, verfiel aber mit 13. Dezember 1884 durch den Prozeß mit Reithmann, wodurch der Viertakt-Explosionsmotor für alle Welt frei wurde. Otto & Langen in Deutz waren es aber jedenfalls, die durch die erste industrielle Erzeugung und Verbreitung den Viertaktmotor zum Erfolg führten.

## Pierre Ravel

Um die Entwicklung der Konstruktionen Marcus' nicht unterbrechen zu müssen, sei bereits hier Pierre Ravels gedacht, der am 2. September 1868, also nach dem ersten Versuchsfahrzeug Marcus', die Privilegien auf einen Explosionsmotor erhielt, in dem ein Gemenge von Petroleumdämpfen und Luft zur Explosion gebracht werden sollte. Als er mit seinem Wagen, den er in einem Schuppen von Saint-Quen fertiggestellt hatte, die erste Ausfahrt unternehmen wollte, brach der Deutsch-Französische Krieg aus. Saint-Quen lag in der Verteidigungslinie von Paris. Eines Tages erschienen Genieoffiziere und Soldaten, machten den Schuppen Ravels, den er nicht schnell genug hatte räumen können, dem Boden gleich und bauten über seine Trümmer hinweg einen Festungswall, unter dem das Fahrzeug Ravels einfach begraben wurde. Kaum war der Krieg beendet, galt dessen Sorge den Bemühungen, wieder in den Besitz seines Modells, von dem er genau wußte, wo es begraben lag, zu gelangen. Er bombardierte die Militärbehörden jahrelang mit Eingaben und Beschwerden und bat, Nachgrabungen anstellen zu dürfen, aber es war vergeblich.

## Edouard Delamare-Deboutteville — Léon Maladin

Ende 1882 bemühten sich Edouard Delamare-Deboutteville und der Cheftechniker seiner Baumwollspinnerei in Montgrimont, Léon Maladin, um die Konstruktion eines 2,5-PS-Einzylinder-Viertaktmotors, den sie in ein damals bei Fahrradherstellern käuflich zu erwerbendes Dreirad einbauten. Zwei Druckgefäße ermöglichten die Mitführung von Stadtgas. 1883 sollen die Erfinder in der Nähe von Rouen eine „flotte Probefahrt" absolviert haben.

Ein Jahr danach wollte man es mit einer vierrädrigen Pferdekutsche versuchen, in die man zwei Einzylinder-Viertaktmotoren einbaute. Unter dem Titel „Perfektionierter Gasmotor und seine Anwendungen" wurde 1884 ein Patent eingereicht und auch erteilt. Dieser Viertaktmotor lief bereits mit einem Erdöldestillat, dessen Dämpfe mit Hilfe eines Baumwollknäuels in

8. Mai 1879, als Marcus' Wagen längst durch die Straßen Wiens gefahren war, um die Erteilung eines Patents auf eine „road lokomotive" mit einer „liquid hydrocarbon gas engine of the compressiontype" nachgesucht, das er durch 23 Verbesserungen der Anmeldung und andere Praktiken hinzog und schließlich am 15. November 1895 tatsächlich zur Erteilung eines Patentes führte. Nicht nur, daß aufgrund der ursprünglichen Patentanmeldung niemals ein fahrbares Fahrzeug zustande zu bringen gewesen wäre, ergänzte er anhand der inzwischen voll eingesetzten Entwicklung des Benzinautomobils, vor allem in Europa, seine ursprüngliche Anmeldung immer wieder mit Hilfe der nun bereits bekannten Konstruktionsdetails und baute erst 1906 ein erstes fahrbares Modell.

Dennoch war es der Inhaberin der Selden-Schutzrechte, der „Association of Licensed Automobile Manufacturers", einer Vereinigung tüchtiger Geschäftsleute, aufgrund dieser Gegebenheit möglich, insbesondere nach 1900 gegen alle jene vorzugehen, die sich ihr nicht gefügig zeigten. Siebzehn Jahre hing dieses Patent „wie ein Damoklesschwert" über der werdenden amerikanischen Automobilindustrie und auch -einfuhr.

Der Pionniererfinder des Automobils war Selden sicher nicht, obwohl amerikanische Richter wiederholt auf dieser Annahme weittragende Urteile aufbauten. Aber Selden besaß in hervorragendem Maß die Eigenschaften eines Taktikers und Geschäftsmannes, die meist weit mehr als technisches Genie die Voraussetzung für die erfolgreiche Auswertung einer Erfindung sind. Im gewaltigsten Patentprozeß aller Zeiten hat Henry Ford schließlich im Jahr 1911 diesem Zustand ein Ende bereitet.

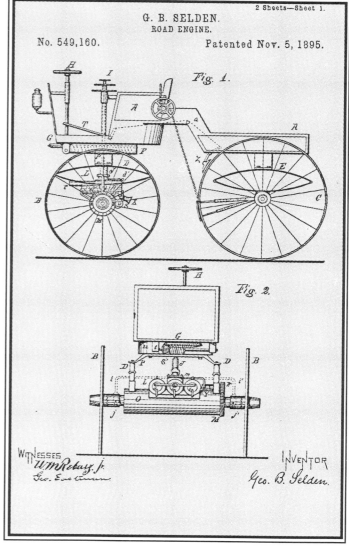

die Verbrennungsräume der Zylinder gelangten. Im gleichen Jahr wurde ein Patent-Zusatzantrag für einen neuen Vergaser gestellt, der auch Benzinbetrieb ermöglichen sollte. Obwohl nachher nichts mehr über diese Bemühungen verlautete, rollte 1984 eine Kopie des Wagens der beiden Erfinder zur Feier „100 Ans d'Automobile Française" durch die Straßen Frankreichs.

**Probefahrt mit dem erst 1906 gebauten, vorderradangetriebenen Selden-Wagen.**

# George B. Selden

In Amerika wird George B. Selden vereinzelt heute noch als Erfinder des Benzinkraftwagens genannt. Man bezieht sich dabei auf das Datum seiner Patentanmeldung, die tatsächlich vor den darauf Bezug habenden Patenten von Daimler und Benz erfolgte. Dabei wird aber übersehen, daß Selden aufgrund ganz allgemeiner Angaben und Konstruktionsdetails, die keineswegs etwas Neues zu bieten hatten, einen völlig ungerechtfertigten Patentanspruch geltend machte.

Selden war selbst Patentanwalt in Syracuse, New York, und hat — zugegebenermaßen mit großem Weitblick begabt — am

**Seldens Patentzeichnung von 1895.**

# Siegfried Marcus

Siegfried Marcus ist eine der faszinierendsten Erscheinungen der Technikgeschichte. Als in Preußen geborener Jude streifte er früh alle Konventionen ab, wurde zum Weltbürger und wählte eine neue Heimat, in der sein Schaffen außerordentlich fruchtbar sein sollte: Wien. Dank seiner außergewöhnlichen technischen Schau — man kann es nicht anders bezeichnen — konnte sein Genie auch große technische Probleme auf rationellste Weise lösen.

Nur wer selbst nie schöpferisch tätig war, konnte diesen phänomenalen Geist zu wenig zielstrebig bezeichnen, wie es ab und zu der Fall war. Marcus ist mit keiner seiner zahlreichen Erfindungen an die Öffentlichkeit getreten, ohne daß sie eine funktionstüchtige Vollkommenheit erreicht gehabt hätte. Und dazu bedurfte es gerade auf dem technischen Sektor der damaligen Zeit eines ungewöhnlichen Fleißes und unbeirrter Zielstrebigkeit.

Dieser moderne Prometheus hat mit der Zähmung des Benzins den Menschen eine neue Art von Flamme beschert, die ein Energiepotential ins Rollen bringen sollte, das das menschliche Leben nahezu ähnlich veränderte wie einst das Feuer jenes der Urmenschen. Und verdenkt sogar in doppelter Hinsicht, denn Marcus war auch ein international anerkannter „Pionier des Beleuchtungswesens", wie er zu Recht bezeichnet wurde. Die elektrischen Beleuchtungsprobleme waren bis etwa 1880 von Schwierigkeiten gekennzeichnet, die wir uns heute über den gefundenen Lösungen nicht im entferntesten mehr vorstellen können. Marcus hat zahlreiche, unüberbrückbar scheinende Probleme gelöst, und zwar einige noch vor Edison und anderen Großen auf diesem Gebiet. Aber den großen, überragenden Erfolg muß man wohl anstreben, um ihn auch wirklich zu erreichen. Er interessierte ihn sicher weniger als die Lösung anstehender technischer Probleme. Vor allem war er ein Genie und eignete sich nicht zum großen Unternehmer. Marcus sah seinen Lebensinhalt darin, eine große, geniale Idee bis zur praktischen Funktion durchzuführen — das Kopieren überließ er anderen.

Das heißt aber nicht, daß ihm — vor allem in Österreich — nicht für hiesige Begriffe ungewöhnliche Ehren zuteil wurden, und dies, obwohl in diesem Land die meisten Genies erst nach dem Tode berühmt werden. Bei Marcus war es umgekehrt: Seine zurückhaltende Bescheidenheit verminderte mit seinem Nachruhm. Aber dafür gab es auch noch andere Gründe. Als im Dritten Reich befohlen wurde, alles zu entfernen, was an Siegfried Marcus erinnern könnte (der entsprechende Schriftverkehr liegt vor), begann die Demontage eines Genies, die in den sechziger Jahren von ganz und gar Unberufenen in „nacheilendem Gehorsam" vollendet wurde. „Wir stehen vor leeren Mappen", drückte das ein Museumsbeamter in Wien aus. Siegfried Marcus ist aus den Archiven fast gelöscht.

Jene, die sich darauf stützen können, daß die Beweise weiter zusammengeschmolzen sind, haben vor allem nicht das Recht, auch noch die zahlreichen bedeutenden Zeitgenossen von Marcus, die seinerzeit Zeugnis über ihn abgelegt haben, nachträglich zu verunglimpfen.

Wenn sich schon die wenigen, noch vorhandenen Unterlagen weiter vermindert haben, dann hätten auch sie selbst umso weniger Berechtigung gehabt, nach sechs Jahrzehnten, nachdem alle Zeitzeugen tot waren, zu angeblich neuen Schlüssen

zu gelangen, die notgedrungen von Mutmaßungen und persönlichen Voraussetzungen nach heutiger Sicht bestimmt waren. Gegen diese Art von Beweisführung all jene Fakten ans Licht zu holen, die aus dem eigenen wie auch anderen, vor allem privaten Archiven heute noch aufzutreiben waren, hat der Autor für eine Pflicht gehalten, die wir dem außergewöhnlichen Genie und Menschen Marcus einfach schuldig sind.

\*

Am Ausgangspunkt einer der größten Evolutionen aller Zeiten steht der Name des genialen Erfinders Siegfried Marcus. Er konstruierte seine Fahrzeuge vorbildlos in einer Weise, die grundlegend für die künftige Entwicklung des Automobils war.

Marcus wurde am 18. September 1831 in der mecklenburgisch-schwerinischen Stadt Malchin als Sohn des wohlhabenden Vorstehers der dortigen jüdischen Gemeinde geboren. Bereits als Knabe zeigte er erfinderischen Geist und kam bei dem aus Malchin stammenden Mechaniker Lilge in Hamburg in die Lehre. 1848 trat er in die eben gegründete Firma Siemens & Halske in Berlin ein, wo er auch die Gewerbeschule besuchte. Er war einer der Gehilfen Werner von Siemens' und bewies sein Können in dieser damals berühmtesten mechanischen Werkstätte durch die Erfindung eines Relais. 1852, erst 21 Jahre alt, übersiedelte er nach Wien und nahm 1853 eine Stellung beim Hofmechaniker Kraft an. Später war er drei Jahre am Physikalischen Institut der k.k. Medizinischen Josephsakademie tätig, wo er nach einiger Zeit Assistent am chemischen Laboratorium des berühmten Physiologen Prof. Karl Ludwig wurde. Der Teilnahme an den Forscherarbeiten dieses großen Arztes und Physikers verdankt Marcus wohl seine Erfahrungen und die tiefgründigen Kenntnisse der Chemie. Sie haben mit den bei Siemens erworbenen elektrotechnischen und mechanischen Kenntnissen Marcus das Rüstzeug für seine bedeutendsten Erfindungen vermittelt, die insgesamt hundert weit übersteigen.

Nachdem er bereits seine ersten Erfindungen hinter sich gebracht hatte, fühlte sich Marcus im Jahr 1860 im Besitz so umfassender Kenntnisse und Fähigkeiten, daß er beschloß, selbständig eine eigene Mechanikerwerkstätte zu führen, die im Hoftrakt eines alten Wiener Hauses in der Mariahilfer Straße 107 gelegen war.

Es wäre falsch, hier von dem auszugehen, was man heute unter diesem Gewerbe versteht. Damals erforderte es bedeutend mehr Einfallsreichtum und weitergehendere Kenntnisse als heute und war daher mit einer Ingenieurtätigkeit zu vergleichen. In zeitgenössischen technikhistorischen Werken führt Marcus die Berufsbezeichnung „Ingenieur". Es war sein Prinzip, in dieser seiner Werkstätte niemals fremde Ideen zu realisieren, sondern ausschließlich seine eigenen.

Das schloß allerdings nicht aus, daß er etwa den berühmten Seidenfabrikanten des „Brillantengrundes", in deren Nähe sich seine Werkstätte befand, zu Hilfe kam, wenn sie mit ihren mechanischen Webstühlen in Schwierigkeiten gerieten.

Einer der Söhne eines solchen Seidenfabrikanten, der später berühmte Schriftsteller Emil Ertl, hat Marcus, der von dessen Vater bereits sehr geschätzt worden war, ein Denkmal in Form einer Lebenserinnerung gesetzt (siehe Seite 114).

Die Arbeitsmethode von Marcus war nicht ohne weiteres zu durchschauen, da er zu Recht seine in ununterbrochener Folge fließenden Ideen nur auf diese Weise einigermaßen schützen konnte. Und was sich in dieser Zeit der aufstrebenden Technik auf diesem Sektor in der gesamten westlichen Welt abspielte, das kann heute kaum mehr nachvollzogen werden. Sieger blieben meist jene, die es sich leisten konnten, kostspielige Prozesse auch über Jahre zu führen, wenn es notwendig war. Sämtliche Einfälle patentieren zu lassen, das wäre Marcus allein schon aus finanziellen Gründen nicht möglich gewesen, noch dazu er prinzipiell an der Sache selbst weitaus mehr als an dem damit zu erlangenden Reichtum interessiert war, was wiederum nicht ausschloß, daß er mit einigen Erfindungen im Laufe seines Lebens auch sehr gut verdiente. Mit diesem Einkommen bestritt er denn auch die keineswegs geringen Kosten seiner vielfältigen Versuchstätigkeit.

Kurzel-Runtscheiner*) sagt dazu: „Heute aber, nachdem es gelungen ist, seine vielfältigen Bemühungen etwas genauer zu übersehen, scheint es, als ob Marcus bei seinen hauptsächlichen Erfindungen in methodischer Forscherarbeit alle Grenzgebiete des schon gelösten Teilproblems abgetastet und alle Möglichkeiten, neu Gefundenes in seine Entwicklung einzubeziehen, im Rahmen einer wohldurchdachten ‚Zweckforschung' in Erprobung gezogen hätte...", und nennt sie „Systematische Forscherarbeit auf Grund von Versuchsreihen".

Und solcher Versuchsreihen wurden die staunenden Anrainer im allgemein zugänglichen Hof ihres Hauses ab 1860 häufig ansichtig. Gleich nach der Eröffnung seines Betriebes, in dem ständig zwei Gehilfen beschäftigt blieben, nahm Marcus nicht ungefährliche Versuche mit der Zerstäubung von Benzin in Angriff, woran er wohl auch bereits früher gearbeitet zu haben scheint. Er experimentierte über vier Jahre, bis er das ungebärdige Benzin auf sichere Weise mit der Luft zu mischen verstand.

Die Mischung des Treibstoffes mit Luft erfolgte anfänglich auf primitive Weise, indem Marcus die Verbrennung des Gemisches mit Hilfe einer an einer langen Stange angebrachten Zündflamme einleitete. Des öfteren kam es zu kleinen Explosionen. Er dachte zuerst an einen Brennstoff für die von ihm erdachten „Vergasungslampen", entwickelte aber darüber hinausgehend einen „Apparat zum Carbonisieren der atmosphärischen Luft", den ersten Vergaser, die wichtigste Voraussetzung für den Benzinmotor.

Bereits vorher hatten es einige Konstrukteure in Europa verstanden, Verbrennungskraftmaschinen zu bauen, die einigermaßen gut funktionierten. Voraussetzung aber war, daß sich ein Gaswerk in der Nähe befand, denn sie waren allesamt abhängig von der ständigen Gaszulieferung und unternahmen alle Anstrengungen, um sich von diesem Handikap zu befreien. Marcus war das ebenfalls voll bewußt und er schrieb im späteren Privilegienschutz-Ansuchen von 1865 — Patente gab es in Österreich erst ab 1895 — dazu: „Das in chemischen Laboratorien längst bekannte Experiment, Gase zu carbonisieren, hat, seitdem in neuerer Zeit viele Erdölquellen aufgefunden wurden, die äußerst ergiebig flüchtige, kohlenstoffreiche Flüssigkeiten billig in den Handel lieferten, viele Techniker veranlaßt, Apparate zu konstruieren, welche in größerem Maßstabe das Carbonisieren der atmosphärischen Luft bewerkstelligen sollten. Es zeigte sich indessen, daß, so leicht auch das Experiment ausführbar, die Anwendung desselben im Großen mit mannigfachen Schwierigkeiten verbunden ist. Hievon zeugen die Versuche Bealés (1842), Manfields (1849), Evens und anderer, welche auf ihre Methoden Patente erwarben, dieselben jedoch nicht zur Geltung zu bringen vermochten. Seit neuerer Zeit hat auch Montruel einen atmosphärischen Gasap-

parat patentieren lassen, welcher nach meinem Dafürhalten, weil zu kostspielig und zu kompliziert, ebenfalls als nicht praktisch zu bezeichnen ist.

Diese Umstände bewogen mich, einen Apparat zu konstruieren, welcher äußerst einfach und billig herzustellen ist und dem Zweck, Leuchtgas in größeren Mengen zu erzeugen, vollkommen entspricht..."

Bis dahin dachte man vor allem an Spiritus, wenn von flüssigen Treibstoffen anstelle von Gas die Rede war. Nur Marcus hatte sich für das Benzin entschieden, und dies sicher aufgrund seiner ausgezeichneten Vorbildung als Chemiker. Benzin war damals das ungeliebte Nebenprodukt der Leuchtpetroleumerzeugung. Zu einem großen Teil ließ man es an den Produktionsstätten in Polen einfach verdunsten und verkaufte den geringen Rest als Fleck- und Wundbenzin teuer in Apotheken. Damit hatte Marcus aber nicht nur die Antriebsenergie entdeckt und gebändigt, sondern er lieferte mit dem Carbourateur auch gleich für jedermann die sichere Methode ihrer Benützung, um die sich viele Erfinder vor- und nachher vergeblich bemühten.

*) Dipl.-Ing. Dr. techn. Erich Kurzel-Runtscheiner war international anerkannter Technikhistoriker, ehemals Vizedirektor des Technischen Museums Wien.

---

# Weshalb kommt Siegfried Marcus in einem historischen Werk über das Automobil besondere Bedeutung zu?

Weil Marcus visionär erkannte, worauf es beim motorgetriebenen Straßenfahrzeug ankam. Es ist deshalb nicht verwunderlich, daß das heutige Kraftfahrzeug immer noch die Grundzüge des zweiten Marcus-Wagens von 1871/72 mit dem Motor von 1875 erkennen läßt. Er war der Prophet des Autos, wenn auch die wirkliche Initialzündung von Daimler und Benz kam.

Weil er zu den ersten gehörte, die sich mit dem Bau von Verbrennungskraftmotoren für automobile Zwecke befaßten. Bald nach 1860 haben entsprechende Bemühungen begonnen und sind durch Zeitzeugen bestätigt.

Weil Marcus als erster bereits 1860 Benzin als Kraftstoff für seine Motoren ins Auge faßte und 1865 den zur Aufbereitung eines zündfähigen Gemisches notwendigen „Vergaser" schuf.

Weil schon sein erster Motor für automobile Versuche eingesetzt wurde. Die konstanten Bemühungen von Marcus um den passenden Fahrzeugmotor sind bis 1888 zu verfolgen und durch zeitgenössische Dokumente belegt.

Weil er der erste war, der einen elektrisch gezündeten Viertakt-Benzinmotor für das Kraftfahrzeug schuf und auch zum Einsatz brachte.

Weil auch die absolut verläßliche magnet-elektrische Zündeinrichtung für das im Zylinder befindliche Benzinluftgemisch eine Erfindung von Marcus war und vermutlich bereits in seinem ersten, sicher aber in allen späteren Motoren verwendet wurde.

Weil Marcus der erste war, der zwangsgesteuerte Benzinmotoren mit Kurbeltrieb einsetzte (1864).

Weil er es als erster zuwege brachte, den durch die Zündung des Benzinluftgemisches explosionsartig ansteigenden Druck im Zylinder direkt über eine Pleuelstange auf eine Kurbelwelle zu übertragen. Seine Motoren waren daher niemals, wie es damals Stand der Technik war, Flugkolbenmotoren mit ihrem bekanntermaßen schlechten Wirkungsgrad und ihrer äußerst problematischen Gangart.

Vor und nach dem zweiten Weltkrieg bestand international, insbesondere aber in den deutschsprachigen Ländern Europas, aufgrund der Arbeiten seriöser Technikhistoriker kein Zweifel darüber, daß der zweite Marcus-Wagen das erste Benzinautomobil der Welt war. Worin damals nicht absolute Klarheit herrschte, war einzig und allein die Frage, ob er auch vom Erfinder tatsächlich gefahren worden war und funktionierte. Um auch diese Unklarheit zu beseitigen, hat der Autor im Jahre 1950 eine Instandsetzung des wertvollen Fahrzeuges, das sich als Leihgabe des Österreichischen Automobil-, Motorrad- und Touringclubs im Technischen Museum Wien befindet, in Angriff genommen. Gefördert wurde dieses Unternehmen durch den damaligen Vizedirektor, Hofrat Dr. techn. Erich Kurzel-Runtscheiner, dem bedeutendsten Marcus-Forscher seit dem ersten Weltkrieg. Nach Abschluß der sorgsam durchgeführten Restaurierung sowie der damit verbundenen Prüfstandversuche und Messungen am Motor wurde nachstehender Bericht veröffentlicht, der über den damaligen Zustand des historischen Fahrzeuges ein aufschlußreiches Bild vermittelt. Überraschend war: Das Fahrzeug fuhr mit nicht erwarteter, modern anmutender Perfektion.

# 75 Jahre
## Marcus-Automobil

75 Jahre ist es nun her*), daß Siegfried Marcus mit dem ersten Benzinautomobil der Welt durch die Straßen Wiens fuhr, und es dauerte nicht lange, da verbot es ihm die damalige Wiener Polizei auch schon wieder; angeblich wegen allzu großer Geräuschentwicklung. Diese Behauptung wurde von niemandem angezweifelt, bis wir in die Lage kamen, uns von dem ruhigen, geräuscharmen Gang des Marcus-Motors überraschen zu lassen. Besonders unverständlich wurde uns die Sache aber erst bei unserer ersten, mit diesem Wagen durchgeführten Versuchsfahrt, anläßlich welcher man vom Motorengeräusch fast überhaupt nichts, dagegen aber die eisenbereiften Räder in der Lautstärke eines normalen Pferdewagens hörte. Es war dies allerdings nicht die einzige Überraschung, die wir mit dem von Marcus gebauten Fahrzeug erlebten.
Als ich mit dem Leiter des Technischen Museums, Herrn Dr. Nagler, Anfang dieses Jahres übereinkam, den zweiten von Marcus gebauten Wagen instandzusetzen und fahrbereit zu machen — der ÖAMTC, in dessen Besitz er sich befindet, überließ ihn vor Jahren leihweise dem Technischen Museum, wo er bekanntlich seit Jahrzehnten die Automobilausstellung als größte Rarität bereichert — war uns beiden noch nicht bekannt, daß wir in der Lage sein würden, dadurch sogar einige historische Irrtümer zu bereinigen. Vor allem aber erwarteten wir nicht, daß der Motor in seinen Konstruktionsdetails so genial durchdacht und ausgeführt sein würde wie es tatsächlich der Fall ist. Man neigt bei Betrachten des Fahrzeuges, beeinflußt durch die Einfachheit des Fahrgestells, eher dazu, in ihm gewissermaßen ein Provisorium zu erblicken, sieht sich jedoch genötigt, diese Einstellung bei genauer Untersuchung der Antriebsmaschine in kürzester Zeit gründlich zu revidieren. Sehr rasch erkennt man die Größe dieses einmaligen Erfinders, der mit diesem Motor tatsächlich ein Werk geschaffen hat, das für den ganzen Motoren- und Automobilbau seiner Zeit hätte richtungweisend werden müssen und bezüglich des Treibstoffes auch bald wurde.
Am 11. Jänner wurde in Gegenwart von Herrn Dr. Nagler mit den Arbeitern des Technischen Museums der Motor aus dem Fahrgestell ausgebaut und teils durch mich selbst, teils unter meiner Leitung in den Werkstätten dieses Institutes bis auf die letzte Schraube zerlegt. Die ersten zu klärenden Fragen waren: ist dieser Motor jemals längere Zeit in Betrieb bzw. nur bedingt betriebsfähig gewesen? Und welchen Treibstoff verwendete Marcus wirklich?
An den Teilen der zerlegten Maschine wurde jedoch festgestellt, daß sie erstens in Betrieb gestanden haben muß, da sich Abnützungsspuren an Kolben, Kolbenringen und Zylinderlauffläche fanden und außerdem Kesselsteinbildung an dem den Zylinder umgebenden Wassermantel festgestellt wurde. Weiters wiesen sämtliche zum Auspuff-

führende Leitungen ziemlich starke Rußablagerungen auf. Trotzdem aber gaben wir uns mit den leicht sichtbaren Spuren noch nicht zufrieden, sondern untersuchten die zur Zündung dienenden Zündstifte der Abreißzündung mikroskopisch. Auch an ihnen konnten typische Verbrennungsmerkmale, entstanden durch Funkenbildung, sowie ziemlich starke Abnützung des sehr harten Metalls festgestellt werden. Nun war noch die Frage offen, welche Art Treibstoff Marcus zum Antrieb dieses Motors verwendet hatte. Um dies festzustellen, mußte eine chemische Analyse des im Einfüllstutzen des Vergasers, der gleichzeitig auch als Treibstoffbehälter dient, befindlichen Rückstandes vorgenommen werden. Sie brachte folgendes Ergebnis: „Der Rückstand ist ein Pulver, das aus schwarzen, weißen und bräunlichen Teilchen besteht. Geruch nach aromatischen Verbindungen. Bei der Erwärmung der Probe entweichen schwere gelbliche Dämpfe, die sich an kalten Stellen kondensieren und schließlich zu einer weißlichgelblichen kristallinen Masse erstarren. Diese Masse ist in Benzol löslich. Der wässrige Auszug der Probe reagiert sauer (PH 5—6). Phenole nicht nachweisbar. Sulfatreaktion schwach, dagegen große Mengen an Chlorionen. Auch Eisenionen sind nachweisbar."
Daraus geht hervor, daß Marcus demnach ein schlecht destilliertes Benzin, in dem noch Petroleumrückstände enthalten waren, verwendete. Da Benzin keine Rückstände hinterläßt, konnte es chemisch nicht festgestellt werden.
Dadurch waren wir in der Lage, uns ein ziemlich klares Bild von der ehemaligen, ungefähren Gesamtbetriebsdauer dieses Wagens und der Beschaffenheit des verwendeten Treibstoffes zu machen.
Sehr erfreulich war, daß an dem Motor, außer dem Magnet und einigen minder wichtigen Teilen, wie Schrauben, Splinten usw. keine maßgeblichen Aggregate fehlten. Die Maschine war einzig und allein nicht ganz richtig zusammengesetzt, was darauf schließen ließ, daß sie, nachdem Marcus sie in Betrieb gehabt hatte, von irgendwem auseinandergenommen und eingefettet worden war, der sie dann nicht mehr richtig zusammenbaute.
Nach Abschluß all dieser Untersuchungen wurde die Maschine teilweise durch mich, teilweise unter meiner Leitung wieder zusammengebaut und am 28. Jänner durch das Technische Museum an das Technologische Gewerbemuseum in Wien mit dem Ersuchen überstellt, den Motor auf dem dortigen Prüfstand auf seine Leistung zu überprüfen. Da der Motor durch das Fehlen des Zündmagnets noch nicht imstande war, mit eigener Kraft zu laufen, wurde er, um die richtige Funktion aller anderen Teile festzustellen, vorerst mit dem Elektromotor des Prüfstandes durchgedreht. Dabei wurde ermittelt, daß die Maschine bei richtiger Zündung einwandfrei laufen müßte, da alle Teile richtig arbeiteten und auch die Kompression eine sehr gute war. Nun wurde der inzwischen beschaffte, von Marcus gebaute Originalzündmagnet, der durch das Zusammenwirken des ÖAMTC mit dem Technischen Museum und die finanzielle Unterstützung des ersteren zustande gebracht werden konnte, an Ort und Stelle repariert und auf den am Prüfstand befindlichen Motor montiert. Um die erforderlichen Arbeiten, die unter meiner Leitung in der Abteilung für Verbrennungskraftmaschinen, deren Fachvorstand Prof. Dr. Ing. Schlöß ist, durchgeführt wurden, machten sich dieser und die beiden Fachlehrer Piewald und Zipfl sehr verdient.
Beim ersten Anwerfen des Motors mit Hilfe des Elektromotors am 20. Februar lief er gleich mit 400 Umdrehungen pro Minute, bei einer Leistung von 1/3 PS. Als Treibstoff wurde Zistersdorfer Benzin verwendet. Die Maschine konnte, ohne abzusterben, bis auf 200 Umdrehungen heruntergebremst werden. Nachdem noch einige Korrekturen an der Lagereinstellung, Festziehen des Einlaßschiebers usw. jedoch keinerlei Änderungen an der von Marcus gewählten Originaleinstellung, wie Zündzeitpunkt, und an der Steuerung vorgenommen wurden, erreichte der Motor zwei Tage später bei neuerlichem Anwerfen 500 Umdrehungen pro Minute und eine Leistung von ¾ PS. Er war auch jetzt wiederum bis auf 200 Umdrehungen herunterzubremsen, ohne seinen ruhigen Lauf zu verlieren. Tiefer konnte die Motordrehzahl nicht gebremst werden, da es sich bei diesem Prüfstand um eine Wasserwirbelbremse handelt, deren Maximum an

*) Heute weiß man, daß die ersten Ausfahrten mit dem zweiten Marcus-Wagen bereits 1872 erfolgten, also nicht wie bisher angenommen 1875. 1872 wurde er noch mit einem atmosphärischen Zweitaktmotor angetrieben. Erst ab 1875 verwendete Marcus — wie u. a. auch Feldhaus bestätigt — seinen Viertaktmotor. (Anm. d. Red.)

Der Vergaser war das erste Aggregat, das er schuf, bevor er sich der eigentlichen Konstruktion des ersten Automobilmotors und eines damit angetriebenen Fahrzeuges zuwandte, auch wenn das Privileg erst 1865 erteilt wurde. Er ließ sich eine Erfindung immer erst dann schützen, wenn er damit an die Öffentlichkeit zu treten beabsichtigte.

Es ist nicht bekannt, auf welche Weise die elektrische Zündung des Benzin-Luft-Gemisches tatsächlich erfolgte. Aber am 21. Juni 1864 erhielt Marcus jedenfalls ein Privileg auf einen „Magneto-elektrischen Zündapparat". Der Patentanwalt Ing. Viktor Tischler, der Marcus jahrzehntelang vertrat, sagt hierüber: „... Schon in den sechziger Jahren baute Marcus Funkeninduktorien, die im Prinzip auf dem Abreißen eines Ankers von Stahlmagneten beruhen, die er (Marcus) nach einem von ihm geheimgehaltenen Verfahren besonders kräftig herzustellen wußte. Diese verwendete er unter anderem auch für seine Minenzündapparate, für Feuerzeuge und — wie gleich hier festgestellt werden soll — auch als Zündung für zerstäubtes Benzin bei Gasmotoren, um das explosive Gas-Luft-Gemisch zu entzünden...".

Marcus war es früh klar, daß es hauptsächlich darauf ankam, Strom von „möglichst hoher Intensität" zu erhalten, „deren Aktion vergleichbar mit der Wirkung eines Hammerschlages oder eines Stoßes" auftrat.

All das genügte Marcus aber immer noch nicht, um einen ihm ausreichend zündfähig erscheinenden Funken zu erzeugen.

„... Die Bedingungen aber, unter welchen ein elektrischer Funke entsteht, sind: Jähes Ansteigen oder Abfallen des den Leiter durchziehenden Stromes; um nun diesen Bedingungen zu genügen, versah ich den Apparat mit einer Vorrichtung, welche erst im Moment jenes Maximums der Stromstärke den Strom in die Feuerleitung einführt."

Die Idee der Verwendung der magnet-elektrischen Zündung für solche Motoren hat er als erster verwirklicht. Sie wurde auch vor ihm niemals von anderen ausgesprochen und ist erst wieder ab der Jahrhundertwende in modifizierter Form zum Einsatz gelangt.

Spätestens 1864 hatte Marcus bereits einen nach dem Prinzip der atmosphärischen Maschine arbeitenden Benzinmotor, den ersten der Welt, fertiggestellt. Noch im selben Jahr stellte er die ersten Fahrversuche mit einem einfachen Gefährt an, das sichtlich nur den Beweis liefern sollte, daß es möglich war, ein Fahrzeug durch einen Benzinmotor zu betreiben. Das Fahrgestell bestand aus einem einfachen Handwagen, auf dem in einem senkrechten Rahmen Zylinder und Triebwerk des atmosphärischen Zweitaktmotors aufgebaut waren. Die beiden Schwungscheiben dieser Maschine wurden gleichzeitig als Antriebsräder verwendet. Die Pleuelstangen wirkten unter Zwischenschaltung einer Federspirale direkt auf die Kurbelwelle ein, die in diesem Fall gleichzeitig die Hinterachse war.

Vom Verbleib dieses ersten Fahrzeuges ist nichts bekannt, der Bericht des Teilnehmers an einer der Fahrten mit diesem Wagen aber, jener des später in den Kreisen der Sportsleute so bekannt gewordenen Albert H. Curjel — er brachte die ersten Hochräder nach Österreich — ist erhalten geblieben. Er lautet:

„Im Jahre 1865 lud mich Marcus eines Tages ein, sein erstes Automobil zu probieren. Ich folgte dieser Einladung mit dem größten Vergnügen. Man darf nicht glauben, daß Marcus seinen Wagen nur anzukurbeln brauchte, und daß wir vom Hause Mariahilfer Straße 107, wo er damals seine Werkstätte hatte, wegfuhren. Um das Vehikel zu versuchen, mußten wir

Der Beitrag „75 Jahre Marcus-Automobil" auf den Seiten 94—96 erschien 1950 im offiziellen Organ des ÖAMTC „Auto Touring".

---

Bremsfähigkeit damit erreicht war. Sehr beachtlich ist es, daß der Motor in allen von uns geprüften Drehzahlbereichen einen runden und stoßfreien Gang hatte und trotz längerer Laufversuche ohne Fehlzündung arbeitete, was erst wieder lange nach Marcus und den ersten Automobilen erreicht wurde. Es handelt sich demnach bei diesem Motor um einen — im damaligen Sinn — ausgesprochenen Schnellläufer, der statt 150—160 Umdrehungen pro Minute, wie man bisher annahm, die Drehzahl des ersten Daimlermotors besitzt, der seinerzeit als der erste schnellaufende Motor bezeichnet wurde.

Auch das Fahrgestell wurde gründlich überholt, wobei sich bloß kleine Ergänzungen an den Sitzen sowie Abstützungen an den vermorschten Rahmenteilen ergaben. Nachdem der Motor wieder eingebaut worden war, fanden die ersten Probefahrten statt, die ebenfalls klaglos vonstatten gingen.

Probefahrt nach der Instandsetzung des zweiten Marcus-Wagens von 1872 mit dem Viertaktmotor von 1875. 1950 wurden die erforderlichen Arbeiten durch den Autor durchgeführt. Mitfahrer war ein Kustos des Technischen Museums Wien, Dr. Burghardt.

## Marcus-Wagen 1888

Erstes Kraftfahrzeug der Welt mit magnet-elektrischer Niederspannungszündung

Hubraum: 1570 cm³
Leistung: 0,75 PS (0,55 kW) bei 500 min⁻¹
Geschwindigkeit: 6-8 km/h

Der Motor wurde Ende 1987 am Institut für Verbrennungskraftmaschinen und Kraftfahrzeugbau der Technischen Universität Wien wissenschaftlich geprüft und dokumentiert; er weist alle wesentlichen Merkmale eines heutigen Verbrennungsmotors auf. Bei den Probefahrten im Mai und August 1988 wurde die Fahrtauglichkeit nachgewiesen.

Der „Zweite Marcus-Wagen" befindet sich zwar im Besitz des Österreichischen Automobil-, Motorrad- und Touring-Clubs — ÖAMTC —, wird aber seit Jahrzehnten als Leihgabe im Technischen Museum Wien ausgestellt, wo eine Kenntafel den Besucher über dieses wertvolle Objekt unterrichten soll.

Leider trägt sie Fehlinformationen, wie etwa die falsche Jahreszahl 1888. Das Fahrgestell des Wagens stammt aus dem Jahr 1871/72, war damals aber noch nicht mit dem derzeit im Fahrzeug befindlichen Motor ausgestattet, der mit dem Jahr 1875 zu datieren ist.

1950 wurden erstmals durch den Autor sämtliche Fahrzeug- und Motordaten, teils am damals sogar vollständig zerlegten Motor, teils im Zusammenwirken mit dem Technologischen Gewerbemuseum in Wien am Prüfstand ermittelt und dokumentiert. Bereits damals wurden u. a. der Hubraum mit 1570 m³ und die Leistung mit 0,75 PS bei 500 U/min sowie die Geschwindigkeit mit 6—8 km/h festgestellt.

Die Tafel weist darauf hin, daß der Motor Ende 1987 — also 37 Jahre später — am Institut für Verbrennungskraftmaschinen und Kraftfahrzeugbau der Technischen Universität Wien geprüft und die Fahrtauglichkeit anläßlich von Probefahrten nachgewiesen wurde. Hier muß der Wahrheit halber festgestellt werden, daß der Nachweis der Fahrtauglichkeit durch den Autor unwiderlegbar bereits 1950 anläßlich eines Festaktes im Technischen Museum Wien unter Anwesenheit der Österreichischen Bundesregierung erbracht und daraufhin von internationalen Technikhistorikern anerkannt wurde.

Diese Tafel beweist abermals, wie schwierig es ist, über Marcus tatsachengetreu zu berichten, selbst dann, wenn fast alle Beteiligten noch am Leben und über den Vorgang verfügbare Unterlagen archiviert und zugänglich sind.

uns an einen möglichst menschenleeren und womöglich finsteren Platz begeben. Zu dem gedachten Zwecke war die Schmelz — der damals noch unverbaute Exerzierplatz Wiens — der beste Ort. So zogen wir, als es gegen Abend wurde, hinaus zum Schmelzer Friedhof. Voran ein Hausknecht, der das Automobil zog, hinterdrein Marcus und ich. Auf der Schmelz angelangt, begannen die Manipulationen der Inbetriebsetzung, die keineswegs einfach waren. Aber schließlich begann der Motor pfauchend seine Arbeit und Marcus lud mich ein, auf dem Handwagen Platz zu nehmen. Er selbst betätigte die Lenkung. Es gelang tatsächlich, das Fahrzeug in Betrieb zu setzen, und wir fuhren eine Strecke von gut 200 Meter. Dann aber versagte

Es ist wichtig festzustellen, was von Marcus erfunden, bzw. von ihm zuerst und vollkommen neu angewendet wurde: da war vor allem die vielleicht wichtigste Neuerung, die Verwendung von Benzin als Treibstoff, obwohl bis dahin Verbrennungskraftmaschinen vor allem mit Leuchtgas betrieben wurden und Benzin, das Marcus bereits bei seinem ersten Versuchsfahrzeug 1864 angewendet hatte, damals ein gar nicht leicht erhältliches Petroleumderivat war. Sein besonderes Patent bestand in seinem dazu erfundenen Vergaser, dem Carbourateur Marcus, der ein Spritzbürstenvergaser mit Auspuffheizung war, und seine tadellos funktionierende elektromagnetische Abreißzündung. Besonders hervorzuheben ist die erste Anwendung des Viertakt-Automobilmotors.

Wie durchentwickelt dieser Motor in allen seinen kleinsten Teilen ist und wie weit Marcus vorausdachte — zum Teil kam man erst wieder nach Daimler, Benz und als das Automobil schon Anerkennung gefunden hatte, auf seine Erfindungen wie z. B. die Zündung zurück — geht aus einigen Beispielen hervor: Marcus war der erste, der erkannte, daß bei einer Verbrennungskraftmaschine das Einlaßorgan wohl ein Schieber sein kann, da dieser durch das frisch eintretende Gasgemisch andauernd einer Kühlung ausgesetzt ist, als Auslaßorgan hingegen ein Schieber durchaus ungeeignet ist, da er durch die an ihm vorbeistreichenden heißen Verbrennungsgase einer übermäßigen Schmierung unterzogen werden muß, die praktisch nicht so gründlich durchgeführt werden kann, daß nicht nach einiger Zeit der Schieber sich dennoch festfressen würde. Marcus löste dieses Problem enorm fortschrittlich, als er als Auslaßorgan ein Tellerventil wählte, wie es auch heute noch als Kegelventil im Kraftfahrzeugbau üblich ist. Dieses Ventil ermöglicht einen störungsfreien Motorbetrieb auch bei nicht immer zureichender Schmierung und Kühlung. Gesteuert wird das Ventil bei Marcus bereits mit einer Nocke, woran sich ebenfalls bis heute nichts geändert hat.

Interessant ist auch eine an der Auspuffnocke seitlich angeordnete Dekompressionsnocke, mit welcher die Maschine beim Anlassen während des Kompressionshubes durch kurzes Anheben des Auspuffventils etwas dekomprimiert wird, um den Motor von Hand aus leicht anwerfen zu können. Dabei ist sehr beachtlich, daß auch bei eingeschalteter Dekompressionsnocke der Motor am Stand weiterläuft, ohne abzusterben. Es muß für Marcus damals sehr schwierig gewesen sein, die Ver-

dichtung des Gemisches gerade soweit zu dezimieren, daß der gewünschte Erfolg eintrat.

Die Kraftübertragung erfolgt vom Motor unter Zwischenschaltung einer Stahlkonuskupplung über zwei Schnurscheiben und Schnüre auf die starre Hinterachse ohne Differential.

An dem verhältnismäßig einfachen Fahrgestell sind hervorstechend und sehr fortschrittlich: die selbstsperrende Schneckenlenkung, die auch heute noch gebräuchlich ist, und vier Gummipuffer, die zur Abfederung des Rahmens gegen die Hinterachse dienen, während die Vorderachse mit zwei gewöhnlichen Halbelliptikfedern abgefedert ist. Die zusammenfassende Übersicht lautet: Liegender Einzylinder-Viertakt-Benzinmotor mit abnehmbarem Zylinderkopf. Ein- und Auslaß zwangsläufig gesteuert — Einlaß durch Flachschieber, Auslaß durch Tellerventil — Wasserkühlung — Schmierung außer Zylinderlauffläche alle Lagerstellen von Hand — Magnet-Abreißzündung — Spritzbürstenvergaser mit Auspuffheizung.

| | |
|---|---|
| Bohrung | 100 mm |
| Hub | 200 mm |
| Hubvolumen | 1570 cm³ |
| Höchste Drehzahl | 500 U/min |
| Höchstleistung | 0,75 PS |
| Zündzeitpunkt | ob. Totpkt. |
| Höchstgeschwindigkeit | 6—8 km/h |
| Steigvermögen | bis 1,5% |
| Länge über alles | 2905 mm |
| Breite über alles | 1590 mm |
| Höhe über alles | 1600 mm |
| Bodenfreiheit | 160 mm |
| Radstand | 1990 mm |
| Spurweite vorne | 1030 mm |
| Spurweite hinten | 1300 mm |
| Gewicht des Motors ohne Treibstoff u. Kühlw. | 280 kg |
| Gewicht des Fahrgestells | 476 kg |
| Gesamtgewicht ohne Treibstoff u. Kühlwasser | 756 kg |

Ing. Alfred Buberl

die Maschine und unsere Probefahrt war endgültig zu Ende. Anstatt des Motors trat wieder der Hausknecht in Aktion und fuhr den Wagen wieder in die Garage."

1870 ließ Marcus dieses erste Benzingefährt fotografieren. Nachher verlautet nichts mehr darüber. Um diese Zeit muß sich Marcus über die wahre Beschaffenheit eines mit Benzinmotor betriebenen Fahrzeuges bereits im klaren gewesen sein.

Es scheint fast so, als hätte er den unvollkommenen Vorgänger, das erste Versuchsfahrzeug, das beweisen sollte, ob mit diesem Motor ein Fahrzeug überhaupt betrieben werden konnte, nun als überflüssig empfunden. Der erste Entwicklungsschritt auf dem Weg zum motorbetriebenen Straßenfahrzeug war abgeschlossen. Es hatte ihm zur Erkenntnis verholfen, wie ein Motor konstruktiv angelegt werden mußte, um als mobiler Fahrzeugmotor verwendbar zu sein.
Alle damaligen „Explosionsmotoren" waren zwangsläufig stationäre Gasmotoren. Das leicht zu vergasende Benzin schuf

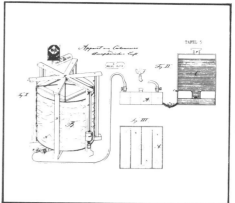

nun nicht nur die wichtigste Voraussetzung für den mobilen Fahrzeugmotor, sondern war die von — man kann ruhig sagen — sämtlichen Stationärmotorerzeugern fieberhaft gesuchte Lösung der Treibstofffrage. Niemand gelang es jedoch, sie in so günstiger Weise herbeizuführen wie Marcus. Sogar Otto in Deutz resignierte schließlich und begnügte sich mit Spiritus.

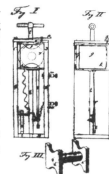

„Der große Lehrer des Maschinenbaues der Deutschen", der Berliner Professor Franz Reuleaux, der spätere Berater in Deutz, schrieb jedoch am 21. September 1867 aus Berlin an den mit ihm persönlich befreundeten Eugen Langen:

„Lieber Eugen!

Dass ich auf Deinen lieben Brief so bald antworte, geschieht nicht meinetwegen, sondern wegen Deiner. Ich habe nämlich den Mann gefunden, welcher das billige Gas, welches Du brauchst, herstellt. Grundstoff Petroleum — Destillate oder vielmehr — Rückstände, der sog. erste Sprung, mit 1/10 Luft gemengt ausgezeichnet explosiv. Kostet bei jetziger, noch nicht allergünstigster Anfertigung 1 Taler 10 per 1000 Club. Fuss. Apparat für die einpferdige Maschine 3' hoch, 16—18" Durchmesser, ganz explosionssicher. Mengt ganz nach Belieben das Gas schon vor dem Eintritt mit der Luft, so dass die Mengelierei am Schieber wegfällt. Jetzt nach der Luftmengung wird

dasselbe Gas zum Leuchtgas gemacht und kostet dann 2/3 vom Kohlengas für dieselbe Leuchtkraft. Der Erfinder ist Herr Marcus in Wien. Er ist noch hier wegen der Patentnahme und zeigte mir seine Apparate vor, die ganz ausserordentlich gut ersonnen sind und Dir imponieren werden. Er hat eine ausgezeichnete Vergangenheit, nämlich seit langem Verbindung mit dem hies. Kriegsministerium wegen Zündekram und jede anderweitige Empfehlung. Ich habe ihm eine Karte von mir an Dich gegeben, und er wird Dir von Wien aus seine Anerbietung machen. Lass Dir Referenzen nachweisen und dann richte Dich mit ihm als Agenten für Österreich ein. Verabrede eine Zusammenkunft mit ihm irgendwo."

Eine Verbindung zwischen der bedeutenden Motorenfabrik in Deutz und Marcus scheint aber weder damals noch später

zustande gekommen zu sein, obwohl Reuleaux am 31. Oktober 1867 nochmals an Langen schrieb: „... Hast Du mit Marcus angeknüpft? Sein Patent ist ihm trotz meiner Bemühungen einstweilen nicht gewährt worden. Vielleicht wird er reklamieren..."

Das in Rede stehende Patent muß jenes Privileg gewesen sein, das in Österreich bereits 1865 unter dem Titel „Erfindung eines Apparates zur Carbonisierung der atmosphärischen Luft" erteilt worden war.

Trotz dieser Kenntnis war es Otto und Langen nicht möglich, ein entsprechendes Vergasungsgerät zu schaffen, ja nicht einmal nach 1876/77, nachdem das Viertakt-System von ihnen bereits mit Erfolg angewandt wurde, konnte diese Frage befriedigend gelöst werden. Erst der erfahrene Motorkonstrukteur

Die Siegfried-Marcus-Berufsschule für Kraftfahrzeugtechnik in Wien hat unter großem Einsatz von Lehrern und Schülern ein betriebsfähiges Modell des ersten Marcus-Wagens im Verhältnis 1:1 nachgebaut.

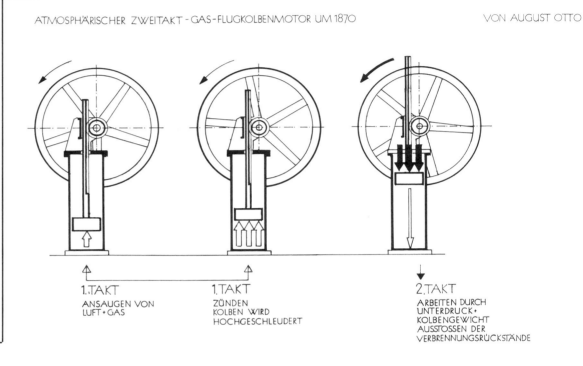

ATMOSPHÄRISCHER ZWEITAKT-GAS-FLUGKOLBENMOTOR UM 1870    VON AUGUST OTTO

1.TAKT
ANSAUGEN VON
LUFT + GAS

1.TAKT
ZÜNDEN
KOLBEN WIRD
HOCHGESCHLEUDERT

2.TAKT
ARBEITEN DURCH
UNTERDRUCK +
KOLBENGEWICHT
AUSSTOSSEN DER
VERBRENNUNGSRÜCKSTÄNDE

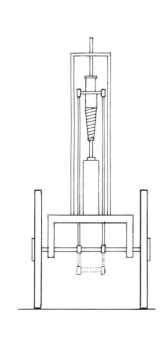

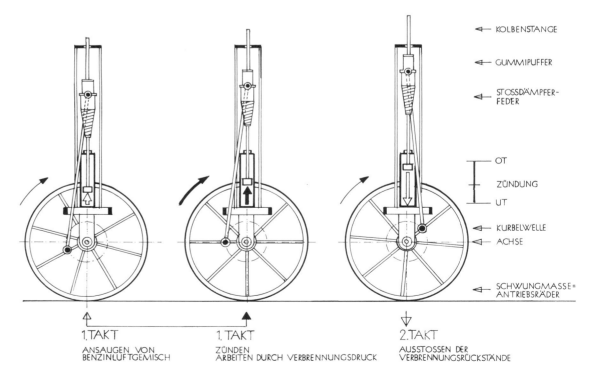

KOLBENSTANGE

GUMMIPUFFER

STOSSDÄMPFERFEDER

OT
ZÜNDUNG
UT

KURBELWELLE
ACHSE

SCHWUNGMASSE=
ANTRIEBSRÄDER

1.TAKT
ANSAUGEN VON
BENZINLUFTGEMISCH

1.TAKT
ZÜNDEN
ARBEITEN DURCH VERBRENNUNGSDRUCK

2.TAKT
AUSSTOSSEN DER
VERBRENNUNGSRÜCKSTÄNDE

ZEICHNUNG 1987
ING. ALFRED BUBERL

1. ATMOSPHÄRISCHER ZWEITAKT-BENZIN-KURBELTRIEBMOTOR DER WELT 1861-1870    VON SIEGFRIED MARCUS

Daimler verwendete später in seinen Motoren ausschließlich Benzin, das er aber fürs erste mittels Glührohr zündete.

Ab 1865 war es um die Arbeiten an einem benzinbetriebenen Fahrzeug durch Marcus zwar still geworden, aufgrund zeitgenössischer Aussage weiß man jedoch, daß er ab 1872 Versuche mit einem völlig neuen Fahrzeug anstellte, und zwar handelte es sich bereits um den auch heute noch existierenden zweiten Marcus-Wagen, der damals allerdings durch einen anderen Motor angetrieben wurde. Nach zeitgenössischen Veröffentlichungen und Augenzeugenberichten stammt der bisher mit 1875 datierte zweite Marcus-Wagen demnach spätestens aus dem Jahr 1872. Zu diesem Zeitpunkt war mit Sicherheit bereits jener Zweitaktmotor im Fahrzeug eingebaut, den der damals anerkannte Motorfachmann, Professor G. F. Radinger, nach der Weltausstellung 1873 in seinem Ausstellungsbericht

# Die ersten Verbrennungsmotoren waren atmosphärische Maschinen

## Flugkolben-Gasmotor von August Otto

Sowohl der bereits 1865 betriebsfähige Verbrennungskraftmotor von Siegfried Marcus als auch der um etwa die gleiche Zeit von Otto geschaffene Motor sind atmosphärisch wirkende Maschinen. In beiden Motoren wurde das im Zylinder befindliche Gas — bei Marcus ein Benzin-Luftgemisch, bei Otto Leuchtgas — vor der Zündung nicht verdichtet. Der von Otto gebaute und industriell verwertete Gasmotor war ein dem Stand der Technik entsprechender Flugkolbenmotor, bei dem das unter dem Kolben befindliche Gas einfach gezündet und der Kolben sowie die mit ihm starr verbundene Kolbenstange durch den „Explosionsdruck" hochgeschleudert wurden. Durch die Abkühlung der im Zylinder unter dem Kolben befindlichen Verbrennungsrückstände entstand ein Unterdruck, der zusammen mit dem auf das Kolbenoberteil einwirkenden atmosphärischen Druck und dem Eigengewicht von Kolben und Kolbenstange diese nach unten bewegte, wobei über ein Sperrgetriebe ein Schwungrad angetrieben wurde, dessen Drehung für Antriebszwecke genützt werden konnte.

Bei diesem Motor handelte es sich um eine technisch wenig befriedigende Konstruktion, die im Betrieb sehr laut war und außerdem recht unwirtschaftlich arbeitete.

## Kurbeltrieb-Benzinmotor von Siegfried Marcus

Anders der atmosphärische Motor von Marcus, der nicht mit dem sehr problematischen Flugkolben arbeitete, bei dem der Verbrennungsdruck nicht direkt zur Arbeit herangezogen, sondern die Arbeit indirekt über den in den Zylinder einfallenden Kolben geleistet wurde. Schon der erste von Marcus gebaute Verbrennungskraftmotor wies einen Kurbelbetrieb auf, mittels welchem es anstandslos möglich war, den „Explosionsdruck" direkt zur Arbeitsleistung heranzuziehen. Nachdem der Kurbelantrieb schon lange vor dem Verbrennungsmotor bei den Dampfmaschinen in Verwendung stand, stellt sich natürlich die Frage, weshalb er nicht auch beim „Explosionsmotor" eingesetzt wurde.

Der Grund dafür waren Bedenken, den „Explosionsdruck" direkt auf die Kurbelwelle einwirken zu lassen. Marcus hatte diesbezüglich offenbar keine Besorgnisse, wenn auch er bei seinem Motor vorsichtshalber zwischen Pleuel- und Kolbenstange einen Gummipuffer und ein Federelement vorsah. Nachdem er schon jahrelang mit Benzin experimentierte, verfügte er über praktische Erfahrungen, mit welchen Kräften er es bei der „Explosion" seines verwendeten Benzin-Luftgemisches zu tun hatte und konnte ohne Zwischenlösungen sofort einen Verbrennungsmotor mit Kurbelantrieb bauen, bei dem der Verbrennungsdruck direkt zur Arbeit herangezogen wurde, was gleichbedeutend war mit rundem Lauf und einem wesentlich besseren Wirkungsgrad. Außerdem wies diese Maschine bereits einen zwangsgesteuerten Gaswechsel auf, — der erste Schritt zum späteren Viertakt-Motor.

Marcus war mit diesem Konstruktionsprinzip seinen Konkurrenten weit überlegen, obwohl ihre Stationärmaschinen bereits auf recht ordentliche Marktanteile hinzuweisen hatten. Es wäre ihm ein Leichtes gewesen, hier mitzuhalten, sein Interesse galt aber von Anfang an ausschließlich dem ortsungebundenen Motor, während sich der Flugkolbenmotor für den Einsatz in einem Fahrzeug nicht eignete, weil er nur stehend betriebsfähig war, wozu noch ein erschütterungsintensiver Lauf, hohe Lärmentwicklung und besondere Unwirtschaftlichkeit kamen.

beschrieb. Der Grund, weshalb Marcus diesen Motor nicht auf einem regulären Stand im Rahmen dieser Weltausstellung zeigte, war vermutlich in dem Umstand zu suchen, daß der Wagen, in dem dieser Motor eingebaut war, zu diesem Zeitpunkt selbst „vorgeführt" wurde, denn die „Allgemeine Automobilzeitung" schrieb im Jahr 1909 Nr. 51 auf Seite 41: „... Der auf der Wiener Weltausstellung 1873 und der Wiener Spiritusausstellung 1904 vorgeführte Marcus-Wagen, jetzt im Besitz des Österreichischen Automobilclub, ist nicht der erste Typ.."

Aber auch in der „Illustrierten Wiener Gewerbezeitung" vom 15. Juli 1898 ist zu lesen: „... Schon in den sechziger Jahren beschäftigte er (Marcus) sich mit dem Problem eines solchen Motorwagens, und im Jahre 1872 konnte er mit seinem interessanten Vehikel die Mariahilfer Straße, eine der lebhaftesten Verkehrsstraßen Wiens, befahren.."

Eine weitere Bestätigung dieser Jahreszahl liefert die Erzählung von Emil Ertl, die unter dem Titel „Geschichten aus meiner Jugend", Kapitel „Der Kilometerfresser", 1927 in Leipzig erschien. Er schildert darin eine Ausfahrt mit dem zweiten Marcus-Wagen, ebenfalls auf der Mariahilfer Straße (siehe Seite 114), die entweder 1871, spätestens 1872 stattgefunden haben muß. Aufgrund des Geburtsdatums des Autors vom 11. 3. 1860 und Hinweisen auf den von ihm damals gerade durchgegangenen Lateinlehrstoff konnte der Autor aufgrund der Schülerliste des von Ertl besuchten Gymnasiums im 6. Wiener Gemeindebezirk in der Esterhazygasse mit Hilfe der dortigen Direktion feststellen, daß die zitierten Lateinkenntnisse aus dem 1. (1869/70), spätestens 2. (1870/71) Schuljahr stammen mußten. Ertl war also zu diesem Zeitpunkt 11, maximal 12 Jahre alt. Die Ausfahrt fand demnach entweder 1871, spätestens 1872 statt.

Da Emil Ertl 1874 und 1875 laut Angaben seiner derzeit noch lebenden Verwandten in Meran lebte und auch nicht im Schülerverzeichnis dieser Jahre aufscheint, ist diese Zeitbestimmung umso glaubhafter.

Auch aus der vorerwähnten Erzählung von Emil Ertl geht in mehrfacher Weise hervor, daß bei der geschilderten Fahrt 1872 der zweite Marcus-Wagen bereits mit einem neuentwickelten atmosphärischen Zweitaktmotor, also nicht mit dem stehenden von 1865/70 ausgestattet sein mußte. Es handelte sich demnach bereits um jenen, von dem Radinger im Ausstellungsbericht von 1873, erschienen 1874, referierte (siehe Seite 101). Merkwürdigerweise bemerkte Radinger zur Beschreibung der Motoren von Julius Hock und Siegfried Marcus: „Diese Motoren waren in den Räumen der Ausstellung nicht vertreten, was einzig und allein dadurch begründet ist, daß sie im Frühjahr 1873 noch nicht erfunden waren." Wie es zu einer solchen Äußerung Radingers kommen konnte, ist heute nicht mehr zu erklären, da ein Motor, dem er selbst 1873 eine besonders wirtschaftliche und fortschrittliche Arbeitsweise attestierte, damals nicht nur bereits erfunden, sondern auch gebaut sein mußte. Wie oben angeführt, befand sich der Motor zu diesem Zeitpunkt im "vorgeführten" Wagen.

So dürfte es sich 1872 mit Sicherheit um einen benzinbetriebenen atmosphärischen Zweitaktmotor gehandelt haben, also denselben, den Radinger beschrieb und auch andere erwähnten, wobei stets die große Lärmentwicklung der Maschine hervorgehoben wurde. Bei Ertl heißt es darüber: „... Zunächst allerdings erhob sich nur ein fürchterliches Getöse..". Und gerade diese große Lärmentwicklung war es ja, die Marcus Schwierigkeiten mit der Behörde eintrug. Er war also gezwungen, in dieser Richtung etwas zu unternehmen, und dieser Zwang führte sicher mit zur Entwicklung des heute im Fahrzeug eingebauten Viertaktmotors, der sich allerdings rein äußerlich kaum von seinem Zweitakt-Vorgänger unterschied (siehe schematische Darstellungen), und der aufgrund mehrerer Zeitzeugen mit 1875 zu datieren ist.

Interessanterweise bedurfte es nur einer geringen Veränderung des Übersetzungsverhältnisses von Kurbelwelle, Steuereinrich-

**Siegfried Marcus hat nie einen Flugkolbenmotor gebaut, da dieser für den Antrieb eines Fahrzeuges nicht verwendbar war.**

**Der erste Benzinmotor der Welt von Siegfried Marcus, 1861-65, war bereits ortsungebunden und wies einen Kurbeltrieb auf, durch den die hin- und hergehende Bewegung des Kolbens unmittelbar in eine drehende Bewegung der Kurbelwelle und damit von Antriebsrädern umgesetzt wurde.**

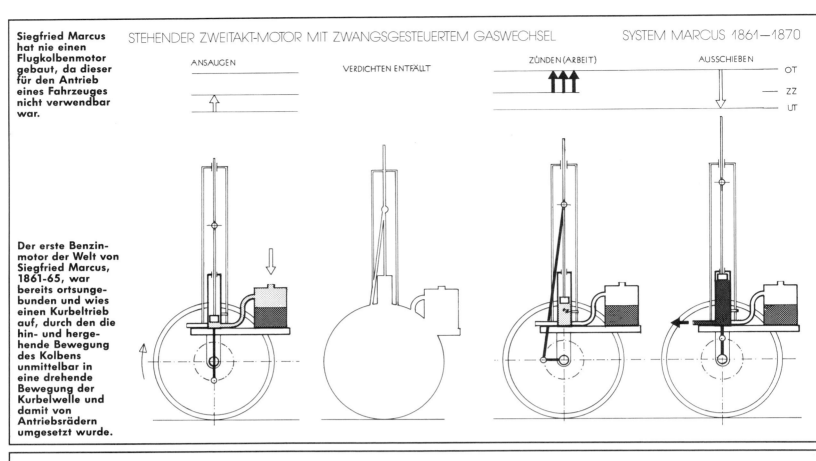

ANSAUGEN — VERDICHTEN ENTFÄLLT — ZÜNDEN (ARBEIT) — AUSSCHIEBEN — OT — ZZ — UT

ZWEITAKT-BALANCIER-MOTOR MIT ZWANGSGESTEUERTEM GASWECHSEL — SYSTEM MARCUS 1872

**Der Motor von 1872 war bereits auf den Antrieb von Fahrzeugen hinkonstruiert. Dank der (komplizierten) Einrichtung in Kurzbauweise war er für den Einbau in ein mechanisches Fahrzeug gut geeignet. Dieser atmosphärische Zweitaktmotor stellte den Erfinder aber nicht zufrieden.**

**Der aus dem atmosphärischen Zweitaktmotor heraus entwickelte Viertaktmotor, der, wie auch alle vorher, elektrisch gezündet wurde, stellte schließlich die vollendete Konstruktion eines Fahrzeugmotors dar, die bis heute in ihrer Grundkonzeption unverändert ist.**

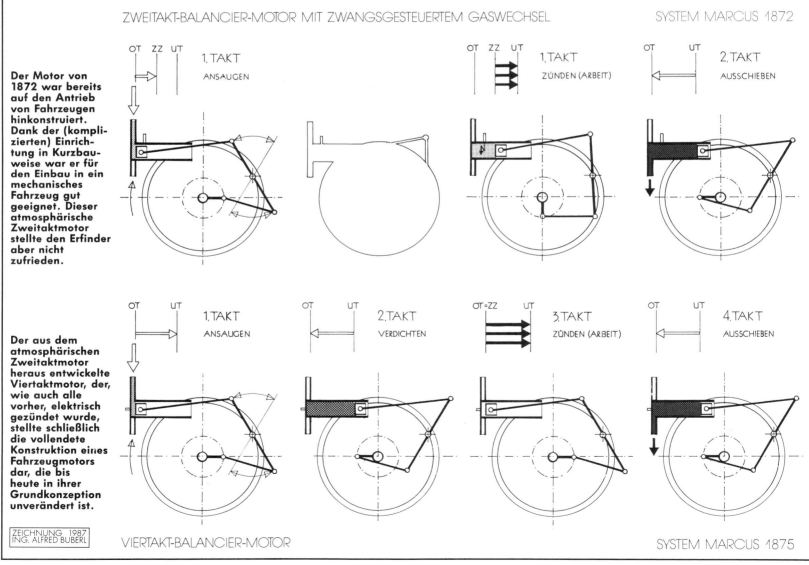

OT ZZ UT — 1. TAKT — ANSAUGEN — OT ZZ UT — 1. TAKT — ZÜNDEN (ARBEIT) — OT UT — 2. TAKT — AUSSCHIEBEN

OT UT — 1. TAKT — ANSAUGEN — OT UT — 2. TAKT — VERDICHTEN — OT=ZZ UT — 3. TAKT — ZÜNDEN (ARBEIT) — OT UT — 4. TAKT — AUSSCHIEBEN

ZEICHNUNG 1987
ING. ALFRED BUBERL

VIERTAKT-BALANCIER-MOTOR — SYSTEM MARCUS 1875

tungen und Zündung, um die atmosphärische Zweitaktmaschine in einen Viertaktmotor umzuwandeln, und sicherlich erreichte Marcus damit, daß er längere Erprobungsfahrten mit seinem Wagen unternehmen konnte, weil die Lärmentwicklung nun weit geringer war als vorher. Das beweisen die nächtlichen Ausfahrten, die er daraufhin anscheinend lange Zeit hindurch ungestört durchführte. Von Zeitgenossen werden mehrmals Fahrten mit einem oder mehreren Bekannten bestätigt, die über die Mariahilfer Straße, auf die Schmelz, in den Prater und sogar nach dem 12 km entfernten Klosterneuburg geführt haben, letztere sogar mit der damals in Wien sehr bekannten Persönlichkeit Graf Wilczek. Wie sicher muß sich Marcus damals der Funktionstüchtigkeit seines Wagens bereits gewesen sein, um so lange Fahrten überhaupt ins Auge zu fassen!

Im übrigen mußte die Geräuschentwicklung objektiv gar nicht so besonders laut gewesen sein, um entsprechend aufzufallen, sie war nur ganz und gar ungewohnt. Marcus scheute damals wahrscheinlich weniger die Polizei — um deren Aufmerksamkeit wäre er sicher auch des Nachts nicht herumgekommen — als die Reaktion der Pferde. Sie reagierten dank ihrer bekannten Sensibilität eher auf das ihnen unbekannte, jedenfalls nicht leise, sicher aber mit einem eher stechenden Geruch ausgestattete ungewohnte Etwas, das an ihnen vorbeizog oder entgegenkam. Durch die größere Zahl der Gespanne am Tag mußten die dadurch verursachten Verkehrsstockungen weit störender gewesen sein als sie es bei Nacht waren.
Später, als die Begeisterung für das Automobil ihre Zahl anwachsen ließ und der Mensch sich wegen der sonstigen Vorzüge an die typische Geräuschentwicklung gewöhnte, scheuten die Pferde immer noch in der gleichen Weise, nur erwartete man nun von

rationellste Lösung anstrebte. Alles was er schuf, vermittelt auch heute noch einen modernen und sachlichen Eindruck. Dieses Fahrgestell erinnert daher auch nicht an die damals üblichen Fahrwerke für Kutschen, Lastkarren usw., sondern stellt eine eigenständige, rein zweckgebundene Konstruktion dar, die den Einbau auch schwererer Motoren ermöglicht hätte. Es war von vornherein nicht für große Fahrten ausgelegt, wenn auch die Viersitzigkeit diesen Eindruck erwecken könnte, sondern bot die Voraussetzung für Transportleistungsprüfungen. Das geht auch aus der während des Fahrbetriebes konstant mit der Hand zu haltenden Konuskupplung hervor, die dem Betreiber die Möglichkeit gab, durch diffiziles Handhaben sinnvoll auf den Fahrbetrieb einzuwirken, der ja ohne Getriebe bewerkstelligt wurde.
Aber auch die Lenkung war eine für Kurzzeitbetrieb ausgelegte Drehschemelkonstruktion, die durch die selbstsperrende Spiralschnecke dennoch ein Fahren auf schlechten Straßen ermöglichte, ohne unbedienbar zu werden. Das gleiche gilt für die Hinterachse, die nur mit Gummipuffern gegen den Rahmen stoßgedämpft wurde.

den Kutschern, daß sie sie ohne Klagen zur Räson brachten.
Sicher wollte Marcus aber, der auch ohne Patente stets für eine entsprechende Geheimhaltung zu sorgen verstand, seine Motorkonstruktion nicht zuletzt mit Hilfe der Dunkelheit vor gerechtfertigter Neugier schützen.

Der zweite Marcus-Wagen vermittelt dem Betrachter den Eindruck eines nicht ohne weiteres verständlichen Dualismus: Ein hochentwickelter, wassergekühlter Benzin-Antriebsmotor, der erstmals nach dem Viertaktprinzip arbeitet und bereits elektrisch gezündet wird, sitzt in einem eher primitiven, wenn auch soliden Fahrgestell aus Eichenholz, das aber durch seine Bauweise die Voraussetzung schafft, beliebige Motoren rasch ein- und ausbauen und an alle Teile herankommen oder sie tauschen zu können. Somit war es technisch hochfunktionell.
Man hat es hier mit dem Prototyp des Automobils an sich zu tun, und es zeigt sich wieder einmal die typische Vorgangsweise von Marcus, der kompromißlos ohne Vorbilder stets die

Hier hat sich ein wahrer Könner mit durchaus modernen Ingenieurüberlegungen bei geringen Kosten an die selbstbewegliche Straßentraktion herangearbeitet.
Vor allem der Viertaktmotor wurde sichtlich speziell für den Einsatz im Kraftfahrzeug konstruiert, was insbesondere die liegende Kurzbauweise beweist, die Marcus durch die Umleitung der Kolbenbewegung über einen Balancier zurück zu dem unter dem Zylinder liegenden Schwungrad erreichte. An diesem Schwungrad war bereits eine (Konus-)Kupplung vorgesehen, die für den Fahrbetrieb mit Verbrennungsmotoren bis heute unentbehrlich ist. Auch der fortschrittliche Spritzbürstenvergaser war für den Fahrbetrieb im Freien und die damit verbundenen, unvermeidlichen Temperaturschwankungen ausgelegt, indem Marcus die heißen Auspuffgase durch den Doppelmantel des Vergasers, der gleichzeitig als Benzintank fungierte, leitete, um damit auch bei niedrigen Außentemperaturen eine sichere Vergasung zu erreichen.
Auffallend und viel gelobt war auch die verwendete, verläßlich

Erster
Marcus-Wagen

Zweiter
Marcus-Wagen

funktionierende Abreißzündung, die ebenfalls von dem zuvor verwendeten Zweitaktmotor übernommen wurde und ihrer Zeit weit vorauseilte. Das war sicher kein Zufall, denn Marcus war internationaler Spezialist für verschiedene Zündmechanismen und besaß zahlreiche Patente auf diesem Gebiet. Die dabei gewonnenen Erfahrungen kamen nun dem Automobil zugute.

Jedem Techniker, der einmal mit Konstruktion und Entwicklung zu tun hatte, ist klar, daß ein Endprodukt, und sei es auch nur für Versuchszwecke, einen adäquaten Zeitraum benötigt, um trotz unvermeidlicher Rückschläge überhaupt erst zu einer für den praktischen Versuch geeigneten Ausführung zu

Mit Hilfe schematischer Darstellungen — der Einfachheit halber nicht als Balancier-Motor dargestellt — soll nachgewiesen werden, mit welch geringem technischen Aufwand aus einem unwirtschaftlichen atmosphärischen Zweitaktmotor ein voll funktionierender Viertaktmotor entwickelt werden kann. Voraussetzung hierfür ist nur, daß beim atmosphärischen Zweitaktmotor der Gaswechsel zwangsgesteuert ist. Alle von Siegfried Marcus gebauten Motoren von 1862 bis 1870, also auch der stehend auf dem Handwagen seines ersten Fahrzeuges montierte, waren zwangsgesteuert, wenn man auch heute nicht mehr rekonstruieren kann, wie diese Steuerung erfolgte.

Professor J.F. Radinger wies im Weltausstellungs-Katalog 1873 bei der Beschreibung des atmosphärischen Zweitaktmotors von Marcus besonders auf dessen Steuerung hin, indem er schrieb: „...Auch kommen bei dieser Maschine durchwegs gezwungene Bewegungen der Abschlüsse (Drehschieber) und keine selbstwirkenden Klappen vor, welche stets nacheilen und lärmen."

Die Funktionsweise des atmosphärischen Zweitaktmotors mit zwangsgesteuertem Gaswechsel ist folgende:

## Ansaugen:

Der Kolben bewegt sich nach unten, wobei Gas (bei Marcus ein Benzin-Luftgemisch) über etwa 1/4 Kurbelwellenumdrehung angesaugt wird. Während dieser Zeit öffnet und schließt der Flachschieber (ebensogut könnte es ein Drehschieber sein) und steuert damit den Gaseintritt in den Zylinder. Es erfolgt die Zündung (bei Marcus elektrisch) des im Zylinder befindlichen, unverdichteten Gases und treibt nun während einer weiteren 1/4 Kurbelwellenumdrehung den Kolben nach unten. Der erste Takt vom oberen zum unteren Totpunkt (1/2 Kurbelwellenumdrehung) setzt sich demnach zusammen aus Ansaugen und Arbeit.

# Entwicklung vom atmosphärischen Zweitaktmotor zum verdichtenden Viertaktmotor.

SCHEMATISCHE DARSTELLUNG DER ARBEITSWEISE DES ATMOSPHÄRISCHEN ZWEITAKT-MARCUS-BENZIN-MOTORS

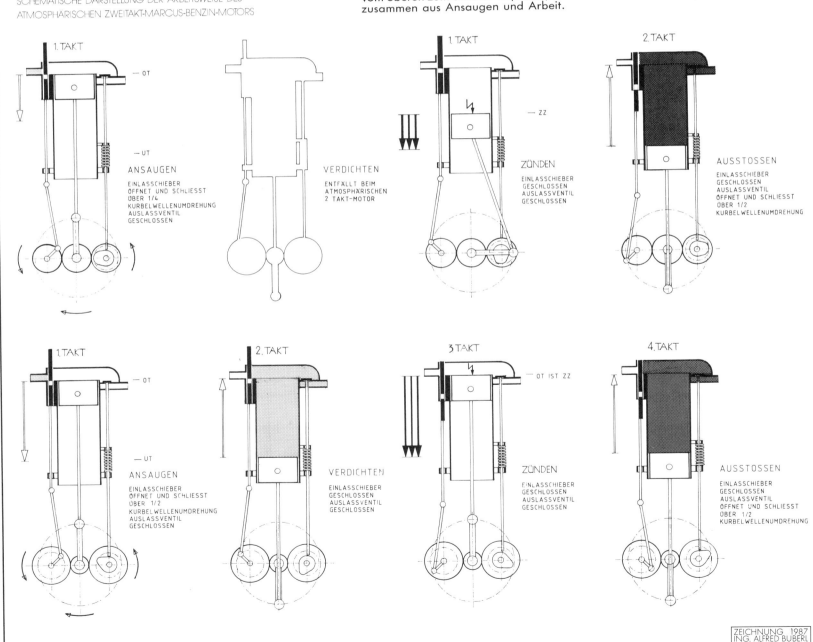

SCHEMATISCHE DARSTELLUNG DER ARBEITSWEISE DES VIERTAKT-MARCUS-BENZIN-MOTORS

ZEICHNUNG 1987
ING. ALFRED BUBERL

## Ausstoßen:

Für das Ausstoßen der Verbrennungsrückstände aus dem Zylinder steht eine 1/2 Kurbelwellenumdrehung vom unteren zum oberen Totpunkt zur Verfügung, wobei bei diesem Bewegungsablauf des Kolbens ein über eine Nocke beordertes, federbelastetes Auslaßventil (ebenso könnte es ein Drehschieber sein) öffnet und schließt und damit den ausströmenden Abgasstrom steuert.

Demnach erfolgen beim zwangsgesteuerten atmosphärischen Zweitaktmotor der erste Takt — Ansaugen und Arbeit — über eine 1/2 Kurbelwellenumdrehung und der zweite Takt — Ausstoßen der Verbrennungsrückstände — ebenfalls über eine 1/2 Kurbelwellenumdrehung. Für den gesamten Prozeß ist demnach eine Kurbelwellenumdrehung erforderlich.

Beim Viertaktmotor kommt zu den drei Vorgängen Ansaugen — Arbeit — Ausstoßen noch das Verdichten des angesaugten Gases hinzu, was bedeutet, daß nun für jeden Prozeß eine 1/2 Kurbelwellenumdrehung für die Abwicklung der vier Takte, somit also zwei Kurbelwellenumdrehungen, notwendig sind.

## Zweitaktmotor:

Der Gaswechsel im atmosphärischen Zweitaktmotor benötigt, wie dargelegt, 1 Kurbelwellenumdrehung. Das bedeutet, daß sowohl die Einlaß- als auch die Auslaßsteuerung im Verhältnis 1:1 von der Kurbelwelle angetrieben werden, und innerhalb dieser einen Kurbelwellenumdrehung gleichzeitig eine Zündung erfolgen muß, was dasselbe Antriebsverhältnis erfordert.

## Viertaktmotor:

Der Gaswechsel im Viertaktmotor benötigt 2 Kurbelwellenumdrehungen. Sowohl die Einlaß- als auch die Auslaßsteuerung im Verhältnis 1:2 muß demnach von der Kurbelwelle angetrieben werden, was auch für die Zündung gilt.

Theoretisch ist es demnach möglich, durch das relativ einfache und kostengünstige Verändern des Übersetzungsverhältnisses von Kurbelwelle, Steuereinrichtungen und Zündung den atmosphärischen Zweitaktmotor in einen Viertaktmotor umzuwandeln. Das Aufwendigste an dieser Problemlösung ist der dazu notwendige, konstruktive Denkprozeß, der gerade Marcus nicht schwer fiel.

Marcus hat daher ohne besondere Zwischenlösungen und damit Zeitverluste aus dem bereits 1873 laufenden atmosphärischen Zweitaktmotor den um 1875 im zweiten Marcus-Wagen verwendeten, heute noch vorhandenen Viertaktmotor entwickelt.

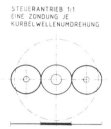

2-TAKT-MOTOR

STEUERANTRIEB 1:1
EINE ZÜNDUNG JE
KURBELWELLENUMDREHUNG

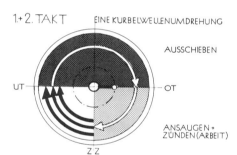

1.+2. TAKT — EINE KURBELWELLENUMDREHUNG

AUSSCHIEBEN

UT — OT

ANSAUGEN + ZÜNDEN (ARBEIT)

ZZ

**Beim atmosphärischen Zweitaktmotor wird ausschließlich das in den Zylinder eingesaugte, nicht verdichtete Benzin-Luftgemisch gezündet und zur Arbeitsleistung herangezogen.**

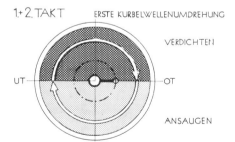

1.+2. TAKT — ERSTE KURBELWELLENUMDREHUNG

VERDICHTEN

UT — OT

ANSAUGEN

**Angeblich hat Siegfried Marcus Stationärmotoren gebaut, die vom atmosphärischen Zweitaktsystem auf das verdichtende Viertaktsystem umgestellt werden konnten, wodurch Marcus ohne besonderen Aufwand jenen Motor liefern konnte, der den Wünschen des Käufers entsprach. Daß dieser Vorgang einfach war, wurde hier mit Hilfe schematischer Darstellungen nachvollzogen.**

4-TAKT-MOTOR

STEUERANTRIEB 1:2
EINE ZÜNDUNG AUF ZWEI
KURBELWELLENUMDREHUNGEN

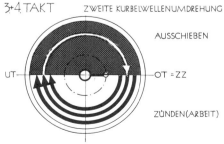

3.+4. TAKT — ZWEITE KURBELWELLENUMDREHUNG

AUSSCHIEBEN

UT — OT = ZZ

ZÜNDEN (ARBEIT)

**Beim Viertaktmotor wird das angesaugte Benzin-Luftgemisch vor der Entzündung verdichtet und damit eine wesentlich höhere Leistung bei der „Explosion" erzielt.**

---

gelangen. Auch diese unvermeidlichen Entwicklungszeiträume sind in der Marcus-Chronologie nachweisbar, was als zusätzliche Bestätigung des Wahrheitsgehaltes der Fakten angesehen werden kann.

1881 besuchte Daimler auf der Rückreise von Russland nach Lemberg und Krakau auch die Kaiserstadt. In Baku hatte er gesehen „wie ein bereits reger Handel die Ausbeute der Petroleumquellen ... umsetzte und damit den Betriebsstoff für ‚seinen Wagen' zu liefern anfing." (Paul Siebertz).

In Wien besuchte er vor allem die Deutzer Niederlassung, interessierte sich aber sicher auch für den Benzinmotor und vielleicht auch das Fahrzeug von Marcus, war er doch ein sehr systematisch und überlegt vorgehender Techniker. Bald darauf kündigten er und Maybach in Deutz, machten sich selbständig und nahmen die Arbeit am schnellaufenden Motor auf, der wichtigsten Voraussetzung für einen erfolgreichen Motorwagen.

Auch Daimler bekam die Ablehnung der deutschen Bevölkerung lange zu spüren, nachdem er sein Fahrzeug der Öffentlichkeit präsentiert hatte, und wären nicht die aufgeschlossenen Franzosen davon begeistert gewesen, wäre es ihm wahrscheinlich ähnlich ergangen wie Marcus.

\*

Die Berichte über die Fahrten mit dem zweiten Marcus-Wagen können bis 1877 verfolgt werden. Dann wird abermals über Schwierigkeiten mit der Behörde berichtet, die Marcus schließlich die Ausfahrten verbot. Ab 1877 wurde über dieses erste Motorfahrzeug moderner Auffassung nur mehr anläßlich von Ausstellungen oder in Beiträgen über die Anfänge des Automobils berichtet.

Obwohl es etliche Berichte darüber gibt, scheint Marcus um kein Privileg auf diesen Motor angesucht zu haben. Es ist jedoch nicht anzunehmen, daß er prinzipiell nicht daran gedacht hat, da er davon sprach, mit seinem Motor auch Luftschiffe betreiben zu wollen. Es ist aber auch nicht auszuschließen, daß Otto ihm mit seinem Patent auf den Viertaktmotor zuvorkam und sich Marcus auf keine Patentschwierigkeiten einlassen wollte, umso mehr als Deutz für seine Prozeßfreudigkeit bekannt war. Allein in Wien, noch dazu in der Umgebung seiner Werkstätte, gab es einige Motorenbauer, die von Deutz geklagt wurden. Und da ist es interessant, daß ausgerechnet Marcus davon verschont blieb. Goldbeck begründet dies damit: „ ... Marcus selbst mußte an der Vernichtung der Otto-Patente gelegen sein, davon hing die Fabrikation seines Motors ab. Er hat nicht dazu beigetragen. Deutz hat ihn bei der Geringfügigkeit seiner Motoren nicht verklagt ..." Marcus wird hier das zumindest zeitgleiche Vorhandensein des Viertaktmotors bestätigt.

Das Otto-Patent wurde später durch einen anderen Österreicher (erstmals) zu Fall gebracht, nämlich Christian Reithmann.

Marcus mußte also zur Kenntnis nehmen, daß die Zeit, oder besser die Zeitgenossen, für seine mit größter Meisterschaft durchkonstruierte Idee noch nicht reif waren. Dabei sind ihm Auswirkung und Tragweite seiner Erfindung stets voll bewußt gewesen.

In der Folge wurden nach seinen Angaben in Blansko noch zwei Fahrzeuge gebaut, aber zu einer systematischen Fertigung kam es nicht mehr.

Der bereits erwähnte Graf Wilczek stellte die Verbindung zu den Blanskoer Eisenwerken in Mähren, ursprünglich einem Fürst Salm'schen Industriebetrieb, später Märky, Bromovsky & Schulz bzw. Adamsthaler Eisenwerke her. Sie muß etwa 1885 zustande gekommen sein. Nachdem dort tatsächlich zwei weitere Wagen gebaut wurden und man Marcus nach einigen erfolgten Aufenthalten immer wieder drängte, die Sache weiter voranzutreiben, muß dieser aber angesichts der sich langsam

Links:
Startvorbereitungen bei dem im Technischen Museum Wien instandgesetzten Motor des zweiten Marcus-Wagens.

Rechts:
Kurbeltrieb mit Balancier von unten gesehen.

Rechts außen:
Abreiß-Zündung, Kolben mit drei gegeneinander versetzten Kolbenringen und Auslaßventil des Marcus-Motors.

Rechts:
Draufsicht auf den Spritzbürstenvergaser mit Einlaßschieber.

Rechts unten:
Zerlegter Vergaser mit Ansaugleitung und Gemischregulierungshebel.

Unten:
Draufsicht auf den eingebauten Motor.

einstellenden Erfolge von Daimler und Benz in den Jahren nach 1886 das Interesse daran verloren haben. Dazu kam, daß sich seine schwere, außerordentlich schmerzhafte Erkrankung immer stärker bemerkbar machte.

Einer der beiden Wagen soll samt den Patenten — wie es heißt — nach Holland verkauft worden sein, der andere nach Amerika. Aber ebenso wie sämtliche auf seine Erfindung Bezug habenden Dokumente, die sein Patentanwalt anläßlich des Selden-Prozesses nach Amerika schickte, sind auch seine beiden letzten Wagen verschollen.

Ab dieser Zeit hat sich Siegfried Marcus mit der Idee des Benzin-Motorwagens nicht mehr auseinandergesetzt. Erst jetzt wandte er sich vom reinen Fahrzeugmotor der Stationärmaschine zu, für die es damals großen Bedarf gab. 1888 nahm er auf diesen Motor, der ebenfalls in Blansko erzeugt und in großer Stückzahl abgesetzt wurde, ein Patent.

Teilweise zerlegter Motor mit abgenommenem Zylinderkopf, ausgebautem Einlaßschieber und ausgezogenem Kolben mit Pleuelstange. Vor dem Zylinderkopf das stehende Auslaßventil.

Aufbauend auf diesen Tatsachen, wollten Goldbeck und Seper*) mit den wunderlichsten Begründungen beweisen, daß der zweite Marcus-Wagen nicht 1875, sondern erst nach 1888 einzuordnen sei. Bei dem von ihnen als Beweis herangezogenen Fahrzeug handelt es sich wohl um ein drittes Marcus-Modell, das sich aber durch auffallende Abweichungen auszeichnet und durch jeden leicht zu identifizieren ist, der sich mit der Materie entsprechend auseinandersetzt. Konstruiert wurde dieses Fahrzeug bereits in der Maschinenfabrik Blansko. Wie aus der Konstruktionszeichnung aus Adamstal (Blansko und Adamstal arbeiteten vielfach zusammen) von 1889 durch einen technisch einigermaßen geschulten Betrachter sofort zu erkennen ist, handelt es sich hier um eine sichtliche Weiterentwicklung, was bereits aus dem fortgeschrittenen Gesamtbild hervorgeht. Neben einem stark veränderten Fahrgestell sollte der neue, stärkere Motor nicht mehr angekurbelt werden, sondern vom Führersitz mittels eines Hebels anzuwerfen sein. Wies der zweite Marcus-Wagen noch eine Hinterachse mit einer völlig unzureichenden Friktionseinrichtung auf, die ein verschiedenes Drehen der Hinterräder in Kurven möglich machen sollte, so waren die Räder der dritten Version bereits durch Spezialfedern frikativ mit der Achse verbunden, wodurch bei Kurvenfahren eine Differentialwirkung erreicht wurde.

Marcus hat diesen Motor nachweisbar bereits im heute noch vorhandenen Fahrgestell erprobt (siehe Seite 107). Vermutlich ging dieser Motor, der sicher bereits in Blansko erzeugt worden war, zum Einbau in das beabsichtigte Fahrgestell wieder an das Werk zurück, worauf der heute vorhandene Motor neuerlich in den zweiten Marcus-Wagen eingebaut wurde.

Beim dritten Marcus-Wagen handelt es sich sichtlich um ein Anfangsprodukt für eine beabsichtigte fabrikatorische Fertigung und nicht mehr um das Versuchsfahrzeug eines Einzelerfinders. Es wird vielmehr bereits die dahinterstehende Maschinenfabrik erkennbar, obwohl die Vaterschaft Marcus' nach wie vor merkbar bleibt, der ja mehrmals nach Blansko reiste und mit dem Werk eng zusammenarbeitete.

Diese grundlegenden Unterscheidungsmerkmale wurden jedoch von Goldbeck und Seper gar nicht zur Kenntnis genommen, sondern man meinte nun beweisen zu können, daß der zweite Marcus-Wagen in Wahrheit der dritte und erst diese Konstruktion mit dem heute bekannten Motor ausgestat-

*) Dr. Gustav Goldbeck, ehemaliger Firmenhistoriker der Deutzer Maschinenfabrik, vormals Otto & Langen, von dem 1961 die Broschüre „Siegfried Marcus — ein Erfinderleben" erschien, Dr. Hanns Seper, früher Vizedirektor des Technischen Museums Wien, der im Anhang seines 1968 erschienenen Buches „Als die Pferde scheuten" unter dem Titel „Ende einer Legende" große Teile der Folgerungen Goldbecks wortwörtlich übernahm.

Der Autor bei der Feinabstimmung der Gemischregelung am laufenden Marcus-Motor 1950. Auf dem Zylinder befindet sich der Hebel für die Abreißzündung. Links im Vordergrund der Bedienungshebel für die Stahlkonuskupplung. Beachtlich der runde und geräuscharme Lauf des hier mit ca. 400 U/min. laufenden Motors. Unter der Sitzbank befindet sich der Vergaser mit der Kraftstoff-Einfüllöffnung und dem Ausgleichsventil zur Unterdruckvermeidung im Vergaser.

Ausschließlich die Betriebsdrehzahl beider Motoren von 220 U/min. ist vergleichbar.

Diese technischen Daten des für den dritten Marcus-Wagen vorgesehenen Motors stammen von V. Klement, Generalrat der Aktiengesellschaft vormals Skoda-Werke in Pilsen, der 1930 gemeinsam mit dem tschechoslowakischen Autoclub in Prag das historische Buch „Dejin Automobilu" herausbrachte. Durch Vermischung und Verwechslung zweier grundlegend verschiedener historischer Fahrzeuge gelangte Goldbeck demnach zu einer völlig falschen Datumsbestimmung des zweiten Marcus-Wagens, nämlich 1888, und trat mit diesem Ergebnis an die Öffentlichkeit.

*

Auf welchen Aussagen von Zeitgenossen Marcus' gründete sich bis zu den gegen ihn gerichteten Maßnahmen im Dritten Reich die Anerkennung des zweiten Marcus-Wagens als erstes mit Viertaktmotor betriebenes Benzinautomobil der Geschichte? So besitzt etwa das Technische Museum in Wien heute so gut wie keine Unterlagen über Siegfried Marcus, obwohl der spätere Vizedirektor, Hofrat Dr. techn. Dipl.-Ing. Erich Kurzel-Runtscheiner, ein anerkannter Marcusforscher seit der Zwischenkriegszeit, ein entsprechendes Archiv eingerichtet hatte, das nach 1945 vorhanden war. Er verstarb 1957.

Es ist außerordentlich interessant und wirft ein bezeichnendes Licht auf die erst nach 1960 aktiv gewordenen Gegner der Anerkennung von Siegfried Marcus, daß sie so viele Jahrzehnte nach dem Ableben all jener, die Marcus gekannt hatten, sich durch ihn persönlich informieren ließen und damals sicher auch noch in Beweisstücke Einsicht nehmen konnten, versuchten, seine Bedeutung aufgrund von inzwischen auf natürliche Weise verlorengegangenen, aber auch systematisch aus Archiven entfernten und vernichteten Beweisen zu mindern.

Einer der namhaftesten und wichtigsten Zeugen war der Chefredakteur der um und nach der Jahrhundertwende sehr angesehenen Berliner Zeitschrift „Der Motorwagen", des bedeutenden Organs des Mitteleuropäischen Motorwagen-Vereins Berlin, Zivilingenieur Robert Conrad. Er war darüber hinaus aber auch ein ausgezeichneter, sehr penibler Historiker. Marcus widmete er anläßlich der Internationalen Automobilausstellung Berlin 1905 in einer umfangreichen historischen Ausgabe des „Motorwagens" eine entsprechende Würdigung. Er hatte aber bereits in einem der ersten Hefte dieser Zeitschrift über Marcus berichtet, und hier ist es wichtig zu wissen, daß damals noch Daimler, Benz und Diesel als Gründungsmitglieder von 1897 im Vorstand und im technischen Beirat dieser Zeitschrift vertreten waren. Sie und sämtliche bedeutenderen Vertreter des Automobilismus und der Autoindustrie Mitteleuropas waren demnach hinsichtlich Marcus der gleichen Überzeugung wie Conrad, der damals schrieb:

tet worden sei, er also aus dem Jahr 1888 stamme*). Aber auch hier sind die gravierenden Unterschiede feststellbar und es wurde ganz offensichtlich nicht korrekt ermittelt, sonst hätte man über die grundverschiedenen technischen Daten der beiden Motoren stolpern müssen. So weist etwa der im zweiten Marcus-Wagen auch heute noch befindliche Motor eine Zylinderbohrung von 100 mm und einen Kolbenhub von 200 mm bei einer Leistung von etwa 0,75 PS auf, während jener des dritten Wagens bei einer Bohrung von 110 mm und einem Hub von 260 mm eine Arbeitsleistung von 1,4 PS erreichte.

Rechts: Schematische Darstellung der Funktionsweise des Viertakt-Benzinmotors von Marcus (ohne Zylinderkopf und Steuereinrichtungen). Zeichnung Ing. Albeck.

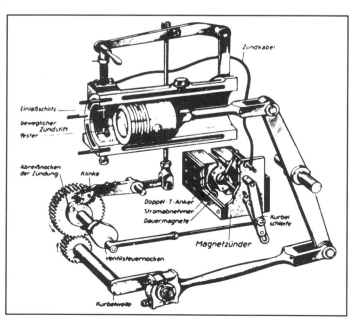

*) Optisch unterscheiden sich die für den Fahrzeugbetrieb von Marcus eingesetzten Motoren allerdings nur wenig, weil es sich in allen Fällen um Balanciermaschinen gehandelt hat, für die jeweils verschiedene Bauelemente vom Vorgängermodell übernommen wurden.

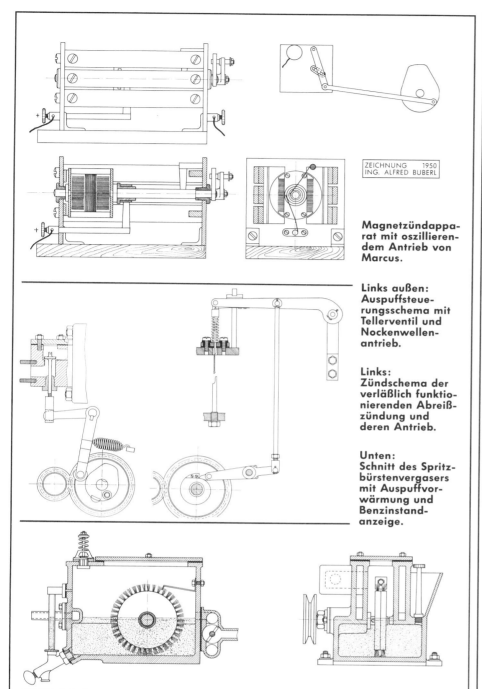

ZEICHNUNG 1950
ING. ALFRED BUBERL

**Magnetzündapparat mit oszillierendem Antrieb von Marcus.**

**Links außen: Auspuffsteuerungsschema mit Tellerventil und Nockenwellenantrieb.**

**Links: Zündschema der verläßlich funktionierenden Abreißzündung und deren Antrieb.**

**Unten: Schnitt des Spritzbürstenvergasers mit Auspuffvorwärmung und Benzinstandanzeige.**

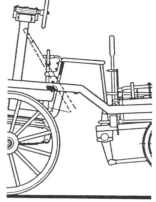

## Fahrgestellabschnitt des zweiten Marcus-Wagens:

Oben und links: Teils im Bodenblech, teils in der Sitzbankwand befindet sich der nachträglich herausgeschnittene Schlitz, der beweist, daß die im dritten Marcus-Fahrzeugmotor vorgesehene Anlaßvorrichtung, die vom Führersitz aus zu bedienen war, im Fahrgestell des zweiten Marcus-Wagens für Versuchszwecke bereits eingebaut gewesen sein muß.

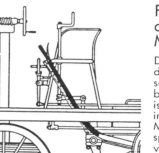

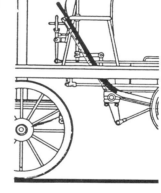

## Fahrgestellabschnitt des dritten Marcus-Wagens:

Diese Zeichnung zeigt die im dritten Marcus-Wagen vorgesehene, fortschrittliche Hebel-Startvorrichtung. Damit ist der Beweis erbracht, daß im Fahrgestell des zweiten Marcus-Wagens der atmosphärische Zweitaktmotor von 1872, der Viertaktmotor ab 1875 und der dritte, weitaus verbesserte, für das letzte Modell vorgesehene Fahrzeugmotor von 1888 für Versuche und Fahrversuche eingebaut waren (siehe Seite 109).

**Ausgebauter Marcus-Viertaktmotor von 1875. Vorn Vergasertank mit dem zur Vorwärmung hindurchgeführten Auspuff.**

„... Die überwiegende Mehrzahl der Marcus'schen Zweitaktmotoren und später auch seiner Viertaktmotoren war als Balanciermaschinen ausgeführt, und die ist schon ein sicheres Zeichen dafür, daß er von Anfang an ihre Verwendung für Automobilzwecke im Auge hatte... Sein ältestes Automobil ist vollkommen in Vergessenheit geraten. Seine zweite, verhältnismäßig vollkommenere Type stammte aus dem Jahr 1875 und hier waren bereits alle wesentlichen Teile des Motorwagens in einer wenn auch nicht reifen, aber doch wohl für kurze Fahrten ausreichenden Form verkörpert..."

Als noch bedeutender muß aber F. M. Feldhaus eingeschätzt werden, der bis heute als führender Technikhistoriker gilt. Er fand zu Marcus in seinem umfassenden Geschichtswerk „Ruhmesblätter der Technik", das 1910 in Leipzig erschien — Jahre vorher außerdem in sechs Veröffentlichungen der „Allgemeinen Automobilzeitung" über Siegfried Marcus — nach dem Eingehen auf den ersten Marcus-Wagen von 1865 folgende Worte: „... Im stillen arbeitete Marcus jedoch an seinem Kraftwagen weiter. Nach sieben Jahren waren die Grundlagen für den heutigen Benzinkraftwagen gewonnen und Marcus begann mit dem Bau einer derartigen Maschine. Sie wurde im Jahre

1875 fertig*) und befindet sich noch gegenwärtig im Original in Wien, und zwar im Besitz des Österreichischen Automobilclubs. Dieser älteste moderne Kraftwagen enthält eine Benzinmaschine. Unstreitig gebührt ihm (Marcus) das Verdienst, den ersten brauchbaren Kraftwagen mit Explosionsmotor erfunden, erbaut und zum Patent**) angemeldet zu haben. Daß Marcus als Erfinder unseres Automobils lange vergessen wurde, hindert nicht, ihn jetzt rückhaltlos anzuerkennen. In seiner Vaterstadt wird ihm auf meine Veranlassung eine Denktafel gesetzt."

Diese Tafel trug die Inschrift: „Geburtshaus von Siegfried Marcus, Erfinder des Automobils, geboren den 18. September 1831" und wurde durch den Kaiserlichen Automobilclub Berlin, den Österreichischen, Rheinisch-westfälischen, Bayrischen und den Thüringischen Automobil-Club sowie die Firma Siemens & Halske gestiftet.

In dem 1910 in Berlin erschienenen „Braunbeck's Sportlexikon" wurde unter dem Titel „Von den Anfängen bis 1898" eine kurze Geschichte des Automobils gebracht: „... 1898 machte ein Wiener Blatt darauf aufmerksam, daß Siegfried Marcus der ‚Vater des Automobils' sei, da er 1875 in Wien ein Automobil mit einem Gasmotor konstruiert habe. Marcus ist nun in der Tat der erste Erfinder deutscher Nationalität gewesen, der wichtige Neuerungen an Explosionsmotoren traf... Das erste Automobil von Marcus ist verschollen, das zweite aus dem Jahre 1875 besitzt noch heute der OE. A. C."

In den Jahren vorher hatte es in Wien bereits mehrere Veröffentlichungen über Marcus gegeben. Das „Illustrierte Wiener Extrablatt" berichtete am 19. 10. 1904 auf Seite 5 über Marcus und seinen Wagen: „... Siegfried Marcus, der auch den ersten Benzin-Explosionsmotor Ende der sechziger Jahre konstruierte und einen solchen in der Wiener Weltausstellung vom Jahre 1873 in einer Vervollkommnung ausstellte, welche der

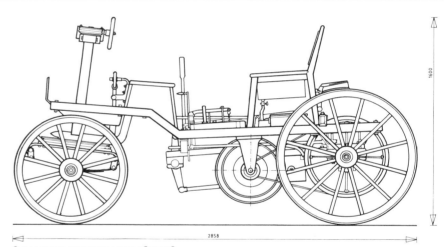

2. MARCUS-WAGEN VON 1871/72

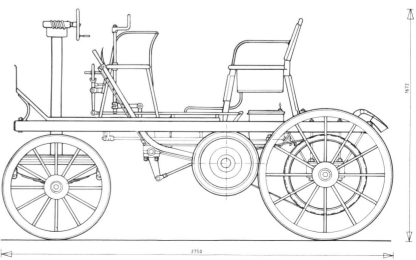

3. MARCUS-WAGEN VON 1889

---

*) Feldhaus bestätigt demnach, daß 1875 nicht mehr der Zweitaktmotor, sondern bereits der auch heute im Fahrzeug befindliche Viertaktmotor zum Fahrzeugantrieb verwendet wurde.
**) Von diesem Patent wird immer wieder berichtet. Bisher konnten jedoch keine Beweise dafür erbracht werden, wenn nicht Vergaser und Zündung damit gemeint sind.

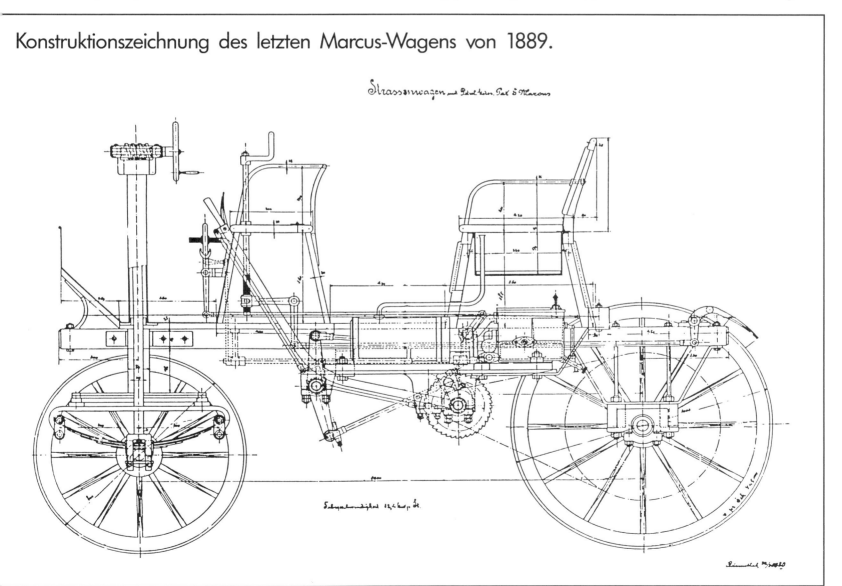

*Am 16. APRIL 1950 UM 10 UHR VORMITTAG*
FINDET AUS ANLASS DER
*75-JÄHRIGEN WIEDERKEHR*
DER AUSFAHRT DES VON SIEGFRIED MARCUS
ERBAUTEN ERSTEN BENZIN-AUTOMOBILS DER WELT
EIN FESTAKT IM TECHNISCHEN MUSEUM
WIEN XIV. MARIAHILFERSTRASSE 212 STATT.
*BEGRÜSSUNG*
*GEDENKWORTE:* ARTHUR PACHTA-RAYHOFEN
GENERALSEKRETÄR DES Ö. A. M. T. C.
*FESTVORTRAG:* INGENIEUR ALFRED BUBERL
• ANSCHLIESSEND KRANZNIEDERLEGUNG
• UM 11 UHR VORM. AUSFAHRT DES MARCUSAUTOMOBILS
• SONDERPOSTAMT MIT SONDERSTEMPEL IM MUSEUMSGEBÄUDE
*UM DIE EHRE DES BESUCHES BITTET DAS TECHN. MUSEUM*

heutigen Type beinahe gleichkommt. Marcus montierte diesen Benzinmotor auf einen vierrädrigen Wagen ohne Federn und ohne Gummireifen mit allen nötigen, zumeist heute noch in Gebrauch stehenden Anordnungen und schuf so ein Automobil, mit dem er in den seiner Werkstätte, Mariahilfer Straße 95 (?) zunächst gelegenen Gassen von Mariahilf und Neubau Probefahrten unternahm, zu denen er einige seiner Freunde, hauptsächlich Gäste des von ihm frequentierten Café Gabesam, einlud; mehrere dieser Augenzeugen können sich erinnern, daß diese Fahrten in den Jahren 1875—78 zumeist nur nächtlicherweise stattfanden und des durch den federlosen Wagen und Motor verursachten Geräusches halber schließlich polizeilich verboten wurden. Obenstehende Abbildung (des

zweiten Marcus-Wagens, Anm. d. Red.) veranschaulicht den Marcus-Wagen genauso, wie er damals in den Straßen Wiens und anläßlich der Spiritusausstellung im Westportal der Rotunde zu sehen war."
Der Grund, weshalb Marcus und sein Wagen 1898 nach über 20 Jahren wieder ins Licht der Öffentlichkeit traten, war ursprünglich der Patentstreit in Amerika, wo sich Selden als Erfinder des Automobils bezeichnete. In Europa setzten hierauf prompt entsprechende Reaktionen ein. So wollte Frankreich dieses Privileg unter Hinweis auf Lenoir für sich in Anspruch nehmen. Darauf reagierte man in Österreich und Deutschland mit dem Hinweis auf Siegfried Marcus, der, wie man sich nun sehr gut erinnerte, Jahre vor Seldens Patentanmeldung 1879

# Konstruktionszeichnung des letzten Marcus-Wagens von 1889.

# Erkenntnisse durch den Autor im Rahmen der Marcusforschung von 1945—1990

## Was mit Sicherheit feststeht,

ist, daß Siegfried Marcus 1864 das erste Benzinautomobil mit entsprechendem Vergaser schuf und auch der zweite Marcus-Wagen von 1871/72 mit Benzin betrieben und elektrisch gezündet wurde. In demselben Fahrgestell, in dem Marcus mehrere Motoren erprobte, befindet sich heute der wassergekühlte und elektrisch gezündete Einzylinder-Viertakt-Benzinmotor von 1875. Fest steht auch, daß er einen dritten Wagen (laut Konstruktionszeichnung) mit verstärktem Motor spätestens 1889 bauen wollte, der in seiner Grundkonzeption abermals äußerst fortschrittlich gewesen wäre.

## Was aus dem Entwicklungsablauf zwangsläufig hervorgeht,

ist, daß Marcus nach seinem ersten stehenden Motor von 1864 in der Folge bis 1887 Motoren in Kurzbauweise entwickelte, die durch den Balancier für den damals sehr aktuellen Stationärbetrieb sinnlos und viel zu aufwendig gewesen wären. Diese Motoren waren vielmehr ausschließlich zum Antrieb selbstbeweglicher Fahrzeuge — auch von Luftschiffen und Booten — vorgesehen, was auch aus dem authentischen Quellenmaterial eindeutig hervorgeht.

## Bestätigung durch Zeitgenossen

Diese Entwicklungsstadien decken sich meist mit zeitgenössischen Angaben, Berichten, Patenten und Fachveröffentlichungen von Freunden, Journalisten und anerkannten Experten sowie Berichten über unternommene Ausfahrten zwischen 1864 und 1878.

## Was sich logisch ableiten läßt,

beruht auf der chronologischen Folgerichtigkeit. Wer die Zeitabläufe zwischen 1864 und 1888 untersucht, kann immer wieder die unbedingt notwendigen Entwicklungszeiträume von einer Konstruktion, Verbesserung oder Neueinsatz zum anderen feststellen, wobei erwähnenswert ist, daß Marcus auch nach heutigen Maßstäben dafür jeweils erstaunlich wenig Zeit benötigte, was sein Genie abermals unter Beweis stellt.

## Weshalb wird Marcus immer wieder in Frage gestellt?

Als überzeugter Einzelerfinder hatte Marcus kein industrielles Unternehmen gegründet, wodurch er in der späteren Industriewelt ein Außenseiter war und blieb. Weder eine einflußreiche Familie noch Lobby waren aus traditionellen oder werblichen Gründen an einer konstanten Würdigung seiner Leistungen interessiert.

In den achtziger Jahren des vorigen Jahrhunderts war er mit seiner Erfindung zwar seiner Zeit zu weit voraus, um verstanden zu werden, wenige Jahre später aber wurde er von Zeitgenossen als Erfinder des Automobils bezeichnet.

Erst im Dritten Reich wurden aufgrund seiner jüdischen Herkunft erstmals wichtige Unterlagen aus Museen und Sammlungen entfernt, und ab 1960 sollte — aus welchen Gründen immer — der Behauptung zum Durchbruch verholfen werden, daß das seit 1871/72, mit Viertaktmotor seit 1875 bekannte Fahrzeug, das sich heute im Technischen Museum in Wien befindet, eigentlich aus dem Jahr 1888 stammt, was bei genauer Analyse der Grundlagen jedoch nicht haltbar ist.

Die schwierige Materie verleitet anscheinend zu unverantwortlichen Vereinfachungen und damit zu Resultaten, die nicht nur historisch unhaltbar sind, sondern auch dem Erfinder nicht gerecht werden.

(die Erteilung erfolgte 1895, wurde aber später wieder aufgehoben) bereits mit einem Prototyp des Automobils durch die Straßen Wiens gefahren war.

1898 wurde der zweite Marcus-Wagen, der sich bis dahin im Wiener Depot der Blanskoer Eisenwerke befunden hatte, aufgrund einer Initiative von Prof. Dipl.-Ing. Ludwig Czischek-Christen, eines der bekanntesten Autosachverständigen des damaligen Österreich, anläßlich der „Jubiläums-Gewerbeausstellung" zum 50. Jahrestag der Thronbesteigung von Kaiser Franz Joseph I., im Rahmen der „Collektiv-Ausstellung der Automobilbauer Österreichs" an bevorzugtem Platz neben der „Kaiser-Pyramide" gezeigt.

Nachdem sich die bekannten, bereits erwähnten Persönlichkeiten der deutschen Kraftfahrt, der Chefredakteur des „Motor-

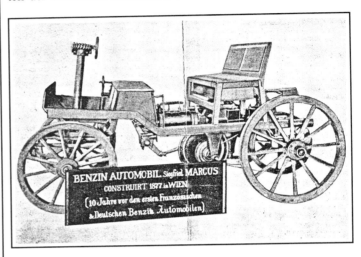

wagens", Zivilingenieur Robert Conrad, Berlin, und der anerkannte Technikhistoriker F. M. Feldhaus, über die näheren Umstände der Behauptung der österreichischen Kraftfahrkreise, Marcus wäre der wahre Erfinder des Automobils, informiert hatten, wurde mehrfach anerkannt, daß Marcus bereits vor Selden ein automobiles Fahrzeug mit Verbrennungskraftmaschine betrieben hatte.

Erst zwischen den beiden Kriegen erhoben sich in Deutschland Stimmen, die meinten, daß der zweite Marcus-Wagen nie wirklich gefahren wäre. Um zu beweisen, daß diese Vermutung nicht zutraf, nahm der Autor im Einvernehmen mit dem ÖAMTC sowie dem Technischen Museum Wien 1950 die Renovierung in Angriff, die den gegenteiligen Beweis erbrachte (siehe Seite 94).

Siegfried Marcus starb bald nach der Ausstellung, in der sein Wagen gezeigt wurde, in der Nacht vom 30. Juni auf den 1. Juli 1898 in Wien an Herzschlag. Im Sterberegister wird seine Konfession als evangelisch angeführt. Seit 1948 ruht er in einem Ehrengrab der Stadt Wien.

Jahrzehntelange Leiden gingen diesem plötzlichen Tod voraus. Schwere Nervenschmerzen der linken Gesichtshälfte, die er sich durch seine Versuchstätigkeit zugezogen hatte und auch durch mehrere Operationen nicht zu beheben waren, haben diesen modernen Prometheus nicht daran gehindert, bis zu seinem Ende rastlos tätig zu sein. Sein letztes Patent stammt aus dem Jahr 1896. Sein Besitz ging an seine beiden Töchter und die Lebensgefährtin Eleonore Baresch, deren Bruder die Werkstätte weiterführen sollte. Aber dazu kam es nicht, sodaß die Wirkungsstätte Marcus' zugrunde ging.

Das Wirken dieses großen Mannes blieb allerdings nicht ohne äußere Anerkennung von seiten seiner Zeitgenossen und brachte ihm mehrere Auszeichnungen, aber auch materielle Erfolge ein.

Kaiser Franz Joseph zeichnete ihn durch Verleihung des Verdienstkreuzes aus und Kronprinz Rudolf, dessen Lehrer für Experimentalphysik Marcus gewesen war, machte ihm wertvolle Geschenke.

Die Öffentlichkeit ist ihm jedoch die seinen Leistungen angemessene Anerkennung bis heute schuldig geblieben.

# Zeitgenössische Veröffentlichungen über Siegfried Marcus

Nachfolgend werden in unverändertem Wortlaut von bedeutenden Zeitzeugen stammende Veröffentlichungen wiedergegeben, die über den zweiten Marcus-Wagen und seinen Betriebseinsatz ab 1871/72 berichten. Sie werden deshalb in vollem Umfang gebracht, um jede Mißdeutung aufgrund verkürzter Auszüge von vornherein auszuschließen.

Beachtenswert ist in diesem Zusammenhang, daß diese eindeutigen Zeitdokumente zur Wahrheitsfindung bisher nicht herangezogen wurden, obwohl sie sicher zugänglich gewesen wären.

## RUHMESBLÄTTER DER TECHNIK
### F. M. FELDHAUS
INGENIEUR

In der Mariahilfer Straße in Wien arbeitete seit dem Jahre 1861 der Mechaniker Siegfried Marcus am Bau eines Kraftwagens, der durch vergastes Petroleum betrieben werden sollte [36]). Marcus stammte aus Malchin in Mecklenburg, hatte dort und in Hamburg die Lehre als Schlosser durchgemacht und war seit 1848 in der damals neugegründeten Firma Siemens & Halske tätig. Dort wurde er ein Günstling von Werner Siemens, dem großen Elektriker. Später ging Marcus nach Wien und machte sich dort im Jahre 1860 selbständig. Vielerlei Apparate gingen aus seiner Werkstätte hervor, und für seine eigenartigen Erfindungen erhielt er von verschiedenen Seiten besondere Anerkennung, darunter die Große Goldene Medaille der Wissenschaften in Wien.

Sehr eingehend beschäftigte Marcus sich mit den damals neuen Maschinen, die durch Gas oder vergastes Benzin oder Petroleum betrieben werden. Er war der erste Erfinder deutscher Nation, der mehrere für die Weiterentwickelung der Gasmaschine grundlegende Prinzipien praktisch ausbildete, durchführte und durch Patente sich schützen ließ. Eine seiner Explosionsmaschinen setzte Marcus im Jahre 1861 auf einen Handwagen und verband die Maschine mit den Hinterrädern des Handwagens durch einen Treibriemen. Mit diesem mehr als einfachen Fahrzeug wurden sogleich Versuche unternommen. Doch der Lärm war so groß, daß die Polizei sich ins Mittel legte und die weiteren Versuche untersagte. Im stillen arbeitete Marcus jedoch an seinem Kraftwagen weiter. Nach sieben Jahren waren die Grundlagen für den heutigen Benzinkraftwagen gewonnen und Marcus begann mit dem Bau einer derartigen Maschine. Sie wurde im Jahre 1875 fertig und befindet sich noch gegenwärtig (siehe Abb. 190) im Original in Wien, und zwar im Besitz des österreichischen Automobilklubs. Dieser älteste moderne Kraftwagen enthält, wie wir aus Abb. 191 erkennen, eine Benzinmaschine, die zwischen den Hinterrädern des Wagens gelagert ist, und die auch mittels einer Reibungskupplung auf Seilscheiben wirkt, die die Hinterräder antreiben. Da der Wagen nur zu Versuchszwecken gebaut war, so ist das Gestell, wie wir aus Abb. 190 sehen, äußerst einfach gehalten. Der Führer des Wagens nahm auf einem niedrigen Bockkasten Platz, vor welchem an einer Säule das Lenkrad saß. Hinter dem Wagenführer ist eine Bank angebracht, auf der zwei Fahrgäste Platz nehmen können.

Am 23. Mai 1882 meldete Marcus das erste Patent auf eine Kraftmaschine „zum Betriebe aller Arten Fahrmittel zu Wasser und zu Lande", und zwar in Deutschland, an. Unstreitig gebührt ihm das Verdienst, den ersten brauchbaren Kraftwagen mit Ex-

Zwei Veröffentlichungen, die ausschließlich Siegfried Marcus gewidmet waren, wurden vom international anerkannten Technikhistoriker, dem ehemaligen Vizedirektor des Technischen Museums Wien, Hofrat Dipl.-Ing. Dr. techn. Erich Kurzel-Runtscheiner, nach jahrzehntelangen Forschungen und Ermittlungen, nicht zuletzt aufgrund von Aussagen mit Marcus noch persönlich bekannter Zeitgenossen, verfaßt.

**1910 Leipzig**

plosionsmaschine erfunden, erbaut und zum Patent angemeldet zu haben. Daß Marcus als Erfinder unseres Automobils lange vergessen wurde, hindert nicht, ihn jetzt rückhaltslos anzuerkennen. In seiner Vaterstadt wird ihm auf meine Veranlassung eine Denktafel gesetzt.

Marcus war ein unruhiger Geist, den stets das Neue reizte, aber nur gar zu gern einen Gedanken beiseite schob, wenn er ihm das erste Interesse abgewonnen hatte. So geriet auch sein Kraftwagen bei ihm bald in Vergessenheit, und er mußte es erleben, daß andere das Fahrzeug in die Praxis einführten. Marcus starb im Jahre 1898, ohne sich weiter mit seinem Kraftwagen beschäftigt zu haben.

Abb. 190. Kraftwagen von Marcus, 1875.

Abb. 191. Der Marcus'sche Kraftwagen von unten gesehen.

**1910 Berlin**

Siegfried Markus,
Erfinder und Erbauer eines Motorfahrzeuges (1875).

Die Priorität Lenoirs ist später bezweifelt worden. 1898 machte ein Wiener Blatt darauf aufmerksam, daß Siegfried Markus der „Vater des Automobils" sei, da er 1875 in Wien ein Automobil mit einem Gasmotor konstruiert habe. Markus ist nun in der Tat der erste Erfinder deutscher Nationalität gewesen, der wichtige Neuerungen an Explosionsmotoren traf. Bereits auf der Wiener Weltausstellung 1873 stellte er einen Motor aus, der durch verdampftes Benzin gespeist und elektrisch entzündet wurde. Da seine ersten Patente, die sich auf die Karburierung der Luft bezogen, bereits aus den Jahren 1864/65 stammten, steht Markus dem Franzosen Lenoir zeitlich auch nicht allzuweit nach. Aber auch Markus' Arbeit war nicht erfolgreich. Das erste Automobil von Markus ist verschollen, das zweite aus dem Jahre 1875 besitzt noch heute die Oe. A. C.. Die Vaterstadt von Markus ist Malchin in Mecklenburg.

Ehe wir zur Erfindung des eigentlichen Automobilmotors, des leichten Motors von Daimler übergehen, sei hier zunächst noch der französischen Erfinder- und Konstrukteurfamilie **Bollée** gedacht, der der moderne Automobilismus insofern viel verdankt, als sie die schnellen Dampfwagen schuf, die den ersten Benzinautomobilen als Vorbilder in bezug auf Lenkbarkeit und Schnelligkeit und Gesamtanlage dienten. Amédée Bollée sen., geboren zu Mans 1844, und seine Söhne Léon und Amédée jr. waren die Erfinder und Erbauer bekannter Dampfautomobile. Amédée Bollée sen. verbesserte die Steuerung der Wagen erheblich (1873) und ordnete die Maschinerie seiner Dampfwagen in einer vorbildlichen Weise für alle späteren (auch Benzin-) Automobile an. Einer seiner berühmten ersten Dampfwagen war die „Obéissante" (1873).

1905 Berlin

magnetelektrischen Zündung in Verbindung mit dem Benzinmotor, die später von Bosch unabhängig neu erfunden und zu dem heutigen Grade der Vollkommenheit ausgebildet wurde. Schon 1870 begannen — den eigenen Mitteilungen des Erfinders zufolge — seine einschlägigen Experimente. Er kannte bereits den Anker, welcher zwischen den Schenkeln von permanenten Magneten rasch oscilliert und damit den Strom erzeugt. Er war wohl auch der erste, welcher die damit zusammengehörige Abreißzündung praktisch und mit Erfolg versuchte. Sein ältestes Automobil ist vollkommen in Vergessenheit geraten. Seine zweite, verhältnismäßig vollkommenere Type stammte aus dem Jahre 1875 und hier waren bereits alle wesentlichen Teile des Motorwagens in einer wenn auch nicht reifen, aber doch wohl für kurze Fahrten ausreichenden Form verkörpert.

Der Motor übertrug durch Seilscheiben mit mehreren Seilen seine Kraft auf die Triebräder; für die Steuerung war bereits ein Schneckenrad angewendet. Fast 20 Jahre lang arbeitete Markus unter ungünstigen wirtschaftlichen Verhältnissen, von Nervenschmerzen gefoltert, die er vergeblich durch stundenlanges Elektrisieren zu bannen suchte, an seinen Motoren und seinen übrigen Erfindungen.

---

*) V. Jahrgang, Nummer vom 21. Dezember 1904.

1898 Wien

## Der Wiener Erfinder Siegfried Markus

(ein geborener Mecklenburger) war sicher einer der Ersten, der sich mit der Konstruktion von selbstfahrenden Wagen befaßte. Über seine Tätigkeit sind in neuester Zeit u. a. in der Allgemeinen Automobilzeitung*) einige Mitteilungen gemacht worden, die indessen noch lange nicht geeignet sind, die volle Bedeutung dieses großen und unglücklichen Erfinders klarzustellen. Markus hat, wie er mir vor vielen Jahren selbst berichtete, auf alle möglichen Methoden versucht, das Problem der Traktion zu lösen. Er begann mit elektischen Elementen, mit T r o k-k e n b a t t e r i e n, dann mit thermo-elektrischen Batterien und wandte sich schließlich fast ausschließlich dem Bau von Z w e i t a k t m o t o r e n zu, die er Jahre lang versuchte, ehe er an ihre Patentierung und auch an ihre Ausbildung als Automobilmotoren schritt.

Die überwiegende Mehrzahl der Markus'schen Zweitaktmotoren und später auch seiner Viertaktmotoren war als Balanciermaschinen ausgeführt, und dies ist schon ein sicheres Zeichen dafür, daß er vom Anfang an ihre Verwendung für Automobilzwecke im Auge hatte.

Damals war die spezielle Leistung eines Motors noch verhältnismäßig gering und der Zweitakt (die vordere Kolbenseite diente als Pumpe) sollte dieselbe erhöhen, während gleichzeitig die Baulänge der Maschine, deren Zylinder stets liegend ausgeführt wurde, durch einen Balancier verkürzt werden sollte, um eben ihre Aufnahme in das Automobil zu erleichtern.

Markus war einer der ersten, welcher es versuchte, für seine Maschinen einen unter allen Bedingungen brauchbaren Karburator zu konstruieren, der nicht bei dem allmählichen Verdunsten der Flüssigkeit mit den damals üblichen Bauformen den Nachteil teilen sollte, daß zuerst die leichtflüchtigsten Bestandteile vergasen und die weitere Flüssigkeit daher immer weniger leicht karburierbar wurde. Zu diesem Zwecke wandte Markus rotierende Bürsten mit harten Borsten an, welch letztere an einem Abstreifer vorbeigingen, und den Brennstoff in die zuströmende vorgewärmte Luft fein zerstäubten.

## Erfindung der magnet-elektrischen Zündung

Markus ist wahrscheinlich auch einer der ersten Erfinder der

Im Anschlusse an den obigen interessanten Aufsatz wollen wir nur constatiren, daß die Priorität der Erfindung des Automobiles oder Motorwagens dem österreichischen Mechaniker und Ingenieur Siegfried Markus zugesprochen werden muß, welcher am 30. Juni 1898 in 67. Lebensjahre in Wien gestorben ist. Markus kam vor mehr als 40 Jahren aus Deutschland, wo er unter Werner Siemens thätig war, nach Wien und machte hier eine Reihe wichtiger Erfindungen und Entdeckungen auf dem Gebiete der Mechanik, Physik und Elektrotechnik, die seinen Namen weit über die Grenzen seiner neuen Heimat bekannt und berühmt machten. Markus war der Erste in Europa, dem es gelang einen Straßenwagen zu construiren, der von einem sinnreich erdachten Benzin-Motor angetrieben wurde. Schon in den Sechziger-Jahren beschäftigte er sich mit dem Problem eines solchen Motorwagens und im Jahre 1872 konnte er mit seinem interessanten Vehikel die Mariahilferstraße, eine der lebhaftesten Verkehrsstraßen Wiens, befahren. Leider gab es damals noch keinen „Automobilismus", der sich heute zu einem modernen Sport herangebildet hat; seine Erfindung gerieth in Vergessenheit. Markus verkaufte seine deutschen Patente an einen holländischen Capitalisten, der jedoch durch den Tod verhindert wurde dieselben zu verwerthen und dessen Nachfolger unterließen es, die Patente durch Zahlung der fälligen

Jahrestagen aufrecht zu erhalten. Bald darauf tauchten neue Constructionen auf, die auf Grundlage der Markus'schen Erfindung basirten und heute können wir das Entstehen einer neuen Industrie beobachten.

Wir entnehmen die vorstehenden interessanten Ausführungen dem in Vorbereitung befindlichen 18. (Ergänzungs- und Register-) Band zur fünften Auflage von Meyer's Conversations-Lexikon, welcher neben neuen Artikeln die während des Erscheinens sich ergebenden Neuerungen, Veränderungen und Berichtigungen nachträgt und durch Nachweis derjenigen Namen, Thatsachen und Materien, die nicht unter eigenen Stichwörtern behandelt werden konnten, das Werk um ca. 25.000 Artikel bereichert. Jedem Besitzer des siebzehnbändigen Hauptwerkes wird diese Fortführung, die in ihren größeren Beiträgen gleichzeitig die Bewegung der Gegenwart getreulich widerspiegelt, gewiß willkommen sein.

Die Hof-Wagen- und Automobil-Fabrik von Jakob Lohner & Comp. in Wien hat das Original-Benzin-Automobil von Siegfried Markus, das in einem „Museum der Geschichte der österreichischen Arbeit" einen Ehrenplatz verdient, in der diesjährigen Jubiläums-Ausstellung exponirt, wo es das Interesse aller Fachleute erregt.     R. A.

Der seinerzeit bekannte Schriftsteller Emil Ertl hat in seinem Buch „Geschichten aus meiner Jugend" Siegfried Marcus ein ganzes Kapitel gewidmet. Er führt ihn zwar nicht namentlich an, da er aber seiner Familie seit langem bekannt und sein Vater sogar ein Förderer von Siegfried Marcus war, er außerdem das Fahrzeug, auf dem er gefahren ist, genau schildert, kommt seinen Aussagen großer geschichtlicher Wert zu. Wenn er auch keine Jahreszahlen nennt, so ist für die geschilderte Fahrt dennoch das Jahr 1871 oder 1872 eindeutig belegbar und damit ein wichtiges Zeitdokument, das noch mehr Gewicht dadurch erhält, daß es als solches nicht beabsichtigt war.

**Der Weltbürger Marcus und seine Erfindung.** ▶

# Der Kilometerfresser

Wo Aas ist, versammeln sich die Geier; darum gibt es in Kurorten, wo mehr eingebildete Kranke und überspannte Weiber zusammenströmen als an anderen Orten, auch mehr wichtigtuende Ärzte als sonstwo, und darum siedeln sich in Industriebezirken, wo viele Webstühle laufen, Webstuhlmechaniker an. Denn auch die Webstühle mit ihren empfindlichen Nerven haben ihre Mucken, gebärden sich manchmal wie hysterische Weiber und bedürfen dann eines findigen Facharztes, der ihnen unter dem üblichen Hokuspokus den Kopf wieder zurechtsetzt. So gab es in meiner Jugend auf dem sogenannten „Schottenfeld" stets eine Anzahl Vertreter dieses Berufes. Es war die Zeit, da die Handwebstühle dort noch klapperten, die österreichische Seidenwarenerzeugung hatte ihre Umstellung auf den Dampf- oder elektrischen Betrieb und ihre notgedrungene Übersiedlung aus der Stadt in Gegenden mit billigeren Arbeitslöhnen noch nicht vollzogen, und die Webstuhlmechaniker, die zu den unentbehrlichsten Hilfsgewerben zählten, hatten oft alle Hände voll zu tun, ihre lahmenden oder hustenden, nervös überreizten oder an Altersschwäche leidenden Patienten wieder auf den Damm zu bringen.

In meinen Wiener Weber-Romanen hab' ich da und dort verschiedene Typen dieser Menschengattung gezeichnet, nirgends aber die Gestalt eines merkwürdigen Mannes festgehalten, der nichts Gattungsmäßiges an sich hatte, sondern ein Narr auf eigene Hand war. In der ganzen Vorstadtgegend unter dem Spottnamen „Spinnerich" bekannt, gehörte er ebenfalls der Gilde der Webstuhlmechaniker an, unterschied sich aber von seinen Zunftgenossen durch unendlich gründlichere und vielseitigere Kenntnisse in allen technischen Belangen und eine aufs Große und Größte gerichtete Besessenheit. Schon mein früh verstorbener Vater hatte ihm Beachtung geschenkt und Förderung zuteil werden lassen.

Auf mich Jungen aber machte dieser dunkle Ehrenmann, der als eine Art Doktor Faustus der Mechanik stets hinter dem Unwirklichen und scheinbar Unerreichbaren her war, einen so unauslöschlichen Eindruck, daß er mir bis heute wie ein noch Lebender vor Augen steht. Vielleicht würde er auch noch leben, nicht leiblich — das widerspräche den Naturgesetzen — aber im Sinne jener Unsterblichkeit, die der Ruhm verleiht, wäre Österreich nicht noch ein gut Stück ungeeigneter als jedes andere Land, ein Vaterland für Propheten abzugeben.

Übrigens weiß ich nicht einmal, ob Österreich sein Vaterland gewesen ist. Er selbst, seiner Abstammung nach jenem heimatlosen Volke angehörend, das über die ganze Erde verstreut lebt, behauptete, sich überhaupt keines Vaterlandes rühmen zu können, weil er auf hoher See zur Welt gekommen sei. Eine Folgerung, die staatsrechtlich manchen Haken haben dürfte, aber ein bezeichnendes Licht auf das Selbstgefühl eines bis zur Ein-

Ertl, Emil, 11. 3. 1860 Wien — 8. 5. 1935 Graz, aus altem Seidenwebergeschlecht, 1880 Offiziersprüfung, Stud. Jura und Philos. Wien und Graz, Dr. phil., 1889 Bibliothekar, 1898—1922 Bibliotheksdirektor der TH Graz, seit 1927 in Wien. Freund P. Roseggers. — Erzähler der österr. Heimatkunst mit Wiener-, Heimat-, Geschichts- und Sozialromanen im kleinbürgerl. Raum. Schriftliche Tetralogie „Ein Volk an der Arbeit" zur Verherrlichung ehrl. Arbeit und der Bürgertugenden im Sinne G. Freytags. Ferner psychologisch vertiefte Bauernromane und formstrenge Novellen aus Österreichs Geschichte und Gegenwart mit z. T. gemütvollem Humor.
(Auszug aus einem Literaturlexikon.)

Geschichten
aus meiner Jugend

Von
Emil Ertl

Wilhelm Andermann Verlag, Wien
1948

*Emil Ertl*

falt Selbstlosen wirft, der in knappen Verhältnissen, oft genug darbend, sich ein Menschenalter hindurch in seine Werkstatt vergrub, um Wunder auszubrüten. Denn diese Wunder würden, daran zweifelte er keinen Augenblick, wenn sie einmal die Eischalen abgestreift hätten und flügge geworden wären, nicht bloß einem einzelnen Lande, sondern der ganzen Menschheit zugute kommen. Darum eben fühlte er sich als Weltbürger. Seine Zeitgenossen freilich waren fast ausnahmslos davon überzeugt, daß die Eier, die er bebrütete, taub seien, und erblickten in seiner felsenfesten Zuversicht nichts als den Irrwahn eines schiefgewickelten Phantasten. Denn wer hätte in jener Epoche der Sättigung, wo man bereits die unumschränkte Herrschaft über die Naturkräfte errungen zu haben glaubte und mit sich selbst so außerordentlich zufrieden war, eine ganze Reihe späterer technischer Errungenschaften, wie etwa den Fernsprecher, den Kraftwagen, das Flugzeug und manches sonst, das heute jedem Kind eine Selbstverständlichkeit dünkt, für etwas anderes als die Ausgeburt eines überreizten Gehirns gehalten?

Der „Spinnerich" trug der Idee nach all diese Dinge schon damals in sich. Und daß sein Schaffen und Wirken kein ganz müßiges gewesen, bezeugt die verspätete, ob auch durch allerhand Wenn und Aber eingeschränkte Anerkennung, die ihm zwar nicht die breite Öffentlichkeit, wohl aber gewisse engere Fachkreise heute keineswegs mehr vorenthalten. Man weiß in diesen Kreisen der Eingeweihten von ihm und läßt seine Arbeit wenigstens als bemerkenswerte Vorarbeit gelten, die glücklicheren Erfindern den Weg bereitete. Immerhin eine kleine Genugtuung für den längst Verstorbenen. Aber spürt seine leer gefressene Hirnschale, auch sie in ihrer Art, „geheim Gefäß, Orakelsprüche spendend", noch irgend etwas davon? Und kann die magere Gerechtigkeit, die auf der Schneckenpost einherfährt, ihn für all den Hohn und Spott, den er schlucken mußte, kann sie ihn für die schwere Kette von Entbehrungen und fehlgeschlagenen Hoffnungen entschädigen, die er sein Leben lang schleppte?

Schicksal des Vorkämpfers für den Fortschritt, immer gleich hart und erbärmlich, ob es sich um einen Fortschritt auf technischem oder anderen Gebieten des Geistes handelt. Ach, auf dem Grabe des „Spinnerich", das niemand kennt, grünt kein Lorbeer, kaum daß ein dürr gewordenes Reis davon sein Erinnerungsbild schmückt! Von Ruhm ist das noch meilenweit entfernt, höchstens ein Rühmlein könnte man's nennen, ein kümmerlich blasses Rühmlein in Duodez, beschränkt auf ein paar vereinzelte Kenner, vermischt auch dieses mit dem Achselzucken des Mitleids und auch dieses um ein halbes Jahrhundert zu spät gekommen.

Denn bei seinen Lebzeiten ist ihm nicht einmal solch karges Almosen vergönnt gewesen. Sein Los glich dem des Uhu, der mit großen, verwunderten Augen hilflos zusehen muß, wie das beweglichere Gelichter des übrigen Vogelzeugs ihn höhnend einkreist, um mit unbarmherzigen Schnäbeln auf seine Wehrlosigkeit loszuhacken. Niemand ahnte damals, daß er mehr als ein übergeschnappter Webstuhlmechaniker sei, daß er eine Art Hexenmeister sei, der das Gras der Zukunft wachsen hörte und die kommenden Zauberkünste der Konstruktion hellseherisch voraussahnte. Und so groß auch die Zahl von unscheinbaren und doch nützlichen Behelfen und Apparaten war, die dieser Meister der Feinmechanik ersonnen und ausgeführt hatte, man belächelte ihn nur oder verlachte ihn gar, weil er selbst kein Aufhebens davon machte und immer noch höher hinauswollte, ohne doch jemals die abenteuerlichen Luftgebilde, denen er nachjagte, greifbar und allgemein überzeugend ans Licht stellen zu können. Denn bei allem Ingenium fehlten diesem Weltbürger, den niemand ernst nahm, die zur Verwirklichung technischer Ideen unentbehrlichen Voraussetzungen. Es fehlten ihm nicht nur eigene Mittel, es fehlten ihm auch gerade jene Eigenschaften, durch die seine Rasse sich sonst auszeichnet, die Fähigkeit, Geld gleichsam aus dem Boden zu stampfen, der Geschäftsgeist, der Kapital aus einem Gedanken schlägt.

So heftete sich die Erfolglosigkeit an seine Fersen, er selbst blieb ein armer Schlucker. Anlaß genug für die behäbigen Fabriksherrn vom „Grund", sich über ihn lustig zu machen. Ein Gefühl dafür, daß Reichtum verpflichtet, war diesem Klüngel immer fremd geblieben, von vornherein liebten sie das Ungewöhnliche nicht, verachteten die Mittellosigkeit schon an sich und ließen es an Spott und Geringschätzung erst recht nicht fehlen, wo einer ein Geschäft betrieb, dessen Ziele unklar, dessen Erträgnisse zweifelhaft blieben. Eben darum hatten sie ihm den Spitznamen des „Spinnerich" aufgebracht, der ihm sein Lebtag anklebte. Ein Wort, das offenbar mit „spinnen" zusammenhängt, was so viel wie „verrückt sein" bedeutet.

Einer der kaltschnäuzigsten Hauptkerls vom „Schottenfeld", dem niemals vor seiner Gottähnlichkeit bange wurde, war ein weitschichtiger Oheim von mir, den wir Onkel Thomas nennen und alljährlich an seinem Geburtstag besuchen mußten, um ihm unsere Glückwünsche darzubringen. In den losen Mäulern der Jugend hatte auch er einen Spitznamen, wir nannten ihn den „Bumerang", vielleicht aus dem Grunde, weil er scharf und ausfallend war wie die gleichnamige hölzerne Wurfwaffe wilder Völker, die ein Bestandstück der für unsere Knabenspiele bestimmten Rüstkammer bildete. Sein Dunstkreis war mit kritischer Gesinnung geschwängert, wer sich unbedacht in die gefährliche Nähe solcher elektrischer Spannungen wagte, konnte leicht etwas abbekommen.

Ein Blitzableiter tat not, und der unehrerbietige Spitzname diente uns als solcher. Er erleichterte uns das Herz, indem er mißgünstige Entladungen aller Art in den Boden der Heiterkeit ablenkte und die beleidigten Mienen oder mäkelnden Worte unschädlich machte, durch die der Oheim seine Autorität zu unterstreichen liebte.

So verfehlte auch hier das leidenschaftliche Werben um Ansehen und Geltung sein Ziel, wie immer, wenn es sich mit Gewalt durchsetzen will. Denn das innerste Gesetz jeder Neigung ist die Freiwilligkeit. Und am allerwenigsten läßt das heranwachsende Geschlecht jene Liebe und Verehrung durch Zwang sich abtrotzen, die es älteren Semestern so gern entgegenzubringen bereit ist, wo es verstehende Duldung und lächelnde Langmut wittert.

Als ich mich wieder einmal zu dem gedachten Zweck in die Zieglergasse verfügte, wo des Oheims Fabrik sich befand, traf ich diesen, der übrigens als außerordentlich tüchtiger und fleißiger Geschäftsmann bekannt war, in seiner Schreibstube nicht an. Man wies mich ins Hofgebäude, ich fand ihn am Krankenbette eines ohnmächtig gewordenen Webstuhls in einem der geräumigen Arbeitssäle, in welchem ein gutes Dutzend anderer Seidenstühle klapperten und ratterten.

Das Getöse war so groß, daß man kaum sein eigenes Wort verstehen konnte, es fiel mir nicht leicht, meinen Geburtstagswunsch hervorzustottern und all die schönen Dinge aufzuzählen, die das Schicksal dem „Bumerang" von mir aus in reichlichstem Ausmaß bescheren mochte, wenn ich mich nur bald wieder würde empfehlen dürfen.

„Lauter!" herrschte Onkel Thomas mich an und schnappte nach einer Fliege, eine Bewegung, die sein Unterkiefer unwillkürlich auszuführen pflegte, wenn er sich in besonders übler Laune befand.

Ach, mir schien es verdienstlich genug, wenn mir der Faden nicht ausging; daß ich ihn auch noch fortissimo abspinnen sollte, hieß wirklich zu viel von mir verlangen. Dennoch erhob ich meine Stimme, so laut ich es vermochte, mein Wille war gut, es lag mir viel daran, mich mit heiler Haut aus der Affäre zu ziehen. Denn einer Standesperson der Sippschaft Glück zu wünschen, war damals, wo das „Zeitalter des Kindes" noch in weiter Ferne stand, keine Kleinigkeit. Man mußte sein Sprüchlein nicht nur laut und vernehmlich, man mußte es auch mit geziemender Demut hersagen und es schließlich noch in eine Bitte ausklingen lassen, die sich auf Zuwendung fernerer Gewogenheit, Nachsicht und Güte zu beziehen hatte. Das alles stand fest wie eine mathematische Formel, und versah man ein Tüpfelchen, so war es schon ein Crimen laesae majestatis.

Meine Zunge aber zeigte sich heute widerborstig, sie sträubte sich gegen die Heuchelei, die Verlängerung jener Gewogenheit, Nachsicht und Güte von einer Seite zu erflehen, von der mich stets nur ein eisiger Luftzug von Mißbilligung und Nörgelei angeweht hatte, erkältend wie Gletscherluft und alle Freudigkeit ertötend. Darum wollten die kunstvoll gedrechselten Wendungen, wie die Überlieferung der bourgeoisen Dogmatik sie vorschrieb, durchaus nicht über meine Lippen.

Mit Selbstverleugnung nahm ich mir einen Rand und brachte es glücklich zu der vielversprechenden Einleitung: „Und bitte ferner..."

Damit war ich aber auch schon am Ende meiner Kräfte angelangt, die Rede geriet ins Stocken, ein peinliches Verstummen stellte sich ein. Das unnahbare, ironisch zugekniffene Auge, das streng kritisch auf mir ruhte, warf mich aus dem Sattel, in meines Nichts durchbohrendem Gefühle brachte ich keine Silbe mehr hervor.

„Sehen Sie, der spinnt auch!" hörte ich den Oheim zu irgend jemand sagen.

Erst jetzt bemerkte ich die Anwesenheit dieses Jemand, der bis dahin unsichtbar unter dem Webstuhl gekauert hatte und auf die seltsame Anrede hin aus der Versenkung emportauchte. Es war der „Spinnerich", ein schon etwas angegrauter Mann mit trockenen, grüblerisch ausgearbeiteten Gesichtszügen, der sich nicht ohne einiges Ächzen und Stöhnen aus seiner gebückten Lage aufrichtete und mit dem Taschentuch emsig auf seine Hose klopfte. Sonst von gepflegtem Äußeren und peinlich sauber, stand er jetzt bestäubt, in Hemdsärmeln, mit verschobener Halsbinde und zerknülltem Kragen vor uns, in Schweiß gebadet von der Anstrengung, mit der er in seiner unbequemen Stellung an den Eingeweiden des Stuhles herumgedoktert hatte, um die verwirrten Platinen und Züge wieder in Ordnung zu bringen.

„Weiß der Kuckuck, wo das Übel sitzt", sagte er unter unmutigem Achselzucken, während er sich die Stirn trocken wischte. „Ich müßte das ganze Werk auseinandernehmen und in seine Teile zerlegen, dann käm' ich vielleicht dahinter. Aber bei dem alten, verbrauchten Material lohnt es fast nicht mehr der Mühe."

„Ich hab' kein G'lumpert in meiner Fabrik!" brauste der „Bumerang" auf. „Der Stuhl war immer tadellos, er geht wie geschmiert, nur herrichten muß man ihn können."

„An dem ist nicht mehr viel herzurichten", beharrte der Mechaniker; „er ist ausgefahren und abgeleiert. Die Menschen leben auch nicht ewig, einmal kommt eben die Zeit, wo beim besten Willen nichts mehr zu machen ist."

Widerspruch vertrug Onkel Thomas überhaupt nicht, und nun wagte es auch noch einer, ihm seine Stühle zu verschimpfieren! Das brachte ihn völlig aus dem Häuschen.

„Verstehn tun Sie nichts, das ist alles! Der Stuhl ist gut, sag' ich, folglich ist er gut, und wenn Sie ihn nicht reparieren können, so lassen Sie sich heimgeigen, ich such' mir einen anderen!"

Der „Spinnerich" zog seinen Rock an, das duldende Lächeln seiner Ahnen, die daran gewöhnt waren, geschlagen zu werden, glitt flüchtig über seine Lippen. Mit den Fabriksherren war nicht gut Kirschen essen, er wußte es. Aber wozu sich ereifern? Er benötigte sein Nervenschmalz zu besseren Dingen. Darum hielt er an sich und bewahrte, indem er den wüsten Ausfall wirkungslos an sich abprallen ließ, seine Haltung.

„Dann will ich Ihnen nicht länger im Weg stehn", sagte er gleichmütig. „Ohnedies hab' ich heut' noch etwas Wichtiges vor. Sie werden davon hören und sich wundern."

„Das wird auch was Rares sein, was Sie vorhaben", gab der andere höhnend zurück. „Vielleicht fahren Sie wieder einmal ohne Pferde spazieren?"

„Es ist mir gelungen, meinen selbstfahrenden Wagen so weit zu verbessern, daß ihm die Zukunft gesichert ist", antwortete der „Spinnerich" nicht ohne einen Anflug von Erfinderstolz. Und im Hinausgehn sich gutmütig an mich wendend, der ich das Söhnlein seines verstorbenen Freundes und Gönners war,

▶

**Beweis der konstanten Entwicklung der Fahrzeugmotoren.**

fragte er noch: „Der junge Mann besucht schon die Latein-schule, hör' ich?"

Die Pforten der Grammatik hatten sich seit einiger Zeit vor mir aufgetan, ich wußte bereits, was ein Ablativ sei, konnte mensa, hortus, homo deklinieren und war nahe daran, in die Geheimnisse der Conjugatio periphrastica einzudringen. So konnte ich die an mich gerichtete Frage bejahen, was ich denn auch mit einem gewissen Selbstbewußtsein tat.

Wir hatten inzwischen den tosenden Arbeitssaal verlassen und waren in den Vorraum getreten. Der „Bumerang" folgte uns. Es lag ihm offenbar noch zu viel auf der Leber, als daß er sich schon mundtot hätte machen lassen. Herausfordernd brummte er jetzt: „Lateinschule — auch so ein Blödsinn!"

„Warum?" fragte der Mechaniker.

„Sie haben vermutlich ebenfalls Latein studiert?"

„Leider nicht. Weshalb meinen Sie?"

„Weil Sie sich so gern mit allen möglichen brotlosen Künsten abgeben, statt lieber bei Ihrem Leisten zu bleiben. Darum meine ich, das hätte Ihnen gerade noch gefehlt, daß Sie zum Überfluß auch noch Latein studiert hätten."

Der „Spinnerich" lachte hellauf. Die unverhohlenen Anzüglichkeiten meines Oheims schienen ihn eher zu belustigen als zu kränken.

„Dafür hab' ich eine Menge anderer Dinge studiert, von denen Sie sich nichts träumen lassen, und die Sie ebenfalls für unnützes Zeug halten dürften."

„Das merkt man Ihnen auch an. Die Leut', die viel Unnötiges wissen, das sind immer die, die nichts ordentlich können. Ein Webstuhlmechaniker, der nicht imstand ist, einen Webstuhl wieder in Gang zu bringen, der kann mir gestohlen werden. Sehen Sie sich den Buben da an, der wird auch einmal so einer, wie Sie einer sind. Wenn es nach mir ginge, ich würde ihm das Lateinische schon austreiben — mit dem Stecken nämlich! Denn was kommt dabei heraus, wenn einer sich den Kopf mit müßigem Kram vollstopft, der im Leben zu nichts zu brauchen ist? Daß er für keinen vernünftigen Beruf mehr taugt und sich sein Lebtag als Hungerleider fortfrettet, der kaum die Butter auf sein trockenes Brot verdient. Die Hauptsache bleibt aber doch, daß man es zu etwas bringt in der Welt, alles andre ist Larifari. Und mit dem Studieren und Spintisieren hat's noch keiner zu was Ordentlichem gebracht, aufs Praktische kommt's an und nicht aufs Bücherlesen! Oder seh' ich vielleicht aus wie ein Professor? Mein Metier versteh' ich, das ist alles, und das ist mir genug. Gelernt hab' ich sonst nicht viel, war auch gottlob nicht nötig, bin doch ein vermöglicher Mann geworden."

Der Mechaniker, der sich damit beschäftigte, seine Halsbinde wieder in die rechte Lage zu ordnen, nickte zustimmend.

„Für Sie ist es ja auch genug", sagte er gelassen; „Sie hatten es wirklich nicht nötig, mehr zu lernen. Aber nicht jeder kommt mit einer Fabrik auf die Welt, in der die Arbeiter für ihn schuften. Wir anderen können uns Borniertheit nicht leisten."

Da saß nun ein ausreichend grober Keil auf dem groben Klotz, mir standen die Haare zu Berg. Indessen zeigte der Fabriksherr keine Lust mehr, das Wortgefecht fortzusetzen. Er war erbleicht, als hätte er den leibhaftigen Beelzebub vor sich aus dem Boden auftauchen sehen.

„Also ein Sozi sind Sie auch noch?" stieß er empört hervor und entschwand in der nächsten Tür, die krachend hinter ihm zuflog.

Beklommen stieg ich an der Seite des Mechanikers die Treppe hinunter. Wir traten aus dem Hause und gingen eine Weile schweigend nebeneinander her, die Zieglergasse entlang. Ich schämte mich ein wenig, daß der ernst und geistig aussehende ältliche Mann ein ganzes Schock schwerer Vorwürfe, die sich geradezu gegen seine Berufsehre richteten, in meiner Gegenwart hatte einstecken müssen. Es war mir, als sei ich ihm im Namen meines verstorbenen Vaters etwas wie Genugtuung schuldig, und ich suchte nach einem versöhnlich ausgleichenden Wort, mit dem ich mich würde von ihm verabschieden können.

◀

**Dieser Lateinstoff wurde in Ertls erstem Gymnasialjahr unterrichtet, nämlich 1871/72. Zu diesem Zeitpunkt war der 1860 geborene Ertl 11—12 Jahre alt.**

▶

**Ertl hatte Marcus' Werkstätte schon früher mehrmals besucht.**

▶

**Marcus war sich der Tragweite seiner Erfindung voll bewußt.**

„Der Onkel war heute ganz ausnehmend schlecht aufgelegt", sagte ich schüchtern.

„Wer —?" fragte mein Begleiter, aus Gedanken aufgescheucht.

„Onkel Thomas, meine ich."

„Ach so — Ihr Onkel Thomas? Ich hab' ihn lange nicht gesehn."

„Wir kommen doch eben von ihm?"

Er stutzte und schien sich zu besinnen.

„Ja doch, Sie haben recht, ich hatte es vergessen. Es tut ja auch nichts zur Sache, ob er gut oder schlecht gelaunt ist. Die Hauptsache bleibt, daß mein Wunderwagen sich bewährt. Wollen Sie mich vielleicht auf der Ausfahrt begleiten?"

„Mit tausend Freuden, wenn's erlaubt ist."

Wir bogen in die lärmende Mariahilfer Straße ein, es war mir bekannt, daß in dieser Gegend, schon ziemlich weit draußen, seine Werkstatt lag, die ich früher ein paarmal hatte betreten dürfen. Angefüllt mit merkwürdigen Apparaten und sonderbaren Instrumenten, die Wände voll abenteuerlicher Zukunftsbilder oder rätselhafter technischer Konstruktionszeichnungen, war sie mir immer wie die halb und halb unheimliche Höhle eines Schwarzkünstlers vorgekommen, durch die auf lautlosen Schwingen das Geheimnis geisterte. Und es pochte mir jetzt, je mehr wir uns dem Ort näherten, um so erwartungsvoller das Herz, weil die gemachten Andeutungen mich ahnen ließen, daß ich berufen sein würde, etwas vielleicht für alle Zukunft Bedeutsames mitzuerleben.

Auch des verschlossenen und versonnenen Mannes an meiner Seite schien mehr und mehr eine gewisse Erregung sich bemächtigt zu haben. Er sah nun erheblich jünger aus als noch eben vorhin, seine Schritte beschwingten sich, und während wir wie von Ungeduld getrieben rascher als bisher auf der Mariahilfer Straße weitergingen, übersprudelte sein sonst eher zu Schweigsamkeit neigender Mund von Worten, die lebhaft, heißblütig, atemlos wie aus einer gewaltsam verhaltenen Dämonie hervorbrachen.

Einen Wagen habe er gebaut, so erzählte er, der ohne Pferde fahren könne und in kürzester Zeit eine Umwälzung des gesamten Verkehrswesens bewirken würde. Alles bis dahin Dagewesene, der Dampfwagen eingeschlossen, sei dadurch in Schatten gestellt. Denn hier handle sich's um ein ganz neuartiges Triebwerk, durch Benzin in Bewegung gesetzt, das man bisher nur zum Fleckausputzen verwendet hätte, ohne eine Ahnung, welch ungeheure Kräfte darin schlummerten. Ihm, als dem ersten, sei es vorbehalten geblieben, diese geheimnisvollen Kräfte, mit deren Hilfe man alle Entfernungen der Erde und später vielleicht auch des Himmels zu bezwingen vermöge, aus ihrem Schlummer zu wecken und dem menschlichen Geiste dienstbar zu machen.

„Es ist keine Überhebung", rief er aus, „wenn ich behaupte, daß ich eine große, eine weltbewegende Frage der Lösung nähergebracht habe. Denken Sie nur, wenn jeder für sich allein, ohne ein Pferd zu halten, lediglich mit einem halben Eimer Benzin versehen, auf eigene Faust hinfahren kann, wohin er mag, und zwar mit größerer Geschwindigkeit als ein Eisenbahnzug! Die Menschen kommen dadurch in innigere Verbindung, die Völker nähern sich einander an, sie lernen sich gegenseitig kennen und schätzen, es gibt keine Gegensätze mehr, nur eine gemeinsame Arbeit an den erhabenen Zielen des technischen, des wirtschaftlichen, des geistigen Fortschritts! Die Annalen der Geschichte werden meinen Namen..."

Hier verstummte er plötzlich, über die etwas vorstehende Pflasterung eines Rinnsteins stolpernd, der Fußknöchel knackste, auf ein Haar, so wäre er hingeschlagen. Zum Glück erfing er sich gerade noch am gußeisernen Ständer einer Straßenlaterne, stand einen Augenblick still und vollendete, seinen Schmerz verbeißend, den angefangenen Satz: „...meinen Namen unter den Wohltätern der Menschheit verzeichnen!"

Mein gläubiges Gemüt traute dies den Annalen der Geschichte ohne weiteres zu, ich hielt sie noch für unbestechlich und zweifelte nicht daran, daß es nur der Gerechtigkeit entspräche, wenn sein Name mit goldenem Griffel darin eingetragen würde. Seine Überzeugtheit von der überragenden Bedeutung der neuen Erfindung hatte sich auch mir mitgeteilt. Und ich stand so völlig unter seinem Banne, daß er von Glück hätte sagen dürfen, wäre eine einflußreichere Persönlichkeit als ich Schulbub aus der untersten Gymnasialklasse von seiner Schöpfergröße nur annähernd so durchdrungen gewesen.

Staunend fragte ich: „Schneller sogar als ein Eisenbahnzug soll Ihr Benzinwagen dahinrasen können?"

„Vorderhand noch nicht", gab er ehrlicherweise zu, während er hinkend seinen Weg fortsetzte.

„Einstweilen, das will ich nicht ableugnen, geht's noch etwas bedächtiger her; ich rede bloß von der Zukunft. Aber es ist nur eine Frage der Zeit, daß Geschwindigkeit keine Hexerei mehr sein wird. Meine Erfindung ist noch verbesserungsbedürftig, gewiß! Aber sie ist auch verbesserungsfähig! Aus meinem ersten Wagen, den ich erbaute, bald nachdem ich nach Wien gekommen war, ist nach jahrelanger angestrengter Arbeit mein zweiter Wagen hervorgegangen, der sich zu jenem verhält wie eine Lokomotive zu einem Schubkarren. Ein dritter und vielleicht vierter Wagen kann leicht nachfolgen. Und wenn ich Glück habe und es mir etwa gelingen sollte, durch meine heutige Ausfahrt vielleicht die Aufmerksamkeit irgendeines reichen Geldgebers auf meine Erfindung zu lenken, der mir die nötigen Mittel zu ihrem Ausbau zur Verfügung stellt, so mache ich mich anheischig, meinen Motor so zu vervollkommnen, daß er den kühnsten Anforderungen gewachsen ist. Dann wird er nicht nur die Entfernungen der Erde spielend überwinden, mehr noch! Er wird sich auch den Ozean der Luft erobern und den menschlichen Geist zum unumschränkten Herrscher machen über Zeit und Raum!"

Vor dem Eingangstor des Gebäudes, in dessen Hof die Werkstatt sich befand, stießen wir auf eine nicht unbeträchtliche Menschenansammlung. Wie ich später erfuhr, war der „Spinnerich" schon früher einmal zu einer ersten Probefahrt mit seinem selbstfahrenden Wagen gestartet, die aber insofern nicht als völlig geglückt gelten konnte, als der durch das Triebwerk verursachte Lärm unliebsames Aufsehen in den Straßen erregt und die Polizei sogar zu einer Verwarnung veranlaßt hatte, derartige Ruhestörungen in Zukunft zu unterlassen. Nun hatte an diesem Tage die durch Zufall in die Öffentlichkeit gedrungene Kunde davon, daß er eine neuerliche Ausfahrt auf einem Wagen mit verbessertem und minder geräuschvollem Antrieb plane, eine Menge Neugieriger angelockt, die gespannt der Dinge harrten, die da kommen sollten.

Wir mußten uns erst zwischen ihnen hindurchdrängen, um in den Hofraum zu gelangen, wo denn in der Tat das Fahrzeug schon bereit stand, das den Auflauf auf der Straße verursacht hatte und dazu bestimmt schien, sozusagen der Held des Tages zu werden.

Bei seinem Anblick, ich gesteh' es, bemächtigte sich meiner eine gewisse Ernüchterung. Denn es war ein ziemlich roh aus Holz gezimmertes Vehikel, dem man nicht viel Gutes hätte zutrauen mögen, und das auf alle Fälle meiner Vorstellung von einem Wunderwagen wenig entsprach. Der Mechaniker aber, nachdem er die für mich unverständlichen Bestandteile des Triebwerks noch einer letzten flüchtigen Musterung unterzogen, schien befriedigt und voll Zuversicht. Entschlossen schwang er sich auf den Lenksitz und lud mich ein, auf dem dahinter befindlichen Bänklein Platz zu nehmen. Das ließ ich mir denn auch nicht zweimal sagen und kletterte ebenfalls hinauf, mehr allerdings aus Pflichtgefühl als aus Lust an der Sache; denn meine Begeisterung war keine so unbedingte mehr wie noch eben vorhin. Daß mein Wankelmut bald würde beschämt werden, konnte ich nicht ahnen, so schäbig der Wunderwagen aussah, das Wunder sollte doch nicht ausbleiben.

Zunächst allerdings erhob sich nur ein fürchterliches Getöse. Es war, als ob zehn ratternde Lokomotiven zugleich in dem engen Hofraum versammelt wären, und der Schreck fuhr mir dermaßen in die Glieder, daß ich mich ängstlich am Ärmel meines Begleiters festklammerte. Dieser aber, der in dem höllischen Lärm nichts Ungewöhnliches zu erblicken schien,

◄ Ertl bestätigt indirekt das laufende Schuljahr 1871/72.

◄ Hinweis auf den ersten und zweiten Marcus-Wagen durch den Erfinder.

◄ Hinweis auf eine früher stattgefundene Ausfahrt.

◄ Kurzbeschreibung des zweiten Marcus-Wagens durch Ertl.

◄ Diese Lärmentwicklung u. a., daß der Viertaktmotor zu diesem Zeitpunkt noch nicht in Verwendung stand.

nickte mir ermutigend zu — und da setzte sich auch schon das sonderbare Fahrzeug selbsttätig in Bewegung.

Langsam rollte es über den holprigen Hof, rasselte durch die widerhallende Torfahrt, die angesammelten Zuschauer wichen kreischend auseinander, die Bahn lag frei, und wir befanden uns mitten im lebhaftesten Wagenverkehr der Straße. Im Nu war all meine Zaghaftigkeit verflogen, die alte Begeisterung kehrte zurück. Wir fuhren, fuhren ohne Pferde, fuhren wie durch geheime Zauberkraft getrieben auf der Mariahilfer Straße dahin!

Freilich ging's nur recht bedachtsam vorwärts, Schritt für Schritt sozusagen, das war nicht abzustreiten, jeder Einspänner überholte uns. Und um den Lärm, den wir selbst machten oder verursachten, erträglich zu finden, mußte man schon halbtaub oder, wie ich selbst, ein Ausbund an Voreingenommenheit sein. Das Triebwerk brüllte wie eine ganze Menagerie von Pumas, die man ununterbrochen in den Schwanz kneipen würde. Die Räder, selbstverständlich noch ohne Gummibereifung, rasselten, als ob Batterien schwerer Feldgeschütze hinrollten über das harte Granitpflaster, das wie von einem Erdbeben heimgesucht unter uns schütterte und schwankte. Dazu noch das Gejohle der Gassenbuben, die uns scharenweis nachliefen, das Geschrei der Menschenmenge, die, beiderseits der Fahrbahn Spalier bildend, unsere Ausfahrt mit Zurufen der Begeisterung oder des Abscheus begleitete, das Schimpfen und Fluchen der Fiakerkutscher und sonstigen Fuhrleute, die alle im zottigen Busen aufgestapelten Haß auf uns geworfen hatten, teils aus dem Grunde, weil ihre Pferde vor unserer Teufelskalesche scheuten, teils vielleicht auch deshalb, weil sie mit dem bewundernswerten Ahnungsvermögen des Geschäftsneides in uns die ersten Urheber jener Götterdämmerung erblicken mochten, die ein halbes Jahrhundert später über ihren Stand hereinbrechen sollte.

Dies alles zusammen bewirkte ein wahrhaft unterweltliches Getöse und einen Aufruhr, den jene Gegend der Stadt seit der Revolution von 1848 noch kaum wieder erlebt hatte. Mir aber wars gleichgültig, ich hörte und sah nichts Mißliebiges mehr. Die Größe des Augenblicks erfüllte mich so vollständig, daß keinerlei üble Nebenumstände mich beirren konnten, nur die denkwürdige, geschichtliche Tatsache stand mir vor Augen, die zum ersten Male hier in die Erscheinung trat: Wir fuhren! Fuhren ohne Pferde dahin! Fuhren wie durch geheime Zauberkraft getrieben auf einem selbsttätigen Benzinwagen mitten auf der Mariahilfer Straße spazieren! Und es war ein königliches Gefühl, an einer so außergewöhnlichen, einer schier magischen Fahrt teilnehmen zu dürfen.

Aber der Herrlichkeit sollte, ach, eine allzu kurze Frist gesetzt sein. Die Behörde war stets eine Freundin des Stillstands gewesen, es gefiel ihr nicht, daß sich etwas bewegte, noch dazu auf bisher ungewohnte Art. Sie war auch immer eine Freundin der Ordnung gewesen, scheuende Pferde oder Menschenansammlungen, die die herkömmliche Gleichförmigkeit des Straßenbildes gefährden konnten, kränkten sie. Und sie war endlich von jeher auch eine Freundin der Ruhe gewesen. Gegen die Klaviere, deren Geklimper oft gleichzeitig aus vielen Fenstern schallt, schützte sie zwar den gutgesinnten Staatsbürger damals so wenig wie heute; gegen minder zwecklose Straßengeräusche aber, die einem gesteigerten Verkehr, einem lebendigeren Leben dienten, waren ihre Ohren zu jener Zeit noch von einer schier mimosenhaften Empfindlichkeit. Wer könnte sich darüber wundern, daß aus all diesen Gründen mit klugem Vorbedacht ein ungewöhnlich großes Aufgebot an Wache auf die Mariahilfer Straße beordert worden war?

Wenn das Gerücht sich bewahrheitete, daß der unbequeme Mensch, der eine selbstfahrende Droschke erfunden haben wollte, sich mit seinem verrückten Karren abermals auf die Straße wagen würde, so mußte selbstverständlich die Öffentlichkeit dagegen in Schutz genommen werden. Und nun, da der vorhergesehene Fall tatsächlich eintrat, stürzte die bereitstehende Hermandad sich mit Heldenmut in ihre staatsrettende Sendung.

Wir waren auf unserer im Schneckentempo einherratternden Benzinkutsche kaum ein paar hundert Ellen weit gekommen, als sich auch schon eine geschlossene Kette von Polizisten unserem weiteren Vordringen mannhaft entgegenstellte und den schuldigen Wagenlenker von seinem Sitz herunterholte. Bestürzt verantwortete der Mechaniker sich dahin, daß es ihm ohnedies gelungen sei, die durch den Antrieb verursachten Geräusche erheblich herabzusetzen. Vergebens! Er wurde, da den Ohren der Behörde der Unterschied unmerklich geblieben war, wegen öffentlicher Ruhestörung und sträflicher Nichtbeachtung der amtlichen Vorwarnung in Haft genommen, das Wunderfahrzeug selbst als verfallen erklärt und mit Beschlag belegt. Mir halb und halb Mitschuldigem schenkte man weiter keine Beachtung und ließ mich laufen.

Als ich mich aus dem Staube machte und noch einmal zurückblickte, konnte ich gerade noch wahrnehmen, wie der erste Benzinkraftwagen, den die Welt gesehen, der ehrwürdige Ahne aller heutigen Benzinautomobile, durch einen mageren Droschkenklepper, den man von einem Einspännerkutscher ausgeborgt hatte, unter dem tollen Jubel der Menge fortgezogen wurde. Eine kleine Armee von Polizeimannschaft umringte ihn und marschierte stramm neben ihm her. Und dahinter, ebenfalls von einem Trupp Sicherheitswache geleitet, als handle sich's um die Einbringung eines Schwerverbrechers, schritt mit gesenktem Haupt der „Spinnerich" dahin. Er hatte das Unglück gehabt, seine Erfindung ausgerechnet in Wien, auf österreichischem Boden zu machen, dafür ereilte ihn jetzt die verdiente Strafe...

Es war ein Bild, das sich meinem Gedächtnis wie mit glühenden Eisen eingebrannt hat. Ein Bild von mehr als tatsächlicher Bedeutung: ein Symbol, leider nicht bloß den Einzelfall widerspiegelnd, sondern ein ganzes System.

An demselben Tage, zu derselben Stunde wurde ganz in der Nähe, in einer stillen Seitengasse der Mariahilferstraße, bei hellichtem Tage ein kleiner Kramladen ausgeraubt. Der Inhaber, ein alter Trödeljude und Pfandverleiher, war auf bestialische Weise ermordet worden. Der Kreisposten, der sonst dort in der Nähe stand, fehlte an diesem Tage. Man hatte alle verfügbaren Polizeimannschaften dazu benötigt, einen Erfinder unschädlich zu machen.

Lang, lang ist's her, seit dies alles sich ereignete; aber nicht lange, daß ich einmal an der Seite eines Freundes das Wiener Technische Museum besuchte, dessen großartiger Prunkbau sich heute am äußersten Ende der Mariahilferstraße erhebt, nicht allzuweit entfernt von der Stelle, wo einst der „Spinnerich" seine Werkstatt aufgeschlagen hatte. Nachdenklich und mehr bedrückten als erhobenen Gemütes durchschritten wir die endlosen Säle, die wie ein Friedhof des technischen Ingeniums wirken, ein Massengrab fehlgeschlagener Hoffnungen, eine Schädelstätte grausam hingemordeter Begabungen. Denn unter den zahlreichen bedeutsamen Erfindungen, deren erste Idee auf einen Österreicher zurückgeht, gibt es nur verhältnismäßig wenige, die in diesem merkwürdigen Vaterland, das von jeher nicht einmal an sich selbst, geschweige denn an andere glaubte, auch ihre Verwirklichung und Ausgestaltung gefunden haben. Die meisten wurden in der Heimat nicht beachtet oder gar angefeindet, der Ruhm und der materielle Gewinn, den sie in der Folge mit sich brachten, fielen dem Ausland in den Schoß.

Gerade war ich in die Betrachtung der ersten, unglaublich zuverlässig arbeitenden Schreibmaschine vertieft, die ein Tiroler schon zur Zeit des Kaisers Franz mit aller Kunst zusammengefügt hat, als durch einen Anruf des Freundes meine Aufmerksamkeit auf einen anderen Gegenstand abgelenkt wurde. „Sieh dir bloß einmal den Kilometerfresser da an!" forderte er mich lachend auf.

Und zu meiner größten Überraschung fand ich mich vor dem hölzernen Benzinkraftwagen, auf dem ich vor Jahrzehnten an der Seite des „Spinnerich" meine erste Autofahrt unternommen hatte, lange bevor Karl Benz seinen ersten Wagen baute, viele Jahre bevor französischer Geschäftsgeist unter Ausnüt-

zung der Patente Daimlers und Unterschlagung seines Namens sich vor der Welt als den eigentlichen Erfinder des Autos aufspielte. Die wunderliche Karre kam mir jetzt primitiv, unzulänglich, allzu kindlich vor; aber mein Freund, der mehr von der Sache versteht als ich, belehrte mich, daß bei ihrer Konstruktion bereits das Wichtigste von alldem zum ersten Male in Anwendung gekommen sei, was als die Voraussetzung für die Entwicklung des modernen Automobilismus betrachtet werden müsse: Die magnetelektrische Zündung, die Schneckenradsteuerung, der Kühlwasserbehälter für die Kühlung des Zylinders, die Regelung der Fahrtgeschwindigkeit durch Drosseln des Gasgemisches und vor allem die Verwendung des Benzins als Betriebsstoff, die den überraschenden Aufschwung des gesamten Kraftwagen- und Flugzeugwesens überhaupt erst ermöglicht habe.

„Bloß zwei wesentliche Dinge", sagte er, „gehen diesem Wagen, der mit Rücksicht auf den damaligen Stand der Wissenschaft geradezu Bewunderung verdient, noch ab: das Pneu und eine vermehrte Anzahl von Zylindern. Dieses Fehlen ist auch die Ursache der übermäßigen Geräusche gewesen, durch die eure Spazierfahrt damals Anstoß erregte."

Mir fiel die Redewendung ein, die von einem Narren sagt, er habe eine Schraube zu wenig im Kopf. Immer hatte ich die Meinung verfochten und verfechte sie nach wie vor, daß es bei jeder Leistung, wenn sie sich über das Mittelmaß erheben wolle, gerade auf die eine Schraube ankomme, die eben unter keinen Umständen fehlen darf, wo etwas Rechtes gedeihen soll. Darum meinte ich, daß dem „Spinnerich", wenn seinem Wagen nur gleich zwei, noch dazu wesentliche Dinge fehlten, vielleicht nicht einmal so arg Unrecht geschehen sei, wie ich ursprünglich angenommen. Der Freund aber widersprach mit Lebhaftigkeit.

„Wie weit war dieser geniale Mann doch in allem übrigen seiner Zeit voraus!" gab er zu bedenken. „Hätte man seine Erfindung gefördert, statt sie umzubringen, es ist hundert gegen eins zu wetten, daß er in kurzer Zeit selbst darauf gekommen wäre, wie die noch vorhandenen Mängel zu beheben seien. Dann hätte unsere gesamte Wirtschaft Vorteil daraus gezogen, bis zu welchem Maße, das magst du dir nach Belieben ausmalen. Aber so viel steht fest: Bei nur einigermaßen größerer Ehrfurcht vor der geistigen Leistung hätten wir in Österreich um zehn Jahre früher als jedes andere Land eine blühende Automobilindustrie besitzen und die ganze Welt mit Kraftwagen beliefern können! Statt dessen haben andere geerntet, was dieser große technische Denker säte, er selbst ist in Dürftigkeit verkommen, an bitterer Enttäuschung gestorben, irre geworden in seinem späteren Alter vielleicht an sich selbst und seinem Lebenswerk. Ist es nicht traurig, daß dergleichen sich immer aufs neue wiederholen muß?"

Ach ja, es ist traurig, ich mußte es zugeben. Traurig für die Allgemeinheit, traurig für den einzelnen, der es am eigenen Leibe erlebt.

Und doch dünkt mich, wir sollten nicht allzu wehleidig sein, wo es sich um das Schicksal zu spät erkannter, bei ihren Lebzeiten nicht genügend gewürdigter, schöpferischer, also irgendwie künstlerisch veranlagter Menschen handelt. Mit vollem Recht verfährt das Leben mit ihnen strenger und härter als mit dem Durchschnitt, der vom Brote allein lebt. Dieses Unabwendbare auf sich zu nehmen, ist ihr stolzes Vorrecht.

Denn was sie schaffen, das schaffen sie nicht um Erfolg und Lohn. Sie schaffen es, weil sie nicht anders können und weil es ihnen Freude macht, zu schaffen. Und diese Freude ist so groß, daß sie mit keiner anderen den Vergleich aushält. Es ist eine Freude, die den Sterblichen emporhebt bis zur Glückseligkeit, indem sie ihn mit einem so starken Bewußtsein der hervorbringenden Kraft durchdringt, die ihm verliehen ist, daß er, für Augenblicke wenigstens, sich eins fühlt mit dem Urquell alles Schaffens: der Gottheit.

Für solch süße Vermessenheit muß es doch auch eine Sühne geben. Und es gibt sie in jenen heimtückischen Wirklichkeiten, wie der vorstehende Rinnstein eine war, über den ich den „Spinnerich" stolpern sah.

*La voiture à pétrole Marcus (datant de 1875)*

# Ein Vorläufer Seldens

Es ist vielleicht nicht uninteressant, gerade jetzt, da die Nutzungsberechtigten des vielzitierten amerikanischen Patents sich anschicken, sämtlichen französischen Export zu behindern, daran zu erinnern, daß es in unserem bedrohten alten Europa außer Lenoir einen anderen Vorläufer des schlauen Yankees gibt. Es fuhr nämlich in den Straßen Wiens in Österreich sehr lange bevor Selden seine lukrative Erfindung dem Archiv des Patent Office of Washington anvertraut hatte, ein Automobil, das von einem Benzinmotor angetrieben wurde und eine Schaltvorrichtung besaß.

Das Automobil, wie es auf der obenstehenden Photographie abgebildet ist, gehört dem Österreichischen Automobil-Club, und ich habe es aus „Eisen und Blut", wenn ich so sagen darf, bei Herrn Louis Lohner, dem sympathischen Wiener Konstrukteur der Lohner-Porsche-Elektromobile, gesehen.
Es war zwischen 1873 und 1875 von einem Wiener Mechaniker, Herrn Siegfried Marcus, gebaut worden, und vor ihm hatte der gleiche Konstrukteur bereits einen anderen Wagen gebaut, der von einem Benzin-Luft-Motor betrieben und um 1869 hergestellt wurde.

Marcus, dem man übrigens die erste Anwendung der Magnetzündung bei Verbrennungsmotoren verdankt, hatte seinen Horizontal-Viertakt-Motor bei der Wiener Weltausstellung 1873 ausgestellt. Dieser Motor ist im offiziellen Ausstellungsbericht von Herrn. J. Radinger, Professor an der Technischen Hochschule Wien, beschrieben worden. Es ist, nachdem Marcus 1898 starb, bedauerlicherweise noch nicht gelungen, Publikationen zu finden, die vor dem Zeitraum des Selden-Patentes (1879) über das Marcus-Automobil erfolgten. Es ist bekannt, daß einzig die vor diesem Datum erfolgten Patente und gedruckten Publikationen gültig sind, um als Einwand gegen das Selden-Patent zu dienen; Marcus aber, der sich scheinbar der Tragweite nicht bewußt war, hat scheinbar nichts unternommen, um sie vor 1879 patentieren zu lassen. Es ist allerdings sehr wahrscheinlich, daß die vom Erfinder mit dieser neuen Maschine in Wien vorgenommenen Versuche zur damaligen Zeit das Interesse der Wiener hervorrufen und in den Gazetten und Illustrierten vor damals ihr Echo finden mußten, und daß Marcus seine Erfindung einer der wissenschaftlichen Gesellschaften der österreichischen Hauptstadt mitgeteilt hatte.

Dem Autor dieses Beitrages waren damals viele Fakten der Marcus-Forschung noch nicht bekannt.

Dies war der vierte Marcus-Motor mit letztem Entwicklungsstand von 1877—1888 (siehe Seite 106).

Diese Beschreibung trifft auf den zweiten, dritten und vierten Motor zu.

Diese Schaltvorrichtung war eigentlich die Kupplung.

Die Beschreibung des Vergasers trifft auf den dritten und vierten Motor zu, bei dem allerdings die Vorwärmung bereits mit warmem Kühlwasser bewirkt wurde (beim dritten Motor mit den heißen Auspuffgasen).

Das hier abgebildete Fahrzeug ist der zweite Marcus-Wagen mit dem dritten Motor von 1875.

Dieser erste Marcus-Wagen von 1865—70 besaß weder eine Schaltvorrichtung noch eine Kupplung (siehe Seite 95).

Das Baujahr des zweiten Marcus-Wagens konnte inzwischen mit 1971/72 ermittelt werden (siehe Seite 99).

Hier handelt es sich nicht um ein Differential, sondern um Rutschkupplungen in den Radnaben.

Dieser Motor war ein zwangsgesteuerter atmosphärischer Zweitakter, der bei nicht genauer Kenntnis der Motoren von Marcus mit seinem späteren Viertaktmotor verwechselt werden konnte (siehe Seite 100—102).

Die vorliegende Beschreibung bezieht sich offensichtlich auf die Bauversion, bei der der verstärkte, also der vierte und letzte Marcus-Motor, im Fahrgestell von 1871/72 eingebaut war.

Es wäre daher möglich, daß eines schönen Tages durch ein dem Vergessen entrissenes Dokument die fiktiven Fundamente der mit den claims des Selden-Patentes von der „Association of Licensed Automobile Manufacturers" erhobenen Ansprüche erschüttert würden, und unter diesen Umständen wäre es nicht unzweckmäßig, in diese Richtung hin Nachforschungen anstellen zu lassen.

Nachfolgend in einigen Zeilen die Beschreibung des Wagens: Er ist auf Holzrädern montiert, mit Bereifung und Naben aus Eisen; der eisenverstärkte Holzrahmen ruht ohne dazwischenliegende Feder auf der Hinterachse, nur das Fahrgestell ist mit Federn versehen.

Der horizontale Einzylinder-Motor ist in der Mitte des Rahmens auf einem Zwischenraum aus Flacheisen aufgesetzt. Seine Leistung beträgt ungefähr 1,5 PS, Bohrung 110 mm, Hub 260, Drehzahl ungefähr zweihundertdreißig.
Das Benzingemisch wird nicht durch ein Ventil eingelassen, sondern durch einen gesteuerten Schieber.
Die Kühlung wird mittels eines Wasserumlaufs mit Thermosiphon erzielt, wie dies auch bei vielen gegenwärtigen Autos der Fall ist; der Wassertank befindet sich unter der hinteren Sitzbank.
Die Arbeitsübertragung des Motors erfolgt mittels einer Anlenkpleuelstange auf den Kolben, die einen Schwinghebel betätigt, an den eine zweite Pleuelstange angeschlossen ist. Diese letztere treibt eine gekröpfte Kurbelwelle an, die sich unter dem Zylinder befindet und auf der der Volant festgekeilt ist, sowie eine Reibungsmanschette, die samt einer Nutrolle das Schaltorgan bildet.

Der Vergaser ist unter dem hinteren Sitz zu sehen, seine Konstruktion ist recht merkwürdig. Dieses Gerät besteht aus einem doppelwandigen Gehäuse und einer Scheibe, die an ihrem Umfang mit Bürsten versehen ist.
Diese Scheibe, deren Achse ein Schalträdchen trägt, wird vom Motor in Drehung versetzt, und die Bürsten, die in das Benzin tauchen, zerstäuben dieses, indem sie es gegen die Gehäusewand schleudern. Der Lufteinlaß erfolgt durch ein automatisches Einlaßventil.
Angewärmt wird der Vergaser durch das erhitzte Kühlwasser.
Die Geschwindigkeitsregelung des Motors erfolgt durch Drosseln des Gemischeintritts. Hiezu stand dem Lenker das kleine Rad zur Verfügung, das neben seinem Sitz zu sehen ist. Sonstige Vorrichtung zum Wechsel der Geschwindigkeit ist nicht vorhanden.
Die Zündung wird mittels eines Zündmagneten mit Drehbewegung herbeigeführt. Die Armaturenwicklung ist einerseits an die Masse, andererseits an einen isolierten Ring auf der Ankerachse angeschlossen.
Ein Gleitschuh, der auf diesem Ring schleift, stellt den Induktionsstromkreis her, der in der Verbrennungskammer des Motors den Reißfunken erzeugt. Zu diesem Zwecke wird vom Motor ein Exzenter betätigt, dessen Pleuel die Auslöse(=Reiß)vorrichtung betätigt, die aus einer Stange und Zündtampons besteht. Um Verschmutzen und Oxydieren der letzteren zu verhindern, hat Marcus sie mit einer Hinundherbewegung versehen, sodaß die aufeinander schleifenden Kontaktflächen auf diese Weise vollkommen glatt bleiben.

Das Ein- und Auskuppeln beruht auf dem derzeit aktuellen Prinzip.
Der hinter dem Lenkersitz sichtbare Hebel diente zum Schalten. Man drückte durch Betätigen des Hebels die Reibungsmanschette an die kleine Nutrolle. Die Energie wurde durch ein halbes Dutzend Rundriemen, die in Rillen gelagert waren, auf eine gerippte Trommel übertragen, deren Durchmesser ungefähr fünfmal größer und die auf der Hinterachse festgekeilt war.

Das Problem des Differentials löste Marcus auf eine besonders vorteilhafte und interessante, obgleich sehr einfache Weise. Die beiden Räder sind nämlich nicht absolut starr auf den Lenkrädern montiert, sondern sind mit einer Art Friktionsverbindung gekuppelt und dadurch kann jedes sich in einem verschiedenen Kreisradius drehen.

Die Leiträder werden von einer irreversiblen Lenkvorrichtung angetrieben, durch Treibbolzen, Endlosschraube, Vertikalvolant, und ich muß gestehen, daß manche unserer modernen Autos nichts Besseres aufzuweisen haben. Bezüglich der Bremsen handelt es sich um Backenbremsen mit Reibung an der Umreifung der Antriebsräder. Sie waren in Anbetracht der geringen Geschwindigkeit des Fahrzeuges ohne Zweifel ausreichend.

Bleibt noch ein Wort über die Karosserie zu sagen: sie ist von der einfachsten Art: zwei Sitzbänke aus blankem Holz für vier Passagiere, Lenker inbegriffen; weder Verkleidung noch sonstiger Luxus. Dies hat jedoch, wie man mir bestätigte, in nichts das Vergnügen geschmälert, das die Freunde von Marcus dabei empfanden, die zehn km pro Stunde (km/h) zu genießen. Stellen Sie sich vor! Das waren Zeiten!

Ing. L. JONASZ

(Akad. Übersetzungsbüro Dr. H. R. Koch)

# Entwicklungsgang der Marcus-Wagen und -Motoren

Der in der französischen Zeitschrift L'Automobile im Jahr 1904 erschienene Beitrag „Ein Vorläufer Seldens", der von dem österreichischen Ingenieur Jonasz verfaßt wurde und sich mit dem Marcus-Wagen auseinandersetzte, ist überwiegend richtig, in mancher Beziehung aber nicht zutreffend. Er kann jedoch als Beispiel dafür dienen, wieviel Wahrheiten und Unwahrheiten gleichzeitig schon damals über Marcus und sein Werk im Umlauf waren.

Der Grund dafür ist vor allem in diesem Fall nicht zuletzt der große Zeitraum von zwanzig Jahren, während welcher über Marcus in der Öffentlichkeit anscheinend nur wenig bekannt wurde — zumindest hinsichtlich seiner Fahrzeugkonstruktionen. Allein schon aus Gründen des hierfür erforderlichen Kapitals hatte Marcus es vermieden, sämtliche Neuschöpfungen auch gleich patentieren zu lassen. Was letztlich wirklich zu schützen war, das ließ er meist erst knapp bevor er damit an die Öffentlichkeit trat patentieren. So verstand er es zeitlebens, seine Erfindungen geheim zu halten und bewußt zu verschleiern.

Erschwert wurden Datierungen aber auch dadurch, daß Marcus unentwegt weiterentwickelte und ein optisch ähnliches Produkt in seinen konstruktiven Einzelheiten mitunter wesentliche Unterschiede aufweisen konnte. Vernünftiger- und rationellerweise hat er nicht jeweils totale Neukonstruktionen produziert, sondern oftmals Detailentwicklungen vorgenommen, wobei neue Teile zugebaut bzw. bei größeren Neuentwicklungen Teile früherer Konstruktionen weiter verwendet wurden, und dies vor allem bei Motoren, die in Balancier-Bauweise ausgeführt waren und daher äußerlich untereinander große Ähnlichkeit aufwiesen. Marcus hat über seine Entwicklungsarbeiten kaum Aufzeichnungen geführt, denn als typischer Einzelerfinder, der sein Wissen keinem Team weiterzugeben hatte, um brauchbare Resultate zu erzielen, erübrigte sich das weitgehend. Einzig und allein sein Patentanwalt verfügte über das notwendigste Material, um unbedingt erforderliche Ansprüche zu sichern.

Diese Gegebenheiten haben dann auch insbesondere fachfremde Historiker, die nicht ausreichend genau und mit der notwendigen Sachkenntnis recherchierten, zu falschen, ja unhaltbaren Resultaten gelangen lassen, wie etwa die Datierung des zweiten Marcus-Wagens mit 1888 statt richtig 1871/75. Dazu kam noch, daß man im Dritten Reich aus rassischen Gründen daran interessiert war, zu manipulieren und soviele Unterlagen wie möglich zu vernichten.

Da hinter Marcus auch niemals eine Industrie stand, die mit seiner Genialität noch nachträglich hätte Geld verdienen wollen, bleibt einzig und allein das Interesse einer Gruppe von Technikhistorikern, die sich der geschichtlichen Wahrheit verpflichtet fühlt.

| | Jahr | Fahrgestell | Typ | Motor | Typ | Charakteristik | Erläuterungen |
|---|---|---|---|---|---|---|---|
| Entwicklungsphasen der Marcus-Fahrzeuge und -Motoren von 1860—1889 | **1860 bis 1870** | | I | | 1 | Erster Fahrzeug-Benzinmotor (stehend, Zweitakt, atmosphärisch), für Antriebsversuche eines Straßenfahrzeuges entwickelt, jedoch ungeeignet (siehe Seite 97—100). | Das erste Fahrgestell war ein umgebauter Handwagen, dessen einzige Aufgabe es war, als Motorträger für die ersten Fahrversuche zu dienen. |
| | **1870 bis 1875** | | II | | 2 | Zweiter Fahrzeug-Benzinmotor (liegend, Zweitakt, atmosphärisch, Kurzbauweise), völlige Neukonstruktion, für den Fahrbetrieb ansatzmäßig geeignet (siehe Seite 100—101). | Für weitere Fahrversuche schuf Marcus 1871/72 ein speziell entwickeltes Fahrgestell, das bereits dem Selbstbeweger und seinen speziellen Forderungen angepaßt war sowie die Möglichkeit bot, verschiedene Motoren kurzfristig ein- und auszubauen sowie etwa erforderliche Manipulationen an allen ihren Teilen vorzunehmen (siehe Seite 108). |
| | **1875 bis 1877** | | II | | 3 | Dritter Fahrzeug-Benzinmotor (liegend, Viertakt, Kurzbauweise), Weiterentwicklung, bedingt geeignet, weil mit 0,75 PS zu schwach (siehe Seite 94—96). | Im Fahrgestell von 1871/72 wurde der eingebaute zweite Motor durch den optisch fast gleichen dritten Motor ausgetauscht und damit Fahrversuche unternommen. Maximal erreichbare Geschwindigkeit anläßlich der Wiederinstandsetzung von 1950: 6—8 km/h (siehe Seite 108). |
| | **1877 bis 1888** | | II | | 4 | Vierter Fahrzeug-Benzinmotor (liegend, Viertakt, Kurzbauweise), zum Fahrzeugantrieb geeignet, weil nun statt 0,75 PS bereits 1,5 PS (siehe Seite 106). | In dasselbe Fahrgestell wurde der verbesserte vierte Motor eingebaut, der nun den Erwartungen leistungsmäßig entsprach. Maximal erreichbare Geschwindigkeit laut Angaben 12,5 km/h (siehe Seite 109). |
| | **1888 bis 1889** | | III | | 4 | Vierter Benzinmotor | Nachdem nun die Antriebsfrage zufriedenstellend geklärt war, wurde 1889 laut Konstruktionszeichnung Adamstal das dritte Fahrgestell geschaffen, das auch für eine Serienproduktion geeignet gewesen wäre. Über Fahrgestell und vierten Motor sind nur schriftliche Angaben erhalten geblieben (siehe Seite 106 und 109). |
| | **1875 bis —** | | II | | 3 | Dritter Benzinmotor | Vor 1898 muß der dritte Motor von 1875 in das zweite Fahrgestell von 1871/72 wieder eingebaut worden sein. Diese Variante wurde 1898 erstmals ausgestellt und befindet sich heute unter der international bekannten Bezeichnung „Zweiter Marcus-Wagen" als Leihgabe des ÖAMTC im Technischen Museum in Wien. |

# 5. BEGINN DER WELTMOTORISIERUNG

Wenn das Otto-Patent auf den Viertaktmotor nicht kurz vorher gefallen wäre, ist es zweifelhaft, ob es so bald — nämlich 1885 und 1886 — zur Patentierung, Entwicklung und Fabrikation von Automobilen kommen hätte können, wie es tatsächlich der Fall war. Daimler und Benz schufen, obwohl in zwei einander sehr nahen Städten Mitteldeutschlands wirkend, ohne von den Vorbereitungen des anderen zu wissen, die ersten Motorfahrzeuge, die mit Zielstrebigkeit und fachlichem Können bis zum praktischen Gebrauch durch jedermann entwickelt wurden. Innerhalb von zwei Jahren ist es ihnen gelungen, das motorisierte Zweirad, Dreirad und den vierrädrigen Kraftwagen betriebsfähig auf die Straße zu bringen.

Ihre Patente stehen am Beginn der Weltmotorisierung, die seither keine Unterbrechung mehr erfahren hat und bis heute immer noch im Ansteigen begriffen ist.

Rudolf Diesel wiederum hat der Kraftfahrt nach langer, qualvoller Entwicklung einen Motor beschert, der gerade heute, angesichts der Umweltproblematik, immer größere Bedeutung gewinnt.

Mit dem Zweirad von Daimler — dem bald die Motorkutsche folgte — und dem Dreirad von Benz hat es begonnen!

Unten die zu den Patenten gehörenden Konstruktionszeichnungen des Motorrads und seines Motors sowie des Dreirads.

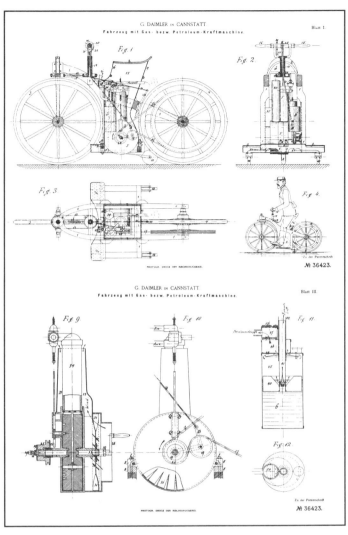

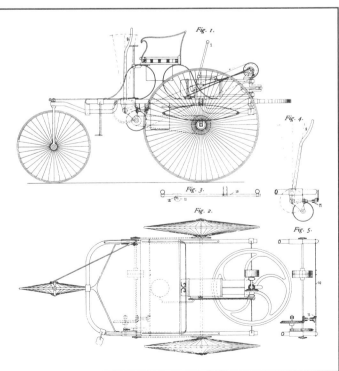

# KAISERLICHES PATENTAMT.

# PATENTSCHRIFT

## № 37435

KLASSE 46: LUFT- UND GASKRAFTMASCHINEN.

### BENZ & CO. IN MANNHEIM.

#### Fahrzeug mit Gasmotorenbetrieb.

Patentirt im Deutschen Reiche vom 29. Januar 1886 ab.

Vorliegende Construction bezweckt den Betrieb hauptsächlich leichter Fuhrwerke und kleiner Schiffe, wie solche zur Beförderung von 1 bis 4 Personen verwendet werden.

Auf der beiliegenden Zeichnung ist ein kleiner Wagen nach Art der Tricycles, für 2 Personen erbaut, dargestellt. Ein kleiner Gasmotor, gleichviel welchen Systems, dient als Triebkraft. Derselbe erhält sein Gas aus einem mitzuführenden Apparat, in welchem Gas aus Ligroin oder anderen vergasenden Stoffen erzeugt wird. Der Cylinder des Motors wird durch Verdampfen von Wasser auf gleicher Temperatur gehalten.

Der Motor ist in der Weise angeordnet worden, daß sein Schwungrad in einer horizontalen Ebene sich dreht und die Kraft durch zwei Kegelräder auf die Triebräder übertragen wird. Hierdurch erreicht man nicht nur vollständige Lenkbarkeit des Fahrzeuges, sondern auch Sicherheit gegen ein Umfallen desselben beim Fahren kleiner Curven oder bei Hindernissen auf den Fahrstrafsen.

Die Kühlung des Arbeitscylinders des Motors geschieht durch Wasser, welches die ringförmigen Zwischenräume ausfüllt. Gewöhnlich läfst man das Kühlwasser bei Gasmotoren mit geringer Geschwindigkeit durch den Cylinder sich bewegen, indem das kalte unten eintritt und das erwärmte oben abfliefst. Es ist aber dazu ein grofser Wasservorrath nöthig, wie ihn leichte Fuhrwerke zu Land nicht gut mitführen können, und daher folgende Einrichtung getroffen worden: Das Wasser um den Cylinder verdampft. Die Dämpfe streichen durch das oberhalb des Cylinders angebrachte Rohr-

system 1, werden dort zum gröfsten Theil condensirt und treten wieder als Wasser unten in den Cylinder ein. Der nicht condensirte Dampf entweicht durch die Oeffnung 2.

Das zum Betrieb des Motors nöthige Gas wird aus leicht verdunstenden Oelen, wie Ligroin, dargestellt. Um stets ein gleichmäfsiges Gasgemenge zu erhalten, ist es nöthig, dafs neben dem gleichmäfsigen Luftzutritt und der gleich hohen Temperatur des Ligroins auch der Stand des letzteren im Kupferkessel 4 ein möglichst gleicher sei, und ist zu diesem Zweck der Vorrathsbehälter 5 mit dem Kupferkessel 4 durch eine enge Röhre 6, die in ein weites Wasserstandsglas 7 mündet, verbunden. An der Röhre ist ein kleiner Hahn 8 angebracht, um den Zuflus nach Bedarf reguliren zu können. Durch die Glasröhre ist das tropfenweise Eintreten des frischen Ligroins wahrzunehmen und zugleich der Stand desselben im Apparat zu controliren.

Das Ingangsetzen, Stillhalten und Bremsen des Fuhrwerkes geschieht durch den Hebel 9. Der Motor wird, bevor man den Wagen besteigt, in Betrieb gebracht. Dabei steht der Hebel 9 auf Mitte. Will man das Fuhrwerk in Bewegung setzen, so stellt man den Hebel 9 nach vorwärts, wodurch der Treibriemen vom Leerlauf auf die feste Scheibe geschoben wird. Beim Anhalten bewegt man den Hebel 9 wieder auf Mitte, und will man bremsen, so drückt man ihn über Mitte rückwärts. Der ausgerückte Riemen bleibt dabei in seiner Stellung und nur die Bremse wird angezogen. Um zu bewirken, dafs, wenn der Riemen auf Leerlauf gestellt ist, derselbe bei weiterer Rück-

wärtsbewegung des Hebels 9 nicht auch weiter und über seine Rolle hinaus oder wieder zurückgerückt werde, ist die aus Fig. 3 ersichtliche Einrichtung getroffen. Die Ausrückstange 10, welche beiderseits so gelagert ist, dafs sie sich nur horizontal hin- und herschieben läfst, wird durch eine Kurbel 11 bewegt, deren Hub der Breite einer Scheibe entspricht. Es ist, um mit dem Riemen von fester Scheibe auf lose zu kommen, eine halbe Kurbeldrehung nöthig. Der Kurbelzapfen, welcher die Verschiebung bewirkt, wird von der Ausrückstange mittelst einer Gabel 12, deren einer Theil länger als der andere ist, gefast. Ist nun der Riemen ausgerückt und der Kurbelzapfen auf dem todten Punkt angelangt, so bewegt er sich, wenn gebremst werden soll, wieder zurück, jedoch auf dem unteren Theil seines Weges, und nimmt die Ausrückstange 10 auf diesem Wege nicht mit, so dafs also der Riemen währenddessen auf Leerlauf bleibt. Damit die Hand am Punkt bei 9 nur eine kleine Bewegung zu machen braucht, wird diese Kurbel durch zwei Zahnräder gedreht, welche in ziemlich starkem Uebersetzungsverhältnis zu einander stehen.

Die Achsen 13 und 14 sind Vorgelegewellen, welche die Kraft des Motors auf die Triebräder des Wagens übermitteln sollen. Beide Achsen sind unter dem Gestell des Fuhrwerkes gelagert, und zwar so, dafs jede einzelne zwei Lagerungen besitzt. Von der Riemscheibe

des Motors wird die Kraft durch einen Riemen auf die Scheiben 15 und 16 übertragen, wobei 16 als Leerlauf und 15 als feste Scheibe dient. Eine Bremsscheibe 17 ist angegossen. Diese feste Scheibe 15 überträgt in bekannter Weise durch drei konische Zahnräder die Kraft auf die beiden Achsen 13 und 14, wodurch die Lenkbarkeit des Fahrzeuges gesichert wird. Die beiden Achsen 13 und 14 tragen an ihren äufseren Enden je ein Kettenrad 18 und 19, welche die Kraft auf die Triebräder vermittelst Kette übertragen.

#### PATENT-ANSPRÜCHE:

Ein durch Gasmaschine betriebenes Fahrzeug, bei welchem folgende Einrichtungen gleichzeitig in Anwendung kommen:

1. Bei dem Gaserzeuger zum Motor die Vorrichtung 6, 7 und 8 zum Erkennen des Functionirens und des Oelstandes im Gasbehälter.

2. Die gezeichnete Bremsvorrichtung, Fig. 3, 4 und 5, wobei vermittelst Hebels 9, zweier ungleich grofsen Zahnräder und einer Kurbelscheibe 11, welche in die Gabel 12 eingreift, durch eine Bewegung nach der einen Seite die Bremse gelöst und dann das Fahrzeug in Gang gesetzt, durch eine Bewegung aber nach entgegengesetzter Seite das Fahrzeug vom Motor ausgelöst und dann gebremst werden kann.

Hierzu 2 Blatt Zeichnungen.

# Gottlieb Daimler

Gottlieb Daimler brachte alle Voraussetzungen mit, um die komplexeste technische Erfindung, die es gibt, das Automobil, nicht nur auf die Räder zu stellen, sondern im wahrsten Sinn des Wortes auch zum Laufen zu bringen — und es läuft immer noch!

Daimler war sicher einer der erfahrensten Motorenbauer seiner Zeit und hatte seine Kenntnisse nicht nur in Deutschland erworben, sondern arbeitete auch längere Zeit im industriell hochentwickelten England wie auch Frankreich. Bevor er zur Tat schritt, hatte er sich ein so genaues Bild vom Stand der Dinge machen können, daß seine Vorbereitungen zum sicheren Erfolg führen mußten.

Diese durch Gottlieb Daimler erfolgte Initialzündung stellt zugleich den Beginn eines Unternehmens dar, das bis heute sein außergewöhnliches Ansehen und seine Weltgeltung erhalten konnte. Höchste Qualität und technische Spitzenleistungen kennzeichnen seinen Weg.

Am 17. März 1834 wurde dem Bäckermeister und Weingärtner Johannes Daimler — der Familienname wird im Kirchenbuch noch mit „Däumler" geschrieben — in Schorndorf in Württemberg sein zweiter Sohn Gottlieb Daimler geboren. Nach der Volksschule besuchte Gottlieb zwei Jahre die Lateinschule im Heimatort, da er auf Wunsch des Vaters Stadtbeamter werden sollte. Er war jedoch mit dem Sohn des Büchsenmachermeisters Raithel befreundet, und bald schien es ihm viel erstrebenswerter, ein Büchsenmacher als ein Amtsschreiber zu werden. Er wußte seinen Wunsch durchzusetzen und lernte drei Jahre hindurch das Büchsenmacherhandwerk. Als Geselle war er vorerst beim Büchsenmacher Wilke in Schorndorf tätig, später folgte er diesem nach Stuttgart. 1853 ging Daimler in eine Werkzeugmaschinenfabrik nach Grafenstaden im Elsaß. Mit dem dort erworbenen Geld begann er das Studium an der Polytechnischen Schule in Stuttgart, der späteren Technischen Hochschule, die er von 1857 bis 1859 besuchte. Durch seinen Fleiß und Eifer hatte der junge Student die Aufmerksamkeit des Präsidenten der württembergischen Zentralstelle für Gewerbe und Handel, Professor Ferdinand von Steinbeis, erregt und erhielt nach Abgang von der Schule, bereits wieder nach Grafenstaden zurückgekehrt, ein staatliches Reisestipendium. Diese hohe Anerkennung für seine Leistungen ermöglichte es ihm, jahrelang in Frankreich und England als Facharbeiter, Vorarbeiter und Meister tätig zu sein. Diese Lehrzeit in dem damals industriell vorbildlichen England war für die Vollendung seiner Ausbildung von außerordentlicher Wichtigkeit. In die Heimat zurückgekehrt, arbeitete Daimler von 1864 bis 1867 in Geißlingen und wurde dann Werkstättenvorstand in der Maschinenbauanstalt des Bruderhauses in Reutlingen. Dort lernte er seinen späteren Freund und hervorragenden Mitarbeiter Wilhelm Maybach kennen.

Maybach war am 9. Februar 1846 als Sohn eines Tischlermeisters in Heilbronn geboren und, im Alter von 10 Jahren verwaist, in das Bruderhaus zur weiteren Erziehung aufgenommen worden. Sein Wunsch, Maschinenbauer zu werden, ging in Erfüllung. Er wurde Mitarbeiter und Freund Daimlers, obwohl er um 12 Jahre jünger war. Große Begabung für Zeichnen und Mathematik, verbunden mit großem Fleiß und einem vom Vater ererbten handwerklichen Können, zeichneten ihn aus. Im Jahre 1868 übernahm Daimler die Leitung der Maschinenbaugesellschaft in Karlsruhe und holte ein Jahr später Maybach in das dortige technische Büro.

Otto und Langen hatten 1872 ihr Unternehmen in Deutz in eine Aktiengesellschaft umgewandelt und in Köln-Deutz eine Fabrik erbaut. Es war besonders Langen klar, daß, um einen Motor marktfähig zu machen, die gründliche Kleinarbeit eines tüchtigen Fachmannes erforderlich war. Er meinte, diesen Mann in Gottlieb Daimler entdeckt zu haben. So wurde Daimler im gleichen Jahr mit vielen Zugeständnissen als tech-

nischer Direktor engagiert. Er berief Maybach als verantwortlichen Leiter des Konstruktionsbüros nach Deutz. Mit der Überzeugung, daß der Gasmotor nur dann Erfolg haben werde, wenn er mit einer in damaliger Zeit noch unbekannten Genauigkeit hergestellt würde, ging man an die Arbeit.

Die Abhängigkeit von der Gasanstalt empfand man in Deutz jedoch bald als äußerst lästig, sodaß man nach neuen Treibstoffen suchte. Professor Franz Reuleaux (1829—1905) war es, der 1867 seinen Freund Langen durch einen Brief auf Marcus in Wien aufmerksam machte, der mit Hilfe von Benzin in einfacher Weise billiges Gas herstelle. 1875 stellte man in Deutz mit Ölgas, Gasolingas sowie auch Benzin Versuche an, und zwar

Motor des ersten Daimler-Wagens von 1886.

Glührohr in Weißglut.

Glührohr außer Betrieb.

bei letzterem in der Form, daß man mit Benzin getränkte Putzwolle vor die Motoröffnung hielt. Es wurde durch die Luft angesogen, wobei der Gashahn geschlossen blieb. So lief der erste Benzinmotor in Deutz.

Die dort verbrachte Zeit vermittelte Daimler und Maybach die Grundlage ihrer Kenntnisse über den Verbrennungsmotor und ist der Ursprung ihres späteren Erfolges. Daimler führte den atmosphärischen Gasmotor zu großem Erfolg und erlebte in Deutz die Entstehung des neuen liegenden Viertaktmotors, dessen Geltung er durch die ausgezeichnete Werkstattarbeit ebenfalls maßgebend förderte.

Bei den ihm eigenen bescheidenen Ansprüchen erwarb sich Daimler in seiner Stellung ein ansehnliches Vermögen, mit dem er nun daranging, seine eigenen Pläne zu verwirklichen. Er schied 1882 mit Wilhelm Maybach von Deutz und errichtete in Cannstatt auf eigenem Grund und Boden neben seinem Wohnhaus, Taubenheimerstraße 13, eine kleine, sehr bescheidene Werkstatt. Der Glockengießer und Feuerspritzenfabrikant Heinrich Kurtz in Stuttgart stellte nach den Angaben Daimlers die Teile des ersten schnellaufenden Versuchsmotors her. Der liegende Zylinder war aus Bronze, das Schwungrad, der hohen Umlaufzahl wegen (500—600 Umdrehungen pro Minute), aus Schmiedeeisen, der Zylinder luftgekühlt. Am 16. August 1883 war dieser erste, auf einem Holzsockel stehende Daimler-Motor betriebsfertig und die Versuche konnten beginnen. Bald folgte ein etwas größerer Motor mit stehendem Zylinder. Am 16. Dezember 1883 wurde Gottlieb Daimler der schnellaufende Motor durch das D. R. P. Nr. 28.022 geschützt, der auf die durch einen Schieber gesteuerte Flammenzündung verzichtete. Der elektrischen Zündung aber traute Daimler beim damaligen Stand der Dinge mit Recht die erforderliche Zuverlässigkeit nicht zu. Er verwendete daher die von ihm im Patent beschriebene Glührohrzündung mit einer sehr einfachen Steuerung. Im Patent wird diese Zündung als eine Art Glühkopf bezeichnet. Es war vorgesehen, daß die heißen Zylinderwandungen bei entsprechender Kompression die Zündung des Gas-Luft-Gemisches ermöglichen sollten, während das Glührohr nur zum Anlaufen diente. Die Tatsachen lehrten jedoch, daß man ohne Glührohr auch während des vollen Betriebes und besonders im Freien nicht auskam. Die Umdrehungszahl konnte nun mit dieser Zündung bis auf 900 in der Minute gesteigert werden, und damit wurde das Gewicht des Motors im Verhältnis zur Leistung außerordentlich verringert, eine wichtige Voraussetzung für die Schaffung eines Straßenfahrzeuges.

In einem polytechnischen Journal der damaligen Zeit hieß es: „Das erste mit einem Daimler-Motor ausgerüstete Fahrzeug war ein im Jahre 1885 erschienenes Niederrad." Daimler hoffte, mit seinem Motor jedem die Möglichkeit zu geben, sich mechanisch fortzubewegen, gleichsam sein eigenes Pferd zu besitzen. Er baute also ein Fahrzeug aus Holz, das zwei mit eisernen Reifen versehene, gleich große Räder und in der ersten Form seitlich zwei federnd angebrachte Stützrollen aufwies, um ein Umkippen zu verhindern. Das Fahrzeug hatte bereits zwei verschiedene Geschwindigkeiten und einen Leerlauf. Der Motor war durch einen Ventilator luftgekühlt, und der Antrieb erfolgte durch Lederriemen, Ritzel und Zahnkranz. Eine zeitgenössische Beschreibung sagt über die Betriebsart: „Unter dem Sitze befindet sich der Motor, der ½ PS stark ist; er findet zwischen den Beinen des Reiters bequem Platz. Der Motor saugt das zum Betriebe nötige Petroleum selbsttätig aus dem Reservoir ein, und der Radfahrer brauchte nur die Menge des Zuflusses durch einen Hahn zu regulieren. Wenn der Motor in Gang gesetzt werden soll, so wird unter dem Glührohr die kleine Lampe angezündet und der Motor mittels der Kurbel einmal angedreht. Diese Vorbereitung ist in einer Minute geschehen; der Motor arbeitet ruhig, da zur Dämpfung des Auspuffes in die Auspuffleitung ein Auspufftopf eingeschaltet ist. Das Rad steht noch still. Soll es in Bewegung gesetzt werden, so besteigt der Radfahrer dasselbe, ergreift das Steuer und bringt den Motor mit dem Veloziped-Rade in Verbindung. Dies geschieht durch den Hebel, die

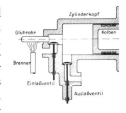

**Anordnung der nichtgesteuerten Glührohrzündung nach Daimler-Patent von 1883.**

**Daimler-Motorwagen von 1886.**

Motorbetriebene
Beleuchtungs-
anlage nach einem
Prospekt.

Links:
Daimler-Motorrad
von 1885.

Links darunter:
Daimler-Motorkut-
sche von 1886.

Motorbetriebenes
Schienenfahrzeug
von Daimler.

Feuerspritze mit
Motorbetrieb.

Schnur und die Spannrolle; durch diese wird nämlich der Treibriemen gegen die Scheiben angezogen. Die Riemenscheiben dienen zur Erzielung verschiedener Geschwindigkeiten; wird der Treibriemen in die obere Lage gebracht, so fährt das Fahrrad langsam, von der unteren Lage aus erzielt es ein schnelleres Fahren. Die Bremse wird durch eine Schnur angezogen, die für den Fahrer bequem erreichbar ist; will man das Fahrzeug zum Stillstand bringen, so schaltet man durch einen Hebel zwischen Sitz und Lenkrad den Treibriemen aus, und alle Bewegung hat ein Ende." Mit diesem Rad, dem ersten Motorrad, fuhr Daimler vorläufig im Garten seines Hauses. Am 29. August 1885 wurde ihm das D. R. P. 36.423 erteilt, das ihm den Antrieb eines Fahrzeuges mit „Gas- bzw. Petroleumkraftmaschine" schützte.

Im Frühjahr 1886 aber bestellte Daimler bei der Fa. W. Wimpff & Sohn in Stuttgart eine Kutsche, die im August desselben Jahres geliefert wurde. Sie war Karosserie und Fahrgestell seines ersten Automobils. Der Wagen wurde so belassen, wie er war, die Deichsel entfernt und zwischen der vorderen und hinteren Sitzreihe ein 1,5 PS-Motor eingebaut. Dinglers Polytechnisches Journal beschreibt diesen Wagen am 2. Dezember 1899 wie folgt: „Der Betrieb erfolgte ähnlich wie beim Niederrade. Auf der rechten Achse des Motors sitzen zwei Riemenscheiben, die durch Handhebel bequem ein- oder ausgerückt werden können, wobei sie entweder fest oder lose auf der Achse sitzen. Die eine ist für den Schnellgang, die andere für den Langsamgang bestimmt, während für den Stillstand der Kutsche beide Scheiben ausgerückt werden. Diese Riemenscheiben stehen durch je einen Riemen mit zwei Scheiben in Verbindung; diese sitzen auf einer Achse, welche am Hinterteil des Wagens unter den Federn gelagert ist. Diese Achse trägt die Zahnräder, welche in die Zahnkränze eingreifen, die an den Speichen der hinteren Räder angebracht sind. Wird nun durch die Drehung der Riemenscheiben auch die Achse gedreht, so drehen sich die Räder vorwärts und die Kutsche wird fortbewegt. Der Kutscher, der wie üblich vorne sitzt, lenkt den Wagen mit dem Steuer, das zu seiner Linken liegt. Der Lenkapparat ist an dem Vordergestell durch den Zahnkranzbogen angebracht, in den das Zahnrad eingreift. Der Hebel, durch den die Kutsche in Gang gesetzt wird, befindet sich zur Rechten des Kutschers; außerdem ist an der Kutsche eine gewöhnliche Bremse angebracht." Weiters wurde der Ventilator zur Kühlung des Motors — später Wasserkühlung —, die Auspuffgase zur Vorwärmung des Gasgemisches und zur Beheizung der Karosserie verwendet, Gummilager zur Dämpfung der Vibrationen eingebaut. Der Wagen hatte ein Stirnrad-Wechselgetriebe und ein Ausgleichsgetriebe. Dieses Differential erfüllte für die damaligen Schnelligkeiten seinen Zweck ausgezeichnet. Daimler hatte auf einem Hinterrad einen sogenannten „Trieb" angebracht: Lederscheiben, die zwischen kleine Ritzel geklemmt waren. Wiesen nun, wie gewöhnlich, die Innen- und Außenräder verschiedene Geschwindigkeiten auf, dann ergaben sich an diesem Trieb Widerstände, das Leder begann zu schleifen, wodurch man die Wirkung des heutigen Differentialgetriebes erzielte.

Im Herbst 1886 wurden die ersten Fahrversuche unternommen. Daimler war über das Ergebnis einer mühseligen, fast 20jährigen Forschungtätigkeit sehr erfreut, wenn er selbst auch nicht am Steuer sitzen konnte. Sein damals schon recht krankes Herz erlaubte es nicht. Seine beiden Söhne, Paul und Adolf, aber wetteiferten im Fahren. Daimler baute seine Motoren nun in Boote, in Straßen- und Eisenbahnwagen, in Draisinen, Feuerspritzen, 1890 sogar in einen Freiballon ein.

Daimler mußte die öffentliche Meinung erst für sich gewinnen. „Ausgefallene Ideen eines spinnten Teufels" war noch eine milde Beurteilung, und da er in Cannstatt selbst nicht fahren durfte, kutschierten „die Daimlers" nächtlicherweile auf den Landstraßen herum, um zu erproben und zu verbessern. Daimler sprach nur immer vom „Petrolmotor", da sich das noch immer weniger gefährlich anhörte als Benzinmotor, und trachtete, die Menschen durch sein Flußboot langsam an seine Motoren zu gewöhnen. Die Leute meinten, „da könne man ja ruhig abwarten, bis er mit seinem stinketen Kasten in die Luft fliege".

Daneben ging die Entwicklung des Motors vorwärts. 1889 entstand ein Zweizylinder-V-Motor mit einem sehr kleinen Winkelstand von 20 Grad, der für die Bauart des Jahrzehnts kennzeichnend und Daimler ab 9. Juni 1889 durch das Patent Nr. 50.839 geschützt wurde. In jenen Jahren erwarb er weitere Patente, deren wichtigste er in 15 Ländern anmeldete.

Daimler wollte nun zur Massenfabrikation seines schnelllaufenden Motors kommen. Er stellte sich das derart vor, daß man den Motor am Heck jedes Gefährtes — wie man heute den Außenbordmotor verwendet — anbringen hätte können. Aber bei den erhöhten Anforderungen, die von den Motorfahrzeugen nach und nach gefordert wurden, stellten sich diese Bestrebungen bald als überholt heraus. Der Wagen mit Motor wich nun dem Maschinenfahrzeug.

Daimler ging es beim Abschluß einer konstruktiven Entwicklung oftmals nicht schnell genug, da die wirtschaftlich günstige Fabrikation dadurch beeinträchtigt wurde. Aber Maybach fand immer noch das eine oder andere, das zu verbessern gewesen wäre. Trotz manchmal auftretender Meinungsverschiedenheiten trafen sie sich immer wieder auf der mittleren Linie. Maybach konstruierte 1889 einen ausschließlich aus Stahlrohren gebauten Wagen mit Drahtspeichenrädern für zwei Personen, dessen stehender Motor unter der Sitzbank untergebracht war. Er wies vier Geschwindigkeiten auf, das Kühlwasser wurde zur Rückkühlung durch die Rohre des Gestells geleitet. Das Fahrzeug wurde im selben Jahre in Paris anläßlich der Weltausstellung mit anderen Daimler-Automobilen vorgeführt. 1890 brachte Daimler einen viersitzigen Wagen mit Riemenübertragung in den Verkehr. Der große Motorkasten hing, einem riesigen Koffer gleich, hinten im Gestell. Der Wagen hatte Kulissenschaltung, arbeitete mit einem unter Druck stehenden Benzinbehälter und hatte Vollgummibereifung.

Während sich Deutschland dem neuen Verkehrsmittel gegenüber noch immer zurückhaltend verhielt, gab es in Frankreich große Erfolge. Französische Ingenieure wußten die deutschen Leistungen besser zu schätzen. Von größtem Wert waren die Beziehungen, die Daimler und Maybach von Deutz her zu Paris hatten. Der frühere Vertreter von Deutz, Sarazin, war gestorben, aber seine tatkräftige Witwe führte das Geschäft erfolgreich weiter. Die Bedeutung der Daimlerschen Erfindung blieb ihr nicht verborgen, und sie erwarb das Recht, diese Wagen in Frankreich zu bauen. Bald darauf heiratete sie Ingenieur Levassor, einen begeisterten Freund des Kraftwagens. Er gründete die Firma Panhard & Levassor, und diese berühmt gewordene Fabrik übernahm 1889 sämtliche französischen Daimler-Patente. Madame Sarazin-Levassor schätzte das Werk Daimlers sehr hoch ein und fühlte sich ihm verpflichtet. Sie überließ ihm die Hälfte ihrer Einnahmen an Lizenzgebühren. Daimler lebte mit seiner Familie durch Jahre ständig in Paris, ohne jedoch seinen Standort in Cannstatt aufzugeben. Auch Maybach pflegte die Beziehungen zu französischen Autofreunden sorgfältig, und es befriedigte ihn besonders, daß dort seiner Auffassung von der Entwicklung des Kraftwagens größtes Verständnis entgegengebracht wurde.

Der Sport war für die Entwicklung des Automobils in Frankreich von ausschlaggebender Bedeutung. Der romantisch anmutende Rennwagen fand vorläufig viel mehr Interesse als der Gebrauchswagen. Das erste internationale Automobilrennen am 28. Juli 1894 auf der Strecke Paris—Rouen—Paris, an dem 102 Fahrzeuge von 20 Erzeugerfirmen, darunter 39 Dampfwagen, 38 Benzinwagen, 5 elektrisch und 5 mit komprimierter Luft betriebene, weitere mit Federuhrwerken versehene teilnahmen, brachte den vollständigen Sieg des Daimler-Motors. Von den 102 genannten Wagen kamen nur 15 am Ziel an. 126 km wurden in 5 Stunden 50 Minuten zurückgelegt. Ein Peugeot traf mit einem Durchschnitt von 20,74 km/h — damals eine unerhörte Leistung — als Sieger ein, ein weiterer erzielte den zweiten Platz, ein Panhard & Levassor den dritten (Schnelligkeit), alle drei aber waren mit Daimler-Motoren versehen. Ein De Dion-Bouton-Dampfwagen traf zwar noch vor dem ersten Peugeot ein, wurde aber wegen Verletzung einiger

Bestimmungen nicht gewertet. Ein Jahr später gewann Daimler anläßlich eines Rennens sämtliche ersten Geldpreise von insgesamt 80.000 frs. 1175 km wurden mit einer Durchschnittsgeschwindigkeit von 24,5 km/h zurückgelegt. Nun wurden die Leistungen weltbekannt, und die Erfolge im Rennen waren das wirksamste Werbemittel. Die Begeisterung der Franzosen für dieses Rennen war groß. Die Fachleute fast aller Länder standen indessen merkwürdig kühl und abwartend beiseite. Aber trotz dieses Abwartens und manches nicht unberechtigten Einwurfes war die Entwicklung nicht mehr aufzuhalten, obwohl sie erst mit dem 20. Jahrhundert richtig einsetzte.

Daimler war die kleine Versuchswerkstatt zu eng geworden,

**Noch vor dem Motorwagenbetrieb betrieb Daimler 1886 mit seinem schnellaufenden Motor Boote.**

**Daimler-V-Motor nach einem Prospekt von Steinway um 1891.**

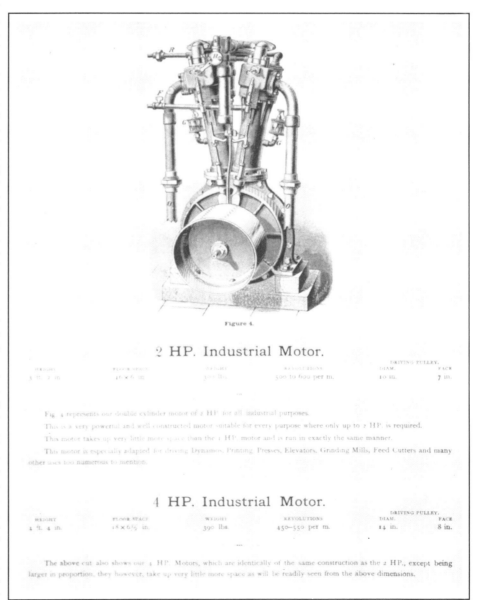

Figure 4.

## 2 HP. Industrial Motor.

| HEIGHT | FLOOR SPACE | WEIGHT | REVOLUTIONS | DRIVING PULLEY. | |
|---|---|---|---|---|---|
| | | | | DIAM. | FACE |
| 3 ft. 2 in. | 15 × 6 in. | 300 lbs. | 500 to 600 per m. | 10 in. | 7 in. |

Fig. 4 represents our double cylinder motor of 2 H.P. for all industrial purposes.

This is a very powerful and well constructed motor suitable for every purpose where only up to 2 H.P. is required.

This motor takes up very little more space than the 1 H.P. motor and is run in exactly the same manner.

This motor is especially adapted for driving Dynamos, Printing Presses, Elevators, Grinding Mills, Feed Cutters and many other uses too numerous to mention.

## 4 HP. Industrial Motor.

| HEIGHT | FLOOR SPACE | WEIGHT | REVOLUTIONS | DRIVING PULLEY. | |
|---|---|---|---|---|---|
| | | | | DIAM. | FACE |
| 4 ft. 4 in. | 18 × 6½ in. | 390 lbs. | 450–550 per m. | 14 in. | 8 in. |

The above cut also shows our 4 H.P. Motors, which is identically of the same construction as the 2 H.P., except being larger in proportion, they however, take up very little more space as will be readily seen from the above dimensions.

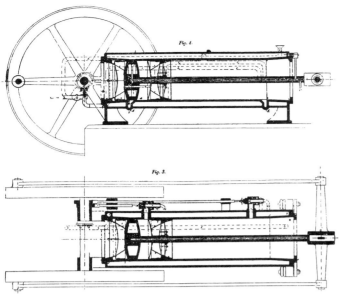

Von Daimler bei Otto und Langen entwickelter atmosphärischer, doppelwirkender Gas- und Petroleum-Motor.

Wilhelm Maybach war der geniale Mitgestalter an der Seite Daimlers.

und er hatte 1886 auf dem Seelberg in Cannstatt eine Fabrik erstanden. Die Fabrikation war fortgeschritten, und es mehrten sich Vorschläge zur Gründung einer Gesellschaft, die seine Erfindungen auswerten sollte. Am 28. November 1890 erfolgte

die Gründung der Daimler-Motoren-Ges. in Cannstatt. Da sich aber Schwierigkeiten in der Zusammenarbeit mit den Gesellschaftern ergaben, trennten sich Daimler und Maybach wieder von dem Unternehmen. Die Versuche wurden neuer-

Erster schnellaufender Versuchsmotor von Daimler, 1883.

Rechts:
Einer der frühesten Versuchsmotoren von Daimler.

Rechts außen:
Das dritte Versuchsmodell von Daimler, 1883/84.

Links:
Erster Vierzylindermotor von Daimler, 1890.

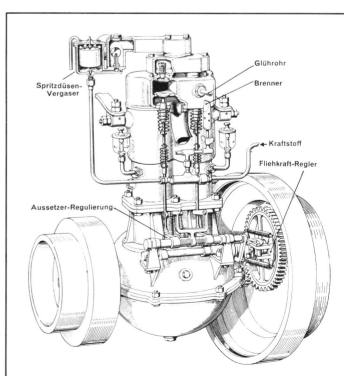

Glührohr

Brenner

Spritzdüsen-Vergaser

Kraftstoff

Fliehkraft-Regler

Aussetzer-Regulierung

Rechts:
Zweizylinder-Phönix-Motor von Daimler, 1892.

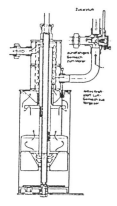

Oberflächenvergaser für den Zweizylinder-V-Motor von 1889.

lich in engstem Kreis aufgenommen. Daimler finanzierte das neue Unternehmen, in dem nun Maybach maßgebend als Konstrukteur tätig und beteiligt war.

1892 brachte den Spritzvergaser mit Schwimmerregelung. Daimler machte sich daran, seinen Motor Stück für Stück noch einmal durchzuarbeiten, um zu wesentlichen Verbesserungen zu gelangen. Er nannte das Ergebnis „Modell N", und sein Freund Levassor führte ihn in Frankreich als Phönix-Motor ein. Er unterschied sich von allen anderen damaligen Motoren durch sein vollkommen neues Ladungssystem, den Spritzdüsen-Vergaser, durch die ausgezeichnete Art der Kühlung, die hervorragend gelöste Frage der Schmierung, den geräuschlosen Auspuff sowie die Festigkeit und Eleganz der Konstruktion. Die Leistungen des Unternehmens wurden von der Daimler-Motoren-Gesellschaft sehr hoch eingeschätzt, und so kam 1895 eine Verständigung zustande, durch die die beiden Unternehmungen zusammengelegt wurden. Ab nun befaßte Daimler sich damit, Vorhandenes zu verbessern und Behelfe zu schaffen, die das Autofahren sicherer und bequemer gestalten sollten. Er verbesserte Mischventile, Schmierung, Kugellager, Bremsen, ließ gleichzeitig Schutzvorrichtungen und Bereifungen erproben, suchte nach einem Anlasser, nach elektrischer statt Glührohrzündung und manch anderem.

Die Konstruktion von brauchbaren Straßenfahrzeugen für den Alltagsgebrauch lag Gottlieb Daimler besonders am Herzen. 1896 baute er die ersten Lastwagentypen für 1500, 2500, 3750 und 5000 kg mit Geschwindigkeit von 3—12 km per Stunde und mit Motoren zwischen 4—10 PS. Die Fünf-Tonnen-Lastwagen waren mit zehnpferdigen Motoren ausgerüstet und hatten Zahnrad-Übersetzung. Die vorderen Räder waren Lenkrä-

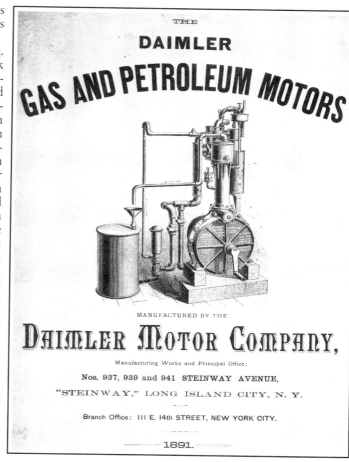

der und der Motor lag vorne über der Achse, eine gelenkig nach hinten geführte Kardanwelle wirkte auf einen Achsenantrieb und von diesem mittels Ritzel und Zahnkranz auf die Triebräder. Die Wagen nahmen Steigungen bis zu 8 Prozent anstandslos und bei guten Wegen mit etwa 3,6 km/h Geschwindigkeit.

1896—1898 wurde eine „Sechspferdige Kalesche" und ein eleganter Viktoriawagen sowie ein „Kutschierwagen" und ein so-

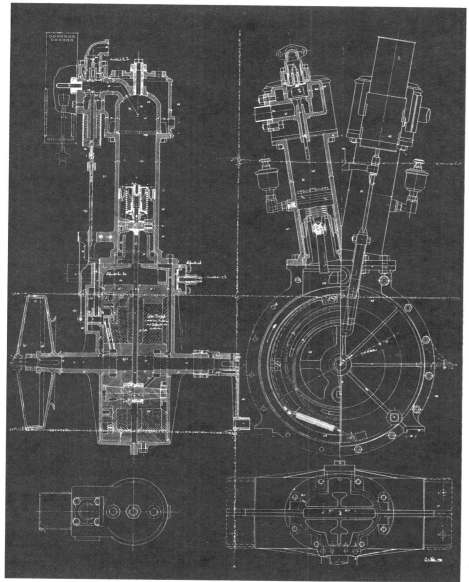

**Links:**
Konstruktionszeichnung des Daimler-Zweizylinder-V-Motors von 1889.

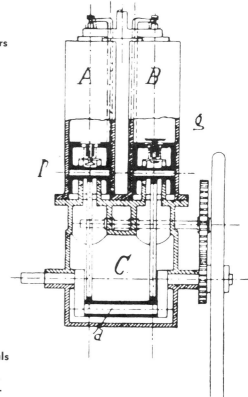

Benützung der Arbeitszylinder als Pumpen bei abwechselnd arbeitenden Zwillingsmaschinen.

Daimlers erster viersitziger Riemenwagen von 1890.

4-PS-Daimler-Kutsche mit Halbverdeck von 1891.

Geschlossener Viersitzer mit Kutschbock von Daimler, ab 1893 auch als Taxameter eingesetzt.

Dieses Doppel-Phaeton mit Halbverdeck von Daimler wies 6 PS auf, 1894.

Gesellschaftswagen mit Sonnendach von Daimler, 6 PS, 1895.

Ein „Vis-à-vis" von Daimler, 1895, der als besonders elegant galt.

Offenes „Vis-à-vis" Daimlers von 1896.

Letztes Riemenwagen-Modell Daimlers von 1897 war der 6-PS-Victoria.

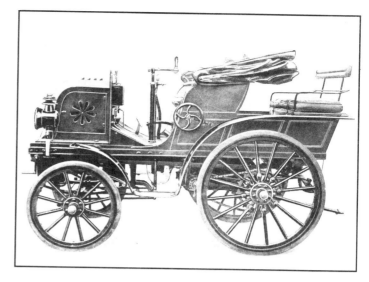

Abbildung eines Riemenwagens in einem Prospekt.

Phönix-Jagdwagen von 1897 mit 6-PS-Motor.

genannter Vis-à-vis-Wagen gebaut. Später folgten Motorräder. Eine mächtig vorwärtstreibende Kraft war in diesen Jahren der österreichisch-ungarische Generalkonsul in Nizza, Emil Jellinek, der sich um die Entwicklung der den Schiffswiderstand herabsetzenden Maierform verdient gemacht hat. Jellinek hatte sich Ende der 80er Jahre mit dem Gedanken getragen, ein Automobil konstruieren zu lassen. Mitte der 90er Jahre war er bereits im Besitz mehrerer Automobile verschiedener Konstruktion. Diese Fahrzeuge probierte er mit dem Interesse eines Sportsmannes aus. Als er von Daimler hörte, fuhr er nach Cannstatt — und wurde dessen Berater. Jellinek war ein genialer Kaufmann mit sicherstem Blick für industrielle Möglichkeiten und hatte die Eigenschaft, jeden, dem er in Wort oder Schrift etwas vortrug oder erklärte, nach kurzem in seinen Bann zu ziehen. Beinahe mit Gewalt zwang er Daimler und Maybach seinen Willen auf, und sie mußten, ob sie wollten oder nicht, seine Ideen durchführen. Bis zu seinem Erscheinen waren laut Jellineks eigenen Worten „die Daimler-Wagen solid, gebrauchsfähig und betriebssicher, aber bloß theoretische Wagen". Er machte die Konstruktionen dieser Firma zu „praktischen Wagen". Die bis dahin hochbeinigen und kurzen Daimler-Fahrgestelle wurden niedrig und lang, der Schlangenrohrkühler wich dem Bienenkorbkühler und kam vor den Motor; die Glührohrzündung wurde durch die magnet-elektrische ersetzt.

Immer wieder versetzte Jellinek Daimler und Maybach in Aufregung durch die Forderungen, die er an die Wagen stellte. 1898 brachte Daimler einen leichten Vierzylindermotor und einen sechspferdigen Rennwagen heraus, obwohl er eigentlich gegen so „starke" Wagen war. Daimler hatte zuerst gesagt: „Zu was brauche mer sechs Pferd, wenn's doch mit viere scho so schnell geht." Als er aber sah, daß mit der steigenden Geschwindigkeit der Wagen das Verantwortungsgefühl der Fahrer wuchs, ließ er den starken, jedoch leichten Motor konstruieren und in einen Rennwagen einbauen. Die mit diesem Wagen bezwungenen Strecken bei der ersten Österreichischen Distanzfahrt 1898 Wien—Salzburg—Wien brachten die Fachwelt zu der Erkenntnis, daß eine Revolution der damaligen Begriffe von Verkehrsmöglichkeiten eingeleitet worden war. Kaum jedoch hatte ein Wagen mit 9 PS Erfolg gehabt, mußte der nächste schon 12 und der darauffolgende 30 und 40 PS haben. Obwohl es oft zu harten Auseinandersetzungen kam, erfüllte man Jellinek als Auftraggeber, der über große Geldmittel verfügte, seine Wünsche. Vor allem aber bewirkte Jellinek die Teilnahme an den großen Rennen, bei denen diese Fahrzeuge ungeahnte Erfolge erzielten. Damit war ein neuer Wagen geboren, der auch in seiner äußeren Form dem heutigen Automobil wesentlich näherkam und nach der bildhübschen Tochter Jellineks „Mercedes" benannt wurde. Er hatte einen langgestreckten, tiefliegenden Rahmen mit vornliegendem Motor, der mit Spritzvergaser, zwangsläufig gesteuerten Einlaßventilen und dem ebenfalls von Maybach gebauten Wabenkühler ausgestattet wurde. Um diese Zeit waren magnet-elektrische Zündapparate, besonders von Robert Bosch in Stuttgart, soweit entwickelt worden, daß sie

die Glührohrzündung völlig verdrängten. Auch Wechsel- und Ausgleichsgetriebe wiesen wesentliche Fortschritte auf. Die Luftreifen, die um 1895 aufkamen, waren seit 1898 bei den Personenkraftwagen von Daimler zur Regel geworden. Als Gegenleistung für seine Mitarbeit hatte sich Jellinek von den Daimler-Werken den Verkauf ihrer ganzen Produktion auf Jahre hinaus gesichert, sodaß er als Zwischenhändler große Summen verdiente. Er selbst berichtete über das aufsehenerre-

**Emil Jellinek, durch dessen Initiative aus Daimler- die Mercedeswagen wurden.**

**Mercedes Jellinek, die Lieblingstochter Jellineks, nach der die Mercedes-Wagen benannt wurden.**

gende erste Auftreten des Mercedes-Wagens in den Rennen des Jahres 1902 bei Nizza: „Wir haben auf allen Linien gesiegt. Der Mercedes-Wagen war lanciert, das Werk, an dem ich nahezu vier Jahre meines Lebens auf das intensivste gearbeitet hatte, war vollendet. Jetzt galt es nur, die Früchte der Mühe einzuheimsen, und ich gestehe es gern, sie waren reichlicher, als es mancher, der mich wegen meiner Bemühungen anfangs verspottet hatte, erwartete. Den weiteren Siegeszug der Marke brauche ich wohl nicht mehr zu schildern, er ist aller Welt bekannt. Trägt nicht noch heute jedes Automobil Mercedes-Konstruktion, oft selbst in den intimsten Details?...‟

Im Jahr 1905 wurde Jellinek allerdings von dem in seinen kaufmännischen Agenden erstarkten Werk, das eine Bevormundung nun für untragbar erachtete, als überflüssig empfunden, und Kommerzialrat Ernst Berge führte die als notwendig erachtete Ausschaltung Jellineks — sicherlich zum Vorteil der Daimler-Motoren-A.G. — durch. Es nützte Jellinek wenig, daß Maybach ihm einst geschrieben hatte: „Ich und Sie sind die Erfinder des Mercedes-Wagens.‟

Gottlieb Daimler hatte am 29. November 1867 Emma Kurz aus Maulbronn geheiratet. Dieser Ehe entstammten drei Söhne und zwei Töchter, von denen der jüngste Sohn früh starb. Der älteste Sohn, Paul Daimler, sowie sein jüngerer Bruder Adolf sind der Lebensart ihres Vaters treu geblieben und waren in seinen Werken tätig. 1891 heiratete Gottlieb Daimler ein zweitesmal. Anläßlich der Hochzeitsreise weilte er in Amerika, wo er

**Links: Simplex-Tourenwagen von 1904, 28 PS.**

**Unten: Der erste Mercedes-Wagen von 1901 als Rennwagen mit 35-PS-Motor.**

**Links unten: Erster Mercedes-Motor von 1900 mit 35 PS.**

**Oben: Mercedes-Luxus-Phaeton von 1907 mit 45/50 PS, 80 km/h, Vierzylindermotor mit 6,8 l bei 1200 U/min.**

**Mercedes-Stern und Benz-Symbol.**

Daimler-Warenzeichen angemeldet am 24. Juni 1909

Eingetragen am 10. Oktober 1910

Eingetragen am 2. Juni 1922

Angemeldet am 21. August 1926

Angemeldet am 4. Juni 1937

sehr gefeiert wurde. Aus der zweiten Ehe stammten ein Sohn, Gottlieb, und eine Tochter. Frau Lina Daimler hat ihren Gatten um 32 Jahre überlebt.

Daimler war ein gütiger, aufrechter Mensch und aufmerksamer Familienvater, der auch seinen Arbeitern immer in kameradschaftlich-väterlicher Weise gegenüberstand. Als Naturfreund befaßte er sich in seiner Freizeit viel mit Obstbau. Am 6. März 1900 starb er im Alter von 66 Jahren, nachdem er die letzten Jahre infolge Krankheit nicht mehr mit voller Kraft tätig sein konnte. Es war ihm nicht beschieden, den auch von ihm niemals geahnten großen Erfolg seiner Pionierarbeit — besonders die Erfolge des Mercedes-Wagens — in voller Auswirkung zu erleben. Seine Erfolge gründeten vor allem darauf, daß er, mit revolutionierenden Ideen begabt, in der Werkstatt zu Hause war und genau wußte, wie man konstruktive Gedanken Wirklichkeit werden lassen konnte.

**Mercedes-Simplex-Reisewagen von 1907, 60-PS-Vierzylinder, 80 km/h.**

# Carl Benz

Benz kommt das Verdienst zu, ein für seine Zeit überraschend leichtes Fahrgestell geschaffen zu haben, das mit einem kleinen Viertaktmotor eigener Konstruktion ausgestattet war. Er kam zum Motorwagen über eine erste Dampfwagenkonstruktion, die er jedoch bald als unbefriedigend erkannte, worauf er über einen Zweitaktmotor zum leichten Viertakter für sein Fahrzeug gelangte.

Sein Name symbolisiert so sehr das Automobilzeitalter, daß das Wort „Benzin" — ganz zu unrecht — immer wieder von ihm abgeleitet wird.

Carl Benz wurde am 26. November 1844 als Sohn eines Lokomotivführers und Enkel eines Schwarzwaldschmiedes in Karlsruhe geboren. Da sein Vater zwei Jahre nach seiner Geburt starb, erzog ihn seine Mutter, Josephine, geborene Vaillant, allein und ermöglichte ihm mit vieler Mühe den Besuch des Gymnasiums. Er hätte nach ihrem Wunsch Beamter werden sollen. Auf Drängen des Sohnes willigte sie aber schließlich in das Studium am Polytechnikum in Karlsruhe ein. Nach vier Jahren verließ Benz dieses Institut mit einer abgeschlossenen wissenschaftlichen Grundlage. Seine Kenntnisse erweiterte er durch praktische Tätigkeit als einfacher Arbeiter bei der Maschinenbaugesellschaft in Karlsruhe, Abteilung Lokomotivbau, und während einiger Monate in der Schmiedeabteilung desselben Unternehmens, dessen technische Leitung Jahre später Gottlieb Daimler übernahm.

In dieser Zeit entwarf Benz bereits ein selbstfahrendes Dampfstraßenfahrzeug. 1867 ging er nach Mannheim ins technische Büro von Johann Schweizer sen. und konstruierte Wagen, Kräne, Zentrifugen usw. Zwei Jahre später kam er nach Pforzheim und trat beim „Hammer", einem bedeutenden Werk für Maschinen- und Brückenbau der Gebrüder Benckiser, ein. Nach abermals zwei Jahren kehrte Benz nach Mannheim zurück und gründete dort — 27jährig — mit Hilfe eines kleinen, zum Teil von ihm selbst ersparten Vermögens eine „Mechanische Werkstätte". 1872 heiratete er Berta Ringer, die Tochter des Bauherrn Karl Friedrich Ringer in Pforzheim. Sie war eine an den Arbeiten und Plänen ihres Mannes rege interessierte und oft auch mithelfende Gattin.

Mit großem Interesse verfolgte Benz die Entwicklung des Gasmotors, wie er in den Fachzeitschriften Beachtung fand. Den

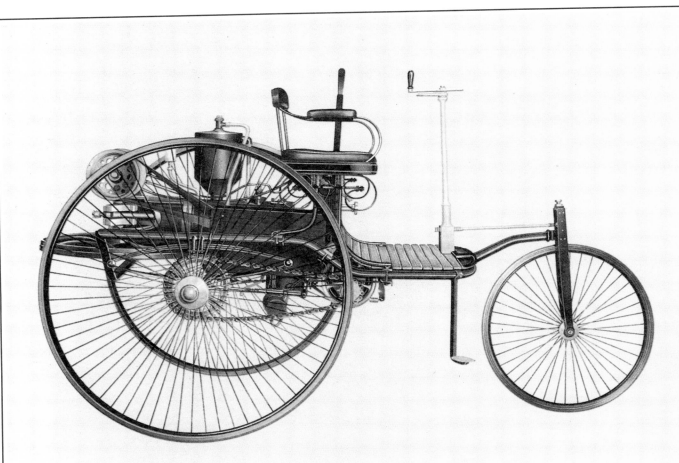

**Rechts:** Stahlrohr-Fahrgestell des ersten Benz-Wagens.

**Rechts unten:** Nach jahrzehntelangem Stillstand wurde 1950 eine im Technischen Museum Wien befindliche Nachbildung des Benz-Dreirades durch den Autor wieder zum Laufen gebracht.

**Links:** „Patent-Motorwagen Benz" von 1885 mit liegendem Einzylinder-Motor, 0,75 PS bei 250—300 U/min, horizontale Schwungscheibe (Deutsches Museum München).

**Rechts außen:** Rückansicht.

Motor Lenoirs und seine Verbesserung kannte er bereits. Der Otto-Langen-Flugkolben-Motor schien ihm nur wenig Entwicklungsmöglichkeiten zu bieten, während der Otto-Langen-Viertaktmotor durch Patente in jeder Richtung geschützt war. Dennoch ließ Benz der Gasmotor nicht mehr los, der ein Ersatz für die ungefüge Dampfmaschine war und sich, wenn auch nicht in der bereits bekannten Form, zum Antreiben eines Fahrzeuges verwenden ließ. Benz wollte auf neuen Wegen zu einem guten Motor gelangen. Schließlich wählte er das Zweitaktverfahren und arbeitete nun Monate hindurch unablässig an der Realisierung seiner Idee.

Im November 1879 waren die Teile für den Motor fertig gegossen und Benz konnte seinen Zweitakter zusammenbauen. Sorgfältig prüfte er die einzelnen Teile selbst nach und überarbeitete sie, wenn es nötig war. Als Benz den fertigen Motor ausprobieren wollte, kam es jedoch nur zu 2 bis 3 Zündungen. Das Weihnachtsfest war für Benz deshalb wenig festlich. Jedoch am Silvesterabend, nachdem Frau Berta gemeint hatte, sie hätte das Gefühl, als wäre das Ding jetzt besser gelaunt und man sollte es versuchen, sprang der Motor an und ging klaglos.

Es war ein stationärer 1-PS-Zweitakt-Motor mit Oberflächenvergaser, der hier zum Leben erwacht war und Benz patentiert wurde. Durch Emile Roger fand er in Frankreich guten Absatz. Benz mußte seine Werkstätte erweitern und beschäftigte bald 40 Arbeiter. Daraufhin wurde der Bau von 2- und 4-PS-Moto-

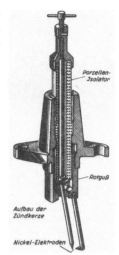

**Zündkerze für den Motor des ersten Benz-Wagens.**

**Erster Benz-Fahrzeugmotor.**

zu arbeiten. Anläßlich eines Besuches seines alten Bekannten und Lieferanten, des Eisenhändlers Max Rose, sprach er über seinen neuen Motor, an dessen Verbesserung er arbeitete, und dieser, im Besitz großer Mittel und als kluger Geschäftsmann, schlug Benz die Gründung einer Gesellschaft vor, die unter dem Namen „Benz & Co., Rheinische Gasmotorenfabrik Mannheim" bald darauf, nämlich 1883, ins Leben gerufen wurde. Aber Benz hatte diesmal zur Bedingung gemacht, daß in das Fabrikationsprogramm auch der Bau seines Wagens miteinbezogen werden müsse, womit Rose im Falle eines guten Absatzes der Motoren einverstanden war.

Sofort wurde mit der Motorenfabrikation begonnen. Benz nützte jede freie Stunde, um mit seiner Wagenkonstruktion zu brauchbaren Ergebnissen zu kommen. Er ging dabei aber nicht wie Daimler vom Motor, sondern vom Fahrgestell aus, das er möglichst leicht halten wollte, weshalb er eine Dreiradkonstruktion aus Rohren baute, die zwei große Hinterräder und vorne ein kleineres Lenkrad aufwies. Alle drei waren Drahtspeichenräder mit Vollgummibereifung; das ganze Fahrzeug wog 260 kg.

Benz strebte darüber hinaus einen starken, leistungsfähigen Motor an, da ihm klar war, daß er seinen damaligen Zweitaktmotor wegen dessen Größe und Schwere sowie wegen der niedrigen Umdrehungszahl von 120—130 in der Minute für den Wagen nicht verwenden konnte. Es galt also, einen möglichst leichten Motor zu bauen, dessen Kraftleistung jedoch über

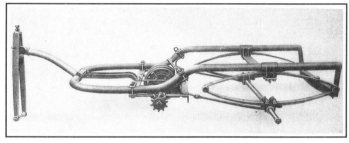

ren aufgenommen, und bald wurde unter dem Namen Mannheimer Gasmotoren A.G. eine neue Firma gegründet.

Nun hielt Benz die Zeit zur Ausführung seines Lebensplanes, einen selbstfahrenden Motorwagen zu bauen, für gekommen. Da er aber mit seinen Teilhabern, die für solche „Phantastereien" kein Verständnis zeigten, zu keiner Einigung kommen konnte, trat er einfach aus der Gesellschaft aus. Seinen Anteil an den gut im Kurs stehenden Aktien verkaufte er und zog sich in seine alte Werkstatt zurück, um dort an der Konstruktion eines neuen Zweitakters und an den Plänen des Selbstfahrers

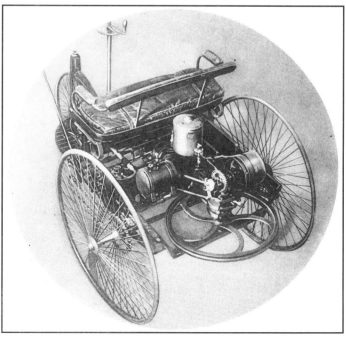

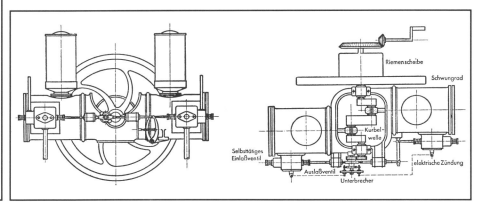

räder und Übersetzungsketten, den Leerlauf des Motors bei stehendem Wagen durch das Ausrücken des Antriebes auf eine Losscheibe und das Kurvenfahren mit einem Differential, das •er, schon lange bevor er seinen ersten Motor baute, entworfen hatte. Der Motor wurde liegend unter dem Sitz des Fahrzeuges so eingebaut, daß das Schwungrad in horizontaler Lage lief, wodurch der Dreiradwagen gleichzeitig stabilisiert werden sollte (Kreiselwirkung). Von der demnach senkrecht stehenden Motorwelle wurde die Kraft durch Winkelräder und Lederriemen auf ein Ausgleichsgetriebe und von diesem durch Ketten auf die beiden Hinterräder übertragen. Beim Zusammenbau des Motors war Benz die Zeit, während der er 12 Stunden täglich mit Hammer und Feile in der Werkhalle gearbeitet hatte, von ungeheurem Nutzen, da er Ersatz für nicht befriedigende oder nicht passende Teile sofort an Schraubstock und Drehbank selbst anfertigte.

An einem schönen Frühlingstag des Jahres 1885 fand vor der Familie, treuen Freunden und den alten Arbeitern der Fabrik auf dem kleinen Hof des Firmengebäudes die mit Spannung erwartete erste Werks- und Probefahrt statt. „Benzine", wie Benz sein Fahrzeug nannte, wurde durch Drehen des an der Rückseite des Wagens waagrecht angebrachten Schwungrades in Betrieb gesetzt. Benz schwang sich auf den Sitz, schaltete vom Leerlauf auf den einzigen Gang um, und der Wagen kam in Bewegung. Der Motor lief befriedigend, der Wagen fuhr.

Durch die Handhabung der Bedienungshebel abgelenkt, vergaß Benz für einen Augenblick aufs Steuern — ein Krach — und wieder einmal war die erste Fahrt an einer Mauer zu Ende. Da den Erfindern die Übung im Lenken und Betreiben eines selbstbeweglichen Wagens fehlte, war das nicht weiter verwunderlich.

Die Erprobungen wurden jedoch fortgesetzt, bis der Wagen ohne Unterbrechung Fahrten mit 12 km/h Geschwindigkeit zurückzulegen vermochte.

Benz und seine tapfere Frau führten nun einen Kampf gegen die Lächerlichkeit. Bei ihren zahlreichen Fahrten gerieten sie oft in die Lage, ihn nach Hause schieben zu müssen, und da war, der Einstellung des Volkes entsprechend, des öfteren zu hören: „Närrische Spielerei" oder „Schmeiß den Stinkkasten in den Neckar, mehr ist er nicht wert". Die Pannen wurden jedoch seltener, und größere Fahrten, die störungsfrei verliefen, bewiesen die praktische Verwendbarkeit des Selbstfahrers.

Benz erhielt nach Einreichung seines Patentes am 29. Jänner 1886 unter D. R. P. Nr. 37.435 den Schutz für seinen Wagen. Bis dahin sprach er immer von der Konstruktion eines Fahrzeuges mit Gasmotorbetrieb. Erst gelegentlich der Patentanmeldung (die Patentschrift umfaßte 15 Folioseiten) spricht Benz von einem „Gasapparat" (Vergaser), der alternativ mit der Verwendung von Leuchtgas auch die eines flüssigen Kraftstoffes ermöglichen sollte. Bei seinen ersten Fahrten verwendete er Ligroin, ein Petroleumderivat. Das Patent wurde in allen Industriestaaten angemeldet.

alles Bisherige hinausging. Benz schuf einen neuen Viertaktmotor von etwa ¾ PS bei 250—300 Umdrehungen in der Minute. Der Eintritt des in einem Oberflächenvergaser erzeugten Gasgemisches wurde durch einen Schieber, der Austritt der Verbrennungsgase durch ein Ventil ermöglicht. Die Zündung erfolgte durch elektrische Funken, die — von einem Dynamo erzeugt — über zwei Platinspitzen sprangen. Auf der Werkbank betrieb Benz seinen Motor mit einem bei jeder Erschütterung aussetzenden Magneten, so daß er es mit einer Batterie versuchte. Um den Batteriestrom auf die nötige höhere Spannung zu bringen, transformierte er ihn mit Hilfe des Ruhmkorffschen Induktors.

Viele Sorgen machte Benz auch die Kühlung des Motors. Er fand schließlich die Lösung in einem Rückkühler mit selbständigem Wasserumlauf. Das durch die Wärme aufsteigende Wasser wurde gekühlt, dem Wasserbehälter wieder zugeführt und umspülte den Motor in stetem Kreislauf.

Aber damit waren keinesfalls alle Probleme gelöst. Die Kraftübertragung bewerkstelligte er durch Vorgelegewellen, Ketten-

**Rechte Seite links unten: Heckmotor des „Dos-à-Dos" von 1899.**

**Links u. rechts: Sogenannter Kontra-Motor, Zweizylinder mit 16 PS von Benz, 1896—1902, 500—1000 U/min. (Nach Zeichnungen im Deutschen Museum München.)**

Stehender Benz-
Zweizylindermotor
von 1902,
10/12 PS,
1200 U/min.

Presse sogar wagte, für das neue Gefährt einzutreten, und die Aussichten, die es für die Zukunft hatte, anzudeuten. Vor allem dieser Umstand war der Beweggrund, der Frau Benz und ihre beiden Söhne eines Tages zu einer heimlichen Ausfahrt nach Pforzheim veranlaßte, die bald einige Berühmtheit erlangen sollte.

Die Strecke nach und über Heidelberg hinaus legte der Wagen vorerst in flottem Tempo und ausgezeichneter Verfassung zurück. Jedoch vor Wiesloch schaffte der Motor die Steigung nicht, und die Fahrt wurde langsamer. Man stieg ab, und nur der jüngere, weil leichtere, der beiden Söhne steuerte den Wagen bis zur Höhe. Dort angelangt, nahm jeder seinen Platz wieder ein, um die ziemlich steile Straße nach Wiesloch hinunterzufahren. Die quietschenden Bremsen waren kein zuverlässiger Halt, der Wagen lief gehörig und die scharfe Kurve am Ende des Gefälles konnte zwar mit viel Mühe heil durchfahren werden, aber die Kette sprang ab. Es geschah zwar nichts, aber inmitten einer ansehnlichen Menschenmenge mußte der Schaden behoben werden.

Mit gutem Mut ging es weiter, jedoch die Schwierigkeiten häuften sich nun durch das hügelige Gelände. Mehrmals wurde der Wagen geschoben. Die lederbezogenen Bremsen faßten nicht mehr recht, die Ketten sprangen durch Überdehnung immer

Benz forderte nun die Aufnahme des Motorwagenbaues in das Fabrikationsprogramm seiner gutgehenden Fabrik. Widerstrebend wurden Benz vertragsgemäß Arbeiter und Raum zur Verfügung gestellt. Er baute seine „erste Serie" von drei Wagen, die mit allen auf den Probefahrten erkannten Verbesserungen ausgestattet wurden. Sie erhielten ein Halbverdeck, Spritzleder und Vollgummibereifung der Hochräder. Ein stärkerer Motor sorgte für eine Geschwindigkeit von 16 km/h. Die Wagen waren fertig, aber Käufer wollten sich nicht finden, obwohl die

**Rechts: Motor des Benz-Victoria-Wagens von 1893.**

**Darunter: Schematische Darstellung eines der frühesten Benz-Motoren (L. Baudry de Saunier).**

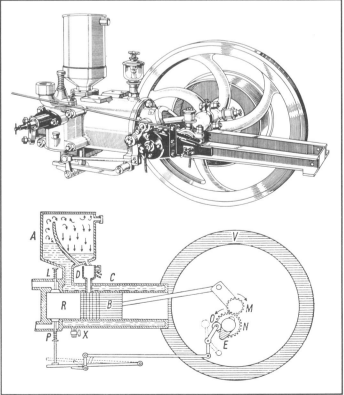

häufiger von den Zahnrädern und machten das Bergabfahren geradezu gefährlich. Um die Schnelligkeit dabei zu vermindern, stiegen Mutter und ein Sohn ab und hingen sich hinten an den Wagen. Der nächste Dorfschuster versah die Bremsklötze mit neuen Lederflecken und der Dorfschmied spannte die Ketten nach. Nach einer Rast in Wilferdingen, während welcher der Wagen reichlich bestaunt wurde, ging die Fahrt weiter. Knapp nach dem Dorf setzte jedoch der Motor aus und wurde nach vieler Mühe endlich wieder in Gang gebracht. Der Schaden war dadurch entstanden, daß die Treibstoffleitung verstopft war. Mit Hilfe der Hutnadel Frau Benz' wurde das wieder in Ordnung gebracht. Die bald darauf aussetzende Zündung wies ein durchgescheuertes Zuleitungskabel auf, das mit dem Strumpfband der Mutter isoliert werden konnte. Nach einer sehr, sehr langen Steigung aber, die schiebend überwunden werden mußte, ging es bei Einbruch der Dunkelheit dennoch talab nach Pforzheim. Der Menschenauflauf war gehörig groß, und mit einem riesigen Gefolge landeten die Fernfahrer vor dem Haus der Großmutter Ringer.

Die Rückfahrt verlief ausgezeichnet, der Motor arbeitete störungsfrei und die neu beschafften Ketten saßen gut. Papa Benz

**Zeitgenössischer Bildbericht über eine Fahrt mit dem „Benz-Patent-Motorwagen" von 1888.**

**Benz-Lenkvorrichtung von 1894 für einen Vierradwagen.**

**Benz-Hotel-Omnibus von 1895.**

verzieh den Ausreißern und zog aus dieser Fahrt den Schluß, daß der Motor für Bergfahrten stärker zu sein hatte und eine weitere Übersetzung nötig war. Jedenfalls aber hatte diese Ausfahrt Aufsehen erregt, und die Zeitungen schrieben darüber. Damit hatte sie ihren Zweck erfüllt und darüber hinaus den automobilistischen Gedanken gehörig gefördert.

Nach einigen Verbesserungen kam im Jahre 1887 für Benz endlich der Tag, an dem sein in Mannheim anwesender Pariser Vertreter, der Franzose Emile Roger, das Fahrzeug besah und kaufte. Er fuhr damit kurzerhand nach Paris und kam dort gut an. Dieser Kauf war für Benz von großer Bedeutung. Roger fuhr mit seinem Wagen durch Paris, wo damals noch die Dampfwagen De Dions und Serpollets die Straßen belebten, und erweckte Interesse. Obendrein hatte er gute Beziehungen, die Benz die ersten Aufträge brachten. Benz entschloß sich, die 1888 stattfindende „Pariser Fuhrwerks-Ausstellung" zu beschicken. Er selbst führte dort tagtäglich seinen Wagen vor, und der Erfolg blieb nicht aus.

Im Herbst 1888 brachte Benz seinen Wagen mit der Bahn zur Münchner Gewerbe- und Industrieausstellung und fuhr mit ihm, selbst am Steuer sitzend, durch die Straßen der bayrischen Hauptstadt. Das „Münchener Tageblatt" vom 18. September 1888 berichtete darüber: „Ohne eine bewegende Kraft durch Erhitzen von Dampf oder wie bei den Velozipeden,

rollte der Wagen ohne Umstände, alle Kurven nehmend und den entgegenkommenden Fuhrwerken und den verschiedenen Fußgängern ausweichend dahin, verfolgt von einer großen Zahl atemlos nacheilender Leute. Die Bewunderung sämtlicher Passanten, welche sich momentan über das ihnen gewordene Bild kaum zu fassen vermochten, war ebenso allgemein als groß. Der unter dem Sitz angebrachte Benzinmotor ist die treibende Kraft, die sich nach dem mit eigenen Augen gesehenen Versuche aufs beste bewährt hat." Benz wurde für seine Leistung mit der „Großen goldenen Medaille" ausgezeichnet.

1889 entschloß sich Benz — wahrscheinlich beeinflußt von der Form der Daimler-Kutsche — sein nicht ganz befriedigendes Dreirad in ein Vierrad umzuwandeln, das trotz des höheren Preises manche Freunde fand. Trotzdem wollte sich der neue Wagen in der Heimat nicht durchsetzen, und es ist bezeichnend, daß der erste deutsche Käufer ein Verrückter war, dessen Vater den Kauf wieder rückgängig machte. Aber es war nicht nur die Ablehnung des Volkes, die die Verbreitung des Autos in Deutschland hinderte, die Behörden waren besonders verkehrsunfreundlich. Vor allem konnte man kein Verhältnis zu diesen „dahinrasenden" und knatternden Fahrzeugen gewinnen. Man vermochte ihre Stärke und Gefährlichkeit nicht zu beurteilen und überschätzte sie im allgemeinen. Dennoch mußte die Fabrikation im Jahre 1890 auf breitere Basis gestellt werden. Die Aufträge, vor allem aus Frankreich über Emile Roger, wurden ständig zahlreicher, und so nahm Benz neue Geldleute in seinen Betrieb. Die Befriedigung der Käuferwün-

**Noch vor Daimler erzeugte Benz um 1895 die ersten Lieferwagen mit Erfolg.**

**Links:
Benz Coupé mit Zweizylinder-Boxer-Motor von 1897.**

**Benz-Phaeton aus dem Jahre 1895.**

sche war damals jedoch nicht so einfach. Fast jeder Wagen wurde zu einem neuen Modell.

Um diese Zeit, 1890/91, entstand bei Benz die zweisitzige Benz-Viktoria, 1892 das kuriose Modell Vis-à-vis. Ein Benz-Wagen kostete damals vier- bis fünftausend Mark. In Deutschland fanden sich erst Käufer, als 1895 ein leichter Wagen herauskam, der zweitausendfünfhundert Mark kostete und Comfortable hieß. Diese Kraftwagentype hatte einen liegenden Einzylindermotor, der bei etwa 600 Umdrehungen in der Minute 3,5 PS leistete und unter, beziehungsweise hinter den Sitzen eingebaut war. Bei der im hinteren Wagenteil liegend angeordneten Kurbelwelle waren neben dem großen Schwungrad die Riemenscheiben angebracht, von denen zwei durch Riemen das Ausgleichsgetriebe trieben. Von diesem wurden die Hinterräder durch Ketten bewegt. Durch entsprechendes Schalten der Riemen konnten drei verschiedene Vorwärtsgeschwindigkeiten erreicht werden, jedoch kein Rückwärtsgang. Die Fahrzeuge waren etwa 500 Kilogramm schwer und hatten Luftbereifung.

Das Kraftfahrwesen hat Frankreich so vielerlei zu verdanken, daß die Franzosen stets an der Meinung festhalten werden, der Automobilismus wäre eine rein französische Schöpfung, und das mit einer gewissen Berechtigung. Der Grund hiefür liegt, wie der 80jährige Carl Benz in seinen Lebenserinnerungen

**Fahrgestell des 60-PS-Rennwagens „Parsifal" von 1902/03.**

**Fahrgestell des „Elegant-Tonneau" von 1902.**

festgestellt, auch in der grundverschiedenen Art, wie diese neue Idee in Deutschland und in Frankreich aufgenommen und ausgewertet wurde. „Hier gab's keine abwägende Geringschätzung, keine kühle Verneinung! Beherrscht und hingerissen von der Zukunftsmacht des neuen Ideals griffen nun die französischen Konstrukteure und Techniker mit dem auflodernden Feuer romanischer Begeisterung den deutschen Wagen auf. Kaum hatten die französischen Wagen laufen gelernt, setzte sofort ein beispielloser Reklame- und Rennkultus ein. Bald wurde durch eine Reihe großzügig veranstalteter, glänzender internationaler Rennen das Auto in den Blickpunkt der ganzen Welt gerückt."

In Frankreich hatte der Benz-Wagen seine ersten großen Erfolge, was für die ansteigende Produktion von ausschlaggebender Bedeutung war. Dort wurden auch die ersten Prüfungsfahrten für „Automobile", wie der Motorwagen bereits genannt wurde, abgehalten, an welchen sich auch Benz-Wagen erfolgreich beteiligten.

Benz baute später bei Ladenburg aus eigenen Mitteln eine Fabrik, die seinen Söhnen eine Lebensgrundlage schaffen und gleichzeitig dazu dienen sollte, seine Verbesserungen und Pläne zur Durchführung zu bringen. Er übertrug die Leitung der Fabrik seinen Söhnen, während er dort in einer kleinen, selbst eingerichteten Werkstatt in aller Stille arbeitete. Da das alte

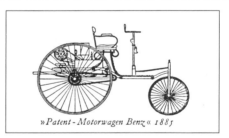

*»Patent-Motorwagen Benz«* 1885

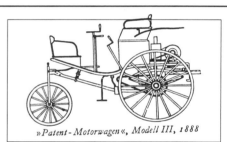

*»Patent-Motorwagen«, Modell III,* 1888

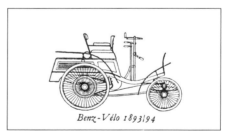

*Benz-Vélo* 1893/94

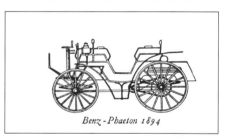

*Benz-Phaeton* 1894

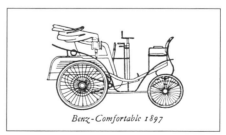

*Benz-Comfortable* 1897

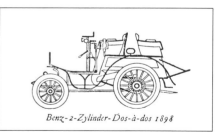

*Benz-2-Zylinder-Dos-à-dos* 1898

*Benz-Elegant-Tonneau* 1900

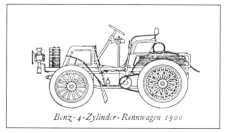

*Benz-4-Zylinder-Rennwagen* 1900

## Patent-Motor-Wagen Benz „Victoria."

### Preise:

Patent Motor-Wagen, „Victoria" mit einem Sitz für 2 Personen mit einer 3pferdigen Maschine, mit 4 massiv Gummirädern, mit Verdeck, Spritzleder und Laternen complett kostet **Mark 3800.—**

Auf Wunsch liefern wir zu diesem Wagen einen kleinen Nothsitz . . . . . . . . . . . . . . **Mark 75.—**

Wird der Wagen mit einer 4–5pferdigen Maschine gewünscht, so erhöht sich der Preis um . . . . . **Mark 200.—**

Gewicht des Wagens mit Maschine ca. 650 Kg.

### Dimensionen:

Aeusserste Länge des Wagens . . . . . . . 2 Meter 90 cm.
Breite . . . . . . . . . . . . . . . . . . 1 „ 50 „
Höhe des Wagens ohne Verdeck . . . . . . 1 „ 50 „
Spurweite . . . . . . . . . . . . . . . . 1 „ 25 „

Ganz oben:
**Benz Modell „Duc" von 1901.**

Oben:
**„Break" von Benz für acht Personen.**

Unten:
**Benz-Rennwagen von 1901.**

Ganz oben:
**Benz Modell „Charrette" von 1901.**

Oben:
**Benz „Mylord-Coupé" von 1901.**

Ganz unten:
**Benz „Parsifal" von 1903.**

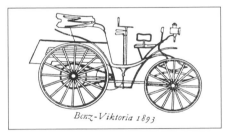

*Benz-Viktoria 1893*

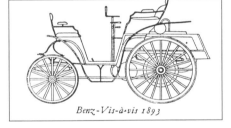

*Benz-Vis-à-vis 1893*

*Benz-Coupé 1895*

*Benz-Landaulet 1895*

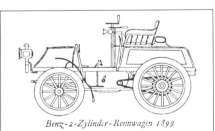

*Benz-2-Zylinder-Rennwagen 1899*

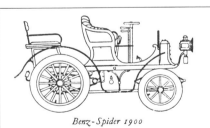

*Benz-Spider 1900*

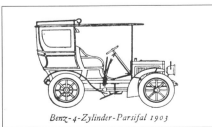

*Benz-4-Zylinder-Parsifal 1903*

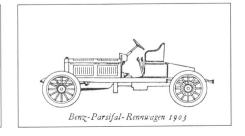

*Benz-Parsifal-Rennwagen 1903*

Werk in Mannheim nun bereits sehr überlastet war, wurde draußen in Waldhof ein neues, großes Gebäude errichtet, in das 1908 die gesamte Automobilfabrikation verlegt wurde, während das alte Werk weiter dem Motorenbau diente.
Am 14. Dezember 1914 verlieh die Technische Hochschule in

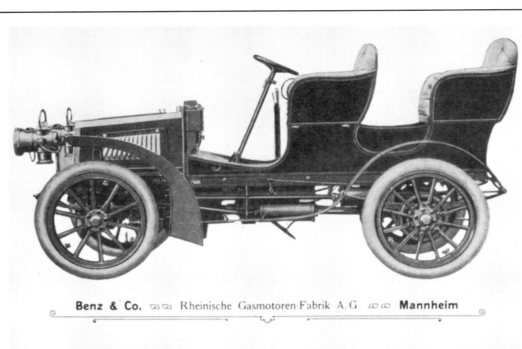

Benz & Co. ⬭⬭ Rheinische Gasmotoren-Fabrik A.G. ⬭⬭ Mannheim

## Der Parsifal-Wagen

Durch unsere mehr als 20 jährigen Erfahrungen auf dem Gebiete des Motorwagenbaues sind wir instandgesetzt, auch dieses Jahr wieder eine Reihe neuer Modelle zu liefern, welche allerseits als ein grosser Erfolg bezeichnet werden. Den modernsten Anschauungen der Technik entsprechende Präzisionsarbeit, verbunden mit der unübertroffenen Dauerhaftigkeit, welcher wir unsern Weltruf verdanken, zuverlässiger und geräuschschwacher Gang, sind die Hauptmerkmale der neuen Benz-Parsifal-Wagen, die zu dem besten gehören, was heute existiert, und die demgemäss nicht mit den in Massenfabrikation hergestellten, leichten Fahrzeugen zu vergleichen sind, deren Haltbarkeit nur eine sehr beschränkte sein kann.

**Oben: Benz Ideal von 1899.**

**Mitte: Benz Comfortable, Nachfolger des Velo.**

**Darunter: Tonneau von 1902 mit Contra-Maschine vorn und Kettenantrieb.**

Karlsruhe Benz die Würde eines Dr. Ing. h. c., 1926 wurde er Mitglied des Aufsichtsrates der neugegründeten Daimler-Benz-Aktiengesellschaft.

Benz selbst war ein Vorgesetzter, dessen Kritik die Arbeiter fürchteten und dessen karges Lob eine große Auszeichnung war. Dennoch wurde er von ihnen „Papa Benz" oder „Vadder" genannt. Trotz der angestrengten Tätigkeit gehörten der Abend und die Sonntage der Familie, mit der er zum Wochenende eine nur selten versäumte Ausfahrt unternahm. Bei kaltem Wetter ging er mit seinen Kindern Schlittschuh laufen, das er mit viel Geschick beherrschte. Die gleiche Freude bereitete ihm das Tanzen, dem er bis ins hohe Alter huldigte. Er starb am 4. April 1929.

**Links: Stehender Vierzylinder-Parsifal-Motor.**

**Eine Art Testbericht über den ersten Benz-Wagen im Kriegseinsatz in Afrika, 1907.**

**Benz-Sportwagen von 1906 mit 40-PS-Vierzylindermotor.**

**Benz-Wagen für die Prinz-Heinrich-Fahrt von 1910, 50 PS.**

**200-PS-Blitzen-Benz von 1911.**

**Fahrgestell und Ansicht des Benz Zweisitzers von 1913 mit 8/20 PS.**

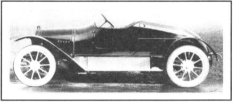

**Unten: Benz-Limousine von 1909 mit 14/30 PS.**

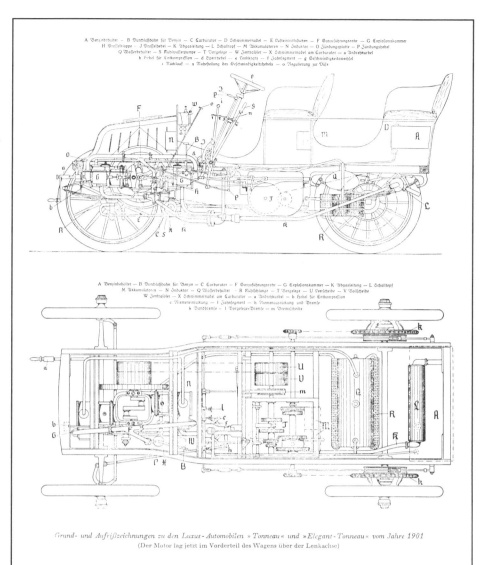

A Benzinbehälter — B Durchlaßhahn für Benzin — C Carburator — D Schwimmernadel — E Lufteintrittsdüten — F Gaszuführungsrohr — G Explosionskammer
H Drosselklappe — J Drosselhebel — K Abgasleitung — L Schalltopf — M Akkumulatoren — N Induktor — O Zündungsplatte — P Zündungshebel
Q Wasserbehälter — S Kühlwasserpumpe — T Vorgelege — W Zentralöler — X Schmiernadel am Carburator — a Andrehkurbel
b Hebel für Entkompression — c Sperrhebel — e Lenkachse — e Zahnsegment — e Geschwindigkeitshebel
i Rücklauf — o Ruhestellung des Geschwindigkeitshebels — o Regulierung zur Düse

A Benzinbehälter — B Durchlaßhahn für Benzin — F Gaszuführungsrohre — G Explosionskammer — K Abgasleitung — L Schalltopf
M Akkumulatoren — N Induktor — Q Wasserbehälter — R Kühlschlange — T Vorgelege — U Vorgelege — V Vollscheibe
W Zentralöler — X Schmiernadel am Carburator — a Andrehkurbel — b Hebel für Entkompression
c Riemenumrückung — f Zahnsegment — h Riemenumrückung und Bremse
k Bandbremse — l Vorgelege-Bremse — m Bremsscheibe

*Grund- und Aufrißzeichnungen zu den Luxus-Automobilen »Tonneau« und »Elegant-Tonneau« vom Jahre 1901*
*(Der Motor lag jetzt im Vorderteil des Wagens über der Lenkachse)*

# Rudolf Diesel

Zu einer Zeit, als das Benzinautomobil bereits durch die Straßen der Weltstädte fuhr, war ein Motor im Werden, der später Weltgeltung erlangen sollte.

Diesel! Dieser Name ist zu einem Begriff geworden. Obwohl Rudolf Diesel selbst keinen Automobilmotor geschaffen hat, muß sein Wirken gewürdigt werden, wenn über die Automobiltechnik gesprochen wird. Kaum, daß sein erster Motor lief, erkannte Diesel bereits die Bedeutung seiner Maschine auch für das damals noch sehr junge Kraftfahrwesen und trat mit verschiedenen Firmen in Verhandlung, unter anderem mit der späteren Elektromobilfabrik Lohner in Wien.

**Rechts:**
**Aus den Vorarbeiten zum Ammoniak-Motor, etwa um 1886.**

**Kompressionsfeuerzeug aus dem Jahr 1833/34.**

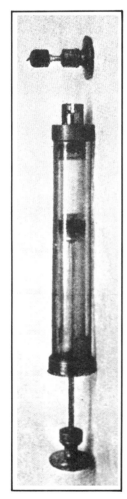

Es sollte aber noch dreißig Jahre dauern, bis der erste Dieselmotor in den Automobilbau Eingang fand. Diese nicht ohne weiteres zu verstehende Verzögerung lag vor allem an den weit unterschätzten Schwierigkeiten, die sich beim Bau von Dieselmotoren, insbesondere von kleinen Maschinen mit ziemlich großer Drehzahl, ergaben.

Diesel war ein genialer Erfinder und kluger Geschäftsmann, — eine sehr seltene Kombination. So umwälzend sich seine Erfindung gleich von Anfang an gestaltete, so groß war sein Gewinn daran. Sein Leben war wenig harmonisch, von Unruhe erfüllt, und es ist ungeklärt, wie weit diese Umstände an seinem Selbstmord Anteil hatten. Er wurde von vielen Seiten energisch und intensiv angegriffen — besonders anläßlich einiger Patentprozesse —, während ein anderer Teil seiner Zeitgenossen leidenschaftlich für ihn Partei ergriff.

Rudolf Diesel wurde am 18. März 1858 in Paris als Sohn eines aus Deutschland stammenden Taschners geboren. Als Diesel zwölf Jahre alt war, brach der Deutsch-Französische Krieg 1870/71 aus. Die Eltern flüchteten aus Paris, kamen nach London und sandten ihren aufgeweckten Jungen von dort aus in die Heimatstadt des Vaters, nach Augsburg. In diesem Alter war sich Rudolf Diesel schon darüber klar, daß er Ingenieur werden wollte. Trotz des Widerstandes seiner Eltern, die aus ihm gern einen Handwerker gemacht hätten, setzte er seinen Willen durch. Er besuchte die Augsburger Gewerbeschule und legte 1880 in München das beste Ingenieurexamen seit Gründung dieser Polytechnischen Schule ab. Später war er in der deutschen Eismaschinenfabrik Linde tätig, die ihn als Ingenieur nach Paris schickte, um dort einen Zweigbetrieb aufzubauen. Bei dieser Firma machte er einige Erfindungen, die ihm als Angestellten aber nicht zugute kamen. Schon damals begann in Diesel der Gedanke zu reifen, eine Maschine zu bauen, die der Dampfmaschine bezüglich ihres thermischen Wirkungsgrades weit überlegen sein sollte. Seine ersten, selbstfinanzierten Versuche stellte er mit einem Ammoniak-Absorptionsmotor an. Damals machte Diesel seine ersten Erfahrungen mit für jene Zeit sehr hohen Drücken. Die Erkenntnisse kamen ihm bei der Schaffung seines Motors sehr zustatten. Mit dieser Maschine experimentierte Diesel jahrelang, ließ aber dann doch die Idee fallen. Der Grund dafür dürfte in der am 2. März 1888 stattgefundenen Sitzung der „Société des ingenieurs civils" zu finden sein, bei der ein Ingenieur namens Poloceau über einen Apparat des Marquis de Montgrand berichtete, der auf den Prinzipien der Thermodynamik beruhte. Der Vortrag und die Erinnerung an das Kompressionsfeuerzeug in der Industrieschule in Augsburg scheinen Diesel auf die Idee gebracht zu haben, eine Maschine zu bauen, in der erhitzte Luft zu motorischen Zwecken verwendet wird.

Der Gedanke war nun keinesfalls eine besondere Neuheit, da es mehrere Männer gegeben hatte, die damit an die Öffentlichkeit getreten waren oder Versuche in dieser Richtung anstellten. Sadi

Carnot zum Beispiel leistete auf dem Gebiet der Hochdruck-Wärme-Kraftmaschine in theoretischer Beziehung Pionierarbeit. Er veröffentlichte seine Idee unter dem Titel „Betrachtungen über die bewegende Kraft des Feuers und die zur Entwicklung dieser Kraft geeigneten Maschinen" (1824 veröffentlicht). Carnot war Ingenieuroffizier und starb bereits mit 27 Jahren. Die hier angeführte Broschüre war seine einzige wissenschaftliche Arbeit. Sie blieb drei Jahrzehnte unbeachtet.

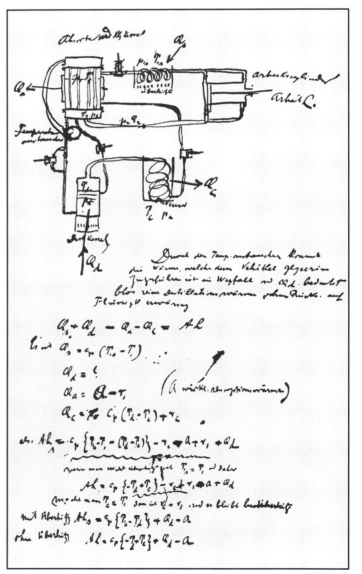

Erst durch Clapeyron und Clausius, Schöpfer der mechanischen Wärmetheorie, wurde sie dann in gelehrten Kreisen bekannt. Es ist erstaunlich, mit welcher Klarheit Carnot die grundlegenden Anschauungen über Wärmekraftmaschinen ausgedrückt hat. Und das besonders in den Abschnitten: „Die Grundlage des Kreisprozesses", „Die Selbstentzündung durch Luftverdichtung", „Die Grundlagen für hohes Wärmegefälle und hohe Wärmeausnützung". Er befaßte sich auch mit der Idee eines Kohlenstaubmotors, bei dem der austretende Auspuff zur Erhitzung eines Dampfkessels benützt werden sollte (Abwärmeverwertung). Außerdem errechnete er jene Verdichtung (1 : 14), die notwendig wäre, um eine Temperatur von 300 Grad Celsius zu erreichen, die zur Selbstentzündung von Zunder erforderlich ist. Carnot konnte seine Idee nicht verwirklichen, da ihn die Technik jener Zeit nicht in die Lage versetzte, eine Maschine zu bauen, die derartigen Beanspruchungen standgehalten hätte.

1883 bis 1885 hat Söhnlein Versuche mit Ölmotoren durchgeführt. Seine Verdichtung der Verbrennungsluft betrug 8 bis 10 atü. Bei Beginn des darauffolgenden Hubes spritzte er Brennstoff mittels Preßluft ein. Er verwendete Fremdzündung, sprach aber in einem Brief an Werner von Siemens auch von selbständiger Kompressionszündung.

1887 brachte Köhler ein Buch heraus, das den Titel „Theorie der Gasmotoren" trug. Auch er befaßte sich darin mit Hochdruck-Gasmotoren mit Kompression von reiner Luft in einem Arbeitszylinder. Der Brennstoff wurde später getrennt eingeführt und die Explosionskraft zur Arbeitsleistung verwendet. Trotzdem empfahl Köhler aber nur den Gleichdruckmotor, da er errechnete, daß bei obigem Vorgang in der Praxis die Reibungsverluste zu groß würden. Außerdem dachte er nicht an Selbstentzündung, und auch Ölbetrieb war nicht vorgesehen.

(1876)

(1830)

(1898)

(1912)

Die Unterschriften Rudolf Diesels zwischen 1876 und 1912, die sich nach Meinung von Zeitgenossen an seine Motordiagramme angenähert haben (spiegelverkehrt).

Capitaine, ein Zeitgenosse Diesels, arbeitete vor Diesel ein Verfahren für Verbrennungskraftmaschinen aus, bei dem nur die Kompressionszündung fehlte (Selbstzündung). Die Verdichtung belief sich bei Capitaines Maschine auf 16 atü. Um Selbstzündung zu erreichen, benötigte er Vorwärmung (Glühwände). Er plante einen Betrieb mit Petroleumrückständen (schwerflüssigem Masut). Der Brennstoff sollte mittels Druckluft eingespritzt werden. Für Petroleumeinspritzung war eine Düse vorgesehen.

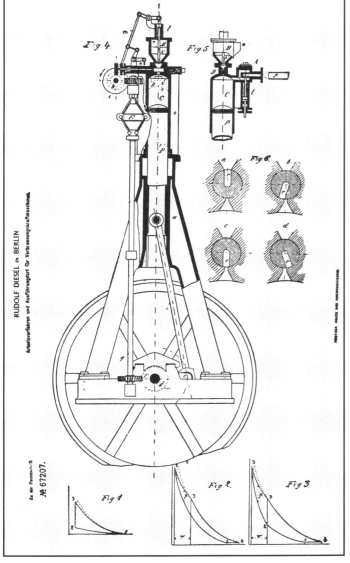

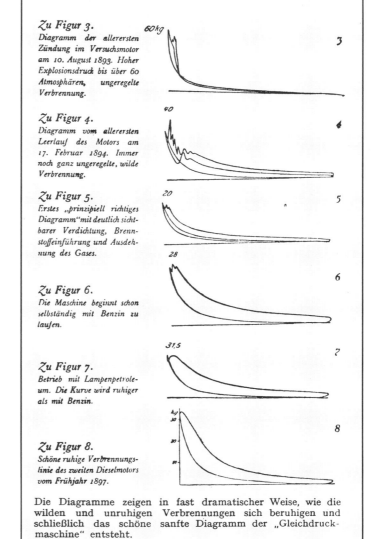

**Patentzeichnung zum „Rationellen Wärmemotor" sowie Diagramme von 1892.**

Zu Figur 3.
Diagramm der allerersten Zündung im Versuchsmotor am 10. August 1893. Hoher Explosionsdruck bis über 60 Atmosphären, ungeregelte Verbrennung.

Zu Figur 4.
Diagramm vom allerersten Leerlauf des Motors am 17. Februar 1894. Immer noch ganz ungeregelte, wilde Verbrennung.

Zu Figur 5.
Erstes „prinzipiell richtiges Diagramm" mit deutlich sichtbarer Verdichtung, Brennstoffeinführung und Ausdehnung des Gases.

Zu Figur 6.
Die Maschine beginnt schon selbständig mit Benzin zu laufen.

Zu Figur 7.
Betrieb mit Lampenpetroleum. Die Kurve wird ruhiger als mit Benzin.

Zu Figur 8.
Schöne ruhige Verbrennungslinie des zweiten Dieselmotors vom Frühjahr 1897.

Die Diagramme zeigen in fast dramatischer Weise, wie die wilden und unruhigen Verbrennungen sich beruhigen und schließlich das schöne sanfte Diagramm der „Gleichdruckmaschine" entsteht.

**Rechts: Praktische Motordiagramme der Versuchszeit (1893—1897).**

Capitaine brachte später eine Broschüre unter dem Titel „Kritik des Dieselmotors" heraus.

Die Wirkungsweise des Braytonschen Motors war die einer im Viertakt arbeitenden Verbrennungskraftmaschine, die gewöhnliche Luft ansaugte und sie verdichtete, worauf der Treibstoff eingespritzt wurde. Fremdzündung brachte das Gemisch zur Verbrennung. Der Überdruck, mit dem der Treibstoff eingespritzt wurde, stand im Verhältnis zum Druck im Arbeitszylinder 1,8 : 1, also ähnlich wie ihn auch Diesel verwendete. Außerdem wies der Motor Braytons ein gesteuertes Brennstoffventil auf sowie eine Verdichtung, mit der die Dosierung der Treibstoffeinspritzung reguliert werden konnte. Der Verbrennungsraum war einfach zylindrisch und frei von Nebenräumen.

Auch Hargreaves verwendete bei seinem 1887 bis 1890 gebauten Ölmotor Vorverdichtung der Verbrennungsluft und Einspritzen von Öl in diese hochverdichtete Luft. Nachdem aber die Verbrennungsluft nur auf etwa 5 atü verdichtet wurde, mußte sie vorgewärmt werden.

Obwohl sich die Reihe der Vorgänger Diesels noch erweitern ließe, wurden hier nur einige genannt, um zu zeigen, wie nahe man schon dem Diesel-Prinzip gekommen war.

Konstruktions-
zeichnung und
Ansicht der ersten
Diesel-Versuchs-
maschine von
1893.

Rechts:
Erprobung des
Schwerölmotors
1893 in Augsburg.

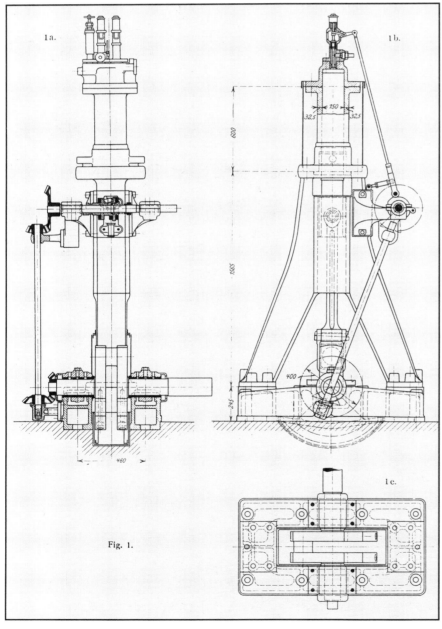

Fig. 1.

Als Diesel 1890 — weiterhin in den Diensten Lindes — nach Berlin übersiedelte, nahmen die alten Überlegungen neue Gestalt an. Er schrieb darüber später: „Wie nun der Grundgedanke entstand, das Ammoniak durch ein wirkliches Gas, nämlich hochgespannte, hocherhitzte Luft, zu ersetzen, in solche Luft allmählich fein verteilten Brennstoff einzuführen und sie gleichzeitig mit der Verbrennung der einzelnen Brennstoffpartikelchen so expandieren zu lassen, daß möglichst viel von der entstandenen Wärme in äußere Arbeit übergeht, das weiß ich nicht. Aber aus dem fortwährenden Jagen nach dem angestrebten Ziel, aus den Untersuchungen der Beziehungen zahlloser Möglichkeiten wurde endlich die richtige Idee ausgelöst, die mich mit namenloser Freude erfüllte."

Die Idee sollte zum großen Erfolg führen. Zunächst sah Diesel sich vor die Notwendigkeit gestellt, Linde zu verlassen, um Handlungsfreiheit zu gewinnen. Den gewerblichen Rechtsschutz erwarb er durch Anmeldung seiner Erfindung am 27. Februar 1892 beim Kaiserlichen Patentamt in Berlin. Bekannt wurde die Erfindung durch das zur Jahreswende 1892/93 erschienene Buch „Theorie und Konstruktion eines rationellen Wärmemotors zum Ersatz der Dampfmaschinen und der heute bekannten Verbrennungsmotoren". Die praktische Durchführung aber sicherte Diesel, indem er an namhafte Unternehmungen von höchster Leistungsfähigkeit zwecks Auswertung seines Motors herantrat. Es waren dies die Maschinenfabrik Augsburg, Friedrich Krupp, Essen, und Gebrüder Sulzer in Winterthur.

Im März 1892 hatte Diesel wegen seiner Konstruktion mit dem allein verantwortlichen Direktor der Maschinenfabrik Augsburg, Heinrich Buz, Verbindung aufgenommen. Er war schon 1882 mit Buz in persönliche Berührung gekommen, als er bei Linde an einer Klareisanlage arbeitete. Buz entschloß sich nach einigem Bedenken, vor Erteilung des Patentes an Diesel, den Motor in der Augsburger Maschinenfabrik bauen zu lassen. Diesel mußte aber seine ursprüngliche Absicht, Kohlenstaub in sei-

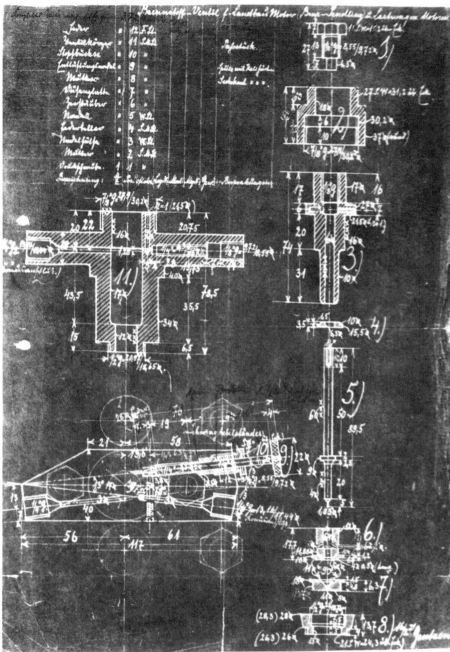

**Kollektivausstellung von Diesel-Motoren in München 1898 der Maschinenfabrik Augsburg, Friedr. Krupp, Essen, und Gasmotorenfabrik Deutz.**

**Konstruktionszeichnung der Benz-Werke, die 1921 einen Lkw-Dieselmotor anstrebten.**

nem Motor zu verbrennen, aufgeben und die Versuche zunächst auf flüssige und gasförmige Treibstoffe beschränken. Bald darauf schloß Diesel auch mit Krupp einen Vertrag. Am 25. April 1893 trafen dann die beiden Werke untereinander das Abkommen, wegen der Versuche zur Herstellung einer brauchbaren Maschine zusammenzuarbeiten. Die Versuchsanstalt wurde in Augsburg eingerichtet, wo vertragsgemäß auf gemeinsame Kosten von der Maschinenfabrik Augsburg der erste Motor gebaut und erprobt wurde.

Während dieser Zeit kam es zu mehreren Patentprozessen, die einige von Diesels Vorgängern anstrebten. Die Urteile über sein Buch waren „sehr ungünstig, ja eigentlich vernichtend", und die Versuche mit dem neuen, von der Maschinenfabrik Augsburg gebauten Motor zogen sich lange erfolglos hinaus. Diesel aber war von einem unerschütterlichen Glauben an die Durchführbarkeit seiner Idee erfüllt und verstand es auch, andere in überzeugender Weise zu gewinnen. Besonders wertvolle und nie versagende Unterstützung fand Diesel bei Heinrich Buz, dessen Urteil in kritischen Augenblicken oft den Ausschlag gab. Die Ergebnisse der Versuche erwiesen nämlich, daß sich auf Grund der thermodynamischen Überlegungen, die Diesel in seinem ersten Patent niedergelegt hatte, ein für den praktischen Betrieb brauchbarer Motor nicht verwirklichen ließ. Diesel meldete nun am 30. November 1893 ein zweites Patent mit dem Titel „Ver-

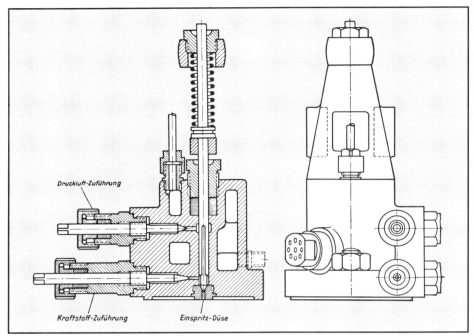

Druckluft-Zuführung

Kraftstoff-Zuführung  Einspritz-Düse

brennungskraftmaschine mit veränderlicher Dauer der unter wechselndem Überdruck stattfindenden Brennstoffeinführung" an. Mit diesem Patent gab Diesel zwar das ihm zuerst geschützte Verfahren preis und ließ sich ein neues Arbeitsverfahren schützen, aber gerade dieses wurde dann zur Grundlage für den späteren Erfolg des Dieselmotors.

Nach vier Jahren mühevoller, von Enttäuschungen und Rückschlägen erfüllter Versuchsarbeit gelang es endlich, einen mit flüssigem Brennstoff arbeitenden Motor fertigzustellen, der mit einem Wirkungsgrad von 26 Prozent alle anderen bis dahin bekannten Kraftmaschinen übertraf. Ein auf dem Versuchsstand in Augsburg am 17. Februar 1897 von Professor M. Schröter der Technischen Hochschule in München durchgeführter Abnahmeversuch und verschiedene Vorträge Diesels und Schröters machten den endlich errungenen Erfolg der Fachwelt bekannt. Diese zeigte sich begeistert und erklärte, daß der Motor der „Ausgangspunkt einer der Industrie zum Segen gereichenden Entwicklung" sein werde.

Die bedeutendsten Wesensmerkmale des Dieselmotors waren hohe Kompression der angesaugten Luft und deren daraus sich ergebende hohe Erhitzung, die zur Selbstentzündung des in den Verbrennungsraum mittels Überdruck eingeführten

Brennstoffes führt. Der Motor sollte flüssige, gasförmige und staubförmige Brennstoffe verarbeiten können. Unter den Verwendungsmöglichkeiten wurden neben ortsfesten Maschinen auch der Fahrzeug- und der Schiffsantrieb aufgezählt.

Das Verhalten am Prüfstand und die Abnahmeversuche Professor M. Schröters ließen die Annahme berechtigt erscheinen, daß der Motor bis zur Fabrikationsreife entwickelt war. Unternehmen der fortschrittlichsten Industrieländer der Welt wünschten Lizenzen für den Bau von Dieselmotoren zu erwerben. Unter jenen, die noch im Laufe des Jahres 1897 Lizenznehmer wurden, waren die Gasmotorenfabrik Köln-Deutz, Sulzer in Winterthur und die Maschinenbaugesellschaft Nürnberg, die sich bald darauf mit der Maschinenfabrik Augsburg zu jenem Unternehmen vereinigte, das später als MAN bekannt wurde.

Die Rechte für Rußland sicherte sich der weltbekannte Erfinder und Erzeuger des Dynamits, Alfred Nobel, der die Erdölvorkommen von Baku beherrschte und in Diesels Motor den kommenden Großverbraucher flüssiger Treibstoffe erkannte. Die Lizenz für USA aber erwarb der aus Deutschland stammende Brauerkönig der Vereinigten Staaten, Adolphus Busch. Die Tatsache, daß dieser gewiegte Geschäftsmann aus St. Louis Rudolf Diesel eine Million Mark für die Überlassung dieser

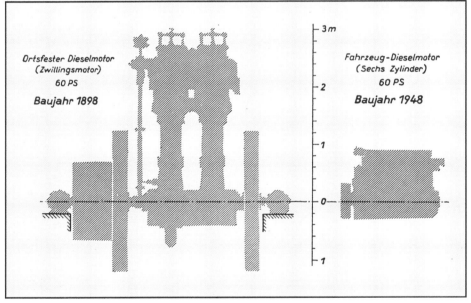

Ortsfester Dieselmotor
(Zwillingsmotor)
60 PS
Baujahr 1898

Fahrzeug-Dieselmotor
(Sechs Zylinder)
60 PS
Baujahr 1948

**Diesel-Motoren gleicher Leistung von 1898 und 1948.**

**Oben links: „Einspritzventil", für die Einführung des Kraftstoffes von 1895.**

**Maschinenfabrik Augsburg: Rechts der zweite Dieselmotor, 1897.**

Lizenz bezahlte, beweist allein schon, wie sicher die Fachleute aus aller Welt zu sein glaubten, daß dieser Dieselmotor weltgeltend werde. Die Anschauung erwies sich aber bald als irrig: Zwischen dem Versuchsmotor, der im Augsburger Werk klaglos gearbeitet hatte, und jenen, die unter den rauhen Anforderungen der Praxis Dienst tun mußten, bestanden große Unterschiede. Als durch die Maschinenfabrik Augsburg Anfang 1898 die ersten für den Verkauf bestimmten Dieselmotoren in den Betrieben in Gang gesetzt wurden und die Lizenznehmer mit der Erzeugung begannen, traten überall unerwartete und damals kaum überwindbar scheinende Schwierigkeiten auf. Das Vertrauen zur neuen Kraftmaschine schwand dahin und bald wurde der Bau der Motoren bei den meisten Lizenzfirmen wieder eingestellt.

Es ist das bleibende Verdienst der Maschinenfabrik Augsburg, daß sie sich weder durch die sachlichen und praktischen Schwierigkeiten, noch durch die nun plötzlich wieder ablehnende Haltung der Fachwelt entmutigen ließ. Erst die zäh und unermüdlich durchgeführten Versuche, die Um- und Neukonstruktionen auf Grund der Dieselschen Erfindung, ihre Anpassung an die Notwendigkeiten der Praxis und an die Anforderungen des Materials brachten schließlich alle Zweifler zum Verstummen. So bewahrheitete sich am eigenen Werk der Satz Rudolf Diesels: „Erfinden heißt, einen aus einer großen Reihe von Irrtümern herausgeschälten, richtigen Grundgedanken durch zahlreiche Mißerfolge und Kompromisse hindurch zum praktischen Erfolge führen."

Diesel war schon 1895 nach München übersiedelt, um sich von da ab ganz seiner Erfindung zu widmen. Er lebte hier bis zu seinem tragischen Ende, das er während einer Überfahrt über den Kanal in der Nacht vom 29. zum 30. September 1913 fand.

Der Dieselmotor war nach Überwindung des Rückschlages Ende 1897 mit Beginn des neuen Jahrhunderts rasch zur brauchbaren Kraftmaschine geworden. Er wurde auf der Pariser Weltausstellung des Jahres 1900 mit dem „Grand Prix" ausgezeichnet.

Der Erfolg dieses im Viertaktverfahren arbeitenden Flüssig-

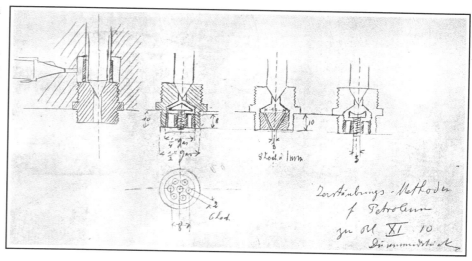

KAISERLICHES PATENTAMT.

## PATENTSCHRIFT

№ 230517

KLASSE **46**a. GRUPPE 2.

BENZ & CIE. RHEINISCHE GASMOTORENFABRIK AKT.-GES. IN MANNHEIM.

Verbrennungskraftmaschine für flüssige Brennstoffe.

Patentiert im Deutschen Reiche vom 14. März 1909 ab.

Bei den nach dem Gleichdruckverfahren arbeitenden Verbrennungskraftmaschinen ist zum Einblasen des Brennstoffes Preßluft erforderlich.

Statt der Preßluft können zum Zerstäuben auch gespannte Verbrennungsgase, welche, wie z. B. bei Haselwanders Methode, durch die Vorexplosion eines Hilfsgemisches erzeugt werden, verwendet werden.

Eine solche Vorexplosion bringt jedoch stets Unregelmäßigkeiten und Zufälligkeiten in den Arbeitsvorgang hinein, da sie bald zu früh, bald zu spät, bald zu heftig und bald zu schwach ist.

Bei der Erfindung ist deshalb solch eine Vorexplosion vermieden, und der Überdruck zum Zerstäuben des in den Arbeitsraum hineintretenden Brennstoffes wird dadurch erzeugt, daß derselbe durch eine Erweiterung der Einspritzdüse (Kammer) hindurchgepreßt wird. In dieser werden Teile von ihm während der ganzen Dauer des Durchtrittes teils vollkommen verbrennen, teils sich zersetzen, teils nur verdampfen.

Durch diese drei Vorgänge: Verbrennung, Zersetzung und Verdampfung wird bei richtiger Regulierung während der ganzen Durchtrittsdauer des Brennstoffes eine Volumenvergrößerung des Inhaltes von A und bei ent-

sprechender Bemessung des Inhaltes der Kammer, der Zwischenöffnung und der Einspritzmenge pro Zeiteinheit ein stetiges Überströmen von Gasen mit dem Brennstoff zugleich stattfinden.

Die sofortige Entzündung des durch die Kammer in den Zylinder strömenden Brennstoffes wird hierbei durch entsprechend hohe Kompression, eventuell Beheizung der Kammer durch äußere Flamme (besonders beim Anlassen), sowie durch die nicht abgeführte Wärme der ungekühlten Wandungen gesichert.

PATENT-ANSPRUCH:

Verbrennungskraftmaschine für flüssige Brennstoffe, bei welcher der Brennstoff sofort beim Eintritt in die Maschine verbrennt, dadurch gekennzeichnet, daß der flüssige Brennstoff durch eine heiße Kammer gespritzt wird, wobei er teilweise sich zersetzt und teilweise vollkommen verbrennt, teilweise sich verdampft und durch diese Umsetzungen auf dem Wege durch die Kammer den Druck in derselben über den Druck im Arbeitsraume des Zylinders erhöht, wodurch mit dem Brennstoff zugleich während der ganzen Durchtrittsdauer Gase und Dämpfe in den Zylinder strömen und dabei den Brennstoff zerstäuben.

Hierzu 1 Blatt Zeichnungen.

BERLIN. GEDRUCKT IN DER REICHSDRUCKEREI.

der Dampfmaschine mit einem Kreuzkopf versehen war; er wog 195 kg je PS. Die gewählte Bauart verteuerte die Maschine derart, daß sie trotz ihrer überlegenen Wärmeausnützung gegenüber den inzwischen ebenfalls verbesserten Explosionsmotoren besonders im Ausland einen schweren Stand hatte. Vor allem war es der amerikanische Lizenznehmer, der immer wieder darauf hinwies, daß der Dieselmotor in seiner damaligen Ausführung in Amerika nur schwer verkäuflich sei und konstruktiv vereinfacht werden müsse. In Augsburg war man zu der gleichen Erkenntnis gekommen, und so wurde bereits im Jahr 1901 der Entschluß gefaßt, einen verbilligten kreuzkopflosen, stehenden Viertaktmotor zu entwickeln. Er bildete nicht zuletzt die Grundlage für die Wiederaufnahme der Arbeit durch die Lizenznehmer des In- und Auslandes, deren Zahl 1901 auf 27 gestiegen war. Der Brennstoffverbrauch der kreuzkopflosen Maschine von 1901 war auf 185 g/PS h gegen-

keitsmotors für den Stationärbetrieb war insbesondere in Augsburg zustande gekommen.

Damit gab sich der Maschinenbau in aller Welt zunächst zufrieden, wenn auch Diesel selbst immer wieder daran erinnerte, daß das letzte Ziel seiner Erfindung nicht der „vollentwickelte Petroleummotor" sein dürfe, über den man nun verfüge, sondern daß dieser „seine Bedeutung erst durch Benutzung von Gas und ganz besonders von gewöhnlicher Steinkohle erlangen werde". Der „Kohlenstaubmotor", den Diesel anstrebte, konnte in einer den harten Anforderungen des Dauerbetriebes standhaltenden Form bis heute nicht verwirklicht werden. Auch das „Diesel-Gasverfahren" wurde, obwohl es schon damals bis zum technischen Erfolg entwickelt worden war, zunächst nicht verwendet. Die Versuche, die um die Jahrhundertwende mit ihm angestellt wurden, und obwohl schon damals als Treibstoff Gas mit Vorlage flüssigen Brennstoffes in Anwendung kam, erwiesen, daß es dem Diesel-Flüssigkeitsmotor und dem Otto-Gasmotor wirtschaftlich nicht ebenbürtig war.

Der erste nach den Plänen von Diesel und Augsburg gebaute Motor war ein stehender Viertaktmotor, der nach dem Vorbild

über 240 g/PS h des von Professor Schröter im Jahre 1897 untersuchten Versuchsmotors gesunken und hatte damit neben der verbilligten Ausführung eine wirtschaftliche Wärmeausbeute von 34% erreicht.

Der Entwicklung, die der Dieselmotor als ortsfeste Maschine zunächst nehmen sollte, waren auf Jahre hinaus die Wege gewiesen. Auf ihnen suchten die Werke, die sich der Erzeugung von Dieselmotoren widmeten, zu größeren Leistungseinheiten, zu größerer Betriebssicherheit und zu wachsender Wirtschaftlichkeit vorzustoßen. Daneben liefen die ersten Versuche, den Dieselmotor zum Antrieb von Schiffen und als Fahrzeugmotor einzusetzen, worauf Diesel schon in seiner 1893 erschienenen Schrift über den „rationellen Wärmemotor" hingewiesen hatte.

Bis heute sind es große technische und wirtschaftliche Vorteile, die den Dieselmotor gegenüber dem Benzinmotor auszeichnen, nämlich der billigere, weniger feuergefährliche Diesel-Kraftstoff, bessere Brennstoffnutzung bzw. bei gleicher Brennstoffmenge größere Fahrleistung wie auch längere Lebensdauer.

Da bereits der zugeführte Kraftstoff erheblich weniger giftig ist als das heute etwa für den Katalysator-Betrieb notwendige Benzin, ist der Dieselmotor wesentlich umweltfreundlicher. Aber auch die Verbrennungsrückstände sind emissionsärmer. Der Rußausstoß aber ist zweifellos mit Hilfe technischer Maßnahmen in den Griff zu bekommen, und zwar durch selbstreinigende Rußfilter bzw. Katalysatoren.

**Links Mitte:** Querschnitt durch den Versuchsmotor von Benz in Mannheim, 1909.

**Oben und rechts:** Erster Zweizylinder-Benz-Vorkammer-Dieselmotor von 1922 von der Einspritzpumpen- und der Auspuffseite her gesehen.

**Links unten:** 45 PS-Vierzylinder-

**Unten:** Amerikanischer Bericht in einer Fachzeitschrift von 1924.

Dieselmotor OB von 1925 von beiden Seiten.

**Ganz unten:** OM 5 Dieselmotor von 1927 in einem Lkw.

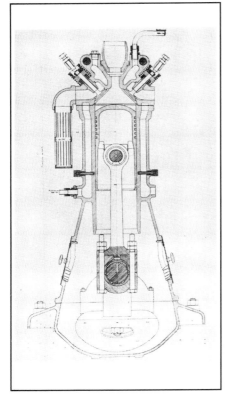

### Der Benz-Diesel-Lastkraftwagen.

Seit längerer Zeit experimentiert bekanntlich Benz an der Entwicklung des Diesel-Lastkraftwagens. Einzelheiten darüber werden — was leider charakteristisch für deutsche Verhältnisse ist — in den amerikanischen „Automotive Industries" [6. März 1924] veröffentlicht, denen auch die nachstehenden beiden Abbildungen entnommen sind.

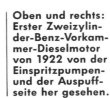

Der Vierzylindermotor ist ein richtiggehender kompressorloser Diesel-Motor mit hängenden, durch Stoßstangen gesteuerten Ventilen. Er arbeitet nach dem Hvid-Prinzip, d. h. mit einer Hilfsverbrennungskammer, in welcher ein kleiner Teil des eingespritzten Kraftstoffes selbstzündet und durch seine Zündung die im Verbindungskanal abgelagerte Kraftstoffhauptmenge gleichzeitig fein zerstäubt in die erhitzte Druckluft des Verbrennungsraumes einspritzt und zündet. Der Kraftstoff — Gasöl — wird, was sehr

geschickt ist, im Kühleroberteil vorgewärmt. Die Zylinder sind einzeln gegossen und haben abnehmbare Zylinderköpfe. Zwischen den Ventilen, deren Hebelwerk durch Aluminiumdeckel geschützt ist, liegt die oben erwähnte Zündkammer. Druckschmierung. Zentrifugalregler, Bosch-Anlasser sind weitere Merkmale.

Interessant ist das Anlaßverfahren: Bei angehobenen Auspuffventilen wird der Motor durch Anlasser oder Kurbel rasch gedreht, um dem Schwungrad ausreichend Wucht einzuverleiben. Dann werden die Auspuffventile auf Dekompressionsstellung (mäßige Verdichtung) gestellt und es wird — ähnlich wie beim Peugeot-Oelmotor — durch eine Glühzündkerze der Betrieb eingeleitet. Nach einigen Zündungen kann auf volle Verdichtung und — unter Ausschaltung der Glühkerze — auf Dieselbetrieb umgestellt werden.

R. B. [1134]

**Oben:**
**Bosch-Einspritz-pumpe PE.**

**Rechts: Lkw-Dieselmotor mit Bosch-Ausrüstung.**

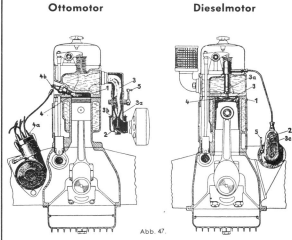

## Ottomotor    Dieselmotor

Abb. 47.

**Links oben:**
**Erster Mercedes-Benz Diesel-Schnell-Lkw, Typ 2000 von 1932.**

**Oben:**
**Mercedes-Benz Diesel-Lkw, der 1933 bereits 10 Jahre lief.**

**Rechts:**
**Stand der Technik bei Otto- und Dieselmotoren 1938 (Shell-Führer).**

| OTTOMOTOR | 1. VERDICHTUNGSVERHÄLTNIS: | DIESELMOTOR |
|---|---|---|
| 4 : 1 — 6 : 1 | | 12 : 1 — 18 : 1 |

**2. KRAFTSTOFF:**

Leichtkraftstoff (SHELL, DYNAMIN).    Schwerkraftstoff (DIESEL SHELL).

**3. GEMISCHBILDUNG:**

Außerhalb des Verbrennungsraumes im Vergaser (3 a).
Der Kraftstoff wird durch die vorbeistreichende Ansaugluft aus der Düse (3 b) herausgerissen und vernebelt. Das fertige Gemisch wird im Zylinder verdichtet.

Innerhalb des Verbrennungsraumes.
Reine Luft wird angesaugt und im Zylinder verdichtet. Am Ende des Verdichtungshubes wird eine genau bemessene Kraftstoffmenge von der Einspritzpumpe (3 c) durch die Düse (3 a) unter hohem Druck (65—300 at) in den Verbrennungsraum (3) eingespritzt und erst dort mit der Verbrennungsluft gemischt.

**4. ZÜNDUNG:**

Fremdzündung.
Im Magnet erzeugter oder einer Batterie entnommener Strom wird hochgespannt und gegen Ende des Verdichtungshubes durch den Verteiler (4 a) der Zündkerze (4 b) zugeführt. Der hier überspringende Funke leitet die Entzündung des verdichteten Kraftstoff-Luft-Gemisches ein. Der maximale Verbrennungsdruck beträgt etwa 40 at.

Eigenzündung.
Infolge des hohen Verdichtungsverhältnisses wird die angesaugte Luft so stark erhitzt, daß der durch die Düse (3 a) eingespritzte Kraftstoff sich ohne fremde Zündquelle entzündet. Der Verbrennungsdruck beträgt über 60 at.

**4. ZÜNDUNG:**

Veränderung der Gemischmenge.
Durch Verstellung der Drosselklappe (5) wird die Menge des den Zylindern zugeführten Kraftstoff-Luft-Gemisches, d. h. sowohl Kraftstoff als auch Luft, geregelt.

Veränderung der Kraftstoffmenge.
Durch Regulierung der Einspritzpumpe wird nur die Menge des eingespritzten Kraftstoffes, nicht aber die Luftmenge, geregelt.

**Links:**
**Bericht über die Erprobung eines der ersten Fahrzeug-Dieselmotoren vom Typ Benz-Sindelfingen 1921.**

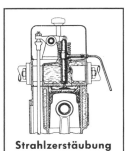

**Strahlzerstäubung**

**Vorkammerverfahren**

**Wirbelkammer-verfahren**

# 6. DIE PIONIERZEIT DER KRAFTFAHRT 1885-1900

Unter dem Begriff „Pionierzeit des Automobilismus" ist jener Zeitraum zu verstehen, in dem sich die drei Systeme Dampf-, Elektro- und Verbrennungskraftantrieb im Wettstreit befanden, bis um die Jahrhundertwende der Benzinmotor als Sieger daraus hervorging. Das vor allem deshalb, weil sein relativ geringer, selbst mitgeführter Energievorrat das Zurücklegen großer Strecken ohne Nachtanken erlaubte und sehr bald die zu erreichende Geschwindigkeit nicht geringer war als jene der beiden anderen Antriebsarten. Durch die größere Unabhängigkeit war der Erfolg bereits vorprogrammiert, denn die Steigerung der Fahrgeschwindigkeit war dann nur mehr eine Frage der Entwicklung.

Was diesem Zeitabschnitt aber vor allem die Bezeichnung „Pionierzeit" eintrug, das war die Notwendigkeit einer bis dahin nicht dagewesenen Materialfindung und -erprobung, denn obwohl alle drei Systeme hinsichtlich ihrer Konstruktionsmerkmale ebenso wie ihrer äußeren Linienführung wechselweise voneinander profitierten, blieben immer noch genug Probleme, die sich allein daraus ergaben, daß man es beim Automobil mit einer sich unentwegt auf damals noch dazu schlechten Straßen bewegenden Maschine zu tun hatte. Notgedrungen mußte man fürs erste von den Erfahrungen ausgehen, die die Maschinentechniker bei den im 19. Jahrhundert gebräuchlichen Stationärmotoren gesammelt hatten, wobei weder auf technologischem Gebiet noch beim Abstimmen der Funktionen der einzelnen Aggregate aufeinander auf Ähnliches zurückgegriffen werden konnte.

Die unerläßliche Voraussetzung für diesen im Grunde Jahrzehnte dauernden Prozeß war die höchstens da und dort von kurzen kriegerischen Auseinandersetzungen unterbrochene, im übrigen aber tiefe Friedenszeit, wodurch anscheinend viel ungenutzte Energie brachlag, die nun in die Bezwingung einer höchst widerspenstigen Materie investiert wurde. Es ist als hätten unsere unglaublich sportlichen, keineswegs verweichlichten Urgroßväter den Selbstbeweger mit bloßen Händen zum Laufen gebracht. Dieses faszinierende Ding, das hier höchst unvollkommen in die Welt gestellt worden war, mußte der Natur erst unter höchstem Einsatz abgerungen werden, und das von einer großen Zahl an Beteiligten, was an sich schon als Phänomen bezeichnet werden muß. Einigen wenigen wäre es nie gelungen, das Auto zu einem so fahrtüchtigen Hilfsgerät zu machen, als das es sich seither erwiesen hat.

Wenn es sich ähnlich auch mit den zahlreichen anderen technischen Neuerungen dieser Zeit verhielt, so erforderte doch das Straßenfahrzeug den größten Einsatz, da sich dieser teils recht empfindliche technische Organismus unter meist unzulänglichen Bodenverhältnissen fortzubewegen hatte, wodurch die maschinelle Anlage einer besonderen Beanspruchung ausgesetzt war.

Dieses jahrzehntelange Ringen um eine verläßliche, praktikable Konstruktion fordert heute noch jedermann, der sich mit den damaligen Gegebenheiten auseinandersetzt, die höchste Bewunderung ab. Dabei hatte dieser erstaunliche Einsatz auf breitester Front auch noch einen höchst realen Hintergrund. Es wäre nämlich fast keinem der damaligen Hersteller möglich gewesen, die Erprobung und Verbesserung seiner Erzeugnisse in dem Umfang und der Form, wie es die Käufer damals wie selbstverständlich auf sich nahmen, zu finanzieren. Die zahlreichen günstigen Voraussetzungen, die hier erforderlich waren, um ein so erstaunliches Phänomen wie das selbstfahrende Straßenfahrzeug bis zum klaglosen Masseneinsatz zu entwickeln, legen die Vermutung nahe, daß die Zeit dafür reif war, daß es aus einem unerfindlichen Grund gerade damals ins Licht der Geschichte treten sollte. Es scheint nur so, als hätte menschlicher Wille hier eben eines unter vielem geschaffen, aber in Wirklichkeit war eigentlich eine seltene Häufung von ganz bestimmten Voraussetzungen dafür ausschlaggebend, daß dieses Vorhaben letzten Endes tatsächlich gelang.

Neben der effizienten Mitwirkung bei der technischen Entwicklung mußte der Pionier aber auch noch jenen Teil der Menschheit „weiterentwickeln", der vorläufig noch dem zugegebenermaßen außerordentlich rasanten Fortschreiten der Technik voller Vorurteilen gegenüberstand. Allem Anschein nach bereiteten ihm die damit verbundenen Unannehmlichkeiten jedoch die weitaus geringeren Sorgen und wurden mit einer Art nachsichtigem Humor im Vollbewußtsein der eigenen Fortschrittlichkeit quittiert.

Die ersten Automobile sind gemäß den Erfahrungen der Maschinentechniker mit den im 19. Jahrhundert gebräuchlichen Stationärmotoren noch recht ähnlichen Maschinen ausgestattet worden, die man vor allem zum Antrieb von jeder Art von Arbeitsbehelfen wie Drehbänken, Fräsen, Sägen, Pumpen usw. einsetzte, wobei eine Kraftübertragung von der treibenden auf die angetriebene Maschine notwendig war. Sie erfolgte mittels Transmission, die zumeist aus Riemenscheiben und Riemen bestand. Durch Wechseln des Riemens von der Leer- auf die Vollscheibe wurde ein langsames Anlaufen der angetriebenen Maschine erreicht. Eine Drehzahlregelung erfolgte damals durch Herausnehmen und Einsetzen verschieden großer Zahnradpaare. Wies etwa das treibende Zahnrad 10 Zähne auf und das angetriebene 20, dann wurde die Drehzahl um die Hälfte vermindert, während sie im umgekehrten Fall verdoppelt wurde. Es war zwar ein Stufenscheibengetriebe bekannt, das ein Wechseln der Zahnräder erübrigte, aber ein Zahnradwechselgetriebe war so ziemlich das letzte, woran der damalige Techniker zu denken wagte, denn für ihn hätte es keine ärgere technische Barbarei geben können, als verschieden schnell laufende Zahnkränze plötzlich ineinanderzuschieben.

Beim Automobil handelte es sich darum, den raschlaufenden Motor vom übrigen Triebwerk des Wagens während Stillstand und Fahrt willkürlich trennen zu können sowie ein allmähliches Anfahren unter Überwindung des Trägheitsmomentes zu ermöglichen. Anfangs übertrug man die Kraft vom Motor mittels Riemen über eine Art Transmission (Voll- und Leerscheibe als Kupplung) auf die Hinterräder, aber allzubald kam die Unzulänglichkeit dieser Lösung zutage. Infolge Rutschens, Reißens oder Verschmutzung des Treibriemens konnte von einem verläßlichen Fahrbetrieb keine Rede sein. Auch erkannte man die Notwendigkeit, zwischen Motor und Hinterrädern eine neue Übersetzung vorzusehen.

Ähnlich verhielt es sich mit der vom Pferdefuhrwerk übernommenen Lenkung, der Drehschemellenkung, die mit einfachen Mitteln statt mit der Deichsel mit dem Gouvernal vom Fahrzeuginneren her gelenkt werden konnte. Ebenfalls vom Pferdewagen übernommen wurden anfangs das Fahrgestell, die Bremsen, Federung u. a. Auch bei ihnen zeigte sich bald, daß sie den neuen Anforderungen nur im Anfangsstadium der Entwicklung einigermaßen gewachsen waren.

Die Kühlung der stationären Maschinen vollzog sich im Gegensatz zu jener beim Automobil auf recht einfache Weise, da sie nur an eine Wasserleitung angeschlossen zu werden brauchte. Auch hier mußten neue Wege beschritten werden.

**Diese Darstellung der winterlichen Leiden der Pioniere des Automobilismus kam der Realität sehr nahe. (Automobil Zeitung, 21. Jänner 1900).**

Automobilisten im Schnee.

(Nach „Cycling".)

Anzeigen geben zu allen Zeiten in anschaulicher Weise die jeweiligen Gegebenheiten wieder.

einem Tragstuhl Kaiser Karls V. beschrieben. Cardano berichtet, der Sitz dieses Sessels wäre in einer Weise in Ringen aufgehängt gewesen, daß die Sitzfläche stets in der Waagrechten blieb. In Wahrheit aber ist das Kardangelenk bereits viel länger bekannt, und es dürfte bereits so alt sein wie die Pyramiden. Der um 250 v. Chr. in Byzanz lebende Schriftsteller Philo erwähnt es gleichfalls im Zusammenhang mit der Beschreibung kostbarer Tragsessel, die es erlaubten, daß die Träger auch schräg über die Treppe gingen, ohne daß der Stuhl selbst seine Stellung veränderte.

Auch das Differential, diese geniale Erfindung, hat seine Vergangenheit. Onésiphore Pecqueur, ehemals Vorstand des Musée Conservatoire des Arts et des Metiers in Paris, gilt als Erfinder des Differentials, das er im Jahr 1827 in einen von ihm konstruierten Dampfwagen eingebaut hatte. Dennoch war Pecqueurs Planetengetriebe nicht das erste in der Geschichte der Technik. Das erste Differential schuf der Schwarzwälder Uhrenbauer David Rutschmann, der es 1760 in einer Kunstuhr verwendete. Er kam anfangs der fünfziger Jahre des 18. Jahrhunderts nach Wien und trat als Achtundzwanzigjähriger in das Kloster Mariabrunn bei Wien ein, wo er als Augustiner-Barfüßer den Namen David a San Cajetano führte. Im Jahre 1760 wurde er in das Wiener Kloster versetzt, wo er sich der Kunst des Uhrenbaues widmete. Er schuf mehrere höchst komplizierte Uhren, von denen das Wiener Uhrenmuseum einige aufbewahrt. Gelegentlich des Baues einer astronomischen Uhr, die die Mondphasen und die Himmelshäuser anzeigt, erfand er ein besonders geistreiches Stirnraddifferential, das zwei Wellen verschiedener Umdrehungszahl in Abhängigkeit zueinander bringt. Hier bekommt der Fachaus-

Andere Aggregate aber, die erst durch das Automobil ihre eigentliche Vervollkommnung erfuhren, hatten bis dahin oft eine jahrhundertelange Entwicklung aufzuweisen und machten deutlich, wie sehr der Mensch aller Zeitläufte an dieser so modernen technischen Errungenschaft Anteil hat.

Das Kardangelenk wird meist einem italienischen Gelehrten namens Geronimo Cardano, der um 1500 geboren wurde und im Jahre 1576 starb, zugeschrieben. Cardano hatte aber am Kardan keinen schöpferischen Anteil, sondern hat das Kreuzgelenk nur in einem seiner Werke im Zusammenhang mit

**Oben:** Dieser Renault von 1898 gehörte mit zu jenen französischen Konstruktionen, die dem Benzin-Motorwagen

zum Durchbruch verhalfen.

**Unten:** Opel-Patent-Motorwagen, System Lutzmann, Baujahr 1899.

**Oben:** Panhard-Levassor von 1894, der durchwegs nach Daimler-Patenten hergestellt wurde. Es war der Wagen

der ersten großen Rennerfolge.

**Rechts:** André und Marcel Michelin mit ihrem Peugeot von 1896.

druck „Planetengetriebe" einen neuen Sinn. Diese Uhr zeigte auf vielen Zifferblättern, die den verschiedensten kalendarischen Angaben dienten, außer der Stellung der Planeten den jeweiligen Sonntagsbuchstaben, die Goldene Zahl, die Mondphasen und Sonnenfinsternisse, viele Ortszeiten u. a. Am 4. Februar 1796 starb David a San Cajetano.

Viele Details im Maschinenbau sind natürlich das Ergebnis Jahrtausende während Erfahrung und fortdauernder Verbesserungen, die sich aus zwingenden Verhältnissen und Bedürfnissen ergeben haben. Dem Mühlenbau ist zum Beispiel die im Automobil- und Maschinenbau einst viel gebrauchte Konuskupplung zu danken. Aber auch das Schubgetriebe war in primitiver Zweigangausführung im Mühlenbau längst bekannt. Ein wichtiger Faktor in der Kraftübertragung bei Automobilen war lange Zeit hindurch die Rollenkette, die auch heute noch beim Fahrrad unerläßlich ist. Sie wurde wahrscheinlich von Leonardo da Vinci erfunden, dem genialen Konstrukteur, der seiner Meinung nach Maler nur „im Nebenberuf" war. Es existiert ein Blatt mit technischen Entwürfen aus dem Jahre 1500 von seiner Hand, auf dessen Rand sich die Skizze einer Rollenkette in der heute bekannten Form befindet.

Es war im Jahre 1816, als der Münchner Wagenbauer Georg

Lankensperger für einen Hofwagen des bayrischen Königs die Achsschenkellenkung schuf. Irrtümlich wird diese Erfindung oft Rudolf Ackerman, der im Jahre 1818 das englische Patent Nr. 4214 auf diese Vorderradsteuerung bekam und der Lenkung den Namen „Ackerman-Lenkung" gab, zugeschrieben, wobei er jedoch offen darauf hingewiesen hatte, daß das Patent auf eine Idee des „Mr. Lankensperger" in München zurückgehe.

Im Jahre 1794 erhielt der Wagenbauer und Eisengießer Philip Vaughan aus Carmarthen ein englisches Patent auf Kugellager. Seine Erfindung war zu jener Zeit, wie das so oft der Fall ist, verfrüht und konnte für Wagen beim damaligen Stand der

Technik noch nicht verwendet werden. Kugellager wurden aber bereits im Mittelalter benutzt u. z. ebenfalls im Mühlenbau. Sogar ein so wenig beachtetes, aber wichtiges Bauelement, wie es die Schraube im ganzen Maschinenbau darstellt, hat eine weit zurückreichende historische Entwicklung aufzuweisen. Bereits die Kunst der Frühgeschichte verwendete auf ihren Tempelbauten ornamentale Schraubenlinien. Der griechische Mathematiker Archytas von Tarent (um 440 v. Chr.) soll es

**Oben: Um 1900 baute Thomas B. Jefferey in Chikago die „Rambler" bereits in Serie.**

der Verschraubung zu Befestigungs- oder Verbindungszwecken verschwindet jedoch nach der Einnahme Roms durch Alarich (410 n. Chr.) vollkommen, und erst im 13. Jahrhundert tritt auch die Schraube an Schmuck- und Kunstgegenständen wieder in Erscheinung, während sie für praktische Zwecke und höhere Beanspruchung neuerlich erst 1457 (an einer französischen Ritterrüstung) verwendet wurde. Die um 1500 hergestellte eiserne Hand Götz von Berlichingens weist verschiedene Schraubenverbindungen auf, und auch sonst tritt diese Befestigungs- und Verbindungsart nach und nach in Erscheinung. Feuerstein-Hahnflinten von damals besaßen bereits Schrauben mit zylindrischen Köpfen.

Einer wirklich hohen Beanspruchung aber vermochten diese Arten von Schrauben nicht standzuhalten. Erst die Präzision, die die Konstruktion der Dampfmaschine (etwa 1780) erforderte, der die bis dahin üblichen Verbindungen nicht mehr entsprachen, erzwang die Anwendung von „modernen" Eisenschrauben. Die Schraube wurde damals in Einzelfertigung vom Schmied hergestellt und war mit klobigen Vierkantköpfen versehen. Jede Werkstatt erzeugte und verwendete ein eigenes Gewinde, und an das Auswechseln einer Schraube oder der dazugehörigen Mutter war demnach nicht zu denken. Erst der berühmte Maschinenbauer Sir Joseph Whitworth aus England machte durch die Einführung einer allgemeinen systematischen Gewindeskala die Schraube zu jenem wichtigen und verläßlichen Faktor, der sie heute ist. Gekennzeichnet waren die Whitworth-Gewindeprofile seit dem Jahr 1857 durch einen Flankenwinkel von 55 Grad und eine kleine Ausrundung im Gewindegrund. Diesen Winkel nahm Whitworth als Mittelwert zwischen den beiden Extremen 30 und 80 Grad. Die Normung der Schraube wurde vor allem für England richtungsweisend, setzte sich aber auch in Europa weitgehend durch. In Frankreich wurde im selben Jahr von einem Gremium von Ingenieuren ein metrisches Gewinde festgelegt, das sich dort vollends durchsetzen konnte. In Amerika war es Sellers, der 1864 eine Normung durchführte, die bereits vier Jahre später als United-States-Standard-Gewinde anerkannt wurde. Europa war 1897 mit gewissem Erfolg um die allgemeine Festlegung eines Gewindes bemüht, was zu der Entwicklung des System International (S.I.) auf metrischer Grundlage führte (der Gewindeflankenwinkel betrug 60 Grad), dem Frankreich und Italien entsprachen, das USA und England ablehnten, während

verstanden haben, eine Art Schraubennagel herzustellen, obwohl die Erfindung der Schraube dem großen Mathematiker und Physiker Archimedes (287—212 v. Chr.) zugeschrieben wird, wobei es sich keineswegs um die übliche Schraube handelt, sondern um ein Gerät, das dem Schraubenprinzip entsprechend gebaut war. In einer spiralig gewundenen Röhre stieg, wenn sie mit dem unteren Ende ins Wasser getaucht und gedreht wurde, das Wasser empor und floß aus dem oberen Ende aus. Im weiteren scheint das Schraubenprinzip vor allem bei der Spindel und bei Pressen (Fruchtpressen) Anwendung gefunden zu haben. Bei Ausgrabungen in Pompeji wurden Geburtszangen und andere medizinische Instrumente gefunden, die Schraubenverbindungen mit teils scharfen, teils flachen Gängen aufweisen. Besonders die Goten liebten Schmuckstücke mit Schraubenverbindungen. Die Anwendung

**Rechts: Dieser „Vis-à-vis" von 1899 brachte Fiat den ersten Erfolg. 3,5-PS-Zweizylindermotor.**

**Links: Einzelfertigung bei Jakob Lohner & Co., Wien, um 1900. Die Ausstattung der Fahrzeuge erfolgte jeweils nach den speziellen Wünschen des Käufers.**

es in Deutschland 1899 mit dem Whitworth-Gewinde zusammen zugelassen wurde.

Nachdem in der zweiten Hälfte des 18. Jahrhunderts Schrauben in Kleinbetrieben von sogenannten „Schraubenschmieden" hergestellt wurden, stiegen Bedarf und Erzeugung so stark an, daß ungefähr um die Mitte des 19. Jahrhunderts eine richtige Schraubenindustrie auf den Plan trat. Die Herstellungsweise wurde ständig verbessert und den Forderungen angepaßt, die die Technik in steigendem Maß an Widerstandsfähigkeit, Zuverlässigkeit und Leichtigkeit stellte. Durch besonderes Material und spezielle Herstellungsmethoden wurden diese Forderungen erfüllt, ja übertroffen und damit die Leichtbauweise überhaupt erst ermöglicht.

Dadurch, daß die allermeisten der damals verwendeten Bestandteile des Automobils ursprünglich für andere Zwecke bestimmt waren und daher nur provisorische Gültigkeit haben konnten, ergaben sich zahlreiche Mängel. Dazu kamen noch die wirtschaftlichen Forderungen, die mit der Steigerung der Fahrgeschwindigkeit, der Motorleistung und Tragfähigkeit keineswegs erfüllt waren, konnten sich doch die Fahrzeuge gerade ratternd und holpernd von der Stelle bewegen, und ihre betriebliche Funktion war von hundert Zufällen abhängig. Diese Übelstände zu beheben, war vor allem die Aufgabe der Werkstätten von 1890—1900. Die Pionierzeit des Automobils

war nicht zuletzt durch revolutionierende Neukonstruktionen gekennzeichnet. Neben vielen Ausstattungswünschen ergingen an die Erzeuger wichtigste Anregungen und Hinweise, die sich bald in der industriellen Fertigung abzuzeichnen begannen.

Da Dampfwagen und Elektromobil bereits an anderer Stelle erläutert wurden, gelten unsere Betrachtungen nun vor allem dem Automobil mit Verbrennungsmotor. Hier haben sich die ersten Nachfolger Daimlers und Benz', in Frankreich die Firmen Panhard, Peugeot und Renault, in England Thornykroft und Ing. Royce, in Deutschland Adam Opel, in Österreich Ing. Bock und Holländer, die Nesselsdorfer Waggon- und Fahrzeugwerke und Laurin & Klement, in Amerika Duryea, Winton u. v. a. Verdienste erworben.

# Das Ringen um maschinentechnisch richtige Konstruktion

Die Fahrer erkannten recht bald, daß es unbedingt erforderlich war, jeden Teil des Wagens ohne besondere Verrenkungen zu erreichen, alles möglichst übersichtlich zu gliedern, der Motorraum am besten nach allen Seiten abgeschlossen und als rückwärtige Begrenzung des Motors eine sogenannte Spritzwand nötig war. Auf sie konnten zugleich alle Hilfsorgane — bis auf Brems- und Schalthebel — montiert werden.

Außer der Behebung von Problemen, die neben den bereits dargelegten Vergasung, Zündung und Schmierung bereiteten, mußten insbesondere jene Metalle gefunden werden, die der bisher unbekannten hohen Beanspruchung des automobilen Straßenfahrzeuges standhielten.

Der damalige Stand der Kraftfahrtechnik in dieser Richtung war durch folgende Merkmale gekennzeichnet:

## Der Motor

Sehr bald erkannte man, daß der Einzylindermotor durch seinen stoßweisen Gang wenig Chancen hatte und nur der Mehrzylindermotor mit seinen vermehrten Kraftimpulsen und seinem runderen Lauf in Frage kommen konnte. Aber die Materiallage und die fehlende Erfahrung wirkten vorerst hemmend

**Oben:** Wahrscheinlich erster englischer Motorwagen, gebaut von John Henry Knight 1895, 1,5-l-Einzylinder-Benzinmotor mit Einzelradaufhängung vorn und Riementrieb. Geschwindigkeit 14,5 km/h.

**Links:** De Dion-Bouton-Voiturette während der 1.000-Meilen-Rallye 1900 in England.

**Oben: Erster Vierzylinder-Daimler-Motor von 1890, seitlich und von vorn.**

**Rechts: Schnitt des ersten Daimler-Vierzylindermotors von 1890 mit 5 PS Leistung.**

**Unten: Erster Mercedes-Motor von Daimler, Baujahr 1899—1900.**

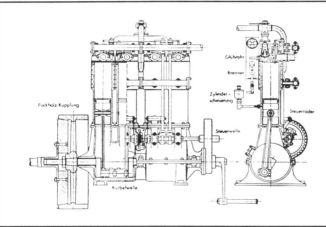

und zwangen, sich vorläufig mit dem Bau von Ein- und Zweizylindermotoren zu begnügen. Ihre Drehzahl bewegte sich zwischen 600 und 1000 Umdrehungen pro Minute. Bei der anfänglichen Motorbauart wirkten beim Zweizylindermotor zwei einzeln stehende Zylinder gemeinsam auf eine Kurbelwelle. Erst viel später wurden je zwei einzeln stehende Zylinder paarweise zusammengegossen und mit einem Kühlwassermantel versehen. Der luftgekühlte Einzylindermotor wies am Hubteil und Verbrennungsraum Kühlrippen auf. Der wassergekühlte Einzylinder bestand ebenso wie der luftgekühlte aus einem Stück Grauguß und war zunächst mit einem hart aufgelöteten, später aufgalvanisierten Blechkühlmantel versehen.

1898 war klar, daß der Motor der Kühlung und Überwachung wegen nach vorne gehörte und ausreichende Kühlung durch den Fahrtwind nur durch größtmögliche Ausdehnung der Oberfläche des Kühlers erzielt werden konnte. Daher wandte man bei Luftkühlung große Kühlrippen mit direktem Durchzug des Fahrtwindes, bei Wasserkühlung lange Schlangenrohre mit Kühlrippen vorne unter dem Wagenrahmen an.

Hinsichtlich der Hauptteile des Motors blieb man zunächst aus fabrikationstechnischen Gründen beim zweiteiligen Kurbelgehäuse (Ober- und Unterteil), die je das halbe Hauptlager umgaben und durch Stahlbolzen zusammengehalten wurden (Magnaliumguß). Die Graugußzylinder wurden mit Stehbolzen befestigt. Man behielt das automatische Ansaugventil. Diese Ventile öffneten durch den Unterdruck im Zylinder während des Ansaugtaktes selbsttätig gegen einen Federwiderstand.

Das Kurbelgehäuse, auch Carter genannt, und die aus Stahlguß erzeugten Getriebegehäuse waren für die ersten leichten Personenkraftwagen zu schwer (erste Sorgen um das Leistungsgewicht). Es wurde daher eine leichtere Bauart angestrebt. Deutschland war in der Verhüttung von Aluminium auf dem Kontinent bereits führend, aber dessen metallurgische Verarbeitung stak noch in den Kinderschuhen. Vergütung, Schweißung und elastische Leichtlegierungen waren in der Industrie noch nicht bekannt. Als einzige, recht spröde, aber gußfähige

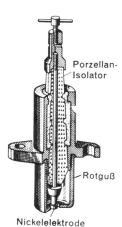

Legierung war das Magnalium (mit Magnesium und Zink) erprobt und in Gebrauch genommen worden.

Daß Kolben und Kolbenringe zunächst nur aus Grauguß beste-hen konnten, war den ersten Erbauern bald klar. Die Pleuel-stange wurde aus Schmiedestahl hergestellt, der Kolbenbolzen aus zementierten (im Einsatz gehärteten) Edelstahlsorten. Die Kurbelwelle aus SM-Stahl zu fertigen (zu weich), war schon zu allem Anfang als unmöglich erkannt worden. Da damals noch nichts anderes zur Verfügung stand, mußte hochwertiger C-Stahl verwendet werden, der aber wegen seiner Sprödigkeit zu zahllosen Brüchen führte. Erst 1898—1900 bescherte die Stahl-industrie dem Automobilbau den Chromnickelstahl und 1910—1912 den Vanadiumstahl, die beide für diesen hochbean-spruchten, lebenswichtigsten Teil des Automobils erst das rich-tige Material abgaben.

Alle Lager waren damals Gleitlager, die als Motorhaupt- und Pleuellager zum Teil auch heute noch üblich sind. Aus dem Maschinenbau wurde das Lagermetall „Beta" mit viel Blei und ohne Antimon und Wismut übernommen, das sich als nicht entsprechend erwies. Vieles wurde erprobt, bis man das „Delta-Metall" fand. 25 volle Jahre brauchte man beim Lager-metall bis zur Vollendung seiner richtigen Komposition.

Die Ventile, im besonderen die Auslaßventile, machten noch lange nach 1890 größtes Kopfzerbrechen. Man mußte sich mit einfachem C-Stahl begnügen, was zu zahlreichen Motor- und Wagenbränden führte. Wegen des Fehlens von Vanadiumstahl behalf man sich zunächst mit Mangan-Hartstahl, was aber wie-der oft Schaftbrüche verursachte und die Bearbeitung der Ven-tilrohlinge sehr erschwerte.

Als Vergaser waren vor allem Oberflächenvergaser üblich, die aus einem etwa 25 cm hohen und breiten Gefäß mit doppeltem Boden bestanden, durch den die Auspuffgase zur Erwärmung des Treibstoffes strichen. Das dadurch an der „Oberfläche" verdunstende Benzin wurde durch einen Mischhahn, der von Hand aus zu regeln war, mit Luft vermengt und dem Motor zu-geführt. Der Saug- oder Dochtvergaser, der ebenfalls in Gebrauch war, wies einen Saugdocht auf, der gleich einer Petroleumlampe in den Brennstoffbehälter hineinragte. Das mit Benzin getränkte obere Ende war der zwangsläufig vorbeiströ-menden Ansaugluft ausgesetzt, wodurch das Gasgemisch erzeugt wurde. Durch eine parallel zum Dochthalter geführte Zweigleitung des auspuffenden Rohres wurde die Temperatur im Verdunstungsraum des Vergasers erhöht und die Vergasung ver-bessert. Beim Spritzvergaser ohne Schwimmer hat man zu-nächst versucht, die Zuströmung des Benzins dadurch zu bewerkstelligen, daß man es in engen Rohrleitungen mit Über-laufrückführung in ein Sammelgefäß an eine Düse leitete, aus welcher der Motor beim Saughub den Treibstoff zum Über-rinnen brachte. Dieser Benzinstrahl prallte gegen einen pilz-artigen Körper, wodurch er unter Hinzutreten des Luftwirbels der Ansaugluft zerstäubt wurde und sich mit der Luft ver-mengte.

Ein richtiges Benzin-Luft-Gemisch war durch diese Art der Ver-gasung nicht zu erreichen. Überdies wurde, da keine Niveau-regelung vorhanden war, viel zuviel Treibstoff aus der Düse ent-nommen, was sich durch Überlauf und Zündrückschläge in hohem Grade als feuergefährlich erwies. Der Benzinstrahl riß bei höherer Drehzahlaufnahme und der Motor starb ab.

Erstmals wurde fast gleichzeitig durch Benz und De Dion im März 1898 der Schwimmervergaser mit Spritzdüse und manuel-ler Luftregulierung als Einkammervergaser in Verwendung genommen.

Die Gasdrosselung und Zündverstellung wurde vom Lenker mit Handhebeln reguliert.

Die Schmierung von Kurbelwelle, Pleuellager, Zylinderwän-den und Kolbenbolzen erfolgte durch Tauchschmierung, d. h. kleine, am Pleuellagerunterteil angebrachte Schöpfer tauchten bei Bewegung der Kurbelwelle in das im Kurbelgehäuse befind-liche Öl und verspritzten es auf alle genannten Teile. An allen durch die Tauchschmierung nicht zu erreichenden Stellen wie Nockenwellenlager usw. wurden Ölvasen (tropfenweises Ab-lassen von Öl auf die Schmierstellen) oder Staufferbüchsen (Vorrichtung zum Einpressen von Staufferfett) angebracht.

Instrumente zur Kontrolle des Ölstandes oder der richtigen Funktion der Schmierung vom Führersitz aus fehlten voll-ends.

Als Kühlung wurde sowohl Luft als auch Wasser verwendet. Das vom Zylinder kommende erhitzte Wasser wurde mittels Schlangenrohr- oder Röhrenkühlung gekühlt. Um den Kreis-

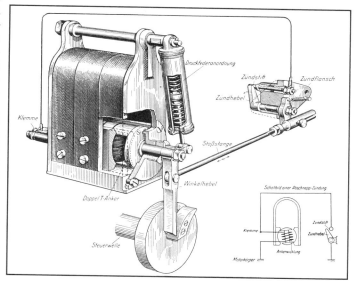

lauf, der durch die Thermosiphonwirkung an und für sich gegeben ist (warmes Wasser steigt nach oben, kaltes sinkt), zu beschleunigen, verwendete man auch eine Zirkulationspumpe (Kreiselpumpe).

## Die Zündung

Das vorherrschende Zündsystem war vorerst die Glührohr-zündung, die aus einem Platinröhrchen bestand, das seitlich an die Ventilkammer angesetzt war und durch einen mit Benzin gespeisten Brenner glühend gehalten wurde. Die Zündung konnte nur darum zum richtigen Zeitpunkt erfolgen, weil die vom vorherigen Auspufftakt im Röhrchen verbliebenen hei-ßen Verbrennungsrückstände (nicht brennbar) in einer Art Stöpselwirkung den Verbrennungsraum geschlossen hielten und sich erst wieder durch die Verdichtung frische Gasteilchen mit den alten, verbrauchten vermischten und so zur Entzün-dung kamen, die sich in den Verbrennungsraum fortpflanzte. Die ebenfalls in Gebrauch befindliche elektrische Zündung wurde durch eine Trockenbatterie über einen Induktor ge-speist, dessen Funkenwechsel mittels Trambleur geregelt wurde. Die Einschaltung und Unterbrechung des Stroms wurde durch eine Zündnocke auf der Nockenwelle gesteuert. Die etwas später in Anwendung stehende Abreißzündung beruhte auf einer zum Zündzeitpunkt stattfindenden Unter-brechung des elektrischen Stroms, eines sogenannten Nieder-spannungs-Magnetapparats.

Die von vielen hartnäckig verteidigte Glührohrzündung (Daimler) wurde durch Benz und die Franzosen Panhard & Levassor und De Dion-Bouton 1898 durch elektrische Batterie-zündung mit Kerzen ersetzt. Um 1900 wurde, um die Unan-nehmlichkeiten mit den Glasakkumulatoren und Trockenbat-terien auszuschalten, die magnet-elektrische Niederspannungs- oder Abreißzündung eingeführt. Sie war noch viele Jahre hin-durch die hauptsächlich angewandte Zündungsart.

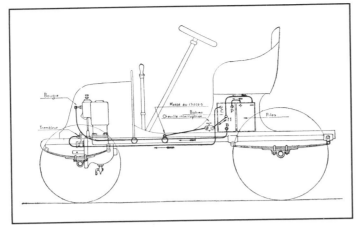

## Die Kraftübertragung

Unter Kraftübertragung versteht man den Kraftfluß vom Motor zu den Antriebsrädern.

Die Kupplung ist bei einem Kraftfahrzeug mit Verbrennungs-

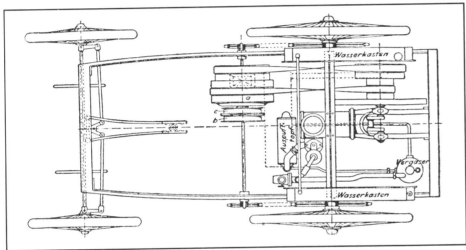

pelkonuskupplung (z.B. Mercedes, siehe Seite 189) ausgeführt und als Leder-, Fiber- oder Stahlkonus hergestellt. Die günstigste Flächenneigung ergab sich je nach dem verwendeten Belagsmaterial zwischen 9 und 12 Grad.

Um die Leistung des Motors den Belastungsverhältnissen anzupassen, mußten Wechselgetriebe geschaffen weden. Zahnräder während des Laufes in Eingriff zu bringen, mußte hier gewagt und unbedingt erreicht werden. Die damaligen Zahnradwechselgetriebe wurden zunächst mit zwei Gängen, später mit drei Gängen und Rückwärtslauf als Stirnradwechselgetriebe gebaut, deren Wellen (Kupplungs-, Vorgelege- und Hauptwelle) in Gleitlagern gelagert wurden. Die Schmierung der Wellen und Getriebezahnräder erfolgte durch ein Staufferfett-Öl-Gemisch (siehe Seite 189).

Außer diesem Getriebe fand das Planetengetriebe mit zwei Gängen und einem Rücklauf Verwendung, das in einem Ölbad lief. Weiters ist die Anwendung von Reibradgetrieben bekannt, die eine stufenlose Übersetzungsänderung ermöglichen, deren Betrieb aber keineswegs unbedingte Verläßlichkeit garantierte.

Die Betätigung der Zahnradgetriebe erfolgte zunächst durch Segmentschaltung (Reihenschaltung), erst reichlich später durch Stufen- und Kulissenschaltung, wobei sich der Schalthebel zusammen mit dem Handbremshebel rechts außerhalb des Wagens befand. Der Rücklauf wurde meist getrennt durch Einkippen eines Zahnrades betätigt.

Da die Kulissenschaltung mit zwei bis drei Schaltschienen noch Schwierigkeiten bereitete (Materialfrage), wurden bei den meisten Fahrzeugen jener Zeit Segment- oder Reihenschaltungen angewendet, wo es sich um Fahrzeuge mit Wechselgetriebe handelte. An einigen französischen Modellen war der Schaltmechanismus an die Steuersäule gebaut.

Das Ausgleichsgetriebe (Differential) war in dem Augenblick erforderlich, als der Antrieb auf beide Räder einer Achse angestrebt wurde.

Da die Fahrzeuge dieser Zeit vorwiegend mit Kettenantrieb versehen waren, vereinigte man, um lange, auf Knickung beanspruchte Wellenleitungen zu umgehen, das Wechselgetriebe mit dem Differential in einem Gehäuse. Durch das dadurch notwendig gewordene lange Schaltgestänge entstanden Getriebedefekte in großer Zahl.

Der Achs-(Rad-)Antrieb erfolgte durch Rollenketten (seltener

kraftmaschine unentbehrlich, weil sie das willkürliche Trennen des laufenden Motors vom übrigen maschinellen Teil des Fahrzeuges im Stillstand und während der Fahrt bewirkt. An erprobten Elementen für solche Zwecke verfügte der Kraftwagenbauer nur über die Voll- und Leerscheibe für Riementrieb und die Klauenkupplung, die für ein allmähliches Anfahren nicht geeignet war. Um Drehmoment und Tourenzahl des Motors beim Anfahren auf das Wagentriebwerk allmählich zu übertragen, mußten lösbare Friktions-(Reibungs-)Kupplungen ersonnen werden. Gebräuchlich war vor allem die Lederkonuskupplung, die im Prinzip durch Reiben aufgerauhten Leders an der laufenden Motorschwungscheibe ein allmähliches Mitnehmen und Ingangkommen der Triebwerksteile bewerkstelligte. Weiters wurde die Federbandkupplung verwendet, die dieselbe Wirkung mittels expandierender Federbänder innerhalb der Schwungscheibe hervorrief. Mit Riemenantrieb und Klauenkupplung ging es jedoch bei Fahrgeschwindigkeiten über 25 km/h nicht mehr weiter. Peugeot brachte erstmals 1896 den Reibradantrieb (ersetzte Kupplung und Wechselgetriebe, siehe Seite 191). Zwar war dies hinsichtlich der Drehmomentenübertragung eine sehr geeignete und höchst einfache Antriebsart, konnte aber wegen ihres ungemein großen Achsialschubes auf die Kurbelwelle und die sehr hohe Pressung des Belages nur für ganz leichte Wagen verwendet werden. Und obwohl Daimler-Mercedes mit einer Federbandkupplung, Mors mit einer Metall-, Metallurgique (Belgien) später mit einer Bremsbandkupplung herauskamen, hat sich die aus dem Mühlenbau übernommene Konuskupplung durchgesetzt und bis 1908 fast allein das Feld behauptet. Sie wurde von fast allen Automobilfabriken übernommen und konstruktiv als belastete (Außenkonus-), entlastete (Innenkonus-) oder Dop-

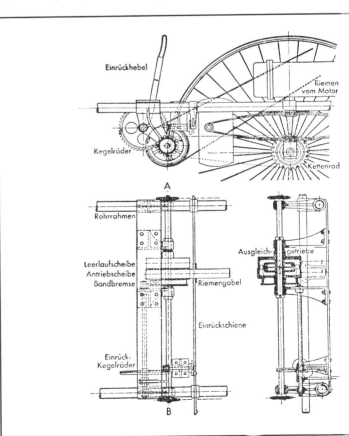

durch Blockketten), gleich dem des Fahrrades — aber in stärkerer Ausführung —, auf die Kettenkränze der beiden Hinterräder, die durch die an den Differentialhalbachsen sitzenden kleinen Kettenräder (fälschlich oft Kettenritzel genannt) angetrieben wurden. Das Endübesetzungsverhältnis lag hier zwischen 1 : 2 für Rennwagen bis 1 : 4 für Tourenwagen.

Da erst 1896 die allgemeine Verwendung des Ausgleichsgetriebes (Differentials) den Antrieb auf beide Hinterräder ermöglichte und durch Ketten, und zwar zuerst Blockketten, dann im Gehäuse laufende, geräuschlose Zahnketten und zuletzt durch Rollenketten, bewerkstelligt wurde, hat man das Getriebegehäuse mit dem Differentialgehäuse vereinigt und zuerst aus Stahlguß, später aus Magnesium (Gewichtsersparnis) hergestellt. Um das ungefederte Wagengewicht möglichst klein zu halten, war damals der Kettenantrieb die geeignetste Lösung.

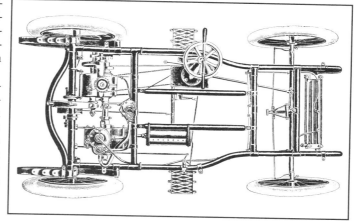

Fahrgestell der Voiturette De Dion-Bouton-Cudell.

## Das Fahrgestell

Der Fahrzeugrahmen, jener Teil des Wagens, der sämtliche Konstruktionsgruppen aufnimmt, verbindet und zusammenhält, wurde in seinen ersten Ausführungen als starre Stahlrohr- bzw. Eisenrahmenkonstruktion hergestellt. Der anfänglich gebräuchliche Rohrrahmen wurde durch den U-förmigen Preßstahlrahmen ersetzt. Die Achsen waren ausnahmslos starr, die Räder als sogenannte Geschützräder mit Stahlnabe, Holzspeichen, Holzkranz und mit — soweit gummibereift — Stahlfelge zur Aufnahme der Gummibereifung ausgebildet. Zur Abfederung der Achsen und Räder gegen Fahrzeug- und Maschinenanlage bediente man sich vorläufig der Ganzelliptikfederung (Blattfedern) nach Art der Kutschierwagen. Gegen 1900 waren die Vorderachsen meist als Faustachsen ausgebildet und gerade, die Hinterachsen meist gekröpft, beide aus bestem Schmiedestahl hergestellt. Zur Stabilisierung und Verhinderung des Flatterns der Vorderräder stellte man den Achsstummel des Rades etwas schräg nach vorne; demselben Zweck diente ein leichtes Einwärtsstellen der Vorderräder nach vorne (Sturz und Vorspur).

Die Lenkung der Vorderräder wurde sehr bald den automobilen Verhältnissen angepaßt. Da „Gouvernal" und Reibschei-

benlenkung unhaltbar waren, wurden sie sowie die immerhin sichere, aber primitive Drehschemellenkung, deren Lenksäule (lotrecht) mit Lenkrad (Volant) über Zahnbogen (Zahnkranz und Lenkritzel) die Lenkachse, die um einen Punkt drehbar gelagert war (System Pferdewagen), bewegte, von der Achsschenkellenkung, deren Parallelogrammgestänge (Spurstange) über die zwei Lenkhebel auf die Achsschenkel wirkte, verdrängt. Letztere waren je um einen Drehpunkt schwenkbar. Die Betätigung erfolgte über einen Zahnbogen und später durch die ersten Schneckenlenkungen (Daimler-Mercedes, Panhard-Levassor, De Dion-Bouton usw.). Die Übertragung mit Parallelogrammgestänge auf die Vorderräder durch Lenkhebel, Schub- und Lenkstange, Lenkschenkel, rechten und linken Achsschenkel sowie Verbindungs-(Spur-)Stange mit Kugelzapfen und Kugelschalen setzte sich bereits durch.

Als Bremse setzte man anfänglich die vom Pferdefuhrwerk übernommene Klotzbremse ein, die direkt am Umfang des Rades durch Anpressen eine Bremswirkung hervorrief. Bei den luftbereiften Fahrzeugen war diese Bremsart nicht anwendbar. Zunächst wurden für die Handbremse, die auf die Hinterräder (Treibräder) wirkte, Stahlbandbremsen mit Bremstrommeln, die neben den Kettenzahnkränzen angebracht waren, verwendet. Eine recht primitive Außenbackenbremse, die gleich der Kupplung durch Fußpedal betätigt wurde, wirkte auf die Vorgelege-(Flanschen-)Welle des Wechselgetriebes.

Aufbau, Ausrüstung, Ausstattung und Beleuchtung waren zum größten Teil vom Pferdefuhrwerk übernommen. Die Verwendung von Azetylenlaternen (Blériotlampe) oder gar Scheinwerfern galt als größter Luxus. Aufgrund der geringen Fahrgeschwindigkeiten konnte damit gerade noch das Auslangen gefunden werden.

Benz, 1898

Nesseldorfer (später Tatra) 9-PS-Phaethon von 1900.

Lenkvorrichtung am Darracq von 1900.

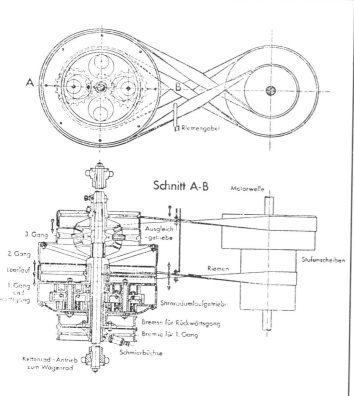

Schnitt A-B

## Der frühe Automobilverkehr

Die Herstellung der ersten Fahrzeuge führte zu der Erkenntnis, daß das neue technische Phänomen Auto ungeahnte Möglichkeiten eröffnete. Dieses in seinen Dimensionen noch gar nicht abzuschätzende Neuland konnte konstruktionsmäßig kaum erfaßt und materialmäßig noch lange nicht bewältigt werden. Die größten Probleme erstanden daraus, daß die von den Fahrzeugen geforderten Leistungen unter den verschiedensten Kombinationen von Gegebenheiten, die durch die Beweglichkeit des Objektes sehr vermehrt wurden, annähernd gleichbleiben mußten. Es entstanden Situationen, die nur durch den Verstoß gegen althergebrachte technische Regeln gelöst werden konnten, wie etwa beim Wechselgetriebe. Alle diese Aufgaben konnten nur dadurch bewältigt werden, daß eine rege Zusammenarbeit zwischen dem Erzeuger und dem Sportsmann, der diese Erzeugnisse fuhr, zustande kam, und jeder Automobilist in jener Zeit war ein Sportsmann. Das Urteil und die Vorschläge des Fahrers, der sich aus der Praxis heraus ein Bild von der Verwendbarkeit einer Neuerung machen konnte, waren, wie unter anderem der Fall Jellinek-Mercedes beweist, für die Produktion von höchster Bedeutung. Auch fanden sich Gön-

Links das Vorgelege im ersten Benz-Wagen, rechts schematische Darstellung des Benzschen Riemengetriebes von 1895. (Nach Zeichnungen im Deutschen Museum, München).

ner, deren sachliches Interesse ausschlaggebend für ihre finanzielle Hilfeleistung wurde. Zahllos waren die Mühen und Plagen, die sich die ersten Fahrer aufbürdeten. Nur echte Begeisterung ließ sie diese Zeit sportlicher Strapazen durchstehen. Zur Ungewißheit über das Funktionieren des Wagens gesellten sich die Ungeübtheit der Handwerker bei Reparaturen auf der Strecke, die Laune des Publikums und der schlechte Zustand der Straßen.

Die Eisenbahn — Schnellzüge fuhren schon bis zu 60 km pro Stunde — hatte sich den Fernverkehr erobert, und der Fuhrmann war auf einen verhältnismäßig engen Wirtschaftsbezirk beschränkt. Die Straße gehörte vorwiegend dem Fußgänger. Da wagten es „einige freche, arrogante Menschen", mit krachenden, stinkenden und staubaufwirbelnden Vehikeln den seines Weges gehenden Menschen und die Haustiere zu gefährden. Wut und Rache waren zuerst die Gefühle, vor allem der Landbevölkerung, und mancher Peitschenhieb traf das Gesicht des vorfahrenden Kraftwagenfahrers. Ja, man scheute nicht davor zurück, Autofallen in Form von Sperrdrähten zu errichten, die oft schwere Unfälle herbeiführten. Folgenschwer waren auch die mit Glasscherben und Schuhnägeln verseuchten Straßenstrecken, die den noch sehr dünnen Mantel des Pneus zerstörten. Uneingewalzter Schotter und grobe Straßenverunreinigungen taten das übrige, um Reifen und Räder weit über das für sie erträgliche Maß zu beanspruchen und die präzise Lenkung des glatt bereiften Fahrzeuges (ohne Gleitschutz) unmöglich zu machen. Der Wind blies die Glührohrflamme immer wieder aus. Gesicht und Hände waren im Sommer von Schweiß, Maschinenschmutz und Staub verkrustet, im Winter Regen, Schnee und Kälte ausgesetzt. Wurde die Höchstgeschwindigkeit in den geschlossenen

des Automobils. Die ersten Rennen haben in — dem Automobil gegenüber von Anfang an aufgeschlossenen — Amerika stattgefunden. Dort soll sogar bereits 1878 ein Wettbewerb ausgetragen worden sein, dem später viele andere folgten. Sie hatten jedoch für die Findung des besten Antriebssystems nicht jene Bedeutung wie die französischen Automobilrennen, an denen alle nur denkbaren Systeme einschließlich Benzinfahrzeuge teilnahmen und ihre Bewährungsprobe ablegen mußten.
Für die Masse der Zuschauer mochte der Schnelligkeitsgedanke allein Gewicht besessen haben, war man doch gerade in Frankreich auf immer größeres Tempo auf fast allen Gebieten erpicht, ja geradezu süchtig danach, was sich sogar in den temporeichen, rasanten Tänzen jener Zeit — und schon vorher — widerspiegelt. Dem Fachmann oder Fachinteressierten jedoch bewies das Siegerfahrzeug jeweils auch noch andere Qualitäten, denn mit dem Sieg war klar, daß hier Versorgung und Mitführung der erforderlichen Energie leichter und zeitsparender waren und es weniger Zwangshalte, Reparaturen und sonstige Schwierigkeiten gab als bei den Verlierern. Die höhere Geschwindigkeit, mit der der Wagen dann durchs Ziel kam, faßte nur mehr alle Pluspunkte zusammen und sagte über die Beschaffenheit des Fahrzeuges im allgemeinen genügend aus.

Nachdem bei einem durch die französische Zeitung „Le petit Journal" im Jahr 1891 ausgeschriebenen Radrennen, das über die Strecke Paris—Brest—Paris führte und 1200 km umfaßte, außer Konkurrenz bereits das damals erste französische Benzinautomobil von Armand Peugeot mit Daimlermotor mit bestem Ergebnis mitgefahren war, rief dieselbe Zeitung für 1894 zu einem „Internationalen Wettbewerb für Wagen ohne Pferde", dem ersten großen Automobilrennen der Welt, auf. Die Strecke

Ortschaften überschritten, dann ging es auf 24 Stunden in den Gemeindekotter, und das Fahrzeug wurde versiegelt. Welche Freude, ein Automobilist zu sein!

## Die ersten Automobilrennen

Die Vielfalt der automobilen Straßenfahrzeuge hinsichtlich ihrer Antriebsart, vor allem aber der zahlreichen Marken und Typen, förderte den Gedanken des Wettbewerbes. Das Benzinfahrzeug war damals im automobilen Straßenverkehr noch nicht führend. Nur ein Teil der französischen Sportsleute war auf die Benzinkutschen umgestiegen. Die Dampf- und Elektrowagen standen dem Benzinautomobil zumindest gleichberechtigt gegenüber, besaßen sie doch bereits eine höhere Fahrsicherheit. Rennen begleiteten und förderten schon früh die Entwicklung

war Paris—Rouen—Paris, 126 km, fast zu lang, wie sich herausstellte, denn es trafen nur 15 Wagen am Ziel ein. Genannt wurden 102 Fahrzeuge mit verschiedensten Antriebsarten und aus vier verschiedenen Ländern: 39 Dampfwagen, 38 Benzinwagen, 5 elektrische Wagen, 5 mit komprimierter Luft betriebene, mit Gas-, Petroleum-, Alkoholantrieben versehene Wagen, sogar ein Fahrzeug mit Federmechanismus tauchte noch einmal auf. Es gab keine Rennformel, Gewicht- oder Litereinteilung, es hieß einzig und allein, sein Bestes zu geben. Der erste Preis, 5000 Francs, sollte dem Motorwagen zukommen, der sich als „ohne Gefahr, leicht handlich für die Reisenden und mit nicht zu teuren Fahrtkosten" erwies. Am Start fanden sich 46 Fahrzeuge und hier wiederum 23 Benzinwagen, 12 Dampfwagen, 2 Wagen mit komprimierter Luft, 3 Mixtwagen und 6 mit diversen anderen Antriebsarten ein, immer noch eine genügend kuriose Sammlung!

Das Rennen fand bei strahlendem Wetter statt, und die zeitgenössischen Berichte sprachen von „Tausenden von Menschen, welche der Vorbeifahrt der Wagen beiwohnten". Der Start erfolgte bei der Porte Maillot in Paris. Hier hatte sich schon am frühen Morgen „jenes Paris, wie es sich auf dem Rennplatz von Auteuil und im Parterre der Großen Oper zusammenfindet, sowie das andere Paris, das am Montmartre lebt, getroffen. Vorne bei den Fahrzeugen, im Trubel der Rennleitung und Fahrer, sah man die in Frankreich schon wohlbekannte Gestalt des eben sechzig Jahre alt gewordenen Papa Daimler, wie er mit Vorliebe genannt wird". Auf der ganzen Strecke von Paris nach Rouen „sind die Fahrzeuge fast wie zwischen zwei Hecken von Zuschauern gefahren".

Panhard-Levassor und Peugeot teilten sich den ersten Preis, der ihnen mit der Begründung zugesprochen wurde, „daß sie den Bestimmungen des Wettbewerbes so gut entsprochen haben, daß ihnen beiden der erste Preis mit Recht gebührt". Der als Erster durch das Ziel gehende Wagen wies eine Durchschnittsgeschwindigkeit von 20,74 km/h auf, was für die damalige Zeit sehr viel war. Den zweiten Preis erhielt De Dion-Bouton mit einem schweren Dampfwagen, der zwar als erster Wagen durch das Ziel gegangen war, jedoch wegen seiner Bauart (mit Anhänger) zurückgesetzt wurde. Dritter Preis: Le Blant, ein Dampfwagen mit Serpolletanlage, ein zehnsitziger Bus, bei dem 8 Sitze freiblieben. Vierter Preis: Vacheron et le Brun als Anerkennung für Verbesserungen am Daimlermotor.

Über einen ungewöhnlichen Mangel an Renngeist berichtet eine köstliche Episode: „Ein Mensch, der während des Rennens weiße Haare bekommen hat, ist der Besitzer eines Dampfwagens, dessen Chauffeur (Heizer) die Hitze fürchtete

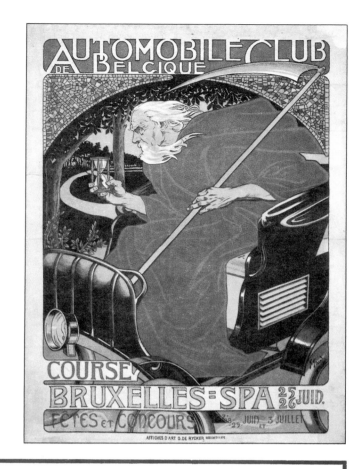

**Die Werbeplakate für Rennen von damals zeichneten sich durch ihre künstlerische Gestaltung aus. Hier Entwurf Georges Gaudy.**

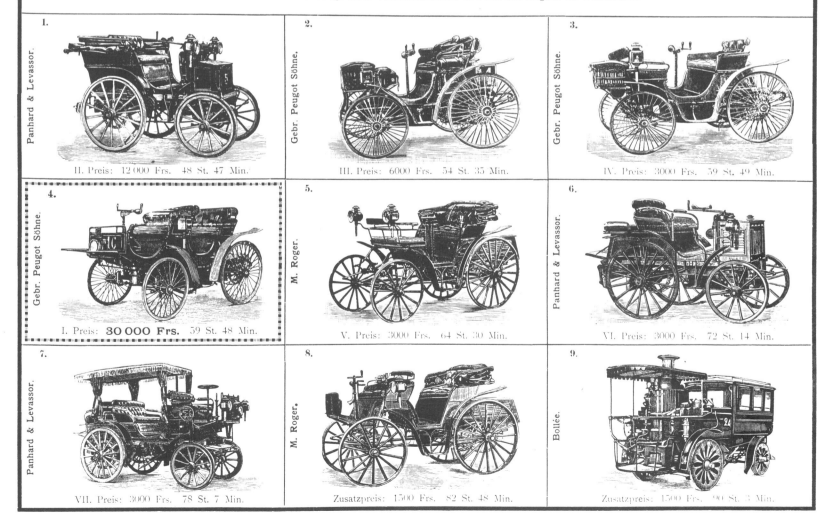

**Preisgekrönte Motorwagen der Wettfahrt vom 11. Juni 1895, Paris-Bordeaux-Paris, 1190 Kilometer.**

Geordnet nach der Reihenfolge ihres Wiedereintreffens in Paris mit Angabe der Fahrtdauer.

1. Panhard & Levassor. — II. Preis: 12 000 Frs. 48 St. 47 Min.

2. Gebr. Peugot Söhne. — III. Preis: 6000 Frs. 54 St. 35 Min.

3. Gebr. Peugot Söhne. — IV. Preis: 3000 Frs. 59 St. 49 Min.

4. Gebr. Peugot Söhne. — I. Preis: **30 000 Frs.** 59 St. 48 Min.

5. M. Roger. — V. Preis: 3000 Frs. 64 St. 30 Min.

6. Panhard & Levassor. — VI. Preis: 3000 Frs. 72 St. 14 Min.

7. Panhard & Levassor. — VII. Preis: 3000 Frs. 78 St. 7 Min.

8. M. Roger. — Zusatzpreis: 1500 Frs. 82 St. 48 Min.

9. Bollée. — Zusatzpreis: 1500 Frs. 90 St. 3 Min.

und außerdem einen sehr empfindlichen Charakter hat. Während man auf der Strecke mit guter Geschwindigkeit fuhr, gab dieser plötzlich von seinem rückwärtigen Sitze aus dem Fahrer vorne das Zeichen, zu halten. Man hielt an, und es gab einen Streit; der Chauffeur erklärte zur Bestürzung aller Beteiligten, wenn man es an der ihm gebührenden Rücksicht fehlen lasse, dann werde er überhaupt nicht mehr weiterfahren. Erst mit vielem gütlichen Zureden konnte der empfindsame Chauffeur bestimmt werden, seinen Posten wieder einzunehmen — aber man hat während der hundertundzwanzig Kilometer langen Fahrt noch mehrere Male anhalten müssen, damit er sich wieder abkühlen konnte."

Es beleuchtet die gegebenen Verhältnisse, daß sich die Rennfahrer „ganz plötzlich vor einer frisch geschotterten Strecke von ungefähr hundert Meter Länge befanden", zu deren Bewältigung der Dampfwagen des Marquis de Dion „dank der kräftigen Muskeln von fünf oder sechs Männern, die hilfreich tätig waren, keine zehn Minuten brauchte", während „ein anderer Dampfwagen mit Reisenden eine und eine halbe Stunde benötigte, um über diesen Teil der Strecke hinwegzukommen".

Durch diese Wettfahrt kam zwar bereits der Vorzug der mit Benzinmotoren ausgerüsteten Kraftwagen vor jedem anderen selbstbeweglichen Fahrzeug im Überlandverkehr zutage. Aber eine Gruppe hervorragender Pariser Sportsleute beschloß, für das darauffolgende Jahr ein neues „internationales Rennen" mit verschärften Bedingungen auszuschreiben und erst dessen Ergebnis als für Industrie und Publikum richtungweisend anzuerkennen. Als Rennstrecke wurde die Straße Paris—Bordeaux ausersehen, die bedeutende Steigungen und Gefälle aufweist und zu jener Zeit noch ziemlich kurvenreich war. Sie sollte hin und wieder zurück — insgesamt 1300 km — innerhalb von 100 Stunden bewältigt werden, und es waren nur solche Reparaturen gestattet, „welche die Wettfahrer mit ihren eigenen, mitgenommenen Requisiten während der Fahrt auszuführen imstande sind; fremde Hilfe muß dabei ausgeschlossen sein". Der erste Preis in Höhe von 40.000 Francs sollte

dem viersitzigen Wagen zuerkannt werden, der den Startplatz in Versailles zuerst erreichen würde. Der zweite Preis mit 20.000 Francs war dem schnellsten Wagen überhaupt, ohne Rücksicht auf die Zahl seiner Sitzplätze, zugedacht.

Dieses Rennen fand vom 11. bis 14. Juni 1895 statt. Von den 22 gestarteten Benzin-, Dampf- und Elektroautomobilen kamen 8 innerhalb der gestellten Frist am Ziel an. Emile Levassor ging auf einem zweisitzigen Daimler-Wagen Type „Victoria" als Erster durch das Ziel bei der Porte Maillot. Er erzielte in 48 Stunden 42 Minuten eine Durchschnittsgeschwindigkeit von 25 km/h. Obwohl er den formalen Rennbestimmungen nach auf den zweiten Platz kam, war es eine sehr schöne Leistung. Er wurde mit seinem Wagen im Triumph zur Galerie Rapp geleitet, wo das Fahrzeug bis zum 20. Juli ausgestellt blieb. Levassor war, ohne sich Schlaf zu gönnen, ständig selbst am Steuer seines Wagens gesessen.

Den ersten, zweiten und dritten Platz belegte das Team Peugeot, das mit einer durchschnittlichen Fahrzeit von je 60 Stunden am Ziel ankam. Zusammen mit den Ergebnissen der ersten Fernfahrt in Italien auf der Strecke Turin—Asti—Turin, die ebenfalls von Benzinautomobilen (Daimler) gewonnen worden war, wird die Begeisterung verständlich, die in der französischen Sportzeitung „Le Vélo" am 14. Juni 1895 zum Ausdruck kam, als sie von einem „vollkommenen Sieg, dem Triumph des Petroleums", schrieb: „Es ist eine absolute Niederlage für den Dampf. Der Dampfwagen wird sich nicht wieder erheben, und das Petroleum wird triumphieren. Die Dampfmaschine ist wohl auf den Schienen jeder anderen Fortbewegungskraft überlegen, weil der Weg dort mehr oder weniger ohne Widerstand ist; für den Straßenverkehr bleibt er jedoch unbrauchbar, auf der Straße wird von nun an nur noch der leichte Wagen mit leichtem Motor in Frage kommen. Heute ist durch die Ausdauer und Standhaftigkeit der Tapferen, die an der Lösung mitgeholfen haben, ein Problem gänzlich geklärt, das bis zum letzten Jahre noch ganz dunkel vor uns lag."

Wenn sich diese Ergebnisse in Wirklichkeit auch nicht so kraß auswirkten und Dampf- und Elektrowagen weiterhin mit dem Benzinautomobil konkurrierten, so war die Entscheidung doch bereits gefallen, und es wurden nur mehr die Konsequenzen aus Tatsachen gezogen.

Auch in Amerika nahm nun die Zahl der Rennen zu. Einer der bekanntesten Pioniere des Motorsports war Charles Brady King, der sich auch intensiv mit der Konstruktion von Motorfahrzeugen befaßte. Rennen nahmen damals oft den kuriosesten Verlauf, und eines davon ist in Kings Gedächtnis besonders haften geblieben. „...Während des Jahres 1894 arbeitete ich an einem 4-Zylinder-Wagen. Im darauffolgenden Frühling schrieb die „Chicago Times Herald" für den 28. November 1895 ein Rennen aus, und ich gab meine Nennung dafür ab. Es hatten sich 88 Bewerber gemeldet. Doch fielen noch vor Beginn der Veranstaltung 83 Konkurrenten aus. Auch ich war darunter. Mein Wagen war nicht fertig. Als ich von der Nennung zurücktrat, wurde ich als Unparteiischer eingesetzt. Nach den Rennbedingungen mußte nämlich ein Unparteiischer auf jedem Wagen mitfahren, um sämtliche Aufenthalte, Reparaturen, Benzinverbrauch und ähnliches zu notieren. Für uns, die wir an diesem Rennen mitzuwirken hatten, war diese Fahrt das größte Ereignis unseres Lebens.

Nur sechs Fahrzeuge fanden sich am Start in Jackson Park ein. Dafür aber gab es eine Menge großer und kleiner Schlitten, die das Rennen beobachten wollten. Es war ein so kalter November, wie man ihn seit Menschengedenken nicht erlebt hatte, und Schneeverwehungen machten die Straßen fast unpassierbar. Wir waren bereits halb erfroren, noch ehe wir losfuhren. Das Rennen nahm um 8.55 Uhr seinen Anfang und die Fahrzeuge starteten in Abständen von einigen Minuten. Die Müller-Maschine, in der ich mitfuhr, war, wie zwei der Konkurrenzautos, mit Benzinmotoren ausgestattet. Sie wurde von Oskar Müller, dem Sohne des Eigentümers, gefahren, der sie von Deutschland importiert und einige kleine Verbesserungen daran vorgenommen hatte. Als dritter fuhr ein gewisser Charles Roid als Beobachter mit. Infolge eines Defektes am Transmissionsriemen des Motors starteten wir mit etwa einer Stunde Verspätung. Da aber die Rennstrecke 83 Kilometer lang war — sie führte in einer Schleife nach Evanston und zurück —, die Jury im übrigen nicht nur Geschwindigkeit, sondern auch Verläßlichkeit, einfachen Betrieb und eine Reihe weiterer Umstände wertete, waren wir sehr zuversichtlich.

Nach kaum einem Kilometer fiel ein Wagen aus. In dem tiefen Schnee konnten seine Räder keinen Halt finden. Kurze Zeit später gab ein zweiter das Rennen auf, der dritte war ein Elektromobil, das wegen Erschöpfung seiner Batterien ausschied. Inzwischen war es fast Mittag geworden. Unser Müller-Wagen erreichte Evanston, wendete sich wieder heimwärts und erreichte um 15.23 Uhr eine Kreuzung in einem Vorort von Chikago. Kurz nachher wurde Charles Roid, der Beobachter, wahrscheinlich infolge der Kälte und Erschöpfung bewußtlos. Wir luden ihn ohne viel Umstände auf einen Schlitten um. Einer der vor uns liegenden Wagen hatte um 18.15 Uhr, nur wenige Kilometer vom Ziel entfernt, eine Panne, und der Fahrer war gezwungen, das Rennen aufzugeben. Auf einer der Autostraßen von Chikago fiel Oskar Müller in Ohnmacht. Mit einer Hand unter seinem Kopf, die andere am Steuerrad, legte er die restliche Strecke zurück und durchfuhr um 20.53 Uhr das Ziel. Der noch immer bewußtlose Müller wurde aus dem Wagen gehoben und nach Hause geschafft. Ich erfuhr, daß nur noch ein einziger Wagen, ein Duryea, das Rennen durchgestanden und vor einer halben Stunde das Ziel erreicht hatte. Die Fahrzeit des Duryea betrug 7 Stunden 53 Minuten, eine Durchschnittsgeschwindigkeit von 8,08 km/h. Der Müller-Benz wurde mit 9 Stunden 32 Minuten gestoppt, was einem Durchschnitt von 7,81 km/h entsprach. Das Gefährt hatte 27 Liter Benzin und im Kühler sechs Kübel zerkleinertes Eis und drei Kübel Schnee verbraucht."

Die Rennen stellten in der Entwicklung des Automobils einen wesentlichen Faktor dar, da vor allem sie es waren, die die Konstruktionen von einem zum anderen Wettbewerb in oft bedeutender Weise vorwärtsbrachten. So schreibt Megele:

„Die Rennen wurden die Feuerprobe des Materials und der Konstruktion, die nicht bewährte Anordnungen rücksichtslos ausschied und nur Gutes und Bewährtes bestehen ließ. Die dadurch gesammelten Erfahrungen sind in erster Linie die Ursache späterer Verbesserungen geworden, namentlich in bezug auf die motorische Kraft und die Festigkeit des Gestelles."

**Oben: Marseille—Nizza 1898: Am Steuer Koechlin auf dem „Duc" Peugeot.**

## Gründung und Internationalisierung der Automobilclubs

Um den Mißständen auf den Straßen abzuhelfen, vor allem aber das Fahren und Reisen im Kraftwagen weniger gefährlich zu gestalten, aus den Fahrten zugunsten einer Weiterentwick-

**Daimler-Vierzylinder-Phönix, Rennwagen von 1899.**

lung des Automobilbaues den größtmöglichen Nutzen zu ziehen, den Behörden gegenüber in Form einer Interessenvertretung der Kraftfahrerschaft ein Forum zu besitzen, endlich Ordnung und Disziplin in den eigenen Reihen (gegen sogenannte Wildlinge und Kilometerfresser) zu erreichen sowie den neuen Sport nicht nur als solchen, sondern auch als wirtschaftlichen Wegbereiter voranzutreiben, fanden sich um die Jahreswende 1897/98 fast in allen Staaten Europas Automobilbauer und Sportsleute zu Clubs zusammen. Es entstanden die ersten nationalen Automobilclubs.

Wenn auch ihr tatkräftiges Auftreten erst im Jahre 1900, mit der Herstellung internationaler Beziehungen, fühlbar wurde, so gingen die ersten Bemühungen schon auf das Jahr 1895 zurück. Damals bestanden bereits allerorts die Bycicleclubs, die ihre Spitzenorganisation in den einzelstaatlichen „Touring-Clubs" hatten. Es war daher kein Wunder, wenn sich hier zunächst die jungen Automobilvereinigungen und deren Fachpresse anlehnten. Durch die AIT (Alliance internationale de Tourisme) wurde schon im Jahr 1897 die Internationalisierung mit all den großen Vorteilen, die sie für den zwischenstaatlichen Verkehr bot, durchgeführt und der erste der nationalen Automobilclubs wurde bereits im November 1897 unter dem Titel „Automobile Club de France" gegründet. Im Februar 1898 folgte ihm der „Österreichische Automobilclub" (ÖAC) und im Dezember desselben Jahres der Automobilclub der Schweiz. Nun folgten in bunter Reihe Holland, Italien, Ungarn, die skandinavischen Staaten, Spanien und Portugal. 1899 wurde der Deutsche Automobilclub (DAC) gegründet. England und Rußland folgten später.

Neben der rein vereinsmäßigen Tätigkeit der nationalen Automobilclubs machten sich bald die ersten Bestrebungen zur Internationalisierung bemerkbar, die vor allem die Anbahnung eines reibungslosen zwischenstaatlichen Automobilverkehrs sowie die stete Verbindung mit den staatlichen und straßenpolizeilichen Behörden zur Förderung der Straßenerhaltung und Verkehrssicherheit bezweckten. Außer der Haupt

aufgabe, der Pflege des Sports — der Automobilclub war die jeweils oberste nationale Sportbehörde —, fanden sich Persönlichkeiten, die mit der jungen Automobilindustrie engste Fühlung zu halten hatten. Es waren dies die Anfänge, die zu den späteren technischen Abteilungen (Sektionen) der Clubs ausgestaltet wurden. Ihre erste Aufgabe bestand in der Festsetzung der Maßnahmen, die zur minimalsten Ausrüstung eines Kraftfahrzeuges führten und der Norm, zu der die Wagenhersteller auf dem europäischen Kontinent verpflichtet wurden.

Da waren vor allem die Signalinstrumente. Die Clubs schlugen eine einfache, tieftönende Hupe für Automobile, eine hochtönende für Motorräder vor. Die Behörden waren einverstanden und die Fabriken lieferten sie mit dem Wagen. War aber ein Fuhrmann besonders schwerhörig, dann traten dennoch Ratsche, Pfeife und die geöffnete Auspuffklappe in Aktion. Der musikalische Fahrer ging sogar zum Instrumentenmacher und ließ sich eine Schalmeihupe oder ein Piston bauen. So entwickelte sich eine ganze Zulieferindustrie für „Lärm", d. h. für mechanische und elektrische, manuelle und automatische Signale:

— Die Auspuffpfeife, tieftönend, oft verrußt,
— die Kompressionspfeife, quietschend hell,
— das Autovox, tiefe Preßlufthupe, vom Schwungrad betrieben, deutlich und angenehm,
— das Claxon, elektromotorisch, sehr eindringlich,
— das Vakuumhorn, fegte die Straße frei,
— das elektrische Horn, Boschhorn, heute üblich,
— die Sirene, heute nur für Polizei, Feuerwehr und Rettung gestattet.

Die zweite Frage war die der Beleuchtung. Von den Klubs wurden seinerzeit vorgeschlagen: zwei Scheinwerfer, zwei Stadtlampen (Positions- und Seitenlichter), ein Deck- und Schlußlicht für hinteres Nummernschild. Da die Behörden einverstanden waren, lieferten die Autofabriken dementsprechend ausgestattete Fahrzeuge. Dennoch: Wehe dem armen Passanten, der — etwa in einer regnerischen Nacht — nicht dem „Schall" aus dem Weg ging!

In Mitteleuropa belieferten damals schon die Scharlachwerke in Eisenach alle Fahrradfabriken und Händler mit ihren erstklassigen Azetylenlampen. Sie wurden die Seiten- und Decklampen an den Autos jener ersten Entwicklungszeit. Der Sprung zum Scharlach-Scheinwerfer war gering. Besonderes Lob und entsprechende Verwendung fanden ob ihrer Qualität (Lieferung mit Generator, d. h. Gasentwickler) die Fabrikate von Hasag, Nürnberg, und Riemann, Chemnitz. Später wurden auch teilweise an Stelle der mit schmutziger Arbeit verbundenen Gasentwickler kleine Stahlflaschen verwendet, in denen das Leuchtgas für die Scheinwerfer in komprimiertem Zustand (Autogas) mitgeführt wurde. Diese Autogasanlagen wurden dann meist ab 1910 mit sehr wirksamen, optisch richtig gebauten Großscheinwerfern Marke Zeiss, Jena, und Goerz, Wien, kombiniert, die mechanische Abblendvorrichtungen aufwiesen. Diese oder ein großer Mittelscheinwerfer mit Nebellicht (gelb und diffus) waren oft zwangsläufig mit der Lenkung verbunden und folgten dem Kurvenverlauf. Ab 1912 ging man zur elektrischen Autolichtanlage über, die nach 1920 Allgemeingut im Kraftfahrwesen wurde.

Sehr schwierig war die Wartung der Bereifung. Da die Fahrzeuge jener Zeit noch ausnahmslos nicht rasch demontable Räder oder Felgen besaßen — dieser Segnungen wurde der Automobilist erst ab 1905 teilhaftig —, waren das Ab- und Aufmontieren der Bereifung sowie das Beheben von Pneudefekten eine äußerst schmutzige Schwerarbeit. Nichtsdestoweniger hat es Rennfahrer und Rennmechaniker gegeben, die eine solche Prozedur in drei bis fünf Minuten ohne Aufpumpen des Reifens fertigbrachten. Hiezu benötigte man neben anderen Hilfsmitteln eine sogenannte Pneu-Montiergabel und zwei Montierhebel, auch kurz „Eisen" genannt. Pneumatik-Pickzeug mußte in reicher Auswahl mitgeführt werden. Was das Werkzeug betrifft, war man sich in den Clubs einig, daß 1 bis 2 Handhämmer, je 1 Satz Maul- und Steckschlüssel von 1/16" bis 1",

Concours du « Petit Journal »
LES VOITURES SANS CHEVAUX

**Das Cluborgan des Österreichischen Touring-Clubs meldete am 1. April 1898 das Entstehen des Österreichischen Automobil-Clubs.**

1 großer und 1 kleiner Franzose, 2 bis 3 verschiedene Schraubenzieher, 1 Rohr-, 1 Kombinations-, je 1 bis 2 Flach- und Rundzangen, 2 bis 4 verschiedene Feilen, 1 Feilkloben, 1 kleine Handbohrmaschine mit Spiralbohrern von 1 bis 8 mm, 1 Lötlampe, 1 Schmierkanne, 2 Spritzkannen, 1 Feilbürste, 1 Vergaser- und 1 Düsenschlüssel, 2 Magnetschlüssel und 1 Zündkerzenschlüssel das wichtigste Werkzeuginventar waren, um kleine Pannen auf der Strecke beheben zu können. Hierzu kamen noch Reservekannen für Benzin (30 Liter), für Öl (5 Liter), die Staufferfettdose (1 kg) und die für spezielle Fabrikate erforderlichen „Spezialschlüssel" für besondere Konstruktionsteile, wie Radabzieher, Abzugbügel usw.

Auch die Frage der Reserveteile wurde geregelt. Der Verschleiß an bestimmten Teilen war sehr groß, eine Beschaffung auf der Fahrt fast ausgeschlossen. Es darf daher nicht wundern, daß der Bestand an mitgeführten Reserveteilen je Fahrzeug nicht gering war. Zu den normalen Reserven an einigen Metern Kupferdraht, Bindedraht, Isolierband, Zündkabel, Minium und Werg, einem Sortiment Schrauben, Muttern, Beilagscheiben, Sprengringen und Splinten gesellten sich je nach Zylinderzahl des Motors:

**Rechts: La France Automobile erschien seit 1895 und hatte um die junge Kraftfahrt große Verdienste.**

1 Satz Zündkerzen oder Zündflansche mit Stiften,
½ Satz Auspuffventile mit Federn,
½ Satz Einlaßventile mit Federn,
1 Satz Kurbelwellenhauptlager,

½ Satz Pleuellager,
1 Satz Vergaserdüsen,
1 Stück Reserve-Lufttrichter für den Vergaser,
1 Stück Reserveschwimmer für den Vergaser,
1 Paar Reserve-Antriebsketten und 8 Stück Kettenglieder,
2 Stück Heißwasserschläuche mit Schellen,
4 Stück Stauffervasen,
diverse Muttern, Splinte usw.

Auch dies alles wurde in Europa seitens des Werkes dem Wagen, im vereinbarten Preis mitinbegriffen, beigegeben, wobei noch ein solider Wagenheber hinzukam.
Alle diese Regelungen brachten Ordnung und Klarheit zwischen Staat, Automobilfabrik und Abnehmer.

## Das Entstehen der Automobilindustrie

Das letzte Jahrzehnt des 19. Jahrhunderts ist aber auch durch das Entstehen der Automobilindustrie gekennzeichnet. Um die Jahrhundertwende waren bereits zwei Gruppen erkennbar, die eine kommende Automobilgroßproduktion vorbereiteten.

Zur ersten gehörten jene Erzeugungsstätten, die unter Führung der Erfinder ihre mechanischen Werkstättenbetriebe zu kleineren oder größeren Fabriken ausbauten, um eine industrielle Produktion aufzunehmen bzw. ihre Lizenznehmer in anderen Staaten. Sie bildeten mit den bereits bestehenden Dampfwagenfabriken in Frankreich, England und Amerika den Stammkörper der nationalen Automobilindustrien. In der zweiten Gruppe schienen jene auf, die schon zur Erzeugung mehr oder weniger geeignete Fabriksanlagen besaßen, aber bis dahin andere Erzeugnisse produziert hatten (Fahrrad-, Nähmaschinen- und Fahrzeugfabriken). Sie hatten den großen Vorteil, bereits über Anlagen und Einrichtungen zu verfügen, was sich bei der Preisbildung vorteilhaft auswirkte. In den einzelnen Staaten ergab sich hier folgendes Bild:

## Amerika (USA)

In Michigan ging Oldsmobile als erste Fabrik vom Dampfwagen auf die Erzeugung von Benzinautomobilen über. Der Prototyp war fertig, man war sich nur noch nicht über den Erfolg klar.

## Belgien

In Brüssel wurde die erste Fabrik, Marke Pipper, gegründet. Sie kam mit leichten Personenwagen heraus. In der Fabrique national d'armes de guerre, F. N. genannt, in Herstal-Lüttich, wurde die Abteilung für Motorräder, Marke FN, eingerichtet. In Antwerpen bildete sich eine Finanzgruppe, die einerseits Daimler-Patente über Panhard-Levassor erwarb und andererseits mit dem Engländer Ing. Knight in Verbindung stand, um dessen Arbeiten zu verwerten. Aus dieser Gruppe ging später die Marke Minerva hervor.

## Deutschland

Deutschland wies im Jahr 1898 bereits 14 Fabriken für Motorfahrzeuge auf. Benz errichtete in Mannheim eine Fabrik zur Herstellung von Personenwagen und plante für später eine Lastwagenfabrik in einer alten Wagenfabrik in Gaggenau. Daimler baute in Cannstatt seine Personenwagen und richtete in Untertürkheim für diesen Zweck eine große Fabrik ein, deren Erzeugnisse ab 1900 die Markenbezeichnung Mercedes führten. Er stand bereits in Unterhandlungen mit der Gemeinde Berlin wegen einer Fabrik für Lastwagen in Marienfelde. Adam Opel, Fahrrad- und Nähmaschinenfabrik in Rüsselsheim, stellte sich auf breitester Basis auf die Kraftwagenerzeugung um. NSU, Neckarsulm, Wanderer, Chemnitz, Dürkopp, Bielefeld, Triumph in Hamburg, durchwegs Fahrrad- und Nähmaschinenfabriken, nahmen die Erzeugung von Motorrädern auf. Bei Büssing in Braunschweig arbeitete man an dem ersten Lastwagenmodell. Die AEG richtete in Rheini-

kendorf bei Berlin eine Automobilfabrik ein, deren Marke NAG heißen sollte. Heinrich Kleyer in Frankfurt a. Main, ehemals Nähmaschinen- und Fahrraderzeuger, stellte seine Fabrik zur Gänze auf Automobilbau um und erschien als Marke Adler.

## England

Die Werke von Locomobil, Mitchel, Thornycroft waren vollauf mit der Erzeugung von Dampfkraftwagen für den Personen-, Privat-, öffentlichen Omnibus- und Lastenverkehr beschäftigt.
Zur Verwertung der Daimler-Patente und jener von Ing. Knight bildete sich ein Finanzkonsortium, aus dem später die Englische Daimler-Motorengesellschaft für Nutzfahrzeuge hervorging.

## Frankreich

Hier, im Lande des schnell aufstrebenden und durch den Sport geförderten Automobilismus, drängte sich die Automobilindustrie in Paris und seinen Vororten zusammen:
Panhard-Levassor, Armand Peugeot, De Diétrich, Léon und Amédée Bollée, De Dion-Bouton, Brasier und Charron bewiesen die Qualität ihrer Fahrzeuge anläßlich verschiedener Rennen. Renault-Frères, Delaunay-Belleville arbeiteten an ihren Erstkonstruktionen.

**Plakat der damals bekannten Firma Cudell & Co., Aachen, Automobile Patent De Dion-Bouton (Entwurf: Misti).**

begannen die Johann-Puch-Fahrradwerke in Graz im Styria-werk die Motorradproduktion mit 3½- und 5-PS-Ein- und -Zweizylindern (V-Motor) und Flachriemenantrieb (Gewicht der 3½-PS-Maschine 115 kg, der 5-PS-Maschine 135 kg).

Im Juni 1898 gründete die Firma Bierentz, Fischer & Co. (österreichische Daimler-Vertretung) die Österreichische Daimler-Motorengesellschaft Komm.-Ges. Wiener-Neustadt, und eröffnete 1899 das Werk. Zuerst Tochtergesellschaft der Daimler-Motorengesellschaft, Cannstatt, machte sich das Werk 1906 selbständig, blieb aber noch an Daimler-Lizenzen, besonders hinsichtlich Motoren, gebunden. 1901 brachte es den ersten Militärlastwagen für 5 Tonnen heraus und nannte sich ab 1906 Österreichische Daimlerwerke A.G. (später Austro-Daimler). 1899 wurden in Wien die Favoritwerke für Kleinwagen (Voiturette) gegründet, ohne jedoch wesentliche Geltung zu erlangen. Im November desselben Jahres gründete August Wärndorfer in Baden-Leesdorf die Leesdorfer Autowerke und baute nach Lizenz De Diétrich-Bollée Benzinautos. Aber auch ihm blieb der Erfolg versagt.

1896 gründeten die Gebrüder Carl, Heinrich und Franz Gräf in Wien IX eine mechanische Reparaturwerkstätte und begannen 1897 mit dem Bau des ersten Wagens, der von einem Ing. Kainz in Arbeit gegeben und im gleichen Jahr fertiggestellt wurde. Er steht heute im Technischen Museum in Wien. 1898 übernahm die Firma den laufenden Bau von luftgekühlten Kainzmotoren für Motorräder. Am 1. Mai 1899 brachte Gräf ein Tandemmotorrad heraus, mit dessen Prototyp die Rennfahrer Jakob Dietrich und Ing. Karl Warchalowsky vor der Sportkommission den Km-Lancé mit 70 km/h fuhren. Gräf baute den ersten Wagen mit Vorderradantrieb und brachte ihn auf den Markt. Im neuen Fabriksgebäude in Wien XIX ging 1902 der sogenannte Spitzwagen mit Schaltgetriebe in industrielle Fertigung.

Unabhängig davon arbeiteten die Ingenieure Bock und Holländer an einem Wagen nach Daimler-Bollée-Lizenzen, 24 PS, 4 Zylinder mit Kette.

## Schweiz

Die Schweiz beteiligte sich ebenfalls an der Automobilindustrie, und zwar beschäftigte sich Saurer in Arbon vorerst mit dem Studium des Lastkraftwagens. Oerlikon und Berna begannen die Kapitalgrundlage zu schaffen.

## Spanien

Dort widmete sich Ing. Birkigt der Züchtung von leichten, langhubigen Spezialmotoren, aus welchen Bemühungen sich später die Sport- und Rennwagenmarke Hispano-Suizza entwickelte.

Im Zusammenhang mit dieser Produktionsübersicht ist es von Interesse, einen Blick auf die Brennstoff- und Reifenproduktion zu werfen.

Die Produktion von Mineralöl und Benzin war in Amerika damals schon so weit entwickelt, daß ein Masseneinsatz von Kraftfahrzeugen um diese Zeit keine Verlegenheit bereitet hätte. Benzin, dort Gasolin genannt, kostete den zehnten Teil des europäischen Marktpreises und war überall erhältlich. England und Frankreich importierten in großen Mengen aus Rußland (Baku), Amerika (Texas) und Rumänien (Ploesti), um ihren Bedarf zu decken. Hiebei wurden die beiden Firmen Standard Oil Comp. of New York und of New Jersey zwischengeschaltet, deren Erzeugnisse überall und auch in Europa immer mehr Fuß faßten. Deutschland deckte seinen Bedarf teils direkt aus Rußland, teils durch die DAPG, Deutsch-Amerikanische Petroleumgesellschaft. Sie verwendete zufolge des in relativ großen Mengen anfallenden Benzols (chemisch $C_6H_6$ aus der aromatischen Reihe) aus den Großkokereien des Ruhrgebietes diesen Brennstoff (Gefrierpunkt von Reinbenzol +5,5° C und von Motorenbenzol —7° C).

## Italien

Fiat, Turin, trat in die Fertigung ein, Itala und Isotta-Fraschini waren in Gründung.

## Österreich

Zu Neujahr 1897/98 begann Österreichs erste Automobilfabrik, die Nesselsdorfer Waggon- und Fahrzeugfabrik, den Automobilbau. Die erste Type hieß Präsident, 7 PS, 1000 kg, Wasserkühlung, Riemenantrieb. Am 21. Mai 1898 war der erste Wagen zur Fernfahrt nach Wien bereit. Laurin und Klement, Jung-Bunzlau, erzeugten zu gleicher Zeit Motorräder mit luftgekühltem Motor mit Oberflächenvergaser zu 3½ PS, Einzylinder für Zwei- und Dreiräder. Im November 1898

Österreich besaß in Boryslaw und Drohobycz eigene Ölvorkommen, deren Produkte in Jaslo, Pardubitz und Wien, durch die David Fanto-A. G. raffiniert, vertrieben wurden. Lebhafte Beziehungen bestanden zu Rumänien (Staua Romana), und diese Öle wurden in Wien-Kagran bei Gustav König raffiniert.

Alle übrigen Länder Europas, die Automobilbestände aufwiesen, waren auf den totalen Import der raffinierten Produkte an Benzin, Schmierölen und Fetten angewiesen. Handelsüblich bot und kaufte man nach dem spez. Gewicht bei plus 15° C und 760 mm Barometerstand und hatte zu unterscheiden zwischen

| | | |
|---|---|---|
| Fliegerbenzin | 0.600 | kg/l |
| Leichtbenzin | 0.650 | kg/l für Pkw |
| Mittelbenzin | 0.700—750 | kg/l |
| Schwerbenzin | 0.800 | kg/l für Lkw |

Die Gummiproduktion für Autoreifen baute sich auf den englischen Dunlop-Patenten auf und wurde durch die Goodyear Rubber Comp. in USA, hinsichtlich der Rechte und im Material unabhängig, durch Michelin in Frankreich, Pirelli in Italien, Franz Heinrich Reithoffer in Deutschland und Karl Reithoffer in Österreich übernommen. Durch gesellschaftliche Beteiligungen zur billigeren Rohmaterialbeschaffung — der Bedarf war ständig steigend — entstanden im Reithoffer-Konzern Deutschlands die Deutsch-amerikanische Gummi- und Guttapercha Comp., Hamburg-Wilhelmsburg, später kurz Konti genannt, und in Österreich die Austro-amerikanische Gummifabriks-A.G., Traiskirchen-Wien, die später unter dem Namen Semperit alle Konzernwerke in Österreich vereinigte. In Deutschland spielten später noch Calmon und Fulda als Pneumarken eine wichtige Rolle.

Die Erzeugnisse betrafen Luftreifen (Pneumatiks), geteilt nach Luftschlauch mit Ventil und Mantel (u. z. Glatt- oder Gleitschutz-Antiterrapant) und Massiv-(Vollgummi-)Reifen, die für Lkw bestimmt waren. Verlangt wurden diese Reifen entsprechend der Radfelge (bei Pneus für Pkw gab es nur

Links: Die Ankündigungen auf dieser und der vorhergehenden Seite geben Aufschluß über das damalige Angebot.

## Kleine Anzeigen

**Motorwagen,** [92a]
Original Dion, dreiräd., 2¹/₄ HP, gut functionirend, vorzügliches Aussehen, Mk. 600.—. Cöln, Aachenerstr. 80.

**De Dion-Tonneau,**
8 HP, wie neu, sowie 4¹/₂ HP Phaëton, sehr gut erhalten, preiswerth zu verkaufen. A. Rütgers, Aachen. [81]

**Drei- bis viersitziges**
Opel-Automobil, 6 PS, fast neu, zu verkaufen.
Jean Reuland, Cöln a. Rhein. [73a]

**„Benz Victoria"**
3—4 sitzig, 6 HP, tadellos erhalten, sehr preiswürdig zu verkaufen. [57a]
Franz Molitor, Neckargemünd.

**Sämmtliche Rohgusstheile**
für Motoren, 60 bis 72 Bohrung, verkauft Mk. 35 bis 45. Seeliger, Eilenburg. [79a]

**de Dietrich**
Motorwagen Modell 1903, Viercylinder 12, 16, 24, 30 HP sofort lieferbar bei günstigen Bedingungen, sowie Motorwagen Modell 1901 3, 6, 9, 12 HP in tadellosem Zustande ab Fabrik spottbillig. E. E. C. Mathis, Strassburg i.E., Meisengasse 13. [46]

**Chauffeur**
für klein. Dionwagen nach Westfalen gesucht. Meldungen zu senden an H. Rohkämper, Düsseldorf. [82a]

**Daimler Phaëton,**
4 HP, sehr betriebssicher, für Aerzte geeignet. Näheres durch Rudolf Mosse, Hamburg unter **H. Z. 4163.** [97]

**2 evtl. 3 sitzig. Motorwagen**
Luftkühlung, Fabrikat Wartburg-Eisenach, 4 HP, sehr guten Zustand, tadellos functionirend. Arthur Hoffmann, Altenburg. [97a]

**Benz-Motorwagen,** [100a]
Vis-à-vis 4 sitzig, mit Sommerdach, 24 km laufend, Mk. 1000. Comfortable, 2—3 sitzig, mit Verdeck, 25 km laufend, Mk. 700. Beide so gut gehend als neu. Hinterräder mit neuen, extrastarken Vollgummireifen versehen. Bei Mechaniker Gallus, Schlettstadt i. Elsass.

**Tonneaux**
1 und 2 Cylinder, Modell 1902, wenig gebraucht, verkauft sehr preiswürdig Otto Weiss & Co., [71a]
Berlin NO., Greifswalderstr. 140.

**Echte de Dion-Voiturette,**
3¹/₂ HP, dreisitzig, Lederpolsterung, Boiron-Zündung, tadelloser Zustand, Palier 30 km, jede Steigung, preiswerth zu verkaufen. Ch. Bahy, Mülhausen i/E. [103a]

**4¹/₂ HP Cudellwagen,**
4 sitzig, wenig gefahren, für 1500 Mk. 4¹/₂HP Americ. Dampfwagen, 2sitzig, Mod. 1902, fast neu, mit Condensation 2500 Mk., wegen Anschaffung eines grösseren sofort zu verkaufen. Beide Wagen tadellos erhalten und vorzüglich functionirend. Fr. Hornschuch, Kulmbach. [77a]

**Welche Automobil-Fabrik**
interessirt sich für eine neue ventillose Steuerung für schnelllaufende Motoren, tadellos functionirend und sehr einfach. Offerten unter **108a** an die Exped. dieses Blattes erbeten. [108a]

**Solvente Vertreter**
für unsere Automobile, Automobilbestandteile und Motoren, suchen allerorts Otto Weiss & Co., Berlin NO., Greifswalderstr. 140. [70a]

**Suche zu kaufen**
Modell 1902, Tonneau, 9—10 HP (Panhard, Mors, Peugeot bevorzugt). P. L. Bethke, Colberg. [109a]

Wulst-[Flach-]Felgen) nach Dimensionen, wie 920 x 120 oder 815 x 105; für große, schwere Pkw bzw. für Voituretten in vielen Dimensionen, die bis 1914 auf 95 Gattungen allein für Pkw anstiegen. Zu verstehen waren darunter Millimetergrößen, wovon die ersten Zahlen den Felgendurchmesser, die zweiten die Höhe des aufgepumpten Reifens betrafen, denen eine bestimmte fabrikatorische Breite entsprach. Hierbei handelte es sich aber nicht um verbindliche Dimensionen, sondern um allgemeine Fabrikationswerte. Bei Vollgummireifen, z. B. 1050 x 140, entsprach die erste Zahl dem Außendurchmesser der Radfelge, die zweite der Breite des Profils, dem wieder eine bestimmte Höhe des Reifens entsprach.

Amerika und England sowie die kontinentalen Fahr- und Motorradreifen führten die gleichen Dimensionen in Zoll, z. B. für ein 3½-PS-Motorzweirad 30 x 3,5". Dieser bis 1918 zu einem unlösbaren Wust von Sorten und Dimensionen aufgelaufene Berg von Größen wurde erst 1924 in einem internationalen Abkommen aller Weltreifenfabriken bereinigt.

**Peugeot 1893**

## Die geistige Einstellung und der Humor des Pioniers

Der sportliche Idealismus des Pioniers wird erst dann ganz verständlich, wenn man sich die geschichtlichen Gegebenheiten und geistigen Strömungen der damaligen Zeit sowie den Fortschrittsfanatismus bestimmter Schichten vor Augen führt. So sehr der pferdelose Wagen in wirtschaftlicher Hinsicht auch begründet war, konnten die damit verbundenen Probleme doch nur mit viel Energie und Einsatzfreude gelöst werden.

Was wäre aus dem Automobil geworden, wäre die erste und wichtigste Zeit seiner Entwicklung nicht in eine einmalige Friedensperiode gefallen? Der Mensch der damaligen Zeit war ausgeruht und unverbraucht. Der Sport, der ihn auch der Natur näherbrachte, gewann zunehmend an Boden. Das besondere Ideal der damaligen Zeit aber war der Fortschritt.

**Renault 1900**

**Oben: Die Aufbruchstimmung der Pionierzeit zeigt sich am deutlichsten in der Pressefreudigkeit jener Periode der Kraftfahrt.**

Der automobilistische Pionier gehörte in den allermeisten Fällen der ersten Gesellschaft an. Dennoch legte er neben dem Chauffeur selbst Hand an, sobald sein Wagen schadhaft war, was nur allzuoft vorkam. Eine solche Handlungsweise wäre bis dahin undenkbar gewesen — ein Kavalier mit schmutzigen Händen! Dadurch erfolgte auch ein gewisses soziales Umdenken in der Gesellschaft.

Nimmt man einmal die unendliche Geduld und Zähigkeit unter die Lupe, die in der damaligen Zeit die erste Voraussetzung für die Haltung eines Wagens waren, dann liegt der Vergleich mit den Schwierigkeiten eines revolutionierenden Erfinders nahe. Jeder Pionier hatte in seinem Kreis, seiner Umgebung und teils auch an seinem Fahrzeug in gewissem Sinn die Arbeit zu leisten, die der Erfinder durchstehen muß, will er einer Neuerung zum Sieg verhelfen.

Sport- und Zeitgeist, Zeitverhältnisse und Überzeugungen ganz neuer Art waren die Beweggründe für diese Haltung. Das Aktivum aber, mit dem die Schwierigkeiten vor allem und immer wieder überwunden wurden, war der Humor. Wo das Automobil zum Vergnügen gefahren wurde, war er bei unangenehmen Zwischenfällen ebenso zur Stelle wie er ein treuer Begleiter ernster Arbeit war. Er hat großen Anteil an der Unermüdlichkeit des Pioniers und half ihm, die heikelsten Situationen zu meistern.

In L. Baudry de Saunier, einem international anerkannten Journalisten und Buchautor, fand das Automobil einen Vorkämpfer, der, geistreich und mit scharfem Blick begabt, seinen Siegeslauf beschleunigte. Er erleichterte dem einzelnen Autofahrer von damals das Leben, d. h. in diesem Fall das Fahren, indem er sich mit einleuchtenden Erklärungen vorzüglich an die Behörden wandte, die noch um 1900 in einer krassen Unwissenheit um das Wesen des Automobils Recht sprachen und Verordnungen erließen. Hierbei begann er bei den elementarsten Grundsätzen und erweckte nach und nach das Interesse seiner Zeitgenossen. Er führte ihnen vor Augen, welche Unterschiede zwischen einem richtigen Motor und einem „Hafermotor" bestehen:

„Um sich so viel wie möglich der Vollkommenheit zu nähern, muß ein Motor fünf Eigenschaften besitzen, die hier im Verhältnis zu ihrer Wichtigkeit in absteigender Reihenfolge angeführt sind. Er muß leistungsfähig, widerstandsfähig, ungefährlich, billig und reinlich sein.

Wenn wir uns über die Leistungsfähigkeit des Hafermotors befragen, so finden wir, daß er verhältnismäßig elfmal schwächer als eine Taube und um die Hälfte weniger stark als ein Mensch ist. Genaue Berechnungen lehren uns nämlich, daß, wenn man die Summe der von jeder dieser Einheiten hervorgebrachten Kraftäußerungen zusammenzählt, eine gleichwertige Kraftwirkung produziert wird: durch

425 Kilo Pferdegewicht (somit 1 Pferd),
210 Kilo Menschengewicht (somit 2¾ Menschen),
 38 Kilo Taubengewicht (somit ungefähr 150 Tauben),
 12 Kilo Bienengewicht (somit ungefähr 6000 Bienen).

Das will sagen, daß ein Bienenmotor von 12 Kilogramm oder eine Biene in der Größe einer starken Katze genau dieselbe Arbeit verrichten würde wie ein Pferd. Theoretisch genommen ist also der Hafermotor einer der schwächsten, die es gibt.

Allgemeine

# Automobil=Zeitung

und

### Officielle Mittheilungen des Oesterreichischen Automobil-Club.

Officielles Cluborgan des Automobil-Club Basel (Schweiz), des Automobil-Club von Elsass-Lothringen, Strassburg, des Bayrischen Automobil-Club, München, des Berliner Automobil-Vereins, des Frankfurter Automobil-Club, des Fränkischen Automobil-Club, Nürnberg, des Kölner Automobil-Club, des Rheinischen Automobil-Club, Mannheim, des Westdeutschen Automobil-Club, Aachen, und des Württembergischen Automobil-Club, Stuttgart.
Officielle Mittheilungen des Steiermärkischen Automobil-Club, Graz.

Ausgezeichnet mit der Goldenen Medaille auf der Automobil-Ausstellung 1900, Frankfurt a. M.

| Nr. 11, Band I. | Wien und Berlin, 17. März 1901. | II. Jahrgang. |

## In voller Fahrt.

Aus Wiener-Neustadt haben wir eine sehr hübsche Photographie, die eines Automobils in voller Fahrt, erhalten, nach welcher wir die diesen Zeilen beigegebene Abbildung anfertigen ließen. Das Bild macht auf den Beschauer in der That den Eindruck vollster Wirklichkeit, man sieht den Motorwagen thatsächlich „in voller Fahrt". Der Lenker ist Herr Ludwig v. Bernd, Mitglied des Oesterreichischen Automobil-Club, die Dame neben ihm seine Gemalin. Die Photographie stammt aus dem Atelier des Hofphotographen Herrn Joseph Ferber.

# AUTOMOBILE

Grösstes deutsches Spezialorgan

für

**alle Fahrzeuge mit Motor-Betrieb für Gewerbe, Verkehr und Sport.**

Die Zeitschrift „AUTOMOBILE" erscheint halbmonatlich und ist durch alle Buchhandlungen, Postämter (Postzeitungsliste No. 785a) und Zeitungsstellen des In- und Auslandes zu beziehen. Bezugspreis durch die Post vierteljährlich Mk. 1.50. Direkt per Kreuzband Mk. 2.—. (Ausland Mk. 2.50.) Einzelnummer Mk. 0.25.

INSERATE die 4 gespaltene Nonpareille-Zeile oder deren Raum 30 Pf., für Vereinsmitglieder 20 Pf. — Stellenangebote und -Gesuche für die 4 gespaltene Nonpareille-Zeile 20 Pf. Bei grösseren Aufträgen oder Jahresabschlüssen entsprechenden Rabatt. Beilagengebühr nach Uebereinkunft.

Schriftleitung und Geschäftsstelle: BERLIN C., Adler-Strasse No. 6.

Nachdruck aus dem Inhalt dieser Zeitschrift ist nur mit genauer Quellenangabe gestattet. Reproduktion der Illustrationen verboten.

No. 6. | Berlin, den 10. November 1899. | 1. Jahrgang.

**Abonnements auf die „Automobile" nehmen alle Buchhandlungen, Postämter (Postzeitungsliste No. 785 a, Nachtrag XIII) sowie die Zeitungs-Expeditionen entgegen; auch direkt unter Kreuzband vom Verlag, Berlin C., Adlerstr. 6, zu beziehen.**

## Die Automobile im Verkehr.

(Neue Gesetze in Holland; Verordnungen in Mannheim, Chemnitz etc.; Verschiedenes.)

Der Siegeszug der Automobile, die sich Frankreich, England und Amerika hereits erobert hat, geht nun auch durch Deutschland, Holland und das übrige Ausland. Keine Macht der Erde, keine einschränkenden Gesetze und Verordnungen -- die in einiger Zeit „dem Bedürfnisse entsprechend" loyaler werden müssen — können diesen Siegeszug aufhalten. Beredtes Zeugnis von dem Fortschritt, den der Automobilismus von Tag zu Tag nimmt, geben die sich in gleichem Verhältnis mehrenden Verordnungen und Gesetze.

Wenig erfreulich für den Automobilisten lauten die Gesetze in Holland, welche nunmehr von dem Minister des Waterstaat, des Handels und der Industrie herausgegeben wurden. Die Erlaubnis, ein Motorfahrzeug zu fahren, wird dem Antragsteller mittelst eines Schriftstückes bis auf Widerruf (!) und unter folgenden Bedingungen erteilt:

1. Der Wagen muss in sehr deutlicher Weise in schwarzen Ziffern auf weissem Grunde die Ordnungsnummer, und zwar sowohl auf der vordern als auf der hintern Seite, ersehen lassen. Die Ziffern sollen mindestens 8 cm lang und 4 cm breit sein. Zwischen Sonnenuntergang und Sonnenaufgang muss die Nummer hell erleuchtet sein.

2. Zwischen Sonnenuntergang und Sonnenaufgang muss der Wagen eine sehr gut erleuchtete Laterne tragen, deren Licht sehr gut sichtlich sein muss, u. z. sowohl von vorn, als von der rechten und linken Seite.

3. Der Wagen muss mit einer Vorrichtung versehen sein, die gestattet, ihn selbst in voller Geschwindigkeit auf 10 m zum Stillstand zu bringen.

4. Der Wagen muss mit einer Klingel oder einer Huppe ausgerüstet sein, mittelst deren man ein Signal geben kann, das man deutlich auf eine Entfernung von 100 m vernehmen kann.

5. Die Geschwindigkeit darf 20 km in der Stunde nicht überschreiten, wobei Nachstehendes zu beachten ist.

Beim Hinabfahren von Gefällen, bei Annäherung von Kurven, in der Nähe von Stadtzentren oder Dörfern, beim Kreuzen oder Ueberschreiten von Wegen, auf Brücken oder entlang der Wohnungen, die direkt an die Strasse stossen, soll die Geschwindigkeit nicht mehr als 8 km in der Stunde betragen.

Bei Nebel darf diese Geschwindigkeit auf keinem Teile der Strecke überschritten werden.

Uebrigens muss die Geschwindigkeit je nach den Umständen ermässigt werden, so oft die Sicherheit des Verkehrs dies erfordert.

6. Beim Begegnen oder Ueberholen von Pferden oder Vieh, seien sie auf der Strasse gefahren oder geführt, muss der Wagenführer die Geschwindigkeit ermässigen und sofort halten, sobald er bemerkt, dass die Tiere scheuen oder dass der Führer desselben ihm ein Warnungszeichen giebt.

Ferner ist alles zu vermeiden, was die Tiere erschrecken kann.

7. Der Wagenführer hat bei Zeiten ein besonderes Zeichen mit der Glocke oder der Huppe in folgenden Fällen zu geben:

Beim Ueberholen von Wagen oder Personen, Vieh oder Pferden, seien diese geführt, angespannt oder geritten.

Beim Annähern an Kreuzwege, bei Krümmungen oder Brücken.

Im Allgemeinen jedesmal dann, wenn es die Sicherheit des Verkehrs auf dem benutzten Wege erfordert.

8. Im Uebrigen sind bei dieser Art der Fortbewegung alle bestehenden Reglements und alle für den gewöhnlichen Verkehr angenommenen Gebräuche zu beachten.

9. Es ist verboten, mit dem Motorwagen andere Fahrzeuge zu befördern.

10. Die Bestimmungen dieser Vorschrift, die sich stets in dem Wagen vorfinden muss, können jederzeit abgeändert oder ergänzt werden.

Wenn die Erlaubnis zurückgezogen, abgeändert oder ergänzt werden soll, so ist deren Inhaber bei der ersten Aufforderung verpflichtet, diese Verordnung dem Departement des Waterstaat, des Handels und der Industrie binnen vier Tagen einzusenden.

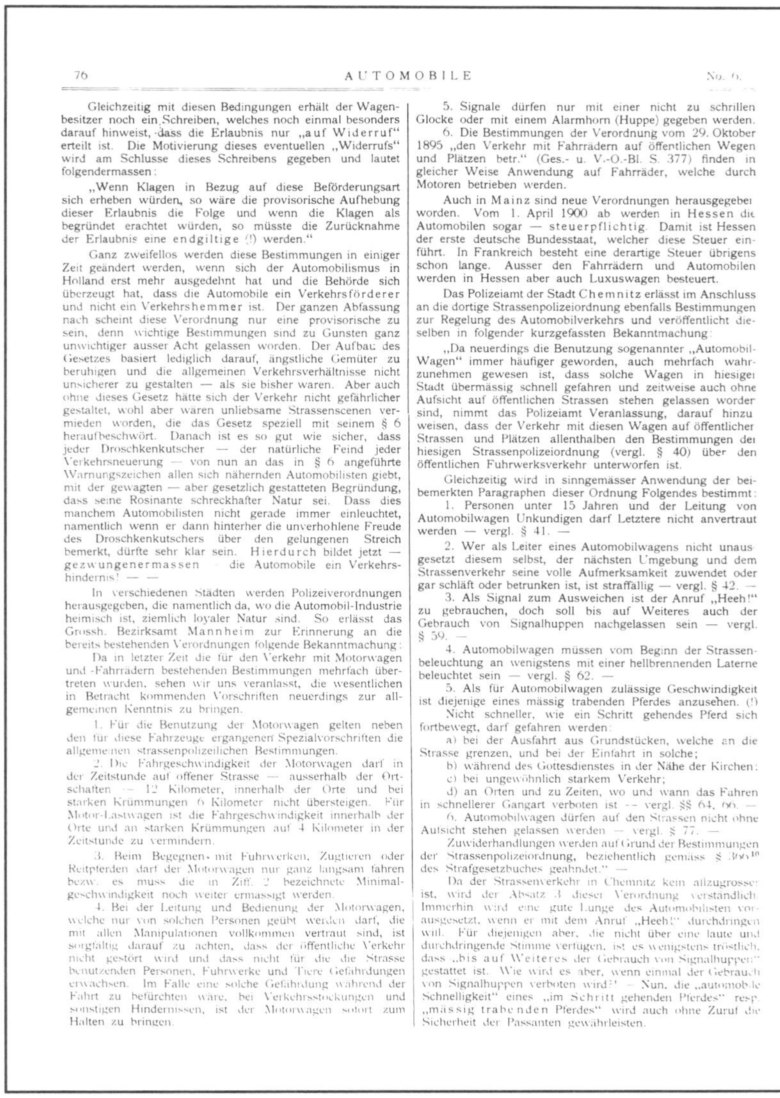

76 AUTOMOBILE No. 6.

Gleichzeitig mit diesen Bedingungen erhält der Wagenbesitzer noch ein Schreiben, welches noch einmal besonders darauf hinweist, dass die Erlaubnis nur „auf Widerruf" erteilt ist. Die Motivierung dieses eventuellen „Widerrufs" wird am Schlusse dieses Schreibens gegeben und lautet folgendermassen:

„Wenn Klagen in Bezug auf diese Beförderungsart sich erheben würden, so wäre die provisorische Aufhebung dieser Erlaubnis die Folge und wenn die Klagen als begründet erachtet würden, so müsste die Zurücknahme der Erlaubnis eine endgiltige (!) werden."

Ganz zweifellos werden diese Bestimmungen in einiger Zeit geändert werden, wenn sich der Automobilismus in Holland erst mehr ausgedehnt hat und die Behörde sich überzeugt hat, dass die Automobile ein Verkehrsförderer und nicht ein Verkehrshemmer ist. Der ganzen Abfassung nach scheint diese Verordnung nur eine provisorische zu sein, denn wichtige Bestimmungen sind zu Gunsten ganz unwichtiger ausser Acht gelassen worden. Der Aufbau des Gesetzes basiert lediglich darauf, ängstliche Gemüter zu beruhigen und die allgemeinen Verkehrsverhältnisse nicht unsicherer zu gestalten — als sie bisher waren. Aber auch ohne dieses Gesetz hätte sich der Verkehr nicht gefährlicher gestaltet, wohl aber wären unliebsame Strassenscenen vermieden worden, die das Gesetz speziell mit seinem § 6 heraufbeschwört. Danach ist es so gut wie sicher, dass jeder Droschkenkutscher — der natürliche Feind jeder Verkehrsneuerung — von nun an das in § 6 angeführte Warnungszeichen allen sich nähernden Automobilisten giebt, mit der gewagten — aber gesetzlich gestatteten Begründung, dass seine Rosinante schreckhafter Natur sei. Dass dies manchem Automobilisten nicht gerade immer einleuchtet, namentlich wenn er dann hinterher die unverhohlene Freude des Droschkenkutschers über den gelungenen Streich bemerkt, dürfte sehr klar sein. Hierdurch bildet jetzt — gezwungenermassen — die Automobile ein Verkehrshindernis! — —

In verschiedenen Städten werden Polizeiverordnungen herausgegeben, die namentlich da, wo die Automobil-Industrie heimisch ist, ziemlich loyaler Natur sind. So erlässt das Grossh. Bezirksamt Mannheim zur Erinnerung an die bereits bestehenden Verordnungen folgende Bekanntmachung:

Da in letzter Zeit die für den Verkehr mit Motorwagen und -Fahrrädern bestehenden Bestimmungen mehrfach übertreten wurden, sehen wir uns veranlasst, die wesentlichen in Betracht kommenden Vorschriften neuerdings zur allgemeinen Kenntnis zu bringen.

1. Für die Benutzung der Motorwagen gelten neben den für diese Fahrzeuge ergangenen Spezialvorschriften die allgemeinen strassenpolizeilichen Bestimmungen.

2. Die Fahrgeschwindigkeit der Motorwagen darf in der Zeitstunde auf offener Strasse — ausserhalb der Ortschaften — 12 Kilometer, innerhalb der Orte und bei starken Krümmungen 6 Kilometer nicht übersteigen. Für Motor-Lastwagen ist die Fahrgeschwindigkeit innerhalb der Orte und an starken Krümmungen auf 4 Kilometer in der Zeitstunde zu vermindern.

3. Beim Begegnen mit Fuhrwerken, Zugtieren oder Reitpferden darf der Motorwagen nur ganz langsam fahren bezw. es muss die in Ziff. 2 bezeichnete Minimalgeschwindigkeit noch weiter ermässigt werden.

4. Bei der Leitung und Bedienung der Motorwagen, welche nur von solchen Personen geübt werden darf, die mit allen Manipulationen vollkommen vertraut sind, ist sorgfältig darauf zu achten, dass der öffentliche Verkehr nicht gestört wird und dass nicht für die die Strasse benutzenden Personen, Fuhrwerke und Tiere Gefährdungen erwachsen. Im Falle eine solche Gefährdung während der Fahrt zu befürchten wäre, bei Verkehrsstockungen und sonstigen Hindernissen, ist der Motorwagen sofort zum Halten zu bringen.

5. Signale dürfen nur mit einer nicht zu schrillen Glocke oder mit einem Alarmhorn (Huppe) gegeben werden.

6. Die Bestimmungen der Verordnung vom 29. Oktober 1895 „den Verkehr mit Fahrrädern auf öffentlichen Wegen und Plätzen betr." (Ges.- u. V.-O.-Bl. S. 377) finden in gleicher Weise Anwendung auf Fahrräder, welche durch Motoren betrieben werden.

Auch in Mainz sind neue Verordnungen herausgegeben worden. Vom 1. April 1900 ab werden in Hessen die Automobilen sogar — steuerpflichtig. Damit ist Hessen der erste deutsche Bundesstaat, welcher diese Steuer einführt. In Frankreich besteht eine derartige Steuer übrigens schon lange. Ausser den Fahrrädern und Automobilen werden in Hessen aber auch Luxuswagen besteuert.

Das Polizeiamt der Stadt Chemnitz erlässt im Anschluss an die dortige Strassenpolizeiordnung ebenfalls Bestimmungen zur Regelung des Automobilverkehrs und veröffentlicht dieselben in folgender kurzgefassten Bekanntmachung:

„Da neuerdings die Benutzung sogenannter „Automobil-Wagen" immer häufiger geworden, auch mehrfach wahrzunehmen gewesen ist, dass solche Wagen in hiesiger Stadt übermässig schnell gefahren und zeitweise auch ohne Aufsicht auf öffentlichen Strassen stehen gelassen worden sind, nimmt das Polizeiamt Veranlassung, darauf hinzuweisen, dass der Verkehr mit diesen Wagen auf öffentlichen Strassen und Plätzen allenthalben den Bestimmungen der hiesigen Strassenpolizeiordnung (vergl. § 40) über den öffentlichen Fuhrwerksverkehr unterworfen ist.

Gleichzeitig wird in sinngemässer Anwendung der beibemerkten Paragraphen dieser Ordnung Folgendes bestimmt:

1. Personen unter 15 Jahren und der Leitung von Automobilwagen Unkundigen darf Letztere nicht anvertraut werden — vergl. § 41. —

2. Wer als Leiter eines Automobilwagens nicht unausgesetzt diesem selbst, der nächsten Umgebung und dem Strassenverkehr seine volle Aufmerksamkeit zuwendet oder gar schläft oder betrunken ist, ist straffällig — vergl. § 42. —

3. Als Signal zum Ausweichen ist der Anruf „Heeh!" zu gebrauchen, doch soll bis auf Weiteres auch der Gebrauch von Signalhuppen nachgelassen sein — vergl. § 59. —

4. Automobilwagen müssen vom Beginn der Strassenbeleuchtung an wenigstens mit einer hellbrennenden Laterne beleuchtet sein — vergl. § 62. —

5. Als für Automobilwagen zulässige Geschwindigkeit ist diejenige eines mässig trabenden Pferdes anzusehen. (!)

Nicht schneller, wie ein Schritt gehendes Pferd sich fortbewegt, darf gefahren werden:

a) bei der Ausfahrt aus Grundstücken, welche an die Strasse grenzen, und bei der Einfahrt in solche;

b) während des Gottesdienstes in der Nähe der Kirchen;

c) bei ungewöhnlich starkem Verkehr;

d) an Orten und zu Zeiten, wo und wann das Fahren in schnellerer Gangart verboten ist — vergl. §§ 64, 66. —

6. Automobilwagen dürfen auf den Strassen nicht ohne Aufsicht stehen gelassen werden — vergl. § 77. —

Zuwiderhandlungen werden auf Grund der Bestimmungen der Strassenpolizeiordnung, beziehentlich gemäss § 366[10] des Strafgesetzbuches geahndet." —

Da der Strassenverkehr in Chemnitz kein allzugrosser ist, wird der Absatz 3 dieser Verordnung verständlich. Immerhin wird eine gute Lunge des Automobilisten vorausgesetzt, wenn er mit dem Anruf „Heeh!" durchdringen will. Für diejenigen aber, die nicht über eine laute und durchdringende Stimme verfügen, ist es wenigstens tröstlich, dass „bis auf Weiteres der Gebrauch von Signalhuppen" gestattet ist. Wie wird es aber, wenn einmal der Gebrauch von Signalhuppen verboten wird?! — Nun, die „automobile Schnelligkeit" eines „im Schritt gehenden Pferdes" resp. „mässig trabenden Pferdes" wird auch ohne Zuruf die Sicherheit der Passanten gewährleisten.

**Die Fachpublikationen hatten besonders hinsichtlich der Gesetzeslage in den einzelnen Ländern viel zu berichten, aber nicht einmal die härtesten und schikanösesten Verordnungen vermochten damals mehr den Siegeszug des Automobils aufzuhalten.**

**Links oben: Außerhalb der Städte scheuten die Pferde nach wie vor der herannahenden Kraftwagen, weshalb in der Regel lieber vorsorgliche Maßnahmen ergriffen wurden.**

**Links: Um 1900 hatte bereits jeder europäische Automobilclub sein eigenes Presseorgan, das die schwierige Clubarbeit sehr erleichterte.**

Vom praktischen Standpunkte aus wird seine Leistungsfähigkeit noch durch seine relative Schwerfälligkeit (das Pferd ist häufig länger als der Wagen) und durch die Unbeständigkeit seiner Arbeit verringert. Er zieht nur geringe Lasten ohne Anstrengung und trägt nur noch schwächere ohne Übermüdung; vor allem aber zieht und trägt er Lasten nur langsam vom Platze. Wie wenig Pferde gibt es, die 25 Kilometer in einer oder gar erst 50 in zwei Stunden machen können. Die durchschnittliche Geschwindigkeit überschreitet kaum 12 km/h. Was die Ausdauer in der Arbeit betrifft, so sind die Pferde zu zählen, welche 60 Kilometer im Tage zurücklegen. Die ausnahmsweisen Hafermotoren aber, welche hiezu fähig sind, müssen dann mit größter Schonung behandelt, mit langen Rasten belohnt werden. Wir können uns somit einer wirklich zu leichten Parallele zwischen ihnen und dem Fahrrad sowie dem Automobil enthalten."

Weiter weist er darauf hin, daß ein noch so kostbares Pferd zu einem fast wertlosen Gegenstand werden kann, wenn es sich das Bein bricht oder sonst irgendwelche Gesundheitsschäden, die immerhin leicht auftreten können, erleidet. Ein Auswechseln von Einzelteilen, wie es der Motor erlaubt, ist hier ausgeschlossen. Dazu kommt, daß ein Pferd auch dann gefüttert werden muß, wenn es keine Arbeit leistet. „Der ganze bei den Motoren zu erzielende Fortschritt besteht einfach darin: den Wert dieser Leistung demjenigen der Speisung so viel wie möglich zu nähern. Die Motoren, welchen wir Kalorien in der Form von Benzin, Kohle oder Hafer zu verschlucken geben, gehen mit uns einen Schuldvertrag ein, und die Aufgabe der Ingenieure ist es, den Zinsfuß dieser Schuld zu einem immer niedrigeren zu machen."

Er vergaß auch nicht, den Umstand aufzuzeigen, daß Unfälle mit Pferdewagen gar nicht so selten sind, wie seine Zeitgenossen meinten — sie fanden nur den Motorwagen gefährlich —, und ein Automobil immer eher zum Stehenbleiben als zum Durchgehen neigt, das bei Pferdewagen die meisten Unglücksfälle verursacht.

In einer Reihe treffender Gegenüberstellungen zeigt er auf, daß die dem Automobil vorgeworfenen Nachteile zum größten Teil dem Pferdewagen ebenfalls anhaften und der wahre Grund all der Abneigung einzig und allein im Ungewohnten liegt.

Als nicht zu übersehender Vorteil der neuen Errungenschaft sei vor allem die gesteigerte Geschwindigkeit zu betrachten. „Wir leben in einem positiven, sozusagen mathematischen Jahrhundert, in welchem man nicht mit Gefühlen, sondern mit Gründen rechnet. Seit fünfzig Jahren macht sich nun schon ein Bedürfnis (über welches zu philosophieren überflüssig ist und dessen Vorhandensein wir einfach konstatieren) ebensowohl in Amerika wie in Europa immer mehr und mehr geltend, ein Bedürfnis, dessen Befriedigung künftighin eine Lebensfrage für eine Nation bedeutet: die Geschwindigkeit. Die Eisenbahnen, der Telegraph, das Telephon usw. sind die Beweise hiefür. Wer am schnellsten kämpft, ist und bleibt siegreich, und diejenige Industrie, welche am raschesten produziert, macht die besten Geschäfte. Diese beiden Grundfaktoren der Existenz der Völker beruhen aber auf der Verkehrsfrage."

Baudry de Saunier macht uns klar, wie sehr diese Generation später unterschätzt wurde und immer noch wird.

Auch seine automobilistischen Aphorismen trafen stets ins Schwarze:

Das Automobil ist ein mechanisches Tier, das aus zwei auseinandernehmbaren Teilen besteht: der Maschine und dem Fahrer.

Durch eine ganz merkwürdige psychologische Ideenverbindung verkörpert der Automobilist in Fleisch und Blut die

**Kindertretauto aus dem Jahr 1808.**

Kraft seines Motors, und da er diese mittels eines winzigen Handgriffes nach Belieben regeln kann, bildet er sich natürlicherweise ein, selbst die Kraft zu sein.

Genau betrachtet ist die Situation des Automobilisten in bezug auf den allgemeinen Verkehr diejenige des zuletzt Gekommenen, und ein solcher hat das geringste Recht, arrogant zu sein.

Nicht derjenige Wagen ist der schnellste, welcher die größte Anzahl von Kilometern in der Stunde zurücklegt, sondern jener, der uns am wenigsten zum Stehenbleiben zwingt.

Die Automobile haben etwas gemeinsam mit den Frauen: Man soll sie, ebensowenig wie diese, herleihen, und zwar aus den fast gleichen Gründen, Eifersucht mit inbegriffen.

Auch im blauen Kittel bleibt ein Gentleman ein Gentleman, und die Berührung mancher Hand beschmutzt oft mehr als die eines mit Schmierfett bedeckten Bestandteils des Mechanismus.

Wer sich nicht dazu entschließen kann, selbst Hand an den kranken Organismus seines Wagens zu legen, tut besser daran, stets nur als lebendes Paket mit der Eisenbahn, nicht aber als freier Mann zu reisen.

Der Schnelligkeitsdurst brennt meistens um so ärger, je mehr man ihn zu löschen versucht.

Anläßlich der Erklärung der elektrischen Zündung sagt Baudry de Saunier: Für manche Automobilisten sind Elektrizität und Verzweiflung gleichbedeutende Begriffe.

Den guten Fahrer definiert Baudry de Saunier als einen Menschen, der ein „kaltblütiges Gehirn und feinfühlige Zehenspitzen" besitzt.

## Praktische Erfahrungen mit den ersten Automobilen

**Erstes Auto in Dornbirn.**

Unter dem Titel „Meine fünf Automobile. Eine wirkliche Autobiographie" schrieb der in der damaligen Fachpresse bekannte Wiener Journalist und Schriftsteller Filius 1901 in lebendiger Weise über seine Erfahrungen mit den ersten Automobilen:

„Wer sich heute ein Automobil kauft, wird bei einiger Vorsicht ein Fahrzeug erhalten, das vollkommen seinen Wünschen entspricht... Ich selbst habe in der verhältnismäßig kurzen Spanne Zeit von sechs Jahren als aktiver Automobilist alle charakteristischen Phasen jener sprunghaften Entwicklung mit durchgemacht, während welcher das Moderne von heute morgen schon veraltet war...

Ich besaß das erste Motocycle in Wien, wenn ich auch nicht dessen erster Besitzer war. Vor mir war es Eigentum eines Bekannten gewesen, dessen behäbige Korpulenz indes weit besser in den Fond eines wohlgefederten Wagens als auf den schmalen Sattel eines Motocycles paßte und der daher froh war, für das letztere einen Käufer zu finden. Werner, sein damaliger Monteur, der nachherige Sieger der Nizzaer Rennen, brachte mir das Fahrzeug ins Haus, mit der fast flehentlich vorgetragenen Bitte, es ja dem früheren Eigentümer nicht wieder zurückzustellen, denn er müßte sonst seinen Dienst kündigen, weil er lieber fünf große Wagen in Ordnung halten wolle als so ein Deibelszeug.

Ich gab dem Braven alle Versicherungen der Welt, denn ich dachte nicht im Traum an die Rückgabe, sondern brannte vielmehr darauf, den nächsten Tag zu einer 200-Kilometer-Tour zu verwenden. Um 5 Uhr morgens war ich bei meinem Motocycle, das zu den allerersten Erzeugnissen Dions zählte. In seinem zarten Miniaturzylinder hatte nicht einmal eine ganze Pferdekraft Platz, er barg nur drei Vierteile einer solchen. Ein ¼-HP-Motor, das schien mir für meine 73 Kilogramm Körpergewicht mehr als ausreichend, denn, so kalkulierte ich, ein einziges Tramwaypferd, das doch nur um ¼ HP mehr hat, vermag einen Waggon mit zwanzig Personen zu ziehen. — Alle jene praktischen Anordnungen, die den späteren stärkeren Motoren

## L'ACCIDENT DU SAUT-DU-CHEVALIER

VOITURE DE M. DE MONTARIOL     VOITURE DU MARQUIS DE MONTAIGNAC
Dessin de F. GÉBERT, d'après une photographie de F. DORCÉNE.

dieser Type eine so verblüffende Verbreitung gegeben haben, fehlten diesem motorischen Schwächling natürlich.

Liebevoll wurde das Vehikel geölt und noch ein wenig geputzt, wobei ich mit geradezu ängstlicher Scheu eine Berührung der Hebel für Gasgemisch und Vorzündung vermied. Ich hatte diese Hebel genauso belassen, wie sie Werner am Abend vorher gestellt hatte. So mußte es ja gehen... Aber es ging nicht! Schließlich verließ mich sogar die Scheu vor den geheimnisvollen Hebeln. Erst verschob ich sie langsam, dann arbeitete ich wild damit herum, tretend und immer tretend. Nach anderthalb Stunden hielt ich schweißtriefend, verzweifelt, erschöpft und wütend inne. Ein böser Gedanke beschlich mich. Vielleicht war der ganze Automobilismus überhaupt ein Schwindel... Ich erinnerte mich der Bitte Werners, das Fahrzeug nicht wieder zurückzubringen, und der Sinn derselben schien mir jetzt sonnenklar.

Aber ich war einmal Besitzer eines Motordreirades, von dessen Behandlung kein Mensch in Wien eine Ahnung hatte, und ich mußte selbst dazusehen, damit fertig zu werden. Fahrten von 200 Kilometer hatte ich mir aus dem Kopf geschlagen.

Während der nächsten vierzehn Tage saß ich jeden Abend neben dem mittels Stativ hochgehobenen Motocycle und studierte. Nach Verlauf dieser Zeit hatte ich richtig herausgefunden, was jeder Käufer eines Motocycles sonst in fünf Minuten lernt: die Funktionen der Hebel für Gasgemisch und Zündung. Der Hebel für Gaszufuhr und Drosselung sollte mir für einige Zeit noch ein dunkles Geheimnis bleiben, denn obgleich ich seinen Einfluß auf den Lauf des Motors wohl erkannt hatte, war mir der eigentliche Grund dieser Erscheinung unklar, und ich hütete mich deshalb sehr, diesen Hebel zu berühren, wenn der Motor wirklich einmal ging. Das letztere war natürlich ein Ereignis von ganz besonderer Bedeutung, und ich ermangelte dann nie, sämtliche Familienmitglieder zusammenzutrommeln. Aber obwohl die Freudennach-

richt: Der Motor geht! alle zu fieberhafter Eile antrieb, sie kamen doch stets zu spät. Er ging schon wieder nicht mehr... Nach dem zehnten blinden Feuerlärm ließen sich nur noch die jüngsten, am meisten interessierten Familienmitglieder überreden, mir in meine Garage zu folgen, und nach dem zwanzigsten wurden bereits ernstliche Zweifel an meiner Wahrheitsliebe laut, denn im Grunde genommen glaubte keiner meiner Verwandten mehr daran, daß der Motor überhaupt in Bewegung zu setzen sei; sie waren alle zu Ketzern am Automobilismus geworden.

Trotzdem meinte ich schon genug Erfahrung zu haben, um die Stativversuche wieder in Fahrversuche verwandeln zu können. Es war eine stille Seitenstraße, die ich zu diesem Zweck auserkoren hatte, als es aber einmal bekannt war, daß ich jeden Nachmittag um eine bestimmte Stunde auf der Bildfläche erschien, füllten sich die Fenster mit „Zehntausend entzückten Zuschauern", die sich am meisten ergötzten, wenn das Fahrzeug hopste. Das geschah eben immer, weil ich der Überzeugung war, der Motor müsse beim Anfahren sein Maximum an Kraft haben, und deshalb stets mit starker Vorzündung begann. In der Gegend meiner ersten Versuche, dessen bin ich überzeugt, ist der Automobilismus auf zehn Jahre hinaus unmöglich gemacht.

Mein Ehrgeiz steigerte sich, ich wollte den Praterspitz erreichen, eine Tour von — dreieinhalb Kilometer. Sechsmal begann ich das kühne Unternehmen, und sechsmal kehrte ich vorzeitig pedalierend und schweißbedeckt heim. Dabei hatte

**Links: Die Überreste eines der ersten Zusammenstöße auf einer französischen Chaussee 1898.**

**Unten: In einer der ersten Fahrschulen der Welt in Paris wird eben eine Prüfungsfahrt abgenommen. Die zahlreichen Pappfiguren sollen die Schwierigkeiten des Verkehrs imitieren.**

Eine Pariser Kutscherschule: Prüfungsfahrten für Führer von Motorwagen.

Die Kleidung der Pioniere mußte damals den Wind- und Wetterschutz ersetzen.

das Vehikel eine höchst hinterlistige Eigenschaft, es versagte immer an derselben Stelle, und die war ein — Fiakerstandplatz... Nach dem dritten Akzident kannten mich die Herren vom Kutschbock schon und behandelten mich infolgedessen mit einer beinahe wohlwollenden Freundlichkeit, wie jemanden, dessen Kommen einem immer Vergnügen bereitet.

Ein störrisches Pferd hätte vor einer gefürchteten Straßenstelle nicht mehr Konsequenz beweisen können als dies motorische Fahrrad. Und so versuchte ich es, genau wie ein Reiter, mit List. Ich fuhr einmal eine andere Strecke, erreichte den Praterspitz, drehte hier, von allen bewundert, wie Santos Dumont beim Eiffelturm, um und segelte wieder heimwärts. Diesmal wollte ich den Fiakern ein Schnippchen schlagen und stolz wie ein Spanier an der Klippe vorüberziehen, an der ich sonst stets gescheitert war. Schon hatte ich den Standplatz fast erreicht, als mich ein alter Freund, den ich seit Jahren nicht gesehen hatte, anrief: Stehenbleiben!... In diesem Augenblick anhalten! Vor den Fiakern..., die doch sicher glauben würden, mein Aufenthalt sei ein unfreiwilliger! Niemals! Lieber abermals jahrelange Trennung von dem so unerwartet wiedergefundenen Freunde!

Jetzt war ich bei den Fiakern — tsch, tsch, tsch, mein Motor hatte keine Zündungen mehr... Mit einem unterdrückten Fluch auf den Lippen stieg ich ab, doch, da schoß mir ein Gedanke durch den Kopf! Wenn ich meinen Freund herzlich begrüßte, gelang es mir vielleicht, den Fiakern einen freiwilligen Halt vorzuspiegeln. Gedacht, getan. Wir schüttelten uns lebhaft die Hände, und ich benützte die Gelegenheit zu einer längeren automobilistischen Vorlesung, bei der ich die Ehre hatte, auch jene zu meinen Zuhörern zu zählen, die mir sonst

Oben: Winterausrüstung amerikanischer Ladies.

Die Autofahrermode brachte auch gewisse Auswüchse und Übertreibungen hervor.

Rechts: Dernier cri der Automode um 1900.

an dieser Stelle mit Vorliebe ihre Dienste als Vorspann anzubieten pflegten.

„Auskenner kinnan S' Ihner schon", meinte, als ich geendet hatte, ein besonders jovialer Fiaker, „aber fahren S' von da weg, wann S' kinnan!"

Ich war durchschaut, d a s Publikum war schon automobilistisch gebildet.

Recht behalten sollte der Fiaker doch nicht. Eine gründliche Untersuchung, bei der ich mit Ausnahme der Pneumatiks und Radspeichen alles demontiert hatte, zeigte, daß bei den Akkumulatoren — Trockenelemente verwendete man damals noch nicht — die Säure das Kabel abgefressen hatte. Die Klemmschraube war verlorengegangen. Aber technische Findigkeit bekommt ein Automobilist bald. Ich schnitt mit einem Messer in die weiche Bleiplatte eine Kerbe, legte den Draht hinein und verhämmerte das Blei zu einem haltbaren Verschluß. Nachdem ich noch der Vorsicht halber ein gutes Litergefäß voll Öl in das Kurbelgehäuse geschüttet hatte, fuhr ich davon, eine Riesenrauchwolke hinter mir lassend. Und damals gab es noch Leute, die nicht an die Zukunft des Automobilismus glauben wollten...

Inzwischen war das Motocycle offiziell in Wien eingeführt worden. Ich konnte mein Fahrzeug kundigen Händen zur Instandsetzung übergeben, und damit begann ich in das zweite Stadium meines Chauffeurtums zu treten, in das fahrende; das

erste darf ich wohl mit Fug und Recht das reparierende nennen. Waren bisher meine Ausfahrten immer nur ein Vergnügen für andere Leute gewesen, so wurden sie jetzt ein Vergnügen für mich. Trotzdem mag ich die Erinnerung an mein automobilistisches Noviziat nicht missen, denn ich eroberte mir das Terrain förmlich Schritt für Schritt und erlebte wahrhaftige Entdeckerfreuden.

Nun erwachte auch der Gedanke einer 200-Kilometer-Fahrt wieder in mir. Wien—Graz, das waren just 200 Kilometer. Ein frischer Herbstmorgen sah mich auf der Fahrt. Dasselbe Fahrzeug, mit dem ich früher keine 50 Meter weit fahren konnte, brachte mich in zwölf Stunden ohne eine Störung in die Metropole Steiermarks. Der ¾-HP-Motor überwand, allerdings mit Zuhilfenahme der Pedale, den Semmering und alle die kleinen, aber scharfen Hügel zwischen Mürzzuschlag und Graz. Dieser Erfolg hatte für mich ein höchst angenehmes

Resultat, ich verkaufte mein erstes Motocycle in Graz mit dreißig Gulden — Nutzen.

Doch, ich war einmal dem Automobilteufel ausgeliefert, und an Stelle des ¾-HP-Motocycles trat bald ein solches von 2¼ HP, dem alle die kleinen Mängel des ersten nicht mehr anhafteten. Mit dem fuhr ich, was ich kaum erwartet hatte, Berge wie den Semmering ohne Pedaltritt. Defekte waren so gut wie ausgeschlossen, und ich wäre wohl niemals dem Motorrade untreu geworden wenn — ja wenn nicht die anfängliche Skepsis meiner Frau sich allgemach in ein heftiges Automobilistenfieber verwandelt hätte...

Es war gerade zur Zeit, als jene kleinen, reizenden, billigen, aber ach so unbrauchbaren zweisitzigen Automobiltypen mit 2¾-HP-Motoren entstanden; sie schienen ein Ideal, waren aber nur gemacht, um ihre Besitzer zur Verzweiflung zu treiben. Ein solches Fahrzeug war meine nächste Akquisition. Es hatte einen luftgekühlten 2¾-HP-Dion-Motor, zwei Schnelligkeiten und wog 150 Kilogramm. Theoretisch stimmte die Sache also wohl, aber praktisch nicht. Das heißt, sie stimmte auch praktisch, wenn das Fahrzeug funktionierte. Ich fuhr mit demselben mehrmals mit voller Besatzung neunprozentige Steigungen, und in der Ebene gelang es leicht, das Tempo auf 30 Kilometer stündlich zu steigern. Aber das Fahrzeug mußte funktionieren, und das tat es in den seltensten Fällen. Trotz der großen Einfachheit war die Betriebssicherheit eine sehr geringe. Nur einmal konnte es mir gelingen, eine Fahrt ganz ohne Defekt zu absolvieren. Ich hatte zwar nie ernste Reparaturen, es handelte sich stets nur um Kleinigkeiten, aber auch diese wollen behoben sein.

Es gab damals in der Tat nur zwei Arten von Automobilen, die wirklich gebrauchsfähig waren: das Motocycle und der große Wagen. So schwang ich mich nach dem kurzen Interregnum der Voiturette in den bequemen Sitz eines großen Wagens. Es war ein Diétrich-Bollée der ersten Type, groß, massig, solid gebaut wie eine Lokomotive. Meine schönsten automobilistischen Erinnerungen knüpften sich an diesen Wagen, denn er diente mir zur Reise nach Paris und retour und bewies dabei eine Widerstandsfähigkeit, die erstaunlich war. Was mir am meisten an diesem Fahrzeug gefiel, war seine Mächtigkeit. In der weichgefederten, breit ausladenden Karosserie saß man so bequem wie in einem Salonwagen, und hinter der hohen radiateurgepanzerten Brustwehr hatte man das Gefühl absoluter Sicherheit. Man beherrschte gewissermaßen souverän die Landstraße, kein Fahrzeug auf ihr war mächtiger als der Bollée.

Da ich mir leider den Spaß, Pneumatiks wie Handschuhe zu wechseln, nicht erlauben darf, so habe ich im Interesse einer geordneten Vermögensgebarung das Bewußtsein, der Stärkere auf der Landstraße zu sein, preisgegeben und den großen Wagen gegen einen leichten vertauscht. Es ist ein 5-HP-Peugeot von 450 Kilogramm, den ich als vorläufig letztes meiner Vehikel dem geehrten Leser vorstelle.

Diese Type von Automobilen hat nach meinen Erfahrungen die Lösung gebracht, die man mit der Voiturette anstrebte.

Anschaffungs- und Erhaltungskosten sind bescheiden, und auch der Betrieb verschlingt keine Summen. Seit nahezu Jahresfrist ist der leichte Wagen in meinem Besitz. In dieser Zeit hat er über 3000 Kilometer gemacht und niemals andere Störungen gehabt als das Verrußen der Zünder und das gelegentliche Schleifen der Kupplung, beides Vorkommnisse, die rasch behoben sind. Eine Reparatur war überhaupt nicht nötig.

Dabei hat das Fahrzeug ein Minimum von Pflege gebraucht, ohne jemals den Dienst zu versagen, sodaß ich mich daran gewöhnt habe, mit ihm als mit einem sicheren und schnellen Transportmittel genauso zu rechnen wie mit der Eisenbahn oder dem Fahrrad.

Lasse ich im Geiste nochmals alle meine Fahrzeuge Revue passieren, so muß ich sagen, jedes — selbst die Voiturette — war in seiner Art ein Fortschritt. Die Vervollkommnungen von dem ¾-HP-Motocycle bis zum leichten Wagen innerhalb der kurzen Spanne Zeit von sechs Jahren sind so außerordentlich, daß man wohl mit Vertrauen der ferneren Entwicklung der Automobilbaukunst entgegensehen darf."

LA DOMENICA DEL CORRIERE

Anno III. — N. 19.     12 Maggio 1901.     Centesimi 10 il Numero.

IL GIRO D'ITALIA IN AUTOMOBILE PATROCINATO DAL *CORRIERE DELLA SERA*.
(Disegno di A. Beltrame, dal vero).

# 7. DER INDUSTRIELLE AUFSTIEG 1900 BIS 1914

Nach der Jahrhundertwende wurde das Automobil auch für breitere Kreise interessant. Es war nicht nur mehr der von Technik und Fortschritt faszinierte Sportsmann, der es bevorzugte, sondern Angehörige der Herrscherhäuser, des Adels, hohe Beamte und Offiziere hielten neben ihren vorerst immer noch verläßlicher erscheinenden Pferdewagen auch Autobomile, die bereits ein sehr repräsentatives Aussehen hatten. Dem Publikum schien das mit immer mehr Motorwagen untermischte Straßenbild nicht mehr absonderlich. Das Kraftfahrzeug hatte nun den kuriosen Charakter fast verloren und wurde vom Sportgerät und reinen Luxusfahrzeug allmählich zum Gebrauchsgegenstand für jedermann, der langsam auch die Wirtschaft eroberte.

Mit zunehmender Verläßlichkeit der Personenwagen wurde nun auch der Bau von Lastwagen in Angriff genommen, und die Heere der einzelnen Staaten begannen, diese Neuheit ernst zu nehmen. Jede neue Einsatzmöglichkeit brachte eine weitere Befruchtung der jungen Autoindustrie mit sich. Auch Staat und Behörden hatten sich nicht nur mit der Existenz des Kraftwagens abgefunden, sie erließen nach und nach auch diesbezügliche Gesetze.

Es waren zwar immer noch nicht für sämtliche technischen Probleme befriedigende Lösungen gefunden worden, aber die Weiterentwicklung ging von den sportbesessenen Pionieren zunehmend auf Erzeuger und Industrie über. Vieles konnte und mußte nun bereits bei der Erzeugung berücksichtigt und zahlreiche zusätzliche Hilfsmittel geschaffen werden.

Der Kreis der Kraftfahrzeugschaffenden begann sich in diesem Zeitabschnitt denn auch bedeutend auszuweiten, was viele Jahrzehnte hindurch für dieses große Wirtschaftsgebiet kennzeichnend bleiben sollte. Nun zeichnete sich auch immer deutlicher ab, welche wirtschaftliche Bedeutung diesem die ganze westliche Welt umfassenden neuen Faktor zukam. Der rasch anwachsenden Weltbevölkerung tat sich ein außerordentlich wichtiger, riesiger Arbeitsmarkt auf, der bald Hunderttausenden Brot verschaffte.

**Serienfertigung bei Austro-Daimler um 1910. Der Zusammenbau erfolgte mit einheitlichen Bauteilen ohne Standortveränderung.**

Neue Konstruktionen brachten bedeutende Verbesserungen an fast allen Teilen des Wagens, wodurch die Leistungen und die Sicherheit des Fahrbetriebes eine weitere erhebliche Steigerung erfuhren. Von der individuellen Einzelfertigung nach Zeichnung wurde immer mehr zur Serienproduktion übergegangen, und in aller Welt kam es weiterhin zu Gründungen neuer Automobilfabriken.

Angeregt durch Jellinek-Mercedes, löste sich das Automobil

von jeder Verbindung zum Pferdefuhrwerk und wurde ein selbständiger, nur mehr seinen eigenen Gesetzen und Notwendigkeiten gehorchender Organismus, was sich allein schon in der äußeren Formgebung manifestierte und damit auch für den Laien erkennbar wurde. Darüber hinaus begannen sich an den Fahrzeugen die firmenmäßigen und nationalen Merkmale herauszubilden.

Um dieser an Leistung und Erfolgen überreichen Zeit gerecht zu werden, hieße es, die Geschichte jeder Automobilfabrik, jedes Automobilklubs, jedes Heeres der einzelnen Staaten und der größten internationalen Rennen zu schreiben. Da dies nicht möglich ist, wollen wir uns auf die Darstellung der Entwicklungslinie beschränken, was um der Klarheit willen eine gruppenweise Behandlung der Gegebenheiten unter Berücksichtigung der gegenseitigen Beziehungen und Berührungspunkte erfordert.

# Die bautechnische Entwicklung

Emil Jellinek-Mercedes hatte nach Beginn seiner Mitwirkung bei Daimler eine grundlegende Umgestaltung der Konstruktion des Fahrgestells von Personenautomobilen angeregt und auch durchgesetzt. Der ihm daraufhin persönlich gelieferte 24-PS-Rennwagen von 1900 mit 80 km/h Spitzengeschwindigkeit bestätigte die Richtigkeit seiner Bestrebungen.

Der anläßlich der Pariser Weltausstellung 1900 erstmalig tagende „Internationale Automobilkongreß", organisatorisch und verhandlungsmäßig sehr gut geführt, brachte nun die erste grundlegende internationale Richtschnur für die Bauweise von Kraftfahrzeugen mit „Explosionsmotoren" für den Verkehr auf der Straße. Er befaßte sich in seinen Ausschüssen u. a. mit der bisherigen konstruktiven Entwicklung der einzelnen Aggregate am Fahrzeug und empfahl durch seine Ende 1900 herausgegebenen Beschlüsse bestimmte Richtlinien, die von den Konstrukteuren herangezogen werden sollten, um den Fahrzeugen, abgesehen von den individuellen und typischen Merkmalen der einzelnen Fabrikate, ein einheitliches Aussehen zu geben. Hier ist es nicht uninteressant, die gepflogene Bauweise der europäischen Industrie zu Beginn der Epoche zu beleuchten. Die Motoren vermochten auf Grund ihrer Konstruktion nur 12—15% der benötigten Treibstoffenergie in mechanische Energie umzusetzen. Von dieser Motorleistung waren am Triebrad nur 40—45% wirksam. Der Betrieb war also reichlich unwirtschaftlich. Benz verwendete noch immer den liegenden 1-Zylinder-Motor, während der stehende 2-Zylinder überwog. 30% der Firmen bauten schon damals Boxermotoren, 10% V-Motoren. Stehende 4-Zylinder setzten nur Mors und Vallée et Spaaks ein.

Folgende Anordnungen zur Kraftübertragung wurden damals verwendet:

Glatter Riemenantrieb: Vallée-Spaaks/Friska.
Riemen und Kette: Benz, anfangs Daimler, Delahaye, Lutzmann.
Zahnräder allein: Gautier, Wehrle, Harry/New Haven.
Zahnradvorgelege mit Kette: Panhard-Levassor, Peugeot, Daimler, Henriot, Basdit, Gabron Brillié, Dürkopp, Cambiere usw.
Riemen-Zahnradantrieb: Benz, Amédée Bollée, De Diétrich.
Zahnkette und Kettenantrieb (geräuschlos): Nesselsdorfer.
Reibradantrieb: Wetzikon/Schweiz.
Hydraulik: Hall/England.

Der Vorzug des Zahnradschaltgetriebes zeichnete sich also — zunächst noch mit Ketten auf die Triebräder wirkend — bereits deutlich ab. An Neuheiten wären zu erwähnen:
Noch im Winter 1900 kam der erste amerikanische Pkw, ein Oakman-Hertel-Wagen, nach Mitteleuropa. Er besaß einen 2-Zylinder-Boxermotor, Friktions-(Reibrad-)Antrieb auf die Hinterräder, dynamoelektrische Zündung mit Batterie, unabhängige Vorderräder in Gabeln, Pneubereifung und war nur 214 Kilogramm schwer. Alles in allem sehr fortschrittlich.
La Société d'Automobile et de Traction à Paris, eine Neugrün-

Karrosseriewerk von Peugeot aus dem Jahr 1906.

**Opel-Plakat 1911.**

**Unten: Eleganter Renault-Reisewagen aus dem Jahr 1906.**

eine auf das Getriebe wirkte, und ein Wagengewicht von 650 Kilogramm auf.

Daimler in Wiener-Neustadt baute zur Jahreswende 1900 bereits 10-PS-4-Zylinder-Motoren mit Fliehkraftreglern, wohl noch mit offenen Steuerorganen, aber magnetelektrischer Niederspannungs-Abreißzündung und Zündflanschen nach Bosch. Bei dieser Gelegenheit wurde die erste offizielle Stückliste aufgelegt, aus der ersichtlich ist, daß ein viersitziger Pkw ohne normale Schrauben, Nieten und Kleinteile aus 2295 Einzelteilen (Ersatzteilen inkl. Dichtungen) bestand.

Das 1901er Modell der Darracq-Voiturette, Type Perfect, kam als erster Wagen mit Kardanantrieb und Fußbremse auf die Getriebewelle (Handbremse auf Hinterräder) auf den Markt. Das Fahrzeug war bereits mit drosselbarem 2-Zylinder-Motor von 6,5 PS bei 180—1800 Umdrehungen per Minute und Segmentschaltgetriebe mit drei Gängen und Rücklauf ausgestattet.

Das Modell der Renault-Voiturette gleichen Jahres zeigte Kardanübertragung mit Lederkonuskupplung, Kugellager im Getriebekasten und Klaueneingriff. Diese ungeheuer fortschrittlichen Konstruktionen machten denn auch rasch Schule.

Daimler brachte im selben Jahr einen sehr ausgereiften Automotor für Pkw und Omnibusse heraus, der später in verbesserter Form als der sogenannte Maja-Motor viel und mit Recht von sich reden machte und als Weltbestbeispiel für den damaligen Stand im Leichtmotorenbau galt. Er wog bei 42 PS Bremsleistung nur 230 Kilogramm, also zirka 5,5 Kilogramm pro PS,

dung, an der auch das Haus Rothschild beteiligt war, brachte den Bardon-Wagen heraus. Er besaß einen liegenden 1-Zylinder-Gegenkolbenmotor mit Wasserkühlung und wies Doppelkonuskupplung, 3-Gang-Getriebe mit Rückwärtsgang, Zahnraddifferential und Kettenantrieb, drei Bremsen, von denen

Links: Rolls-Royce, der Wagen für die vornehme Gesellschaft um 1909.

Links unten: Mercedes-Werbung von 1912.

hatte einen geregelten Drehzahlbereich von 500 bis 1200 Umdrehungen pro Minute, kontrollierbare Baggerschmierung, verstellbare Abreißzündung und Bienenkorbkühler mit einer wasserbenetzten Kühlfläche von 16 m².

Im März 1900 erhielt Prof. Czischek das österreichische und das deutsche Patent auf ein Planetengetriebe für Riementrieb in zwei bzw. vier Geschwindigkeiten und einem bzw. zwei Rückläufen. Im Sommer 1900 brachte die Firma Dawson in Canterbury den ersten Preßluftanlasser für Benzinmotoren heraus, der sich aber nur in England durchzusetzen vermochte. In Frankreich wurde für Garagen die erste noch hölzerne Hebebühne für leichte Wagen, Voituretten, geschaffen (Kurbel-

Unten: Der Zero war der erste Großserienwagen von Fiat 1912.

MERCEDES

Eigene Karosseriefabrikation
Herstellung von Luxus- und Gebrauchskarosserien jeder Art.

Katalog
nicht Interessenten auf Wunsch kostenlos zur Verfügung.

Daimler-Motoren-Gesellschaft
STUTTGART-UNTERTÜRKHEIM.
• • •
Vertretung für Württemberg, Baden und Hohenzollern:
:: H. Balz & Co., Stuttgart ::
Telephon No. 8361 und 8362. ——— Königstrasse 16.

Links und rechts: Firmenzeichen aus der Zeit um 1900.

Unten und folgende Seiten: Was L. Baudry de Saunier, dieser international anerkannte französische Auto-pionier, über den „Benzin-Wagen" zu sagen hatte, war für seine Zeit-genossen außerordentlich aufschlußreich und erweckt noch heute unser Interesse.

antrieb mit Zahnstangen). Gegen Ende 1900 überraschte die Firma Languemere Frankreichs Zubehörindustrie mit dem ersten Sparvergaser (Rosettendüse), die von fast allen französischen Autofabriken akzeptiert wurde. Zur gleichen Zeit kam die Firma Napier mit dem ersten englischen Rennwagen heraus, ein 25-PS-Motor, nach Daimler-Panhard-Patenten gebaut, 4-Zylinder stehend, Schräglenksäule mit Volant, Rippenrohrradiator vor dem Motor, Spritzwand, Kettenantrieb.

Schon im Sommer 1901 kamen von einem amerikanischen Arzt Idee und Zeichnung für einen 8-Zylinder-V-Motor, der allerdings von der Zunft als unbrauchbar abgelehnt wurde.

Diese kurze Zusammenfassung muß vorausgeschickt werden, um die großen Grundtendenzen im Personenkraftwagenbau von damals aufzuzeigen. Aus ihnen geht unverkennbar hervor, daß man nach Schaffung eines großen, leistungsfähigen,

betriebssicheren Touren- und Reisewagens die gleichzeitige Entwicklung eines kleinen, leichten, nicht minder verläßlichen, aber in Anschaffung und Betrieb billigeren Kleinwagens anstrebte.

Zunächst wurde den Fabrikanten und Konstrukteuren bewußt, daß das Kraftfahrzeug aus zwei getrennten, in sich selbst geschlossenen Hauptteilen besteht, die mechanisch voneinander getrennt bleiben müssen, soll nicht der eine Teil durch den anderen in seiner Verläßlichkeit und Haltbarkeit leiden. Es sind dies das Fahrgestell oder Chassis und der Aufbau oder die Karosserie. Weiters mußte ein unbedingt sicherer und verläßlicher Betrieb erreicht werden, insbesondere was die Funktion der Lenk- und Bremsanlage betraf (Verkehrssicherheit). In dieser Richtung orientiert, gingen nach Beendigung

---

L. BAUDRY DE SAUNIER.

GRUNDBEGRIFFE

DES

# AUTOMOBILISMUS.

KURZ ZUSAMMENGEFASSTE DARSTELLUNG
DER
FUNCTIONEN DER MOTOR-WAGEN, IHRER NÜTZLICHKEIT
UND IHRES EINFLUSSES AUF DIE SITTEN, DIE GESCHÄFTE,
DEN VERKEHR UND DAS ÖFFENTLICHE LEBEN.

DAMPF-WAGEN. — ELEKTRISCHE WAGEN.
BENZIN-WAGEN.

AUTORISIRTE UEBERSETZUNG VON HERMANN A. HOFMANN.

MIT 30 ABBILDUNGEN.

WIEN. PEST. LEIPZIG.
A. HARTLEBEN'S VERLAG.
1902.
ALLE RECHTE VORBEHALTEN.

---

V. CAPITEL.

## Die Benzinwagen.

Explosionsmotoren. — Bildung des explosiven Gemenges. — Der Carburator. — Die vier Takte. — Die Glührohr- und die elektrische Zündung. — Die Wasser- und die Rippenkühlung. — Geschwindigkeits- und Fahrtrichtungswechsel des Wagens. — Die Bremsen und die Lenkvorrichtung. — Analyse eines leichten Benzinwagens (der leichte Hautier-Wagen). — Ein starker Motor (der Panhard-Motor von 40 Pferdekräften).

---

Der Benzinmotor, welcher bisher bei den mechanischen Wagen am meisten verwendet wird, weist gewisse Analogien, zumindest in Hinsicht auf die Form, mit dem Dampfmotor, besonders mit demjenigen Serpollets auf.

Er besteht wie dieser aus einem Cylinder, in welchem ein Kolben durch die Ausdehnung eines Fluids bewegt wird und der hiedurch eine gekröpfte Welle in Drehung versetzt. Die Steuerung erfolgt durch Ventile.

Die hauptsächliche Verschiedenheit, welche die mannigfachsten Folgen mit sich bringt, besteht in der Natur des den Kolben bethätigenden Fluids.

Beim Benzinmotor wird die Bewegung durch Explosionen hervorgerufen. Im Gegensatze zum Dampfmotor, in welchen der Dampf, sobald die Zulaßöffnung geöffnet ist, von selbst einströmt, muss der Benzinmotor seine Cylinderfüllung erst ansaugen.

Beim Dampfmotor ist der in den Cylinder gelangte Dampf selbstthätig und bewegt den Kolben ohne weiteres Zuthun. Beim Benzinmotor hingegen ist das angesaugte Fluid an und für sich unthätig und ohne Wirkung auf den Kolben, sowie das Pulver ohne Vermittlung des Zündhütchens auf die Gewehrkugel keine Wirkung ausübt. Damit der Kolben heftig vorwärts geschleudert werde, muss daher durch die sofortige, mit Hilfe irgend eines Mechanismus bewirkte Entzündung des explosiven Gemenges dessen plötzliche Ausdehnung herbeigeführt werden. Mit einem Wort: das Funktioniren eines Benzinmotors lässt sich mit demjenigen einer Pistole vergleichen, die, anstatt mit Pulver mit Gas geladen, eine Reihe sich unmittelbar folgender Schüsse abgeben würde und bei welcher die mit ihr fest verbundene, sofort nach jedem Schusse in den Lauf zurückkehrende Kugel den Kolben vorstellte.

\* \* \*

Das zur Speisung des Benzinmotors dienende, explosive Gas besteht einestheils aus Benzin (mittelst eines Carburators [Vergaser] verflüchtigt oder verdampft), anderntheils aus atmosphärischer Luft.

Wenn wir nun die Benzin- und Luftzufuhr derart regeln, dass die Vermengung der beiden Elemente in einem bestimmten Verhältnisse erfolgt, erhalten wir ein explosives Gas.

Der Carburator ist somit einfach ein für die genannte Vereinigung bestimmter Apparat, aus welchem der Motor fortwährend die ihm nöthige Gasmenge ansaugt.

In welcher Weise dies erfolgt, werden wir sofort kennen lernen. Vorher wollen wir einen flüchtigen Blick auf die drei hauptsächlichen, bei Automobilen verwendeten Carburatortypen werfen:

1. Verdampfungs-Carburator. Dass sich das Benzin sehr rasch verflüchtigt, geht daraus hervor, dass ein auf einen Tisch gefallener Tropfen fast sofort verschwindet, somit in Dämpfe aufgeht. Die einfachste Form eines Carburators besteht daher in einem geräumigen Gefäss, das man zur Hälfte mit Benzin füllt; oberhalb der Flüssigkeit wird eine durch eine Röhre festgehaltene Platte angebracht. Am Ende des Gefässes befindet sich die Ansaugöffnung. (Fig. 10.)

des Internationalen Automobilkongresses in Paris die Fachleute ans Werk.

# Die Antriebsmaschine und ihre Aggregate

## Der Motor

Man war sich damals einig, daß eine schnellaufende Kolbenmaschine stehende Zylinder haben müsse, nicht nur, weil diese Bauweise raumsparend ist, sondern auch, weil eine einseitige und unverhältnismäßig größere Abnützung der Kolben und Zylinderlaufflächen verhindert wird und vor Verölung des

---

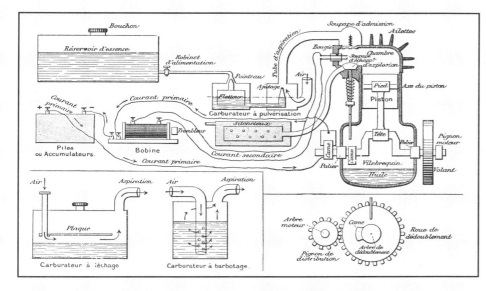

**Fig. 10. Schema eines verticalen Benzinmotors mit Rippenkühlung und elektrischer Zündung.**

Ailettes = Rippen; Air = Luft; ajutage = Spritzröhrchen; arbre de dédoublement = Welle des Uebersetzungs-Zahnrades; arbre moteur = Motorwelle; aspiration = Ansaugöffnung; axe du piston = Kolbenachse; bobine = Spule; bouchon = Verschluss (Stoppel); bougie = Zünder; Came = Unterbrecherscheibe (Nocke); Carburateur à barbotage = Blasen-Carburator; Carburateur à léchage = Verdampfungs-Carburator; Carburateur à pulvérisation = Zerstäubungs-Carburator; Chambre d'explosion = Explosionsraum; courant primaire = Primärstrom; courant secondaire = Secundärstrom; Flotteur = Schwimmer; huile = Oel; palier = Lager; pied (der Kolbenstange); pignon de distribution = Steuerungs-Zahnrad; pignon moteur = Antriebsrad; piles ou accumulateurs = Batterie oder Accumulatoren; piston = Kolben; Plaque = Platte; Pointeau = Drosselstift; Réservoir d'essence = Benzinreservoir; Robinet d'alimentation = Speisungshahn; Roue de dédoublement = Uebersetzungszahnrad; Silencieux = Schalldämpfer (Auspufftopf); Soupape d'admission = Ansaugventil; Soupape d'échappement = Auspuffventil; Tête = Kopf (der Kolbenstange); Vilebrequin = Kurbelzapfen; Volant = Schwungrad.

Durch das Ansaugen des Motors wird von aussen Luft in den Behälter gezogen. Diese geht durch die Röhre, streicht unterhalb der Platte über die ganze Oberfläche des Benzins und nimmt hiebei alle vorhandenen Dämpfe auf. Derartig mit dem Benzin vermengt, bildet sie sofort ein Gas, welches der Motor ansaugt.

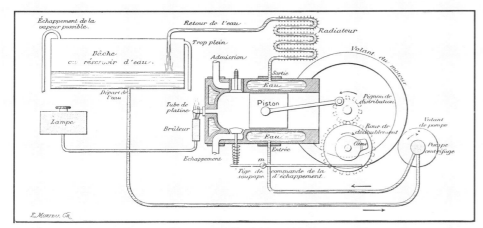

**Fig. 12.**

**Schema der Organe eines horizontalen Benzinmotors mit Glührohrzündung und Wasserkühlung.**

Admission = Ansaugrohr; Bâche ou réservoir d'eau = Wasserreservoir; Brûleur = Brenner; Came = Nocke (Unterbrecherscheibe); Départ de l'eau = Wasserausfluss; Eau = Wasser; Échappement = Auspuffrohr; Échappement de la vapeur possible = Ablassrohr für etwa sich bildenden Dampf; Entrée = Eintritt des Wassers in den Mantel; Lampe = Lampe (Benzin-Reservoir des Brenners); Pignon de distribution = Steuerungszahnrad; Piston = Kolben; Pompe centrifuge = Centrifugalpumpe; Radiateur = Schlangenrohr (Radiateur, Kühlrohr); Retour de l'eau = Rückfluss des Wassers; Roue de dédoublement = Uebersetzungszahnrad; Sortie = Austritt des Wassers aus dem Mantel; Tige de commande de la soupape d'échappement = Steuerungsstange des Auspuffventils; Trop plein = Ausflussrohr für zu viel vorhandenes Wasser; Tube de platine = Platinrohr; Volant de pompe = Schwungrad der Pumpe; Volant du moteur = Schwungrad des Motors.

---

**2. Blasen-Carburator.** Das Luftzufuhrrohr reicht bis zum Boden des Behälters und ist an seinem in der Flüssigkeit befindlichen Theile mit Löchern versehen.

In Folge dessen ist die durch das Ansaugen herbeigezogene Luft gezwungen, auf ihrem Wege zum Motor durch die Flüssigkeit zu gehen und sich hiebei mit dem Benzin zu vermengen. (Fig. 10.)

**3. Zerstäubungs-Carburator.** Derselbe wird heute beinahe ausschliesslich verwendet, da er, was besonders bei Motoren von grosser Leistungsfähigkeit sehr wichtig ist, der einzige ist, welcher sofort jede benöthigte Gasmenge liefern kann. Seine schematische Darstellung findet man in der Hauptfigur der Tafel 10.

Dieser Carburator functionirt wie ein Vaporisateur (Zerstäuber). Das Ansaugen des Motors bewirkt ein Hervorspritzen des Benzins in verschwindend feinen Tröpfchen und ein gleichzeitiges Einströmen der Luft, die sich augenblicklich mit ihnen vereinigt.

Die theoretische Anordnung eines Zerstäubungs-Carburators ist die folgende:

Das Benzinreservoir ist mit einem Hahne versehen, damit, falls im Carburator eine Undichtung entsteht, die Flüssigkeit nicht ausfliessen könne.

Sobald der Hahn geöffnet ist, gelangt das Benzin in die sogenannte Schwimmerkammer, die aus Metall hergestellt ist und einen Schwimmer enthält. Dieser ist mit einem Drosselstift versehen, welcher dazu bestimmt ist, die Einlassöffnung zu versperren, wenn das Flüssigkeitsniveau im Carburator zu sehr zu steigen droht, und sie zu öffnen, sobald das Niveau ein zu niedriges wird.

Die Schwimmerkammer steht durch einen Canal in Verbindung mit einem Ansatz- oder Spritzröhrchen, welches in den eigentlichen Vergasungsraum führt, in dem das hervorspritzende Benzin und die einströmende Luft sich vereinen.

Aus dem eben Gesagten erklärt sich die unumgängliche Nothwendigkeit des Schwimmers. Wenn derselbe im Spritzröhrchen nicht ein constantes Flüssigkeitsniveau erhielte, würde das im Reservoir enthaltene Benzin fortwährend ausfliessen und der Vergasungsraum, der stets trocken sein muss, wäre mit Flüssigkeit gefüllt, der Carburator würde überschwemmt.

Nachdem somit für ein gleichmässiges, beinahe das Ende des Spritzröhrchens erreichendes Flüssigkeitsniveau gesorgt ist, spritzt, sobald das immer sehr kräftige Ansaugen des Motors eintritt, ein feiner Benzinregen aus der kleinen Oeffnung des Röhrchens, während gleichzeitig ein Luftstrom durch die zu diesem Zwecke vorhandene Oeffnung in den Carburator gelangt. Da jedoch das auf diese Art gebildete, zum Motor gehende Gas nur bei einem bestimmten Mischungsverhältnisse seiner beiden Elemente explosiv ist, muss der Fahrer die richtige Vergasung durch entsprechendes Verschieben des am Luftzulasse angebrachten Schalters herbeiführen

\* \* \*

Kompressionsraumes (elektrische Zündung) am besten schützt. Nach langem Für und Wider einigte man sich auf den 4-Zylinder als Standardform, da er das Minimum zur Erreichung einer gleichförmigen Arbeitsweise darstellt. 1- und 2-Zylindermotoren, die sich bis 1910/11 hielten, verwendete man für Voituretten, während der 6-Zylindermotor erst ab 1907 erstmalig bei Rennwagen eingesetzt wurde. Die Drehzahlen der damaligen Motoren bewegten sich zwischen 800—1200 U/min.

Die wichtigste Aufgabe der Fachleute bestand zwischen 1901 und 1905 darin, alle Schwierigkeiten, die die „hohen" Drehzahlen, die mittlere Kolbengeschwindigkeit, das Drehmoment, der Massenausgleich, die Verminderung des Gewichtes der im Motor bewegten Massen und die kritischen Drehzahlbereiche verursachten, zu klären bzw. zu beseitigen. Im großen und ganzen gelang es auch, diese technischen Fragen zu lösen.

Das Ansaugen wird durch die Bewegung im Cylinder des vom Schwungrade mitgenommenen Kolbens bewirkt.

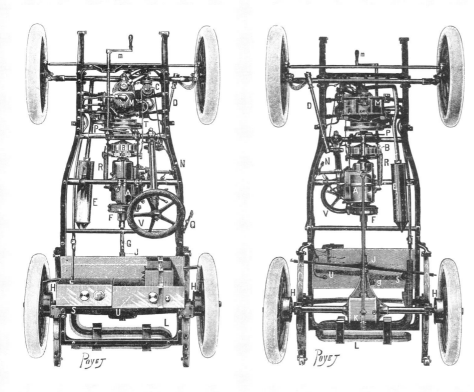

Während dieser ersten Phase seines Funktionirens gleicht daher der Motor einer Saugpumpe, so wie er in der letzten Periode, derjenigen des Austreibens der verbrannten Gase, mit einer Druckpumpe zu vergleichen ist.

Wie schnell und mit welcher Heftigkeit das Ansaugen erfolgt, kann man sich leicht vorstellen, wenn man bedenkt, dass die mittlere Drehgeschwindigkeit eines Motors gewöhnlich 800 Touren in der Minute, somit ungefähr 13 in der Secunde beträgt, der Kolben daher seinen ganzen Lauf in $1/27$ Secunde vollbringt, wobei natürlich im Ansaugrohr und im Carburator eine plötzliche Depression entsteht, welche das Hervorspritzen des Benzins und das Zuströmen der Luft erklärt. Die Ansaugkraft des Motors ist eine so starke, dass sogar bei gewissen, früher gebräuchlichen Carburatoren mit in Benzin getränkten Dochten die letzteren nach und nach zerfasert wurden und im Ansaugrohr, das sie schliesslich verstopften, verschwanden.

Durch die Saugwirkung des ersten Theiles (Taktes) des Kolbenlaufes öffnet sich das von einer Spiralfeder an seinem Platze erhaltene Ansaugventil, und der Cylinder füllt sich mit Gasen. Nun hat die Erfahrung gelehrt, dass die Explosionen viel kräftiger sind, wenn die Gase vor ihrer Entzündung comprimirt werden. Dies geschieht während des Zurückgehens des Kolbens (des zweiten Taktes), da sich das Ansaugventil jetzt geschlossen hat, die im Explosionsraume enthaltenen Gase somit nicht entweichen können.

Sobald der Kolben am Ende seines Rückweges angelangt ist, wird das explosive Gemenge mittelst eines weissglühenden Platinrohres (Glührohres) oder eines elektrischen Funkens entzündet und es erfolgt eine Explosion, welche den Kolben wieder heftig zurücktreibt. Es ist dies der dritte Takt, der einzige, welcher eine positive Arbeit vollbringt.

Wenn der Kolben diesesmal am Ende seines Laufes angelangt ist, öffnet sich ein vom Motor selbst gesteuertes, sogenanntes Auspuffventil, durch welches die verbrannten Gase in ein cylinderförmiges, Auspufftopf oder Schalldämpfer genanntes Gefäss, dessen Bestimmung es ist, den bei der Ausdehnung der Gase entstehenden Lärm abzuschwächen, gelangen. Der ganze Vorgang wird der vierte Takt genannt.

\* \* \*

## Analyse eines Benzinwagens.

Chassis (Rahmen) eines leichten Hautier-Wagens (von oben gesehen).

*A* Carter des Geschwindigkeitswechsel-Getriebes und der Reversirvorrichtung. — *B* Einschaltung. — *C* Carburator. — *D* Zugstange der Lenkvorrichtung. — *E* Schalldämpfer. — *F* Bremse der Transmissionswelle. — *G* Transmissionswelle. — *H H* Radbremsen. — *I* Spanner. — *L* Radiateur. — *M* Motor. — *m* Antriebkurbel. — *N* Hebel des Geschwindigkeitswechsels. — *P* Antriebzahnrad und -Kette. — *Q* Bremshebel. — *R* Einschaltfeder. — *S* Austritt des Wassers. — *T* Schwungrad des Motors, welches dasjenige der Pumpe treibt. — *U* Benzinreservoir. — *V* Lenkrad.

Chassis eines leichten Hautier-Wagens (von unten gesehen).

*G* Schmierung des Differentials. — *J* Gelenk der Transmissionswelle. — *K* Verbindung des Carters des Differentials mit demjenigen des Wechselgetriebes. — *U* Austrittsöffnung des Benzinreservoirs.

## VIII. CAPITEL.

# Die Unterhaltungskosten eines Automobils.

Muss man Millionär sein, um sich ein Automobil zu halten? — Das Automobil kostet nicht mehr als ein Pferd. — Die Vorzüge des Automobils.

---

»Nur ein Millionär kann sich ein Automobil halten« hört man jeden Augenblick von Leuten sagen, die nicht einmal den Unterschied zwischen einem Motor-Zweirad und einem 40pferdigen Mercedes-Wagen kennen.

Um den Unsinn solcher Behauptungen zu beweisen und zu zeigen, welch wirklich nützliche, praktische und nicht theuere Dienste der mechanische Wagen leisten kann, wollen wir hier »Thatsachen« sprechen lassen und nachstehend einige Beispiele der Auslagen, welche das alte und das neue Verkehrsmittel verursacht, anführen.

\* \* \*

Herr Cravoisier, Director einer Versicherungsgesellschaft in Melun im Departement Seine-et-Marne schreibt:

Ich bediene mich des neuen Verkehrsmittels zu meinen Geschäften sowie zu meinem Vergnügen seit dem Jahre 1892; ich habe 6 Wagen gehabt und meine Ausgaben immer gebucht. Diese betragen nun nach Abzug des Verlustes bei Wiederverkäufen in 9 Jahren 42.674 Frs., somit 4741 Frs. jährlich.

Gegenwärtig halte ich aus ökonomischen Gründen zwei Wagen: einen Omnibus von 6 und eine Voiturette von 3 Pferdekräften. Die Letztere sollte meiner Idee nach in den meisten Fällen zur Schonung des Ersteren dienen und eine schnellere Erledigung der Fahrten ermöglichen. Dass die Idee eine richtige war, beweist mein Budget des Jahres 1900 für beide Wagen;

| | | |
|---|---|---:|
| Amortisirung 10 % (mit Rücksicht auf die Wiederverkäufe) . | Fr. | 1450 |
| Benzin zu Frs. 0·45 . . . . . . . . . . . . . . . . . . . | « | 600 |
| Kelly-Reifen (Vollreifen für den grossen Wagen) . . . . | « | 550 |
| Pneumatics (für den kleinen Wagen) . . . . . . . . . . | « | 200 |
| Verschiedene Reparaturen . . . . . . . . . . . . . . . | « | 900 |
| Versicherung . . . . . . . . . . . . . . . . . . . . . | « | 200 |
| Malerei . . . . . . . . . . . . . . . . . . . . . . . . | « | 200 |
| Steuern . . . . . . . . . . . . . . . . . . . . . . . . | « | 120 |
| | Totale . . . Fr. | 4220 |

Ich füge hinzu, dass mein Diener, zeitweilig von meinem Schlosser unterstützt, als Mechaniker fungirt und dass in meinem Hause eine Remise vorhanden ist. Vermuthlich befinden sich viele Leute in demselben Falle, die ebensowenig wie ich über diesen Erhaltungsmodus ihrer Wagen, welche gleich den meinen zu jeder Tagesstunde fahrbereit sind, zu beklagen haben.

Die Auslagen für den kleinen Wagen allein betragen:

| | | |
|---|---|---:|
| Amortisirung 10 % . . . . . . | Fr. | 450 |
| Benzin . . . . . . . . . . . | « | 200 |
| Pneumatics . . . . . . . . . | « | 200 |
| Reparaturen . . . . . . . . . | « | 200 |
| Versicherung . . . . . . . . | « | 80 |
| Malerei . . . . . . . . . . . | « | 80 |
| Steuer . . . . . . . . . . . | « | 60 |
| | Totale . . . Fr. | 1270 |

Zusammengefasst kostet mich also der grosse Wagen Fr. 2950 und die Voiturette Fr. 1270.

Die Ersparnisse, welche ich jährlich, Dank meinen Automobilen bei meinen Inspectionsreisen mache, berechne ich mit:

1200 Fr. für Wagen; 500 Fr. Eisenbahn; 800 Fr. für Hotelspesen meiner Inspectoren und Experten; 500 Fr. für Mahlzeiten in Gasthäusern, welche in Folge der raschen Heimkehr entfallen.

Im Ganzen somit: 3000 Fr. im Jahre. Was die Differenz von 1220 Fr. betrifft, so wird dieselbe durch mein und meiner Familie Vergnügen reichlich aufgewogen.

Ich stelle mich bei dieser Berechnung ganz auf den Standpunkt der praktischen und nützlichen Vorzüge des Automobils, den einzigen für Geschäftsleute und die Automobilindustrie selbst in Betracht kommenden. Alle Welt kann keinen Rennstall halten, und es gibt doch noch immer Leute, die sich der Pferde zum täglichen Nutzgebrauche bedienen.

\* \* \*

Die nächstfolgende Berechnung rührt von dem bekannten Automobilisten Georges Prévost, Renteinnehmer zu Paris, her, und ist seinem Geschäftscassabuche entnommen:

### 1. Anschaffungskosten:

| | | | | |
|---|---|---:|---|---|
| 3 Pferde . . . . . . . | Fr. | 5400 | Automobil von 6 Pferde- | |
| 1 Coupé . . . . . . . | « | 1800 | kräften . . . . . Fr. 10.000 | |
| 1 Victoria . . . . . . | « | 1500 | | |
| | Totale Fr. | 8700 | | |

### 2. Jährliche Auslagen:

| | | | | | |
|---|---|---:|---|---|---:|
| Unterhaltungskosten | | | Remise . . . . . . . | Fr. | 400 |
| für Pferde und | | | Mechaniker, Groom . | « | 720 |
| Wagen, Kutscher, | | | Pneumatics . . . . . | « | 1400 |
| Stallknecht, Stal- | | | Benzin, Oel . . . . | « | 1360 |
| lung, Remise, Re- | | | Reparaturen . . . . | « | 400 |
| paraturen, Futter, | | | Malerei . . . . . . | « | 200 |
| Diverse . . . . | Fr. | 9982·75 | Versicherung . . . . | « | 250 |
| | Totale Fr. | 9982·75 | Kleider . . . . . . | « | 150 |
| | | | Steuern . . . . . . | « | 60 |
| | | | Amortisirung . . . . | « | 2000 |
| | | | | Totale Fr. | 6940 |

»Ich bedarf nicht weniger als dreier Pferde zu dem Dienst, den mir ein einziges Automobil leistet«, sagt Herr Prévost »und ich glaube, dass das letztere unter diesen Umständen in Paris unbedingt vorzuziehen ist. Hiezu kommt noch, dass ein Automobil, obgleich ich es in fünf Jahren amortisire, noch nicht unbrauchbar ist. Ich habe eines seit dem Jahre 1890, das mir noch immer sehr gute Dienste leistet. Dabei machen meine Wagen ungefähr 15.000 Kilometer im Jahre.«

\* \* \*

Was nun die Erhaltungskosten eines Automobils in Oesterreich betrifft, so stellen sich dieselben in Folge des theuereren Preises des Betriebsmateriales sowie des schlechteren Strassenzustandes etwas höher als dies in Frankreich der Fall ist.

Herr von R . . . ., Besitzer eines Dampfwages von 6 HP., schreibt darüber:

Ich bewohne eine gebirgige, sehr häufige und starke Steigungen bietende Gegend, in welcher sich die Strassen grösstentheils in elendem Zustande befinden. Ungeachtet dessen leistet mir mein Automobil vorzügliche Dienste und stellen sich dessen Erhaltungskosten wie folgt:

1. Anschaffungspreis . . . . . . . . . . . . . . . . . K 9600

### 2. Jährliche Ausgaben:

| | | |
|---|---|---:|
| Mechaniker . . . . . . . . . . . . . . . . . . . . | K | 1100 |
| Benzin und Oel (für rund 10.000 Kilometer) . . . . . . . | « | 740 |
| Pneumatics . . . . . . . . . . . . . . . . . . . . | « | 400 |
| Reparaturen . . . . . . . . . . . . . . . . . . . | « | 250 |
| Amortisation (10 Percent) . . . . . . . . . . . . . . | « | 960 |
| | Totale . . . K | 3450 |

\* \* \*

Herr M . . . . . . ., Industrieller in Wien, welcher seinen vierpferdigen Benzinwagen zu Geschäftsfahrten in der Stadt, sowie in der Umgebung in einer Durchschnittsdauer von fünf Stunden täglich benützt, berechnet seine Auslagen folgendermassen:

1. Anschaffung des Wagens . . . . . K 8400

### 2. Jährliche Auslagen:

| | | |
|---|---|---:|
| Monteur . . . . . . . . . . . . . . . . | K | 1200 |
| Benzin und Oel . . . . . . . . . . . . | « | 2260 |
| Pneumatics . . . . . . . . . . . . . . | « | 400 |
| Reparaturen . . . . . . . . . . . . . | « | 300 |
| Amortisation (10 Percent) . . . . . . . | « | 840 |
| | Totale . . . K | 5000 |

\* \* \*

Wie man aus den angeführten Beispielen ersehen kann, stellen sich die Erhaltungskosten eines in vernünftiger, nützlicher Weise gebrauchten Automobils billiger als diejenigen eines bespannten Wagens, wobei nicht zu vergessen ist, dass der Motorwagen seinem Besitzer den grossen, praktischen Vortheil gewährt, eine viel grössere Activität entfalten und seinen Beziehungen eine weit grössere Ausdehnung geben zu können.

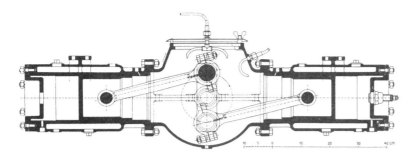

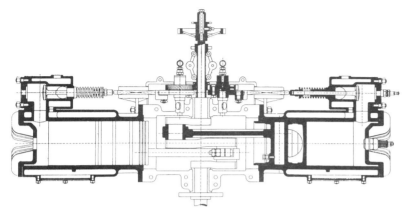

**Oben: Schnitte von Motoren von 1902 (Orion-Wagen).**

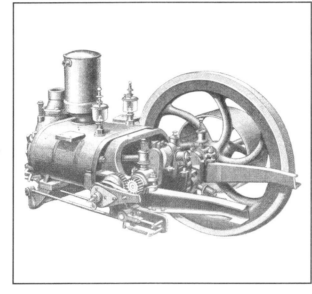

**Rechts: Stehender 10/12-PS-2-Zylinder-Motor von 1902.**

**Unten: 4-Zylinder-Motor des Argus-Wagens.**

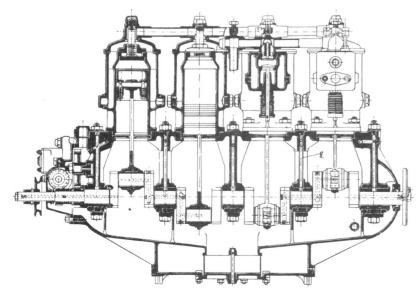

Die in der Zeit von 1909 bis 1914 allgemein üblichen oberen Drehzahlbereiche waren:

Pkw 2-Zylinder n-1000/min, Pkw 4-Zylinder n-1000/min, Pkw 6-Zylinder n-1800/min, Pkw 8-Zylinder n-2200/min; Lkw 4-Zylinder n- 800/min, Lkw 6-Zylinder n-1000/min mit Regler.

Die mittlere Kolbengeschwindigkeit sollte 12 m/sec nicht überschreiten. Der Verdichtungsdruck betrug ungefähr 5 atü, während der effektive mittlere Nutzdruck 5,5 bis 5,7 atü erreichte.

Die Kurbelgehäuse wurden aus Magnalium oder Silumin, bei Lastwagenmotoren auch aus Stahlguß gefertigt und noch immer zweiteilig gegossen. Einsetzbare Trennwände dienten dazu, ein Verölen der Kerzen und ein Trockenlaufen der Lager bei Bergfahrten zu verhindern (Tauchschmierung). Außerdem nahmen sie gleichzeitig die Hauptlager auf. Ferner kam etwa ab 1912 bei Hauptlagern in Form von Kugellagern oder Rollenlagern auch die einteilige Gehäuseform als Tunnelcarter in Verwendung. Er stellte einen einteiligen Körper mit durchgehender Öffnung dar, in die die Kurbelwelle samt den aufmontierten Kugellagern eingeschoben und beiderseits durch Deckel abgeschlossen wurde. 1910 findet man den Kurbelgehäuse-Oberteil schon als lagertragenden Bauteil, wodurch der Unterteil nur mehr als Schutz und vor allem als Ölwanne diente.
4-Zylinder wurden ab 1905 erstmalig bei Ford und Fiat als Einblock hergestellt, ab 1910 das erstemal mit dem Gehäuse-Oberteil in einem Stück gegossen, was an Schrauben und Bearbeitung viel einsparte und zu Öldichtheit beitrug. Kolben und Kolbenringe sowie die Pleuelstange blieben im wesentlichen unverändert.

Die Kurbelwellen aus Chromnickel-Vanadiumstahl wurden als Rohlinge geschmiedet, gehobelt, gedreht und gefräst und hernach an allen Zapfen- und Lagerstellen geschliffen. Ford hat ab 1910 seine Kurbelwellen mit einem Minimum an Nachbearbeitung als erster und damals einziger schon gegossen. Dem Auswuchten (Herstellung des indifferenten Gleichgewichtes) schenkte man noch wenig Aufmerksamkeit. Nur Firmen mit Wagen erster Qualität legten bereits darauf Wert (Rolls-Royce).
Sowohl Kurbelwellenhauptlager als auch Pleuellager waren genauso wie jene der Nockenwelle als Gleitlager ausgebildet. Von einer bronzenen Lagerschale wurde das weiche Lagermetall aufgenommen. Die an ihnen vorgenommene Dreh- und Bohrarbeit mußte auf hundertstel Millimeter genau ausgeführt werden. Bei kurzhubigen Kurbelwellen in Vereinigung mit dem Tunnelcarter wurden ab 1914 als Kurbelwellenlager auch schon Kugel-, später Rollenlager verwendet.

Die Nockenwellen wurden ab 1912 allgemein aus einem Stück hergestellt. Die Steuerzahnräder dieser Nockenwellen erforderten viele Studien und Proben. Da sie mit dem Zahnrad auf der Kurbelwelle in direktem Eingriff standen, mußten sie, um Bruchgefahr zu vermeiden, aus bedeutend weicherem Material hergestellt werden (Bronze, Fibre, Horn). Erst 1910 finden wir die geräuschlose Zahnkette erstmals als Verbindungsorgan. Schon ab 1906 sind die Steuerrädergehäuse ausnahmslos geschlossen.

Steuerorgane (Ventile und Schieber).
Da beim Viertaktmotor die Zufuhr der Frischgase wie auch die Abfuhr der Verbrennungsgase bei bestimmten Stellungen der Kurbelwellenumdrehungen gesteuert werden, sind Ventile oder Schieber unbedingt notwendig. Sie müssen aus besonders hitzebeständigem Material hergestellt werden, da sie der Verbrennung im Zylinder unmittelbar ausgesetzt sind. Anfangs glaubte man, mit Rücksicht auf einen glatten Gasführungsweg sogenannte Tellerventile verwenden zu müssen, mit welchen die Dichthaltung außerordentlich schwierig und nur auf kurze Zeit erreichbar war. Deshalb wurden sehr bald aus hochwer-

tigen Stahllegierungen im Gesenk geschmiedete und sodann auf Maß gedrehte Kegelventile in Verwendung genommen. Das Anheben der Ventile erfolgt durch Ventilstößel (von unten gesteuerter Motor, mit stehenden Ventilen). Ventilmotoren jener Zeit hatten einen sehr geräuschvollen Gang, weshalb man bestrebt war, das Steuergeräusch der Ventile durch die Verwendung anderer Organe auszuschalten. Es waren dies die sogenannten Schieber, die sich bei den von Ing. Knight erfundenen Hülsenschiebermotoren bestens bewährten. Itala, Turin, baute Drehschiebermotoren, deren Schieberkörper im Zylinderkopf sehr bald undicht und daher ab 1912 nicht mehr erzeugt wurden. Später jedoch konnte durch entsprechende Vorrichtungen auch der Rundschieber (Drehschieber) verbessert werden.

Automatische Ansaugventile wurden bei wassergekühlten Wagenmotoren schon 1901/02 fallengelassen. Waren anfänglich alle Zylinder symmetrisch gegossen und alle Ventile von unten gesteuert (Ansaugseite — Auspuffseite), so finden wir um 1909/10 die ersten Motoren mit gemeinsamer Ventilseite und mit 1911/12 die ersten von oben gesteuerten hängenden Ventile im Zylinderkopf. Das Ventilspiel ist schon seit 1908 nachstellbar.

## Der Vergaser

Die Treibstofförderung und Aufbereitung zeigt eine steile Entwicklung vom primitiven Anfang bis zur rationellen Reife um etwa 1910—1912. Da die schon erwähnten Oberflächen- und Dochtvergaser sowie die markengebundenen Spezialvergaser (meist für Rennzwecke) den gestellten Anforderungen nicht entsprachen, ging das Streben dahin, eine automatische Regelung des Benzin-Luft-Gemisches im Verhältnis 1:15 bei allen Drehzahlen und Leistungen zu erzielen. Außerdem sollte der Treibstoffverbrauch sparsam erfolgen und dem Motor das

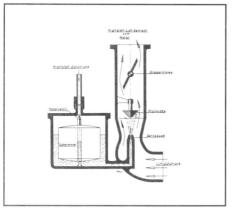

**Oben: Daimler Spritzdüsenvergaser von 1893.** | **Unten: Motor des 4-Zylinder-Argus-Wagens von 1903.**

Unten: Kurbelwellen des Mercedes-Knight-Schiebemotors 16/20 PS von 1910. Oben verschiedene Schieberstellungen.

Links unten: Teilweiser Schnitt eines Schiebermotors.

Mitte unten: Schiebersteuerung.

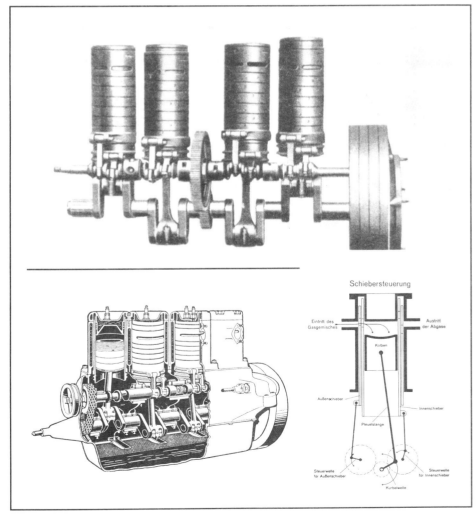

Gemisch nur in jenen Mengen zugeführt werden, die er zu seiner jeweiligen Leistung benötigt. Das Benzin durfte im Saugstutzen nicht zum Sieden kommen — Blasenbildung reizt den Motor zum „Schießen" und mindert seine Leistung —, und die Regelung des Gemischzulaufes mußte so erfolgen, daß einerseits der Motor jeden Wechsel in der Drehzahl — unabhängig von der Belastung — gleichmäßig und übergangslos aufnahm, anderseits im Vergaser weder ein Mangel noch ein Zuviel an Treibstoff eintrat und nur so viel vergast (mit Luft vermischt) wurde, als der Motor bei völliger Verbrennung verbrauchte. Es sind dies fast diametral anmutende Anforderungen, die der Vergaser erfüllen sollte, die er später aber fast völlig bewältigte. Man erkannte schon 1904, daß sich weder die Schwimmerkammer noch der Eindüsenvergaser dazu eigneten. Der Registervergaser von 1904, der je nach Öffnung der Drosselklappe eine bis vier und mehr Düsen freigab, befriedigte gar nicht. Sein Überlaufen bei Gangminderung war unhaltbar. Cudell schuf 1905 den ersten gebrauchsfähigen Carburator mit schräger Hauptdüse, Kompensation, trichterförmigem Zerstäuberraum (-kammer) und automatischer Hauptluftregelung durch Kugelventile in ringförmigem Sitz, in dessen Achse die Düsenöffnung lag. Minerva hat diesen Vergaser mit bestem Erfolg noch bis 1918 angewendet. Fußend auf Cudells Patenten traten nun verschiedene Apparatebaugesellschaften mit ihren Erzeugnissen auf den Markt. Die Zenith-Gesellschaft, Paris, und ihr Tochterunternehmen, die Deutsche Zenith-Vergaser Ges. m. b. H., Berlin, brachten ihren Zenith-Vergaser in acht verschiedenen Typen mit je fünf Düsensätzen zur Weltgeltung. 1907 folgte die Pallas Apparatebaugesellschaft, Berlin, mit dem bekannten Pallas-(Ringschwimmer-)Vergaser und 1910—1912 der für schwere Treibstoffe besonders geeignete Solex-Vergaser. Alle drei Marken lassen durch Verwendung der nach Hubraum und Saugrohrquerschnitt erforderlichen Type durch entsprechende Kombination von Nebenluftweg, Kompensatordüse mit Hauptdüse und Hauptlufttrichter, die jeweils auswechselbar waren, jene Einregulierung des Motors zu, die zur Erfüllung obengenannter Forderungen unerläßlich ist. Der 1912—1914 auf den Markt gebrachte Lima-Vergaser, das

**Oben: Feuerzeuge,
die bekannten
Kühlerformen
nachgebildet
waren.**

**Rechts: Durch
Unterdruck-
förderung wurde
das Benzin vom im
Heckteil des Fahr-
zeuges angeord-
neten Benzintank
zum höher-
gelegenen Vergaser
im Frontteil
befördert. Heute
bewerkstelligt das
die elektrische
oder mechanische
Förderpumpe.**

geistige und handwerkliche Produkt eines Berliner Einfahr-
meisters, verband die technischen und konstruktiven Vorzüge
des Cudell- und Zenith-Vergasers in besonders schöner Form,
kam aber gegen die anderen Marken nicht auf.

## Die Treibstoffzuführung

Der Treibstoff wurde dem Vergaser erstmalig als „Fallbenzin"
aus einem zirka 40 bis 70 Liter fassenden Benzinreservoir, das
sich unter dem Lenkersitz befand, zugeführt. Zahlreiche Verga-
serbrände, durch Explosionsrückschläge, Fehlzündungen und
schlecht funktionierende Ansaugventile verursacht, veranlaß-
ten die Fabriken schon 1904/05, aus Sicherheitsgründen, aber
auch wegen günstigerer Schwerpunktverlagerung, den Benzintank am Hinterende des Rahmens aufzuhängen, gegen Steinschlag zu sichern und mit Motor und Vergaser mittels zweier
langer Rohrleitungen zu verbinden (Fassungsraum je nach
Wagengröße 70, 90 und 140 Liter). Das „Steigrohr" führte vom
Tank zum Vergaser über den Absperrhahn und Benzinfilter
zur Schwimmerkammer und reichte bis zur tiefsten Stelle des
Reservoirs, das „Druckrohr" mündete oben in den dicht ver-
schraubten Tankraum, war mit Wassersäulenmanometer und
Handluftpumpe ausgestattet und endete am Schnurr- und
Druckventil (Reduzierventil), das sich am Auspuffkrümmer
des Motors befand. Durch dieses Ventil wurden die Verbrennungsgase von 2 atü auf 0,3–0,5 atü gesenkt, und als Schutzgas
(Kohlensäure) in den Treibstoffbehälter geleitet. Durch diesen
auf dem Benzinspiegel lastenden konstanten Überdruck wurde
der Treibstoff dem Vergaser zugeleitet.

Diese Überdruckförderung fiel relativ oft wegen der ihr anhaftenden Empfindlichkeit gegen Dichtungsschäden aus, sodaß
man sich 1912 bei Pallas entschloß, diese Nachteile bei Aufrechterhaltung der Feuersicherheit auszuschalten und eine
Unterdruck-(Vakuum-)Förderung zu schaffen. Durch die Saugwirkung des Motors und einer am Ansaugkrümmer ange-
schlossenen Rohrleitung wurde in einem unter der Motorhaube an der Spritzwand angebrachten Apparat mit zwei Kammern und einem Schwimmer ein Vakuum erzeugt, das nun
Benzin in Portionen von etwa einem Liter aus dem Tank
ansaugte. Dieser war nun mit der Außenluft in Verbindung.
Von dort (zweite Kammer) wurde es dem Vergaser als Fallbenzin zugeführt. Der Schwimmer unterbrach bei seiner oberen
Stellung den Saugprozeß und verhinderte so ein Überlaufen
des Apparats.

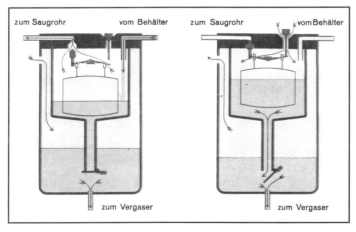

zum Saugrohr    vom Behälter    zum Saugrohr    vom Behälter

zum Vergaser                     zum Vergaser

Dieses oft kopierte System hielt sich bis 1930–1932 zur allseiti-
gen Zufriedenheit. Viele Firmen sahen bei ihren Motoren
schon 1918 Benzinförderpumpen vor, die die erforderliche
Aufgabe erfüllten. 1920–1922 wanderte der Tank aus preisli-
chen Gründen nach vorne unter den Lenkersitz, aber auch
wieder an die Spritzwand direkt unter der Motorhaube.
Die Zündverstellung erfolgte nach wie vor von Hand aus, während die Gaszuführung bereits mittels Fußpedals durch den
Fahrer geregelt wurde (Akzelerator).

## Die Schmierung

Die Schmierung machte eine sehr vielseitige und äußerst komplizierte Entwicklung durch. Nicht nur die Frage der inneren
Motorschmierung war zu lösen, sondern auch jene aller äußeren Teile sowie des gesamten Fahrgestells und seiner Aggregate.
Am Motor selbst gaben Arbeitstemperatur, Lagerdrücke und
Umlaufzahl die grundlegenden Werte für die notwendige Güte
und Intensität der Schmierung.

Die Schleuder- und Sprühölung mochte für die ersten langsam
laufenden Motoren für Kurbelwellenlager, Pleuellager, Kolben
und Kolbenbolzen genügen, wiewohl schlechtes Öl von zu
geringer Viskosität zu Verharzung und Verrußung, schweren
Lagerdefekten und verriebenen (angefressenen) Kolben führte.
Auch die Schmierung der „äußeren" Steuerorgane und sonstigen Lagerstellen der Kupplung und des Triebwerks konnten
durch Tropfölung und Vasenschmierung bewerkstelligt werden. Mit diesen Mitteln ließ sich aber das Auslangen nicht
mehr finden, als sich die Drehzahl der Motoren von 650
(Daimler) auf 800–1000 U/min erhöhte und die Leistung um
100–700 Prozent stieg.

Zunächst setzte man das Schmieröl in einem Reservoir unter
Druck und leitete es über eine Kontrollrampe am Spritzbrett,
die mit Schaugläsern ausgestattet war, in Rohrleitungen den
wichtigen Schmierstellen zu. Als Zusatzschmierung verwendete man Handölpumpen, um bei besonders gesteigerter Belastung den Motorlagern genügend und frisches Öl zuzuführen.

Die nun einigermaßen gegebene Sicherheit der Schmierung wurde durch die langen, dünnen und zahlreichen Rohrleitungen, die unkontrollierbar waren, beeinträchtigt. Wesentlich verbessertes, aber teures Vakuumöl und Drehzahlen von 1400 U/min und mehr forderten nicht nur sparsamen Verbrauch, sondern gleichzeitig intensive, kontrollierbare Schmierung unter gleichbleibendem Druck im oberen Drehzahlbereich.

Diese Forderung wurde um 1910 erstmalig durch die Druck-Umlaufschmierung mittels Ölpumpe im Motor erfüllt. Welcher Firma das Verdienst zukommt, sie zuerst verwendet zu haben, ist nicht mehr festzustellen, da außer den amerikanischen Wagen in Europa damals etwa gleichzeitig acht bis zehn Marken damit herauskamen. Sie konnte bis heute durch nichts Besseres ersetzt werden. Die die Förderung besorgende Ölpumpe wird durch die Kurbel- oder Nockenwelle innerhalb des Motors (Ölwanne) angetrieben und ist seltener als Kolben-, meist als Exzenter- oder Zahnradpumpe ausgebildet. Sie preßt nach Reinigung, Abkühlung und Zulauf zum Ölgehäuse das Frischöl unter damals 0,3—0,5 atü zu den Lagerstellen des Motors. Die Kontrolle erfolgt durch ein parallelgeschaltetes Manometer, das am Armaturenbrett angebracht ist.

## Die Kühlung

Die Kühlvorrichtungen (Wasserkühlung) mußten durch das Pariser Abkommen von 1900, wonach die Anwendung von Rückkühl-Reservoiren (Hochbehältern) verpönt war, einer radikalen Lösung zugeführt werden. Der vorn montierte Kühler, bestehend aus oberem und unterem Wasserkasten mit dazwischenliegender Kühlfläche, gab in Form und Ausführung mit dem Markenschild oder Emblem dem Wagen von damals „das Gesicht".

Um nun auf möglichst kleinem Raum eine größtmögliche

Rolls-Royce-Silverghost, 1907.

Opel-Alpenwagen, 1910.

Unten: Röntgen-darstellung des Opel 8/25 PS von 1919.

Über den Vorteil gekühlten und frischen Öles war man sich bald im klaren.

So kam es zur Kataraktschmierung, bei der durch den Motor angetriebene Schmierapparate in Form von Bagger- oder Pumpenölern sowie mit Ratschen angetriebene Ölpressen (Büssing) das Öl in genau dosierter Menge den Schmierstellen im Rohrleitungsweg zubrachten. Der nach diesem System arbeitende Friedmann-Öler wie auch der Bosch-Öler hatten Weltruf und behaupteten sich bis etwa 1920.

Kühlfläche zu erzielen — 20—26 m² waren erforderlich —, entwickelten sich drei Systeme:

- der Röhrenkühler, enge vertikale Röhrchen mit zahllosen Blechlamellen ab 1901;
- der Lamellenkühler, flache, zickzack geführte Wasserwege im Flachrohr ab 1904;
- der Mercedes- oder Bienenkorbkühler mit quergelegten vier- oder sechskantigen Röhrchen, die allseits vom Wasser umspült, innen vom Fahrwind durchströmt waren und so die beste Wirkung erzielten.

Hinsichtlich Zirkulation entschloß man sich damals bei kleinen und billigeren Wagen zur Thermosiphonkühlung, bei allen anderen zur Wasserförderung mit Kreiselpumpe im kalten, unteren Rohrstrang. Der Röhrenkühler war in Frankreich, der Lamellenkühler in England und Deutschland (auch Austro-Daimler), der Bienenkorbkühler bei Daimler-Mercedes, in Italien und Österreich-Ungarn bevorzugt. Amerika verwendete die beiden erstgenannten Arten in gleicher Weise. Unterstützt wurde die Kühlung — wie auch heute üblich — durch hinter dem Kühler liegende Luftpropeller (Windflügel), die von der Kurbelwelle aus durch Riemen angetrieben wurden. Oft bildete man die Schwungscheibe als Ventilator aus und das Schutzblech (gegen Verunreinigung des Motors) wurde von vorne bis hinter die Schwungmasse so eng wie möglich um den Motorraum bis hinter die Kupplung gelegt, so daß ein Windkanal entstand.
Renault und Charron bildeten Ausnahmen. Sie verwendeten große Röhrenkühler, die hinter den Motor placiert waren. Die Schwungscheibe wirkte hier als Gebläse.

## Die Zündung

Auch die Zündung hat eine rasche Entwicklung durchgemacht. Robert Bosch in Stuttgart baute schon längere Zeit Magnetzünder für stationäre Ottomotoren, und Mercedes kam 1901 mit der elektromagnetischen Niederspannungs-Abreißzündung an seinen Motoren heraus (Wechselstrom 180 bis 220 V Spannung). Das positive und negative Strommaximum im Siemens-Doppel-T-Anker ausnützend, wurde 2:1 auf die Kurbelwelle übersetzt und damit für den Vierzylindermotor eine zündzeitmäßig richtige Zündfolge ohne weitere Behelfe erzielt. Die Spannung wurde vom Schleifring (Gegenpol im Masseschluß) abgenommen und mittels Zündkabels den vier Zünd-

stiften, die im demontablen Zündflansch glimmerisoliert eingebaut waren, durch Messing- oder Kupferschiene zugeführt. Im Inneren des Zylinders berührte dieser Stift den Abreißhebel, der Masseschluß hatte und von außen durch seinen mit einem Abreißgestänge versehenen zweiten Arm im Zündmoment von der Nockenwelle aus betätigt wurde. Der hierbei im Strommaximum entstehende elektrische Funke war also ein Öffnungsfunke, nicht nur von niederer Spannung, sondern auch geringer Temperatur. Um eine restlose Verbrennung des Gasgemisches zu erzielen, mußte die Zündung schon vor dem Erreichen des oberen Totpunktes einsetzen (Vorzündung). Sie betrug 14 bis 22 mm vom Kolbenhub. Rückschläge beim Anwerfen des Motors, die ihre Ursache in zu großer Vorzündung hatten und häufig zu Armbrüchen führten, waren damals an der Tagesordnung. Trotz dieser Tatsache und des komplizierten Abreißmechanismus führte sich diese Zündungsart in Europa durch ihre einfache, verläßliche elektrische Funktion überall rasch ein. Allerdings war oftmaliges Zündungsnach- und -einstellen notwendig (siehe auch S. 322).

Um dem allen abzuhelfen, konstruierte der Physiker der Firma Bosch, Prof. Dr. Honold, die Abreißkerze. Der Strom durchlief eine Spule, machte den Kerzenmantel magnetisch und brachte den im Kerzenschaft isoliert sitzenden „Zündhebel" zum Schwingen, wodurch zwischen diesem und dem Schaft

der Kerze eine Funkenfolge entstand. Die Kerze wurde an Stelle des Zündstiftes in den alten Abreißflansch eingebaut, das Abreißgestänge entfernt. Der Magnetapparat erhielt im Verhältnis zur Kurbelwelle einen Antrieb von 1:1 und besaß eine Verteilerscheibe, die durch vier Gummikabel den Zündstrom im richtigen Moment dem betreffenden Zylinder zuleitete. Dies war eine recht verläßliche Zündungsart, nur waren die Abreißkerzen sehr teuer (vierfacher Preis einer Zündkerze für Hochspannung) und infolge der Hitze bald verbraucht (Drahtwicklung).
Immerhin genügte die Tatsache der elektrischen Magnetzündung, daß Bougie (französische Batteriezündkerze), Akkus, Trockenelemente, Zündspulen, Trambleure und Glührohre 1904/05 überholte Dinge waren.
Aber Robert Bosch ruhte auf seinen Lorbeeren nicht aus. Als 1400 Umdrehungen in der Minute der Kurbelwelle und die Kompressionsdrucksteigerung heißere Funken forderten, war er 1906 mit den ersten Hochspannungsmagneten (Spannweg 6000 V) zur Stelle. Der Strom wurde durch eine zweite Wicklung im Anker hinauftransformiert (1:10—12), die Selbstinduktion durch Kondensator vernichtet, seine Entladung zur Verstärkung des Primärstromes benützt und der Unterbrecher so konstruiert, daß der viel heißere Schließungsfunke zur Zündung ausgenützt wurde. Im Übersetzungsverhältnis von 2:1 wurde die Ankerwelle mit der Unterbrecherscheibe gedreht, wogegen die der Zylinderzahl entsprechende Verteilerscheibe

gemäß der halben Zylinderzahl gegen die Ankerwelle untersetzt war (also 6 Zylinder 3:1).
Hochspannungskabel, Hochspannungskerzen, Anlaßspulen und Magnete, den Motoren entsprechende zahlreiche Magnettypen und Kurzschlußschalter waren das Rüstzeug moderner Autozündanlagen von 1906 bis 1920.
Tochtergesellschaften von Bosch erzeugten in Frankreich, England und Italien nach Bosch-Patenten. In der Zeit von 1910 bis 1918 produzierten in Deutschland die Firma Eisemann und Mea nach den gleichen Patenten, jedoch verwendeten sie Hülsen- bzw. Ringmagnete, die geringere Bauhöhen der Apparate ergaben.

# Die Kraftübertragung

## Die Kupplung

Je schmiegsamer und williger die Kupplung ihren Aufgaben nachkommt und je geringer der Verschleiß ihrer Friktionsteile ist, desto höher ist ihre konstruktive Qualität zu werten. Da die Klauenkupplung unbrauchbar war und Mercedes' erste Federbandkupplung sehr zarte Behandlung erforderte (Schleifenlassen war verboten), sann die Fachwelt krampfhaft auf Abhilfe. Da der Mühlenbau die Konuskupplung schon lange verwendete, waren Panhard, De Dion sowie Peugeot 1901/02 entschlossen, diese Kupplungsart anzuwenden. Der Erfolg war befriedigend. Mit Lederbelag versehen, mit Fischtran nicht zu fett behandelt, entsprach sie den Erwartungen. Das Schleifenlassen konnte weitgehendst gehandhabt werden. Für rauhere Ansprüche (Lastwagen) genügte die kreischende Stahlkonuskupplung (Büssing). Die goldene Mitte hinsichtlich Widerstandskraft, Elastizität und Weichheit hielt die Fiberkonuskupplung von Gräf & Stift. Sie wurde als belastete Außenkonus- und entlastete Innenkonus-Kupplung hergestellt. Mercedes brachte 1910 die geschlossene, vollentlastete und schubfreie Doppelkonuskupplung. Der Kupplungskörper wurde durch Spurzapfenlagerung in der Schwungmasse zentrisch geführt.
1907/08 trat Fiat erstmalig mit der in einem Petroleum-Öl-Bad laufenden Stahllamellenkupplung auf den Plan, eine Kupplungsart, der weichstes Anfahren und stärkste Belastung zugetraut werden konnte, ohne nennenswerten Schaden zu nehmen. Sie fand fast ausschließliche Verwendung und war 1914

„die" Kupplung (auch für schwere Zugmaschinen) schlechthin. Die von einzelnen Marken um 1910 verwendeten Bremsbandkupplungen (Mors) oder Metallbackenkupplungen (Metallurgique) blieben Einzelerscheinungen.

## Das Wechselgetriebe und die Schaltung

Mit kleinen Abänderungen hat sich das Zahnrad-Wechselgetriebe bis auf den heutigen Tag bewährt. All die Fragen der ent-

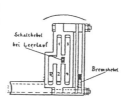

Rechts: Die Kulissenschaltung befand sich außerhalb des Führerhauses, siehe auch schematische Darstellung unten.

Links unten: Doppelkonuskupplung.

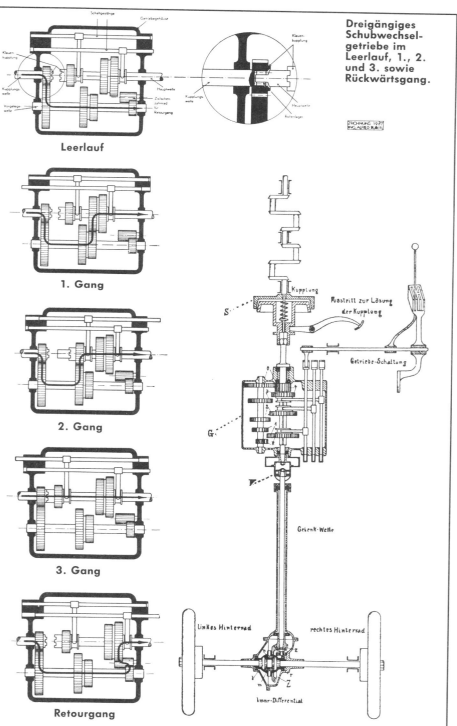

Dreigängiges Schubwechselgetriebe im Leerlauf, 1., 2. und 3. sowie Rückwärtsgang.

Leerlauf

1. Gang

2. Gang

3. Gang

Retourgang

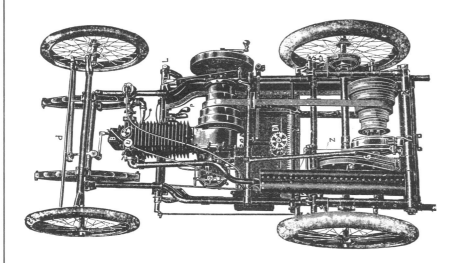

Oben: Typisches Wagengestell um 1900. Von oben und unten gesehen. (Darracq-Léon Bollée).

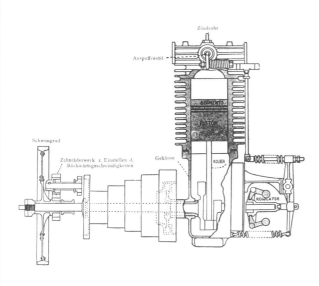

Motor und Antrieb im vorderen Teil des Wagens.

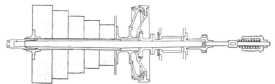

Antriebsvorrichtung im hinteren Teil des Wagens.

sprechenden Umfangs- und Winkelgeschwindigkeiten der Räder, der Festigkeit des Materials, der Zahndrücke, Zahnstärke und Flankenlängen mußten gelöst werden. Da nun einmal jede mechanische Umwandlung der erzeugten Energie durch Zwischenvorrichtungen den Wirkungsgrad der im Motor erzeugten Leistungen mindert, mußte diese Minderung, verursacht durch Reibung und Schubkräfte, möglichst klein gehalten werden. Daß dies bei Gleitlagern nicht leicht war, bei Verwendung relativ großer schwerer Zahnräder mit damals noch nicht in Korrektion stehenden Zähnen, ohne Läppung, Schliff und Einsatzhärtung aber fast unmöglich schien, ist einleuchtend. Zunächst gebührt den Firmen Daimler-Mercedes, Panhard-Levassor und De Dion-Bouton neben Fiat der Ruhm, im Einvernehmen mit der zuständigen Hüttenindustrie die Einsatzhärtung (Zementierung) hochwertiger Konstruktionsstähle in kürzester Zeit auf ein so hohes Niveau gebracht zu haben, daß ab 1907 die Frage der Lebens- und Beanspruchungsdauer eines Getriebe-Schalt-Zahnrades als bereinigt angesehen werden konnte. Ebenso haben diese und andere führende Marken die Werkzeugmaschinenindustrie auf dem Gebiet der Frästechnik befruchtet. Als 1904 die Kugellagerindustrie Europas so weit war, genormte Laufring-Kugellager und statt Kammzapfenlager ebensolche Drucklager herzustellen, waren die schwierigsten Klippen im Getriebebau umschifft.

Man baute also ab 1907 bereits geräuscharme Getriebe, die sich von geübten Fahrern mit allerlei Kniffen sogar geräuschlos schalten ließen. Dabei mußten die Motordrehzahl und die Fahrgeschwindigkeit des Wagens genau berücksichtigt werden. Zwischenkuppeln und Zwischengas waren hier von großer Wichtigkeit. Fiat in Turin und Wien bauten die ersten wirklich leicht schaltbaren Getriebe. Der aus Magnalium, bei Lastwagen aus Stahlguß gefertigte Getriebekasten (-gehäuse) nimmt drei in Kugellagern laufende Wellen und die festsitzende Rücklaufwelle auf. Von der Kupplung ausgehend ragt der Antriebsstummel in das Getriebegehäuse hinein. An seinem Ende trägt er ein Zahnrad, das in ein gleiches Gegenzahnrad der Vorgelegewelle eingreift. Auf dieser sitzen die zwei bis drei angeflanschten (festsitzenden) Vorgelegezahnräder. Der Getriebekasten war mit vier Pratzen im Fahrgestellrahmen einmontiert und mit der Entkupplungswelle (Zwischenwelle) am Motor zentrisch unlösbar und halbstarr gekuppelt.
Wurde die Schaltung der Gänge in einer Ebene durchgeführt, so hatte man die Segmentschaltung vor sich, die nur einen jeweils zwei- bis dreiteiligen Wechselsatz benötigte, die beiden Getriebewellen vorteilhaft übereinander anwendete und konstruktiv billiger kam, fahrtechnisch aber schwieriger zu handhaben war.
Erfolgte die Schaltung der Gänge dergestalt, daß der Schalthebel in zwei bzw. oft wegen Rücklaufes in drei parallelen Ebenen bewegt werden mußte, so handelte es sich um die Kulissenschaltung, die eine Nebeneinanderlagerung der Getriebewellen erforderte, was den Getriebekasten breiter werden ließ. Sie war konstruktiv und damit fertigungstechnisch teurer, ermöglichte aber eine leichte und präzise Schaltarbeit.
Während Daimler, Benz und Fiat die Kulissenschaltung um 1900/01 erstmalig fast gleichzeitig anwendeten, vervollkommneten Peugeot und Panhard-Levassor noch bis 1912/13 die Segmentschaltung zu hoher Reife. De Dion-Bouton suchte die Vorteile beider zu vereinigen, indem der Kulissenschaltgang aus der horizontalen in die vertikale Ebene verlegt wurde, machte damit aber einen Mißgriff. Das Stufengetriebe (Stufenschaltung) von „Nesselsdorfer" war, obwohl konstruktiv ausgereift und praktisch einwandfrei, eine Einzelerscheinung von 1912 bis 1918.
Zunächst wurde der Stellbogen (Segment oder Kulisse) am Wagenkasten rechts außen angebracht, was zu Verklemmungen im Schaltmechanismus führte. Deshalb hat man diese Organe schon 1901/02 am Fahrgestell-Längsträger zuerst außen, später (ab 1910) innen angebracht. Aber noch immer entsprach diese Anordnung nicht restlos den Erfordernissen. Deshalb kam der Schaltbock auf das Getriebegehäuse selbst, wanderte dort später von der Seite in die achsiale Mitte und

entwickelte sich zur bekannten Kugelschaltung, wie sie heute noch üblich ist.

Während Europa noch bis 1920 an der je nach Lenkung rechts oder links befindlichen seitlichen Kulissenschaltung festhielt, baute Amerika bis auf Ford schon ab 1910 die in Wagenmitte sitzende Kugelkopfschaltung restlos aus. Auch finden wir bei den amerikanischen Wagen erstmals schon 1912 die Vereinigung von Motor, Kupplungsmechanismus und Wechselgetriebe in ein Aggregat, was wesentlich zur Verbilligung und Vereinfachung der Wagen beitrug (Cadillac, Oldsmobile).

Einige Schwierigkeiten bereitete den Konstrukteuren der direkte oder höchste Gang. Der Respekt vor den hohen Drehzahlen des Motors war so groß, daß man wegen der minderen Materialien es erst 1904, bei Lastwagen erstmals 1907, verantworten zu können glaubte, im Höchstgang die Kurbelwelle mit der Getriebehauptwelle direkt zu verbinden, was durch eine Klauenkupplung am Getriebe-Antriebswellenstumpf bzw. am Schieberadkörper des zweiten oder dritten Ganges geschah. Seit 1913/14 wurden zu diesem Zweck auch Muffen mit Innenverzahnung verwendet.

## Das Ausgleichsgetriebe (Differential)

Für den Bau des Differentials ist wichtig, wo es am Fahrgestell angebracht ist und wie der Antrieb auf die Triebräder des Fahrzeuges erfolgt. Handelte es sich um ein Differential für Kettenantrieb, dann war es in einem eigenen Gehäuseraum mit dem Wechselgetriebe vereinigt. Nur bei den langen Lastwagenfahrgestellen (Büssing) war es getrennt vom Getriebe im Fahrgestellrahmen eingebaut und trug an seinen beiden Halbachsen-

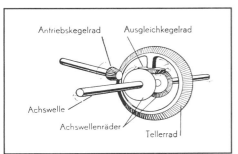

Antriebskegelrad    Ausgleichkegelrad

Achswelle

Achswellenräder    Tellerrad

**Schematische Darstellung eines Reibradgetriebes.**

**Schematische Darstellung eines Reibradgetriebes.**

**Schematische Darstellung eines Differentials.**

Kegelradtrieb        Schneckentrieb        Hypoidtrieb

enden die Sternkettenräder. Die Verbindung mit dem Getriebe wurde durch eine Gelenkwelle (Kardanwelle) hergestellt.

Bei Fahrzeugen mit Kardanantrieb, wo also wie heute die Triebräder unmittelbar auf den Differentialhalbachsen saßen, kamen dem Differential und seinem Gehäuse weit mehr Nebenaufgaben zu, als auf den ersten Blick zu erkennen, mußte es doch nicht nur das kraftübertragende Triebwerk (Tellerrad und Triebling) aufnehmen und schützen, sondern fallweise auch dazu, die Schubkräfte des rollenden Wagens gegen den Motor, die Überleitung des Motors und die Stabilität der Triebachse (hier Hinterachse) gegen die Fahrbahn gewährleisten. Der kritische Punkt wurde dort gesucht und gefunden, wo diese Kräfte am empfindlichsten wirksam werden: am hinteren Getriebehauptlager, an den Mittelpunkten der beiden hinteren Federauflagen am Gehäuse und dort, wo die gedachte Achse der verlängerten Kardanwelle die Mittellinie der beiden Halbachsen (also meist in der Mitte des Differentialkorbs) schneidet. Um die beim Antrieb wirksam werdenden Schubkräfte aufzunehmen, baute man u. a. an der Hinterachsbrücke nahe dem Rad beiderseits zwei Schubstreben an, die an dem Punkt beweglich gelagert wurden, um den sich das

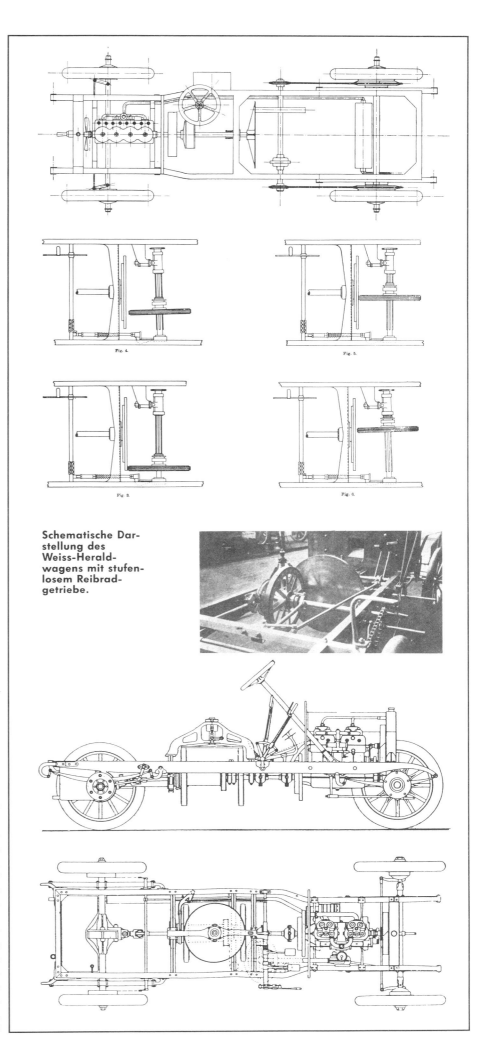

Fig. 4.    Fig. 5.

Fig. 3.    Fig. 6.

**Schematische Darstellung des Weiss-Heraldwagens mit stufenlosem Reibradgetriebe.**

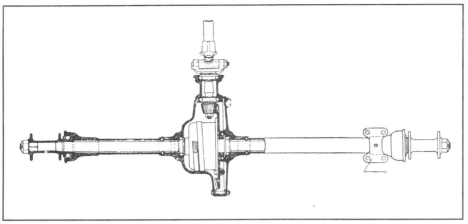

Gelenk). Dort, wo man dem Spiel der Kräfte mit Rücksicht auf Motorleistung, Fahrgeschwindigkeit und Belastung (inklusive Wagengewicht) freie Bahn lassen zu können glaubte, neigte man zum entlasteten System, und der Sprung zur Schwingachse war näher, als man damals (1910) annahm.

De Dion-Bouton wagte den ersten Schritt zur Lösung des Problems durch Einführung des Querkardans. Das Differentialgehäuse wurde in der Rahmenachse fix eingebaut, und der Radnabenkörper war am Krümmungsscheitel der Hinterachsfedern montiert. An beiden herausragenden Wellenstümpfen waren Kardangelenke angebracht, die durch eine Welle miteinander verbunden wurden. Da damals die richtige Aufnahme der Schub- und Drehmomente vernachlässigt und übersehen worden war, die Hinterachsfedern nach vorn frei ausschwingen zu lassen, auch das Material nicht von jener zähen Härte und Güte war wie heute, kam es leider zu zahllosen Wellen- und

gesamte Differential beim Federn in einer Kreissegmentbewegung bewegte. Um die Kardanwelle beim Federn vor Knickungen zu bewahren, wurden andernfalls zwei Kreuzgelenke verwendet, die kurz hinter dem Getriebe und kurz vor dem Differential angeordnet waren. Es handelte sich hierbei um eine belastete Kardanwelle, weil das Differenitalgehäuse durch die Wirkung der Hinterachsfedern und den Fahrwiderstand nicht nur in einer vertikalen, sondern auch horizontalen Ebene bewegt wurde, wodurch das zweite Kardangelenk notwendig war. Diese Bauart konnte in offener Form nur bei ganz leichten Pkw (Voituretten) in Anwendung gebracht werden, da die geringen Schubkräfte dieser Fahrzeuge von der Kardanwelle selbst aufgenommen wurden. Schwerere und größere Fahrzeuge benötigten eine „entlastete Kardanwelle", und zwar war hier eine unter der Bezeichnung Schubbalken angewendete Vorrichtung zur Aufnahme der auftretenden Schub- und Drehmomente der Hinterachse beim schiebenden Fahrzeug vorgesehen. Diese Wirkung wurde auch dadurch erreicht, daß man Kardanwelle und Differentialgehäuse in ein gemeinsames Gehäuse einbaute, worunter die sogenannte Hinterachsbrücke zu verstehen ist. Die Kardanwelle dieser Bauart war ab dem vorderen Kardangelenk hinter dem Getriebe bis zum Triebling starr. Sie lief zur Führung in Kugellagern und trug das Rohrgehäuse. Vorn befand sich ein Kugelkörper, der in eine Kugelschale an der Getriebebremstrommel eingebaut war, den Schub der Hinterräder aufnahm und das Kardangelenk umschloß. Dieser komplizierte Kugelkörper hatte nun die Aufgabe, die gesamten Schub- und Drehmomentkräfte aufzunehmen und mittels einer Quertraverse auf den Fahrzeugrahmen zu übertragen. Die verhältnismäßig komplizierte Bauweise des Hinterachsantriebes wurde notwendig, da die auftretenden Schubkräfte durch die damaligen Hinterachsfederkonstruktionen nicht aufgenommen wurden (siehe Paladeur-

Verdrehungsbrüchen. Wo aber vorerwähnte Größen mit Rücksicht auf das Konstruktionsmaterial besondere Verkehrs- und Fahrsicherheit erheischten, mußte die belastete Bauweise herangezogen werden.

Es ist also anfänglich, abgesehen von Voituretten, immer die kraftbeeinflussende Bauweise in der geschlossenen Hinterachsbrücke mit Kardanrohr, Differentialgehäuse und den beiden Achsrichtern samt Schubstreben, eingelenkt in die Kardanglocke, die das Paladeur-Gelenk umschließt, angewendet worden.

## Der Achsantrieb

War die Voiturette schon 1901/02 mit Kardanantrieb versehen, so war der schwere Touren- und Reisewagen erst ab 1907 (Rolls-Royce) damit ausgestattet, und der Rennwagen lief noch 1912 mit Kette. Erst die großen internationalen Rennen des Jahres 1914 zeigten die ersten Kardanwagen (Italien).

Der leichte Lastwagen bis eine Tonne Tragkraft wurde 1912/13 (Tripolis-Feldzug, Fiat) mit Kardanantrieb versehen. 1914 gelang es einigen deutschen Firmen gerade noch, trotz Vollgummibereifung auch den 2- und 3-Tonnen-Lkw herauszubringen (Opel und Horch).

Anders in USA! Dort waren Fertigungsstand, Fabrikationstechnik (Taylorsystem) und Materialgüte schon 1910 so weit, daß die offene, schubentlastete, frei schwingende Kardanwelle sogar bei leichten Lastwagen (Federal Republic) angewendet werden konnte. Auch von der Verwendung der Schubstreben wurde mit Ausnahme von schweren Reisewagen, Locomobil, Buick usw., Abstand genommen. Bei diesen oft frei laufenden Kardanwellen sind zwei meist ungekapselte Kardangelenke je hinter dem Getriebe und vor dem Differentialgehäuse notwendig. Die Schubkräfte nimmt die in vorderen Gleitbahnen laufende, verstärkt konstruierte Hinterachsfeder auf, und die Welle selbst wird zweiteilig. Hinter dem Getriebe ist eine Hülse angelenkt, in deren Innennuten der „Schaft" mit seinen Gegennuten teleskopartig hineingeschoben wird und hier-

gaben zu vielen, allerdings leicht behebbaren Betriebsstörungen Anlaß wie Verunreinigung, Risse und Überspringen. So sehr der leichte Wechsel des Endübersetzungsverhältnisses — jeder große starke Wagen verfügte über drei Sternkettenradsätze für die Differentialhalbachsen und genügend Reservekettenglieder zur Längenänderung der Kette — in die Augen sprang, war man doch recht froh, als man 1907/08 beim Tourenwagen die rasselnde Kette über Bord werfen konnte. Sie fristete jedoch vom 3-Tonnen-Lastwagen aufwärts noch bis 1924 (Einführung der Riesenluftreifen auch bei Lkw) ihr Dasein unter Bewährung bei schärfster Beanspruchung. Beim Motorrad ist der Kettenantrieb noch heute Stand der Technik.

## Das Fahrgestell

### Der Rahmen

Die Hüttenwerke hatten bis etwa 1905 restlos die Festigkeitswerte ihrer Stahlsorten erhöht, sodaß an die Verwendung des U-förmigen, geraden oder bei Pkw meist gekröpften leichten Preßstahlrahmens geschritten werden konnte. Er bildete eine statische Einheit, nahm an seinen Enden die Federhörner auf, seitlich unten die Federauflagen (-gehänge) in verschiedenen Formen und wies die Stützen für die Fußbretter auf. Am Rahmenvorderteil wurden die Scheinwerfergabeln befestigt und die Kühleranlage montiert, hinter dem Motor die Spritzwand auf

durch, in seiner jeweiligen Länge veränderlich, die vom Getriebe abgegebene Leistung auf den Achsantrieb überträgt. Beim Kettenantrieb war die Sache wesentlich einfacher. Er war vermöge seiner Gliederkette elastischer und das oft mehr als erforderlich. Deshalb wurde die Hinterachse gegen den Fahrgestellrahmen nach vorn durch eigene Kettenspanner abgestützt, der auch die Schubkräfte aufnahm und auf den Rahmen übertrug. Das Differentialgetriebe war vermöge dieser Einrichtung wohl schubkraftunbeeinflußt, aber offen laufende Ketten, speziell in nicht richtiger Spannung oder gar Gliederteilung,

**Mercedes-Simplex-Chassis mit 6-Zylindermotor von 1902/04.**

**Unten: Chassis des Horch-Wagens von 1911.**

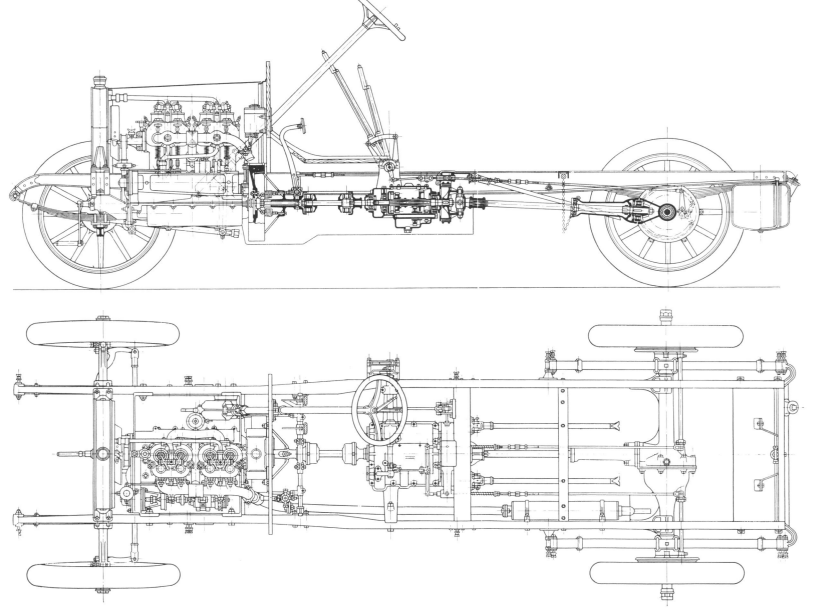

**Erster Nash, 1917**

gebaut (von wo ab man die „karossable Länge" gemessen hat). Am Ende des Rahmens wurde der Benzinbehälter (Benzinreservoir) mit Flacheisenbändern und Schließen aufgehängt. Rohrrahmen aus Mannesmannröhren (nahtlos gezogene Stahlrohre) verwendete man nur bei leichten und billigen Fahrzeugen (Voiturette, Cyclecar).

## Die Achsen

Die Vorderachsen, bei Fahrzeugen mit Kettenantrieb auch die Hinterachsen, wurden aus Gesenkschmiedestahl fast ausschließlich im I-Profil hergestellt und für Buchsen, später Kugellagerlauf eingerichtet. Die Vorderachsen führte man je nach Art der verwendeten Lenkung als Faust- oder Gabelachsen aus. Sie waren je nach Tiefenlage der Motorschwungmasse (Schwungrad) und der Radgröße, ebenso wie die Hinterachsen mit Kettenantrieb, gerade oder gekröpft.

## Die Federung

Sie mußte weich und dennoch fest genug sein, um alle Momente, die sich aus Wagengewicht, Straßenbeschaffenheit und Geschwindigkeit ergaben, bruchsicher und elastisch aufzunehmen. Dies war nur durch Federblattpakete von bestimmter Stärke und Länge, je nach Gewicht und Leistung des Wagens, möglich. Man entschied sich zuerst — nach dem Vorbild der Eisenbahn — zur Verwendung von halbelliptischen Federn, die vorne im Federauge fest eingebolzt, rückwärts durch Federlaschen (Federzüge) frei gleiten konnten. An den

Achsen waren sie durch Federbriden(-bügel) auf der Auflage stark befestigt. Bei Kardanachsen mit geschlossener Hinterachsbrücke wurden später, um das unabgefederte Gewicht zu verkleinern, sogenannte Unterbaufedern (erstmals bei Fiat 1912, Alpentype) oder die einseitig frei ausschwingende Cantilevre-Federung (erstmals 1907 bei Rolls-Royce) verwendet.

## Die Lenkung

Schon im Juli 1900 war man sich über die Notwendigkeit der selbstsperrenden Lenkung, fußend auf dem „Lankensperger-schen Patent" von 1817, mit Winkelachsen (angelenkte Achsstummeln zur Aufnahme der Lenkräder) im klaren. Sie wurde über ein Lenkrad mit Welle (Steuersäule) betätigt und der Einschlag der Räder von den verschiedenen Wagenbauern auf die unterschiedlichste Weise gelöst: mit Steuerkulissen in Gerade-

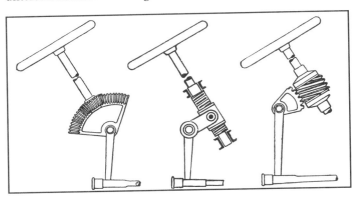

führung, mit Zahnbogen und Zahntriebling auch unter Verwendung von Gallschen Ketten mit Spiralnutscheiben und Nocken (Nesselsdorfer), mit Zahnstangen und Zahntrieben, endlich mit Schneckenrad und Welle sowie Schraubenspindel und Mutter. Von all diesen Systemen haben sich in jener Zeit nur die Zahnsegmente und die Schnecken- und Schraubenlenkung behauptet und wurden konstruktiv schon um 1905 bis 1907 zur vollen Reife gebracht.

Von der Lenkung wurde verlangt, daß sie gegen Ende des Einschlages progressiv wirke, stoßfrei arbeite und sich bei selbstsperrender Wirkung beim Schub des Wagens nicht verklemme, sondern leicht in die Gerade zurückkomme. Da nun von der Güte der Lenkung und auch der Bremsen in erster Linie die Verkehrssicherheit des Fahrzeuges und die Sicherheit des Lebens seiner Insassen sowie aller anderen Straßenverkehrsteilnehmer abhängig war und ist, hat sich hier die Kraftfahrzeugindustrie ein großes Maß an Verantwortung auferlegt, und es darf daher nicht wundernehmen, wenn für diese Konstruktionsteile besondere Sorgfalt und Erprobungs- wie Gestehungskosten aufgewendet wurden. Nicht nur, daß den sonst dreifachen Sicherheiten bei Errechnung der Dimensionen die sechsfachen zugrunde gelegt wurden, war bestes Material und präziseste Arbeit gerade gut genug. Hochwertige Chromnickelstähle, an den gleitenden Teilen tiefgehend im Einsatz gehärtet, Phosphorbronze bester Legierung als Gegenelement verwendet, Lenkhebel, Lenkschenkel und Steuerschenkel meist aus Vanadiumstahl im Gesenk in einer Hitze geschmiedet, waren Merkmale einer Lenkung von guter Qualität.

Noch hatte sich keine Firma auf die Serienherstellung von Lenkungen spezialisiert. Jeder Automobilerzeuger verwendete seine Hauskonstruktion. Bei Voituretten und Cyclecars bediente man sich meist der billigen Zahnsegmentlenkung, während die Schneckenlenkung bei Sport- und Rennwagen, die Schraubenlenkung bei schweren Reisewagen, Omnibussen und Lastwagen Verwendung fand.

## Die Räder

Die anfänglich ausschließlich verwendeten starren Holzräder mit fest aufgezogener Stahlpneumatikfelge wurden mit Rück-

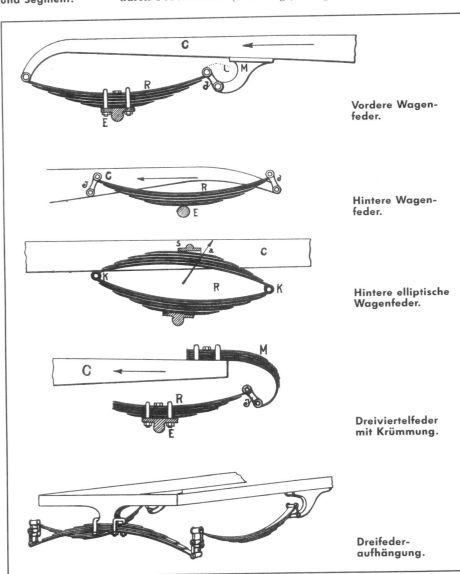

**Vordere Wagen-feder.**

**Hintere Wagen-feder.**

**Hintere elliptische Wagenfeder.**

**Dreiviertelfeder mit Krümmung.**

**Dreifeder-aufhängung.**

sicht auf den oftmaligen Pneuwechsel sehr bald durch andere, bessere Felgen ersetzt. 1902 war der erste Behelf die Stepney-Felge, die dem defekten Rad angesetzt wurde. 1903 folgten Michelin und Dunlop, 1904 Continental mit den abnehmbaren Felgen, auf die die aufgepumpten Reservereifen aufmontiert waren und durch Außenflansch und Spezialschrauben auf der sogenannten Grundfelge des Rades saßen bzw. befestigt wurden. Angeregt durch die Motorräder, wurden bei Sportwagen und Voituretten auch Drahtspeichenräder verwendet, die in England 1912 durch Rudge-Whitworth auf besonderen Naben abnehmbar gestaltet wurden. 1910 erreichte Senkey auf

**Links außen: Elastisches Rad um 1900.**

**Links: Rad mit auswechselbaren Gummistollen.**

**Mitte: Traktorreifen, USA.**

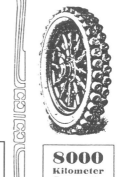

sein gepreßtes Stahlblech-Speichenrad ein Patent, das von den deutschen Kronprinz-Werken erworben wurde und aus dem später das allgemein bekannte KPZ-Rad hervorging.

**Oben: Ein „elastisches Rad" aus den USA.**

## Die Bereifung

Die anfangs glatte Bereifung, die bei nasser Witterung das gefährliche Schleudern der Kraftfahrzeuge bewirkte, wurde durch alle Gummifabriken jener Zeit gleich schnell und mit

## Die Bremsen

Die Bremsen wurden beim ersten Automobilkongreß in Paris dahingehend genormt, daß jedes vierrädrige Kraftfahrzeug zwei unabhängig voneinander funktionierende Bremsen aufweisen mußte. Die Konstrukteure legten dies, zumal in Europa, so aus, daß ab nun die mit langem Hebel und Zahnstellbogen zu betätigende Handbremse auf die Hinterräder, die mit Pedal und Rückholfeder zu betätigende Fußbremse auf die Getriebehauptwelle wirken sollte. War bei schweren Wagen

**Rechts: Ein Luftkammerreifen, der sich noch 1988 auf einem Feuerwehrfahrzeug von 1818 befand.**

**Links außen: Der Dunlop-Elasticreifen.**

**Links: Kettengleitschutz mit Stahlbändern.**

**Links außen: Stahlbeschlagener Ledermantel-Reifen, hier auf einem Darracq-Rennwagen von 1906.**

**Links: Das Plack-Drahtspeichenrad.**

relativ gleichen Erfolgen bekämpft. Die für Vorderreifen verwendeten Mäntel erhielten ein flaches Dessin oder einen Führungswulst; die für die Hinter-(Trieb-)Räder gewählten Mäntel wiesen am Protektor einen stollenförmigen Gleitschutz aus Gummiwarzen oder in einem Lederband sitzende Stahlnieten (Michelin) auf. Hochprofilige Gummidessins und Lamellierung (Sommerung) gab es damals noch nicht. Nach maximal 8.000 bis 10.000 Kilometer Fahrleistung waren die Reifen nicht mehr gebrauchsfähig. In Amerika kam Goodyear erstmals 1914, noch vor Kriegsbeginn, mit dem griffigen, hochprofiligen Gummigleitschutz heraus.

Rechts: Darstellung einer Innenbacken- und Außenband- bremse für schnelle und schwere Wagen:
D = Bremstrommel, L = Bremsbacken, K = Daumenhebel.

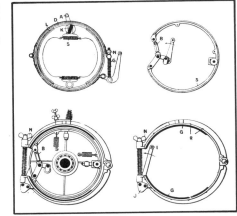

krieg hinein als sogenannte Bendix-Bremse verwendet. Sie entsprach nur wenig den Bedürfnissen, war im Rücklauf nicht verläßlich und wurde bald heiß. Auch die Außenbackenbremse litt stark unter Schmutz und Witterung. Erst ab 1907 kam mit der allgemeinen Innenbackenbremse mit Schutzblech, die in die Trommeln der Hinterräder eingebaut war, jene Bremsvorrichtung an den Triebrädern in Gebrauch, die

Rechts: Bergstütze, die an der Hinterachse eines Kettenwagens befestigt war.

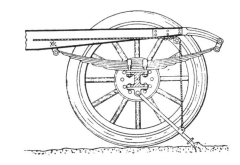

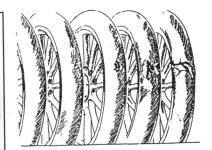

Die verschiedenen Stadien der Zerstörung einer Decke durch Nichtbeachtung eines Nagelloches.

Fig. 507.

Provisorische Reparatur eines Mantels durch Anlegen einer Manschette.

meist hydraulisch oder mit Preßluft betätigt wird.

Um die Jahre 1907 bis 1909 wurden auch Versuche mit längsgerillten Backen und Trommeln (zur Vergrößerung der Bremsfläche) unternommen, die aber nicht befriedigten. Da nun Bremsbacken teure Maschinengußteile sind, wurden als Verschleißmaterial Bremsbackenbeläge verwendet. Die ersten dieser Art bestanden aus weichem Grauguß, der mit Kupfernieten auf der Bremsseite der Backen aufgenietet war. Sie erzielten ein weiches und dennoch recht wirksames Bremsen auch bei geringem Druck. Da aber der reiche Anfall an Metallstaub an den Lagern Verunreinigungen und Schäden verursachte, kam man sehr bald dazu (schon 1910), zähere Bremsbeläge zu verwenden. Auflagen aus Messing bewährten sich wegen „Schmierens" nicht. Die Entwicklung führte zu Asbest-Metall-Geweben, wie „Jurid" und „Ferodo" (die heute wegen ihrer Schädlichkeit nicht mehr verwendet werden).

Außer den ausgesprochenen Motorbremsen (Saurer) gab es bis 1914 nur Hand- und Fußbremsen mit direkter Mechanik. Die Wirkung der letzteren wurde gern durch Zwischenschaltung eines Schraubentriebes erhöht (Gräf & Stift).

## Die Aufbauten (Karosserie)

Wie erwähnt, hat man 1900 bis 1902 allmählich erkannt, daß mit der Beibehaltung der Pferdewagenaufbauformen eine technische Weiterentwicklung im Kraftwagenbau geradezu gehemmt wurde. Auch hierüber hat nach dem Erscheinen der Mercedes-Wagen der Pariser Automobilkongreß die ersten Richtlinien aufgestellt.

Die Spritzwand, die den vorn gelegenen Motorraum nach hinten abschloß und alle technischen Kontrollapparate trug, die mit Zündungs- und Gas- bzw. Luftregelung (Manetten) ausgestatteten Lenkräder sowie die Unterbringung von Werkzeug, Reserveteilen und die handliche Verstauung der Reifenreserven erforderten es, den vorn befindlichen Lenker- und Mechani-

Oben: Diese Inserate ergänzen das Bild von den Bemühungen um leistungsfähige, langlebige Räder bzw. Reifen.

eine doppelte Fußbremse vorgesehen, so wirkte die zweite auf die beiden Differential-Halbachsen. Die erste 1913/14 von Isotta-Fraschini in der Praxis verwendete Vierradbremse wirkte als Handbremse in rein mechanischer Weise. 1912 begannen die Amerikaner, die Handbremse als Haltebremse auf das Getriebe, die Fußbremse auf die Hinterräder wirken zu lassen.

Während die Getriebebremsen von Haus aus fast ausschließlich als Außen- und Innenbackenbremsen auf Bremstrommeln, die den Wellen aufgekeilt waren, ausgestattet wurden, war der Weg der Triebradbremsen ein wesentlich komplizierterer.

Anfänglich wurde die Handbremse von den amerikanischen Fabriken aus Billigkeitsgründen noch bis in den ersten Welt-

## Offene Wagen.

Rennwagen mit abnehm-
barem Dienersitz.

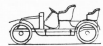
Rennwagen mit Werk-
zeugkasten neben dem
Dienersitz.

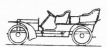
Tonneau m. rückwärtigem
Einstieg.

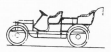
Doppelphaeton mit
schmalem seitlichen
Einstieg.

## Halboffene Wagen.

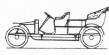
Doppelphaeton mit Klapp-
verdeck und breitem
seitlichen Einstieg.

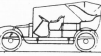
Doppelphaeton mit Klapp-
verdeck und Sonnen-
segel

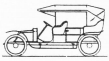
Doppelphaeton mit
amerikanisch. Verdeck.

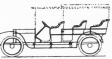
Dreifaches Phaeton mit
Sonnendach. (Triple-
Phaeton).

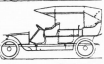
Sechssitziges Doppel-
phaeton.

Halblimousine.

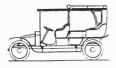
Halblimousine mit Cab
combiniert.

## Geschlossene Wagen mit gedecktem Führersitz.

Coupee - Selbstfahrer
(zweisitzig).

Cab-Phaeton(zweisitziger
Selbstfahrer) mit rück-
wärtigem, abnehm-
barem Dienersitz.

Coupee (Selbstfahrer)zwei
Sitze, Notsitz und ab-
nehmbarer Dienersitz.

Zweitüriges Doppel-
coupee.

Limousin-Coupee.

## Geschlossene Wagen mit offenem Führersitz.

Cab.

Zweisitziges Coupee.

Limousine.

Dorsay (gekrümmte Linie
als ausschliessliche Bau-
form).

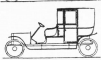
Coupee Trois-Quarts.

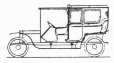
Limousine m. erweitertem
Innenraum.

Grosse Limousine

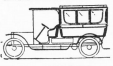
Omnibus.

Coupee Trois - Quarts,
Motor unter dem
Chauffeursitz.

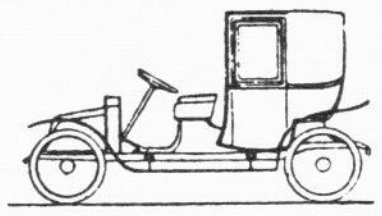

## Landauer mit offenem Führersitz

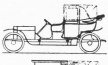
Dreisitziges Landaulet.

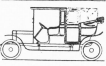
Landaulet-Trois-Quarts.

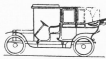
Landaulet-Limousine.

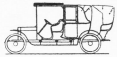
Landaulet als Touren-
wagen mit Klappverdeck
auf dem „Dienersitz".

Landaulet-Trois - Quarts,
Motor unter dem
Führersitz.

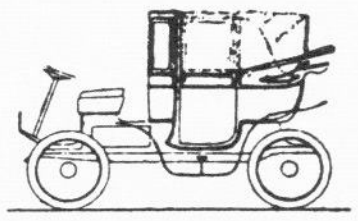

## Landauer mit gedecktem Führersitz.

Landaulet als Selbstfahrer.

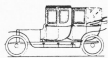
Coupee-Landaulet mit ge-
schlossenem Führersitz.

## Berline (vergl. auch Dorsay).

Sechssitzige Berline (nach
dem Muster der alten
Postwagen).

**Von dieser enormen
Vielfalt an
Karosserieformen
um 1906 sind
heute nur der
dominierende Innen-
lenker und das
exklusive
Kabriolet geblieben.**

1906  1908  1910  1912

Die prophezeiten Entwicklungs- resp. Entartungstendenzen des modernen Windschirmes.

1910 gelang der große Wurf im Karosseriebau und 1911 wurde er vervollständigt. Van den Place brachte das Cabriolet, das anfangs sehr teuer und anspruchsvoll in der Bedienung war. Die Coupé- oder Pullmanlimousine, aus Paris kommend, gab auch dem Fahrer Schutz gegen die Unbilden der Witterung, und die Bekämpfung des Luftwiderstandes brachte den Prinz-Heinrich-Vorbau am Lenkersitz, vom Kühler als Motorhaube konisch ansteigend, über die Spritzwand, die empfindlichen Kontrollapparate schützend, und bis zum Lenkersitz reichend. Bei geschlossenen Formen fand er an der Windschutzscheibe sein Ende.

Nunmehr wird auch der Lenkersitz durch Türen geschlossen, und selbst die Strömungstechnik macht 1911 schon ihre Ansprüche geltend. So richtig ihre Argumente hinsichtlich des hinteren Wagenteiles wegen des Sogs waren (Verjüngung der Karosserie gegen das Ende), so falsch waren sie hinsichtlich der Seiten (Bootsform). Immerhin gelang es durch all diese Maßnahmen, die Geschwindigkeit bei gleicher Motorleistung schon damals um etwa 10 bis 15 Prozent zu erhöhen, was besonders bei Sport- und Rennwagen nicht zu verachten war.

Große Tourenwagen wurden vielfach mit zwei auswechselbaren Karosserien geliefert.

kersitz vom Fond des Wagens zu trennen und für Fahrgäste bzw. Nutzlast eine gesicherte und ungestörte Unterbringung vorzusehen. Während die Vordersitze aus Gründen leichter Überwachung des rollenden Fahrzeuges zunächst offen zugänglich waren, war der Fond aus Sicherheitsgründen mit verriegelbaren Türen bis in Sitzhöhe verschlossen. Führersitz und Fond verband beiderseits längs außen ein mit Aluminiumblech beschlagenes Laufbrett. Die offene Form wurde zunächst im Umweg über das Dogcart vom Tonneau repräsentiert. Ähnlich wie in einer offenen Tonne saßen sich in den Ecken die vier Fahrgäste gegenüber, während der Raum durch Aufstiege und eine Türe von hinten erreichbar war. Der offene zweisitzige Sportwagen erhielt den konservativen Namen

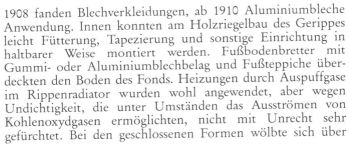

**Kronprinz Windschutz-Scheibe mit Scheibenwischer. das Beste bei Schnee u. Regen**

1908 fanden Blechverkleidungen, ab 1910 Aluminiumbleche Anwendung. Innen konnten am Holzriegelbau des Gerippes leicht Fütterung, Tapezierung und sonstige Einrichtung in haltbarer Weise montiert werden. Fußbodenbretter mit Gummi- oder Aluminiumblechbelag und Fußteppiche überdeckten den Boden des Fonds. Heizungen durch Auspuffgase im Rippenradiator wurden wohl angewendet, aber wegen Undichtigkeit, die unter Umständen das Ausströmen von Kohlenoxydgasen ermöglichten, nicht mit Unrecht sehr gefürchtet. Bei den geschlossenen Formen wölbte sich über

Unten: Um 1900 gab es die letzten, von den Kutschen übernommenen Kerzenlaternen an Automobilen.

Rechts: Einen Fortschritt brachte die Azetylengaslampe.

Phaeton, der vier- bis sechssitzige Tourenwagen Doublephaeton. Auch der Preagh fand gute Verwendung. Alle hatten ein zusammenklappbares Segeltuchverdeck mit oder ohne Seitenteile, das durch zwei lange Riemen, die vorne an den Scheinwerfergabeln befestigt waren, in Spannung gehalten wurde. Die Windschutzscheibe kam erstmalig 1907/08 zur Anwendung. An geschlossenen Formen gab es zunächst die Landaulet (Halbcoupé), die vom alten Pferdelandauer übernommen wurde, 1902 bis 1904 erstmalig die vollgeschlossene Limousine und 1906 das moderne Stadtcoupé. In allen drei Fällen waren die Lenkersitze außen, d. h. der Chauffeur war nicht im gleichen Raum mit der Herrschaft untergebracht. Die notwendige Verständigung erfolgte mittels Sprachrohrs oder Lautsprechertelephons (nur vom Fond nach außen).

den Seitenwänden das nach Waggonbauweise konstruierte, nur in bedeutend leichterer Ausführung gebaute, mit Zinkblech und Regenleisten versehene Dach. Türen und Fenster waren den Bahncoupéfenstern entsprechend, aber in kleinerer und leichterer Form ausgeführt. Als Bespannungsmaterial diente abgestimmtes buntes Spaltleder für Sitze und Wände, das bei offenen Wagen einfarbig, bei geschlossenen für den Führersitz schwarz gewählt wurde. Die Innenbespannung bei geschlossenen Wagen bestand aus Plüsch oder Strucks, bei luxuriösen Gefährten aus Wildleder. Hintere Ausblickfenster, Rollvorhänge, Deckenbeleuchtung, geschliffener Glasabschluß vom Coupé zum Führersitz, Aschenbecher, Blumenvasen, Uhr und Zigarrenanzünder vervollständigten den Komfort.

## Beleuchtung und Ausstattung

Die in der Wagenmitte vorne angebrachte große Blériot- oder Scharlachlampe genügte bei den Wagen ab 1902 nicht mehr. Die Laternenindustrie brachte schon 1903 recht brauchbare Azetylen- oder Autogas-Scheinwerfer heraus. 1910 kamen Goerz und Zeiß mit optisch richtig gebauten Scheinwerfern, mit parabolischem Hohlspiegel und Abblendvorrichtung ver-

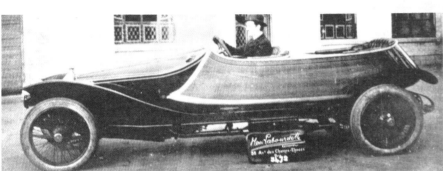

sehen, auf den Markt. Auf dem Pariser Salon im Februar 1912 finden sich die ersten elektrischen Lichtanlagen wie Dynamo, Batterie und Anlaßmotoren an Personenautomobilen. Ihre Anlagen waren richtigerweise ausschließlich spannungsregelnd, die Anlasser hatten alle Solenoidanker (Bosch, Siemens, Mafam Bijour, Noris). Amerika brachte 1913/14 den Bendix-Anlasser und — weil billiger — stromregulierende Dynamos.

**Rechts oben: Der Gräf & Stift-Wagen von Kaiser Franz Josef I.**

**Oben: Panhard-Levassor von 1912 mit in Bootsform gebauter Karosserie von Henry Labourette.**

**Rechts: Anläßlich des Berliner Autosalons 1914 wurde dieser „moderne Reisewagen mit Schlaf- und Kocheinrichtung" vorgestellt (de Diétrich).**

Bosch baute zwecks Vereinigung aller stromerzeugenden Maschinen in einem Aggregat zunächst den Magnetdynamo, dann die Zündlichtmaschine, die zusätzlich eine Transformatorspule erforderlich machte. Als Mafam auf den Plan trat, war die Wahl der Spannung recht umstritten. Während Amerika von Haus aus die 6-Volt-Spannung vertrat, neigten die Elektrofirmen Europas (Siemens) mit Rücksicht auf die Anlaßleistung sogar zu 24 Volt. Da aber andererseits die Anlage für Pkw zu schwer geworden wäre, einigte man sich noch im Mai 1914 welteinheitlich auf die beiden Standardspannungen von 6 bzw. 12 Volt.

Hinsichtlich der Ausrüstung ist zu erwähnen, daß auf erstklassiges Handwerkzeug, genügend Reparaturrohmaterial für die flüchtige Instandsetzung auf der Straße, weniger aber auf wirklich wichtige Ersatzteile und eine geschützte übersichtliche Verstauung im Wagen Wert gelegt wurde.

Während Amerika mit Ausnahme seiner großen und teuren Wagen seine Erzeugnisse „nackt" verkaufte und jede Ausrüstung als „zuzüglich" galt, waren die Automobile des Kontinents in jener Zeit als wirklich gut und reichlich ausgestattet anzusprechen. Hierin taten sich ganz besonders in Deutschland Mercedes, in England Rolls-Royce, in Frankreich Peugeot, in Italien Fiat und in Österreich-Ungarn Gräf & Stift hervor.

## Die industrielle Entwicklung

Die Automobilindustrie in Europa trat aus dem Stadium des Erprobens und der Einzelfertigung nach Zeichnung etwa ab 1904 — je nach Firma und Marke etwas früher oder später — in die Fabrikation kleiner Serien ein, die nach vorher festgelegter Konstruktion und Schaffung eines Prototyps für die laufende Erzeugung vorgesehen wurden. Zunächst noch behutsam, wurde nun der Größe des Werkes entsprechend meist ein

Typ je Gattung vom Motorrad bis zum 5-Tonnen-Lastwagen auf Grund der in den vorhergehenden Jahren gemachten Erfahrungen in die fabrikmäßige Fertigung genommen. Welchen Aufschwung der internationalen Wirtschaft dies nach sich zog, geht am besten aus folgenden Maßnahmen hervor, die jeder Fabrikation vorausgingen:

— Das erforderliche Rohmaterial wie Eisen, Konstruktionsstähle, Bleche, Buntmetalle, Glas, Holz, Leder usw. mußten in den dem Erzeugungsprogramm entsprechenden Mengen bei der Rohstoffindustrie bestellt und auf Lager gelegt werden.

— Die erforderlichen Halbfabrikate wurden teils nach Norm, teils nach Zeichnung bei den verschiedenen Zulieferindustrien in genügenden Mengen, einschließlich eines Ausschußkoeffizienten, in Bestellung gegeben, wie etwa Modellabgüsse für Kurbel-, Getriebe- und Differentialgehäuse, Zylinderguß, Kolben und ähnliches bei den Grau- und Stahlgießereien, Hähne, Muffen, Holländer, Kugelgelenke, Staufferbüchsen, Öler usw. bei den Armaturenfabriken, Wasserpumpen, Vergaser, Kühler u. dgl. bei den Firmen des Apparatebaues usw.

— Das Materiallager wurde so eingerichtet, daß es dem Fabrikationsgang nach Lage und Gliederung entsprach.

— Die eigenen Schmiedewerkstätten, Rahmenschlossereien, Klempnereien sowie die verschiedenen Abteilungen des Wagenbaues wie Stellmacherei, Wagnerei, Tischlerei, Spenglerei, Sattlerei, Lackiererei mußten in den Fertigungsgang nicht nur richtig eingegliedert, sondern auch mit den erforderlichen Zeichnungen (Werkstattzeichnungen) und Vorrichtungen versorgt werden.

— Die mechanischen Abteilungen wie Dreherei, Bohrerei, Hoblerei und Fräserei benötigten Detailzeichnungen, Spannvorrichtungen und Werkzeuge, die Automaten und Maschinen die richtige Einstellung. Alle Anstrengungen mußten gemacht werden, um diese Abteilungen in Vorlauf

**Links oben: Sechssitzige Limousine Dixi-Eisenach von 1906.**

**Links: Benz-Parsifal-Type 12/18 PS Doppelphaeton von 1903, Höchstgeschwindigkeit 60 km/h.**

**Oben: Doppelphaeton mit Klappverdeck von 1906.**

**Links Mitte: Doppelphaeton mit Coupé von NAG, 1906.**

**Darunter: 6-Zylinder-Napier-Doppelphaeton von 1908.**

**Rechts Mitte: Prinz-Heinrich-Fahrt-Wagen von Adler, 1908.**

**Links: Mit diesem ersten Cadillac mit elektrischem Starter wurde zweimal die Dewar-Trophy gewonnen.**

**Rechts: Leichter Benz-Tourenwagen von 1909.**

**Links: Sechssitziges Tonneau von Dürkopp, 1902.**

**Rechts: Zweisitziger Winton-Sportwagen in Torpedoform von 1910.**

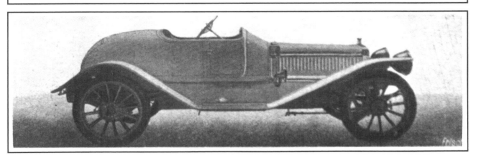

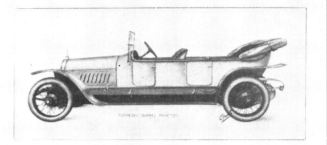

## 40/100 PS Vierzylinder
(4 Zyl.-Durchm. 140 mm, Hub 165 mm, Ges.-Zyl.-Inhalt 10,2 Liter)

**Motor.** Vier paarweise zusammengegossene Zylinder von 140 mm Bohrung und 165 mm Hub.

**Kühlung.** Zellenkühler, Zentrifugalwasserpumpe und Ventilator.

**Zündung.** Magnet-elektrische Hochspannungs- und Akkumulatoren-Zündung.

**Vergaser.** „System Opel", selbsttätig, mit automatischen Zusatzluft-Ventilen D. R. P.

**Ölung.** Automat. Frischölschmierung mit direkter Zuführung zu allen Lagerstellen (Baggerölung).

**Rahmen.** Kräftige Stahlträger in U-Form, vorn besserer Lenkbarkeit wegen eingezogen. Blechunterkleidung vom Kühler bis hinter das Getriebe.

**Vorderachse.** Nickelstahl, I-förmig im Gesenk geschmiedet.

**Federung.** Sehr lange, elastische 3/4 Eliptikfedern aus Ia. Spezialstahl.

**Räder.** Solide Holzräder, auf Präzisions Ringlagern laufend.

**Bereifung.** Vorn 875x105, hinten 895x135 Pneumatiks.

**Steuerung.** Völlig stoßfrei und unverrückbar, durch Schneckengang, Hebel und Zugstange auf die Achsschenkel der Vorderräder wirkend.

**Kraftübertragung** auf das Wechselgetriebe mittelst Konus-Lederkupplung und Zwischengelenks und von diesem durch die sehr starke Kardanwelle (Doppelkardan) auf die Hinterradachse.

**Wechselgetriebe.** Vier Geschwindigkeiten vorwärts, die größte ohne Zwischenräder in direktem Eingriff und Rückwärtsgang. Wellen und Zahnräder, auf Kugeln laufend, aus Ia. Chromnickelstahl.

**Einschaltung.** Moderne, seitliche Kulissenschaltung. Schaltet direkt von jeder Geschwindigkeit in jede andere und Leerlauf.

**Bremsen.** Getriebe-Fußbremse für Vor- und Rückwärtsgang und auf die Hinterräder wirkende Handbremse.

**Untergestell,** Aufbaulänge 2,75 m . . . . . . Mk. 16 000
**Torpedo-Doppel-Phaeton** (schräge Steuerung.) . . . . „ 18 000
**Landaulet** od. **Limousine,** 4sitzig, m. Vord. u. Glasscheibe „ 20 500
(Oberteil abnehmbar Mk. 300.— mehr.)
Torpedo-Vorbau bei geschlossenen Carrosserien Mk. 250.— mehr.

Alle Arten Klappsitze anbringbar. — Mehrpreise für besondere Zubehör- und Ausstattungs-Gegenstände Seite 14, für Gummi und abnehmbare Räder Seite 24. Innen-Ausstattung geschlossener Wagen und Extras Seite 15.

**Adam Opel**

**Kostspieliges Opel-Topmodell von 1912.**

**Unten: Der Opel „Doktorwagen" ließ den Fahrer auch auf schlechten Straßen nicht im Stich, 1909.**

zu bringen und den Bezug durch die „Montierung" zeitgerecht zu ermöglichen.

— In der Montagehalle(n) war für den Zusammen- und Einbau alles bereitzulegen, um den Arbeitsfluß nicht zu behindern und mit den kalkulierten Stunden bis zur Fertigstellung das Auslangen zu finden. Dann folgte

— die Einzelerprobung durch das Werk, das Einfahren, die Abstellung erkannter Mängel, die Ausrüstung, Reinigung und der Versand.

Diese Art der Fertigung spielte sich in Europa überall ein und ergab in den einzelnen Werken teils hohe, teils geringere Qualität der Arbeit und des verwendeten Materials, was meist auch im Verkaufspreis der verschiedenen Marken zum Ausdruck kam. Über den Zusammenbau des Fahrzeuges in individueller Arbeit ein und derselben Partie am gleichen Ort (Standmontage) kam man aber bis 1914 bzw. 1920 kaum hinaus.

In Amerika haben die ersten Automobilfabriken 1898—1900 mit derselben Fertigungsart begonnen und ihre Erzeugnisse auf diese Weise herausgebracht. Aber schon ihre Fabrikbauprojekte für die nächsten drei bis fünf Jahre zeigten die Absicht der Aufnahme einer Großserienerzeugung. Die Automobilindustrie leitet ihre Entstehung von den nach englischen Vorbildern geführten Dampfwagenfabriken von Westinghouse, Chicago, Locomobil, Ohio, Oldsmobile, Cincinnati, her. Obwohl sie an der Entwicklung des Benzinautomobils beteiligt waren, traten sie erst dann in die fabrikmäßige Fertigung ein, als seine Konstruktion durch die europäische und auch amerikanische Pionierarbeit im Prinzip geklärt war. Sie erzeugten dann sofort die ersten großen Luxus- und Reisewagen, deren Motorleistung schon damals bei 60 PS und mehr lag. Ihre Reserveausrüstung, in Koffern verpackt, ermöglichte fast eine Generalreparatur während der Reise. Im Hinblick auf die damalige amerikanische Landstraße mußten die Wagen mit wirtschaftlichen Motoren von relativ großer Leistung und nicht zu hoher Spitzengeschwindigkeit ausgestattet werden und die Fahrgestelle hochbeinig sein.

Aber bald erkannte Amerika den richtigen Weg, um amerikanischen Forderungen und europäischer Entwicklung gerecht zu werden. Der erste Wagen, der bei Cadillac in Fertigung ging, war ein Reihen-6-Zylinder mit einzeln stehenden Zylindern und aufgalvanisierten kupfernen Wassermänteln, ein technisch sehr schönes Objekt. In Detroit, dem Mekka aller

**Oben: Preiswerter Opel-Kleinwagen von 1912.**

**Unten: Luxuriöses Mors-Phaeton von 1903.**

Autoindustrie, schossen ab 1904 die Automobilfabriken wie Pilze aus dem Boden, als sich Konstrukteure wie Finanzleute im klaren darüber waren, was zu tun sei.

Henry Ford war der erste, der zwischen Type und Modell zu unterscheiden wußte. Die Marken Chevrolet (der Ford im Smoking), Willys Overland (der Ford im Frack) — er hat später auch als einziger Amerikaner Knight-(Schieber-)Motoren gebaut —, Auburn, Essex, Hudson, Hupmobil, Chrysler, Studebaker, Peerless, Kisselcar, Federal Republic (die beiden letzteren Lastwagenfabriken), der amerikanische Rolls-Royce, Buick, Packard, Pontiac und Mitchell waren 1910 auch in Europa zu Begriffen geworden. Diese Firmen haben damals vorzüglich Personenwagen erzeugt und sich im Jahr auf eine bis höchstens drei Typen in je 1 bis 5 Modellen beschränkt. Chevrolet und Essex bauten zunächst Voituretten.

In England entwickelten sich in Birmingham und Coventry Zentren der Automobilindustrie. Als älteste Firma nach Westinghouse und Thornycroft trat 1902 die Englische Daimler-Motoren- und -Nutzwagengesellschaft London auf den Plan, die von Haus aus, gleich Büssing in Deutschland, das Nutzwagenprogramm forcierte, also Lastwagen und schwere Omnibusse baute. Sie verwendete ab 1908 fast ausschließlich die nach den Patenten des Ing. Knight gebauten Hülsenschiebermotoren. 1906/07 brachte den ersten Rolls-Royce-Personenwagen, Typ Silvergoast, in einer derart vollendeten Form, daß er bis 1916 fast unverändert bleiben konnte. Armstrong-Siddeley, Austin, Bentley, Hillman, Humber, MG, Morris, Standard SS (Jaguar), Triumph, Vauxhall, Wolseley sind Werke und Marken, die um 1902 bis 1908 gegründet, begriffliches Allgemeingut geworden sind, wenn auch nicht alle bestehen blieben.

In Spezialerzeugnissen sind die Dunlop-Rubber Tyre Company für Pneus, die Royal-Dutch Oil Company für Benzin und Öl, die Fabrikation von Block-, Rollen- und Zahnketten samt -rädern in Coventry, die Spezialstahl-(Nickel-Chrom-Vanadiumstähle, Silberstahl-)Erzeugung in Birmingham und Leeds, ferner Rudge-Whitworth für Drahtspeichenräder zu erwähnen, da sie weltversorgend auf den Plan traten.

Rennen, die Forderungen der Heeresverwaltung und der rastlose Ideendrang der Konstrukteure und Sportsleute hatte Frankreichs Autoindustrie revolutioniert. Zu den schon während der Pionierzeit tätig gewesenen und weltbekannt gewordenen

Werken, die sich selbstverständlich bedeutend erweitert hatten, kamen neue hinzu. Die Zubehörindustrie nahm dort einen raschen Aufstieg. Zu den in diesen Zeitraum fallenden Neugründungen zählten: Berliet, Delage, Gobron-Brillié, Rochet-Schneider, Mors. Weltruf erlangten ferner die Spezialfabriken von Lemoin, Paris, für Achsen und Federn, Michelin, Clermont-Ferrand, für Pneus (speziell für Gleitschutzreifen mit Lederprotektor sowie den ersten Luftkammerreifen Duscable), Pozzy und Scotte für Achsen und Schmiedeteile, die Société de Carbourateur Zenith für Vergaser und Benzinförderanlagen,

Mafam-Bijour (Lizenzbetrieb aus USA) für Zünd- und elektrische Lichtanlagen, Blériot für Scheinwerfer u. a. m.
Während sich die Niederlande aus der Automobilproduktion gleich den skandinavischen Staaten bis 1918 heraushielten, wurde Belgien Fertigungsland. Die Fabrique National, Herstal, baute ab 1914 Pkw. Minerva, Antwerpen, erzeugte bis 1907 Ventilmotoren und Wagen, später den nicht minder geschätzten Minerva-Knight bis zum 70 PS-6-Zylinder. Metallurgique und Züst waren weitere bekannte Marken. Weltgeltung errang die Karosseriefabrik Van den Place durch ihre aus einem Stück gepreßten bombierten Kotflügel 1912 und die luxuriösen Aufbauten, speziell der ersten Kabrioletts.

In Spanien trat erstmalig mit 1910 die Marke Hispano-Suizza als Repräsentant erstklassiger rassiger Sportwagen mit Hochleistungsmotoren auf den Europamarkt. Ihre Lizenzen erwarb 1918 die Firma Skoda-Pilsen.

In Deutschland vollzog sich, von Regierung und Kaiserhaus gefördert, eine Entwicklung ohnegleichen. Waren um 1900 nur die Erfinderfirmen und einige ehemalige Fahrrad- und Nähmaschinenfabriken sowie vier Elektrofirmen mit dem Bau von mechanischen Straßenfahrzeugen (auch Motorrädern) beschäftigt, so waren es 1907 bereits dreimal so viel geworden. Neben den angeführten Firmen erschienen in dieser Zeit auf dem Markt: Daimler, Marienfelde, und Benz, Gaggenau, für Lastwagen, Büssing, Braunschweig, für Nutzfahrzeuge, Locomotivfabrik Henschel & Sohn, Kassel, mit ihrem Werk Hen-

schel & Co. in Charlottenburg-Berlin, MAN, Nürnberg (nur Lastwagen nach Lizenz, Vomag-Plauen, Saurer), Bergmann-El. A.G. als Lizenznehmerin von Metallurgique und NAG, Berlin, mit gemischtem Programm, desgleichen Audi, Zwickau, Horch, Zwickau, Brennabor, Brandenburg, Stoewer, Stettin, Protos, Berlin, Hansa-Lloyd, Bremen, weiters Pkw von Wanderer, Chemnitz, Dürkopp, Bielefeld, Deutzer Motorenwerke, Köln, Macke, Duisburg, Mathis, Straßburg, Erhardt, Zella, um nur die gut fundierten zu nennen. Die Zubehörindustrie wurde Legion. Auf dem Reifenmarkt erschienen die Marken Continental und Fulda. Den Mercedes-Bienenkorbkühler fertigten zahlreiche Firmen in Lizenz, für Vergaser und Apparate traten die deutsche Zenith-Vergasergesellschaft m. b. H., die Pallas-Apparatebau-A.G. und die Firma Solex auf den Plan, Magnetzündapparate und elektrische Lichtanlagen (1912) fertigten die weltberühmten Firmen Robert Bosch A.G., Stuttgart, Eisemann sowie Mea, Stuttgart, und Noris, Berlin (Siemens-Schuckert). Autoräder und Felgen lieferten die Kronprinz-Werke, Rheinland, KPZ, Nürnberg usw., die Delmenhorster Wagenfabrik Aufbauten. In der deutschen Werkzeugindustrie war besonders Remscheid berühmt.
Im Wirtschaftsraum der damaligen österreichisch-ungarischen Monarchie entwickelten sich die Firmen: Gräf & Stift, später Wiener Automobilfabriks-A.G., Österr. Daimler-Motoren A.G., später Austro-Daimler A.G., Wiener Neustadt, WAF, Wiener Automobilfabrik, vormals Bock & Holländer, Wien, Österreichische Fiatwerke A.G., später Austro-Fiat, Wien, Österreichische Saurerwerke-Aktiengesellschaft, Wien, Grazer Fahrradwerke Johann Puch & Co., Graz, A. Fross-Büssing, Fabrik für Nutzfahrzeuge, Wien, erst 1911 die Österr. Berna-Lastwagenwerke in Liesing bei Wien, später Perl A.G. Während Daimler, Gräf, Fiat, Puch und WAF gemischtes Programm hatten, konzentrierten sich Fross und Saurer (Schwesterwerk von Arbon) ausschließlich auf Nutzfahrzeuge (Lkw und Omnibusse).
In Ungarn betrieben MAG, Györ, und MARTA, Arad, eigene Produktionen. Die Danubiuswerft in Budapest fertigte in Lizenz ab 1912 den 3-Tonnen-Austro-Fiat und den 5-Tonnen-Fross-Büssing-Lkw, und die Waggon- und Maschinenfabrik in Raab (Györ) in Lizenz den 3-Tonnen-(Subventions-)Lkw Praga als Raba.

Im böhmisch-mährischen Raum entwickelte sich aus der Motorraderzeugung durch Laurin & Klement in Jung-Bunzlau eine namhafte Automobilindustrie, aus der neben der bereits erwähnten Nesselsdorfer Wagen- und Fahrzeugfabrik — später Tatra — zahlreiche Werke hervorgingen. Hier sind zu nennen: die RAF Reichenberger Automobilfabrik, das Motorradhaus Walter & Co. in Prag, das außer Rädern auch Cyclecars und Motorlast-Dreiräder baute. Unabhängig davon und auf eigenem Programm fußend nahm die Böhmisch-mährische Maschinenfabrik Prag-Lieben, vormals Breitfeld & Daniek, um 1910 die Lastwagenproduktion unter der Marke Praga mit bestem Erfolg auf.

Hervorzuheben ist die meist in und um Wien seßhaft gewesene Zulieferungsindustrie. Auf dem Reifenmarkt waren es die Österreichische Continental A.G., vormals Menier & Reithoffer, Steyr, die Austro-Amerikanische Gummiwarenfabriks A.G., Wien, Traiskirchen und Wimpassung, später Semperit; für Kühler, Scheinwerfer und Blecharbeiten die Firma Waichmann, Wien, Hasag-Austria, vormals Roth A.G., Wien; für Schmierautomaten die Friedmannwerke, für Ausrüstung Dénesz & Friedmann, Hupeden & Oplatek; für Federn und Achsen die weltberühmte Firma Danner, Judenburg (später Styriastahlwerke); für Kurbelwellenrohlinge die Gebr. Böhler, Kapfenberg; für Zylinder- und Gehäuseguß J. M. Voith, St. Pölten (Grauguß); Schoeller-Bleckmann, Ternitz, für Stahlguß; Zimmermann, Wien, für Aluminiumguß u. v. a.

In der Schweiz wurde vor allem dem Problem des Nutzkraftwagens industrielles Interesse entgegengebracht, das in den erstklassigen Fabrikaten der Marken Saurer, Arbon, Berna, Bern und Oerlikon, Zürich, seinen Ausdruck fand. Von ihnen hat Saurer Weltgeltung erlangt, was u. a. auch die zahlreichen Lizenznehmer beweisen. Im Pkw-Bau trat die Firma Martini hervor.

Italien hat an der internationalen Kraftwagenentwicklung großen Anteil. Wohl wurde an Daimler angeknüpft, aber doch ist von Anfang an eine individuelle Linie in der eigenen Konzeption zu erkennen, die auf Schönheit der Maschine und des Fahrzeuges überhaupt gerichtet war. Bestimmend und führend in Auffassung und Form waren die 1898 in Turin gegründeten Fiatwerke. In kurzen Abständen folgten 1899 Itala, Mailand, und Lancia, Turin, 1902 Isotta-Fraschini, Turin, 1905/06 die Werke SPA, Ferrara, und Alfa Romeo, Turin. Fiat brachte erstmalig schon 1905 die vollständig geschlossene Hinterachsbrücke mit entlastetem Kardan und 1912 den Warmluftvergaser, bekannt unter dem Namen „Heiße Düse", Itala 1910 den Rundschiebermotor Avalve, Lancia ausgezeichnete Rennwagen, Isotta-Fraschini 1912 die erste mechanische Vierradbremse, SPA 1910 den ersten kontinuierlichen Preßluftanlasser, Alfa schon 1910 die ersten stromlinigen Renn- und Sportwagen heraus.

Durch die staatlichen Berufsorganisationen der Industrie haben die verschiedenen Automobil-Industriellenverbände zum Zweck der Normung und einheitlichen Linienführung eine Internationalisierung von allem Anfang an angestrebt und 1900 auch erreicht.

# Henry Ford

Niemand hat der Entwicklung der Kraftfahrt, und im weiteren Verlauf der modernen Industrie, so nachhaltig seinen Stempel aufgedrückt wie Henry Ford. Dabei müßte man ihn allein als Autopionier bereits zu den beeindruckendsten Persönlichkeiten seiner Zeit zählen.

Das Geheimnis seiner weitgespannten Wirkung, die er auf seine Zeit ausübte, war das Phänomen, daß er sich in seinen Bestrebungen und deren Realisierung gleichsam immer wieder selbst übertroffen hat. Soviel Genie und Voraussicht hat vor und nach ihm kaum jemand in die Entwicklung der modernen Wirtschaft eingebracht.

So sehr er den Pionier mit seinen idealistischen und zäh verfolgten Zielen versinnbildlichte, so imponierend sind seine nachfolgenden Leistungen auf allen Gebieten der praktischen Durchführung seiner vorgefaßten Absicht, die Vorteile des Automobils jedermann — und damit meinte er tatsächlich jedermann — zugänglich zu machen. Das riesige Amerika mit seinen vielen Farmen, weit weg von den nächsten größeren Ansiedlungen und Städten, legte dies zwar nahe, aber die zu überwindenden Schwierigkeiten, die es bereitete, jedem Amerikaner tatsächlich ein leistungsfähiges und dabei preiswertes Fahrzeug zugänglich zu machen, waren naturgemäß enorm. Ford mußte ja, ohne auf Vorbilder oder praktische Erfahrungen zurückgreifen zu können, völlig neue Wege und Methoden ausfindig machen, um sein Ziel zu verwirklichen, wobei er so ziemlich alle Probleme der modernen Autoproduktion löste und ein funktionierendes Produktionsmodell auch für andere zur Verfügung stellte.

Die nachfolgende Schilderung des Lebens und Werkes von Henry Ford gilt aber dennoch nicht nur ihm selbst, sondern zeigt auch auf, mit welcher Zeitraffung hier eine besonders vielfältige und schwierige Industrieproduktion zum Laufen kam.

Henry Ford wurde am 30. Juli 1863 in Dearborne, Michigan, als Sohn eines Farmers geboren. Er verlebte eine ruhige Jugend, die lediglich durch die erste Begegnung mit einer landwirtschaftlichen Lokomobile und seiner Vorliebe für Uhren, die er zerlegte und wieder zusammenbaute — seine technische Begabung war schon damals sehr stark ausgeprägt —, bemerkenswert war. Als schlechter Schüler, der mit 17 Jahren die Schule verlassen mußte, hatte er geringe Chancen. So trat er als Lehrling in die mechanische Werkstätte der Drydocks Engine Works ein. Nach seiner Lehrzeit arbeitete er als Sachverständiger für den Vertreter der Westinghouse Company von Shenectady.

Damals begann Ford sich mit der Idee zu beschäftigen, einen leichten Dampfwagen zu bauen, da er der Ansicht war, daß die Arbeit der Farmer dadurch erleichtert werden könnte. Deutlich zeichneten sich bereits seine Ziele ab, als er meinte: „Die schwere, harte Farmerarbeit von Fleisch und Blut auf Stahl und Eisen zu übertragen, ist von jeher mein größter Ehrgeiz gewesen". Er baute tatsächlich einen gut funktionierenden Dampfwagen mit Petroleumheizung, die Regelung erfolgte lediglich durch Drosselventile. Da er aber feststellte, daß das Gewicht seines Dampfwagens zu den herrschenden Straßenverhältnissen der damaligen Zeit in keinem guten Verhältnis stand, gab er den Weiterbau auf.

Während seiner Lehrzeit war er bereits auf den durch Leuchtgas betriebenen Ottomotor aufmerksam gemacht worden. Er verfolgte die Entwicklung dieses Motors mit starkem Interesse und hatte 1885 die Gelegenheit, in den Eagle-Eisenwerkstätten in Detroit einen Ottomotor zu reparieren. An diesem Motor machte er seine ersten praktischen Erfahrungen und baute 1887 selbst ein Viertaktmodell, das ziemlich befriedigend arbeitete.

Für kurze Zeit ging er auf Wunsch seines Vaters auf die Farm zurück, heiratete und baute sich neben sein Haus eine eigene Werkstätte, in der er versuchte und erprobte, und zwar mit Maschinen, die er aus gewöhnlichen Eisenröhren anfertigte. 1890 begann er an seinem ersten Zweizylindermotor zu arbeiten, da er von vornherein der Überzeugung war, daß ein Einzylindermotor zu viele Nachteile hätte. Er hatte die Absicht, diesen Motor an ein Fahrrad anzubauen, erkannte aber bald, daß er für diesen Zweck zu schwer war.

Ford nahm dann eine Stellung als Ingenieur bei der Detroiter Elektrizitätsgesellschaft an. Seine begonnenen Arbeiten und Versuche wurden von ihm aber konsequent fortgesetzt. Vor allem beschäftigte ihn jetzt die Idee, einen „pferdelosen Wagen" zu bauen. Ohne jede fremde Hilfe und Erfahrung stellte er 1892 sein erstes Automobil fertig, aber erst 1893 war die Maschine so weit entwickelt, daß sie befriedigend lief und Bauart und Material nun auf der Straße erprobt werden konnten. Er sagte selbst: „Mein erster Wagen glich einem Bauernwagen. Er hatte einen Zweizylindermotor mit 63 mm Bohrung und 152 mm Hub und war über der Hinterachse montiert. Die Zylinder waren aus Auspuffrohren einer Dampfmaschine gefertigt. Der Motor entwickelte zirka 4 PS. Die Kraft wurde durch einen Riemen auf eine Zwischenwelle und von dieser

durch eine Kette auf das Hinterrad übertragen. Der Kasten ruhte auf elliptischen Federn und hatte zwei Sitze. Der Wagen verfügte über zwei Geschwindigkeiten, die erste für 16 km/h und die zweite für 32 km/h. Die Geschwindigkeiten wurden

durch Verschieben des Riemens geschaltet. Einen Rückwärtsgang gab es nicht. Ein Ändern der Geschwindigkeiten war

**Oben links: Quadricycle in Seitenansicht. Die Kupplung wurde durch eine Druckrolle am Riemen ersetzt.**

**Erste Werkstätte in der Bagley Avenue in Detroit, 1896.**

**Oben rechts: Henry Ford in Siegerpose mit seinem ersten „Boss of the road", Modell von 1900.**

außerdem durch Gaszufuhr und Drosselung möglich. Die Räder waren Fahrradräder von 70 cm Durchmesser, gummibereift. Ich stellte sehr bald fest, daß in den Hinterrädern ein Ausgleichsmechanismus fehlte, um das Kurvenfahren zu erleichtern. Der ganze Wagen wog zirka 225 kg. Gezündet wurde der Motor durch elektrische Funken. Der Motor hatte ursprünglich Luftkühlung; ich mußte feststellen, daß er nach ein- bis zweistündiger Fahrt heißgelaufen war, und legte deshalb einen Wassermantel um den Zylinder, den ich durch ein Rohr mit einem Behälter verband."

Charles B. King, der das erste Benzinautomobil Amerikas gebaut hatte, war mit Ford sehr eng befreundet und arbeitete mit ihm an einem kleinen Einzylindermotor. Ford kämpfte wie alle Pioniere des Automobils mit dem Unverständnis seiner Mitmenschen, und besonders betrübte ihn, daß er bei seinem Vater, den er einmal mit seinem Auto besuchte, kein Verständnis fand. Da sein Automobil für lange Zeit das erste in Detroit war, galt er nicht nur allgemein als eine Plage, sondern er war ständig Mittelpunkt der Volksmenge, die sich bei jedem Halt versammelte und es so weit brachte, daß er seinen Wagen mit einer Kette irgendwo befestigen mußte, damit nicht andere

**Henry Ford mit dem Arrow-Rennwagen, 1904.**

sich damit selbständig machten. Er mußte sich auch einen besonderen Erlaubnisschein zum Führen seines Autos besorgen und genoß damit lange Zeit den Vorzug, der einzige behördlich bestätigte Chauffeur Amerikas zu sein.

In den Jahren 1895 und 1896 legte er mit seinem Fahrzeug rund 1.600 km zurück und verkaufte dann den Wagen um 200 Dollar. Dies war sein erster Verkauf. Konsequent wie er war begann er 1896 sein zweites Auto zu bauen. Es wurde leichter als das erste, hatte aber ebenfalls Riemenantrieb. Inzwischen

**Unten:
Schnitt des
Modell T mit
Motorschnitt.**

war Ford zum ersten Ingenier seiner Firma aufgerückt. Als ihm aber die Edison-Gesellschaft die Oberaufsicht anbot unter der Bedingung, daß er seinen Gasmotor aufgäbe, entschied er sich für das Auto und kündigte am 15. August 1899 seine Stellung.

Obwohl seine Frau mit ihm übereinstimmte, war die Lage daraufhin keineswegs einfach. Ford hatte seine Ersparnisse immer wieder in seine Konstruktionen gesteckt und stand nun ohne jedes Einkommen da, aber er wagte es, obwohl er auch verlieren konnte. Dieser Schritt war um so mutiger, als das Automobil damals in Amerika wie in Europa überwiegend eher als Liebhaberei angesehen wurde.

Nachdem Ford aber durch seine Konstruktionen bekannt geworden war, fand sich eine Gruppe von Männern, die mit ihm die „Detroit-Automobil-Gesellschaft" gründete. Ford war mit geringer Beteiligung zum leitenden Ingenieur bestellt. Drei Jahre baute er nun Automobile, die sich von seinem ersten Modell nicht sehr unterschieden. Der Absatz war gering, und vielleicht hätten durchgreifende Verbesserungen zu einem größeren Erfolg geführt, aber Ford hatte nicht so viel Einfluß, um die Verhältnisse zu ändern. Aus diesem Grund machte er sich 1902 wieder selbständig. Die Detroit-Automobil-Gesellschaft wurde nach seinem Austreten in die Cadillac-Gesellschaft umgewandelt.

Ford mietete eine Werkstatt, entwickelte einen Vierzylindermotor und bildete sich vor allem als Geschäftsmann aus. Bis zu dieser Zeit hatte er 25 Wagen gebaut, 19 davon im Rahmen der Detoit-Automobil-Gesellschaft. Im allgemeinen war der Automobilbau so weit entwickelt, daß bereits regelmäßig Rennen gefahren wurden, die sich als die beste Reklame erwiesen. Ford baute für sich

# Schmierplan des Fordwagens.

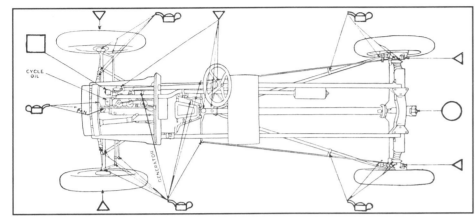

☐ Gargoyle Mobiloil "E"    ○ { 1 Tonnen Lastwagen : Gargoyle Mobiloil "C"
andere Modelle : Gargoyle Mobiloil "CC"    ⌣ Gargoyle Mobiloil "E"    △ Gargoyle Mobilubricant

**D**ie Lebensdauer und Leistungsfähigkeit Ihres Fordwagens hängt von dessen richtiger Schmierung ab. Sowohl die Motor= als auch die Fahrgestell=Schmierung darf auch nicht an einer Stelle vernachlässigt werden, ohne daß kostspielige Reparaturen die Folge sind. Man halte sich daher an die nachstehenden Ratschläge.

### Täglich

oder wenn viel gefahren wird noch öfter GARGOYLE MOBILOIL "E" durch die Einfüllschraube bis zur richtigen Höhe in das Kurbelgehäuse bei stillstehendem Motor nachfüllen.

### Alle 300 km:

Lenkgehäuse und Lenkzapfen, vordere und rückwärtige Federbolzen, Ventilatorlager und Verteiler mit Öl schmieren. Die Fettbüchsen an den Hinterradlagern nachziehen.

### Alle 800 km:

Lager der Lichtmaschine und Bremsgestänge mit Öl schmieren. Vorderradlager, Getriebewellenlager, Universalgelenk sowie unteres Ende der Lenksäule mit Fett versehen.

### Alle 1600 km:

Füllung des Hinterachsantriebes ergänzen. Federblätter mit GARGOYLE GRAPHIT GREASE MEDIUM schmieren.

### Alle 8000 km:

Füllung des Hinterachsantriebes erneuern, Planeten-räder der Lenkung neu mit Fett einsetzen.

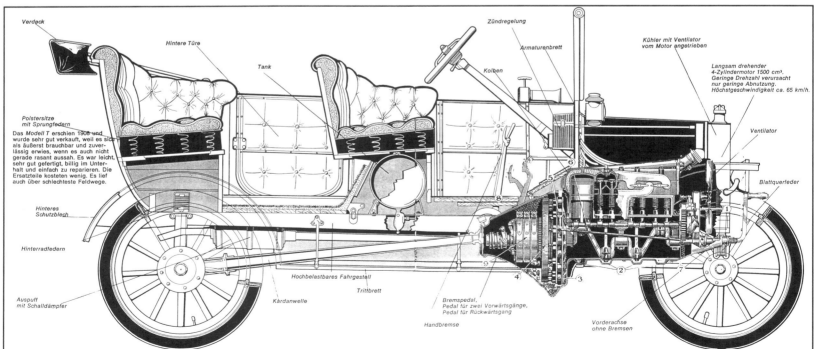

einen Zweizylindermotor, mit dem er ziemlich hohe Fahrgeschwindigkeiten erreichte, fuhr gegen den damals sehr bekannten Rennfahrer Alexander Winton sein erstes Rennen und
siegte auf der Great-Point-Rennbahn in Detroit. Damit hatte er
für sich erstmals Reklame gemacht.

In Amerika waren die Rennen der Automobilerzeuger nicht
unbedingt Veranlassung, die Qualität ihrer Erzeugnisse zu steigern; für sie war der Autobau vor allem Geschäft. Ford schuf

zent beteiligt. Bereits 1906 kaufte er von seinem Verdienst die
ihm fehlenden Aktien, um mit 51 Prozent die Stimmenmehrheit
zu besitzen, und kurz darauf konnte er seinen Anteil auf 58 Prozent erhöhen. Typisch für ihn war, daß alle Einrichtungen und
der Ausbau der Gesellschaft von seinem Verdienst bestritten
wurden. 1919 erwarb sein Sohn Edsel die restlichen 42 Prozent
Aktien, da sich bezüglich der Geschäftspolitik Fords Unstim-
migkeiten ergaben.

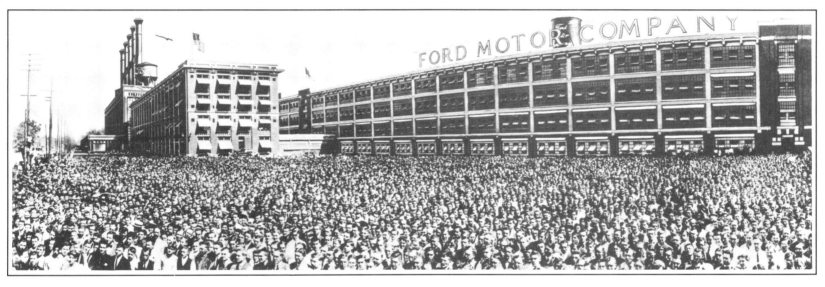

damals den Grundstock für seine Geschäftsgebarung und legte
auch die Grundsätze fest, nach denen er Automobile bauen
wollte. Er war entschlossen, sein Geschäft in den Dienst des
Publikums zu stellen. Diesem Grundsatz ist er niemals untreu
geworden. Sein Ziel war die Erzeugung eines guten und preiswerten Automobils, und nur gezwungen durch die Verhältnisse nahm Ford weiter an Rennen teil.

1905 baute er mit Tim Copper zwei lediglich auf Geschwindigkeit ausgerichtete Fahrzeuge. Es waren zwei gleiche Wagen, der
eine wurde „999", der andere „Pfeil" getauft. Ford baute einen
Motor mit vier großen Zylindern und einer Leistung von 80 PS
ein. Die Fahrzeuge waren einsitzig und machten einen Höllen-
lärm. Nach Fords Ansicht war eine Fahrt über die Niagarafälle
dagegen ein Vergnügen. Bezeichnend ist, daß nur ein Mann, und
zwar Barney Oldfield, fähig war, diesen Wagen zu fahren. Oldfield war von Beruf Radrennfahrer und brauchte nur eine Woche,
um Autos fahren zu können. Das Rennen ging über 5 km auf der
Great-Point-Rennbahn, Detroit. Es war für Ford der größte
Erfolg, und mit einem Vorsprung von ¾ km siegte sein Wagen
(1903).

Eine Woche nach diesem Rennen wurde die Ford-Automobil-
Gesellschaft gegründet. Ford war stellvertretender Vorsitzender,
Oberingenieur, Zeichner, Aufseher und Direktor gleichzeitig.
Das Kapital betrug 100.000 Dollar, und Ford war mit 25½ Pro-

Die Anfänge waren äußerst primitiv. Es wurde eine Tischlerwerkstatt gemietet, in der die Wagen im Grunde nur zusammengestellt wurden. Die Erzeugung der Einzelteile erfolgte nach
Konstruktionszeichnungen und Herstellungsangaben in verschiedenen Fabriken.

Der erste Typ, der gebaut wurde, war das Modell A, dessen Chassis 850 Dollar und dessen Karosserie 100 Dollar kostete. Davon
wurden im ersten Jahre 1708 Fahrzeuge verkauft. Das Modell
hatte einen Zweizylindermotor mit 8 PS und ein Kettengetriebe.
Die Qualität dieses Fahrzeuges übertraf alle anderen amerikanischen Erzeugnisse gleicher Art. Jeder dieser A-Wagen hat seine
Geschichte, z. B.: Nr. 420 wurde 1904 von Oberst D. C. Collier
aus Kalifornien gekauft, der ihn einige Jahre fuhr, dann verkaufte
und einen neuen Ford erstand. Nr. 420 ging von einem Besitzer
zum anderen und gelangte 1907 in die Hände des Edmund Jacobs,
der ihn einige Jahre lang in schwierigstem Gelände einsetzte.
1915 war Nr. 420 im Besitz eines gewissen Cantello, der den
Motor herausnahm, ihn zum Antrieb einer Wasserpumpe verwendete und das Chassis, mit einem Maulesel als Vorspann, als
Bauernwagen benutzte.

Fords Reklame war sehr einfach: „Zweck unserer Arbeit ist es,
ein Automobil speziell für den Alltagsgebrauch und Alltags-
nutzen zu geschäftlichen, beruflichen und Erholungszwecken
für die Familie zu bauen und auf den Markt zu bringen; ein

Clara Ford und Mrs. Wills in einem Modell N von 1906.

Automobil, das genügend Schnelligkeit aufbringt, um den Durchschnittsfahrer zu befriedigen, der von allen Männern, Frauen und Kinder wegen seiner Stabilität, Einfachheit, Sicherheit, praktischen Bequemlichkeit und schließlich seines außerordentlich billigen Preises bewundert wird."

Folgende Punkte wurden besonders hervorgehoben: Güte des Materials, Einfachheit der Konstruktion, Qualität des Motors, Zuverlässigkeit der Zündung, die durch eine Doppelreihe von je 6 Trockenelementen garantiert war. Selbsttätige Schmierung, problemloses Schalten, Güte der Ausführung. Fords Grundsatz war weiters, seine Kundschaft mit einem einzigen Kauf so zufriedenzustellen, daß sie immer wieder sein Kunde sein wollte. Diese Einstellung, die gerade im damaligen Amerika etwas ganz Neues war, brachte ihm den Erfolg, den er verdiente.

In dieser Zeit arbeitete Ford bereits an einem einfachen und grundlegenden Modell. Das zweite Produktionsjahr brachte das Modell B, einen Vierzylinder-Tourenwagen für 2000 Dollar, das Modell C, eine Vervollkommnung des Modells A bei einer Preiserhöhung um 50 Dollar, das Modell F, einen Tourenwagen für 1000 Dollar.
Diese Vielzahl führte aber zu einer Schwächung der Gesell-

Die Ankunft eines Modell T, 1908.

**Links:
Ein Modell T Touring Car von 1914.**

**Modell T Coupé von 1919.**

schaft und einem geringeren Absatz (1695 Stück). Da Ford wieder etwas für Reklame tun mußte, sollte wieder ein Rennen gefahren werden. Der alte „Pfeil" wurde umgebaut, und acht Tage vor der New Yorker Automobilausstellung fuhr er selbst eine abgesteckte Strecke von 1600 m quer über das Eis. Er sagte, diese Fahrt werde ihm unvergeßlich bleiben, denn daß er sie lebend überstand, wäre lediglich ein Zufall gewesen. Wieso der Wagen immer mit der richtigen Seite nach oben auf der Rennbahn blieb, war ihm selbst ein Rätsel. Ford erzielte einen Rekord, der der ganzen Welt bekannt wurde, und damit war der Endzweck erreicht.

1906 wurde ein neues dreistöckiges Fabriksgebäude gebaut, das eine richtige Erzeugung ermöglichte. Obwohl auch hier im großen und ganzen die Fahrzeuge nur zusammengestellt wurden, begann man doch schon mit der Herstellung einer Reihe von Teilen.

In den Jahren 1906 bis 1907 wurde ein Automobil für 2000 Dollar und ein Tourenwagen für 1000 Dollar erzeugt. Der Umsatz fiel aber trotzdem auf 1599 Wagen. Ford ging nun daran, seine eigenen Pläne durchzuführen: Er erwarb die Aktienmajorität. Sofort wurde mit dem Bau von Luxuswagen aufgehört, dafür drei kleine Stadtautomobile und leichte Tourenwagen erzeugt, wovon der billigste 600 Dollar und der teuerste nicht über 750 Dollar kostete. Der Umsatz stieg auf das Fünffache des bis dahin besten Geschäftsjahres, nämlich auf 8423 Wagen, während das nächste Jahr wieder auf 6398 Wagen absank. Dies war wahrscheinlich auf den Bau eines großen Sechszylinderwagens zurückzuführen. Ford verkaufte über Verkäufer, die er mit einem fixen Gehalt besser bezahlte, als sie mit Provisionen je verdienen konnten, und schaltete Zwischenhändler aus. Sein Organisationstalent trat immer stärker zutage, und er reihte nun Erfolg an Erfolg.

In dieser Zeit hatte die Gesellschaft einer schweren Belastung standzuhalten. Eine Vereinigung von Automobilindustriellen Amerikas, die in den Besitz der Selden-Patente gekommen war, wollte sich die erfolgreichste Firma dienstbar machen, um eine Monopolisierung der Automobilindustrie zu erreichen oder

Ford zu vernichten. 1909 wurde in erster Instanz ein Urteil gegen Ford gefällt (1911 gewann er den Patentprozeß). Er fühlte sich im Recht, und das Publikum stand zum Großteil hinter ihm. Der Umsatz dieses Jahres betrug 18.000 Wagen. Ford machte sich nun endgültig von den damals üblichen Methoden des Geldverdienens frei und schritt an die Verwirklichung seiner Idee, ein durch besondere Einfachheit hervorstechendes Universalmodell zu schaffen, zu dem ihm nur das erstklassige Material fehlte. Hier spielte der Zufall eine große Rolle: Bei einem Rennen in Palmbeach war ein französischer Wagen vollkommen zertrümmert worden. Ford nahm einen der Splitter auf und konnte feststellen, daß es sich hier um Vanadiumstahl handelte, den es in Amerika nicht gab und der eine Leichtbauweise erlaubte, die er bis zu dieser Zeit noch nicht durchführen konnte. Ford führte die Erzeugung von Vanadiumstahl ein, und damit wurde es möglich, mit der Herstellung seines Universalmodells, auf das sein ganzes Streben

**Oben:
Crash — mit Stan Laurel und Oliver Hardy, 1913.**

gerichtet war, nach folgenden Gesichtspunkten zu beginnen:

1. Verwendung von erstklassigem Material; Vanadiumstahl ist der stärkste, zäheste und widerstandsfähigste Stahl. Aus ihm sind Unter- und Oberbau des Wagens zu bauen. Er stellt die hochwertigste aller Stahlsorten dar, und der Preis darf keine Rolle spiele.

2. Einfachheit, denn das Publikum besteht nicht aus Mechanikern.

3. Ausreichende Motorkraft.

4. Absolute Zuverlässigkeit, da der Wagen allen Ansprüchen gerecht werden soll.

5. Leichtigkeit. Das geringe Gewicht des Ford-Wagens ist ein Grund, weshalb er niemals versagen wird.

6. Fahrsicherheit. Man muß jederzeit Herr über die Fahrgeschwindigkeit sein und jeder Gefahr begegnen können.

7. Je schwerer der Motor, umso höher der Benzin-, Öl- und Fettverbrauch. Je leichter, umso geringer die Betriebskosten.

Das geringe Gewicht des Ford-Wagens galt anfangs als Nachteil. Diese Ansicht änderte sich aber grundlegend.

Ford entschied sich für das Modell T. Das Charakteristikum

**Oben:**
Das Modell T begründete die Volksmotorisierung in Amerika.

**Ganz oben:**
Das unverwüstliche Modell T 1921 im Einsatz in der Landwirtschaft.

**Links:**
Familien-Camping 1914 mit dem Modell T im Yosemite Parc in Californien.

**Unten:**
Henry Ford mit den Gewinnern eines Rennens und ihren Wagen in Seattle, 1908.

dieses Modells war seine Einfachheit. Der Wagen bestand aus nur vier Hauptteilen: Kraftanlage, Vorderachse, Wagengerüst, Hinterachse. Diese Teile waren überall leicht zu haben und so gebaut, daß keine besondere Geschicklichkeit dazu gehörte, sie zu reparieren oder zu ersetzen. Die Teile sollten darüber hinaus so wohlfeil sein, daß es billiger käme, neue zu kaufen als die alten reparieren zu lassen. Nach Fords Grundgedanken sollten seine Ersatzteile wie Nägel in jeder Eisenhandlung geführt werden. Er faßte es als seine Aufgabe auf, seinen Wagen so zu vereinfachen, daß jedermann ihn verstehen müßte.
Der Motor des Modell T hatte einen Zylinderdurchmesser von

Stan Laurel und Oliver Hardy nehmen in einem Film ein Modell T auseinander.

95 mm und einen Kolbenhub von 101 mm und wurde mit einer Magnetzündung ausgestattet. Das Gesamtgewicht des Modells betrug 543 kg. Das Modell T beinhaltete alles, was Ford an Ideen, Geschick und Erfahrung aufbringen konnte und wurde für die Saison 1908/09 herausgebracht. 1909 stellte Ford seine gesamte Erzeugung auf dieses Modell ab und erzeugte einzig und allein diesen Typ mit gleichfarbiger Karosserie. Grundsatz war: „Jeder Kunde kann seinen Wagen beliebig anstreichen lassen, wenn der Wagen nur schwarz ist."
Da ein zweites, inzwischen gebautes Fabriksgebäude nicht ausreichte, wurde am River-Rouge ein großes Gelände erworben. Fast über Nacht nahm das Ford-Unternehmen riesige Formen an und lieferte in die ganze Welt das Modell T, das ein durchschlagender Erfolg wurde. Bei der nun erst richtig einsetzenden Erzeugung kam das Wirtschaftsgenie Ford zu seiner ganzen Entfaltung. Seine Gedanken der Rationalisierung gingen bis ins kleinste Detail eines Handgriffes und zerlegten ihn in „noch nötig" und „nicht mehr erforderlich". Er rechnete mit Tausendstel Cents, aber nur, um die Rationalisierung bis zum letzten durchzuführen und seinen Wagen billiger zu machen.

Er begann mit der Fließbandfertigung, die viel Widerstreit heraufbeschwor. Ford sagt selbst: „Ungefähr am 1. April 1913 begannen wir mit einer Montagebahn. Es war bei der Zusammensetzung des Schwungradmagneten. Früher war ein Arbeiter imstande, 35 bis 40 Magnete in einem neunstündigen Arbeitstag fertigzustellen, d. h. er brauchte ungefähr 20 Minuten pro Stück. Später wurde seine Arbeit in 29 Einzelleistungen zerlegt und die Zeit für die Zusammenstellung dadurch auf 13 Min. 10 Sek. herabgedrückt. Im Jahre 1914 wurde die Bahn 20 cm höher verlegt und dadurch die Zusammenstellungszeit auf 7 Min. vermindert. Weitere Versuche setzten die Montagezeit auf 5 Min. herab. Als Endergebnis läßt sich feststellen, daß mit Hilfe wissenschaftlicher Untersuchungen ein Arbeiter heute imstande ist, das Vierfache von dem zu leisten, was er

Fotopause an der Nebraska Road, 1912.

Der hochbeinige Ford war sogar tiefem Morast gewachsen.

vor noch verhältnismäßig wenigen Jahren zu leisten vermochte. Die Zusammensetzung des Motors erfolgt heute in 48 Einzelarbeitsgängen, und dabei leistet der Arbeiter von heute das Dreifache von dem, was früher geleistet wurde..."
Man darf nicht glauben, daß sich diese Verbesserungen rasch und einfach vollzogen. Das Zeittempo der Arbeit mußte sorgfältig ermittelt werden. Wurde anfangs z. B. bei den Schwungradmagneten mit einer Gleitgeschwindigkeit von 1,5 m/min gearbeitet, so war dies zu schnell. Senkte man die Geschwindigkeit auf 0,45 m/min, so war dies wieder zu langsam. Versuche ergaben das richtige Tempo von 1,1 m/min. Kein Arbeiter sollte in seiner Arbeit überfordert werden. Man mußte ihm jede notwendige Sekunde zugestehen, aber keine einzige darüber hinaus.
Der überraschende Erfolg der Chassismontage veranlaßte Ford, sein ganzes Erzeugungsverfahren umzuorganisieren und die Montageabteilung auf mechanisch betriebene Arbeitsbahnen umzustellen. Die Arbeitstempi waren folgende: Die Chassismontagebahn bewegte sich 1,8 m/min, die Vorderachsmontagebahn 3,75 m/min. Alle Arbeiten wurden nun in einzelne Operationen zerlegt, die Arbeiter verrichteten nur ein oder zwei Handgriffe, und das Fahrzeug passierte festgelegte Stationen, an deren Ende der aufgetankte und fahrfertige Wagen die Montagebahn verließ. Im Oktober 1913 betrug die Gesamtbauzeit eines Motors 9,9 Arbeitsstunden. Sechs Monate später, nach Einführung der Montagebahnen, waren nur mehr 5$^{14}$/$_{15}$ Arbeitsstunden notwendig. Bei Ford war jeder Arbeitsteil in Bewegung. Entweder glitt er an großen, über Mannshöhe befestigten Ketten in genauer Reihenfolge zur Montage, oder er bewegte sich auf Rollbahnen, oder aber durch eigene Schwerkraft fort.
Ford handelte nach neuen Grundsätzen, wobei er gute Arbeit verlangte, dafür aber auch gut bezahlte. In seinen Werken gab

**Produktion des Modell T in Highland Parc, Michigan.**

1917 brachte Ford neben seiner übrigen Kriegsfertigung seinen Fordson-Schlepper heraus, der schon sehr lange vorbereitet war. Er hatte an dieser Konstruktion fast 15 Jahre gearbeitet und mehrere Millionen Dollar für Experimente ausgegeben, da der Schlepper leicht, stark, einfach und billig sein sollte, so daß ihn jeder handhaben und jeder Farmer kaufen konnte. Der Preis für den Schlepper wurde im Laufe der Zeit von 750 Dollar auf 395 Dollar herabgesetzt. Ford bewies mit diesem Erzeugnis sein tiefes Verständnis für den Farmerbetrieb.

Das Krisenjahr 1920 zwang auch Ford dazu, in seinen Betrieben radikal durchzugreifen. Alles, was nicht unbedingt nötig war, wurde abgestoßen und zielbewußt auf noch einfachere Erzeugungsmethoden übergegangen. Wurden bisher pro Tag und Wagen 15 Mann beschäftigt, so mußten von jetzt ab 9 Mann dieselbe Arbeit leisten. Das heißt aber nicht, daß 6 Mann ihren Arbeitsplatz verloren hätten, sie hörten für Ford nur auf, unproduktiv zu sein. Ebenso radikal wurde der Preisabbau durchgeführt. Ford hat die imponierende Leistung vollbracht, sein ganzes Unternehmen, ohne zu borgen, auf eine neue Basis zu stellen. Der Weiterentwicklung seiner Riesenwerke stand nun nichts mehr im Wege. Gleichlaufend mit der erzeugungsmäßigen Steigerung wurden auch die sozialen Einrichtungen ausgebaut.

es keine Titel, und jeder war für seinen Kreis voll verantwortlich. Infolge der Selbstverantwortung gab es keinen Zwang, und jeder fühlte sich als freier Mensch, obwohl eine eiserne Disziplin herrschte, da sonst der Fortgang der Erzeugung nicht garantiert gewesen wäre. 1914 wandte Ford zum erstenmal seine Methode an: Der Mindestlohn von etwas über 2 Dollar wurde auf rund 5 Dollar gesteigert. Damit vermehrte er nicht nur die Kaufkraft seiner Arbeiter, sondern auch die anderer Schichten.

Bis zum Jahr 1924 waren in den Fordwerken 10 Millionen Automobile produziert worden. Ford erzeugte aber nicht nur die Automobile, er nahm auch die Fabrikation aller für seinen Zweck notwendigen Rohstoffe und Fertigprodukte auf. Gummifabrikation, Glasfabrikation, Spinnereien, Webereien, Kunstledererzeugung, kurz alles, was er brauchte, fertigte er selbst. Sein vorzüglich organisiertes Unternehmen brachte es

**Produktion des Modell T in Manchester, England, 1913.**

| 1896 Quadricycle | 1903 Modell A | 1905 Modell B | 1906 Modell N |
| 1908 Modell T | 1909 Modell T | 1912 Modell T | 1912—1914 Modell T |
| 1915—1916 Modell T | 1917 Modell T | 1917—1919 Modell T Coupé | 1926—1927 Modell T |

**Ford-Modelle von 1896—1927.**

**Illustration des Produktions-anstieges bei Ford bis 1916.**

dahin, daß z. B. zwischen Bergwerk und fertigem Auto etwa 81 Stunden oder drei Tage und neun Stunden vergingen. Es gab bei Ford keine Lagerhäuser oder Magazine, alles befand sich in einem ununterbrochenen Fluß.

Im Jahr 1925 entschloß sich Ford zur Umgestaltung seines Ford-Wagens, um sich damit dem Publikumsgeschmack anzugleichen. Die Grundkonstruktion wurde geringfügig verändert, der Rahmen tiefer gelegt, die Karosserie verlängert, die Schutzbleche größer und eleganter, die Sitze verbreitert und verbessert. Im ganzen wurden 81 größere und kleinere Verbesserungen vorgenommen. Der Motor blieb unverändert. Der neue Wagen wurde in jedem Gelände erprobt. In der Nacht vom 31. Juli wurde die

Erzeugung im gesamten Unternehmen eingestellt, und genau 50 Arbeitstage später waren sämtliche Fabriken mit der Herstellung der neuen Modelle beschäftigt. Wenige Tage danach waren die früheren Produktionsziffern bereits überschritten.

Wie weitgehend Ford die neue Zeit durch seine Grundsätze beeinflußte, geht daraus hervor, daß es ihm durch seine Zielsetzungen und Ideen möglich war, auch den einfachen Mann zum Autobesitzer zu machen.

Ford, dessen Sohn vor ihm verstorben war, hatte während des zweiten Weltkrieges die Leitung seiner Werke abermals übernommen. Er starb am 8. April 1947 und hinterließ das Unternehmen seinem Enkel Henry Ford II.

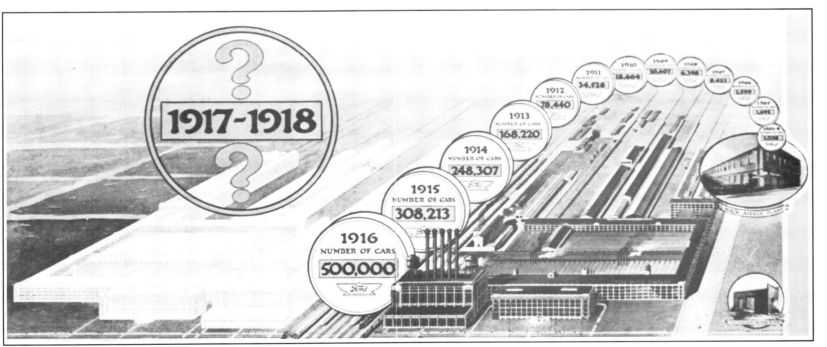

# Die Entwicklung des Lastkraftwagens und des militärischen Kraftfahrwesens.

erhaltung und die zur Verfügung stehende Antriebskraft (Motorkonstruktionen).

— Überprüfung der Frage, ob die Indienststellung von leichteren und schnelleren Einheiten (Treibstofflage), obwohl von seiten der Taktiker gefordert, aus Gründen technischer Betriebshaltung möglich und anzustreben war.

— Es war durch Versuche empirisch festzustellen, welche Antriebsweise und welche Art der Kraftübertragung, welche Lenkung, welche Radkonstruktionen und Bereifungsarten auch im Hinblick auf Straßenerhaltung die vorteilhaftesten waren.

Die Darstellung der Entwicklungsepoche zwischen 1900 und dem Beginn des ersten Weltkrieges wäre unvollständig, würde der Entwicklung des Lastkraftwagens sowie dem militärischen Kraftfahrwesen nicht gebührender Raum gewidmet werden.

Die Automobilfabriken jener Zeit waren vorläufig mit der Weiterbildung des Personenkraftwagens und den Forderungen des Automobilsports so sehr befaßt, daß der Frage des Lastkraftwagens nur zögernd nähergetreten wurde. Nur Amerika machte hier in Anlehnung an den bereits vorhandenen und voll entwickelten Dampflastwagen eine Ausnahme und trat schon 1904 mit leichten Lkw bis zu zwei Tonnen Nutzlast auf den Markt (Commercial Cars). In Europa stand zudem die private Wirtschaft, ja selbst die Industrie, diesem Problem fast ohne Interesse gegenüber. Hätte es doch für den Benützer geheißen, aufgrund mangelnder Erfahrung riskante Investitionen vorzunehmen und den vorhandenen Pferdefuhrpark samt Tieren unter großen Verlusten loszuschlagen. So verhielt sich ein großer Teil der betreffenden Wirtschaftskreise eher ablehnend, die zuständige Industrie abwartend.

Nur die Heeresverwaltungen aller europäischen Großmachtstaaten (Deutschland, England, Frankreich, Italien und Österreich-Ungarn) sahen sich gezwungen, die ihre Nutzlast fast zur Hälfte selbst verzehrenden, endlosen Trainkolonnen zu kürzen, teilweise aufzulassen bzw. durch mechanisierte Trains zu ersetzen. Die Probleme, die hier von militärischer Seite zu lösen waren, stellten sich den Initiatoren in gleicher Weise wie der Volkswirtschaft:

— Ermittlung der höchstzulässigen Nutzlast je Einheit mit Rücksicht auf die Versorgungslage der Truppe, die Straßen-

**Oben: Ab 1899 versahen in Speyer vier Daimler-Omnibusse regelmäßigen Liniendienst (10 PS, 18—20 Personen).**

— Es war zu klären, wie weit die Bedienung bzw. Besatzung einer Transporteinheit erhöht oder reduziert werden konnte, um einen technisch verläßlichen Betrieb zu gewährleisten.

— Endlich mußte die große und wichtige Frage der Traktion, also des Fahrens in Zügen, gelöst und das Studium des Fra-

**Rechts: Transportwagen von Protos.**

**Unten: Daimler-Lastkraftwagen von 1896 mit Riemenantrieb und Schraubenfedern.**

Benz & C°, Rheinische Gasmotoren-Fabrik, Mannheim.

## Lieferungs-Wagen „Benz".

Voiture de livraison „Benz".            Parcel and luggage motor-car „Benz".

STERN BROTHERS
WEST TWENTY-THIRD STREET

## Daimler-Motoren-Gesellschaft, Cannstatt.

## Daimler-Motor-Lastwagen.

— ✳ —

Im Anschluss an die dem Personenverkehr dienenden Daimler-Wagen wurde vorstehend abgebildeter Daimler-Motor-Lastwagen angefertigt, welcher bestimmt ist, den Frachtverkehr zu vermitteln.

Diese Wagen kommen in 4 Grössen zur Ausführung; sie erhalten 4 Geschwindigkeiten von 3 bis 12 Kilometer pro Stunde und sind zum Rückwärtsfahren eingerichtet.

Die Räder erhalten eiserne Reifen.

| | | 4 | 6 | 8 | 10 |
|---|---|---|---|---|---|
| Stärke des Motors | HP | 4 | 6 | 8 | 10 |
| Zur Beförderung von ca. | Kg. | 1500 | 2500 | 3750 | 5000 |
| Gewicht des completen Wagens ca. | Kg. | 1200 | 1500 | 2000 | 2500 |
| Preis des completen Wagens | Mark | 4650 | 5600 | 6680 | 7730 |
| Extra für Heizeinrichtung | Mark | 80 | 80 | 80 | 80 |

**Bremsvorrichtung.** Der Wagen ist mit zwei Bremsen ausgerüstet, einer Handbremse und einer Fussbremse; der Gebrauch der letzteren allein genügt in den meisten Fällen, um die Geschwindigkeit des Fahrzeuges auch bei rascher Fahrt, sowohl in der Ebene als bei Gefällen und Steigungen, sofort nach Belieben zu verlangsamen, zu hemmen und um das Fahrzeug auch schnell und sicher zum Stillstand zu bringen, man kann hiebei in den meisten Fällen die Handbremse entbehren, welch' letztere hauptsächlich nur bei gewolltem gänzlichem Stillstand und nach Beendigung der Fahrt eingerückt wird. — Die Bethätigung der Fussbremse geschieht leicht und spielend.

**Reversiervorrichtung.** Dieselbe dient dazu, das Fahrzeug erforderlichen Falls durch den hiefür angeordneten Handhebel in Rückwärtsgang zu versetzen.

**Fahrbereitschaft.** Die Motorfahrzeuge sind binnen 1—2 Minuten betriebsfertig.

---

Die Preise verstehen sich netto ab Fabrik ohne Verpackung; dieselbe wird zu Selbstkosten berechnet, aber nicht zurückgenommen. Die Zahlung ist in deutscher Währung zu leisten und zwar ⅓ bei der Erteilung des Auftrags, Rest bei Absendung.

Der Erfüllungsort ist Cannstatt.

Der Versandt erfolgt stets auf Rechnung und Gefahr des Bestellers.

Die Motor-Lastwagen kommen in gefälliger solider Ausstattung, wie solche bei ähnlichen Wagen üblich ist, vollständig betriebsfertig mit Laternen und allem notwendigen Handwerkzeug, nämlich mit

4 Gabelschlüsseln, 4 Kanonenschlüsseln, 1 Radschlüssel, 1 Schraubenzieher, 1 Hammer, 1 Flachzange, 1 Feile, 1 Abzugbügel, 1 Kurbel, 1 Luftpumpe, 1 Oelkanne und 2 Fettbüchsen

zur Ablieferung.

Die sämtlichen Teile werden aus dem besten Material, das Sitzkissen aus Ledertuch hergestellt.

Spezial-Wünsche bezüglich der Ausstattung werden so weit als möglich berücksichtigt und ist hierüber dann eine besondere Verständigung wegen der Preise vorbehalten.

Für alle Lieferungen wird insoweit die Garantie übernommen, dass für solche Teile, welche innerhalb 3 Monaten nach Ablieferung infolge schlechten Materials oder tadelhafter Arbeit unbrauchbar werden sollten, kostenlos Ersatz durch neue Teile geliefert wird. Für Beschädigungen, welche durch fahrlässige Behandlung entstehen, oder für irgend welchen anderen Schaden, kann die Fabrik nicht in Anspruch genommen werden.

CANNSTATT, September 1896.

### Daimler-Motoren-Gesellschaft.

## Beschreibung
### der Gesamteinrichtung des Motor-Lastwagens.

**Motor.** Die Triebkraft liefert der neue Daimler-Motor „Phoenix", dessen für Fahrzeugbetrieb besonders berechnete, zweckmässige Konstruktion in jeder Hinsicht unerreicht ist, seine Einrichtung ist von der Art, dass sich der Benzinverbrauch ohne die, bei anderen Motoren so lästige Nachregulierung stets selbstthätig der jeweiligen Kraftbeanspruchung anpasst, wodurch der denkbar billigste Betrieb erreicht wird.

**Elastische Aufhängung.** Der Motor ist in vollkommen zugänglicher Weise am vorderen Teile des Wagengestelles angebracht und ruht auf elastischen Armen, dadurch wird bewirkt, dass die Uebertragung der Vibrationen des arbeitenden Motors auf den Wagen selbst fast verschwindend sind.

**Antrieb.** Vom Motor wird die Kraft mittelst eines neuartigen Riemenantriebes auf ein Vorgelege und von dort mittelst Zahnrädern auf die Lauf- bezw. Triebräder übertragen.

**Die Räder** erhalten eiserne Reifen.

**Geschwindigkeitswechsel.** Es ist die Einrichtung getroffen, dem Wagen 4 verschiedene Geschwindigkeiten zu geben. Hiezu dient ein sehr sinnreich angeordnetes vierfaches Riemen-Wechselgetriebe, bei welchem die einzelnen Riemen mittelst Spannrollen ein- und ausgerückt werden, was durch einfache Manipulation mit dem Handhebel geschieht; dabei ist die wichtige Anordnung getroffen, wonach der Wechsel der Fahrgeschwindigkeit sich in ganz sichernder Weise vollzieht, dass nämlich erst der eine Riemen ausgerückt werden muss, ehe ein anderer eingerückt werden kann, somit kann stets nur ein Riemen zur Wirkung kommen.

Der Vorzug dieser neuen Art der Kraftübertragung vom Motor auf das Vorgelege mittelst Riemen, gegenüber der sonst üblichen mittelst Zahnrädern oder Kette, besteht in der dadurch erreichten Geräuschlosigkeit sowohl beim Geschwindigkeitswechsel, als auch bei der Arbeit selbst und namentlich noch in dem damit erzielten ganz sanften stossfreien Anfahren.

**Leistungsfähigkeit.** Die Wagen haben 4 Geschwindigkeiten von 3—12 Kilometer pro Stunde, sind für Rückwärtsfahren eingerichtet und können damit Steigungen bis zu 12% genommen werden.

**Die Lenkvorrichtung,** bestehend aus dem Handhebel, der Steuerachse und den auf die Vorderräder wirkenden, mit Charnieren versehenen Zugstangen, ist ebenso bequem als einfach und sicher wirkend.

**Das Benzin-Reservoir,** zur Speisung des Motors dienend, ist in geschützter Lage unter dem Wagenkasten angebracht, sein Fassungsgehalt ist ausreichend zu einer Fahrt von ca. 200 Kilometern ohne Nachfüllung; für länger andauernde Fahrten kann ein zweites, gleichgrosses Reservoir bequem angeschlossen werden, somit für ca. 400 Kilometer Fahrt in einer Tour ausreichend.

**Kühlwasser-Einrichtung.** Die Vorrichtung zur Circulation und Kühlung des Kühlwassers ist neuartig ohne Pumpe oder sonstige mechanisch bewegte Teile; es wird in die rotierende Schwungscheibe Wasser geleitet, welches dadurch mit in Rotation versetzt und durch ein Fangrohr aufgefangen wird, wodurch in der Rohrleitung Druck entsteht und die Circulation in wirksamster Weise selbstthätig hergestellt ist.

**Heizeinrichtung.** Dieselbe kann am Bock des Wagens angebracht werden und dient bei kaltem Wetter zur Warmhaltung der Füsse und macht dadurch das Fahren auch in der rauhen Jahreszeit angenehm; dieselbe wird nur wenn extra bestellt geliefert.

Zur Heizung dient das circulierende Motorkühlwasser, welches stets die zur Warmhaltung des Wagenfussbodens angemessene Temperatur besitzt; — zur Inbetriebsetzung dieser Heizeinrichtung ist lediglich nur das Umstellen eines Hahnen erforderlich, wodurch das warme Motorkühlwasser durch den Heizkörper geleitet wird.

**Links und oben:** Prospekt für den ersten Daimler-Lastwagen.

**Rechts:** Daimler-Lkw von 1898 mit Phönix-Motor, Glührohrzündung und Röhrchenkühler.

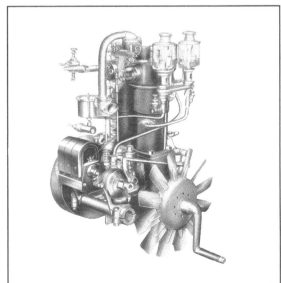

**Rechts:** Ab 1898 wurden die Zweizylinder-Lastwagen-Motoren allmählich mit Bosch-Niederspannungs-Magnetzündung ausgestattet.

Für die Landwirthschaft:

Ein „Daimler" ist ein gutes Thier,
Zieht wie ein Ochs, du siehst's allhier;
Er frißt nichts, wenn im Stall er steht
Und sauft nur, wenn die Arbeit geht;
Er drischt und sägt und pumpt dir auch,
Wenn's Moos dir fehlt, was oft der Brauch;
Er kriegt nicht Maul- noch Klauenseuch
Und macht dir keinen dummen Streich.
Er nimmt im Zorn dich nicht aufs Horn,
Verzehrt dir nicht dein gutes Korn.
Drum kaufe nur ein solches Thier,
Dann bist versorgt du für und für.

Cannstatt
zum Volksfest 1897.

Daimler-Motoren-Gesellschaft

Rechts: Transport- bzw. Lastwagen- typen aus dem Daimler- Programm.

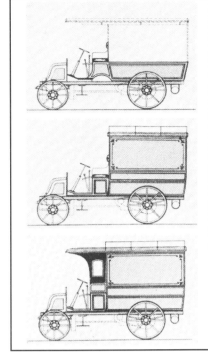

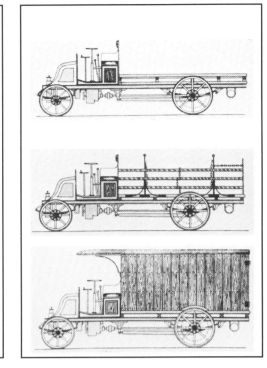

Unten: Lastwagen von Dürkopp, 1903.

Unten: Daimler und Maybach mit dem Daimler- Lastwagen 1898 im Bois du Boulogne.

genkomplexes der maximalen Zugleistung eines Motorlast-wagens mit Rücksicht auf Reibungsgewicht, vorhandene motorische Leistungsreserve, Fahrgeschwindigkeit und Straßen- sowie Brückenzustand in Angriff genommen werden.

Hier hat das Militär, genauso wie in der Technik des Fern-melde- und Flugwesens, Pionierarbeit übernommen. Technisch

vorgebildete Offiziere, vom Leutnant bis zum Oberst, haben mit einigen wenigen Unteroffizieren und Soldaten, die Fachar-beiter waren (Mechaniker, Maschinenschlosser, Elektrotechni-ker und Holzfacharbeiter), Ingenieurarbeit geleistet (in Öster-reich z. B. der Artilleriehauptmann Robert Wolf). Die Auto-mobilfabriken hatten nur die Pflicht, die einschlägigen Bauaufträge getreulich auszuführen. Ein berufskameradschaft-licher Kontakt förderte die Erreichung des Zieles sehr.
Jene Fabriken, die diese Aufgabe mit besonderem Interesse auf-griffen, waren in Frankreich Renault, De Dion-Bouton und Peugeot, in Italien Fiat und Itala, in England die Englische Daimler-Motorengesellschaft, Stinson und Westinghouse, in Deutschland die Daimler-Motorengesellschaft in Marienfelde, Benz in Gaggenau, Büssing in Braunschweig und die NAG-Werke. In Österreich die Österreichische Daimler-Motorenge-sellschaft, Wiener Neustadt, und Gräf & Stift, Wien.
Dem Drängen militärischer Kreise folgend, haben schon 1904 Firmen den Bau und die Entwicklung von Nutzkraftwagen im Interesse der Volkswirtschaft ins Auge gefaßt. Es waren dies Büssing in Braunschweig, Saurer in Arbon, Rheinikendorfer Fahrzeugwerke bei Berlin, MAN-Nürnberg, etwa um 1907 bis 1910 A. Fross in Wien (Büssing-Lizenz) und Österreichische

Saurer-Werke A.-G., Wien. Da die Entwicklung im allgemeinen schon damals durch teilweisen Ideenaustausch parallel lief, soll hier an der österreichisch-ungarischen Entwicklung, weil bis 1914 weltführend, der technische Inhalt dieses Abschnittes erläutert werden. Dort, wo zeitbedingte, individuell einzelstaatliche Abweichungen aufscheinen, wird darauf hingewiesen werden.

Dienst. Im August 1900 ging der erste motorisierte Funkwagen, von Daimler-Marienfelde für die deutsche Wehrmacht gebaut, nach China ab (8-PS-Spezialkraftwagen mit eigener Elektrozentrale für Funk- und Drahtkorrespondenz).

Die österreichisch-ungarischen zivilen und militärischen Fachkreise konnten 1903 mit dem ersten Panzerautomobil (Austro-

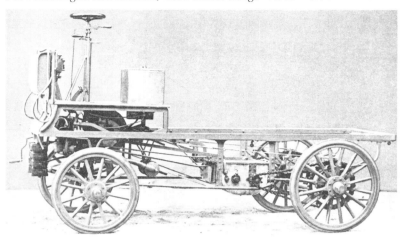

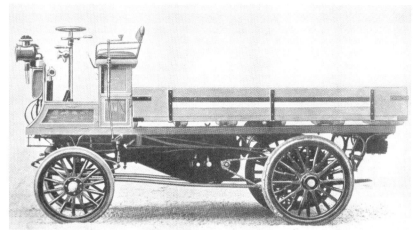

Während in England zur Stärkung der Kolonialheere bei gleichzeitiger Menscheneinsparung die Entwicklung mehr in die Richtung motorisierter Waffen (Patterson & Sims), in Frankreich in Richtung motorisierter Nachrichtenmittel wies, war für die österreichischen und deutschen Bestrebungen eindeutig die Lösung des Nachschubproblems vordringlich.

1899 stellte Österreich den ersten 5-Tonnen-Austro-Daimler-Lkw bei der Schießversuchskommission in Felixdorf in

Daimler, Vierradantrieb, Panzerdrehkuppel mit zwei Maxim-MGs), 1905 mit der Konstruktion zum ersten Tank durch Hauptmann Burstyn, einem Raupenpanzer mit schweren Waffen, und im gleichen Jahr mit dem ersten richtigen Zugwagen für schwere Lasten mit Vierradantrieb und Vierradlenkung für eine Zugleistung von 10 Tonnen plus eigener Nutzlastaufnahme von 5 Tonnen aufwarten. Es waren damals zur Verbindung der vordersten Eisenbahn-Endknotenpunkte mit dem rückwärtigen Teil des Frontraumes nur die schweren und langsamen Etappentrainzüge (Dampf-Straßenwalzen und -Pfluglokomotiven mit Trainwagen) zur Verfügung, und Pferdetrainkolonnen unabsehbarer Länge waren zusätzlich erforderlich. Nur der Lastkraftwagen konnte hier die Lösung bringen. Dieses Problem wurde gleichzeitig in drei Richtungen in Angriff genommen und 1909 zur vollsten Zufriedenheit aller beteiligten Kreise gelöst.

**Links: Fahrgestell des Benz-Lastwagens von 1902.**

**Oben: Benz-Lastwagen von 1901.**

**Links: Sicht von unten auf die Gesamtanordnung des Daimler-Lastwagens von 1896.**

**Unten: Lastwagen, System Rudolf Hagen.**

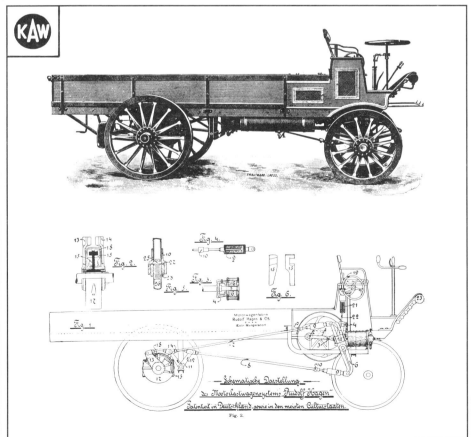

Die erste und vordringlichste Aufgabe bestand darin, einen betriebssicheren „Selbstträger-Lkw" mit möglichst hoher Ladekapazität zu schaffen (man einigte sich schließlich auf 5 Tonnen bzw. 3 plus 2 Tonnen als Zug, also etwa für einen halben Waggon Nachschubgüter), dessen größte Geschwindigkeit 18 km/h nicht zu überschreiten brauchte. In Deutschland neigte man eher zum 10-Tonnen-Zug.

**Links:** Dieser Sechssitzer, das letzte Phönix-Modell mit Vollgummibereifung, stand bei der Berliner Verkehrstruppe in Dienst.

**Rechts:** Leistungsprüfungen der Chicago Motor Vehicle Co.

Die zweite Forderung gipfelte darin, den schnellen Heeresverbänden der Kavallerie hinsichtlich Geschwindigkeit einen ebenbürtigen Nachschubapparat zu geben. Sie wurde durch die Schaffung einer 2-Tonnen-Type (2 plus 1 als Zug) mit einer Geschwindigkeit von 26 bzw. 30 km/h erreicht. Die dritte Richtung verfolgte die Entwicklung einer schweren Zugmaschine bei einer maximalen Stundengeschwindigkeit von höchstens 22 km/h (26 im Gefahrenfall), bei noch schwereren Typen (Muster 12) 16 bzw. 22 km/h, die in der Lage waren, nicht nur die Dampfstraßenzüge zu ersetzen, sondern auch den Bedürfnissen der schweren Artillerie (hohe Anhängelast und Geschoßtransport) zu entsprechen.

Dazu gesellte sich eine Gruppe von teils leichteren, teils schwereren Hilfsfahrzeugen spezieller Art, wie Werkstätten-, Seilwinde-, Lichtmaschinen- und Batteriekommandantenwagen, von welchen die letztgenannte Type auf Luftkammerreifen 45 km/h Höchstgeschwindigkeit erreichte. Der bereits erwähnte erste Daimler-Lkw von 5 Tonnen Tragkraft (Dromedar) war wegen bequemen Umschlages in Plateauhöhe eines Güterwagens und als reiner Pritschenwagen ohne Dach ausgestaltet. Der Fahrzeugrahmen aus Eichenholz trug an Blattfedern montierte Achsen von Gesenkschmiedestahl, deren vordere, als Faustachse ausgebildet, die Achsstummel trug. Zur Stoßdämpfung waren in der Blattfedermitte Schraubendruckfedern montiert und gegen den Fahrgestellrahmen abgestützt. Als Lenkung diente eine Zahnkranzlenkung mit Stirnzahnrädern, den provisorischen „Volant" bildete das Schwungrad einer landwirtschaftlichen Plungerpumpe. Der stehende 2-Zylinder-Stabil-Motor mit Abreißzündung und Original-Daimler-Vergaser, wassergekühlt, entwickelte 12 PS und übertrug seine Kraft mittels Lederkonus auf das vierstufige Schaltgetriebe (Kulisse am Wagenkasten), von wo eine Kardanwelle zum parallel zur Hinterachse gelagerten Differentialgehäuse führte. Die Kraft wurde durch Zahnritzel auf Kränze mit Innenverzahnung (also schon der typische Daimler-Lastwagenantrieb) an die Hinterräder übertragen. Die Räder waren aus Holz mit eisernen Naben und Speichenschuhen versehen, sehr widerstandsfähige und eisenbereifte sogenannte Geschützräder, Felgenbreite vorn 100, hinten 140 mm, Radstand 5000 mm.

und entsprechend ihrer Tonnage eine höhere Stundengeschwindigkeit (bis zu 16 km/h). So war also die Grundlage geschaffen, um Reihenversuche gleicher Art unter strenger Kontrolle von Antrieb, Motordrehzahl, Treibstoffverbrauch usw. anzustellen. Sie zeitigten das Ergebnis, daß erhöhte Drehzahlen (über 800 Umdrehungen je Minute) dem Motor schädlich, Fahrgeschwindigkeiten über 12 bis 16 km/h bei Eisenbereifung für Fahrzeug und Ladung sehr bedenklich sind, zur Erreichung eines zu fordernden minimalsten Gleichförmigkeitsgrades ein 4-Zylinder-Motor erforderlich und ein Vierganggetriebe notwendig ist, die Kupplungen genügend große Reibungsflächen aufweisen müssen, der reine Kardanantrieb für schwere Fahrzeuge (1903) nicht geeignet erscheint, der Ritzelantrieb technisch wohl sehr gut ist, aber durch Verunreinigung durch die Straße zu sehr leidet, nur der Kettenantrieb allen Anforderungen rauhen Betriebsgebrauches gewachsen und raschest auf Vollgummibereifung überzugehen ist, um Tragkraft, Zugleistung, Materialverschleiß, Fahrgeschwindigkeit und Betriebsmittelverbrauch auf möglichst gute Werte zu bringen. All dies war 1904/05 erreicht. Die Versuche um den leichten, schnellen Lastwagen gingen inzwischen unbeeinflußt davon weiter.

Im Spätherbst 1905 begannen die Erprobungen des ersten Zugwagens (M 05) Löwe. Er war ein Mixtum compositum. In einen bei Skoda in Pilsen erstellten Fahrgestellrahmen samt Achsen, Rädern und Vierradantrieb nach Patenten des Artillerieinspektors Erzherzog Leopold Salvator war ein Austro-

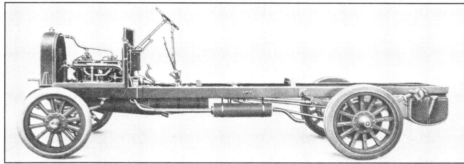

Zur Schub- und Drehmomentaufnahme waren symmetrische Schubbalken aus U-förmigem Walzeisen vom Differential gegen die Rahmenmitte hinter dem Getriebe montiert. Mit diesem Monstrum von Wagen hatte Österreich seine Lastkraftwagenversuche begonnen und zu beispielgebenden Erfolgen geführt. Dem Fahrzeug wurde besondere Betriebsökonomie nachgerühmt (etwa 50 Liter Benzin je 100 Kilometer).

Da also dieser Wagen imstande war, 5 Tonnen Nutzlast zu befördern, 12 km/h Geschwindigkeit in der Ebene zu entwickeln und voll belastet noch eine Anhängerlast von brutto 8 bis 10 Tonnen auf guter Makadamstraße zu schleppen, war er zu Versuchszwecken gut geeignet. Nun wurden vom beschriebenen Versuchswagen ähnliche, nur mit Walzeisenrahmen versehene weitere vier Versuchs-Lkw leichterer Tonnage von 2, 3, 4, und 5 Tonnen Tragkraft in Bestellung gegeben und von Austro-Daimler, Rheinikendorf, Leobersdorfer Maschinenfabrik und Daimler-Marienfelde geliefert. Sie hatten verschieden starke Motoren, durchwegs stehende Zweizylinder mit elektrischer Zündung

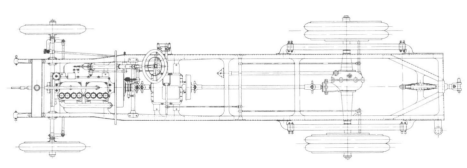

**Ganz oben: Daimler-Bus von 1903.** An Haltestellen sorgten Monteure für klaglosen Betrieb.

**Links oben: Opel-Lastwagen mit Vollgummibereifung.**

**Oben: Gerade „Leiterrahmen" und starke Federn** wiesen die Opel-Lastwagen ab 1912 auf.

**Mitte: Opel-Lkw** waren in ihrer Konstruktion den großen Personenwagen ähnlich.

**Mercedes-Vierzylinder-Motor von 1910 mit 14/35 PS.**

**Rechts: Kettenfahrgestell eines Benz-Lkw, 1910/14.**

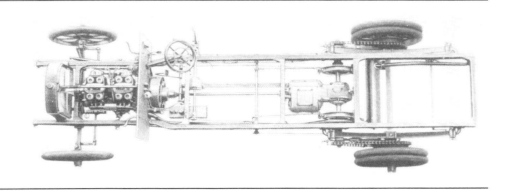

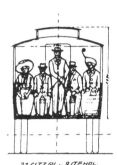

I.

*PARIS*

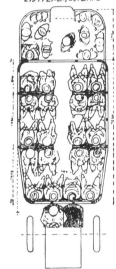

*21 SITZPL., 9 STEHPL.*

*TYPEN
VERSCHIEDENER
KRAFTSTELLWA-
GEN*

*OBEN:*

*QUERSCHNITTE*

*MITTE.*

*GRUNDRISSE DER
UNTERGESCHOSSE*

*UNTEN:*

*GRUNDRISSE DER
OBERGESCHOSSE*

kung, Mercedes-Kühler, Motorseilwinde, Vollgummibereifung. Leistung bei n = 800 U/min in der Ebene 26 km/h,
1. Gang 3 km/h, Zugleistung 12 bis 15 Tonnen, Steigfähigkeit
bei Vollast im 1. Gang 25%. Benzinverbrauch in der Ebene bei
Vollast 1 Liter für 2 Kilometer.
Für den schweren Etappentrain war der Ersatz geschaffen, und
die Artillerie hatte außerdem das, was sie brauchte: den ersten
Mörserzugwagen für das Kaliber 24 cm.

Um das Problem des leichten Lastwagens zu lösen (Zweiton-
ner), wurden die österreichischen Firmen zu einer Konkurrenz
eingeladen. Während 1908 Gräf & Stift und Saurer je einen
Kardanwagen zur Prüfung stellten, traten Fross-Büssing und
Austro-Fiat mit Kettenwagen auf den Plan. Es sollten 2 bis

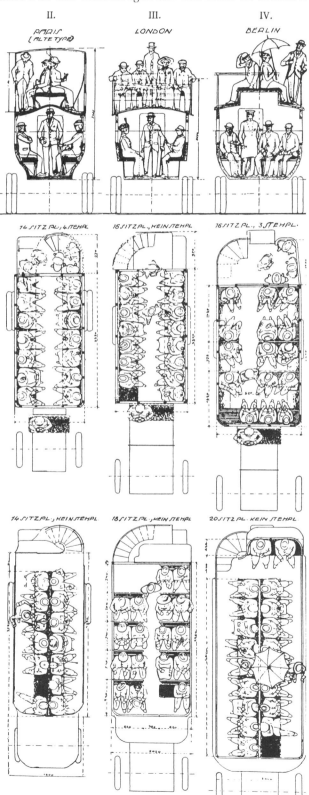

Daimler-4-Zylinder-Motor von 35 bis 40 PS mit Kupplung,
Getriebe und Schaltwerk sowie Lenkung von Skoda als Vierradlenkung eingebaut. Das Fahrzeug war vollgummibereift,
hatte hinten Zwillingsreifen, einen Radstand von 4000 mm, die
Vorderachse lag unter der Längenmitte des Motors, dessen Regler bei n = 800/min automatisch drosselte. Das Lenkrad war
auffallend groß, um Zweimannbedienung zu ermöglichen.
Hinten war eine Pufferkupplung zur Aufnahme der Anhängelast montiert. Die eigene Nutzlastaufnahme betrug 5 Tonnen,
die Zugleistung 12 Tonnen in der Ebene, 8 bis 10 Tonnen bei
mäßigen Steigungen.

Versuchsfahrten ergaben, daß die Motorleistung für schwere
Zugmaschinen in den Bergen selbst bei einer Höchstgeschwindigkeit von nur 20 km/h mindestens 2- bis 2½mal höher liegen
muß, als bis dahin angenommen wurde, eine motorisch angetriebene Seilwinde vorgesehen sein muß, die Lenkung aller
vier Räder bei schlechter Straße physisch nicht zu beherrschen
war und auch der Vierradantrieb, besonders bei Vorder- und
Hinterrädern verschiedener Größe, besser mit zwei Differentialen auszustatten ist, um einwandfreies Fahren zu ermöglichen. Der Wagen hatte ein Stirnraddifferential im Getriebekasten eingebaut, aus dem vier Kardanwellen zu den vier
Rädern führten. Ursachen für Defekte waren also genug
gegeben.
Der von Rheinikendorf, Berlin, und Daimler, Marienfelde,
nach Angaben der k.u.k. Automobilversuchsabteilung in Wien
in Konkurrenz gebaute Zugwagen M06 hatte bereits 60- bzw.
80-PS-4-Zylinder-Motoren, Motorseilwinde, zwei Differentiale, einfache Schraubenlenkung und kurzen Radstand (3500
mm), das Ladeplateau mit seinen Bordwänden, die nach hinten
zu niedriger wurden, ermöglichte eine hohe Stapelung der
Adhäsionslast in der Wagen-Längsmitte, wodurch gleiche
Achsdrücke erzielt wurden, eine Einzelheit, die bis 1914 an
allen Zugwagen beibehalten und 1910 auch von Renault in
Frankreich übernommen wurde.
Diese beiden Fahrzeuge entsprachen schon bedeutend besser
den in sie gesetzten Erwartungen. Schwere Lenkbarkeit, über-
große Lagerdrücke im Motor während der Bergfahrt und
schlechte Bremswirkung aber waren ihre Mängel. So wurde
mit dem Zugwagenpaar M 08 von Daimler (Wisent) und der
Leobersdorfer Maschinenfabrik (Leopard) ein Dritt- und Letzt-
versuch gestartet, der zum Erfolg führte. Ihre Triebräderpaare
hatten gleichen Durchmesser. Der Daimler-Wagen hatte einen
6-Zylinder-Motor von 90 PS, der Leobersdorfer einen
4-Zylinder-Motor von 80 PS, Stahllamellenkupplungen von je
48 Lamellenpaaren, gute, breite, luftgekühlte Bremsen, Doppelschraubenlenkung und Doppelzündung (eine Hochspan-
nungskerzenzündung, eine Abreißzündung). Die Ergebnisse
waren überraschend gut, und im Sommer 1909 wurde der
Austro-Daimler-Zugwagen M 09 in einer Serie von 36 Stück
gebaut. Eine schwere Zugmaschine, die ein Automobil war!
Leergewicht 4500 kg, Adhäsionslast 3000 kg, Dienstgewicht
8 Tonnen, 90-PS-6-Zylinder-Motor mit automatischer Schmierung, 800 U/min, Doppelzündung, mit weichem, rundem
Lauf, Lamellenkupplung, Vierganggetriebe, zwei Differentiale,
Differentialsperren, verbesserter Vierradantrieb „Daimler-Sal-
vator", drei Bremsen, spielend leichte Doppelschraubenlen-

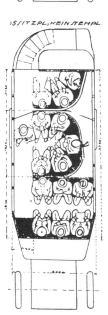

3 Tonnen Nutzlast in der Ebene mit 26 km/h, im 1. Gang mit 4 bis 5 km/h auf 25% Steigung befördert werden. Fross-Büssing war zu hoch übersetzt, Saurer konnte mit 3 Tonnen nicht fahren (Kardan!). Gräf & Stift und Fiat behaupteten das Feld, denn sie beförderten 2 Tonnen selbst, zogen einen Karren mit 1 Tonne Nutzlast und hielten sich im Rahmen der Bedingungen defektlos. Die Kavallerie hatte ihren 2-Tonnen-Fiat als Verpflegungswagen, die Verkehrstruppen und die Kaiserschützen ihren 2-Tonnen-Gräf-Spezialwagen. Mittlerweile studierten Büssing, NAG, Benz-Gaggenau und MAN in Deutschland, Saurer, Berna und Oerlikon in der Schweiz, Fiat in Italien, Renault, Peugeot und De Dion-Bouton in Frankreich und nebenbei auch Daimler, Saurer und Gräf & Stift in Österreich seit 1904 emsig die Lkw-Probleme. Im zivilen Lastwagenverkehr konnten 1905 die ersten umgebauten Pkw mit ihren alten 2-Zylinder-Motoren als Lieferwagen beobachtet werden, während auf dem flachen Land und in den Großstädten 1907 allerorten der Post- und Straßenbahnomnibus erschien. Wo aber blieb der mittelschwere und schwere automobile Lastwagen für Industrie, Großhandel und Spedition? Überall noch Pferde. Auch hier förderten die Militärautomobilisten die technische Entwicklung. Nachdem ihnen Betriebsfragen und Formgebung dieser Wagentypen 1907 schon restlos klar waren, kamen die ärarisch-fiskalischen Erwägungen dazu. In zahllosen Konferenzen, Verhandlungen, Sitzungen und Rundfragen wurden die Wünsche der privaten Wirtschaft festgestellt. Sie gingen dahin, daß man mit einem Lastwagen mit Anhänger einen 10-Tonnen-Waggon mit einer Fuhre be- und entladen können mußte und der Anschaffungswert nur so hoch sein durfte, daß mit seiner tatsächlichen Jahreskilometerleistung eine vierjährige Abschreibung der Beschaffungskosten möglich war. Verhandlungen mit der Autoindustrie über die Herstellungskosten und die Konstruktion andererseits ergaben, daß ein Zug von 3 plus 2 Tonnen, höchstens 5 plus 5 Tonnen Tragkraft nach dem damaligen Stand der Fertigungstechnik unter 24.000 bis 26.000 Kronen (soweit dies Österreich-Ungarn betraf) nicht herzustellen war, was für die Wirtschaft viel zu teuer gewesen wäre. So kam denn 1911, und 1913 in verbesserter Neufassung, das Subventionsgesetz heraus, das jedem Käufer eines derartigen Subventionslastzuges in serienmäßiger Ausführung und Ausstattung von Staats wegen auf Ansuchen einen Kostenzuschuß von 10.000 Kronen zusicherte. Dafür mußte sich der Käufer verpflichten, Lastzug und Fahrer stets einsatzbereit zu halten, nicht mehr als 7 Tonnen (4 plus 3 Tonnen) zu beladen, ihn zu Waffenübungen zu stellen, das Ladeplateau bei solcher Gelegenheit wieder aufzusetzen und falls ein anderer Aufbau verwendet wurde, die genormte Ausrüstung vollständig beizugeben und dem Fahrzeug Treibstoff für 300 Kilometer Fahrt mitzugeben. In Deutschland kam dieses Gesetz zu gleicher Zeit für den 10-Tonnen-Zug heraus. Nachdem die konstruktiven Details dieses Zuges festgelegt und alle äußeren Abmessungen genormt waren, wurde im Herbst 1911 zu einer Subventionswertungsfahrt unter Mitwirkung des ÖAC aufgerufen, wozu jede österreichische Automobilfabrik bei Nennung mit zwei gleichen Zugsgarnituren ihrer Marke anzutreten hatte.

Diese drei Wochen während Fahrt verlief außerordentlich günstig. Den besten Erfolg erzielten mit fast gleichviel Punkten Büssing, Fiat, Gräf und Praga. Sie wurden mit der friedensmäßigen Fertigung und der Auflage der ersten Serie betraut. Das höchstzulässige Leergewicht des Zuges betrug 3600 und 1200 = 4800 Kilogramm. Es war anzustreben, den Adhäsionsdruck der angetriebenen Räder möglichst gleichmäßig und hoch zu wählen, damit das Maximum der möglichen Zugleistung erreicht wurde. Daher durften diese Lastzüge gegen besondere Erlaubnis um je eine Tonne überlastet werden.

Da sich nun diese Fahrzeugtype ausgezeichnet bewährt hatte, wurde beim Bau von 10-Tonnen-Lastzügen die konstruktive Linie bis zum Jahre 1930 beibehalten. Lediglich Rahmen, Motor, Federung, Bereifung und einige Teile der Kraftübertragung wurden verstärkt. Die konstruktiven Daten waren: 45- bis 50-PS-Vierzylinder-Motor mit Tourenregulator, n = 800 bis 900 U/min, Kettenantrieb, 4000 mm Radstand, 900 bis 1000 mm Rahmenhöhe vom Boden, Differentialsperre, Luftkammerreifen, 18 bis 22 km/h im 4. Gang in der Ebene, 2,5 km/h im 1. Gang, Steigvermögen 20%.

Die Voraussetzungen für die gefahrlose Verwendung des automobilen Zuges waren: Die äußerste Seitenflucht des Aufbaues sollte sich mit den Außenmaßen der Radnabenkappen decken. Die gültige Radspurweite ließ Wagenaufbauten von 3 bis 3,5 Meter Gesamthöhe gerade noch zu. Größere Gesamthöhe oder -breite forderte auch breitere Spur, da sonst Kippmomente auftraten. Auch sollte der Bodenabstand der Schwerpunktlage im beladenen Zustand des Fahrzeuges das Ein- bis Eineinhalbfache der Spurweite nicht übersteigen. Beim Anhänger war vor allem das Verhältnis des Durchmessers der Drehzapfenauflage (Reibscheibe) des Vorderachsdrehschemels zum Radstand wichtig, da es die sogenannte Deichselfreiheit bestimmte.

Hier entscheidet vor allem die Maximalbelastung. Praktische Versuche ergaben, daß der Abstand des Drehzapfens (Reibbolzens) vom vorderen Rahmenende nicht weniger betragen durfte als ein Sechstel und nicht mehr als ein Fünftel der Rahmenlänge; der Reibscheibendurchmesser durfte nicht über die Breite des Rahmens hinausgehen, aber auch nicht kleiner sein als zwei Drittel der lichten Rahmenweite. Der Abstand vom vorderen Rahmenende bis zur Drehzapfenmitte sollte zwischen einem Viertel und einem Fünftel des Radstandes betragen, wenn man ein „Aufsteigen" des belasteten Wagens beim Bremsen des Zugwagens, Kippgefahr in Kurven vermeiden und günstige Kurvenradien erhalten wollte. Die Kupplungsebene (in der Horizontalen) sollte innerhalb der Rahmenhöhe beider Fahrzeuge (Oberkante — Unterkante) liegen.

Die Versuche mit Vereinslenkachsen (Vierradlenkung) wurden, da sie kein wirtschaftlich annehmbares Resultat ergaben, 1907 eingestellt, beim Elektrotrain und C-Zug des k.u.k. Heeres technisch einwandfrei zu Ende geführt, nach dem ersten Weltkrieg aber wieder vergessen. Die Vierradlenkung ermöglicht nicht nur kleinere Krümmungsradien, sondern erzielt auch, daß alle Räder der gezogenen Achsen in der Spur der Triebräder der Zugmaschine laufen (schienenlose Eisenbahn). Die Schwerindustrie und Brauereien waren die ersten, die sich die Raschheit des Transports durch Lastautos zunutze machten. Bald überwog der 1-Tonnen-, 2-Tonnen- und 3-Tonnen-Lastwagen mit Benzinbetrieb und der leichte Klein-Lkw (Pkw-Fahrgestelle). Der Lieferwagen von 1 bis 1,5 t wurde als Pritsche oder Kasten auf besonderen Lkw-Fahrgestellen gebaut. Kühler, Motor und Getriebe waren dem schweren Pkw-Typ entnommen. Die Hinterachsbrücke mit herabgemindertem Endübersetzungsverhältnis war durch Federn und Bereifung entsprechend verstärkt. Von 2 t aufwärts erstand der ureigene Lkw, der von Grund auf als solcher entworfen worden war. Er war von 1911 bis 1914 neben der Kette ab und zu mit Kardan (Gräf, Saurer usw.), ab 3 t ausnahmslos als Kettenwagen anzu-

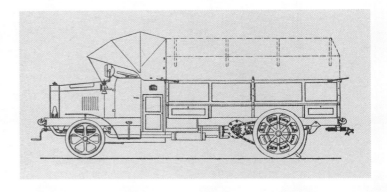

WIENER AUTOMOBILFABRIK-A.-G. VORM. **GRÄF & STIFT**, WIEN XIX.

MOTORLASTWAGEN TYPE »3 TONNEN«

## TECHN. BESCHREIBUNG DES MOTORLASTWAGENS TYPE »3 TONNEN«.

ER MOTOR ist ein langsam laufender vierzylindriger Benzinmotor, welcher als Ergebnis langjähriger Erfahrungen sich beim Lastwagenbetriebe besonders bewährt hat und daher den größten Anforderungen entspricht.

Die einzelnen Organe und Hilfsapparate dieses Motors sind übersichtlich angeordnet und leicht zugänglich. Alle beweglichen Teile sind so reichlich bemessen, daß bei richtiger und sachgemäßer Behandlung Betriebsstörungen ausgeschlossen sind.

Zur Begrenzung der Höchstumdrehungszahl dient ein automatischer Fliehkraftregler, der es auch ermöglicht, bei der ersten und zweiten Geschwindigkeit die Motorleistung beziehungsweise die Motor-Drehzahl um 200 Umdrehungen per Minute zu erhöhen. Als Betriebsstoff kann Benzin, Schwerbenzin oder Benzol verwendet werden. Der Betriebsstoffbehälter ist unter dem Führersitze angeordnet und hat einen Fassungsraum für 190 Liter. Die Zündung erfolgt durch einen Bosch-Hochspannungs-Magnetapparat mit Zündkerzen. Die Schmierung der Haupt- und Kolbenlager, sowie der Kolben mit frischem Öle bewirkt eine mit dem Motorentriebwerk in zwangläufiger Verbindung stehende ventillose Friedmann-Schmierpumpe. Ferner ist für die Motorzusatzschmierung ein Ölapparat für Handgebrauch vorgesehen, um bei angestrengter Motorarbeit mehr Öl geben zu können. Weiters ist zur leichten Inbetriebsetzung des Motors ein Verdichtungsminderer eingebaut, welcher beim Andrehen den auf den Kolben lastenden Gegendruck verringert. Ein entsprechend großer Bienenkorbkühler nebst Wasserpumpe und Ventilator bewirkt, daß das Kühlwasser stets

unter der zulässigen Höchsttemperatur gehalten wird und nur die verdunstete Wassermenge ersetzt zu werden braucht. Der patentierte Antrieb des Ventilators geschieht durch eingekapselte Zahnräder mit zwischengeschalteter Reibungskupplung. Diese Ausführungsform schließt ein Versagen der Ventilatorwirkung aus und garantiert eine intensive und zuverlässige Kühlung.

IE KUPPLUNG des Motors mit dem Triebwerke vermittelt eine Konuskupplung mit Fiberbelag, welche keinerlei Wartung bedarf und ein geschmeidiges, stoßfreies Anfahren ermöglicht.

AS GETRIEBE umfaßt vier Geschwindigkeitsabstufungen nach vorne und einen Rücklauf. Die Schaltung erfolgt durch einen bequem angeordneten Handhebel, welcher in Kulissen geführt, die jeweils notwendigen Zahnradpaare der gewünschten Geschwindigkeitsstufe in Eingriff bringt. Um bei vereister oder glitschiger Straße eine sichere Fahrt zu ermöglichen, ist das Differentialgetriebe vom Führersitze aus sperrbar. Der Antrieb der Hinterräder erfolgt durch Ketten. Zwischen dem Getriebe und dem Kettentrieb ist zur Schonung der Übertragungsorgane eine elastische Kupplung angebracht.

IE BREMSEN. Zur Bremsung des Wagens sind zwei voneinander unabhängige, sowohl vorwärts wie rückwärts wirkende feststellbare Bremsen vorgesehen, welche infolge ihrer kräftigen Bauart außer der zuverlässigen Wirkung eine lange Gebrauchsdauer besitzen. Eine dieser Bremsen wirkt mittels Handhebel unmittelbar auf die Hinterräder,

**Diese amerikanischen Liberty Trucks, die hier in Frankreich stationierte Truppen versorgen, wurden in den USA von mehreren Erzeugern hergestellt.**

**Rechts Mitte: Ein in den USA in Lizenz gebauter Saurer anläßlich des ersten Transcontinental Truck Trips 1911.**

**Saurer-Dolomiten-Postautobus, 1907.**

**Gräf & Stift-Dolomiten-Postautobus, 1910.**

**Rechts: Komfortabler Daimler-Omnibus der Königlich Bayrischen Post von 1905.**

groß waren, daß eine verläßliche Anfahrleistung und Dauerbetrieb auf der Straße nicht gewährleistet waren. Außerdem hat die Fahrgeschwindigkeit und Spurhaltung der Wagen in beiden Fällen nicht befriedigt (Eisenreifen).

Versuche brachten Erfolge mit Motorfahrzeugen auf der Schiene (1913 Schienenauto durch das Eisenbahnregiment in Korneuburg), wobei ermittelt wurde, daß ein Straßen-Subventions-Motorwagen auf der Schiene im Dauerbetrieb das Achtfache an Schlepplast zu fördern vermochte. Rastlos wurde an der Lösung dieser Probleme gearbeitet, und wenn noch schwerere Lasten zu befördern waren, dann mußten stärkere Maschinen geschaffen werden. Unter Verfolgung des reinen Automobilprinzips baute Österreichs Heer mit seiner heimischen Firma Austro-Daimler in Wiener Neustadt in aller Stille noch 1912 bis 1914 zwei Gedanken aus, die allseits größtes Staunen hervorriefen. Zunächst den Mörserzugwagen (Mzw.) M 12 für die Traktion des bekannten 30,5-cm-Skoda-Mörsers: 6-Zylinder-Motor, 150 PS Bremsleistung, Doppelschraubenlenkung, Stahllamellenkupplung, 4-Rad-Antrieb Patent Skoda-Daimler, Stirnraddifferential im Vierganggetriebe, 4 Kardanwellen. Maximale Geschwindigkeit 16 km/h bei n = 800 U/min, 20 km/h bei n = 1000 U/min, Dienstgewicht 12 t bei 5 t Nutzlast, Leergewicht 6,5 t. Benzinverbrauch 1,2 bis 1,5 l

während die zweite wassergekühlte Bremse am Triebwerke vorgesehen ist und durch einen Fußhebel betätigt wird. Zur Sicherung gegen Rücklauf auf Steigungen ist außerdem eine kräftige, auch gegen seitliche Kraftwirkung gesicherte Bergstütze an der Hinterachse angebracht.

**DIE LENKUNG** ist selbsthemmend und stoßfrei. Alle Verbindungen im Lenkgestänge sind als Kugelgelenke ausgebildet und jene Lenkungsteile, die einem Drucke ausgesetzt sind, laufen auf Kugellager, so daß das Fahrzeug mit geringer Kraftanwendung lenkbar ist. Der Einschlag der Lenkräder ist so groß, daß auf einer 14 m breiten Straße ohne Be-

nützung des Rücklaufes gewendet werden kann.

**RÄDER.** Es kommen Stahlgußräder für Holzeisen- oder Gummi-Reifen in Verwendung und zwar vorne für Gummiprofil 820 × 120 und rückwärts für Doppelreifen 1050 × 140. Die Achsen, Federn, der Wagenrahmen, sowie alle übrigen Teile sind nur aus bestgeeignetstem Materiale verfertigt.

Zur Zugübertragung dient eine gefederte Anhängevorrichtung, welche, allseits gelenkig, eine sichere und doch elastische Verbindung mit dem Anhängewagen herstellt. Motor und Triebwerk sind durch eine Verkleidung gegen Straßenkot geschützt.

Der Führersitz ist von einer, bis zur Höhe des Lenkrades reichenden Blechverschalung mit Türe umgeben. Ein zusammenklappbares Verdeck schützt den Fahrer gegen Witterungsunbilden. Der Sitz besteht aus abnehmbaren Sitzkissen und gepolsterter Wulst an der Rücklehne. Die Ladefläche hat umklappbare Bordwände nebst abnehmbaren Aufsatzbrettern. — Der Wagen wird grau lackiert geliefert. Andere Lackierung oder Aufschriften nach Übereinkommen.

je km, Hochspannungs-Doppelzündung, zwei Vergaser, Auspuff über Dach, Zugleistung 30 bis 36 t bei drei Schleppeinheiten. Radstand 3500, Länge 5500, Breite 2200, Höhe 2800 mm. Also eine ausgewachsene Lokomotive!

Und als letztes jenen Elektrotrain Daimler-Landwehr, ein Mixtsystem größten Stils, der als C-Zug den 42-cm-Mörser transportierte.

treffen. Bis zu 1 t wurde mit Luftbereifung, bis zu 2 t mit Luftkammerreifen, ab da mit Vollgummireifen gefahren.

An dieser Stelle soll auch all der verdienstvollen Bemühungen um den mechanischen Straßenzug gedacht werden. Die Bestrebungen gehen allgemein auf die Jahre 1903 bis 1905 zurück, als in Frankreich Renard und Krebs, in Deutschland Major Groß und in Österreich der damalige Hauptmann des Eisenbahnregiments, späterer General von Tlaskal, den Versuch unternahmen, die im Motor des Zugwagens entstehende Leistung den Achsen der Anhängelast unmittelbar zu vermitteln, um die Transportleistung zu erhöhen. Renard und Krebs sowie Tlaskal wollten dies durch eine den ganzen Zug von 4 bis 6 Einheiten (inklusive Zugwagen) durchsetzende Kardanwellenleitung, die mittels Differentialtriebes eine Achse pro Wagen antreiben sollte, lösen (Steyr-Traktoranhänger 1949). In Deutschland suchte man dies durch elektrische Kraftübertragung (Mixtsystem) zu erreichen.

Alle drei Versuche scheiterten jedoch. Die ersten beiden, weil die Reibungswiderstände in den Kupplungen und Gelenken so groß waren, daß sie die überschüssige Motorleistung verbrauchten; der letztgenannte deshalb, weil damals (1904 bis 1905) die elektrotechnischen Mängel (Isolation, Elektromotorenbau und Schaltgerät sowie Generatorkonstruktion) noch so

# Die großen internationalen Autorennen bis Juli 1914

Die Rennen zwischen der Jahrhundertwende und dem ersten Weltkrieg brachten Ergebnisse, die bereits eindeutig die große maschinentechnische Reife des Automobils offenbarten, die in so kurzer Zeit erreicht worden war. Zu Beginn des Jahrhunderts wurde trotz entsprechender Rennerfolge wohl noch deutlich eine gewisse Unsicherheit in der Konstruktion bemerkbar, aber bereits 1909 fuhr ein 200-PS-Benz-Rennwagen auf der Brooklandbahn 205 km/h Weltrekord, 1910 in Daytona 211 km/h und 1910 fuhr Burman auf Benz in Daytona jene erst neun Jahre später verbesserte Weltbestleistung von 228 km/h. Die Arbeit, die hier geleistet worden sein muß, um bereits damals solche Rekorde zu erzielen, ist kaum vorstellbar. In dieser Periode wurden aber auch unzählige Fernfahrten veranstaltet und Preise gestiftet. Auf nach neuesten Gesichtspunkten erbauten Rennbahnen wurden zahlreiche Bewerbe ausgetragen.

1901 fand das Rennen Paris—Berlin statt, dessen Schilderung in der „Allgemeinen Automobil-Zeitung" aus dieser Zeit in Form eines Interviews (hier gekürzt) mit dem französischen Sieger Fournier erhalten geblieben ist und u. a. als Straßenzustandsbericht zu werten ist. Es gibt aber auch Stimmung und Verhalten der unbeteiligten Zeitgenossen wieder.

Ein bekannter Autojournalist von damals, Filius, hatte Gelegenheit, den Sieger Fournier zu sprechen, um von ihm einige Mitteilungen über seinen Sieg zu erhalten.

„Also, Sie erlauben, daß ich mein Interview beginne", sagte ich, auf den Zweck meines Besuches kommend. „Bitte, stellen Sie Ihre Fragen, ich werde sie beantworten."

Ich: „Die erste Frage eines Automobilisten lautet stets, wie war die Straße?"

Kaiserpokal für die Fernfahrt Paris—Berlin 1901.

Gräf & Stift Rennwagen, 1907/08

Opel Rennwagen, 1907

Sizaire et Noudin „Miracle", 1910/11

Links:
Henry Fournier mit Beifahrer, Sieger des Autorennens Paris—Berlin 1901 (Illustration Georges Scott).

Rechts oben:
Marcel Renault beim Rennen Paris—Madrid, 1903.

Daneben: Pöge auf Mercedes als Sieger der Prinz-Heinrich-Fahrt 1908.

Rechts Mitte:
Anläßlich des Gordon-Bennett-Bewerbes 1905 wechseln Werner und sein Beifahrer eigenhändig einen Reifen, wie es damals üblich war.

Darunter:
Vanderbilt-Cup-Pokal von 1910.

Rechts: Bergrennen auf dem Semmering (Herkomerkonkurrenz 1906), Fahrer: Prinz Heinrich von Preussen.

Fournier: „Exzellent! Nur kurz hinter Aachen und hinter Hannover fand ich über zehn Kilometer sehr schlechte Straßen, aber sonst waren sie von ganz famoser Beschaffenheit, die mir gestattete, mein Maximum an Schnelligkeit zu entfalten."

Ich: „Und die gebirgige Strecke von Montjoie?"

Fournier: „Wurde im Flug genommen."

Ich: „Wie stand es denn mit der Streckenbezeichnung?"

Fournier: „Die war ideal. Namentlich im Deutschen Reich, wo unzählige Radfahrer und Posten, insbesondere aber Soldaten zu Pferde und zu Fuß die Besetzung besorgten. Zahlreiche Warnungszeichen waren ein ausgezeichneter Behelf."

Ich: „Also Sie waren nicht einmal über den richtigen Weg im Zweifel?"

Fournier: „Nein, das war ganz undenkbar, und zwar aus dem sehr einfachen Grund, weil auf der Strecke von Paris bis Berlin ein einziges Menschenspalier stand, in dem es selten einmal einen Zwischenraum von 500 Meter gab. Die lebende Mauer reichte bis zur Tür meines Hotels. Übrigens ist es mir unbegreiflich, daß so wenig Unglück geschehen ist. Ich selbst war mindestens 50mal über ein Haar daran, Menschen zu töten. Die Landbewohner unterschätzen die Schnelligkeit unserer Torpedowagen und weichen meist erst dann aus, wenn sie beinahe schon von den Rädern erreicht sind."

Ich: „Welches war Ihre größte Schnelligkeit?"

Fournier: „Streckenweise 120 Kilometer per Stunde."

Ich: „Und welches war Ihre Empfindung dabei?"

Fournier: „Als ob ich nur 80 machte..."

Ich: „Haben Sie niemals das Gefühl gehabt, in Lebensgefahr zu schweben?"

Fournier: „Einmal? Nein, hundertmal! Die gewölbten Brückenübergänge wirken bei unserer Schnelligkeit wie Trampolins. Wie ein Gummiball fliegt der schwere Wagen vom Boden, um acht bis zehn Meter später erst wieder zu landen. Das sind Momente, wo jeder Mensch zittern muß. Fast jede Kurve wurde auf zwei Rädern genommen. Auch dieses Gefühl gehört nicht zu den angenehmsten."

Ich: „Und die Defekte?"

Fournier: „Nur die Pneumatiks machten uns das Leben sauer. Am ersten Tag hatten wir drei, am zweiten und dritten Tag je vier Pneumatikexplosionen."

Ich: „Haben Sie dadurch viel Zeit verloren?"

Fournier: „Keineswegs. Ich und mein Mechaniker sind Virtuosen im Reparieren. Die Demontage, das Einziehen eines neuen Schlauches und die Montage eines Reifens kostet uns nur sechs Minuten Zeit."

Ich: „Aber selbst das konnte nicht verhindern, daß Sie von einem glücklichen Konkurrenten hin und wieder eingeholt wurden."

Fournier: „Ja, leider."

# Ein Erfolg der deutschen Automobil-Industrie.

Christian Lautenschlager (Mercedes), der Sieger.

Hanriot (Benz), beendete das Rennen als Dritter.

Hémery (Benz), beendete das Rennen als Zweiter.

**Das „Rennfahrergesicht" Henry Fourniers.**

Ich: „Wie fahren Sie eigentlich einem Gegner vor? Der Staub eines Rennwagens ist doch so dicht, daß man nicht fünf Schritte weit sieht."

Fournier: „Ich fahre einfach in die Staubwolke hinein."

Ich: „Aber Sie sehen ja nicht."

Fournier: „Oh doch, zwar nicht den Boden oder die Straße, aber den Staub."

Ich: „Da müssen Sie doch die Richtung verlieren?"

Fournier: „Sie würden recht haben, wenn die Wirbelbewegungen des Staubes nicht doch kenntlich wären. Diese Wirbelbewegungen sind im Kielwasser des Wagens andere als seitlich davon, und danach richte ich mich. Bin ich dem Wagen bis auf zehn Meter nahe, dann wird der Staub so dicht, daß es fast dunkel um mich wird, aber das dauert nur eine Sekunde, dann sehe ich schon meinen Gegner."

Ich: „Sie fordern durch Signal zum Ausweichen auf?"

Fournier: „Fällt mir nicht ein, der Gegner würde mich nicht hören. Ich jage wie ein Dieb vorüber. Meine Situation beim Vorfahren ist die des Luftschiffers, der zuerst die Wolke unter sich sieht, dann von ihr eingehüllt wird und schließlich, wieder heraustretend, die Erde erblickt."

Ich: „Wie steht es mit Ihrem Befinden?"

Fournier: „Abgesehen davon, daß ich auf der Reise fünf Kilo verloren habe, gut."

Ich: „Ich sah Sie in allen drei Etappen ankommen. Sie schienen sehr ermüdet, fast krank."

Fournier: „Das war auch so, ich habe auf der ganzen Rennstrecke weder gegessen noch getrunken."

Ich: „Aus Mangel an Zeit?"

Fournier: „Nein, sondern weil ich selbst im Trank und in der Speise meine Gegner fürchte."

Ich: „Aber wie kann man eine solche Befürchtung hegen?"

Fournier: „Ich sage nicht, daß es so ist, aber es könnte sein, und wo es sich um Millionen handelt, tut man das Äußerste."

Eine ähnliche Fahrt stellte die Paris-Wien-Fahrt von 1902 dar, die innerhalb von zehn Tagen über eine Strecke von 1750 Kilometer führte.

In die Reihe der großen Serienrennen gehörte vor allem das

Gordon-Bennett-Rennen, das James Gordon-Bennett, der damalige Besitzer des New York Herald, 1900 stiftete. Dieser große internationale Wanderpreis wurde dem Automobil Club de France zur Ausschreibung übergeben. Die Rennen waren international, und jeder maßgebende nationale Club konnte bis zu drei Fahrzeuge melden. Die Wagen durften nicht weniger als 400 Kilogramm und nicht mehr als 1000 Kilogramm wiegen. (Die erste Rennformel.) Die Rennen wurden auf der Straße in einer Etappe von mindestens 550, höchstens aber 650 Kilometer Länge gefahren, fanden im ganzen sechsmal (bis 1905), jeweils im Lande des letzten Siegers, statt und führten daher über verschiedene Strecken.

Rigolly mit seinem Rennwagen auf

# Michelin-Pneumatic!

Anlässlich der Nizzaer Rennen konnte die Firma Michelin eine Reihe grosser Triumphe feiern. Die beiden Rennwagen Gobron-Brillié waren mit Michelin montiert, und so siegte Michelin in allen Rennen, in denen Gobron siegreich war. Es sind dies: Meilenrennen, Sieg und zweiter Platz; zweite coupe Rothschild, Sieg und zweiter Platz; dritte coupe Rothschild, Sieg und zweiter Platz. Schliesslich gewann Michelin noch im

## Meilenrennen den ersten Preis

in der Klasse der Wagen. Rigolly erzielte

### eine Zeit von 23 3/5 Sekunden,

was einer stündlichen Schnelligkeit von 152 Kilometer 542 Meter entspricht. Das ist ein Tempo von mehr als 42 Meter per Sekunde, bei welchem ganz enorme Anforderungen an die Widerstandsfähigkeit eines pneumatischen Reifens gestellt werden.

## Michelin & Cie., Frankfurt a. M., Kronprinzenstr. 37.

Das Gordon-Bennett-Rennen wurde durch den Grand-Prix des Automobile Club de France abgelöst, der von 1906 bis 1908 nur in Frankreich zur Austragung kam. Dieses Rennen war einst das größte Ereignis auf dem Gebiet des Automobilismus und kam dadurch zustande, daß die Chambre Syndicale der französischen Konstrukteure den ACF 1906 zur Veranstaltung eines großen Geschwindigkeitsrennens veranlassen wollte. Es fand auf der Rundstrecke von la Sarthe in Tagesetappen von je 600 Kilometer statt. Jeder Fabrikant oder Konstrukteur konnte drei Wagen melden. Jeder Wagen wurde nach Schluß des Renntages — die Lenker durften nur die Benzin- und Ölhähne schließen — in den verschlossenen Park geschoben. Am nächsten Tag durften die Vorbereitungen, wie Ankurbeln des Motors, Füllen mit Benzin, Reparaturen usw., erst nach dem Abfahrtszeichen durchgeführt und alle Handgriffe auch während der Fahrt nur vom Lenker und mitfahrenden Mechaniker gemacht werden. Wagen, die am ersten Tag mehr als vier Stunden hinter der Fahrzeit des ersten Wagens zurückblieben, schieden aus.

Für den zweiten Grand Prix, der bei Dieppe ausgetragen wurde, erfuhr das Reglement eine Abänderung dahin, daß

die Wagen ohne Beschränkung des Gewichtes oder der Stärke zugelassen wurden, die Maximalmenge des Brennstoffverbrauches jedoch höchstens 30 Liter auf 100 Kilometer sein durfte.

Für den dritten Großen Preis lautete das Reglement wieder anders, und zwar nach der Ostender Formel, die in einem Kongreß aller anerkannten Automobilclubs am 15. Juli 1907 in Ostende für alle Rennen festgesetzt worden war. Demnach hatten alle Vierzylindermotoren eine Maximalbohrung von 155 mm aufzuweisen. Bei anderer Zylinderzahl mußte die gleiche nutzbare Kolbenfläche vorhanden sein. Die startfertigen Wagen hatten ohne jede Belastung mindestens 1100 kg zu wiegen. Dieses Rennen wurde ein großer Sieg der deutschen Marken Mercedes und Benz, was vor allem auf das Erstarken der deutschen Automobilindustrie zurückzuführen war, die bis dahin mit weit größeren Schwierigkeiten zu kämpfen hatte als die französische. Dieses Rennen war bis 1912 in der geschlossenen Reihe das letzte, und erst in diesem Jahr kam der Grand Prix wieder zur Austragung. Diesmal nach völlig freier Formel, während 1913 zumindest die Brennstoffmenge beschränkt wurde, und zwar waren nur 20 Liter auf 100 Kilometer erlaubt. Andere Bestimmungen, die auf 4,5 Liter Hubvolumen und 1100 kg Wagengewicht lauteten, sah das Jahr 1914 vor. Dieses Rennen, das einen dreifachen Mercedes-Sieg brachte, wurde bei Lyon ausgetragen und sollte für viele Jahre das letzte sein.

Ein großes internationales rennsportliches Ereignis der damali-

Rechts: Fiat S 76, 290 HP-Rekordwagen von 1911, 2,8 l Inhalt, 1.900 U/min.

Unten: Am Steuer des Fiat S 76 der berühmte Rennfahrer Felice Nazzarro.

gesehen und mußten bis zum Tag der Abnahme mindestens bereits 2000 Kilometer gefahren sein, wobei das Gewicht wenigstens 800 kg betragen sollte. Die zweite und dritte Fahrt fand jeweils unter etwas abgeänderten Bestimmungen statt.

Die Automobilbergrennen am Semmering gehörten zu den bedeutendsten automobilistischen Ereignissen Österreich-Ungarns. Diese Rennen fanden ab 1899 statt, wobei die erste Fahrt einen Clubausflug mit Schnelligkeitswertung darstellte. Für das Rennen 1900 stiftete Theodor Dreher einen Wanderpreis, der vom jeweiligen Sieger in drei aufeinanderfolgenden Jahren in einer frei zu bestimmenen Kategorie zu verteidigen war. Hielt der betreffende Konkurrent drei Jahre hintereinan-

Rechts: Jenatzy auf dem 60-PS-Mercedes-Siegerwagen im Gordon Bennett-Rennen 1903.

gen Zeit waren die Herkomer-Konkurrenzen (nach dem Preisstifter Prof. Hubert von Herkomer) von 1905 bis 1907, die lediglich für in privatem Besitz befindliche Wagen (Tourenwagen) von 16 PS aufwärts bestimmt waren und eine Zuverlässigkeitserprobung über mehrere Tage darstellten.

Jedem Fahrzeug wurde ein Kontrollor beigegeben. Alle Reparaturen und sonstigen Handgriffe, außer Pneumatikreparaturen, durften nur von ein und derselben Person ausgeführt werden. Endgültiger Sieger wurde, wer zweimal den ersten Platz errang.

Die Prinz-Heinrich-Fahrten (nach ihrem Preisstifter Prinz Heinrich von Preußen) von 1908 bis 1910 traten das Erbe der Herkomer-Konkurrenzen an. Auch diese Fahrten waren internationale Zuverlässigkeitsprüfungen und keine Rennen. Die Beteiligung war bei der ersten Fahrt für 4- bis 6-Zylinder-Wagen mit einer Gesamtkolbenfläche von 227 bis 679 cm² vor-

Rechts Mitte: Die abenteuerlichste Fernfahrt aller Zeiten war wohl jene von Peking nach Paris 1907. Im Biwak von Kalgan die beiden De Dion-Wagen, rechts der Itala von Fürst Borghese.

der die beste Zeit, dann sollte der Wanderpreis in sein Eigentum übergehen.

1911 fand die erste Österreichische Alpenfahrt statt, die über 2345 Kilometer steilster Alpenpässe führte.

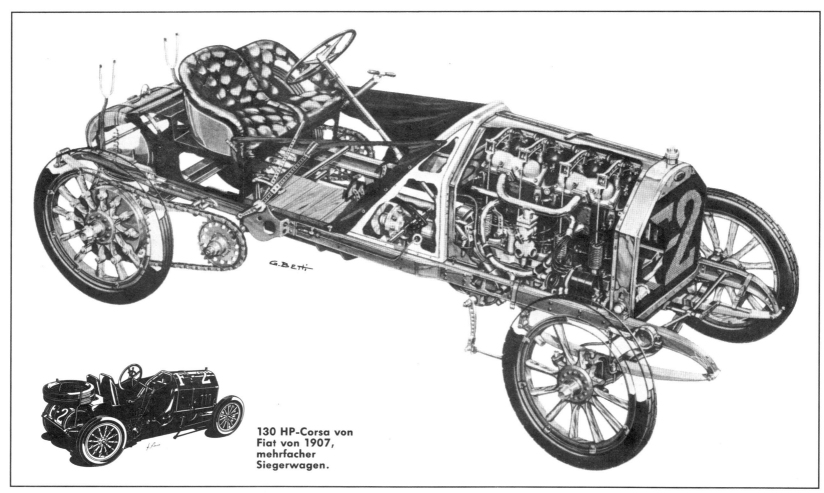

G. Betti

130 HP-Corsa von Fiat von 1907, mehrfacher Siegerwagen.

Im Rahmen der Meetings zu Nizza (Nizzaer Woche) wurden vor allem das klassische Bergrennen Nizza—La Turbie auf der Straße La Corniche, die Schnellfahrten auf der Promenade des Anglais sowie die Preise von Baron Henri de Rothschild ausgetragen.

Die Fernfahrt Paris—Bordeaux, bereits ab 1897 bis 1899 ausgeschrieben, wurde nach schweren Unfällen zum vierten- und letztenmal 1903 gefahren.

Die „Woche von Ostende" war eine der bedeutendsten Sportveranstaltungen Belgiens und fand ab 1903 statt. — Auf der Insel Man wurde die Tourist Trophy, eine englische Konkurrenz für Tourenwagen, deren Benzinverbrauch genau festgesetzt war, seit 1905 ausgetragen und daran anschließend 1906 und 1907 die Graphic Challenge Trophy. — In Italien wurde ab 1905 die Coppa Florio, ab 1906 die Targa Florio gefahren, beide Preise von Cavaliere Vincenzo Florio, einem reichen Großgrundbesitzer auf Sizilien, gestiftet. — In Amerika fand 1901 eine Ausdauerkonkurrenz New York—Buffalo über eine Gesamtstrecke von 804,5 Kilometer statt. Das größte Automobiltreffen auf amerikanischem Boden bildeten jedoch die seit 1904 üblichen Frühlingsmeetings auf Florida. Zwischen den Badeorten Ormont und Daytona befand sich die damals idealste Rennstrecke der Welt, auf der auch einige Weltrekorde aufgestellt wurden. Nach dem von W. K. Vanderbilt jun. gestifteten Preis benannt, fanden ab 1904 die „Vanderbilt-Rennen" statt, die auf der Rennstrecke in Nassau Country auf Long Island ausgetragen wurden.

Auch in der Schweiz pflegte man die Automobilkonkurrenz reichlich. Unter anderen wurden der Monod-, der Rochet-Schneider-, der Bollinger-Elmenhorst- und der Mégevet-Pokal, alles Zuverlässigkeitsfahrten auf schwierigen Bergstrecken, ausgetragen.

1906 startete von Gothenburg nach Stockholm die erste Konkurrenz um den Winterpokal von Schweden. — Organisiert durch den Automobilclub von Namur und Luxemburg, fand Jahre hindurch das Ardennenrennen statt, das von dem

**Unten: Der Itala des Fürsten Borghese im Morast.**

**Ganz oben: 200-PS-Benz-Vierzylinder-Rennmotor von 1909.**

**Oben: Der berühmte Blitzen-Benz-Weltrekordwagen von 1909.**

bekannten belgischen Sportsmann Baron Pierre de Crawhez angeregt worden war.

Diese Fülle von Rennen und Fahrten wurde noch bereichert durch die Bahnrennen. Auf der großen Rennbahn von Brookland, England, die 1906 bis 1907 nach modernen Gesichtspunkten erbaut wurde, und Indianapolis, USA, sowie kleineren Bahnen — teils Pferderennbahnen — kamen zahlreiche Wettbewerbe zum Austrag.

Große Fernfahrten, wie die von Petersburg nach Riga und zurück, die 1909 stattfand und über 1070 Kilometer führte, die „Kaiser-Nikolaus-Tourenfahrt" von 1910, die „Russische Zuverlässigkeitsfahrt" Petersburg—Moskau—Sewastopol über 3000 Kilometer, die meist von Benz und Opel gewonnen wurden, geben ein Zeugnis vom Stand der Fabrikation.

War der Wirkungskreis des Pioniers vor 1900 eher lokal beschränkt, wurde er schon zu Beginn dieses Jahrhunderts immer entschiedener ausgedehnt und gipfelte schließlich in großen Weltreisen einzelner. Das Automobil war flügge geworden und bewies seine Daseinsberechtigung und Leistungsfähigkeit in ganz großen Zerreißproben, die mehr als alle Schnellig-

keitsweltrekorde das Vertrauen in dieses technische Phänomen stärkten und vertieften.

Eine nicht ganz ernsthafte Weltreise unternahmen E. Lewess und Max Cudell mit einem Panhard-Levassor im März 1902. Nachdem ihr gelber Wagen in London ausgestellt worden war, traten sie ihre Reise an. In Paris wurden bei einem angenehmen Aufenthalt sechs Wochen verbracht, und dann wurde nach Berlin aufgebrochen, wo es nicht minder annehmbar gewesen sein muß, da sie sich von dort erst nach fast zwei Monaten zu trennen vermochten, und das am 1. September, genau 10 Minuten vor Mitternacht. Die Presse hatte bereits über das nicht unbeträchtliche „Stehvermögen", das der Wagen bewiesen hatte, gewitzelt, aber daß es so rasch wieder zu einer Ruhe-

pause kommen würde, konnte niemand ahnen. Um 1 Uhr 25 nämlich hielt man bereits wieder an und verbrachte eine geruhsame Nacht, 26 Kilometer von Berlin.

In Sibirien machte sich bereits der Winter bemerkbar,

als eine Woche in Warschau verbracht wurde. Seit dem Aufbruch von London waren fünf Monate vergangen. Unter Heranziehung vieler zwei- und vierbeiniger Helfer gelangten die beiden Fahrer über Grodno nach Petersburg. Das winterliche Sibirien aber, das sie endlich doch erreichten, spielte ihnen einen Streich und ließ das Kühlwasser gefrieren, das sie einmal unvorsichtigerweise nicht abgelassen hatten. Mit den zwei daraufhin gesprungenen Zylindern war an eine Weiterreise wirklich nicht mehr zu denken, und es wurde der Wagen an Ort und Stelle — es war in der Nähe

Nischnij-Nowgorods — stehengelassen und die Heimfahrt mit der Bahn angetreten. Die Route hätte bei günstigerem Verlauf bis nach New York geführt. Ganz abgesehen von persönlichen Eigenschaften der beiden Weltreisenden waren die mangelhafte Sportgeist und Sinn für die Maschine sowie vielleicht auch die noch nicht vollentsprechende Konstruktion des Wagens eine Zeiterscheinung.

Etwas völlig anderes stellte die vom „Matin" 1907 ausgeschriebene große Fernfahrt von Peking nach Paris dar, die quer

durch die Wüste Gobi, die Mandschurei, Sibirien, Rußland, Deutschland und Belgien führte.

Am 10. Juni 1907 starteten Prinz Borghese, der spätere Sieger, und vier weitere Teilnehmer in Peking. Es wurde eine Fahrt mit allen Schwierigkeiten, die Asien mit seiner unregelmäßigen Wetterlage, seinen Gebietsverhältnissen, seinen vernachlässigten Wegen zu bieten hatte, und war noch weit schwieriger, als es sich die Beteiligten auch nur im Traum vorgestellt hatten. Eine Karawane war vorausgegangen und hatte für die Benzinvorräte und die Vorbereitung und Beruhigung der Bevölkerung zu sorgen. Die Bergzüge zwischen Peking und Kalgan hatte man nur 70 Kilometer fahrend und 170 Kilometer mit Hilfe von Kulis überwinden können. Die Wüste Gobi war mit ihrem festen Sand ein wahres Vergnügen im Vergleich dazu. Am 25. Juni wurde aus Urga an der Wüste Gobi nach Sibirien aufgebrochen. Die brückenlosen Ströme waren nur mit Hilfe von weit hergeholten Ochsen und ausgebauten Zündungen und Vergasern zu bewältigen. Nach solchen Schwierigkeiten mußten die Routen immer wieder von neuem gesucht werden.

Ein Sandsturm, der die Fahrer in der Wüste verschont hatte, erreichte sie nun dort und ließ sie im metertiefen Sand versinken. Am Baikalsee trennte sich der mit seinem Itala schnellere Prinz Borghese von den übrigen. Einen ganzen Tag jedoch mußte er opfern, als er mit seinem Wagen durch eine morsche Brücke stürzte und wie durch ein Wunder mit den Vorderrädern hängen blieb, während der Heckteil über einem Abgrund schwebte. Nachdem ihn ein Trupp sibirischer Eisenbahnarbeiter aus seiner ungemütlichen Situation befreit und den Wagen wieder heil auf die Räder gestellt hatte, wurde die Fahrt fortgesetzt. — Millionen Mücken und einem Zug Ratten, der den Wagen überfiel, konnte er entrinnen. Als der Prinz Omsk erreichte, hatte er bereits sieben Tage Vorsprung vor den übrigen Wagen. Eine Steinsäule hinter Kurgan trug die einfachen Worte: Europa—Asien. Was folgte, konnte nicht mehr so unendlich schwierig sein, und nach einer kurzen Rast in Moskau zogen der Prinz und seine Begleiter zwei Monate nach der Abfahrt von Peking und 21 Tage vor den übrigen Teilnehmern in Paris ein.

Was ein solcher Erfolg für den Automobilismus bedeutete, ist kaum abzusehen. Das Automobil hatte bewiesen, daß es auf guten Straßen nicht nur schnellstens vorwärtskommen, sondern in gutem Zustand 20.000 Kilometer unwegsame Gebirge, Wüsten und Steppen, Sümpfe und Ströme zu überwinden vermochte. Prinz Borghese hatte eine zeitlose sportliche Leistung vollbracht, die damals von größter Bedeutung war.

Weniger glücklich, aber nicht weniger tapfer und verdienstvoll war das Unternehmen des deutschen Oberleutnants Paul Graetz, der es im August 1907 unternahm, von Deutsch-Ost- nach Deutsch-Südwestafrika, von Daressalam nach Swakopmund zu fahren. Er hatte einen Benz-Gaggenau-Wagen gewählt und rechnete mit einem Jahr Fahrtdauer, aber auch das war zu wenig — es wurden fast zwei Jahre daraus. Graetz hatte nicht immer Glück, ganz abgesehen von dem unendlich schwierigen Gebiet, das er ausersehen hatte. Er „verbrauchte" vier Chauffeure auf dieser Quer-durch-Afrika-Fahrt und kam, nach Überwindung der widrigsten Umstände, endlich im April 1909 in Swakopmund an.

In Amerika traten zu dieser Zeit einige Männer mit dem Kraftwagen zur Umfahrung der ganzen Welt an. Einer der eigenartigsten Weltreisenden war wohl Mr. Charles J. Glidden aus Lowell in Massachusetts. Er kaufte sich einen 24-PS-Napier und gondelte mit ihm ab Juni 1901 in der ganzen Welt herum. Interessant ist, was er über den Eindruck, den die mehr oder weniger Primitiven vom Automobil hatten, schrieb: „Die

**Oben: Start zum 500-Meilen-Rennen von Indianapolis 1911.**

**Das erste 500-Meilen-Rennen in Indianapolis.**

**Erste Verkehrszeichen der Association Générale Automobile, die vielleicht in mancher Hinsicht des Guten zuviel taten.**

1. Straßenwendung nach rechts;    2. Schlechtes Pflaster;    3. Wagenrast;    4. Gefälle mit gefährl. Krümmungen;    5. Durchfahrt;    6. Bahnüberlegung imm Sütraßenniveau

9. Rapides Gefälle;    10. Steigung;    11. Straßenwendung nach links;    12. Gefährliche Wegkreuzung;    13. Gefälle mit Krümmung;    14. Erhöhte Bahnüberlegung

Nr. 10, 1913    Der Motorfahrer    245

# Der Motorfahrer
### Offizielles Organ des Allgemeinen Deutschen Automobil-Club (A.D.A.C.)

### Offizielle Nachrichten des A. D. A. C.

Mitteilungen für  Club-Mitglieder

## Das Hennigsdorfer Automobilverbrechen.

*Tiefe Erschütterung und hohe Entrüstung haben sich nicht nur automobilistischer Kreise, sondern der ganzen rechtlich denkenden Bevölkerung bemächtigt seit dem Kundwerden jenes unglaublichen Verbrechens an dem Leben einiger unserer Mitmenschen.*

*Der Automobilist scheint tatsächlich seines Lebens nicht mehr sicher zu sein, wenn derartige teuflische Anschläge zur Durchführung gelangen können, mögen sie nun diktiert sein von einem leider nur allzu sehr durch rückständige, verkehrsfeindliche Anschauungen geschürten Automobilhaß oder durch räuberische Mordpläne.*

*Auf Ergreifung der Täter sind bereits in diesem Falle namhafte Belohnungen von Seite des Staates und von Seiten automobilistischer Interessenten ausgesetzt worden.*

*Der Allgemeine Deutsche Automobil-Club wird daher seine Tätigkeit auf die Zukunft richten müssen.*

*Der Club schafft hiermit einen* **Fonds von 5000 Mk.,** *aus dem* **Prämien zur Verteilung** *gelangen für*

### Eruierung der Verüber büberischer und verbrecherischer Anschläge auf Automobilisten.

*Die Höhe der Prämie bemißt sich nach Schwere des Vergehens und Schnelligkeit der Ergreifung der Täter. Das Präsidium wird Veranlassung nehmen, sich mit den maßgebenden Behörden sämtlicher Bundesstaaten ins Benehmen zu setzen, um die Kenntnis dieses Fonds bei den untergeordneten Polizeibehörden möglichst rasch in die Wege zu leiten. Ebenso richtet das Präsidium an die Mitglieder des* **A. D. A. C. die dringende Bitte,** *von hier einschlägigen Vergehen und Verbrechen das Präsidium jeweils* **sofort benachrichtigen** *zu wollen, um die rechtzeitige Ausschreibung von Prämien zu veranlassen.*

*Jeder Automobilist wolle aber gegen jede, auch geringfügige Büberei, die ihm unterläuft, rücksichtslos*

### Anzeige erstatten

*und auf Bestrafung der Schuldigen dringen. Nur so ist es möglich, dem Automobilisten die Sicherheit des Verkehrs zu sichern.*

### Das Präsidium des A. D. A. C.
**Dr. Bruckmayer, Präsident.**

*München, 3. März 1913.*

---

Automobil in der Alpenwelt zu erschließen vermag, weil es nicht wie die Eisenbahn an das Tal gebunden ist, sondern bei einigermaßen richtig angelegten Straßen jede Höhe erreichen kann. Diese Straßen fand er in den österreichischen Bergen, und mit Worten höchsten Lobes bedachte er die Kunst der österreichischen Straßenbaumeister. Demgegenüber war dem Kraftwagen eine Fahrt auf den St. Bernhard nur gestattet, wenn ihn ein Pferd hinaufzog. Aus diesem Buch geht deutlich hervor, daß eine Alpenfahrt dank der alten Militärstraßen damals keine besonderen Schwierigkeiten bereitete.

Es waren die letzten Konsequenzen der Pionierzeit, die zu diesen großen Leistungen führten, die Rennen wie die Weltreisen. Der damalige Pionier führte dadurch, daß er die Welt mit dem Kraftwagen noch einmal entdeckte, dem Menschen vor Augen, welcher Stellenwert diesem neuen Faktor zukam.

**Links: Auch 1907 gab es in Berlin — und auch anderswo in Mitteleuropa — eine ausgeprägte Autofeindlichkeit, wie eine ganzseitige Anzeige in der Allgemeinen Automobil-Zeitung beweist.**

---

# Die wichtige Arbeit der Automobilclubs

Durch das Anwachsen des Automobilismus und dessen Streben nach sportlicher und gesellschaftlicher Individualität wurde bald die Lostrennung von den Touringclubs vollzogen, was zur Folge hatte, daß nun nicht mehr regional, sondern getrennt nach Berufen der Mitglieder, Marken der gefahrenen Wagen usw. Gründungen von Automobilclubs erfolgten. Jedenfalls hatten wenige Jahre nach der Jahrhundertwende alle Staaten mit Kraftfahrzeugindustrie und automobilistischer Sportbetätigung ihren führenden, repräsentativen, nationalen Club.

Die zunehmenden Aktivitäten im Rahmen des Automobilismus drückten sich außer in den großen Rennen vor allem in unzähligen internationalen Kongressen, Ausstellungen, Zollkonferenzen usw. aus, die die lebhafte Zusammenarbeit der internationalen Clubs sehr förderten. Weit wichtiger aber als alle Veranstaltungen war die stille inner- und zwischenstaatliche Arbeit, die von ihnen geleistet wurde. Bis Anfang 1900 war auf dem Gebiet der Versorgung des Tourenfahrers auf gottverlassener Landstraße nichts geschehen.

Hatte der Fahrer jener Zeit Benzin und Öl nicht in genügenden Mengen bei Antritt der Fahrt mitgeführt, dann mußte er sich von Apotheke zu Apotheke literweise mit Wundbenzin durchkämpfen. Kannte er sich einmal auf den militärischen Karten nicht aus (die Spezialkarte war zu groß, die Generalkarte zu klein im Maßstab), dann war es möglich, daß er plötzlich im Morast eines Feldweges schmählich versank. War er ein Neuling, dann gingen ihm nach den ersten 100 km die Nerven durch, denn keine Signale warnten ihn — bei den damals noch

**Team-Trophäe des Gordon-Bennett-Rennens von 1903.**

---

Fidschi-Insulaner zum Beispiel nannten es den Gott des Feuers, den Wagen des Blitzes, das Boot der Straße, vor allem aber den Vater aller Teufel. Die Maori in Neuseeland nannten es den Dämon des Krieges, die Schwarzen Australiens nach der schnellsten Waffe, die sie besitzen, den Bumerang. In Japan hieß es der Wagen des Windes, und die Hindus in Indien nannten es die letzte Inkarnation Schiwas, des Zerstörers." Glidden befuhr alle Erdteile und viele Inseln und führte seinen Wagen dadurch Volksstämmen vor, die bis dahin noch kein Auto gesehen hatten.

Diese Weltreisen waren mit der Grund, daß damals das Interesse an ausgedehnten Autoreisen rasch anstieg. Wie intensiv man sich um das Jahr 1910 bereits mit solchen Reisen beschäftigte, geht daraus hervor, daß ein Buch, das Charles L. Freeston über die Befahrung der Hochalpenstraßen schrieb, wenige Monate nach seinem Erscheinen vergriffen war. Er führte darin mit Begeisterung vor Augen, welche Schönheiten das

---

7. Krümmung mit Gefälle;

8. Eiselrücken;

15. Krümmung und Steigung;

16. Dorf.

**Rechts: Der Monopol-Geschwindigkeitsmesser war eine Art Fahrtenschreiber, der die ungefähre Geschwindigkeit anzeigte und gleichzeitig auf einem Papierstreifen festhielt.**

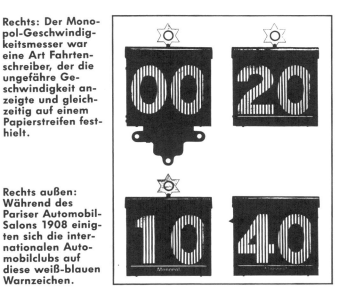

**Rechts außen: Während des Pariser Automobil-Salons 1908 einigten sich die internationalen Automobilclubs auf diese weiß-blauen Warnzeichen.**

nicht ganz einwandfreien Bremsen — vor unvermuteten Hindernissen auf der Straße. Treibstoffversorgung, Kartenwesen, Straßenzustandsberichte, Straßenerhaltung und Signalisation nebst Wegweisern und die gefürchtete „Passage en douane" (Zollgrenze) waren und blieben deshalb die große Sorge und das ständige Arbeitsgebiet der führenden Clubleitungen aller Staaten. Man glaube ja nicht, daß die Arbeit mit Regierung, Ämtern und Behörden damals leicht war. Übermenschliche Geduld, zähe Verhandlungstaktik und große Sachkenntnis waren Vorbedingung, um den behördlichen Gegner, der ja meist erst mit dem Automobil vertraut gemacht werden mußte, von der Notwendigkeit einer Neuerung zu überzeugen und schließlich seine Zustimmung oder Bewilligung zu erhalten. Diese zahlreiche Sektoren der Staatsverwaltung betreffende Arbeit bezog sich vor allem auf folgende Gebiete:

## Die Treibstoffversorgung

Die Erdölindustrie war in jener Zeit weder staatlich noch in ihrem internationalen Aufbau so straff durchorganisiert, daß eine nur halbwegs gleichförmige Belieferung des Marktes gesichert gewesen wäre. Da fanden sich Großhandelsfirmen, die in Zusammenarbeit mit den führenden Clubs die regionale und routenmäßige Versorgung großer Drogerien vornahmen. (Tankstellen mit Martini-Hüneke-Anlagen mit Schutzgas gab es erst ab 1910.)

Anläßlich der alljährlich stattfindenden Tagung des Internationalen Automobilkongresses in Paris, bei der sich die Automobilindustrie der Welt, speziell aber deren Konstrukteure, ein Stelldichein gaben, wurden bei den meist parallel laufenden oder unmittelbar im Anschluß stattfindenden Besprechungen der AIACR (Alliance Internationale des Automobil-Clubs reconues) auch die Treibstofffragen erörtert und der Erdölindustrie die Wünsche der Kraftfahrt unterbreitet. Wenn auch die Frage Benzin bzw. Benzol weniger produktionstechnischen Schwierigkeiten begegnete (die handelsüblichen Bezeichnungen Schwer-, Mittel- und Leichtbenzin bzw. Motorenbenzol mit den spezifischen Gewichten bei plus 14 Grad Celsius von 800, 750 bis 700 und 650 g/l, bzw. bei Motorenbenzol von 800 g/l, stammen aus jener Zeit und galten bis um 1925 bzw. 1926), so wurde den Wünschen hinsichtlich der Güte der Schmieröle nur sehr langsam entsprochen (Viskosität, Flammpunkt, Siede- und Erstarrungspunkt).

## Das Karten- und Routenwesen

Straßenkarten und Straßenzustandskarten, wie sie der Automobilist brauchte, fehlten zur Gänze. Was lag näher, als dem Automobilisten zunächst an Hand von Routenkarten und -heften jene Straßenzüge darzustellen, die auf der Fahrt von A nach B die geringsten Möglichkeiten für unangenehme Zwischenfälle aufwiesen. Das nächste waren internationale Kartenblätter für den Grenzverkehr.

Zahllose Verhandlungen mit Regierung und Straßenverwaltung führten ab 1909 endlich zur obligatorischen Straßenzustandsmeldung durch die Straßenmeistereien an die nächsten örtlichen Clubs. Als dann auch die zivile Landesbeschreitung (Karteninstitute) in den Dienst der Sache gestellt werden konnte, kamen Kartenwerke zustande, die dem Kraftfahrer jenen Orientierungsbehelf an Hand gaben, dessen er bedurfte.

Einen Markstein in dieser Entwicklung bildete das Erscheinen der sechsfarbigen Automobilstraßenkarte von Mitteleuropa im Jahre 1908 bei Freytag und Berndt in Wien 1 : 350.000, deren einzelne Blätter den Raum von Ost- und Nordsee bis Mittelitalien und von Warschau bis Paris umfaßten. In dieser Karte waren bereits alle für den Kraftwagenverkehr geeigneten Straßen bedeutend über das Maß gehalten und mit all jenen Details versehen, die der Automobilist brauchte (Zwischenkilometrierung, Steigungen, Gefälle, Zollhäuser usw.).

## Die Straßenerhaltung

Hier stieß der Automobilist mit seinen Forderungen auf den härtesten Widerstand der Regierungen. Als alle direkten Bemühungen wenig fruchteten, richtete 1902 die AIACR ein Rundschreiben an alle Regierungen, das die Wünsche der Kraftfahrwelt in knapper Form darstellte. Eine internationale Straßentagung in Paris 1904 und die unablässigen Bemühungen der repräsentativen Clubs hatten endlich Erfolg. Weit voran schritten Frankreich mit Belgien und Holland, dann kam Italien und Süddeutschland mit der Schweiz, bald darauf Österreich, später England, Spanien, Norddeutschland, Ungarn und die skandinavischen Staaten nebst Rußland. Mit den Fahrzeugen jener Zeit konnte man daraufhin in Europa ohne größeres Bruchrisiko auf den Reichs-(Staats-)Straßen oder Chausseen

Automotor Journal, July 31st, 1909.

**The AUTO MOTOR JOURNAL**

A Record and Review of Applied Automatic Locomotion.

No. 447 (No. 31 Vol XIV.) | JULY 31ST, 1909. | [Registered at the G.P.O. as a Newspaper] | [Weekly. Price 3d Post Free. 3½d]

**DER MOTORFAHRER**

Nr. 14      4. April      1914

## Wegmarkierung und Signalisation

Klein und unleserlich, selbst bei Tageslicht nur aus nächster Nähe zu entziffern, standen an den Straßenkreuzungen meist verblaßte und verwitterte Wegtafeln, ab und zu sogar mit Entfernungsangaben. War der Fahrer des Weges nicht kundig, dann hieß es stehenbleiben, Gas weg, Gang heraus, Bremse ziehen, aussteigen, hingehen, umkehren. Inzwischen starb der Motor ab, wieder ankurbeln, der Motor schlägt zurück und verrenkt auch noch den Arm, und das alles unter Umständen nicht nur ein einziges Mal.

unter Ausnützung einer mittleren Geschwindigkeit von 35 bis 45 km/h fahren.

---

DER MOTORWAGEN.      840

# Berliner Auto-Schutz-Liga.

### Von w.

In dankenswerter Weise hat die Redaktion der „B. Z. am Mittag" eine Anregung gegeben, die in Berliner Autokreisen nicht ungehört verhallen darf und die hoffentlich weit über das Weichbild Berlins und seiner Vororte hinaus beherzigt werden wird.

„Es gehört in der Tat, — wie die „B. Z." schreibt — für die Berliner Automobilisten ein hoher Grad von Sportbegeisterung dazu, um ihren liebgewordenen Sport zu betätigen." Nicht die allen deutschen Auotmobilisten gemeinsame Automobilsteuer, nicht die vielen verzwickten Polizeiverordnungen sind es, die das Fahren mit dem Kraftwagen zu einer wahren Kalamität gestalten, sondern einzig und allein die zahlreichen Automobilfallen in Berlins Umgebung.

Die Kraftfahrzeug-Industrie, die gegenwärtig eine Krisis zu überwinden hat, wird in gleichem Maße wie durch das bevorstehende Haftpflichtgesetz auch durch diese Autofallen schwer geschädigt, denn durch Erzählungen seiner Freunde belehrt, überlegt es sich jeder gründlich, ob er sich ein Auto zulegt und sich damit den Schikanen dieser improvisierten Wegepolizei aussetzt.

Und wahrlich, zur Schikane hat sich in vielen Vororten, besonders den östlichen und westlichen, diese Fallenlegung ausgewachsen. Hinter Zäunen und Hecken versteckt, waltet man unsichtbar seines Amtes, schreibt nach eigenem Geschwindigkeits-Ermessometer die vorbeifahrenden Autos auf und hat dann seine Schuldigkeit für den Gemeindesäckel getan. Nach 6—8 Wochen erhält dann der Automobilist, der sich dieser Fahrt natürlich kaum noch erinnert, ein gepfeffertes Strafmandat, das er, um weitere Scherereien zu vermeiden, meist bezahlt. Wie sollte er auch einen eingelegten Widerspruch begründen. Der Mann der hl. Vororts-Hermandad erscheint mit amtlichem Material — vulgo Taschennotizbuch — und bekundet datummäßig und feierlich, daß Wagen No. x am so und sovielten durch Nberg in zu schnellem Tempo gefahren sei. Befragt, wie er imstande sei, die Schnelligkeit als unzulässig zu taxieren, erklärt er gewöhnlich, daß er auf der Chaussee zwischen zwei Bäumen eine Strecke von 100 oder 200 m abgeschritten habe. Sobald das Auto den einen Endpunkt dieser Strecke erreicht habe, fange er an zu zählen und könne durch eine einfache Divisionsberechnung das Exempel lösen.

Nun bitte ich jeden, seine Taschenuhr zu ziehen und einen Bekannten von „eins" ab zählen zu lassen, bis der Sekundenzeiger seinen Kreislauf einmal vollendet hat. Dies wiederhole er beliebig oft und er wird finden, daß er stets verschiedene Resultate erhält. Aber freilich, der Herr Gemeindediener kann es!

Kommt daher die Sache wirklich zur Verhandlung, so kann das Gericht nicht umhin, der vereidigten Zeugenaussage Glauben zu schenken, der Mann mag ja auch wirklich im guten Glauben handeln. Der Autobesitzer hat dann außer der Strafe noch die Kosten, was Wunder, wenn er schweigend bezahlt. —

Hierin liegt aber eine erneute Gefahr, der Aufpasser gewinnt dadurch die Ueberzeugung der Unfehlbarkeit seiner Taxe und notiert nun munter darauf los! Auf Grund der Präzedenzfälle wird ihm seine „Arbeit" ungemein erleichtert, die Fahrer wissen schon: gegen ein Mandat aus Nberg Einspruch erheben, lohnt nicht. Also zahlen!

Warum kontrollieren die Ortschaften ihre Unterbeamten in dieser Hinsicht nicht? Warum geben sie nicht Anweisung, daß die Autos angehalten werden, damit an Ort und Stelle eine Festlegung der Tatsachen erfolgen kann, die nach 8 Wochen nur zugunsten der einen Partei ausfallen muß. Warum geben sie ihren Beamten nicht Stoppuhren, damit der Fachmann nicht der lächerlichen Augenmaß-Taktik eines Laien preisgegeben ist.

Die Zustände, die jetzt herrschen, sind für den Autofahrer schmerzlich und für die Vorortsverwaltungen beschämend.

Wie dem abhelfen! Ich glaube, daß der von der „B. Z." vorgeschlagene Weg der richtige ist. Eine Auto-Schutz-Liga muß sich bilden, die energisch gegen dieses moderne Wegelagertum vorgeht. Interessent ist jeder Autofabrikant und jeder Autobesitzer. Wie wäre es, wenn die bedeutendsten Korporationen dieser beiden Richtungen, der Verein deutscher Motorfahrzeug-Industrieller und der K. A.-C. eine Versammlung einberiefen, um Maßnahmen zu beraten und eine solche Liga zu konstituieren.

Mittel sind bei dem reichen Interessenkreise genügend vorhanden, um die Sache plan- und büromäßig betreiben zu können. Die „B. Z." schlägt vor, die bekanntesten Fallen durch Angestellte überwachen zu lassen, ein Vorschlag, der zu besprechen wäre, und der richtig organisiert, gewiß gute Resultate zeitigen würde. Man würde polizeilicherseits mindestens so vorsichtig sein und nicht mehr Wagen zur Anzeige bringen, die tatsächlich — absichtlich — im Schneckentempo eine Ortschaft passierten.

Ein weiteres Hilfsmittel, das ich mir als ausschlaggebend vor Gericht denke, ist ein Apparat, der mittelst eines Stiftes auf einer Zeitskala die gefahrenen Geschwindigkeiten aufzeichnet. Ich habe einen solchen Apparat vor kurzem in einem Katalog gesehen, seinen Namen und den der Firma habe ich vergessen, würde ihn auch nicht nennen, um nicht in Reklameverdacht zu fallen. Der durch diesen Apparat durchlaufende Papierstreifen müßte nach Ablauf stets etwa ein Vierteljahr aufbewahrt werden. Kommt dann nach 6 Wochen ein Strafmandat, so ist man in der Lage, auf Grund der graphischen Darstellung dem Gericht zu beweisen, daß man am 4. August 1908 Nberg um $2^{15}$ Uhr mit 15 km Geschwindigkeit passiert hat.

Das würde ein sehr geeignetes Mittel sein, der Unfehlbarkeit dieser dii minorum gentium den Nimbus zu rauben.

Jedenfalls aber muß etwas geschehen, der Automobilismus schneidet sich ins eigene Fleisch, wenn er diese Auswüchse länger duldet. Mögen die Anregungen der „B. Z." auf fruchtbaren Boden fallen und einer Auto-Schutz-Liga das Leben geben, die dazu berufen ist, ihren Mitgliedern ein Hort zu sein und unhaltbaren Zuständen ein Ende zu machen.

Rechts: Dieser Beitrag im angesehenen „Motorwagen", Berlin 1908, offenbart die Einstellung der Behörden zum Automobil.

1903 wurde innerhalb der AIACR in Paris versucht, in diesem Punkt eine Lösung zu erreichen. Man einigte sich, daß internationale Wegweisertafeln mit Km-Angabe in entsprechender Größe (1000 x 750 mm) gehalten sein müßten, um den Automobilisten während der Fahrt als Behelf zu dienen. Jedoch nur Frankreich, Holland und Belgien entsprachen vorläufig. Die Automobilisten aller anderen Staaten mußten sich bis etwa 1930 gedulden. Auch die Signalisierung von Hindernissen (Verkehrszeichen, Warntafeln) wurde damals beschlossen. Die einzelnen Regierungen gaben die Erlaubnis, die Durchführung mußte jedoch auf Kosten der Clubs erfolgen. So entstanden 1904 bis 1905 in allen Staaten, die der AIACR angehörten, durch die Clubs beschafft und gesetzt, an den für den Kraftfahrzeugverkehr freigegebenen Straßen die ersten internationalen, einheitlichen Verkehrszeichen (Warntafeln). Diese Warnungszeichen umfaßten: Linkskurve, Rechtskurve, S-Kurve, Wasserrinnen über die Straße, Bahnübergang, gefährliche Wegsteile in Prozenten mit Totenkopf, Sperre und Kreuzung. Ihre Aufstellung erfolgte durchwegs 300 m vor dem Hindernis, in Fahrtrichtung sichtbar.

# Kraftfahrversicherung gestern, heute, morgen

Ebenso merkwürdig wie denkwürdig ist die erste und einzige Ausfahrt des österreichischen Kaisers Franz Joseph I. mit seinem Automobil, unternommen an der Grenze zwischen gestern und heute.

Franz Joseph hatte auf Initiative seines Gastes, König Edward VII. von England, mit diesem eine Landpartie unternommen. Man sprach über Krieg und Frieden und einen Austritt Österreich-Ungarns aus dem Dreibund. Der Kaiser sah gewaltige Schatten heraufdämmern, die sein Lebenswerk zu verdunkeln drohten. Es würde Krieg geben, das Ende des Vielvölkerstaates begann sich abzuzeichnen.

Diese Ausfahrt hatte eine Zukunft eröffnet, die ihn nachhaltig mit Besorgnis erfüllte.

In vieler Hinsicht bewies Franz Joseph immer wieder einen untrüglichen Blick für zukünftige Entwicklungen. So wollte er zum Beispiel als einer der reichsten Männer der Welt, Monarch über ein 54-Millionen-Volk, schon damals nicht auf die Vorzüge des Versicherungsschutzes verzichten: Er hatte sein Automobil bei der Interunfall haftpflichtversichern lassen.

Es war ein ziemlich neuer Wind, der da zu wehen begann. Noch wenige Jahre zuvor hatte die Kraftfahr-Haftpflichtversicherung eine völlig untergeordnete Rolle gespielt. „Automobilversicherung" wurde automatisch als Kaskoversicherung begriffen und verstand sich als Zweig der Transportversicherung: sozusagen als „Land-Kaskoversicherung", zum Unterschied von der herkömmlichen (Schiffs-)Seekaskoversicherung. 1909 wies man noch jede andere Auslegung entrüstet von sich, Unfall-Haftpflichtversicherungen für Automobile galten als exotisch und unwichtig, man gab ihnen kaum Zukunftschancen.

Die Kaskoprämien waren nicht gering, nämlich 5,25% vom Fahrzeugwert (im Durchschnitt), dem heute ein Prämiensatz von durchschnittlich 4,9% gegenübersteht, wenn man etwa den gleichen Inhalt des Versicherungsschutzes zugrunde legt. Die zu dieser Zeit noch relativ unbedeutende Auto-Haftpflichtversicherung allerdings hatte etwas völlig Neues zu bieten: einen Selbstbehalt der Versicherten. Sie hatten Schäden bis zu 100 Kronen selbst zu tragen.

Prämien für Fahrten und Aufenthalt innerhalb Deutschlands gegen eigene Beschädigung

| | | | | | |
|---|---|---|---|---|---|
| 1. Fahrzeuge im Wert ................. | | | bis 7.000 M | = 3¾% pro Jahr, mindestens 187,50 |
| 2. | " | " | von 7.000 M " 10.000 " | = 3¼% pro Jahr, mindestens 262,50 |
| 3. | " | " | " 10.000 " 15.000 " | = 2¾% pro Jahr, mindestens 325,— |
| 4. | " | " | " 15.000 " 20.000 " | = 2¼% pro Jahr, mindestens 412,50 |
| 5. | " | " | " 20.000 " 30.000 " | = 2% pro Jahr, mindestens 450,— |
| 6. | " | " | " über 30.000 " | ................. = 1¾% pro Jahr, mindestens 600,— |

Für die Mit-V. der Feuer-, Explosions- und Kurzschlussgefahr wird für Automobile, die durch Benzin, Petroleum, Spiritus, Dampf- oder Gaskraft, oder Elektrizität bewegt werden, eine Prämie von 1%, mindestens 50 M pro Jahr erhoben. Zur Beurteilung dieser Gefahr ist in dem Antrag genau anzugeben, wo sich die Automobile an ihrem Domizil befinden, ob allein in einer Garage auf dem Grundstück des V'ten oder ausserhalb desselben in einer gemieteten oder gewerbsmässigen Garage, einem Unterstellraum, beim Händler, in der Fabrik usw., ferner ob das Automobil allein steht oder mit anderen, nicht dem V'ten gehörigen Automobilen zusammen untergestellt wird. Die Mit-V. der Pneumatiks und Gummireifen bedingt eine Zuschlagsprämie von ½% vom Werte des Automobils. Für Auslandsfahrten wird ein Zuschlag von 4‰, mit Einschluss der Explosionsgefahr von 5‰ und mit Einschluss der V. der Pneumatiks von 6‰ erhoben. Dies gilt aber nur für Reisen in Holland, Belgien, Luxemburg, Frankreich, Oesterreich-Ungarn, Italien, Schweiz, Jütland, Spanien und Portugal.

Die wirtschaftliche Bedeutung der Kraftfahrzeug-Haftpflichtversicherung begann langsam in den Vordergrund zu treten. 1911 brachte die Interunfall-Versicherung in Wien ein Handbuch mit dem Titel „Die Haftpflicht des Automobilisten" heraus und verteilte es unter ihren Kunden. Darin stand:

„Der Chauffeur des Herrn K. lenkte ein 8—10 HP.-Personenautomobil über die Wiener Ringstraße. Kurz vor dem Burgtore bemerkte derselbe zwei Mädchen, welche augenscheinlich die Straße übersetzen wollten. Er gab Signale mit der Hupe, die Mädchen blieben stehen, und es hatte den Anschein, als ließen sie das Auto vorbeifahren. Der Chauffeur lenkte trotzdem den Wagen etwas nach rechts, um nicht hart an den stehenbleibenden Mädchen vorbeifahren zu müssen. Da riß sich im letzten Moment eines der beiden Mädchen von ihrer Begleiterin los und lief über die Straße. Der Chauffeur bremste sofort mit aller Gewalt und allen ihm zur Verfügung stehenden Mitteln, konnte aber nicht mehr verhindern, daß die Passantin vom Wagen erfaßt und niedergestoßen wurde. Das eine Vorderrad ging über das Mädchen, welches dadurch einen Schädelbruch erlitt.

Wegen dieses Vorfalles wurde ein Strafverfahren gegen den Chauffeur eingeleitet, derselbe jedoch in erster Instanz freigesprochen, da es gelang, nachzuweisen, daß nur die Kopflosigkeit der Verletzten das Unglück verschuldet hatte. Der gegen diesen Freispruch vom Staatsanwalt erhobenen Nichtigkeitsbeschwerde wurde indessen stattgegeben, der Chauffeur bestraft und mit Ersatz von K 1125,— verurteilt. Die Verletzte verlangte wegen der Mittellosigkeit des Chauffeurs den ihr zugesprochenen Betrag vom Automobilbesitzer und erhielt auch von letzterem bzw. der Gesellschaft im Vergleichswege K 1100,—.

Zwanzig Jahre später sah die Szene schon ganz anders aus. Die Automobilversicherung war eine eigene Sparte geworden, nannte sich fortan „Kraftfahrzeug-Versicherung" und umfaßte folgende Spielarten:
Auto-Kaskoversicherung,
Auto-Haftpflichtversicherung,
Auto-Unfallversicherung,
Auto-Vollversicherung die — wie es heute heißen würde — eine „Bündelversicherung" aller drei Autosparten darstellte.

Die „Straßenpolizeiordnung" als Vorläufer der heutigen „Straßenverkehrsordnung" umfaßte 33 Paragraphen, heute sind es 105. Nur 3 Paragraphen enthielten Bestimmungen für Kraftfahrzeuge — gegenüber 81 Paragraphen in der heutigen Straßenverkehrsordnung.

In ähnlicher Weise hat sich auch die Kraftfahr-Versicherung entwickelt und den derzeitigen Strukturen des Straßenverkehrs angepaßt. Sie besteht nunmehr aus folgenden vier Sparten:
Kfz-Haftpflichtversicherung,
Kfz-Kaskoversicherung,
Insassen-Unfallversicherung und
Kfz-Rechtsschutzversicherung.

Innerhalb der Kfz-Kaskoversicherung beispielsweise existieren abermals zwei Spielarten:
Zunächst einmal die Elementar-Kaskoversicherung (die ehemalige „Teilkaskoversicherung"), die im wesentlichen Brand, Explosion und Diebstahl des Fahrzeuges deckt. Der Versicherungsschutz kann erweitert werden. Die Mitversicherung von Glasbruchschäden (z. B. Windschutzscheibe), Schäden durch Kollisionen mit Federwild und Haustieren, Parkschäden und dergleichen mehr, ist gegen Prämienzuschlag möglich.

Werden Schäden im Zusammenhang mit „normalen" Verkehrsunfällen angeschlossen, dann entsteht die Kollisions-Kaskoversicherung (die ehemalige „Voll-Kaskoversicherung"). Für sogenannte Kollisionsschäden gilt ein Selbstbehalt, der in der Regel die Hälfte der Jahresprämie ausmacht.

Die Interunfall-RAS hat ein auf die Bedürfnisse der Kraftfahrer abgestimmtes eigenes Leistungspaket entwickelt. Diese Elementarkaskoversicherung für Pkw, Kombi und Lkw bis eine Tonne Nutzlast umfaßt folgende Risken:

Brand oder Explosion, Blitzschlag, Felssturz, Steinschlag, Erdrutsch, Lawinen, Dachlawinen, Schneedruck, Hagel, Hochwasser, Überschwemmungen, Sturm — ab 60 km/h, Diebstahl, Unterschlagung, Raub, unbefugten Gebrauch durch betriebsfremde Personen, Haarwild, Federwild und Haustiere, Glasschäden. Kabelbrände, die in der Regel keine echten Brände sind, sondern Schmor- und Kurzschlußschäden, sowie der Verlust von Gegenständen des persönlichen Bedarfes bis S 10.000,— durch Einbruchdiebstahl, fallen bei der Interunfall-RAS unter Deckung. Sonderausstattung bis S 10.000,— ist prämienfrei mitversichert.

## Raststellen

Schließlich wurde auch die Unterkunftsfrage in wünschenswerter Weise gelöst und für geeignete Garagierungsmöglichkeiten gesorgt. Die betreffenden Hotels wurden mit den jeweiligen Clubschildern gekennzeichnet.

## Die zollfreie Grenzpassage, Versicherungswesen

Dem eingangs erwähnten Abkommen folgte 1909 die internationale Regelung des Triptyque des Passages en Douanes (internationaler Wagenpaß). Um ihn nicht für jede Fahrt neu lösen zu müssen, kam man schon 1910 zum Triptyqueheft, das ab 1920 in das vereinfachte Carnetheft abgeändert wurde.

Der Arbeitsanteil der Clubs an dieser Errungenschaft war hundertprozentig, ja die Staaten haben ihren führenden nationalen Clubs sogar vollends das Ausstellungs- und Gebarungsrecht anvertraut, was nun eine laufende Einnahmequelle darstellte.

Auch in der Kollisions-Kaskoversicherung bietet die Interunfall-RAS einen umfangreichen Schutz für Pkw, Kombi und Lkw bis eine Tonne Nutzlast: Das gesamte Paket der Elementar-Kaskoversicherung sowie die zusätzliche Deckungsübernahme von Kollisionsschäden, z. B. Verkehrsunfall mit fremden Fahrzeugen, und Beschädigungen durch mut- und böswillige Handlungen betriebsfremder Personen.

Die Kraftfahrzeug-Haftpflichtversicherung wird zu Recht als Sorgenkind der Versicherungswirtschaft bezeichnet. Im Zusammenhang mit der Verdichtung der Motorisierung ist auch die Zahl der Schadenereignisse sprunghaft gestiegen. Derzeit gibt es in Österreich pro Jahr etwa 400.000 Schadenfälle — Ereignisse mit Personenschaden und reine Sachschäden —, von denen freilich nur ein Teil der Versicherungswirtschaft gemeldet wird, was mit dem Bonus-Malus-System zusammenhängt.

Von der richtigen Überlegung ausgehend, daß derjenige, der mit seinem Fahrzeug jahraus-jahrein schadenfrei unterwegs ist, günstigere Versicherungskonditionen vorfinden muß als jemand, der pro Jahr in ein bis zwei Verkehrsunfälle verwickelt ist, wurde am 1. August 1977 der sogenannte „Bonus-Malus-Tarif" eingeführt. Die Tarifkonstruktion sieht vor, daß jeder Kraftfahrer, der zum ersten Mal ein Fahrzeug erwirbt und es

haftpflichtversichert, in der „Grundstufe", der Prämienstufe 9, beginnt. Bleibt er mit seinem Fahrzeug unfallfrei, dann sinkt die Prämie (Bonus); ist er hingegen in Unfallereignisse verwickelt, für die der Versicherer aufzukommen hat, dann steigt die Prämie (Malus).

| Prämienstufe | Prozent der Prämie | |
|---|---|---|
| 0 | 50 | Beispiel 1: |
| 1 | 50 | Die Versicherung beginnt am 9. 3. 82 in Stufe 9 und verläuft schadenfrei. Der Vertrag wird somit in den Bonus gereiht und befindet sich ab Hauptfälligkeit 1988 bereits in Stufe 3 (= 60% der Grundstufe). |
| 2 | 60 | |
| 3 | 60 | |
| 4 | 70 | |
| 5 | 70 | |
| 6 | 80 | |
| 7 | 80 | |
| 8 | 100 | |
| 9 | 100 | |
| 10 | 120 | |
| 11 | 120 | Beispiel 2: |
| 12 | 140 | Versicherungsbeginn am 5. 12. 86. Am 15. 1. 87 verschuldet der Versicherungsnehmer einen Unfall. Somit wird dieser Vertrag ab der Hauptfälligkeit 1988 in Stufe 12 gereiht (= 140% der Grundprämie). |
| 13 | 140 | |
| 14 | 170 | |
| 15 | 170 | |
| 16 | 200 | |
| 17 | 200 | |

Nun existiert zwar heutzutage in der Kfz-Haftpflichtversicherung kein Selbstbehalt mehr wie damals in der „ersten Stunde". Das Bonus-Malus-System wirkt jedoch ähnlich wie ein Selbstbehalt. Augenscheinlich vermeidet es der Kraftfahrer, kleinere Schäden seinem Versicherer zu melden, um nicht seinen Bonus zu verlieren und in den Malus zu rutschen.

Das Bonus-Malus-System hat sich schließlich stabilisierend auf die Entwicklung der Auto-Haftpflichtprämie ausgewirkt. Die Pkw-Durchschnittsprämie ist heute nur unwesentlich höher als vor 10 Jahren und liegt im Preisgefüge des gesamten österreichischen Marktes günstiger als andere vergleichbare Produkte, mit denen der Kraftfahrer konfrontiert wird.

Die Versicherungssumme in der Kraftfahrzeug-Haftpflichtversicherung liegt derzeit bei S 15 Millionen pro Schadensereignis. Dies bedeutet, daß Ansprüche aus der Tötung oder Verletzung von Personen und aus der Beschädigung oder Vernichtung von Sachen bis zu diesem Betrag durch den Versicherer ersetzt werden.

Was kann die Zukunft bringen? Wird sie dem Kraftfahrer neue, derzeit noch unbekannte Versicherungssysteme und Versicherungsformen bescheren?

Mit Sicherheit ist davon auszugehen, daß das derzeitige System in seinen Grundstrukturen erhalten bleibt. Denkbar wäre es freilich, daß künftig einmal der eigene Versicherer für die Bezahlung der Schadenersatzansprüche seines Kunden aufkommt und sich diese Aufwendungen dann nachträglich vom Haftpflichtversicherer desjenigen Unfallpartners holt, der den Schadenfall verschuldet hat; diese Regelung würde dem Versicherten den Weg zu einem fremden Versicherer ersparen und helfen, das Vertrauensverhältnis zwischen Versicherer und Kunden weiter zu stärken.

Denkbar wäre auch eine generelle Kraftfahr-Allrisiko-Versicherung, die Unfallschäden bis zu einem bestimmten Sockelbetrag deckt, egal, ob es sich dabei um Schäden handelt, die nach dem derzeitigen System in der Haftpflicht-, Kasko- oder Insassenunfallversicherung zu behandeln wären. Dem einzelnen Verkehrsteilnehmer bliebe es in diesem Fall überlassen, sein individuelles Risiko und auch den Wert seines Fahrzeuges gesondert zu beurteilen und geeignete Zusatzversicherungen abzuschließen.

Aber dies alles ist zunächst nur Zukunftsmusik. Ob etwas davon realisiert wird, wie das System sich weiterentwickelt und welchen Preis die Versicherungswirtschaft für die Zurverfügungstellung des Versicherungsschutzes verlangen muß, das alles wird letztlich von demjenigen bestimmt werden, in dessen Diensten das gesamte System steht: vom Verkehrsteilnehmer in seiner Eigenschaft als Träger der Gefahrengemeinschaft der Versicherten.

Damit im Zusammenhang standen die Versicherungen. Je mehr der Verkehr durch das Automobil zunahm, desto größer wurde die Unfallgefahr. Wer aber sollte bei unangenehmen Zwischenfällen, bei Unfällen und Beschädigung jeder Art den Schaden tragen? Der Chauffeur? Der Wagenbesitzer? Oder gar der Verunglückte? Die Gerichte suchten nach Rechtsgrundlagen, die Gesellschaft verlangte nach Schutz vor den neuen Gefahren der Straße. Der Automobilismus war noch sehr jung, als er sich bereits durch Versicherung eine Rückendeckung zu schaffen wußte. Schon 1900 bauten die Versicherungsgesellschaften ihre Systeme dahingehend aus. Bald wurden die Bemühungen zur Schaffung einer Automobilhaftpflichtsparte im Autoversicherungswesen immer dringender, und bis etwa 1910 war auch in dieser Hinsicht alles geordnet. Sie fanden aber erst 1920 bis 1922 durch die „Auto-Kasko-Versicherung" (Gesamtversicherung für Benützer und Fahrzeug) in allen Ländern ihre Krönung.

1908 übernahm der Versicherungsdienst zur weiteren Vereinfachung der Grenzpassagen die Zollhaftung, fußend auf der Bürgschaftserklärung des Auftraggebers, also des Fahrzeughalters, bei Lösung der Grenzpassagedokumente. Die Spitzenclubs, die meist schon um die Jahrhundertwende zugunsten ihrer Mitglieder Verträge mit Versicherungsanstalten geschlossen hatten, erleichterten ihnen nun durch eine sogenannte „Hausversicherung" den Grenzverkehr. Es dauerte aber noch lange, bis das Gesetz die Haftpflichtversicherung für jeden Fahrzeughalter vorschrieb.

Keine öffentliche Stelle hätte sich so früh freiwillig mit der Lösung dieser Probleme auseinandergesetzt, obwohl sie offen zutage lagen. So blieben diese Aufgaben den Automobilclubs überlassen, und diese erfüllten sie zur Zufriedenheit aller Beteiligten.

# Erdöl und Gummi

Der rasche Aufstieg des Kraftfahrzeuges nach 1900 wäre ohne eine zusehends erstarkende Zuliefer- und Zubehörindustrie unmöglich gewesen. Aber insbesondere bei Erdöl und Gummi ging es nicht mehr um die fortschrittsfreudige Realisierung von vorauseilenden Ideen und damit verbundenem handwerklich-technischen Schaffen, dem ein durch gesunde Gewinnlust geförderter reeller Wettbewerb folgte, sondern um in ihrer überragenden Bedeutung rasch erkannte Rohstoffe, um die nur allzu bald ein Kampf entbrannte, der von rücksichtsloser Gewinnsucht und Ausbeutung gekennzeichnet war. Nur über einer später mehr oder weniger geordnet funktionierenden Produktion ist dieses wenig ruhmreiche Kapitel — vor allem der Gummi-industrie — fast in Vergessenheit geraten. Die ungeheure weltpolitische Bedeutung des Öls aber war bald abzusehen und ist bis heute eher noch angewachsen.

## Erdöl und Benzin

Erdöl ist durch anaeroben Abbau aus den Kohlehydraten, Eiweisen und Fetten toter Meeresorganismen entstanden. Im Laufe der Erdgeschichte wurde dieses „schwarze Gold", wie es bald hieß, durch Mikroorganismen und mineralische Katalysatoren unter Druck und Hitze zu jenem fossilen Rohstoff, der als billiger Energieträger die westliche Wirtschaft mit zu dem machte, was sie heute ist.

Das stickstoff-, schwefel- und sauerstoffhaltige ölige Gemenge, das aus seinen Lagerstätten durch Bohrlöcher an die Erdoberfläche befördert wird, ist hell- bis schwarzgrün, kann „süß" (schwefelarm) und „sauer" (schwefelreich) sein. Dieses Rohöl wird entweder durch Pipelines gepumpt oder mit Hilfe von Tankschiffen zu den Raffinierien transportiert, wo es durch fraktionierte Destillation zu Benzin, Dieseltreibstoff, Petro-

leum, Heizöl, Bitumen, und heute auch zu petrochemischen Produkten verarbeitet wird.

Seit dem Altertum wurde Erdöl von den Sumerern, Ägyptern und Phöniziern zur praktischen Anwendung gebracht und insbesondere zum Abdichten von Schiffen, als Mörtelmischung oftmals beim Bau von Stadtmauern und Palästen, nicht zuletzt auch als Heilmittel eingesetzt. Auch die Namen dafür sind sehr alt. Das chaldäische „Naphta" bedeutet soviel wie Pech, ebenso das griechische „Asphalt". Unter dem lateinischen „Bitumen" verstand man eine zähe Flüssigkeit, die es in Judäa und im Jordantal in großer Menge gab. Die chemische Bezeichnung für Erdöl aber ist Kohlenwasserstoff. Noch vor unserer Zeitrechnung kochte man vereinzelt in China auf Feuern, die aus kleinen Bohrlöchern unmittelbar aus dem Boden kamen. Es kann sich dabei auch um Erdgas gehandelt haben, das ja bekanntlich immer in umittelbarer Umgebung von Erdöl gefördert wird. In Baku, Rußland, wird seit dem Jahr 950 Öl gefördert, und Alexander von Humboldt fand dort 1829 immerhin 82 fördernde Bohrungen.

Seit dem 16. Jahrhundert ist Erdöl in Polen in Verwendung. Außer zum Schmieren der Wagen wurde es als beliebtes Heilmittel eingesetzt. 1860 gewann man dort durch Destillation ein Lampenöl, mit dem vor allem Straßenbeleuchtungen versorgt wurden. Das begehrte „Bergöl", wie es dort hieß, wurde im Schachtbau gewonnen.

Im ehemaligen österreichischen Kronland Galizien wurde sogar die Petroleumlampe erfunden. Von hier aus gelangte aber auch erstmals das sich bei der Destillation ergebende Benzin, das aus Mangel an Verwendungsmöglichkeiten zum überwiegenden Teil zur Verdunstung gebracht wurde, zu einem ganz geringen Teil als Fleckputzmittel und Wundbenzin in Drogerien und Apotheken. Als solches hat es bald nach 1860 Siegfried Marcus erstmals erstanden, um mit ihm seine schwierigen Versuche anzustellen, die schließlich zum wichtigsten Antriebsmittel für Motoren führten.

Aber auch in der Erdölverarbeitung war zu Beginn Österreich führend. In Wien entstand bereits 1864 die erste Raffinerie Europas, eine der ältesten der Welt. Sie existierte bis 1970 als „Shell-Raffinerie Floridsdorf". Um 1900 zählte Österreich-Ungarn nach den USA und Rußland zu den bedeutendsten Erdölländern der Welt.

Wenn auch bekannt ist, daß in Nordamerika die indianischen Ureinwohner Rohöl bereits für manche Zwecke angewendet haben und die alte mexikanische Zivilisation Erdöl auch im Bauwesen benützte, wurde das Interesse daran — ebenso wie in Europa — in der ersten Hälfte des 19. Jahrhunderts besonders rege, wahrscheinlich weil der Bedarf an Schmiermitteln und Beleuchtungsmöglichkeiten zu dieser Zeit stark anstieg. 1840 war man in Amerika an den Brenn- und Schmiereigenschaften dieses Bodenproduktes sehr interessiert, weil damals gerade die zur Verfügung stehenden Vorräte an Tran- und Lardöl der Nachfrage gegenüber knapp wurden, jene beiden Mittel, die bis dahin hauptsächlich als Leucht- und Schmieröle dienten. Zur industriellen Erschließung kam es aber dennoch mehr oder minder durch Zufälligkeiten. Ein Mann namens Samuel Kier in den Alleghenibergen Pennsylvaniens hatte großen Ärger mit dem Eindringen von Öl in seine mühsam erbohrten Salzwasserquellen, die er für die Gewinnung von Speisesalz betrieb. Er schrieb sogar einen Preis für denjenigen aus, der das unerwünschte Nebenprodukt einer Verwendung zuführen würde. Daß das vom Wasser befreite Öl unter gewissen Voraussetzungen mit schöner Flamme brannte, war ihm bekannt, nicht aber, wie man das aus der Erde kommende, mit allem Möglichen verunreinigte Öl richtig reinigen und damit zur Dauerbenützung in Lampen geeignet machen konnte. Die Idee hatte sich aber nun einmal in seinem Kopf festgesetzt, und es ließ ihm keine Ruhe, bis er endlich eine einfache Destillationsmethode ausfindig gemacht hatte. Er nannte das gewonnene Produkt Kohlenöl und konnte es zu hohem Preis verkaufen. Das war um 1850. Das Interesse für das neue wertvolle Produkt stieg ungeheuer. Man machte sich auf die Suche nach Ölquellen, und nach 1858 wurde das erste größere Geschäftsunternehmen mit dem für jene Zeit gewaltigen Kapital von 300.000 Dollar gegründet, zu dem

Zweck, Ölquellen aufzuspüren und auszubeuten. Dieses Jahr ist das Geburtsjahr der Erdölindustrie.

Das Unternehmen hat in Edwin L. Drake — der Titel Colonel wurde ihm verdienst- und taxfrei zuerkannt — den richtigen Mann gefunden. In der kleinen Stadt Titusville, Pennsylvanien, begann er vorerst mit einfachen Methoden nach Öl zu graben. Dann kam ihm der Königsgedanke, nicht mehr zu graben, sondern zu bohren. Das Vorbild waren jene Erdbohrmaschinen, die zum Bohren nach Salzwasser dienten. Mit einem solchen Instrument begann Drake nun seine Bohrversuche. Nach mehreren Fehlschlägen stellte sich der erste Erfolg ein: An einem Sonntag — es war der 28. August 1859 —, als der Bohrmeister gerade ziemlich verzweifelt in das dreißig Meter tiefe Loch hineinsah, bemerkte er, daß eine dicke ölige Flüssigkeit an die Oberfläche drang. Tags darauf begann Drake das Öl auszupumpen und erzielte in der Folge täglich acht bis zehn Faß (zirka 1250 bis 1600 Liter) Ausbeute. Damit war eine neue Großmacht geboren, die Großmacht Öl.

Nie mehr soll in so geringer Tiefe Öl gefunden worden sein. Ein merkwürdiger Zufall!

So wohlfeil es an sich von der Natur gespendet wird, so teuer wird dieses „schwarze Gold" durch die für gewöhnlich ungemein kostspielige und riskante Erschließung, Förderung und Verarbeitung. Besonders die langen Zeitabläufe vor eventuellem Ertrag, die oft schwierige Aufsuchung der Fundstätten in schwer zugänglichen Gebieten wie Dschungel, Arktis, Meeres-

böden usw., sowie Investitionen für Transport und Rohrleitungen über hunderte von Kilometern erfordern umfangreiche Mittel.

Dazu kommt, daß auf einfache Art vom Wasser befreites Rohöl selbst vorgewärmt noch kaum zur rauhen Kesselfeuerung zu verwenden ist, da es zu stark rußt und verkokt. Destillierung und Raffination aber machen weiteres großes Kapital erforderlich.

Das ist der Grund für die ungeheure Ballung von Geld und Macht, die mit Erdöl überall eng verbunden ist.

Damit im Zusammenhang standen besonders in der Anfangszeit die rücksichtslosen Kämpfe und Intrigen der Gesellschaftspolitik, die sich in weiterer Folge oft bis in die Machtpolitik eines Staates fortsetzten. Druck gegen den Besitzer eines fündigen Bodens, Raubbau, Bedarf und Nachfrage, Gewinne und Verluste, Börsenmanöver, Triumph des Tüchtigsten, meist des Mächtigsten: unzählig waren die Etappen und Möglichkeiten in der weltumspannenden Erdölproduktion. Amerika war durch seine immensen Erdölvorkommen auf diesem Wirtschaftsgebiet lange maßgebend.

Der dominierende Name, unter dem die amerikanische Ölindustrie zum Erfolg geführt wurde, hieß John D. Rockefeller. Rockefeller wurde 1839 als Sohn eines Arztes in New Jersey geboren und vorerst Buchhalter. Aufgrund seiner angeborenen Geschäftstüchtigkeit und außergewöhnlicher Disziplin besaß er aber schon mit 19 Jahren ein gut gehendes Kommissionsgeschäft. 1861 wandte er sich dem damals chaotischen Ölgeschäft zu. Fünf Jahre später gründete er bereits in Cleveland die Standard Oil Company of Ohio. „Zum Segen Amerikas", wie es hieß, gewann er bis 1897, als er sich von den Geschäften zurückzog, einen durchgreifenden Einfluß auf alles, was mit Öl zu tun hatte, nicht nur bei Ölsuche und Förderung, sondern auch hinsichtlich Verarbeitung, Transport und Vertrieb brachte er in ein regelloses Durcheinander eine einheitliche Ordnung und bewirkte nicht zuletzt die Beibehaltung einer gleichbleibenden Qualität der Mineralölprodukte, — eine wichtige Voraussetzung für den immer rascher zunehmenden Automobilismus. Rockefeller wurde fast 100 Jahre alt.

Nicht nur Amerika und England, sondern alle Staaten, in denen die Kraftfahrt zunahm, bemühten sich zu dieser Zeit um die Sicherung möglichst großer Anteile an der neuen Energieform Erdöl, die die Zukunft bestimmen und bewegen sollte wie keine andere. Der erste Weltkrieg führte in deutlicher Weise vor Augen, welch ungeheure Bedeutung diesem Rohstoff bereits zukam.

Einige weniger tragfähige Ölfelder in Hinterindien waren 1890 alles, was England an Erdöl besaß. Da es aber Erdöl für sein Riesenreich dringend benötigte, war es bestrebt, fremde Gebiete unter seinen Einfluß zu bringen. Aber wie das ohne Krieg erreichen? Alle bekannten Ölgebiete waren im Besitz starker Nationen. Auf den Sundainseln jedoch, in Holländisch-Indien, gab es Erdöl. Im Jahre 1890 war die Königlich Niederländische Ölgesellschaft — englisch Royal Dutch Oil Company — gegründet worden, die Pionierarbeit leistete und in kleinerem Ausmaß auf den Sundainseln bohrte. Henry Deterding erwarb sich bei dieser Firma große Verdienste. 1903 erfolgte die Zusammenlegung seiner Firma, der Royal Dutch, mit der englischen Shell Transport Company, die niederländisches und englisches Ölkapital unlöslich verband.

England aber interessierte sich weiterhin für Ölgebiete. Die Ölfelder Rußlands waren unantastbar, die Vorkommen in Mitteleuropa geringfügig. So wendete es sich nach Zentral- und Südamerika, die reich an Öl waren. Nach etlichen politischen Schwierigkeiten, die sich dort ergaben — darunter der Gran-Chaco-Krieg —, waren diese Gebiete für den Einfluß Englands dennoch endgültig verloren.

Aber in Asien war ein Akkord mit Persien und seinen arabischen Nachbarn zustande gekommen. 1910 konnte die Anglo-Persian-Oil Company und 1920 die Anglo-Iranian-Oil Company gegründet werden, — Erfolge der Bemühungen des englischen Obersten Lawrence.

**DEUTSCHE VACUUM OIL COMPANY**

HAMBURG · BERLIN · DRESDEN ·
DÜSSELDORF · NÜRNBERG ·

Riesige, unabsehbare Unternehmungen und Industrien zogen schließlich ihre engmaschigen Netze über die ganze Erde und befruchteten zahlreiche weitere Industrien.

## Gummi

Bis zur Mitte des vergangenen Jahrhunderts war der unumstrittene Alleinbesitzer und einzige Lieferant von Gummi, der den Weltbedarf deckte, der südamerikanische Staat Brasilien. In der unermeßlichen Weite seiner „grünen Hölle" am Amazonas wuchs der Gummibaum und gedieh dort wild in den

**Kautschukgewinnung in Brasilien.**

sumpffieberverseuchten Gebieten um diesen Strom. Indianer gewannen die harzig-klebrige „Gummimilch" durch Anschneiden der Rinde des Hevea-Baumes, bis er ausgeblutet zugrunde ging. Die Gummibroden, die der Kautschukindustrie als Rohstoff dienten, entstanden dadurch, daß die durch Säuren zum Gerinnen gebrachte Gummimilch über offenem Feuer bandförmig auf Holzstiele gewickelt wurde und in abgekühltem Zustand als Paragumme zum Versand kam.

Bis 1850 belief sich der gesamte jährliche Weltbedarf an Rohgummi auf etwa 400 Tonnen, eine Menge, die vom brasilianischen Staat ohne besondere Mühe gestellt werden konnte. 1880 stieg dieser Weltbedarf aber auf jährlich 30.000 Tonnen! Nun begann eine Fron ohnegleichen, die mit den Gummibeständen auch die eingeborenen Völkerstämme zu dezimieren und zu vernichten drohte. Die Leder- und die Bleikopfpeitsche trieb die Eingeborenen zu Verzweiflungsleistungen an. Hier waren es die Indios, in Afrika, wo bald der Kongogummi gewonnen wurde, die Neger. Die „Kongogreuel" nach 1890 und der dreißigjährige Gummikrieg zwischen Brasilien und Bolivien sprechen eine deutliche Sprache. Um die Konkurrenz am Kongo zu schlagen, erließ 1898 Brasilien ein strenges Ausfuhrverbot von Gummisamen, Stecklingen und Jungbäumen. Doch England griff den Gedanken einer plantagenmäßigen Züchtung und Erhaltung des Gummibaumes und mithin einer geregelten Weltgummiversorgung auf.

Die englische Regierung beauftragte Henry Wickham, in „sekreter Weise" vom Amazonas 10.000 Stück Gummisamen nach England zu bringen. Der Auftrag wurde mittels reichlicher Bestechung durchgeführt, und etliche hundert Samen überstanden die lange Seereise in keimfähigem Zustand. Von den besten Botanikern gepflegt und betreut, wuchsen sie in Treibhäusern zu Gummibäumen heran, deren Samen nun, nach den geeigneten Kolonien des Weltreiches verbracht, die ersten Grundlagen für den „Plantagengummi" bildeten. 1907 wurde der Weltmarkt erstmalig mit dem Produkt aus diesen Züchtungen beschickt, worauf in Südamerika unmittelbar danach ein großer Gummikrach stattfand, der die Besitzer, Kaufleute und Makler, nicht minder aber auch die betreffenden Regierungen, schwer traf. England triumphierte mit dem Monopol des qualitativ weit besseren Plantagengummis und riß den Weltmarkt an sich. Brasilien stürzte von 80% auf 3 bis 4% der Weltversorgung, der Kongo schied aus. Und dies alles verursachte im Grund ein John Boyd Dunlop mit seinem Reifen.

Der erste Erfinder des Luftreifens war eigentlich William Thomson, der am 29. Juni 1822 in der Hauptstadt der schottischen Grafschaft Kincardinshire in Stonehaven als Sohn eines kleinen Fabrikbesitzers geboren worden war. Eigentlich hätte er Theologie studieren sollen, wurde aber Kaufmann. Er durfte seinen wirklichen Interessen nachgehen, und da vor allem der Mathematik neben einem Praktikum in Werkstätten von Aberdeen und Dundee. Bald kam sein Genie aber mehr und mehr zur Entfaltung und er machte mehrere Erfindungen. Mit 23 Jahren schon, am 10. Dezember 1845, ließ er sich den Luftreifen patentieren, und zwei Jahre später unternahm er praktische Versuche mit ihm. Sie ergaben, „daß der Zugeffekt auf glatter Straße um 60%, auf rauher um rund 300% verbessert wurde."

Aber er war in allem zu früh daran. Die Wagen waren damals noch schwer und daher der Luftreifen noch nicht recht brauchbar. An Rädern gab es nur das wenig verbreitete Laufrad; kein richtiges Rad, kein Motorrad, keinen Leichtwagen. Für seine Versuche an schweren Wagen verwendete Thomson auf den nichtdemontablen Rädern Reifendecken aus Leder.

Um 1850 verfertigte er mit der Hand einen leichteren Wagenreifen für den eigenen Gebrauch. Eine Kanevasdecke mit einer Vulkangummiauflage zeigte „auch nach langem Gebrauch nicht die leiseste Spur von Abnützung". An einer Stelle des Reifens konnte Luft eingepreßt werden. Einige Kutschen wurden daraufhin mit diesen „elastischen Gürteln" ausgerüstet, wie Thomson sie nannte. Sie hielten aber der Belastung nicht lange stand. Um die gleiche Zeit kamen die ersten Vollgummireifen auf und hielten sich bis etwa 1895, zu welcher Zeit der Luftreifen endlich seinen Siegeszug antreten konnte.

So blieb Thomson ohne jeden Erfolg.

Der zweite Erfinder, John Boyd Dunlop, meldete am 31. Oktober 1888 folgendes Patent an: „Eine Verbesserung an Reifen für Räder von Bicycles und Tricycles oder andere Straßenfahrzeuge... Bei Ausführung meiner Erfindung verwendete ich einen hohlen Schlauchreifen aus Indiarubber und umwickelte ihn mit Leinenkanevas, einem Stoff mit unter 90 Grad sich kreuzenden Fadenlagen, oder einem anderen geeigneten Material. Der Hohlraum ist mit Luft oder Gas gefüllt, das durch eine enge Öffnung im Radreifen, durch ein Ventil gesichert, in das innere des Schlauches eingebracht wird...“

Dunlop, ein Belfaster Tierarzt, hatte sein Patent in dem guten Glauben angemeldet, seine Methode zum ersten Mal gefunden und ausgeführt zu haben, da seine Zeit nichts mehr von einem Thomson wußte — allerdings bis auf den Herausgeber der Zeitschrift „Sport and Play“, Charles Wheelwright.

Dunlop war dadurch auf den Gedanken gekommen, Gummireifen mit Luft zu füllen, weil sein Söhnchen durch sein Tricycle mit den arg holprigen Straßen von Belfast und Umgebung sehr schlechte Erfahrungen gemacht hatte und er ihm das Fahren angenehmer machen wollte. Dunlop wollte anfangs seine Radschläuche mit Wasser füllen, wovon ihm sein Hausarzt mit Hinweis auf die guten Erfahrungen mit Luftkissen im Belfaster Spital abriet. Er stellte Versuche an und nahm vorerst Holzscheiben, versah einige mit Luftreifen, während er andere leer ließ, und rollte sie nun abwechselnd über das holprige Pflaster des Hofs in seinem Haus gegen die Stalltüre. Sein Erstaunen über das grundverschiedene Verhalten der Räder war groß, und er durfte sich mit Recht als der Urheber einer umwälzenden Neuheit fühlen. Vor allem das Zweirad entwickelte sich nun zum Massenverkehrsmittel. Man nutzte dabei das von Goodyear inzwischen erfundene Verfahren der Vulkanisierung.

Mit einem nach diesem Patent bereiften Zweirad gewann der Außenseiter William Hume am 18. Mai 1889 ein Radrennen am Queens-College gegen die sonst erfolgreichen Brüder du Cros — es waren sieben im ganzen — überlegen. Der Vater der beiden, William Harvey du Cros, kaufte Dunlop das Patent um 500 Pfund und 3000 Gratisaktien einer neu zu gründenden Reifenfabrik ab. Am 18. November 1889 trat die Firma „Pneumatic Tyre and Boots Cycle Agency, Limited“, Belfast, mit einem Aktienkapital von 25.000 Pfund an die Öffentlichkeit. Später erschien in der Zeitschrift „Sport and Play“ von Charles Wheelwright ein Artikel, in dem Dunlop sein Erstrecht mit Hinweis auf Thomson streitig gemacht wurde, was nicht geringe Störungen in den Firmenangelegenheiten verursachte. Die Konkurrenz erwachte jedoch nicht so bald, und du Cros

erwarb bald mehrere wichtige Patente. Um diese Zeit erfand vor allem Charles Kingston Welch den demontablen Luftreifen mit Drahtseil (der Dunlop-Reifen war auf der Felge festgekittet). Einen Mont später erhielt William Erskin Bartlett ein Patent auf den demontablen Wulstreifen. Charles Woods Luftventil folgte.

Alle diese Patente gingen an die Pneumatic Tyre Company über. Der Bestand der Dunlop-Gesellschaft war gesichert. Sie zahlte 60% Dividende! 1919 besaß die Gesellschaft schon 30 Millionen Pfund Aktienkapital. Du Cros sen. starb 1918, noch immer, wie er mit Stolz behauptete, als kraftfahrtechnischer Ignorant. John Boyd Dunlop aber war im Laufe der Zeit an die Wand gedrückt worden und verfolgte die Entwicklung einer

Weltindustrie, die er eingeleitet hatte, nur mehr aus der Ferne. Michelin führte in Frankreich weiter, was Dunlop und du Cros in England begonnen und entwickelt hatten. 1891 erfand Edouard Michelin, dessen Großvater die Gummifabrik Barbier & Daubrée gegründet hatte, einen abnehmbaren Luftreifen, der mit vielen Schrauben und Bolzen an der Felge, an der er bisher noch immer festgeklebt wurde, anzubringen war. Der Erfolg stellte sich rasch ein, und als ein Monsieur Didier einen wirklich brauchbaren, leicht zu montierenden Reifen erfand, kaufte ihm Michelin um 20.000 Francs sein Patent ab und versperrte damit du Cros den Weg nach Frankreich.

**Ganz oben: John Boyd Dunlop war lange der Meinung, daß Luftreifen für Autos nicht geeignet seien.**

**Oben: 1910 wurde die Umweltbelastung bereits berücksichtigt.**

In Deutschland erzeugte die Continental Caoutchouc- und Gutta-Percha-Compagnie in Hannover, die seit 1873 einen guten Ruf hatte, gleichfalls Luftreifen für Kraftwagen.

Der österreichische Gummifabrikant Johann Nepomuk Reithoffer war der Gründer der ersten europäischen Gummifabrik und der späteren Semperit-Werke, die vor allem im Wirtschaftsraum Österreich-Ungarn in der Reifenerzeugung hervorragten.

Inzwischen hatte der Amerikaner Pennington 1895 überdimensionierte Ballonreifen mit geringem Druck probeweise verfertigt, die an der Unzulänglichkeit der Gewebe scheiterten. Erst 1925 tauchte diese Idee wieder auf.

Noch vor 1914 verfügte demnach die internationale Kraftfahrt über den so wichtigen luftgefüllten Gummireifen.

sengegensätze, der wohl keine Revolutionen heraufbeschwor, aber immerhin Verträge über die Grenzen des Heimatstaates hinweg notwendig machte, um Ordnung in die Bedarfsdeckung zu bringen.

Da entstand zunächst in Paris der Zenith-Vergaser, der nirgends anders gebaut werden durfte. Bald trat in Berlin der nicht minder geschätzte Pallas-Vergaser hervor, dessen Erzeugergesellschaft sich genauso verhielt. Italien kam mit seinem für schlechte und schwere Benzine besonders geeigneten Solex-Vergaser auf den Markt.

Jeder wollte mit seinem Erzeugnis in seinem Land dominieren, jeder wollte aber auch in die Länder der Konkurrenten exportieren. Die Automobilindustrie aber forderte je nach Marke und Motorenart sowie mit Rücksicht auf die heimische Treib-

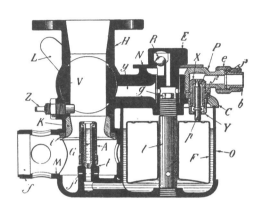

Fig. 145 b. Solex-Vergaser.

E Demontierschraube, N Deckel, g Nebendüse für Langsamgang, G Hauptdüse, A Düsenhütchen, t Düsenträger, K Luftdüse, i Luftringmutter, V Runddrossel, L Steuerhebel, Z Stellschraube, F Schwimmer, P Benzineinfluß, j¹ Dichtungsplatte des Düsenträgers, j² Dichtungsplatte des Schwimmernadelsitzes, j³ Dichtungsplatte des Benzineinflusses, b Nippel, e Nippelmutter.

# Zubehörindustrie

Die zuverlässige Funktionstüchtigkeit der schwierigsten Konstruktionsdetails des Automobils ist vor allem der Zubehörindustrie zu verdanken. Sie hat es eigentlich erst ermöglicht, wichtige Aggregate durch Spezialisierung zu einer Vollkommenheit zu bringen, die in der allgemeinen Automobilindustrie erst unter viel größeren Opfern an Zeit und Mitteln hätte erreicht werden können. Dadurch, daß sie immer stärker als Alleinerzeuger in Erscheinung trat, erlangte sie mit der Zeit ähnliche Bedeutung wie der Gummi und das Erdöl. Bis heute hat sich an dieser Situation nichts geändert, ja angesichts der Umweltproblematik haben ihre Aufgaben sogar noch zugenommen.

### Vergaser

Jeder Arbeitshub im Motor verbraucht Benzin. Diesen kostbaren Stoff richtig aufzubereiten und dem Motor in bestmöglicher Form zuzuführen, ist Sache des Vergasers. Kein Wunder also, daß er, als er in befriedigender Weise funktionierte und in Massen erzeugt werden konnte, zum Kampfmittel ebenso wie Objekt wurde, um einerseits die Leistungsfähigkeit der eigenen Motoren und Wagen voranzutreiben, andererseits die Konkurrenz zu überholen.

Die Apparatebaufirmen waren bestrebt, ihre Patente unantastbar zu wahren und nicht aus der Hand zu geben, die Automobilfabriken aber waren gerade an jenem Vergaser interessiert, der ihren Fahrzeugen bzw. Motoren am zuträglichsten erschien. Auch hier entspann sich ein zäher Kampf der Interes-

stofflage einmal dieses, ein andermal jenes Fabrikat. Im August 1912 einigte man sich nach langen kaufmännischen Gefechten anläßlich einer Vergaserkonferenz in Berlin dahingehend, daß von einer Lizenzerzeugung im Interesse der Wahrung der eigenen Patente abzusehen, hingegen jede der Firmen berechtigt sei, im Land des Konkurrenten Tochtergesellschaften zu unterhalten, die nur die eigenen Erzeugnisse produzieren durften. So entstand eine deutsche Zenith-Vergaser-Gesellschaft in Berlin und eine französische Pallas-Gesellschaft in Paris. Solex produzierte gleichzeitig in Frankreich, England und Deutschland, wohingegen Italien die Fabrikate von Zenith-Paris und Pallas-Berlin für seine Wirtschaftsgebiete aufnahm.

### Magnetzündapparat

Hier ist ein Zurückgreifen auf den Entwicklungsgang unerläßlich.

In den vorhergehenden Abschnitten war bei der Zündung bereits die Rede von den ersten galvanischen Batteriezündungen mit Induktionsspule und Trambleur, einem schwingenden Unterbrecherhammer, im Verein mit der Unterbrechernocke am Motor (Dion-Dreirad), von der katalytischen Zündung (Platinschwamm) bei vielen der automobilen Erstkonstruktionen, von der Glührohrzündung Daimlers, endlich auch vom elektrischen Zündmagneten an den Ottomotoren und seiner Nutzanwendung als magnetelektrische Niederspannungsabreißzündung am Fahrzeugmotor. Wie kam es nun 1887 zu dieser letzten Vervollkommnung?

Bei Siemens & Halske in Berlin, die anfänglich hauptsächlich elektrische Apparate für das Fernmeldewesen bauten, war der Wissenschaftler und technische Firmenchef Werner von Siemens damit beschäftigt, auf dem Gebiet der Telephonie einen Apparat zu entwickeln, der auf der Basis der Magnetoinduktion mittels eines eigenartigen rotierenden Ankers (dem Siemensschen Doppel-T-Anker) im Kraftlinienfeld der Magnetpole induzierte Wechselströme hervorrief. Ihre Spannung reichte aus, weit entfernte Läutwerke (Wechselstrom-Doppelglocke) zu betätigen. Dieser Strom konnte nur durch Transformatorspulen in seiner Spannung erhöht werden. Otto hatte in Deutz Gelegenheit, dieses Verfahren zu studieren und ließ seinen Ottomotor damit ausrüsten. Der Erfolg war verblüffend. Bald danach kam zum Elektrotechniker und Feinmechaniker Robert Bosch in Stuttgart ein Maschinenbauer mit der Bitte, ihm doch einen kleinen Magnetzündapparat zu bauen, wie er an den Ottomotoren angebracht sei. Vorsichtig erkundigte sich Bosch bei der Firma Deutz wegen des Vorhandenseins von Patenten, und als er von dort keine Antwort erhielt und pa-

können. Er kam zu einem Optiker und Mechaniker in Ulm in die Lehre. Nach ihrer Beendigung ging er sofort auf Wanderschaft, und die Siemens-Schuckert-Werke in Nürnberg wurden längere Zeit sein Arbeitsort. Er war mit dem Bau von elektrischen Meßinstrumenten beschäftigt und wurde auf Geheiß der Firma nach Stuttgart auf die Technische Hochschule geschickt. Das Studium machte ihm dort genauso wenig Freude wie einst in der Realschule, doch eignete er sich die Grundbegriffe der Elektrotechnik an. Im Frühling 1884 zog es ihn nach Amerika, wo er in einer New Yorker Werkstätte für Telephonie und Hughestelegraphen arbeitete. Eine Krise, heraufbeschworen durch die General Electric Company, erfaßte auch seine Arbeitsstätte, und obwohl ihm sofort Arbeit angeboten wurde, war ihm Amerika verleidet. Über England (eng-

*Robert Bosch*

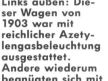

**Links außen: Dieser Wagen von 1903 war mit reichlicher Azetylengasbeleuchtung ausgestattet. Andere wiederum begnügten sich mit einer einzigen Lampe (darunter).**

**Links: Verschiedene Formen der ersten elektrischen Scheinwerfer.**

lischer Siemens-Konzern) kam er in die Heimat zurück. Er hatte die Jahre über vor allem gelernt, peinlich genau und äußerst sauber zu fertigen. In Stuttgart eingetroffen, richtete er sich 1886 eine Werkstätte ein und hatte durch seine sauberen Installationen bald starken Zulauf. 1887 nahm er die Erzeugung von Magnetzündapparaten für Gasmotoren auf.

tentamtliche Nachforschungen seine Meinung über das Fehlen patentrechtlicher Schutzmaßnahmen erhärteten, machte er sich an die Konstruktion und Erzeugung solcher Zündapparate. Von diesem Moment an sind Robert Bosch und seine Fabrikate aus der Welt des Kraftfahrwesens nicht mehr wegzudenken.

Bosch wurde in Albeck in Württemberg am 23. September 1861 als jüngster Sohn von zwölf Kindern eines Landmannes geboren. Er war talentiert, aber bei weitem kein Musterschüler, erreichte mit Ach und Weh das Einjährigenrecht beim Deutschen Heer und war froh, endlich praktisch arbeiten zu

Auch Bosch blieben geschäftliche Sorgen nicht fremd. Eine Krise zwang ihn, 1892 sein Unternehmen stark zu reduzieren. Von den 24 bei ihm beschäftigten Leuten behielt er außer dem bewährten Meister Zähringer und dem Lehrling Gottlieb Honold nur einen Angestellten. Später nahm er die Erzeugung der Zündmagnete wieder auf und belieferte Benz mit seinen Magneten für dessen langsam laufende Motoren. Da erschien

**Oben: Erster Bosch-Scheinwerfer mit Seitenlaterne.**

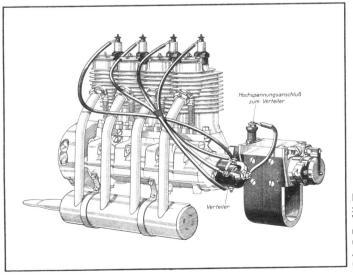

**Links: Magnetzünder für einen Vierzylinder-Kraftradmotor mit umlaufendem Anker von 1905 (Bosch).**

*Hochspannungsanschluß zum Verteiler*

*Verteiler*

**Rechts: Erster serienmäßig hergestellter Bosch-Hochspannungs-Magnetzünder mit umlaufender Hülse von 1902.**

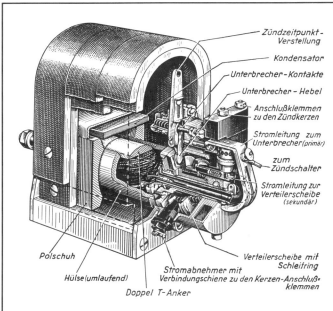

Zündzeitpunkt-Verstellung
Kondensator
Unterbrecher-Kontakte
Unterbrecher-Hebel
Anschlußklemmen zu den Zündkerzen
Stromleitung zum Unterbrecher (primär)
zum Zündschalter
Stromleitung zur Verteilerscheibe (sekundär)

Polschuh
Hülse (umlaufend)
Doppel T-Anker
Stromabnehmer mit Verbindungsschiene zu den Kerzen-Anschluß-klemmen
Verteilerscheibe mit Schleifring

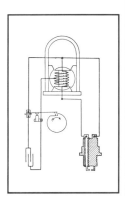

**Oben: Schaltbild der Bosch-Hochspannungs-Magnetzündung von 1902.**

**Rechts: Niederspannungszündung für einen Vierzylinder-Motor mit Bosch-Magnetzünder „MR" (umlaufender Anker).**

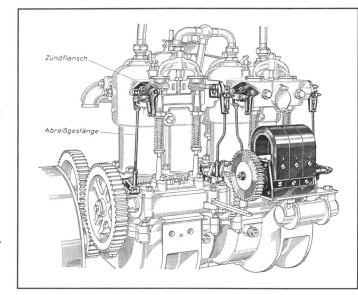

Zündflansch
Abreißgestänge

**Rechts Mitte: Schema einer Bosch-Vierzylinder-Abreißanordnung mit Einrichtung für Früh- und Spätzündung.**

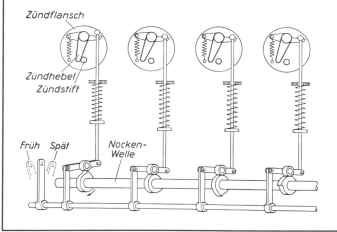

Zündflansch
Zündhebel
Zündstift
Früh Spät
Nocken-Welle

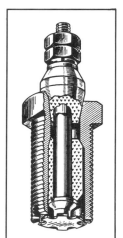

**Oben: Erste Bosch-Zündkerze mit Gewinde.**

**Rechts: Fertigung von Isolierkörpern für Zündkerzen bei Bosch 1913.**

land. Der Bosch-Magnet wurde 1900 auf der ersten deutschen Automobilausstellung in Nürnberg mit der goldenen Medaille prämiiert. Die ersten Mercedes wie auch Benz-Wagen liefen ab nun mit Bosch-Magneten. Bald waren sie allgemein anerkannt und die Weiterentwicklung des Automobils gesichert. Rennsiege taten das übrige, die internationalen Autoproduzenten darauf aufmerksam zu machen.

1901 bezog Bosch die ersten eigenen Werkshallen. Der „Lehrling" Honold, der inzwischen die Technische Hochschule besucht hatte, kehrte zu Bosch zurück. Seine Leistung war die Konstruktion der Abreißkerze und die Grundkonstruktion der magnetelektrischen Hochspannungs-Lichtbogenzündung, womit der Weltruf der Bosch-Erzeugnisse begründet wurde. Nun zeigte sich das kaufmännische und organisatorische Talent von Robert Bosch in seiner ganzen Größe. Seine Patente waren so gründlich fundiert, daß es keinem Mann der Branche gelang, Apparate und Maschinen gleicher Präzision und Leistung herzustellen. Er zeigte sich dem Lizenzbau gegenüber abgeneigt und ließ seinen Interessenten nur zwei Wege offen: entweder reinen Vertrieb (Vertretung) seiner Erzeugnisse im Ausland oder neue Auslandsgesellschaften unter seiner maßgeblichen Beteiligung. So entstanden neben dem großen Hauptwerk in Stuttgart, der Robert Bosch G. m. b. H., die englische, die französische und die italienische Bosch-Gesellschaft. 1906 beherrschte Bosch mit seiner Zündungsart völlig den Motorenbau in Europa. 1914 betrug der Export 88 Prozent der Produktion. Die Erzeugung von Lichtmaschinen, Anlaßmotoren (Solenoidanker nach den englischen Rushmoore-Patenten), Zündkerzen und Scheinwerfern kam schon 1910 bzw. 1912 ins zusätzliche Programm der Fabrik. Die Ausbildung bestqualifizierter Facharbeiter, bis ins kleinste vorgetriebener Werkzeugbau und ein schon 1913 und 1914 planmäßig eingerichteter Licht-Zünd-Servicedienst in Deutschland, Österreich-Ungarn und der Schweiz bildeten das Rückgrat seltener Qualitätsleistung.

Als durch Bosch der Bedarf nicht gedeckt werden konnte und kleinere Krisenzustände 1906 von Staats wegen eine Verbreiterung der Erzeugungsbasis erheischten, entstanden zwei weitere Firmen auf diesem Gebiet. Hatte Eisemann schwer unter den Lizenzgebühren an Bosch zu leiden, so hatte es Mea mit dem liegenden Ringmagneten leichter. Doch auch diese Gesellschaft kam letztlich nicht um die Boschpatente herum. Beide sind denn auch in der großen europäischen Wirtschaftskrise der Jahre 1924 bis 1930 vom Schauplatz der Elektrozubehörindustrie verschwunden.

Nicht so Bosch! Hatte im dritten Kriegsjahr des ersten Weltkrieges die Zahl der produzierten Magnetapparate 2,000.000 erreicht und war auch die Magnetzündung um 1925 bis 1926 durch die Hochspannungs-Batteriezündung aus Preisgründen verdrängt worden, so liefen die Hochleistungs-Flug- und -Rennwagenmotoren noch Jahrzehnte.

Neben dieser Entwicklung haben sich in den großen Kfz-Produktionsländern in der Zeit von 1905 bis 1914 Firmen etabliert, welche die Erzeugung von Magnetzündapparaten betrieben und später auch elektrische Anlasseranlagen bester Qualität (letztere meist mit Bendix-Anlasser) bauten. Dies waren in USA und England seit 1905 Rushmoore, in Frankreich und der Schweiz 1912 bis 1914 Delco-Remi, in Italien seit 1914 Scintilla. Ihre Lichtzündanlagen kamen ab 1920 durch importierte Wagen auch im zentraleuropäischen Raum in Gebrauch.

eines Tages Mr. Frederic R. Simms, Chef der englischen Daimlermotorengesellschaft, und bestellte für seine De-Dion-Dreiräder Magnetzündapparate. Für die hohe Drehzahl des Motors genügte der bis dahin gebaute Apparat nicht. Meister Zähringer fand die Lösung: Bei einer sehr scharf wirkenden Abreißvorrichtung lief im Magnet über den stillstehenden Anker eine Messinghülse und diente als Kraftlinienunterbrecher.
Das De-Dion-Rad lief herrlich und Mr. Simms war begeistert. Er sicherte sich den Vertrieb aller Bosch-Erzeugnisse für Eng-

# Die Straße

Sechs Jahrhunderte hatten die Römer benötigt, um ihr 372 Straßen umfassendes Verkehrsnetz von etwa 85.000 km Länge zu erstellen, das von England und Spanien bis Indien reichte. Beruhte es auch grundsätzlich auf den frühen Straßenbauten von Kelten und Etruskern in Europa, der Griechen und Perser im Osten, die sie vor allem für die Abwicklung ihrer bereits gut florierenden Handels- und Gewerbetätigkeit benötigten, so war das letzlich umfassende Straßennetz der Römer vor allem militärischen Zielsetzungen zuzurechnen. Ein großes Reich konnte auch im Altertum nur mit Hilfe von guten Straßen, die rasche Verbindungen sicherstellten, aufrecht erhalten und regiert werden. Die bevorzugten Wasserstraßen, sei es nun Fluß oder Meer, reichten bei weitem nicht aus, um dieser Aufgabe gerecht zu werden.

Lange vor dem Bau der Via Appia, der 312. v. Chr. begonnen wurde, waren in den Zwölftafelgesetzen der Römer präzise Anordnungen über Bau und Erhaltung von Straßen niedergelegt worden. Die größten Breiten sollten 4,80 m nicht überschreiten, da sie ausreichenden Gegenverkehr ermöglichten. Damals wurde auch damit begonnen, die bekannten zwei Tonnen schweren Meilensteine, die „miliaria" aufzustellen, die teilweise bis in unsere Zeit die alten Römer-Straßenzüge kennzeichnen.

20 v. Chr. ließ sich Augustus durch Senatsbeschluß die Oberaufsicht über das Straßenwesen unmittelbar übertragen. Für die Durchführung der befohlenen Maßnahmen waren jeweils die Statthalter in den Provinzen verantwortlich, während die finanziellen Lasten zum größten Teil von den anliegenden Landbesitzern und Kommunen, wenn auch zusammen mit der

Straße mit Trittsteinen in Pompeji.

kaiserlichen Kasse, zu tragen waren, ganz selten auch von Privatleuten.

Römer haben für die Trassierung ihrer Straßen nach Möglichkeit den jeweils kürzesten Weg gesucht, was nicht unbedingt „schnurgerade" hieß, weil das vom militärischen Standpunkt her betrachtet mitunter zu wenig Deckung gab. Sie zwangen die Straßenführung der Natur meist auf, wofür sie von den Griechen, die sich hier prinzipiell nach den natürlichen Gegebenheiten richteten, „Barbaren" geheißen wurden. Zu beschäf-

tigende Legionäre, aber vor allem ein Überschuß an billiger Sklavenarbeitskraft begünstigten dieses arbeitsaufwendige Vorgehen.

Römische Straßen konnten einen ein bis zwei Meter tiefen Unterbau aufweisen, der von hochkantgestellten Steinen begrenzt war. Dazwischen wurden von Schicht zu Schicht kleiner werdende Steine verwendet, die schließlich mittels Lehm oder Kaltmörtel zu einer wasserdichten Tragschicht gestampft wurden. Die Deckschicht bestand schließlich aus in Sand oder Mörtel gebettetem Pflaster. Man verkeilte die meist verwendeten Platten — seltener Pflaster — zuerst durch Steinsplit, worauf die Zwischenräume mit Mörtel ausgegossen wurden.

Die durchschnittliche Reisegeschwindigkeit mit einem gezogenen Wagen betrug auf solchen Straßen etwa 37 km pro Tag. Cäsar, der für schnelles Reisen bekannt war, bewerkstelligte allerdings mit einem Mietwagen eine Reise von Rom nach Arles — fast 1500 km — in knapp acht Tagen. Zu Pferde legte Tiberius auf solchen Straßen einmal 300 km in 24 Stunden zurück.

Da die Benützung des cursus publicus, wie das römische Straßennetz genannt wurde, für die Beamten des Reiches kostenfrei war, mußen Kommunen und Provinzen für die Instandhaltung wie auch Gestellung der Zugtiere sorgen und überdies die Reisenden in den zahlreichen „mansionis", die in Tagesreiseabständen die Straßen säumten, freihalten. Das Machtinstrument

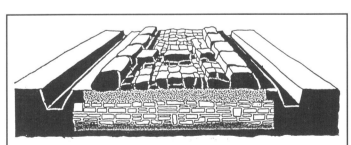

Straße wurde demnach mit drückenden Belastungen und Zwangsarbeit der Anrainer aufrechterhalten, — wichtige Gründe, weshalb dieses Straßennetz nach dem Niedergang des römischen Reiches relativ rasch verfiel und zum Steinbruch wurde, dessen man sich später Jahrhunderte hindurch bediente.

Die Wiedererrichtung eines systematischen und länderverbindenden Straßennetzes war im frühen Mittelalter den Tempelrittern, teilweise auch dem Johanniterorden, zu verdanken. Sie

Links: Idealbild einer römischen Landstraße. Die Trittsteine am Straßenrand waren in diesem Fall für die Reiter bestimmt.

Links: Im Bestfall bestand die römische Straße zu unterst aus einem in Sand gebetteten Mörtelkalk. Es folgten eine Steinschicht, Kieselsteine und Sand bzw. Lehm, worauf behauene Natursteine verlegt wurden, die meist zwei Furchen als Wagenspuren aufwiesen. Das Wasser konnte in den seitlichen Vertiefungen abrinnen.

Alte Gebirgs-
straße, zum Teil
aus dem Felsen
gehauen.

Unten: 1874
plante man im
Stadtteil Manhat-
ten, New York,
eine erhöhte Fuß-
gängerbahn, um
die Verkehrsver-
stopfungen zu
beheben.

dertwende bekannten Landstraßen gedeckt haben, — zumindest nicht in Frankreich.

In Ermangelung von ausreichend guten Straßen stellte in
Europa viele Jahrhunderte hindurch die einfachste Art zu reisen und zu transportieren jene mittels Pferd und Saumtieren
dar, die noch die geringsten Schwierigkeiten bot. Der Transport größerer und schwererer Güter erfolgte, wenn nicht über
Flüße und Kanäle, dann stets auf grundlosen oder schlagloch-
reichen Straßen, und dies trotz vielfach gezeigter Bemühungen
von Territorialherren, Kaufmannsgilden und anderen, wenn
sich hier auch meist ein Zwiespalt zeigte, der als Grund dafür
anzusehen ist, daß so lange keine Besserung dieses Mißstandes
eintrat.

Auf der einen Seite mußte man notgedrungen einsehen, wie
wichtig und für das Gemeinwesen förderlich gute Straßen
waren, auf der anderen Seite bildeten die Forderungen der
Ortsansässigen unüberwindliche Schwierigkeiten. Nicht
zuletzt aus der Literatur ist mehrfach bekannt, daß im Sommer dicke Staubschichten die Fahrbahnen bedeckten, die sich
in der schlechteren Jahreszeit in grundlosen Morast verwandel-
ten. Aus der Klage eines Leidtragenden, der mit Pferd und
Wagen im Morast der Landstraße steckengeblieben war, ersteht
besonders plastisch das Bild der damaligen Verkehrswege:
„...Täglich kann ich wenigsten in Bausch und Bogen sechs
Extraposten rechnen, die den Höllenweg passieren müssen.
Zur Messezeit müssen mehr als zehntausend Fuhrleute hier
durch. Gott zu Erbarm' ist es. Zoll, Geleit, alles muß gegeben
werden; wenn es aber darauf ankommt, den Leuten, die Zoll
und Geleite entrichten und um die Wahrheit zu sagen, den
Landesherrn mit ernähren müssen, den Weg bequemer zu
machen, da ist niemand zu Hause. Wird nicht noch etzo die
Saat von einem Halben Dutzend Dörfern in den Morast gefahren? Bleiben nicht alle Jahre zehn bis zwölf Pferde auf der
Straße liegen? Herr Stadtrat! Ich bitte, stürzen nicht alle Jahre
Reisende am Vogelsberge in den Abhang? Hat nicht noch vor
vier Wochen der Herr von Woltemar den Hals gebrochen?

hatten ja nicht nur die Aufgabe, die Pilgerwege bis ins Heilige
Land zu sichern, die Templer gaben auch Handelskarawanen
sicheres Geleit und schützten schließlich jeden — vor allem in
Europa — vor den unvermeidlichen Wegelagerern von Komturei zu Komturei. Auf diese Weise kam es zum Ausbau eines
eigenen Straßennetzes, über das heute leider viel zu wenig
bekannt ist. Es soll sich im Prinzip aber weder mit den gal-
lisch-römischen Heerstraßen noch mit den bis zur Jahrhun-

Und doch ist kein Geländer an dem gefährlichen Weg gemacht, und Sie und ich und Ihre und meine Kinder werden es nicht erleben, daß es gemacht werde!"

Nach dieser Klage muß das Wagenfahren in jenen Tagen ein Vergnügen eigener Art gewesen sein. Aber selbst dort, wo die Straßen und Chausseen einigermaßen in Stand waren, da war es oftmals die lächerlichste Beschränktheit eines kleinlichen Spießbürgertums, das im Fahr- und Verkehrswesen eine Gefahr für seine Existenz zu sehen glaubte und sich daher seiner Entwicklung störrisch in den Weg stellte.

Auf der anderen Seite verweigerte 1795 z. B. Kurmainz der Preussischen Post die Erlaubnis zur Durchfahrt mit der Begründung, „daß sie zu schnell fahre, daß Gastwirte, Bäcker, Sattler, Schmiede, Bierbrauer und Weinschenker an der Landstraße nicht die Nahrung hätten, wie bei den Lastenfuhrwerken. Andere Gemeinden mit gleichem verkehrspolitischem Weitblick lehnten es selbst dort, wo die Mittel zur Instandhaltung der Straßen vorhanden waren, ab, für eine Verbesserung der Wege Sorge zu tragen, weil Radachsen- und Beinbrüche die Reisenden zu längerem Aufenthalt im Ort nötigten und Gast-

anzusehen sind. Da für diese Art des Straßenbaues aber die Vorbereitung des Untergrundes nicht ausreichend war, blieb jedweder Erfolg aus und diese Straßen verfielen rasch.

Besser bewährte sich das Experiment mit der Beschüttung von Straßen mit Schotter. Es wurde ein Straßenbett ausgehoben, der Grund mit großen Steinen ausgelegt und darüber Kies aufgebracht, womit eigentlich römisches Erbe wieder fortgeführt wurde.

Frankreich und Österreich sahen sich beide im 18. Jahrhundert gleichermaßen vor das Problem gestellt, die Überbrückung der Entfernungen in ihren großen Staatengebilden zu bewältigen. Der Franzose Trésaguet propagierte die erwähnte teure und kunstvolle Straßenbauweise, der man in Österreich eine wirkungsvollere, um Dreiviertel billigere und dabei sehr dauerhafte Methode entgegensetzte: Man brachte nach und nach zumindest vier Schichten von jeweils 15, 12, 10 und 8 cm Schotter auf einen eingeebneten Grund auf, die einzeln solange von Fuhrwerken befahren wurden, bis die erforderliche Dichte erreicht war. Anläßlich von nach Jahrzehnten vorgenommenen Reparaturen konnte man feststellen,

Unten: Auch solche Straßen konnten mit dem frühen Benzinwagen bereits befahren werden.

wirte, Wagenbauer und Chirurgen, und noch so manche andere Zunft, auf diese Weise infolge der miserablen Fahrwege schönes Geld verdienten". Wie man sieht, miserable Beschaffenheit der Verkehrswege und verkehrspolitische Beschränktheit hielten sich in der guten alten Zeit die Waage.

Selbst in den letzten Jahren des 18. Jahrhunderts findet man noch ernstliche Eingaben von Stellmachern und Schmieden, worin dringend gebeten wird, „man möge die Wege nicht in Stand setzen, weil sonst kein Rad mehr bräche, und ein ehrliches Handwerk verhungern müsse." Daß auf solcher Fahrbahn an einen geordneten Verkehr mit Motorfahrzeugen nicht zu denken war, ist nur natürlich.

Im 14. Jahrhundert hatte man begonnen, in den Städten vereinzelt wichtigere Straßenzüge und -blöcke zu pflastern. Ludwig XV. veranlaßte in größeren Städten entsprechend seiner Prunksucht den Bau gepflasterter Hauptstraßen in einer Breite bis zu 20 m und einfachere Verbindungsstraßen, die bis 15 m breit waren, wobei die enormen Kosten ebenso wie die geforderte Fronarbeit mit als Grund für die spätere Revolution

daß diese Art von Straßendecke den Zustand eines einzigen zähen Steines erreicht hatte.

Die Erkenntnis, daß auch der bereits versteinte Fahrdamm ununterbrochene Pflege benötigte, um in gutem Zustand erhalten werden zu können, führte in Österreich bald zur Einstellung von Wegmachern, die von nun an jeweils für bestimmte Strecken verantwortlich waren und sie in gutem Zustand zu erhalten hatten. Und bald war Österreich auch im Gebirgsstraßenbau führend.

Als Napoleon zur Macht kam, war es nur logisch, daß er die Verkehrsverhältnisse in weiten Teilen Europas zu verbessern strebte, und es wird behauptet, daß er für den Straßenbau nicht so viel Mittel aufgewendet hätte wie es tatsächlich der Fall war, wenn er als Artillerist über den Wert einer möglichst guten Straße nicht allzu gut Bescheid gewußt hätte.

1810 erließ er ein für die Zukunft der Straße wichtiges Gesetz, das erstmals die Enteignung von Grund und Boden im Interesse eines vernünftigen Straßenbaues regeln sollte. Bis dahin waren bei Neuanlagen von Straßen Hindernisse, in welcher

Links: Diese amerikanische Schlammstraße wird hier mit einem White-Dampfwagen bewältigt.

Asphalt zum Einsatz. Loser Asphaltkalkstein wird durch Druck sehr hart. Malo in Paris und Mérian in Travers im Jura, wo dieses Gestein entdeckt wurde, schufen daraus einen sich bestens bewährenden Stampfasphalt, der sich besonders für stark befahrene Stadtstraßen eignete und rasch in ganz Europa durchsetzte. Allerdings neigte er durch seine Polierfähigkeit zum Glattwerden.

Jenes Land aber, in dem aufgrund des durch die Kolonien bedeutend angekurbelten Handels die dringlichsten Forderungen nach einem befriedigenden Straßennetz laut wurden, war England. Der Schotte John Loudon MacAdam erwies sich als eine Art Straßenfanatiker — er wurde auch „the magican" genannt —, der es

Form immer, umgangen worden. In Wesermanns „Kunst- und Straßenbau" hieß es 1821, daß „die Straßenlinie nur dort sachgemäß gerade geführt wird, wo die Grundstücke gemeinen Bürgern und Bauern gehören und die Gründe der Adeligen, der hohen Beamten, der Millionäre und Geistlichen mit großen Krümmungen umgangen werden."

In den folgenden Jahrzehnten wurden dann auch Straßen zunehmend begradigt. Jeder Straßenumbau brachte eine bessere Führung seiner Linie bzw. zusätzliche, die Überwindung erleichternde Kurven im Gebirge.

Die Art, wie in Europa das Problem Straße seit den Römern behandelt wurde, legte die Erwartung nahe, nach dem Abtreten Napoleons würden auch seine Bemühungen um bessere Straßen wieder im Sand verlaufen. Aber diesmal lagen die Dinge völlig anders.

Industrie, Handwerk, Landwirtschaft und der dadurch sowie durch die Kolonien einiger Länder bedingte rege Handel waren so angewachsen, daß ein funktionierendes Verkehrsnetz unabdingbar geworden war, und das noch vor dem Erscheinen der Eisenbahn.

Das 19. und erste Drittel des 20. Jahrhunderts sind gekennzeichnet durch den Asphaltstraßenbau. Vorerst gelangte — etwa in Frankreich — der an Kalkstein und Sande gebundene

trotz aller Wiederstände von Interessensgruppen fertigbrachte, um 1832 ein Netz von für damalige Begriffe hervorragenden Straßen zu bauen. Und zwar war es weniger die Bauweise, die zu diesem Erfolg führte, vielmehr hatte auch er erkannt, daß Pflege und Reparatur bereits der kleinsten Schäden auf Dauer zu den besten und auch billigsten Straßen führte. Er unterschied sich darin nicht sehr von den österreichischen Bestrebungen und verwendete sogar die in Österreich bestens bewährte Mehrfach-Schotterstraße, die ohne teuren Unterbau befriedigende Ergebnisse zeitigte. Vielfach setzte er teerumhüllte Steine als Oberdecke ein, die dann mit Sand abgedeckt wurden, was später, wenn auch oft mit anderem Unterbau, als Teermakadam bezeichnet wurde.

In Amerika erwies sich der Bedarf an guten Straßen nach 1800 vielleicht als noch dringlicher als in Europa. Bald wurde dort der Walzasphalt aktuell, der aus einem Gemisch von Sanden, später auch Splitten, und Erdölbitumen bestand und die Normalbauweise vor allem der amerikanischen Stadtstraßen wurde. Nach einer Verbesserung dieser Methode durch den Amerikaner Clifford Richardson 1894 setzte sich diese Straßenbauweise auch in Europa durch. Die Herstellung des Walzasphaltes in größerem Stil erforderte allerdings umfangreiche Maschinenanlagen, und die auch noch nach dem zweiten Weltkrieg meist von Hand aufgebaute Decke wurde vor allem durch Walzen verdichtet.

Auch der Teerstraßenbau verbreitete sich nach der Jahrhundertwende über ganz Europa, wobei 1913 in Deutschland erstmals auch Hochofenschlacke zur Herstellung von Teermakadam verwendet wurde.

Aber auch die Betonstraße kann auf eine lange Zeit der Entwicklung zurückblicken und hat ihren Anfang, wie so viele technische Lösungen, im 19. Jahrhundert genommen. Bereits 1827 erhielt William Hobson ein englisches Patent auf eine Straßendecke aus festgestampften Steinen, die mit einem Mörtelguss zu glätten war, — der Ahne der späteren Zement-Schotter-Decke. 1829 wurde auf einer wegen Grundwasserandranges gefährdeten Strecke auf dem Highgate-Archway von Macneill soetwas wie ein Unterbeton von 15 cm Stärke mit aufgerauhter Oberfläche zwecks Halt der eigentlichen Oberdecke eingesetzt. Dadurch, daß Johnson 1844 erstmals wirklichen Portlandzement erzeugte, war es möglich geworden, 1865 in Schottland bei Inverness die erste Betonstraße im eigentlichen Sinn zu bauen, der eine zweite in Edingburgh folgte. 1888 wurde die erste Betonstraße in Breslau, 1892 in Ohio und 1898 in Wien angelegt.

Diese Straßenbauweise erkannte man in Amerika sehr rasch als

**Links:** Wer von schmalen Straßen abkam, dessen Fahrt war vorläufig zu Ende, auch mit einem Ford Modell T.

**Links oben:** Die verkehrsreiche Charing Cross in London war um 1912 bereits asphaltiert.

**Oben:** Typische Ausfahrtsstraße aus einer Stadt um 1909 (hier Probefahrt deutscher Subventions-Lkw).

**Ganz oben:** Straße in der Nähe von Pittsburgh, 1907.

**Unten:** In den Großstädten, wie hier in Wien um 1911, waren die Straßenverhältnisse erstaunlich gut.

die beste. Da dort das Straßenproblem besonders dringlich war, wurden systematische Versuche unternommen. Auf den Ergebnissen fußt der Straßenbau dieser Art in fast allen übrigen Staaten, der nach dem ersten Weltkrieg durch den Automobilverkehr nach und nach eine Realisierung erfuhr.

Wer meint, erst der Autoverkehr habe die Verbesserung und Erweiterung des Straßennetzes in allen Kulturstaaten bewirkt, der kann aufgrund dieses kurzen Überblicks feststellen, daß das nicht zutrifft. Die relativ gute Straße hat es im Prinzip bereits vor dem Auftreten des Automobils gegeben, da sie vom wirtschaftlichen Aufschwung der westlichen Hemisphäre geradezu erzwungen wurde. Sie beweist aber zugleich, wie dringend vor allem die Wirtschaft das selbstbewegliche Straßenfahrzeug bereits benötigte, wobei es kein Widerspruch ist, daß die Straßen zu Beginn des Automobilismus vielfach diesem Fortbewegungsmittel noch nicht entsprachen. Auf jenen der früheren Jahrhunderte hätte ein Automobil sicher überhaupt nicht fahren können und wäre nach spätestens 10 Metern im Schlamm steckengeblieben. In Wirklichkeit förderten beide gegenseitig das, was man bald den „modernen Verkehr" bezeichnete.

# 8. DIE KRAFTFAHRT IM ERSTEN WELTKRIEG UND BIS 1920

Der Beginn des ersten Weltkrieges überraschte die nationalen militärischen Kraftfahrtruppen in ihrer Aufbauphase. Die Eile, mit der sie innerhalb weniger Wochen einsatzbereit sein mußten, war geradezu typisch für die außergewöhnlichen Leistungen dieser Spezialtruppen in der ersten Materialschlacht der Geschichte, die der erste Weltkrieg darstellte.

Die in der Friedenszeit gewonnenen Erkenntnisse über die für das Automobil unerläßlichen Rohstoff- und Materialvoraussetzungen sollten während dieses Völkerringens noch eine bedeutende Ausweitung erfahren, was später vor allem dem Lastentransport zugute kam, der vor dem Krieg eher vernachlässigt worden war.

Der erste Weltkrieg war demnach die Fortsetzung der Pionierzeit in ihrer kompromißlosesten Form und artete letztlich in eine nie dagewesene Menschen- und Materialerprobung aus.

**Erzherzog Franz Ferdinand I. Das Attentat auf ihn löste den ersten Weltkrieg aus.**

Die enorme Bedeutung der Kraftfahrt als wirksames Instrument der Kriegsführung wurde vor 1914 nicht vollends erkannt. Die Privatwirtschaft hatte bis dahin vor allem an die Vervollkommnung und Ausstattung des Personenkraftwagens für den privaten Besitzer gedacht, allenfalls noch die Postverwaltungen und ähnliche Institutionen zu Wort kommen lassen, sodaß sich der Lastwagen vorerst eher mühevoll entwickelte.

Die Staaten Europas befanden sich 1914 auf dem Gebiet des Kraftfahrwesens etwa vor folgende Situation gestellt: Personenautomobile waren in allen Staaten genügend vorhanden, um den Bedarf der höheren Kommandos, Stäbe und des Ordonnanzdienstes zu decken, befanden sich aber in Privatbesitz und mußten erst requiriert werden. Lastkraftwagen dagegen waren nur in geringer Zahl vorhanden, sodaß kaum der Bedarf des hintersten Nachschubverkehrs gedeckt werden konnte. Zugmaschinen und Traktoren wurden — abgesehen von den in der Landwirtschaft auf Großgütern eingesetzten Einheiten — nur in wenigen Großstaaten zur Beförderung schwersten Pionier- und Artilleriegerätes (Frankreich und Österreich-Ungarn) eingesetzt, und da nur im Ausmaß des geringsten Friedenserfordernisses. Automobile mechanische Waffen gab es nur im Ansatz. Kraftfahrformationen besaß mit Ausnahme von Deutschland kein anderes Land. Nur „en cadre" wurden Lehr-, Versuchs- und technische Verwaltungsabteilungen unterhalten, die für den Ernstfall ausgebildetes Personal schaffen sollten. Waren irgendwo Kraftfahrzeuge vorgesehen, dann gehörten sie und das zugehörige Personal der betreuenden Truppe an. Ausnahmegesetze sorgten nun dafür, daß innerhalb von zwei bis acht Wochen das erforderliche Kraftfahrzeugmaterial einsatzbereit war.

Aus dem Mitgliederstand der nationalen Automobilclubs gingen die den höheren Kommandos und Stäben zugeteilten Detachements der freiwilligen Automobilkorps und die fahrenden Abteilungen der Ordonnanzoffiziere hervor, die schon zu Beginn der Mobilität aktionsfähig waren. Analog der im Kriegsfall vorgesehenen Pferdeaufbietung wurden Kraftfahrzeug-Abstellkommissionen errichtet, die das gesamte, im jeweiligen politischen Distrikt vorhandene rollende Kraftfahrzeugmaterial aufzubringen, zu bewerten und nach zweckdienlicher Verwendung aufzuteilen hatten. Dergestalt wurden die Lkw zu Autokolonnen formiert und nach Ausrüstung, Adaptierung und Bemannung den Feldformationen planmäßig nachgeschickt. Ferner wurde hierdurch der Bedarf an Dienstperso-

**Sonderausgabe der Wiener Zeitung vom 28. Juli 1914 mit der Kriegserklärung an Serbien.**

nenkraftwagen der Kraftfahrformationen gedeckt und eine Armeereserve gebildet.

Das Platzfuhrwerk großer Städte rückte durchschnittlich bis zu 50 Prozent mit Mann und Wagen zum Heer ein. Die Sachverständigen und Fachleute des Automobilwesens aller Staaten — zum Großteil Berufsoffiziere — vertraten schon damals die heute selbstverständliche Auffassung, daß nur Typengleichheit einen rationellen Betrieb gewährleistet, und Fahrzeuge mit der damaligen, konstruktiv begründeten Lebensdauer nur nach einer bestimmten Entwertungsprogression(-kurve), bei Pkw innerhalb von zehn, Lkw von zwölf bis fünfzehn Jahren, abgeschrieben werden konnten und daher für den Besitzer entsprechend zu bewerten waren. Wie recht sie hatten, geht aus den Erfolgen einheitlicher Großkolonnen in der Transportarbeit während des Krieges hervor sowie daraus, daß Kriegsveteranen von 1915/16 noch bis 1930 als Lkw, in Einzelfällen sogar bis 1960, als gute Pkw bis 1925 in der Privatwirtschaft eingesetzt waren.

Um den laufenden und stets steigenden Bedarf der Armeen an Lastkraftwagen zu decken, hatten sich die Automobilfabriken Europas mit wenigen Ausnahmen unvermittelt auf Lkw-Produktion umgestellt. Deutschland hatte schon im Frieden eine Produktionsteilung vorgenommen. Zwei Monate nach Kriegsbeginn trafen die ersten fabriksneuen Autokolonnen bei den Armeen an der Front ein. Die Frage der Gestellung von schweren Zugmaschinen und Heereslastzügen bildete bei dem relativ geringen Bedarf keine sonderliche industriell-organisatorische Schwierigkeit, hingegen waren Anwendbarkeit und Güte manchmal fraglich. Hier seien vor allem die Schwierigkeiten auf deutscher, italienischer und russischer Seite hinsichtlich Bespannung der schweren Artillerieformationen erwähnt, wodurch sie bis 1916 auf diesem Gebiet nicht recht in Erscheinung treten konnten. Frankreich hatte durch seine Renault-, England durch die Foster- und Österreich-Ungarn durch die österreichischen Daimler-Erzeugnisse hierin geringere oder gar keine Sorgen.

Schwierig gestaltete sich die Erhaltung des Kraftfahrbestandes der Armeen im Feld. Nicht nur, daß neue Fahrzeuge geschaffen werden mußten, sie brauchten Eisen, Stahl, Aluminium, Bronze, Holz usw. Um den Kraftfahrzeugformationen Instandhaltungsmöglichkeiten (Werkstätten) zu geben, Ersatzteile, Reifen, Benzin, Öle, Fett und Karbid, schließlich laufend Mannschaft (Fahrer und Professionisten) beizustellen und per Bahn nachzudirigieren, war die Aufstellung eines Riesenapparats von Technikern usw. erforderlich, der je Staat den Umfang einer Truppendivision annahm. Drei bis sechs Monate nach Kriegsbeginn war auch dieser Teil der militärischen Kraftfahrt organisiert und eingespielt.

Da war zunächst die Bildung von Autoreparaturwerkstätten im Etappengebiet notwendig. Die Art, in der diese Frage gelöst wurde, war bei allen europäischen Heeren verschieden. Deutschland baute auf die Größe seines breitfundierten Kraftfahrzeugnachschubes und unterhielt erst in den „Feldautoparks" Reparaturwerkstätten zur Vornahme kleinerer, leichter Instandsetzungen. Alle Fahrzeuge mit schwereren Schäden wurden zur Instandsetzung ins Hinterland dirigiert. Frankreich und England zogen die Möglichkeiten des eigenen Hinterlandes heran. Italien zeigte eine ähnliche Auffassung wie das Deutsche Reich.

Weit voran stand in dieser Richtung Österreich-Ungarn. Bemüßigt, mit einem kleinen Stand an allerdings vorzüglichen Fahrzeugen größte Transportleistungen durchzuführen, konnte es sich eine lange Abwesenheit dieser Fahrzeuge von ihrem Einsatzgebiet nicht leisten. Selbst Grundüberholungen mußten im Stellungskrieg an Ort und Stelle durchgeführt werden. Jede Kraftfahrgruppe (mehrere Kolonnen) hatte eine mobile mechanische Werkstätte mit eigener Besatzung von acht Mann, jede Kolonne einen Automechaniker mit Rüstwagen zur Durchführung kleiner Instandsetzungen zur Verfügung. Waren landesübliche Stabilwerkstätten im Operationsraum vorhanden, dann wurden sie als Behelfswerkstätten unter militärischer Leitung in Betrieb genommen bzw. gehalten. In jedem Armeehauptquartier aber stand eine große halbpermanente Kraftfahrzeugwerkstätte mit 130 Mann Besatzung und einem Maschinenpark in Betrieb, der auch die Durchführung größter und schwerster Reparaturen, wie etwa die Anfertigung von neuen Zahnrädern, Kolben usw., zuließ.

Hand in Hand damit ging die Ersatzteilbeschaffung aus dem Hinterland. Hier sah es zunächst bei den meisten Heeren recht traurig aus. Ganze Schwärme von Materialeinkäufern bevölkerten die Militärzüge von und nach der Front, um nach langem Suchen endlich einen bestimmten Ersatzteil, und womöglich dann den falschen, an den jeweiligen Dienstort zu bringen. Fachunkundige Kolonnenkommandanten konnten diese Sparte unnötig komplizieren. Österreich-Ungarn hatte hier unter der Initiative und Leitung seines Kfz-Truppenkommandeurs Oberst Rechl etwas Vorbildliches geschaffen. In Wien befand sich die zentrale „Automaterial-Nachschubstelle". Hier liefen alle Bestellungen ein, von hier gingen alle Teile und Reparaturbehelfe hinaus. Jeder Armee entsprach hier eine Abteilung. Man wußte ganz genau, welche Marken und Typen bei den einzelnen Armeen standen. Bestellte jemand schlecht oder falsch, so wurde dort, wenn nur das Sigelwort für den Ersatzteil im allgemeinen zutraf, die falsche Bestellung richtig abgefertigt. Die Verbündeten der Zentralmächte organisierten dies später in ähnlicher Weise.

Nach denselben Gesichtspunkten war vor 1914 die Reifen- und Benzinnachschuborganisation erstellt worden. Reifenhauptlager, von der Gummiindustrie laufend aufgefüllt, dotierten die Verteilungsstellen an der Front, die ihr Material auf Bestellung dem Verbraucher zuweisen konnten. Benzin, Öle, Fett und Karbid gingen von den Erzeugern den Armeekörpern direkt zu, wo eigene Depots die Manipulation bis zum Verbraucher durchführten.

Alle diese Hilfsanstalten mußten nun durch die Kraftfahrtruppen bedient werden. Kein Wunder also, wenn die Ersatztruppenteile des Kraftfahrwesens in der Heimat Mammutgröße erreichten. Unterabteilungen (Kompagnien) dieser Ersatzformationen hatten oft die Stärke von 3000 bis 4000 Mann. Das im Kraftfahr-, Material-, Nachschub- und Technischen Dienst damals eingesetzte Personal (ohne artilleristische und sonstige Sonderformationen) kann pro kämpfender Groß-

**Vielleicht hätte die europäische Geschichte einen völlig anderen Verlauf genommen, wenn Erzherzog Franz Ferdinand und seine Gemahlin am 28. Juni 1914 in Sarajevo statt des offenen Gräf & Stift einen geschlossenen Wagen benutzt hätten. Ein offener Wagen wurde auch John Kennedy zum Verhängnis.**

dem Rohöl galt damals bereits ein Großteil der Vorsorge vor Anlauf jeder großen Operation.

Wie konnten also die Kraftfahrzeugproduktion und alle ihre Hilfsindustrien bei voller Leistungskraft erhalten werden? Dies erwies sich als ein Problem, das bis dahin keinem Generalstäbler gestellt worden war und das nur durch engste Zusammenarbeit von Wirtschaft und Technik sowie mit Strategie und Taktik gelöst werden konnte. Um ein Bild darüber zu gewinnen, welche Mengen vor allem an Lkw notwendig waren, um den neuen Anforderungen gerecht zu werden und mit dem Ersatz der dahinschmelzenden Pferdetrains nicht zurückzubleiben, muß vom Tagesbedarf einer damaligen ITD (Infanterietruppendivision) ausgegangen werden. Pro Division mußten täglich 160 Tonnen Güter aller Art vom letzten Eisenbahnknoten über eine Strecke von durchschnittlich 30 bis 60 Kilometer zugeschoben werden. Da die Tagesleistung eines schweren Lkw damals nur 60 bis 100 Kilometer betrug, waren also dafür (einschließlich Reserve) sechs schwere Kolonnen zu 30 Tonnen Laderaum erforderlich. Für die zirka 50 jeweils im Feld stehenden Divisionen je Staat mußte also allein ein Fuhrpark von 3000 bis 4500 felddienstfähigen Lkw unterhalten werden, was wiederum etwa 300 Kolonnen bedeutete, wozu aber noch die Korps- und Armeereserve kam, insgesamt also etwa das Dreifache. Von diesem Bedarf waren aber zu Kriegsbeginn feldbrauchbar vorhanden an Lkw keine 10 Prozent, abgestellte feldbrauchbare Pkw zirka 33 Prozent, wobei die Hälfte des landeseigenen Standes den Besitzern verblieb. Da aber jede der beteiligten Großmächte im Laufe des Krieges noch ebenso viele Reservedivisionen aufstellte und zum Großteil zum Einsatz brachte, stieg der Bedarf auf das Doppelte. Zieht man in Betracht, daß in der rauhen Feldverkehrsarbeit, durch Feindeinwirkung und unter Berücksichtigung zahlreichen Ersatzmaterials die durchschnittliche Lebensdauer eines Lkw auf zwei bis höchstens drei Jahre herabsank, ist der Weltjahresbedarf während des Krieges leicht vorstellbar.

War die Deckung des Pkw-Bedarfes nicht so dringend, so war sie hinsichtlich der Lkw umso brennender. Die einzelnen Produktionsgebiete stellten sich damals folgendermaßen dar:

## Nordamerika

Die Vereinigten Staaten von Nordamerika hatten eine Kraftfahrzeugproduktion aufgebaut, die imstande war, nach einer Reihe von Jahren die Weltproduktion maßgebend zu bestimmen. Die ab 1907 auf Großproduktion abgestimmten Großwerksanlagen waren zu Anfang des Krieges meist beendet und die Industrie ohne weiteres in der Lage, zur Zeit der „wohlwollenden" Neutralität gegenüber der Entente und ihren Waffengefährten eine ausreichende Belieferung Europas durchzuführen. Es hieß für Rechnung der „Entente cordiale" ein Defizit von jährlich ungefähr 10.000 schwere Lkw zu decken, zu denen je 12.000 leichte Lkw und ebenso viele feldbrauchbare Pkw hinzukamen. Die an die USA herangetragene Produktionsforderung der kriegführenden Staaten Europas von anfänglich 34.000 Kraftfahrzeugen konnte, obwohl eine Fließbandfertigung nur bei Pkw und Commercial Cars bis eine Tonne, und da auch nur bei Ford und einzelnen Firmen mit billigen Modellen (Chevrolet usw.), üblich war, leicht untergebracht werden. Neben dem laufenden eigenen Programm fertigten:

4- und 5-Tonnen-Lkw: Dodge, Locomobil, Nash-Quad (mit Vierradantrieb und Vierradlenkung), Oldsmobile, Republic (der amerikanische „Büssing"),
2- und 3-Tonnen-Lkw: Chevrolet, Federal, Kisselcar, Overland, Pontiac, Studebaker.
Sanitäts-Kw und 1-Tonnen-Lkw: Chrysler, Essex, Ford, Mitchell, Kisselcar (medizinisch besonders vollendet), Studebaker.
Pkw für Kommandos und Stäbe: Buick, Cadillac, Hudson (auch mit Raupe), für die Generalität Hupmobil, Locomobil, Packard.
Straßenschlepper für schwere Artillerie: McCormick, Hôlt.
Alle anderen, nicht genannten Firmen traten während des

macht mit je 40.000 bis 50.000 Mann und 10 Prozent Offizieren angenommen werden. Zu solchen Riesenkörpern angeschwollen, wurde bis zum Schluß nie versagende Kleinarbeit geleistet und die kämpfende Front gestützt. Selbst Materialnot und Mißgeschick konnten der Präzision dieses Dienstganges keinen Abbruch tun.

Die Automobilclubs aber sanken zu sekundärer Bedeutung zurück. Sie hatten nur die Aufgabe, in der Heimat ihre im Feld befindlichen Kraftfahrmitglieder zu betreuen und den zwischenstaatlichen zivilen Kraftfahrverkehr im Rahmen der verbündeten Staaten zu regeln.

## Die industrielle Planung und Produktion

Viel zu spät also dachten die einzelnen Staaten daran, einen laufenden Ersatz des ungeheuren Heeresbedarfes an allen erdenklichen Gütern zu schaffen, denn die sogenannten Mobilisierungsvorräte waren meist in den ersten sechs bis acht Wochen, soweit technisch überhaupt vorhanden, verbraucht.

Während die Zentralmächte auf ihre eigenen, relativ eng umgrenzten Möglichkeiten angewiesen waren, standen der Entente die gesamte Welt und ihr Handelsverkehr offen, um in größtem Ausmaß Kriegsgüter produzieren zu können. Hier fiel dem amerikanischen Kontinent, und da speziell den USA, eine tragende Rolle zu. Dem Kraftfahrzeug, dem Gummi und

**Das Attentat auf Erzherzog Franz Ferdinand 1914 in Sarajevo (nach einer Originalzeichnung von R. Wosak).**

Krieges nur in sehr geringem Maß oder gar nicht in Erscheinung.

1917/18 lieferte Ford 5000 seiner ausgezeichneten Fordson-Schlepper nach England, um die dort drohende Lebensmittelkrise hintanzuhalten, was auch gelang. Dieser Schlepper wurde, nachdem sich die britische Regierung an Ford gewendet hatte, ein Jahr früher als beabsichtigt der Produktion übergeben. Als mit Juli 1916 die USA in den Krieg eintraten, war ihre Produktion bereits zu 60 Prozent auf Kriegsbedarf umgestellt; sie deckte die Anforderungen um ein Mehrfaches.

## England

Die Struktur der englischen Automobilproduktion war damals eigenartig, so wie sie auch später ein eigenwilliges Ziel verfolgte, und man muß sagen, mit bestem Erfolg. Denn ihre Schöpfungen waren bei allem guten und vernünftigen Konservativismus immer auch sehr modern, wirtschaftlich und leistungsfähig. Mit der Lastwagen- und Omnibusproduktion befaßten sich damals nur die Englische Daimler-Gesellschaft, Armstrong und Westinghouse. Foster schied, als Großtraktorenwerk, mit speziellen Aufgaben für den Krieg betraut (Tankfertigung), gänzlich aus, und die beiden zuletzt genannten Großfirmen konnten kaum 50 Prozent ihrer Kapazität für den Benzin-Lkw freimachen. Dieser Umstand fiel aber nicht sehr ins Gewicht, da die Lücke im Nutzkraftwagenbedarf durch Importe aus Frankreich und den USA gedeckt wurde. Sehr interessant war bei der fast ausschließlich nach sportlichen Gesichtspunkten eingestellten, auf breitester Grundlage vom billigsten Cyclecar bis zum kostspieligen 5- und 7-Liter-Sport-(Renn-)Wagen aufgegliederten Pkw-Produktion die Teilung in zwei große Fabrikationsgruppen ohne starre Bindung: die eine deckte den laufenden Pkw-Bedarf der Wirtschaft und des Heeres, die andere aber bestritt den Bau von leichten Straßenpanzerwagen mit Lenkung an beiden Fahrzeugenden. In diese Aufgaben teilten sich vornehmlich die Marken bzw. Firmen Austin, Armstrong-Siddely (als Waffenfabrik), Napier (Rennwagenbau), Vauxhall und Rolls-Royce, während die Pkw von Amilcar, Bentley, MG, Standard, Salmson und Wolseley gebaut wurden.

## Frankreich und Belgien

Die Verlagerung der exponierten belgischen Automobilindustrie nach Frankreich war durch den unerwartet raschen Vormarsch des Gegners nach Nordfrankreich nicht vollständig geglückt. Nur Teile derselben, die von Charron zu Renault, von FN zu Schneider-Creuzot und von Minerva mit Metallurgique zu de Wendel wechselten, konnten sich dem Zugriff entziehen und wurden an ihren Verlagerungsorten zur Verstärkung der französischen Automobilindustrie eingesetzt. Vom nationalen Standpunkt trat daher Belgiens Autoindustrie während der Dauer des ersten Weltkrieges produktionsmäßig nicht in Erscheinung. Von diesem Schlag konnte sie sich auch in den Nachkriegsjahren nur sehr schwer erholen.

Auf Frankreichs Automobilindustrie lastete das Hauptgewicht der materiellen Versorgung seiner eigenen und der Kolonial-

**Eisenbahn und Automobil befanden sich in diesem Krieg bereits im unmittelbaren Kriegseinsatz.**

**Österreichisch-ungarische Motorbatterien vor dem Krieg in der Brüsseler Artilleriekaserne.**

truppen der Entente mit Kraftfahrmaterial, soweit es durch die USA nicht oder nicht zeitgerecht geliefert werden konnte. In seiner militärischen Kfz-Organisation noch nicht ganz durchgebildet, von der englischen und später von der amerikanischen Kraftfahrzeugproduktion stark beeinflußt, ist die Umstellung seiner Erzeugung für den Krieg sehr interessant. Es bildeten sich nämlich Kristallisationspunkte heraus, deren Kernfirmen ein völlig gemischtes Programm betreiben mußten und auch Entwicklungsarbeit leisteten. Um diese herum scharten sich verschiedene Kleinfirmen, die in erster Linie die Teilefertigung für diese Großfirmen zu übernehmen hatten. Daneben waren bedeutende Mittelfirmen damit beschäftigt, je nach Werkseinrichtung der Deckung des Lkw- bzw. des Pkw-Bedarfes der Armee zu entsprechen.

Zentrale Firmen waren je nach Eignung für bestimmte Sonderaufgaben zuständig wie:

De Dion-Bouton (Schnellastwagen bis 2 Tonnen)
Panhard-Levassor (Straßenpanzer)
Peugeot (geländegängiger Mannschaftswagen und Pkw)
Renault frères (schwere Kampfwagen — Tanks — und Bau schwerer Zugmaschinen).

Daneben fertigten diese Firmen aber auch laufend ihre üblichen Typen an Pkw und an leichten (De Dion, Peugeot) bzw. schweren (Panhard, Renault) Lkw. Als Teilefertigungsfirmen (Zulieferer) waren an sie gewiesen bzw. wurden sie unterstützt durch: Brasier, Delahaye, Donnet-Zedel, Rochet-Schneider, Zenith.

Heeresspezialfahrzeuge und -Pkw bauten vornehmlich: Brasier, Darracq, Delahaye, De Dion-Bouton, Panhard, Peugeot, Rochet-Schneider.
Lkw-Bau von 2 bis 5 Tonnen: Berliet, Delaunay-Belleville, Léon Bollée, Panhard-Levassor, Renault frères und Talbot.

## Italien

hatte vom Anbeginn der Feindseligkeiten bis zu seinem tatsächlichen Eintritt in den Krieg, also von 1914 bis 1915, genug Zeit, sein Kraftfahrwesen in aller Ruhe und Gründlichkeit auf Kriegsbedarf umzustellen und auszugestalten. Vortrefflich kamen ihm darin die Erfahrungen aus dem tripolitanischen Feldzug 1912 zustatten. Da es Italien schon damals, wie erwähnt, gelang, in der 1-Tonnen-Fiat-Tripolis-Type den luftbereiften, kardanangetriebenen Schnellastwagen zu schaffen, war sein Streben nun darauf gerichtet, den Fahrzeugen die mit Rücksicht auf die Tragkraft höchstmögliche Schnelligkeit und größtmögliche Bodenfreiheit zu geben. Diese Bestrebungen kamen auch in der Bauart seiner Camions zu 2 und 3,5 Tonnen Nutzlastaufnahme (mit Vollgummibereifung und eingekapseltem Kettentrieb) sowie seinem 70-PS-Fiat-Artilleriezugwagen zum Ausdruck. Eine vorzügliche Lösung brachte Italien in der Traktion schwerer Straßenzüge mit der Verwendung relativ schnellaufender Raupenschlepper, deren 5-Tonnen-Anhänger nach Art der Drahtspeichenräder halb elastische Stahlspeichenräder mit Stahlfelge aufwiesen (Pavesi-Dolotti). Italiens Kraftfahrzeugfabriken fertigten ohne Ausnahme ein gemischtes Programm, wobei der Pkw-Bau stark in den Hintergrund trat. Dies wird verständlich, wenn man berücksichtigt, daß einerseits die sechs heimischen Werke bis 1911 ausschließlich Pkw herstellten und nun der Bedarf an Lkw für die Armee ein sehr bedeutender war. Anderseits aber konnte ein weitaus kleinerer Bedarf an Pkw für die Stäbe jederzeit durch französische, englische und amerikanische Importe gedeckt werden.

Alfa und Isotta-Fraschini stellten leichte Spezialfahrzeuge her (Sanitätskraftwagen usw.), Fiat, Itala und O.M. erzeugten das Gros an 2- bis 5-Tonnen-Lkw (Fiat überdies den 1-Tonnen-Tripolis und 70-PS-Zugwagen), S.P.A. baute schwere Spezialfahrzeuge, wie Luftabwehr-Geschützwagen und Scheinwerferzüge, Pavesi-Dolotti schwere Straßenlastzüge für je 15 Tonnen.

## Serbien, Rumänien und Rußland,

waren ohne eigene Produktion und deckten ihren relativ geringen Bedarf an Pkw und wenigen leichten Lkw für den Stabs- und Nachrichtendienst aus dem amerikanischen Import. Ihr Nachschubapparat war vor allem auf die Aufbringung landesüblicher Fahrzeuge mit zugehörigen Kutschern und Bespanntieren (nicht nur Pferden) abgestimmt.

**Erzherzog Leopold Salvator, Schirmherr des österreichischen Militärkraftfahrwesens.**

**Generalstabswagen im tiefen Schnee einer Paßstraße.**

**De Dion-Bouton-Lastwagen als Versorgungsfahrzeug der französischen Truppen.**

## Deutschland

war im Besitz einer auf breitester Basis aufgebauten, allen damaligen Anforderungen weitgehend entsprechenden Autoproduktion und der USA-Produktion von 1912 bis 1913 fast gleich. Der Unterschied lag nur darin, daß die amerikanischen Fabriken laufend an Verbraucher liefern konnten, Deutschland dagegen ab 1914 schon zum Teil „auf Lager" erzeugte. Als günstig erwies es sich aber, daß die bedeutenderen Automobilfabriken über eigene und getrennte Werke je für Lkw- und Pkw-Erzeugung verfügten. Daimler-Mercedes in Cannstatt und Untertürkheim bei Stuttgart Pkw, in Marienfelde bei Berlin Lkw, Benz in Mannheim Pkw, in Gaggenau Lkw, ähnlich NAG in Berlin bei AEG Pkw, in Rheinickendorf Lkw usw. Das Programm war bei allen Marken und Firmen mit ganz wenig Ausnahmen ein umfassendes, so daß eine Produktionsteilung nicht nur zur Hebung der Leistung des Einzelwerkes

leicht möglich war, sondern auch die Gesamtproduktion einer Type im ganzen gesteigert werden konnte. Nur die führenden Werke behielten ihr gemischtes Programm bei.

Ein merklicher Unterschied tritt hier gegenüber allen anderen Staaten der Welt in Erscheinung. Der schwere Heeres-Lkw ist nicht der 3-Tonner, sondern der 5-Tonner (möglichst als 10-Tonnen-Zug), der leichte Heeres-Lkw nicht der 2-Tonner, sondern der 3-Tonner. Deutschland hat merkwürdigerweise der schweren Traktion durch Zugmaschinen bis und zu Anfang des Krieges kein Augenmerk geschenkt, in der falschen Meinung, der beladene 5-Tonnen-Lkw oder der schwere landwirtschaftliche Traktor würden im Bedarfsfalle genügen, um schwere Lasten der Fußartillerie zu transportieren. Dieser Mangel hätte sich bei der Forcierung Belgiens bitter gerächt, hätte nicht der österreichische Zugwagen M 12 vollwertigen Ersatz leisten können. Die Kraftfahrzeug-Kriegsproduktion Deutschlands gliederte sich etwa folgend:
Ausschließliche Lkw-Produktion schwerer Typen: Büssing, Deutz, Benz/Gaggenau, MAN, Mannesmann-Mulag, NAG.
Lkw-Produktion schwerer und leichter Typen: Bergmann, Daimler/Marienfelde, Erhardt, Hansa-Lloyd.
Spätere zusätzliche Spezialfahrzeug- und Zugmaschinenfertigung: Adler, Brennabor (Sanitäts- und Telegraphenwagen), Bergmann, Protos, NAG (Scheinwerferzüge und Hochspannungsanlagen), Daimler, Deutz, Mannesmann (ab 1916 Heereszugwagen), Erhardt (LFA-Geschützwagen).
Gemischte Fertigung von Lkw leichter Tonnage (3-Tonner) bei gleichzeitiger Pkw-Erzeugung: Adler, Audi, Benz/Mannheim, Dürkopp, Fafnir, Hansa, Horch, Opel, Stoewer.
Reine Pkw-Fertigung inklusive Kleinlastwagen (Rüstwagen):

**Eine französische Patrouille in den Argonnen trifft auf einen deutschen Kraftwagen.**

Cyklon, Mathis, Mercedes, Nacke, Sperber, Wanderer. 1913 produzierte Deutschland 12.400 Stück Pkw und 1850 Stück Lkw.

Deutschland mußte nun seine Lastwagenproduktion um das Sechsfache, seine Motorradproduktion um das Doppelte er-

höhen und seine Pkw-Produktion auf den dritten Teil reduzieren, um dem jährlichen Kriegsbedarf entsprechen zu können.

## Österreich-Ungarn

Wenig, aber gutes Material hatte die Kraftfahrzeugindustrie in der Doppelmonarchie bis Juli 1914 geschaffen. Es hatte einen zugelassenen Fuhrpark von rund 24.000 Pkw verschiedenster Marken, davon 55 Prozent einheimische und deutsche Fabrikate. Da mit 7000 Fahrzeugen für die zwei ersten Kriegsjahre das Auslangen leicht gefunden werden konnte, wurde der Großteil dieser Fahrzeuge im Besitz ihrer Eigentümer belassen. Eine Ersatzerzeugung schien zunächst nicht notwendig.

Hingegen war das Reservoir an sofort einsatzfähigen Lkw in der Wirtschaft, der effektive Stand an heereseigenen Fahrzeugen und die Monatsproduktion der Fabriken zusammen zu gering. Einem Sofortbedarf an zirka 8000 Lkw standen im ganzen Staatsgebiet gegenüber:

| | | |
|---|---|---|
| Zugelassene Lkw | | 3800 |
| davon einsatzfähig | 70 Prozent = | 2660 |
| Augustproduktion der Werke (à 15 Stück) | | 135 |
| Heeresbestand inklusive Zugmaschinen und Zügen | | 355 |
| Zusammen | | 3150 |

Es war also äußerste Eile geboten, da mit dieser Ziffer gerade noch die armeeunmittelbare Transportreserve aufgebaut werden konnte. Die Lkw-Produktion mußte auf Touren gebracht und vom Kraftfahrzeug sparsamster Gebrauch gemacht werden. Es waren denn auch alle Kraftfahrzeugformationen armeeunmittelbar. Die Dotierung der Fronttruppen mit Kraftfahrzeugtonnage war so geplant, daß die sogenannte Schwertonnage der Leichttonnage gleich sein sollte. Es mußten daher um 50 Prozent mehr 2-Tonnen-Lkw als 3-Tonnen-Subventions-Lkw eingesetzt werden (15 x 2 Tonnen = 30 Tonnen, gegen 10 x 3 Tonnen = 30 Tonnen). Bei der Erstellung des Kriegsprogramms wurde trotz der von der Kraftfahrtruppe geplanten Einheitstype an der markenmäßigen Konstruktion festgehalten und nur im Sinne des Subventionsgesetzes die äußeren Generalabmessungen, die motorische Leistung und Aufbauform gemeinsam festgelegt.

Nach langen Beratungen zwischen dem Kriegsministerium und dem Automobil-Industriellenverband wurde im September 1914 folgendes Programm aufgestellt und durch viereinhalb Jahre gehalten:

3- und 5-Tonnen-Lkw (letztere für Artillerie usw.):

**30,5-Mörser mit Munitionstrain unterwegs.**

Danubius, Fiat-Wien, A. Froß-Büssing, Gräf & Stift, Praga, Raba, Saurer, WAF. Außer Danubius erzeugten alle Firmen je 20 Stück im Monat, Fiat und Büssing je 10.

2-Tonnen-Lkw:
Fiat-Wien, A. Froß-Büssing, Laurin und Klement, Marta, Nesselsdorfer, Praga, Raba, Puch, Saurer, WAF (durchwegs je 25 Stück im Monat).

Die Pkw-Erzeugung
wurde neuerlich erst im Jänner 1916 aufgenommen. Durch diese Erzeugung durfte das Lastwagenprogramm keinesfalls gefährdet werden. Als obere Leistungsgrenze wurden pro Firma im Monat 5 Stück festgesetzt. An der Fertigung waren beteiligt:

Austro-Daimler, Austro-Fiat, Gräf & Stift, Laurin und Klement, MAG, Nesselsdorfer, Praga, Raba, Puch, RAF (Schiebermotoren), WAF.

Sonderanfertigungen
waren sofort mit Kriegsbeginn an die jeweils geeignetste Firma zur laufenden Fertigung vergeben worden.
Wesentlich unterstützt durch die Reparaturanstalten bei den Formationen der Kraftfahrtruppe im Feld, bei den Heeresdienststellen des Hinterlandes und den Kraftfahrzeugwerkstätten des heimischen Gewerbestandes, war es den Automobilfabriken trotz späterer Erschwernisse, verursacht durch Reifen-, Treibstoff- und Rohstoffmangel (Edelstahlsorten!), möglich, bis zu Kriegsende feldbrauchbare Erzeugnisse herzustellen und auf dem neuesten Stand der Technik zu halten.

## Bulgarien und die Türkei

Auch sie hatten gleich den anderen Balkanstaaten keine eigene Automobilfabrikation, und der Nachschub war auf den langen Trains landesüblicher Fuhrwerke aufgebaut. Ihr geringer Bedarf an Kraftfahrzeugen wurde bis Juni 1916 durch anglo-amerikanische Importe, später durch proportionale Beteilung durch Deutschland und Österreich-Ungarn gedeckt.

**Transport eines deutschen Flugzeuges.**

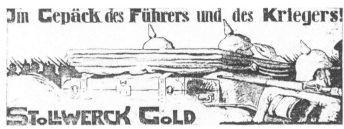

Im Gepäck des Führers und des Kriegers!
STOLLWERCK GOLD

**Benzinausgabestelle einer deutschen Etappenstation.**

## Die Neutralen

Schweiz, Schweden und Spanien belieferten die Kriegführenden nicht. Sie scheuten unter Bedachtnahme auf den kommen-

**Austro-Daimler-Lastenzug, System Daimler-Landwehr.**

den Nachkriegsabsatz die Umstellung. Ihre geringen Produktionsüberschüsse gingen nach anderen neutralen Staaten.
Planung und Produktion erfolgten bereits nach neuen Gesichtspunkten, die schon im vorletzten und letzten Jahrzehnt des vergangenen Jahrhunderts in Amerika Beachtung fanden. Frederic Wilford Taylor, ein amerikanischer Maschineningenieur aus Philadelphia, schuf den Begriff der Rationalisierung, und Ford führte ihn in der Automobilindustrie ein. In Amerika mit mehr oder minder großem Geschick aufgegriffen, wurde sie schließlich im Hinblick auf die jeweilige Preisgestaltung erzwungen, wogegen in Europa erst der Krieg (Zeit- und Personalmangel) eine Berücksichtigung erzwang.

## Die Kraftfahrformationen im ersten Weltkrieg

Beim Aufbau der militärischen Kraftfahrformationen in den einzelnen Großmachtstaaten sind, vom Standpunkt der Verkehrsaufgabe des Nachschubdienstes aus betrachtet, zwei verschiedene Entwicklungsrichtungen festzustellen. Gemeinsam ist beiden der Begriff der Kolonne, die als letzte nachschubtaktische Transporteinheit, als eine Gruppe möglichst gleicher

Fahrzeuge von einheitlicher Nutzlastaufnahme (Tragkraft) zu betrachten ist. Die USA, England und Deutschland zogen den selbständigen starren Verband der Kraftfahrkompanien zu drei und vier Zügen à zwei Kolonnen (meist eine leichte und eine schwere), „Transportation Car Company" genannt, vor, was verwaltungstechnisch günstig war, aber größere technische Hilfsausstattungen erforderte. Die Heeresverwaltungen Frankreichs, Italiens und Österreich-Ungarns jedoch neigten zu größerer Freizügigkeit der Kolonne und faßten sie nach Bedarf in losen taktischen Verbänden als Kraftfahrgruppen oder -abteilungen zusammen. Diese Lösung war wohl administrativ kostspieliger, denn solche Kolonnen mußten kraft ihrer Selbständigkeit von Offizieren geführt werden, hatte aber verkehrstechnisch den großen Vorteil der raschen Änderungsmöglichkeit angesichts der Lösung einer Verkehrsaufgabe, was den Standort, Transportweg und die Güterart betraf. Ein kleiner Verkehrskörper ist eben wendiger und anpassungsfähiger. Die Ladekapazität war in allen Staaten ziemlich ähnlich. Sie betrug für schwere Kolonnen 100 oder 50 Tonnen, für leichte Kolonnen 30 oder 20 Tonnen. Nur Österreich-Ungarn gab ihnen gleiche Kapazität aus Gründen leichterer Erstellung der Transportberechnung und bezog den Begriff lediglich auf die Fahrzeugart. Die für den Gütertransport in Frage kommende Wagenzahl bewegte sich zwischen 10 bei schweren und 15 bei leichten Kolonnen, zu welchen noch je ein Pkw des Kolonnenführers (Kommandanten) und ein Rüstwagen (kleiner Schnelllastwagen) für den technischen Unteroffizier hinzukamen.

Lag die Normalgeschwindigkeit des schweren Lkw in der Ebene bei 18 bis 20 km/h, so betrug sie beim leichten Lkw (2-Tonner) je nach Marke unter gleichen Bedingungen zwischen 26 und 28 km/h. Es lagen sonach die Verkehrszeiten bei den leichten Kolonnen um rund 30 Prozent günstiger.
Die Treibstoff- und Benzindepots nahmen im Stellungskrieg die Form von richtigen ortsfesten Lagern an, in denen Benzin,

**BENZ**

**AUTOMOBILE u. FLUGMOTOREN**

Elektrotrain Daimler-Landwehr (B-Zug) von 1913 im Hof der Österr. Daimler-Motoren AG in Wiener Neustadt. 150-PS-Motor (93 kW) des Mörserzugwagens M 12. Anhängerwagen mit Innenpolmotoren in den Rädern. Spurkränze für die Umstellung von Straßen- auf Schienenfahrt auf den Ladeflächen.

Benzol, alle Arten von Schmierölen, Staufferfett und Kalziumkarbid (für Beleuchtung) sachgemäß eingelagert wurden. Während der Phasen des Bewegungskrieges oder bei Ermangelung richtiger Lagermöglichkeiten waren diese Depots in Eisenbahnzügen auf großen Bahnhöfen der Etappenhauptorte (Sitz der Quartiermeisterabteilungen der Armeekommanden) untergebracht. Sie erhielten ihren Großnachschub aus dem Hinterland und rüsteten zur Dotierung der weiter entfernten Verbrauchsstellen Treibstoffzüge aus. Reifen und Ersatzteile wurden in besonderen Lagern bereitgehalten und aus dem Hinterland quotenmäßig ergänzt. Ersatzteile und Ersatz an kraftfahrtechnischer Ausrüstung wurden, wie erwähnt, meist direkt aus dem Hinterland geliefert. Für Instandhaltungen und

Das Renault-Taxi, das Geschichte machte.

**700 Pariser Renault-Taxis requirierte General Gallieni und schickte sie mit 3000 Soldaten an die Marne-Front.**

Reparaturen standen die schon angeführten Kraftfahrreparaturwerkstätten zur Verfügung, deren Stand bzw. Anzahl so bemessen war, daß auf etwa 30 bis 50 Lkw (drei Kolonnen) eine mobile Werkstätte, pro Kfz-Abteilung (zirka 250 Kraftfahrzeuge) eine Behelfswerkstätte und für den Armeebereich eine Armeekraftwagen- oder Parkwerkstätte vorhanden war. Außerdem wurde am Sitz der Quartierabteilung eine kleine Reserve an Pkw und Fahrern unterhalten.

Alle diese Formationen bildeten in ihrer Gesamtheit (oft mehr als 1200 Fahrzeuge und 3000 Mann) die Kraftfahrtruppe der Armee und unterstanden dem „Autoreferenten" oder „Kraftfahrtruppenkommandanten" der betreffenden Armee, in dessen Stabsbüro die Gesamtleitung dieser Formationen gehandhabt wurde. Zu weiteren automobilen Formationen der Feldheere, obwohl nicht zu den Kraftfahrtruppen im eigentlichen Sinn gehörig, aber durch diese materialmäßig versorgt, gehörten:

Die motorisierten Batterien der schweren Artillerie des Feldheeres, wie 10-cm-Feldkanonenbatterien mit Langrohr, 15-cm-Feldhaubitzenbatterien, 21-cm-(24-cm-)Mörserbatterien, 30,5-cm-(28-cm-)Mörserbatterien, 30 cm (38 cm) schwere Fernkampfhaubitze, 42-cm-Mörser,
die elektrischen Vorfeld-Beleuchtungszüge
die elektrischen Hochspannungs-Hinderniszüge
die motorisierten und mechanisierten Flakbatterien sowie die Kfz-Fuhrparks der Fliegerkompanien.

Nun ein Blick auf die Kraftfahrformationen der Heimat. Eine besondere Abteilung des Kriegsministeriums jeden Landes war mit der Motorisierung der Armee beauftragt. Ihr oblag es, die materielle und personelle Sicherstellung aller Erfordernisse im

Rahmen des Kraftfahrwesens zu erwirken. Als durchführendes Organ war dieser Abteilung das Kraftfahrtruppenkommando technisch und administrativ unterstellt.

Die Abteilungen für den technischen und technisch-administrativen Dienst umfaßten: Fahrzeugabnahme und -prüfung, Fahrzeugzuteilung und -evidenz, Materialverwaltung, Materialübernahme und -verteilung, technisches Forschungs- und Versuchswesen, Gummi- und Reifenindustrie, Treibstoffindustrie, Offiziersausbildung, Lenkerausbildung, technisch-operativer Dienst. Im militärischen Kraftfahrwesen waren 1917/18 je Staat ungefähr 45.000 Mann und 4000 Offiziere tätig. Zu den Kraftfahrformationen des Feldheeres gehörten in Österreich auch jene, deren rollendes Material auf Schiene und Straße verwendbar und deren Traktionsmittel durch Benzinmotoren angetrieben wurden. Zu ihnen zählten die Schienenauto-Betriebsgruppen und die Benzin-Elektro-Bahnen.

**Rechts:
1,5- bis 2-t-Turiner-Fiat-Lkw von 1914—1918, 4-Zylinder-Motor mit 30 PS, Vollgummi-bereifung und Kettenantrieb.**

**Vierradgetriebene Artillerie-Zug-maschine KD1 von Daimler, 100 PS.**

Ausgehend von der Tatsache, daß die verminderte Reibung zwischen Eisenspurkranz und Schiene die Zugleistung eines motorisch angetriebenen Traktors auf das Acht- bis Zehnfache gegenüber jener auf der Straße erhöht, haben schon 1908 bis 1912 Oberstleutnant Tlaskal und Hauptmann Burstyn in Korneuburg bei Wien versucht, den Straßen-Lkw durch erhöhten Hinterachsdruck und Anbringung von Spurkränzen statt der Vollgummireifen auf der Schiene verwendungsfähig zu machen. Als diese Versuche 1912 von Erfolg gekrönt waren (die Straßenlenkung wurde bei Schienenfahrt blockiert) und sie das Resultat ergaben, daß ein Subventions-(3-Tonnen-)Lastwagen, mit fünf Tonnen belastet, bei zehn Promille Steigung

auf normalspurigen Vollbahnen einen Zug von fünf Plattform-
wagen (vierachsige, zerleg- und bremsbare Loren) mit je acht
Tonnen Nutzlast noch mit 12 km/h förderte (dritter Gang),
wurde diese Möglichkeit für den Ernstfall im Auge behalten.
Schon 1915 wurden dann solche Betriebsgruppen, bestehend
aus je fünf Büssing-Subventions-Lkw und 20 Waggons, dort
eingesetzt, wo feindwärts von zerstörten Brücken usw. eine längere Bahnstrecke betriebsfähig war. Sie haben sich bestens
bewährt.

## Traktoren und Zugmaschinen

Neben der Nachschubfrage und des Kurier-, Ordonnanz- und
Meldedienstes mit Pkw und Motorrädern war der militärischen Führung der meisten Staaten daran gelegen, sowohl die
Bespannungsfrage für schwere Lastentransporte (Fußartillerie
und Pioniere) als auch die Kampfführung vom Kraftfahrzeug
aus zu lösen. Nach teilweiser Bewältigung dieser Probleme bis
zum Kriegsende haben sich gegenüber der Denkweise von
1914 im Militärkraftfahrwesen drei grundlegende neue Begriffe

gebildet, die ab 1920 in allen Heeren Gemeingut wurden:
Die „Verkraftung",
die Motorisierung und
die Mechanisierung.
„Verkraftet" wurde alles, was Transport-(Nachschub-)Kolon-
nen zur Ortsveränderung beanspruchen mußte, also Mannschaften, Pferde, Güter aller Art, leichte Feldgeschütze,
Bespannfahrzeuge und Munitionswagen. „Motorisiert" waren
jene Truppen (Infanteriebataillone, MG-Kompanien, Minen-
werfer- und Artilleriebatterien), die sich selbst samt ihren Waffen auf truppeneigenen Kraftfahrzeugen fortbewegten, diese
aber verließen, wenn sie zum Kampf eingesetzt wurden. Sie

fochten dann ihrer naturgegebenen Art nach, die Kraftfahrzeuge blieben zurück bzw. folgten langsam nach.
Als „mechanisiert" wurden Truppen bezeichnet, die nicht nur
ihre taktische Gefechtsaufgabe mit dem Kraftfahrzeug lösten,
sondern auch von diesem aus und mit ihm kämpften bzw. den
Kampf führten (Panzerwagen usw.).
Als General Gallieni am 6. September 1914 sämtliche in und
um Paris befindlichen Truppen in allen dort verfügbaren
Autotaxis, Lkw und Autobussen in kontinuierlichem Echelon-
verkehr (Zu- und Abverkehr) auf für den sonstigen Verkehr
gesperrten Straßen an die Front warf, um die Katastrophe in
der schon fast verlorenen Marneschlacht zu verhindern, war
das erste Großbeispiel einer Truppenverkraftung gegeben. Sie
wurde schon bald darauf auf beiden Seiten sehr oft angewendet, um Reserveformationen aus einem bestimmten Front-

**Der Generalstab
war in diesem
Krieg bereits
motorisiert.
Hier Generalfeld-
marschall von
Hindenburg an der
Front (nach einer
Originalzeichnung
von Th. Matejko).**

abschnitt in einen anderen zu werfen oder technische Truppen rasch an ihren Einsatzort zu bringen.

Die Motorisierung war auf die raschere Fahrbarmachung der schweren Artillerie der Feldheere beschränkt. Nur Frankreich und Österreich-Ungarn hatten hier klare Vorstellungen und schon im Frieden die nötige Obsorge getroffen. Bei dieser Motorisierungsart, bei der der motorische Vorspann vor dem zu transportierenden Artilleriegerät in Erscheinung trat, spielten Traktoren und Zugmaschinen die Hauptrolle. Aber schließlich konnte sich nur der schwere Raupenschlepper von Hôlt und Foster (Caterpillar) behaupten, wobei aber die äußerst geringe Geschwindigkeit in der Ebene (maximal 4 km/h) in Kauf genommen werden mußte. Ganze Reihen umgestürzter und durch Überhitzung ausgebrannter Traktorenzüge säumten im Sommerhalbjahr 1914 und 1915 hüben und drüben die Vormarschstraßen. Gegen diese Unzulänglichkeiten halfen nur systematisch entwickelte Straßenzugmaschinen bzw. Zugwagen. Österreich-Ungarn besaß drei Typen, nämlich M 09, M 12 und E-Train, Frankreich den Renault Mod. 13. Sie waren bei aller Wucht und Größe dennoch „Automobile", und jeder Lenker konnte sie führen.

Die Bodenfläche war so ausgebildet, daß auch bei Aufnahme von zusätzlicher Adhäsionslast der Masseschwerpunkt in die

die gleiche Nutzlast und die gleichen Achsdrücke (4,5 Tonnen beladen), Vierradantrieb mit Knochengelenken bei zwei Differentialen, weil das Daimler-Patent, Antrieb der Räder durch Kegelzahnräder, nicht vergeben werden durfte. Nur der Motor war ein Vierzylinder von 80 PS Leistung, und statt der am vorderen Rahmenende montierten Motorseilwinde mit Stahlseil hatte er am hinteren Rahmenende ein motorisch angetriebenes Gangspill, dessen Seil am Boden des Ladeplateaus in Ringen gelegt war. Das Reibungsgewicht dieser Fahrzeuge variierte je nach der gewählten Zuladung zwischen 4,5 Tonnen (M 09 unbeladen) bis 13 Tonnen (M 12 beladen). Ein weiterer Vorteil gegenüber dem Traktor wurde dadurch erreicht, daß man den Vorder- und Hinterrädern gleichen Raddurchmesser und gleiche Felgenbreite gab (im Mittel 1600 mm Durchmesser, bei 300-mm-Felgen), wodurch ein günstiger Übergang beim Nehmen von Hindernissen und eine günstigere Belastungsverteilung erzielt wurde.

Stellt der österreichische Zugwagen M 14 eine stetige Fortentwicklung des M 12 dar, so zeigt der M 16 und der seitens Mercedes-Daimler/Marienfelde entwickelte deutsche Zugwagen M 16 diese Erkenntnis in sinnfälliger Form. Abweichend davon war der italienische Artilleriezugwagen CR-70 (Carro remorcabile 70 PS) vom Jahre 1915, der in Anlehnung

Mitte zwischen den beiden Achsen zu liegen kam. Der Vierradantrieb ermöglichte die Ausnützung der Zugkraft des ganzen Eigengewichtes bei gleichen Achsdrücken. Lenkung und Bremsen waren verläßlich, die Motoren — reichlich gekühlt —

an die Erkenntnisse von Daimler 1909 und Renault 1913 eine Übergangslösung darstellte, dessen Motor aber wegen zu hoher Lagerdrücke sehr oft ausfiel, der eine zu große Bauhöhe erreichte und durch seine nicht angetriebenen kleinen Vorderräder trotz geringer Geschwindigkeit (12 km/h in der Ebene) eine geringe Stabilität aufwies.

## Straßenpanzerwagen und Tanks

In der Mechanisierung der Kampfmittel spielten der Straßenpanzerwagen und der Tank naturgemäß die Hauptrolle. Eine erschöpfende Darstellung der Entstehung und Entwicklung des Tanks nur bis zum Kriegsende 1918 wäre allzu umfangreich. Es soll daher in Kürze ein möglichst vollständiges Gesamtbild gegeben werden.

Schon seit erste mechanische Erkenntnisse den Menschen die Möglichkeit gaben, mit sogenannten „einfachen Maschinen" (Muskelkraft) mit Waffen bewehrte und geschützte Fahrzeuge gegen den Feind zu führen, wurde an Kampfwagen gedacht (Leonardo da Vinci, Holzschuher, ein Anonymer um 1755 usw.).

Neuartig und doch naheliegend im Hinblick auf das Bestehen von Panzerschiffen und von Panzerzügen auf Schienen war nach dem Auftreten der motorischen Straßenverkehrsmittel der Panzerstraßenwagen. Die erste Idee in dieser Richtung war vorerst ein Dampfpanzerwagen von Gowen 1855 in schwerster Form, dem ein durchschlagender Erfolg versagt blieb. 1870 wurden von den Deutschen gepanzerte Dampfstraßenlokomotiven eingesetzt, die 1905 auch im Russisch-Japanischen Krieg verwendet wurden. 1903 jedoch konstruierte Paul Daimler in

sehr leistungsfähig, ihre Geschwindigkeit in der Ebene und in der Steigung den damaligen Lkw-Geschwindigkeiten angeglichen (18—26 km/h). Auf den damals überraschenden Versuchsergebnissen des Austro-Daimler-Zugwagens M 09 (90-PS-6-Zylinder) aufbauend, hatte 1912/13 Renault einen Artilleriezugwagen entwickelt, der ebenfalls allen Erwartungen entsprach. Er hatte die gleiche Aufbauform (von oben und von der Seite gesehen keilförmig), das gleiche Eigengewicht,

Abb. 204. An die Front. (Zahlreiche Berliner Autobusse sind im Felde.) „Alles besetzt, Kaiserliche Hoheit, aber na, weil Sie't find . . . !" Aus dem Bändchen „Unser Kronprinz" des Tornisterhumors der Lustigen Blätter.

rers vollkommen geschlossen. Dieser Panzer schützte gegen Gewehr- und Schrapnellfeuer. Der Führersitz war verstellbar, die Lenksäule mit Lenkrad und die Bedienungshebel ließen sich durch Ineinanderschieben verkürzen. Der hintere turmartige Aufbau war mit einer drehbaren Kupplung versehen und mit zwei Maschinengewehren, System Maxim, ausgerüstet. Platz fanden vorne zwei, hinten zwei oder drei Mann.

Leutnant Graf Heinrich Schönfeldt, ein seit Beginn des Kraftfahrwesens bekannter Automobilist, bekam den militärischen Auftrag, das Panzerauto das erstemal bei den Kaisermanövern in Teschen zu fahren. Bei seiner ersten Fahrt machte er auch mit den Nachteilen dieses Fahrzeuges Bekanntschaft, und zwar konzentrierten sich diese vor allem auf die automatischen Ansaugventile. Die kleinen leichten Federn, Scheibchen und Muttern lösten sich leicht, und die nur durch den Unterdruck während des Saughubes sich hebenden Ventile blieben offen, so daß die besagten losen Teile in die Zylinder fallen und durch das Auspuffventil in das Auspuffrohr gelangen konnten, von wo sie dann wieder herausgeholt werden mußten.

Die Manöver nahmen durch das Mitwirken des Panzerautos einen ganz ungewöhnlichen Verlauf und zeigten deutlich, welchen Wert Kriegswagen dieser Art bei Kampfhandlungen haben konnten. Die Begeisterung der Offiziere war groß, und es stand ziemlich außer Zweifel, daß der Panzerwagen bei der

**Praga mit Sauggas-anlage, 1918.**

**Gräf & Stift 5-t-Subventions-lastwagen, 1915/16.**

**Tornisterhumor in den „Lustigen Blättern".**

**Büssing-Lastwagen (Schienenauto) von 1914.**

Wiener Neustadt das erste Panzerauto der Welt. Es bewährte sich nach seiner Fertigstellung im Jahre 1906 anläßlich einiger Probefahrten nicht nur wegen seines Kampfwertes, sondern auch seiner Geländegängigkeit und sonstigen Fahreigenschaften ausgezeichnet und war mit einem 30-PS-4-Zylinder-Motor mit automatischen Ansaugventilen und Magnetabreißzündung, Vierganggetriebe, je einem Differential vorne und hinten — dem ersten Vierradantrieb der Welt — und vollgummibereiften Vollscheibenstahlrädern ausgestattet. Die Handbremse wirkte auf die Hinterräder und die als Differentialbremse ausgebildete Fußbremse auf alle vier Räder. Die Höchstgeschwindigkeit betrug 24 km/h. Kühler, Motorhaube und Führersitz waren gepanzert und bis auf die Luken in Augenhöhe des Fah-

österreichischen Armee seinen Siegeszug angetreten habe. Nach Beendigung der Manöver sollte Franz Josef dieses Kriegsfahrzeug persönlich besichtigen. Der Kaiser kam und richtete einige Worte an den beim Feldherrnhügel wartenden Kom-

**Die Scott-Dampfzug-maschine war in der französischen Armee sehr geschätzt und für Proviant- und Munitions-transporte eingesetzt. Hier mit Compound-Maschine, 35 PS, 10 t Nutzlast.**

Rechts unten: Austro-Daimler-Motorzugwagen M 12 von 1912/14 mit 6-Zylinder-Motor, 150 PS, Vierradantrieb, Zugleistung 30 t bei 5 t Nutzlast.

Unten: Variationen eines Universalautomobils für Krieg und Frieden: Tourenwagen, mit Feuerspritze, mit Kochherd,

Scheinwerferwagen, für militärischen Nachschub, militärischer Pkw, Gefechtswagen, Sanitätsautomobil.

Rechts: Gräf & Stift-Werkstättenzugwagen M 06 von 1906 mit einem 4-Zylinder-Motor von 22 PS, 16 km/h, eisenbereifte Räder.

mandanten der Automobilabteilung und den Fahrer, Grafen Schönfeldt, und forderte sie auf, das Panzerauto nunmehr vorzuführen. „Wir stiegen ein, der Motor wurde angekurbelt, und das Auto setzte sich in Bewegung. Die gesamte Suite Seiner Majestät, die sich zu Pferd befand, hatte sich unvorsichtigerweise zu nahe an das Auto herangewagt. Das sollte nicht nur dieser, sondern auch dem Panzerauto zum Verhängnis werden. Als wir uns mit Gepolter in Bewegung setzten, schreckten die Pferde, und ein hoher General fiel vom Pferd. Der Kaiser winkte ab." Dieses frühzeitige Abwinken hatte zur Folge, daß die österreichisch-ungarische Armee um ein ausgezeichnetes Kriegsmittel kam. Das Panzerauto verschwand in der Versenkung und wurde totgeschwiegen. Der Wagen kam später nach Paris, wo er Aufsehen erregte.

England und Frankreich versuchten sich ab 1908 bis 1910 vor allem im Bau von Panzerautos.

Wiewohl Frankreich (Panhard-Levassor) sehr beachtliche Erfolge auf diesem Gebiet erzielte, war es nur England, das dieses Projekt in zäher Entwicklungsarbeit bis 1914 ausbaute und zum Kriegseinsatz (Nahaufklärung) brachte. Die Schwierigkeiten lagen nicht auf maschinentechnischem Gebiet, denn es war ab 1910 keine Kunst mehr, einen geschützten, schweren, verläßlich laufenden, mittelschnellen Kraftwagen zu bauen, sondern es handelte sich um schießtechnische Probleme. Solch ein Ding holperte, stieß und wackelte während der Fahrt ganz bedenklich, und erst die völlige Reife der automatischen Waffen, wie MG, Revolver- und Schnellfeuerkanone mit automatischem Ladevorgang usw., brachte die technische und taktische Nutzanwendung. Kraftfahrtechnisch waren nur folgende Fragen zu lösen:

— Die Bereifung mußte schußsicher sein, also mußten Vollgummi- und Luftkammer-(Duscable-)Reifen verwendet werden.

— Motoren und Bremsen mußten so stark konstruiert werden, daß raschestes Anfahren, kürzeste Beschleunigung und kürzester Bremsweg ermöglicht wurden. Es gab Motorleistungen von 70 bis 100 PS für Wagengewichte von 3 Tonnen bei Geschwindigkeiten von 36 bis 50 km/h mit Bremswegen von 12 m durch gekuppelte Vierrad- und Vorgelegebremsen und zwei Pedale.

— Lenkung und Bedienung mußten rasch (ohne Reversierung) von vorne auf hinten umgelegt werden können. Dies wurde durch zwei Führersitze mit zwei Fahrern, Doppellenksäule und gekuppelte Bedienungsorgane erreicht (bei Beorderung

zur raschen Rückfahrt wurde der vordere Führungsapparat gesperrt bzw. außer Funktion gesetzt).

— Maschinenanlage und Fahrpersonal mußten stahlnadelgeschoßsicher, der ganze Wagen gegen Infanteriemunition und Sprengstückwirkung leichter Feldartillerie geschützt sein. Durch niedrige Bauweise (Lenker saßen sehr zurückgeneigt, sehr schräg gestellte Lenksäule), 25-mm-Brustpanzer und 8-mm-Seitenpanzer aus gehärteten Chromnickelstahlplatten wurde dies erreicht.

Das Fahrpersonal mußte getrennt, Führung (Kommando) mit Kampfpersonal vereint in der Wagenmitte Platz finden. Neben den Fahrern saß je ein Bug- und Heckschütze mit MG. Im leichten Panzerwagen saß im Turm der Kommandant als Beobachter (Rundblickfernrohr). Im schweren Panzerwagen befanden sich im Turm zwei Stück 15- oder 20-mm-MG, der Kommandant fand zwischen diesem und dem Führerstand in Feindrichtung Platz. Sonach bestand die Gesamtbesatzung aus 5 bzw. 7 Mann.

Vickers und Armstrong lieferten die Aufbauten und die Armierung, Engl. Daimler, Napier und Rolls-Royce die Fahrgestelle. Ähnliche Wagen baute ab 1913 Bianchi, 1918 auch Isotta-Fraschini für Italiens Wehrmacht. Im selben Jahr entschloß sich auch Deutschland zum Bau von Straßenpanzerwagen, doch scheinen diese nicht recht in Aktion gekommen zu sein. Die von Mercedes, Horch und Erhardt gebauten Modelle dürften nicht voll entsprochen haben, teils wegen zu schwerer Panzerung, teils wegen zu geringer Manövrierfähigkeit.

Leonardo da Vinci hatte schon um 1460 die richtige taktische Vorstellung von einem Tank, als er 1482 Ludovico Sforza schrieb, er arbeite zur Zeit an einem gelenkten und gesicherten Wagen, der unverwundbar sei. Wenn sich solche Wagen mit ihren Geschützen in die Mitte des Feindes hineinbewegen, so müsse dieser fliehen, wenn er auch noch so zahlreich sei. Hinter dem Wagen könnten dann Fußtruppen in Sicherheit und ohne Widerstand zu finden zur Besetzung folgen. Nun ist der mit Rädern versehene Panzerwagen seines hohen Gewichtes wegen nur auf ganz festem, hartem Boden bzw. in erster Linie auf Straßen verwendbar. Seine hohen spezifischen Bodendrücke und seine geringe Stabilität auf seitlich geneigten Fahrbahnen machen ihn zur Bewegung im Gelände ziemlich ungeeignet. Den Ausweg brachte hier die Gleis- und Raupenkette,

die im Verein mit der technischen Entwicklung des starken, hochtourigen Verbrennungsmotors die Lösung des voll geländegängigen Panzerfahrzeuges darstellte:

Der spezifische Bodendruck (Belastung pro cm² Bodenfläche) nimmt mit der Vergrößerung der Auflagefläche im Verhältnis ab. Während er bei einem 5-Tonnen-Lkw mit Rädern, Gesamtgewicht zirka 8,8 Tonnen je nach Felgenbreite und Art der Bereifung, rund 20 bis 40 kg/cm² beträgt, kann er bei einem leichten Tank von zirka 17 Tonnen Gesamtgewicht zwischen 0,5 bis 1 kg/cm² gehalten werden.

Die Führigkeit und Stabilität eines Tanks im Gelände ist bei gegebener Höhe und Breite des Gesamtaufbaues, die die Breite der Kette bestimmt, abhängig von der Güte der Bodenauflage (Schmiegsamkeit), der Gleiskette und der Gleichmäßigkeit ihrer Belastung. Das Meisterstück in dieser Hinsicht stellt der menschliche Fuß dar. Er ist das Rationellste, was sich überhaupt denken läßt (großes Gewicht auf kleinster Fläche bei größter Schmiegsamkeit und geringer spezifischer Bodenbelastung). Die spezifische Bodenbelastung kann bekanntlich durch Vergrößerung der Auflagefläche bedeutend verringert werden (Schneereifen, Skier usw.).

Kaum daß also knapp nach 1900 das Motorenproblem gelöst war, stand der technischen Entwicklung des Tanks nichts mehr im Wege (große Maschinenleistung auf kleinstem Raum). Wertvolle konstruktive Neuheiten waren der kommenden Entwicklung sehr förderlich. Schon ein Jahr nach Cugnots Dampfwagenversuch ließ sich ein Mr. Richard Lovell Edgeworth, England, eine transportable Gleiskette auf „Holzschwellen" patentieren, und 1888 erhielt Frank Batter, Amerika, ein Patent auf einen Dampfzugwagen mit Gleisketten-

Mack's berühmte „Bulldogs" in Brest.

zung von drei oder vier Mann und ein Drehturm mit einem kleinkalibrigen Schnellfeuergeschütz vorgesehen. Zur Unterstützung der Kettenführung, die nicht alle Hindernisse nehmen konnte, hatte Burstyn vorn und hinten je zwei vom Tankinneren zu bewegende Auslegerpaare vorgesehen, die mittels Streben gehoben und gesenkt werden konnten und an den Enden kleine, aber breite Rollen trugen. (Der Fiat-Halbtank war eine ähnliche Konstruktion.) Burstyn erwartete eine Geschwindigkeit von 5 bis 8 km/h, weniger beim Nehmen von Hindernissen. Auch diese Zahlen zeigen angesichts der sonstigen Überschätzung der Geschwindigkeiten des ersten Tanks in Frankreich und Deutschland einen richtigen Blick. Burstyn erkannte ferner richtig, daß die Ketten zu schneller

„Auto-Canot", das dem 1. Genieregiment der französischen Armee zugeteilt war. Es konnte schwimmen und fahren.

Erste Briefmarke der Welt von 1906, die ein Benzinautomobil zeigt, u. z. das Militär-Postautomobil Nr. 1.

trieb. Diese Maschine ist das konstruktive Vorbild der im Jahre 1916 erstmals durch die englische Armee zum Einsatz gebrachten ersten Tanks geworden. 1900 wurde Frank Bramond, England, ein Kettengleis für einen pneubereiften Wagen patentiert und 1907 durch Roberts ein Rochet-Schneider-Wagen mit Gleisketten ausgerüstet und am englischen Truppenübungsplatz Aldershot eingehend geprüft. Dieser und ein gleicher 70-PS-Hornsby-Wagen wurden dort 1908 anläßlich einer Militärparade vorgeführt. Hornsby ließ danach sofort einen 75-PS-Mercedes-Wagen mit Gleisketten ausstatten und fünf Monate hindurch täglich auf Sandboden laufen, um Geschwindigkeit und Kettenverschleiß zu ermitteln. Nach 1908 ergriffen auf diesem Gebiet die Amerikaner die Initiative, deren Erfolg durch den Hôltschen Caterpillar gekrönt wurde.

## Raupenwagen

1911 hatte erstmalig Oberleutnant Burstyn vom österreichisch-ungarischen Eisenbahnregiment eine militärisch-technische Vorstellung vom Raupenwagen als Kampfmittel für die Truppe. Er erkannte richtig, daß sich die damals eben erst bekannt gewordenen Panzerautos im Gelände nicht bewähren könnten. Gleichzeitig lernte er durch die englischen und amerikanischen Raupentraktoren die Eigenart des Kettentriebes kennen und faßte drei Jahre vor Swinton, Estienne und anderen den Plan zu seinem Panzerauto auf Raupen, dem ersten Tank: Ein kleiner Panzerwagen von bescheidenen Abmessungen lief auf zwei gefederten Raupenketten, die Burstyn schon damals als Drahtseilketten plante und später von Chase, Kotljarenko und Kardazewicz ausgeführt wurden. Es war eine Besat-

Straßenfahrt nicht geeignet waren. Wir finden daher die heute erstaunliche Anordnung von vier heb- und senkbaren Rädern für die Straßenfahrt (20 bis 30 km/h). Im Gegensatz zu seinen Nachfolgern auf seiten der Entente plante Burstyn kleinste Tanks von geringer Zielgröße und großer Schnelligkeit. Im Krieg selbst brauchte diese Erkenntnis drei Jahre, um sich durchzusetzen. Nachdem das mit der Prüfung dieser Idee betraute k. u. k. Technische Militärkomitee ein vernichtendes Urteil abgegeben hatte, wurde der Vorschlag, obwohl eine tüchtige Firma wie z. B. Daimler in Wiener Neustadt etwaige Schwierigkeiten hätte überwinden können, abgelehnt.

Da nun aber, fußend auf den vielen englischen Vorversuchen (Patenten) mit Gleisketten und deren Antrieb, auch die erste Nutzanwendung des Tanks als gepanzertem Kampfwagen in England schon 1915 begann, ist mit Fug und Recht der Tank als eine englische Erfindung zu betrachten. Unter Hintansetzung der Beschreibung seines taktischen Wertes seien nun die kraftfahrtechnischen Eigenheiten des Tanks und im besonderen seines Antriebes erläutert. Die Eigenschaften, nach denen ein Tank beurteilt wird, sind:

Die Haftfähigkeit, die sich, in Kilogramm ausgedrückt, aus den Momenten des spezifischen Bodendruckes, seiner Auflagenfläche und seines Adhäsionsgewichtes (hier Eigengewicht) ergibt. Sie gibt auch den Schlüssel für seine eventuell geforderte Zugleistung als Schlepper,

die Steigfähigkeit, die im Minimum 45 bis 100 Prozent betragen muß (1:1),

die Überschreitungsfähigkeit, d.h. welchen freien Raum quer über die Fahrbahn er zu nehmen in der Lage ist, ohne zu kippen. Sie soll 45 Prozent seiner „Länge über alles" erreichen,

die Kletterfähigkeit, d.h. in Metern ausgedrückt, welches Hindernis er überfahren kann, ohne in Steiglage zu geraten. Sie ist im Maximum gleich dem Bodenabstand seiner Nase (vorn),

die Wurffähigkeit, d.h. welche großen Hindernisse (Angabe nach Dimensionen) wie Bäume und Mauern von ihm während der Fahrt ohne Gefährdung seiner Besatzung und seiner selbst umgelegt werden können und ist das Resultat seiner Leistung, seiner ihm innewohnenden Energie (Schwung),

die Watfähigkeit, d.h. welche Gewässer er durchrollen kann, ohne an seiner technischen Anlage oder hinsichtlich Besatzung Schaden zu nehmen. Sie beträgt heute im Mittel 1,1 m für leichte bzw. 1,5 m für schwere Tanks.

Der Tank bewegt sich in der Weise vorwärts, daß die am oberen vorderen Ende des Tanks angebrachten Umleitkettenräder die beiden Ketten senkrecht nach abwärts auf den Boden leiten und dort die Kette Glied für Glied hinlegen. Auf dem so gebildeten Kettengleis, das ruhig am Boden liegt, rollen nun die Tragrollen und Laufräder (es gibt auch Kombinationen von beiden) entlang und schieben den Tank in der Kettenschlinge (oberes Drumm, unteres Drumm der Kette) nach vorwärts. Hinten übernehmen nun die beiden Antriebskettenräder, die auch vorn sein können, die entlasteten Kettenglieder vom Boden und führen sie über Leitrollen und Gleitbacken wieder den Umleiträdern zu. Dabei haben die Kettenglieder des oberen Drumms die doppelte Fahrgeschwindigkeit. Ein Tank kann auch zurückrollen. Zur Lenkung werden die beiden Ket-

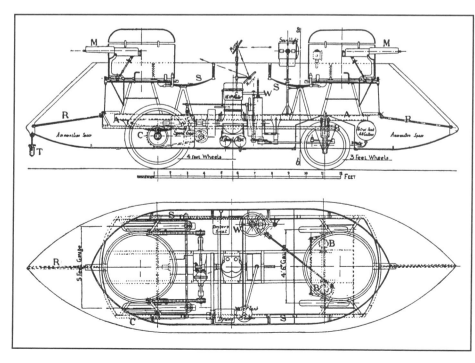

ten verschieden schnell angetrieben. Bleibt die innen liegende Kette stehen, so wendet der Tank um diese Kette, dreht sie sich zur äußeren Kette entgegengesetzt, so wendet er auf dem Platz. Hinsichtlich der Bestückung und Panzerung unterscheidet man leichte und schwere Tanks, was auch im Gewicht sinnfällig zum Ausdruck kommt. Bis 1920 sprach man auch von männlichen und weiblichen Tanks. Die ersteren hatten Geschütze und MG an Bord, meist zwei bis fünf oder zwei oder drei, die letzteren nur MG, darunter meist im Turm zwei überschwere.

Der Kleintank (Zweimanntank), von den Engländern auch „Flitterwochentank" genannt, wurde nur zur raschen Naherkundung und als Begleiter im Gelände eingesetzt (neben dem Fahrer saß ein MG-Schütze). Ein Großeinsatz dieses Tanks

**Rechts: Peugeot-Lafette von 1915.**

**Unten: Französisches Panzerauto bei Nieuport.**

Christie-Tank einen eigenen Tankmotor, der 1918 auch in den englischen Tank Mark V eingebaut wurde. Der Ricardo-Tankmotor war speziell für den Gebrauch in Tanks konstruiert worden und soll daher hier näher beschrieben werden: Er zeichnete sich durch seine Betriebssicherheit aus. Ein solcher Motor von zirka 150 PS lief z. B. bei 1250 Umdrehungen in der Minute vollbelastet 120 Millionen Umdrehungen, ohne daß irgendeine Störung an den Ventilen und Zündkerzen auftrat oder es notwendig wurde, die Zylinder nachzusehen, was als eine außerordentliche Leistung anzusehen war. Ermöglicht wurde dies dadurch, daß der Arbeitskolben nicht zur Führung, sondern nur zur Abdichtung diente, indem er mit einem kleineren, rohrartigen Ansatzkolben versehen war, der am unteren Ende die Kurbelstange trug und wie ein Kreuzkopf in einer zylindrischen Führung lief, die von außen durch angesaugte Luft gekühlt wurde. Hierdurch sind folgende Vorteile erzielt worden:
geringe Abnützung von Kolben, Zylinder und Kreuzkopfführung,
kein Ansetzen von Ölkohle und Verölen der Zündkerzen,
starke Schmierung, ohne daß Öl auf die Zylinderwände gelangte,
sauberer und kühler Zustand des Schmieröles,
niedrigster Ölverbrauch,
hoher mechanischer Wirkungsgrad und somit wirtschaftlicher Brennstoffverbrauch,
frei von jedem Kolbenschlag sowie
lange Lebensdauer aller Lager, da überall reichlich Öl mit einer niedrigen Temperatur vorhanden war.

Schon 1914, gleich zu Beginn des ersten Weltkrieges, machten sich in England die Konstrukteure von Foster daran, unter Anlehnung an eigene Erfahrungen mit Gleiskettenfahrzeugen und den Betriebserfolgen des Hôltschen Caterpillars, Tanks

kam nicht mehr zustande, seine Weiterentwicklung wird später erläutert.

Der Tankmotor ist eine besonders robust gebaute Maschine. Er muß lange unter voller Belastung arbeiten und darf in der heißen Luft von oft plus 55 bis 60 Grad Celsius im Tankinnern nicht heißlaufen. In England half man sich mit dem Knight-Motor, der sich, gutes Öl vorausgesetzt, bei Hitze bewährte. Auf alle Fälle nahm man vielzylindrige Motoren (Sechs- und Achtzylinder) mit einer Nennleistung, die 30 Prozent über der notwendigen lag. Um allen Fährnissen auszuweichen, konstruierte Ricardo in den USA zuerst für den amerikanischen

**Links: Ansicht, Längs- und Querschnitt eines „Kriegs-Automobils" von Simms, England, 1902.**

**Oben: Italienisches Panzerauto im Terrain.**

**Benz-Gaggenau 40-PS-Artillerie-Zugwagen mit Gleisketten an den Hinterrädern.**

Konstruktion von leichten Tanks, Mark A und B (Whippet-Windhunde) führte. Geschwindigkeit statt 7 nun 14 km/h, Bodendruck statt 0,7 nun 0,5 kg/cm², Motorleistung 50/100 PS gegen 150 und 200 PS, Lenkung und Bedienung statt zwei bis vier Mann nur ein Mann, Kampfraum getrennt von der Maschine. Kampfbesatzung ein Kommandant (Turm) mit vier Mann für MG. Gesamtgewicht 14 Tonnen gegen 33 Tonnen. Zugleistung am Haken nun 12 bis 14 Tonnen statt 32 Tonnen. Spezialtanks für Sonderzwecke kamen damals noch nicht bzw. nur noch in den letzten Kriegsmonaten 1918 in nennenswerter Zahl zur Verwendung.

In Frankreich setzte bald nach England die Erzeugung der Tanks ein und zwar Mitte 1916. Die Firma St. Chamond fertigte den schweren Tank von 24 Tonnen mit 90 PS als Mixtfahrzeug mit elektrischer Kraftübertragung und Steuerung. Seine Fahrleistung blieb hinter jener der Engländer zurück. Hervorzuheben ist die schwere Armierung (7,5-cm-Geschütz).

Der Tank von Schneider-Creuzot war ein mittelschwerer Typ von 13,5 Tonnen Gewicht und 80 PS Maschinenleistung. Sein Gefechtswert war nicht besonders hoch (Geschwindigkeit nur 2 bis 4 km/h). Hingegen wurde der leichte Tank von Louis Renault ein voller Erfolg. Es war ein Kleintank, der auf einem Lastauto Platz fand und mit nur 35 PS Maschinenleistung des Vierzylindermotors eine Fahrgeschwindigkeit von 6 bis 8 km/h entwickelte, mit nicht ganz sechs Tonnen Gewicht überall durchkam und alle Fahreigenschaften des schweren Tanks besaß. Selbst die Innentemperatur war durch Anordnung der Maschinenanlage im Heck und gute Ventilation erträglich. Die Besatzung betrug zwei Mann, die Bordwaffe (wahlweise 15-mm-MG oder 3,7-cm-Geschütz) im Drehturm mit Kuppel hatte 360 Grad Schußfeld.

zu bauen. Der erfolgreichste hieß „Mother". Als die heimatlichen Vorversuche befriedigend abgeschlossen waren, wurde er Ende 1915 Churchill vorgeführt, der sofort den Gefechtswert der neuen Waffe erkannte. Das Royal-Tank-Corps wurde aufgestellt.

**1917 war das Geburtsjahr des Tanks.**

In der Sommeschlacht 1916 rollten die ersten 30 Tanks der Type Mark I gegen den Feind. Hatten diese Fahrzeuge weder schießtechnisch noch kraftfahrtechnisch voll entsprochen — der Angriff führte über schweres Gelände gegen stark massierte Artillerie und blieb in der ersten gegnerischen Linie stecken —, so haben die daraus gezogenen Lehren beim Mark IV und V (Mark II und III zu je 100 Stück zeigten noch wenig Änderung) in der großen Tankschlacht von Cambrai am 20. November 1917 den Beweis erbracht, daß dem Tank eine dominierende Stellung sowohl im Stellungskrieg als auch in der Bewegungsschlacht zukommt und daß er in der Bewaffnung moderner Heere auch kleinster Staaten nicht mehr fehlen durfte. Mark VI und VII wurden nicht mehr durch Differentialbremsung, sondern durch zwei hydraulische, später durch das Wilson-Getriebe (vierstufiges Planetengetriebe mit Rücklauf) gesteuert. Mark VIII verkörperte schon doppelte Gesamtleistung von Mark V, doch kam er nicht mehr zum Einsatz.

Mitte 1917 machte sich schon das Bedürfnis nach schnellen, leichten Tanks für Verfolgungsaufgaben bemerkbar, das zur

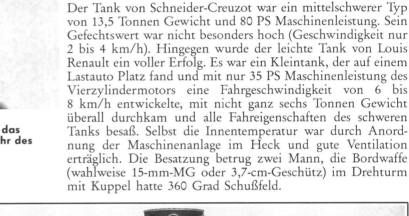

**Unten: Modell des Räder-Raupenfahrzeuges von Günther Burstyn, 1911.**

Deutschland entschloß sich erst im November 1916 zum Bau von Tanks, mit denen es nebst umgearbeiteten Beutestücken (Bewaffnung) erst ab März 1918 auf dem Kampffeld erschien. Der von Ing. Vollmer beim Inspekteur der Kraftfahrtruppen konstruierte deutsche schwere Typ A 7 V, der dann von geeigneten Firmen ab März 1917 ins Bauprogramm aufgenommen wurde, mußte — Eile tat not — sehr einfach und universell sein, zwei Dinge, die im Tankbau nur sehr schwer und dann meist mit bösen Nachteilen zu erfüllen sind. Er war Transportfahrzeug und Kampffahrzeug, schnell und schwer, leicht herstellbar und dennoch für und gegen alle Gefechtslagen verläßlich, ohne Erfahrung gebaut und dennoch zum Erfolg führend. Er hatte folgende Daten: Gesamtgewicht 25 bis 30 Tonnen je nach Bestückung, Bodendruck 0,5 bis 0,6 kg/cm², V-4 und 10 km/h, Antrieb durch zwei Motoren zu 100 PS = 200 PS, bei n = 800/900 U/min, Steigfähigkeit 45 Grad, Besatzung 18 Mann, Bewaffnung: eine 5,7-cm-Schnellfeuerkanone, 6 sMG, Zugleistung 15 Tonnen, Überschreitungsfähigkeit 2 m bei 7,6 m ganzer Länge. Kommandeur- und Führerstand im Turm in Fahrzeugmitte über der Maschinenanlage, die in einem Hilfspanzer untergebracht war.

Der verbesserte Typ A 7 V-U war nach englischen Gesichtspunkten gebaut, hatte nach oben geführte Ketten, den Kom-

mando- und Führerstand vorne, bessere Kletter- und Steigfähigkeit sowie Überschreitungsfähigkeit (je 155 cm, 45 Grad und 3,5 m), 40 Tonnen Gewicht, zwei Geschütze zu 5,7 cm und 3 sMG, 20 mm Stirn- und Seitenpanzer. Die Länge über alles betrug 8,35 m.

Um in aller Eile einen leichten Tank zu schaffen, beschloß Ing. Vollmer, entgegen der Meinung der obersten Heeresleitung, die noch schwerere „Festungen" schaffen wollte, sich der vielen abgestellten schweren Pkw-Fahrgestelle zu bedienen, die in ein leichtes Panzergehäuse eingebaut wurden. Die Differentialhalbachsen erhielten an ihren Enden Kettenräder, von denen aus die Raupenkettenräder durch starke Rollenketten angetrieben wurden. So entstand der L K I. Die Motorenleistung betrug zwischen 45 und 60 PS bei n = 1400 U / min, das Tankgewicht zwischen 6 und 8 Tonnen, die Geschwindigkeit 15 km / h, Steigfähigkeit 45 Grad, Überschreitungsfähigkeit 2 m, Panzerung SMK-geschoßsicher bei 14 mm Blechstärke, Besatzung drei Mann, Bewaffnung: ein 5,7-cm-Geschütz mit 120 Schuß, ein lMG oder automatische Pistolen als Zusatzbewaffnung, Bodendruck 0,5 kg/cm². Der in laufender Fertigung auf dieselbe Weise hergestellte L K II war etwas schwerer und schneller. Der auf dem Papier fertigprojektierte L K III kam vor dem Kriegsende 1918 nicht mehr zur Fertigung.

Als 1917 die USA in den Krieg eintraten, mußten sie zunächst mit den Errungenschaften Englands und Frankreichs vorlieb nehmen. Hier war es der leichte Renault-Tank, dort der Mark V, der nunmehr auch zugunsten der Entente in Massenherstellung produziert wurde. Ihre eigenen, ebenfalls 1917 entworfenen Neukonstruktionen von Christie und Ford (mittelschwere und leichte Type) kamen in den ersten Serien wohl noch nach

Europa, doch wurden sie nur in vereinzelten Fällen in den letzten Kampfmonaten 1918 eingesetzt.

In Italien entwarf 1917 Fiat einen sehr brauchbaren schweren Tank, Type 2000 sowie eine leichte Type 3000, die aber zu spät in Fertigung gingen und nicht mehr zum Einsatz gelangten. Die Daten dieser beiden Typen sind:

Type 2000: Gewicht 40 Tonnen, Länge 7,4 m, Waffen: ein 65-mm-Gebirgsgeschütz in Rundkuppel, 7 MG, Besatzung 10 Mann. Panzerung: Stirne 20 mm, Decke und Seite 15 mm. V-7,5 km/h, Überschreitungsfähigkeit 3 m, Steigfähigkeit 40 Grad, Kletterfähigkeit 0,9 m, Watfähigkeit 1 m, Wurffähigkeit 50 cm. Er war aufgrund seiner Waffen und Panzerung als Durchbruchstank (1918 bis 1922) zu betrachten.

Type 3000: Gewicht 5 Tonnen, Länge 4,2 m, Bewaffnung 2 sMG synchron in Rundkuppel, Besatzung 2 Mann. Panzerung: 16 mm Brust und Flanke, 8 mm Dach. Geschwindigkeit 15 bis 22 km/h, Steigfähigkeit 45 bis 51 Grad, Überschreitungsfähigkeit bis 1,8 m, Kletterfähigkeit 0,6 m, Wurffähigkeit 35 cm. Interessant ist an beiden Typen die schiffsähnliche Anordnung

**Kleintank mit Modell-T-Motor.**

**Links Mitte: Englische „Grabenwalze", die wohl ein Versuchsmodell blieb.**

**Tankschlacht bei Cambrai im November 1917.**

in zwei Decks, unten die gesamte Maschinenanlage, oben die Gefechtsstände sowie Schottenteilung zwischen Führung und Kampfraum.

Nach Kriegsende haben viele Kleinstaaten, aber auch Rußland und Japan, die bestehenden Patente aufgekauft oder bei den bisher genannten Staaten fertigen lassen, um schleunigst ihre neue Tankwaffe erstellen zu können. So sehen wir den Fiat 2000 in der UdSSR schon 1918, den Renault-Tank in zahllosen Kleinstaaten Europas und Südamerikas ab 1918—1920, den Mark VIII und den modernen Medium-Tank C als leichten Schnelltank in Japan usw.

Haben die Generalstäbe aller Staaten zu Beginn des ersten Weltkrieges nicht erfaßt, was ihnen die Technik schon 1914 bieten konnte, so hat ein gewisser Unverstand der zuständigen Stellen in Zentraleuropa noch ein übriges getan und die Chance, die eine Panzertruppe allein durch ihr Vorhandensein bedeutet hätte, ungenützt gelassen.

## Schwierigkeiten durch Materialknappheit

Eine qualitäts- und mengenmäßig hochentwickelte und leistungsfähige Kfz-Produktion kann trotz allen Eifers und Leistungswillens zum Absterben verurteilt sein, wenn ihr nicht eine ausreichende Quantität und die erforderliche Qualität an Rohmaterial zur Verfügung steht. Im Weltkrieg wurde von den

Mächten Zentral- und Osteuropas übersehen, daß moderne Kriege seit 1890 nicht primär und allein durch den Kampf ihrer Heere und die richtige Nutzanwendung aus strategischen und taktischen Gegebenheiten entschieden werden, sondern zu merkantilen und wirtschaftlich-kommerziellen, nicht minder auch zu verkehrstechnischen Problemen geworden waren, wobei der bewaffneten Macht vor allem die Rolle eines Vollzugsorgans zukam. Diese Erkenntnis wurde nicht nur beim Russisch-Japanischen Krieg 1905/6 im großen, sondern auch bei der Algecirasaffäre 1908 (deutsche Kolonisationsbestrebung) im kleinen deutlich. Der Entente stand schon von Anbeginn der kriegerischen Ereignisse das Weltmeer offen, was den taktischen Nachteil der größeren äußeren Linie bei weitem ausglich.

Ein dünner, aber ständiger Strom an Fertigfabrikaten floß aus den USA nach Rußland. Er genügte mit den Zulieferungsstätten aus Mittel- und Westsibirien durch volle drei Jahre, um den im europäischen Teil Rußlands kämpfenden russischen Heeren das technisch Notwendigste an Material und Ausrüstung zuzuschieben. Und dennoch wurde die Lage Rußlands kritisch, als Amerika auf sich selbst Bedacht nehmen mußte (Juli 1917). Außerdem funktionierte der Materialeinsatz und -nachschub nicht. Darin waren die technisch besser organisierten und ausgerüsteten Truppen der Zentralmächte überlegen. Anders im Westen und im Süden. Fertige Kraftfahrzeuge aller Art, Ersatzteile und Konstruktionsmaterial flossen von jenseits des Atlantiks in stetem Lieferrhythmus den beiden Westmächten und Italien zu. Unversieglich waren die Ölquellen Amerikas, Mesopotamiens und der Sundainseln, die die Entente versorgten, und Schiffsladungen von Gummi und fertigen Reifen erreichten laufend ihren Bestimmungsort.

Die Ölfirmen stampften in Jahresfrist ganze Raffinerien aus dem Boden. In Italien, das vor 1915 kaum eine eigene Rohölverarbeitung hatte, produzierten plötzlich vier Unternehmen, an der Küste Kleinasiens und in Haifa weitere. Auch gelang es der Entente, Rumäniens Ölkapazität zum größten Teil auszuschalten, solange sie nicht selbst Nutznießer sein konnte.

Das Wichtigste waren aber die Edelerze zur Herstellung der Edelstahlsorten und der zähen Bronzen in den heimischen Hüttenwerken jener Staaten. Wolfram-, Vanadium-, Kobalt-, Nickel- und Manganerze, Chrom, Zinn, Kupfer und Blei konnten in ausreichenden Mengen zu den Verbrauchern im Westen Europas gelangen. So haben denn auch ihre Kraftfahrzeuge Qualität und Ausrüstung bis ans Ende der Kriegshandlungen bewahrt, ja sie wurden sogar noch verbessert, was vor allem der amerikanischen Reifenindustrie und der englischen Stahlindustrie zuzuschreiben war.

Vergleicht man die Kriegsflottenstärke der beiden Gegner und betrachtet auch vor allem den sehr erheblichen Bestand an Handelstonnage der Weststaaten, der USA und der überseeischen „theoretischen" Gegner, so ist leicht zu erkennen, daß die Mittelmächte niemals so viele U-Boote und Kaperkreuzer hätten bauen können, um den Vorsprung einzuholen und dieser Material- und Rohstoffinvasion Herr zu werden.

Bei ihnen lagen die Dinge hinsichtlich Materialversorgung umgekehrt. Sie war auf Vorratswirtschaft aufgebaut. Die Mächte hatten wohl die innere Frontlinie für sich, doch diese führte bald zur fast völligen Einschließung (Mai 1915 bis Juli 1917), und ihre „Kürze" mag dahingestellt bleiben (Aufrechterhaltung der Verbindung mit der Türkei und den im Nahen Osten operierenden Kräften). Die im Frieden getroffenen Vorkehrungen zur Bevorratung an Rohstoffen und Bedarfsgütern für den Krieg waren in den Staaten Deutschland und Österreich-Ungarn derart bemessen, daß eine Bedarfsdeckung bestenfalls für ein Jahr gegeben war. Eine größere Bevorratung glaubte man zugunsten der Privatwirtschaft nicht vornehmen zu sollen, und außerdem neigte man unter Rücksichtnahme auf die Feuerwirkung moderner Waffen zu der leider irrigen Anschauung, daß ein moderner Krieg unmöglich lange währen könne. Nach Ablauf des ersten Kriegsjahres machten sich da und dort bereits empfindliche Mangelerscheinungen bemerkbar, die speziell im Kraftfahrwesen sehr unangenehm

**Dieses Ford Modell T war für den Kriegseinsatz umgerüstet worden.**

**Kleines Bild: Nach einer Überholung wurde dieses Modell T in Frankreich für neue Aufgaben eingesetzt.**

**80-PS-Zugmaschine der Skoda-Werke im Gelände.**

biet zahlreiche Großkokereien, die eine recht ansehnliche Menge Benzol herstellten. Dieser bei —7 Grad Celsius erstarrende Treibstoff, dessen Gesamtaufkommen pro Jahr ein Drittel des friedensmäßigen Jahresbedarfes an Benzin betrug, wurde nicht 50:50 Prozent mit Benzin (Friedensvertrieb), sondern 75:25 Prozent mit Alkohol vermengt, wodurch er kältebeständiger war. Gleichzeitig lagerte man eiserne Reserven ein.

Das Aufkommen an Spiritus (Kartoffelverarbeitung) war anfangs recht reichlich. Ein Großteil des laufenden Bedarfes an Rohöl und fertigen Mineralölprodukten (Benzin, Motoröl und Staufferfett) wurde bis einschließlich Mai 1916 allen engli-

**Ein Cadillac-Gefechtswagen.**

fühlbar wurden. Da die beiden verbündeten Staaten Bulgarien und die Türkei überhaupt keine Kriegsvorsorge getroffen hatten, kam die Versorgung auch noch dieser Länder mit allem Heeresbedarf dazu. Es ist daher begreiflich, daß die bei den Kraftfahrtruppenkommandos in Deutschland und Österreich-Ungarn aufgestellten Kraftfahrversuchsabteilungen ab 1916 Hochbetrieb hatten. Das Sorgenkind „Räder und Reifen" machte sogar die Aufstellung eigener Sonderabteilungen notwendig.

## Die Rohölversorgung und Erzeugung von Benzin, Öl und Fett

Deutschlands Lagervorräte an Mineralölprodukten, die in den Großzisternen seiner Hafenstädte lagerten, reichten für etwa ein Jahr und wurden von den Raffinerien in Ludwigshafen, Wilhelmshaven und Hannover verarbeitet. Eigene Erdölvorkommen gab es nicht, hingegen im Rhein-, Ruhr- und Saarge-

schen Bemühungen zum Trotz aus dem rumänischen Erdölge-
biet gedeckt und nahm den Weg donauaufwärts bis Regens-
burg. Es war hoch an der Zeit, als die galizischen Raffinerien
ab Juni 1916 endlich wieder produktionsfähig wurden. Indes

**Rechts:
Bedélia-Fahrradwa-
gen für Verwunde-
tentransport mit
Zweizylinder-Motor.**

reich-Ungarns Kraftfahrt bis Kriegsende aufrechtzuerhalten.
Wurde schon mit Eintritt der Mobilität der gesamte Privat-
kraftwagenverkehr eingestellt, so wurde bis 1916 der Dienst-
kraftwagenverkehr mit Pkw aller zivilen und militärischen
Behörden und Kommandos vom Militär-(Korps-)Kommando-
stab abwärts im Hinterland verboten. Alle bei der Armee ein-
geteilten Pkw von 35 PS Bremsleistung aufwärts und etwa 2,5
bis 3 l Zylinderinhalt wurden mit 1. September 1916 überhaupt außer Verkehr gesetzt, von den Kraftfahrersatzdepots
eingezogen und deponiert. Hiervon waren auch die Fahrzeuge
der fahrenden Ordonnanzoffiziere (Freiwilliges Automobil-
und Motorkorps) nicht ausgenommen. Im August 1917 mußten sogar die Dienst-Pkw der Kraftfahrformationen abgeliefert
werden. Hierzu zwangen aber nicht nur die Sorgen um die
Einsparung von Benzin, sondern auch der katastrophale Rei-
fenmangel.

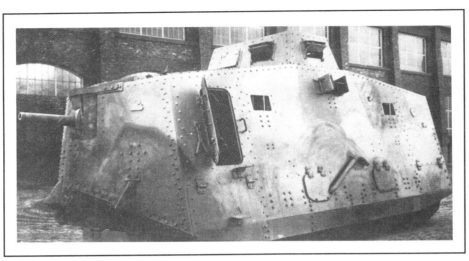

verschlang der U-Boot-Krieg derartige Mengen an Dieselöl,
daß die Vorräte schnell abnahmen. Da konnte endlich 1916
in bescheidenem Umfang durch Hydrierung der Steinkohle
nach Bergius aus den chemischen Werken der IG Farben von
Hannover, Essen, Dortmund und Ludwigshafen ein Anfall
von 20 Prozent des Bedarfes an synthetischem Benzin geliefert
werden. Wenn auch dank dieser Umstände die Benzinversor-
gung der Fronten nie eingestellt werden mußte, so waren die
zu ergreifenden Sparmaßnahmen doch recht einschneidend,
und zwar sowohl in Deutschland als auch in der Doppelmonarchie.
Österreich-Ungarn war im Besitz einer eigenen Erdölgewin-
nung und Mineralölverarbeitung. Das auf den Ölfeldern in
Boryslaw und Drohobycz in Galizien gewonnene Öl wurde in
Jaslo, Pardubitz, Budapest und Wien verarbeitet (David Fanto
A. G.) und war mengenmäßig ausreichend, um den Bedarf zu
ca. 70 Prozent zu decken. Laufende günstige Abschlüsse mit
Rumänien deckten den Restbedarf hinlänglich, um eine Vorratswirtschaft zu betreiben. Der kritische Punkt war auch hier
die Zeit des Sommers 1916. Denn die galizischen Ölfelder
waren vom Oktober 1914 bis Juni 1915 in russischen Händen,
und erst ab April 1916 stand wieder Fanto-Benzin zur Verfügung. Mit Juni 1916 fiel der rumänische Lieferant aus. Hätte
sich nicht die Türkei dazu bereit gefunden, Rohöl aus dem
heutigen Iran zu beschaffen (Transportsicherung durch Orientkorps), so wäre es wahrscheinlich unmöglich gewesen, Öster-

**Erster deutscher
Tank A7V vom März
1918 mit zwei
Vierzylinder-
Motoren von
Daimler.**

**Soldaten und
Arbeiterinnen bauen
1917 in Paris
Ford Modell T
zusammen.
39.000 dieser
bewährten
Fahrzeuge gingen
an die
europäischen
Alliierten.**

## Gummi und Reifen

Auch hier begann sich 1915/16 schon empfindlicher Mangel
bemerkbar zu machen. Auf Gummi wie auf Rohöl und Benzin

lag schärfstes Embargo seitens der Entente. Von Zulieferungen
aus Übersee waren die Zentralmächte schon mit Kriegsbeginn
völlig abgeschnitten. Im Kraftfahrwesen hieß es nun: sparsam
haushalten und dennoch fahren. Bulgarien und die Türkei
konnten hier absolut nicht helfen. In Deutschland fand sich
zur richtigen Zeit jenes Ventil, das die ärgste Not lindern
konnte: die ersten praktischen Großergebnisse einer noch in
den Kinderschuhen steckenden synthetischen Gummi-Fabri-
kation. 1907 waren Fritz Hoffmann und Karl Choulette
soweit, im Laboratorium der IG Farben richtigen Kunstkaut-
schuk herzustellen, und 1914 konnte industriell bereits ein
richtiger Kautschukersatz (noch lange kein Buna) hergestellt
werden, der zwar in subtropischen Gegenden den Anforderungen entsprach, für mitteleuropäische Breiten aber zu hart,
spröde und kälteempfindlich war. Damit fand nun Deutschlands Heereskraftfahrt knapp sein mühseliges Auslangen. Es
wurden Massivreifen für Lkw genauso erzeugt wie Pneus und
Schläuche für Pkw, nur betrug die Lebensdauer knapp ein
Viertel, also statt zirka 8000 bis 10.000 km höchstens 2000 bis
2500 km.
Im österreichisch-ungarischen Heer sah es in dieser Hinsicht
noch ernster aus. Mit Ende Mai 1916 waren sämtliche Vorräte
an bereits im Krieg erzeugten, aber friedensmäßig hergestellten
Reifen verbraucht. Die Beute an neuen Reifen fiel kaum in die
Waagschale. Schon seit Anfang des Jahres 1916 fuhr man für
den lokalen Dienst, Sanitätskolonne usw. die sogenannten
Regeneratreifen. Aller verfügbare Altgummi wurde in den Reifenfabriken zerfasert, zu neuem Brei verkollert, zuerst mit
20 Prozent, dann mit 10, später mit 5 Prozent, zuletzt ohne
Para und mit neuen Weichmachern vermengt, frisch kalandert
und als Regeneratgummi zu neuen Reifen verarbeitet. Sie hielten etwa so lange wie der deutsche Gummiersatz. Die Massivreifen der Lkw wurden immer härter, die Luftreifen der Pkw
am Protektor immer spröder und auch das Gewebe wurde
immer schlechter, sodaß sich die Herstellung technisch nicht

mehr weiter vertreten ließ. Schon im Herbst 1916 mußte mit Ersatzreifen gefahren werden. Es waren dies:
der Doppelmantelreifen für Pkw (Luftschlauch wurde mit zwei guten Altmänteln überzogen),
der Regalitreifen für Pkw (Chromledermantel wurde plastische Masse eingepreßt),
das Sempustorad von Semperit für Lkw (pneumatisch aufgepreßte Grundfelge mit Gummiklötzen),
das elastische Rad, Patent Praga, für 5-Tonnen-Lkw (in Radreifenmulde Ring aus Regeneratgummi).
Von kontinuierlichem Fahren mit all diesen kostspieligen Ersatzbereifungen konnte keine Rede sein. Man entschloß sich bei Lkw schon im Jänner, bei Pkw im August 1917 dazu, den primitivsten, aber wohlfeilsten und betriebssichersten Weg zu gehen. Man reduzierte die höchstzulässige Fahrgeschwindigkeit bei Pkw auf 24 km/h, bei Lkw auf 16 km/h, verstärkte bei den Pkw Federn, Hinterachsgehäuse, Schubbalken und Unterzüge und bereifte die wenigen noch mit Fahrerlaubnis betriebenen Pkw mit leichten Vollgummireifen auf Holzzwischenfelge (wie Gottlieb Daimler) und stellte die Lkw auf Holzeisenreifen, die mit 4 bis 6 konischen Bolzen auf der Grundfelge des Stahlgußrades durch gekonterte Muttern befestigt waren. Die tragenden Elemente sowohl der 2-, 3- und 5-Tonnen-Typen hatten genügend konstruktive Sicherheit, um diese Mehrbeanspruchung bei der kleineren Geschwindigkeit aufzunehmen, und so fuhr man bis zum Kriegsende auf diese Art. Der Gleitschutz wurde bei Zugmaschinen durch schräggestellte, T-förmige Stege, bei den 2- und 3-Tonnen-Lkw durch gleichmäßig verteilte, in den Radreifen eingefräste ovale Hohlräume von 5—10 mm Tiefe (zur Schonung der Straße) erreicht.

## Rohmaterialien

Auch hier ging es bis Ende 1916 noch gut, dann aber traten große Schwierigkeiten auf, wobei wegen der Ersatzteilfrage bis auf Hundertstel Millimeter typengetreu geblieben werden

**Deutsche Nachschubkolonne an der Westfront, 1918.**

mußte. Durch den kolossalen Verbrauch an Stahllegierungsmitteln für die Waffen- und Munitionsherstellung schwanden die Vorräte bald dahin. Die Zufuhr von auswärts fiel bis auf die Türkei, die wenigstens Chrom- und Kupfererze lieferte, aus.

Durch Wiederinbetriebnahme selbst der kleinsten, schon lange stillgelegten Bergbaue konnte in bescheidenen Mengen Kupfer, Blei, Aluminium und Nickel aufgebracht werden. Wie verhielt es sich aber mit Mangan-, Kobalt-, Vanadium- und Wolframmetallen? So sahen denn die Konstruktionsstähle und

**Deutsche Nachschubkolonne an der Westfront mit Subventions-Lkw. Ihre Erzeugung war zwar auf 15.000 Fahrzeuge gesteigert worden, aber der Produktionsvorsprung der Alliierten war nicht mehr aufzuholen.**

**Rolls-Royce-Silverghost-Panzerwagen.**

**Ford England baute diese Modell T-Ambulanzwagen für die französische Armee.**

Kugellager waren verhältnismäßig besser und wiesen die Hälfte bis ein Drittel der normalen Laufzeit auf.

Zylinderguß wurde durch Mangel an Mangan und Silizium blasig und grobkörnig im Gefüge.

Bronzen waren durch hochgradigen Mangel an Zinn spröde und rissig.

Von der Güte des Aluminiums, des Lagermetalls und des Messings soll besser nicht gesprochen werden. Überall war anstelle der Buntmetalle brüchiger Weichmetallersatz für Armaturen u. dgl. im Einsatz.

Brüche von Kurbelwellen (schon nach 8.000 km waren sie unrund in den Zapfen und schlugen die Lager entzwei), Zahnradbrüche, Ventilausbrennungen, Durchschläge des Wassermantels im Zylinder, heiße und zertrümmerte Kugellager, zersprungene Lagerschalen waren — noch dazu bei schlecht regenerierten Schmierölen — an der Tagesordnung.

Und dennoch wurde die junge Kraftfahrtruppe in Österreich-Ungarn in den viereinhalb Kriegsjahren nicht erschüttert. Wagen um Wagen verließ, in Tag- und Nachtarbeit instandgesetzt, die Werkstätten, nimmermüde fuhren die Kolonnen frontwärts und zur Ladestelle zurück. Auch als schon alles zu Ende war, brachte sie noch die Reste von dem, was geblieben war, in die Heimat zurück.

die Bronzen wie auch die Stahl- und Graugußteile qualitativ bald so aus wie Anno 1890. Ab 1916 mußten die Hüttenwerke von neuem zu den alten Zusammensetzungen greifen. Kohlenstoffvergütung und entsprechende, schon längst vergessene Wärmebehandlungsmethoden nebst Schmieden waren der einzige Weg, leidliche Qualitäten an Konstruktionsstählen hervorzubringen.

Zu Beginn des Jahres 1918 sahen die einzelnen Konstruktionsteile am Kraftfahrzeug bei den Mittelmächten hinsichtlich ihrer metallurgischen Struktur schon so katastrophal aus, daß es interessant genug ist, einiges davon aufzuzeigen: •

Kurbelwellen: Nach VDI-Norm war Chromnickel-Vanadium-Stahl mit einem Gehalt von 14% Chromnickel und — je nach Beanspruchung — 7—9% Vanadium herzustellen. Von Vanadium keine Spur, von Nickel und Chrom höchstens 7%. Eine Kurbelwelle aus der Erzeugung August 1918 war schon reiner SM-Stahl.

Ventile: Die Edelbestandteile an Wolfram, Kobalt und Vanadium waren verschwunden. Manganhaltiger C-Stahl war der Ersatz.

Zahnräder und Wellen: Hochwertige C-Stähle für jene, SM-Stahl für diese wurden den Fabriken und Werkstätten statt Chromnickelstahl IV geliefert.

## Erstes Tankrennen

Nach dem Ende des ersten Weltkriegs, als die übrige Kraftfahrwelt nur an die allernächste Notwendigkeit denken konnte und ein richtiges Automobilrennen nicht nur eine Unmöglichkeit, sondern fast eine Vermessenheit gewesen wäre, war es wieder Frankreich, wo der Sportgeist zuerst wiedererstand: Es veranstaltete Tank-Hindernisrennen.

Krüger schreibt in seinem Heft „Tanks" folgendes darüber: „Nach Beendigung des Krieges fanden in Frankreich in den folgenden Jahren mehrfach Tankmanöver, oder richtiger gesagt, Hindernisrennen statt. Bei einem solchen in der Nähe von Versailles waren 27 Bataillone durch je einen kleinen Renault-Tank vertreten.

Um Unregelmäßigkeiten vorzubeugen, hatte man sämtliche Tanks unter Verschluß genommen und erst 48 Stunden vor der Veranstaltung jedem Bataillon je einen Tank freigegeben, sodaß die jeweiligen Mannschaften vorher nicht wissen konnten, welches Fahrzeug ihnen zugewiesen würde. Je drei Tanks vertraten ein Regiment und durften sich gegenseitig beispringen, entweder um eine Motorpanne zu beheben oder um über ein besonders schwieriges Hindernis wegzukommen oder sich aus sonst einer Klemme herauszuhelfen. Innerhalb 48 Stunden

hatte sich jede Mannschaft mit ihrem Fahrzeug und seinen Eigenheiten vertraut zu machen.

Die ‚Rennbahn' wies keine künstlichen Hindernisse auf, sondern befand sich schon von Natur aus in einem geeigneten Zustand. Künstliche Hindernisse, wie Schützengräben, Drahtverhaue oder Mauerstücke, wären auch insofern unzweckmäßig gewesen, als sie von den ersten darüber hinwegfahrenden Tanks umgerannt und eingeebnet worden wären, so daß sie für die nachfolgenden kein Hindernis mehr gebildet hätten. Das erste und eindrucksvollste Hindernis war ein alter Kugelfang von 8 m Höhe, dessen Abhänge so steil waren, daß die Tanks sie nur mit Rückwärtsbewegungen erklettern konnten, wobei sie Gefahr liefen, sich zu überschlagen. Oben auf dem Kugelfang war eine ebene Fläche von etwa 3 m Breite, auf welcher die Tanks eine schwierige Wendung auszuführen hatten, um sich dann nach vollendeter Drehung mit dem Bug voran auf der anderen Seite wieder hinabfallen zu lassen, die so steil war, daß hier kein Tank hätte hinauffahren können. Zwischen diesem Kugelfang und dem Start lag eine Strecke von 250 m. Nach dem Kugelfang führte die Bahn in einen Wald, wo sich die Tanks auf einer rot und weiß markierten Strecke den Weg durch Unterholz und zwischen den Bäumen hindurch zu bahnen hatten, um bald darauf an einen alten Steinbruch zu kommen, dessen Grund durch Regen in einen kleinen See verwandelt war. Hinter diesem Steinbruch kamen die Tanks dann auf ein von Pionieren und Artillerie arg mitgenommenes Gelände, auf welchem man während des Krieges die verschiedenen Geschoßwirkungen ausprobiert hatte, sodaß es von Trichtern und Löchern ganz übersät war, zwischen denen tiefausgefahrene Geleise kreuz und quer liefen und allerlei Hindernisse umherlagen. Hierauf endete die Bahn auf einer Geradestrecke von etwa 800 m in normalem Gelände, auf der die Tanks mit dem schnellen Gang ihre Höchstgeschwindigkeit entfalten konnten. Trotzdem hieß es, die Augen offen halten, weil zwei Schützengräben von harmlosem Aussehen diese Schlußstrecke ganz hinterlistig durchschnitten.

Man kann sich vorstellen, daß eine solche ‚Rennbahn' an die Geschicklichkeit der Tankfahrer sehr hohe Anforderungen stellte. Trotzdem war das Ergebnis ein sehr gutes. Das erste Hindernis, der Kugelfang, wurde mit Rückwärtsgang angefahren und machte viel Mühe, denn durch Regen war der Boden so schlüpfrig geworden, daß die Tanks wiederholt abrutschten, als sie schon fast die Höhe erreicht hatten. Gleichwohl gelang den Tanks die Bewältigung in etwa 6 bis 7 Minuten nach dem Start ... Die übrigen Hindernisse wurden leichter genommen. Vom siegreichen Tank wurde die ganze, etwa 2,5 km lange Rennstrecke in 19 Minuten 38 Sekunden zurückgelegt, was einer mittleren Geschwindigkeit von etwa 7,5 km/h ent-

spricht. Von 27 Tanks erreichten 25 das Ziel, sie liefen in Abständen von etwa je einer Minute ein."

Renault-Leichttanks bei der Siegesparade 1919.

## Die Nachkriegszeit

Als der 1918 im Wald von Compiègne zwischen Deutschland und der Entente abgeschlossene Waffenstillstand (Bulgarien und die Türkei waren schon Monate vorher ausgeschieden) eine zwanzigjährige sogenannte Friedenszeit einleitete, wurde in den Pariser Friedensverträgen u. a. ein positives Moment zugunsten aller erzielt: Der europäische Wirtschaftskörper wurde wieder hergestellt! Das hat sich in der Kraftfahrzeugproduktion, als der internationalsten aller technischen Wirtschaftssparten, zum Wohl Europas ausgewirkt, war doch die Wirtschaft durch den langen Krieg bar aller eigenen Transportmittel und der Stand an Zugtieren fast restlos verbraucht.

Um diesem lähmenden Übelstand abzuhelfen, wurden in Österreich unter militärischer Leitung sogenannte „Heimatkolonnen" mit je ca. 25 bis 30 Kfz, die eine Ladekapazität von 60 bis 86 t aufwiesen (schwere, mittlere und leichte Wagen), aufgestellt, um dem dringendsten Bedürfnis von Bevölkerung

Der C-Zug von Ferdinand Porsche 1917 mit Radnaben- antrieb, der auch als Mannschaftswagen und mit Eisenbahn- rädern auf Schiene eingesetzt werden konnte.

und Wirtschaft Rechnung tragen zu können. Diese Kolonnen waren die einzigen Verkehrsträger in den ersten acht Wochen der Demobilisierungszeit; denn die Bahnen waren durch den Rücktransport der Truppen überlastet. Der Wagenstand dieser Kolonnen stieg mit fortschreitender Abrüstung. Sie leistete bis zum Anlauf der normalen öffentlichen und privaten Transportwirtschaft unersetzliche Dienste im Interesse der Allgemeinheit.

Das immense Vorratslager an Heereskraftfahrzeugen auf allen Kriegsschauplätzen mußte nun raschest in die private Wirtschaft gepumpt werden. Da in den Waffenstillstandsverträgen ausdrücklich dekretiert war, daß das gesamte, an Ort und Stelle befindliche Kraftfahrmaterial jenem Lande (Staat) gehörte, in dem es sich im Moment des Abschlusses befand, war diese Überleitung in die Friedensverhältnisse örtlich grundverschieden. Zu den mehrmals erwähnten Staaten kamen ab nun die Nachfolgestaaten hinzu, in die die österreichisch-ungarische Monarchie 1918 zerfiel.

Die USA hatten auf englischem und französischem Boden nebst ihrem eigenen Heeresbedarf recht umfangreiche Kfz-Parks zu Ersatzzwecken unterhalten. Diese verkaufte die US-Regierung um Gestehungskosten und Fracht an die englische (ca. 7.000 Kfz) und französische (ca. 12.000 Kfz) Wirtschaft, wohingegen sie den eigenen Stand bei der Einschiffung ihrer Truppen in die Heimat den beiden Regierungen geschenkweise überließ. Es handelte sich hier um nicht unerhebliche Mengen (etwa 14.000 Kfz), die die mehr oder weniger ausgeblutete Wirtschaft Englands und Frankreichs als Soforthilfe erhielt. Es wurde diesen Staaten damit ein wichtiges Mittel in die Hand gegeben, die größten Schwierigkeiten verhältnismäßig leicht zu überwinden.

Während der mehr als vierjährigen Kriegsdauer legte Amerika die Hände nicht in den Schoß, sondern entwickelte sich, von der Kriegsproduktion nur wenig belastet (sie hatte im ganzen keine 25% betragen), stetig weiter und schenkte der Verfeinerung des Fahrgestells, der erhöhten Leistungsfähigkeit der Motoren, aber auch den europäischen Wünschen nach besserer Ausstattung und Formgebung der Aufbauten große Aufmerksamkeit. So hatte Cadillacs Entschluß von 1912, Motor und Getriebe zu einem Block zu vereinigen und eine in der Mitte auf dem Getriebekasten montierte Kugelkopfschaltung zu verwenden, in Amerika während des Krieges allenthalben Schule gemacht und wurde bis 1920 Allgemeingut der Konstruktionen. Da man wußte, daß Europa am Vierganggetriebe festhielt, in den USA aber nicht nur aus produktionswirtschaftlichen Gründen mit dem Dreiganggetriebe das Auslangen gefunden werden sollte, ging man daran, die Motoren durch bessere Formgebung, sorgfältigere Einregulierung der Maschine, der Bohrungs- und Hubverhältnisse noch elastischer und leistungsfähiger zu machen und einen ruhigen Lauf zu ermöglichen. Die logische Folgerung daraus war der Übergang zum Vierzylindermotor. (Hupmobil brachte z. B. 1920 einen sehr respektablen 8-Zylinder-Reihenmotor heraus.) Die Armaturen und Instrumente an der Spritzwand wanderten allesamt auf ein Armaturenbrett vor den Augen des Fahrers. Vor allem aber trat nun der Bedarf des von der Stadt meist weit entfernt lebenden Farmers immer mehr und mehr zutage. So entstand gemäß der amerikanischen Lebensweise — der Amerikaner war zum Unterschied vom damaligen Europäer fast nur Selbst- oder Herrenfahrer — der Sedan, der gegen alle Witterungsunbilden schützende elegante und bequeme Innenlenker, der es auch vertrug, zur Not längere Zeit im Freien garagiert zu werden, ohne sich gleich maschinentechnisch zu erkälten.

Sonst zeigten die Produktionspläne in jenen Übergangsjahren bis 1920 keine revolutionierenden Ideen oder Neuerscheinungen. Es sei denn, daß die billigen Wagen (außer Ford) die sportliche Note, die mittleren den komfortablen Gebrauchs- und Übergangswagen (Sedan) hervorkehrten, wie z. B. Buick, und die große Klasse, wie z. B. Lincoln, Oldsmobile und der in Lizenz gebaute amerikanische Rolls-Royce, ihren Ehrgeiz darein setzten, es in der Eleganz der europäischen Limousine gleichzutun. Absatzmäßig waren dem Inlandsbedarf kaum Schranken gesetzt, im Gegenteil, die anbrechende „Prosperity"

gab mächtigen Auftrieb. Die Lastwagenproduktion zeigte sprunghafte Konjunktur, und was den Export betraf, waren die hungrigen Märkte in West- und Osteuropa, in Südamerika usw. zu befriedigen.

In England mußten zunächst die Überbleibsel des Krieges verdaut werden. Diese Periode währte nicht lange, denn was nicht neuwertig war, wanderte in den Schrott, um die Neuproduktion nicht zu hemmen. Immerhin dauerte es doch volle zwei Jahre, bis die Industrie neue Modelle herausbrachte und exportieren konnte.

In Frankreich und Belgien mußte in der durch die Kriegsereignisse doch etwas ramponierten und in Unordnung geratenen Automobilproduktion zunächst Ordnung und vernünftige Planung Platz greifen. Minerva, Züst und FN übersiedelten schleunigst wieder in ihre Heimat, Charron blieb bei Renault und ging in diese Firma auf, Metallurgique wollte nicht recht in Fluß kommen. Verhandlungen mit Bergmann in Deutschland schienen nicht das gewünschte Ergebnis erzielt zu haben. Unter den französischen Firmen Panhard-Levassor, Peugeot und Renault entbrannte zunächst ein Programmkampf, der aber mit Rücksicht auf den neuen Stern und Konkurrenten Citroën dahingehend geregelt wurde, daß Peugeot kleine, Renault mittlere und Panhard schwere Pkw bauen sollte und die Lkw-Produktion mit Rücksicht auf den ganzen Kundenstock gleichmäßig aufgeteilt wurde. Auch hier war der „Kriegsrest" der Produktion hinderlich. Auch Frankreich trat nicht vor 1920 als Exporteur auf, denn seine Kolonien, die durch viereinhalb Jahre ohne jede Unterstützung durch das Mutterland geblieben waren, hatten zu vordringlichen Bedarf.

In Italien spielte sich in jener Zeit ein ganz eigenartiger Vorgang ab. Obwohl dieses Land zu den Siegerstaaten gehörte, wurden der Wehrmacht kurzerhand alle Lkw entzogen und in die Wirtschaft gesteckt. Dem Militär wurde bedeutet, sich mit der österreichischen Kriegsbeute zu behelfen. Die Kfz-Industrie warf sich mit voller Wucht auf den Pkw-, Sport- und Rennwagenbau, denn sie schien richtig zu wittern, daß die kommenden Jahre ein internationales Ringen um Weltgeltung nicht nur im Autosport, sondern vor allem um Absatzgebiete bringen würden. Nur aus Gründen der Fremdenverkehrswirtschaft bequemte sie sich zunächst, Omnibusse zu bauen (Itala und Fiat). Da sehr viel geschultes und gutes Fachpersonal verfügbar war, bildeten sich ohne Schwierigkeiten neue Marken heraus, deren Firmengründung in jene Zeit fällt und die schon in den ersten Jahren nach 1920 von sich reden machten (z. B Ansaldo).

In den neutralen Produktionsländern Schweiz, Schweden und Spanien waren keine besonderen Änderungen vor sich gegangen.

Deutschland, das an seinen Nachkriegswunden krankte und von Unruhen heimgesucht war, zeigte auch in seiner Automobilproduktion — gleich der übrigen Wirtschaft — im großen gesehen eine apathische Haltung. Durch die zahlreichen, vor den Fronten ins Land zurückströmenden Heereskraftfahrzeuge war naturgemäß das Kfz-Instandsetzungsgewerbe sehr beschäftigt, so daß auch die Fabriken stark ins Reparaturgeschäft eingeschaltet waren. Der legale und der schwarze Handel mit gebrauchten Kraftfahrzeugen blühte. Als aber die ersten Folgen des Friedensschlusses im Sinn der Verträge, Revolten, Regierungsbildungen usw. verklungen waren, setzte für die Industrie eine neue Konjunktur (Zwang der Reparationen) ein, und dazu gehörte auch die Erzeugung von Autos. Außerdem stand die Mark in Zürich um die Jahreswende 1920 immer noch auf 16 bis 22 Rappen. So ging man denn daran, dort anzufangen, wo im Juli 1914 aufgehört worden war. Es entwickelte sich aus der Notwendigkeit über die Inflation eine Scheinblüte. Der alte deutsche Wagen wurde auf dem Weltmarkt spottbillig und in seinen repräsentativen Marken gern gekauft. Wirklich nach technischer Weltnorm zu produzieren, war erst viel später möglich. In jenen Jahren war die deutsche Autoindustrie reines Spekulationsobjekt.

Österreich, oder das, was davon geblieben war, hatte, fast aller Rechte entkleidet, seinen Verpflichtungen nachzukommen, die ihm als Treuhänder gegenüber den Nachfolgestaaten,

Italien und der Entente erwuchsen. Das ehemalige gemeinsame Heereskraftfahrinventar gehörte jenem Nachfolgestaat, in dessen Hoheitsgebiet es sich zur Zeit der Lösung des Treueidverbandes durch Kaiser Karl gerade befand. Italien beanspruchte außer dem in seinem besetzten Operationsgebiet befindlichen Kfz-Material (laut Waffenstillstandsprotokoll) auch die schweren Heeresfahrzeuge der motorisierten Artillerie. So wanderten alle Generatorwagen A-, C- und S-Züge, Zugmaschinen M 12, 16 und 17 und die schweren 5-Tonnen-Saurer und Büssing-Lkw aus Österreich nach Italien. Zurück blieb ein Sammelplatz von sehr reparaturbedürftigen, meist wrackähnlichen Kfz aus aller Herren Länder. Dazu setzte bald nach Kriegsschluß, schon Ende 1919, die österreichische Inflation ein, und die Wirtschaft lechzte nach Tonnage und Kfz. Ganze Reparaturserien gleicher Typen wurden in den Automobilfabriken aufgelegt, um den Bedarf rascher zu decken. Die durch die Sachdemobilisierung der Wirtschaft zugeführten Lkw und Pkw umschlossen Typen von acht bis zehn Baujahren, die, „erneuert", reißenden Absatz fanden. Die Zweitonnentype von allen altösterreichischen Firmen, der Zwei- und Dreitonnen-Fiat-Camion und schwere italienische Pkw (Fiat, Itala und Alfa), auf „modern" (mit Armaturenbrett) hergerichtet, bevölkerten schon im Frühjahr 1919 die Straßen. Die Produktion der heimischen Werke — es waren speziell Gräf & Stift sowie Fiat — sprang zunächst auf Pkw um und brachte ihre Restbestände an 28/32-PS-Gräf und I-C- und IV-D-Fiat heraus. Puch in Graz war in der Lage, noch seine Type VIII zu liefern. In Steyr, Oberösterreich, bereitete sich eine neue Automobilfabrikation vor, die im Sommer 1921 mit dem Erstmodell der Type II auf den Markt trat. Es war ein voller Erfolg. Saurer, WAF und Fross-Büssing bauten sofort an ihrem Drei- und Fünftonnenprogramm weiter, um die Wirtschaft und die öffentliche Hand mit dem dringendsten Bedarf an Lkw und Autobussen sowie technischen Sonderfahrzeugen zu beliefern. Um die teure Beschaffung von nur als Schienenfahrzeuge verwendbaren Lokomotiven zu umgehen und im Hinblick auf die möglichst rationale Verwendung vorhandener Fahrbetriebsmittel bei geringsten Kosten, bediente man sich in der Nachkriegszeit bei Schlepp- und Industrieförderbahnen der Straßenzugmaschine, setzte deren vordere Achse auf einen zweiachsigen Schienenradsatz mit Drehschemel und ließ die Hinterräder normal auf der Fahrbahn ziehen (Rail-Road-System).

In der Tschechoslowakei schloß die Reichenberger Automobilfabrik RAF ihre Pforten. Ihr Maschineninventar wanderte zu Skoda, wie auch Laurin und Klement als Marke verschwand. Skoda übernahm sofort nach Kriegsende den Automobilbau im großen. Lkw und Zugmaschinen für die neue tschechoslowakische Wehrmacht wurden nach eigenem Konzept, in Anlehnung an amerikanische und französische Kriegsmodelle, Pkw durch Übernahme des Lizenzbaues von Hispano-Suiza als Skoda-Hispano erzeugt. Die Ringhoffer-Werke in Nesselsdorf wechselten die Markenbezeichnung ihrer Wagen und nannten sie ab 1919/20 Tatra. Praga erzeugte weiterhin 3-Tonnen- und 5-Tonnen-Lkw ihrer bewährten Typen für die Wirtschaft, übernahm den Bau von Panzerwagen und später Tanks für das Heer. In der Brünner Waffenfabriks-AG. gingen neue Pkw, vor allem der Z-Wagen, in Konstruktion. Walter in Prag verlegte sich ausschließlich auf Motoraderzeugung und drei neue Firmen wurden ab 1920 gegründet, darunter auch die Kleinautofabrik Aero.

Der neue jugoslawische Staat wurde zum bedeutendsten Kfz-Importeur im Südosten. Er besorgte den Einkauf seiner Heereskraftfahrzeuge aus der Tschechoslowakei bzw. der französisch-amerikanischen Sachdemobilisierung, jenen des Wirtschaftsbedarfes aus Österreich (Saurer- und Gräf-Lkw und später Steyr-Pkw waren die überwiegend verlangten Typen).

In Ungarn produzierte Danubius zunächst im Lizenzbau von Austro-Fiat und Fross-Büssing weiter, Raba in Györ ließ seine Praga-Lizenz auslaufen und erzeugte ab 1920 nach eigenen Konstruktionen für den privaten und militärischen Inlandsbedarf. MAG und Marta wurden zur neuen MAG zusammengelegt und von Grund auf — auch in technischer Hinsicht — auf eine neue Basis gestellt.

Die Türkei Kemal-Paschas baute ihren ersten Autopark für die Truppen der neuen, aufstrebenden jungtürkischen Republik aus dem gesamten Kfz-Fuhrpark des gemischten deutsch-österreichischen Orientkorps auf, das nach mühseligen und gefahrvollen Wüstenmärschen nach Hause kam. Selbst der englische Oberst Lawrence zollte dieser Aktion vollste Anerkennung.

Der Balkan wurde zum allgemeinen Absatzgebiet aller Automobilfabriken des alten österreichisch-ungarischen Wirtschaftsraumes, und hart auf hart entwickelte sich dort der Konkurrenzkampf zwischen den einzelnen Firmen.

Benzin war seit Mitte 1919 überall fast wieder im Überfluß zu haben, so daß der Fiskus sich die Gelegenheit nicht entgehen ließ, die Ölprodukte für die Kraftfahrt zu besteuern. Autoreifen aller Art, zunächst hauptsächlich amerikanische, an erster Stelle Goodyear und Goodridge, überschwemmten den Markt. Aber auch die mitteleuropäischen Gummifabriken konnten sich Ende 1919 einschalten und ab März 1920 den Markt wieder mit Qualitätsware beliefern.

So erwachte die zivile Kraftfahrt in Europa allmählich zu neuem Leben. In den Clubs fanden sich nach und nach die alten Mitglieder zusammen, nach Ratifikation der Friedensverträge wurde wieder das internationale Zusammenspiel ihrer obersten nationalen Leitungen angebahnt, doch konnte es begreiflicherweise zu internationalen (kaum nationalen) sportlichen Terminen noch nicht kommen. Es waren außerdem die neuen und modernen Typen noch nicht geschaffen, die einen besonderen Anreiz dazu gegeben hätten. Aber sie ließen nicht lange auf sich warten, und zunächst waren es die USA, die nicht nur mit Neuem aufzuwarten hatten, sondern auch durch ihre Massenproduktion und dementsprechende Preislage den europäischen Markt zu überschwemmen drohten. Europas Industrie hatte alle Mühe, den Vorsprung einzuholen und den Import durch eigene Leistungsfähigkeit einzudämmen.

Wagen der deutschen Waffenstillstands-Delegation mit der weißen Parlamentärflagge beim Überqueren der deutsch-französischen Frontlinie auf dem Weg zu General Foch am 11. November 1918. — Ein Automobil war 1914 in Sarajevo ebenso dabei wie nun am Ende des bis dahin größten Völkerringens der Geschichte.

# 9. DIE WELTKRAFTFAHRT ZWISCHEN 1921 UND 1938

In der Zeit zwischen den beiden Weltkriegen wurde das Automobil vom Sport- und Luxusgegenstand zum Gebrauchs- und Arbeitsgerät, was aber nicht gleichbedeutend damit war, daß es deshalb auch bereits in der Weise zum Einsatz gelangt wäre, wie das heute der Fall ist. Der Not der Nachkriegszeit folgte relativ wenige Jahre später bereits die Weltwirtschaftskrise, durch die es dem größten Teil der Allgemeinheit der westlichen Welt nach wie vor verwehrt war, den Besitz und Gebrauch eines Kraftfahrzeuges auch nur ins Auge zu fassen.

Gerade dies aber war mit die Voraussetzung für die Schaffung der ersten Typen und Modelle, die kleiner, leichter, billiger und dabei qualitativ eher besser waren als die teuren und luxuriösen Limousinen der Vorkriegszeit. Die durch das Automobil neu entstandenen zahlreichen Wirtschaftszweige sahen nach Lage der Dinge darin die Chance, endlich mit größerem Umsatz ins Geschäft zu kommen.

Eine große Faszination ging in jenen Jahren von den schönen und eleganten Gefährten aus, die vielfach die wahrgewordenen Träume aus der Zeit vor dem Krieg darstellten, vervollständigt durch eine Technik, die am harten Kriegseinsatz gereift war.

**Darracq, 1910/11**

**Opel 18/32 PS, 1912**

**Austro Fiat 8/24 PS, 1913**

**Puch Typ I, 1909**

**Puch Typ VIII, 1916**

**Steyr Typ XII, 1926**

**Steyr Typ VII, 1928**

**Gräf & Stift, 120 PS, 1930**

Jener Mann, der diese Entwicklung teils vorausgesehen, teils ermöglicht hatte und von allem Anfang an das Automobil für jedermann anstrebte, dabei auch noch alle Voraussetzungen schuf, um diese Bestrebungen auch realisieren zu können, war Henry Ford. Er leitete die Volksmotorisierung in Amerika und damit nachfolgend auch in Europa ein. Sein Erfolg, der sich durch ständig steigende Absatzzahlen auf dem amerikanischen Markt immer stärker abzuzeichnen begann, half allein schon aus Konkurrenzgründen mit, auch die europäische Automobilindustrie von der Richtigkeit seiner Vorgangsweise vollends zu überzeugen. Fords Arbeitsmethode, die Fließbandfertigung, brachte solche Vorteile, daß nach und nach nicht nur alle größeren Automobilfabriken, sondern auch zahlreiche andere Industriezweige diese Fertigungsmethode aufgriffen.

Der ungeheure technische Fortschritt, den der Kraftfahrzeugbau in diesen Jahren zu verzeichnen hatte, rührt aber auch daher, daß die im Automobilbau verwendeten Stähle und Legierungen bald von solcher Qualität waren, daß sie nicht nur fahrtüchtigere Konstruktionen, sondern auch deren geringere Dimensionierung mit allen damit verbundenen Vorteilen ermöglichten, und ähnlich verhielt es sich beim Zubehör und bei den Zulieferprodukten.

Diese Qualitätsverbesserungen wirkten sich aber nicht nur auf den Personenwagenbau vorteilhaft aus, was vor allem dem leistungsfähigen Reisewagen zugute kam, sondern der Nutzfahrzeugbau profitierte daraus nicht zu Unrecht. Gerade hier konnten während des Krieges wichtige Erfahrungen gewonnen werden, die letztlich verstärkt dem praktischen Einsatz jedweder Art von Automobilen zugute kamen.

## Die ersten Friedensmodelle

Da es seit Frühjahr 1921 in Europa wieder Mineralölerzeugnisse, Gummi bzw. Autobereifung, Leder, Glas, Edelholzarten, gute Buntmetalle, aber auch hochlegierte Edelstahlsorten gab, konnte an die Schaffung neuer Automobiltypen und Modelle, speziell im Personenwagenbau, geschritten werden. Trotz größter Schwierigkeiten brachten nicht zuletzt die Konstrukteure und Werksingenieure jener Länder, die durch Krieg und Revolution gelitten hatten, die europäische Kraftwagenerzeugung in verhältnismäßig kurzer Zeit in die Höhe. Fast jedes Land erbrachte damals Spitzenleistungen. In Amerika erreichte zwar Fords Modell T den konstruktiven und absatzmäßigen Höhepunkt und wurde in der ganzen Welt wegen seiner Zuverlässigkeit, Dauerhaftigkeit und nicht zuletzt Preiswürdigkeit geschätzt, aber ähnlich war es auch etwa in Frankreich mit den

bekannten Marken Peugeot und Citroën, in Italien mit den Serien der Fiat-Wagen 514, 520, 521, in Deutschland mit Mercedes, in der Tschechoslowakei mit Tatra 11, 12 und 30 und in Österreich mit Steyr XII, XX und XXX. Es handelte sich hier allerdings durchwegs um mittelschwere Automobile mit Vier- bis Sechszylindermotoren. Bezeichnend für die Güte dieser Konstruktionen war es, daß sogar noch nach dem zweiten Weltkrieg sehr viele dieser Fahrzeuge in Betrieb waren. Hervorstechend war die besonders einfache und unkomplizierte Bauweise, die es ermöglichte, auch schwierige Reparaturarbeiten relativ einfach durchzuführen. Bei den Tatra-Typen etwa war ein Kolbenservice möglich, ohne den Motor aus dem Fahrgestell ausbauen zu müssen. Durch die sehr einfache Bauweise des Boxermotors konnten die zwei rechts und links angeordneten Zylinder abgebaut und durch neue Zylinder samt Kolben ersetzt werden. Ein solches Kolbenservice war innerhalb kurzer Zeit durch einen Mann durchzuführen, während es heute noch Motoren gibt, bei denen der Ausbau einer Zündkerze bei Fehlen eines Spezialschlüssels zum Problem werden kann.

Die zweckmäßige Einfachheit dieser Fahrzeuge, die nichts anderes als eine Fortentwicklung der Konstruktion der Pioniere darstellte, war zu jener Zeit geradezu zu einer Vollkommenheit entwickelt worden. Sie waren in ihrer Struktur und Wirkungsweise „gesund" und äußerst verläßlich. Erst das Streben nach höherer Leistungsfähigkeit, Verbilligung der Erzeugnisse und Berücksichtigung der Kfz-Besteuerungsstufen führte zu komplizierteren Konstruktionen. Diese Fahrzeuge waren dann mitunter durch überzüchtete und verbaute Konstruktionsdetails, vermehrte Fehlerquellen und Kurzlebigkeit gekennzeichnet.

Im allgemeinen aber stellte die Zeit der ersten Friedensmodelle einen gewissen Höhepunkt der Entwicklung des Kraftfahrwesens dar und reichte bis etwa 1926. Sie brachte in den einzelnen Ländern folgende Typen:

### Amerika (USA)

Dort bevorzugte man in diesen Jahren vor allem den Sechs- und Achtzylinder-Reihenmotor. Ford blieb bei seinem Modell T mit Vierzylindermotor. Cadillac, Lincoln und Lasalle bauten den V-8-Motor. Einheitlich wurde für amerikanische Automobile der Motorgetriebeblock mit Kugelschaltung in der Wagenmitte. Standardmodell war vor allem der viersitzige Innenlenker (Sedan). Die amerikanische Kraftfahrzeugindustrie, im besonderen Ford, ging daran, den Weltmarkt zu er-

R. Mount, 1922

**So imponierend sah die Front des Horch 8, Typ 500A, 1931/32, aus.**

Chevrolet einen Vierzylinder mit 40 PS, The blue beauty, als Allwetter-Phaeton (offen);

Chrysler The first Six als Sedan;

Essex den Six, mit dem damals kleinsten Sechszylindermotor der Welt mit 1,536 Liter Hubraum und einer Leistung von 36 PS;

Ford brachte sein Modell T als Innenlenker mit allem damals bekannten Komfort heraus. Das gleiche Chassis wurde für einen Eintonnen-Lieferwagen und für einen Zweitonnen-Lkw mit einer zweiten, nicht angetriebenen Hinterachse verwendet;

Hudson lieferte einen Sedan vom Typ Super-Six mit einem 50-PS-Motor;

Hupmobil wagte den Sprung vom billigen Vierzylinder-Phaeton zum mittelklassigen Eight als Sedan und Phaeton;

Kisselcar baute starke Pullmannlimousinen nach europäischem Geschmack mit Sechs- bzw. Achtzylinder-Reihenmotoren und 70/90 PS Leistung;

Willys Overland brachte einen Sechszylinderwagen mit 55 PS auf den Markt;

Packard bot einen 80-PS-Reihenmotor in einem viersitzigen Sedan oder einer sechssitzigen Pullmanlimousine an;

Studebaker kam mit seinem Standard-Six mit 50 PS, einem sehr sportlichen Phaeton, heraus.

Die ausgesprochenen Luxusautomobile erschienen 1926/27 in Europa, da der europäische Markt aus rein finanziellen Gründen nur in ganz wenigen Fällen imstande war, diese Fahrzeuge aufzunehmen. Bekannt wurden in dieser Zeit die Marken Cadillac, Lasalle und Lincoln.

## Belgien

FN — Fabrique Nationale — kam mit einem Vierzylinder-Pkw mit 30/35 PS als Innenlenker und als Taxi-Landaulette heraus;

Minerva mit einem Vierzylinder-Pkw, 45/50 PS, einem Sechszylinder-Sportwagen, der von 70 auf 90 und 1930 auf 100 PS erhöht wurde (alle Wagen mit Knight-Motoren);

Züst baute einen Sport- und Rennwagen, der 1925/26 zum erstenmal an einem internationalen Rennen teilnahm.

## Deutschland

Die Adler-Werke kamen mit einem neuen 12/45 PS und einem großen Sechszylinder mit 18/70 PS heraus;

Benz baute einen 30-PS- und einen neuen 50-PS-Personenwagen;

Dürkopp einen leichten Wagen mit 24 PS;

Horch einen Vierzylinder, 35 PS, und 1925 einen Achtzylinder-Reihenmotor von 70/80 PS;

Mercedes erschien 1924 mit einem kleinen Kompressorwagen mit 10/40/70 PS und 1925 mit einem Dreiliter-Kompressorwagen 24/100/140 PS, der ein voller Erfolg war;

Opel brachte als ersten Friedenstyp 1922 den nach Citroën-

obern. Ihre Vertretungen in Europa vermehrten sich in den Jahren 1921 bis 1925 um mehr als hundert Prozent gegenüber 1914, in den übrigen Überseestaaten aber stiegen sie sogar rasch auf das Drei- bis Fünffache. Diese Verkaufserfolge waren vor allem durch die großzügige Unterstützung ihrer Vertretungen bedingt. Als erste wirkliche Friedenstypen brachten sie in den Jahren 1921 bis 1924 folgende Fahrzeuge nach Europa:

Buick den Standard Six mit 50 PS und Master Six mit 70 PS als Sedan (Innenlenker);

**Oben links: Der Regent 1928 war der einzige Reihen-Achtzylinder, den Opel baute. Solche europäische Konstruktionen wurden als Konkurrenz zu den großen amerikanischen Wagen der damaligen Zeit auf den Markt gebracht.**

**Links: C 6-Limousine von Citroën, ein Hardtop nach amerikanischem Vorbild, Sechszylindermotor, 2,4 Liter, 105 km/h, von 1928.**

Lizenz gebauten „Laubfrosch" mit 5/15 PS und 1924 den neuen 10/40-PS-Vierzylinder, der aber nicht einschlug; Stoewer verlegte sich auf den Bau von großen, schweren Personenwagen und stellte 1923 einen Vierzylinder von 30 PS und 1925 den „Sport" mit einem Achtzylinder-Reihenmotor mit 70/80 PS her; Wanderer ging vom Kleinauto auf den mittleren Pkw über und baute 1921 den Typ 10/1 mit einem Vierzylinder, 30 PS, und 1923 einen Sechszylinder mit 52 PS.

## England

unterschied immer mehr zwischen Gebrauchs- und Sportwagen: Amilcar baute einen zweisitzigen Sportwagen mit 10/40 PS, Vierzylinder, und einen mit 18/70 PS, Sechszylinder;
Austin einen kleinen Viersitzer-Innenlenker mit 18 PS;
M. G. 1924 den ersten Midget, Zweisitzer, 24/35 PS Vierzylinder, und den Sport-Zweisitzer mit 40/75 PS, Sechszylinder;
Rolls-Royce brachte 1922 die ersten Phantoms mit 50 PS und 70 PS, später 70 PS und 100 PS heraus;
Standard 1922 den ersten Pall Mall als Allwetterwagen.

## Frankreich

Renault brachte 1922 den ersten Prima Quatre mit 24 PS und Monasix mit 30 PS auf den Markt, Citroën seinen ersten 5/15 PS als Zweisitzer in Bootsform;

Im Flug durch die Welt auf Adler-Standard 6

Peugeot seinen 42 PS;
Irat kam mit einem hochkomprimierten Vierzylinder heraus und Bugatti erschien 1924 mit seinem 50/70/100-PS-Sportwagen mit Kompressor.
Die französische Tendenz zielte bei allen Firmen auf den Kleinwagen.

Adler-Anzeige von 1928.

Renault-Anzeige vom März 1930.

Renault-Anzeige vom Mai 1929.

Les STELLAS RENAULT représentent la perfection dans l'automobile

Renault-Anzeige vom Februar 1928.

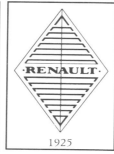

Renault-Zeichen im Wandel der Zeit von 1900 bis 1972.

1900   1906   1923   1925   1959   1972

**Der kleine Opel, eines der typischen Familienfahrzeuge um 1930.**

Lancia erschien 1924 mit dem revolutionierenden Typ Lambda, der mit einem Vierzylinder-Einblockmotor (in zwei Reihen parallel) und einer unabhängigen Aufhängung der mit Schraubenfedern abgefederten Vorderräder ausgestattet war.

Die schweren Modelle von Isotta-Fraschini, Itala und Alfa-Romeo kamen erst 1926/27, der leichte Itala-Sechszylinder, 55 PS, und Ansaldo, 9/30 PS, allerdings schon 1923 auf den Markt. O. M. war mit einem 50-PS-Modell ab 1922 vertreten.

## Österreich

Austro-Fiat stand mit seinem letzten Pkw, dem AF-1001, 34 PS, auf dem Markt. Dieses Fahrzeug fand auch als Taxi Verwendung.

Austro-Daimler baute in den Jahren 1920 bis 1924 die Hollandtype mit Vierzylinder, 35 PS, und den 17/60-PS-Sechszylinder-Wagen, Typ AD 617 (Blockbauweise: Motor und Getriebe ein Block);

Gräf & Stift brachte 1921/22 folgende Typenreihe heraus: VK I, ein kleiner Vierzylinder mit 25 PS, viersitzig, V IV, ein großer Vierzylinder mit 45 PS, vier- bis sechssitzig, S-3, ein kleiner Sechszylinder mit 80 PS, sechssitzig, SR-3, ein großer Sechszylinder mit zwei Vergasern, 90 PS und sechssitzig;

Steyr erschien 1921 mit seinem ersten berühmten Typ II mit einem Sechszylinder40-PS-Motor, Kulissenschaltung in Wagenmitte und Bootsaufbau. 1923 folgte der Typ IV mit einem Vierzylinder-24-PS-Motor als billiger Wagen (Stufenschaltung).

## Italien

Fiat begann mit seinem Typ 501 eine Vierzylinderreihe, die durch ihre Zuverlässigkeit und Güte der Konstruktion bis 1936 fortgesetzt wurde. Bekannt waren die Kleinwagen der Type 509 und 514.

## Tschechoslowakei

Dort brachte man bereits 1921 neue oder modernisierte alte Typen auf den Markt:

Praga den Präsident, Achtzylinder, 80 PS, nach Lizenz

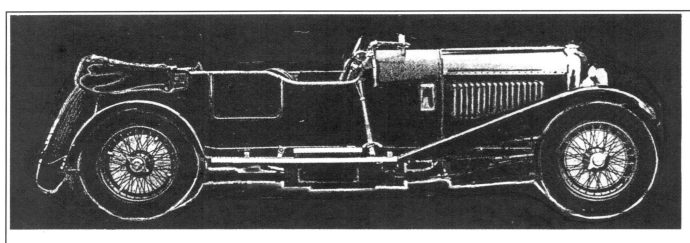

In Amerika wird die Zeit, in der diese vier Spitzenfahrzeuge geschaffen und gefahren wurden, als die „Goldene Ära" bezeichnet: Bentley Touren von 1927, 4,5 Liter-Sechszylinder, der in zahlreichen Wettbewerben reüssierte.

Bugatti Royale als Coupé de ville von 1930 mit einem 12,8 Liter-Achtzylindermotor,

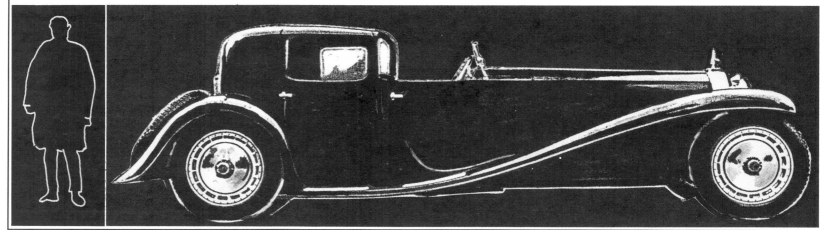

Hispano-Suiza, und seine Typen Grand, 60 PS, Mignon, 45 PS, und Alpha, 32 PS, als Sechs- und Achtzylinder heraus; Skoda baute nach dem Typ A mit 4/12 PS 1924 den ersten Popular, 5/18 PS, mit Kegelradantrieb ohne Differential (einseitig).

Tatra erschien 1920 mit dem ersten Schwingachsmodell (Schwingachse hinten), einer Konstruktion des bekannten Konstrukteurs Ledwinka, in folgenden Typen: Typ 11, dem 1922 der Typ 12, 1924 der Typ 30 folgte, alle ausgestattet mit Zwei- bzw. Vierzylinder-Boxermotoren. Besonders hervorzuheben ist bei diesen Typen die ausschließliche Verwendung des Zentralrohrrahmens.

Z-Waffenwerke Brünn brachten 1923 ihren ersten Z-Wagen mit einem Zweitakt-Zweizylindermotor von 18 PS auf den Markt. In vielen Fällen handelte es sich bei den erwähnten Konstruktionen um verbesserte Modelle der Typen von 1914 bzw. 1918 bis 1920. Hervorzuheben ist die erhöhte Leistung bei gleichem Hubvolumen, das geringere Gesamtgewicht, die gute Durchführung der Karosserien und die höheren Spitzengeschwindigkeiten, die bei Fahrzeugen mit mehr als 45 PS bei 90 km/h lagen.

Die Konstrukteure bemühten sich damals bereits um architektonisch schöne Lösungen wie gekapselte Motoren, glatte, gestreckte Form der Hinterachsbrücke usw.

Der Nutzfahrzeugbau hat in allen Ländern auf den Erfahrun-

**Audi 225 von 1936 mit einem 2,3-l-55-PS-Sechszylinder war eine fortschrittliche Konstruktion mit Frontantrieb.**

gen des Krieges aufgebaut. Hervorzuheben ist die Entwicklung des Leicht- oder Schnellastwagens, bei dem Antriebsorgan, Vorderachse und Vorderfederung vom schweren Pkw übernommen, während Hinterachse und Rahmen dem Verwendungszweck entsprechend verstärkt wurden und bis zu zwei Tonnen Nutzlast trugen. Erst von drei Tonnen Nutzlast aufwärts handelte es sich um reine Lastwagenkonstruktionen mit eigenen Antriebseinheiten und den Sonderaufgaben entsprechend konstruierten Fahrgestellen. In dieser Zeit erschien erstmals der Niederrahmen (besonders für Omnibusse), statt Schneckenantrieb wurde zum Teil der Stirnradantrieb der Hinterräder eingeführt. Ebenso wurden die Sonderausführungen vom normalen Lastwagenbau getrennt, da man sich darüber klar geworden war, daß man mit Einheitsfahrgestellen nicht imstande war, allen Bedürfnissen der Wirtschaft zu genügen.

**300 PS, das größte Automobil der Nachkriegszeit und eines der elegantesten, das je gebaut wurde. Tankinhalt 190 Liter.**

**Hispano-Suiza J 12 mit einem 9,3 Liter-Zwölfzylindermotor, 220 PS, von 1931/38.**

**Daimler-Benz 500 K-Spezial-Roadster von 1936 mit 5 Liter-Achtzylindermotor mit Kompressor, 180 PS, 170 km/h.**

# Das Einsetzen der planmäßigen Forschung

Wenige Jahre nach dem ersten Weltkrieg, zur Zeit der ersten Friedensmodelle, war man an der durch theoretisch untermauerte Empirie und Praxis zu erreichenden Leistungsgrenze angelangt. Man wurde sich klar darüber, daß es sich bei den anzustrebenden Leistungssteigerungen um spezifischste Konstruktionsveränderungen handelte. Zu diesem Zeitpunkt wurde die Entwicklung der Automobilkonstruktion zum größten Teil Sache exakter Forschung.

Um die gesteckten Ziele zu erreichen, mußten für den neuen Kraftfahrzeugbau folgende Bedingungen erfüllt werden:

1 Möglichst leicht und billig im Materialaufwand.
2 Möglichst leistungsfähig in bezug auf motorische Kraft und Geschwindigkeit.
3 Möglichst billig in der Herstellung.
4 Möglichst gute Fahreigenschaften.
5 Möglichst gutes Aussehen und Bequemlichkeit.
6 Möglichst große Betriebssicherheit.
7 Möglichst geringe Instandhaltungskosten.
8 Möglichst sparsamer Betrieb.
9 Möglichst niedriger Verkaufspreis, also geringe Gestehungskosten.

Zwangsläufig kristallisierten sich bald folgende Gruppierungen heraus:
Ein Teil der Wissenschafter arbeitete an der Prüfung des Materials, stellte Normen auf, untersuchte die inneren, mechanischen und chemischen Vorgänge und beeinflußte die Konstruktion durch seine Ergebnisse.
Die zweite Gruppe arbeitete auf kaufmännisch-technischem Gebiet und beschäftigte sich mit den Fragen der rationellen, schnellen und billigen Fertigung.
Die dritte Gruppe klärte die Möglichkeiten des Absatzes, die vorhandene Kaufkraft und steckte auf diese Weise die Erzeugungsgrenzen ab. Die Trennung des Technikers vom Kaufmann und Statistiker war damit gegeben.

„Leicht bauen" bedingt knappste Dimensionierung der Teile aus Materialien größter allgemeiner Festigkeit. Rohstoffe sind

nicht immer billig, es ist aber möglich, sie im Zuge des Fertigungsbaues und in der Art ihrer Verwendung zu verbilligen. Es ist dabei der Grundsatz von hoher Wichtigkeit, daß ein Maximum an Motorleistung durch Steigerung des Arbeitsdruckes und der Umlaufgeschwindigkeit seiner bewegten Teile erreicht werden kann. Je mehr PS auf 1000 cm³ Hubraum eines Motors entfallen, desto besser ist seine Literleistung, d. h. bei einem Hubraum von 2 Liter bzw. 2000 cm³ und einer Motorleistung von 60 PS ist die Literleistung gleich 30 PS. Erstrebenswert ist es natürlich, eine sehr hohe Literleistung zu erreichen. Dieses Maß wird bis heute für Vergleichszwecke der Motorenkonstruktion verwendet.

Ebenso wurde mit dem Leistungsgewicht das Verhältnis zwischen der PS-Zahl und dem Gesamtgewicht verdeutlicht. Das heißt, es wird die Kilogrammzahl festgestellt, die auf ein PS entfällt. Hat ein Fahrzeug ein Gewicht von 1200 kg und ist seine Motorleistung 60 PS, dann beträgt sein Leistungsgewicht für 1 PS gleich 20 kg. Auch dieses Leistungsgewicht wird nach wie vor als Vergleichsmaßstab verwendet.

**Delahaye, 1920**

**Erster Pontiac, 1926**

Dieses Taxi macht deutlich, wie hoch Automobile in den dreißiger Jahren immer noch gebaut wurden, wodurch das Trittbrett eine Notwendigkeit darstellte.

Erster deutscher Achtzylinder, der Horch 303 von 1926, 3 Liter, 60 PS, 100 km/h, den Paul Daimler nach seiner Tätigkeit in Wiener Neustadt als technischer Direktor der Horch-Werke AG nach seinen Vorstellungen bauen ließ.

Bis 1938 konnten diese Größen gegenüber 1914 in bezug auf die Literleistung um 100% vergrößert und hinsichtlich des Leistungsgewichtes um ca. 50% vermindert werden.

Von den bekanntesten Versuchsanstalten, die sich mit diesen Fragen befaßten, seien folgende genannt: Vacuum Oil Company in New York, Ricardo in Detroit, Junkers in Dessau, Maybach in Friedrichshafen und Irât in Paris. Es war z. B. 1920 noch nicht klar, ob im Zylinder eine Explosion oder eine Verbrennung stattfindet. Hätte man den Kurvenverlauf im Druckdiagramm richtig ausgewertet, so wäre schon früher klar geworden, daß es sich nur um eine Verbrennung mit treiben-der Wirkung, also allmählicher Drucksteigerung, handeln kann und nicht andere Ursachen als maßgebend zu betrachten sind. Man erforschte den Einfluß von Temperatur und Druck auf die Verbrennung im Motor, man klärte durch Versuche den Anteil des Benzins im Gas-Luft-Gemisch durch richtige Vergasung und richtige Verhältnisse, man lernte, das Benzin durch geeignete Mischung oder durch Zusatz von Antiklopfmitteln klopffester zu machen. In dieser Hinsicht waren besonders die Amerikaner durch die Schaffung von Klopfprüfmotoren und die Festlegung von Oktanzahlen in ihren Untersuchungsmethoden führend. Die Versuche ergaben, daß das Klopfen nicht durch den Zündfunken hervorgerufen wird, sondern durch die

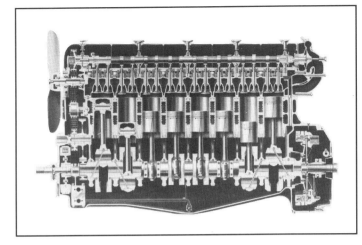

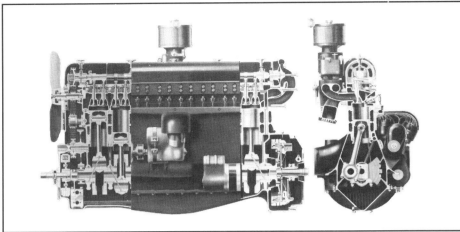

Drucksteigerung, die während der Verbrennung vor der Flammenfront entsteht, das noch nicht verbrannte Gemisch eine zusätzliche Verdichtung erfährt, das nicht verbrannte Gemisch seine Selbstzündungstemperatur erreicht und damit unabhängig von der normalen Verbrennung eine zweite, nicht gewollte Verbrennung stattfindet. Damit verbunden ist eine plötzliche Drucksteigerung, die das gesamte Triebwerk und damit den Motor einer sehr großen Beanspruchung aussetzt und sogar zur Zerstörung des Motors führen kann. Parallel dazu erfolgt ein erheblicher Leistungsabfall des Motors. Dieses Klopfen äußert sich vom hellen Klingeln bis zum dumpfen Schlagen und kann vom Fahrer durch Gaswegnehmen bzw. durch Schalten zum Verschwinden gebracht werden.

Baute man noch bis 1920 Motoren mit großem Hub, so ergaben Untersuchungen und Versuche, daß das Verhältnis von Bohrung zu Hub mit 1 : 1,5 nicht überschritten, die untere Grenze von 1 : 1 nicht unterschritten werden sollte. Ebenso sollte man eine mittlere Kolbengeschwindigkeit von 15 m/sek für normale Motoren nicht übersteigen. Konnte man die mittleren Arbeitsdrücke von 5—6 kg/cm² (atü) bis 1920 normalerweise nicht überschreiten, so war man jetzt imstande, die mittleren Arbeitsdrücke bis auf 10 atü zu steigern. Den damals normalen Drehzahlen bis zu 2000 U/min standen nun Drehzahlen von 4000—6000 U/min gegenüber. Man war also imstande, die Leistungen der Motoren aus den Jahren 1914—1920 um fast 150% anzuheben.

Um diese neuen Motoren und Fahrzeuge betriebssicher zu bauen, bedurfte es vollkommen neuer Konstruktionsgrundsätze.

## Motor

Der Graugußkolben wurde vollkommen aufgegeben und nur noch der Leichtmetallkolben verwendet. Alusil- und Elektronkolben wiesen die Vorteile des geringeren Gewichtes und der besseren Wärmeleitfähigkeit auf und konnten ohne besondere Einlaufzeit voll beansprucht werden.

Die Kolbenringe blieben unverändert aus Grauguß.
Pleuelstangen haben nicht nur Druck- und Zugbeanspruchungen, sondern auch erhebliche Schwingungen aufzunehmen, die sich aus Druckwechsel und Kolbengeschwindigkeit erge-

Drei Schnittdarstellungen des obengesteuerten ADR Achtzylinder-Reihenmotors mit Kurbelwellenschwingungsdämpfer.

Rechts: Motor-Getriebe-Aggregat des Mercedes 260 D von hinten.

ben. Das I-Profil in sich zum Kolbenbolzen hin verjüngender Form aus hochwertigem Material (Vanadiumstahl, Elektron) genügte diesen Beanspruchungen.

Kurbelwellen wurden nun im Gesenk geschmiedet oder gegossen. Die mechanische Bearbeitung erfolgte auf Hundertstel Millimeter genau, und die Kurbelwelle wurde nach ihrer Fertigstellung auf Härte (Kugeldruckprobe), auf Biegung (Federbelastungsmaschine), Rißfreiheit (elektromagnetische Probe) und auf Gleichgewicht (Wuchtmaschine) geprüft. Festigkeitswerte konnten mittels Probestäben des gleichen Materials festgestellt werden. Kurbelwellen von schnell laufenden Motoren, die Schwingungen besonders unterworfen sind, wurden an ihrem vorderen Teil mit Schwingungsdämpfern versehen.

Wurden Kugel- oder Rollenlager verwendet, dann war die Kurbelwelle meist zerlegbar (Hirth-Welle), oder es handelte sich um kombinierte Lagerungen (Maybach-Welle, Hauptlager = Rollenlager, Pleuellager = Gleitlager) oder um Spezialwellen (DKW). Bei Gleitlagern wurde der gesamte Hauptlagersatz in das Kurbelgehäuse eingebaut und in einem Arbeitszug fein gebohrt. (Das Touchieren fiel bei den modernen Motoren vollkommen weg.) Die Toleranzen, das Spiel zwischen Lager und Welle, wurden von 0,02 mm auf 0,01 mm herabgesetzt.

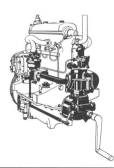

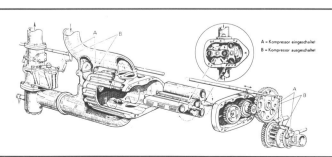

Links:
Roots-Kompressor mit Lamellenkupplung, Antrieb und Druckmesser, mit denen die ersten Mercedes-Kompressorwagen von 1921/23 ausgestattet waren.

Oben und rechts:
Rahmenloses 20/
70-PS-Fahrgestell
des Austro-Daimler
ADR 8 von
1931/35.

Rechts Mitte:
Einen der ersten
Vorderradantriebe
(ausfahrbar) wies
der sogenannte
„Voran"-Wagen
von 1926 auf.

Unten:
Steyr VII, der
komfortable
österreichische
Wagen der
zwanziger Jahre.

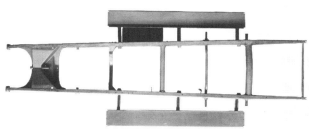

Links: Fahrgestell
des Steyr VII mit
starrer Vorder- und
Hinterachse.

Unten: Diese Bau-
weise des Steyr VII
mit Flachkühler
wurde bis in die
späten dreißiger
Jahre von vielen
Firmen angewendet.

Zylinderblock und Kurbelgehäuse bestanden bei modernen Motoren bereits aus Leichtmetall. Die Zylinder wurden bei Leichtmetallgehäusen als „nasse Büchsen" und bei Graugußgehäusen als „trockene Büchsen" eingepreßt, soweit der Zylinderblock nicht in einem Stück aus Grauguß gegossen war.

Die Nockenwelle wurde auch in modernen Maschinen in Gleitlagern gelagert und in den meisten Fällen als Antrieb der Ölpumpe und des Zündverteilers herangezogen.

Ventile: Wichtig für die Leistungssteigerung war die Feststellung der richtigen Ventilquerschnitte, die Ermittlung der richtigen Öffnungs- und Schließzeiten und die beste Lage der Ventile. Für seitengesteuerte Motoren war die Entwicklungsarbeit Ricardos grundlegend, dessen Endergebnis, der „Ricardo-Kopf", fast ausschließlich für seitengesteuerte Motoren Verwendung fand.

Vergaser: Fast allgemein setzte sich der Fallstromvergaser mit Beschleunigungspumpe durch. Sein Vorteil lag in der besseren Zerstäubung.

Kompressor: Zur Erzielung höherer Kompressionsdrücke, speziell bei Renn- und Sportwagen, griff allgemein die Verwendung von Gebläsen (Ladepumpen) Platz. Bekannt waren das Roots-Gebläse (Mercedes-Benz) und die Büchi-Aufladung bei Dieselmotoren.

Gemischzuführung und Füllungsgrad verlangen richtig geführte und aerodynamisch durchdachte Ansauganlagen, um vor allem jedem Zylinder die gleiche Menge Gemisch zuzuführen und damit einen gleichförmigen Füllungsgrad zu erreichen.

Als Schmierung war im Grundprinzip die Druckumlaufschmierung mit Zahnradölpumpe geblieben, aber nunmehr mit Drücken über 1,5 atü. Verbessert wurden die Schmierölreinigung und die Sicherung durch Überströmventile.

Die Zündung wurde als Batteriezündung möglichst vervollkommnet und in der Hauptsache 6-, 12- und 24-Volt-Anlagen verwendet. Magnetzündungen waren im Automobilbau — außer im Rennwagenbau — fast nicht mehr gebräuchlich.

Kupplung: Bei Personenkraftwagen erwies sich die Einscheiben-Trockenkupplung als beste. Im Lastwagenbau griff die Mehrscheibenkupplung Raum.

## Kraftübertragung

Getriebe: Die Entwicklung des Getriebes führte über das normale Zahnradgetriebe, dessen Nachteil vor allen Dingen in seiner Geräuscherzeugung lag, über das Aphongetriebe, das

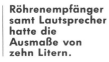

**Oldtimer unter den Autoradios aus dem Jahr 1938. Der Clou: Die Fernbedienung für**

**Sender- und Lautstärkewahl liegt griffbereit am Lenkrad. Der eigentliche**

**Röhrenempfänger samt Lautsprecher hatte die Ausmaße von zehn Litern.**

**Um offene auch in geschlossene Wagen mit Kabrio-Verdeck verwandeln zu können, waren mitunter seitlich klappbare Fenster vorgesehen.**

**Oben links:**
Bedienungseinrichtung und Armaturen eines Fahrzeuges aus den frühen dreißiger Jahren mit Kulissenschaltung und stehender Handbremse neben dem Schalthebel.
**Links:**
Blick in den komfortablen Wagenfond des Steyr VII.

**Oben:**
In großen Wagen waren oft — wie in der Eisenbahn — kleine Klapptische angebracht.

Verschiedene Anordnungen der Pedale in den zwanziger Jahren. Heute üblich: Links Kupplung, Mitte Bremse, rechts Gas.

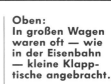

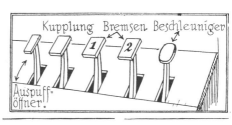

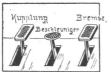

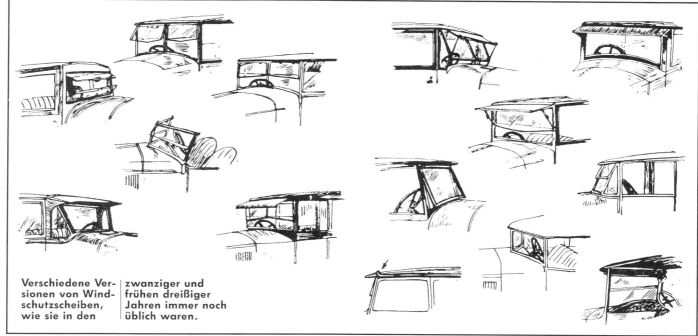

Verschiedene Ver-
sionen von Wind-
schutzscheiben,
wie sie in den

zwanziger und
frühen dreißiger
Jahren immer noch
üblich waren.

**Rechts:**
So sah der auf-
geklappte Notsitz
in einem komfor-
tablen Reisewagen
von 1930 aus.

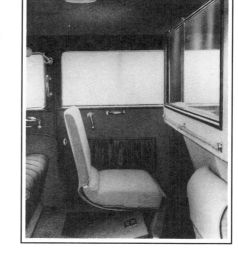

**Links unten:**
Offener Austro-
Daimler mit
üblicher Sitz-
anordnung aus
den frühen
dreißiger Jahren,
immer noch ohne
richtige Gepäcks-
unterbringung.

**Links:**
Sehr komplette
Instrumentierung
eines Austro-
Daimler von 1921.
Am Lenkrad Zünd-
und Handgas-
Einstellung.

**Unten:**
Austro-Daimler
Kabriolet um 1931
in zweitüriger Aus-
führung mit leicht
geneigter Wind-
schutzscheibe,
bereits mit Stoß-
stange und klei-
nem Kofferraum.

schrägverzahnt und geräuscharm war, zum Synchrongetriebe (synchron = gleichlaufend), bei dem die Zahnräder in dauerndem Eingriff sind und durch Hilfskupplungen geschaltet werden. Seine Schaltung wurde im allgemeinen durch die mechanische Kugelschaltung bewerkstelligt, konnte jedoch bereits, wie z. B. Hudson 1936, durch eine elektrische Vorwahl („elektrische Hand") halbautomatisiert werden (Ziehkeilgetriebe), wobei im nächsten Ent- und Einkupplungsprozeß der Eingriff der vorgewählten Gänge erfolgte.

Zwischengetriebe: Maybach und Mercedes-Benz führten das Zwischengetriebe ein, dessen Vorteil darin bestand, daß bei gleichbleibender Drehzahl der Hinterachse die Drehzahl des Motors herabgesetzt werden konnte, wodurch nicht nur eine Schonung des Motors, sondern auch eine Ersparnis an Betriebsstoff erzielt wurde. Einen weiteren Schritt in der Entwicklung stellte der Freilauf dar, von dem man aber aus fahrtechnischen Gründen außer beim Zweitaktmotor wieder abkam.

## Fahrgestell und Karosserie

Die Räder wurden unabhängig voneinander aufgehängt (Schwingachse). Diese Anordnung war das erstemal von Ledwinka als Schwingachsdifferential bei der Type Tatra 11 angewendet worden. Sie wurde von vielen Firmen wegen verschiedener Vorteile (Geländegängigkeit usw.) übernommen.
Die Vorderachse als Starrachse verschwand allmählich vollkommen und wurde durch unabhängig am Rahmen angebrachte Vorderräder ersetzt (Aufhängung z. B. durch Querfedern, durch Dreieck- oder Trapezlenker).
Lenkung: Eine grundsätzlich neue Bauart waren die Zahnstangenlenkung und die geteilte Spurstange bei Einzelradaufhängung.
Rahmen: Im Rahmenbau waren alle Grundrichtungen vom Kasten über den X- zum Zentralrohrrahmen vertreten. In allen Fällen wurde vollkommene Verwindungsfreiheit angestrebt. Auch die selbsttragende Karosserie kam in Anwendung.
Federung: Von der ursprünglichen Blattfeder über die Spiralfeder bis zur Torsionsfeder war im modernen Autobau bald alles vertreten.

# Die Entdeckung der Stromlinienform

Im Mittelpunkt des Interesses stand nach dem Krieg auch die Verringerung des Luftwiderstandes durch richtige Formgebung der Karosserie, da er mit der Steigerung der Fahrgeschwindigkeit immer unangenehmer fühlbar wurde. Schon um die Jahre 1910 bis 1912 hatten Mercedes und Austro-Daimler Spitzkühler (Prinz-Heinrich-Form) eingeführt, da sie dem Luftwiderstand Rechnung tragen wollten. Auch die Bootskarosserieform, von 1912 bis 1923 in verschiedenen Aufbauten verwendet, verfolgte das gleiche Ziel. Sie gilt als Vorläuferin der Stromlinie.
1920/21 konstruierte Rumpler sein „Tropfenauto", zu einer Zeit, als die Stromlinie des Kraftwagens durch Paul Jaray wissenschaftlich bereits vor der Lösung stand.
Für einen in der Strömungslehre nicht besonders bewanderten Konstrukteur war es keineswegs einfach, eine Stromlinienkarosserie zu entwerfen, da bei nicht vollkommen richtiger Linienführung durch Sog am Karosserierücken und Druck unter dem Wagen das Fahrzeug unstabil wird. Bei In-Bewegung-Setzen des Fahrzeuges entsteht an der Wagenunterseite ein mit der Geschwindigkeit wachsender Überdruck, weil der Luftstrom zum Teil unter das Fahrzeug gedrückt wird. Durch dieses Luftkissen und andere Momente verringert sich die Eigenstabilität stark, was sich schon auf gerader Strecke sehr unangenehm bemerkbar machen kann.
Soll eine richtige und gefahrlose Stromlinienkarosserie gebaut werden, muß beim Entwurf der ganze Fahrzeugkörper

*Unten rechts: Der Fahrtwind findet am Kühler des Rennwagens entsprechenden Widerstand und bremst ihn daher. Jenatzy erkannte als erster die Bedeutung der torpedoähnlichen Formgebung, die den Luftstrom nach hinten abfließen läßt. Durch den Fahrer wurde die günstige Wirkung jedoch weitgehend aufgehoben.*

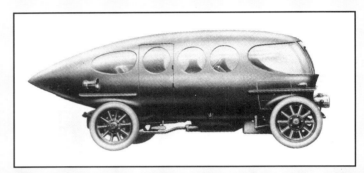

in viele Längs-, Quer- und Schrägschnitte zerlegt und jeder speziell überprüft werden. Nur so ist eine wirkliche Stromlinie konstruktiv zu erreichen (heute mit Hilfe des Computers). Die Annahme, es genüge schon, wenn eine Karosserie annähernd stromlinienförmig gebaut sei, ist falsch und in den meisten Fällen auch gefährlich oder überhaupt unwirksam.

*Maquette zu einem Karosserie-Wettbewerb (Magacine de Louvre) von 1896. Hier wurde die Stromlinie durch den Künstler — wenn auch völlig untechnisch — grundsätzlich richtig erkannt und vorweggenommen.*

Auf ihre Richtigkeit geprüft werden die zum Bau bestimmten Karosserien in Windkanälen, wo sie entweder als kleine Modellfahrzeuge oder in natürlicher Größe getestet werden.

## Paul Jaray

Dipl.-Ing. Paul Jaray verdankte seine Entdeckung der Stromlinie einem Zufall. Als stud. ing. der Technischen Hochschule Wien war er am 23. Oktober 1909 Zuschauer des Schaufliegens von Blériot. Von diesem Tag an begann er sich eingehend mit den Fragen der Strömung zu befassen. 1912 wurde Jaray Chefkonstrukteur der Flugzeugwerke Friedrichshafen und 1914 mit der Leitung des Konstruktionsbüros der Zeppelinwerke betraut. Seine erste und grundlegende Arbeit bewirkte, daß die Zeppelinluftschiffe nicht mehr in der vorn und rückwärts spitz zulaufenden Bleistiftform, sondern in Stromlinie gebaut wurden. LZ 38 war das erste nach seinen Erkenntnissen gebaute Luftschiff. In der Weiterentwicklung war es ihm möglich, in den Jahren 1915 bis 1919 im Luftschiffbau eine Leistungssteige-

Bremsen: Beim Pkw setzte sich in erster Linie die hydraulische Bremse (Öldruckbremse) durch. Beim Lkw genügte, vor allem, wenn mit Anhänger gefahren wurde, die Öldruckbremse nicht. Die Entwicklung zielte auf die Druckluftbremse hin (Kunze-Knorr), die einen ziemlich hohen Grad an Sicherheit gewährleistete. Ebenso verhielt es sich mit der Saugluftbremse (Bosch-Devandre). Auch elektrische Bremsen (Jordan) waren zwischen 1925 und 1934 in Gebrauch (alle drei Systeme Servo-Bremsen).

Die Forderungen nach billiger Fertigung konnten nur bei festgelegter Konstruktion mit wenig Verlustmaterial und ohne Änderungen erfüllt werden. Zunächst suchte man die Verformung der Teile hinsichtlich der zeitraubenden und kostspieligen Zerspanung mittels Werkzeugmaschinen wie Drehen, Fräsen, Hobeln, Schleifen auf ein Minimum zu reduzieren. Man sparte dadurch Material und Arbeitszeit und versuchte, alle Operationen durch spanlose Verformung, also Schmieden, Pressen und Stanzen, gleich auf Fertigmaß vorzunehmen. Nur an den Paßstellen mußte nach wie vor gebohrt und geschliffen werden. Dafür waren aber wieder Rohrfabrikate von bestimm-

ter Zusammensetzung nötig, die diese schlagartigen Operationen, ohne zu brechen oder zu reißen, vertrugen. So formte man Gehäuseteile, Hebel, Scheiben, Flansche, Karosserieteile in großen Abmessungen. Blech-Tiefziehpressen von 50 bis 500 Tonnen Druck und mehr verformten große Blechtafeln zu ganzen Karosseriehälften einschließlich Verschnitt auf Einbaumaß. Man brauchte sie nur elektrisch zu verschweißen und am Fahrgestell aufzusetzen. Weiters ließ man zum Teil (sogar bei Autobussen) den Fahrgestellrahmen weg und machte den Aufbau, die Karosserie, selbsttragend, indem an den starken, meist zweifachen Boden alle Maschinenteile angebaut wurden.

Hatte in dieser Beziehung der Fertigungstechniker sein Bestes gegeben, so lag es nun am Betriebsingenieur, die notwendigen Bauteile so gut und so billig wie möglich herzustellen. Rationalisierung, Aufteilung der Arbeitsgänge, Verwendung der leistungsfähigsten Maschinen waren maßgebend für eine billige Fertigung. Nur gutes Material bei verläßlicher Konstruktion und Fertigung sowie die Massenproduktionen konnten zum angestrebten preiswerten Wagen führen. Vergleicht man die Qualität und den verhältnismäßig geringen Preis der dama-

rung um mehr als das Doppelte zu erreichen. Kein Wunder, daß er seine Arbeiten auch auf den Kraftwagen ausdehnte. Die ersten Versuche an Kraftwagen fanden im Windkanal des Luftschiffbaues statt. 1920 begann Jaray seine Versuche an Stromlinienkörpern, die in Bodennähe geführt wurden. Bei einem Ferienaufenthalt 1921 machte er die ersten Entwürfe für Automobilkarosserien nach seinen Überlegungen. Seine erste Skizze zeigte die Karosserie in Form eines unten abgeflachten Stromlinienkörpers, in den die Räder miteinbezogen waren und nur die Köpfe der Insassen herausragten. Im September 1921 reichte er seinen Grundgedanken dem Patentamt ein. Er hatte sein Patent gegen Paul Ehrhardt und Dr.-Ing. Rumpler zu verteidigen.

Mit dem von Jaray gebauten Stromlinienwagen wurden nun zusammen mit anders karossierten Fahrzeugen Auslaufver-

**Links:**
**Diese Formgebung war ihrer Zeit weit voraus. Castagna setzte 1913 auf ein Fiat-Fahrgestell diese „Strom-linien-Karosserie". Der Wagen ging jedoch nie in Serie.**

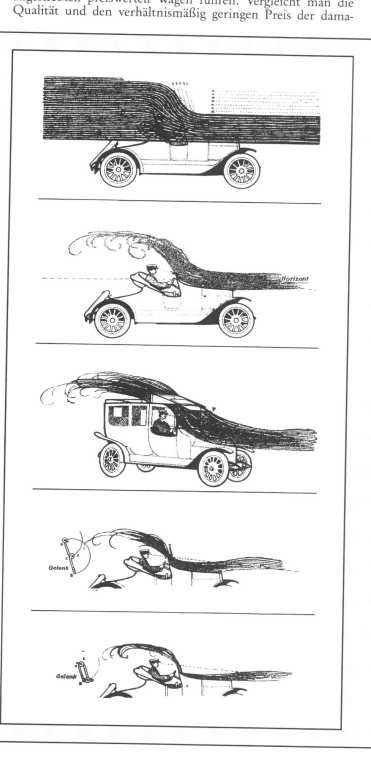

suche unternommen, wobei sich die Auslaufstrecken des Jaray-Wagens als erheblich länger erwiesen als die der Vergleichswagen. Mit einem 40-PS-Wagen käme folgender Vergleich der für die Überwindung des Luftwiderstandes erforderlichen Radleistungen zustande:

**Audi Type C „Alpensieger" von 1913/14 mit Vier-zylinder-Reihen-motor, 3,5 Liter, 100 km/h, in Bootsform.**

| Geschwindigkeit | 60 | 70 | 80 | km/h |
|---|---|---|---|---|
| Kastenförmiger Aufbau | 7 | 11 | 16,5 | PS |
| Jaray-Form | 2,4 | 3,8 | 5,7 | PS |

Diese Zahlen sprechen für sich.

Jaray hat bis auf kleine Pauschalabfindungen von Tatra, Mercedes-Benz und Auto-Union aus seiner Erfindung keinen Nutzen gezogen. Er lebte nach 1923 als stiller Gelehrter in der Schweiz.

Vor dem zweiten Weltkrieg war die Forschungstätigkeit in bezug auf die Stromlinie sehr erheblich. Da der Flugzeugbau

**Rechts:**
**Untersuchung der Wirkungsweise verschiedener Windschutz-scheiben-Lösungen sowohl aus aero-dynamischer Sicht als auch hinsichtlich Wetterschutz und Fahrkomfort.**

ligen Automobile mit jenen von 1914, dann ist klar zu erkennen, daß die mehr als zwölfjährige Forschungsarbeit von Technik und Wirtschaft absolut zum Erfolg geführt hatte.

## Neue Motoren

1924 wurde dem Kraftfahrzeugbau, besonders dem Nutzwagenbau, ein neuer Antriebsmotor gegeben: der Dieselmotor. Seit seiner Erfindung im Jahre 1900 dauerte es 24 Jahre, bis er als Antriebsmotor für Kraftfahrzeuge verwendet werden konnte. Alle Versuche hatten erst Erfolg, als es möglich geworden war, ohne Kompressor auszukommen. 1909 wurde ein von Ing. Prosper L'Orange gebauter kompressorloser Dieselmotor mit „Vorkammerverfahren" für Benz & Co., Mannheim, dessen Versuchsanstalt damals L'Orange leitete, zum Patent angemeldet. Der Weltkrieg unterbrach zunächst die Entwicklung, bis nach dem Kriege L'Orange mit Erfolg weiterarbeiten konnte, während sich die Versuche der MAN auf dem Wege der Strahlzerstäubung bewegten.

Der erste brauchbare Diesel-Kraftwagen war ein MAN-Diesel,

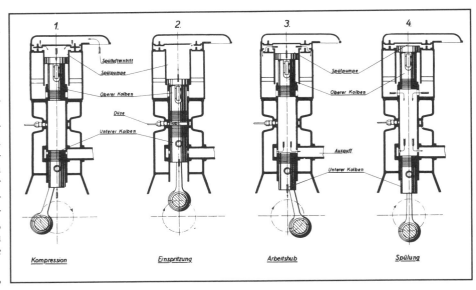

Kompression     Einspritzung     Arbeitshub     Spülung

ähnliche Probleme zu lösen und Prof. Junkers in Dessau Spezialanlagen zum Studium des Luftwiderstandes geschaffen hatte, ging im deutschen Wirtschaftsraum die Prüfung der Linienführung neuer Automobilmodelle zum Teil auch auf ihn über. Nach und nach entstanden auf der ganzen Welt Institute, die mit Hilfe von Windkanälen und Modellversuchen die besten Karosserieformen ermittelten. Tatra war eine der ersten Automobilfabriken, die bei ihrem Karosseriebau die Stromlinie serienmäßig verwertete und einen sehr leistungsfähigen Achtzylinder-Personenwagen mit Stromlinienkarosserie auf den Markt brachte.

Trotz der wissenschaftlichen Grundlagen, scheute die Autoindustrie vor der konsequenten Anwendung bis nach der Ener-

RUMPLER TROPFEN-AUTO

**Steyr-Coupé de ville mit Spitzkühler, Sechszylindermotor, 3,3, Liter, 50 PS, 1925/29.**

**Rechte Seite Mitte außen: Der von Ledwinka entwickelte Tatra war einer der ersten serienmäßigen Stromlinien-Wagen.**

**Rechte Seite Mitte: Der Versuchswagen Paul Jarays von 1923, mit dem er praktische Erprobungen durchführte (erster Stromlinien-Wagen).**

**Links: Interessante Werbung, die sich mit der Aerodynamik ebenso wie mit der Staubentwicklung des fahrenden Wagens auseinandersetzte.**

**Rechts: Diese Luftwiderstandsbeiwerte wurden dem „Bosch kraftfahrzeugtechnischen Handbuch" entnommen.**

giekrise 1973 mehr oder weniger zurück. Vorher wurden in dieser Richtung eher geringe, vor allem optische Zugeständnisse gemacht.

Der Luftwiderstand wächst mit dem Quadrat der Fahrgeschwindigkeit, so daß Höchstgeschwindigkeit und Kraftstoffverbrauch eines Fahrzeuges entscheidend vom Luftwiderstand beeinflußt werden. Zur Kennzeichnung der Güte von Fahrzeugformen bezüglich ihres Luftwiderstandes wird der Luftwi-

**Links: Versuch einer aerodynamischen Karosserieform von 1921, der trotz richtiger Schlußfolgerungen zu keiner echten Problemlösung führt.**

derstandsbeiwert, der sogenannte $c_w$-Wert, herangezogen. Er ist vor allem von der Fahrzeugform und geringfügig von der Fahrgeschwindigkeit, von der Größe und vom Ort der Zuladung (Vordersitz, Hintersitz, Kofferraum) abhängig. Die kleinsten $c_w$-Werte können mit Stromlinienkörpern erreicht werden. Die Minimalwerte liegen bei $c_w = 0,15$.

Im Jahr 1938 lagen die Durchschnittswerte bei Personenwagen

| Fahrzeug | | beiwert $c_w$ | Fahrzeug | | beiwert $c_w$ |
|---|---|---|---|---|---|
| | Kutschenform, offen, 1900 | 0,6···1,2 | | Scheinw., Hinterräder, Ersatzrad im Rumpf; ohne Stoßstangen | 0,3···0,4 |
| | Viersitzer, offen, 1900 | 0,7···0,9 | | Scheinw. u. alle Räder im Rumpf; Boden verkleidet | 0,20···0,25 |
| | Kastenaufbau mit scharfen Kanten, 1925 | 0,6···0,7 | | K-Form (kleiner Abreißquerschn.) | 0,23 |
| | Kastenaufbau, runde Kanten, schräge Frontscheibe, 1930 | 0,5···0,6 | | Günstigste windschnittige Form | 0,15···0,20 |
| | Schräges Heck, „Stromlinien"-Kotflügel usw. | 0,45···0,55 | Lastkraftwagen, Lastzüge offenes Kabriolett Motorrad | | 0,8···1,5 0,6···0,7 0,6···0,7 |

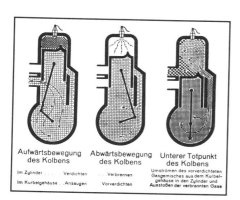

Aufwärtsbewegung des Kolbens
- Im Zylinder ... Verdichten
- Im Kurbelgehäuse ... Ansaugen

Abwärtsbewegung des Kolbens
- ... Verbrennen
- ... Vorverdichten

Unterer Totpunkt des Kolbens
- Umströmen des vorverdichteten Gasgemisches aus dem Kurbelgehäuse in den Zylinder und Ausstoßen der verbrannten Gase

Links außen:
Eine interessante Motorkonstruktion war der von Junkers gebaute gegenläufige Diesel-Zweitaktmotor. Darstellung des Spülprozesses.

Links: Bis nach dem zweiten Weltkrieg wurde der Zweitaktmotor im Automobil immer wieder zur Anwendung gebracht.

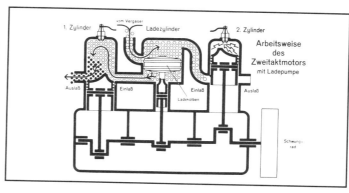

1. Zylinder — vom Vergaser — Ladezylinder — 2. Zylinder
Arbeitsweise des Zweitaktmotors mit Ladepumpe
Auslaß — Einlaß — Einlaß — Auslaß — Ladekolben — Schwungrad

Der größte Vorteil des Zweitaktmotors war seine Einfachheit. Nur fünf bewegte Teile bildeten das funktionelle Triebwerk. Nachdem die Füllungsgrade nicht besonders gut waren, sollten Ladepumpenmotoren eine Verbesserung des Wirkungsgrades bringen, was die Einfachheit beeinträchtigte.

der 1924 auf der Berliner Automobilausstellung gezeigt wurde. Junkers konstruierte einen Doppelkolben-Dieselmotor, der bereits 1911 seine Feuerprobe bestanden hatte. 1930 war der erste Junkers-Doppelkolben-Fahrzeugdiesel gebrauchsfertig. Um die gleiche Zeit fand der Zweitaktmotor neuerdings Eingang in den Kraftwagenbau. Der Vorteil des Zweitaktmotors besteht darin, daß der Motor wenige sich bewegende Bauteile und so auch weniger Fehlerquellen aufweist.

DKW (Zschoppau in Sachsen) spezialisierte sich auf die Erzeugung dieser Motoren, entwickelte einen Kleinwagen und wurde damit führend im Kleinwagenbau. Er fand bald Nachahmung, und zwar durch Aero in der Tschechoslowakei.

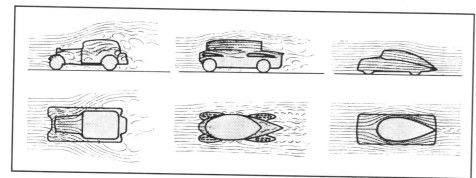

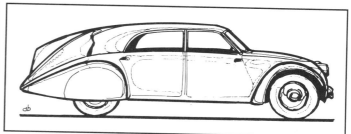

Oben Mitte:
Strömungsverhältnisse bei drei verschiedenen Karosserieformen:
Bei der Kastenform ist die Wirbelbildung ungünstiger als bei der Bootsform (Mitte).
Am günstigsten erweist sich die Jaray-Form.

Links: Rumplers „Tropfenauto" von 1921 in Bootsform, Vierzylinder, 55 PS

Rechts:
Erste Jaray-Skizze einer Sportkarosserie.

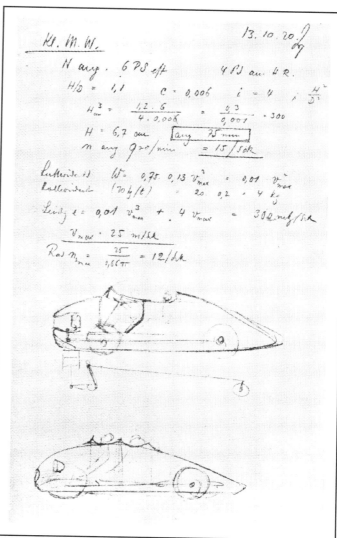

# Die Leichtbauweise und ihr Einfluß auf die Entwicklung des Fahrgestells

Die Grundtendenz der Bemühungen um eine möglichst leichte Bauweise war die Erhöhung der Leistung und Verminderung des Eigengewichts. Hier führte die Schaffung bis dahin unbekannter Leichtbaustoffe mit erhöhten Festigkeitswerten zum Erreichen des angestrebten Zieles.

Vergleicht man den Baustoff Holz mit Aluminiumlegierungen oder Stahl und gibt dem Holz den Wert 1, so verhalten sich ihre Gewichte wie 1 : 3 : 12. Ihre Festigkeitswerte für zusammengesetzte, aber gleiche Beanspruchungen (100 kg/cm² für Holz) verhalten sich wie 1 : 30 : 60. Man ist also in der Lage, bei Verwendung von Stahl gegenüber Holz mit einem Sechzigstel des Querschnittes, bei Aluminiumlegierungen mit einem Dreißigstel des Querschnittes auszukommen, wobei letztere im Vergleich zu Stahl nur das halbe Gewicht aufweisen.

Da im Autobau Holz nur für Aufbauten Verwendung fand, erfolgte der erste Schritt zur Leichtbauweise im Jahre 1906 als

**Werbung anläßlich der Fusion von Mercedes-Benz, 1926.**

man statt Holzplatten Sperrholz nahm. Der nächste Schritt war der Ersatz dieser Sperrholzplatten durch Blechtafeln, schließlich durch gepreßte Blechteile, die verschweißt wurden. Diese Entwicklung vollzog sich in den Jahren zwischen 1914 und 1920. Eine entscheidende Phase bildete das Ersetzen des schweren und vor allen Dingen Raum beanspruchenden Holzgerippes durch L- und T-Sonderprofile aus Stahlblech, über die die Blechhaut (ab 1924 Aluminiumblech) gezogen wurde (1926 bis 1927).

Die elektrochemische Vergütung des Aluminiums (1920 bis 1924) war das Fundament, das sowohl konstruktiv als auch preislich der Automobilindustrie entscheidend weiter half. An diesem Vorgang waren folgende Institute hervorragend beteiligt: das Carnegie-Institut der Pennsylvania-Universität, das Kaiser-Wilhelm-Institut, Berlin, und das Laboratorium der Junkers-Werke. Der Erfolg ging so weit, daß Aluminiumlegierungen mit Kupfer und Neumetallen möglich wurden. Bald darauf erfolgte auch die hüttentechnische Veredelung und Vergütung. Die Aluminiumlegierungen waren elastisch und hart, ließen Biegungsbeanspruchungen zu und in gewisser Bezie-

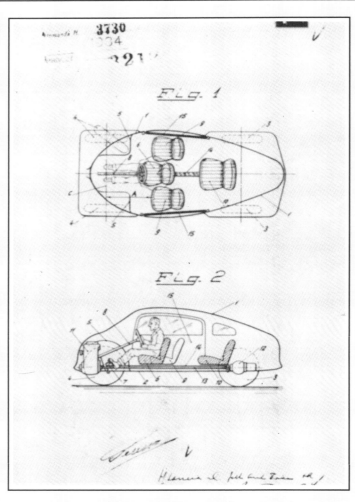

**In Amerika war der Chrysler Airflow von 1934 Sinnbild der neuen Stromlinien-Formgebung.**

bei 0,58. Neuere Untersuchungen, bei denen die Widerstandsbeiwerte von 91 europäischen Personenwagen der Baujahre 1968—1976 ermittelt wurden, ergaben $c_w$-Werte von 0,52 bis 0,36. die größte Häufung war im Bereich 0,42—0,48 festzustellen. Durch geringfügige Maßnahmen, wie zum Beispiel sorgfältige Abrundung der Konturen der Fahrzeugfront, bessere

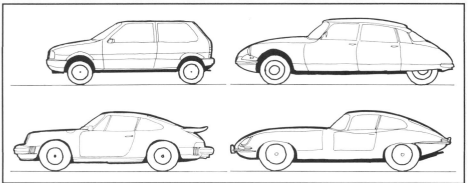

| **Aerodynamische Karosserie von Lancia, 1934, mit** | interessanter Sitz- und Lenkradanordnung. | **Je niedriger der $c_w$-Wert, umso günstiger die** | Stromlinienführung. Nicht immer ist die optisch gün- | stig erscheinende Linienführung auch tatsächlich die beste. |

hung waren sie schmiedbar. 1913/14 lernte man Aluminium löten und ab 1916 konnte man es elektrisch schweißen. Es nahm die Eigenschaften von Stahl an, und dies bei einem Viertel des Gewichtes und gleicher Größe. Die neuen Legierungsbezeichnungen lauteten: Elektron (Aluminium-Magnesium-Legierung), Alusil (Aluminium-Silizium) und Silium. Damit waren die Möglichkeiten für die Leichtbaukarosserie gegeben.

Man konnte sogar so weit gehen, nunmehr Gehäuseteile für Motor, Getriebe und Differential aus Leichtmetall zu fertigen.

Die ersten Versuche mit Kolben und Zylinderköpfen wurden unternommen.

1927 gelang es Dr. Hirth, die zerlegbare Kurbelwelle zu bauen, und damit war auch die Verwendung der Kugel- oder Rollenlager statt Gleitlager gegeben. In vereinzelten Fällen, z. B. bei Aero, Tschechoslowakei, erzielte man eine Gewichtsersparnis von 25% gegenüber der Normalkurbelwelle. Ab 1922 bis 1924

**Austro Fiat AFN Omnibus, 1933.**

**Gräf & Stift Großomnibus, 1932.**

war es bei Verwendung von veredelten Walzstählen möglich, die Fahrgestellrahmen von 180 mm Steghöhe auf 100 bis 120 mm (Lkw-Rahmen) und von 100 mm auf 60 bis 75 mm (Pkw) zu verringern und damit eine Gewichtsersparnis von 50% zu erzielen. Die Normalblechstärken konnten von 7 bis 10 mm auf 3,5 bis 5 mm herabgesetzt werden.

Bei Renn- und Sportwagen wurde es sogar üblich, Rahmen, Querträger, sogar Pleuelstangen, mit Aussparungen zu versehen, um die Gewichte zu verringern, wobei die Festigkeit dieser Bauteile in keiner Weise beeinträchtigt wurde.

Im Rahmenbau verschwanden die langen seitlichen Chassisholme, und die Rahmengabel mit dem schwingend eingebetteten Motor-Getriebe-Block setzte sich nach hinten als zentraler Rohr- oder prismatischer Kastenträger fort, an dessen Ende das Differentialgehäuse starr befestigt war. Die Karosserie wurde vom senkrecht zum Zentralrohr oder Kasten montierten Querrahmen getragen. Hat man aus Gründen der Stabilität bei schweren Pkw den normalen Rahmen beibehalten, dann wurde er oft zweimal gekröpft, um die tiefe Schwerpunktlage

**Darstellung der optisch gestalteten Stromlinie von 1898 bis zur effektiven Stromlinie 1990.**

Zeichnungen Ing. Alfred Buberl

**Links unten: Windkanalstudien verschiedener Fahrzeugformen des Volkswagen-Werkes in Wolfsburg.**

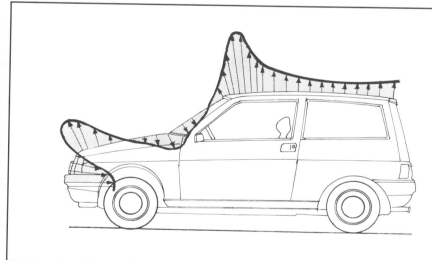

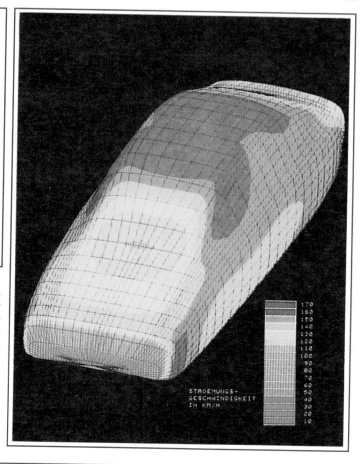

Gestaltung von Regenrinnen, Bug- bzw. Heckspoiler usw., ist es aber möglich, diese $c_w$-Werte bei gleicher Fahrstabilität und gleichem Innenraum auf 0,35—0,40 zu senken. Nachträglich montierte Zusatzscheinwerfer, Gepäckträger oder Schiträger können die $c_w$-Werte aber wieder beträchtlich erhöhen.

Eine Senkung der $c_w$-Werte auf 0,3—0,2 ist nur mit großem Aufwand möglich.

10 Prozent Widerstandsreduktion ergeben 3 bis 4 Prozent Kraftstoffersparnis.

in der Wagenmitte zu erhalten. Die schwere Vorderachse wurde durch die viel leichtere Einzelradaufhängung ersetzt. Im Zeichen der Gewichtseinsparung stand auch der Vorderradantrieb (Frontantrieb), und zwar durch den Wegfall der Kardanwelle bei vorn eingebautem Motor, und der Heckmotor bei Hinterachsantrieb.

Ein Fahrzeug aus dem Jahre 1920 wies ein Wagengewicht von etwa 1700 kg, das gleiche Fahrzeug mit der gleichen Leistung in den Jahren 1927 bis 1938 nur noch ein Gewicht von ca. 1200 kg auf, und das sind keineswegs Grenzziffern, denn Forschung und Entwicklung waren auch in dieser Hinsicht unentwegt um eine Minimierung bemüht.

## Neue Typen und Formen

Bis 1926 war das Automobil in seinem Äußeren fast unverändert geblieben. In den folgenden Jahren aber begann sich eine neue Bautendenz immer stärker geltend zu machen. Versuche und Erfahrungen hatten ergeben, daß bereits eine gewisse Windschnittigkeit der Karosserie bei gleicher Motorleistung dem Fahrzeug eine erheblich größere Geschwindigkeit verlieh, ganz zu schweigen von der eigentlichen Stromlinienführung. Auch erkannte man die Notwendigkeit einer Schwerpunktverlagerung, die wieder neue Rahmen- und Achskonstruktionen erforderte. Mit der tieferen Schwerpunktlage wurden die Fahrzeuge auch breiter, und das Automobil veränderte sich in seinem Äußeren grundlegend.

1934 erschienen Hudson und 1935 Chrysler in Amerika mit einem Vollstromlinienwagen. In der Tschechoslowakei überraschte der mustergültige Tatra 77 mit Flosse und Heckmotor (1934). In Deutschland brachte Adler einen Stromlinienwagen auf den Markt, in Frankreich bereits 1928 Bugatti, 1934 Citroën und in Österreich Steyr seine Typen 100, 120 und 50.

Ab 1924 setzte auch die Werbung sehr stark ein, und die Fahrzeuge wurden mit Namen versehen, z. B. bei Opel: Kadett, Kapitän, Admiral, wobei die höchste Bezeichnung immer den größten und die mindere Bezeichnung den kleineren Wagen betraf.

Weiters wurde es üblich, daß fast jede Automobilfabrik in Europa je einen leichten 1,2- bis 1,5-l-, einen mittleren 2- bis 2,5-l- und einen schweren Personenkraftwagen von über 3 l Hubraum herstellte. Selbst Amerika ging teilweise von seinem Eintypen-Programm ab und baute zwei Typen (eine billige und eine teurere Ausführung).

Im Lastkraftwagenbau wurde die Antriebskette vollkommen aufgegeben, die Luftkammerbereifung hielt sich noch bei einzelnen schweren Fahrzeugen, im allgemeinen wurden ebenfalls Kardanantrieb und Luftbereifung eingeführt. Motor und Getriebe waren in einem Block vereinigt, die Kupplung eine Mehrscheibenkupplung, die Druckluftbremse allgemein eingeführt, das geschlossene Führerhaus mit bequemen Sitzen ausgestattet. Schwerlastzüge von 25 Tonnen und 25 bis 30 Meter Länge erschienen erstmals auf den Landstraßen. Alle Anforderungen des Verkehrs- und Transportwesens wurden im Nutzwagenbau erfüllt. 1-Tonnen- und 2-Tonnen-Lkw als Kasten- oder Plateauwagen, meist auf mittleren oder schweren Pkw-Fahrgestellen, kamen auf den Markt. Erst von 3,5 Tonnen an verwendete man Speziallastwagenmotoren, und hier begann auch der unerhörte Aufschwung des Dieselmotors als Fahrzeugmotor, um so mehr, als sich sein Betrieb wesentlich billiger stellte als der des Benzinmotors.

Für Schwer- und Schwerstfahrzeuge wurde das Dreiachsfahrgestell üblich. Aus militärischen Gründen wurde in der Folge das doppeltbereifte Lastwagenrad (Zwillingsreifen) bevorzugt. Eine Weiterentwicklung des Lastwagens war der Sattelschlepper: ein Motorwagen als Zug- und Führungswagen zugleich. Auf ihn wurde ein Großraumanhänger von 6 bis 10 Tonnen Ladegewicht mit seinem radlosen Vorderteil — also mit halber Last — aufgesetzt und drehbar befestigt. Dadurch erhielt man ein Fahrzeug, das leichter zu fahren, kürzer, sehr beweglich und betrieblich billiger war. Durch die Entwicklung während der Kriegszeit gesellte sich die Zugmaschine zu den schon bekannten landwirtschaftlichen Traktoren. Diese Zugmaschinen hatten ein Eigengewicht von 8 bis 12 Tonnen und zogen drei zweiachsige Anhänger von je 3 bis 5 Tonnen. Als leichteste Zugmaschine war seit 1930 der landwirtschaftliche Traktor entwickelt worden. Seine Leistung betrug zirka 25 PS. Die leichten Zugmaschinen besaßen Motoren von 45 bis 60 PS, die schweren Zugmaschinen von 75 bis 120 PS. Fast alle Motoren waren Dieselmotoren. (Hanomag, Büssing-NAG, Nash, Westinghouse, Henschel usw.)

## Weltwirtschaftskrise und Rationalisierung

Als die Automobilfabriken ab 1920 wieder eine normale Fertigung aufnehmen konnten, war die Nachfrage groß. Da die Währungen nicht stabilisiert waren, spielten die Kosten kaum eine Rolle, und das Interesse an Sachwerten war lebhaft. Als aber mit dem Jahre 1926 die Währungen untereinander ange-

**Rechts Mitte:
Rolls-Royce
Phantom von 1927
mit Sechszylindermotor, ca. 100 PS,
140 km/h.
(Bis heute gibt
Rolls-Royce die PS
ihrer Fahrzeuge
nicht an.)**

**Citroën von 1934
mit ausfahrbarem
Motor, Kraftübertragung und Vorderradantrieb.**

glichen wurden und stabile Kurse zeigten, Franc, Lira, Schilling wieder Wert bekamen, war es mit der Verkaufswelle vorbei und die Firmen wurden gezwungen, bei billigsten Preisen beste Qualität zu liefern. Es gelang nicht allen Firmen, sich den neuen Verhältnissen anzupassen. Kapital war gering, und nur die Firmen, die wirklich gesunde Verhältnisse schafften, konnten sich durchsetzen. Fusionen und Konzernbildungen waren an der Tagesordnung, und oft entstanden daraus leistungs- und konkurrenzfähige Unternehmen. Trotzdem sind aber in der Zeit zwischen 1924 und 1929 zahlreiche Firmen mit gutem Namen untergegangen, wenn die Rationalisierung von Herstellung und Verwaltung durch mangelnde Erfahrung nicht gelang.

Die Schwierigkeiten der neuen Produktionsmethoden wurden häufig unterschätzt. Fehlerquellen konnten aber nicht immer verhindert bzw. rechtzeitig abgestellt werden und wirkten sich oft verheerend aus. Sie sind in diesem Zusammenhang interessant und sollen deshalb aufgezeigt werden:

So war es ein Fehler, eine Montage rationell einzuleiten, wenn nicht alle erforderlichen Teile in der ausreichenden Menge griffbereit im Lager vorhanden waren.

Es erwies sich als schädliche Übertreibung, eine bestehende Tischmontage, die sich bewährte, noch mehr rationalisieren zu wollen.

Wenn der Montagevorgang so beschleunigt wurde, daß der mittlere Arbeiter in seiner Leistung zurückblieb (Raubbau an der Arbeitskraft), wurde das Erzeugnis schlecht und schleuderhaft zusammengebaut.

Es war eine fahrlässige Fehlinvestition, Fließbänder einzurichten, ohne sicherzustellen, daß die darauf zu fertigenden Serien auch abgesetzt werden konnten. Eine fünfjährige Amortisation war einzukalkulieren. Fließbänder für kleine Pkw mußten mindestens eine jährliche Leistung von 10.000 Wagen erbringen.

Es war nicht immer rationell, Arbeit an andere Firmen zu ver-

geben, wenn man in der eigenen Firma leistungsfähiger hätte sein können oder umgekehrt.

Ingenieur Wilford Taylor und Henry Ford schafften die Erzeugungsmethoden, die sich seit 1920 auch in Europa durchsetzten. Ihr Ziel war es, dem Käufer die beste Konstruktion zum billigsten Preis zu bieten.

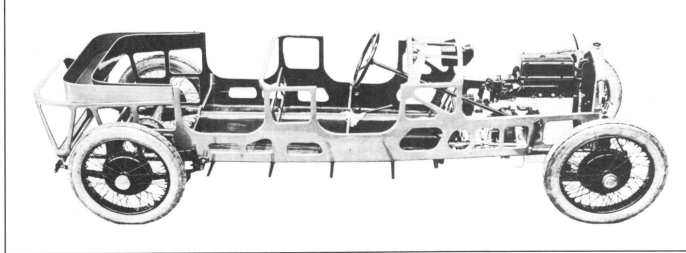

**Lancia Lambda II-29/100 von 1925, Vierzylindermotor, 70 PS, 120 km/h, erstmals vorn unabhängige Teleskop-Federung, selbsttragende Karosserie bei rahmenloser Bauweise.**

**Erste selbsttragende Karosserie der Welt des Lancia Lambda, 1922.**

Packard Limousine mit Achtzylindermotor, 24/130 bis 150 PS, 1937.

Sensation der Berliner Automobil-Ausstellung von 1936: Mercedes-Benz 260D mit Vierzylinder-Dieselmotor, 2,5 Liter, 45 PS, 95 km/h.

Das legendäre Duesenberg Cabriolet, auch Sportsman genannt, Kompressormotor V8 mit hängenden Ventilen, 190 PS, von 1937, einer der Traumwagen dieser Zeit — und nicht nur der Amerikaner.

## Amerika

In Amerika hatte man schon vor dem Krieg erkannt, daß es nicht immer am billigsten produzieren hieß, wenn alle Teile in der eigenen Fabrik hergestellt wurden, sondern daß es manchmal besser war, fertige Aggregate bei Spezialfirmen zu kaufen und sich durch sie beliefern zu lassen. So entstanden in Amerika schon bis 1920 Fabriken, die nur Automobilmotoren erzeugten, wie etwa Willys Overland, und Spezialanfertigungen zu billigsten Preisen ausführten. Bedeutende Unternehmungen wie Duesenberg blieben bei der Einzelfertigung und betrieben nebenbei zur Deckung der Werksunkosten eine Serienfertigung in Fließarbeit. Die Motoren von Continental, Wright und Rolls-Royce, Lenkungen von Ross, das Burman-Getriebe und ähnliche Aggregate wurden damals weltberühmt.

Viele der bekannten Marken, wie z. B. Mitchell oder Kisselcar, sattelten auf Lkw-Fertigung um, fertigten ab 3-Tonnen-Wagen im Taktverfahren, das Commercialcar bis 2 Tonnen ab 1920 am Fließband. Aber 1930 ging auch der 3-Tonner auf das Fließband und nur die schwersten Trucks (bis 10 Tonnen) wurden auf dem Gleis (Takt) montiert. Die Pkw-Fabriken fertigten fast ausnahmslos am Fließband.

1920/21, als die Geschäftstätigkeit in Amerika ins Stocken geraten war, strebten namhafte Automobilfabriken die Bildung von Konzernen an, die sich innerhalb derselben nur durch ihr Programm unterschieden. Der größte Konzern war die General Motors Corporation mit ihren Marken Chevrolet, Buick, Pontiac, Cadillac, Oldsmobile, Vauxhall, Bedford und Opel. Sie bestand allerdings bereits vor 1914. Die Ford-Motor-Company umfaßte Ford, Lincoln, Mercury und Fordson, der Chrysler-Konzern Chrysler, Dodge, De Soto, Plymouth, und dann gab es noch die Kaiser-Frazer-Nash-Corporation. Selbständig erhalten haben sich die Firmen Auburn, Duesenberg, Kisselcar, Federal-Republic, Fargo, Packard, Studebaker usw. (Stand von 1940.)

Die folgenden Daten aus dem Jahre 1935 (Beginn des New Deal) aus der Weltkraftfahrstatistik geben ein ungefähres Bild der amerikanischen Verhältnisse: 1935 wurden in den USA 2,744.000 Pkw und 511.000 Lkw zugelassen. Von diesen entfielen auf die Konzerne in Prozent:

|  | Pkw | Lkw |
|---|---|---|
| General Motors | 38,3 | 35 |
| Ford | 30 | 36 |
| Chrysler | 23 | — |
| Selbständige | 8,7 | 1 |
| International | — | 28 (schwere) |
| Zusammen | 100% | 100% |

In Europa ist man erst 1924 bis 1926 zur Überzeugung gelangt, daß Spezialfertigungen für die Kfz-Industrie von Vorteil sind. Waren auch Schwierigkeiten zu überwinden (Zoll u. dgl.), waren doch z. B. die ZF-Getriebe (Friedrichshafen), die MAN-Dieselmotoren (Nürnberg), die Coventry-Kupplungen (England), die Flexible-Lenkungen (Frankreich) erfolgreich.

## Belgien

In Belgien konnte sich nur die Motorradindustrie aus der Krise halten. Alle anderen Firmen gingen in die Hände der Engländer oder Amerikaner über.

## Deutschland

In Deutschland mußten die Schwierigkeiten der Spekulationszeit, der verhältnismäßig teuren neuen Rentenmark (4,2 Mark = 1 Dollar) und des mit alten Fahrzeugen gesättigten Inlandsmarktes überwunden werden. Der illegale Altwarenmarkt war durch Bestimmungen, die 1929 erschienen und die Preise der Neu- und Altwagen regelten, vernichtet worden, wodurch die Möglichkeit zur Erneuerung des Kraftwagenbestandes gegeben war.

Die Adler-Werke konnten sich durch vernünftige Rationalisierung und neue Konstruktionen (Vorderradantrieb, Stromlinienwagen) bei mittleren Preisen behaupten.

Audi, DKW, Horch und Wanderer schlossen sich 1929/30 zur Auto-Union zusammen und legten ein neues Programm auf. Horch blieb der schwere Wagen, Audi und Wanderer waren die mittleren Typen und DKW der billige Kleinwagen. Wanderer und DKW wurden in Fließbandfertigung erzeugt.

Benz vereinigte sich mit Daimler-Mercedes Ende 1927 zu Daimler-Benz, wobei für die Kraftfahrzeuge die Bezeichnung Mercedes erhalten blieb. Der 170 V ging in Fließbandfertigung.

Die Firmen Brennabor, Deutz, Dürkopp, Fafnir, Protos, Sperber und Zenith stellten ihre Erzeugung ein (1927 bis 1933).

Cyklon stellte auf Motorradfertigung um (Zündapp).

Büssing vereinigte sich 1927 mit NAG, entwickelte ein Nutzwagenprogramm und führte die Gleis-(Takt-)Montage ein.

Bergmann spezialisierte sich auf den Bau von Elektrolastwagen.

Hansa und Hansa-Lloyd vereinigten sich 1938/39 unter dem Namen Borgward und bauten ein gemischtes Programm.

MAN spezialisierte sich auf den Bau von Diesel-Lastkraftwagen.

Krupp und Mannesmann-Mulag verbanden sich 1922/23 und bauten schwere Lastkraftwagen.

Mathis (Straßburg) kam zu Frankreich und war ab 1930 französische Ford-Niederlassung, in welcher der Matford gebaut wurde.

Opel wurde von General Motors als deutscher Stützpunkt ausgebaut. Die Typen 5/15 (Laubfrosch-Nachfolger) und 10/40 lehnten sich schon an das amerikanische Programm an.

1930 setzte die volle Fertigung nach deutschen Marktbedürfnissen und Typenbezeichnungen ein.

Ford erwarb die ehemaligen Autowerke von Deutz und Rathe und eröffnete 1931 die deutschen Ford-Werke in Köln, die die billigen Typen bis zum V 8 (75 PS) für den deutschen Markt erzeugten.

Stoewer baute kleine und mittlere Wagen, gab 1928 den Bau schwerer Wagen vollkommen auf und begann 1930 mit der Fließbandfertigung.

Einzelne Kleinwagen, z. B. Aga, Pluto, Presto, Grade, verschwanden bald vom Markt.

Verschiedene ehemalige Waffen- und Lokomotivfabriken brachten ab 1922 Nutzfahrzeuge auf den Markt und verschafften sich durch die Güte der Konstruktionen Weltruf, wie etwa Krupp, Henschel, Magirus, Vomag und Hanomag.

In Deutschland stiegen die Zulassungen 1935 auf 180.000 Pkw und 32.000 Lkw.

## England

In England entwickelte sich durch die Rationalisierungsbestrebungen eine Spezialisierung auf die Herstellung von Einzelaggregaten. Die Marken gingen unter Wahrung individueller Firmenmerkmale zum großen Teil auf das Montagewesen über.

## Frankreich

In Frankreich folgte die Firma Citroën dem Erzeugungssystem Fords, und da die übrigen Firmen nicht immer imstande waren, konkurrenzfähig zu bleiben, verschwanden bekannte Automarken vom Markt. Firmen wie Berliet und Darracq stellten auf Nutzwagenbau um.

## Italien

In Italien begann Fiat schon 1925/26 mit der Fließbandfertigung. Ansaldo gab 1927 seinen Pkw-Bau auf. Lancia wurde

**Dieser zweisitzige „Laubfrosch"-Nachkömmling von Opel mit 4/20 PS von 1929 mit ausklappbarem „Schwiegermuttersitz" im Heck war bereits um 1.800 Mark zu haben, — ein Tiefstpreis-Rekord.**

STEYR XII

*Der österreichische Wagen von internationalem Ruf*

STEYR-WERKE A.-G.
WIEN, I. TEINFALTSTRASSE 7
I. KÄRNTNERSTRASSE 7

### Der neue Oakland

Ein Erzeugnis der fünftgrößten
Automobilfabrik der Welt

Stets war der Oakland der Wagen für moderne junge Menschen — und jetzt mehr denn je.
Die schwungvolle, geräumige Karosserie auf dem langgestreckten niedrigen Chassis ist ein Meisterwerk Fishers. Der neue Oakland Motor entwickelt jetzt noch größere Kraft und Schnelligkeit. Sehen Sie sich den neuen Oakland an. Machen Sie heute noch eine Probefahrt.

| | |
|---|---|
| Coach | M. 7895 |
| Roadster | M. 8525 |
| Sedan | M. 8325 |
| Coupé | M. 8725 |
| Phaeton | M. 8525 |
| Convertible Cabriolet | M. 9625 |
| Convertible Landau Sedan | M. 9775 |

*General Motors G. m. b. H.*
*Berlin-Borsigwalde*

neu aufgezogen. Itala trat in den Hintergrund. Alfa-Romeo und Maserati nahmen eine Sonderstellung ein und behaupteten sich durch ihre bekannten Sport- und Rennwagen.

## Österreich

In Österreich ging Steyr mit seinem Typ XII ab 1926 in Fließbandfertigung. Gräf und Stift begann 1934 den Assemblingbau von Citroën MF 6.

WAF gab seine Automobilfabrikation auf. Austro-Daimler ging 1929/30 im Konzern der Steyr-Daimler-Puch A. G. auf, in dem Puch Motorräder und Daimler schwere Pkw bauten.

Das letzte Modell von Daimler war der Typ ADR 8. Steyr hatte ein ziemlich ausführliches Programm: Personenwagen in zwei bis drei Typen, Lastwagen von 1 bis 3 t und Heeres-Spezialfahrzeuge.

Die übrigen österreichischen Werke, wie Saurer und Fiat, spezialisierten sich auf den Bau von schweren Lastwagen und Omnibussen.

## Schweiz

Die Schweizer Saurer-Werke gingen bereits 1926 auf Taktmontage über.

## UdSSR

Die UdSSR begann 1924/25 im Rahmen ihres Fünfjahresprogramms eine neue Automobilerzeugung aufzubauen. Deutsche und amerikanische Ingenieure wurden verpflichtet. Große Schwierigkeiten bestanden darin, daß die Arbeitskräfte erst geschult und die Fahrzeuge den einheimischen Verhältnissen entsprechend konstruiert werden mußten. 1930 war die Sowjetunion soweit, eigene Lastwagen (AMO) und Traktoren bauen zu können. Bis zu dieser Zeit wurde nach europäischen und amerikanischen Lizenzen gebaut.

## Der Kleinwagen
## in der Zwischenkriegszeit

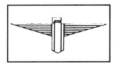

**Magneta, Berlin, stellte bis 1911 ein autoähnliches Motorradgespann her, das vom Seitenwagen aus gelenkt wurde.**

Seit es das Auto gibt, besteht das Bestreben, kleine und kleinste Wagen — früher hießen sie Leichtautos — neben den leistungsfähigen und komfortablen mittleren bis großen Fahrzeugen auf den Markt zu bringen. Den ersten Kleinwagen schuf eigentlich Carl Benz mit seinem Dreirad, das bereits in seiner Grundkonzeption von besonders leichter Bauart war, die sich in keiner Weise an der bis dahin üblichen Kutschform orientierte, wie sie etwa auch Daimler für sein erstes Motorfahrzeug heranzog.

Die Grundüberlegung bei jeder Bemühung um die Schaffung eines Kleinwagens war das Bestreben, breiteren Schichten der Bevölkerung die Möglichkeit zu geben, ein Auto anzuschaffen und zu betreiben. Dem kam nach dem ersten Weltkrieg insbesondere durch die später einsetzende Wirtschaftskrise umso größere Bedeutung zu.

Echte Bemühungen um richtige Kleinwagenkonstruktionen und eine gewisse Zielstrebigkeit in der Entwicklung kann man deshalb vor allem in dieser Zeit erkennen, und hier ging man zuerst von der falschen Überlegung aus, daß ein Kleinwagen ein verkleinerter großer Wagen sein muß, was eine ganze Reihe immer wieder ungeeigneter Konstruktionen hervorbrachte, wie etwa Fahrzeuge, die durch die Innenraumverkleinerung an Stelle von vier Sitzen nur zwei aufwiesen, die hintereinander angeordnet wurden. Oder man versuchte überhaupt, neue konstruktive Wege zu gehen, indem man etwa Anleihen beim Flugzeugbau machte und sogar Druck- oder Zugpropeller anzuwenden versuchte.

Das Unterfangen erwies sich umso schwieriger, als die Automobilproduktion auch bei den damals gängigeren Typen auf eher geringe Stückzahlen kam und daher relativ teuer produziert wurde. Entgegen den Erwartungen, die man an die Schaffung von Kleinwagen knüpfte, verursachte ihre Erzeugung aufgrund der kleineren Serien demnach unverhältnismäßig hohe Kosten. Sie waren damit prozentuell erheblich höher belastet, denn wenn man auch große Stückzahlen anstrebte, so gelang es im allgemeinen kaum, sie auch zu erreichen. Da Kleinwagen besonders anfangs nicht selten den Eindruck eines Spielzeugs aufkommen ließen, konnte man solchen Konstruktionen eigentlich von vornherein keine besonderen Absatzchancen einräumen. Auch kleine Autos müssen Autos bleiben, wenn auch nach anderen Gesetzen und Gesichtspunkten, denn sie benötigen unbedingt eine entsprechende Akzeptanz durch den Käufer und dürfen nicht von vornherein den Eindruck einer wenig vertrauenerweckenden Notlösung vermitteln. Das Verhältnis zwischen Anschaffungspreis, Erhaltungskosten und Brauchbarkeit muß zwar günstig sein, aber wenigstens einigermaßen auch dem Imagebedürfnis des Käufers entegegenkommen. Dazu kommt noch, daß dem Sicherheitsgefühl des Benützers entsprochen werden muß, selbst dann, wenn das der technischen Realität nicht wirklich entspricht.

Zu berücksichtigen ist nicht zuletzt die Frage der Lebensdauer eines solchen Fahrzeuges. Sie ist ein wesentlicher Punkt, denn gerade Interessenten mit begrenzten Mitteln müssen ihre Fahrzeuge wesentlich länger betreiben können als jene, bei denen

es darauf nicht so unbedingt ankommt. Das schließt einen vernünftigen Wiederverkaufswert ein.

Nur wenigen Automobilfabriken ist diese Gratwanderung wirklich gelungen, aber wenn das der Fall war, dann haben sie sich einen Namen für alle Zukunft machen können oder gar Welterfolge errungen.

Einer der eigenartigsten, aber dennoch akzeptierten Kleinwagen war der Hanomag, ein Zweisitzer mit Einzylindermotor von 1925, der trotz seiner Unansehnlichkeit, geringen Bequemlichkeit und wenig Transportraum bei niedriger Geschwindigkeit in großen Stückzahlen (15.700) gebaut und verkauft wurde. Er stellt heute noch ein wertvolles Sammelobjekt für Liebhaber alter Autos dar.

Wie alle Fahrzeuge, die einen großen Freundeskreis finden, trug er einen Spitznamen und zwar nannte man ihn — wahr-

**Rechts:**
**Deckblatt für eine Auto-Straßenkarte von 1922.**

**Der NUG, 1921/, stellte den den Versuch einer echten Kleinwagenkonstruktion dar. Sie wies statt des Rahmens eine Federrahmenkonstruktion auf. Auf Grund der schmalen Spurweite meinte man, auf ein Differential verzichten zu können.**

Grundstein und Vorläufer der späteren Opelfahrzeuge bzw. ihrer von vornherein glaubwürdigen Qualität.

Aber auch BMW konnte mit dem DIXI, 1927/32, einen Treffer landen. Dieser Viersitzer war in seiner Grundkonzeption tatsächlich ein vollwertiges Kleinauto mit allem was man darunter zu verstehen hat und wies die klassische Antriebsart mit vornliegendem Vierzylinder-Viertaktmotor — 0,75 Liter, 15 PS — und angetriebenen Hinterrädern auf.

Ein nahezu vollwertiges Auto, das noch lange nach dem Krieg in stetiger Weiterentwicklung seine Kunden fand, war der DKW mit seinem Zweitakt-Zweizylindermotor. Er wies bereits die moderne Konzeption des Frontmotors mit Vorderrad-

scheinlich seiner Kastenform wegen — „Kommißbrot". Unter dieser Bezeichnung war er vor allem im deutschsprachigen Raum sehr bekannt, ähnlich dem VW-Käfer, wenn auch die Stückzahlen selbstverständlich nicht annähernd zu vergleichen waren.

Ähnlich beliebt war auch der Opel „Laubfrosch" (1924—31), ein gleichfalls voll akzeptierter kleiner Wagen, von dem Tausende (119.484) auf dem Markt erschienen und der ebensoviel zufriedene Kunden besaß. Dieses Fahrzeug war auch mit ein

Oben links:
DKW F1 von 1931 mit quergestelltem Zweizylindermotor und fortschrittlicher Dyna-Startanlage, 0,58 Liter, 15 PS, 80 km/h.

Links Mitte:
Peugeot BV 201 C von 1931 mit Coupé Berline de voyage, 2/4sitzig, 30 PS, 80 km/h.

Oben:
Sehr beliebter und preiswerter Kleinwagen von Opel, „Laubfrosch", von 1925, Einlitermotor, 14 PS, 70 km/h. Erstes deutsches Fließbandauto.

Der erste DKW-Zweitaktmotor war ein Spielzeugmotor. Die Markenbezeichnung war auf den ersten, vom Firmeninhaber Rasmussen gebauten „Dampf-Kraft-Wagen" zurückzuführen.

Links und rechts: Schon damals warb man für die „Frau am Steuer".

Ich liebe nur Einen – !

HANOMAG, den Kleinen

Links Mitte:
Ein Hanomag in Leichtbauweise: Die Karosserie wurde hier aus Korbgeflecht ausgeführt.

antrieb auf und war in Form und Ausstattung so gut, daß ihn der Käufer nicht als Notlösung empfinden konnte.

Ein vergleichbares Fahrzeug war der Aero Minor aus der Tschechoslowakei, der ebenfalls mit einem Zweitakt-Zweizylindermotor ausgestattet war. Besonders erfolgreich und in den Konstruktionsdetails über Jahrzehnte richtungsweisend war der durch Ledwinka geschaffene Tatra 11, der, wenn auch auf-

von Anfang an eine eigenwillige Fahrzeugkonzeption, bei der man es fertigbrachte, praktisch bis in die heutige Zeit in konstanter Weiterentwicklung ohne wesentliche Wachstumsvorgänge daran festzuhalten. Dies ist besonders beachtlich, weil es einem gewissen Erfahrungswert entspricht, daß im Rahmen einer Automobilkonstruktion das erste Konzept ein Klein- oder gar Kleinstwagen ist, bei dem man versucht, die Lösung der notwendigen Transportprobleme bei minimalstem Komfort, also geringstem Einsatz, zu erreichen. Wenn natürlich auch hier stets Komfort-, Leistungs- und Sicherheitszuwächse zu verzeichnen waren, blieb es immer noch der typische 2 CV, was nur bei zwei anderen Fahrzeugen gelungen ist: beim Ford Modell T, das für amerikanische Verhältnisse ebenfalls ein Kleinwagen war, und dank seiner guten Grundkonzeption und Robustheit bei kompromißlosen Produktionsmethoden, niedrigster Preisgestaltung, gleichbleibender Betriebsverläßlichkeit und gutem Wiederverkaufswert keiner maßgebenden Veränderungen bedurfte. Ebenso verhielt es sich mit dem VW-Käfer.

War man der Meinung, daß die „Lizzy" mit ihren über 15 Mil-

Unten:
„Drei Kilo Blech, zwei Kilo Lack, fertig ist der Hanomag". Dieser Spottvers bezog sich auf einen der beliebtesten Kleinwagen seiner Zeit, den Hanomag von 1924/28 mit Einzylinder-Heckmotor, 2/10 PS.

grund der Abmessungen eher in der kleinen Mittelklasse angesiedelt, hinsichtlich Motorleistung und anderer Merkmale absolut zu den kleinen Wagen zu zählen war. Über die Entwicklung des Tatra 11 von 1923 siehe auch Seite 316.

In England wiederum war man mit dem Austin Seven und Morris Cowley auf derselben Linie erfolgreich.

In Frankreich konnte Renault mit den in ihrer Optik unverkennbaren Kleinwagen reüssieren, wie etwa mit dem NN mit Vierzylindermotor, 0,9 Liter, 6 PS, und dem noch vor dem zweiten Weltkrieg konzipierten 4CV. Diese Firma hat bis heute einen traditionell guten Ruf, der nicht zuletzt auf diese Fahrzeugkategorie zurückzuführen ist.

Eine besondere Stellung auf dem Kleinwagensektor nahm jedoch Citroën mit dem um 1931 erstmals geplanten 2 CV ein,

# Zur Kleinauto-Frage

Wir erhielten unter der Marke „Das zerlegbare Auto" kürzlich die nachstehenden drei Abbildungen zugesandt. Der mitgelieferte Text lautete:

### Sensationelle Neuerfindung

### Das zerlegbare Auto
#### Steuerfrei, führerscheinfrei und garagenlos

Dem Berliner Oberingenieur Engelbert Zaschka ist es gelungen, ein Auto für jedermann zu erfinden. Obering. Zaschka, der Erbauer des zerlegbaren Autos, ging bei der Konstruktion von dem Gesichtspunkt aus, daß auf dem Markt ein Wagen fehlt, der, durch einige Handgriffe in wenigen Minuten in ein paar Aggregate zerlegt, durch ein bzw. zwei Personen leicht getragen werden kann. Um die Unterhaltungskosten herabzumindern, muß der Wagen auch steuer- und führerscheinfrei und garagenlos sein. Das Auto stellt sich in der Serienfabrikation auf ca. 1000 RM.

Wir verweisen hiezu auf die in letzter Zeit gebrachten Abhandlungen zur Kleinautofrage, und veröffentlichen nachstehend die Rückäußerung eines unserer technischen Mitarbeiter, den wir über die praktischen Aussichten der durch die drei Abbildungen erläuterten Zaschka-Konstruktion befragt haben. Der betreffende Fachberater führte etwa folgendes aus: Zaschka geht offenbar von dem sehr richtigen Gedanken aus, daß die Haltung eines Kleinwagens die heute üblichen Kosten für Garagierung nicht verträgt, und daß die Unterbringung möglichst nahe der Behausung des Halters erfolgen muß, wenn die Vorteile der Wagenhaltung voll ausgenützt werden sollen. Die Garagenfrage ist tatsächlich eines der Kernprobleme für die Motorisierung und spielt gerade beim Kleinwagen eine höchst wichtige Rolle. Die Lösung dieses Problems dürfte jedoch auf dem von Zaschka vorgeschlagenen Wege nicht erreichbar sein. Es erscheint unglaubhaft, daß der Kleinwagen-Halter sich mit dem „zerlegbaren Auto" befreundet. Was die Steuer- und Führerscheinfreiheit des Kleinwagens betrifft, so wurde ja hierüber in der „ADAC-Motorwelt", insbesondere in der Abhandlung „Wo bleibt der Ford für Deutschland?" schon gesprochen. Die Steuerfreiheit ist weniger von Belang, sobald die Kraftstoffsteuer durchgedrungen ist. Ein Kleinwagen verbraucht derart wenig Kraftstoff, daß nach Einführung der Kraftstoffsteuer die Steuerfreiheit an und für sich nicht mehr zu rechtfertigen ist; außerdem wäre sie schwer zu verwirklichen. Die Führerscheinfreiheit wird für den Kleinwagen er-

kämpft werden müssen. Es ist auch nicht einzusehen, warum das Kleinkraftrad führerscheinfrei sein soll, nicht aber auch der ausgesprochene Kleinkraftwagen.

Was die Konstruktions-Details des Zaschka-Kleinwagens betrifft, so ist aus den Abbildungen ersichtlich, daß dieses Fahrzeug einen Rohrrahmen aufweist, sog. Senkrechtlagerung der Räder, einen luftgekühlten Einzylinder-Motor, eine Kühler-Attrappe und eine abnehmbare Außenhaut aus Stoff. Hierzu ist zu sagen:

Der Rohrrahmen der vorgeschlagenen Form dürfte zu teuer kommen. Die senkrechte Lagerung

Die einzelnen Teile des Zaschka-Autos werden zur bevorstehenden Fahrt aus der Wohnung getragen
(Deutsche-Presse-Photo-Zentrale)

der drei Räder ist richtig, denn sie beschränkt das Gewicht der unabgefederten Massen auf das praktisch mögliche Mindestmaß, wodurch gutes „Kleben" des Fahrzeugs an der Straße auch bei relativ hoher Geschwindigkeit erreicht, der Reifenverbrauch und die Straßenabnützung niedrig gehalten wird. Ob sich der Kleinwagen als Dreirad- oder Vierrad-Fahrzeug durchsetzt, ist heute noch nicht zu entscheiden. Billigkeitsgründe sprechen für den Dreiradtyp, verkaufs- und fahrtechnische Gründe für den Vierradwagen. Als Motor wird für den Kleinwagen wohl höchstens ein Zweizylinder in Frage kommen. Die Luftkühlung ist aus Billigkeitsgründen notwendig, vereinfacht außerdem die Wartung und erniedrigt das Wagengewicht. Die jahrelangen Erfahrungen mit den luftgekühlten Zweizylinder- Motoren der Tatra-Wagen lassen die

Wasserkühlung für den Kleinwagen auch vom technischen Standpunkt als überflüssig erscheinen. Der Motor wird vermutlich der größeren Billigkeit wegen als Zweitakter ausgebildet werden. Auf Kühlerattrappen wird man verzichten können; sie kosten nur Geld und stören beim niedrigen Kleinwagen die Sicht auf die Fahrbahn. — Das Grundproblem bei der Kleinwagen-Konstruktion dürfte die Karosserie darstellen. Die beim Zaschka-Wagen vorgesehene abnehmbare Außenhaut aus Stoff wird sich kaum einbürgern. Eine Ganzmetall-Karosserie wird zu schwer. Der beste Ausweg scheint in Richtung der selbsttragenden Karosserie und Herstellung derselben aus irgendeinem Doppelbaustoff zu liegen. Selbsttragende Karosserien sind nichts Neues. Es sei hier nur an den Grade-Kleinwagen erinnert, dessen Bauart bedauerlicherweise heute verschwunden ist. Der kleine Grade stellte einen der besten Ansätze für den Kleinwagenbau dar. Die selbsttragende Karosserie würde durch Anbau je eines „Aggregates" vorne und hinten in einen fertigen Kleinwagen verwandelt. Das vordere Aggregat würde die beiden achslos gelagerten und einzelgefederten Vorderräder samt Lenkung (und Vorderradbremsung) umfassen. Das rückwärtige Aggregat bestünde ebenfalls aus zwei achslos und einzelgefederten Antriebsrädern, zwischen denen der luftgekühlte Ein- oder Zweizylindermotor samt Getriebe und einfachem Stirnraddifferential eingebaut ist. Auch eine einfache Schwingachsen-Lagerung der beiden Hinterräder ist denkbar. Jedenfalls muß auf fortschrittlichste Ausbildung des Fahrwerks größter Wert gelegt werden. Der rückwärtige Einbau des Motors ist so lange zweckmäßig, als eine betriebssichere und genügend billige Vorderrad-Antriebskonstruktion nicht existiert. Unbedingtes Erfordernis beim Kleinwagen ist der sogenannte geschlossene Triebsatz, gleichgültig ob die Triebräder vorne oder hinten liegen. Ein zweckmäßiger Baustoff für die selbsttragende Karosserie ist bis heute noch nicht bekannt. Die Ausführung in Stahl wird, wie schon erwähnt, zu schwer. Als verwendbarer Doppelbaustoff käme der sog. Ostwaldsche „Gummibeton" evtl. auch das Panzerholz oder ähnliche Materialien in Frage. Hier muß mit Forschungsarbeiten baldmöglichst eingesetzt werden. Selbstverständlich darf die Karosserieaußenseite des Kleinwagens nicht etwa lackiert werden. Lack ist Luxus, oder trägt etwa der Erdarbeiter Lackstiefel!

Es wäre noch des langen und breiten über die mit dem Kleinwagenbau verknüpften Probleme zu berichten. Der abgebildete Zaschkawagen kann jedenfalls dazu beitragen, dieses volkswirtschaftlich höchst wichtige Problem ins Rollen zu bringen.

W e f.

lionen produzierten Einheiten der absolute Weltmeister auch
hinsichtlich der nachfolgenden Fahrzeuggenerationen sein
werde, so konnte durch eine Reihe günstiger Ausgangspositio-
nen und einer soliden Grundkonzeption VW mit dem „Käfer"
diese Stückzahl noch überbieten. Aber auch bei diesem kleinen Mittelklassewagen, der in mancher Beziehung zu den
Kleinwagen zu zählen ist — „Der größte Zwerg der Welt" —,
konnte man feststellen, daß vom Grundkonzept her bis zum
zuletzt gebauten Produkt die Grundlinie ohne wesentliche
Veränderung beibehalten worden ist, obwohl der Käfer bis auf
zwei Teile ständig weiterentwickelt wurde, dies aber in so vorsichtiger und optisch kaum merkbarer Form, daß er eben bis
zuletzt der „Käfer" blieb. Man sollte nie vergessen, daß es letztlich diese kleinen Wagen waren, die die Weltmotorisierung
Wirklichkeit werden ließen.

Wenn anfangs die kuriosen Versuche einzelner Erfinder und
Autoproduzenten erwähnt wurden, die der Findung von dauerhaften Lösungen auf dem Kleinwagensektor vorausgingen,
war dies doch weit entfernt von jeder Kritik. Man sollte im
Gegenteil diesen intensiven Lösungsversuchen seine Aufmerksamkeit widmen, denn sie verdienen sie aus mehreren
Gründen.

Keine dieser Konstruktionen wurde jemals unter einem anderen Aspekt als jenem geschaffen, ein Fahrzeug auf die Räder
zu stellen, das die dringenden Verkehrsprobleme breitester
Bevölkerungsschichten lösen hilft. Man darf davon überzeugt
sein, daß auch die merkwürdigsten und kuriosesten Versuche
einen echten Beitrag zur Erreichung des angestrebten Zieles
geliefert haben. Die Entwicklung der Technik wird auf allen
Gebieten von Wegbereitern begleitet, die oft ihr ganzes Leben
der Ausleuchtung der Grenzen des noch Möglichen und Praktikablen widmeten und damit die notwendigen Markierungen
lieferten, denn anscheinend muß auch das Absurde realisiert
werden, damit der Mensch es als Fehlrichtung auch wirklich
erkennt und im Rahmen seiner Bestrebungen die erforderliche
Kurskorrektur vornimmt. Auf diese Weise werden die Grenzen sichtbar und der gangbare Weg auf das Sinnvolle und Ziel-
führende eingeengt.

Oft waren und sind diese Erfinder und Pioniere nach jeder
Richtung hin unvoreingenommene Privatpersonen, die die
konstruktiven Probleme wie Möglichkeiten mit der wünschenswerten Naivität angehen. Ihr genialer Dilletantismus

DKW gelang die Schaffung des brauchbaren Drei-rad-Lieferwagens Framo A2B, 1928, der bei 0,3 Liter und 6 PS eine Geschwindigkeit von 45 km/h erreichte.

Links:
Zur Kleinauto-Frage. Aus der ADAC-Motorwelt Nr. 40 vom Oktober 1929.

Rechts:
Einige von der österreichischen Automobilfabrik Perl AG um 1925 erzeugte Klein-wagen.

hindert sie nicht, die Details auch auf ungewöhnliche Weise zu
lösen, was vielfach auch tatsächlich gelungen ist, wodurch sie
wichtige und unentbehrliche Wegweiser für die eigentlichen
„Fachleute" geworden sind, die so manche Lösung von vornherein abgelehnt, viele Wege gar nicht beschritten hätten, denn
schon Henry Ford sagte treffend: „Wenn bei mir jemand zum
Experten wird, dann gibt es für mich nur zwei Möglichkeiten:

DKW Sportwagen
P 500 mit einem wassergekühlten, längseingebauten Zweizylinder-Zweitaktmotor, 15 PS, 95—100 km/h.

OPEL KADETT LIMOUSINE UND CABRIOLET-LIMOUSINE

Unten: Steyr 50 von 1936/40 mit wassergekühltem Vierzylinder-Boxermotor, 22 PS, 90 km/h, eine der interessantesten Kleinwagen-Konstruktionen von damals (13.000 Stück Erzeugung).

Rechts: Maße des mit Frontmotor und Hinterradantrieb ausgestatteten Steyr 50.

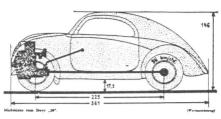

**Oben und unten:** Opel Kadett von 1936, ein beliebtes, vielgefahrenes und solides Fahrzeug seiner Zeit mit Ein-liter-Vierzylinder-motor, 23 PS, Dreiganggetriebe, 98 km/h.

**Unten:** Röntgendarstellung der Opel Kadett Limousine.

**Konstruktionszeichnung von Motor und Getriebe des Steyr 50/55.**

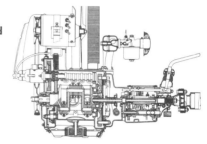

Die beiden Steyr 50 und 55 mit der volkstümlichen Bezeichnung „Steyr-Baby" von 1936—40 gehörten zu den letzten Konstruktionen und Produktionen auf dem Pkw-Sektor der österreichischen Steyr-Werke. Konzipiert waren sie eigentlich als eine Art Volkswagen. Interessant war an diesen Konstruktionen die für damals sehr fortschrittliche Karosseriegestaltung in weitgehend kompromißloser Stromlinienführung. Die dünngepolsterten Sitze schufen einen beachtlichen Innenraum für 4 Personen, wobei allerdings auch hier wie später beim VW-Käfer der Kofferraum viel zu gering bemessen war. Dieser bei seinem Erscheinen als sensationell bewertete, ansprechende Wagen war in seiner Konzeption seiner Zeit voraus. Sein Erfolg wurde durch den Krieg beendet.

Entweder ich entlasse ihn oder ich versetze ihn in eine andere Abteilung". Diese Überzeugung kam aus der Erkenntnis, daß ein Experte von vornherein zu wissen glaubt, weshalb etwas nicht funktionieren kann, nicht durchführbar ist und — was noch viel gefährlicher ist —, er versteht das auch zu begründen, so daß es auch andere nicht mehr zu versuchen wagen. Damit

**Rechts:**
Austin Seven von 1930.

**Ganz unten links:**
Opel 4/16 PS-Viersitzer von 1928, Vierzylinder. In vier Jahren wurden 50.000 Stück gebaut, was für damals sehr viel war.

**Links unten:**
Renault 6 CV von 1925, Vierzylinder-Einliter-Motor, 60 km/h.

aber ist ein unter Umständen zu einem bestimmten Zeitpunkt nicht gangbarer Weg vielleicht für immer verschlossen. Und darüber muß man sich heute tatsächlich im klaren sein: Viele Erkenntnisse, die man zu Beginn der Technik belächelte oder deren Ausführung damals noch unmöglich war, gehören heute zum Stand der Technik. Wie ist das möglich?

Auch eine Erfindung, Konstruktion oder Schöpfung jeder Art bedarf des richtigen Umfeldes, des richtigen Zeitpunkts. Sind die richtigen Voraussetzungen noch nicht gegeben, dann ist die hoffnungsvollste Erfindung ein nicht realisierbarer Fremdkörper, oder aber sie ist aus den rein technischen Möglichkeiten heraus entweder material-, produktions- oder kostenmäßig einfach nicht realisierbar, während sie zu einem günstigeren Zeitpunkt einen erwünschten Fortschritt bringen hätte können bzw. auch vielfach gebracht hat. Es ist daher auch nicht ver-

kehrt, wenn namhafte Automobilkonstrukteure — und es gibt einige davon — an der Kraftfahrzeughistorik sehr interessiert sind und immer wieder Veröffentlichungen aus der Frühzeit des Automobils durchforsten, weil sie dadurch angeregt werden, neue Erkenntnisse aus dem unvoreingenommenen Denken von einst zu schöpfen.

DER NEUE BMW 3/20 PS

SO SCHÖN WIE GUT

**Rechts:**
DKW mit Holzkarosserie. Diese Belastungsprobe sollte die Stabilität der „Sperrholzkarosserie" beweisen. Hier ein DKW F7 Reichsklasse 1937.

# Große Konstrukteure

Ein so komplexes technisches Gerät wie es das Automobil in allen seinen zahlreichen Variationen darstellt, setzt die Genialität und den Fleiß zahlreicher Persönlichkeiten voraus, um seine klaglose Funktion zu erreichen und ein für allemal sicherzustellen.

Hinsichtlich der Grundkonzeption wurde bereits auf besonders hervorragende Namen verwiesen. Allein die unendliche Vielzahl der möglichen Einsatzgebiete machte — ganz abgesehen davon, daß auch die prinzipiellen Fragen noch lange nicht als völlig geklärt betrachtet werden konnten — immer wieder neue Entwicklungen, Erfindungen, Konstruktionen usw. notwendig.

Obwohl ein Fahrzeug stets das Produkt eines Teamworks sein wird, soll hier dennoch insbesondere einer Reihe dominierender Persönlichkeiten gedacht werden, die aus dieser Entwicklung auffallend hervorragen. Es waren zum Teil fast noch Zeitgenossen von Daimler, Benz und Diesel, deren Werke sie zu einem nicht geringen Teil vollenden halfen, aber aus dieser Tradition heraus wuchsen auch andere Talente nach: Ferdinand Porsche, Hans Ledwinka, Béla Barenyi und schließlich Ernst Fiala als Schöpfer des VW Golf — alles Österreicher.
Die moderne Kraftfahrt ist durch diese überragenden Techniker-Persönlichkeiten in ihren grundlegenden Entwicklungsrichtungen bestimmt und geprägt worden, weshalb wir es als unerläßlich erachten, ihrem Werdegang ebenso wie ihren Leistungen eine entsprechende Würdigung zuteil werden zu lassen. Hier sei allerdings gleichzeitig auch all jener zahllosen Helfer gedacht, deren Ideen im ehrlichen Dienst an der Sache in die Autokonstruktion wie auch -entwicklung und -produktion eingeflossen sind, ohne daß ihre Namen erhalten geblieben wären, aber gerade deshalb sollten sie unserer Anerkennung sicher sein, denn auch auf ihre Leistungen ist es zurückzuführen, daß Autos bei relativ geringen Kosten ohne besondere Schwierigkeiten so lange gefahren werden können wie es heute der Fall ist.

Kaisermanöver bei Sasvár.
Erzherzog Franz Ferdinand
Reserve Infanterist von Hoch- und Deutschmeister Ingenieur Porsche der Hofwagen- u. Automobilfabrik Jacob Lohner & Co. ...heilt dem Hauptquartier der Westarmee als Chauffeur ... Armeecommandanten auf dem von ihm construierten ...zin-Elektromobil Mercedes-Lohner-Porsche

**Ganz oben:**
**Die bedeutendste Porsche-Konstruktion des ersten Weltkrieges war der „C-Zug" für den 42 cm-Skoda-Mörser.**

**Porsche am Steuer des Lohner-Porsche mit benzin-elektrischem Antrieb (vorn Radnabenmotoren) anläßlich eines Bergrennens (Exelberg) 1902, aus dem er als Sieger hervorging. Wegen der zunehmend schwierigen Lenkbarkeit auf Grund der hohen Zentrifugalkräfte erweisen sich Radnabenmotoren bei höheren Geschwindigkeiten als nicht sehr geeignet.**

# Ferdinand Porsche

sicher einer der erfahrensten Kraftfahrzeug-Konstrukteure, der außerdem über jahrzehntelange praktische Erfahrungen in verschiedenen leitenden Positionen dieses Industriezweiges verfügte. Insbesondere die Geschichte des Automobils lehrt, daß der überragende, visionäre Erfinder einer großen Idee nicht immer jener sein muß und kann, der ihr dann effektiv zum Durchbruch zu verhelfen weiß. Dazu bedarf es ganz spezifischer Eigenschaften, wobei die Kenntnis und der geschickte Einsatz aller zur Verfügung stehenden Möglichkeiten aufgrund großer praktischer Erfahrung die wichtigsten zu sein scheinen.

Ferdinand Porsche muß demnach auf dem Gebiet des europäischen Kraftfahrzeugbaues als Schrittmacher gelten und hat der deutschen und österreichischen Kraftfahrzeugindustrie wahrscheinlich den stärksten Impuls gegeben.

Ferdinand Porsche muß als einer der ganz großen Konstrukteure und Ideenbringer in der Kraftfahrt bezeichnet werden. Die lange Reihe seiner namhaften Leistungen nahm noch vor der Jahrhundertwende ihren Anfang. Damals war er bereits im Rahmen seiner Tätigkeit für die Firma Lohner & Co. in Wien maßgebend an der Entwicklung des Elektrofahrzeuges beteiligt. Er schuf den weltberühmten Radnaben-Motor ebenso wie den benzin-elektrischen Antrieb, der heute in modifizierter Form als zukunftsweisender Hybrid-Antrieb im Gespräch ist (siehe Seite 71).

Porsche wurde am 3. November 1875 in Maffersdorf bei Reichenberg in Böhmen geboren und erlernte das Handwerk eines Bauspenglers.
Nach seiner Lehrzeit ging er als Mechaniker zur Firma Egger & Co. nach Wien. Mit 24 Jahren legte er dem Fabrikanten

Für seine vielfältige Konstruktionsarbeit sind vor allem drei Schwerpunkte kennzeichnend, nämlich erstens militärische Fahrzeuge, zu denen im ersten Weltkrieg u. a. der international anerkannte C-Zug (Schwertraktion) wie auch eine Reihe von geländegängigen Kriegsfahrzeugen gehörten, während im zweiten Weltkrieg der Großteil der deutschen Panzerkonstruktionen von ihm stammte.

**Rechts:**
**Porsche führt Hitler in dessen Hauptquartier einen seiner Panzer vor.**

**Links:**
**Porsche führt Kaiserin Zita im Winter 1916/17 einen Austro-Daimler Heereslastwagen mit Seilwinde vor.**

**Rechts:**
**Der sogenannte „Ostradschlepper" von 1942, eine mächtige Zugmaschine.**

**Targa Florio 1922:**
**Alfred Neugebauer, später Rennleiter bei Mercedes-Benz, auf „Sascha", einer 1,5-Liter-Version von Porsche.**

Zur zweiten Gruppe seiner Konstruktionsvielzahl, durch die Ferdinand Porsche sich einen unvergänglichen Namen machte, zählen seine Renn- und Rennsportwagen, mit denen er selbst bereits früh große Rennerfolge einheimsen konnte. Während verschiedener Firmenzugehörigkeiten sowie nach Gründung des bald international bekannten Porsche Konstruktionsbüros hat er immer wieder für sensationelle Siege durch erfolgreiche Rennwagenversionen gesorgt, ja sogar noch nach dem zweiten Weltkrieg konnte er diese Serie fortsetzen, an der sein Sohn Ferry Porsche, der langjährige Firmenchef der Porsche Konstruktionen, keinen geringen Anteil hatte.

Drittens und nicht zuletzt war es die Grundkonzeption des Volkswagens, die seinen Namen in der ganzen Welt berühmt gemacht hat. Obwohl von Hitler dazu beauftragt, der selbst einige Ideen lieferte, und unter Verwendung weniger bekannter Konstruktionsdetails, wie etwa von Béla Barenyi, wäre ohne das Können eines Ferdinand Porsche der Volkswagen undenkbar gewesen. Nur er konnte zur richtigen Zeit das richtige Fahrzeug mit dem richtigen — weil mächtigen — Auftraggeber zustandebringen. Porsche war in den frühen dreißiger Jahren

Mercedes-Benz SSK Sportwagen von 1928, Sechszylindermotor, 7 Liter, 225 PS, mit Kompressor 192 km/h. 1930 errang Caracciola mit dem SSK die Europameisterschaft der Sportwagen.

Start zum Donington-Grand Prix 1937. Nr. 5 Rosemeyer, war der spätere Sieger, Nr. 2 Hermann Lang, Nr. 3 Manfred von Brauchitsch, Nr. 1 Caracciola, hinten die englischen E.R.A.

Ludwig Lohner die Konstruktion eines neuen Elektroantriebes für Automobile vor. Lohner nahm seine Idee auf und baute das Elektromobil mit Radnabenmotor, System Lohner-Porsche.

Später wechselte Porsche als Leiter des technischen Stabes zur österreichischen Daimler-Motoren-Gesellschaft in Wiener

Links und unten: Aufbau des Auto Union-P-Rennwagens mit Roots-Kompressor hinter der Hinterachse. Die Längsrohre des Rahmens wurden zum Transport des Kühlwassers vom Motor zum vorn liegenden Kühler herangezogen.

Rechts unten: Ferdinand Porsche mit seinem Sohn Ferry Porsche am Reißbrett.

Neustadt. Damals entstanden bereits bekannte Sportwagen wie die 80-PS-Prinz-Heinrich-Type und der Daimler Bergmeister.

Porsche beteiligte sich zu dieser Zeit auch an den berühmten Alpenfahrten und anderen Rennen und errang mit seinen Rennwagen-Konstruktionen zahlreiche Preise.

Nach Kriegsende wurde er von Mercedes als Direktor nach Untertürkheim geholt, wo er bis 1928 blieb. Er schuf dort die berühmten Mercedes-Modelle K, SS, SSK und den großen Nürburg-Wagen.

Im gleichen Jahr folgte Porsche einem Ruf nach Steyr, wo er es als Vorteil empfand, daß vom Guß bis zur Karosserie alles im eigenen Haus produziert wurde. Auch hier brachte er eine Reihe von neuen Fahrzeugtypen heraus, darunter den Steyr XXX, den Vorreiter der selbsttragenden Bauweise. 1933 baute Porsche für Auto-Union im Zwickauer Horch-

werk den Sechzehnzylinder-Rennwagen, mit dem Stuck am 7. März 1934 auf der Avus seine Weltrekorde aufstellte.

Später ging Porsche nach Stuttgart zurück und gründete dort ein eigenes Konstruktionsbüro, in dem die Torsionsstabfederung und der Volkswagen geschaffen wurden.

Nach dem zweiten Weltkrieg nahm er in Gmünd, Kärnten, die Erzeugung des Porsche-Sportwagens auf, der zum erstenmal 1948 präsentiert wurde.

Bereits 1925 wurde Ferdinand Porsche, der niemals ein Technikum oder eine Technische Hochschule besucht hatte, in Anerkennung seiner Leistungen der Dr.-Ing. h.c. verliehen.

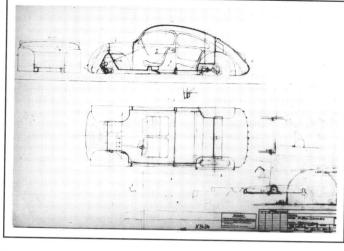

**Erste Konstruktionszeichnung für den späteren Volkswagen von 1934, damals noch „Geheim".**

**Links:
Fahrgestell des Volkswagens mit Plattformrahmen für einen der drei Versuchswagen.**

**Porsche Nr. 1 Typ 356 Roadster, der 1948 in Gmünd, Kärnten, entstand. Hier lag der Motor noch vor der Hinterachse.**

Er starb, nach Stuttgart zurückgekehrt, im Jahr 1951.

Erfolgreiche Sport- und Rennwagen, schwerste Zugmaschinen für Leistungen bis über 30 Tonnen, gute und preiswerte Gebrauchswagen, Lastkraftwagen und Schwerstfahrzeuge gehören zur Palette seiner Schöpfungen.

**Mitte rechts:
Der schwerste Panzer des zweiten Weltkrieges, der Porsche Typ 205 mit 189 t, trug den Tarnnamen „Maus". Er war mit einem benzinelektrischen Antrieb ausgestattet und leicht zu fahren. Der 1200 PS Daimler-Benz-Motor ermöglichte 20 km/h.**

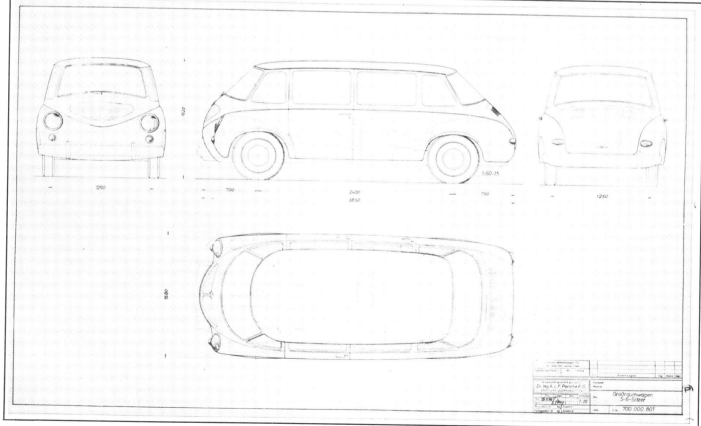

**Rechts:
Dieser Großraum-Personenwagen von 1956 war seiner Zeit weit voraus.**

# Hans Ledwinka

**Rechts:**
**Ansichten des Fahrgestells Tatra 11 mit Zentralrohr-rahmen.**

**Rechts:**
**Draufsicht auf Tatra-Zentral-rohr-Fahrgestell.**

Hans Ledwinkas Wirken ist notgedrungen ein Teil der Automobilgeschichte. Viele seiner, dem jeweiligen Stand der Entwicklung weit vorauseilenden Konstruktionen wurden beispielgebend für den Kraftwagenbau.

Am 14. Februar 1878 in Klosterneuburg bei Wien geboren, wuchs Ledwinka sozusagen mit dem Kraftfahrzeug auf und hatte zeitlebens eine auffallend unmittelbare Beziehung dazu. Diese Verbindung von intuitivem Erfassen der Eigenheiten des Materials durch den Technologen mit den in ihrer Zweckmäßigkeit und Einfachheit bestechenden Konstruktionen führte wahrscheinlich dazu, daß alle durch ihn geschaffenen, genialen Neukonstruktionen keinen einzigen Rückschlag zu verzeichnen hatten. Bei Ledwinka gab es nur Erfolge.

Das untrügliche Wissen um das richtige Material eignete er sich wahrscheinlich bereits als Kind bei seinem Onkel an, einem erfahrenen Schlossermeister in Wien Fünfhaus, wo er in die Lehre ging, bevor er die Technische Fachschule für Maschinenbau in Wien besuchte. Sein technisches Können muß bald deutlich zutage getreten sein, da er bereits im September 1897 vom Direktor der Nesselsdorfer Wagenbau Fabriks-Gesellschaft, vorm. Schustala & Co., nach Neutitschein in Mähren geholt wurde. Dort arbeitete er als Konstrukteur sofort am ersten Automobil mit, das in Nesselsdorf gebaut wurde, dem „Präsident". Weitere Fahrzeuge folgten und seine Mitarbeit daran wurde immer intensiver.

Nach einem kurzen Aufenthalt in Paris kehrte er 1905 nach Nesselsdorf zurück und schuf — nunmehr Leiter der Abteilung Automobilbau — einen neuen wassergekühlten Vierzylinder-Motor, den „S", später auch „T", der dem damaligen Stand der Technik weit vorauseilte. Ledwinka gelangte damals bereits zum halbkugelförmigen Verbrennungsraum und zweckmäßig

**Tatra 12 mit luftgekühltem Zweizylinder-Boxermotor von 1922, 14 PS, mit Zentralrohrrahmen und Schwingachsen.**

angeordneten, hängenden Ventilen, die günstige Leistungen erbrachten, lange bevor die wissenschaftliche Forschung diese Anordnung bestätigte. Auch die Königswelle mit Schraubenradantrieb, die Druck-Umlaufschmierung, die Tunnelbauweise des ungeteilten Kurbelgehäuses, die Kugellagerung der Kurbelwelle, schließlich der Zusammenbau von Motor und Getriebe zu einem Aggregat waren sehr fortschrittlich.

Ledwinka schuf aber auch die „Nesselsdorfer Stufenschaltung" (Glocken-Getriebe), bei der die Zähne beim Schalten nicht in axialer, sondern in radialer Richtung mit ihrer ganzen Flankenlänge auf einmal in Eingriff kamen.

Eine einwandfreie und dauerhafte Kupplung erreichte Ledwinka durch eine im Ölbad laufende Konuskupplung aus Gußeisen, die sehr weich wirkte und die man beliebig „schleifen" lassen konnte. Ein Sechszylindermotor folgte dem „S" und „T" 1910 nach, bei dem bereits alle 6 Zylinder in einem Block vereinigt waren, und ab 1914/15 wurde serienmäßig mit Vierradbremsen ausgestattet.

Die Lastkraftwagen, denen Ledwinka von vornherein viel Aufmerksamkeit widmete, wurden gleichfalls mit den S- und T-Motoren ausgestattet. Sie bewährten sich ausgezeichnet.

Eine Unstimmigkeit mit der Geschäftsführung veranlaßte Hans Ledwinka im Mai 1916, ein Angebot der Steyr-Werke anzunehmen, wo er als Chefkonstrukteur in die dort neu zu errichtende Automobilfabrik eintrat. In Steyr kam 1920 das neue österreichische „Waffenauto" heraus, ein 3,3 l 12/40 PS Sechszylinder, dessen Kurbelwelle dreifach unterteilt an Flanschen zusammengeschraubt war und mit 2400 U/min in vier Kugellagern lief. Die Maschine konnte ohne kritische Drehzahlen „hochgejagt" werden.

Unten:
Hinterachsantrieb
der Tatra-Fahr-
zeuge (Pendel-
achsen).

Schnitt durch eine
Tatra-Hinterachse.

Kühlluftturbine
bzw. -führung bei
den kleinen
Tatra-Typen.

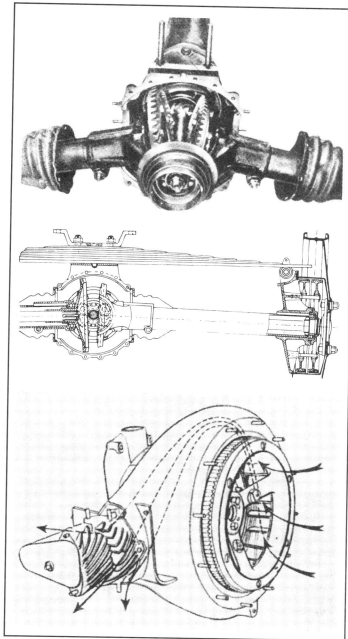

Steyr VII von
1925/29 mit Spitz-
kühler, Sechs-
zylindermotor,
3,3 Liter, 50 PS,
115—120 km/h.
Wurde sowohl mit
Zweirad- als auch
Vierradbremsen
geliefert.
Darunter der Motor
sowie die Seiten-
ansicht des Fahr-
gestells.

Bald liefen auch neue Steyr-Automobile mit ihren charakteristischen Spitzkühlern. Sie sollten noch außerordentlich popu-
lär werden, und das nicht nur im Inland. In den Jahren
1922—25 wurden über 6.000 Fahrzeuge der aufeinanderfolgenden Typen II, V und VII, die sich ziemlich ähnelten, produziert, während die Sporttypen VI (4 l, 15/90 PS) und „Klau-
sen" (5 l, 19/145 PS) in in- und ausländischen Sportkonkur-
renzen siegreich waren.
Auch Schnellastwagen für 2,5 t Nutzlast wurden nun gebaut
— der Beginn der bedeutenden Lkw-Produktion der Steyr-
Werke.

Ledwinka unterzog diese Konstruktion selbst den erforderlichen Erprobungen und schickte sie bald auch in berühmte Rennbewerbe. 1923 wurden nach dem Zusammenschluß mit dem Prager Reithoffer-Waggonfabrik-Konzern die Tatra-Werke gegründet, die nun gewaltig aufbauten. Während sieben Jahren, bis 1939, wurden 25.000 Tatra gebaut. Es gab Exemplare dieses Typs, die über 1,000.000 km Laufzeit erreichten, was heute geradezu undenkbar ist.

Es folgten nun zahlreiche weitere Tatra-Typen und weitere wichtige Konstruktionen. 1928 wurde Hans Ledwinka von internationalen Fachleuten als „der größte Meister der europäischen Automobilbaukunst" bezeichnet und empfohlen, „diesen Produkten der Hohen Schule des Kraftwagenbaues die gebührende Aufmerksamkeit zu schenken".

Als bedeutendste Neuerungen, die Hans Ledwinka in den Automobilbau eingebracht hat, gelten folgende:

— Das verwindungsfreie Fahrgestell mit Zentralrohr-Träger,
— einzeln abgefederte Räder mit unabhängiger Radaufhängung und großen Federwegen unter Verwendung von Schwingachsen für die angetriebenen Räder, was schließlich zum Fahrwerk mit guter und sicherer Straßenlage und hohem Fahrkomfort auch bei schlechten Straßen führte,
— Anwendung dieser Konstruktionsprinzipien erstmals auch auf alle Nutzfahrzeuge, wodurch die Wege für den Bau straßenschonender, auch schwerer Nutzfahrzeuge gewiesen wurden,
— vollkommene Durchbildung und praktische Einführung des luftgekühlten Automobilmotors, der einfach, universell und stets betriebsbereit, dabei leicht und selbst für hohe Leistungen als Otto- und Dieselmotor einsetzbar war,
— Einführung der trittbrettlosen Pontonkarosserien in Stromlinienform auf Zentralträger-Chassis mit luftgekühlten Mehrzylinder-Heckmotoren,
— Nutzung des Zwischenachsraumes für Fahrgäste bzw. Nutzlast,
— die jeweils organische Vereinigung der genannten konstruktiven Merkmale sowie

**Ganz oben:**
**Tatra 77 mit Heckmotor in Stromlinienform mit selbsttragender Ponton-Karosserie ohne Trittbretter von 1934.**

**Oben:**
**Röntgenbild des Tatra 87 von 1937.**

**Unten links:**
**Tatra-Sechsrad-Chassis Typ 103 mit einem 140 PS-Dieselmotor, 1925.**

**Unten:**
**Fahrgestell des Tatra-Lastwagens Type 23, 4—5 t, Vierzylindermotor, 7,5 Liter, 1925.**

Obwohl Nesselsdorf inzwischen nicht mehr zu Österreich gehörte, ließ sich Ledwinka, nachdem er in Steyr seine Aufgabe mehr als erfüllt hatte, überreden, 1921 wieder in das vertraute Werk, nun als Chefkonstrukteur und technischer Direktor, zurückzukehren. Eine Ruhepause, die er sich aufgrund eines gebrochenen Armes gönnen mußte, brachte ihm die Idee des rahmenlosen, leichten Wagens mit Zentralrohrträger, luftgekühltem Boxermotor und gelenklosem Schwingachsantrieb — das revolutionäre Konzept für den wohlfeilen, einfachen Gebrauchswagen, der Ledwinka schon lange vorschwebte. Damit wurde erstmals vom nur geschrumpften großen Wagen abgegangen und ein richtiger Kleinwagen in Angriff genommen, der den immer noch schlechten Straßen gewachsen war. Der Bau des einfachen, billigen und dauerhaften Zweizylinder-Tatra Typ „11" wurde daraufhin in Nesselsdorf, nun Kořivnice, CSR, in Angriff genommen.

— die Entwicklung und Ausführung von motorisierten Schienenfahrzeugen besonderer Bauweise, die besonders fortschrittlich war.

Hans Ledwinka war von ruheloser Schaffenskraft getrieben. 1944 verlieh ihm die Technische Hochschule in Wien den Dr. h. c. Der mehrfach ausgezeichnete Konstrukteur wurde 1945 — die Tatra-Werke waren in die deutsche Kriegsproduktion eingegliedert worden — für sechs Jahre der Freiheit beraubt. Nachher lebte er in München und war als Konsulent deutscher Industrien tätig.

Sein Sohn, Dipl.-Ing. Erich Ledwinka, war lange Jahre an der Seite seines Vaters tätig, schuf bei Steyr-Daimler-Puch selbst den „Puch 500" und den „Haflinger". Auch sein Bruder Fritz Ledwinka ist in diesem Unternehmen tätig.

Dr. Hans Ledwinka verstarb im Jahr 1967 in München.

# Béla Barenyi

Es gibt einige ihrer Zeit weit vorausdenkende Automobilkonstrukteure, denen zwar die Fachkreise sehr wohl ihren wahren Stellenwert zuerkennen, die aber dem breiten Publikum immer noch eher unbekannt sind. Einer dieser Könner ist Béla Barenyi.

Am 1. März 1907 in Hirtenberg bei Wien geboren, stammte er aus einer Familie, die ihm viele Voraussetzungen für sein späteres Schaffen in die Wiege legte. Sein Vater war Professor der Naturwissenschaften, ein Onkel besaß allein in Deutschland über 100 Patente auf dem optischen Sektor und andere Verwandte waren Gelehrte, Industrielle und Künstler. Früh trat sein späteres Interessengebiet zutage. Mit acht Jahren zeichnete er bereits Fahrzeuge aller Art und mit 17 Jahren reichte er sein erstes Patent ein.

Seine Ausbildung am Technikum in Wien beendete er im Jahr 1925 mit einer Fahrzeugkonzeption, die er „Der kommende Volkswagen" nannte, und nicht nur der Name, auch die wesentlichen Elemente dieses Konzeptes, nämlich der hinter der Hinterachse liegende Motorblock, der vor der Vorderachse vorgesehene Gepäcksraum sowie der zwischen den Rädern angeordnete Fahrgastraum sind viele Jahre später berühmt geworden.

1927 trat Barenyi in die Steyr-Werke ein, ging dann zu Austro-Fiat, war in den Adler-Werken in Frankfurt und bei der Getefo in Berlin tätig, für welches Unternehmen er als Schwingungsfachmann ganz Europa bereiste. 1939 wechselte er jedoch zu Daimler-Benz, wo er ein bleibendes Wirkungsfeld finden

**Studie verschiedener Antriebsarten. Die dritte ist als jene des späteren „Käfers" erkennbar, u. z. handelt es sich um einen Heckmotorwagen mit Hinterradantrieb, Antriebsquelle ist ein luftgekühlter Vierzylinder-Boxermotor.**

sollte. Anläßlich seiner Pensionierung 1974 schied er dort als Leiter der Pkw-Vorentwicklung aus.

Barenyi hatte schon mit seinem „kommenden Volkswagen" zwei wegweisende Anordnungen getroffen: eine Sicherheitslenkung und die optimale Triebwerkskombination. In beidem eilte er dem damaligen Entwicklungsstand weit voraus.

Ein bedeutsames Beispiel der grundsätzlichen Bestrebungen Barenyis war die sogenannte Sicherheitskarosserie von 1951. Er setzte sich bereits damals mit der heute zum Standardwissen jedes Autofachmannes gehörenden Tatsache auseinander, daß die bei einem Unfall auftretende Energie im Interesse der Sicherheit der Insassen in Deformationsarbeit umgesetzt werden muß. Damals war das vollkommen neu, denn bis dahin huldigte man dem Grundsatz: Je stärker, desto sicherer. Er stellte insbesondere klar, daß die auftretenden Deformationen nicht im Bereich des Fahrgastraumes, sondern an den Enden der Karosserie stattzufinden hätten, weshalb es in seiner diesbezüglichen Patentschrift auch heißt: „... das Fahrgestell und Aufbau... so bemessen und gestaltet sind, daß ihre Festigkeit im Bereich des Fahrgastraumes am größten ist und nach den Enden zu stetig oder stufenweise abnimmt."

Darin wies er auch bereits auf den heute wieder im Gespräch befindlichen Flankenschutz hin, indem er meinte, die Festigkeit im Bereich des Fahrgastraumes müsse nach den Seiten zu konstant bleiben oder gar zunehmen.

Damals hat sicher viel Mut dazugehört, eine unfallbedingte Verformbarkeit als Positivum und nicht als Negativum zu bezeichnen, und sie gesteuert so einzusetzen, daß sie lebenserhaltende Wirkungen entfaltet. Das mag gleichzeitig der Grund dafür gewesen sein, daß Barenyi eigentlich nicht den allgemeinen Bekanntheitsgrad erreichte, der ihm sicherlich zugestanden wäre, denn lange hieß es in der Autobranche: „Sicherheit verkauft sich schlecht".

Weitere Schwerpunkte seines Schaffens waren die Gestaltung von Tür, Dach, Schalttafel, Lenkung, aber auch die Triebwerkslagerung und Achslagerung. Nicht weniger als 2.500 erteilte Patente beweisen ein ungewöhnlich fruchtbares Schaffen, das sich auf die Verbesserung der ganzen Automobilkonstruktion erstreckte.

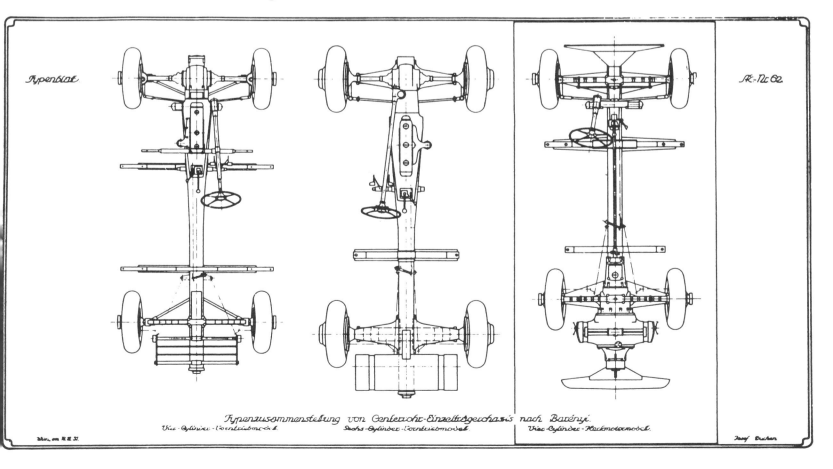

# BELA BARENYI:
# IT'S TIME TO SAY "NO"

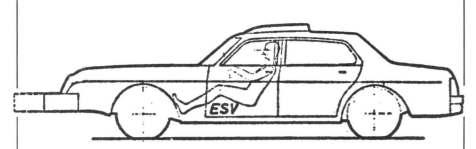

Noch 1971 wurde das Fahrzeug, dessen gefährliches Lenkrad hier abgebildet ist, unbegreiflicherweise mit dem Grand Prix de la Securité ausgezeichnet.

---

Die kürzlich beendete V. ESV-Konferenz in England brachte eine Abkehr von den Washingtoner Forderungen, die zu teueren und schweren Prototypen geführt hätten. Nun wendet man sich der realistischeren und wissenschaftlich exakten europäischen Schule zu, deren Grundlagen schon vor Jahrzehnten vom „Vater der passiven Sicherheit", dem Wiener Forschungsingenieur B. Barényi geschaffen wurden

---

Eine Frage, der sich Béla Barenyi besonders widmete, war die Gestaltung eines sicherheitsgerechten Lenkungssystems, womit er die „passive" Autosicherheit begründete. Jahrzehnte hindurch wurde diese wichtige Frage von der Industrie vernachlässigt und verdrängt. Noch 1971 schrieb das Nachrichtenmagazin „Der Spiegel" im Rahmen einer Buchbesprechung:

„America Inc. — Who Owns and Operatest the United States?" von M. Mintz und J. S. Cohen: „So unterließ es etwa die Automobilindustrie trotz vorhandener Patente jahrzehntelang, Sicherheits-Lenksäulen in ihre Wagen einzubauen. Die Abneigung der Autobosse gegen die brustkorbschonenden Säulen kostete allein 1967 schätzungsweise 13.000 amerikanischen Autofahrern das Leben".

Im gleichen Jahr hatte die Cornell-Universität jedenfalls auf die wissenschaftlich erarbeitete Erkenntnis hingewiesen, daß das Lenkaggregat unter Berücksichtigung von Häufigkeit und Schwere der Verletzungen mit dem höchsten Risiko behaftet ist. Barenyis ursprüngliche Vorschläge und späteren Verfeinerungen der Sicherheitslenkung sind demnach Jahrzehnte hindurch ignoriert oder nach und nach nur halbherzig durchgeführt worden, wodurch das Risiko immer noch viel zu hoch blieb.

Seine Forderungen in dieser Richtung beziehen sich vor allem auf Maßnahmen gegen das „Aufbäumen" der Lenksäule im Kollisionsfall sowie schonungsvolles Abfangen der gegen die Lenkradnabe prallenden Brust des Fahrers. Sie wurden in seinem Konzept von 1925 bereits von ihm erfüllt, als sein völlig neues Lenksystem

— ein hinter der Vorderachse liegendes Lenkgetriebe,
— eine versenkte Lenkradnabe,
— eine extrem kurze Lenksäule und
— einen weit vor dem Lenkgetriebe angeordneten Stoßschutz vorsah. Dem fügte er mit dem Patent von 1954 noch die großflächige, muldenförmige, schaumstoffarmierte Aufprallfläche im Bereich der Lenkradnabe hinzu.

Eine optimale Lösung des Problems sah Barenyi nur bei folgenden Voraussetzungen:

1. Die Säule des Lenkspießes muß unter Heraustrennung eines reichlich bemessenen Längenteils geteilt werden.

2. Dies muß an der richtigen Stelle, also nicht zu tief, erfolgen.

3. Für die Verbindung der Lenksäule kommt nur eine ungeführte, plastisch verformbare „Kupplung" in Frage, die im praktischen Betrieb verdrehfest sein muß.

4. Diese Kupplung soll nicht nur in axialer Richtung, sondern allseits nachgiebig sein.

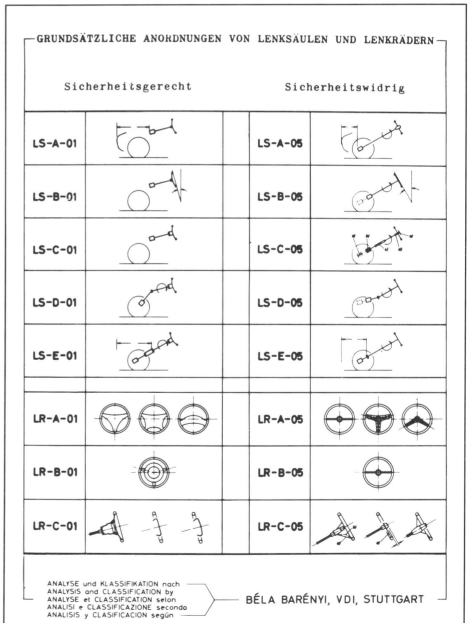

GRUNDSÄTZLICHE ANORDNUNGEN VON LENKSÄULEN UND LENKRÄDERN

| Sicherheitsgerecht | | Sicherheitswidrig | |
|---|---|---|---|
| LS-A-01 | | LS-A-05 | |
| LS-B-01 | | LS-B-05 | |
| LS-C-01 | | LS-C-05 | |
| LS-D-01 | | LS-D-05 | |
| LS-E-01 | | LS-E-05 | |
| LR-A-01 | | LR-A-05 | |
| LR-B-01 | | LR-B-05 | |
| LR-C-01 | | LR-C-05 | |

ANALYSE und KLASSIFIKATION nach
ANALYSIS and CLASSIFICATION by
ANALYSE et CLASSIFICATION selon
ANALISI e CLASSIFICAZIONE secondo
ANALISIS y CLASSIFICACION según

BÉLA BARÉNYI, VDI, STUTTGART

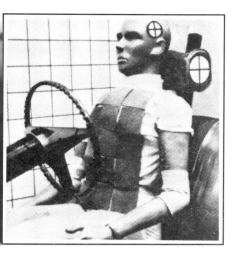

Links:
Bei diesem Lenkrad wurde die sogenannte erste Kollisionsphase und ihre zu erwartenden Folgen sichtlich vernachlässigt, 1975.

1976 widmete die Zeitschrift „ADAC Motorwelt" den größten Teil einer Nummer dem damals noch kriminellen Stand der Lenkrad-technik.

5. Die Konstruktionslage des oberen Lenksäulenteiles muß während des Kollisionsvorganges beibehalten bleiben.

6. Die Gesamtanordnung sollte sich durch ein Minimum an Teilen auszeichnen.

7. Vor allem ist Wartungsfreiheit anzustreben.

Mercedes-Benz schuf 1975 das damals weltweit vorbildliche, mit Schaumstoff armierte erste echte Sicherheits-lenkrad.

und immer noch als Berater der Autoindustrie tätig. Das geflügelte Wort „In jedem Auto steckt ein bißchen Barenyi" ist die schönste Anerkennung seiner Leistungen und seines unermüdlichen Wirkens im Interesse der Sicherheit der Autofahrer.

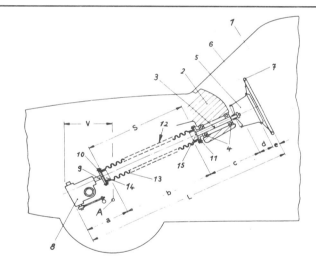

8. Die Funktonsfähigkeit darf weder durch Systemfehler, noch durch mangelnde Schmierung, Verklemmung usw. gefährdet werden.

Kurze, fast richtige Lenksäule des Ro 80, bei dem nur wenige Winkelgrade zum flachen Neigungswinkel fehlen.

Barenyis unermüdliche Forderungen nach erhöhter Sicherheit im Auto stießen in Amerika wie Europa viele Jahrzehnte auf taube Ohren, was vielen Menschen sinnlos das Leben gekostet hat. Erst spät begann man, sich damit ernsthafter auseinanderzusetzen. Aber immer noch sind Lenksysteme in Anwendung, die manchen Wunsch offen lassen.

Béla Barenyi ist trotz seines hohen Alters voll Schaffenskraft

Sicherheits-Lenksäule

Die 1960 von mir erdachte und 1963 zum Patent angemeldete Lenksäule (vgl. DRP 1303280) war durch eine Zweiteilung gekennzeichnet, deren beide, gegeneinander gekehrten Enden durch ein ungeführtes, also allseits nachgiebiges, als knickschwacher Deformationskörper ausgebildetes Kupplungsglied verbunden sind.

Dieses optimale Prinzip zur Entschärfung von Lenkspießen wurde ab 1966 durch eine Serie von Gegenvorschlägen »gekontert«, die sich durch Unfunktionalität oder Aufwendigkeit, hohes Gewicht oder hohe Herstellungskosten, beabsichtigtes (!) Aufbäumen usw. als gefährlicher Irrealismus bzw. erschreckender Mangel an Phantasie (vgl. z.B. den Vorschlag von J. Kales nach DRP 1298010) dokumentierten. Solange solche nicht zu Ende gedachten, »new energy-absorbing steering column« genannten Systeme Blindheit oder Schwerhörigkeit einschlägiger »Forscher« verraten bzw. weiterzige Toleranz aller Gesetzgeber genießen, wird sich von dieser Seite her am Unfallgeschehen wenig ändern.

Beurteilungen:

»... genial einfach ...« (Gute Fahrt, Stuttgart)
»The Live Saver« = »Der Lebensretter« (Volkswagenwerk, Wolfsburg)
»Meilenstein der passiven Sicherheit« (Motor Revue, Stuttgart)

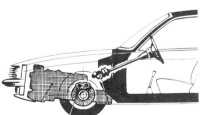

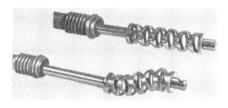

**Rechts:**
Die immer noch zahlreichen offenen Wagen mit oft problematischen Regenverdecken und die überwiegend staubigen Landstraßen der zwanziger Jahre erforderten nach wie vor eine spezifische Autofahrerkleidung, die die Nachteile der damaligen Fahrzeuge ausgleichen half.

**Links:**
In den zwanziger Jahren nahm das Interesse der wohlhabenden Damenwelt am Automobil stark zu.

**Rechte Seite links:**
Diese geschmackvolle Lösung der Bekleidungsfrage wird auch heute noch als ansprechend empfunden. (Titelbild der Vogue, New York, 1924, George Lepape.)

# Die Arbeit in den Automobilclubs

Nach Abschluß der Friedensverträge waren schon 1920 die internationalen Beziehungen der Clubs zueinander wiederhergestellt. In den Nachfolgestaaten hatten sich auf dem Grundstock der alten Automobilclubs die neuen Clubs in Prag, Agram (Belgrad), Krakau (später Warschau) als neue nationale Automobilclubs gebildet. In Deutschland wurde aus dem kaiserlichen Automobilclub der Automobilclub von Deutschland neben dem schon bestehenden Allgemeinen Deutschen Automobil-Club (ADAC). Der Österreichische Touring-Club nahm seine Tätigkeit wieder auf.

In der AIACR (Alliance Internationale des Automobil-Clubs Reconnu) und in der AIT (Alliance Internationale de Tourisme) fanden sich alle führenden Clubs der einzelnen Staaten zusammen.

Die Interessen der Clubs trafen sich in folgenden gemeinsamen Tätigkeiten:

1 Regelung der internationalen Straßenzeichen (Warnungs-, Verbots- und Gebotszeichen).

2 Maßnahmen zur Förderung der Fahrerausbildung.

3 Förderung der Durchführung von Straßenneu- und -umbauten, Einrichtung von Kundendiensten, Ortsbezeichnungen, Grenzstellen. Bildung eigener Straßensektionen.

4 Fremdenverkehrspropaganda für den Automobilisten. Einrichtung von internationalen Reisebüros.

5 Beratung der Behörden in Fragen des Kraftwagenverkehrs und der notwendigen Gesetze.

Interessant ist in dieser Hinsicht die Ausrichtung der Clubs in England und Deutschland nach der industriellen Seite hin, während sich in allen übrigen Staaten die Entwicklung in Richtung Fremdenverkehr vollzog.

Die einzelstaatlichen Berufsverbände der Automobilkonstrukteure und -industriellen, die ihre Zentrale in Paris im „Bureau permanent des constructeurs des automobiles" hatten, arbeiteten an der Vereinheitlichung konstruktiver Grundgedanken. 1925 bis 1927 trat im Kraftfahrwesen eine neue Organisation auf internationaler Grundlage auf. Die Nutzkraftwagenverbände vereinigten sich in der FITCA (Féderation Internationale de Transport-Commerce par Automobil) mit dem Programm, wirtschaftlichste Betriebsgrundlagen im Lastwagenverkehr zu erzielen. Eine sehr wichtige Rolle spielte die Ersatztreibstoff-Frage.

**Unten:** Der flotte Schritt, mit dem die Dame hier ihrem Wagen zustrebt, beweist das neue Lebensgefühl und -tempo.

Darstellung des
Lenkradein-
schlages bei
Kurvenfahren im
Rückwärtsgang in
einem Lehrbehelf
von 1924.

Rechts außen:
Hier wird falsches
Einschlagen bei
Rückwärtsfahrt
demonstriert.

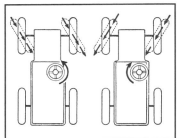

Oben und rechts:
Lenkfehler beim
rückwärtigen Ein-
fahren in ein Tor
sowie bei der
Ausfahrt aus
einem Tor.

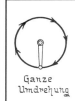

Ganze
Umdrehung

Halbe
Umdrehung

Viertel
Umdrehung

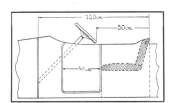

Oben:
Darstellung der
sinnvollen Andreh-
bewegung. Die
sicherste Art der
Ankurbelung war
eine halbe Umdre-
hung von unten
nach oben. Rück-
schläge führten
dann fast nie zu
Handbrüchen.

Oben rechts:
Typischer Hand-
bruch durch
falsches Motor-
Ankurbeln.

Rechts:
Richtige Haltung
beim Andrehen
des Motors:
Zug richtig,
Druck falsch.

# Fahrschulwesen und Lenkerausbildung

Bis 1907 war die Lenkerausbildung fast ausschließlich Privatangelegenheit der Automobilfabriken oder ihrer Vertreter bzw. Verkäufer. Von 1908 bis 1918 sorgten die Verkehrsberufsverbände und die Heeresverwaltungen der Staaten für eine gute Berufsausbildung ihrer Fahrer. 1908 erfolgte in Europa die behördliche Lenkerprüfung bereits nach Berufsgattung und Fahrzeugart getrennt (Herrenfahrer, Berufsfahrer, Dampf-, Elektro-, Verbrennungsmotorenantrieb; Pkw, Lkw, Omnibusse und Lastzüge).

Als ab 1920 das Kraftfahrzeug immer mehr Verbreitung fand und das Autofahren zu einem Beruf geworden war, wurde die Ausbildung den Fahrschulen übertragen. Diese Unternehmungen waren privatrechtlich gegründete und von alten Ein-

fahrern, Werkmeistern und Ingenieuren geleitete Anstalten. Ab 1926/27 wurden sie als Schulen dem Unterrichtsministerium unterstellt, erhielten Autorisation und Öffentlichkeitsrecht, und ihre Lehrkräfte wurden als Berufslehrer behördlichen Prüfungen unterzogen. In Österreich wurden die höchsten Anforderungen gestellt, was ein hohes Ausbildungsniveau der Fahrschüler und eine verhältnismäßig niedrige Quote an Verkehrsunfällen zur Folge hatte. Im Prinzip gab es Allgemeine bzw. Berufsfahrer-Kurse, Herren/Damen-Kurse und Einzelausbildung.

Falsch:
Bei Rückwärtsfahrt
mußte sich der
Lenker nach links
drehen, um eine
bessere Übersicht
zu gewinnen
(Rechtslenkung).

Allgemein übliches
Handzeichen bei
Richtungswechsel.

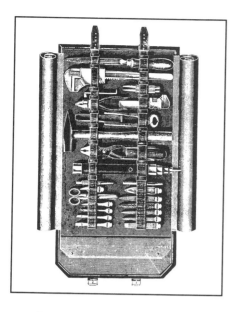

Werkzeugtasche eines Automobilisten bis etwa 1930. Sie wurde immer wieder benötigt.

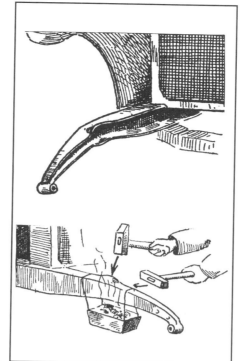

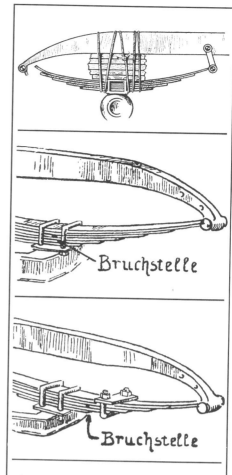

# Fahrpraxis in der Zwischenkriegszeit

Nachdem sich die Autoindustrie nach dem ersten Weltkrieg wieder konsolidiert hatte, war sie nach der Abdeckung des dringendsten Bedarfes der Nachkriegszeit darum bemüht, immer bessere und sicherere Konstruktionen auf den Markt zu bringen. Fühlbar wurden diese Bestrebungen für den Autofahrer aber relativ spät, und obwohl bereits vieles bekannt und im Gespräch war, das ihm das Leben hätte erleichtern können, dauerte es doch viele Jahre, bis er in den praktischen Genuß all dieser Errungenschaften gelangte.

Heute ist das Kraftfahrzeug ein problemloses, bequemes und trotz hohen Fahrleistungen sicheres Verkehrsmittel. Unfälle, die sich im Straßenverkehr ereignen, sind kaum auf unbefriedigende Konstruktionen oder Materialfehler zurückzuführen, sondern in den weitaus überwiegenden Fällen in der Überschätzung des Fahrkönnens der Lenker oder durch andere Gegebenheiten begründet.

Durch ein weitreichendes, gepflegtes Straßensystem, Pannenhilfen oder Clubs, aber auch bestens eingelaufene Service- und Reparaturwerkstätten, sind unliebsame Überraschungen während des Kraftfahrzeugbetriebes von vornherein minimiert und durch Rationalisierung die erforderlichen Service- und Pflegearbeiten finanziell tragbar.

## Vorkriegsmodelle

Völlig anders lagen die Verhältnisse zwischen den beiden Weltkriegen. In den frühen zwanziger Jahren kamen noch weitgehend Vorkriegskonstruktionen zum Einsatz. Es waren Automobile, die durch ein aufwendiges Handling gekennzeichnet waren und einen großen Aufwand an Pflege erforderten. Fast

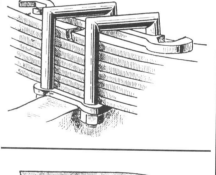

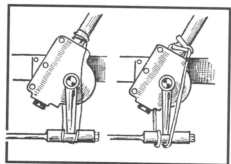

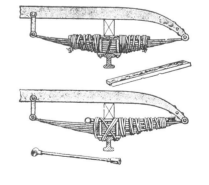

Diese Bilderreihen verdeutlichen, welche mechanischen Kenntnisse der Fahrer haben sollte, um bei immer noch werkstättenarmen Überlandfahrten in der Lage zu sein, notdürftige Reparaturen durchzuführen und die Weiterfahrt nach Defekten einigermaßen sicherzustellen.

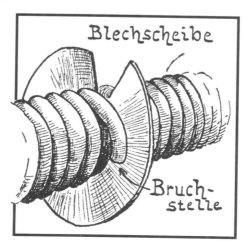

Blechscheibe

Bruchstelle

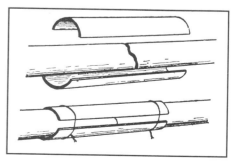

jede Reparatur wurde zum Problem, weil damals nicht wie etwa heute fast jeder Ersatzteil im Lager vorrätig war, sondern die Werkstätten mußten meist mit sehr viel Fachkönnen reparieren, Teile sogar nachfertigen und anpassen.

Dazu kam, daß, so imponierend die Wagen damals bereits wirkten, Komfort eher klein geschrieben wurde. Viele Typen waren immer noch teilweise oder ganz offen, auf jeden Fall aber der Fahrersitz, weil Schalthebel und Handbremse des rechtsgelenkten Fahrzeuges außerhalb des Wagenkastens angeordnet waren. Die Kulissenschaltung war wohl präzise zu bedienen, aber durchaus nicht leichtgängig zu handhaben, wie überhaupt alles damals noch eher schwergängig war und nur mit Kraftaufwand beordert werden konnte. Kupplungsfedern etwa erforderten entsprechend hohe Drücke, Bremsen waren rein mechanisch und daher schwergängig, und das Lenkrad entsprechend dem notwendigen Kraftaufwand meistens vierspeichig gestaltet.

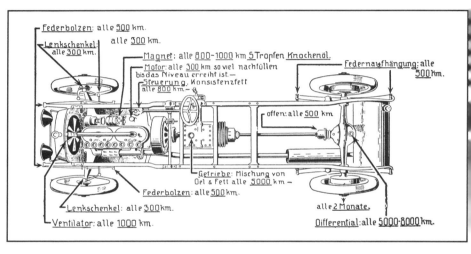

**Links oben:** Bedienungseinrichtungen in den späten zwanziger Jahren: Am Lenkrad der damals noch durch Hand zu bedienende Zündverstellhebel, darunter der Hupballon für das akustische Warnsignal.

**Rechts oben:** Schalthebel und Bremse befanden sich außerhalb des Fahrgastraumes. Am Trittbrett der damals übliche große Werkzeugkoffer (1920).

**Oben Mitte:** Dieser Schmierplan sollte mit Aufmerksamkeit gelesen werden, um zu erkennen, welche schmiertechnischen Maßnahmen in welch kurzen Abständen bei den früheren Automobilen unerläßlich waren und heute glücklicherweise vielfach vollkommen wegfallen.

Oben und links:
Der Kraftfahrer wurde auch damals immer wieder mit merkwürdigen Verkehrsproblemen konfrontiert.

Unten:
Die Fahrzeugmotoren mußten während des Winters warm verpackt werden, um sie überhaupt betriebsfähig zu halten.

## Schwieriger Winterbetrieb

Die Außenbord-Kulissenschaltung wurde allerdings schon in den späteren zwanziger Jahren durch im Inneren des Fahrzeuges angeordnete Schalt- und Bremshebel abgelöst und das Fahrzeug vor allem dadurch wesentlich winterfreundlicher, obwohl immer noch keine Heizung vorgesehen war. Die Tatsache, daß die Gas-, Brems- und Kupplungspedale durch das Bodenbrett hindurch direkt ins Freie führten, bewirkte besonders im Winter eiskalte Zugluft auf die Füße, die bei längeren Fahrten und entsprechenden Minusgraden sogar Erfrierungen einbringen konnte. Der winterliche Fahrbetrieb war also kein reines Vergnügen.

Wenn die Windschutzscheiben so weit vereisten, daß sie total undurchsichtig wurden, konnte man sich damit helfen, daß man, mit Salz und einem Tuch bewaffnet, versuchte, jeweils für kurze Zeit ein kleines Sichtfenster zu schaffen.

Erst kurz vor dem Krieg konnte man kleine elektrische Heizkörper als Zubehör erstehen, die innen unter der Windschutzscheibe montiert wurden und die Sicht bei Beschlagen oder Vereisen verbesserten.

Damals gab es auch schon Zusatzheizungen für Automobile, die aus kleinen Benzin- oder Petroleumöfchen bestanden (die man im Fahrzeuginneren aufstellte), um die Raumtemperatur positiv zu beeinflussen. Daß sie eine äußerst problematische „Lösung" darstellten, braucht hier nicht besonders betont zu werden.

Bis in die frühen dreißiger Jahren wiesen viele Fahrzeuge noch keinen elektrischen Starter auf. Das zwang den Kraftfahrer dazu, sein Fahrzeug unter allen Witterungsbedingungen mit einer Handkurbel anzuwerfen. Um den Vorgang im Winter einigermaßen erträglich zu gestalten, waren bei einigen Motoren sogenannte Zischhähne im Zylinderkopf vorgesehen, die es ermöglichten, vor dem Ankurbeln etwas Kraftstoff in die Zylinder einzuspritzen und somit den Startvorgang zu beschleunigen. Nachdem viele der damaligen Fahrzeuge mit einer am Lenkrad befindlichen Zündverstellung von Hand ausgestattet waren, mußte man vor dem Ankurbeln besonders darauf achten, daß dieser Hebel auf Nachzündung eingestellt war, denn wenn er auf Vorzündung stand, kam es immer wieder zu schweren Gelenks- und Armbrüchen durch den auf die Kurbel zurückschlagenden Motor.

Mangel an einer entsprechenden Armaturenausstattung zwang den Kraftfahrer immer wieder, mittels eines Fühlstabes im Tank nachzusehen, ob noch genügend Kraftstoff vorhanden war. Bei nobleren Fahrzeugen war die Kühlwassertemperatur über ein in der Kühlerverschraubung vorgesehenes Thermo-

Als Mitte der zwanziger Jahre immer mehr Fahrzeuge mit Vierradbremsen ausgestattet wurden, war eine Kennzeichnung unerläßlich, da sie weniger als den halben Bremsweg der zweiradgebremsten aufwiesen. In Österreich mußte ein rot gerahmtes Dreieck an der Nummerntafel befestigt sein. Darunter deutsche Hinweise (Punkte).

Links außen:
In den späten dreißiger Jahren waren Innenraum und Handhabung oft schon sehr komfortabel — bei Spitzenwagen schon früher —, wenn auch die Bedienung einen gewissen Kraftaufwand erforderte, weil etwa Servo-Motoren und andere Hilfen noch fehlten.

IA-351720

II A-75621

H H 4259

M 21578

allem nicht beheizbare Windschutzscheiben, die immer wieder zufroren, und ungenügende, nur auf die Hinterräder wirkende Bremsen, trugen dazu bei, daß in den zwanziger und vielfach bis in die dreißiger Jahre dem Fahrer immer noch echte Pionierleistungen abverlangt wurden.

## Neue Fahrzeuggeneration

Endlich folgte eine Fahrzeuggeneration, bei der dank elektrischem Starter, Scheibenwischern, Vierradbremsen und sämtlichen Betriebsbeorderungen innerhalb des Fahrzeuges bereits von einigem Komfort gesprochen werden konnte. Trotzdem verfügte damals fast noch jede Automobiltype über eine sicherheitshalber beigegebene Andrehkurbel und entsprechendes Werkzeug, denn das Fahren mit diesen Fahrzeugen war immer noch sehr viel problematischer als heute.

meter ablesbar. Obwohl es in den mittleren dreißiger Jahren bereits Frostschutzmitteln gab, wurden sie eher selten verwendet, weil es sich beim Kühlwasserkreislauf nicht wie heute um ein geschlossenes System handelte, sondern durch Abdampfen immer wieder Wasserverluste auftraten, die regelmäßig durch Nachfüllen zu ersetzen waren. Der Umfang der Frostsicherheit mit Hilfe von Frostschutzmitteln war deshalb nie genau zu bestimmen.

Sehr lange mußte man deshalb während des Winters jeden Abend das Kühlwasser über einen Hahn am unteren Teil des Kühlers ablassen, um keine Motorauffrierungen zu riskieren. Das bedeutete gleichzeitig, daß am nächsten Morgen der Kühler von neuem befüllt werden mußte. Selbstverständlich war eine entsprechend weitreichende Abdeckung des Kühlers und teilweise auch der Motorhaube üblich und auch sinnvoll, aber sie befreite nicht wirklich von diesen unbequemen Vorsichtsmaßnahmen.

Nicht genug damit, kam es immer wieder vor, daß der Vergaser oder der Kühler einfroren, obwohl das Kühlwasser im Motor zum Kochen kam. Das hatte seinen Grund darin, daß der Wassertransport der damals noch häufig ohne Wasserpumpe erfolgenden Thermosiphonkühlung durch stellenweises Einfrieren unterbrochen wurde.
Das komplizierte und langwierige Anlegen der Schneeketten, manchmal überhaupt nicht oder nur schlecht geräumte Straßen, eventuell nicht vorhandene Scheibenwischer und vor

Die Wagen von damals wurden nach und nach erheblich schneller als ihre Vorläufer und die fahrbaren Geschwindigkeiten betrugen zwischen 80 und 100 km/h, vereinzelt auch mehr, aber das blieb die Ausnahme. Die Motorleistung der meisten 4- bis 6-Zylinder bei Hubräumen von 1,5 bis 3 Liter bewegte sich zwischen 20 und 60 PS bei 1,5 bis 2,5 Tonnen schweren Wagen.

**Rechts:**
Bereits 1922 wollte man die Verkehrspolizei mit leuchtenden Handschuhen ausstatten, um die durch Handzeichen erfolgende Verkehrsregelung bei Dunkelheit besser erkennbar zu machen.

Verkehrssignalanlagen kamen ab 1937 immer häufiger zum Einsatz.

1937 gab es bereits Fahrzeug-Fangvorrichtungen an schwierigeren Straßenabschnitten, sie waren aber relativ selten.

**Unten:**
Schon 1925 plante man großangelegte Kurzparkgaragen. Sie blieben aber vorläufig Absichtserklärungen. Erst lange nach dem Krieg halfen sie bei der teilweisen Lösung des Parkproblems in Großstädten.

## Das Garagenproblem in der Großstadt*).
### Von Paul Hellersberg.

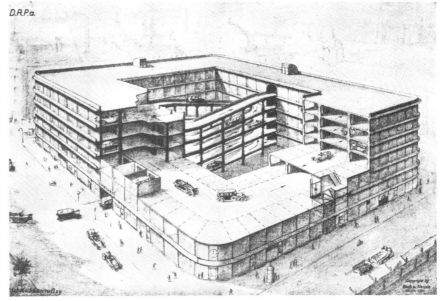

Daß wir mit der Verbreitung des Kraftwagens in Deutschland erst am bescheidenen Anfang einer starken Entwicklung stehen, weiß nun jedes Kind. Ernstzunehmende Kenner dieser Fragen haben das schon häufig in der Presse betont und ausführlich dargelegt. Zudem haben wir augenfällige Beispiele: Vor allem Amerika und Frankreich. Das ungeheure Anwachsen des Kraftwagenverkehrs ist durchaus nicht nur Folge- oder Begleiterscheinung der dort gegebenen örtlichen Verhältnisse. Es ist der zwangsläufige Gang moderner Verkehrsentwicklung, mit dem man auch bei uns rechnen muß. Momentane Krisen der deutschen Automobilindustrie sind hierbei untergeordnete Fragen, die überwunden werden und den Lauf dieser Dinge nur zeitweilig aufhalten können. Nach vorsichtiger Schätzung wird unser Kraftwagenbestand bereits in Jahresfrist verdoppelt sein. Die Zahl der Wagen wird auch dann noch lawinenhaft weiterwachsen. Mit solcher Verbreitung des Autos wird die Garagenfrage in den Großstädten zum akuten Problem. Bisher hat sie wenig Kopfzerbrechen gemacht. Autobesitzer waren fast ausschließlich Vermögende, die in den reichlich großen Grundstücken ihrer Vorortvillen und am Ort ihrer Berufstätigkeit (Fabriken usw.) ohne Mühe geschützte Aufenthaltsmöglichkeiten für ihre Wagen schaffen konnten. Dem nach Kriegsende wachsenden Bedarf entsprachen neuentstandene Mietgaragen größeren Umfanges im Stadtinnern. Doch heute wird ein Garagenmangel schon spürbar. Vermehrung der Mietgaragen wird notwendig. Hier ergeben sich Schwierigkeiten. Die Zentralisierungstendenz in der Entwicklung moderner Großstädte führt zu täglich steigenden Grundstückspreisen im Stadtinnern. Neue Mietgaragenunternehmen in der bisher üblichen Bauart als Flachbauten würden sich bei den augenblicklichen Grundstückspreisen im Stadtinnern kaum noch wirtschaftlich gestalten lassen. Sammelgaragen für Vorortbewohner lassen sich auch heute noch am Rand der

Stadt als Flachbauten ausführen und wirtschaftlich verwalten. Not tun uns jedoch außerdem Abstellgaragen gerade im Stadtinnern. Zentrale Lage und schnelle Erreichbarkeit ist hierbei unerläßliche Notwendigkeit. Sonst verliert der Kraftwagen Sinn und Zweck als Zeitsparer. Die Notwendigkeit zentraler Lage und der wachsende Grundstücksmangel werden auch im Garagenwesen künftig zur gleichen Lösung des Problems führen, die wir von modernen Bauten schon kennen: Zur v e r t i k a l e n Ausdehnung, d. h. zum Hochhaus, vielleicht sogar zum Turmhaus. Man wird heute vielleicht lächeln über solche Projekte. Augenblicklich mag auch ein Bedürfnis nach fünf- bis zehnstöckigen Garagenhäusern nicht vorliegen, in 8 Jahren wahrscheinlich, in 15 Jahren sicher. Städtebaufragen lassen sich nur auf weite Sicht zweckmäßig regeln. Die Frage ist deshalb schon heute spruchreif.

Innenraumgestaltung des Steyr 100 Kabriolet. Dieser Wagen hatte bereits vorn angeschlagene Türen, die durch den Fahrtwind nicht mehr aufgerissen werden konnten.

Die Probleme verlagerten sich mit der Erhöhung der Geschwindigkeit nun auf einen anderen Sektor, nämlich die Straßenlage, die bis dahin durch das relativ niedrige Fahrtempo nicht so sehr ins Gewicht gefallen war. Starre Vorderachsen und starre Hinterachsen in Verbindung mit nur mangelhaften, meist mechanischen Stoßdämpfern waren durchaus nicht dazu geeignet, auf den damals immer noch schlechten Landstraßen einen verkehrssicheren Betrieb zu sichern. Mitte der dreißiger Jahre wurde die starre Vorderachse allmählich durch Einzelradaufhängung ersetzt, wobei die starre Hinterachse zum Teil ein Relikt ist, das heute noch in manchen amerikanischen Autos zur Standardeinrichtung gehört, einer der Gründe übrigens, weshalb man in Amerika nur relativ niedrige Geschwindigkeiten fahren darf. Große Konstrukteure, wie etwa Ledwinka, haben aber bereits in den frühen dreißiger Jahren neue Fahrgestellkonzepte entwickelt (siehe Seite 314), bei denen vorne und hinten Einzelradfederung vorgesehen war und die Hinter-

Auf- und zugeklappte Notsitze im Fond des Steyr VII, wodurch in den relativ schmalen Fahrzeugen bequem sechs Personen befördert werden konnten, allerdings auf Kosten des Kofferraums.

Unten:
Dieser Austro-Daimler von 1931/35 wies bereits einen von außen zugänglichen, witterungssicheren Kofferraum auf, der allerdings im Verhältnis zur Fahrzeuggröße immer noch relativ klein war.

Unten:
Bei diesem 2/3sitzigen Steyr 220 Kabriolet von 1937 konnte der Raum für den Notsitz auch zur Unterbringung des Gepäcks verwendet werden.

Rechte Seite oben:
In den zwanziger Jahren war der Reisegepäcktransport im Automobil weitgehend ungelöst. Das brachte etwa diesen „praktischen Automobilkoffer" zustande, in dem die eigentlichen Koffer verstaut werden sollten. Oft konnte am Heck nicht einmal eine „Gepäcksraufe"

montiert werden. Gepäck wurde geradezu um das ganze Fahrzeug herum provisorisch verstaut.

Rechts ganz außen (kleines Bild):
Lancia Augusta von 1933 mit geöffnetem Kofferraumdeckel, auf dem sich das Reserverad befand.

räder einen positiven Sturz aufwiesen, was einerseits eine erheblich bessere Federung mit sich brachte als die Starrachse, andererseits aber auch nicht gerade dazu beitrug, die Verkehrssicherheit, etwa beim Kurvenfahren, zu erhöhen, im Gegenteil, bei diesen Fahrzeugen brach in schnell gefahrenen Kurven gern das Heck aus. Trotzdem war bis nach dem zweiten Weltkrieg die positiv angestellte Hinterachse, wie etwa bei VW, Mercedes, Skoda und einigen anderen Typen, immer noch Stand der Technik. Erst später ging Mercedes auf einen negativen Radsturz über, weil er sich als erheblich kurvensicherer erwies.

Aufgrund der meist hohen Bauweise und des damit hochliegenden Schwerpunktes waren die Wagen außerdem extrem windempfindlich und kurveninstabil, was ebenso wie die recht problematischen Bremsen — auch wenn es sich bereits um vierradgebremste Konstruktionen handelte — die Verkehrssicherheit nicht förderte.

## Problematische Bremsen

Die mechanischen Bremsen standen den schlechten Fahreigenschaften des Fahrgestells in keiner Weise nach. Wohl stand bereits die Vierradbremse in Verwendung, war aber mit Seilzügen ausgestattet, wobei die Bremsbeorderung mit deren Hilfe an die Bremshebel an den Innenbackenbremsen weitergeleitet wurde. Wenn diese Bremsen hervorragend gepflegt, eingestellt und gewartet waren, kam an allen vier Rädern eine einigermaßen gleichmäßige Bremsverzögerung zustande, was aber eher Theorie blieb. In den meisten Fällen war vielmehr die Tatsache maßgeblich, daß die Vorrichtungen der Bremsanlage an der Unterseite des Fahrzeuges jeder Art von Straßenzustand und dadurch Verschmutzung ausgesetzt waren, sodaß der Idealzustand eher selten erreicht werden konnte, was bedeutete, daß die einzelnen Radbremsen ungleichmäßig zogen. Bei Notbremsungen, zu denen an sich ein höherer und damit wenig

differenzierter Kraftaufwand erforderlich war, brach das Fahrzeug oft nach einer Richtung aus, die man vorher nicht oder nur sehr indirekt voraussagen konnte. Dazu kam noch, daß die Wartung eines Fahrzeuges in ordnungsgemäßen Zeitabständen damals noch nicht vorgeschrieben war und erfahrungsgemäß

nur dann durchgeführt wurde, wenn bereits ein Gebrechen vorlag. „Lappalien" also wie schlecht ziehende Bremsen oder zu großes Lenkradspiel (1 cm war üblich) waren meist kein echter Grund, eine Werkstätte aufzusuchen.

Als immer mehr vierradgebremste Fahrzeuge in den Verkehr gelangten, obwohl der Großteil der Verkehrsteilnehmer immer

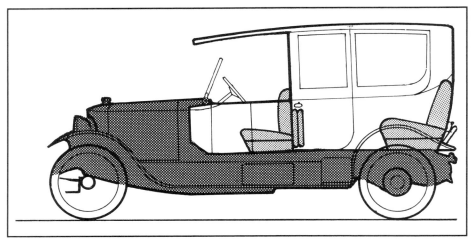

## Bergfahren und seine Tücken

Das Fahren im Gebirge erforderte vielfach bis lange nach dem zweiten Weltkrieg einiges Geschick. Für viele Autofahrer war es namentlich im gebirgigen Fremdenverkehrsland Österreich geradezu abenteuerlich, Berg- und Gebirgsstraßen zu befahren. Eine Bergstraße erforderte sowohl beim Bergauf- wie auch Bergabfahren zumindest einige Erfahrung, um sie relativ verkehrssicher und fahrzeugschonend hinter sich zu bringen.

Vor einer entsprechend steilen Strecke war es erstes Gebot, sie mit einem eher niedrigen Gang in Angriff zu nehmen, um den Motor nicht so lange zu quälen, bis er entweder heiß wurde oder abstarb oder beides, weil man sich einfach nicht mehr getraute, während der Bergfahrt zurückzuschalten. Es empfahl sich deshalb, bereits vor Steigungen einen niedrigen, eher zu niedrigen Gang, einzulegen, um sie mit höherer Motordrehzahl zu bewältigen. Für Ungeübte war es empfehlenswert, sich auf gefahrloseren Strecken einige Praxis im Bergfahren anzueignen, ehe man sich etwa an den damaligen Katschberg oder die Turracher Höhe mit ihren 20 bis über 30% Steigungen heranwagte.

noch mit Zweiradbremsen ausgestattet war, mußten jene aus Sicherheitsgründen am Heck des Fahrzeuges als solche gekennzeichnet werden, da ihre Bremswege um mehr als die Hälfte kürzer waren. Die Betreiber anderer Fahrzeuge sollten demnach darüber informiert werden, daß vor ihnen ein vierradgebremstes mit erheblich kürzeren Bremswegen fuhr, um entsprechend größere Abstände als früher einzuhalten. In Österreich war das Zeichen für die vierradgebremsten Wagen ein rotgerahmtes Dreieck, das an der Nummerntafel befestigt wurde.

**So groß waren die Toträume noch in den Automobilen nach dem Krieg bei fast keinem Kofferraum.**

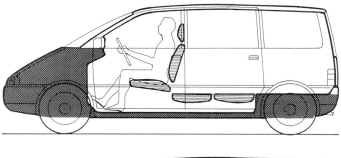
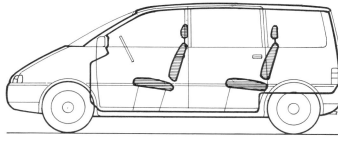

**Die grafischen Darstellungen auf dieser und der gegenüberliegenden Seite machen die beim Automobil jeweils unvermeidlichen Toträume deutlich, die für Transportaufgaben bis heute nicht herangezogen werden können, obwohl sie allerdings immer geringer geworden sind.**

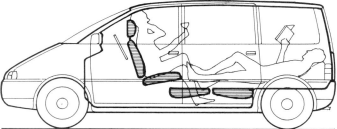
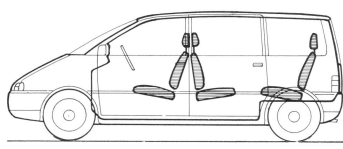

**Am Beispiel eines Renault (links) wird demonstriert, welche Innenraum-Variationen und Transportmöglichkeiten in einem modernen Pkw heute bereits gegeben sind.**

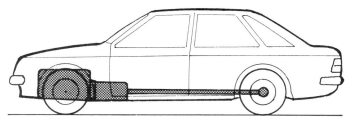
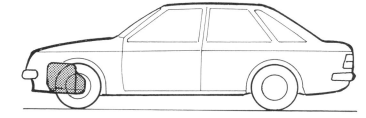

**Darstellung des Platzbedarfs der maschinellen Anlage:**

**Rechts: Motor vor der Vorderachse, Frontantrieb.**

**Links unten: Heckmotor hinter der Hinterachse, Getriebe vor der Hinterachse.**

**Rechts unten: Motor vor der Hinterachse, Getriebe hinter der Hinterachse.**

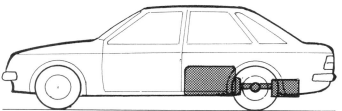

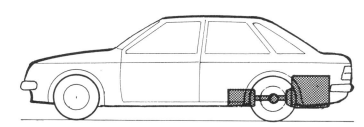

Beim Bergabfahren wieder war es wichtig, nicht während der Fahrt herunterzuschalten, denn dabei konnte das Fahrzeug durch die schwierigen Schaltvorgänge einfach zu schnell werden, um überhaupt noch geschaltet werden zu können. Wer aber zögerte, den Schaltvorgang durchzuführen, der überhitzte meist die Bremsen derart, daß es zu deren Beschädigung oder Ausfall und damit sogar zu Unfällen kommen konnte. Es hieß also, bereits vor Beginn des Gefälles herunterzuschalten. Als Faustregel galt, man sollte einen Berg mit jenem Gang bergabfahren, mit dem die Bergauffahrt bewältigt wurde.

Beim Bergfahren mußten jene Fahrer, die damals schon über einen mit Vorderradantrieb ausgestatteten Wagen verfügten, wie etwa einen DKW, Vorsicht walten lassen. Die Tatsache, daß der Motor hinter der Vorderachse lag, bewirkte nämlich eine relativ schlechte Bodenhaftung der Räder, wodurch sie „bergscheu" wurden, das heißt bei entsprechenden Steigungen und eventuellen Staubstraßen war die an sich nicht allzu große Motorleistung nicht mehr über die Räder auf die Straße zu bringen. Die Räder drehten dann durch und das Fahrzeug blieb stehen. War nur ein kurzes Stück einer kritischen Strecke zu befahren, dann legte sich etwa ein Mitfahrer eine Decke auf den Kühler und setzte sich darauf. Längere Strecken aber waren allein schon wegen der zu geringen Motorleistung dieser Fahrzeuge nicht zu bewältigen und man wählte besser einen Umweg.

## Schalten wollte gekonnt sein

Im übrigen erforderte die Handhabung des Fahrzeuges ganz allgemein immer noch ein gewisses Können, das sich vielfach erst nach längerer Fahrpraxis einzustellen pflegte. Die Getriebe etwa, die zum Teil noch sehr laut liefen, weil die gerade verzahnten Zahnräder beim Ineinandergreifen leicht heulten, machten es erforderlich, die verschieden schnell laufenden Zahnradpaare mittels Schaltvorgang möglichst geräuschlos ineinanderzuschieben. Um das zustande zu bringen, mußte man sich einige Tricks einfallen lassen, viel Gefühl entwickeln und eine entsprechende Fahrpraxis besitzen. Das Hinaufschalten, also vom ersten bis zum vierten Gang — mehr Gänge gab es damals noch nicht, dafür oft weniger, nämlich drei, wie etwa bei amerikanischen Typen — war einigermaßen problemlos, wenn man sich vom ersten auf den zweiten Gang etwas Zeit ließ. Besonders problematisch wurde eher das Zurückschalten wie bei Bergfahrten, wo es rasch vor sich gehen mußte, um das Fahrzeug nicht auf den oft bis zu 30% Steigung aufweisenden, meist schlechten Bergstraßen zum unbeabsichtigten Halt zu bringen, wo das Anfahren dann erhebliche Schwierigkeiten bereiten konnte. Der Schaltvorgang mußte deshalb in einem gewissen Rhythmus erfolgen. Angenommen, es sollte vom vierten auf den dritten Gang zurückgeschaltet werden, dann mußte, um die Zahnräder zu schonen, d. h. auf Gleichlauf zu bringen, folgendermaßen vorgegangen werden (man sprach bei dieser Manipulation von Zwischenkuppeln und Zwischengasgeben): Mit dem linken Fuß auskuppeln, mit der linken Hand Schalthebel auf Leerlauf stellen, mit dem linken Fuß einkuppeln, mit dem rechten Fuß gefühlvoll Gas geben und Motor auf Drehzahl bringen, weg vom Gas, mit linkem Fuß Kupplung treten und mit linker Hand Schalthebel auf den nächstniedrigen Gang legen, Kupplung wieder langsam kommen lassen und Gas geben. Dieser Vorgang erforderte einen in einem bestimmten Zeitablauf durchgeführten Rhythmus, der je nach Fahrgeschwindigkeit verschieden war. So unglaublich es klingt, mit entsprechender Erfahrung war es wirklich möglich, auf diese Art geräuschlos zu schalten.

## Richtungswechselanzeige

Aber noch etwas erwies sich als notwendig: Da bei den geschlossenen Fahrzeugen die Fahrtrichtungsänderung nicht mehr durch Handzeichen signalisiert werden konnte, mußte eine von innen zu bedienende mechanische Vorrichtung dafür

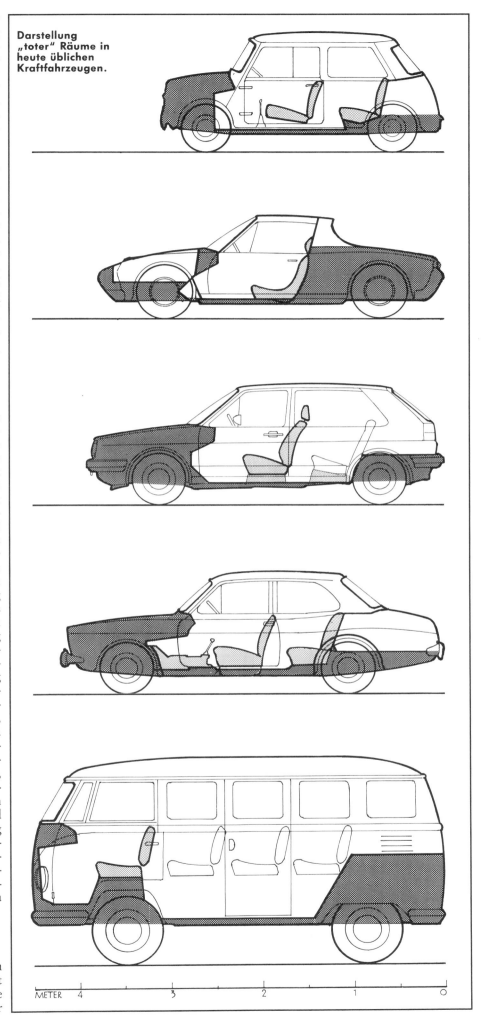

Darstellung „toter" Räume in heute üblichen Kraftfahrzeugen.

METER 4 3 2 1 0

sorgen, dem Nachfolgenden einen beabsichtigten Richtungswechsel anzuzeigen. Für diesen Zweck gab es anfangs geradezu abenteuerliche Konstruktionen, wie mechanisch verschiebbare Pfeile, die durch den Fahrer beordert wurden, oder aber einen in einem runden Gehäuse befindlichen roten Pfeil, der, von außen sichtbar, entweder nach rechts oder links gedreht werden konnte, aber eher als gute Absicht denn als verkehrstechnische Maßnahme zu bezeichnen war, obwohl diese Pfeile (siehe Abbildung auf Seite 326) sehr häufig zum Einsatz gelangten. Erst die späteren dreißiger Jahre bescherten endlich den elektrischen Winker, der teilweise noch bis 1960 in Verwendung war (siehe Seite 385).

Die Verkehrssignalisierung erfolgte zunehmend aufgrund international koordinierter Verkehrszeichen. Der Großstadtverkehr aber wurde bis spät in die Nachkriegszeit von Verkehrspolizisten mit Handzeichen individuell geregelt. Es gab zwar auch schon vor dem Krieg Verkehrsampeln, die dann aber durch einen am Ort befindlichen Polizeibeamten bedient wurden. Namentlich in Amerika waren sie bereits stark im Einsatz.

möglichkeiten schaffen und eine Erhöhung des Lebensstandards mit sich bringen sollten (siehe auch Seite 302).

## Fahrzeugantrieb

War bis Mitte der dreißiger Jahre der Antrieb der Fahrzeuge der sogenannte klassische, nämlich Motor vorn, Getriebe in Wagenmitte, Antriebsräder hinten, so kamen etwa mit Adler und DKW vorderradgetriebene Fahrzeuge mit ihrer Tendenz zum Übersteuern und der Problematik beim Bergfahren auf den Markt bzw. der Tatraplan mit Heckmotor, übrigens eine „Heckschleuder", wie man sie sich ärger nicht vorstellen konnte, hervorgerufen durch den hinter der Hinterachse liegenden schweren Motor. Er wies überdies eine gegensätzliche Fahrcharakteristik auf. Hatte die gering belastete Vorderachse gute Haftung, dann schleuderte der Wagen bei schneller gefahrenen Kurven mit dem Heck, waren die Straßenverhältnisse nicht so optimal, dann untersteuerte er so gewaltig, daß man ihn nur schwer um auch flache Kurven herumbrachte. Nachdem damals noch relativ langsam gefahren wurde, bewegten

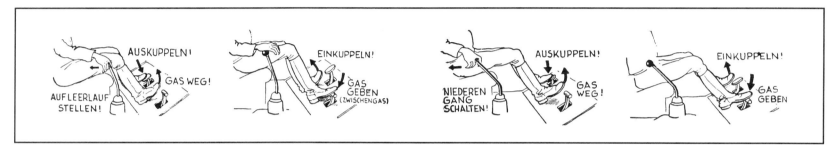

## Das Auto wird komfortabler

Die dreißiger Jahre brachten endlich neue Getriebe, die sogenannten Aphongetriebe. Es waren schräg verzahnte Zahnradgetriebe, die bereits relativ geräuschlos liefen und zum Teil auch Teilsynchronisation aufwiesen. Im allgemeinen war der dritte und vierte Gang synchronisiert, also jene Gänge, die häufig und bei höherer Geschwindigkeit geschaltet wurden. Interessanterweise fiel es aber noch lange niemandem ein, ein Vollsynchrongetriebe zu schaffen, das letztlich nach dem gleichen Prinzip zu erstellen gewesen wäre. Aber damals war man einfach nicht so komfortbewußt wie heute.

Fast zur gleichen Zeit kamen dann allmählich auch die hydraulischen Bremssysteme dazu, die natürlich eine erhebliche Verbesserung des Fahrbetriebes mit sich brachten. Nicht nur, daß ihre Betätigung weniger Kraftaufwand erforderte, brachte der hydraulische Bremsausgleich gleichmäßig ziehende Bremsen, wenn ihre mechanischen Teile in Ordnung waren.

Nun wurden die Automobile relativ komfortabel, wenn auch die Scheibenbeheizung, die Fahrzeugheizung und entsprechende Winterbetriebserleichterungen auf sich warten ließen. Nach wie vor etwa waren die Fahrzeuge wartungsintensiv. Der auf Seite 344 abgebildete Schmierplan enthält durchaus ernstzunehmende Schmiervorschriften, über die man sich heute nur mehr wundern kann. So waren verschiedene Teile in völlig verschiedenen Abständen zu schmieren, was große Aufmerksamkeit erforderte, wobei die Abstände zum Teil nur 300 bis 500 km Fahrstrecke betrugen.

Das Auto der Zwischenkriegszeit war bereits ein begehrtes Verkehrsmittel, aber soweit es nicht bereits in der Wirtschaft eingesetzt wurde, war es zumindest in Europa immer noch eher begüterten Bevölkerungsschichten vorbehalten, wenn es auch eine ganze Reihe von Versuchen gab, das Automobil in eine gewisse Volksnähe zu bringen. In Amerika war es Ford, der vor dem ersten Weltkrieg sein Modell T zum Massenverkehrsmittel entwickelte. In Europa schufen einige Konstrukteure fallweise geradezu obskure Kleinwagenkonstruktionen. Sie bemühten sich um preiswerte Fahrzeuge, die für breitere Bevölkerungsschichten Verkehrsprobleme lösen, Transport-

**Unten:** Gebräuchliche Motor- und Antriebsanordnung:

sich die negativen Eigenschaften dieser Fahrzeugkategorie noch in erträglichen Grenzen. Die Stunde der Wahrheit bezüglich Fahreigenschaften und Vollgasbelastung sowie Bremsauslegung brach an, als die Autobahnen dem Verkehr übergeben wurden und permanent über 100 km/h gefahren werden konnten.

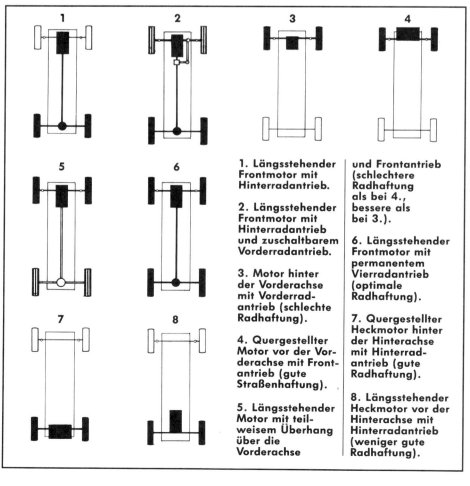

1. Längsstehender Frontmotor mit Hinterradantrieb.

2. Längsstehender Frontmotor mit Hinterradantrieb und zuschaltbarem Vorderradantrieb.

3. Motor hinter der Vorderachse mit Vorderradantrieb (schlechte Radhaftung).

4. Quergestellter Motor vor der Vorderachse mit Frontantrieb (gute Straßenhaftung).

5. Längsstehender Motor mit teilweisem Überhang über die Vorderachse und Frontantrieb (schlechtere Radhaftung als bei 4., bessere als bei 3.).

6. Längsstehender Frontmotor mit permanentem Vierradantrieb (optimale Radhaftung).

7. Quergestellter Heckmotor hinter der Hinterachse mit Hinterradantrieb (gute Radhaftung).

8. Längsstehender Heckmotor vor der Hinterachse mit Hinterradantrieb (weniger gute Radhaftung).

## Autogerechtere Straßen

Auch das Straßennetz wurde allmählich auf das neue Verkehrsmittel Auto abgestimmt. In Richtung Dimensionierung und
Belagsart fanden große Veränderungen statt. Der Landstraßen-
charakter verschwand aus dem Hauptverkehrsstraßennetz
immer mehr und wurde durch entsprechende Asphaltstraßen
oder Steinstraßen, später Autobahnen, ersetzt. Auf Nebenver-
bindungen wurde man aber immer noch mit Staubstraßen mit
allen ihren großen Nachteilen konfrontiert. Was den Belag der
Straße betrifft, mußte man erst Erfahrungen sammeln. So gab
es zum Beispiel bis in die sechziger Jahre hinein mit Blaubasalt
belegte Straßen, die bei Feuchtigkeit glatt wie eine Eisfläche
wurden, ohne daß sie vorher ohne weiteres zu verifizieren
gewesen wären. Nur große Erfahrung in Verbindung mit entsprechender Vorsicht konnte hier vor unangenehmsten Unfällen bewahren.

## Neu: Der Kofferraum

Aber nicht nur hinsichtlich des Fahrbetriebes mußten die
Autos erst lernen, Autos zu werden, auch hinsichtlich der
Transportmöglichkeiten waren sie noch lange nicht befriedi-
gend. Die komfortabelsten Wagen von Anfang der dreißiger
Jahre wiesen wohl sehr große Passagierräume auf — wobei der
Chauffeur vielfach immer noch im Freien saß, obwohl das gar
nicht mehr notwendig gewesen wäre —, aber das eventuell mit-
zuführende Reisegepäck konnte im Fahrzeug nach wie vor
nicht homogen untergebracht werden. Notlösungen, wie
Dachgepäckträger oder aber klappbare Gepäckträger am
Heck erlaubten nur mehr oder weniger witterungsunge-
schütztes Reisegepäck in relativ geringem Umfang mitzuführen.

Erst allmählich kam man zu der Erkenntnis, daß ein Automobil nicht nur Personen, sondern selbstverständlich auch entsprechendes Reisegepäck möglichst witterungsgeschützt befördern können mußte. Nach und nach sah man nun am Heck
des Fahrzeuges, allerdings immer noch nur bei größeren
Wagen, kleine Kofferräume, die nun zur Standardausrüstung
wurden. Immerhin konnte man später schon witterungs- und
diebstahlsicher einiges Handgepäck befördern. Interessanterweise ist die Erkenntnis, daß ein Automobil ein Transportmittel für Mensch und Gut ist, der Nachkriegszeit vorbehalten
geblieben. Erst dann wurde die Karosserie allgemein in befriedigender Weise gestaltet. Auch dem „Kofferraum" ist demnach ein langjähriger Denkprozeß vorausgegangen, bis er zu
dem allseits anerkannten Raumwunder, wie etwa des Golf,
heranwuchs, während der berühmte Produktionsweltmeister,
der Käfer von VW, bis zum Ende seiner Tage immer noch

einen Kofferraum der späteren dreißiger Jahre aufwies, ebenso
wie er die ansonsten schon vor dem Krieg teilweise wegge-
lassenen Trittbretter geraume Zeit beibehielt.

## Fahrzeugbereifung

Die Reserveräder waren noch lange rechts, links bzw. an beiden Seiten der Karosserie, oder aber am Heck frei montiert,
was bei Sonnenbestrahlung für die Reifen nicht besonders vorteilhaft war. Auch bei der Reifengestaltung fehlte die richtige
Erfahrung, was sich insbesondere bei den Profilen für die
immer schnelleren Fahrzeuge bemerkbar machte, und dies insbesondere hinsichtlich der Straßenlage. So setzte man vorwiegend möglichst grobe Profile ein, um die noch immer große
Abnützung der Reifen möglichst gering zu halten, was aber
wiederum den Fahreigenschaften nicht sehr zuträglich war.

**Unten:
Schematische
Darstellung eines
typischen Wagens
der Zwischen-
kriegszeit mit
Motor vorn und
Radantrieb hinten
sowie des
fortschrittlichen
Vorderradantriebs
von Citroën mit
dem zu einem
Block vereinten
Motor, Kupplung,
Getriebe und
Differential.**

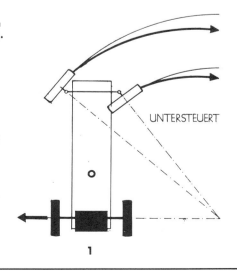
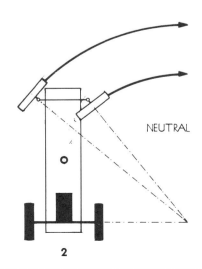
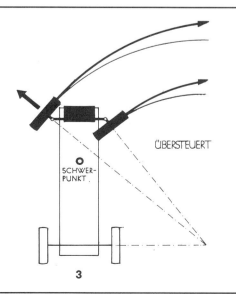

**1. Fahrzeuge mit
Heckmotor und
Heckantrieb neigen
zur Untersteuerung.**

**2. Fahrzeuge mit
vor die Hinter-
achse gesetztem
Motor-Getriebe-
Differential-Block
verhalten sich
durch günstige
Gewichtsverteilung
neutral.**

**3. Vorderradge-
triebene Fahrzeuge
mit vor die Vorder-
achse gesetztem
Motor-Getriebe-
Differential-Block
neigen zur
Übersteuerung.**

UNTERSTEUERT

NEUTRAL

ÜBERSTEUERT

SCHWER-
PUNKT

1      2      3

# Die große Zeit des Autosports

In den ersten Jahren nach dem Krieg erwiesen sich die Automobilbauer als nicht kapitalkräftig genug, um Rennwagen zu bauen. Diese und andere Nachkriegserscheinungen wirkten sich besonders in Europa auf den Autosport nachteilig aus. Erst langsam begann sich der Rennsport wieder zu regen und ab 1920/21 erstand er nach und nach in neuer Form, um schließlich zu einer Angelegenheit zu werden, an der die ganze Welt interessiert war und Anteil nahm.

Beigetragen hat dazu nicht zuletzt, daß das Auto nun überall und bei jedermann Anerkennung fand und zu einem vertrauten Faktor geworden war. Dadurch wurde die Leistung eines Rennfahrers und seines Wagens voll gewürdigt, ja bewundert. Außerdem erwachte allgemein ein technisches Verständnis, wodurch die jeweils neuen Details einzelner Rennwagenkonstruktionen besser beurteilt werden konnten. Was heute nur mehr in Einzelfällen gilt, hatte in den zwanziger und dreißiger Jahren noch volle Geltung: Bei den Rennen wurden von den Herstellern neue Konstruktionsdetails erprobt, denn jene Zeiten waren endgültig vorbei, da der Autobesitzer die Erprobungsarbeit wenn auch unfreiwillig mit übernommen hatte, wie es während der Pionierzeit der Fall gewesen war. Die Wagen von damals mußten klaglos funktionieren, und taten das auch zum größten Teil.

Wer einem Rennen nicht unmittelbar beiwohnen konnte, der erfuhr über Radio, Kino und Zeitung alle interessanten Einzelheiten und konnte an dem Ereignis mit gehobenem Volksfestcharakter — das allerdings auch von nationalem Ehrgeiz getragen wurde — dennoch teilhaben. Der sprachbegabte Sportreporter war bei Radioübertragungen damals sehr gefragt, galt es doch, den spannenden Wettkampf auf der Rennstrecke möglichst lebhaft wiederzugeben. Damals ersetzte im weiteren die Fantasie, was heute das Fernsehen ins Haus liefert.

Eine Steigerung dieser Begeisterung für den Rennsport trat in Mitteleuropa insbesondere nach den großen Mercedes-Erfolgen ein, die von der deutschen Propaganda der Vorkriegsjahre aus naheliegenden Gründen noch gefördert wurde.

Wer seine Idole nicht beim Fußballsport suchte, der fand sie jedenfalls unter den damals berühmten Rennfahrern, deren Namen fast jedes Kind kannte.

Die Targa und Coppa Florio, die auf dem heißen, steinigen Boden Siziliens, auf der Madonie-Rundstrecke, gefahren wurden, der Große Preis von Tripolis, das 1000-Meilen-Rennen von Brescia, die Coppa Acerbo, der Grand Prix de France, der Große Preis von Italien, der Große Preis von Deutschland, der erst auf der 1921 eröffneten Avus-Bahn und später auf dem 1927 eröffneten Nürburgring in der Eifel, dessen Gesamt-

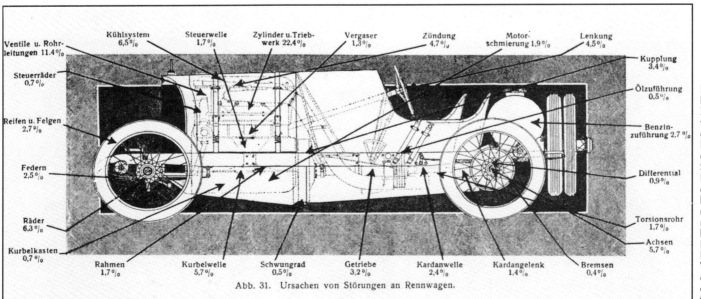

Ventile u. Rohrleitungen 11.4% — Kühlsystem 6,5% — Steuerwelle 1,7% — Zylinder u. Triebwerk 22,4% — Vergaser 1,3% — Zündung 4,7% — Motorschmierung 1,9% — Lenkung 4,5% — Kupplung 3,4% — Ölzuführung 0,5% — Benzinzuführung 2,7% — Differential 0,9% — Torsionsrohr 1,7% — Achsen 5,7% — Bremsen 0,4% — Kardangelenk 1,4% — Kardanwelle 2,4% — Getriebe 3,2% — Schwungrad 0,5% — Kurbelwelle 5,7% — Rahmen 1,7% — Kurbelkasten 0,7% — Räder 6,3% — Federn 2,5% — Reifen u. Felgen 2,7% — Steuerräder 0,7%

Abb. 31. Ursachen von Störungen an Rennwagen.

**In dieser interessanten Zusammenstellung von 1918 werden die damals bei Rennwagen auftretenden Störungen erfaßt. Die Behebung dieser Fehler brachte auch der normalen Automobilkonstruktion bedeutende Fortschritte. Bis zum zweiten Weltkrieg hatte der Rennsport echte Entwicklungsfunktionen.**

**Rudolf Caracciola**

länge 28,2 km beträgt und 178 Kurven, Gefälle bis zu 11% und Steigungen bis zu 17% aufwies, stattfand, der Große Preis von Monza, Monaco und Tunis, das Masaryk-Ring-Rennen, der Große Preis von New York, der auf der 1936 erbauten Roosevelt-Bahn in Mineoia ausgetragen wurde, einer Anlage von 6,4 km Länge (20 m breit, in den Kurven 30 m), die aber unvorteilhaft gebaut war, das 500-Meilen-Rennen auf der Indianapolis-Rennbahn, die wegen mehrerer Unfälle 1936 umgebaut wurde, die Bahnrennen von Montlhéry (Frankreich), Brooklands, etliche Rallyes und verschiedene schwierige Wertungsfahrten waren die großen internationalen Veranstaltungen dieser Zeit.

Während sich die Rennerfolge bis 1933 zwischen Deutschland, Italien und Frankreich ziemlich gleichmäßig verteilten, war nach 1933 die Überlegenheit der deutschen Rennwagen so

Remagen im Rheinland geboren, lernte er 1922/23 auf Ego und Fafnir und fuhr dann außer 1923, in welchem Jahr er mangels geeigneter deutscher Rennwagen für Alfa-Romeo antrat, ausschließlich für Mercedes-Benz. Er machte weit über hundert erste Preise und stellte in Europa viele Streckenrekorde auf. 1933 stürzte er beim Training in Monte Carlo schwer, gewann aber bereits 1935 wieder sechs große Länderpreise. Den ersten 750-kg-Formelwagen von Mercedes steuerte er vierzehnmal zum Sieg. 1935 begann seine Erfolgsserie in Tripolis, am Nürburgring, in den Großen Preisen von Frankreich, Belgien, der Schweiz und Spanien. Caracciola wurde Europa- und Deutscher Meister, 1937 Sieger in den Großen Preisen von Deutschland, der Schweiz, Italien und der Tschechoslowakei, um bald darauf wieder Europa- und Deutscher Meister zu werden. 1937 zeichnete ihn die AIACR in Anerkennung seiner

**Hans Stuck**

**Unten:
Der Mercedes-Benz SS errang 1928 beim Großen Preis von Deutschland auf dem Nürburgring einen Dreifachsieg. Erster war Caracciola.**

Werner su "Mercedes„ vincitore della Targa Florio 1924 - detentore della Coppa Florio 1924

groß, daß fast alle großen Rennen nur noch Zweikämpfe zwischen den deutschen Marken Mercedes-Benz und Auto-Union waren. (Wagen mit etwa 400 PS, später 650 PS.) Die anderen Marken wie Alfa-Romeo, Maserati und Bugatti waren besonders in den leichten Wagenklassen hervorragend. Aber auch die besten Konstruktionen wären ohne entsprechende Fahrer ohne Erfolg geblieben. Einer der bekanntesten war

## Rudolf Caracciola

Er war ein Rennfahrer besonderer Qualität, der durch seine Ruhe und eine ausgezeichnete Taktik hervorstach. 1901 in

Meisterschaft mit der Goldenen Sportmedaille aus. 1938 stellte er bei Rekordversuchen auf der Autobahn zwischen Frankfurt und Darmstadt mit dem Mercedes-Benz-Stromlinien-Rekordwagen eine Weltbestleistung von 436,893 km/h auf. 1939 wurde Caracciola abermals Deutscher Meister. 1946 stürzte er sehr schwer bei einer Probefahrt auf der Indianapolisbahn. Ein Vogel traf ihn an der Stirn, er wurde sofort ohnmächtig, sein Wagen rammte die Barriere und Caracciola wurde im Bogen 20 Meter weit geschleudert. Als er aus einer tagelangen Ohnmacht endlich erwachte, fehlte ihm das Gedächtnis, so daß er vieles wieder neu lernen mußte. Er erholte sich jedoch verhältnismäßig rasch.

## Hans Stuck,

am 27. Dezember 1890 in Polen geboren, wurde durch einen Zufall Rennfahrer. Bei einer Zuverlässigkeitsprüfung in Baden-Baden fiel ein Fahrer aus, und Stuck bat, für ihn einspringen zu dürfen. Auf dieser Fahrt holte er sich seinen ersten Sieg als Beginn einer Erfolgsserie auf Dürkopp-Sportwagen, mit denen er 1926 vier erste Preise gewann. 1927 war er bereits Firmenfahrer für Austro-Daimler und fuhr acht erste, vier zweite Preise und viermal die Tagesbestzeit. 1928 feierte man ihn als Europa-Bergmeister. In diesem Jahr gewann er vierzehn erste Preise und wurde auch Schweizer Meister. Im Großen Preis von Mugello hatte er jedoch einen sehr schweren Unfall. Kaum erholt, überschlug er sich im Freiburger Bergrennen.

Beim Opel-Bahn-rennen 1924 siegte Karl Jörns in der 1,1,-Liter-Klasse.

Jörns im Opel-Siegerwagen in der Klasse über 5 Liter am Strand von Fanö, wo er 226 km/h fuhr.

Als er nach dreitägiger Ohnmacht wieder zu sich kam, entwischte er heimlich des Nachts, um zwei Tage später im Klausenpaßrennen als Zweiter — nur eine Zehntelsekunde hinter Chiron — durchs Ziel zu gehen. Von diesem Draufgänger erzählt die Anekdote, daß ihn panische Angst befiel, wenn ihn ein Chauffeur schneller als 35 km/h fuhr. In Mailand

Paul Köppen wechselt hier während des Rennens ganz ohne Boxenhilfe und Monteuren einen Reifen am 3/15 PS-DIXI aus.

soll er einmal einen Kraftwagenlenker beschworen haben: „Niente Nuvolari, bitte langsam!", worauf ihm dieser, nachdem er ihn erkannt hatte, ruhig antwortete: „Niente Nuvolari, fahren wir wie Stuck!"

1929 gewann Hans Stuck dreizehn, 1930 zwölf erste Preise, fast durchwegs mit Bestzeiten. Er wurde Internationaler Alpenmeister, Österreichischer Meister, Deutscher Straßen- und Berg-

meister, Brasilianischer Bergmeister usw. 1931 errang er auf Mercedes-SSK viele erste Preise. 1934 fuhr er den neuen Rennwagen der Auto-Union, wurde Deutscher Rennwagenmeister und Deutscher Straßenmeister. 1935 stellte er den Weltrekord von 320 km/h auf der Straße auf. 1936 fuhr er fünf neue Welt- und acht internationale Rekorde. In den Jahren 1936 bis 1939 machte sich Stuck im Rennstall der Auto-Union als Bergspezialist einen besonderen Namen. 1937 gewann er das Großglocknerrennen und mehrere andere. Während des zweiten Weltkrieges stand Stuck zum Teil im Wehrdienst. Nach dem Krieg wurde er österreichischer Staatsbürger und eröffnete in St. Anton eine Autoreparaturenwerkstätte.

Hans Stuck, der unter österreichischer Flagge fuhr, bestritt ab 1949 noch zahlreiche Rennen und war beim Publikum sehr beliebt. Trotz seines Alters zeigte er noch immer bestes Können und eine nicht erlahmende Begeisterung für den Rennsport.

## Manfred v. Brauchitsch

wurde 1905 in Hamburg geboren. Nach seinem Ausscheiden aus der Reichswehr infolge eines Motorradunfalles wurde er Rennfahrer bei Mercedes-Benz. 1933 errang er seinen ersten Erfolg, indem er mit einem damals längst veralteten Mercedes-SSKL, Lokomotive genannt, Caracciola mit seinem wendigen, leichten Alfa-Romeo schlug. 1934 siegte er im Eifelrennen, schied aber dann durch einen Unfall auf ein Jahr aus. Seine Pechserie begann mit den tausend Meilen von Brescia, wo ihm 50 km nach dem Start alle vier Reifen platzten. Sein sicherer Sieg im Großen Preis von Deutschland 1935 wurde gleichfalls nur durch einen Reifenschaden vereitelt. 1938 kam er endlich

Manfred von Brauchitsch

Tazio Nuvolari

wieder zu einem großen Erfolg im Großen Preis von Frankreich auf der Montlhérybahn. 1939 bis 1945 stand Brauchitsch im Kriegseinsatz, wurde verwundet, doch bald wiederhergestellt.

## Bernd Rosemeyer

wurde 1909 in Lingen an der Ems geboren. Mit achtzehn Jahren gewann er seine ersten Grasbahnrennen auf einem Motorrad. Bis 1933 fuhr er für NSU und 1934 für DKW. Auch in dieser Zeit setzte er sich erfolgreich durch. Als die Auto-Union für Porsches neuen Rennwagen Nachwuchs suchte, fiel die Wahl auf Rosemeyer. Damit begann eine der größten Rennfahrerkarrieren. Rosemeyer wurde Erster auf dem Masaryk-Ring und hatte nun große Erfolge zu verzeichnen. 1936 siegte er vor 300.000 Zuschauern auf dem Nürburgring. Er gewann den Großen Preis von Deutschland, die Coppa Acerbo, den Großen Preis der Schweiz und Italiens und den Großen Bergpreis von Deutschland. In Amerika wurde er Zweiter im Großen Preis von New York. Rosemeyer war mit der bekannten deutschen Fliegerin Elly Beinhorn verheiratet. Im Jänner 1938 fand er bei einem Weltrekordversuch mit dem Auto-Union-Rekordwagen auf der Reichsautobahn zwischen Frankfurt und Darmstadt den Tod. Er wurde durch Seitenwind mit dem Wagen aus der Bahn getragen und zerschellte an einem Brückenpfeiler.

## Hermann Lang,

geboren 1909, beteiligte sich frühzeitig an Motorradrennen. 1933 wurde er für die Rennabteilung von Mercedes-Benz verpflichtet. Das Jahr 1935 eröffnete die Reihe seiner großen Erfolge, deren schönster 1937 der Sieg im Großen Preis von Tripolis war, mit welchem er eine neue Rekordzeit aufstellte, und 1938 ein Sieg auf der gleichen Bahn. Mit diesem zweimaligen Ruhm in Tripolis begann Hermann Langs sensationeller Aufstieg. 1939 errang er für den Mercedes-Rennstall die deutsche Bergmeisterschaft und die Europameisterschaft. Lang blieb auch während des zweiten Weltkrieges bei Mercedes, wo er nach Kriegsende Testfahrer Nr. 1 wurde. Noch 1949 absolvierte er Versuchsfahrten und Starts in Hockenheim und am Grenzlandring.

Neben Deutschland brachte auch Italien eine Reihe sehr bekannter Rennfahrer hervor, deren bekanntester

## Tazio Nuvolari

war. Er wurde 1891 in Mantua geboren, war zuerst Motorradrennfahrer und errang als solcher viele Preise, unter anderem 1925 den Großen Preis von Europa. Vom Jahr 1928 an war er Rennwagenfahrer und konnte gleich in den ersten Jahren

große Siege verzeichnen, wie z. B. in Tripolis, Alessandria, Tausend Meilen von Brescia, die Targa Florio. Die größten Erfolge brachte ihm das Jahr 1932, in dem er den Großen Preis von Monaco, Frankreich, Italien, die Targa Florio, die Coppa Acerbo usw. gewann. Zwei Jahre später stürzte er im Bordinorennen sehr schwer. Noch mit dem Stock gehend, erschien er schon wieder auf der Avus in Berlin. 1935 gewann er den Großen Preis von Deutschland, Italien und viele andere. 1936 holte er sich neben sonstigen Siegen auch den Großen Preis von Amerika. 1938 ging er als Sieger im Großen Preis von Italien hervor.

Während des zweiten Weltkrieges lebte Nuvolari in Italien. 1946/47 trat er wieder in den aktiven Sport ein und fuhr mehrere Rennen auf Maserati.

Nuvolari war ein ausgesprochen verwegener Fahrer, seine Fahrweise verriet jedoch große Sicherheit.

## Achilles Varzi

begann gleichfalls auf dem Motorrad und gewann unter anderem 1929 den Großen Preis der Nationen. 1930 startete er mit einem Maserati-Rennwagen, 1931 fuhr er einen Bugatti, 1934 einen Alfa-Romeo und ab 1935 arbeitete er für die Auto-Union. Varzi fuhr nur in großen Rennen und hat fast alle, wie die Targa Florio, die Coppa Acerbo, die Rennen in Spanien, Frankreich, Tripolis, auf der Avus, in Monaco, die Tausend Meilen von Brescia mindestens einmal gewonnen. Nach dem

Linke Seite unten:
Mit 24 Pulverraketen wird der Opel-Raketenwagen Rak 2 auf ein Tempo von 230 km/h katapultiert.

Links: Der Rak 2 rollt zum Startplatz auf der Avus in Berlin, 1928.

**Hermann Lang**

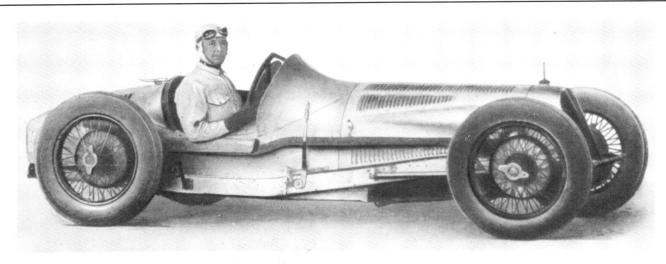

Pietro Bordino am Steuer des Fiat-Rennwagens 806 Corsa von 1927.

Unten:
Der 806 Corsa wies noch Blattfedern an der starren Hinter- und Vorderachse auf, besaß aber mechanische Reibungsstoßdämpfer vorn und hinten.

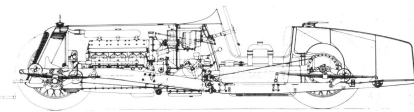

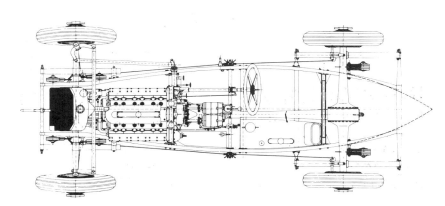

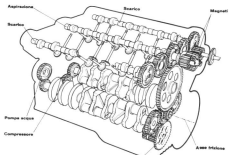
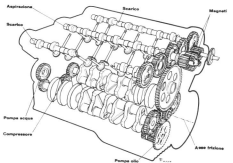

Rechts:
Motor des 806 Corsa, Sechszylinder, 1,5 Liter, 152 km/h.

Heckansicht des 806 Corsa.

Unten:
Röntgendarstellung und Ansicht des Balilla Spider, Version Coppa d'Oro, von 1933, Vierzylinder, 1 Liter, 30 PS, 110 km/h, Verbrauch 9 l/100 km.

Oben:
801 Corsa Fiat von 1921 mit dem neuen Motor 402, Achtzylinder, 120 PS, 170 km/h.

zweiten Weltkrieg erschien er verschiedene Male auf der Piste, verunglückte aber 1948 tödlich beim Training zum Großen Preis der Schweiz.

## Mario Umberto Borzacchini

begann 1925 als Siebenundzwanzigjähriger Rennen zu fahren, und schon 1929 wurde ihm der damals berühmte Sechzehnzylinder Maserati anvertraut. Er wurde mehrfacher Tripolissieger und fuhr den 10-km-Weltrekord. Als Mitglied der Alfa-Romeo-Rennmannschaft stiegen seine Erfolge steil an: er wurde Sieger

der Tausend Meilen von Brescia, Zweiter in der Targa Florio, gewann den Großen Preis von Frankreich, Tunis, Monaco usw. 1933 holte ihn Ferrari in die Spitzenmannschaft, später verband sich Borzacchini mit Nuvolari. Äußerlich einem Rennfahrer wenig ähnlich — er neigte zur Körperfülle —, war er doch ein unbeugsamer Sportsmann. Auf der Höhe seines Könnens fand er bei dem großen Unglück im Monzarennen 1933 zusammen mit Campari und Graf Czaykowski den Tod.

## Giuseppe Camparis

Siegeszug begann 1924 mit dem Großen Preis von Frankreich. In den Rennen von Brescia, Monza, Acerbo, Montlhéry usw. war er fast immer Sieger. 1933 verunglückte er auf der Monzabahn. Campari schwankte lange, ob er Opernsänger oder Rennfahrer werden sollte. Er hatte eine schöne Stimme und

**Oben:**
**Ein vielgefahrener**
**englischer Sport-**
**wagen MG-Sport,**
**54 PS, 1924/37.**

**Darunter:**
**Itala 1928**

**Caracciola im**
**italienischen Dorf**
**Capelle anläßlich**
**der Coppa Acerbo,**
**1938, auf**
**Mercedes-Benz.**

Oben und rechts: Grand Prix-Rennwagen von Auto-Union, Sechszylinder, 295 PS, Entwurf Porsche.

Unten: Steyr-Klausen-Rennwagen von 1926, Sechszylindermotor, 153 PS, 160 km/h.

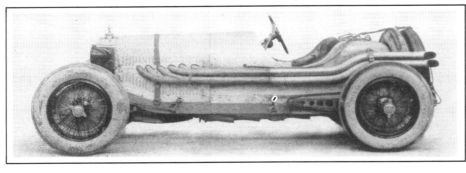

Unten: Mercedes-Benz Rennwagen, 750 kg Formel, von 1934, mit Achtzylinder-Kompressormotor, 3,36 Liter, 354 PS. 1934 kehrte Daimler-Benz nach längerer Pause wieder zum Rennwagenbau zurück und schuf den Achtzylinder-Reihenmotor mit Kompressor, der bis 4,7 Liter und 473 PS entwickelt wurde (Silberpfeil). Schwingachsen vorn und hinten sowie hydraulische Bremsen kennzeichneten den Fortschritt.

ließ sie oft hören. Als sein Freund Ascari tödlich verunglückte, hatte er die Absicht, zur Oper zu gehen, konnte aber das Rennfahren doch nicht lassen.

## Luigi Fagioli

1898 geboren, ging 1925 vom Motorrad zum Rennwagen über. Er fuhr auf Salmson, auf Maserati und Alfa-Romeo. 1933 errang er die italienische Meisterschaft. Von 1934 bis 1936 war er bei Mercedes-Benz in Vertrag. Seine größten Erfolge ver-

Links: Fiat Mefistofele von 1923, Sechszylinder, 2 Liter, 235 km/h.

zeichnete er als Stallfahrer dieser Firma. Zeugnis seines großen Könnens gaben die Rennen in Acerbo, Monaco, auf der Avus, in Barcelona usw. 1938 war er vorübergehend bei Auto-Union, konnte sich hier aber nicht durchsetzen. Während des zweiten Weltkrieges lebte er in Italien.

1950 war er Dritter in der Weltmeisterschaft. Fagioli war sehr vorsichtig und überlegend, in Situationen jedoch, in denen es etwas zu wagen galt, erwies er sich immer als Draufgänger.

## Louis Chiron,

Franzose bzw. Monegasse, fuhr während des ersten Weltkrieges Marschall Pétain und General Foch. 1932 begann er auf Bugatti Rennen zu fahren. 1933 war er bei Alfa-Romeo und Ferrari, 1936 ging er zu Mercedes-Benz. Seine Siegesserie war nahezu endlos: die Großen Preise von Frankreich, Monaco, Marokko, Klausenpaß, Spanien, Siege auf dem Nürburg- und Masaryk-Ring sind nur eine kleine Auswahl. Die Zeit nach dem zweiten Weltkrieg sah ihn wieder im Autosport, wenn auch weniger glücklich als früher. Seine letzten Erfolge errang er 1949 als Sieger in Reims, 1950 als Dritter in Silverstone. Chiron wurde ein äußerst eleganter Fahrstil nachgerühmt.

Außer diesen hervorstechendsten Rennfahrern gab es damals noch viele andere große Namen, so Christian Werner, Hans Joachim von Morgan, Charlie Kappler, Guy Moll, Huldreich Heusser, Earl Howe, Graf Stanislaus Czaykowski, Graf Masetti, Ascari, Ruggeri, Brilli-Peri, Alfieri, Maserati, Jenatzy, Merz, Pöge, Fürst Lobkowitz usw.
In Amerika war die Einstellung den Rennen gegenüber eine ganz andere als in Europa, da mit den Rennen auch die üblichen Wetten verbunden waren. Rennen wurden dort hauptsächlich als Sensation aufgezogen, was damals nicht dem europäischen Sportgeist entsprach. Daher war in Amerika der Rennwagenbau auch eine Privatangelegenheit und nicht wie in Europa das Spiegelbild einer Firmenentwicklung. Trotzdem hatte auch Amerika hervorragende Rennfahrer: Mauri Rose, Lou Meyer, Cummings, Kelly Petillo, früher: Murphy, Milton, de Paolo, Frame usw.

Die bekanntesten Rennwagen bauten Duesenberg und Miller.

## Rennformeln

Zum wichtigsten Faktor der Rennen von damals wurde die Formel. Hatten die Sportkommissionen vor dem Krieg immerhin einige Erfahrung, so ergab sich doch 1921, daß man die ganze Formelangelegenheit nicht beherrschte. Man legte die Dreiliterformel fest und mußte feststellen, daß sie sich nicht bewährte, denn die starken Motoren entsprachen nicht den Fahrgestellen. 1924 wurde die neue Formel mit 2 Liter und einem Fahrzeuggewicht von höchstens 800 kg festgelegt. Diese Formel wurde international. 2 Liter Inhalt war

den Konstrukteuren zu wenig, und die Weiterentwicklung ergab z. B. bei Mercedes den Zweilitermotor mit Kompressor. Damit war wieder ein schnelles Ansteigen der Geschwindigkeiten, aber auch die Gefahr vieler Unfälle gegeben.

Bis 1925 wurde die 1,5-l-Formel festgelegt. Da diese aber zu gering war, ließ man 1928 die Bestimmung des Hubvolumens vollkommen weg und begrenzte nur das Wagengewicht zwischen 550 bis 750 kg. Dies führte wieder zu der Feststellung, daß die Gewichtsbegrenzung als hindernd empfunden werde. Das Jahr 1929 brachte eine neue Formel mit 900 kg Fahrzeuggewicht und einen Treibstoffverbrauch von 14 kg auf 100 km.

Die nächste offizielle Formel hob international jede Beschränkung auf. Nun nahmen ab 1931 die Fahrzeuggewichte und die Leistungen sehr stark zu. In diese Periode fällt bei Mercedes-Benz der Bau der 7-Liter-Typen: K, S, SS und SSK. Schon 1932 hieß aber die Formel: Fahrzeughöchstgewicht 750 kg ohne Kraftstoff, Wasser, Öl und Reifen, die erst 1938 von einer neuen Formel abgelöst wurde:

1. Rennwagen ohne Kompressor: 1000 ccm — 400 kg Gewicht
1500 ccm — 464 kg Gewicht
2000 ccm — 528 kg Gewicht
2500 ccm — 592 kg Gewicht
3000 ccm — 654 kg Gewicht
4000 ccm — 755 kg Gewicht
4500 ccm — 850 kg Gewicht

2. Rennwagen mit Kompressor:   666 ccm — 400 kg Gewicht
1500 ccm — 560 kg Gewicht
2000 ccm — 657 kg Gewicht
2500 ccm — 753 kg Gewicht
3000 ccm — 850 kg Gewicht

In den Fahrzeuggewichten war das Gewicht des Öls, der Reifen, des Kühlwassers, Kraftstoffes und Werkzeugs inbegriffen.

## Weltrekorde

Diese Zeit sah aber auch viele Weltrekorde. Jenkins, ein Amerikaner, stellte 1933 einen 24-Stunden-Weltrekord mit seinem Zwölfzylinder-Pierce-Arrow auf. Trotz achtstündigen Regens und orkanartiger Stürme legte er einen Stundendurchschnitt von 189,58 km zurück. 1936 verbesserte er seine Leistung auf 48 Stunden und fuhr einen Durchschnitt von 239,236 km/h.

wurde in Uppingham in Rutland erzogen, studierte später ein-einhalb Jahre in Deutschland und ein Jahr in Frankreich. 1904 begann er seine kaufmännische Laufbahn als Makler und Versicherer beim großen Marineversicherungsunternehmen Lloyds in London, und zwei Jahre später wurde er Mitglied dieser größten Vereinigung von Seeversicherern der Welt. Als junger Mann durch ein großes Erbe finanziell unabhängig geworden, hatte er Muße, sich seinen Liebhabereien, vor allem den Schnelligkeitsweltrekorden, zu widmen. Den ersten Schnelligkeitsrekord mit dem Automobil erreichte Campbell im Jahre 1923 gegen internationale Rennfahrer mit 138 Meilen in der Stunde auf Fanö Island in Dänemark. 1925 stellte er zu

In die gleichen Jahre fallen auch die Weltrekorde mit Diesel-Rennwagen. Munday fuhr 1935 sechs Rekorde (152,40 km/h) mit einem 2,75-Liter-Wagen, während Cummings 1935 mit einem Diesel-Rennwagen 220,849 km/h erreichte.

Der große Weltrekordler dieses Zeitabschnittes aber war vor allem Sir Malcolm Campbell, dann Major N. H. Segrave, John R. Cobb, Perry Thomas, Eyston, Denly usw., alles Engländer. Wurde England der Schnelligkeitsrekord einmal streitig gemacht, dann holte man ihn sofort wieder zurück.

Pendine Sands an der Küste von Wales den 150-Meilen-Rekord zu Lande auf. Auf derselben Rennbahn forderte er den von Perry Thomas aufgestellten Rekord von 169 Meilen per Stunde heraus.

Sir Henry Segrave, einer seiner größten Konkurrenten, brach diesen Rekord im Jahr 1927 mit 203,79 Meilen per Stunde. Campbell verbesserte ihn am 19. Februar 1928 mit dem Napier-Campbell-12-Zylinder-Wagen, den er über die Daytona-Beach-Rennbahn mit 206,96 m/h fuhr. Im selben Jahr stellte Ray Keech aus Philadelphia einen Rekord von 207,55 m/h und Sir Henry Segrave im darauffolgenden Jahr einen von 231,36 m/h auf. Campbell, der noch immer eine 800-PS-Maschine verwendete, brachte sie durch höhere Verdichtung auf 1450 PS, um mit dem Genannten konkurrieren zu können

### Sir Malcolm Campbell

wurde am 11. März 1885 in Chislehurst in Kent als Sohn William Campbells aus der schottischen Linie geboren. Malcolm

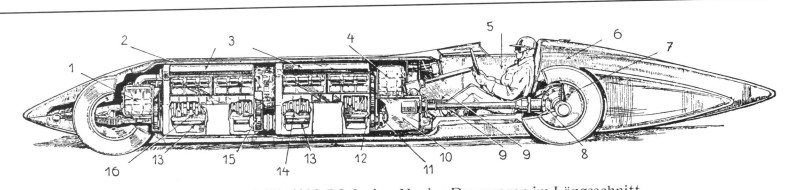

"Goldener Pfeil", 4000-PS-Irving-Napier-Rennwagen im Längsschnitt

1. Kompressor. 2. Kühlwasserraum. 3. Die beiden Zwölfzylindermotoren. 4. Kompressor. 5. Beweglicher Führersitz. 6. Kraftstofftank. 7. Hydraulische Bremsen. 8. Doppelter Kegelradantrieb. 9. Antriebswellen. 10. Dreiganggetriebe. 11. Kupplung. 12. Zahnradüber-setzung zwischen Motor und Vorgelegewelle. 13. Vorgelegewellenstrang, der die beiden Motoren zusammenschaltet. 14. und 15. Kurbel-welle. 16. Zahnradgetriebe zwischen vorderem Motor und Vorgelegewelle.

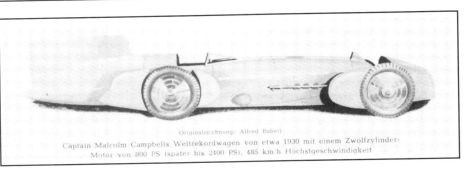

Originalzeichnung: Alfred Bubert
Captain Malcolm Campbells Weltrekordwagen von etwa 1930 mit einem Zwölfzylinder-Motor von 800 PS (später bis 2400 PS), 485 km/h Höchstgeschwindigkeit

Auf diese Art war Campbell am 24. Februar 1931 imstande, seinen Wagen auf eine Schnelligkeit von 253,9 m/h zu bringen. Im Jahre 1933 fuhr er mit einem 2400-PS-Flugzeugmotor 272,02 Meilen je Stunde, während er den Weltrekord von 301,34 Meilen per Stunde im September 1935 auf den Salzseen von Bonneville in Utah erreichte, den erst vier Jahre später John R. Cobb mit 369,7 m/h brach.

Campbells Wagen, Flugzeuge und Boote trugen ab 1910 den Namen Bluebird als Symbol für das Unerreichbare. Der Blue-bird, der von Campbell nach 1925 gefahren wurde, war ein

170.000-$-Wagen und hatte ein ganz charakteristisches Aussehen. Bei einem Interview über das Rennfahren sagte er: „Ich kann mich an keine Begebenheit erinnern. Alles geht viel zu schnell vor sich, als daß es der menschliche Geist festhalten könnte." Campbell betrachtete das Rennen nicht nur als Sport, sondern war davon überzeugt, daß die daraus gewonnenen Erfahrungen auch im Autobau für den täglichen Gebrauch Anwendung fänden.

Die Bedeutung der Rennen und des Strebens nach Rekorden für den Automobilismus erhellt aus einer einfachen Gegenüberstellung der Rennwagen, die etwa jene um 1895 und

**Linke Seite:** Mercedes-Benz Weltrekordwagen von 1934, aus aerodynamischen Gründen mit geschlossenem Fahrersitz, mit dem Caracciola 320 km/h fuhr.

1935 liefern. 1895 wog ein Wagen durchschnittlich 1000 kg, 1935 750 kg, 1895 war die Motorleistung zirka 4 PS, 1935 bereits 600 PS; während früher auf 1 PS 250 kg Wagengewicht kamen, waren es 1935 25 kg, ganz zu schweigen von den Geschwindigkeiten, die 1895 etwas über 20 km/h, 1935 bereits 400 km/h betrugen.

**Eines der letzten Rennen während des Krieges war die Mille Miglia 1940. Hier wird einer der 4 gemeldeten BMW 328 zum Start gebracht.**

Dies alles war aber nur möglich, weil hinter dem scheinbar spielerischen, wenn auch spannenden Vergnügen der Rennen harte, ernste, verantwortungsvolle Arbeit steckte. Diese unerbittliche Arbeit beginnt bei der Idee des Konstrukteurs. Ist seine Leistung von hochwertiger Qualität, dann muß die seine Idee realisierende Werkstätte ihr Bestes geben, ganz zu schweigen von der nun folgenden, oft monatelangen Versuchsarbeit des Rennfahrers. Tritt ein Fahrer endlich zum Training an, dann heißt das noch lange nicht, daß der Wagen schon vollkommen in Ordnung ist. Es folgen die ersten, vorsichtig gefahrenen Runden, wobei auf jeden Laut des Motors gelauscht wird. Die Temperaturen werden gemessen, es gibt Schwierigkeiten mit den Kerzen, den Bremsen, überraschend auftretenden Schwingungen, die zu Brüchen führen, usw. Muß ein Wagen wegen Maschinenschadens ausscheiden, beginnt für alle Beteiligten eine der wichtigsten Arbeiten: Die Ursache, warum dieser oder jener Teil versagte, muß gefunden werden. Auf diese Weise aber haben die bei einem Rennen ausgeschiedenen Fahrer dem Kraftfahrzeug zumindest ebenso vorwärts geholfen wie jene, die es gewinnen.

**Links:** Längsschnitt durch den Weltrekordwagen „Goldener Pfeil", mit dem Henry Seagrave 1929 am Strand von Daytona 428 km/h erreichte.

Die Zeit zwischen den beiden Weltkriegen ist als eine Art Hochblüte des Automobilismus zu bezeichnen, die das Automobilrennen gefördert hat und deren großartigster Ausdruck es gewesen ist.

**Links unten:** Weltrekordwagen von Campbell, 1930, Zwölfzylindermotor, 800 PS (später bis 2.400 PS), 485 km/h Höchstgeschwindigkeit.

# Benzin und seine synthetische Herstellung

Die bereits angedeuteten Firmengründungen und Machtkämpfe auf dem Erdölsektor haben nach einigen damit in enger Verbindung stehenden politischen Ereignissen in den Staatsführungen des Nahen Ostens 1924 endlich ihre Beruhigung gefunden. Es gelang den Vertretern der Standard Oil Company (Amerika) und der Royal Dutch Oil Company (England-Holland), die kaufmännischen Einflußgebiete so abzugrenzen, daß eine reibungslose Erdölweltförderung und -erzeugung in wirklich hervorragender Weise funktionierte. Für die Preisgestaltung der Fertigprodukte (Benzin, Motoröl und Hochdruckfett) war ein sorgfältig ausgedachtes Zonensystem ausschlaggebend. Dadurch war eine exakte Kontrolle der gesamten Preise bis zur Tankstelle herab möglich. In jedem einzelnen Staat waren eigene Kontrollstellen vorhanden, die mit den Vertretungen der großen Konzerne in ständiger Verbindung standen.

In Deutschland trat noch ein dritter Faktor, der Deutsche Benzol-Verband (Bochumer Verein) hinzu. War bei den beiden Konzernen Benzin die Grundlage, so war es hier Benzol. Die ausgezeichneten Benzin-Benzol-Gemische (Aral) waren durch ihre Güte und Leistungsfähigkeit genau so beliebt und gesucht wie die Erzeugnisse der Shell (Dynamin) und der Vacuum Oil (Benzin 80).

Benzin und Öl wurden in solchen Mengen an die Staaten Europas geliefert, daß diese ohne weiteres imstande waren, über den jährlichen Verbrauch hinaus noch eine Wirtschaftsreserve für ein bis zwei Jahre anzulegen. Auf allen Bohrfeldern, ob in Sibirien, der Mandschurei, Mesopotamien, Persien, Texas, Pennsylvanien, Mexiko oder in den Benzolfabriken Europas, überall herrschte Hochbetrieb. Alles, was mit Rohöl und Treibstoffen zu tun hatte, war voll beschäftigt und verdiente gut.

In Österreich wurde erstmalig im Juni 1934 in Zistersdorf am Steinberg Erdöl in größerer Menge gefördert. 1929/30 traten zur Ergänzung des deutschen Bedarfes die neuen Großanlagen zur Erzeugung von synthetischem Benzin wieder in Betrieb.

**Der aus der Zwischenkriegszeit stammende Schmierplan zeigt wie aufwendig die Schmierung damals war.**

Deutschland hat sich um die Wiederaufnahme der synthetischen Benzinerzeugung sehr verdient gemacht. Es war sich klar darüber, daß ein Jahresverbrauch von 1,500.000 Tonnen Benzin (ab 1930 allein für den Kraftfahrzeugverkehr) auf jeden Fall die finanzielle Lage des Staates gefährden mußte, solange dieses Benzin fast zur Gänze aus dem Ausland eingeführt wurde. Der Devisenmarkt wurde belastet, und selbst das Geld aus dem Detailverkauf wanderte wieder ins Ausland. 40.000 Tankstellen von den in Deutschland vorhandenen 55.000 Tankstellen gehörten ausländischen Erdölkonzernen an. Trotz größter technischer, kaufmännischer und politischer Schwierigkeiten war aber Deutschland ab 1935 mit seinen neuen Großanlagen imstande, den Benzinimport auf 1,000.000 Tonnen pro Jahr herabzudrücken und den Mehrbedarf von

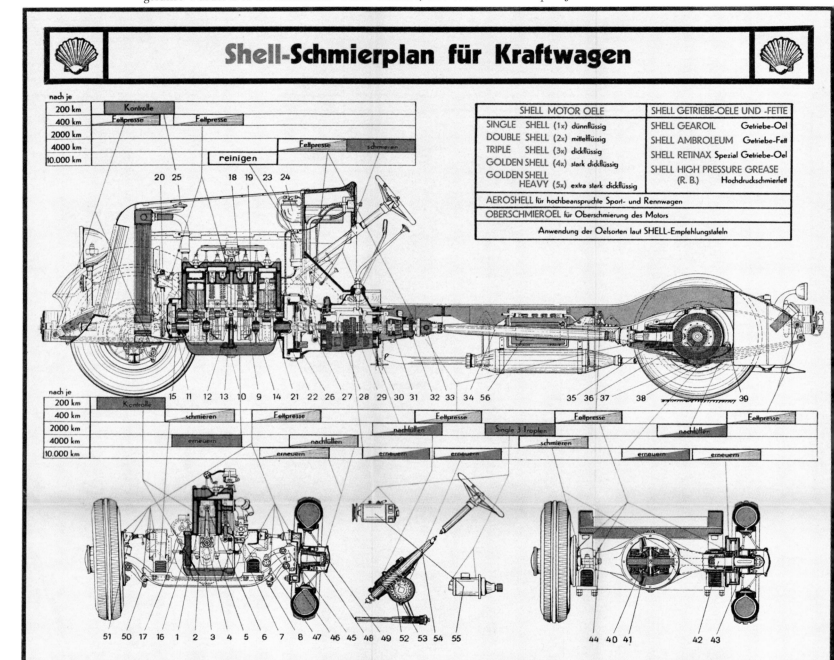

# Shell-Schmierplan für Kraftwagen

| SHELL MOTOR OELE | SHELL GETRIEBE-OELE UND -FETTE |
| --- | --- |
| SINGLE SHELL (1x) dünnflüssig | SHELL GEAROIL  Getriebe-Oel |
| DOUBLE SHELL (2x) mittelflüssig | SHELL AMBROLEUM  Getriebe-Fett |
| TRIPLE SHELL (3x) dickflüssig | SHELL RETINAX Spezial Getriebe-Oel |
| GOLDEN SHELL (4x) stark dickflüssig | SHELL HIGH PRESSURE GREASE |
| GOLDEN SHELL HEAVY (5x) extra stark dickflüssig | (R. B.)  Hochdruckschmierfett |
| AEROSHELL für hochbeanspruchte Sport- und Rennwagen | |
| OBERSCHMIEROEL für Oberschmierung des Motors | |
| Anwendung der Oelsorten laut SHELL-Empfehlungstafeln | |

| | Beschreibung des Fahrgestells | | Beschreibung des Fahrgestells | | Beschreibung des Fahrgestells | | Beschreibung des Fahrgestells |
| --- | --- | --- | --- | --- | --- | --- | --- |
| 1 | Zylinder-Motorgehäuse-Oberteil | 17 | Ölstandanzeiger | 30 | Schaltgabel mit Schalthebel | 45 | Vorderradachsschenkel mit Kugellager |
| 2 | Kolben | 18 | Auspuffventil mit Feder | 31 | Freilaufgetriebe mit Arretierung | 46 | Lenkschenkel |
| 3 | Kurbelwelle | 19 | Ansaugventil mit Feder | 32 | Tachometerantrieb | 47 | Stoßstange mit Kugelkopf |
| 4 | Kurbelzapfen | 20 | Keilriemen für Wasserpumpe, Ventile und Lichtmaschine | 33 | Kardangelenke mit Fettschmiernippel | 48 | Vorderradnabe mit Bremsscheibe |
| 5 | Pleuelstange mit Pleuellager | | | 34 | Kardanwelle | 49 | Radkappen-Mutter |
| 6 | Kolbenbolzen mit Kolbenbüchse | 21 | Nockenwelle | 35 | Welle mit Triebling | 50 | Spurstange mit Kugelkopf |
| 7 | Kolbenringe | 22 | Schwungscheibe mit Starterzahnkranz | 36 | Tellerrad | 51 | Vorderradbremswelle mit Bremshebel |
| 8 | Einfüllstutzen mit Entlüfter | | | 37 | Hinterachsbrücke | | |
| 9 | Ventilstößel mit Führung | 23 | Ölfilter | 38 | Öl-Ablaßverschraubung | 52 | Lenkgehäuse mit Einfüllverschraubung |
| 10 | Öl-Ablaßverschraubung | 24 | Benzinunterdruck-Apparat | 39 | Einfüll-Verschraubung | | |
| 11 | Antrieb der Nockenwelle | 25 | Kühler mit Wassereinfüllverschraubung | 40 | Differential-Gehäuse | 53 | Schnecke und Schneckenrad |
| 12 | Antrieb der Ölpumpe und des Zündverteilers | | | 41 | Differential | 54 | Lenksäule mit Lenkrad |
| | | 26 | Trockenlamellen-Kupplung | 42 | Steckachsen | 55 | Lichtmaschine und Starter |
| 13 | Öl-Zahnradpumpe mit Saugfilter | 27 | Ausrücklager der Kupplung | 43 | Hinterradnabe mit Bremsscheibe | 56 | Akkumulator mit Polklemmen |
| 14 | Zündverteiler für Batteriezündung | 28 | Getriebewelle mit Synchrongetriebe | 44 | Bremshebel mit Bremsschlüsselwelle | | |
| 15 | Wasserpumpe und Ventilator | | | | | | |
| 16 | Ölsieb mit Reduzierventil | 29 | Getriebe-Vorgelegewelle | | | | |

1,2 Millionen Tonnen, also insgesamt von 1,7 Millionen, aus eigener Kraft zu decken.

Ing. Fischer und Prof. Tropsch, die gemeinsam mit Prof. Bergius bis 1918 die Entwicklung von Synthesebenzin betrieben hatten, knüpften 1925 an diese Entwicklung an. Das größte Problem bildeten die hohen Drücke und Temperaturen, die bisher eine Herstellung im großen verhinderten. Um sie zu

umgehen, verwendeten die drei Forscher ganz minderwertige Kohle und gewannen aus ihr durch eine einfache Verbrennung in besonderen, röhrenförmigen Öfen bei Drücken von 60 bis 80 atü das Kohlenoxyd, indem sie bei höheren Temperaturen (zirka 600 ...C) mittels Katalysator reichlich Wasserstoff zuführten. Hierdurch entstand eine ganze Reihe von verschiedenen Kohlenwasserstoffen, die zusammen in abgekühltem, verflüssigtem Zustand ein petroleumähnliches Erzeugnis ergaben, aus dem dann, je nach Zweck, durch Kracken, Fraktionieren oder Extrahieren Benzin gewonnen werden konnte. Lagen die technischen Hindernisse in der Herstellung genügend temperatur- und druckfester Großanlagen, so traten die kaufmännischen Hindernisse in der Geldbeschaffung und der Fehlmeinung zutage, daß das Endprodukt für den Detailvertrieb zu teuer sein werde. Dennoch wurde mit der Erzeugung unter gleichzeitiger Einrichtung von Großanlagen begonnen und 1935 eine erhebliche Großproduktion an synthetischen Benzinen erreicht.

# Die Ersatztreibstoffe

Außer den allgemein verwendeten Kraftstoffen (Benzin, Benzol) wurden für die Versorgung von Kraftfahrzeugen auch noch andere Treibstoffe verwendet.

Da in den Ländern ohne eigene Rohölversorgung Benzin und Dieselöl ziemlich teuer waren, begannen diese Staaten sich schon 1927/28 mit Ersatztreibstoffen zu befassen. In der Hauptsache gelangten feste Rohstoffe wie Holz, Holzkohle, Anthrazit, Steinkohlenschwelkoks, Braunkohlenkoks und Torfkoks, gasförmige Kraftstoffe wie Methan und Leuchtgas, und Flüssiggase wie Propan, Butan und deren Gemische, zur Verwendung. Die festen Stoffe, die einem Schwelprozeß in einem Sauggasgenerator ausgesetzt wurden, führten dem Motor Treibgas in Form von Methan, Azetylen und anderen Kohlenwasserstoffen zu. Bereits 1920 wurden für stationäre Motoren Sauggasanlagen verwendet. Die Grundidee dieser Anlagen wurde für das Kraftfahrzeug eingesetzt. Bedingung war, daß der Generator in seiner Größe dem Kraftfahrzeug entsprach und daß er mit einer Aufladung (Beschickung) möglichst so viel Gas abgeben konnte, um wenigstens zirka 50 km zu fahren.

Das eigentlich notwendige Verdichtungsverhältnis dieser Gase gegenüber Benzin-Luft-Gemisch liegt um zirka 40% höher. Da man andererseits aber im Wechselbetrieb auch mit Benzin fahren wollte, mußte man sich damit abfinden, einen 30- bis 35%igen Leistungsabfall des Motors in Kauf zu nehmen. Bei Motoren über 3 Liter Inhalt konnte dieser Leistungsabfall ohne weiteres ertragen werden. Nachteilig waren die sehr verschmutzende Bedienung des Generators, die erforderliche Anfachzeit, die Schmierölvergällung und die starke Verkokung (Verrußung) der Zylinder. Damit verbunden war die Notwendigkeit einer erhöhten Wartung und öfteren Durchsicht.

Nach ziemlich langer Versuchsarbeit ergaben die internationalen Wertungsfahrten mit Ersatzstoffen 1934/35 gute und befriedigende Ergebnisse. Während Deutschland und Österreich (Nachfolgestaaten) den Holzgasgenerator und den Schwelkoksgenerator bevorzugten, war in Holland, Belgien, Schweden, Norwegen und Dänemark die Entwicklung speziell auf den Holzkohlengenerator für Personenwagen ausgerichtet. Das holz- und kohlenarme Italien bevorzugte Alkoholgemische. Frankreich, Polen, Deutschland, Österreich und Ungarn bevorzugten in den Städten nach Möglichkeit den beschränkten, dafür aber reineren und leistungsfähigeren Betrieb mit Flüssiggas oder Erdgas und Leuchtgas in Stahlflaschen. Dieser Betrieb bot den Vorteil, wechselweise auch mit Benzin fahren zu können, da eine Änderung des Verdichtungsverhältnisses nicht notwendig war. Das in der Flasche hochkomprimierte Treibgas (6 bis 10 m³ bei Normaldruck) wurde über ein Reduzierventil dem Saugstutzen am Vergaser zugeführt, dort mit

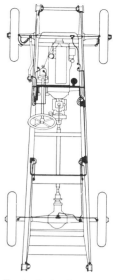

Zentralschmierung vor und kurz nach dem Krieg in Verwendung. Durch Niedertreten eines Stempels im Fahrzeuginneren alle 400—500 km wurden die angezeigten Schmierstellen automatisch geschmiert.

Luft vermischt und so vom Motor angesaugt. In den angeführten Staaten war für den Kriegsfall geplant, bis zu 60% der Zivil- und Nachschubfahrzeuge mit Ersatztreibstoffen zu betreiben, eine Vorsorge, die sich in den Jahren 1940 bis 1945 ausgezeichnet bewährt hat und den Versorgungsverkehr fast ungehindert aufrechterhalten half.

## Reifen, Gummi und Buna

Durch die stürmische Entwicklung der Kraftfahrt ergaben sich hinsichtlich der einzelnen Reifendimensionen ziemlich chaotische Verhältnisse. Jede Firma erzeugte ohne Rücksicht auf die Konkurrenz ihre speziellen Reifengrößen, und damit war im Laufe der Zeit ein unhaltbarer Zustand eingetreten. In den Jahren 1920 bis 1925 wurde eine internationale Regelung eingeleitet, die eine Überleitungszeit von 5 bis 6 Jahren vorsah, so daß bis gegen 1930 sowohl die alten als auch die vereinheitlichten Reifengrößen erzeugt und geführt werden mußten. Hatte sich der Cordreifen schon 1924 in aller Welt eingeführt, so behauptete sich in gleicher Weise ab 1927 der Ballonreifen, ab 1930 der Überballonreifen für Personenwagen und der Riesenluftreifen für schwere Lastkraftwagen.

Die seit 1920 ziemlich rasch ansteigenden Geschwindigkeiten der neuen Kraftfahrzeuge stellten an die Reifen höhere Ansprüche. Der alte Hochdruckreifen mit Gummiwulst an den Seiten der Karkasse, mit dem er in der Felge festgehalten wurde, konnte den neuen Fahrbedingungen nicht mehr standhalten. Er war hart, kurzlebig und betriebsunsicher, infolge seiner geringen Elastizität nahm er die Unebenheiten der Fahrbahn nicht rasch genug auf, verursachte kleine Luftsprünge des Wagens und brachte das Fahrzeug in den Kurven zum Schleudern.

1914 begann sich Goodyear in Amerika mit diesen Problemen zu beschäftigen und brachte kurz vor Kriegsende 1918 den neuen Cord-Reifen heraus. Dieser hatte gegenüber dem alten Reifen eine um 150% längere Lebensdauer, hielt also zirka 20.000 Fahrkilometer durch.
Während bis dahin ein Gewebeunterbau in Form von Vollgewebeeinlagen verwendet wurde, deren gleich viele Längs- und Querfäden sehr beansprucht waren, kam nun ein Gewebe in Verwendung, das nur aus kordelartig zusammengedrehten Längsfäden bestand, die von wenig Querfäden gehalten wurden (Cordgewebe), was die Reibung sehr verminderte. Die fertigen Gewebe wurden dann auf Streichmaschinen mit Paralösung gummiert, nach der Lufttrocknung in Streifen von entsprechender Breite geschnitten und so der weiteren Fabrikation zugeführt.

1918 begannen die Firmen Michelin (Frankreich) und Continental (Deutschland) mit ihren Versuchen, und Ende 1922 erschienen erstmalig ihre Cordreifen, deren Cordgewebe aus vorgummierten Kunstseidenfäden bestand.

1925 brachten die USA als erste den Ballonreifen (Niederdruck), der bei größerem Luftvolumen statt mit 5 bis 6 atü nur mit 2 bis 2,5 atü, und den Überballonreifen, der mit nur 1,4 bis 1,8 atü gefahren wurde. Bei Versuchen, hauptsächlich von Michelin durchgeführt, ergab sich, daß sich das Seidencordgewebe wohl beim Hochdruckreifen vorzüglich bewährte, jedoch der erhöhten Walkarbeit beim Ballonreifen nicht gewachsen war. Man mußte deshalb bei der Ballonbereifung auf das Baumwollcordgewebe zurückgreifen.
Um Reifen und Schlauch vor Rost und sonstigen Rauheiten der Felgeninnenseite zu schützen, wurde das Felgenband geschaffen. Im Laufe der Entwicklung ersetzte man den Gummiwulst durch ein endloses, gespleißtes Stahlseil in der Karkasse und erreichte damit eine leichtere Montage und festeren Sitz des Reifens.

**Ganz unten:** Austro-Daimler ADR von 1921, 17/60 PS, mit den damals üblichen ein bis zwei Reserverädern in einer Kotblechmulde. Reifendefekte waren damals aus vielen Gründen wesentlich häufiger als heute.

Die Reifenproduktion, in der die USA während des Krieges führend geworden waren, erreichte 1920 einen hinlänglichen Stand auch in Europa, denn zu den alten Reifenfabriken des Kontinents kamen neue bedeutende Produzenten hinzu, so in der Tschechoslowakei vor allem Bata in Zlin (mit eigener Bunaanlage), ein weiterer in Prag usw. Damit war es möglich, den Reifenbedarf jederzeit abzudecken.

Wie glänzend sich der englische Plantagengummi seit 1907 auf dem Weltmarkt durchsetzte, ist aus der Statistik des sprunghaften Ansteigens des Weltrohgummibedarfes zu ersehen, wogegen sich der Anteil an brasilianischem und Waldkautschuk aus dem Kongogebiet immer mehr verminderte. War noch 1900 der jährliche Weltbedarf an Rohgummi mit 53.000 Tonnen zu veranschlagen, so kletterte der Verbrauch in der Folge progressiv nach oben:

1910 mit  70.000 t bei 90% Waldkautschuk
1920 mit 350.000 t bei 30% Waldkautschuk

1930 mit 850.000 t bei 10% Waldkautschuk
1937 mit 950.000 t bei  1% Waldkautschuk

(Davon Anteil der Kfz-Reifenindustrie je ca. 70%.)

Auch hier waren die in allen Nachkriegsstaaten aufgetretenen Autarkiebestrebungen, vereint mit gleichen Überlegungen wie beim Benzin in Deutschland, dafür maßgebend, sich wieder der Frage Buna (synthetischer Kautschuk) zuzuwenden, gingen in Deutschland doch jährlich 70,000.000 Goldmark für den Ankauf von Kfz-Bereifung und Paragummi ins Ausland.

Schon 1925 wurden die 1918 unterbrochenen Versuche wieder aufgenommen. Jedoch wandte man sich hier, von der Versuchsreihe ausgehend, dem Butadien zu. Kohle und Kalk waren die neuen Ausgangsprodukte. Sie wurden im elektrischen Ofen zu Kalziumkarbid verschmolzen und daraus unter Einströmen von Wasserdampf Azetylengas erzeugt. Unter Verwendung von Quecksilbersalzen als Katalysatoren wurde diesem Gas Wasserstoff zugesetzt, und es entstand das erste Vorprodukt Acetaldehyd, unter Hinzufügen von Natronlauge die zweite Stufe, Aldol. Nun führte man unter mäßigem Druck wieder Wasserstoff zu, worauf man Butylenglycol erhielt. Diesem Produkt wurden zwei Teile $H_2O$ (Wasser) entzogen, und damit entstand der erste Grundstoff: Butadiengas. Dieses Gas setzte man bei geringem Druck und geringer Temperaturabnahme einer Polymerisation (Verdichtung des Molekulargefüges auf chemischem Wege) aus und gewann daraus und aus chemisch reinem Wasser eine Emulsion, die durch vorhandene Katalysatoren bei bestimmter Temperatur koagulierte. Der dabei ausscheidende klebrige weiße Stoff war der zweite Grundstoff: die Butadien- oder Bunamilch. Diese Bunamilch besitzt die gleichen chemischen Eigenschaften wie die Milch des Gummibaumes, ist also künstlicher Kautschuk. Durch geringfügige Temperaturänderung oder andere Katalysatoren kann diese Bunamilch so beeinflußt werden, daß das Endprodukt Buna entweder besonders hitzebeständig ist oder sehr geringem Abrieb unterliegt, öl-, säurefest und benzinunlöslich wird. Und damit ist es dem Naturkautschuk überlegen.

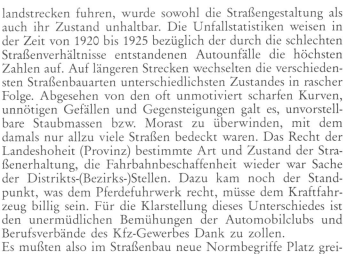

landstrecken fuhren, wurde sowohl die Straßengestaltung als auch ihr Zustand unhaltbar. Die Unfallstatistiken weisen in der Zeit von 1920 bis 1925 bezüglich der durch die schlechten Straßenverhältnisse entstandenen Autounfälle die höchsten Zahlen auf. Auf längeren Strecken wechselten die verschiedensten Straßenbauarten unterschiedlichsten Zustandes in rascher Folge. Abgesehen von den oft unmotiviert scharfen Kurven, unnötigen Gefällen und Gegensteigungen galt es, unvorstellbare Staubmassen bzw. Morast zu überwinden, mit dem damals nur allzu viele Straßen bedeckt waren. Das Recht der Landeshoheit (Provinz) bestimmte Art und Zustand der Straßenerhaltung, die Fahrbahnbeschaffenheit wieder war Sache der Distrikts-(Bezirks-)Stellen. Dazu kam noch der Standpunkt, was dem Pferdefuhrwerk recht, müsse dem Kraftfahrzeug billig sein. Für die Klarstellung dieses Unterschiedes ist den unermüdlichen Bemühungen der Automobilclubs und Berufsverbände des Kfz-Gewerbes Dank zu zollen.

Es mußten also im Straßenbau neue Normbegriffe Platz greifen, die dem Kfz-Verkehr in vollem Ausmaß Rechnung trugen:

1. Ausschaltung von unnötigen Kurven, bessere Geradeführung
2. Ausschaltung von unnötigen Neigungen und Gegensteigungen, damit Niveauhaltung und dadurch

Buna, der synthetische Kautschuk, ist genau so zu verarbeiten wie Naturgummi, verträgt jedoch Beimischungen aller Art, z. B. Farbstoffe und Weichmacher. Es ist beim Vulkanisieren weniger heikel, verträgt höhere Temperaturen und kann mit Metallen reißfest verbunden werden. Durch Beimischung von Naturgummi (Altmaterial oder Para) wird der Bunareifen noch widerstandsfähiger. Die beste Mischung ist 80% Buna und 20% Para.

Rußland betrieb bzw. betreibt gleichfalls die synthetische Gummiherstellung, geht aber von einem Naturprodukt aus. In Weißrußland und in Mittelsibirien gedeiht eine unserem „Löwenzahn" ähnliche Krautpflanze, „Koksagys", deren Pflanzenmilch ähnliche Eigenschaften besitzt wie die Milch des Gummibaumes. Diese Pflanze wird in riesigen Kulturen gezogen, um den russischen Reifenfabriken (z. B. Trugolnik) nach chemischer Verarbeitung den Rohstoff zu liefern.

Die verhältnismäßig einfache Herstellungsmethode des Buna läßt nicht darauf schließen, daß sie von tausend versuchten Wegen diejenige war, die zum Ziel führte. Selbst bei technisch vollkommenster Anlage ist die genaueste Einhaltung der Erzeugungszeiten auf Sekunden und die der notwendigen Temperaturen und Drücke von größter Bedeutung; denn jeder kleinste Fehler kann den Prozeß so verändern, daß als Endprodukt alles mögliche entstehen kann, nur kein Buna. 1930 war es bereits möglich, Buna industriell herzustellen, doch zur industriellen Verwertung kam es erst ab 1933/34, da bis dahin die Kosten eine sehr entscheidende und hemmende Rolle spielten.

**Alpenstraße im Bregenzer Wald vor dem Krieg.**

**Rechte Seite unten: Übliche Berg- und Fernverkehrsstraßen vor dem Krieg.**

## Die ersten modernen Autostraßen

Während Amerika neben seinen in den gebirgigen und hügeligen Landesteilen vor allem durch die Trecks der Pioniere natürlich gewachsenen Straßen, deren Fundamente die Gründe der Täler waren, auch Straßenzüge aufweist, die besonders in den weiten Ebenen wie mit dem Lineal gezogen scheinen, war in Europa, den Gegebenheiten der verschiedenen Straßenbaumethoden und -pflege sowie geschichtlichen Ereignissen entsprechend die Straße von wechselnder Beschaffenheit. Wohl gab es Pflaster-, Makadam-, Asphalt-, Teer- und sogar schon Betonstraßen — in Amerika ebenso wie in Europa —, die die beste Verkehrsbasis für das Kraftfahrzeug abgaben.

Als aber um 1920 die Anzahl der in Verkehr stehenden Kraftfahrzeuge in ganz Europa von Monat zu Monat sprunghaft anstieg und sie zu einem großen Teil natürlich auch auf Über-

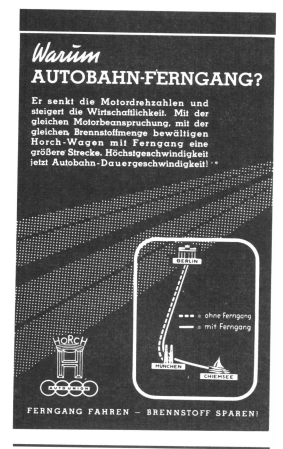

**Wie die Anzeigen beweisen, hat sich die Autoindustrie auf die durch die neuen Schnellverkehrsstraßen bzw. Autobahnen bedingten Fahrbedingungen rasch eingestellt. Das galt für die Motoren ebenso wie für das Getriebe und letztlich auch die Karosserieformen.**

3. aus 1 und 2 Erzielung eines kürzeren Linienzuges der Fahrbahn
4. Ausschaltung aller Wasserrasten und Straßenunebenheiten
5. Überhöhung der Kurven gegen außen
6. Vermeidung von Steigungen (Gefällen) über 15%
7. durchgehende Verbreiterung der Fahrbahnen auf Hauptstraßen auf sieben bzw. neun Meter
8. Erhöhung des Minimal-Krümmungsradius auf acht bis zwölf Meter
9. Schaffung einer griffig-glatten, genügend harten, staubfreien Fahrbahnoberfläche
10. Trassenumlegungen zugunsten einer besseren Aussicht und Übersichtlichkeit
11. Erhöhung der Brückentragkraft im Minimum von drei und fünf auf acht bis zehn Tonnen Achsdruck

12. auffällige und klare Straßenbezeichnungen mit Kilometerangaben
13. geschützte und signalisierte Bahnübergänge.

Dies waren die Erfordernisse, die sich aus den geänderten Zeitverhältnissen ergaben, und so sahen auch die Wünsche aus, die um 1920 seitens der Weltkraftfahrt an die einzelnen Staatsregierungen herangetragen wurden. Das Programm war recht kostspielig, aber durch Neuveranlagung von verschiedenen Abgaben konnten die Mittel für ein fast einheitliches Straßennetz, das dem Kraftfahrzeug und seinem Benützer entsprach, sichergestellt werden.

Aber der Kraftfahrzeugverkehr wurde auf der ganzen Welt in zunehmendem Maß dichter, Gewicht und Schnelligkeit der

Fahrzeuge immer größer. So gewann der Gedanke, reine Autostraßen mit Bahncharakter zu bauen, ab 1930 zusehends an
Boden. Die 8-m-Fahrbahnen wurden zu schmal, die Kurven zu
eng, die Neigungen von 15 bis 20% zu fahrthemmend, der
Linienzug zu lang. Man fuhr damals als normaler Tourenfah-
rer schon Tempi von 90 bis 110 km/h. Die neuen Forderungen lauteten daher: Geteilte Fahrbahnen zu je sechs bis acht
Meter mit griffig-glatter, harter Oberfläche, Krümmungsradien
nicht unter 30 bis 50 Meter, lange, gerade Strecken, gewonnene
Höhen haltend, Steigungen maximal sieben Prozent, keine
scharfen Bruchpunkte im Längenprofil, keine niveaugleichen
Kreuzungen, daher Über- oder Unterführungen, Umfahrung
der Siedlungsgebiete mit in Fahrtrichtung liegenden Einmün-
dungen der Zu- und Abfahrtswege. Und vor allem: die Bahnen
müssen ganzjährig voll benützbar und nur für Kfz im Schnellverkehr bestimmt sein (Geschwindigkeit für Pkw von 100 bis
200 km/h und darüber). Außerdem wurden bereits Forderungen nach Straßenkomfort, Servicedienst, Raststellen laut.

So entstanden neben anderen modernen Straßen ab 1926 bis
1930 in den USA sowie auch teils in Kanada, Zentral- und Südamerika die Transcontinental Highways und Super-Highways,
ab 1930 die Autostradas in Italien, ab 1933 die Reichsautobah-
nen in Deutschland, ab 1934 die Chemin de routiers in Frankreich. Auch in den UdSSR baute man die ersten Autobahnen,
und in Österreich 1930 bis 1935 die Großglocknerstraße als
erste moderne Hochgebirgsstraße für den Kraftwagenverkehr.
Abgesehen von der Möglichkeit erhöhter Verkehrsgeschwin-
digkeit und fast völliger Gefahrlosigkeit sind die Vorteile einer
guten Straße für das Automobil nicht abzuschätzen. Kilometer
um Kilometer zu fahren, ohne zu schalten und zu bremsen, ist
auf jeden Fall besser, als auf elenden Straßen dahinzuholpern
und mit ständigem Kuppeln, Gangwechseln, Beschleunigen
und Stoppen Energie lediglich in Reibungswärme zu verwandeln.

**Rechts:
Die letzten
Großstadt-Pflaster-
straßen waren sehr
gut angelegt.**

**Unten:
Amerikanische
Überlandstraße
von 1920. Rechts
ein Morris Cowley.**

**Fiat 500, 1938**

So stand die Welt 1938 im Zeichen eines beginnenden internationalen Straßenschnellverkehrs auf geeigneten, guten Verkehrswegen mit Wagen leichterer Bauart, sparsamem Betrieb und großer Leistung bei billigem Preis, das Ergebnis einer konstanten und zielstrebigen Entwicklung über ein halbes Jahrhundert.

**Deutsche Autobahn bei Stettin, 1937. Autobahnen waren für den Verkehr ebenso wie für die Entwicklung des Automobils von** großer Bedeutung.

Eröffnung des 100. Kilometers der sächsischen Autobahn vor Kriegsbeginn.

# 10. DIE KRAFTFAHRT IM ZWEITEN WELTKRIEG VON 1939 BIS 1945

Die Weltkraftwagenproduktion war zu Beginn des Jahres 1939 auf einem Höhepunkt angelangt. Endlos waren die Fließbänder in den Autofabriken und endlos die Kolonnen der Fertigwagen. Die Pkw- und Lkw-Produktion wurde auf nicht weniger als 3,5 Millionen Wagen im Jahr geschätzt, wozu noch die Erzeugung von Traktoren und Spezialfahrzeugen für den Heeresbedarf kam. Noch geraume Zeit nach der Viermächtebesprechung in München im September 1938 blieb in den meisten Staaten die Friedensproduktion aufrecht. Der Kriegsausbruch kam vielfach überraschend, und erst er zwang die einzelnen Staaten zu einer mehr oder weniger einschneidenden Umstellung auf die Kriegsproduktion.

Kaum war in Europa der Kriegslärm von 1914 bis 1918 verstummt und die ärgsten Wunden geheilt, begannen fast alle Staaten der Welt — soweit sie dazu in der Lage waren — die Bewaffnung ihrer Armeen weitgehend zu vervollkommnen. Auch die kleineren Staaten wandten ab 1920 der Heeresmotorisierung und der neuesten Waffe, dem Tank, ihr besonderes Augenmerk zu. Organisationsmäßig war für alle Staaten gleich charakteristisch, daß sich zwischen die administrative und beschaffende Stelle der Ministerien und den militärischen Höchstkommandierenden der Kraftfahrformationen eine technisch und taktisch verantwortliche Stelle schob, die sich am besten mit „Chef der Heeresmotorisierung" umschreiben ließ. Aufgrund der Erfahrungen mit dem geländegängigen Tankantrieb ergaben sich technische Neugruppierungen.

Gewöhnliche Straßenfahrzeuge: Mehr oder weniger handelsübliche Pkw- und Lkw-Typen für den Nachschub- und Verwaltungsdienst. Bei Typen über 5 Tonnen Nutzlast wurde das Dreiachs-Fahrgestell bevorzugt.

Geländegängige Straßenfahrzeuge: Pkw und Lkw (meist bis 3 Tonnen Nutzlast) zur Ausstattung der motorisierten Schützen- und technischen Bataillone, ausschließlich schweres Gerät (meist mit Dreiachs-Fahrgestellen und Allradantrieb). Auch

die leichten und schweren Straßenpanzerwagen waren so ausgestattet.

Zwitterfahrzeuge: Meist Zugmaschinen, auch Pkw im operativen Dienst, deren Lenkung durch Vorderräder, deren Antrieb hinten durch Raupe erfolgte und die durch Lenkrad und Bremswirkung oder Gleisketten geführt wurden (für schwere Artillerie, Brückentrains usw.).

Amphibienfahrzeuge: Zu Lande und zu Wasser (hier schwimmend) aktionsfähig, meist Pkw oder leichte Tanks.

Räder-Raupenfahrzeuge waren solche, deren Antriebsumstellung möglichst während der Fahrt von Rad auf Raupenkette oder umgekehrt erfolgen konnte. Leichte Tanks, kleine Panzerwagen, auch manche Wirtschaftsfahrzeuge der Truppe waren auf diese Weise ausgestattet.

Gleiskettenfahrzeuge: Tanks aller Art, Selbstfahrlafetten, schwerste Zugmaschinen u. dgl., die ausschließlich durch Differentialbremsung und Knüppelsteuerung geführt wurden.

Im Pkw- und Lkw-Bau waren die Bestrebungen der vorgenannten Dienststellen schon im Frieden darauf gerichtet, bei der

**Rechts unten: Panzereinsatz 1934 in Wien (Februar-Unruhen).**

**Motorisierte Einheit des Österreichischen Bundesheeres, 1936.**

**Unten:**
Schwerer Krupp-Geländewagen in unwegsamem Gelände.

**Rechts Mitte:**
Der 40 D Steyr von 1937/38 wurde als Pritschen- und Mannschaftswagen für den militärischen Einsatz gebaut. Er war im Gelände Kettenfahrzeugen fast ebenbürtig, auf der Straße weit überlegen.

Der 40 D Steyr von 1932 war trotz fehlenden Allradantriebes außerordentlich geländegängig.

Aus taktischen Erwägungen heraus baute man in fast allen Großstaaten zwei Typen: den leichten Straßenpanzer mit drei oder vier Mann Besatzung auf vier angetriebenen Rädern mit einem 20-mm-MG und zwei lMG bei 70 PS und den schweren Wagen mit sechs bis acht Mann Besatzung auf sechs bis acht angetriebenen Rädern mit einer 3,5- bis 5-cm-Kanone, einem 20-mm-MG und vier lMG bei 150 PS Maschinenleistung. Ihre Verwendung erfolgte einzeln oder in Zügen zu drei bis fünf Wagen. In der Tankwaffe ergab sich, fußend auf den Erfahrungen des ersten Weltkrieges, zunächst die unbedingte Notwendigkeit der Ausstattung der einzelnen Kompanien (Bataillone) mit jenen Hilfsmitteln, ohne die eine mechanisierte technische

Industrie eine möglichst weitgehende Typenvereinheitlichung und Kürzung der Typenreihen allein schon im Zusammenhang mit der Betriebsrationalisierung zu erwirken, z. B.:

leichter   (1- bis 1,5-l-) Pkw    1,5-t-Lkw
mittlerer (2- bis 2,5-l-) Pkw    3-t-Lkw
schwerer (3- bis   4-l-) Pkw    5-t-Lkw
                                              8- bis 10-t-Lkw  } Dreiachswagen
                            und
                                              1 t Einachser
                                              2 t Zweiachser
                                              3 t Zweiachser  } Anhänger
                                              5 t Zweiachser
                                              7 t Dreiachser

Dazu kam noch eine strikte Vereinheitlichung aller dem gleichen Zweck dienender Fahrzeuge der motorisierten Truppen.

Die Straßenpanzerwagen als Geleit-Sicherungs- und Nahaufklärungsfahrzeuge erhielten eine Maschinenleistung, die ausreichend war, um bei entsprechendem Gewicht den Anforderungen an Schnelligkeit gerecht zu werden.

**Konstruktionszeichnung des 40 D Steyr Geländewagens mit Laufstützrädern (Reserverädern).**

**Radraupen-Fahrzeug im Gelände, konnte bei Absenken der Laufräder auch auf der Straße eingesetzt werden.**

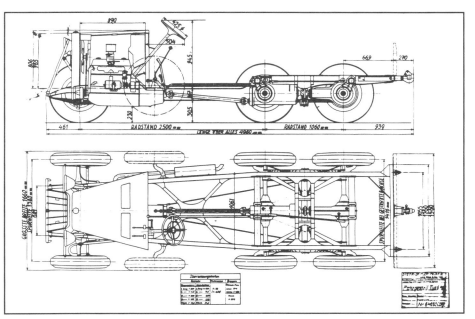

Waffe im Feld nicht aktionsfähig ist. Hierzu gehörten: mit geeigneten „Anhängern" ausgestattete Zugmaschinen als Schlepptanks, mit geeigneten Hilfsvorrichtungen ausgestattete Werkstätten-, Brücken-, Radio- (meist gleichzeitig Kommando-), Munitions- und Transporttanks. Der eigentliche Kampfwagen (meist zwölf pro Kompanie) machte fast überall eine Teilung, je nach Heeresgröße, in zwei bis vier Typen nötig, u. z.:

1. den leichten (7 t), schnellen Zweimanntank mit einem sMG zur Aufklärung,

2. den mittleren (12 bis 15 t) Schnelltank mit vier Mann, ein 3- bis 5-cm-Geschütz, ein sMG, zwei lMG zur Verfolgung,

3. den mittelschweren (25 t) Gefechtstank mit sechs Mann, ein 7,5-cm-Geschütz, ein 20-mm-MG, drei lMG als Infanteriegeleittank,

4. den schweren (30 bis 40 t) Durchbruchstank (das Schlachtschiff zu Lande) mit sieben bis zehn Mann, ein 8- bis 10-cm-Geschütz, zwei sMG, zwei !MG.

Kurz vor Kriegsbeginn 1939 wurden zur Durchführung von Spezialaufgaben neue, zusätzliche Fahrzeugtypen geschaffen, die entsprechend ausgestattet waren. Es entstanden die:

Mannschaftstransportwagen,
Mannschafts- und Munitionstransportwagen,
gepanzerte Sturmgeschütze,
Nebel- und Flammenwerfertanks sowie
Selbstfahrlafetten auf Gleisketten für die schwere Artillerie.

**Fliegerabwehr-MG-Abteilung.**

**Rechts oben:
Schwere Artillerie-Zugwagen von 1937.**

Schweres Geschützmaterial auf Kraftfahrlafetten zu verwenden, war mit Rücksicht auf die Transportwegverhältnisse, Brückenbelastungen usw. ohne Schienenbahnen nicht möglich.

Die eigentliche Kriegsproduktion erforderte je nach Staat, dessen Teilnahme bzw. Nähe zum Kriegsschauplatz in Europa unterschiedliche Maßnahmen:

## Amerika (USA)

Da die USA erst 1942 in den Krieg verwickelt worden waren,

konnten sie ein gigantisches Fertigungsprogramm erfüllen und neben der eigenen industriellen und militärischen Aufrüstung auch einen großzügigen Export an Kriegsfahrzeugen im Rahmen ihrer Hilfeleistung für England u. a. Staaten forcieren. Die Automobilfabriken arbeiteten in zwei, ab Juli 1942 in drei Schichten. Einige Großfirmen errichteten in Kanada Tochterwerke. Konzerne wurden einheitlich auf eine einzige Kfz-Art oder gar eine einzige Type umgestellt. Moderne Kriegstransporter, eine Reihe von technischen Spezialfahrzeugen (Schwerlastwagen, Kompressor- und Kranwagen), neue Panzerwagen, Tanks sowie Patrouillenwagen entstanden.
So baute Willys Overland den berühmt gewordenen kleinen Jeep. Dodge produzierte den großen Jeep, der auch als 1,5-t-Lkw Verwendung fand. Ford und Chevrolet erzeugten den ebenso bekannten Dreitonner als Heeresfahrzeug für motori-

**Straßenpanzerwagen des Österreichischen Bundesheeres, 1937.**

**Rechts oben: Artillerie-Zugauto von 1918, das 1938 immer noch im Einsatz war.**

**Links: Hitler, Speer und Ferdinand Porsche inspizieren einen neuen Tank, der im Rußland-Feldzug eingesetzt werden sollte.**

**Der Opel-Blitz-Lkw spielte beim Truppentransport in Frankreich eine bedeutende Rolle. Es war der meistproduzierte Lkw der deutschen Wehrmacht.**

**Links: Mercedes-Benz G-4 von 1938, der sogenannte „Führerwagen", in dem Hitler in Österreich, Sudetenland, Warschau und Paris einfuhr.**

sierte Truppen, meist als Sechsradwagen mit Motorseilwinde vorn, aber auch alle Nachschub-Fahrzeuge — reine Straßenfahrzeuge — mit wahlweisem Allradantrieb. Die schweren Fünf- bzw. Achttonnen-Dreiachswagen mit ihren Aufbauten mußten die Anerkennung jedes militärischen Kraftfahrfachmannes finden.

## England

In seinen Produktionszentren aufs äußerste bedroht, konnte es dennoch sein Armeespezialprogramm weiterführen. Der übrige Bedarf mußte durch USA-Produktion gedeckt werden. Seine enormen, vorzüglich für die Ebene gebauten Sattelschlepper für 18 Tonnen plus 18 Tonnen Anhänger = 36 Tonnen Zugladeleistung waren staunenswert.

## Frankreich

Seine Kraftfahrzeugproduktion kam nicht nur durch die schnelle gegnerische Besetzung zum Erliegen, sondern sie ist auch gänzlich unvorbereitet in den Krieg eingetreten. Während der vierjährigen deutschen Besetzung erfolgten in den

französischen Kfz-Fabriken Teil- und Gruppenfertigungen nach deutschen Plänen.

## Japan

Japan wurde bis zu seinem Eintritt in den Krieg (Dezember 1941) stark durch ausländische Belieferung unterstützt. Seine eigene Produktion war nicht allzu hoch anzusetzen. Lediglich die umfangreiche Erzeugung von Panzerwagen und Tanks war von Bedeutung.

## Schweiz, Schweden und Spanien

Diese neutralen, aber aufgerüsteten Staaten vermochten ihren Bedarf auch an Panzerwaffen aus der eigenen Produktion oder nur mit geringer ausländischer bzw. gegenseitiger Unterstützung (Schweden) zu decken.

## UdSSR

Die Sowjetunion konnte vor allem in der Gruppe der Tanks und Panzerwagen ihre bereits erprobten und bewährten Typen

KOLBEN

KARL SCHMIDT · G·M·B·H · NECKARSULM · WÜRTT.

(Daimler) wurden am Westwall eingesetzt; die Typen „Panther", „Tiger" und „Königstiger" sowie die neuen schweren 8,8-cm-Sturmgeschütze (verdeckt) waren schon Kriegsentwicklungen. Man fertigte die Wannen und Aufbauten in den Hüttenwerken, die Waffen in den einschlägigen Waffenfabriken, den Kraftfahrteil in Kfz-Fabriken und nahm die Montage möglichst in jenen Werken vor, in deren Programm Hüttentechnik, schwere Waffenerzeugung und Lkw-Fertigung einschließlich jener der Motoren vertreten waren, wie z. B. Krupp-Essen, Rheinmetall-Borsig AG, Dortmunder Hüttenverein, Skoda-Pilsen usw.

## Italien

Man beschäftigte in der Panzerwagen-, Tank- und Zugmaschinenfertigung fast alle zwischen den beiden Kriegen bekannt gewordenen Kfz-Fabriken. So fertigten: Ansaldo den leichten Zweimanntank Carro veloce, Fiat den mittleren und schweren Tank, Isotta-Fraschini den Schnelltank und den schweren Straßenpanzerwagen, Alfa-Romeo gepanzerte Zugmaschinen und den leichten Straßenpanzerwagen, Pavesi-Dolotti den Artilleriezugwagen (geländegängig), Fiat außerdem die schweren Straßenzugmaschinen. Die normale Lkw- und Pkw-Produktion Italiens war für diesen Zeitraum ausreichend.

Als der Feldzug in Polen beendet war, lief die deutsche Kriegsfertigung auf vollen Touren an, und zwar zunächst in jenem Umfang, der für den Fall einer Zweifronten-Kriegführung notwendig erschien.
Trotz der hervorragenden Leistungen, die während dieses Krieges auf dem Kraftfahrzeuggebiet vollbracht wurden, war das Hauptaugenmerk der einzelnen Staatsführungen vor allem der Vervollkommnung der Luftwaffe zugewandt. Abgesehen davon, handelte es sich bei vielen Kfz-Typen, insbesondere was Panzerwagen, Tanks usw. anbelangte, um Fahrzeuge, die noch lange nach dem Krieg weiter gebaut wurden.

# Kraftfahrzeuge rollen auf Bahnen

Die endlosen Kolonnen der Heereskraftfahrzeuge dieses Krieges fuhren nicht mehr auf mehr oder minder mittelmäßigen

in genügender Anzahl fertigen und mit besten Erfolgen einsetzen. Hier sind besonders die mittelschweren Raupenschlepper anzuführen (Stalinec und Woroschilow). Die 1934 aufgenommene Pkw-Fertigung wurde im Interesse anderer wichtiger Kriegsfertigung, wie in den meisten Staaten, auf Kriegsdauer eingestellt, der Lkw-Bedarf durch USA-Lieferungen teilweise ergänzt.

## Deutschland

Die deutsche Kraftwagenproduktion erfolgte aufgrund von seit dem Jahre 1935 erstellten Plänen und sah das gesamte Erzeugungsprogramm vor, das zur Deckung des Wehrmachtsbedarfes, zuzüglich jenes der Wirtschaft, notwendig war. Neu auch in der technischen Vorbereitung war für Deutschland der Aufbau seiner Panzerwaffe. Er erfolgte in Panzerdivisionen zu zwei Regimentern, deren einzelne Abteilungen mit den entsprechenden Waffen (Fahrzeugen) ausgestattet wurden. Es waren die Regimenter also universell, die Abteilungen bzw. bei Sonderfahrzeugen die Kompanien spezialisiert. Als die Kampfhandlungen begannen, besaß die deutsche Wehrmacht (Heer) Panzerkampfwagen (Tanks) der Typen I, II, III und IV und Panzerkraftwagen der Typen 1 (leicht) und 4 (schwer), je einen Typ Schützenpanzerwagen (SPW), Munitionswagen (MMTW) und das leichte Sturmgeschütz (St. G. 7,5 cm). Die alte österreichische Bewaffnung (Carro veloce) und Achtrad-Panzerwagen

Straßen, sie rollten auf den großen europäischen Autobahnen. Der Beobachter konnte gelegentlich solcher Transporte drei merkliche Etappen, die sich überall ziemlich ähnlich waren, wahrnehmen. Bei beginnender Nacht strebten in flotter Fahrt die Kolonnen der motorisierten schnellen Divisionen, gegliedert nach ihren taktischen Einheiten, mit ihren Waffen und ihren charakteristischen geländegängigen Sechsradfahrzeugen ihren Zielen zu. Es folgten die gewaltigen Transportkolonnen

bahnersatz) sowohl verkehrs- als auch betriebstechnisch entsprechend ausgerüstet und gegliedert. Der starre Bataillonsverband war in den meisten Staaten nicht üblich. Fallweise zur Lösung einer gemeinsamen Transport- oder Verkehrsaufgabe an einem Ort vereinigte Kraftfahrkompanien bildeten vorübergehend eine Kraftfahrabteilung oder -gruppe. Das Regiment gliederte sich meist in den Stab, die Verkehrsreglerabteilung (Motorräder), 12 Kraftfahrkompanien zu je drei oder vier Kolonnen (Züge), bestehend aus je zehn leichten, zehn mittleren und zehn schweren Lkw-Zügen oder bzw. mit zehn Autobussen für je 45 Mann. Die Gesamttonnage pro Kompanie war sonach mit 180 Tonnen, die des Regiments mit 1500 bis 2000 Tonnen anzusetzen, wodurch für Reparaturausfall, Detachierung und Feindeinwirkung mit einer Sicherheit (Reserve) von 25 Prozent vorgesorgt war. Zu jedem Regiment gehörten des

des Heeresnachschubes, der neuen Transportregimenter, in einem mittelscharfen Tempo, geteilt nach leichten, mittleren und schweren Einheiten, später in gemäßigter Fahrt (zwecks Materialschonung) in Abständen die weit kürzeren Kolonnen der Panzerformationen in geschlossenen Verbänden.

Aus den bescheidenen Kraftfahrkompanien des ersten Weltkrieges waren im zweiten Weltkrieg Kraftfahr-Transportregimenter geworden. Meist kam auf ein Armeekorps (drei Divisionen) ein solches Regiment. War die Kopfzahl einer Infanteriedivision seit 1930 gegenüber jener von 1914 bis 1918 um

**VW Kübelwagen mit Holzgasgenerator-Anlage.** | **Der VW Kübelwagen konnte auch als Kettenfahrzeug eingesetzt werden.** | **Links unten: Willys-Overland Amphibian Truck.**

ferneren im Normfall drei Werkstättenlastzüge mit je 12 Facharbeitern und drei Treibstoffzüge mit Tankwagen für je 30.000 l Treibstoff, wobei die Kopfzahl je Regiment 1080 bis 1100 Mann betrug. Von der Division abwärts fanden leichte truppeneigene Kolonnen Verwendung. So lief der Kraftfahrzeugverkehr zu Beginn des letzten Krieges, einer schienenlosen Eisenbahn vergleichbar, mit fahrplanmäßiger Ordnung zu den Fronten. Hiebei spielten verkehrstechnisch die Begriffe Anroll- und Ablaufzeit eine besondere Rolle.

75 Prozent gefallen (10.000 Mann), so war ihre Gefechtskraft (Feuerkraft) um mehr als 300 Prozent gestiegen. War also die tägliche Nachschubquote an Verpflegung und Mannesausrüstung beträchtlich eingeschrumpft, so stieg jene für Munition und technisches Gerät ins Gigantische. Auf die Kopfzahl umgerechnet, kann der tägliche Nachschubbedarf auf den Mann je Division gegenüber 5,3 kg von 1918 mit 20 bis 25 kg angenommen werden. Es wurden also für den Normalfall je Division für einen Gefechtstag aus 160 Tonnen nunmehr 250 Tonnen, ohne jedwedes besondere Transportaufkommen aus Truppenverkraftung, Artilleriegerätetransport und vermehrtem Munitionsnachschub. Mit allem diesen war der Transportraum um das Drei- bis Vierfache anzusetzen. Zur Meisterung dieser Riesenaufgabe waren die Transportregimenter (Eisen-

**Der VW Kübelwagen, wie ihn die deutschen Soldaten während des Krieges schätzen lernten. Überholte Exemplare stellten nach dem Krieg vielfach die ersten Pkw dar.**

**Oben rechts: Kleiner VW Schwimmwagen. Die Antriebsschraube konnte nach Abklappen mit der Kurbelwelle in Eingriff gebracht werden.**

**Rechts: Krupp Geländewagen im Wintereinsatz.**

**Fahrgestell des leichten Krupp Geländewagens mit luftgekühltem Benzinmotor.**

**Rechts:**
**Hinter dem Tarnnamen „Maus" verbarg sich der schwerste Panzer des zweiten Weltkrieges. Porsche entwickelte diesen Typ 205 nach einer Idee von Hitler.**

Die Sicherstellung des Kriegsbedarfes wurde eine Sache eingehender Planung, intensiven Studiums und ständiger Beratung mit der Kfz-Industrie selbst. Damit rückte diese mit ihren Werken in die Reihe der kriegswichtigen Betriebe vordringlichster Art auf. Zunächst mußte auf den mit der Umstellung auf Kriegsfertigung notwendigen Erzeugungsauslauf der bisherigen Fertigung Bedacht genommen werden. Er war für das Heeresinteresse meist gleich wichtig wie die anschließende Neufertigung selbst. Letztere erforderte meist mehr Raum, mehr Arbeitskräfte, mehr und womöglich anderes Rohmaterial sowie andere Werkzeuge und Vorrichtungen. Waren die Fertigungsmöglichkeiten der Fabriken und die seitens der Wehrmacht geforderten Typen nach Zahl und Art klargestellt, dann konnte an die Planung und Verteilung der Aufgaben geschritten werden, wobei die Kapazität sämtlicher Werke ein Bild des Rüstungspotentials in der Kfz-Industrie ergab. Waren die Art der Aufgabe, die Zahl der monatlichen Produktion und der Termin des spätesten Anlaufes festgesetzt, konnte in den Werken mit den grundlegenden Vorbereitungen begonnen werden, und zwar etwa folgendermaßen:

Herstellung und Vorsorge für gesicherte Verwahrung der erforderlichen Konstruktionspläne und Werkstattzeichnungen.
Anfertigung und gesicherte, konservierende Bereitlegung (Einfetten usw.) von Vorrichtungen, Werkzeugen und Lehren (Meßgeräten).
Planmäßige Festlegung des Erzeugungs- und Montagevorganges und der Lagerung des Materials.
Sicherstellung des Rohmaterials seitens der Lieferwerke.
Feststellung der unentbehrlichen Kräfte seitens der Wehrmacht.

# Die Kfz-Industrie im Rüstungsplan der Staaten

Mit der systematischen Zurückdrängung des Pferdes in Gewerbe, Handel, Industrie und Verkehr ab 1914 bis 1918 stieg die Nachfrage nach Kraftfahrzeugen aller Art. Das Automobil wurde zu einem Motor der Wirtschaft und des öffentlichen Lebens überhaupt. Heer, Polizei, Feuerwehr, der sanitäre Rettungsdienst und die Verkehrsgesellschaften wurden motorisiert.

Genau so wie das Pferd aus einem Heer von 1914 nicht wegzudenken war und neben dem Soldaten das Um und Auf eines Heereskörpers darstellte, so war es 1939 das Kraftfahrzeug. War sich die Staatsführung über die zu unterhaltenden Heereskräfte im Frieden und Krieg sowie über die von den Streitkräften zu lösenden Aufgaben im klaren, so war es für den militärischen Kraftfachmann nicht allzu schwierig, Zahl, Konstruktion und Art der erforderlichen Kraftfahrzeuge festzusetzen.

Sicherstellung von zusätzlichen Arbeitskräften nach Mehrerzeugung und Mobilisierungsausfall.
Abfassung von Werksverträgen mit den in Frage kommenden Zu- und Unterlieferfirmen auf Teilfertigung nach Art, Stückzahl und Lieferfrist laut Zeichnung.
Sicherung des notwendigen Energiebedarfes für die Kriegserzeugung bei den einschlägigen öffentlichen Stellen.

Nach diesen Vorarbeiten konnte der Betrieb einer mehr oder weniger normalen Fertigung nachgehen und hatte lediglich hinsichtlich etwaiger Neuerungen mit den technischen Ämtern der Heeresverwaltung in Fühlung zu bleiben. Wie ersichtlich, hielt sich also diese ausschließlich an den Auftragnehmer und überließ ihm alle Durchführungsarbeit. Dort jedoch, wo er bei Erfüllung seiner Pflichten auf Hindernisse stieß, war ihm auf alle Fälle Hilfe durch die militärischen Rüstungsdienststellen gesichert. Man kann füglich annehmen, daß die Leistungsfähigkeit der Werke im Kriegsfall gegenüber

**Erste Skizze für den deutschen Panzer Leopard, Ende 1939.**

NSU-„Ketten-k(raft)rad" mit einem Opel Olympia 1,5-l-Vierzylinder-motor. Wurde als aggressiver Zwitter eingestuft.

Steyr 1500 A Gefechtswagen, bis 1944.

Steyr Typ 250 Kübelwagen, bis 1940.

normaler Friedensfertigung zumindest im Anfang die dreifache war, denn erst Feindeinwirkung, schlechtere Ernährung der Arbeiterschaft, Mangel an Rohmaterial und Arbeitskräften, Demoralisierung, Sabotage und mindere Qualität des Materials brachten später die Leistung zum Abfallen.

## Erdöl als Sieger

Die Treibstofflage bot zu Beginn der großen Kampfhandlungen ein ähnliches Bild wie zu Beginn des ersten Weltkrieges, nur war die Versorgung der Achsenmächte 1939 wesentlich besser als die der Mittelmächte 1914. Die zahlreichen Raffinerien im eigentlichen Deutschland, in Österreich, in Italien, Polen, Rumänien und Ungarn hatten eine auf breiter Basis aufgebaute Veredlungskapazität von annähernd 175.000 Tonnen Monatsproduktion. Die Ölfelder in Galizien, Österreich und Rumänien und die teilweisen Lieferungen aus den westlichen Gebieten Europas ergaben ein Erdölpotential von annähernd

220.000 Tonnen pro Monat, das allein etwa 90.000 Tonnen monatlich an Benzin ergab. Die nach dem Krauch-Plan erstellten Großanlagen für synthetisches Benzin in Westdeutschland, die auf breitester Basis aufgebaute Ersatztreibstoffwirtschaft für den Kfz-Betrieb im Hinterland, wie Tankholz, Schwelkoks und Holzkohle als Generatorgas, Erd- und Grubengas-(Methan-)Gasanlagen, Flüssiggas (Gasolin) und Stadtgas in den Großstädten, bildeten eine mächtige Reserve und entlasteten das gesamte monatliche Benzinsoll um mehr als 35 Prozent. Alles rollte, was zu rollen hatte.

Auf dem Gebiet der Treibstoffe waren die Achsenmächte soweit autark, daß sie mit dem, was das eigene und von ihnen besetzte Gebiet erbrachte, zumindest anfangs ihr Auslangen fanden. Aber bereits Ende 1942 traten Schwierigkeiten auf, die, vorerst erträglich, Anfang 1944 katastrophale Folgen nach sich zogen. Daß nicht an alles gedacht worden war, bezeugte die Schmieröllkalamität während des Rußlandfeldzuges im Winter 1941/1942, die vom Dezember bis März fast die gesamte Panzerwaffe lahmlegte, weil kein Arktiköl vorhanden war.

Chevrolet / Ford, 1945 und Fargo, 1947.

Der universal einsetzbare Jeep beim Fronteinsatz.

Dazu kamen beim Gegner Radar und der Infrarotschirm, und ab Juli 1942 der Eintritt der allein schon materialmäßig unbesiegbaren Vereinigten Staaten von Amerika in den Krieg. Die U-Boote hatten große Verluste zu verzeichnen, die anglo-amerikanischen Tankerflotten kamen immer mehr auf. Schwerste Luftbombardements, aber auch Sabotageakte und Untergrundbewegungen taten auf deutscher Seite das ihre, um das enorme Potential systematisch zu verringern und schließlich mit Ende 1944 zum fast gänzlichen Erliegen zu bringen.

Bei näherer Betrachtung wickelte sich die Produktion folgendermaßen ab: Mit Anfang 1942 wurde die Basis für synthe-

**Vielgebrauchte amerikanische Militärfahrzeuge beim Einsatz in Europa.**

fiel auch die dortige Raffineriekapazität aus. Konnte bis August 1940 das Heimatkriegsgebiet noch mit Benzin versorgt werden, so fuhren die schweren Nachschub-Lkw im Wirtschaftsbereich der Fronten schon ab März 1943 fast zur Gänze mit Holzgas. Im letzten Kriegsjahr basierte die Treibstoffversorgung Deutschlands und seiner Satellitenheere lediglich auf den Erdölvorkommen in Galizien und Österreich sowie der Benzol- und synthetischen Benzinproduktion an Rhein und Ruhr.

Als im Juni 1944 die amerikanisch-englische Invasion einsetzte, die koordinierte West-Ost-Strategie ins Rollen kam und die massierten Bombenangriffe zum Programm jedes Kriegstages wur-

**Rechts oben:**
**Aus dem deutschen Panzer Tiger entstand später der Jagdpanzer „Ferdinand", Porsche Typ 130.**

**Rechts:**
**Sogar beim historischen Treffen in Jalta 1945 kam der Jeep zu Ehren.**

**Rechts Mitte:**
**General Dwight D. Eisenhower 1945 im Dodge 4x4, einer Militär-Standardtype.**

**Links unten:**
**Der bekannteste Panzer der russischen Armee war der T 34, der durch robuste und einfache Konstruktion, leichte Handhabung und günstige Formgebung bis 1943 den deutschen Panzern überlegen war.**

tisches Benzin durch fortgesetzte englische Bomberraids auf Westdeutschland empfindlichst getroffen, so daß im Mittel kaum die Gesamtkapazität zu jeweils 50 Prozent genützt werden konnte. Im Herbst 1942 wurden die rumänischen Erdölfelder und Raffinerien erstmalig durch anglo-amerikanische Luftgeschwader angegriffen. Ihre Liefermöglichkeit sank schnell auf etwa 30 Prozent des seinerzeitigen Standes und fiel ab Mai 1944 zur Gänze aus. Auch Zuschübe aus Kleinasien (Türkei) entfielen um diese Zeit. Mit dem Abfall Italiens 1943

**Rechts unten:**
**Einige der 1300 von Mercedes-Benz gebauten Panzerwagen I—III im Kriegseinsatz.**

den, gingen auch die letzten Reste bald in Verlust bzw. in Flammen auf. Man kann füglich behaupten, daß die Achsenmächte in Europa ab Ende September 1944 nur mehr eine verschwindende Treibstoff-(Benzin- und Erdöl-) Produktion aufzuweisen hatten und vor allem von ihren örtlichen Reserven lebten.

Als vom Westen her Tanker auf Tanker heranschwamm, Rohrschlangen von Englands Küste durch den Kanal das europäische Festland erkletterten und die Pipelines im Vormarschtempo den alliierten Truppen das Benzin jeweils bis hinter die Front brachten, war der endgültige Sieg schon aus diesem Grund sicher.

Waren auf deutscher Seite am südlichen Kriegsschauplatz die motorisierten Truppen schon im November 1944 ohne Treibstoffnachschub, so verpufften westwärts von Berlin April—Mai 1945 die letzten Liter. Auf der Seite der Alliierten jedoch es in dieser Beziehung keine Schwierigkeiten.

## Übergang

Mit der Kapitulation des Deutschen Reiches fand der zweite Weltkrieg in Europa sein Ende. Als sich die Sprengwolken der letzten Fliegerbomben verzogen und der letzte Geschützdonner verhallte, erstreckte sich von Stalingrad bis Coventry ein nie dagewesenes Trümmerfeld, das auch einen Großteil der europäischen Kraftwagenproduktion unter sich begrub.

gen Staaten in Übersee konnten auf lange Zeit alles Erzeugte aufnehmen. Hatten doch viele Länder durch volle vier Jahre keinen neuen Wagen gesehen! England mußte trachten, seine eigenen Schäden zu decken, billig herzustellen und zu exportieren, um seinen Standard zu sichern und den brennenden Bedarf seines Empires zu befriedigen. Frankreich hatte alle Hände voll zu tun, um seine schwer beschädigte Industrie in Ordnung zu bringen und seinen uneinheitlichen, fahrzeug-

Zunächst wurden mittels Handarbeit Schutt und Trümmer beiseite geschafft, sodann die kostbaren Maschinen geborgen, repariert und wieder montiert. Rohmaterial- und Ersatzteillager gab es meist keine mehr. Auch mußten, wenn überhaupt möglich, die Gebäude wieder instandgesetzt werden. Die Situation nach Kriegsende ist damit zu charakterisieren, daß eine schwer gehemmte, ja zerschlagene Industrie einem hungernden Abnehmerkreis gegenüberstand.

Amerika konnte teils sofort, teils sechs bis acht Monate nach Umstellung auf Friedensfertigung den Markt beschicken und von allem Anfang an unabhängig vorgehen. Der große, in dieser Hinsicht immer bedürftige Binnenmarkt und die übri-

**Oben rechts: Opel-Blitz mit serienmäßiger Holzgasanlage ab 1943.**

armen Markt so schnell wie möglich zu beliefern. Rußland ging unverweilt an die Reorganisation seiner Kfz-Industrie und war nach kurzer Zeit — schon nach zwei Jahren — in allen Programmtypen lieferfähig. Die tschechoslowakische Automobilindustrie hat in Zentraleuropa am wenigsten gelitten, war in der Lage, ihr altes Vorkriegsprogramm schon ab Anfang 1946 zu erfüllen und eine rationelle Umstellung für die Zukunft vorzunehmen. Ungarn rang schwer um den Bestand seiner nationalen Industrie. Österreichs Kfz-Industrie war bei starker Reduzierung ihrer Kapazität zunächst von einer schweren Apathie erfüllt, aus der sie sich gerade noch im richtigen Moment aufzuraffen verstand, um sich der Herstellung schwerer Nutzfahrzeuge zu widmen. In Deutschland setzte nach oberflächlicher Assanierung einzelner Werke alsbald eine rege Fertigung überwiegend im Interesse der Besatzungsmächte ein, wodurch der Bestand der Werke und deren Belegschaften zunächst gesichert erschienen.

So strebte denn Europas Kraftwagenproduktion ab Jänner 1946 aus Schutt, Trümmern und Asche zu neuem Leben und neuer Leistung.

# 11. WELTKRAFTFAHRT UND VOLLMOTORISIERUNG 1945 BIS 1970

Die Verheerungen, die die Kriegshandlungen in der europäischen Industrielandschaft anrichteten, verursachten in den meisten Ländern wirtschaftliche Hemmnisse über Jahre, aber es ist sicher, daß die Notwendigkeit eines möglichst fortschrittlichen Wiederaufbaues die Automobilproduktion in unerwarteter Weise gefördert hat. Die Intensivierung und Beschleunigung wiederum, die der millionenfache Einsatz des Kraftwagens in das westliche Wirtschaftsgefüge einbrachte — jeder Motor trieb gleichsam die Wirtschaft zusätzlich an — führten neben dem allgemeinen Nachholbedarf nicht zuletzt zum sogenannten »Wirtschaftswunder«, das niemand vorausgesehen und niemand zu hoffen gewagt hätte.

Der unerhörte Aufschwung der Wirtschaft und die damit verbundene Vollbeschäftigung ermöglichten nun die Vollmotorisierung der westlichen Hemisphäre, an der tatsächlich jeder teilhatte, auch wenn er sein Kraftfahrzeug nur für Freizeit und Erholung einzusetzten gedachte. Durch das Auto wurde jeder einzelne schneller, leistungsfähiger, ausdauernder als bisher, was sein Lebensgefühl in einmaliger Weise steigern mußte.

Nicht der Luxus war es, der am Automobil letztlich faszinierte, sondern vor allem die erweiterten Fähigkeiten, die es dem Menschen vermittelte. Das Auto hat die Kriegsgeneration für vieles entschädigt, das sie durch den Krieg verlor und versäumte.

Die Autokonstruktion selbst war in den folgenden Jahrzehnten einem Dauerentwicklungsprozeß ausgesetzt, der am besten mit den Worten schöner, größer, besser, bequemer, schneller — und das in zahllosen Variationen — zu umschreiben ist.

**Endlose Kolonnen von Gefangenen und Kriegsfahrzeugen auf den Autobahnen kennzeichneten den Beginn des Friedens 1945.**

Als die Kampfhandlungen des zweiten Weltkrieges 1945 beendet waren, kam es fast in ganz Europa, vor allem aber in Mittel- und Osteuropa, zu einem beinahe völligen Stillstand der Motorisierung, und das insbesondere durch den Mangel an Kraftstoff. Nur die Militärfahrzeuge der Siegermächte blieben mobil, und dabei waren auf dem Rückzug von der Westfront ebenso wie von der Ostfront — von wo deutsche Soldaten unbedingt in westliche Gebiete zu gelangen trachteten, um der russischen Gefangenschaft zu entgehen — streckenweise Fahrzeuge aller Typen und Gattungen zu Tausenden einfach stehengelassen worden, zum Teil wurden sie sogar auch auf riesigen Abstellplätzen (Pools) zusammengezogen, während andere einfach am Straßenrand stehenblieben.

Zur Zeit der Abstellung befanden sie sich zum weit überwiegenden Teil in fahrbereitem Zustand. Da die abrüstenden Truppen vielfach vor unüberwindlichen Gebirgszügen gestrandet waren bzw. in diesen Gegenden Zuflucht gesucht hatten, befanden sich oft unübersehbare Ansammlungen von verschiedenartigsten Fahrzeugen weitab von den größeren Siedlungsräumen, wo sie allein schon zur Aufrechterhaltung der Versorgung dringend benötigt worden wären. Die von den einzelnen Besatzungsmächten errichteten Zonengrenzen erwiesen sich als ein weiteres Hindernis, diese wertvollen Hilfsmittel zur Ankurbelung der darniederliegenden Wirtschaft möglichst rasch und gleichmäßig zum Einsatz zu bringen, ja sogar ihre Erfassung und Bewachung unterblieb.

Auf diese Weise wurde der weitaus größte Teil zur Beute von Menschen, die mit ihnen im Grunde nichts anzufangen wußten. So beraubte man sie ihrer Edelbestandteile, was es von vornherein verhinderte, sie bei der Auffindung und Auswahl möglichst rasch fahrbereit zu machen, da gerade diese Bestandteile anderweitig entweder überhaupt nicht oder nur zu Höchstpreisen zustandezubringen waren. Was noch blieb, wurde ein Opfer der Witterungsunbilden. Als die öffentlichen Stellen mit Erlaubnis der Besatzungsmächte endlich auf den Plan treten konnten, war nur mehr ein geringer Prozentsatz der Fahrzeuge zu retten, vorausgesetzt, sie wurden einer generellen Instandsetzung zugeführt.

Es galt vor allem — wie bereits in den Jahren 1900 bis 1908 und dann wieder 1918 bis etwa 1920 —, zu vorhandenen Fahrgestellen passende Motoren, zu kompletten Antriebsaggregaten den richtigen Fahrzeugrahmen, zu bestimmten Fahrgestellen passende Aufbauten, zu vorhandenen Achsen brauchbare, möglichst bereifte Räder usw. zu finden und umgekehrt. Die Instandsetzung dieser Kraftfahrzeuge war nun abermals eine Kunst, die ebensoviel Können wie Geduld und Improvisationstalent erforderte. Ein wahres Problem war die Beschaffung passender Bestandteile, wie Lichtmaschinen, Starter, Einspritzpumpen, Einspritzdüsen usw. Wenn sie überhaupt aufgestöbert werden konnten, dann waren sie meist durch unsachgemäße Lagerung schwerstens beschädigt, zum Teil sogar unbrauchbar. Oft ergab es sich, daß ein mit viel Mühe und Geduld fertiggestellter Wagen, der von der Wirtschaft dringendst benötigt wurde, nicht zum Einsatz gelangen konnte, weil es unmöglich war, die notwendigen Reifen zu beschaffen.

Andererseits war bei der ländlichen Bevölkerung der gummibereifte Pferdewagen in Mode gekommen.

Eine Erleichterung in der Bestandteilversorgung trat etwa in Österreich erst zu dem Zeitpunkt ein, als die einzelnen Landesregierungen darangingen, die nicht fahrbar zu machenden Fahrzeuge systematisch auszuschlachten und, soweit dies möglich war, nach Type und Fabrikat geordnete Ersatzteillager zu errichten. In diesen waren allerdings Edelaggregate wieder nur bedingt vorhanden, da erst mahnende, später strafandrohende Aufrufe an die Bevölkerung, Autobestandteile abzuliefern, wirkungslos verhallten und aufgestellte Suchkommissionen trotz ehrlicher Bemühungen nur ein sehr dürftiges Ergebnis erbrachten. Instandgesetzte Fahrzeuge mußten von den Repa-

**Im Vordergrund: Drei Überlebende des grausamen Völkerringens.**

**Statt mit 13 PS mußte es nun auch ein PS tun, um lebensnotwendigste Transporte zu ermöglichen.**

raturbetrieben den zuständigen Verwaltungsbehörden als fertiggestellt gemeldet werden, worauf sie nach Dringlichkeitsgrad an Bedarfsträger abgegeben wurden.

Mitte 1947 konnte von einem neuerstandenen Kfz-Verkehr mit alten, überalten und mehr oder weniger gut zusammengeflickten Kraftfahrzeugen gesprochen werden.

Die besondere Schwierigkeit bei Reparaturen und Instandsetzungen bestand vor allem darin, daß durch Fehlen der verschiedensten Behelfe notgedrungen auf die Reparaturmethoden der Jahre vor und nach dem ersten Weltkrieg zurückgegriffen werden mußte.

Rekrutierte sich 1945 der Fuhrpark der mitteleuropäischen Staaten zwangsläufig aus den instandgesetzten Beutefahrzeugen der Alliierten, so kamen im Jahr 1946/47 großzügige Gratislieferungen an neuen und gebrauchten Lkw durch die UNRRA (United Nations Relief and Rehabilitation Administration) hinzu, die die noch immer fühlbaren Transportkalamitäten erst einigermaßen behoben. Mittlerweile hatte die Kfz-Industrie in den vom Krieg heimgesuchten Ländern Zeit, sich zu besinnen und auf eine neue Produktion einzustellen.

**Während und nach dem Krieg wurden Fahrzeuge häufig mit Holzgeneratoren ausgestattet. Hier ein Ford V8 mit Imbert-Generator.**

Als erstes, zeitlich und auch räumlich recht eingeschränktes Ergebnis fand eine Erzeugung der letzten Kriegstypen an Lkw und da und dort auch an Pkw statt, wodurch die Bestandteillagerreste des Krieges nutzbringend aufgebraucht werden konnten.

Erst ab Mai 1947 setzte eine sporadisch auftretende Neubeliefe-

**Vor allem Wilhelm Haspel war die rasche Wiedergeburt von Daimler-Benz nach dem Krieg zu verdanken.**

rung des europäischen Marktes mit Importfahrzeugen ein. Doch auch sie waren keine Neuschöpfungen, sondern fabriksneue Exemplare der Baumuster von 1938/39 bis 1941/43. Erst im Februar 1948 (Genfer Salon) und Mai 1948 (Internationale Automobilausstellung Wien) traten sowohl die zentraleuropäischen Firmen als auch jene von USA, England, Frankreich und Italien auf den beiden Gebieten (Lkw und vornehmlich Pkw) mit wirklichen Neuschöpfungen (Planung seit Kriegsende 1945) als Modelle 1947/48 auf den internationalen

**Ob Angestellte oder Arbeiter — alle halfen bei den Aufräumungsarbeiten mit, um den Produktionsbetrieb — hier bei Daimler-Benz — wieder in Gang zu bringen.**

**Rechte Seite: 1947 wurde bereits die Fertigung des 1000. Mercedes-Pkw gefeiert.**

**Rechte Seite unten: Auch namhafte Persönlichkeiten benötigten damals eine amtliche Bescheinigung, wenn sie einen Pkw erwerben wollten.**

Automobilmarkt. Alles, was bis dahin geliefert worden war, sei es nun der 3-t-Steyr-Lkw Type 370 (Elefant), der Peugeot 202 oder 204, der Turiner Fiat 500, 1100 und 1500, die Ford- oder Chevrolet-Lkw der Canadien-Typen, der große und kleine Jeep, der Standard „Fourteen", sie waren alle sogenannte „Auslaufmodelle". Dennoch wurden sie allerorts gern gekauft, um den dringendsten Bedarf in den Großsiedlungsgebieten zu decken.

## Neue Herstellungs- und Reparaturmethoden

Durch Leistungssteigerung, Rationalisierung auch im Werkstättenbetrieb, Leichtbauweise sowie Verwendung neuer Rohstoffe hatte sich in der Kfz-Industrie und im Kfz-Instandsetzungsgewerbe in Amerika bereits seit 1912, in Europa erst seit 1924 eine neue Arbeitsweise herausgebildet.

Ein stark beanspruchter Bauteil und zugleich einer der teuersten am ganzen Automobil ist der Zylinderblock. Ihn der Abnützung wegen frühzeitig auszuwechseln, war wirtschaftlich höchst untragbar, ihn aber mehr als zwei- oder höchstens

dreimal auszuschleifen mit Rücksicht auf Arbeitsdruck und Wandstärken nicht angängig. Daher entschloß man sich teilweise schon 1924, die Gleitbahn des Kolbens, d. h. die Kolbenlauffläche des Zylinders, als auswechselbare Büchse auszugestalten, die in den eigentlichen Zylinderblock eingesetzt wurde. Je nachdem, ob nun diese Büchsen an ihrer Außenseite vom

**Rechts: Diese drei Bilder zeigen das Daimler-Benz-Werk Untertürkheim 1944 nach einem Bombenangriff, 1947 nach provisorischem Aufbau und 1948 nach der Aufnahme des Reparaturbetriebes für die Besatzungsmacht.**

Kühlwasser direkt umspült werden oder noch im Gußteil des Blockes eingepaßt sind, spricht man von „nassen" bzw. von „trockenen" Büchsen. Diese wurden nun bei notwendigen Kolbenservice-Arbeiten nicht mehr wie früher ausgebohrt und auf der Bank rundgeschliffen, sondern auf eigenen Zylinderschleifmaschinen bearbeitet und dann auf Spezialmaschinen gehont

**Auch bei Daimler-Benz mußten zuerst einmal amerikanische Kraftfahrzeuge repariert werden.**

oder geläppt. (Oberflächenbearbeitung auf drei bis fünf Tausendstel Millimeter genau.) Der teuerste Bestandteil, die Kurbelwelle, wurde, wenn sie fertig bearbeitet war, auf speziellen Kurbelwellenschleifmaschinen an allen Kurbelzapfstellen auf drei Tausendstel Millimeter genau mit sehr feinkörnigen Korundscheiben rundgeschliffen. Die Lager, und da speziell die Pleuellager, belegte man, wenn es sich um Gleitlager handelte, in den Lagerschalen nur mehr mit einer dünnen Schicht Lagermetall. Sie wurden daher nicht mehr in der bis dahin herkömmlichen Weise mit viel Materialaufwand ausgegossen, sondern im Spritzguß- oder Schleudergußverfahren mit einem dünnen Belag versehen. Defekte Aluminiumgehäuse wurden nicht mehr umständlich geflickt oder (meist schlecht) geschweißt, sondern unter Materialbeigabe für die fehlenden Bruchstücke völlig nachgegossen und eingeformt. Zahnräder schliff man nicht nur auf Präzisionsmaschinen, sondern „läppte" sie auf Spezialmaschinen, damit sie geräuschlos liefen. Die Kontrolle der Federn erfolgte auf Prüfmaschinen mit höchstzulässiger Beanspruchung auf Haltbarkeit, Fehler usw. Preßschmiedeteile, die keine rollende oder gleitende Berührung mit anderen Teilen haben, wurden schon unter Berücksichtigung der Zusammenziehung im kalten Zustand auf Fer-

tigmaße gepreßt, so daß nur eventuelle Oberflächenputzarbeit notwendig war, und Kühler, die hinter der Maske oder Haut saßen, nicht mehr aus Messing-, sondern aus verbleitem Eisenblech gefertigt, Blechbestandteile bis zur Größe halber Karosserieschalen auf großen Pressen in einem Maschinengang ausgestanzt, gelocht und gepreßt (Formgebung) und die Teile durch elektrische Punkt- oder Nahtschweißung zu ganzen Körpern zusammengefügt. Das Falzen von Blechen kam nur noch in den seltensten Fällen vor. Die Ölfarbe und der aus Harzen gewonnene Kopallack wurden durch den schnelltrocknenden Nitrozelluloselack ersetzt, der nicht mehr mit dem Pinsel aufzutragen war. Der ganze Aufbau wurde mit einer Preßluftspritzpistole gespritzt bzw. werden ganze Teile getaucht, wenn sie allseits Farbschutz haben sollen.
In der Folge erfuhren Herstellungs- wie Reparaturmethoden eine zielstrebige Weiterentwicklung, die auf immer rationellere Fertigung bei allmählich zunehmender Qualität und Langlebigkeit, einen möglichst pflegearmen und dabei defektfreien Betrieb und immer längere Serviceintervalle hinzielte. Zunehmend erwies sich die Elektronik als Helfer bei der Erreichung dieser Ziele.

## Neue Triebwerke

Das Automobil stand bald im Zeichen weitgehend angewandter Hydraulik. Bis dahin wurde sie ausschließlich für Bremszwecke eingesetzt, während sie nun auch bei Kraftübertragungsorganen angewendet wurde; dies entweder in direkter Kraftübertragung oder indirekt durch hydraulische Steuerung mechanischer Anlagen. Hydraulische Anlagen haben eine vorteilhafte, elastische, anpassungsfähige Wirkungsweise und sind leicht steuerbar, was sich besonders bei den Triebwerken (Kupplung, Getriebe und Bremsen) bewährte, die vom Standpunkt der Maschinentechnik und Mechanik vor allem dazu dienen, Krafteinwirkungen aufzunehmen und meist in geänderter Form abzugeben, weiterzuleiten und nützlich anzuwenden. Nicht genug damit, wies das Automobil bald weitere Neuerungen auf, die sich vor allem aus den neuen Richtlinien im Motorenbau (erhöhte Kompression) ergaben.

Motor: Der amerikanische Motorenbau tendierte zu weit höheren Kompressionsdrücken als bis dahin üblich. Verschiedene Modelle von 1949 waren bereits mit Motoren ausgestattet, die ein Verdichtungsverhältnis von 1:7,5 aufwiesen, was eine weit höhere Klopffestigkeit der Benzine erforderte (höhere Oktanzahl), der die amerikanische Treibstoffindustrie bereits weitgehend Rechnung trug. Der Vorteil höherer Kompressionen lag in besserer Treibstoffausnützung, wodurch mit der gleichen Menge Benzin weit größere Strecken als bisher gefahren werden konnten.

Kolben und Kolbenringe: Die Kolben waren durchwegs aus Leichtmetall (doppelt so großer Ausdehnungskoeffizient als Grauguß) und nicht mehr vollkommen zylindrisch, sondern leicht konisch und oben um vier bis sieben Hundertstel Millimeter im Durchmesser kleiner als unten, wiesen längs- und querlaufende Schlitze auf und federten, wenn man sie mit der Hand zusammendrückte. Dies war erforderlich, um in seinem schwingungsähnlichen Auf und Ab im Zylinder mit der angelenkten Pleuelstange bis zu 75 Hübe in der Sekunde durchzustehen und alle Druck- und Temperaturbeanspruchungen aufzunehmen. Kolbenringe waren nach wie vor aus Grauguß und wurden fortlaufend verbessert, um der erhöhten Beanspruchung gerecht zu werden. Versuche mit Stahlbandringen führten noch zu keinen praktischen Ergebnissen. Die Vorteile bestanden in größerer Elastizität und damit geringerem Ölverbrauch sowie vermindertem Einschleiferfordernis der Maschine.
Die Pleuelstange sollte bei höher verdichtenden Motoren noch größere Druckbeanspruchungen aufnehmen können, aber trotzdem gewichtsmäßig kleiner werden. Das bedingte neue Legierungen. Die Kurbelwelle blieb im Prinzip gleich und wurde nur den höheren Druckbeanspruchungen entsprechend stärker dimensioniert.
Lager wurden nur auf die höhere Beanspruchung eingerichtet.

Entsprechende Erfahrungen waren in ausreichendem Maß durch den langjährigen Fahrzeug-Dieselbetrieb vorhanden.

Ventile: Der Nachteil der üblichen Ventilfedern war vor allem ihre Lagerung auf dem heißen Zylinderkopf. Federn ermüden durch Erwärmen (Ausglühen) sehr rasch und werden unelastisch. Die günstigeren Haarnadelfedern konnten sich nicht durchsetzen. Es gab deshalb Konstruktionen, die das Federelement vom Ventil völlig trennten. Die übliche Spiralfeder wurde durch einen Torsionsstab ersetzt.

Vergaser: Der Fallstromvergaser gewann immer mehr an Bedeutung.

Kraftübertragung: Die Entstehungsgeschichte hydraulischer Getriebe geht auf das Jahr 1924 zurück, wo schon englische, deutsche und auch österreichische Getriebetechniker sich um eine Lösung bemühten. Diese Art der Kraftübertragung führte jedoch erst dann zum Ziel, als um 1926 die Kraftfahrtechniker mit den Turbinenbauern zusammenzuarbeiten begannen. Als sich in Deutschland Föttinger, Becker und Voith-Heydenheim, in Österreich Erban, Daimler und Voith-St. Pölten damit beschäftigten und in Frankreich die Firma Girard, in England

# Fahren nach dem Krieg

Bedeutete das Betreiben von Kraftfahrzeugen in der Zwischenkriegszeit nicht immer reine Freude, was vor allem auf ursächlichen Schwierigkeiten beruhte, die den alten Konstruktionen immer noch anhafteten, so war das Fahren in den ersten Jahren nach dem zweiten Weltkrieg aus heutiger Sicht eher ein heiteres Abenteuer, vorausgesetzt, man verlor den Humor nicht. Und das war eigentlich selten, war man doch glücklich darüber, das mörderische Ringen auf wunderbare Weise doch noch heil überstanden zu haben.
Die außerordentlich raren Gebilde, die man damals gerade noch Auto nennen konnte, verlangten ihren Besitzern oder Betreibern soviel Geduld ab, wie sie kaum eindrucksvoller in der Pionierzeit aufzubringen gewesen war.
Dem Autor, der in den Jahren 1946—48 im Auftrag der Landesregierung Salzburg eine Instandsetzungswerkstätte leitete, die abgestellte Wehrmachtsfahrzeuge auf schnellstem Weg wieder der Wirtschaft zuführen sollte, wurde für die Ausführung dieser Tätigkeit ein Dienstfahrzeug zur Verfügung gestellt, u. z. ein VW Kübelwagen, der auf dem Schüttgut in Zell am See — zu dieser Zeit übrigens Aufenthaltsort von Prof. Ferdinand Porsche — zusammen mit einer Reihe weiterer dieser Fahrzeuge instandgesetzt worden war. Darunter verstand man damals, daß das Fahrzeug zwar betriebsfähig war, aber nicht, was ihm zu einem einigermaßen normalen Betrieb alles fehlte.
Dieser Kübelwagen besaß kein Verdeck, keine Sitze, sondern nur eine Lattenholzbank, keinen Starter, keine Batterie, sondern nur einen Dynamo, und mußte angekurbelt werden. Ebenso fehlten Scheinwerfer und Bremslichter, und die Reifen wiesen verschiedene Dimensionen auf. Selbstverständlich fehlte auch ein Reserverad, obwohl damals gerade dieses eine dringende Notwendigkeit darstellte, da es Reifen fast durchwegs nur in einem jämmerlichen Zustand zu geben schien.

Auch Instrumentierung war keine vorhanden und bei den Pedalen bliesen im Winter durch eine Reihe von Öffnungen Kaltluftströme wie Gebläse auf die Füße, was durch keine Heizung eine Milderung erfuhr. Daß selbstverständlich auch keine Wischer vorhanden waren, mußte bei Schlechtwetter dadurch ausgeglichen werden, daß man eben an der Scheibe seitlich vorbeishah. Besonders unangenehm aber war, daß es auch kein Signalhorn gab. — Und trotzdem legte der Autor mit diesem Wagen rund 30.000 km zurück.
Interessant erwies sich vor allen Dingen der Winterbetrieb, und daß es hier keine größeren Probleme beim Starten gab, lag vor allem am erstklassigen Motor, der leicht anzukurbeln war und auch bei niedrigen Wintertemperaturen mit Hilfe geringster Benzineinspritzung ohne besondere Schwierigkeiten ansprang. Das Problem waren eher Schnee und Eis auf den Fahrbahnen. Schneeketten gab es keine und ebensowenig Reifen mit einigermaßen Profil, Schneereifen aber nicht einmal in noch so schlechtem Zustand, da sie damals noch gar nicht erfunden waren. Zusätzlich zogen die Bremsen ungleich und die Lenkung war unpräzise. Dabei waren die zu befahrenden Strecken vorwiegend schmale Bergstraßen. Die Chauffeure der dort sparsam verkehrenden Autobusse, die allgemeine Reifenmisere nur zu gut kannten, machten bereitwilligst Platz oder hielten an, wenn ein Pkw ihnen entgegenkam, da ein Stehenbleiben dieser Fahrzeuge auch auf nur geringen Steigungen beim besten Willen nicht möglich war. Allein schon aufgrund des nur allzu oft nicht zu vermeidenden Schleuderns oder Steckenbleibens in einem Schneehaufen war jede Fahrt — ganz abgesehen von der eisigen Kälte, der man ausgesetzt war — ein Abenteuer für sich.
Dennoch erwiesen sich winterliche Fahrten als unerläßlich. Eine gewisse minimale Fahrtauglichkeit war ja nun gegeben, die aber sicher nicht zur Bewältigung einer gefährlicheren Situation ausreichte, wie sie sich eines Tages ergab, als ein abschüssiger Hohlweg zu befahren war, der über ein Bahngeleise führte und danach wieder anstieg. Während der Wagen auf die Geleise mehr zurutschte als -fuhr, zeigte sich plötzlich aus einer Kurve kommend ein Zug, wobei zu erkennen war, daß Wagen und Zug etwa zur gleichen Zeit die offene Kreuzung passieren mußten. Der daraufhin eingeleitete Bremsvorgang bewirkte nur, daß die Räder blockierten und das Fahrzeug beschleunigt auf die Kreuzung zurutschte, da die Radhaftung nun völlig dahin und das Fahrzeug unlenkbar geworden war. Nur Bobfahren muß ähnlich dem sein, was sich dann abspielte. Eine neuerliche Betätigung der ungleich ziehenden Bremsen bewirkte ein leichtes Querstellen des Wagens, was dank der nicht genau differenzierbaren Lenkung wiederum nur schwer korrigierbar war. Mit Hilfe der schlechten Len-

Parson zu Rate gezogen wurden, nahm diese Entwicklung ihren Anfang. 1926 war das Daimler-Voith-Turbogetriebe als erstes in Europa einbaureif geworden, es hat sich ab 1927 sowohl in Schienentriebwagen als auch in schwersten Panzerwagen bewährt. Die weitere Entwicklung griff über England nach Amerika über, wo bald alle drei genannten Systeme in Anwendung standen. Unter der Bezeichnung „Hydramatic-Drive" (hydromechanischer Antrieb) liefen nun die neuesten großen Wagen aus USA mit dieser Einrichtung.

Hydraulische Kupplung: Das Prinzip der hydraulischen Kupplung beruht auf einer Pumpen- und Turbinenwirkung in geschlossenem Kreislauf, wobei sich Pumpen- und Turbinenrad in einem gemeinsamen Gehäuse befinden. Das Pumpenrad wird vom Motor angetrieben. Durch Drehung des Pumpenrades wird ein Spezialöl in das gegenüberliegende Turbinenrad gedrückt, auf dem die Antriebswelle sitzt. Es wird dadurch in Drehung versetzt und damit die Kupplungswirkung erzielt. Diese Art der Kupplung arbeitet vollkommen automatisch. Bei der Leerlaufdrehzahl ist das Drehmoment so klein, daß eine merkliche Belastung des Motors nicht eintritt. Der geringe Druck hat nicht die nötige Kraft, den Läufer mitzunehmen. Bei Drehzahlerhöhung des Motors steigt der Druck

und somit auch die Drehzahl des Läufers. Der besondere Vorteil dieser Kupplungsart liegt in dem sehr weichen Anfahren des Fahrzeuges sowie in der Unmöglichkeit, die Maschine „abzuwürgen". Außerdem funktioniert sie stoßfrei, und ein Verschleiß kommt hier fast nicht zustande.
Neue Getriebe waren das vollhydraulische und das hydromechanische Getriebe.

Vollhydraulisch: Die verschiedenen Momentenwandler sind hier gleichbedeutend mit den im Wechselgetriebe alter Art vorhandenen Zahnradübersetzungen. Je nach erforderlichem Übersetzungsverhältnis wird fallweise der eine oder der andere Wandler mit Öl aufgefüllt und dadurch in Betrieb gesetzt. Die Steuerung dieses Getriebes erfolgt entweder vollautomatisch oder von Hand.

Hydromechanisch: Bei diesem Getriebe handelt es sich um eine Kombination verschiedener Planetenradsätze, die entsprechend ihrer Über- oder Untersetzung bzw. ihrem Rückwärtsgang fallweise in Verwendung genommen werden können und ebenfalls gleichbedeutend sind mit den verschiedenen Zahnradübersetzungen beim Wechselgetriebe. Durch Bremsen eines oder mehrerer Planetensätze wird die gewünschte Übersetzung

---

kung und der ungleich ziehenden Bremsen gelang es dem Autor dann aber, eine Art Kompromiß dergestalt zu erzielen, daß die gegenseitige Beeinflussung zu einer Art „Wandeln" führte, und die Fahrgeschwindigkeit dank der seitlich hochgestauten Schneehaufen so weit zu reduzieren, daß knapp hinter dem letzten Waggon der Bahnübergang überquert wurde, wozu bereits wieder viel Gas erforderlich war.
Aber auch während des Sommers gab es immer wieder die absonderlichsten Situationen. So kam dem Autor einmal — abermals in einem Hohlweg — ein Pferdefuhrwerk entgegen, dessen Kutscher eingeschlafen war, während die Pferde keinerlei Anstalten machten, vor dem herannahenden Fahrzeug stehenzubleiben. Laut rufend mußten deshalb etwa dreihundert Meter vor dem Pferdefuhrwerk im Retourgang hergefahren werden, bis der Kutscher endlich erwachte und reagierte. Mit Hilfe eines Horns wäre das weit früher zu erreichen gewesen. Aber solche Erlebnisse waren ein reines Vergnügen gegenüber etwa einer „Fernfahrt" von Salzburg nach Graz, die in einer dienstlichen Angelegenheit zusammen mit einem Kollegen der Landesregierung unternommen werden mußte. In Erwartung vorauszusehender Schwierigkeiten wurden zu dieser Fahrt nicht weniger als zehn Reserveräder mitgenommen, die wir von allen möglichen Stellen ausborgen mußten. Wir hofften, mit dieser Reserve nach Graz und wieder zurück zu gelangen, ohne an den Reifenproblemen zu scheitern. Trotz aller Vorsorge hatten wir allerdings nicht erwartet, daß es zwischen Salzburg und Graz allein 17 Reifendefekte geben würde, wobei in sieben Fällen auch eine Demontage von Rädern und Gummi unter Anwendung von Montiereisen unumgänglich war. Und das an einem heißen Sommertag, der ja auch die zahlreichen Pannen mitverschuldete.
Erschwert wurde alles noch dadurch, daß Löcher in den Schläuchen mit — wie konnte es damals anders sein — unzulänglichem Klebezeug repariert werden mußten, das wenig Haftfähigkeit besaß. Erst nach neuerlichem Aufblasen mit Handpumpe, Montage des Rades und Herunterlassen des Wagenhebers wurde oft deutlich, wie wenig Erfolg die Prozedur wieder einmal gehabt hatte.
Beim letzten Reserverad, das wir montierten und dessen Schlauch zur Abwechslung Luft hielt, stellten wir wiederum ein solch großes Loch in Lauffläche und Gewebe des Reifens fest, daß wir uns entschlossen, einen anderen, noch schlechteren zu zerschneiden und die so gewonnene Manschette darunter zu montieren.
Es war uns klar, daß die Rückfahrt unbedingt unter normalen Temperaturverhältnissen stattfinden mußte, da wir auf eine ähnliche Weise nie nach Salzburg zurückgelangen konnten.

Sie fand deshalb während der kühleren Nacht statt, was die Haltbarkeit der Klebeflecken erstaunlich verbesserte. Die Reifendefekte waren nun nicht mehr das eigentliche Problem, aber da der Kübelwagen ja auch kein Licht besaß, fuhren wir vor allem nach Gehör bei nur sehr wenig Sicht, bis nach 30 oder 40 Kilometer Nachtfahrt zufällig ein Motorradfahrer des Weges kam, der so kameradschaftlich war, uns weit über sein eigentliches Ziel hinaus einen Großteil unserer Strecke voranzufahren und mit seinem Licht die Straße leidlich zu erhellen. Der letzte Fahrabschnitt ohne Licht genügte dann, um in Salzburg durch das angestrengte Starren in die schwarze Nacht mit Augen anzukommen, die unserem Gefühl nach zentimeterweit hervorstehen mußten.
Die Straßenkameradschaft, die der Motorradfahrer in dieser Nacht bewiesen hatte, sollte noch viele Jahre nach dem Krieg, als es schon lange wieder neue Autos zu kaufen gab, für den Straßenverkehr typisch bleiben. In den ersten Jahren nach 1945 wären die wenigen Fahrer von Kraftfahrzeugen jedweder Art tatsächlich vielfach mit ihren Vehiceln am Straßenrand liegengeblieben, hätten nicht fast ausnahmslos alle Verkehrsteilnehmer sich gegenseitig bereitwillig ihre Hilfe angeboten. Die meisten von ihnen waren ehemalige Soldaten, die den Krieg jeweils unter extremsten Voraussetzungen auf oder mit Fahrzeugen hinter sich gebracht hatten und denen damit eine Fahrausbildung und -praxis zuteil geworden war, wie sie heute nicht mehr nachvollzogen werden kann. Sie waren jederzeit zur Hilfe bereit und konnten oftmals mit den seltsamsten Tricks aufwarten, die man erst dann als wirksam anzuerkennen bereit war, wenn sie tatsächlich funktioniert hatten, und das taten sie in den überwiegenden Fällen.
Der Straßenverkehr selbst hingegen wickelte sich relativ problemlos ab, da man, obwohl ohne Licht, mit mangelhaften Bremsen und ohne Signaleinrichtung auf den oft seit Jahren vernachlässigten Straßen immerhin mit im Vergleich zu heute niedrigen Geschwindigkeiten unterwegs war und das Verkehrsaufkommen lange gleich Null blieb.
Nach und nach wurde der VW Kübelwagen mit einem Holz-Glas-Verdeck ausgestattet und dieses oder jenes fehlende Detail ersetzt, was noch lange nicht hieß, daß er deshalb etwa heute bei einer Zulassungsbehörde durchkommen könnte.
Eines besaß der Kübelwagen allerdings trotz bzw. dank all seiner Mängel: eine automatische Diebstahlsicherung. Sie sah folgendermaßen aus: Eines Tages wurde dieser Wagen von einem Arbeiter der Instandsetzungswerkstätte entführt. Für ihn und seine Kollegen — eigentlich ein wild zusammengewürfelter Haufen junger Männer, deren Herkunft und Ziel reichlich unklar blieb — war es ein willkommener Arbeitsplatz. Sie

hergestellt. Diese Bremsung wird durch Bremsbänder erreicht. Sie erfolgt den Fahrverhältnissen entsprechend vollautomatisch (abhängig von Motordrehzahl und Fahrwiderstand) durch hydraulische Steuerung, die in Form von unbeeinflußter Anwendung von Ölpumpen, Gangventilen und Reglern (außer bei Rückwärtsgang) erfolgt.

Das Differential blieb in seiner Struktur und Arbeitsweise gleich. Geändert hat sich nur die Verzahnung des Trieblings und Tellerrades. Es werden hypoid verzahnte Kegelräder verwendet, die es ermöglichen, den Triebling unterhalb der Differentialmitte am Tellerrad angreifen zu lassen, wodurch der Kardanwellentunnel fast gänzlich verschwunden ist, obwohl die Fahrzeuge tiefer gebaut werden.

Fahrgestell: Der Fahrgestellrahmen ist in der Nachkriegszeit in seiner konservativen Bauweise teilweise beibehalten worden und wurde nur im Hinblick auf die größere Geschwindigkeit der Fahrzeuge und die damit notwendige bessere Straßenlage wenn möglich noch tiefer gesetzt, um eine günstige Schwerpunktlage zu erreichen, wurde aber systematisch durch selbsttragende Karosserien ersetzt.

Gesamtanordnung: Der Anordnung entsprechend unterscheidet man drei Antriebsarten: Motor vorn — Vorderradantrieb, Motor hinten (Heckmotor) — Hinterradantrieb. Die gebräuchlichste Anordnung war nach wie vor Motor vorn — Hinterradantrieb, wobei eine starre Hinterachsbrücke verwendet wurde und nur die Vorderräder einzelgefedert waren (Einzelradaufhängung), was eine recht gute Straßenlage ergab. Mit den beiden ersten Antriebsarten werden lange Wellenleitungen und damit Leistungsverluste und Gewichte erspart. Jedoch haben beide sehr schwerwiegende Nachteile, so z. B. der Vorderradantrieb die beim Lenken (Radeinschlag) entstehende Knickung der Antriebswellen, außerdem ein nicht zu unterschätzendes Moment bei kleinen Unfällen. Die gesamte maschinelle Anlage wird allzu leicht zerstört. Der Hinterradantrieb mit Heckmotor hat hingegen den Nachteil, daß das Fahrzeug zur Übersteuerung neigt (Fachausdruck „Heckschleuder").

Man bemühte sich nun verstärkt um die Klärung der Frage der geeignetsten Anordnung der Motoren. Die Entscheidung fiel beim Heckmotor zugunsten des Boxermotors, beim Vorderradantrieb vorwiegend zugunsten des Reihenmotors, während der V-Motor — speziell bei schwereren und stärkeren Fahrzeugen — in beiden Fällen verwendet wurde. Die Anlage des Antriebes ab der Kupplung zu den Antriebsrädern erfuhr den jeweiligen Anforderungen entsprechend eine Optimierung.

**Peugeot 202 von 1947, 50 PS.**

---

waren entwurzelt und konnten sich in der neuen Situation noch nicht zurechtfinden. Obwohl der Flüchtige immerhin Mechaniker war und mit derlei Fahrzeugen doch einige Erfahrung haben mußte, kam er nicht weiter als vier Kilometer. Dann war das endgültige Aus, da er das Fahrzeug einfach nicht mehr in Betrieb setzen konnte. Sowohl Schaltung als auch Kupplung und nicht zuletzt der Motor hatten ihr spezifisches Eigenleben, das nur vom „Herrl" in einen einigermaßen homogenen Fahrvorgang umgesetzt werden konnte. Jeder Fremdbenützer mußte an dieser Vielfalt an Störmöglichkeiten einfach scheitern, die man nur mit der Zeit zu überbrücken lernte. Allein schon die Tatsache, daß die Vorderräder dank ihrer und anderer Unwuchtigkeiten in Verbindung mit nicht mehr ganz streng sitzenden Lagerstellen der Lenkung recht „atmungsaktiv" waren, bewirkte immer wieder, daß der an sich hochgestellte VW Kübelwagen in der Vorderachse mitunter so zu flattern begann, daß man unbedingt anhalten mußte, um dieses unerwünschte Eigenleben des Fahrzeuges wieder in den Griff zu bekommen. Man konnte demnach gut von einer mehrfachen Diebstahlsicherung sprechen, die ganz automatisch zu einer Kapitulation des Diebes führen mußte.

Der Mangel an allem Möglichen begleitete die Autofahrer von damals noch eine lange Wegstrecke. Aber interessanterweise wirkten die dadurch bedingten Erlebnisse nicht entmutigend, sondern sie wurden als Realität zur Kenntnis genommen und ohne Verärgerung mit der alten Weisheit des Frontsoldaten, „es könnte noch viel schlimmer sein", akzeptiert. So half trotz aller Widerwärtigkeiten auch dieses unverwüstliche Fahrzeug bestens bei der Bewältigung der Aufgaben, für die österreichische Wirtschaft die bitter nötigen Lkw und Lastzüge ausfindig zu machen und zusammenzustellen, die im wahrsten Sinn des Wortes über die Lebensfähigkeit eines Volkes entschieden.

Waren für die Instandsetzung geeignete Fahrzeuge ausfindig gemacht worden, dann begann die Ersatzteilsuche auf Bauernhöfen und bei Privatleuten, die dafür in Frage kamen. Kommissionen beschlagnahmten Einspritzpumpen, Vergaser, Lichtmaschinen, Reifen usw., und mußten sie meist aus dem Stroh oder Heu, aber auch aus Senkgruben — wo diese Edelbestandteile meist nach kurzer Zeit für immer betriebsunfähig wurden — ans Tageslicht holen.

Daß sich die etwa von der Salzburger Landesregierung für die Wirtschaft endlich freigegebenen Lastzüge und Lkw nach dem Zusammenbau nicht selten in einem nach heutigen Gesichtspunkten geradezu kriminellen Zustand befanden, war leider unvermeidlich, denn der Not gehorchend wurden Aggregate der verschiedensten Typen zusammengebaut, ja Motoren, Fahrgestelle und alle übrigen Teile paßten von vornherein nur

selten zusammen, wurden aber durch kunstvolle Handarbeit und Tricks zu einer Einheit zusammengestellt und zum klaglosen Funktionieren gebracht. Der neue Besitzer wurde auf diese Umstände natürlich aufmerksam gemacht, man konnte aber kein einziges Mal hören, daß von einer Übernahme jemals zurückgetreten worden wäre. Manchen dieser Lkw konnte der Autor noch nach Jahren als betriebsverläßliches Fahrzeug wieder entdecken. Das kann jedoch nicht verhindern, daß einem angesichts der damals praktizierten Kompromisse, die allerdings unumgänglich waren, sogar heute noch die Haare zu Berge stehen.

Der VW Kübel wurde später gegen einen DKW Reichsklasse ausgetauscht, der es auf seine ganz spezielle Weise — wie fast alle damals zur Verfügung stehenden Wagen — gleichfalls in sich hatte. Er war zwar wesentlich bequemer als der Vorgänger, konnte aber nicht entfernt auf die „Kriegstauglichkeit" des VW verweisen, sondern war „Zivilist" und als solcher mit Extremsituationen weder näher bekannt noch ihnen gewachsen. Nachdem auch mit diesem Fahrzeug die bereits mehr oder weniger vertrauten Gebirgsstrecken absolviert werden mußten, wußte man genau, wo die Motorleistung des vorderradgetriebenen Wagens auf den Sandstraßen bei einer Steigung gerade noch, die Radhaftung hingegen nicht mehr ausreichen würden. Sobald ein solches Straßenstück bevorstand, wurde in entsprechendem Abstand davor angehalten und der Beifahrer mußte sich auf den Kühler setzen, der dank der vorhergehenden Steigung bereits ziemlich erhitzt war. Mit viel Gas und größtmöglichem Schwung wurde das schwierige Straßenstück schnellstens bewältigt, um Motor und den auf dem Kühler Sitzenden gleichermaßen vor Überhitzung zu bewahren. Nachher benötigten beide eine längere Kühlpause.

Aber da das damals noch nicht alles sein konnte, hatte das Getriebe im ersten Gang die schöne Eigenschaft, so zu vibrieren, daß dieser immer heraussprang. Obwohl eine neue Vorgelegewelle eingebaut worden war, erwies sie sich als so weich, daß sie sich bald abnützte und ein richtiger Halt der Zahnräder nicht mehr gegeben war. Das bedeutete, daß bei einer Steigung, wie sie etwa gerade geschildert wurde, der erste Gang unbedingt mit der Hand fest im Getriebe gehalten werden mußte, um nicht herauszuspringen.

Obwohl die zu erfüllende Aufgabe so wichtig war, stand auch für solche Fälle nur ein äußerst knappes Benzinkontingent zur Verfügung, das auf dem Schwarzmarkt ergänzt werden mußte, den meist amerikanische Soldaten belieferten. Aus heutiger Sicht war es eines der unbegreiflichen Wunder, daß man letztlich dennoch den notwendigen Kraftstoff Auftrieb und zur Verfügung hatte, um den Fahrbetrieb aufrecht erhalten zu können.

## Der Lastkraftwagen

Das Hereinwachsen des Motors in das Führerhaus, für den Fahrer und die Begleitmannschaft im Sommer wenig angenehm, war platzökonomisch von großem Vorteil, denn der Laderaum konnte in der Länge oft um einen Meter und mehr vergrößert werden. Die vom Militärfahrzeug herrührende Verwendung des Vierradantriebes oder einer dritten Achse (Sechsradfahrgestell) machte sich auch bei neuen Wirtschaftsfahrzeugen schwerer Tonnage (ab 4 Tonnen aufwärts) bemerkbar, und die unabhängige Vorderradaufhängung (Geländegängigkeit) eroberte sich alle Einheiten bis 3 Tonnen. Das Streben nach preiswerten Lösungen bei Konstruktionen höherer Leistung war auffallend.

Zur besseren Ausnutzung leichter Traktoren (kleines Reibungsgewicht) wurde wieder auf die nach 1900 begrabene Form des Renard-Krebsantriebes mit Kardanwelle zum Anhänger zurückgegriffen, mittels welchem über ein in der Vorderachse des Anhängers eingebautes Differential seine Vorderräder angetrieben werden (Steyr-Traktor mit Spezialanhänger), weil die Motorleistung des Schleppers vor allem bei Steigung nicht voll ausgenützt werden kann, da er ein zu geringes Reibungsgewicht aufweist. Auch Radantriebe vom Pkw-Bau wurden nun mehr und mehr in Lkw-Konstruktionen verwendet. Die im Lkw angewandten Differentiale glichen, wie schon vor dem Krieg, in ihrer Funktion jenen im Pkw verwendeten. Verändert waren einzig und allein die die Glocke antreibenden Aggregate. So gab es z. B. bei Schwerlastwagen den stirnverzahnten Antrieb und bei Dreiachsfahrzeugen oft den Schneckenradantrieb. Weiters verwendete man Schnellganggetriebe (Sparganggetriebe) und Unterbaufedern. Eine besondere Erleichterung für die Instandhaltung brachte der aus dem Fahrgestell ausziehbare Motor (Panhard-Levassor), eine Bauweise, die in der Folge bei allen Führerhausmotoren Schule machte.

## Kraftfahrzeuge nach dem Krieg

Die Automobile der ersten Baujahre nach dem Krieg waren in ihren Einzelformen als Gattungs- und Typenbegriff und in ihren Normen so weit standardisiert, daß sie leicht kategorisiert werden können.

An den Personenautomobilen schwand das Markenzeichen immer mehr und wurde bald durch die vorherrschende Modelinie übertönt.

Verschwanden schon nach 1930 die Trittbretter an den Wagenseiten, um den Aufbau breiter halten zu können, so zeigten nun auch die Kotflügel allmählich die Tendenz, sich zurückzubilden, bis sie endlich in den Pkw-Modellen des Jahres 1950 in Annäherung an die Stromlinienform fast ganz verschwanden. Die Karosserie wurde nun in ihrem Inneren äußerst geräumig. Breite, sehr bequeme Sitzbänke machten die leidigen Notsitze vollends entbehrlich. Auf diese Art wurde der früher mittelschwere viersitzige Pkw nun zum Fünf- bis Sechssitzer. Eine ganz neue Pkw-Aufbauform stellte der in Amerika entstandene, zum Teil in Holz gehaltene „Station Wagon" dar.

Begrüßenswert waren die Bestrebungen der amerikanischen

Industrie, auch die Nutzfahrzeuge mit gefälligen Aufbauten zu versehen, wobei kleinere Lkw eine den markengleichen Pkw sehr ähnliche Linie aufwiesen.

Bedingt durch die Kriegsfolgen, war eine tiefgreifende Strukturänderung des Kfz-Handels auf dem Weltmarkt, ja sogar auf den einzelnen Binnenmärkten eingetreten, und Import- sowie Exportziffern erfuhren eine Verschiebung.

Die Länder des amerikanischen Kontinents waren die primä-

### 1,5 t HANOMAG-Diesel

Dieser modernste und wirtschaftlichste Schnell-Lastwagen seiner Klasse bewährt sich in wachsender Zahl. Er befördert **ehrliche** 1,5 t Nutzlast in jeder der drei Standardausführungen

**PRITSCHENWAGEN**
1850 kg Tragfähigkeit · Ladefläche: 3,00 x 1,80 m. Auch als hydraulischer Dreiseitenkipper lieferbar

**KOFFERWAGEN**
1650 kg Tragfähigkeit · Innenmaße: 2,79 x 1,80 x 1,45 m. Preiswerter, geschlossener Aufbau vom Fahrerhaus getrennt

**KASTENWAGEN**
1670 kg Tragfähigkeit · Innenmaße: 2,80 x 1,78 x 1,45 m. Glattflächiger, formschöner Aufbau für hohe Ansprüche

Wir liefern ferner Fahrgestelle für Sonderaufbauten

## HANOMAG

ren Abnehmer der USA-Produktion an Pkw und Lkw, da die private Wirtschaft den ganzen Krieg hindurch nicht ausreichend beliefert werden konnte. Der Bedarf wurde 1947 auf 10 Millionen Fahrzeuge geschätzt. Der Export nach den anderen Kontinenten war anfangs dementsprechend gering.

**Links unten:**
**1951 wurde bereits**
**für das Autoradio**
**geworben.**

Die UdSSR hatte ihre Produktion gegenüber jener vor dem Krieg um das Vierfache erhöht und erzeugte außer den bewährten russischen Nutzkraftfahrzeugen unter anderem auch den Personenwagen SISS 110 für den eigenen Markt.

England erzeugte vor allem für den Export, und zwar größere Typen in geringeren Mengen, mittlere und kleine Pkw in Massenproduktion auch für den Inlandsbedarf.

In Frankreich, das vor dem Krieg durch eine uneinheitliche Kraftwagenproduktion (allein 92 Nutzwagenmodelle) gekennzeichnet war, wurden die Autofabriken zum größten Teil verstaatlicht. Das Amt für die französische Automobilindustrie setzte innerhalb des vorgesehenen Fünfjahresplanes die Vielzahl der Baumuster herab und sah im Rahmen dieses Planes eine Produktion von über eine Million Fahrzeugen vor. Im übrigen verhielt es sich ähnlich der englischen Marktlage.

Deutschlands Automobilindustrie bewegte sich vor allem in den von den Alliierten genehmigten Grenzen, die kaum den Inlandsbedarf decken konnten. Dennoch exportierte sie bereits den Volkswagen.

Die Beneluxstaaten, die skandinavischen Länder, die Schweiz und Spanien zeigten im allgemeinen die Marktstruktur von 1938.

Österreichs Kfz-Produktion hatte sich seit dem Winter 1947/48 wieder erholt und erzeugte für Inlandsbedarf und Export eine Reihe erstklassiger Lkw und Omnibusse von 3 bis 6 Tonnen Tragkraft. Der Versuch, kleine und kleinste Pkw im Assembling zu bauen (Gräf & Stift mit Aero-Minor, Steyr mit Fiat 1100 B) sollte importmäßig (Teile) und absatzmäßig (für Eigenbedarf) erst seine Zweckmäßigkeit erweisen. Der große Privatbedarf an Pkw konnte infolge der verminderten Kaufkraft nur mit Klein- und Altwagen einigermaßen gedeckt werden. Dem sehr gefragten Import an mittleren und kleinen Pkw amerikanischer, englischer, französischer und italienischer

**Rechts: Dieser englische Triumph von 1950 mit 2-Liter-Motor war eine schöne Kompromißlösung zwischen konservativer englischer Bauart und moderner Linienführung.**

Herkunft standen große Devisen- und Kompensationsschwierigkeiten entgegen, obwohl eine teilweise Saturierung des Marktes auf diesem Sektor möglich gewesen wäre. Lastwagen

**Links: Der Peugeot 203 stellte 1948 eine interessante neue Fahrzeuggeneration dar. Der fortschrittliche Vierzylindermotor mit 1,3 l Inhalt wies einen halbkugelförmigen Zylinderkopf auf und leistete 42 PS bei 115 km/h.**

**Rechts: Der Peugeot 404 von 1960 fiel durch seine klare Linienführung auf (Mitgestalter Pinin Farina), Vierzylindermotor mit 1600 cm³ und 72 PS bei 142 km/h.**

**Unten: Die Simca Ariane von 1957 war ein stark untermotorisierter großer Wagen mit Vierzylindermotor, 1300 cm³, 52 PS, der als Simca Chambois mit einem Achtzylindermotor mit 84 PS ausgestattet war.**

## Wagen der Mittelklasse

Meist vier- bis fünfsitziger Innenlenker mit allen zeitgemäßen technischen Attributen, Schaltgetriebe, Motor mit 1,5 bis 2,5 l Hubraum, 4 bis 6 Zylinder, n — bis zu 4.500 U/min, 35 bis 60 PS, Gewicht 850 bis 1.200 kg, Benzinverbrauch 9 bis 13 l/100 km. Radstand 3.000 mm, Höchstgeschwindigkeit 125 km/h.

## Wagen der großen Klasse

Vier- bis achtsitzige Pullmanlimousine, vorne Pendelschwingachse, hinten Starrachse, automatisches oder hydraulisches Getriebe, Motor vorn mit einem Hubraum über 2,5 bis 5 l, 6 bis 12 Zylinder, n — bis etwa 3.500 U/min, 90 bis 150 PS, Wagengewicht zirka 1.600 bis 2.000 kg, Benzinverbrauch 15

vom kleinen 0,5-Lieferwagen bis zum 2-Tonnen-Typ wurden bedarfsmäßig gelenkt und meist aus Frankreich und Italien importiert. In groben Umrissen stellte sich der damalige Kraftwagen je nach Kategorie folgendermaßen dar:

# Personenkraftwagen

## Klein- und Kleinstwagen

Zwei bis- viersitziger offener oder geschlossener Pkw. Hubvolumen 0,5 bis 1 l, 2 bis 4 Zylinder, n — zirka 4.000 U/min, 10 bis 20 PS, Gewicht bis 650 kg, Benzinverbrauch 5 bis 7 l/100 km. Radstand zirka 2.100 mm, Höchstgeschwindigkeit 95 km/h.

**Rechts: Aero-Minor von 1950 mit Zweizylinder-Zweitaktmotor, 20 PS bei 3500 U/min, 90 km/h, mit der sehr beliebten Farmerkarosserie.**

**Rechts: Panhard-Levassor von 1950 mit 610 cm³-Zweizylinder-Boxermotor, 28 PS bei 5000 U/min, ein leistungsfähiger französischer Kleinwagen.**

80 bis 150 PS. Kraftstoffverbrauch oft um zirka 30 Prozent höher als gleich große Tourenwagen, Geschwindigkeit um zirka 40 Prozent höher. Höchstgeschwindigkeit bis 235 km/h.

## Lastkraftwagen

Kleinlieferwagen für eine Nutzlast von 350 bis 500 kg auf normalem mittleren Pkw-Fahrgestell als Pritschen- oder Kastenwagen karossiert. Höchstgeschwindigkeit 95 km/h, ansonsten siehe Pkw.

Lieferwagen (Commercial Car) für eine Nutzlast von 750 kg bis 1 t auf stärkerem Fahrgestellrahmen mit größerer Endübersetzung im Achsenantrieb, Motorgetriebeblock und sonstiges vom mittleren Pkw übernommen. Radstand 3.200 bis 3.500 mm, Höchstgeschwindigkeit 75 km/h.

Leichtlastwagen (Camions) für eine Nutzlast von 1,5, 2 und 2,5 Tonnen, von Grund auf als Lkw gebaut, meist Vierzylinder-Benzinmotor mit 30 bis 50 PS, als Pritschenwagen mit getrenntem Führerhaus. Radstand 3.200 bis 3.500 mm, Höchstgeschwindigkeit 70 km/h.

Mittelschwere Lastwagen für eine Nutzlast von 3, 3,5 und 4 (4,5) t, Niederrahmen als Omnibus für 22 bis 36 Sitzplätze, Motor meist teilweise in das Führerhaus eingebaut. Das 4,5-t Fahrgestell diente auch für Trambusse, wahlweise Vierradantrieb. Meist Sechszylinder-Benzinmotor oder Vierzylinder-Dieselmotor, Leistung 65 bis 90 PS, Radstand 3.800 bis 4.200 mm, Höchstgeschwindigkeit 70 km/h.

Schwerlastwagen für eine Nutzlast von 5 bis 10 t, fast immer im Zug mit Anhängern (maximale Nutzlast des ganzen Zuges 25 t), manchmal mit zwei angetriebenen Achsen, Motor vor die Vorderachse verlegt, Rahmenlänge von 8.000 bis 10.000 mm, 5- oder 6-Tonnen-Fahrgestell als Niederrahmen für Großomnibusse für maximal 60 Personen, Reisecars und Trambusse in Großstädten. 6- oder V-8-, bzw. V-12-Zylinder Dieselmotor, luft- oder wassergekühlt, 90 bis 180 PS Leistung Radstand 4.000 bis 5.000, bei Sechsrad-(Dreiachs-)Wagen auch 6.000 mm, Höchstgeschwindigkeit bis zu 60 km/h, Riesenluftreifen.

**Austin A-40 wurden 1953 auch in Japan gebaut.**

**Unten: Der Citroën 15-Six von 1954 war an den Hinterrädern bereits mit einer hydropneumatischen Federung mit konstanter Bodenfreiheit ausgestattet.**

bis 22 l/100 km, Radstand 3.100 bis 3.400 mm, Höchstgeschwindigkeit 135 bis 150 km/h.

## Sportwagen

Sportwagen können Wagen aller drei Klassen sein. Sie sind stromlinig als Roadster oder Cabriolets karossiert, mit auf Hochleistung gebrachten Motoren versehen (größere oder Doppelventile, zwei Kerzen pro Zylinder für Doppelzündung, 2 bis 3 Vergaser, jene der Schwerklasse mit Kompressoren). Hubvolumen 1,5 bis 3,5 l, 6 bis 12 Zylinder, n — bis zu 6.000 U/min,

# Konsolidierung der Autoindustrie

Es wäre ein großer Irrtum, anzunehmen, daß nun jede Firma die sich in die Produktion von Automobilen stürzte, auch bereits Erfolg hatte. Weit gefehlt! In den folgenden Jahren

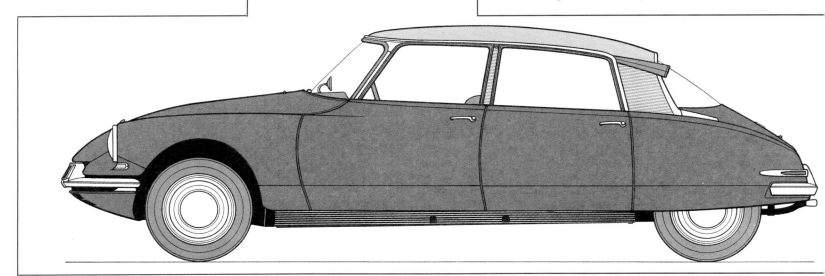

erfuhr die Autoindustrie in Europa und den USA grundlegende Umwälzungen. Alte große Marken mit bestem Namen etwa mußten für immer abtreten, denn die Spitzenautos der zwanziger- und dreißiger Jahre paßten nicht mehr in die neue Zeit. Aber auch andere, vor dem Krieg gefragte traditionelle Marken waren bald in den neuen beliebten Automobilausstellungen nicht mehr präsent. Sie wurden durch Zusammenschlüsse Teil einer Markengruppe, gingen in einer anderen Marke auf oder auch ganz einfach an finanziellen Schwierigkeiten bzw. einer technischen Fehlspekulation zugrunde. Aber auch einfallsreiche Konstrukteure mit revolutionierenden Ideen hatten es schwer. Der Käufer setzte aus gutem Grund auf das Bewährte, denn wenn bei Rohstoffproblemen

und zu wenig Erfahrung in der Produktion neue Typen auf die Räder gestellt werden sollten, dann endete das häufig mit der Enttäuschung der Fahrzeugbenützer, da sie — ähnlich wie in der Pionierzeit — gleichsam automatisch in die Entwicklungsarbeit mit einbezogen wurden. Es waren Umwälzungen, die schmerzhafte, vielfach auch ungerechtfertigte Zäsuren setzten, aber was letzten Endes blieb, das hatte nicht nur Bestand, sondern auch Erfolg.

**Ganz oben:** Der Super Convertible von 1954 brachte Buick große Produktionserfolge.

**Links oben:** Der Cadillac von 1948 propagierte an Raketen erinnernde Schwanzflossen, die viele Jahre in Mode bleiben sollten.

Cadillac

**Oben:** Cadillac von 1953, ein vielgefahrenes Fahrzeug mit damals typischer Vorderfront.

**Links:** Mercury-Limousine von 1951 mit Kühlergrill im typischen „Juke-Box-Stil", 4,2 Liter-V8-Motor mit 110 PS.

## Citroën DS 19

Linke Seite Mitte und unten:
1955/56 stellte der Citroën DS 19 mit Frontantrieb eine echte Sensation dar: aerodynamische Formgebung, Wegfall des Kühlergrills, hydro-pneumatische Federung mit Höhenausgleich, Getriebe, Kupplung, Lenkung und Bremsen werden durch Servo-Aggregate betätigt. Vorderräder erstmals mit Scheibenbremsen ausgestattet, zwei unabhängige Bremskreise, automatischer, lastgesteuerter Bremskraftverteiler usw. Vierzylinder-1911 cm³-Motor mit 70 PS, 140 km/h, Kraftstoffverbrauch 10 Liter/100 km.

FOR 1957
*Newest Buick Yet*

S-C 5684

**Links Mitte:** Der Mercedes-Benz 300 SE von 1965 war mit einem 3-Liter-Einspritzmotor ausgestattet, der 170 PS bei 5400 U/min leistete.

**Ganz oben:** Mercedes-Benz 300 SEL von 1968 mit 6,3-Liter-Motor war eine der leistungsfähigsten Limousinen der Welt.

**Links:** Der BMW 502 von 1959 besaß einen 3,2-Liter-Motor mit 120 PS bei 4800 U/min, 170 km/h Spitze.

**Oben:** Der Mercedes-Benz 600 Pullmann von 1964 mit 6,3-Liter-Motor, 250 PS und 225 km/h Spitze war ein Repräsentationsfahrzeug für viele Präsidenten und Regierungschefs.

**Rechte Seite Mitte außen:** Rolls-Royce Phantom V Seven Passenger, Limousine von 1966 mit 6,2-Liter-Motor und 165 km/h Spitze.

Rechts:
Jaguar XJ6 von
1968 (Daimler) mit
2,8 oder 4,2-Liter-
Sechszylindermotor
mit 149 bzw.
186 PS fuhr 190
bzw. 204 km/h
Spitze. Er galt als
eines der besten
Autos der Welt.

Da und dort gab es zwar eine Neugründung, aber einen überragenden Erfolg kündigte die am östlichen Horizont langsam heraufsteigende rote Sonne der Japaner an, die um 1960 mit zehn Marken auf dem Markt waren, von denen allerdings nur sechs überlebten.

1950 produzierte Deutschland insgesamt 220.000, 1960 an die 2 Millionen Fahrzeuge und wurde international zum erfolgreichsten Hersteller. Frankreich erzeugte 1950 257.000 gegenüber 1,2 Millionen Fahrzeugen im Jahr 1960, während die USA im Schnitt gleichbleibend 6,6 Millionen herstellten und Japan von 1.600 auf 165.000 anstieg. Bereits 1960 hatte sich demnach die Tendenz für die danach folgende Zeit mit erstaunlicher Präzision manifestiert.

Ganz oben: Jaguar
Type E von 1962
mit 3,8 Liter-Motor
und 240 km/h.

Oben: Pontiac GTO,
Amerikas erstes
„Musclecar" von
1968 mit 6,5-Liter-
Motor und
200 km/h Spitze.

Rechts: Der Trans
Am von Pontiac —
hier von 1978 —
galt als das gelungenste amerikanische Coupé.
Mit dem 6,6-Liter-
V8-Motor mit
330 PS erreichte
er 196 km/h.

# Entwicklungstendenzen

Während die Überwindung der ärgsten Schwierigkeiten nach dem Krieg in Deutschland 1952 bereits zur Herstellung von über 40 verschiedenen Personen- und Kombinationswagen in Großserie führte, die kontinuierlich verbessert wurden, zeigte sich in Amerika geradezu eine Ausstattungssucht, die die an Größe zunehmenden »Straßenkreuzer« zu chromblitzenden Superfahrzeugen machte. Die Steigerung der Motorleistung diente dort vor allem der Erhöhung des Fahrkomforts, also weniger der Steigerung der Höchstgeschwindigkeit, sondern der besseren Beschleunigung und ausreichenden Versorgung der Nebengeräte, die dem Fahrkomfort dienten. Die Leistungssteigerung war ebenso staunenswert wie die Absenkung des Leistungsgewichtes, das bis 1957 halbiert wurde. Trotz drei- bis vierfachen Hubvolumens lag die spezifische Leistung (PS pro Liter) dort höher als jene der deutschen Wagen. Das spezifische Drehmoment stieg ab 1953 ebenso an wie das Verdichtungsverhältnis der Motoren, was auf die angebotenen Superkraftstoffe zurückzuführen war. Mit Hilfe von Doppel- und Vierfachvergasern war man um bessere Gemischverteilung bemüht, und Stufenvergaser sollten einen wirtschaftlicheren Teillastbereich ermöglichen.

Die Benzineinspritzung (Gutbrod und Goliath) verlor in Deutschland wieder an Boden und blieb dem sportlichen Einsatz vorbehalten. In Amerika aber wurden bald Serienmotoren damit ausgerüstet.

Allgemein tendierte man zum kurzhubigeren Motor und der deutsche Zweitakter mußte immer mehr dem Viertakter weichen. Vierzylinder- und Sechszylindermotoren, in Deutschland in der Mittelklasse bevorzugt, wurden in Amerika immer mehr durch den Achtzylinder-V-Motor ersetzt.

Der Erfolg der unablässigen Entwicklungsarbeit waren schnellere, wendigere und dabei zuverlässigere Fahrzeuge denn je. Während die Kunststoffkarosserie anfangs als Sensation gewertet wurde, erkannte man bald, daß sie besser dem teilweisen Einsatz etwa bei Türen, der Motorhaube usw. sowie der Einzelfertigung ganzer Karosserien vorbehalten bleiben sollte. Umso wichtiger erwies sich die selbsttragende Ganzstahlkarosserie.

Immer größere Aufmerksamkeit wurde schließlich der Fahrsicherheit und dem Fahrkomfort gewidmet, weshalb man unter

Oben:
1940 war Grahams „Sharknose" sehr gefragt, dessen eigentliche Bezeichnung „Spirit of Motion" lautete.

Heckpartie des DeSoto Fireflite von 1957.

# Traditionsverlust durch neues Styling im Automobilbau nach 1945

Nach dem zweiten Weltkrieg war das dominierende Automobilland der Welt natürlich Nordamerika. Seine Industrie war von jeder Zerstörung verschont und durch die Rüstung voll leistungsfähig geblieben. Sie bestimmte vor allem die neue Optik, die mit der traditionellen Linie der Vorkriegsmodelle endgültig brach. Diesem Trend konnte sich auch die europäische Autoindustrie nicht verschließen, obwohl dadurch vielfach auf wichtige Qualitätsmerkmale verzichtet werden mußte.
Die Modelle auf dieser Seite vermitteln einen konzentrierten Überblick über die Erneuerungstendenz und Aufbruchstimmung auch im Automobilbau.

**Porsche Sportwagen, 40 PS, 1947**

ZEICHNUNGEN 1987 ING. ALFRED BUBERL

**Oben links:**
**Tucker Torpedo, 1948**
**Darunter: Panhard Levassor, 1949**
**Rechts oben: Buick 50, 1946**
**Darunter: Packard, 160 PS, 1948**
**Rechts: Lancia Sport, 1956**

**Links: Triumph 1800, Roadstar, 1947**
**Darunter: Tatraplan, 1949**
**Rechts Mitte: Pontiac de Luxe Streamliner, Station Wagon, 1946**
**Darunter: Hudson Commodore, 1948**
**Rechts unten: Triumph 1800, 1947**
**Unten Mitte: Siss-110, 1948**

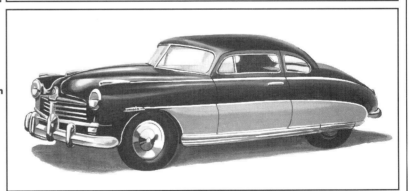

Der Ambassador von 1946 zeigte bereits die Charakteristik der amerikanischen Nachkriegskarosserie, dennoch wies er immer noch eine geteilte und damit sichtbehindernde Windschutzscheibe mit relativ kleinem Blickfeld und großem toten Winkel auf.

Um den sichtbehindernden toten Winkel der dachtragenden Konstruktionselemente zu verringern, wurde vor allem bei den amerikanischen Fahrzeugen früh die Windschutzscheibe gewölbt und als Panoramascheibe immer mehr nach hinten gezogen. Diese Konstruktionsüberlegungen waren verkaufstechnisch begründet. Der Sichtwinkel wurde letztlich nicht besser, sondern verschob sich nur.

Links unten: Bei den Heckscheiben verlief die Entwicklung ähnlich wie bei den Windschutzscheiben.

Ganz unten: Die beim VW Golf verwendete Heckscheibe mit Scheibenwischer entspricht dem heutigen Standard mit gerader Heckpartie.

anderem der Federung viel Entwicklungsarbeit angedeihen ließ und sogar bereits an den Einsatz der Elektronik dachte, um den Wagen stets parallel zur Fahrbahn halten zu können. Auch die Bremsen standen im Mittelpunkt des Interesses und mit ihnen die Reifen, die bald eine rasante Sonderentwicklung erfahren sollten.

Die Instrumentierung war vielfältig, aber mitunter schöner als genau.

## Karosserie und Innenraumgestaltung

War man bereits wenige Jahre vor dem zweiten Weltkrieg der Realisierung der Stromlinie zaghaft nähergetreten, wobei die letzten deutschen Weltrekordwagen weit vorausgriffen, so machte man nun international an die Forderungen der Aerodynamik gewisse Konzessionen.

Die Ähnlichkeit der einzelnen Autotypen nahm erstmals zu, obwohl sie von den Konkurrenzprodukten jeweils immer noch auffallend abwichen. Die Firmenlinie stellte einst ein unverwechselbares Markenzeichen dar, bis sie dann dank der immer

besseren Straßen (Autobahnen) und damit ständig steigenden Fahrgeschwindigkeiten allmählich untereinander eine gewisse optische Angleichung erfuhr.

Die amerikanische Autoindustrie war nach dem Krieg

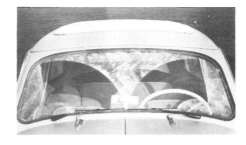

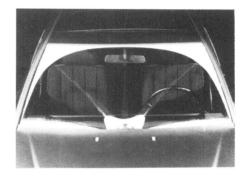

bestrebt, der Aerodynamik bei ihren riesigen Fahrzeugkonstruktionen, die nicht umsonst als „Schlachtschiffe" und
„Straßenkreuzer" bezeichnet wurden, durch die Pontonform
wenigstens annähernd zu entsprechen. Um aber nicht auf wichtige Kaufanreize verzichten zu müssen, versuchte sie, diesen
Fahrzeugen durch einfallsreiche Details, die nicht gerade direkt
gegen die Stromlinienform verstießen, eine interessante Optik
zu vermitteln. Das Ergebnis waren die in den sechziger Jahren
zunehmend hypertrophierten Heckflossen der amerikanischen Erzeugnisse. Die Industrie versuchte sie anfangs dadurch
zu begründen, daß die Parkraumnot zunehme und damit das
Einparken immer schwieriger würde, weil der Fahrer — nicht
zuletzt aufgrund der übermäßig langen Fahrzeuge — den
Überblick über die Heckpartie verliere. Die angehobenen bis
flügelartigen Heckflossen sollten hier Abhilfe schaffen. Tatsächlich verhalf die oft bizarre Gestaltung der Heckpartie
diesen Straßenkreuzern nicht zuletzt zu einem typenbezoge-
nen Aussehen, das noch durch ein auffälliges, überdimensio-
niertes, ja schwülstiges Kühlerdesigne verstärkt wurde.
Eine der ersten europäischen Firmen, die serienmäßig von den

aufgesetzten Kotblechen und Trittbrettern abging und eine
eher vorsichtige Pontonkarosserie herausbrachte, war die
Firma Borgward. Diese grundsätzliche Karosserieform wurde
in der Folge auch von anderen Firmen viele Jahre weiterentwickelt, stilisiert und aerodynamisch modifiziert. Ledwinka
hatte bereits vor dem Krieg eine ähnliche Karosserieform beim
Tatraplan verwirklicht und dort auch die Trittbretter erstmals
weggelassen, die nun durch die niedrigere Bauweise in Verbindung mit den geforderten Stromlinienmerkmalen sinnlos
geworden waren. Und hier kann man wieder einmal über das
Phänomen VW-Käfer staunen, dieses meistgebauten Automobils der Welt überhaupt, bei dem man sich bis in die frühen
siebziger Jahre weder von den geraden Windschutzscheiben
noch von abgesetzten Kotblechen oder den mehr als 50 Jahre
überflüssigen Trittbrettern trennte.
Die Entwicklung der Form der eigentlichen Nachkriegskarosserie führte bei einer ganzen Reihe von Automobilfabriken
vorerst zu typischen Übergangslösungen, da man einerseits

nicht bereit war, schlagartig auf die alten, meist sehr firmentypischen Formen zu verzichten, sich aber andererseits bei der nunmehr erkannten, sehr zweckmäßigen Formgebung noch gewisse Unsicherheiten zeigten. Überdies befürchtete man, durch den Verzicht auf das lange Zeit typischeste Markenzeichen, die individuelle Karosseriegestaltung, den Geschmack des Publikums zu sehr zu strapazieren.

Selbst VW brachte mit seiner ersten Neukonstruktion neben dem Käfer, der 1962 geschaffenen Volkswagen-Limousine, ein Fahrzeug mit Pontonform heraus, das von der Optik her viele Wünsche offen ließ. In einem Gespräch mit VW-Exponenten über die etwas problematische Formgebung wurde deutlich, wie sehr man sich darüber im klaren war, daß das Fahrzeug noch manche gestalterische Möglichkeiten offen lasse und sich erst in einiger Zeit wesentlich ausgereifter zeigen werde.
Jene Firmen also, die ihre neuen Pontonkarosserien rasch auf den Markt brachten, wie etwa Borgward usw., riskierten aufgrund konstruktiver Schnellschüsse eine gewisse optische Unausgewogenheit, was bei manchen Autos aber auch entwicklungsbedingt war.

Hatten sich in dieser Entwicklungsrichtung die Wogen allmählich beruhigt und man zu gefälligen Formgebungen gefunden, so trat Anfang der siebziger Jahre ein Ereignis ein, das die Autoindustrie zu einem völligen Umdenken zwang. Wiesen bis zur Energiekrise 1973 die einzelnen Typen bei der Karosserie immer noch gewisse Markenmerkmale auf, so folgte bald eine geradezu vollständige Unterwerfung unter das Gesetz der Aerodynamik, um konkurrenzfähig zu bleiben, obwohl dabei zum Leidwesen der Autoindustrie die Individualität ihrer Erzeugnisse größtenteils auf der Strecke blieb.

Ein nicht ohne weiteres zu lösendes Problem stellt sich der Fahrzeugindustrie heute deshalb mit der geradezu ins Profillose abgleitenden Formgebung ihrer Fahrzeuge. Die Reaktion auf die berechtigten Energie- und Umweltforderungen hat vielfach zur Realisierung der kompromißlosen Stromlinienform geführt, was auch vom technischen, wissenschaftlichen und wirtschaftlichen Standpunkt völlig in Ordnung ist. Das Auto hat sich möglichst optimal den physikalischen Notwendigkeiten einzugliedern, und auch von der Optik her gesehen ist die ideale Stromlinie das erstrebenswerte Ziel jeglicher Fahrzeugkonstruktion. Nur bedeutet das auch, daß die verschiedenen Marken und Typen einander immer ähnlicher werden müssen, denn es gibt keine Firmenstromlinie, sondern ausschließlich eine physikalisch bedingte Stromlinienführung, der sich sämtliche Produkte zu unterwerfen haben. Jede Bestrebung nach Individualität muß hier zu einer Verschlechterung des Endprodukts führen, wodurch auch die oft bereits bestechenden Ein-

Rechts: Der Ford Taunus 12M mit Pontonkarosserie war ein gern gefahrener Wagen der kleineren Mittelklasse, der für den Autobau der Jahre 1952 bis 1958 typisch war. Der Vierzylinder-1,2-Liter-Motor leistete bei 34 PS und 4200 U/min 95 km/h Spitze.

Der Opel Olympia Caravan von 1954 stellte eine der ersten brauchbaren Kombilösungen dar, wobei der Vierzylinder-1,5-Liter-Motor 40 PS bei 3800 U/min leistete, 118 km/h Spitze.

Linke Seite: Anhand der Mercedes-Benz-Typen 170 S-V, 220, 180 und S-Klasse läßt sich die schrittweise optische

Entwicklung der Karosserieformen von 1951 bis 1990 erkennen, wobei hier die Modetrends nie überbewertet wurden.

Unten: Ein geradezu mörderisches Zubehör war die Scheinwerferblende, die angeblich die Blendung reduzieren sollte, bei kleinen Verkehrsunfällen jedoch bereits schwerste Verletzungen verursachen konnte.

Links: Beim DKW Junior von 1960 war diese Vorrichtung in stark gemilderter Form Teil der Serienausführung.

Rechts oben: Offene Cabriolimousine Goliath GP 700.

Rechts: Der Borgward Hansa 1500 von 1950 galt als einer der schönsten deutschen Wagen der Nachkriegszeit. Dieses bequeme Mittelklassefahrzeug war ein Vierzylinder mit 48 PS bei 4000 U/min und 121 km/h Spitze.

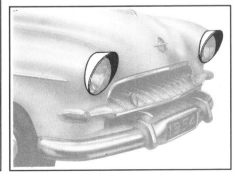

Dabei waren überspitzte Gestaltungssorgen den europäischen Fahrzeugherstellern vor 1973 eher unbekannt. So wiesen etwa die Windschutzscheiben bis Mitte der fünfziger Jahre Mittelstege auf, die bei den damals noch durchwegs planen Frontscheiben einen aus aerodynamischen Gründen wünschenswerten, bugförmigen Knick ermöglichten. Allmählich wurden diese sichtbehindernden Mittelstücke zu Recht als sehr lästig empfunden und man ging zu den allerdings wesentlich teureren und produktionsaufwendigeren gewölbten Scheiben über, die in Amerika propagiert wurden, was damals starke Kaufan-

Unten: Beförderungseinrichtungen und Instrumentierung entwickelten sich kontinuierlich in Richtung besserer Handhabung, Übersichtlichkeit und Information, waren aber auch modebedingt, wie etwa die technisch wenig sinnvolle, jahrelang dominierende Lenkradschaltung. Sie wich nach einigen Jahren wieder der heute allgemeinen Knüppelschaltung. War die Instrumentierung vor dem Krieg spartanisch, so wurde sie nach 1945 in Amerika hypertrophiert und erfuhr erst allmählich wieder eine Versachlichung. Anstelle der bezeigerten Rundinstrumente trat später zunehmend die Digitalanzeige.

Links unten: Borgward Hansa 1500 um 1950.

Unten: Fiat Uno turbo i.e. bereits mit Digitalanzeige.

Rechte Seite oben außen: Opel Rekord von 1982.

Darunter: Citroën CX Serie 2 von 1986.

Armaturenbrett des Morris Mini mit zentral angeordneter Instrumentierung.

Unten: 50 Jahre BMW-Limousinen: Diese Reihe vermittelt die stete Abnahme der Bauhöhe. Der Dixi aus der Zwischenkriegszeit war noch 1600 mm hoch, der 197 PS starke BMW 733i am Ende nur mehr 1430 mm.

sparungen beim Kraftstoffverbrauch, die zu einem nicht geringen Teil auf die weitreichende Windschlüpfigkeit der Karosserie zurückzuführen sind, Einbußen erleiden müßten. Wie von der Autoindustrie bereits angekündigt, wird sich in Zukunft ein Kompromiß in Richtung individuellerer Fahrzeuggestaltung anbahnen, obwohl es kaum möglich sein dürfte, abermals eine ähnlich unverwechselbare Optik wie früher zu erreichen.

1929—1931
Vierzylinder, 748 cm³, 3/15 PS/3000 U/min, 6 l/100 km, 75 km/h, 535 kg/800 kg.

1933—1934
Sechszylinder, 1173 cm³, 30 PS/4000 U/min, 10 l/100 km, 90 km/h, 820 kg/1270 kg.

1936—1941
Sechszylinder, 1971 cm³, 50 PS/3750 U/min, 12,5 l/100 km, 115 km/h, 1125 kg/1700 kg.

reize für damit ausgestattete Produkte scchuf. Wie jedoch bei solchen Neuerscheinungen oftmals, schoß man in den USA sehr bald über das Ziel hinaus und wollte nun diese gewölbten Scheiben immer noch „sichtfreundlicher" und verkaufswirksamer gestalten, indem sie verschiedentlich zu sogenannten „Panoramascheiben" hypertrophiert wurden. Die Begründung für diese recht eigenwillige Entwicklung war, daß damit der tote Sichtwinkel stark verringert würde, was natürlich nicht stimmte, da er nur eine seitliche Verschiebung erfuhr, die unter Umständen die Sichtbehinderung sogar noch verschärfte.

Aber auch die Panoramascheibe hatte nur ein relativ kurzes Leben, da sie nicht nur teuer war, sondern auch eine recht komplizierte Türenkonstruktion erforderte und allmählich auch bei der Karosseriegestaltung optisch nicht sehr befriedigte.

**1954—1961**
V8-Zylinder, 2580 cm³,
80,9 kW/110/PS/4800 U/min,
14,5 l/100 km, 160 km/h,
1440 kg/1900 kg.

**1971—1975**
Vierzylinder, 1766 cm³,
66 kW/90/PS/5800 U/min,
12 l/100 km, 167 km/h,
980 kg/1370 kg.

**1976—1979**
Sechszylinder, 2310 cm³,
145 kW/197/PS/5500 U/min,
11,8 l/100 km, 204 km/h,
1620 kg/2070 kg.

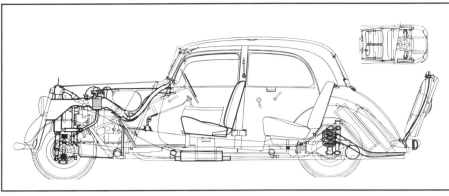

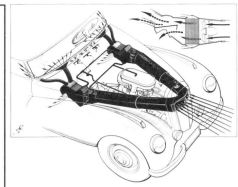

Schließlich ging man zu mäßig gewölbten Scheiben über, die auch heute noch Verwendung finden.

Von den kleinen und kleinsten Heckscheiben mußte man sich allein schon aus Gründen der insbesondere in den Städten immer schwieriger werdenden Parksituation trennen und tauschte sie gegen zunehmend größere, bis sie fast die gleichen Dimensionen aufwiesen wie die Windschutzscheiben, was heute als Stand der Technik bezeichnet werden kann und eine wichtige

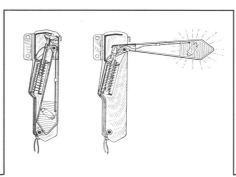

Eingeklappter und ausgefahrener Winker, wie er bis nach dem Krieg in Europa in Verwendung stand.

Links: Scheinwerfererprobung im Bosch-Lichtversuchskanal.

Unten:
Als der Winker überholt war und durch Blinker ersetzt wurde, gab etwa Opel Zeichnungen heraus, die die Wirkungsweise der ungewohnten Blinkleuchten und ihre unmißverständliche Signalwirkung deutlich machten.

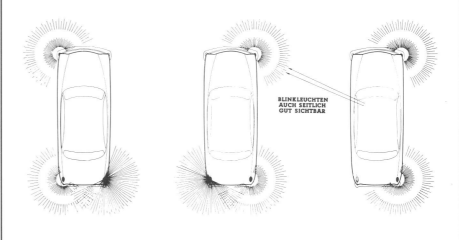

BLINKLEUCHTEN
AUCH SEITLICH
GUT SICHTBAR

Voraussetzung für möglichst gute Sicht nach allen Seiten und exaktes Einparken darstellt.

In Richtung Verbesserung der Sichtverhältnisse wurde demnach viel getan. Richtige und falsche Überlegungen wurden mehrfach durchexerziert, bis sich sinnvolle und geschmacklich vertretbare Lösungen einpendelten. Dennoch war man etwa in der Nachkriegszeit immer noch nicht so weit, die beheizte Windschutzscheibe als unabdingbar zu betrachten. Erst all-

Oben: Ford hat sich früh mit aerodynamischer Formgebung auseinandergesetzt und gelangte zu optisch entsprechenden Formen, was nicht jedem Hersteller gelang. Hier der Ford Taunus 17M von 1964 mit Vierzylindermotor, 60 PS, 1500 cm³ bei 4500 U/min, 140 km/h Spitze (Front und Heck).

Links und rechts: Scheinwerferanordnungen bei Ford 1953, Opel 1958, Ford 1964 und Porsche 1987 (klappbar).

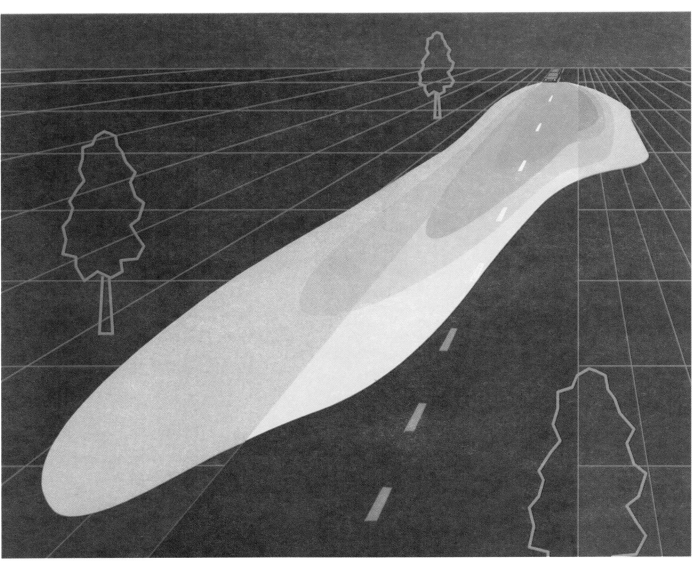

Diese Grafik von Bosch verdeutlicht die wesentlich verbesserte Sicht bei asymmetrischem Licht gegenüber der früher üblichen symmetrischen Lichtführung. Bei besserer Ausleuchtung der Straße wurde eine starkc Reduzierung der Blendgefahr für entgegenkommende Fahrer erreicht, was besonders heute wichtig ist, da im Fernverkehr zu 90 Prozent mit Abblendlicht gefahren werden muß.

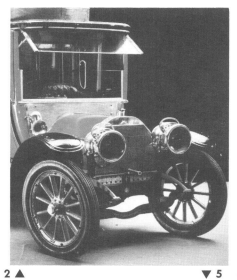

Links:
Das „Gesicht" eines Autos wurde nicht zuletzt durch die Scheinwerfer geprägt. Anhand dieser 6 Bilder wird die Entwicklung — bei größeren Entwicklungsabständen — klar:
1. Ford-Modell A von 1903,
2. Mercedes Simplex von 1907,
3. Steyr VII von 1925,
4. Steyr 100 von 1938,
5. Steyr Puch 500 von 1957 und
6. Citroën von 1989 (von links nach rechts).

1 ▲   ▼ 4   2 ▲   ▼ 5   3 ▲   ▼ 6

mählich wurden die Frontscheiben mit vom Motor über ein eigenes Leitsystem zugeführter Warmluft beheizt, während man auf oder in der Heckscheibe elektrische Widerstände vorsah, die sie endlich beschlagfrei hielten.

## Beleuchtung

Für die immer noch relativ niedrigen Geschwindigkeiten, die bis in die sechziger Jahre gefahren wurden, reichten die üblichen Scheinwerfer, die mit Glühbirnen ausgestattet waren, aus. Mit dem Ansteigen der Fahrgeschwindigkeiten und dem zunehmenden Verkehr ganz allgemein ergab sich jedoch

Die Zubehörindustrie nahm sich dieses Problems intensiv an, vor allem Bosch, welche Firma sich mit Beleuchtungsproblemen von Anbeginn auseinandergesetzt hatte. Aber auch andere Firmen dieses Sektors mit internationalem Namen haben hier Maßstäbe gesetzt.

Die Beseitigung der Beleuchtungsprobleme ging vor allem in Richtung eines besseren Abblendlichts. Das Ergebnis war das asymmetrische Abblendlicht, bei dem der rechte Straßenrand mit einem weit nach vorn reichenden Leuchtkegel (Leuchtfinger) ausgeleuchtet wird, wodurch die Blendgefahr reduziert, die Sichtverhältnisse aber wesentlich verbessert wurden.

Weitere Fortschritte bei den Beleuchtungsverhältnissen er-

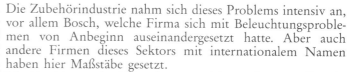

**Oben: Heckleuchte des Citroën 15-Six von 1947.**

**Mit zunehmendem Verkehrssicherheitsbewußtsein, das bis in die sechziger Jahre — begünstigt durch den geringen Verkehr — zu wünschen übrig ließ, haben auch die Heckleuchten an Größe zugenommen.**

**Links Bremslichter des Mercedes 170 von 1953,**

**rechts des Lloyd 400 von 1955,**

**links des Borgward Hansa 1500 von 1955,**

**und rechts: Der Käfer wies die relativ kleinen kombinierten Brems- und Blinkleuchten bis zur letzten Ausführung von 1985 auf.**

immer häufiger die unerfreuliche Situation, daß durch den permanenten Gegenverkehr, dem die Lenker ausgesetzt waren, ein Fahren mit aufgeblendetem Scheinwerfer so gut wie unmöglich wurde, und dies selbst auf Autobahnen, wo sie nicht direkt mit dem Gegenverkehr konfrontiert waren. Das entsprach allein schon dadurch nicht mehr den Verkehrserfordernissen, weil der Vordermann durch die aufgeblendeten Scheinwerfer durch die größer gewordenen Heckscheiben hindurch über den eigenen Rückspiegel geblendet wurde. Selbst abblendbare Rückspiegel brachten keine optimale Lösung. Es wurde also auch auf den Autobahnen bei sehr hohen Geschwindigkeiten mit abgeblendetem Licht gefahren.

**Heute übliche Front- und Heckbeleuchtung, die hier durch den Porsche 945 S von 1986/87 dokumentiert wird.**

reichte man mit der Einführung des Halogenlichts. Es gab eine Zeit, in der der Umbau auf diese Halogenscheinwerfer nur aufgrund einer ausdrücklichen Genehmigung durch die Behörde möglich war, während sie nun schon lange Stand der Technik ist. Nachdem gerade auf den Autobahnen Auffahrunfälle bei starkem Nebel immer häufiger wurden, weil die Heckbeleuchtung durch den sich Annähernden einfach nicht immer rechtzeitig zu erkennen und ein Auffahren dann nicht mehr zu vermeiden war, konnte man im Zubehörhandel etwa ab der gleichen Zeit zusätzliche Nebelschlußleuchten erwerben und einbauen lassen, die bei Nebel, Schneetreiben und extremem Regen eingeschaltet wurden und durch rechtzeitige Signali-

**Links oben:** Der kleine Lloyd 400 von 1955 wies eine praktische Hecktür zur Beladung des Fahrzeuges auf und war für damalige Begriffe ein Raumwunder.

**Oben:** Um Gepäckraum, Gewicht und Kraftstoff zu sparen, werden heute Reserveräder als Noträder so schlank wie möglich gehalten.

**Rechts oben:** Moderne Kofferraumerweiterung durch variables Umlegen der Rücklehnen beim Mitsubishi Colt von 1988.

**Links:** Kofferraum des Mercedes 170 S-V von 1953, für heutige Begriffe völlig unzureichend.

**Links:** Kofferraum des Ford Taunus 12M von 1953: Immer noch zu klein, aber bereits etwas günstiger in der Raumgestaltung.

**Links unten:** Bereits günstigere Kofferraumgestaltung beim Mercedes 180 von 1953.

**Rechts:** Heute stellt der VW-Golf ein wahres Raumwunder dar und ist durch verschieden klappbare Rücklehnen von 5 über 4, 3 und 2 Sitzen fast bis zum Kleinlaster umzugestalten.

sierung des Hintermannes die Auffahrgefahr stark verminderten und damit die Sicherheit erhöhten. Inzwischen sind auch die Nebelschlußleuchten in den Serienwagenbau eingegangen und stellen einen fixen Bestandteil der Fahrzeugkonstruktion dar. Bereichert wird diese Ausstattung seit einigen Jahren durch gleichfalls serienmäßige Rückfahrscheinwerfer, die beim Schalten des Retourganges automatisch den Raum hinter dem Fahrzeug ausleuchten.

## Bedienungseinrichtungen

Aber nicht nur rein äußerlich erfuhren die Autos grundlegende Veränderungen, auch hinsichtlich der Bedienungseinrichtungen und Überwachungsinstrumente fand eine Neuorientierung statt.

So propagierte man in Amerika in den fünfziger Jahren die Lenkradschaltung als logische Folge der großen Fahrzeugkonstruktionen, in denen nun leicht vorn und hinten auf den meist durchgehenden Sitzbänken je drei Personen Platz fanden. Daraus ergab sich, daß vorn aber nur dann drei Personen

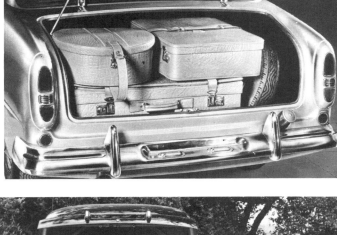

**Renault Espace von 1990 mit Vierzylinder-2,2-Liter-Motor, 79 kW (108 PS) bei 5000 U/min, Spitze 170 km/h.**

Immer noch wird der Komfort gesteigert. Heute ist eine fortschrittliche Konstruktion für den Personentransport ebenso wie für kurzfristige Wohn- und Arbeitsmöglichkeiten

nebeneinander sitzen konnten, wenn der gewöhnlich in der Mitte angeordnete Schalthebel nicht im Wege war. Man nahm also den Schalthebel aus der Mitte des Fahrzeuges heraus und beorderte ihn unter Anwendung einer ganzen Reihe von anfälligen Übertragungsgelenken an die Lenksäule unterhalb des Lenkrades. Diese wesentliche Verkomplizierung einer jahrzehntelang erprobten technischen Einrichtung, wie sie der Mittelschalthebel darstellt, wurde im Interesse des erhöhten Platzangebots in Kauf genommen. Interessanterweise wurde diese Notlösung zu einer Art Modeerscheinung und vielfach auch dort angewendet, wo sie völlig sinnlos und in der Bedienung unbequemer war als der Mittelschalthebel, nämlich bei den nach wie vor zweigeteilten Vordersitzen der kleineren europäischen Wagen. Man übernahm die wesentlich aufwendigere Schalthebelanordnung unter dem Lenkrad. Bald setzte auch der Zubehörhandel ein und bot nachträglich einzubauende Lenkradschaltungen an. Nach entsprechenden Erfahrungen mit dieser Konstruktion kam man davon relativ bald wieder ab.

Bis weit in die sechziger Jahre wurden die Überwachungsinstrumente in der Mitte des Armaturenbretts angeordnet. Uner-

(konferenztauglich) und letztlich bei entsprechend variabler Umgestaltung auch für Gütertransport geeignet.

Rechts:
Dieser Toyota von 1985 repräsentiert teilweise bis heute den Stand der Möglichkeiten hinsichtlich Personen- ebenso wie kombinierter Güterbeförderung.

Schon immer hatte das Rad starken Einfluß auf die Optik eines Automobils. Ein primitiv gestaltetes Rad kann die schönste Karosserie beeinträchtigen und umgekehrt. Besonders heute kommt dem Rad große Bedeutung zu, da die sich stark ähnelnden Karosserieformen dadurch eine gewisse Akzentuierung erfahren. Früher wurde viel Chrom eingesetzt, heute werden fast nur Stahlräder mit Kunststoffblenden oder Aluminiumräder verwendet.

sind alle Bedienungseinrichtungen im Fahrzeug ergonomisch optimal angeordnet, sodaß der Fahrer in Verbindung mit einem anatomisch richtigen Sitz sämtliche notwendigen Handhabungen leicht durchführen kann, weil sie exakt in seinem Griffbereich liegen. Er braucht dabei seine Körperhaltung meist nicht im geringsten zu verändern.

Hydraulische Bremshilfen kamen bald nach dem Krieg, hydraulische Lenkhilfen erst später zum Einsatz.

## Innenausstattung

klärlicherweise rückten sie erst allmählich in das Blickfeld des links sitzenden Fahrers, wodurch sie ab nun wesentlich leichter kontrolliert werden konnten, insbesondere in Verbindung mit entsprechend gestalteten Lenkrädern. Eine ganze Reihe von Überwachungsgeräten kam nun hinzu, wie etwa etliche Kontrolleuchten und Anzeigegeräte, aber auch die Beorderung von Türen und Fenstern (wenn automatisch), Stadtlicht, Heckscheibenbeheizung, zusätzlichen Nebelleuchten usw. Heute

Die Sitzbank, die wie erwähnt, längere Zeit hindurch in den ansonsten bestens ausgestatteten amerikanischen Wagen zur Anwendung kam, konnte sich insbesondere in Europa nicht lange behaupten, da sie bei schnellerem Kurvenfahren oder auf

**Ganz oben:** Stahlspeichenrad eines DKW Typ F8 von 1939.

**Oben:** Rad eines Militärfahrzeuges.

**Rechts:** Lochfelge eines Goliath von 1953 mit damals üblicher Zierkappe aus verchromtem Blech, die nicht nur der Optik diente, sondern auch den Schmutz von Radmuttern und -bolzen fernhalten sollte.

**Rechts Mitte:** Vollscheibenrad des Ford Taunus 50 mit verchromter Zierkappe.

**Rechts außen:** VW Karmann Ghia von 1960. Normale Vollscheibenfelge, Chrom-Zierkappe mit geprägtem Firmenemblem sowie damals modischem Weißwandreifen.

**Untere Reihe:** Drei typische Räder von heute (Seat). Links eine Alu-Felge, Mitte und rechts die üblichen silbermatten Kunststoff-Radkappen.

**Oben:**
1960 verwendete Reifenprofile.

**Ganz Links:**
Auf diesem Prüfstand von 1960 konnte ein Versuchsreifen bis 400 km/h ausgesetzt werden. Bei 200 km/h erreichte er trotz künstlicher Kühlung bereits eine Temperatur von ca. 200° C.

**Links:**
Bei diesem Versuch konnte die erforderliche Last festgestellt werden, um die Lauffläche zu durchstoßen — für Qualitätsverbesserungen unerläßlich.

**Wohlbehütet durch SEMPERIT-REIFEN**

1949

**LUFTKAMMERREIFEN**

DER ORIGINAL
LUFT-KAMMER-REIFEN

REITHOFFER

FÜR LASTWAGEN UND AUTO-OMNIBUSSE

SEMPERIT U. WIMPASSING

1926

schlechten Straßen nicht jenen Halt bot, den man in einem Fahrzeug, in dem man immerhin auch gewissen Zentrifugalkräften ausgesetzt ist, unbedingt benötigt. Das erfuhr durch die etwa zur gleichen Zeit stark zur Anwendung gelangende Kunststofftapezierung mit glatter Oberfläche noch eine Verschärfung. Der Kunststoff war nicht nur unangenehm, was die Sitzposition anbelangte, sondern sorgte vor allem während des Sommers für zu wenig Luftzufuhr zum Körper und ist deshalb

**Links:**
Top Grip-Lamellen in Ruhestellung und daneben beim Kurvenfahren, Bremsen usw.

**Rasch montierbare Anfahrhilfe bei Eis oder Schnee**

**Unten:** Der Schneereifen ist heute nicht mehr wegzudenken, obwohl er die Schneekette nie voll ersetzen kann.

Moderne Schneeketten sind rasch montierbar und können auch bei Winterbereifung notwendig sein.

wieder aus der Automobilausstattung generell verbannt worden. Nur noch Spezialfahrzeuge oder auf Wunsch Taxis werden mit solchen Kunststoffsitzen ausgestattet.
Immer stärker hat sich in der Automobilindustrie die Erkenntnis durchgesetzt, daß die Autositze in jeder Beziehung auch anatomisch richtig gebaut sein müssen, um die möglichst ermüdungsfreie Zurücklegung auch sehr großer Fahrstrecken zu ermöglichen. Bei manchen Firmen hat die diesbezügliche Forschung zu einer Vervollkommnung der Sitzgestaltung geführt, die man nur mit Anerkennung quittieren kann. Heute können dadurch Fahrstrecken von tausend und mehr Kilometer ohne alle Beschwerden für Fahrer und Mitfahrer zurückgelegt werden.
Zu Beginn der sechziger Jahre befanden sich unter all den vielen Neuerungen aus Amerika auch jene der mehrfachen Sitz- und Lehnenverstellung, die es möglich machen sollten, jede Sitzstellung nach Bedarf und Wunsch einzustellen. Das allein aber konnte den anatomisch richtig geformten Sitz niemals ersetzen, der allerdings erst zusammen mit entsprechenden Verstellmöglichkeiten den optimalen Langzeit-Sitzkomfort bietet.

# Die Story des Weltmeisters

**Ferdinand Porsche**

**Erste VW-Zeichen**

Die Entstehungsgeschichte des Volkswagens kommt fast der Chronik des sogenannten Wirtschaftswunders gleich, eines wirtschaftlichen Phänomens in Mitteleuropa, das bald nach Kriegsende weder von den Siegermächten noch von den Besiegten für möglich gehalten worden wäre. Die Impulse, die damals von der Autoindustrie über ihre ursächliche wirtschaftliche Schlüsselstellung hinaus ausgingen, bestanden gegenüber jenen der Bauindustrie nicht zuletzt darin, daß das Auto kein statisches Produkt darstellt, sondern der Wirtschaft über seine ganze Lebensdauer hinweg immer wieder neue Impulse vermittelt und sie auf diese Weise in millionenfacher Weise unablässig positiv beeinflußt und fördert.

Die Motorisierung wirkt sich demnach mit jedem einzelnen Fahrzeug wie Wasser auf ein Mühlrad aus: Sie treibt die Wirtschaft unentwegt an.

Insbesondere in Deutschland hat jeder Autoproduzent seine einzigartige Nachkriegsgeschichte, jenes Werk aber, das geradezu als Symbol für das deutsche Wirtschaftswunder stehen kann, ist das Volkswagenwerk, das in wenigen Jahren zum größten Autoproduzenten der Welt heranwuchs, und das wollte angesichts etwa der amerikanischen Autoindustrie und ihres riesigen Marktes schon etwas heißen.

Seit 1922 trug sich Ferdinand Porsche mit dem Gedanken an eine Kleinwagenkonstruktion und bemühte sich schon bei Austro-Daimler, wo er seit 1916 Generaldirektor war, um eine Realisierung. Als er am 17. Jänner 1934 dem deutschen Reichsverkehrsministerium sein „Exposé — betreffend den Bau eines deutschen Volkswagens" vorlegte, stand er nicht nur auf dem Höhepunkt seines technischen Könnens, sondern konnte auf eine lange Reihe von Konstruktionen für fast alle deutschen Automobilfabriken zurückblicken. Vor allem basierten die Ideen für den Volkswagen auf Vorarbeiten, die für die Firmen Zündapp und NSU bereits verwirklicht worden waren. Die NSU-Konstruktion könnte sogar als Vorläufer des Volkswagens bezeichnet werden. Sie besaß bereits einen luftgekühlten Vierzylinder-Boxer-Motor im Heck und den Drehstab als Federungselement.

Sein Credo hinsichtlich der Eigenschaften, die ein „Volkswagen" nach seiner Überzeugung aufweisen sollte, legte er in fünf Thesen nieder, die beweisen, wie genau er aufgrund seiner damals bereits jahrzehntelangen Erfahrung über die Beschaffenheit eines solchen Fahrzeuges Bescheid wußte, sollte es den gestellten Anforderungen entsprechen und letzten Endes dauerhaften Erfolg haben.

„1. Ein Volkswagen darf kein Kleinwagen mit auf Kosten seiner Fahreigenschaften und Lebensdauer verringerten Abmessungen, aber verhältnismäßig hohem Gewicht sein, sondern vielmehr ein Gebrauchswagen mit normalen Abmessungen, aber verhältnismäßig geringem Gewicht, was durch grundlegend neue Maßnahmen zu erzielen wäre.

2. Ein Volkswagen darf kein Kleinwagen mit auf Kosten seiner Höchstgeschwindigkeit und guten Bergsteigfähigkeit verringerter Antriebsleistung sein, sondern vielmehr ein Gebrauchswagen mit einer der normalen Höchstgeschwindigkeit und nötigen Bergsteigfähigkeit entsprechenden Antriebsleistung.

3. Ein Volkswagen darf kein Kleinwagen mit auf Kosten des Fahrkomforts verringerter Platzausteilung seiner Aufbauten sein, sondern vielmehr ein Gebrauchswagen mit normaler, d. h. bequemer Platzausteilung seiner Aufbauten.

4. Ein Volkswagen darf kein Fahrzeug für einen begrenzten Verwendungszweck sein, er muß vielmehr durch einfachen Wechsel der Karosserie allen praktisch vorkommenden Zwecken genügen, also nicht nur als Personenwagen, sondern auch als Lieferwagen und für bestimmte militärische Zwecke geeignet sein.

5. Ein Volkswagen darf nicht mit komplizierten Einrichtungen versehen sein, die eine erhöhte Wartung erheischen, sondern vielmehr ein Fahrzeug mit möglichst narrensicheren Einrichtungen, die jede Wartung auf ein Mindestmaß herunterdrücken."

**Einer der ersten Entwürfe zum Volkswagen von Prof. Porsche, 1934.**

**Rechts und unten: Erste Gedanken, Notizen und Skizzen Hitlers zum Volkswagen Ende 1933.**

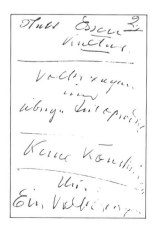

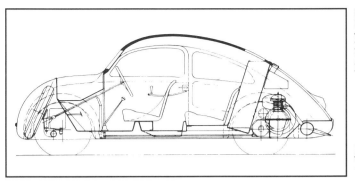

Einer der ersten Entwürfe des VW von 1934 mit Zweizylinder-Doppelkolben-Zweitaktmotor.

Unten: Der erste Viertaktmotor von 1936.

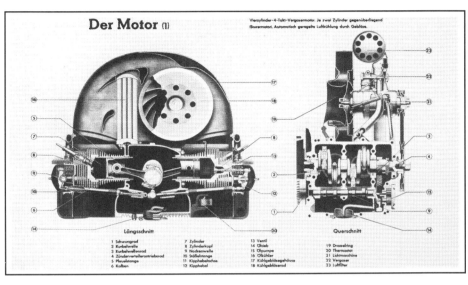

**Der Motor** (1)

**Rechts außen:**
Ferdinand Porsche, Hitler und ganz rechts Robert Ley (DAF) bei der Grundsteinlegung des Volkswagen-Werkes am 26. Mai 1938.

**Rechts unten und Mitte:**
Prototyp vom Oktober 1935: ohne charakteristisches Heckfenster — „Brezel" — Trittbretter und Stoßdämpfer. Die Scheinwerfer sitzen noch auf der Kofferraumhaube, die Türen sind an der Mittelsäule angeschlagen. Aber die Ganzstahlkarosserie, Platz für 5 Personen, vernünftige Fahrleistungen heben diese Konstruktion bereits von anderen ab.

**Ganz rechts:**
Vorserie 38 als Kdf-Wagen in Berlin, die als „Paradepferd" vom Publikum begeistert aufgenommen wurde.

Aus diesen Forderungen heraus ergaben sich für Porsche folgende Dimensionen und Daten:

| | |
|---|---|
| Radspur | 1200 mm |
| Achsstand | 2500 mm |
| Höchstleistung | 26 PS |
| Höchstdrehzahl | 3500 U / min |
| Leergewicht | 650 kg |
| Verkaufspreis | 1550 RM |
| Höchstgeschwindigkeit | 100 km / h |
| Bergsteigfähigkeit | 30% |
| mittl. Verbrauch | 8 l / 100 km |
| Wagenbauart | Vollschwingachser |

Anläßlich der Eröffnung der Automobilausstellung in Berlin am 8. März 1934 wurde der Volkswagen erstmals offiziell erwähnt und drei Monate später kam es bereits zu einem Vertragsabschluß mit Regierungsstellen und dem Reichsverband der Automobilindustrie, nachdem Ferdinand Porsche innerhalb von zehn Monaten den ersten Prototyp eines Volkswagens bei einem monatlichen Honorar von 20.000 Reichsmark schaffen sollte.

Unter Berücksichtigung des vorgegebenen Verkaufspreises, der sich nunmehr unter 1.000 Reichsmark bewegen sollte, galt es, optimale konstruktive Lösungen zu finden, was sich bald als schwierig und zeitraubend herausstellte, weshalb der Vertrag um zwölf Monate verlängert werden mußte.

Im Februar 1936 waren die ersten zwei Volkswagen — eine Limousine und ein Cabriolet — fertiggestellt. Sie wiesen noch einen luftgekühlten Zweizylinder-Doppelkolben-Zweitaktmotor auf, der sich bei den nachfolgenden Testfahrten als wenig befriedigend herausstellte, worauf die Entwicklung weiter fortgesetzt wurde. Letztlich entschied man sich für den luftgekühlten Vierzylinder-Viertakt-Boxermotor.

Noch bevor es zur alles entscheidenden Erprobung der drei daraufhin vorgestellten Prototypen kam, die vom Oktober bis Dezember 1936 über je 50.000 km führten, stand fest, daß die zu dieser Zeit bereits bestehenden Werke der deutschen Automobilindustrie in die Fertigung nicht einbezogen werden würden, sondern ein eigenes Volkswagenwerk mit einer Jahreskapazität von 300.000 Wagen errichtet werden sollte. Als Standort wurde Wittenberge genannt.

Bei den drei in Erprobung stehenden Volkswagen handelte es sich um die sogenannte VW3-Serie. Die Testfahrten führten unter der Kontrolle des Reichsverbandes der Automobilindustrie sowie der Technischen Hochschule Berlin und Stuttgart

abwechselnd über zwei Strecken, und zwar eine reine Landstraße im Schwarzwald und die Autobahnstrecke Stuttgart—
Bad Nauheim und zurück.

Der abschließende Bericht des Reichsverbandes der Automobilindustrie bescheinigte, daß sich die Versuchswagen im allgemeinen bewährt hätten, aber eine Anzahl von Mängeln ergaben, die voraussichtlich ohne größere Schwierigkeiten zu beheben sein würden. Vorderachse und Bremsen erforderten noch
weitere Versuche. Verbrauch, Fahrleistung und Fahreigenschaften seien jedoch gut, so daß eine Weiterentwicklung empfehlenswert erscheine.

Daraufhin wurde in Zusammenarbeit mit Daimler-Benz und
Reutter & Co. von der Dr. Ing. Porsche GmbH eine weitere
Vorserie gebaut. Diese Fahrzeuge mit der Bezeichnung VW 30
legten zusammen 2,4 Millionen Kilometer Versuchsfahrten
zurück, abermals und vorwiegend im Schwarzwald, auf Stadtstraßen, Landstraßen sowie der Autobahn Frankfurt—Bruch-
sal. Es gab keine nennenswerten Beanstandungen mehr, worauf die Reichsregierung dem Leiter der deutschen Arbeitsfront
den Auftrag zum Bau des Volkswagenwerkes sowie einer dazu-

**Rechts:**
**Übersichtliche**
**Instrumentierung**
**des ersten**
**Volkswagens,**
**der vorbildliche**
**Bedienung und**
**eine Heizung**
**aufwies, damals**
**nicht einmal für**
**größere Fahrzeuge**
**selbstverständlich.**

**Rechts außen:**
**Werbung für die**
**Anzahlung des**
**Volkswagens.**

**Unten und rechts:**
**Werbeprospekt für**
**den Volkswagen.**

**Humorvolle**
**Kalkulation des**
**Volkswagens.**

| Kalkulation des Volkswagens. | |
|---|---|
| Das Jahr der Proklamation des KdF Wagens | 19 37 |
| Grundsteinlegung zum KdF-Wagenwerk | 26. 5. 19 38 |
| Geschwindigkeit in km/st. | 100 |
| Anzahl der PS | 24 |
| Benzinverbrauch in ltr/100 km | 7 |
| Länge d. Wagens in cm | 420 |
| Breite " " | 150 |
| Höhe " " | 145 |
| Errechneter Preis | RM 990 |

Im Dezember 1938
zahlten bereits
169.741 Sparer
der Deutschen
Arbeitsfront —
staatlich gelenkte
Arbeitnehmer-
Organisation —
wöchentlich
5 Mark auf die
990 Mark ein, die
der Volkswagen
kosten sollte.
„KdF" bedeutete
damals „Kraft
durch Freude" und
war ein häufig
gebrauchtes Kürzel
für Aktionen der
DAF (Deutsche
Arbeitsfront).

gehörigen Stadt erteilte, was sie sich 50 Millionen Reichsmark kosten ließ.

Die im Mai 1937 gegründete „Gesellschaft zur Vorbereitung des Volkswagens" — Geschäftsführer Dr. Ing. Porsche, Dr. Lafferentz und J. Werlin — wurde am 16. September 1938 in „Volkswagenwerk GmbH" umbenannt.
Noch 1937 holte sich Dr. Porsche Werkzeugmaschinen wie auch deutsch-amerikanische Produktionsspezialisten für das Volkswagenwerk aus Amerika, obwohl der Volkswagen in seiner endgültigen Form erst Anfang 1938 feststand. Er gehörte der Vorserie VW 38 an, die zwar weiter erprobt, gleichzeitig aber bereits anläßlich von Presse- und Propagandafahrten erstmals in großem Stil der Öffentlichkeit vorgestellt wurde. Der Verkaufspreis sollte nun tatsächlich 990 Reichsmark betragen und konnte in Wochenraten zu 5 Reichsmark über die Organisation „Kraft durch Freude" angespart werden.
Dr. Porsche wurde nicht nur die Gesamtplanung des Volkswagenwerkes übertragen, er blieb auch bis Kriegsende sein verantwortlicher Leiter.

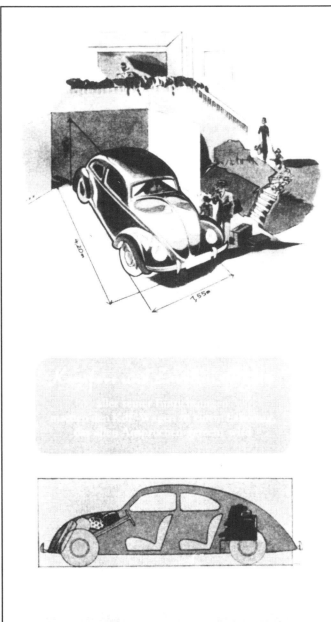

Am 26. Mai 1938 erfolgte die Grundsteinlegung für die größte Automobilfabrik der Welt unter einem Dach, und zwar in der Nähe der Stadt Fallersleben am Rand der Lüneburger Heide. Fürs erste sollten in der Hauptschicht 10.000, in der Zweitschicht 7.500 Mitarbeiter 500.000 Wagen bauen. In einer zweiten Ausbaustufe mit etwa 30.000 Mitarbeitern sollte die Jahresproduktion auf 800.000 bis 1 Million Wagen pro Jahr gesteigert werden. Aber obwohl bis Ende 1939 bereits rund 170.000 Ansparanträge gestellt worden waren, wurde mit Kriegsbeginn der Weiterbau des Werkes gestoppt und dieses in der Folge für verschiedene Rüstungsaufgaben herangezogen. Dennoch verließ am 15. August 1941 der erste verkaufsfähige Volkswagen das Werk. Bis Kriegsende waren es 630.

1940 ging inzwischen der vielbeachtete Kübelwagen für die deutsche Wehrmacht in Serie, von dem insgesamt 52.000 Einheiten hergestellt wurden. Etwas später folgte auch der Typ 166, der sogenannte kleine Schwimmwagen, von dem 14.276 Einheiten das Werk verließen.
Ebenso wurde der VW-Stationärmotor für Industriezwecke geschaffen. Und ohne Verzögerung ging auch der Aufbau der Kundendienstorganisation im damaligen deutschen Reichsgebiet weiter, dem später ein nicht geringer Anteil am durchschlagenden Erfolg des Volkswagens zuzuschreiben sein sollte. Trotz Stockens der Produktion gab es bereits 1940 219 Haupt-, 824 Neben- und 1061 Vertragswerkstätten.

# Das Wirtschafts-wunderkind Volkswagen

Obwohl das VW-Werk durch Bombenschäden und Verlagerung der wertvolleren Maschinen Einbußen in Höhe von 156 Millionen Reichsmark hinnehmen mußte, ging die Produktion auch nach Kriegsende nahezu ohne Unterbrechung weiter. Beim Einmarsch der Alliierten beschäftigte das Werk 9.000 Mitarbeiter und in der Stadt wohnten — zumeist in Notunterkünften — 17.109 Menschen. Es überrascht heute, daß die von der britischen Militärregierung eingesetzte Stadtverordnetenversammlung anläßlich ihrer ersten Sitzung der Volkswagenstadt nun erst den Namen „Wolfsburg" gab. Nie mehr wird zu klären sein, wie der weitere Weg des Volkswagens ausgesehen hätte, wenn britische Fachleute ihn damals nicht als „unbrauchbare Fehlkonstruktion" gewertet hätten, worauf von seiten der Alliierten kein weiteres Interesse mehr an ihm bestand.

## Geburtsstunde des „Weltmeisters"

Die ersten 2.000 Volkswagen der Nachkriegsproduktion — meist Kübelwagen — wurden fast in Handarbeit hergestellt. Dennoch lief 1946 der 10.000. Wagen vom Band. Es waren überwiegend bereits „echte" Volkswagen, deren Einzelpreis auf 5.000 Reichsmark festgelegt worden war.

Nach mancherlei Schwierigkeiten und Verzögerungen übernahm zu Beginn 1948 Dipl.-Ing. Heinrich Nordhoff als Geschäftsführer die Leitung des Volkswagenwerkes. In Zusammenarbeit mit der Belegschaft erzielte er sehr bald nicht nur überragende Produktionsergebnisse, sondern kurbelte vor allem auch die Vertriebs- und Kundendienstorganisation im In- und Ausland an und richtete den bis dahin unbekannten werkseigenen Versicherungsdienst ein. Bald wurden hohe Exportquoten erzielt und das Werk stieg zum größten Auto-mobilproduzenten Europas auf. Im Mai 1949 lief bereits der 50.000. Volkswagen vom Band.

1949 trat der „Käfer" seinen Siegeszug auch in Amerika an, das ihm diese Bezeichnung verliehen hatte. Karmann karosierte ein viersitziges Cabriolet, das das am längsten und meistgebaute Cabriolet überhaupt werden sollte.

Ein Jahr später war man beim 100.000. Volkswagen angelangt, das Exportmodell erhielt hydraulische Bremsen und war außerdem erstmals mit Sonnendach lieferbar. Die Serienproduktion des Transporters, Kleinbusses sowie VW-Combi

| | | |
|---|---|---|
| Land: Deutschland | Herstellungsjahr: 1937-38 | |
| Hersteller: Dr. Ing. h.c.F. Porsche KG, Stuttgart-Zuffenhausen | Informationsgrundlage: SK 2831.v.4.2.1938 Die in ( ) gesetzten Daten beziehen sich auf Typ: | |
| Bezeichnung: Cabrio-Limousine | | |
| Typ: "60" Volkswagen Versuchsserie VW 38 - (Vorserie) | Bemerkungen: 1938 in Betrieb genommen | |
| Motor: Herst., Typ: Porsche Typ F.60 | Anlasser: | |
| Anzahl und Anordnung der Zylinder: 4, Boxer | Lichtmaschine: | |
| Bohrung: 70. mm | Batterien, Anzahl: 1. Volt: 6. Amp.: | |
| Hub: 64. mm | Kraftstoffanlage: | |
| Hubraum: 985. ccm | Kühlung: Wasser, Luft, Gebläse | |
| Kompression: 1 : | Kupplung: | |
| U/min: | Getriebe: Dr. Porsche Schub. | |
| Leistung: 24 PS bei 3000 U/min PS | Anzahl der Gänge: 4 V 1 R | |
| Leistungsgewicht: PS/t | Antrieb: Hinterrad- | |
| Anordnung der Ventile: | Übersetzung Hinterachsantr.: 1 : 4,43 | |
| Kurbelwellenlager: | Höchstgeschwindigkeit: 105 km/h | |
| Vergaser, Anzahl: Typ: | Aktionsradius: km | |
| Kraftstoffeinspritzpumpe: | Vorderachse: | |
| Zündfolge: | Lenkung: | |
| | Wendekreis: 10 m | |
| | Kraftstoff-Tank-Füllmenge: 25 l | |
| Federung: vorn/hinten | Radstand: 2400 | |
| Schmierung des Fahrgestelles: | Breite der Ketten: mm | |
| Bremsen: Hersteller: | Bodenfreiheit: 220/200 mm | |
| System: mech. Innenbackenbremse | Länge über alles: 4200 mm | |
| Art: 4-Rad | Breite über alles: 1550 mm | |
| Fußbremse-Wirkungsweise: | Höhe über alles: 1550 mm | |
| Handbremse-Wirkungsweise: | Gewicht des Fahrgestelles: kg | |
| Felgenart: | Gesamtgewicht: kg | |
| Reifengröße, vorn: 4.50.r.16 | Nutzlast: 350 kg | |
| hinten: dto. | Anzahl der Sitzplätze: 4, Besatzung: | |
| Spur, vorn: 1290 | Kraftstoffverbrauch: 7.42.l 100/km | |
| hinten: 1250 | Ölverbrauch: 100/km | |

ZEICHNUNGEN 1978 ING. ALFRED BUBERL

wurde aufgenommen, und in Brasilien und Irland begann man mit dem Assemblingbau.

Die Viertelmillion war im Oktober 1951 erreicht und man exportierte bereits in 29 Länder.

Die technische Neuerung des darauffolgenden Jahres war das Synchrongetriebe für das Exportmodell sowie das Cabriolet. 1953 fiel der Mittelsteg im Rückfenster weg, das eine Vergrößerung um 23% erfuhr — die erste optisch bedeutsame Änderung am Käfer. Im darauffolgenden Jahr setzte man die Leistung des VW-Motors auf 30 PS hinauf und wieder ein Jahr später war die erste Million voll.

**Ein KdF-Wagen von vor dem Krieg in flotter Fahrt auf der neuen deutschen Autobahn.**

Das neue Karmann-Ghia-Coupé wurde 1955 vorgestellt, 1960 der 500.000. Käfer in die USA exportiert und der 100.000. Austauschmotor fertiggestellt, ein Beweis, wie diese Möglichkeit eingeschlagen hatte.

Im gleichen Jahr erhielt der „Käfer" einen 34-PS-Motor sowie ein vollsynchronisiertes Getriebe — und die Jahresproduktion stieg und stieg...

1962 betrug sie im Gesamtunternehmen bereits 1 Million Fahrzeuge, und der einmillionste Käfer erreichte die USA. Wenn überhaupt noch erforderlich, dann stellte der Käfer wieder einmal unter Beweis, wie universell einsetzbar er war, diesmal in der Antarktis, wo er einem Forschungsteam als Transport- und Verbindungsfahrzeug zu den weit voneinander entfernten Stationen diente.

Der Übersee-Export nahm in einem solchen Maß zu, daß das Volkswagenwerk mit 80 Schiffen bald über die größte private Charterflotte der Welt verfügte, wodurch Emden gleichzeitig zum größten Automobilhafen der Welt aufrückte.

1967 wurde auch der Käfer mit Sicherheitslenksäule und

**„Motor Works" nannte die Britische Besatzungsmacht das Wolfsburger Werk. Übrigens bekam auch die VW-Stadt einen neuen Namen: Wolfsburg.**

**Am 14. Oktober 1946 verließ bereits der 10.000ste Volkswagen das Werk Wolfsburg, überwiegend als Käfer karossiert. Preis 5.000 RM.**

# Autos, die Geschichte machten.

Erstes benzinbetriebenes Fahrzeug der Welt von Siegfried Marcus, 1864.

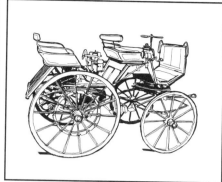

Motorwagen von Gottlieb Daimler, 1886, der die Weltmotorisierung einleitete.

Erstes Automobil der Welt mit Vorderradantrieb von Gräf & Stift, 1898.

Dieser Mercedes von 1900 wies erstmals die klassische Anordnung auf: Motor vorn, Getriebe in der Mitte, Hinterradantrieb.

ZEICHNUNGEN 1987
ING. ALFRED BUBERL

Das Ford-Modell T von 1908 wurde als erstes Automobil in Großserie hergestellt und mit 15 Millionen Stück Produktionsweltmeister Nr. 1.

Erstes wissenschaftlich errechnetes Stromlinienfahrzeug der Welt von Paul Jaray, 1923.

Meist- und längstgebautes Automobil der Welt mit über 22 Millionen Stück über 50 Jahre: der VW-Käfer.

Mit ca. 12 Millionen Stück bis 1990 ist der VW Golf ebenfalls weltmeisterverdächtig.

# BLICK INS INNERE

Der Genuß des Fahrens beginnt schon, wenn man den Wagen betritt, denn formschön und zweckmäßig ist auch die innere Architektur des VW. Polsterstoffe wie auch Tür- und Wandverkleidungen harmonieren in modischen Farben und Mustern mit dem Farbsortiment der Lackierung. Sitze und Lehnen sind hinsichtlich weicher Federung und halt-bietender Plastik geradezu ideal konstruiert. Die verbreiterten Vordersessel sind auch während der Fahrt einzeln ver-stellbar. Wer sich nach vorn rückt, sitzt gleichzeitig höher; und die Lehnen sind in drei verschiedenen Neigungs-Stufen einstellbar (beim Export-Modell). Die tiefe Sitzbank im Fond bietet erforderlichenfalls drei Personen Platz, denen durch vergrößerten Abstand zwischen Vorder- und Hintersitzen reichliche Bewegungsfreiheit geschaffen wurde. Bei Dunkelheit spendet eine Innenleuchte gute Helligkeit, während das regulierbare Flutlicht des Zentralinstruments das Gefühl der Geborgenheit noch erhöht. In der geschmackvollen Armaturentafel vereinigt sich in handlicher Anordnung lückenlos alles, was zum Fahren notwendig oder nützlich ist:

1. WINKERHEBEL an der Lenksäule, von der linken Hand mit *einem* Finger zu betätigen

2. Großes ZENTRALINSTRUMENT mit Tachometer, Kilometerzähler und den im Zifferblatt harmonisch eingefügten Kontroll-Leuchten für Lichtmaschine und Kühlung (rot), Öldruck (grün), Fernlicht (blau) und Winker (Doppelpfeil)

3. Sehr ansprechendes, überraschend griffiges ZWEISPEICHEN-LENKRAD, hellfarben getönt, mit wappengeschmücktem Signalknopf (Export-Modell)

4. Flinke SCHEIBENWISCHER mit weitem Ausschlag und festem Aufdruck, ohne Blendwir-kung, beim Export-Modell mit automatischer Rückkehr in Tiefstellung beim Abschalten

5. Platz für RADIOGERÄT mit Rundfunkskala und Bedienungsknöpfen, links daneben ein Zugschalter für Scheibenwischer, ferner ein Dreh-Zugschalter für Scheinwerfer und die feinregulierbare Beleuchtung des Zentralinstruments

6. Hinter geschmackvollem Ziergitter der Raum für den Einbau eines LAUTSPRECHERS

7. Handlich rechts vor dem Fahrer der Zugknopf für die LUFTKLAPPE als Starterhilfe

8. Kombiniertes ZÜND-ANLASS-SCHLOSS; Zündschlüssel ist gleichzeitig auch Türschlüssel

9. Versenkbarer, großer KIPP-ASCHER

10. Schließbarer, geräumiger HANDSCHUHKASTEN

*Unmittelbar im Blickfeld des Fahrers liegt das geschmackvoll und über-sichtlich eingeteilte Zentralinstrument, in dem alle während der Fahrt zu überwachenden Kontrollorgane zusammengefaßt sind.*

**VW-Werbung von 1954.**

**Schnittdarstellung des VW-Motors.**

Zweikreisbremsanlage, wahlweise auch einem halbautomati-schen Getriebe ausgestattet und geliefert. Auf einen Nachfrage-rückgang wurde mit einem „Sparkäfer" geantwortet, der nur 4.485,— DM kostete.

Nach 20 Jahren erfolgreicher Tätigkeit starb im April 1968 Professor Dr. Nordhoff. Sein Nachfolger hieß Dr. Kurt Lotz. Noch im gleichen Jahr verließ der 15millionste Volkswagen seit Kriegsende das Band.

Zu Beginn des Jahres 1972 wurde mit dem 15,007.034. Käfer der bisherige Produktionsrekord des Ford Modell T (1908—

1927) gebrochen. Ab nun war der Käfer das meistgebaute Auto der Welt. Zwei Jahre später, am 1. Juli 1974, verließ der letzte im Stammwerk gebaute Käfer die Endmontage. Es wurden dort allein insgesamt 11,916.519 Fahrzeuge dieses Typs gebaut. Die inzwischen zahlreich gewordenen in- und ausländischen Zweigwerke übernahmen nun die Weiterproduktion.

**Oben rechts:**
**Generationen technischen Fortschritts lagen zwischen dem Ford Modell T — auch Tin Lizzie genannt — und dem jüngsten Käfer aus Mexico 1981.**
**Ihre Gemeinsamkeit bestand darin, daß sie beide Spitzenprodukte zu erschwinglichen Preisen waren.**

**Röntgenzeichnung des Käfers von 1951.**

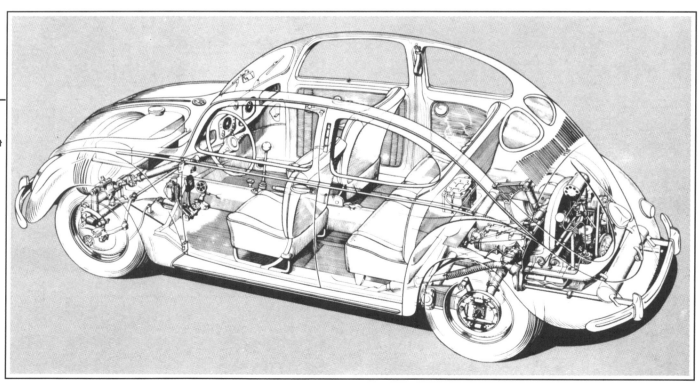

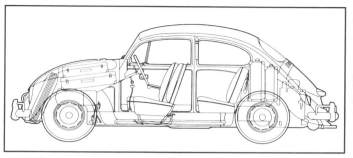

In Wolfsburg ging — nach Passat und Scirocco — der Golf als würdiger Nachfolger des Käfers in Produktion. Und wieder wird der Golf in Deutschland Spitzenreiter und als solcher würdiger Nachfolger des bereits legendären VW-Käfers.

Nur 27 Monate nach Produktionsbeginn lief am 27. Oktober 1976 bereits der millionste Golf vom Band und die Nachfrage stieg noch erheblich, u. a. auch durch die Dieselmotor-Version. Nicht zuletzt dadurch konnte noch vor Ende des Jahres der 30,000.000. Volkswagen seit Produktionsbeginn gebaut werden. Am 15. Mai 1981 lief bei „Volkswagen do Brasil" der 20,000.000. Käfer vom Band, ein ursprünglich von niemand für möglich gehaltener internationaler Erfolg eines einzelnen Fahrzeugtyps. 1987 war für VW ein außergewöhnliches Rekordjahr: Man hatte nicht nur 22,000.000 Käfer erreicht, sondern das 50,000.000. Fahrzeug überhaupt, hielt beim abermals rekordverdächtigen Golf bei 9,000.000 und der meistgebaute (Golf) Dieselmotor der Welt überschritt 4,3 Millionen.

Wenn man bedenkt, welcher nach vielen Richtungen hin außergewöhnlicher Voraussetzungen es bedurfte, damit Henry Ford mit dem Modell T im absatzgünstigen Amerika fast 15 Millionen erreichte, dann ist es umso sicherer, daß es sich bei den VW-Konstruktionen nicht um Glücksfälle handeln kann, sondern um Beweise für jeweils genau zeitangepaßte Konstruktionen von hoher Qualität und Reife.

# Der Golf — abermals rekordverdächtig

Als es für das VW-Werk nach und nach abzusehen war, daß neue, gute Konkurrenzprodukte den Käfer in nicht allzu ferner Zeit überholen könnten, bemühte man sich in Wolfsburg um ein neues Produkt, von dem von vornherein niemand anzunehmen wagte, daß es dem so erfolgreichen Vorgänger jemals auch nur annähernd zur Seite zu stellen sein würde.

Jener Mann, der es mit nicht weniger als einem Mythos aufzunehmen hatte, war das spätere Vorstandsmitglied Univ.-Prof. Dr. techn. Dipl.-Ing. Ernst Fiala, unter dessen technischer Oberleitung die zweite erfolgreiche VW-Konstruktion, der Golf, geschaffen wurde. Was niemand zu hoffen gewagt hatte, trat ein: Er eroberte in Kürze die Gunst des Publikums und stieg im Gegensatz zum Käfer zum vielkopierten Leitbild der internationalen Automobilindustrie auf. Heute ist der Golf am besten Weg, dem ersten VW-Weltrekord noch einen zweiten hinzuzufügen, ein Beweis dafür, wie unmittelbar das Publikum eine durch und durch praktikable Konstruktion honoriert.

Im Grund stellt der Golf hinsichtlich seiner Konstruktion das genaue Gegenteil des Käfers dar. Wies der Käfer bekanntlich einen im Heck angeordneten, luftgekühlten Vierzylinder-Boxer-Motor und Hinterradantrieb auf, so wurde der Golf nun mit einem quergestellten, wassergekühlten Vierzylinder-Reihenmotor mit Vorderradantrieb ausgestattet. Ganz im Gegensatz zum Käfer mit seinen unbefriedigenden Gepäckunterbringungsmöglichkeiten war nun neben dem größeren Innenraum des Golf ein beachtlicher Kofferraum im Heck vorgesehen,

Und er ist sicherer, als es der Gesetzgeber vorschreibt.

**Oben: Der Käfer bewährte sich auch im afrikanischen Busch.**

**Dieser ausgediente**

**VW ackerte im ersten Gang bei 15 km/h immer noch befriedigend.**

*Wenn es läuft bei einem Kindel,*
*braucht man eine frische Windel.*
*Merk' es: Der VW hingegen*
*läuft auch ohne Trockenlegen.*

*Was wird alles uns versprochen,*
*Bio-Weiß, ganz ohne Kochen.*
*„Käfer" aus dem Porsche-Stalle*
*brauchen keine Kraftkristalle.*

*Jeder weiß, ein Psychiater*
*ist ein Geistesknax-Berater,*
*heilt so manche Seelengütt.*
*Wer VW fährt, braucht ihn nicht.*

*Hätt' ich Moneten für eine Rakete,*
*ich werd' Ihnen sagen, was ich da täte:*
*Ich schösse sie schleunigst in große Höh'*
*und blieb' auf der Erde mit meinem VW.*

*Jeder weiß, bei einem Quiz*
*ist der Sieg stets ungewiß.*
*Mancher Preis ist schon zerronnen,*
*mit VW ist stets gewonnen.*

**ALFRED BUBIN & KARL BERGER**

**KÄFER PILLEN & RAKETEN**

VERLAG ORAC

Professor Hornübls ägyptologische Erkenntnisse

Hornübl ist ein Pionier. Für ihn hat eine Sache an Interesse verloren, wenn er die Überzeugung gewonnen hat, daß seine Arbeit weit genug gediehen ist, um von kleineren Geistern fortgeführt zu werden. Mit dem Sprachen-Einmaleins war es soweit. Seiner Suche nach einer neuen Aufgabe kamen zwei einschneidende Ereignisse in seinem Leben entgegen: erstens die Tatsache, daß er bei einem Preisausschreiben für Hosenträger mit dem Slogan „Der elegante Herr trägt seine Hose nicht selbst, er engagiert dazu Jean, den patentierten Hosenträger" den ersten Preis, einen VW 1200, gewann, zweitens schenkte ihm seine Klasse zum Geburtstag das Buch „Die Technik der Pharaonen". Es war anläßlich der Lektüre dieses Buches, als in seinem Hirn ein Relais schaltete: Hornübl hatte ein neues Forschungsgebiet entdeckt, in das er sich mit Feuereifer stürzte. Seine — wie gewohnt — langwährenden und tiefschürfenden Studien brachten sensationelle Ergebnisse.

„Die Technik der Pharaonen" schilderte in spannenden Kapiteln, in welcher Form die Ägypter mit keineswegs primitiv anmutenden technischen Hilfsmitteln Probleme lösten, die heute noch unser Staunen hervorrufen. Sogar ein Atomkrieg soll vor vielen Jahrtausenden stattgefunden haben und Autos sollte es keine gegeben haben? Professor Hornübl, erfüllt von einem völlig neuen Fahrgefühl, beschloß, seine Augen und Ohren offenzuhalten.

Der genaue Zeitpunkt des Beginns seiner Erkenntnisse ist nicht mehr bekannt, was bei den sich oft überschlagenden Gedankengängen Professor Hornübls auch gar nicht verwundert. Ein wichtiger Punkt, zu dem er begann, den roten Faden seiner Forschung wie von einem Knäuel abzuwickeln, war der Moment, als er wo las „Er läuft und läuft und läuft . . .", was ihm blitzartig ein Licht aufgehen ließ.

Seine Überlegung war: Ein Auto fährt, ein Käfer läuft. Woher kamen die Bezeichnungen „laufen" und „Käfer" überhaupt? Sollte — und es blitze zum zweitenmal — hier eine unterschwellige historische Überlieferung wirksam sein? Er erinnerte sich noch sehr genau des Glücksgefühls, als er den „Käfer" in Empfang genommen hatte. Da standen nun drei Begriffe im Raum: laufen, Käfer, Glück! —, aber natürlich, „Glückskäfer"! Hatten die Ägypter nicht auch einen „Glückskäfer"? Natürlich, den von ihnen verehrten Skarabäus!

Und nun war Hornübls Forschungs- und Erkenntnisdrang nicht mehr zu bändigen. Das war ja doch wesentlich sensationeller als das Sprachen-Einmaleins! Eine wichtige Erkenntnis bestand darin, daß die alten Ägypter ursprünglich nur ein einziges Wort für gehen, laufen und fahren gekannt hatten. Damit schloß sich der Kreis: Der nach dem Skarabäus benannte „Glückskäfer" der alten Ägypter konnte in Wirklichkeit nichts anderes sein als der Urahn des heutigen „Käfers", dessen Bezeichnung sich dank der mündlichen Überlieferung, die sich durch die leider immer wiederkehrenden Völkerzwistigkeiten nicht so leicht vernichten läßt wie etwa Bibliotheken — er bedauerte insbesondere die seinerzeitige Vernichtung der antiken Bibliothek von Alexandrien, die seine Erkenntnisse sicher bestätigt hätte — bis heute erhalten hat.

Professor Hornübl war es völlig klar, daß im alten Ägypten durch die Zufriedenheit des Besitzers dieses Fahrzeuges das Wort „Käfer" die Bedeutung „Glückskäfer" erlangte, die man durch den Skarabäus symbolisierte, weil man sich nur ungern von ihm trennte. So konnte man ihn als Ring, Anhänger oder sonstigen Schmuck mit sich tragen. Die Tatsache, daß man den Skarabäus mit sechs Beinen darstellte, erkannte er sehr rasch als eine hinter der Realität verborgene tiefe Symbolik. Hier wiesen ihm seine Arbeiten am Sprachen-Einmaleins rasch den richtigen Weg. Sechs Beine! Hornübl überlegte: Was macht man mit den Beinen? Man geht! Daher: Bein = Gang. Beine = Gänge, also sechs Beine = sechs Gänge. Also hatte der antike „Käfer" sechs Gänge? Hornübl überlegte weiter: Im alten Ägypten gab es gute Steinstraßen. Das bedeutet, daß der „Käfer" einen Schnellgang benötigte, um die großen Entfernungen zwischen den Städten rascher überwinden zu können. Daß er aber auch über einen Geländegang verfügen mußte, ist selbstverständlich, wenn man bedenkt, daß in diesem Land neben den guten Straßen nichts als Sand sein konnte, an den Ufern des Nils sogar gelegentlich ein Nasser, der dem normalen Fortkommen auch nicht sehr förderlich war. Daß der VW „Käfer" heute nur vier Gänge aufzuweisen hat, ist zweifellos auf Degeneration zurückzuführen. Übrigens gibt es außerdem noch eindeutige Beweise für die Heimat des VWs. So hat Hornübl einige Afrika-Kämpfer des zweiten Weltkrieges befragt, wie sich dieser Wagen in der Wüste bewährt habe, und von allen die Antwort erhalten, er habe sich wie zu Hause gefühlt. Viele hätten sich allerdings einen Geländegang gewünscht, den er, wie Hornübl bereits schlüssig bewiesen hatte, zur Zeit der Pharaonen auch gehabt hat. Und nun begannen sich die Erkenntnisse Professor Hornübls zu überschlagen. So ließ ihn das Wort „Pharao" sein fehlendes Sprachentalent vergessen. Es schien ihm zu beweisen, daß man es hier mit der ältesten Schreibweise des damals neugeschaffenen Begriffes des „Fahrers" zu tun habe. Der Farao war gewissermaßen der Fahrer oberster, eben der König. Der wohl berühmteste Pharao war Tuth-ench-Amon. Hornübl glaubte den grundlegenden Irrtum, der mit dem wahren Namen dieses Mannes verbunden war, zu erkennen, was sich außerdem gut in seine Überlegungen einfügen ließ. Der Irrtum war seiner Meinung nach daraus entstanden, daß diese Bezeichnung, die man auf alten Tonscherben in einer Pyramide gefunden hatte, lediglich ein Teil eines Beinamens ist, den der Pharao — ähnlich wie etwa Heinrich Jasomirgott — wegen einer häufig gebrauchten Redewendung erhalten hatte. Denn er pflegte oft und gern zu sagen: „Hat man einen ‚Glückskäfer', so ‚tut an ka Mann' überholen!" Der wahre Name — so ist Professor Hornübl überzeugt — dieses begeisterten Skarabätikers ist uns leider bis heute unbekannt geblieben.

Eine weitere sensationelle Erkenntnis Hornübls war der wahre Charakter der Pyramiden: Sie sind nichts anderes gewesen als antike Hochgaragen. Der Irrtum, sie seien Grabstätten, ist lediglich aus der Tatsache entstanden, daß sich ein Pharao aus lauter Begeisterung für die Technik eines Tages in seiner besonders geräumigen und prunkvollen Garage begraben ließ.

Wie stark die Bezeichnungen und Begriffe jener Zeit in das Heute herüberwirken, erkannte Hornübl auch aus folgendem interessanten Detail: Die Garagenwächter nannte man im alten Ägypten Anubis und stellte sie mit Wolfsköpfen dar. Im Volksmund hießen die antiken Hochgaragen daher bald Wolfsburgen.

Weiterhin lassen Hornübls Forschungen nicht nur ein historisches, sondern sogar ein biblisches Ereignis in einem gänzlich neuen Licht erscheinen. Moses, der nach den neuesten Erkenntnissen zumindest mütterlicherseits Pharaonenblut in seinen Adern gehabt haben soll, wuchs bekanntlich am Hofe des Pharao auf. Seine hohe Intelligenz bewog ihn, bereits im Hinblick auf seine beabsichtigte Auswanderung aus Ägypten, die er mit dem Auszug der Juden zu verbinden gedachte, einen schwimmenden „Käfer" zu entwickeln, den er insgeheim in entsprechender Stückzahl anfertigen ließ. Als der Tag des Auszuges gekommen war, wurde es ihm und den Juden ein leichtes, mit den „Schwimmkäfern" das Rote Meer zu überqueren, während die Soldaten des Pharao, die nur über „Wüstenkäfer" verfügten und daher die hohen Bugwellen fälschlich für eine Teilung des Wassers hielten, jämmerlich in den Fluten ertranken. Der „Käfer" aber hatte von Moses das Schwimmen gelernt.

Wirklich baden gegangen aber ist der historische „Käfer" nach Hornübl erst durch einen weder technisch noch wirtschaftlich begabten Pharao, der nie genug Geld hatte und daher die „Käfer"steuer erfand. Damit hatte er etwas bewirkt, was er gar nicht wollte — er war zweifellos der letzte, dem solches passierte —, denn der „Käfer" geriet, übrigens ebenso wie er selbst, rasch in Vergessenheit. Die Garagen verfielen, soweit das möglich war, und nur das Symbol des „Glückskäfers", der Skarabäus, blieb bis zu dessen Wiedergeburt erhalten und mit ihm eine unterschwellige Überlieferung aus einer Zeit, in dem man „Käfer" fast ein ebensolcher Kult getrieben wurde wie heute, da er fährt und fährt und fährt . . . — das einzige Perpetuum mobile übrigens, das Professor Hornübl jemals kennengelernt hat.

**Unten:**
Eines der letzten Käfer-Inserate, mit dem in den allgemeinen Sprachgebrauch übergegangenen Slogan „Er läuft, und läuft, und läuft..."

**Linke Seite:**
Auszüge aus dem heiteren VW-Büchlein Käfer, Pillen & Raketen.

**Rechts:**
Das Volkswagen-Werk in Wolfsburg aus der Vogelperspektive.

Er läuft   und läuft   und läuft   und läuft

und läuft   und läuft   und läuft   und läuft

und läuft   und läuft   und läuft   und läuft

und läuft   und läuft   und läuft   und läuft...

**Rechts:**
Der Volkswagen 1500 Cabriolet von 1961.

**Darunter:**
VW Type 18A von 1949, von dem Anfang der sechziger Jahre nur 482 Stück erzeugt wurden.

**Darunter:**
Man zersägte alte Käfer und machte aus ihnen offene Strandwagen. Hier der bereits gestylte Dune-Buggy von 1968.

**Unten:** Eine Weiterentwicklung des ältesten in Europa erhalten gebliebenen Formel Vau-Wagens von VW aus dem Jahr 1965.

## Typisch Volkswagen.

„Warum werden so viele Volkswagen gekauft?" haben wir vor Jahren einmal in einer Anzeige gefragt. Mehr als 7 Millionen Käfer krabbelten da schon um die ganze Welt.

Natürlich kannten wir die vielen Gründe nur zu gut und lieferten den wichtigsten gleich mit: „Er läuft und läuft und läuft...". Volltreffer. Die Automobilwerbung war um einen Klas-siker, die deutsche Sprache um einen Ohrwurm reicher.

Daß wir bis heute Wort gehalten haben, ist allgemein bekannt. Den Käfer haben wir fast 21millionenmal verkauft. Und – vom Käfer haben wir's gelernt – der Golf fährt direkt weiter auf Erfolgskurs. Schon über 7millionenmal verkauft, typisch Volkswagen.

Jetzt sagt der Käfer tschüß. 2.400 exclusiv ausgestattete Käfer-Exemplare stehen ab sofort zum Verkauf bereit.

Das erfolgreichste Automobil aller Zeiten tritt ab. Als Legende aber läuft und läuft und läuft er immer weiter.

Ⓥ **Da weiß man, was man hat.**

der jederzeit zum geräumigen Laderaum erweitert werden konnte. Die Formgebung war nicht sonderlich beeindruckend, aber dennoch so gut gewählt, daß man bis heute mit geringfügigen Geschmacksanpassungen ausgekommen ist.

Dem Produktionsweltmeister mußte das neue Konzept jedenfalls viel Mut abverlangt haben. Daß der Golf dennoch völlig richtig und zeitgerecht war, bestätigte das Publikum umgehend: Er wurde von ihm sofort angenommen. Es ist also durchaus möglich, unter völlig anderen Vorzeichen zu gleichen Erfolgen zu gelangen, wenn sich das Produkt neuen Erfordernissen anpaßt. Jede Zeit hat ihre spezifischen Bedürfnisse, die möglichst optimal erfüllt werden müssen, soll ein Produkt so viele Menschen so lange ansprechen.

Fahrzeuge dürfen das Umfeld ihres Benützers nicht stören, sondern müssen sich möglichst nahtlos einpassen und Widerwärtigkeiten des Alltags ausgleichen helfen. Das baut ein echtes Vertrauensverhältnis auf, und dazu bedarf es interessanterweise keines Luxus'. Wichtig ist ausschließlich: der Wagen muß menschengerecht sein.

Das erfordert eine ganze Reihe meßbarer Fakten, aber zumindest ebenso viele nicht meßbare Imponderabilien, die nicht weniger real sind. Gelingt es, alle diese Notwendigkeiten ins Gleichgewicht zu bringen, dann wird das Produkt zum echten Erfolg. Quer durch alle Bevölkerungsschichten ist der Golf ein Erfolg, ebenso wie seinerzeit der Käfer. Er sagt etwas über den Realitätssinn seines Benützers aus, wertet ihn aber nicht auf noch ab. Damit befindet er sich außerhalb eines unvernünftigen Prestigedenkens — und hierin erweisen sich Käfer und Golf als deckungsgleich.

Dieses positive Fahrzeug ist quicklebendig, park- und transportfreundlich und gewinnt damit immer wieder von neuem die Sympathien seiner Benützer.

Wenn man die bisher erfolgreichsten Autokonstruktionen vergleicht, dann sind zwei grundlegende Prinzipien deutlich zu erkennen: Sie verbinden höchste Qualität mit größter Einfachheit.

## VW-Dieselmotor

Obwohl sich der Dieselmotor bei Nutzfahrzeugen bald als unentbehrlich erwies, gibt es den Pkw-Dieselmotor erst seit über 50 Jahren, als Mecedes-Benz aus den Lkw-Dieselmotoren heraus erstmals auch einen Pkw-Diesel schuf und auf den Markt brachte, der bis heute konstant weiterentwickelt und „gesellschaftsfähig" wurde. Trotz vereinzelter Versuche konnte sich bis vor etwa zehn Jahren kein anderes Werk so richtig für den Einsatz eines Pkw-Diesels erwärmen. Das sogenannte „Dieseln" etwa war trotz hoher Wirtschaftlichkeit nur wenig beliebt. Hier leistete Mercedes Pionierarbeit und hat den Dieselmotor Pkw-reif gemacht. Aber erst die Motorkonstruktion von VW, deren erste Konzeption auf das Jahr 1973 zurückgeht, hat zur zunehmenden Verwendung auch in kleineren Personenkraftwagen geführt, was insbesondere das Verdienst eines der führenden europäischen Automobilkonstrukteure, Professor Dr. techn. Peter Hofbauer, damals Volkswagen AG in

**Erste Ergänzung zum Käfer mit mehr Platz-Komfort: VW 1500 Limousine.**

**Der VW 411 kam 1968 auf den Markt, allerdings mit Fließheck. Hier die ausgestellte Stufenheckversion.**

Wolfsburg, geborener Wiener, war, dem es in der für ihn typischen Manier gelungen ist, auf Anhieb eine so ausgezeichnete Dieselmaschine zu konstruieren, daß sie auf der ganzen Welt als Vorbild gilt. Ihr Schöpfer ist davon überzeugt, daß das Entwicklungspotential, das in dieser Maschine schlummert, noch nicht erschöpft ist.

Die Problematik war, aus dem schweren, hubraumgroßen, relativ langsam laufenden, massereichen Dieselmotor, der noch dazu durch Überfettung aus Gründen der Leistungsnotwendigkeit leicht rauchte, bei Vollast sogar stark emittierte und demnach ausgesprochen umweltfeindlich war, einen wirklich Pkwtauglichen, umweltschonenden Mittelklassemotor zu schaffen.

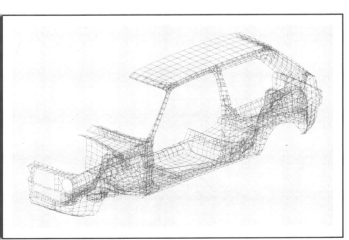

**Linke Seite:**
Blick in den im Heck befindlichen Motorraum des VW-Käfers.

**Darunter:**
Zweisitziges Karmann-Ghia-Cabriolet von 1959.

**Oben:**
Der bequem zugängliche Gepäckraum des neuen Golf ist gekennzeichnet durch die breite, große Heckklappe und die tiefliegende Ladekante.

**Unten:**
So sieht der Computer den Golf. Strukturanalysismodell für die Berechnung von finiten Elementen.

**Oben:**
Nicht mehr Käfer und noch kein Golf war der EA 276 von 1969, aber die neue Zielsetzung hieß bereits: Frontmotor und Frontantrieb, kurzes Heck mit langem Dach, große Heckklappe, Verbundlenkhinterachse, Tank unter der hinteren Sitzbank, Merkmale, die ab 1974 beim Golf zum Erfolg führten.

**Ganz oben:**
So elegant sah der über ein halbes Jahrhundert hinweg entwickelte und gebaute VW-Käfer zuletzt aus, bis heute regierender Produktionsweltmeister.

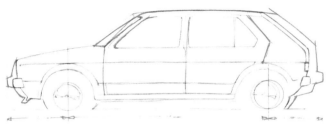

**Oben rechts:**
Von zehn von renommierten Designern stammenden „Maßanzügen" für den neuen Golf wurden 1978 zwei für die „Endphase" ausgewählt. Hier die bevorzugte Vorderansicht.

**Rechts:**
Bei der Karosserieform des neuen Golf sollten nur die funktionellen Vorteile weiter ausgebaut werden, während die sympathische „Persönlichkeit" erhalten blieb.

**Großer Innenraum** bei kompakten Außenabmessungen zeichnen den neuen Golf aus. Komfortmaße wurden spürbar erhöht.

**Rechts:**
Heckansicht des neuen Golf.

rungen geschaffen und auch durchgesetzt hat. Insbesondere auf dem Umweltsektor eilte er den meisten anderen Konstrukteuren mit absolut praktikablen Lösungen voraus, wie etwa mit dem Öko-Polo, dem City-Stromer und dem Diesel-Elektro-Hybrid. Das gleiche gilt für weitreichende Verkehrssysteme wie die Wolfsburger Welle, die automatische Fahrzeugführung, die automatische Bewirtschaftung der Verkehrsflächen u. a.

60jährig gab er der beratenden Tätigkeit den Vorzug und schied bei VW aus, wodurch er seinen vielfältigen Zielen mehr Nachruck zu verleihen gedenkt.

Prof. Fiala wurde am 2. 9. 1928 in Wien geboren, studierte Maschinenbau an der TH Wien, wo er ab 1954 Assistent am Lehrstuhl für Verbrennungskraftmaschinen und Kraftfahrwesen wurde. Ab 1963 war er Leiter des Versuchs bei Daimler-Benz und ab 1970 o. Prof. an der TU Berlin, von wo er 1972 zu VW ging. Für seine Leistungen auf dem Sicherheitssektor wurde ihm von der Universität Heidelberg 1986 der Dr. med. h.c. verliehen.

Weiterhin wird sein besonderes Interesse dem Problem Mensch—Maschine gelten, und hier insbesondere Fahrzeugführung, Biomechanik, Umwelt, Veränderungen durch die Technik u. v. a. Seine innovativen Lösungen werden auch in Zukunft Kraftfahrt und Verkehr befruchten.

## Ein Leben für das Auto

Die Reihe sämtlicher Titel wäre lang, weit länger aber ist die der Auszeichnungen: Prof. Dipl.-Ing. Dr. techn. Dr. med. h.c. Ernst Fiala, international bekannt vor allem als Leiter von Forschung und Entwicklung sowie Vorstandsmitglied bei Volkswagen AG, wo er am heiklen Übergang vom Käfer auf die Nachfolgemodelle, insbesondere aber am Golf maßgebenden Anteil hatte. Dieser wurde von Konkurrenz und Publikum sofort als etwas Besonderes erkannt.

Prof. Fiala bezeichnet Sicherheit und Energiesparen als sein Hauptanliegen, auf welchen Gebieten er früh bleibende Neue-

1,8-l-Einspritzmotor (Superbenzin)
Leistung 82 kW (112 PS) bei 5500/min
max. Drehmoment 155 Nm bei 3100/min

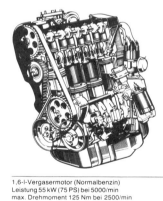

1,6-l-Vergasermotor (Normalbenzin)
Leistung 55 kW (75 PS) bei 5000/min
max. Drehmoment 125 Nm bei 2500/min

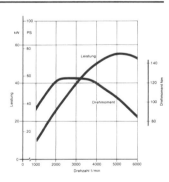

1,6-l-Dieselmotor
Leistung 40 kW (54 PS) bei 4800/min
max. Drehmoment 100 Nm bei 2300/min

1,6-l-Turbodieselmotor
Leistung 51 kW (70 PS) bei 4500/min
max. Drehmoment 133 Nm bei 2600/min

Der eingeschlagene Weg war ebenso unkonventionell wie schon andere Entwicklungen von VW. Dieser neue Dieselmotor wurde nämlich aus einem bestehenden und bewährten schnellaufenden, drehfreudigen, sparsamen und vor allem abgasarmen Ottomotor entwickelt. Bei Leistungsvergleichen zeigte sich, daß der auf diese Weise geschaffene Dieselmotor einem vergleichbaren Ottomotor sogar annähernd entsprach. Ähnlich verhielt es sich auch hinsichtlich der Lärmentwicklung, wenn auch nicht im gleichen Ausmaß.

Diese geniale Rationalisierung hat im Endeffekt einen Jahrzehntesprung in der Entwicklung des Dieselmotors vollzogen, weil Gegebenheiten, die ihr im Wege standen, nicht erst mühsam eliminiert werden mußten, sondern einfach nicht zur Kenntnis genommen und umgangen wurden.

In Verbindung damit ergab sich ein enormer Zusatzvorteil, indem eine weitreichende Gleichheit der Bauteile des bestehenden Otto- und des neugeschaffenen Dieselmotors gegeben war. Das geht sogar soweit, daß auf einer Fertigungsstraße gleichzeitig beide Motoren zusammengebaut werden können, was eine nicht zu unterschätzende Rationalisierung und damit Senkung

tionen mit elektronischer Regelung ist jedenfalls eine positive Weiterentwicklung möglich.

Dieselmotoren mit Turbolader oder Kompressor — bei VW auch mit dem G-Lader — schneiden hinsichtlich der Ruß-Emission von vornherein günstiger ab. Auch ist der eigentliche Verbrennungsprozeß des Dieselmotors weiterhin stark verbesserungsfähig. Aber auch durch die Entwicklung der Einspritztechnik sind weitere Fortschritte zu erwarten. So könnte etwa eine noch exaktere Dosierung einiges zu einem effektiveren Verbrennungsablauf beitragen. Bei anspruchsloseren Großmotoren wird dieses Prinzip zwar bereits praktiziert, aber in Kombination mit einer elektronischen Steuerung des Einspritzzeitpunktes ist hier noch manches zu erwarten. Das bedeutet, daß diese Maschine immer umweltfreundlicher werden kann und wird.

Seit dieser in kürzester Zeit entwickelte Dieselmotor gebaut wird, ist das Volkswagenwerk demnach nicht zufällig international zum größten Hersteller von Dieselmotoren für Personenkraftwagen aufgerückt. Es erzeugte bisher ca. 5,5 Millionen Stück.

Den eigentlichen Anstoß zur Inangriffnahme der so erfolgreichen Forschungsarbeiten am Dieselmotor bei VW gaben 1973 die damals geplanten Abgas-Vorschriften in Amerika, die anfangs so streng zu werden schienen, daß sich VW gezwungen sah, jede Alternative zum Otto-Motor ins Auge zu fassen, ja es drohte — zumindest in Kalifornien — sogar kurzzeitig überhaupt ein Verbot von Motoren mit innerer Verbrennung.

Das in Angriff genommene Dieselprojekt erwies sich jedoch sehr bald als außerordentlich entwicklungsfähig und führte zu einer optimistischeren Zukunftssicht. Aus diesem Grund traf Professor Dr. techn. Dipl.-Ing. Ernst Fiala, Vorstand für Forschung und Entwicklung bei VW, die weittragende Entscheidung, nun „kompromißlos daranzugehen, einen echten Personenwagen-Diesel zu bauen, der leicht, laufruhig und temperamentvoll ist".

Der kleinere Diesel-Pkw war damals in Europa immer noch so wenig gefragt, daß VW zuerst plante, diesen Motor ausschließlich in Brasilien für dessen Inlandsmarkt bauen zu lassen, was seinen Grund darin hatte, daß dort Benzin- und Dieselpreis weit auseinanderklafften, diese Lösung demnach einen großen wirtschaftlichen Anreiz bot.

Inzwischen stiegen aber die Treibstoffpreise in Europa stark an und ließen das möglichst sparsame Auto als überaus wünschenswert erscheinen. Das war der Moment, in dem Professor Hofbauer den Golf dazu ausersah, ihn als erstes VW-Modell mit einem Dieselmotor auszustatten, weil sich dieses Fahrzeug in seinen Augen am ehesten dazu eignete.

Daß diese Beurteilung richtig war, darin wird VW seit vielen

## Der schnellste Diesel der Welt

Mit 360 km/h Höchst- und gleichzeitig Dauergeschwindigkeit jagte 1980 dieser Aerodynamic Research VW mit einem $c_w$-Wert von 0,15 über den Rundkurs von Nardo in Süditalien. Der Sechszylinder-Turbo-Diesel mit Ladeluftkühlung durch Wasserverdunstung war damit der schnellste Diesel der Welt und brach zahlreiche Rekorde. Bei 2383 cm³ betrug die Leistung 129 kW/175 PS, Verbrauch bei 250 km/h 6 l/100 km. Das Ziel der Forschung — die erzielten Rekorde waren gleichsam Nebenprodukte — galt vor allem der Reduzierung des Luftwiderstandes, der Lösung fahrtechnischer Fragen (Richtungsstabilität, Antriebskräfte usw.), der Erprobung moderner Triebwerksauslegungen und nicht zuletzt der Reduzierung des Verbrauchs durch Minimierung mechanischer und aerodynamischer Widerstände. (Links im Bild Prof. Fiala)

**Die Federbein-Vorderachse**

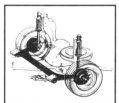

**Die Verbundlenker-Hinterachse**

**Die Scheibenbremsen des GTI**

der Produktionskosten bewirkt, die letztlich auf den Endverbraucher positiv durchschlägt.

Diese Entwicklung hatte aber noch eine weitere positive Folgeerscheinung. Zu jener Zeit nämlich, als das Publikum durch die Katalysator-Diskussion in fast ganz Europa verunsichert war, stieg ein großer Teil davon auf den Dieselmotor um, was nur dadurch möglich wurde, daß bereits ein ausgezeichneter Motor der entsprechenden Größenordnung in ausreichender Stückzahl zur Verfügung stand.

Aufgrund dieser VW-Konstruktion ist ein unverhältnismäßig starkes Ansteigen der Beliebtheit des Dieselfahrzeuges zu verzeichnen, so daß man geradezu von einem Senkrechtstart auf dem Gebiet der Selbstzünder sprechen kann. Das ist insbesondere im Hinblick auf die Umweltgegebenheiten erfreulich, denn die Abgase des Dieselmotors gelten als eher schadstoffarm, wenn auch der Ruß ein gewisses Problem darstellt. Auch strengere Grenzwerte sind zu erfüllen. Durch Verbesserung des Verbrennungsprozesses sowie aufwendigere Pumpenkonstruk-

**Das Armaturenbrett des neuen Golf wies von Modell zu Modell nur wenig.**

**Rechts: Der neue Golf wies noch bessere Sitze als der Vorgänger auf.**

**Zwei- oder viertürig sind die neuen C, CL und GL, GTI und GTD Golf sowie die betont komfortable GLX-Version.**

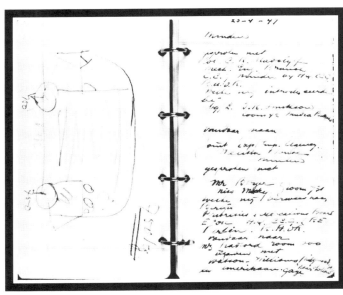

Links und rechts: Ähnlich wie der Käfer wurde auch der Transporter konzipiert. Links eine erste Skizze des niederländischen Importeurs von VW, Pon. Der Transporter stellte eine völlig neue Fahrzeugtype dar.

Unten: Die Vorderachse des Transporters mit Dreieck-Querlenker sowie Sicherheitslenksäule.

Ganz unten: Leer oder beladen — die Gewichtsbilanz ist ausgewogen. Vorbildliche Traktion unter allen Straßenverhältnissen sind Konstruktionsmerkmale der neuen Transporter-

entwicklung. Ideale Achslastverteilung von 50:50.

Unten Mitte: Die Hinterachse weist Schräglenker-Konstruktion auf und garantiert auch sonst neutrales Fahrverhalten. Die Zweikreis-Hydraulikbremse wird verzögerungsabhängig geregelt.

Rechts: Drei Jahrzehnte Transporter: Auf Käfer-Basis fing es 1949 an und bis 1967 liefen 1,7 Millionen Exemplare vom Band. Der Nachfolger brachte es auf 3,1 Millionen Stück, und größer, moderner, besser ist die dritte Generation seit den achtziger Jahren.

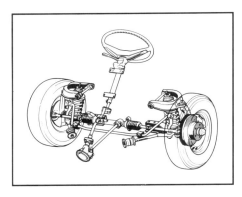

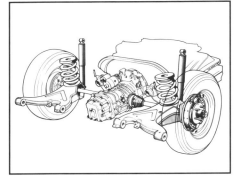

Instrumente und Kontrolleuchten liegen beim Transporter direkt im Blickfeld, seitlich gruppieren sich die Bedienungshebel.

Sitzposition wie im Pkw, übrige Einrichtung leicht bedienbar, Schaltung leicht und präzise.

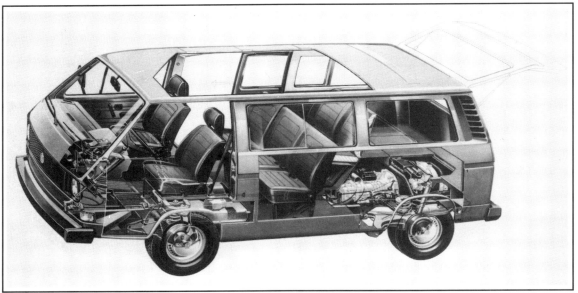

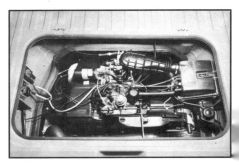

Jahren immer wieder bestätigt. Als Ausgangsbasis für die ersten Untersuchungen diente der heute serienmäßig produzierte VW-Wirbelkammer-Dieselmotor mit 1,5 Liter Hubvolumen und 37 kW Nennleistung. Es war vor allem beabsichtigt, die hauptsächlichen Nachteile des Dieselmotors gegenüber dem Benzin-Viertaktmotor weitgehend zu eliminieren, wie

**Ganz oben:**
Typenprogramm der VW-Transporter für Personen- und Güterbeförderung für den gemischten Schnellverkehr.

**Oben:**
Kühlsystem des Transporters.

**Oben rechts:**
Teil der elektronisch gesteuerten Montagestraße (Roboter).

**Links:**
Wassergekühlter Vierzylinder-Boxermotor für das Transport-Programm war auf hohe Laufleistung und Wirtschaftlichkeit ausgerichtet, 44 oder 57 kW.

etwa höheres Geräuschniveau, jedoch die Vorteile wie geringerer Kraftstoffverbrauch und niedrigere Emission möglichst noch zu verbessern. Die breitgefächerten Maßnahmen, die

**Wassergekühlter Vierzylinder-Reihen-Dieselmotor**, er und alle Aggregate sind leicht und bequem zugänglich.

hierzu ergriffen wurden, reichten von der Modifizierung des Brennverfahrens über Untersuchungen zur Leistungssteigerung durch Turboaufladung bis hin zur Geräuschminderung durch Motorkapselung. Wie stark insbesondere bei Kurzstreckenverkehr die Verbräuche bei etwa einem 37-kW-Otto- und einem gleichstarken -Dieselmotor differieren, geht zum Beispiel aus einer kurzen Fahrstrecke nach Kaltstart bei +10 Grad Celsius hervor, wobei der Golf-Ottomotor gegenüber dem Dieselmotor einen um den Faktor 3 höheren Kraftstoffverbrauch aufweist, was auf die fehlende Warmlaufanreicherung bei letzterem zurückzuführen ist.

Der Abgasfrage wurde bei der Entwicklungsarbeit große Aufmerksamkeit gewidmet. Abgesehen davon, daß die NOx-Emissionen des Dieselmotors an sich deutlich niedriger sind als beim Benzinmotor, wurden weitere Maßnahmen in dieser Richtung untersucht, und zwar in Form der Zurücknahme des Einspritzzeitpunktes, der Abgasrückführung und der Wassereinspritzung.

Aufladung hat beim Dieselmotor nach Professor Hofbauer eine große Zukunft, denn damit kann die obere Leistungsgrenze dieser Motoren weit über das heute bekannte Maß hinaus verschoben werden, insbesondere wenn es sich um eine wirksame Ladeluftkühlung handelt.

Aus diesem Grund untersuchte man bei VW auch intensiv die Anwendung der Aufladung. Die Nennleistung des aufgeladenen Dieselmotors konnte tatsächlich bereits um 40% auf 51,5 kW (70 PS) gesteigert werden. Das Leistungsgewicht liegt demnach mit 2,5 kg/kW im Bereich moderner Ottomotoren.

Heute setzt man bei VW auf zwei unterschiedliche Aufladesysteme. Insbesondere bei kleineren Motoren hat nämlich die Versuchsarbeit gezeigt, daß der mechanisch angetriebene G-Lader bessere Ergebnisse bringt. Auch im unteren Drehzahlbereich steigt die Leistung deutlich an und das Ansprechverhalten erweist sich als verzögerungsfrei.

Sicher stellt der Turbolader bei größeren Triebwerken weiterhin die bessere Lösung dar. Der Intercooler, die Ladeluftkühlung, ist für die Unterstützung beider Aufladesysteme wichtig, da er eine weitere Anhebung der Leistung durch bessere Füllung und damit auch eine Verbesserung des Wirkungsgrades bringt.

# Kleinwagen

Während die Abmessungen und PS-Leistungen der amerikanischen Automobile in den fünfziger Jahren kontinuierlich zunahmen, war man in Europa an der Wiederaufnahme der Produktion von Kleinwagentypen interessiert, die sich bereits in der Vorkriegszeit bewährt hatten wie Renault, Citroën, Fiat, DKW, usw. Vor allem im kraftstoffarmen Deutschland war der Erfolg aber auf Grund von Maschinen- und Rohstoffmangel unbefriedigend, weshalb man sich sehr bald um die Neuschaffung von Kleinstwagen bemühte, mit deren Hilfe man hoffte, das Problem der Personenbeförderung einer Lösung zuführen zu können.

Die ersten Versuche stellte man mit sogenannten „Kabinenrollern" an. Mehrere von ihnen wurden von Fahrrad- oder auch Flugzeugfabriken hergestellt, die damals nicht erzeugen durften oder konnten und sich nun auf ein neues Produkt stürzten, dessen Absatz gesichert erschien, wenn der Kraftstoffbedarf minimal genug war.

Ab 1950 gab es bereits eine Vielzahl dieser Konstruktionen, wie etwa den dreirädrigen Messerschmitt-Kabinenroller der ehemaligen Flugzeugfabrik, u. z. mit Zweitaktmotor, 10 PS, 4,5 Liter Verbrauch (50.000 Stück).

Der von BMW hergestellte, dreirädrige Kleinstwagen Isetta, eines der seriösesten der zahlreichen Rollermobile und Kleinstwagen von 1955, war ausgestattet mit einem Viertakt-Einzylindermotor, 12 PS, Verbrauch 5,5 l (160.000 Stück).

Interessant als Konstruktion war auch der geradezu absurd anmutende Janus von Zündapp, der aus dem Prototyp Dornier Delta entwickelt wurde und in dem man Rücken an Rücken saß. Er wies trapezartige Form, Front- und Hecktüren auf und war mit einem liegenden Zweitakt-Einzylinder mit 14 PS ausgestattet (6.900 Stück).

Bereits ab 1950 gab es den in Deutschland produzierten NSU-Fiat 500 (Topolino) mit Vierzylindermotor, 16,5 PS, Ver-

**Pierre-Jules Boulanger**

## Citroën 2CV

Der 2CV Citroën sollte von Anfang an das absolute Minimum des Automobils verkörpern und für jedermann erschwinglich sein. Im Herbst 1935 rief Pierre-Jules Boulanger, damals Generaldirektor von Citroën, den Leiter des Konstruktionsbüros zu sich und erteilte ihm den Auftrag, einen Wagen zu entwerfen, der zwei Personen sowie einen Zentner Kartoffeln mit 60 km/h transportieren könne und dabei nicht mehr als 3 l Benzin auf 100 km verbrauche. Er sollte selbst auf schlechtesten Straßen durchkommen, auch von Anfängern gefahren werden können und ein vernünftiges Maß an Komfort bieten. Der Ur-Prototyp wog unter 400 kg, erreichte mit zwei Insassen und 50 kg Gepäck 50 km/h und benötigte auf 100 km etwa 5 l Benzin. Nur wenige waren es, die ihn zu Gesicht bekamen, aber angeblich soll er schon damals gute Fahreigenschaften gezeigt haben. Der erste offizielle Prototyp war 1937 fertig. Auffallend war sein geringes Gewicht. Man verwendete überwiegend das Leichtmetall Duralinox. Die Räder waren aus Aluminium. Die Federung bewerkstelligte eine Vielzahl von Torsionsstäben und der Motor wurde einer BMW 500 entnommen. Die Karosserie bestand aus einem segeltuchbespannten Aluminiumrahmen. Hier hatte man sich tatsächlich viel einfallen lassen.

Im Mai 1939 waren im Werk Lavallois bereits 250 Fahrzeuge fertiggestellt und sollten beim bevorstehenden Automobil-Salon vorgestellt werden. Der Wagen trug nun die Bezeichnung TBV (Toute Petite Voiture = „ganz kleines Auto"). Mit Ausnahme der Kotflügel war es vollständig aus Duralinox gefertigt und glich bereits weitgehend dem späteren 2CV. Das Stoffverdeck konnte von der Windschutzscheibe bis zum hinteren Nummernschild aufgerollt werden. Die vier Türen waren nur von innen zu öffnen und die Zelluloidscheiben geteilt, um Handsignal geben zu können. Der einzige Scheinwerfer befand sich auf der linken Seite vorn. Der wassergekühlte Zweizylinder-Boxermotor besaß keinen Anlasser, sondern mußte mit der Kurbel gestartet werden. Bei warmem Motor sollte man mit Seilzug starten können, was sich letztlich aber als zu kompliziert erwies. Das Dreiganggetriebe wies einen direkt zu betätigenden Rückwärtsgang auf, während die hydraulisch betätigte Vorderradbremse in die Räder eingebaut war. Die Hinterräder wurden mit einer mechanischen Handbremse gebremst. — Dann kam der Krieg.

Nach 13 Jahren Entwicklung stellte Boulanger 1948 persönlich sein „Allzweckauto" anläßlich des Pariser Automobil-Salons vor. Die Verblüffung des Publikums wich bald einer bleibenden Anerkennung dieser „Konservendose", des „häßlichen Entleins" und wie man diesen Wagen auch immer bezeichnete. Ab 1949 wurde nach Dringlichkeitsgraden geliefert. 60% der Produktion waren von vornherein dem Export vorbehalten.

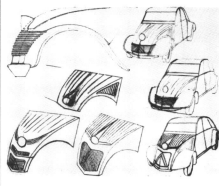

**Bertonis Entwurfsskizzen für den 2CV von 1948. Er dachte u. a. an eine schmutzunempfindliche, gesprenkelte Lackierung.**

**Der erste Prototyp des 2CV Citroën wurde 1939 vorgestellt. Er war häßlich, einäugig und von kaum mehr zu überbietender Komfortlosigkeit. Trotzdem sollte er später durch ein halbes Jahrhundert in leicht modifizierter Form einer der meistgebauten Kleinwagen der Welt sein.**

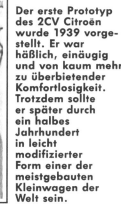

Photo Citroën

**Rechts:**
Zwei Federtöpfe verbinden die Vorder- und Hinterräder des 2CV und zwingen den Wagen, parallel zum Boden zu bleiben. Die dadurch gegebene Flexibilität gleicht alle Unebenheiten aus.

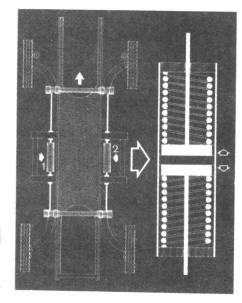

brauch 6 l (520.000 Stück). Der italienische Fiat Nuova 500 hieß in Österreich Steyr-Puch 500 und wurde hier mit einem Zweizylinder-Viertaktmotor angeboten.

Zu den ersten Kleinstfahrzeugen gehörte auch das dreirädrige, zweisitzige Fulda-Mobil, der vierrädrige, ebenfalls zweisitzige Gutbrod Superior, der offene Zweisitzer Champion 250, später der Heinkel Kabinenroller mit Viertakt-Einzylindermotor und das Glas Goggomobil, das heute vereinzelt zwar als „ungemein primitiv" bezeichnet wird, von allen Rollermobilen jedoch interessanterweise am längsten, nämlich bis 1969, gebaut wurde (280.739 Stück).

**Oben:**
Die Auf- und Abwärtsbewegungen des ungefederten Rades wurden durch in einen Zylinder eingebauten Trägheitsdämpfer abgefangen, — das Geheimnis der auffallend guten Radhaftung des 2CV.

**Oben:**
Antriebseinheit für den vorderradangetriebenen 2CV von 1948. Zweizylinder-Boxermotor mit Luftkühlung, Bohrung 62 mm, Hub 62 mm, Hubraum 375 cm³, 9 PS (SAE) bei 3500 U/min.

Im Laufe der Zeit entwickelte sich der 2CV auch zu einem optisch ansehnlicheren Fahrzeug, ohne seine Charakteristik einzubüßen.

## Technische Daten des 2 CV — 1949

Zweizylinder-Boxermotor mit Luftkühlung, Bohrung 62 mm, Hub 62 mm, Hubraum 375 cm³. Verdichtung 6,2 : 1, Leistung (nach SAE): 9 PS bei 3.500 1/min.
Einscheibentrockenkupplung, synchronisiertes Vierganggetriebe, Kraftübertragung durch Kardanwellen auf Rad- und Getriebeseite.

Räder: 3"-Räder mit 3-Punkt-Befestigung.
Reifen: Michelin-„Pilote" 125 x 400 mit Schlauch.
Fahrwerk: Einzelradaufhängung mit Wechselwirkung zwischen Vorder- und Hinterrädern. Jeder Lenker ist über einen Hebel und eine Schubstange mit einer Spiralfeder verbunden, die in einem längs zum Fahrgestell angeordneten Federtopf sitzt. Ein Trägheitsdämpfer pro Rad. Vier Reibschwingungsdämpfer (einer pro Rad).
Trommelbremsen an allen vier Rädern.

Wendekreis: 10,50 m.
Abmessungen: Radstand 2,40 m, Spurweite vorn 1,26 m, hinten 1,26 m, Länge 3,78 m, Breite 1,48 m, Höhe 1,60 m.
Füllmengen — Gewicht: Kraftstofftank 20 Liter, Motoröl 2 Liter, Leergewicht 495 kg (mit 5 Liter Benzin), zulässiges Gesamtgewicht 800 kg.

Fahrleistungen: Höchstgeschwindigkeit 65 km/h, Kraftstoffverbrauch 4 bis 5 Liter/100 km.

Karosserie: Zwei Haubenstützen, keine Fahrtrichtungsanzeiger, ein Schlußlicht, eine Bremsleuchte, nicht abschließbare Türverschlüsse.
Innenausstattung: Verriegelung der Scheiben durch rechteckige Handgriffe, schwarzes Lenkrad, kein Zündschloß, Anlasser auf dem Armaturenbrett, mattgraue Sitzbezüge ohne Streifen.

**Besonderes Augenmerk wurde beim 2CV von Anfang an auf den geräumigen Innenraum gelegt, wodurch er zum günstigen Familienfahrzeug bzw. zum sparsamen, handlichen Lieferwagen wurde.**

Die Motoren für den Antrieb dieser Fahrzeugkonstruktionen waren meist Ein- oder Zweizylinder-Zweitaktmaschinen mit geringem Kubikinhalt (250—400 cm³), entsprechend geringen Leistungen, aber auch geringem Verbrauch. Vor allem boten sie die so dringend benötigte Mobilität, und das mit Hilfe einer witterungssicheren Karosserie. Der anspruchslosen Kriegsgeneration erschienen diese Kleinstwagen bereits als großer Fortschritt. Deren einfache Bauweise schuf darüber hinaus die Möglichkeit, sie zum größten Teil selbst zu beservicen, ja sogar zu reparieren, wenn es nötig war, was insofern nahelag, als

**DKW Sonderklasse, Baujahr 1953. Diese neue F91-Limousine war bereits mit dem Dreizylinder-Zweitaktmotor ausgestattet. Leistung 34 PS, Spitze 120 km/h.**

# DKW

Noch vor dem Krieg wurden von den DKW-Typen Meister-klasse, Reichsklasse und Sonderklasse über 240.000 Exem-plare gebaut, womit diese Marke zum Bestseller der Vor-kriegszeit aufstieg.

Nachdem die in Sachsen gelegenen Werke der Auto Union von den Sowjets demontiert worden waren, wurde die zweite Auto Union GmbH 1949 in Ingolstadt ins Handelsregister ein-getragen. Bereits Ende 1950 überflügelte die Motorradpro-duktion von Auto Union jene des gesamten Weltmarktes. Zur gleichen Zeit rollten die ersten DKW Meisterklasse vom Band, u. z. nach wie vor mit Zweizylinder-Zweitaktmotor, Frontantrieb und Einzelradaufhängung. Aber ein Jahr später wurde der DKW Sonderklasse 391 mit

Das ansprechende Armaturenbrett des DKW mit dem federnden Zwei-speichen-Lenkrad.

34 PS erbrachte der vibrationsarme DKW-Dreizylinder-Zweitaktmotor, der sich durch hohe Leistung und Wirtschaftlichkeit auszeichnete.

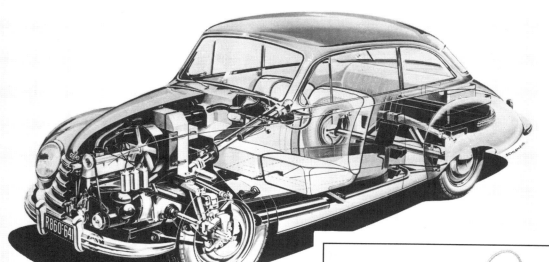

Dreizylinder-Zweitaktmotor vorgestellt, auch als »3=6« be-zeichnet, was soviel bedeuten sollte, wie daß diese Motorlei-stung etwa einem Sechszylinder-Viertaktmotor entsprach. Bald exportierte das Unternehmen in 55 Länder und Kar-mann gestaltete den DKW als Cabriolet. Auch die Fertigung von Kombis wurde bald aufgenommen. Später wird Auto Union kurz von Daimler-Benz übernommen, geht danach aber endgültig an VW über und wird zur Audi AG.

Die Nachfolgefirma von DKW in Sachsen, IFA, produzierte noch Fahrzeuge mit Zweitaktmotoren und hat ähnliche Fahr-zeuge mit Dreizylinder-Motoren mit 900 cm³ in der Type Wartburg eingesetzt.

Links: Röntgenzeichnung des DKW F91 mit dem vor die Vorderachse gebauten Motor, wodurch gute Radhaftung auch auf Steigungen erzielt wurde.

Darstellung des Fahrgestells und der Antriebs-einrichtung des Dreizylinder-DKW.

**Tempo Hanseat von 1950,** Pritschenwagen mit hochliegender Ladefläche, eines der wenigen Dreirad-Fahrzeuge dieser Art. Aufgrund des Vorderradantriebes etwas problematisch durch mangelnde Radhaftung.

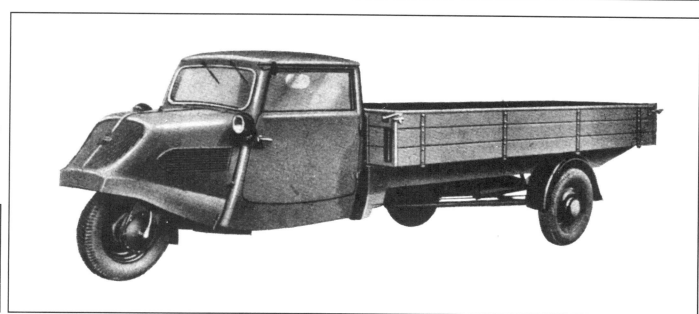

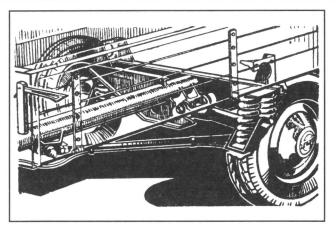

**Röntgendarstellung von Motoranordnung und Vorderradantrieb des Tempo Hanseat.**

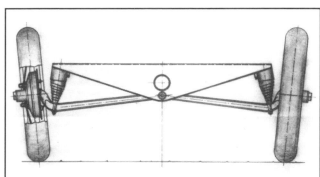

**Darstellung der Einzelradaufhängung der beiden Hinterräder des Tempo Hanseat. Tragkraft 790 kg, Leistung des querstehenden Zweizylinder-Zweitaktmotors mit 400 cm³ Hubraum 13,5 PS, Verbrauch 8 l / 100 km, Höchstgeschwindigkeit 63 km / h.**

# Tempo Hanseat

Bereits seit 1928 produzierte die Firma Vidal & Sohn, Hamburg-Harburg, Lastendreiräder. Ab 1933 verlegte man sich auf die Herstellung von dreirädrigen Personenwagen, die mit einem einzelnen Vorderrad ausgestattet wurden. Bei dieser Anordnung blieb man auch nach dem Krieg beim Bau der leichten Nutzfahrzeuge, die nun in hohen Stückzahlen erzeugt wurden.

1955 beteiligte sich Hanomag an der Firma, aber ein Jahr später wurden dennoch die letzten Dreiräder dieser Type produziert.

Dank des bewährten Ilo-Motors erwies sich der Tempo Hanseat immer als einsatzbereit. Die günstigsten Fahrbereiche lagen zwischen 35 und 55 km/h. Ein gut abgestuftes Getriebe erlaubte auch den Betrieb in unwegsamem Gelände (was nach dem Krieg häufig notwendig war), wobei sich die Unebenheiten im Schalthebel als spürbare Rückschläge bemerkbar machten. Sehr kurze Schaltwege machten eine gewisse Eingewöhnung erforderlich. Vor einer Kurve war es ratsam, kurz zu bremsen und in der Kurve zu beschleunigen.

**Obwohl der Renault 4CV ein Kleinwagen war, wurde er mit vier Türen ausgestattet.**

**Rechts oben: Hier wird gerade die komplette Antriebseinheit des mit Heckmotor versehenen 4CV in das Fahrgestell eingefahren.**

**Unten: Endgültige Ausführung des Renault 4CV von 1953. Ein Jahr später war diese Type bereits bei 500.000 Stück angelangt.**

Werkstätten damals nicht sehr häufig oder außerordentlich überlastet waren, denn auch das Kfz-Gewerbe mußte sich erst formieren.

Um etwa 1958 waren die meisten dieser Hilfsgefährte vom Markt wieder verschwunden. Wer bereits etwas besser verdiente und sich auch ausreichend Benzin leisten konnte, der zog bald entweder den größeren Kleinwagen oder überhaupt einen VW vor.

Inzwischen hatten sich auch die bekannten Automobilhersteller aus der Vorkriegszeit etablieren können. Sie zeigten bei den Automobilausstellungen regelmäßig ihre Erzeugnisse, die bereits als richtige Kraftfahrzeuge angesprochen werden konnten, wenn es sich auch nach wie vor überwiegend um kleinere Fahrzeuge handelte. Dabei ist die Definition des Kleinwagens, besonders aus heutiger Sicht, nicht einfach. Es kommt vor allem darauf an, was man unter diesem Begriff verstehen will. So kann ein Kleinwagen ein Fahrzeug sein, das über entsprechend geringe Abmessungen verfügt, sich aber auf Grund einer Übermotorisierung leistungsmäßig durchaus im Bereich

**Erster Prototyp des 4CV von 1943. Die ersten Testfahrten fanden im Jänner 1943 bei Nacht statt. Motor 757 cm³, 21 PS.**

**Der zur Fahrtrichtung querstehende Motor ist keine Erfindung der Nachkriegszeit, sondern bereits 1903 hatte Paul Daimler einen quergestellten Zweizylindermotor in einem Leichtwagen vorgesehen.**

**Der 4CV wurde auch mit Schiebe- oder Faltdach geliefert.**

# Renault 4CV

Louis Renault bekundete bereits 1940 die Absicht, einen Kleinwagen zu projektieren, der nach Kriegsende herauskommen sollte. Ein Jahr später präsentierte die Konstruktionsabteilung ein fertiges Holzmodell. Unter strenger Geheimhaltung konnte 1943 der erste funktionsfähige Prototyp erprobt werden. Die Ergebnisse entsprachen jedoch nicht den Erwartungen Renaults, weshalb er die Konstruktion eines verbesserten Prototyps beschloß, der 1944 abermals in Erprobung gehen sollte. Statt der Aluminium- wählte man nun eine Stahlkarosserie, zweitürig, mit ansprechender Linienführung. Nicht nur der Heckmotor war fortschrittlich, sondern auch die selbsttragende Karosserie, vorne Einzelradaufhängung mit Dreiecklenkung und Schraubenfedern, hinten an Schraubenfedern abgestützte Pendelachse.

Nach dem Tod Louis Renaults übernahm Pierre Lefaucheux das Werk und ließ den 4CV weiterentwickeln. Entgegen den Wünschen des neuen Generaldirektors hat man Prof. Ferdinand Porsche nicht weniger als neunmal konsultiert. Nach entsprechender Weiterentwicklung wurde der 4CV während des Pariser Salons 1947 endgültig vorgestellt und kam auch beim Publikum gut an.

Zu Beginn der Produktion war die Nachfrage bereits so groß, daß man die Montage eines Fließbandes ins Auge faßte. Die ersten Modelle des 4CV wurden mit einem 760 cm³ Motor ausgestattet, der Hubraum aber bald auf 748 cm³ herabgesetzt, da man die Konkurrenzfähigkeit der Klasse bis 750 cm³ erhalten wollte, was auch für den im Sport erfolgreichen Wagen wichtig erschien. Die Leistung des Motors betrug 21 PS, die Spitzengeschwindigkeit 110 km/h.

1952 wurde das nun als spartanisch empfundene Modell Normale durch Affaires und den Typ Sport abgelöst. 1954 brachte wesentliche Änderungen wie die Verminderung der Chromstäbe, eine Vergrößerung des hinteren Passagierraums usw. Diesen Verbesserungen folgte bald eine Anhebung der Leistung auf 32 PS, Vierganggetriebe, ein neues Armaturenbrett mit abgeschirmten Instrumenten und anderes. Insgesamt wurden 1,150.543 Einheiten dieses „französischen Volkswagens" gebaut.

Bugatti hofft mit diesem Rennwagen eine Geschwindigkeit von 120 bis 125 Km. pro Stunde zu erreichen. Im Rennen Paris—Madrid wird seiner Meinung nach allerdings Fournier's Durchschnittsleistung bei der Fernfahrt Paris-Berlin kaum überboten werden, denn die Straßen sind auf spanischem Gebiete die denkbar schlechtesten.

### Der leichte Wagen Paul Daimler.

Die beiden Söhne des genialen Erfinders Gottlieb Daimler sind, wie man weiß, in die Fußstapfen ihres Vaters getreten. Herr Adolf Daimler ist in den Daimler Werken in Cannstatt thätig und Herr Paul Daimler arbeitet in den Bureaus der Oesterreichischen Daimler-Motorengesellschaft in Wiener-Neustadt. Dem Letzteren verdankt die genannte Gesellschaft die Construction eines hübschen, leichten Wagens, der in der Fabrik der Paul Daimler-Wagen genannt wird.

Wenn der Wagen auch in seinen Formen von der jetzt classisch gewordenen Type nicht abweicht, so zeigt er doch in seiner maschinellen Anordnung principielle Eigenheiten.

Es gilt, wie man weiß, heute geradezu als Regel, den Motor so zu placiren, daß die Motor-Achse mit der Längsrichtung des Wagens parallel läuft. Die Schwungräder rotiren dann in der Querrichtung der Fahrt. Diese Anordnung hat Herr Paul Daimler nicht acceptirt. Er ist der Anschauung, daß der quer zur Fahrtrichtung rotirende Motor seitliche Schwingungen erzeuge, die sich auf das ganze Fahrzeug übertragen. In der That kann man diese seitlichen Schwingungen sehr drastisch bei großen Rennwagen beobachten, deren Motor durch einen Regulator zeitweilig gedrosselt wird.

Herr Paul Daimler läßt nun bei seiner Construction die Bewegungen des Motors mit der Fahrtrichtung zusammenfallen, indem er einfach den Motor quer stellt, d. h. von vorne gesehen befinden sich die Cylinder des Motors nicht hintereinander, sondern nebeneinander. Die Curbelwelle rotirt infolgedessen in der Richtung der Fahrt.

Aus dieser Stellung des Motors resultiren dann nothwendiger Weise eine Reihe weiterer Umstellungen der Organe. Die Frictionskupplung und das Schwungrad befinden sich seitlich vom Motor, auch sie rotiren in der Richtung der Fahrt. Das Getriebe ist in die unmittelbare Nähe des Motors gelagert. Die Welle, welche die Frictionskupplung trägt, steht mit dem Vorgelege durch zwei im Eingriff befindliche Stirnräder in Verbindung. Die Verschiebung der Zahnräder des Schnelligkeitsgetriebes wird aber nicht in der sonst üblichen Weise bewerkstelligt, sondern vermittelst einer Curvenwalze. Das Getriebe enthält vier Schnelligkeiten nach vorne und eine Rückwärtsfahrt. Die beiden conischen Uebersetzungsräder, die sonst allen Schnelligkeitswechseln eigen ist, konnten bei der Paul Daimler-Construction unterdrückt werden. Da alle Theile in der Fahrtrichtung rotiren, so brauchte der Constructeur nur die Bewegung der Vorgelegewelle durch Ketten auf die Hinterräder zu übertragen; er that dies aber nicht unmittelbar, sondern legte noch ein Zahnradgetriebe dazwischen. Dadurch wurde die Kette verkürzt und das schnurrende Geräusch statt neben dem Wagenkasten unter dem Wagenkasten gebracht.

Der Motor der leichten Daimler-Wagen ist zweicylindrig und entwickelt 9 HP, die Zündung ist magnetelektrisch. Das Fahrzeug hat Bienenkorb-Kühler.

Besonders bemerkenswerth ist der Umstand, daß der Preis ein sehr raisonabler ist.

**Der leichte Wagen der Wiener-Neustädter Daimler-Motoren-Gesellschaft (Construction Paul Daimler)**
(Phot. K. Huber, Wien)

der Mittelklasse bewegt, ja er ist mitunter sogar bei den großen Wagen anzusiedeln. Oder aber es handelt sich um ein Fahrzeug mit einem durchaus begrüßenswerten, größeren Transportraum, wodurch es wiederum durch Untermotorisierung und die allgemeine Charakteristik in die Reihe der Kleinwagen einzuordnen ist.

Wenn hier von Kleinwagen gesprochen wird, sind im allgemeinen Fahrzeuge gemeint, die von der Motorisierung her entsprechend niedrig einzustufen sind und hinsichtlich der Karosserieabmessungen höchstens in die kleine Mittelklasse hineinreichen. Es handelt sich also um eine relativ ungenaue Definition des Begriffes Kleinwagen, aber eine bessere gibt es derzeit kaum.

Hatten sich der Motorisierung der ersten Stunde in Form von Kleinstwagen demnach sowohl renommierte Firmen als auch kleine Unternehmen angenommen, so zeigten sich doch bald ernstzunehmende Ansätze einer echten Autoproduktion, deren Erzeugnisse sich à la long nicht immer durchsetzen konnten, die in ihrer Gesamtkonzeption damals jedoch bereits recht tragbare Verkehrsmittel darstellten. Man war um den Anschluß an die Produktion der Fahrzeugkonstruktionen aus der Vorkriegszeit bemüht, die nun wieder auf dem Markt erschienen. So der früher sehr beliebte Fiat Topolino, der nun als NSU-Fiat 500 wiederkehrte, u. z. in den verschiedenen Karosserieverkleidungen vom Zweisitzer bis zum Combi. Und selbstverständlich der längere Zeit vor dem Krieg serienmäßig produzierte DKW, der es nun zu einer besonderen Blüte brachte und nicht nur bei jener Käuferschicht willkommen war, die weniger auf Image als auf Transportmöglichkeiten zu achten hatte, wobei er durchaus auch in etablierten Käuferschichten ankam. Vom luftgekühlten Zweizylinder-Zweitakt-

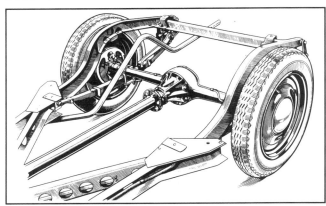

# Fiat 500 Topolino

Der 1936 herausgekommene Fiat 500 Topolino (Mäuschen) sollte es bald zum kleinsten in Großserie gebauten Auto der Welt bringen, was bei näherer Betrachtung nicht Wunder nahm: Dieser kleine, bald sehr beliebte Wagen besaß einen wassergekühlten, seitengesteuerten Vierzylinder-Viertaktmotor mit 569 cm³ Inhalt, 13 PS Leistung und 85 km/h Spitze. Anordnung vor der Vorderachse mit einem hinter den Motor versetzten Kühler. Der Wagen bot zwei bequeme Einzelsitze und dahinter Platz für zwei Kinder oder Gepäck.

Im Frühjahr 1948 folgte der verbesserte Fiat 500 B, der äußerlich fast unverändert war. Der neue Motor mit hängenden Ventilen leistete jedoch 16,5 PS bei 95 km/h. Die Teleskop-Stoßdämpfer waren ebenso neu wie das Armaturenbrett und das Lenkrad.

Kurz darauf erschien als Variante der viersitzige Kombiwagen Giardiniera sowie Belvedere. Sie wiesen die damals moderne Karosserieform der amerikanischen Station Wagon auf und boten zahlreiche Einsatzmöglichkeiten. Schon ein Jahr später folgte der Fiat 500 C mit modernisierter Karosserie, Verbesserungen am Motor, serienmäßiger Heizung sowie Entfroster. Von diesem Typ wurden bis 1955 nicht weniger als 376.370 Einheiten hergestellt, vom 500 B 21.000 und der ursprüngliche Typ brachte es auf 120.000 Stück.

**Links oben:** Röntgendarstellung des zweisitzigen Fiat 500, 1936—1948, mit hinter dem Motor befindlichen Kühler.

**Darstellung der starren Hinterachse mit Halbelliptik-Blattfedern.**

**Ganz oben rechts:** Fiat 500 B mit der nach dem Krieg sehr beliebten, 1948/49 geschaffenen Station-Wagon-Karosserie

für 4 Personen und 50 kg Gepäck, 90 km/h, 6,5 l/100 km.

Fiat 500 von 1936 als zweisitzige Ausführung.

Schnitt des Fiat 500-Motors, wassergekühlter Vierzylinder mit 569 cm³ und einer Leistung von 13 PS bei 4000 U/min. 85 km/h und 22% Steigung leistete dieses Fahrzeug bei 6 l/100 km und einer Zuladung von 2 Personen und 50 kg Gepäck.

F|I|A|T

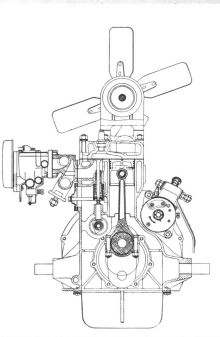

motor und Sperrholzkarosserie wandelte er sich nun zu einem stromlinienförmigen Fahrzeug mit Dreizylinder-Zweitaktmotor und recht beachtlichen Fahrleistungen.

Parallel zum westdeutschen DKW — die ursprüngliche Firma war von Zschopau in der DDR nach Westdeutschland verlegt worden — brachte man nun in Ostdeutschland den IFA heraus, der eine ähnliche technische Konzeption aufwies, allerdings in der Formgebung (Wartburg-Karosserie) abwich.

Eine interessante Stellung auf dem deutschen Automarkt nahm der aus Bremen stammende Hansa Lloyd ein, dessen erste Entwicklung mit einem luftgekühlten 300-cm³-Zweizylinder-Zweitaktmotor herauskam und damals durch seine kunstleder-überzogene Sperrholzkarosserie im Volksmund die Bezeichnung „Plastik-Bomber" führte. Dieser vorderradangetriebene

Bergfreudigkeit, die man dem 13 PS-Motor gar nicht zugetraut hätte, noch dazu in Verbindung mit einem Dreiganggetriebe. Mit diesem Fahrzeug wurden damals ursprüngliche österreichische Bergstraßen wie die Turracher Höhe, der Radstädter Tauern, die Großglockner Straße usw. befahren, ohne daß jemals wirkliche Probleme aufgetreten wären. Strecken von einigen hundert Kilometer konnten ohne Schwierigkeiten zurückgelegt werden, obwohl die Höchstgeschwindigkeit zwischen 70 und 75 km/h betrug. Außerdem war diese Type trotz ihrer Kleinheit auf Grund der hinteren Ladetür, die damals noch selten war, ein sehr brauchbares Transportmittel für Kleinbetriebe wie auch Urlaubsfahrten. Der Verbrauch des mit Zweitaktgemisch zu betreibenden Motors lag bei 6 l auf 100 km. Sehr interessant ist bei diesen Nachkriegsproduktionen die große Vielzahl konstruktiver Überlegungen, die ihnen zu-

# Fiat Nuova 500

1952 forderte das kommunistische Blatt „Unita" einen Kleinwagen, den sich auch die Arbeiterschaft leisten können sollte und wies darauf hin, daß Fiat ohnehin einen solchen Wagen im Konzept bereit hätte. Es veröffentlichte einen Entwurf, der aus den Fiat-Werken entwendet worden war. Erst fünf Jahre später aber — inzwischen war der Fiat 600 herausgekommen — wurde der eigentliche Fiat-Volkswagen, der Fiat Nuova 500, präsentiert. Er wies als erster Fiat einen luftgekühlten Zweizylinder-Heckmotor mit 479 cm³ auf und bot zwei Erwachsenen und zwei Kindern Platz. Die Leistung von 13 PS verlieh dem Fahrzeug 85 km/h. Seine Länge betrug nur 294 cm, das Gewicht 455 kg. Seine Verläßlichkeit, Sparsamkeit und Wendigkeit verschafften diesem kleinsten von Fiat jemals gebauten Wägelchen abermals viele Freunde.

Links und Oben:
Fiat Nuova 500,
1957—1960,
Röntgendarstellung
luftgekühlter
Zweizylinder-
Zweitaktmotors
mit 479 cm³,
13 PS und 85 km/h

Höchstgeschwindigkeit, 23% Steigung,
4,5 l/100 km,
für 2 Personen und
Kindersitze bzw.
70 kg Gepäck,
Eigengewicht
470 kg.

Unten:
Die auch heute
noch ansprechende
Formgebung des
Fiat Nuova 500
trug mit zu seinem
Erfolg bei.

viersitzige Wagen bot so viel wie keinen Komfort, verfügte in der ersten Ausführung nicht einmal über Stoßdämpfer, wurde aber zu einem durchaus passablen Kleinwagen und bald nach seinem Erscheinen mit einigen Blechkarosserieteilen, wie Motorhaube und Heckteil, ausgestattet. Der aus Österreich stammende Konstrukteur dieses Lloyd war sich ebenso wie viele andere der damaligen Zeit voll bewußt, daß es vorrangig war, einen „fahrbaren Untersatz" mit Witterungsschutz und betriebsverläßlicher Funktion zu schaffen.

Der Autor hatte Gelegenheit, mit dem Lloyd 400, einer ersten Weiterentwicklung, tausende Kilometer Testfahrten zu absolvieren, wobei aus eigener Erfahrung nicht nur die absolute Betriebsverläßlichkeit dieses kleinen Fahrzeuges festgestellt werden konnte, sondern vor allem seine damals beachtliche

# Lloyd

1950 schuf die Lloyd-Maschinenfabrik GmbH in Bremen, ein Zweig der Borgward-Gruppe, ein viersitziges, sehr preiswertes Kleinauto: den Lloyd. Das besondere Kennzeichen war die mit Kunstleder überzogene Sperrholzkarosserie, was einen eher glanzlosen Anblick bot, und dem Gefährt die Bezeichnung „Leukoplast-Bomber" eintrug. Die Pontonform lehnte sich an jene des Borgward Hansa 1500 an. Angetrieben wurde der Lloyd von einem luftgekühlten Zweizylinder-Zweitaktmotor über die Vorderräder. Mit 293 cm³ Hubraum leistete dieser Motor 10 PS bzw. 75 km/h. Das Chassis bestand aus einem Zentralrohr mit Plattform, vorne Einzelradaufhängung mit zwei übereinanderliegenden Querfedern, hinten Pendelachse mit Querblattfeder. Der Lloyd LP 300 erschien bald auch als Kombi (LS) und 1952 sogar als zweisitziges Coupé (LC).

Ein Jahr später wurde der Motor von 396 cm³ und der Leistung von 13 PS verbessert (Lloyd LP 400), und auch das Äußere erfuhr eine Aufwertung in Form einer seitlichen Blech-

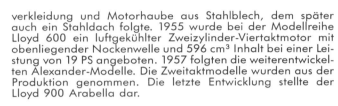

verkleidung und Motorhaube aus Stahlblech, dem später auch ein Stahldach folgte. 1955 wurde bei der Modellreihe Lloyd 600 ein luftgekühlter Zweizylinder-Viertaktmotor mit obenliegender Nockenwelle und 596 cm³ Inhalt bei einer Leistung von 19 PS angeboten. 1957 folgten die weiterentwickelten Alexander-Modelle. Die Zweitaktmodelle wurden aus der Produktion genommen. Die letzte Entwicklung stellte der Lloyd 900 Arabella dar.

**Das Licht des Lloyd war für die niedrige Geschwindigkeit, die gefahren wurde, absolut ausreichend.**

**Oben:
Der Lloyd wurde nicht nur als Pkw und Kombi gebaut, sondern auch als Klein-lieferwagen und Kleinbus.**

**Links unten:
Komplette Vorderachse mit Lenkung, Motor und Federung.**

**Unten:
Darstellung des Fahrgestells mit Sitzanordnung von oben.**

**Rechte Seite:
Der Lloyd konnte trotz seiner drei Gänge und seiner geringen Leistung auch echte Gebirgsstraßen ohne besondere Schwierigkeiten bewältigen, wenn auch langsam.**

**Oben:
Der zweitürige Lloyd 400 noch mit problematischer Türöffnung nach vorn. Hier bestand immer die Gefahr, daß der Fahrtwind die Tür aufreißen könnte, wenn sie nicht gut geschlossen war.**

**Rechte Seite unten:
Im Herbst 1953 wurden die ersten 31 Lloyd nach Japan verschifft.**

türe war ein relativ geräumiges Transportmittel für eine vierköpfige Familie oder für einen Klein-gewerbebetrieb.

grunde lag, und mit welcher Vielfalt hier nach Problemlösungen gesucht und neue Wege versucht wurden, die nach entsprechender Weiterentwicklung auch heute noch in Verwendung sind. So ging man bei den Konzepten von der damals als klassisch geltenden Antriebsart Frontmotor mit Hinterradantrieb ab und versuchte bereits die heute noch geltende Tendenz, nämlich Vorderradantrieb mit Frontmotor. Außerdem wurde von einigen Firmen der quergestellte Motor, wenn auch nur in Zweizylinder-Ausführung, angewendet.

Dieser quergestellte Motor wird heute vielfach dem englischen Konstrukteur Issigonis zugeschrieben, der dieses Prinzip erstmals bei den Austin und Morris Minor anwendete.

Er stellte in diesen erfolgreichen Fahrzeugtypen den Vierzylindermotor quer zur Fahrtrichtung und verkürzte damit den Motorraum, wodurch der Fahrgastraum bei unveränderten Außenabmessungen beachtlich vergrößert werden konnte. An sich stellte jedoch der quergestellte Motor keine Neuheit dar, da bereits Paul Daimler in Wiener Neustadt 1903 in einem Leichtwagen einen quergestellten Zweizylinder-Motor angewendet hatte (siehe Seite 413).

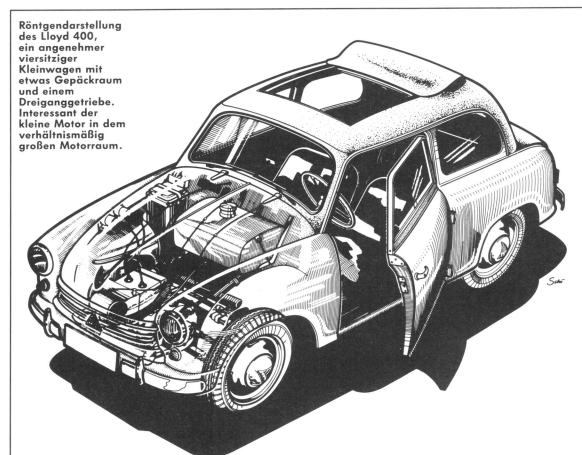

Röntgendarstellung des Lloyd 400, ein angenehmer viersitziger Kleinwagen mit etwas Gepäckraum und einem Dreiganggetriebe. Interessant der kleine Motor in dem verhältnismäßig großen Motorraum.

Sehr fortschrittlich mutet es an, daß bei mancher der Kleinwagenkonstruktionen von damals der komplette Antriebsblock inklusive des Radantriebes als Einheit leicht ein- und ausbaufähig gestaltet wurde, während die leichte Zugänglichkeit zu allen Aggregaten allein schon durch die kleinen Motoren in den verhältnismäßig großen Motorräumen gesichert war.
Neben den Frontmotorfahrzeugen mit Vorderradantrieb gab es selbstverständlich auch solche mit Heckmotor und Hinterradantrieb. Und hier war der aus dem Jahr 1954 stammende Renault 4CV eine charakteristische Konstruktion dieser Richtung, übrigens ein sehr interessanter Kleinwagen, der sogar in viertüriger Ausführung — man sieht, bei Kleinwagen ist alles möglich — produziert wurde. An diesem Renault 4CV hatte bekanntlich Ferdinand Porsche nach dem Krieg mitgewirkt. Das Fahrzeug fand in recht beträchtlichen Stückzahlen auf dem europäischen Markt Absatz.

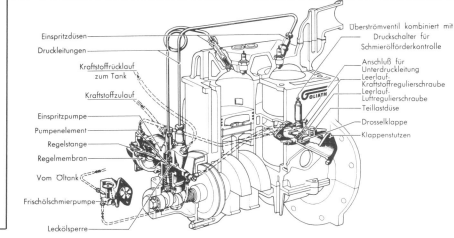

Einspritzdüsen
Druckleitungen
Kraftstoffrücklauf zum Tank
Kraftstoffzulauf
Einspritzpumpe
Pumpenelement
Regelstange
Regelmembran
Vom Öltank
Frischölschmierpumpe
Leckölsperre
Überströmventil kombiniert mit Druckschalter für Schmierölförderkontrolle
Anschluß für Unterdruckleitung
Leerlauf-Kraftstoffregulierschraube
Leerlauf-Luftregulierschraube
Teillastdüse
Drosselklappe
Klappenstutzen

Teilansicht des wassergekühlten Zweizylinder-Zweitaktmotors des Goliath von 1954. 700 cm³, 29 PS bei 4000 U/min. Er war interessanterweise bereits mit einer Benzineinspritzung ausgestattet. Der Kraftstoffverbrauch betrug 5,9 l/100 km, der Motor verlieh dem Fahrzeug eine Höchstgeschwindigkeit von 110 km/h.

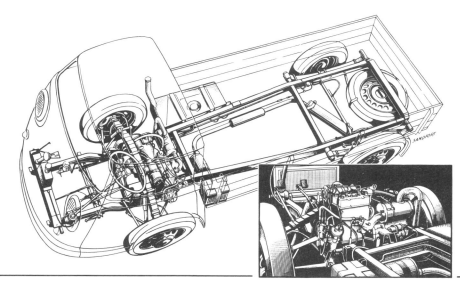

Goliath-3/4 t-Dreirad von 1950, ein gerngefahrener Kleinlaster mit einem robusten, wassergekühlten Zweizylinder-Zweitaktmotor mit 396 cm³, 13 PS, Höchstgeschwindigkeit 64 km/h, 7,4 l/100 km. Frontmotor und Hinterradantrieb hinten (unten).

Zündapp-Janus von 1958. Viersitzig, Lehne an Lehne, mit Türen vorn und am Heck. Einzylinder-Zweitakter mit 14 PS, Viergang-getriebe, Spitze 80 km/h, „Einzelrad-aufhängung".

Linke Seite unten: Goliath Vierrad-Lieferwagen „Express", Röntgendarstellung mit Fahrgestell und 700 cm³ Zweitakt-Einspritzmotor, bereits vollsynchronisiertes Viergang-getriebe, drei-sitziges Führerhaus, Verbrauch zwischen 6 bis 7,3 l/100 km, Nutzlast 800 kg.

Fend-Messerschmitt von 1953, mit hintereinander angeordneten Sitzen, statt Lenkrad ein Motorradlenker. Einzylinder-Zweitakter mit 9, später 10 PS. Bis 100 km/h.

## Goliath

Ebenso wie Lloyd gehörte Goliath zur Borgward-Gruppe. Vor dem Krieg kannte man den Namen Goliath vor allem von den praktischen Dreiradlieferwagen her, die auf diesem Sektor ein Begriff waren. 1949 lief ihre Produktion von neuem an. Im Frühjahr 1950 brachte das Goliath-Werk einen Pkw heraus, bei dem es sich um eine zweitürige, vier- bis fünfsitzige kleine Limousine handelte, die sich im Äußeren an den Borgward Hansa 1500 anlehnte. In technischer Hinsicht allerdings hatte man es mit einer interessanten Neuheit zu tun. Dieser ansprechende, gut proportionierte Kleinwagen hatte Front-antrieb und der Zweizylinder-Zweitaktmotor mit 688 cm³ Hubraum leistete 25 PS. Der Zentralrohrrahmen war mit der Karosserie verschweißt und wies eine vordere Einzelradauf-hängung mit zwei Querblattfedern sowie eine hintere Starrachse mit Halbelliptikfedern auf.

Diesem Goliath GP 700 folgte 1951 ein vielbeachtetes Leicht-metallcoupé, das GP 700 Sport. Es erreichte 120 km/h, war strömungsgünstig gestaltet und besaß bereits Echtlederpol-sterung. Das Sensationellste daran war jedoch die Benzinein-spritzung. Es folgten eine Kombivariante, der Hubraum des Sportwagens wurde auf 845 cm3 erhöht und die Benzinein-spritzung auch bei anderen Modellen vorgesehen. Ende 1952 erhielten sämtliche Goliath ein vollsynchronisiertes Getriebe und es wurden Heizungen/Lüftungen, großflächig gewölbte Heckscheiben und andere konsequente Weiterentwicklungen vorgenommen. Auch der Goliath Geländewagen entstand um diese Zeit. Später wurde der Hubraum vergrößert und neben dem GP 700 gab es bereits einen GP 900, und der Goliath wurde immer leistungsfähiger und besser ausgestattet.

Um 1960 machte sich in der Borgward-Gruppe ein Finanzde-bakel bemerkbar, das sie bald danach zum Aufgeben zwang. Damit verschwanden Marken aus der deutschen Autoszene, die außerordentlich befruchtend gewirkt und viel zu ihrem Ansehen und Erfolg beigetragen hatten.

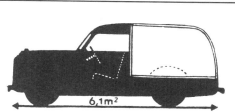

BMW Isetta von 1958. Luftgekühlter Viertakt-Einzylindermotor mit 245 cm³, 12 PS, Viergang-getriebe, 85 km/h Spitze. Fronttüre.

Unten: Goliath Personen-wagen von 1954, fünfsitziger Frontantriebler mit 700 cm³ Zweitakt-motor, Höchstge-schwindigkeit über 100 km/h, Normverbrauch mit Benzineinspritzung 5,9 l/100 km.

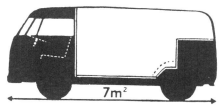

Der Gutbrod Atlas 800 war ein Kleintransporter mit hohem Ladeaufkommen. Er faßte 3,8 m³ auf durchwegs ebener Ladefläche.

Der Kleintrans-porter von damals wurde vielfach neu überdacht und wies nicht mehr wie rechts dar-gestellt bei relativ viel Tot-raum eine kleine Nutzladefläche auf. Ein neues Konzept sah bei geringeren unver-meidlichen Tot-räumen große Nutzflächen bei gleichen Außen-maßen vor. Vorbild war hier der VW Trans-porter.

6,1 m²

7 m²

# BMC 850

Der Austin Seven 850 bzw. Morris (Mini-Morris) 850 waren Parallelmodelle, die, nachdem die beiden Marken in der British Motor Corporation zusammengefaßt worden waren, in Doppelausführung erschienen. Im August 1959 wurde dieser Wagentyp herausgebracht, der bald als Sensation im Automobilbau gewertet werden sollte. Der BMC-Chefingenieur Alec Issigonis erntete damit Weltruhm.

Kleinwagen gab es damals bereits mehrere, aber der Mini,

wie er bald allgemein genannt wurde, stellte insofern etwas Besonderes dar, als er bei knappsten Außenabmessungen ein vollwertiger Viersitzer war, was nicht zuletzt auf die Querstellung des Motors und der kompakt zusammengebauten Frontmotor-Getriebe-Einheit zurückzuführen war. Der Vierzylinder-Viertaktmotor mit 848 cm³ erbrachte eine Leistung von 35 PS bei 115 km/h Spitze. Vorn und hinten war Einzelradaufhängung mit progressiver Gummifederung vorgesehen und die selbsttragende Karosserie wies an beiden Enden Hilfsrahmen für die Aufhängungsorgane auf. Obwohl der Mini sogar von Fachleuten ursprünglich skeptisch aufgenommen worden war, hat er doch den Kleinwagenbau nachhaltig beeinflußt.

**Innenausstattung und Armaturenbrett des Mini mit Instrumentierung.**

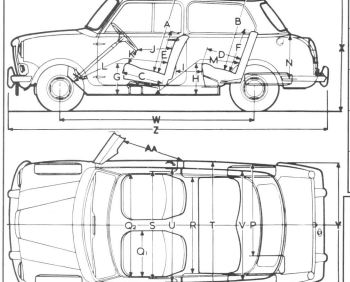

**Rechts unten:** Der Motor des **Mini 1000** war ein wassergekühlter, obengesteuerter Vierzylindermotor mit 998 cm³ und 36 PS, während der Mini 850 858 cm³ Hubraum und 34 PS aufwies.

**Darstellung des quer eingebauten Vierzylinder-Viertaktmotors.**

| AA | A | B | C | D | E | F |
|---|---|---|---|---|---|---|
| 81 cm | 95 cm | 88 cm | 46 cm | 43 cm | 48 cm | 51 cm |
| G | H | I (max.) | I (min.) | J (max.) | J (min.) | K |
| 34 cm | 33 cm | 29 cm | 19,05 cm | 42 cm | 32 cm | 16,51 cm |
| L (max.) | L (min.) | M (max.) | M (min.) | N | P | Q1 |
| 1,10 cm | 1,016 m | 1,13 cm | 95 cm | 41 cm | 94 cm | 51 cm |
| Q2 | R | S | T | U | V | W |
| 1,10 m | 1,04 m | 1,15 m | 1,32 m | 1,17 m | 1,13 m | 2,036 m |
| X | Y | Z | Spur vorne 1,198 | | Gewicht (trocken) | |
| 1,35 m | 1,403 m | 3,310 m | Spur hinten 1,164 | | ca. 660 kg | |

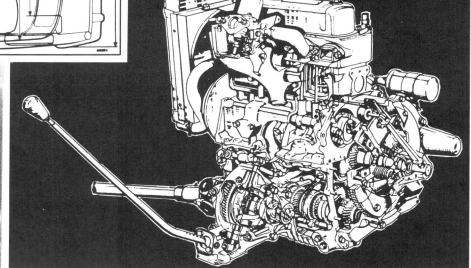

Ein Kleinwagen, der in relativ hohen Stückzahlen nach Österreich importiert wurde, war der bereits erwähnte Fiat 500, ein Nachfolger des Topolino, der ja mit der klassischen Antriebsart Motor vorn bei Hinterradantrieb ausgestattet war, während die Nachkriegsversion nun über einen Heckmotor und Hinterradantrieb verfügte. Die importierten Wagen dieser Type waren nicht mit dem in Italien verwendeten Zweizylinder-Zweitaktmotor, sondern mit einem von Ledwinka jun. konzipierten, luftgekühlten Zweizylinder-Viertaktmotor ausgestattet, der sich als außerordentlich verläßlich und langlebig erwies. Wie der Autor auf Grund von Langzeitversuchen mit dem Fahrzeug der Werksnummer 3 in Österreich feststellen konnte, war es sommers und winters sehr betriebsverläßlich und durch sein im Verhältnis zum Wagengewicht relativ schweres Heck die Probleme auch bei Schnee und Eis nur gering. Durch eine günstige Innenraumgestaltung fühlte man sich nicht beengt. Für heutige Verhältnisse könnte man sich die damals eher unbeabsichtigten Parkmöglichkeiten nur wünschen, die dieses Fahrzeug bot, denn man konnte es auch schräg in eine Parklücke stellen und bei nur etwas Kondition über die vordere Stoßstange hineinheben, wenn eine solche Aktion damals auch eher selten notwendig war.

Eine deutsche Kleinwagenkonstruktion war auch der zu seiner Zeit recht beliebte Goliath GP 700, der trotz seiner kleinen Motoreinheit — er besaß einen Zweizylinder-Zweitaktmotor mit 700 cm³ — auch mit Benzineinspritzung geliefert wurde, einer Einrichtung also, die nach Fortentwicklung heute den letzten Stand auf diesem Gebiet darstellt. Der Motorisierung

**Alec Issigonis.**

nach war er absolute Kleinwagenklasse, dem Raumangebot nach stellte er untere Mittelklasse dar. Die Fahrleistung des 29 PS starken Fahrzeuges war zufriedenstellend, nur hatte der Motor die teuflische Eigenschaft, bei einer Temperatur unter minus 1—2 °C fast nicht mehr anzuspringen. Ein Blick auf das Thermometer konnte einem bereits morgens die Laune verderben, denn bei Temperaturen unter Null konnte man sicher sein, daß man nur mit Anschleppen würde fahren können. Die ungünstige Anordnung von Luftfilter und Zuleitungen verhinderte den erfolgreichen Einsatz von Starthilfen, um den Motor auf einfachere Weise in Gang zu bringen. Er war in seiner Grundüberlegung sehr fortschrittlich, sehr bequem, sah auch gut aus, war relativ sparsam im Verbrauch, wies jedoch konstruktive Mängel auf, die behoben gehört hätten. Der Goliath lief nicht nur als Pkw, sondern auch als Kleinlieferwagen.

Eine Kleinwagenkonstruktion, die sich berechtigterweise jahrzehntelang großer Beliebtheit erfreute, war der englische Mini, der sowohl als Austin als auch als Morris Minor produziert wurde. Diese homogene Kleinwagenkonstruktion konnte als echter Wurf bezeichnet werden. Da dieser 3,30 m große Wagen ein wahres Raumwunder darstellte, haben auch vier große Personen relativ bequem Platz gefunden, wenn dies auch nur auf Kosten des kaum vorhandenen Kofferraums möglich war. Mit diesem Wagen konnten auch bereits größere Reisen absolviert werden, nicht zuletzt dadurch, daß er adäquat zu seinem Leistungsbedarf motorisiert war, u. z. mit einem quergestellten Vierzylinder-Viertaktmotor mit Vorderradantrieb. Auch die Fahrleistungen entsprachen durchaus jenen größerer Automo-

**Links: Abmessungen des Mini.**

**Der Mini war ein wendiger, spritziger und sportlich zu fahrender Kleinwagen, beliebt bei jungen Leuten, der allerdings aufgrund seiner kleinen Raddimension auf weniger guten Straßen relativ hart war.**

# Daf

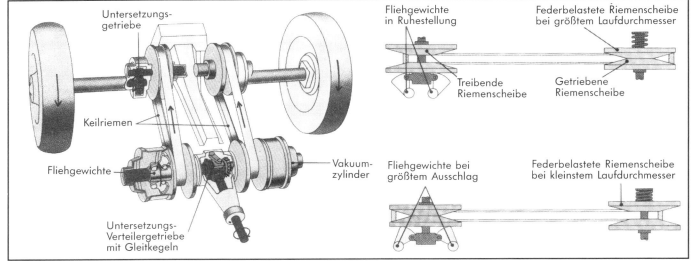

1958 präsentierte die holländische Automobilfabrik Daf anläßlich des Amsterdamer Automobilsalons den Daf 600, der einige Besonderheiten aufwies. Der vorn eingebaute, luftgekühlte Zweizylinder-Viertakt-Boxermotor mit 590 cm³ und 22 PS Leistung übertrug seine Kraft auf ein zwischen den Hinterrädern angeordnetes, stufenloses Keilriemengetriebe, das die Bezeichnung Variomatic trug und aufgrund eines ungewöhnlichen Zusammenspiels funktionierte.

Zuerst mit Mißtrauen betrachtet, konnte sich dieses Fahrzeug jedoch durchsetzen und der zweitürige, pontonförmige, vier- bis fünfsitzige Kleinwagen mit der abfallenden Motorhaube war immer häufiger zu sehen. Die selbsttragende Karosserie mit Einzelradaufhängung besaß ansprechende Fahreigenschaften.

**Das stufenlose Keilriemen-Reibgetriebe des Daf paßte sich vollautomatisch den jeweiligen Motorbelastungen an. Die wirksamen Durchmesser der antreibenden wie der angetriebenen Scheibenpaare waren variabel, wodurch die Keilscheibenhälften den Abstand voneinander ändern konnten. Dadurch änderte sich auch die Position der innenverzahnten Keilriemen und als Folge die Untersetzungsverhältnisse.**

bile von damals. Wer einen Mini fuhr, konnte aufgrund seiner 34 PS im fließenden Verkehr unter fast allen Bedingungen mithalten. Störend waren höchstens die konstruktionsbedingt kleinen Räder, die durch ihre steilen Anfahrwinkel jede kleine Bodenunebenheit über die kurzen Federwege in Form eines Stoßes ins Fahrzeug übertrugen. Der Fahrbetrieb war aber auch durch relativ hohe Innengeräusche gekennzeichnet. Straßenlage und Kurvenfestigkeit erwiesen sich als beachtlich und es wurden mit dem Mini ja auch etliche Sportveranstaltungen erfolgreich absolviert. Auch heute noch kann man fallweise einen Mini im Straßenbild entdecken, ohne daß er den Verkehrsteilnehmern sonderlich auffiele.

Eine Kleinwagenkonstruktion aus dem Jahr 1960, die ebenfalls durch ein besonderes Detail auffiel, war der Daf, der über ein stufenloses, spezifisches Keilriemengetriebe verfügte, damit trotz seiner Kleinheit ein Fahrzeug mit vollautomatischem Getriebe darstellte und sogar heute noch damit ausgestattet ist.

Kleinwagenkonstruktionen zeichneten sich demnach vor allem durch ihre außerordentlich unterschiedliche Konzeption aus. Eine Besonderheit auf diesem Sektor stellte allerdings der NSU-Prinz-Spider von 1963 dar. In diesem Kleinwagen kam nämlich ein völlig neuer Motor zur Anwendung, u. z. der vielversprechende Wankelmotor, ein Drehkolben-Motor, der

**Der NSU-Prinz-Spider gehörte zu den schönsten Wagen seiner Zeit und war außerdem das erste Auto der Welt, das von einem Wankelmotor angetrieben wurde.**

# NSU-Prinz-Spider

NSU, das sich mit dem Prinz abermals einen Namen gemacht hatte, stellte 1963 das erste Auto der Welt mit dem damals vieldiskutierten Wankel-Kreiskolbenmotor vor, den NSU-Spider, der äußerlich dem Sport-Prinz glich, jedoch als Cabriolet mit Verdeck angeboten wurde.

Die Sensation war der 50-PS-Kreiskolbenmotor, mit dem der Spider ausgestattet war, eine Weiterentwicklung desselben Motors, den NSU bereits im Herbst 1959 vorgestellt hatte.

Er verlieh dem Fahrzeug eine Höchstgeschwindigkeit von 150 km/h. Die Ganzstahlkarosserie, Vorderradaufhängung an Trapez-Dreieckslenkern, Federung durch Schraubenfedern und Querstabilisator, Zahnstangenlenkung usw. wurden vom Sport-Prinz übernommen. Im Hinblick auf die hohe Geschwindigkeit wurden vorn Scheibenbremsen vorgesehen, die Hinterräder einzeln an Schräglenkern aufgehängt. Die vier Gänge waren vollsynchronisiert, die Kupplungskräfte wurden vom Pedal zum Motor hydraulisch übertragen. Die Ausstattung des Innenraums war nobel wie bei großen Fahrzeugen dieser Art. Die ausgeprägten Kühlerschlitze vorn stellten keine Attrappe dar. Trotz Heckmotor ordnete man die Wasserkühlung vorn an, wo sie der Fahrtwind voll traf.

---

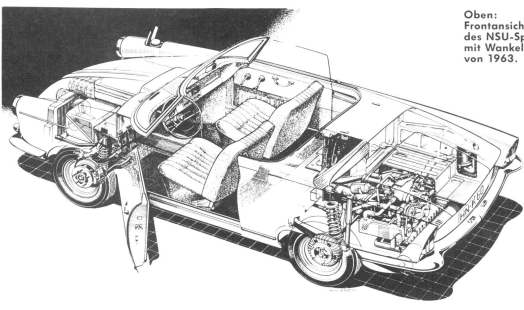

**Oben:**
**Frontansicht des NSU-Spider mit Wankelmotor von 1963.**

**Links:**
**Röntgendarstellung des NSU-Spider.**

**Links unten:**
**Das Kühlsystem des NSU-Spider kühlte nicht nur**

den Motor, sondern half auch, beide Achsen möglichst gleichmäßig zu belasten, was sich günstig auf die Straßenlage auswirkte.

„Das Kühlsystem im NSU-Spider kühlt nicht nur den Motor. Es hilft auch fahren. Es ist nämlich — Motor hinten, Wasserkühler vorn — so untergebracht, daß beide Achsen möglichst gleichmäßig belastet sind. Das wirkt sich sehr positiv auf die Straßenlage des Spider aus; von einer Übersteuerungstendenz, die man Heckmotorwagen oft zuschreibt, ist im NSU-Spider nichts zu spüren.

Das Kühlsystem arbeitet folgendermaßen: Ein Ventilator (1) schaltet sich automatisch ein, sobald der Fahrtwind nicht ausreicht, um die Wassertemperatur im Kühler (2) zu senken. (Schaltet der Fahrer die Heizung ein, so fließt nicht alles heiße Wasser vom Motor zum Kühler; ein Teil davon strömt durch Abzweigleitungen (3) in den Innenraum-Heizer (4), der mit einem Heißluftventilator (5) verbunden ist.)

Solange der Motor noch kalt ist, fließt nicht das ganze erwärmte Wasser durch die Leitungen (6) nach vorne zum Kühler. Ein Teil nimmt eine Abkürzung (7) gleich wieder zum Motor zurück, wird also nicht gekühlt — so lange, bis ein Thermostat das Ansteigen der Kühlwassertemperatur über einen gewissen Betrag feststellt und die Abkürzung sperrt.

Die Kühlwasserpumpe (8) ist direkt an den Motor angebaut und wird über einen Keilriemen in Gang gehalten. Aufgabe des Kühlwassers ist es hauptsächlich, das Gehäuse des Motors auf erträglichen Temperaturen zu halten. Der rotierende Läufer im Motor wird von innen durch umlaufendes Öl gekühlt. Dem Öl selbst muß aber auch ständig Temperatur entzogen werden. Dies besorgt wieder das Kühlwasser, das durch seine Leitung (9) nicht gleich ins Motorgehäuse transportiert wird, sondern zuerst einen Ölkühler (10) durchströmen muß, der auch vom umlaufenden Öl durchflossen wird und in dem es zum Wärmeaustausch zwischen heißem Öl und Kühlwasser kommt."

(Auszug aus einer Werksbeschreibung)

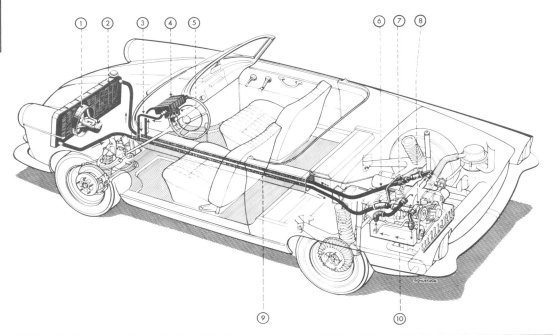

Felix Wankel, der Erfinder des Wankel-Motors.

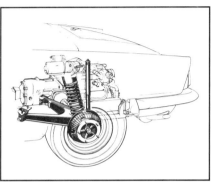

Die Kleinheit des Wankelmotors erkennt man am besten im Vergleich zu den Zusatzaggregaten wie Lichtmaschine oder Starter.

Die Hinterräder des NSU-Spider wurden nach einer neuen konstruktiven Idee an Schräglenkern aufgehängt.

## Der Wankel-Kreiskolbenmotor

Beim Kreiskolbenmotor handelt es sich um einen Viertaktmotor, der wie ein Hubkolben-Viertakter ansaugt — komprimiert — verbrennt — ausstößt. Der wesentliche Unterschied besteht darin, daß der Kreiskolbenmotor stets drei dieser Takte gleichzeitig durchführt.

Erster Takt:
Sobald sich die erste Kammer des Motors vergrößert, saugt sie das Benzin-Luft-Gemisch an.

Zweiter Takt:
Das angesaugte Gemisch wird durch die Rotation des Läufers zum Brennraum geschoben. Dort verkleinert sich die Kammer (durch die Exzenterbewegung des Läufers) und komprimiert auf diese Weise das Gemisch.

Dritter Takt:
Die Kerze zündet das komprimierte Gemisch, dessen Explosionskraft den Läufer in seiner Kreisbewegung weiterschiebt — der eigentliche Arbeitstakt.

Vierter Takt:
Die Kante des Läufers gibt den Auslaßschlitz frei und der Läufer schiebt das verbrannte Gemisch hinaus.

Die Kammergröße ist also veränderlich, ähnlich dem Zylinderinhalt des Hubkolbenmotors durch den Kolben. Die nominelle Kammergröße entspricht dem größten erreichbaren Volumen der Brennkammer, die beim Motor des NSU-Spider 500 cm³ betrug.

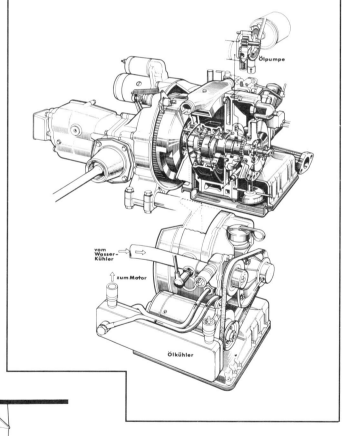

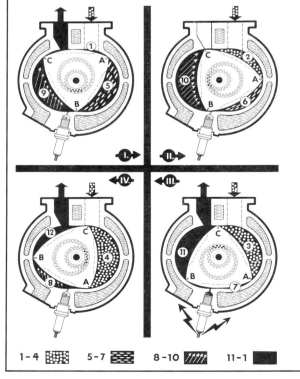

1-4   5-7   8-10   11-1

Links:
Der NSU-Spider war bereits 1963 an den Vorderrädern mit Scheibenbremsen ausgestattet, die für den schnellen Wagen mit Spitze 150 km/h erhöhte Sicherheit bedeuteten.

Oben:
Röntgendarstellung des im NSU-Spider verwendeten Wankelmotors.

Rechts:
Röntgendarstellung des NSU Prinz 4.

# NSU-Fiat

Das NSU-Autowerk hatte bereits seit 1906 Fahrzeuge gebaut, bis es 1929 an Fiat verkauft wurde. Ab 1952, gleichlaufend mit den späteren Prinz-Modellen, wurden in Heilbronn auch Fiat-Modelle gefertigt.

1957 kündigte NSU-Fiat den neuen Kleinwagen Prinz an. Das Antriebsaggregat sollte ein luftgekühlter Zweizylinder-Vier-taktmotor mit durch Schubstangen gesteuerter, obenliegender Nockenwelle sein, der schrägstehend quer im Heck eingebaut werden sollte. Die Leistung dieses 600-cm³-Motors betrug eher bescheidene 20 PS, was allerdings auf Elastizität und lange Lebensdauer schließen ließ.

Im September des gleichen Jahres wurde der viersitzige NSU-Prinz-Kleinwagen, der bereits deutlich bequemer war als die deutschen Rollermobile, der Öffentlichkeit vorgestellt. Die Formgebung lehnte sich an die damals moderne Pontonform an. Gepäckraum und Reserverad waren vorn untergebracht, die Türen wiesen Schiebefenster auf. Vorn und hinten war Einzelradaufhängung vorgesehen. Das Vierganggetriebe bildete mit dem Motor eine Einheit. Die Straßenlage des Prinz wurde von Anfang an gelobt.

Ein Jahr später folgte der NSU-Sport-Prinz, eine Coupé-Version mit sehr ansprechender Linienführung (Bertone), mit 30 PS und 117 km/h Spitze bei 4—6 l/100 km.

Der Prinz wurde ab 1959 weiterentwickelt und bot zahlreiche technische wie ausstattungsmässige Varianten.

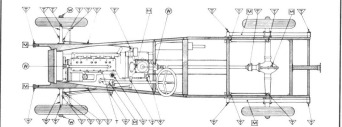

NSU-Personenwagen 6/30 PS Baujahr 1925

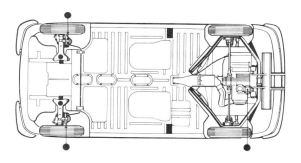

NSU-Prinz 4 Baujahr 1963

**NSU-Prinz 4.**

**Links:**
Gegenüberstellung der Schmiervorschrift eines NSU-Personenwagens von 1925 und des NSU-Prinz, die den Fortschritt in der Wartung anschaulich macht.
Der Prinz weist nur mehr zwei Schmiernippel an den Achsschenkelbolzen der Vorderräder auf, die alle 7.500 km gewartet werden müssen.

Röntgendarstellung des NSU-Prinz 4.

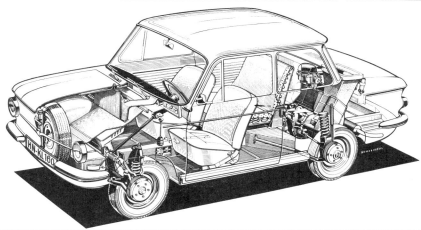

außer im Spider und dem NSU Ro 80, einem großen Wagen, unseres Wissens in keinem anderen europäischen Wagen zur Anwendung kam. Später ist er wieder in einem japanischen Mazda eingesetzt worden, ohne allerdings auch dort im Gebrauchswagen auf größerer Basis Fuß zu fassen. Der Wankelmotor ist von seinem Prinzip her interessant, auf Grund einer ganzen Reihe von Schwierigkeiten aber — nicht nur in der Herstellung, sondern bisher auch im Betrieb — ein Außenseiter geblieben.

Interessanterweise wies die damals mutige Fahrzeugkonstruktion des NSU-Prinz-Spider mit Wankelmotor Vorderradbremsen auf, die als Scheibenbremsen ausgebildet waren und demnach bereits dem Stand der Technik von heute entsprachen. Der NSU-Prinz der Serienproduktion war demgegenüber ein häufig und gern gefahrener Kleinwagen mit durchaus angemes-

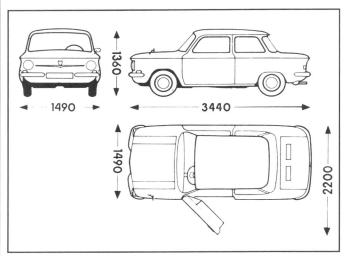

Rechts:
Der Prinz 1000
wies bereits große
Breitscheinwerfer
mit asymmetrischem
Abblendlicht auf.

Abmessungen des
NSU Prinz 4.

Unten:
Der Motor des
NSU Prinz 4 war
ein luftgekühlter
Zweizylinder-
Viertaktmotor mit
538 cm³ und
einer Leistung
von 30 PS,
Spitze 120 km/h,
5,5—6,5 l/100 km.

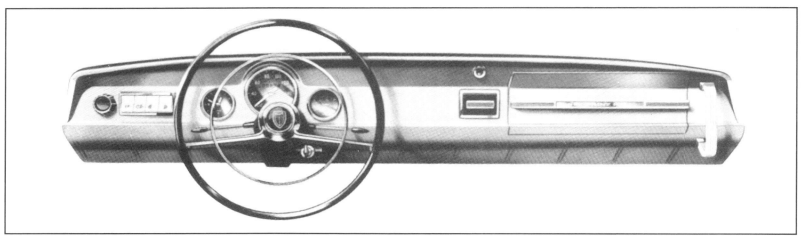

Oben:
Übersichtlich
gestaltetes
Armaturenbrett des
NSU Prinz 1000.

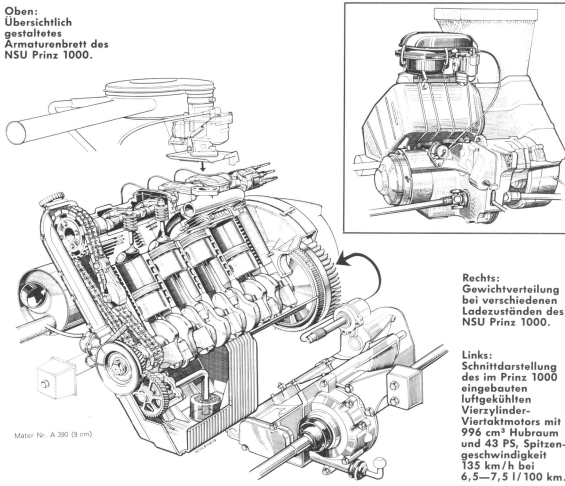

Mater Nr. A 390 (9 cm)

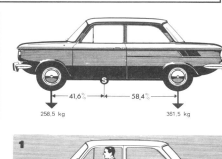

Rechts:
Gewichtverteilung
bei verschiedenen
Ladezuständen des
NSU Prinz 1000.

Links:
Schnittdarstellung
des im Prinz 1000
eingebauten
luftgekühlten
Vierzylinder-
Viertaktmotors mit
996 cm³ Hubraum
und 43 PS, Spitzen-
geschwindigkeit
135 km/h bei
6,5—7,5 l/100 km.

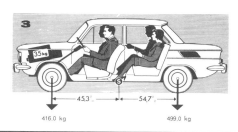

# Fiat 600

Ein Jahr nach der Einstellung der Produktion des Topolino erschien 1955 der Fiat 600. Nachdem im Jahr zuvor im Fiat-Hauptwerk Mirafiori auf Fließbandfertigung umgestellt worden war, munkelte man bereits von einem neuen Typ. Der 600er erwies sich als eher gedrungener, aber ansprechend geformter Kleinwagen. Er war mit einem wassergekühlten Vierzylinder-Heckmotor mit 633 cm³ Inhalt (Kurzhuber) ausgestattet, leistete 22 PS und erreichte 100 km/h. Obwohl seine selbsttragende Karosserie um 3 cm kürzer war als jene des Topolino, bot der 600 vier Personen bequem Platz, was durch bessere Raumaufteilung erreicht worden war. Bald gab es den Fiat 600 auch mit sportlichen Aufbauten.

1956 kam auch das damals neuartige Kombinationsfahrzeug 600 Multipla heraus, ein viertüriger Frontlenker, der auf 353 cm verlängert worden war und 4 bis 6 Sitzplätze aufwies, deren hintere Reihen auch weggeklappt werden konnten. Der Multipla war bald als Taxi sehr beliebt.

Bis 1960 rollten mehr als 900.000 Fiat 600 vom Band.

senem Raumangebot, was auch bereits für die Reisegepäckunterbringung Gültigkeit hatte. Erwähnenswert ist aber auch hier, daß einem Verkaufsprinzip im Ansatz vorgegriffen wurde, das erst viel später in der Automobilbranche gang und gäbe wurde, nämlich ein Fahrzeug mit verschiedenen Motoren anzubieten, was heute bereits international gehandhabt wird, damals aber eine echte Novität darstellte. So wurde etwa der NSU-Prinz 4 mit einem luftgekühlten Zweizylinder-Viertaktmotor oder aber als NSU-Prinz 1000 — sonst gleich, aber mit einer um 40 cm verlängerten Karosserie — mit einem luftgekühlten Vierzylinder-Viertaktmotor angeboten. Selbstverständlich wies dieses Fahrzeug Einzelfederung an allen vier Rädern auf. Auch waren hier bereits früh intensive Bemühun-

**Darstellung der Innenraumvarianten des Multipla.**

**Links:** Röntgendarstellung des NSU-Prinz 4.

**Links unten:** Röntgendarstellung des NSU-Prinz 1000.

**Unten:** Beim NSU-Prinz 1000 (Heckmotor) war die Gepäckunterbringung

vorn vorgesehen, die aber etwas problematisch im Raumangebot war.

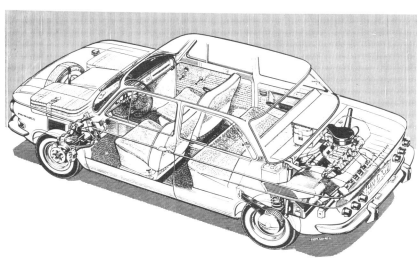

gen um eine aerodynamische Formgebung bemerkbar, die auch als Verkaufsargument mit ins Spiel gebracht wurde.

Und noch eine richtungweisende Konstruktion verdient Beachtung: Der von Fiat unter der Bezeichnung Multipla auf den Markt gebrachte Sechssitzer mit Heckmotor und Hinterradantrieb, der als Taxi vor allem in Italien zum Einsatz gelangte. Er war trotz geringer Abmessungen nicht nur ein echter Sechssitzer — er wies 3 x 2 Sitze auf —, sondern man

**Steyr Puch 500
von 1957.**

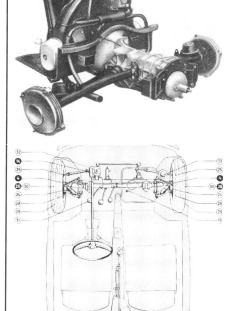

**Links:
Darstellung des im Heck angeordneten, gebläseluftgekühlten Motors mit Wechsel- und Ausgleichsgetriebe, maximale Leistung 16 PS bei 4.000 U/min, bis 100 km/h, höchste Steigfähigkeit voll belastet 30%, Verbrauch 4,5 bis 5,4 l/100 km.**

**Links:
Schmier- und Wartungstabelle, die zeigt, wie aufwendig die Wagenpflege noch in den fünfziger Jahren war.**

# Steyr-Puch 500

Der Steyr-Puch 500, der im Teilassembling in Österreich hergestellt wurde, war eine „Mutation" des Fiat Nuova 500 (siehe Seite 415) und zwar insofern, als der beim Nuova verwendete luftgekühlte Zweizylinder-Zweitaktmotor durch einen von Ledwinka konstruierten luftgekühlten Zweizylinder-Viertaktmotor ersetzt wurde. Dieser Wagen gewann in Österreich durch seine Robustheit und Verläßlichkeit viele Freunde und gehört heute noch zu den gern gesammelten Oldtimern der Fans. Er wirkt interessanterweise weniger antiquiert als er es nach seinem Baujahr eigentlich sein müßte.

Insbesondere bei einer Besetzung mit zwei Personen blieb ausreichend Raum für Reisegepäck bzw. kleinere Transportgüter. Der Kofferraum unter der Fronthaube nahm nur Handgepäck auf.

Der kompakte Kleinwagen Steyr-Puch 500 war auch auf österreichischen Gebirgsstraßen einsatzfähig, sogar im Winterbetrieb bewährte sich der mit Heckmotor und Hinterradantrieb ausgestattete Wagen und war gut zu fahren.

Motorschnittbilder —
Grund- und Aufriß:

1 Einlaßventil, 2 Gebläsehaube, 3 Leitrad, 4 Kurbelgehäuse, rechts, 5 Lichtanlaßmaschine, 6 Laufrad, 7 Ölkühler, 8 Kurbelgehäuse, links, 9 Auslaßventil, 10 Zylinderkopfdeckel, 11 Zylinderkopf, 12 Ölmeßstab, 13 Riemenscheibe, 14 Stoßstange, 15 Winkelhebel, 16 Ölsieb, 17 Kurbelwelle, 18 Pleuelstange, 19 Kolben, 20 Zylinder, 21 Ölfiltergehäuse, 22 Kraftstoffpumpe, 23 Schwungrad, 24 seitliche Luftkühlung, 25 Zündkerzen.

Motorschnittbilder —
Seitenansicht und Details:

1 Schwungrad, 2 Saugrohr, 3 Luftfilter, 4 Vergaser, 5 Kurbelwelle, 6 Leitrad, 7 Laufrad, 8 Lichtanlaßmaschine, 9 Verteilerantrieb, 10 Kupplung, 11 Paßlager, 12 Kurbelgehäuse, 13 Nockenwellenlager, 14 Nockenwelle, 15 Ölsieb, 16 Loslager, 17 Nockenwellenlager, 18 Ölpumpe, 19 Stützlager, 20 Zündverteiler, 21 Ölablaßschraube, 22 Hebel zur Kraftstoffpumpe, 23 Kraftstoffpumpe, 24 Öleinfüllstutzen, 25 Kappe zum Öleinfüllstutzen

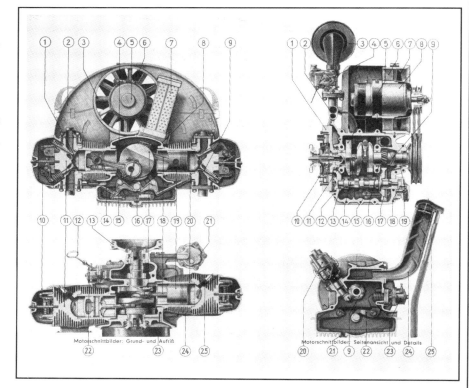

Motorschnittbilder: Grund- und Aufriß

Motorschnittbilder: Seitenansicht und Details

# Fiat Panda

Der Fiat Panda ist eine sehr interessante Kleinwagenkonstruktion, die sich bereits bei Erscheinen im Jahr 1981 durch ihre vielseitige Zweckmäßigkeit als echtes Allzweckfahrzeug darstellte. Das gilt vor allem für die parkfreundlichen Außendimensionen des 3,4 m langen Kleinwagens, der dennoch fünf Personen Platz bietet.

Angetrieben wird dieses mit modernster Technologie ausgestattete Fahrzeug mit dem Fiat Fire-Motor — Fully Integrated Robotized Engine —, dem Mitte der achtziger Jahre modernsten Ein-Liter-Motor, der das Ergebnis umfangreicher Forschung und Entwicklung ist. Dieser Vierzylinder-Viertakt-Einspritzmotor in Reihe ist quergestellt und weist eine Leistung von 33 kW/45 PS auf. Die Spitzengeschwindigkeit des Fünfgang-Fahrzeuges liegt bei 120 km/h bei einem Durchschnittsverbrauch von 7—8 l/100 km. Das Steigvermögen beträgt beachtliche 43%. Mit dem Drei-Wege-Katalysator und Lambda-Sondensteuerung entspricht er der Abgasnorm US 83.

Fiat verweist darauf, daß mit dem Fire 1000 Kat eine neue Motorepoche eingeleitet wurde. Von Computern entwickelt und von Robotern gefertigt, wird absolute Qualität, Zuverlässigkeit und auch Wartungsfreundlichkeit garantiert.
Die Allradtechnik des Panda 4x4 von 1983 ist während der Fahrt zuschaltbar (Kontrolleuchte) und stammt von Steyr-Daimler-Puch.

**Rechts unten:
Das Armaturenbrett ist hell und freundlich mit durchgehender Ablage.**

konnte ihn durch Herausnehmen der einen oder anderen Sitzreihe bzw. beider kurzfristig in einen geräumigen Lieferwagen umfunktionieren, noch dazu eine seitliche Schiebetür vorgesehen war, wodurch die Beladung problemlos erfolgen konnte. Seine Konzeption erinnerte an den Transporter von VW.
Eine Spezies kleinerer Fahrzeugkonstruktionen, die immer wieder die Sperrlinie im Kraftfahrzeugbau symbolisiert, ist das dreirädrige Fahrzeug, das ja eigentlich immer als ungeliebte Notlösung qualifiziert wurde und wird, obwohl es durch Benz bereits den Beginn der Kraftfahrt kennzeichnete. Die Dreispurigkeit eines Fahrzeuges ist allerdings keine wirklich zufriedenstellende Lösung, kann es auch nicht sein, und bringt abgesehen von Schwierigkeiten, etwa bei Schneeverhältnissen, auch fahrtechnische Probleme mit sich, obwohl zugegeben werden muß, daß ein relativ großer Aufwand an Lenkvorrichtungen wie auch Gewicht gespart werden kann. Es wird sowohl die Anordnung mit einem Rad vorn und zwei Rädern hinten als

**Der Fire-Motor des Panda ist einer der modernsten Motoren der Ein-Liter-Klasse.**

**Unten:
Der Panda 4x4 ist mit Allradantrieb von Steyr-Puch ausgestattet, der während der Fahrt zugeschaltet werden kann.**

**Für den Panda 4x4 ist es kein Problem, Stufen zu nehmen, womit die Geländegängigkeit auch bei schlechtesten Straßenverhältnissen augenfällig dokumentiert wird.**

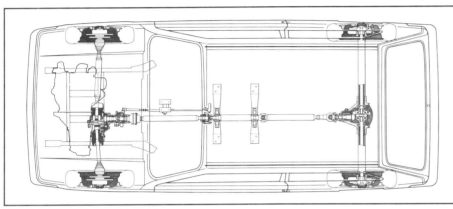

auch umgekehrt angewendet, wobei die verkehrssicherere Lösung jene mit zwei Rädern vorn darstellt.

Am ehesten und längsten hat der Dreiradwagen im Transportwesen Eingang gefunden. Zum Personentransport wird er außer bei den allerersten Nachkiegsmodellen, den Kabinenrollern, vereinzelt auch in Kleinfahrzeugen, die führerscheinfrei zu betreiben sind, herangezogen, tritt naturgemäß aber auch wieder bei einigen Solarfahrzeugen zutage.

Dreiradlaster gelangten bereits nach dem ersten Weltkrieg, aber auch vor und nach dem zweiten Weltkrieg, etwa durch Kleingewerbetreibende, zum Einsatz, die ihn dann auch für private Fahrten, wie z. B. ihren Sonntagsausflug, nutzten.

Es waren vor allem zwei nennenswerte Konstruktionen, die den gegebenen Bedarf weitgehend deckten, nämlich Tempo und Goliath. Sie unterschieden sich grundlegend voneinander. Der Tempo wies einen Frontmotor mit angetriebenem und gelenktem Vorderrad auf und war optisch dem Goliath sehr ähnlich, der allerdings Frontmotor mit angetriebenen Hinterrädern besaß, wobei diese Konstruktion zweifellos die brauchbarere war, denn sobald der Betrieb nur auf ebenen Stadtstraßen stattfand, war das beladene Fahrzeug mit angetriebenem Vorderrad bei nicht allzu großen Steigungen einigermaßen sicher zu betreiben. Bei Schnee und auf schlechteren Straßen bzw. Steigungen traten hier echte Probleme auf, während beim Goliath mit höherer Last auch die Radhaftung der hinteren, angetriebenen Räder anstieg und damit eine relativ sichere Traktion unter allen Voraussetzungen und Lastbedingungen gewährleistet war.

Stellten die Kleinst- und Kleinwagen nach dem Krieg, und noch viele Jahre danach, eine wirtschaftliche und produktionsmäßige Notwendigkeit dar, die gleichzeitig aus dem Zwang der Situation das jeweilige Konzept bestimmte, sodaß auf den Komfort nur wenig Rücksicht genommen werden konnte, ist nach einer längeren Periode, während welcher manche Kleinwagenproduktion eingestellt werden mußte, international ein echter Kleinwagenboom festzustellen. Außer in Amerika gibt es heute kaum eine Automobilfabrik von Rang und Namen, die im Rahmen ihrer Typenreihe keine Kleinwagen aufwiese.

Der moderne Kleinwagen ist allerdings mit jenem der Nachkriegszeit nicht mehr zu vergleichen. Er ist ein komfortabel ausgestatteter Vier- bis Fünfsitzer mit entsprechendem Transportraumangebot und einer Motorisierung, wie sie früher den größeren Mittelklassewagen vorbehalten blieb, was auch für die Fahrleistung gilt.

Der heutige Kleinwagen ist die Antwort auf Übermotorisierung und der damit Hand in Hand gehenden Parkraumnot in den westlichen Ländern. Hier war lange ein deutliches West-Ost-Gefälle zu erkennen. Während die im Westen hergestellten und bevorzugten Kleinwagen hochwertige kleine Automobile sind, erwiesen sich die aus Osteuropa stammenden Konstruktionen als unzureichend ausgestattet und motorisiert und waren vor allem durch den Einsatz des im Westen seit langem nicht mehr akzeptierten Zweitaktmotors gekennzeichnet.

Der Zweitaktmotor, der bei eher erzwungenen Kleinwagen eine große Rolle spielte und spielt, weist den Vorteil einer relativ billigen Produktion auf, denn außer Kurbelwelle und Kolben sind keine beweglichen Teile vorhanden. Alle Steuerungsvorgänge erfolgen durch den beweglichen Kolben bzw. die durch ihn zu öffnenden und zu schließenden Schlitze zur Steuerung des Gaswechsels.

Zweitaktmotoren sind robust, leicht zu produzieren und zu warten, wurden aber durch die nie saubere Gangart — vor allem im Leerlauf — eigentlich immer als Motoren zweiter Klasse qualifiziert, und das sogar trotz einer wirklich erfolgreichen Entwicklung etwa durch DKW. Man ging bereits zu einem Zeitpunkt von ihrer Anwendung im Automobilbau ab, als der wirkliche Grund, weshalb man sie heute nicht verwendet, nämlich die Umweltproblematik, noch gar nicht zur Debatte stand. Sie wurden vorwiegend wegen ihres relativ hohen Verbrauchs und ihrer eigenartigen Geräuschentwicklung, besonders im Leerlauf, vom Publikum abgelehnt. Heute ist der Zweitaktmotor allein aus Umweltüberlegungen heraus indiskutabel geworden, wobei neuerdings Bemühungen im Gange sind, ihn auch in dieser Hinsicht wieder „gesellschaftsfähig" zu machen. Von der Einfachheit der Maschinenanlage her wäre das sicher wünschenswert.

# Wege und Irrwege der Automobilkonstruktion

Die Universalität des Automobils regte die Konstrukteure immer wieder dazu an, es nach allen Richtungen hin auf ihre Nutzanwendung zu untersuchen.

Bis vor dem zweiten Weltkrieg war diese Tendenz relativ ausgeprägt, weil immer noch nach effizienten Wegen gesucht wurde, um das Automobil an seine Einsatzzwecke weitestgehend heranzukonstruieren. Vor allem Einzelerfinder, die dabei machmal zu skurrilen Schöpfungen gelangten, bemühten sich um Lösungen.

Spezialkonstruktionen für bestimmte Einsatzgebiete können allerdings auch heute noch ein eigenartiges Äußeres hervorbringen.

Im allgemeinen aber hat sich nach dem Krieg eine Linie herausgebildet, die von der internationalen Automobilindustrie teils selbst geschaffen, teils übernommen wurde und die Markierungen erkennen läßt, innerhalb welcher sich Automobilkonstruktionen sinnvollerweise bewegen sollten.

ZEICHNUNGEN 1987
ING. ALFRED BUBERL

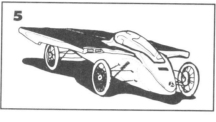

**1**
In den frühen zwanziger Jahren wurden Fahrzeuge mit Druck- oder Zugpropellern ausgestattet, was letztlich doch als unwirksam fallengelassen wurde.

**2**
Immer wieder wird versucht, Auto und Flugzeug zu einer brauchbaren Einheit zu kombinieren, — bisher ohne wirklichen Erfolg.

**3**
Buckminister Fuller schuf dieses dreirädrige Dymaxion Car 1934 mit Heckmotor, gelenktem Einzelrad hinten und Vorderradantrieb.

**4**
VW Schwimmwagen mit abklappbarer Schiffsschraube und Vierradantrieb.

**5**
Die reine Zweckform eines Solarmobils von Mercedes-Benz, 1987, wird hier deutlich.

**6**
Die Exklusivität der Formgebung dieses Modells von Pinin Farina soll Kaufanreize schaffen.

**7**
Zweirädriges Auto mit zwei kleinen Stützrädern.

**8**
Dreirädrige Kabinenroller waren vor allem nach dem Krieg relativ häufig. Eine Abart davon stellte der BMW Isetta mit zwei engstehenden Hinterrädern dar, die das Differential erübrigten.

**9**
Die Norm im Automobilbau stellt der Vierradwagen dar, hier der VW-Käfer.

**10**
Der berühmteste sechsrädrige Pkw war jener Daimler-Benz, der für Adolf Hitler extra gefertigt wurde (Führerwagen).

**11**
Eine Extrakonstruktion stellte der achträdrige Reeves, 1911, dar.

**12**
Diese rund 16 m lange Superlimousine der Ultra Limo Corp. von 1967 war eine Spezialanfertigung um 250.000 Dollar.

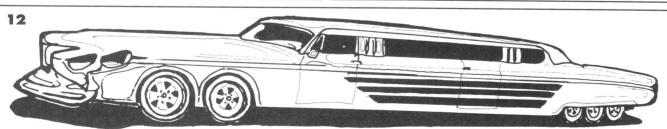

# Der Rennsport

**Cisitalia, 1100 cm³, 1947.**

Der Rennwagen stand seit dem Krieg bis zu einem gewissen Grad abseits der fortschrittlichen Entwicklung im Automobilbau. Die Rennwagenkonstruktion, einst leuchtendes Vorbild für die Struktur des Gebrauchswagens, ging einen anderen Weg als die fortschrittlichere Gebrauchswagenkonstruktion. Während der Rennmotor in seinen Grundzügen vorerst nur die äußerste Konsequenz der Vorkriegsrennmaschine darstellte, nahm der Normalmotor einen eigenen Entwicklungsgang, der

flammende Begeisterung an sportlichen Ereignissen größten Stils, wie sie die Automobilrennen bis 1939 darstellten, vorerst abnahm und später nur mehr der reinen Sportveranstaltung galt.

Die internationale Rennformel für 1947 bis 1951 wurde auf der Pariser Tagung der FIA auf Grund der Ergebnisse der im Jahr 1946 ausgetragenen Rennen und der Vorschläge der technischen Kommissionen der nationalen Automobilclubs festgelegt. Als Beispiel sei sie hier angeführt, unterliegt aber immer wieder Änderungen:

Für die Jahre 1947 und 1948:

**Mercedes-Benz Rennwagen Typ W 196 von 1954/55, Achtzylinder, 2,5 Liter Hubraum, Benzineinspritzung, 290 PS bei 8500 U/min.**

**Mit dem Silberpfeil C11 ist der Mercedes-Benz neuerdings wieder erfolgreich im Rennen. Vierventil-V8-Motor mit 2 Abgasturboladern, 5 l Hubraum, Rennleistung 520 kW/ 720 PS bei 7000 U/min, Gewicht unter 900 kg.**

**Rechte Seite: Der Raketenwagen von Stan Barrett, mit dem er bei 1190,122 km/h die Schallmauer durchbrach. Die Zeitmessung erfolgte über Satelliten.**

vor allem auf höhere Verdichtung (bei Kraftstoffen höherer Oktanzahl) und dementsprechende konstruktive Veränderungen der Brennraumform, Kühlung, Zündkerzen usw. hinzielte. Der Rennmotor hingegen stand und steht meist unter dem Zwang der Rennformeln. Während zur Erhöhung des Mitteldruckes Gebläse (Kompressoren) in Anwendung kamen, die sich bei Gebrauchswagen nicht durchzusetzen vermochten (großer Kraftstoffverbrauch und Überbeanspruchung der Maschine), bedeutete die Nennformel (1.500 cm³ mit Kompressor oder 4.500 cm³ ohne Kompressor, ohne Kraftstoffvorschrift) ein weiteres Abweichen von der Entwicklungslinie. Ähnlich verhielt es sich mit automatischem Getriebe und automatischer Kupplung.

Ebenso war die Anwendung einer selbsttragenden Karosserie beim Rennwagen unmöglich. Die typische Grand Prix-Rennwagenform wies nichtverschalte Räder und einen stromlinigen Rumpf, der Motor, Getriebe, Treibstofftank und Fahrer schützt, auf. Obwohl ihr $c_W$-Wert (Luftwiderstandsbeiwert) etwa zweimal größer ist als der einer Vollstromlinienkarosserie, wird diese Form bevorzugt, da die Reifenbeobachtung und -kühlung, aber auch das Auswechseln, eine Beeinträchtigung erführen.

Das Zurückbleiben der Rennwagenkonstruktion hinter der des Gebrauchswagens trug wahrscheinlich viel dazu bei, daß die

Fahrzeuge mit Kompressor bis maximal 1.500 cm³ Hubvolumen. Fahrzeuge ohne Kompressor bis maximal 4.500 cm³ Hubvolumen. Keine Gewichtsbeschränkung.

Bei von der Organisation zur Verfügung gestelltem Kraftstoff für Fahrzeuge mit Kompressor hatten die Konkurrenten die Wahl zwischen folgenden Kraftstoffen:

| | | |
|---|---|---|
| 1. Methanol (Industrie-Methylalkohol) | 70 | Vol.-Prozent |
| Benzol 90 | 15 | " |
| Azeton | 10 | " |
| Benzin mit Siedepunkt zwischen 35 und 70 Grad | 5 | " |
| 2. Methylalkohol, 94 bis 98 Grad | 85 | " |
| Azeton | 6 | " |
| Petroläther, 30 bis 60 Grad | 7,5 | " |
| Rizinusöl | 1,5 | " |

Für die Konkurrenten bestand die Möglichkeit, jedes dieser beiden Kraftstoffgemische durch Verwendung von maximal 5 Vol.-Prozent Wasser, Rizinusöl, Petroläther oder eines Gemisches aus diesen drei Produkten zu verändern.

Für Fahrzeuge ohne Kompressor wurde folgender Treibstoff bestimmt:

| | | |
|---|---|---|
| Hochklopffestes Benzin | 60 | Vol.-Prozent |
| Äthylalkohol | 25 | " |
| Benzin 90 | 15 | " |

Für die Jahre 1949 bis 1951 galt die gleiche Hubraumbeschränkung wie für 1947 und 1948, keine Gewichtsbeschränkung, freie Wahl des Kraftstoffes.

Im weiteren Verlauf der Verhandlungen gab die Kommission ihr Einverständnis zur Zulassung zweier neuer Fahrzeugkagorien, ein Beschluß, der sich allerdings vorderhand nur auf Rekordversuche erstreckte. Es handelte sich um Fahrzeuge mit Luftschraube und Fahrzeuge mit Turbinen-, Raketen- und Düsenantrieb.

Trotz aller Nachteile, die der damalige Rennsport aufwies, gab es einige erstklassige Rennwagen, die vor allem von italienischen Firmen, die teilweise mit den größten finanziellen Schwierigkeiten zu kämpfen hatten, erzeugt wurden und auf der ganzen Welt siegten. Die italienische Marke Alfa Romeo (Alfettas), Maserati, Ferrari und Cisitalia (für diese Firma konstruierte Ferry Porsche einen im Heck liegenden Zwölfzy-

**THE FLORIDA INTERNATIONAL TWELVE HOUR GRAND PRIX OF ENDURANCE**

| Rennsportwagen bis 2000 ccm: | 1. Schell/Seidel |
| Index-Wertung: | 2. Schell/Seidel |
| Gesamtklassement: | 3. Schell/Seidel |
| Gran Turismo bis 2000 ccm: | 1. von Hanstein/Linge |
| Gesamtklassement: | 3. von Hanstein/Linge |

**PORSCHE**

inder-Boxermotor), die Franzosen mit dem erfolgreichen Simca-Gordini, Bugatti, Talbot und Delahaye, die Engländer mit ERA (English Racing Automobile) und Alta standen in Europa an der Spitze. In Amerika war die Rennwagenerzeugung in Fabriken nach wie vor nicht üblich und beschränkte sich auf Spezialkonstruktionen.
Die Rennfahrer standen jenen von vor dem Krieg nicht viel nach. Bei den Rennen in aller Welt schienen fast immer wieder dieselben Namen auf, von denen auch einige von früher her

bekannt waren wie Stuck, Nuvolari, Varzi (verunglückte 1948 in Bern), Graf Trossi und Chiron. An erster Stelle standen immer wieder vor allem der Argentinier Juan Manuel Fangio, der Siamese Prinz Bira, der auch schon vor dem zweiten Weltkrieg fuhr, Luigi Villoresi, Jean-Pierre Wimille (verunglückte 1949 in Buenos Aires), Giuseppe Farina, Alberto Ascari, Clemente Biondetti, Consalvo Sanesi, Raymond Sommer, Louis Rosier, Gerard, Parnell, Emanuel de Graffenried, Levegh, Campos, Grevez, Ives Giraud-Labantous u. v. a.

Die Zahl der von der FIA offiziell anerkannten und in den internationalen Sportkalender aufgenommenen Automobilrennen war sehr groß. Außer den Rundkursen, den Rallies, Wertungsfahrten usw. nahm auch das Bahnrennen wieder seinen gewohnten Platz ein. Teils mußten die im Laufe des Krieges beschädigten oder vernachlässigten Bahnen wieder instandgesetzt werden, während z. B. die Tradition der Mellaha-Bahn des Tripolisrennens Monza übernahm, da den Italienern die Mittel mangelten, diese „schnellste Rennbahn der Welt" auf den notwendigen Stand zu bringen. Dagegen wurde in den Niederlanden nächst Utrecht bei Zandvoort eine neue große Bahn in Rechteckform mit einer Länge von etwa 5 km gebaut, und etliche weitere Bahnen folgten.
Auch die Nachkriegszeit hatte ihre großen Weltrekordler:

## John R. Cobb

war fast 50 Jahre alt, als er im September 1947 auf seinem Rennwagen den neuen Weltrekord von 630,714 km/h aufstellte.
John Cobb kalkulierte nicht nur kaltblütig, er war auch ein begabter Konstrukteur. Mit einem Railton-Spezial erreichte er am 15. September 1938 mit fliegendem Start über die Meile 563,373 km/h. Am 16. September holte sich G. Eyston den Weltrekord, den er schon einmal besessen hatte, mit 575,073 km/h zurück. Am 23. August des folgenden Jahres aber sauste Cobb in seinem Railton-Spezial auf den endlosen Salzflächen in Utah mit 593,479 km/h über die Meile und kam damit den 400 Meilen je Stunde (643 km/h) nahe, die als absolut unerreichbar galten.
Im September 1947, als Cobb sich wiederum mit seinem völlig erneuerten und verbesserten Railton-Wagen und 50 Dunlop-Spezialreifen bei den Bonneville Salt Flats einfand, hatte er sich sehr viel vorgenommen. Tatsächlich durchraste er die Meile mit einem Stundenmittel von 617,032 km/h. In entgegengesetzter Richtung kam er sogar auf 645,015 km/h. Zum erstenmal war die sagenhafte 400-Meilen-Grenze (auf dem Boden) durchbrochen worden. Die raffiniertesten Instrumente wurden eingesetzt. Der Wagen erhielt einen speziellen Anstrich, damit er im Sekundenbruchteil von den zeitnehmenden Filmkameras verläßlich erfaßt werden konnte. Die Spezialreifen wiesen eine Gummiauflage von nur 0,6 mm auf.

## Stan Barrett durchbricht die Schallmauer

Am 9. September 1979 raste Stan Barrett mit 1.028 km/h über die Salzpiste von Utah und war damit der schnellste Rennfahrer der Welt.
Da aber die Sponsoren, wie etwa die Bierfirma Budweiser, nur

Nach einer Vorbereitungszeit von insgesamt neun Jahren dur█ brach nun Stan Barrett mit dem Raketendreirad, einer Spez█ konstruktion, am 17. Dezember 1979 tatsächlich die Sch█ mauer. Dabei stießen die Techniker auf echtes Neuland, denn █ Schallmauer ist tatsächlich eine „Mauer". Vor Erreichen █ Überschallgeschwindigkeit muß die „Transonic region" passi█ werden, die zwischen 1.040 und 1.150 km/h auftritt. Der L█ widerstandskoeffizient ist dann so hoch als würde man ge█ eine Ziegelmauer fahren. Um von 900 auf 1.100 km/h zu ko█ men, benötigt man bereits die doppelte Kraft. Sicher war z█ daß für die Rekordfahrt 680 kg Wasserstoffperoxid sowie Poly█ tadien für 20 Sekunden Brenndauer notwendig sein würd█ wobei der Brennstoff etwa 25.000 Mark kostete, andere präz█ Daten konnte der eingesetzte Computer jedoch nicht liefer█ Der bleistiftdünne, lange Körper der Rakete zeigte eine nac█ scharfe Zuspitzung und wurde von 5.200 Titannieten zusa█ mengehalten. Der Raketenmotor war „die stärkste und unbe█ chenbarste Triebwerkskombination, die je ein Mensch zu st█ ern hatte". Er leistete 48.000 PS, das Sidewind-Zusatztriebwe█ 12.000 PS. Die Länge des Budweiser-Raketenwagens bet█ 12,2 m, Breite 51 cm, Höhe 62 cm, Cockpithöhe 99 c█ Gesamtgewicht 2.176 kg. Beim Start im Dezember 1979 l█ ein Knall die Luft erzittern und der Raketenwagen war einf█ weg. Nach 12 Sekunden Beschleunigung 100 km/sec folgte █ zweiter Knall. Nun ließ die Zusatzrakete den roten Alumi█ umpfeil mit 12.000 Kilopond Schubkraft gegen die Sch█ mauer rasen. Nachdem das vorn liegende Staurohr die Sch█ mauer durchbrochen hatte, riß der Lack bis auf das nac█ Blech und schob sich zum Cockpit. Unter der spitz zulauf█ den Karosserie bildete sich ein Luftpolster, das die Hinterrä█ der 2-Tonnen-Rakete in die Luft hob, so daß die Schallma█ auf dem 76 cm hohen Vorderrad durchbrochen wurde. I█ Internationale Sportkommission sieht für Rekordfahrten z█ innerhalb einer Stunde einen zweiten Versuch in entgegen█ setzter Richtung vor, aber daran war in diesem besonderen █ nicht zu denken. E i n Wunder war genug.

dann 2,5 Millionen Dollar Prämie zahlen wollten, wenn die Schallmauer für Bodenfahrzeuge fiel und dies auf dem Salzsee durch Oberflächenprobleme nicht mehr zu bewerkstelligen war, wurde der entscheidende Versuch auf dem Testgelände der amerikanischen NASA, Edwards Air Base, unternommen, wo vom Space-Shuttle-Weltraumflug bis zum Raketenwagen auf Schienen alles getestet wird, das schneller als 1.000 km/h fährt. Das Gelände ist 45 km lang, wovon 35 km mit einer gelbroten, glatten Lehmschicht bedeckt sind.

**Oben:
Nigel Mansell am
Steuer des Williams
mit dem 1,5-Liter-
Honda-Triebwerk.
Es war der erfolg-
reichste Formel-I-
Wagen der
Saison 1987.**

**1966 leistete der
Honda-Rennwage█
Zwölfzylinder-
E-E-Motor mit
2992 cm³ bei
11.500 U/min
420 PS.**

**Aus den erfolg-
reichen Ferrari-
Rennwagen ging
der bestechend
schöne Testarossa
hervor, der zu de█
teuersten Autos d█
Welt zählt.
Zwölfzylinder,
5 Liter Hubraum,
Höchstleistung
286,8 kW/390 PS
bei 6300 U/min,
290 km/h,
Gewicht 1506 kg,
Länge 4,5 m,
Breite 2 m,
Höhe 1,13 m.**

# Ferry Porsche

Ferry Porsche wurde nach seiner Schwester — der später in Autokreisen ebenfalls bekannten Luise Piëch — als Sohn des damaligen technischen Direktors von Austro-Daimler, Ferdinand Porsche, am 19. September 1909 in Wr. Neustadt in Niederösterreich geboren. Der Vorgänger seines Vaters war 1900 Paul Daimler, der Sohn Gottlieb Daimlers, dem er 1906 nach Wr. Neustadt gefolgt war.

1923 übersiedelte die Familie nach Stuttgart, wo der Vater Ferry Porsches abermals Nachfolger Paul Daimlers als technischer Direktor und Vorstandsmitglied der Daimler-Motorengesellschaft wurde. Ferry Porsche schloß die Realschule in Bad Cannstadt ab und ging auf ein Einjähriges Praktikum zur Firma Bosch in Stuttgart, danach — 1928 trat Ferdinand Porsche in die Steyr-Werke ein — besuchte er die Technische Hochschule in Wien. Schließlich entschied sich aber die ganze Familie für Stuttgart, wo 1931 die Porsche-Konstruktionen GmbH gegründet wurde, in der Ferry Porsche von Anfang an mitarbeitete. Die ersten Aufträge erhielt das Unternehmen von Auto Union, Wanderer, Horch, Audi, DKW, denen ein Auftrag von Zündapp

**Links unten:** **Porsche 356 B Carrera GTL — Abart von 1962, Vierzylinder, 1,6 l, 135 PS, 220 km/h. Darunter: Porsche 917 Langheck-Coupé von 1971, Zwölfzylinder, 4,9 l, 600 PS, 386 km/h (Wettbewerbsfahrzeug).**

folgte, eine Art „Volksauto" zu konstruieren, ein Vorläufer des späteren Volkswagens. Bald darauf sollte auch für NSU ein Kleinwagen entwickelt werden, der erstmals mit Drehstabfederung ausgestattet wurde. Die Fahrzeuge waren auch bereits stromlinienförmig ausgelegt und man war bestrebt, den $c_w$-Wert möglichst zu senken. Die Autoindustrie war 1932 auf einem Tiefpunkt angelangt. 1933 erfuhr dieser wichtige Industriezweig eine so weitgehende Förderung, daß er sich deutlich zu erholen begann und bald das Doppelte des Vorjahres erzeugte. Insbesondere der Rennsport sollte gefördert werden, und so konstruierte die Porsche-Konstruktionen GmbH nun Rennwagen für Auto Union, die von Erfolg zu Erfolg eilten. Wichtige Merkmale waren der Einsatz eines Roots-Gebläses und die eigenwillige Kühlung. Hans Stuck stellte mit einem dieser Wagen auf der Avus in Berlin drei neue Weltrekorde auf. Ferry Porsche galt damals bereits selbst als tüchtiger Konstrukteur. Er war gleichsam in Automobilfabriken aufgewachsen und hatte stets neugierig seinem Vater „über die Schulter gesehen". Vieles, das sich andere hart erarbeiten mußten, konnte er allein im Vertrauen auf sein Gefühl und seine Erfahrung beurteilen. Während des Krieges war er für die Entwicklung von Spezialausführungen des Volkswagens verantwortlich.

Nach Kriegsende schuf er den Cisitalia-Grand-Prix-Wagen, der der Beginn einer langen Reihe von erfolgreichen Konstruktionen dieser Art sein sollte. Bereits 1948 trat er mit dem

Porsche Sportwagen an die Öffentlichkeit, dessen erste Exemplare in Gmünd in Kärnten noch weitgehend in Handarbeit hergestellt worden waren. Dieser Wagen ist bis heute international ein Begriff geblieben.

Ferry Porsche hat es fertiggebracht, eine Automobilfabrik über Jahrzehnte aktiv zu erhalten, die sich ausschließlich der Konstruktion und Produktion teurer Sport- und Rennwagen widmete, und ist als Konstrukteur ebenso erfolgreich wie als Produzent. Obwohl der Sohn eines berühmten Vaters, ist es ihm gelungen, früh aus dessen Schatten herauszutreten und sein eigenes Können mit vielfachem Erfolg unter Beweis zu stellen.

**Rechts oben: Links Porsche 959 von 1987, Sechszylinder, 2,9 l, 330 kW/450 PS, 315 km/h.**

**Mitte Porsche 911 Carrera von 1983, Sechszylinder, 3,2 l, 170 kW/ 231 PS, 245 km/h.**

**Rechts Porsche 911 Coupé von 1964, Sechszylinder, 2 l, 130 PS, 210 km/h.**

**Rechts: Porsche 911 Carrera 2 von 1989, Sechszylinder, 3,6 l, 184 kW/250 PS (Kat.), 260 km/h.**

# Benzin und Gummi

Nach amerikanischen Statistiken betrugen die Kriegsverluste an Kraftwagen in der ganzen Welt ungefähr 10 Millionen. Die Zahl von 48,157.000 Kraftfahrzeugen sank auf 38,249.000. Da aber allein von der amerikanischen Industrie weit mehr (3 bis 5 Millionen jährlich und darüber) erzeugt wurde und der amerikanische Bedarf erst nach und nach gedeckt werden konnte — ganz abgesehen von den übrigen Staaten —, war mit Recht anzunehmen, daß sich der Kraftfahrzeugbestand um ein Bedeutendes erhöht haben mußte.

Hier trat nun an die Automobilwelt die Frage heran: Wird das Öl reichen? Und wird genügend Gummi vorhanden sein?

Was die Welterdölproduktion betraf, erfuhr sie eine ständige, keineswegs geringe Steigerung.

Allein von 1947 auf 1948 stieg sie von 414 Millionen auf 471 Millionen Tonnen, also um 13,8%. Seit der Produktion von 285 Millionen Tonnen im Jahr 1939 steigerte sie sich um 60%, und gegenüber 1913 (54 Millionen Tonnen) gar um das Neunfache.

Amerika war nach dem Krieg mit einem Anteil von 60% bei der Welterdölförderung genau so überragend in Führung wie 1913. Venezuela, damals das an Öl zweitreichste Gebiet der Welt, nahm diesen Platz seit 1941 ein. Dem lange Zeit an zweiter, dann an dritter Stelle rangierenden Rußland folgte in kleinem Abstand Iran, das seine Produktion seit 1947 um 20% steigern konnte. Dieser Vorsprung wurde bald von Saudi-Arabien eingeholt, dessen Produktionszuwachs (59%) nur noch von Kuweit (190%) übertroffen wurde. Die Gebiete um den iranischen Golf begannen damals ihre Produktion weiter zu erhöhen. Der Nahe Osten verfügte über größere nachgewiesene Ölvorräte als die USA, obwohl sich auch deren Vorräte aufgrund geologischer Forschungen als sehr hoch erwiesen. Außerdem stand ein großer Teil der nahöstlichen Ölreserven unter der Kontrolle amerikanischer Gesellschaften.

1948 betrug der prozentuelle Anteil der Sowjetunion an der Welterdölproduktion nur 6,5% und der Anteil an den Weltreserven etwa 10%. Diese Weltreserven verteilten sich mit 14,1% (im Iran, Kuweit, Irak) auf die Anglo-Iranian Oil Co., deren Aktienmehrheit die britische Regierung besaß. An zweiter Stelle stand die Standard Oil Comp. of New Jersey (Esso), die über 13,7% verfügte oder kontrollierte. Die Shell (britisch-holländisch) war mit 8% an den Weltvorräten beteiligt.

Die Gummiindustrie lief bald überall auf vollen Touren. Sie stand im Zeichen weitgehender Erzeugung von synthetischem Gummi, obwohl die Naturgummiproduktion im Fernen Osten größer war als erwartet. Diese Verschiebung hatte ihren Grund vorzüglich darin, daß Kunstgummi billiger war als natürlicher und Amerika außerdem eine Methode gefunden hatte, synthetischen Gummi bester Qualität (große Widerstandsfähigkeit und gleiche Elastizität wie Naturgummi) um die Hälfte billiger als andere Kunstgummiarten herzustellen.

In Amerika belief sich die Jahresproduktion 1947 auf 64 Millionen Reifen, wovon 32 Millionen bereits aus synthetischem Gummi hergestellt wurden, welches Verhältnis ungefähr dem Natur- und Kunstgummiaufkommen überhaupt entsprach.

# Autobahnen

Der Straßenbau stand nach dem Krieg im Zeichen der Forschung. Was bisher vielfach auf Erfahrung basierte, wurde nun durch wissenschaftliche Forschung weiter gefördert. Allen Staaten und Kontinenten voran Amerika, wo das Auto schon seit seiner Jugendzeit als die Lösung des Problems, dünn besiedelte Einöden und überweite Entfernungen zu überbrücken, betrachtet wurde. Das bereits seit 1930 in Ausführung befindliche Projekt der Panamerikastraße (22.200 Kilometer) war zu einem großen Teil verwirklicht. Die fertige Autobahn reichte von Fairbanks in Alaska bis Oaxado in Mexiko, von wo sie weiter nach Südamerika geführt wurde. Aber auch der Ausbau der übrigen Fernverkehrsstraßen Amerikas wurde weitergeführt. Sie umfaßten bereits mehr als 500.000 Kilometer. Diese Straßen wurden einige Zeit hindurch u. a. auch mit dreigeteilten Bahnen gebaut — mittlere Fahrbahn für Schnellverkehr, äußere Einbahnstraßen im Gegenverkehr —, wiesen aber eine dreimal so hohe Unfallziffer auf wie zwei- und viergeteilte Straßen.

Bekanntlich sind die Straßen in den USA über weite Strecken wie mit dem Lineal gezogen, und mancher Staat kennt kaum Kurven.
Zu den landschaftlich schönsten Straßen Amerikas gehören die Parkways, das Gegebene für Autotouren. Einmalig aber sind die Speedways (Schnellbahnen) und Skyways (Hochbahnen), die in einer Höhe von 50 und mehr Meter zum Teil über die Dächer New Yorks (17 Kilometer Länge) und New Jerseys (100 Kilometer) führen, aber auch die Tiefstraßen, die kilometerlang unter der Erdoberfläche als Tunnels geführt werden.

England, einst das erste Industrieland, besaß kein befriedigendes Straßennetz. Von den örtlichen Behörden ging die Verantwortung für das gesamte Straßenwesen deshalb auf die Regierung über, die in einem Zehnjahresplan das Versäumte nachholte. Die erste Etappe des Straßenneubaues — eine 1200 Kilometer lange Strecke — verband die wichtigsten Industriestädte Englands, die zweite Etappe sah den modernen Umbau des bestehenden Staatsstraßennetzes vor.

Es war noch gar nicht so lange her, daß man Frankreichs Straßennetz als das schönste der Welt pries, da es früh ausgebaut worden und von einer Dichte war, die alle anderen Straßennetze in den Schatten stellte. Es umfaßte ungefähr 633.000 Kilometer große, breite, für den Autoverkehr gut geeignete Straßen, was bedeutete, daß auf 100 Quadratkilometer Gesamtfläche 120 Kilometer Straße entfielen. Die entsprechenden Zahlen waren in Großbritannien etwa 100 Kilometer, in Deutschland 50 Kilometer, in Italien 30 Kilometer pro 100 Quadratkilometer. Dadurch waren die Anstrengungen Italiens und Deutschlands vor dem Krieg sehr verständlich.
Noch vor dem Krieg wurde in Frankreich der Bau großer Überlandstraßen projektiert, der vor allem Paris mit den Landes- und Seegrenzen sowie die Häfen des Südens und Westens verbinden sollte. Nachher wurde deshalb bald — unter vielen anderen Straßenbauten — die „Autostrade de l'Ouest" fertiggestellt.

Auch Rußland baute mit Eifer Autobahnen. Die Autobahn Moskau-Minsk wurde 1948 dem Verkehr übergeben, und ähnliche Verbindungen Moskaus mit der Ukraine, Kaukasien, der Krim, den Industrie- und Verwaltungszentren des Wolgagebietes und dem Ural wurden rasch in Angriff genommen.
In Mitteleuropa hatte die Schweiz noch während des Krieges mit dem Bau der Sustenstraße begonnen, die an keiner Stelle eine Steigung über 9% aufwies.

Österreich, der natürliche Verkehrsknotenpunkt zwischen West- und Osteuropa, bereitete die Projekte vor, die die West-Ost-Verbindung bzw. den Ausbau der alten Reichsautobahnverbindungen und ihre Fertigstellung umfaßten, und realisierte sie in den folgenden Jahren in relativ zügiger Weise, während Deutschland sich vorläufig mit den vorhandenen Autobahnen begnügte.
Wie vordringlich das Problem der modernen Straße in aller Welt bereits geworden war, zeigte das Projekt der chinesischen Regierung, dem bereits vorhandenen Straßennetz von 50.000 Kilometer 100.000 Kilometer Autobahnen hinzuzufügen.

**Bedford Omnibus, 1947.**

**Gräf & Stift 120-0, 120 PS, 1940.**

**Opel Blitz 3 t, 75 PS, 1940.**

**Steyr 370, 80 PS, 1946.**

**Tatra 27/114, 3 t, Diesel luftgekühlt, 65 PS, 1948.**

**Saurer 4500, 1947.**

**Fross-Büssing, motorhydraulischer Dreiseitkipper, 160 PS, 1945.**

**Chevrolet Sattelschlepper, 1948.**

**Büssing N.A.G. Dreiachser, 10 t, 1936/37.**

# Neugründung der Clubs

Selten wurde eine internationale Zusammenarbeit so gründlich zerstört wie jene der AIT und AIACR durch die Ereignisse von 1938 bis 1945. Das ganze Gefüge der europäischen Automobil- und Touringclubs war fast vernichtet. Viele Archive und Club- lokalitäten waren aufgelöst oder zerstört worden, Inventare, Bibliotheken und Unterlagen verschleppt. Harte Arbeit mußte geleistet werden, um den Anschluß wiederzufinden und das internationale Sport- und Gesellschaftsleben neu zu beleben.

Tatkräftig nahmen die Leitungen der amerikanischen AAA und des britischen RBA ihre rein sportlichen Beziehungen auf. Den Filialen des französischen ACF fiel es besonders schwer, wieder Ordnung und Klarheit zu schaffen, waren doch die Mitglieder nach allen Richtungen verstreut. Und doch, schon im Mai 1945 konnte der ACF zunächst brieflich mit seinen alten Freunden im Ausland Fühlung nehmen. Die führenden nationalen Clubs von Belgien, Holland, Norwegen usw. waren rasch wiedererrichtet, jene von Dänemark, Luxemburg, Schweden, Portugal, Spanien und der Schweiz, vom Kriege unberührt, sandten im Oktober 1945 ihre Willkommensgrüße in alle Welt.

Der italienische RACI hatte die politische Umwälzung leidlich überstanden und konnte in seiner neuen republikanischen Form schon im Jahr 1947 — unmittelbar nach Inkrafttreten des Friedensvertrages — seine internationalen Beziehungen aufnehmen. Die sehr gewichtige Rolle die (vor 1933) der ADAC in Berlin in der internationalen Zusammenarbeit der Clubs gespielt, und die Arbeit die er geleistet hatte, erstanden nicht so bald. Vorläufig bemühten sich die örtlichen Länder- clubs, das neue deutsche Clubleben aufzurichten, und konnten recht erstaunliche sportliche und organisatorische Erfolge erzielen.

Bei den kleineren mitteleuropäischen Staaten drängte sich die Frage, ob eine geteilte fahrsportliche Vertretung durch zwei Clubs (Touring- und Autoclub) überhaupt noch wünschens- wert erschien, schon vor dem Krieg auf. Auch in Österreich wurde diese Frage seit 1933 gestellt. Die großen politischen Veränderungen von 1938 einerseits und 1945 andererseits haben aber dazu beigetragen, dieses Problem zu bereinigen, und so kam es nach langen Verhandlungen zur Fusion der bei- den Clubs. Österreich trat mit Beginn des Jahres 1947 als erstes Land mit einer zentral geeinten sportlichen und wirtschaft- lichen Interessensvertretung aller am Kraftfahrwesen beteilig- ten Privatinteressenten auf den Plan. Der Club hieß nun „Österreichischer Automobil-, Motorrad- und Touringclub" (ÖAMTC), hatte seinen Sitz in Wien und war oberste natio- nale Sportbehörde für den Kraftfahrsport. Die sieben weiteren Länderclubs (jener von Vorarlberg, Tirol, Kärnten, Steiermark, Salzburg, Oberösterreich und Niederösterreich) wurden ange- schlossen. Er vereinigte in sich die Sektionen des gesamten österreichischen Kraftfahrsports, den Kraftfahr-Privatverkehr mit Automobilen, Motorrädern und Werkslastkraftwagen, den Fremdenverkehr auf dem Kraftfahrsektor, das Touringwesen im grenzüberschreitenden Privatverkehr mit Fahrzeugen sowie das Straßenwesen für den Kraftfahrzeugverkehr.

1946 wurde in Paris (de jure noch der ÖAC) der Neueintritt in die internationale Körperschaft AIACR, die ihre Bezeich- nung in „FIA" (Fédération Internationale d' Automobile) geän- dert hatte, vollzogen.

## ARBÖ — der „Arbeiter- Rad- und Kraftfahrerbund Österreichs"

Ab 1893 erfolgte in Österreich die Gründung mehrerer Arbei- ter-Radfahrervereine und am 30. April 1899 schlossen sich bereits rund tausend Radfahrer zum „Verband der Arbeiter- Radfahrer-Vereine Österreichs" zusammen. Damals konnte

Emblem des ursprünglichen „Verbandes der Arbeiter- Radfahrer-Vereine Österreichs", der 1899 gegründet wurde.

Links: Die Motorfahrer- sektion des ARBÖ von 1926.

niemand ahnen, welchen Aufschwung er letztlich nach zwei Weltkriegen und einer rasanten technischen Entwicklung neh- men würde, wobei die Mitglieder des Verbandes mit der Zeit das Rad mit dem Kraftfahrzeug tauschten. Bereits im Mai 1926 wurde in Linz die Motorfahrersektion gegründet und ein Jahr später der Name des Radfahrer-Verbandes in ARBÖ (Arbeiter- Radfahrerbund Österreichs) geändert. Die Motorradfahrer waren damals bereits recht zahlreich geworden und sie nahmen ständig zu. 1932 erfuhr der Name seine letzte Änderung in „Arbeiter-Rad- und Kraftfahrerbund Österreichs", abermals ARBÖ, die bis heute unverändert geblieben ist. Die Motorfah- rer-Sektionen zählten bereits 5.000 aktive Mitglieder, wenn auch die Radfahrer mit 17.500 immer noch in der Überzahl waren.

Es folgten entbehrungsreiche Jahre der Wirtschaftskrise und ab 1934 die Auflösung des ARBÖ, der allerdings in der „Radfahrer- und Kraftfahrerhilfe" eine Fortsetzung fand, die durch die Wiener Städtische Versicherung zwar gestützt, 1938 aber formell dem Deutschen Radfahrerverband angeschlossen wurde.

Aber bereits wenige Wochen nach Kriegsende war der ARBÖ wieder aktiv und im Juli 1945 erschienen sogar die „ARBÖ- Mitteilungen Nr. 1", die die ehemaligen Mitglieder aufforder- ten, sich erneut im Bund zusammenzufinden.

Die ab 1950 ansteigende Motorisierung erforderte hinsichtlich Verkehr, Strassenproblemen, Ausstattung der Fahrzeuge usw. neue Maßnahmen, an deren Zustandekommen der ARBÖ beteiligt war.

Bis Anfang der sechziger Jahre war der Bund vor allem durch den ehrenamtlichen Funktionär gekennzeichnet. Sollte man aber von den Dienstleistungen zum optimalen Service der Mit- glieder gelangen, dann mußte der ARBÖ auf eine neue Basis gestellt werden, die nun vor allem durch den Pannendienst bzw. Technischen Dienst und zahlreiche weitere Leistungen für die Mitglieder gekennzeichnet war.

Heute sind im Rahmen des ARBÖ etwa 700 Ortsclubs mit 400.000 Mitgliedern zusammengeschlossen. Diese Kraftfahrer- vereinigung versteht sich heute als große Kultur-, Freizeit- und Sportorganisation der arbeitenden Bevölkerung, für deren Rechte als Verkehrsteilnehmer sie eintritt.

Oben: Der Bernhardiner galt lange Zeit als Symbol und Maskottchen des ARBÖ- Pannendienstes.

Links: Teilnehmer an der 1. Hatlak-Wertungs- fahrt, Hainfeld, 1946.

# ÖAMTC —
## der Österreichische Automobil-, Motor- rad- und Touring Club

Mit der Geschichte der Motorisierung ist auch die Geschichte des Österreichischen Automobil-, Motorrad- und Touring Clubs (ÖAMTC) aufs eng- ste verbunden. Es ist eigentlich zunächst die Ge- schichte zweier Vereinigungen, denn bis 1938 vertra- ten der Österreichische Touring Club (ÖTC) und der Österreichische Automobil Club (ÖAC) unab- hängig voneinander die Interessen ihrer Mitglieder. Erst nach der Wiedererrichtung der Republik Öster- reich schlossen sich die beiden Organisationen zu einem einzigen Club, dem heutigen ÖAMTC zu- sammen, der mittlerweile auf rund eine Million Mitglieder gewachsen und in den internationalen Vereinigungen AIT (Alliance internationale de Tourisme), FIA (Fédération internationale d'Auto- mobile) und FIM (Fédération internationale de Motocycliste) vertreten ist. Der ÖAMTC ist eine unpolitische, nach rein fachlichen Gesichtspunkten orientierte Vereinigung. Seine Statuten enthalten eine sogenannte „Politikerklausel".

## Hier ist seine Geschichte:

Man schrieb das Jahr 1896. In Wien fanden sich 236 Persön- lichkeiten aus Wirtschaft und Kultur zusammen, um eine Ver- besserung der Verkehrswege, die Kennzeichnung von Gefah- renstellen im Straßennetz, Versicherungen, Erleichterungen im grenzüberschreitenden Verkehr und eine Betreuung und Unterstützung der Vereinsmitglieder zu erreichen. Die Ver- einsmitglieder — das waren zunächst die Radfahrer. Denn als die 236 Proponenten des Österreichischen Touring Clubs ÖTC die Statuten des neuen Vereins bei der Behörde eingereicht hat- ten, begann das Radfahren eben Volkssport zu werden, wäh- rend die motorbetriebenen Wagen zunächst belächelt und bestaunt, vielfach aber auch verhaßt ihren Siegeszug über die Straßen der Welt noch nicht angetreten hatten. Schon im ersten Bestandsjahr des ÖTC aber zeigte die Motorisierung ihre Macht:

Der ÖTC gründete seine Autosektion. Mit 12 Mitgliedern. Für Radfahrer zeigte die Clubarbeit ihre ersten Erfolge: Im Westen Wiens baute der ÖTC auf eigene Kosten den ersten, 1,4 Kilometer langen Radfahrweg von Hütteldorf nach Pur- kersdorf, dem noch andere folgten. Er erreichte auch, daß der Wiener Prater für Radfahrer freigegeben und eine erste Unfall- und Haftpflichtversicherung geschaffen wurde. Im Wiener- wald stellte der ÖTC Werkzeugkästen für seine Mitglieder auf: Ein erster Versuch der Pannenhilfe, ein Vorläufer des heute als Selbstverständlichkeit empfundenen Stützpunktsystems des ÖAMTC. 1898, während in der Inneren Stadt in Wien noch allgemeines Fahrverbot für Automobile und Radfahrer bestand, fand sich plötzlich im Vereinsregister der „Österrei- chische Automobil Club", der zweite Ahnherr des ÖAMTC. „Die Gründung unseres Vereins lag förmlich in der Luft; gibt es einen vollgültigeren Beweis dafür als die 206 Anmeldungen, welche uns sofort bei der constituierenden Versammlung vor- lagen?" schreibt die zunächst gemeinsame Zeitung der beiden Vereinigungen.

Die Hauptaufgabe dieser Zeit: Dem Automobil und dem Fahr- rad die gebührende Anerkennung zu verschaffen. Nicht zuletzt deshalb zählten allerhöchste Persönlichkeiten des Kaiserhauses zu den Protektoren: Erzherzog Ferdinand Karl und später Erzherzog Karl Franz Josef, der in der letzten Phase des ersten Weltkrieges sodann als Kaiser Karl I. in die Geschichte einging.

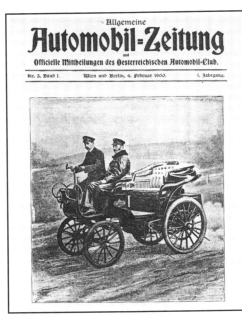

In der Tat scheint es einige Mühe bereitet zu haben, sich durchzusetzen. Denn man erfuhr aus der Clubzeitung, daß „böse Buben" Nägel auf die Radfahrbahn des ÖTC streuten und daß Überlandfahrten nicht ganz geheuer waren. Leuten, die mit Stöcken versehen sind, sollte man genau auf die Hände schauen. Denn oft sei es vorgekommen, daß „bößwillige Burschen" mit ihrem Stock in das Rad eines „Bicyclisten" gestoßen und den Ahnungslosen schwer zu Fall gebracht haben.

Im August 1898 geschah eine für das Touringwesen und den Automobilsport historische Tat: Auf Antrag Österreichs wurde in Luxemburg die Gründung der LIAT, der Internationalen Liga für die Automobil- und Touring Clubs beschlossen: Der Vorläufer der heutigen AIT, die 70 Millionen Kraftfahrer in der ganzen Welt vertritt.

Diesen Weitblick hatten die österreichischen Touring- und Automobilfachleute bereits zu einem Zeitpunkt bewiesen, zu dem Kaiserin Elisabeth („Sissy") noch lebte und zu dem in Wien erst 20 Autos liefen.

1899 erhielt Wien seine 2. Hochquellenwasserleitung, die Frau Sacher mit ihrer berühmten Zigarre wurde zur populären Figur und der ÖTC nahm seinen Kampf gegen die allerorts die

Straßen sperrenden Mautschranken auf. Der ÖAC hingegen begann eine Kette von Benzinstationen anzulegen. Schließlich gab es an die 650 Stationen. Während der „Touring Club" auf eigene Kosten die ersten 136 Verkehrszeichen aufstellte, führte der ÖAC die Rechtsberatung für seine Mitglieder ein und ergriff die Initiative zur Gründung einer Interessengemeinschaft, die innerhalb von sieben Jahren das 213 Kilometer lange Netz der Paßstraßen Südtirols anlegte. Auch heute noch verlaufen diese Verkehrswege entlang der Trassen, die von den Männern des ÖAC zwischen 1902 und 1909 geschaffen worden sind.

Auf publizistischem Gebiet hatten sich die Wege der beiden Clubs um die Jahrhundertwende getrennt: Seit Jänner 1900 erschien in Wien die „Allgemeine Automobilzeitung" als offizielles Organ des ÖAC und vieler anderer europäischer Autoclubs, ja sogar der Motorfahrervereinigungen von St. Petersburg und Moskau. Das Wien der Jahrhundertwende wurde zur Wiege der internationalen Motorjournalistik.

1903 schwärmte man auf dem Pariser Autosalon bereits von einem Wagen, der neben den Sitzen für Lenker und Diener vier Plätze für die Passagiere in einem geschlossenen Coupé aufwies. „Die Sitze bestehen aus vier bequemen, weiten Fauteuils, den Boden bedeckt ein Teppich, das Fahrzeug ist elektrisch beleuchtet, geheizt und hat einen elektrischen Cigarrenanzünder". Aber nicht nur um die Bequemlichkeit ist man

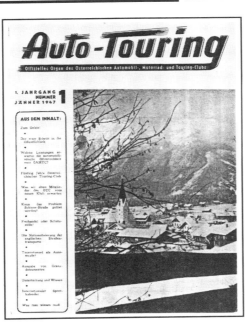

bemüht, sondern auch um Sicherheit: Für die Pneumatiks des 22 PS starken Daimler, mit dem der englische König Edward fuhr, erfand man die ersten Reifenketten als Gleitschutz bei nassem Wetter.

1904 gab es das erste Gaspedal: Bis dahin mußte die Zufuhr des Benzin-Luftgemisches von Hand aus geregelt werden. Die ersten Abblendscheinwerfer tauchten auf und ein Automobilist aus Prag perfektionierte sein Fahrkönnen, indem er mit seinem Wagen auf einem zugefrorenen See Schleuderübungen veranstaltete: Der erste Vorläufer des heutigen Fahrtechnik-Trainings von Teesdorf und Saalfelden, als Böhmen noch bei Öst'reich war.

Die Dienstleistungen des Automobil Clubs in dieser Zeit waren außerordentlich vielfältig. Den „p.t. Mitgliedern" standen Speisesaal, Repräsentationsräume, Spielzimmer, Billard, in Innsbruck sogar ein „interurbanes" Telefon und ein geheizter Clubraum zur Verfügung. ÖAC-Mitglieder genossen Fixpreise bei den Benzinstationen. Blumencorso und Straßenrennen gehörten zum gesellschaftlichen und sportlichen Bild jener Zeit, das erste Haftpflichtgesetz trat in Kraft, der ÖAC stellte Zolldokumente für Auslandsfahrten aus und veranstaltete 1910 die erste Internationale Alpenfahrt, die in der Folge zur schwersten Bergprüfung auf dem Kontinent werden sollte.

1914 erfuhr die friedliche Entwicklung des Automobilwesens eine jähe Unterbrechung: Nach dem Attentat von Sarajewo rückten die Automobilisten des Clubs, an der Spitze die Sekretäre, mit ihren Fahrzeugen zum „k.k. Freiwilligen-Motorcorps" ein. In den letzten Kriegsmonaten veröffentlichte die „Allgemeine Automobil Zeitung" auf schlechtestem Papier Fotos zerschossener Autos und gesprengter Kolonnen, und dann plötzlich waren es nur noch „Erinnerungen an den Krieg". Das „k.k." verschwand aus den Clubbezeichnungen, die Kraftfahrorganisationen wußten nicht mehr, wie sie sich nennen sollten. Von allen Fronten strömte die Armee zurück. Tausende Kraftfahrzeuge waren ohne jede behördliche Bewilligung auf der Straße. Fahrzeuglenker, die ohne Passierschein des Staatsamtes für Handel und Gewerbe unterwegs waren, riskierten die Beschlagnahme ihres Fahrzeuges. Die Wiener Rotunde, das heutige Messegelände im Prater, wurde zum Abstellplatz für Hunderte von der Front heimkehrende Kriegsautomobile.

Beim ÖTC bezahlten die Vorstandsmitglieder des Clubs die Verwaltung zunächst einmal aus eigener Tasche. Beide Clubs versuchten, sich in der um sich greifenden Inflation mit motorsportlichen Veranstaltungen über Wasser zu halten.

1924 war Österreich bereits wieder in der AIT vertreten, 1927

brachte der ÖAC die ersten Verbandpäckchen für Automobilsten heraus, der ÖTC weitete sein Dienststellennetz aus u gründete u.a. auch Grenzstationen. Das motorsportliche P gramm war außerordentlich dicht und umfaßte nicht internationale Veranstaltungen, wie etwa das Semmering-Be rennen, sondern auch die beliebten Ballonverfolgungsjagd Im selben Jahr, in dem die Großglocknerstraße eröffnet wu übersiedelte der ÖTC in sein neues Clubgebäude am Wie Schubertring Nr. 7, in dem er bis 1967 bleiben sollte. In Vertretung der Interessen ihrer Mitglieder schlossen sich Ö und ÖAC knapp vor dem schicksalhaften Jahr 1938 zu ei Arbeitsgemeinschaft zusammen.

Fast von einem Tag auf den anderen war es 1938 mit der se ständigen Vereinstätigkeit vorbei. Hitlerbilder prangten in d Clubzeitungen vom April 1938, doch das war auch schon letzte Lebenszeichen der beiden Kraftfahrerorganisation „Nicht den Bruchteil einer Sekunde" wollte der Korpsfüh des NSKK, Adolf Hühnlein, den die Geschehnisse ins La gebracht hatten, dafür erübrigen, ob die bisherigen österreic schen Kraftfahrverbände weiter bestehen bleiben könnt Darüber habe, so Hühnlein, jegliche Wechselrede zu unt bleiben.

Der Österreichische Automobil Club zählte um diese Z 21.500 Mitglieder. Am 3. September 1938 übernahm Hühnlei Beauftragter das Clublokal am Wiener Kärntnerring Nr. vier Sparbücher und aus der Kasse 3.048 Mark und 77 Pfenn Das letzte Inserat der ÖAC-Clubzeitung, die im Juli 19

ihr Erscheinen einstellte: Eine Anzeige der privaten Wiener Leichenbestattung Payer & Schmutzer. Zufall oder letztes Aufbäumen des für die Blattgestaltung Verantwortlichen? Als „Gaugeschäftsstelle" kümmerte das Clubhaus des ebenfalls aufgelösten ÖTC am Schubertring dahin, in das Lokal des ÖAC zogen zunächst die Rüstungsinspektion im Wehrkreis XVII und später eine Dienststelle der Reichsbahn ein.

Jede Clubtätigkeit im Krieg wäre auch sinnlos gewesen: In ganz Wien fuhren nur noch 900 private Pkw mit dem sogenannten „roten Winkel" im Kennzeichen, der dem Besitzer die Erfüllung von Aufgaben in öffentlichem oder kriegswirtschaftlichem Interesse bescheinigte.

Das Jahr 1945 war, wie auf allen Gebieten, auch auf dem Sektor des Kraftfahrwesens die Stunde Null für Österreich. Alles in allem zählte man noch 12.000 Personenautos. Öffentliche Stellen und Unternehmungen konnten nicht einmal dem allerdringlichsten Transportbedarf nachkommen. Im ehemaligen Clubhaus des ÖTC am Wiener Schubertring 7 hatten sich drei Dutzend ehemaliger Funktionäre und Angestellter zusammengefunden, hatten Schutt und Trümmer hinausgeschaufelt und statt der zersplitterten Fensterscheiben Pappendeckel in die Rahmen gesetzt. Von den 51.500 Mitgliedern der beiden Vereinigungen vor 1938 waren 250 übriggeblieben.

ÖTC und ÖAC konnten aufgrund der gesetzlichen Bestimmungen wiedererstehen und schlossen sich am 17. Dezember 1946 bei der konstituierenden Generalversammlung zum „Österreichischen Automobil-, Motorrad- und Touring Club" (ÖAMTC) zusammen, dessen erster Präsident der Industrielle und Kunstmäzen Dr. h.c. Dipl.-Ing. Manfred Mautner-Markhof wurde. Mautner, schon damals eine ehrfurchtgebietende Gestalt mit dem traditionellen Backenbart der Familie, fuhr ein Steyr-Baby, das letzte Modell der österreichischen Automobilproduktion vor 1938. Gegen den damals üblichen Autodiebstahl schützte er sich dadurch, daß er den Schalthebel herausschraubte und zu Sitzungen, aber auch ins Konzert mitnahm. Und so saß Mautner-Markhof dann in seiner Loge im Konzerthaus, den Schalthebel auf den Knien.

In dieser Zeit, in der in Wien noch 36 Beamte bemüht werden mußten, um ein altes Motorrad zum Verkehr zuzulassen, druckte der Club gesamtösterreichische Straßenzustandskarten, begann mit technischer Beratung, gab Grenzdokumente aus und richtete ab 1954 — beim Stand von bereits 100.000 Mitgliedern — Straßenwacht und Pannenhilfe ein. Die „Gelben Engel" fuhren die Fernverbindungen nach einem bestimmten Schema ab, technische Prüfer fuhren mit Zelt und Wagen von Ort zu Ort. Sobald die Springflut der Motorisierung 1956 auch Österreich erfaßte, wuchsen die Aufgaben des Clubs ins Unermeßliche.

Die mobilen Prüfstationen wurden durch fixe Stützpunkte abgelöst, die zugleich als Heimathafen und Funkleitstelle für die Pannenhelfer eingerichtet wurden. Mehr als 100 derartige Stützpunkte stehen den Kraftfahrern derzeit in ganz Österreich zur Verfügung. Sie sind berechtigt, das sogenannte „Grüne Pickerl" nach § 57 a des Kraftfahrgesetzes auszugeben und gehen den Mitgliedern mit jeder Art der technischen Dienstleistungen, Information und Beratung zur Hand. Die Pannenhilfe ist in ganz Österreich rund um die Uhr über die ÖAMTC-Notrufnummer 120 ohne jede Vorwahl erreichbar. Modernste Abschleppfahrzeuge stehen bereit, um gestrandete Autos an den Haken zu nehmen und in der Passagierkabine zugleich Insassen und Gepäck weiterzutransportieren.

Aber auch auf anderen Gebieten hat der ÖAMTC seit 1945 als Impulsgeber fungiert: Beim Ausbau der Schutzbriefdienste, in deren Rahmen Jahr für Jahr Hunderte erkrankter oder verletzter Mitglieder nach Österreich zurückgebracht und zahllose Autos huckepack wieder ins Land heimtransportiert werden, beim Aufbau der Verkehrsinformation, bei der Errichtung von Verkehrsübungsplätzen und schließlich bei der Indienststellung der Notarzt-Hubschrauber, deren Start 1983 der gegenwärtige Präsident Dr. Walter Melnizky als den schönsten Tag seiner Amtszeit bezeichnete.

Immer war der ÖAMTC als Schrittmacher vorneweg. Die Kraftfahrer nun im Sinne des Umweltschutzes in ein neues Zeitalter zu geleiten, ist heute und in Zukunft seine umfassendste Aufgabe.

Die ursprünglichen Zeltstützpunkte wurden durch hochmoderne, fixe Anlagen ersetzt und schließlich schaffte man für die Fälle, in denen nicht an Ort und Stelle geholfen werden konnte, Abschleppwagen mit Passagierkabine an. Niemand sollte hängenbleiben.

Links:
Ein Blick in die Informationszentrale, aus der täglich Live-Einblendungen über Straßenzustand und Verkehrslage im ORF erfolgen.

# Parkprobleme

Die nach den ersten Nachkriegsjahren bald kontinuierlich, später progressiv ansteigende Motorisierung brachte in den Städten bereits in den sechziger Jahren zunehmende Parkraumprobleme. Parken ist so wichtig wie Fahren. Davon wurde nicht immer folgerichtig ausgegangen, dabei soll der fließende Verkehr allerdings so wenig wie möglich behindert werden.

Die normalen Garagen quollen allmählich über und die Gebühren schnellten in die Höhe. Städtebauer ebenso wie Verkehrsexperten waren sich klar darüber, daß den anfänglich favorisierten Hochgaragen möglichst bald Tiefgaragen zu folgen haben würden, und tatsächlich entstanden allenthalben auch kostspielige Tiefbauwerke, die sich bewährten. Bis heute gibt es in dieser Richtung jedoch immer noch ungelöste Probleme. Nach wie vor müssen zu viele Fahrzeuge in Bewegung gehalten werden, weil es vor allem in den Städten keine ausreichenden Parkplätze gibt. Will man Verkehrsinfarkte vermeiden, dann müssen Wege gefunden werden, um eine Verkehrsberuhigung zu erreichen.

Die sinnvollsten Parkmöglichkeiten stellen jene dar, die keine öffentlichen Verkehrsflächen beanspruchen. Neben den — wie sich erwiesen hat — gar nicht so zahlreichen Gelegenheiten, mit größeren Garagenbauwerken in die Tiefe zu gehen, bieten sich in manchen Städten Erhebungen an, wie sie z. B. der Schlossberg in Graz darstellt, der sich in der Altstadt befindet und durch ein bereits vorhandenes Tunnelsystem teilweise sogar erschlossen ist.

Im Zusammenwirken mit einem Architekten und Zivilingenieur entwickelte der Autor ein Garagenprojekt im Schlossberg Graz bis zur Baureife. Es hätte in 5 Decks — 3 Garagen- und 2 Hoteldecks — im Ernstfall sofort auch für den Zivilschutz zu aktivie-

rende Abstellplätze für ca. 645 Kraftfahrzeuge sowie 7 Großraumomnibusse im System aufgenommen. Im Normalfall konnte das Schlossberg Center zusätzlich als Wirtschafts- und Einkaufszentrum im Innenstadtbereich von Graz genutzt werden. Der vorgesehene Hotelbereich — die Stadt hatte dringenden Bedarf an Hotelzimmern — wies einen direkten Liftanschluß zum auf dem Berg befindlichen Schlossbergrestaurant auf.

Das beachtliche Wirtschaftszentrum wurde eigentlich nur deshalb mit vorgesehen, weil dadurch die an sich hohen Baukosten pro Abstellplatz auf ein wirtschaftlich gut vertretbares Maß abgesenkt werden konnten und nicht zuletzt mit dem im Berg vorgesehenen 200 Betten-Hotel ein hocheffizientes Zivilschutzzentrum geschaffen wurde, das für rund 30.000 Personen für einen Zeitraum von 4—8 Wochen vollen Trümmer- und Strahlenschutz garantierte. Nach dem vorgesehenen Plan konnte das Hotel mit Hilfe eines einfahrbaren Feldlazaretts innerhalb weniger Stunden in ein komplettes Notspital mit etwa 900 Betten umgerüstet werden. Der im System etablierte Lebensmittel-

**Links:
Deckblatt des
Einreichplans für
das Schlossberg-
Center.**

**Links und oben:
Gesamtansicht des
Schlossbergs mit
Grundriß des
Centers sowie
des bereits
vorhandenen,
teilweise in das
Center integrierten
Tunnelsystems.**

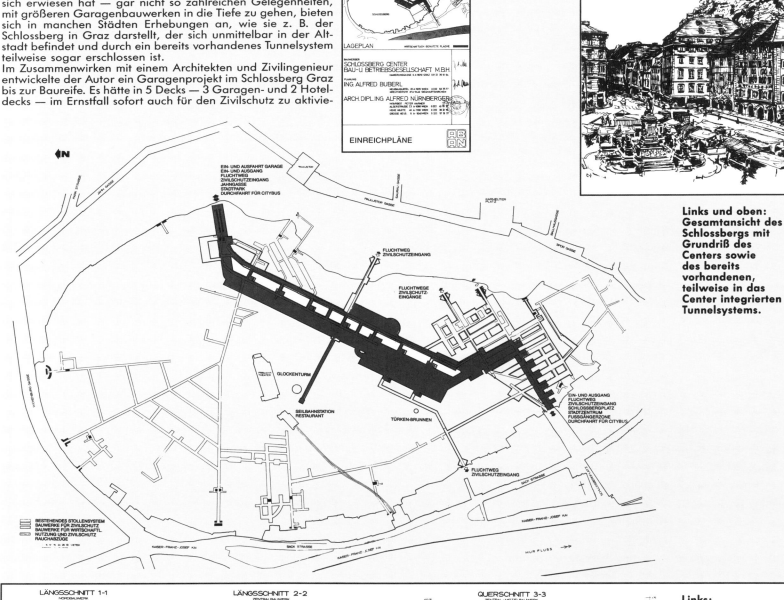

**Links:
Schnitt durch den
Schlossberg mit
dem integrierten
System, wobei die
Felsüberlagerung
deutlich wird
(Zivilschutz).**

Supermarkt hätte in Verbindung mit einer vorgesehenen Groß-Apotheke durch entsprechende Lagerhaltung die notwendige Bevorratung für den Zivilschutz garantiert.

Da das ganze System mit Lkw voll zu befahren war, konnte es im Normalfall mittels Omnibusverkehrs erschlossen (Zubringerdienst für Parkende) bzw. im Notfall durch Einsatzfahrzeuge aller Art durchfahren werden.

Entsprechende Notstromaggregate sicherten die Stromversorgung im Katastrophenfall für acht Wochen. Großzügige Lüftungsanlagen sorgten für ausreichende Frischluftzufuhr. Nicht zuletzt war auch ein biologisches System vorgesehen, das im Zivilschutzfall als Frischkost- ebenso wie als Sauerstofflieferant eingesetzt werden sollte.

Besondere Aufmerksamkeit wurde den Sicherheitsvorkehrungen im System gewidmet. Muß für gewöhnlich alle 40 m eine Fluchtmöglichkeit vorgesehen sein, so waren hier zum nächsten Fluchtweg jeweils 25 m die Norm. Ebenso wurden auch Feuerschutz und Feuerbekämpfung besonders beachtet. Hier

**Vorgesehenes Zeichen für das Schlossberg Center Graz.**

wurde zusammen mit der Wiener Berufsfeuerwehr ein vorbildliches Konzept erarbeitet.

Dieses Projekt sollte vor allem aufzeigen, daß bei den an sich recht einseitig nutzbaren Garagenbauten noch zahlreiche andere Möglichkeiten bestehen, um Kosten und Nutzen jeweils in ein möglichst günstiges Verhältnis zueinander zu bringen.

Das Schlossberg-Projekt, das hinsichtlich bergmechanischen und anderen technischen Voraussetzungen sämtlichen Überprüfungen entsprach, absolut baufähig war und auch den Interessen und Bedürfnissen der Grazer Bevölkerung in mehrfacher Hinsicht entgegenkam — es hätte u. a. das einzige große Zivilschutzzentrum Österreichs dargestellt —, scheiterte nicht an den Kosten, die verhältnismäßig niedrig gewesen wären, sondern ausschließlich am Widerstand einiger Grazer Wirtschaftstreibender der Innenstadt, die die eigentlichen Chancen dieser internationalen Fremdenverkehrsattraktion nicht erkannten, obwohl ihnen spezielle Konzessionen gemacht worden wären.

**1** Auffahrt zu einem der 3 Garagendecks mit über 200 Parkplätzen.

**2**

**3** Eine Einkaufsstraße mit Geschäftslokalen.

Der durch das System führende Straßenzug mit Park- und Wendemöglichkeiten bei Zulieferung an die Boutiquen und Geschäfte.

Wintergartenartiger Promenaderaum mit Bänken und Spielplätzen, Gastlokalen usw., auch für Veranstaltungen aller Art geeignet.

**5** Garagendeck 1.

**4**

Hotelzimmer mit Grünanlagen vor den Fenstern, Tag- und Nachtrhythmus der Beleuchtung, Frischluftdurchzug, so daß das Öffnen der Hotelfenster sinnvoll gewesen wäre.

**7** Aufgang und -fahrt in das Zentrum mit Banken, Post, Reisebüros usw.

**6**

Algen- und Grünkulturen für die Erzeugung von Sauerstoff und Frischkost.

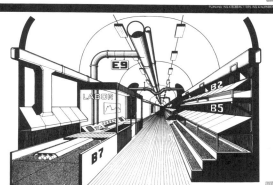

**8**

# Motorjournalistik

Unten:
Vor 36 Jahren erschien diese Motorseite im Wiener Kurier in der amerikanischen Besatzungszone Wiens. Interessant sind die kommentierten Probleme der damaligen Kraftfahrt, die ihre Aktualität bis heute kaum eingebüßt haben. Der Testbericht über Simca 9 Aronde zeigt auf, daß auch die damaligen Fahrzeuge in ihrer Grundkonzeption bereits leistungsfähig, relativ bequem und nicht sonderlich unwirtschaftlich waren.

Nur wenige Jahre nach dem Krieg begann das Interesse am Automobil in einem Maß anzusteigen, das mit jenem der Vorkriegsjahre nicht zu vergleichen war. Sicher spielte hier das Vorbild der Siegermacht Amerika eine große Rolle, wo die Industrie bemüht war, den durch die Kriegsproduktion verursachten Nachholbedarf so rasch wie möglich abzudecken. Im Vergleich zum annähernd intakten Wirtschaftsriesen USA ließ der mit großem Einsatz vorangetriebene Wiederaufbauprozeß in Europa und im eigenen Land ein zeitraffendes Kraftfahrzeug umso mehr vermissen.

Das Bedürfnis nach Information über alles, was sich auf dem Autosektor tat, war deshalb auch bei denen groß, die an die Anschaffung eines Fahrzeuges vorläufig noch gar nicht denken konnten. Die Medien aber, die sich ausschließlich dieser Sparte des Fachjournalismus widmeten, waren spärlich gesät. Sie erstanden bald nach dem Krieg in Form einiger weniger Fachzeitschriften, und hier insbesondere des unter der Chefredaktion von Erich Schmale erschienenen „Austro-Motor", ein im Hinblick auf die damaligen Gegebenheiten bereits hervorragendes Fachblatt. Für den Laien gab es nur die Mitteilungsblätter der einzelnen Automobilclubs, in Österreich vor allem die „Auto-Touringzeitung" des ÖAMTC sowie die „Freie Fahrt" des ARBÖ.

Vorerst war über die Situation auf dem Autosektor nicht allzuviel zu berichten, denn fast überall in Europa mußte sich die Industrie erst einmal formieren und die Belieferung mit Rohstoffen organisieren. Ab etwa 1950 aber nahmen die Aktivitäten der heimischen, vor allem aber der benachbarten Autoindustrie merkbar zu, sodaß das Interesse des Publikums bereits mit aussagekräftigeren Informationen versorgt werden konnte. Da es sich beim Automobil zu dieser Zeit keineswegs um das fast jedermann geläufige technische Gerät handelte wie das heute der Fall ist, lagen Berichterstattung und Erläuterung über diesen nach und nach Form annehmenden Sektor nicht unbedingt im Rahmen der Tätigkeit normaler Journalisten. Sie erforderten vielmehr gerade damals einiges Fachwissen, noch dazu die Abteilungen für Öffentlichkeitsarbeiten in der Autoindustrie — wenn überhaupt vorhanden — keineswegs so ausgebildet waren wie das etwa heute der Fall ist. Technische Aufbereitung und Fachinformationen gab es kaum.

Unter diesem Aspekt gründete der Autor in der damals in der amerikanischen Zone Wiens herausgegebenen, bedeutendsten österreichischen Tageszeitung „Kurier" die erste regelmäßig erscheinende Motorseite, der neben der Auto-Rubrik der Wiener Zeitung noch zahlreiche weitere in namhaften Tages- und Wochenzeitungen folgten.

Die Aufgabe dieser regelmäßig erscheinenden Informationen war es, das die eigene Motorisierung begierig herbeisehnende Publikum vorzubereiten und über Wissenswertes, technisch

---

## Sturzhelm sehr zu empfehlen

Der Straßenverkehr wird mit steigender Dichte immer gefährlicher. Besonders gefährdet sind natürlich die Fahrer von Motorrädern und Rollern. Schäden, die bei vierrädrigen Fahrzeugen als gering bezeichnet werden müssen, wie etwa Kratzer am Lack, die unter Umständen nicht einmal eine Reparatur erforderlich machen, können dem einspurigen, aber auch dem Beiwagenfahrer bereits lebensgefährliche Verletzungen eintragen. Einen wirklich befriedigenden Schutz gibt es für derlei Fahrer immer noch nicht. Die Praxis hat jedoch bewiesen, daß sich eine schwere Lederkombination mit Schnürstiefeln, breite, miederähnliche Ledergürtel und widerstandsfähige Handschuhe sehr bewähren.

Verfolgt man die Unfallberichte, dann wird man feststellen können, daß die meisten schweren Verletzungen, die bei Motorradunfällen auftreten, Schädelverletzungen sind. Es ist daher jedem Motorrad- und Rollerfahrer unbedingt anzuraten, einen der vielen auf dem Markt befindlichen Sturzhelme zu verwenden. Wie wichtig ein solcher Sturzhelm ist und wie anerkannt er im allgemeinen auch von Rennfahrern wird, geht aus der Tatsache hervor, daß keiner von ihnen, welcher Nation er auch angehört, ohne Sturzhelm in ein Rennen geht. In Westeuropa hat sich diese lebensrettende Einsicht bereits so weit durchgesetzt, daß man heute fast keinen Motorradfahrer mehr ohne Sturzhelm zu sehen bekommt, und das insbesondere bei Überlandfahrten. Dort trägt nicht nur der

Fahrer, sondern auch der Sozius einen Helm, der gleichzeitig ein idealer Schutz vor Schlechtwettereinwirkungen ist.

Zugegeben, ohne Sturzhelm ist das Fahren angenehmer, jedoch wiegen die Vorteile dieses Kopfschutzes die Nachteile reichlich auf. Außerdem kann unter den vielen Typen jeder den Helm wählen, den er am angenehmsten empfindet.      A. B.

## Deutschland führt Fahrprüfung auch für Kleinkrafträder ein

Bonn (UP). Das Bundesverkehrsministerium hat eine Verordnung ausgearbeitet, nach der künftig alle Krafträder über 100 ccm Hubraum in die Führerscheinklasse I fallen sollen. Bisher fielen lediglich Krafträder über 250 ccm Hubraum in die Führerscheinklasse I. Für kleinere Krafträder war nur der Führerschein IV erforderlich, zu dessen Erlangung keine praktische Fahrprüfung abgelegt werden mußte. Das Bundesverkehrsministerium ist der Ansicht, daß die mangelnden Fahrkenntnisse vieler Motorradfahrer für einen großen Teil der Verkehrsunfälle verantwortlich sind.

### Der Stockholmer Automobilsalon

Stockholm (UP). Auf dem Automobilsalon in Stockholm gaben sich wiederum die meisten der automobilproduzierenden Firmen von diesseits und jenseits des Eisernen Vorhangs ein Stelldichein. Besonders stark sind diesmal die Länder hinter dem Eisernen Vorhang vertreten. Die Sowjetunion zeigt drei Modelle, den kleinen „Moskowitsch", den sowjetischen Mittelwagen vom Typ „Podbieda" und den Luxuswagen der hohen Funktionäre in der Sowjetunion, den „S.I.S.". Große Umsätze haben die Sowjets mit diesen Fahrzeugen bisher nicht erzielen können.

Als einziger Neuling auf der Ausstellung erscheint der britische „Standard 10", der eine verbesserte Ausgabe des schon gut eingeführten Kleinwagens vom Typ „Standard 8" ist.

## So werden Verkehrsregeln spielend gelernt

Ein großes Hamburger Kaufhaus hat eine gute Idee gehabt: Es hat einen kleinen Ausschnitt der Hamburger Innenstadt im Modell aufgebaut und in Zusammenarbeit mit der Polizei dem praktischen Verkehrsunterricht für Schulkinder zur Verfügung gestellt. Im Laufe der nächsten Vierteljahres sollen sämtliche Hamburger Schulklassen von Polizeiorganen an diesem Modell im richtigen Verhalten auf Straßen und Plätzen unterrichtet werden. Den Kindern wird zuerst ein Lehrfilm gezeigt, dann können sie im Modell autos, die an langen Stangen geführt und lenkbar sind, durch den „brausenden" Verkehr der Modellstraßen spazierenfahren      Photo: AP

## Neues Gerät zur Entgiftung der Abgase von Dieselmotoren

Waine (Pennsylvania), (AND). Von der Firma Oxy-Catalyst Inc. wurde eine neue Vorrichtung entwickelt, welche die am Auspuff von Dieselmotoren auftretende schwere Rauchentwicklung weitgehend mildern soll. Die neue Vorrichtung trägt den Namen „Dieseler" und besteht aus acht Katalysatoren, von denen jeder 73 dünne, mit einer Platinverbindung ausgekleidete Porzellanstäbchen enthält. Die Vorrichtung wird in den Auspuff eingebaut und soll die Abgase der Dieselmotoren auf katalytischem Wege zu 90 Prozent von Kohlenmonoxyd und bis zu 85 Prozent von Kohlenwasserstoff befreien, den Betrieb von Dieselmotoren in geschlossenem Raum besonders beeinträchtigen.

Wie wir in Erfahrung bringen konnten, wird übrigens neuerdings zu dem von den Jenbacher Werken, Tirol, erzeugten Diesel-Karren „Jenbach-Büffel" auf Wunsch eine „Auspuff-Waschanlage" geliefert, mit der die Auspuffgase durch eine basische Flüssigkeit geleitet werden, wodurch sie von jeglichem Geruch und allen gesundheitsschädlichen Substanzen befreit werden. Dadurch ist es auch möglich, dieses Fahrzeug in Betrieben einzusetzen, wo durch die im Auspuff enthaltenen Chemikalien Schädigungen entstehen könnten, wie etwa in Webereien, Färbereien und ähnlichen Betrieben.

### Diesel-PKW bei Borgward

Der Borgward-PKW 1800, der als Antriebsmaschine einen Ottomotor besitzt, wird jetzt auch mit einem Dieselmotor mit 42 PS gebaut, der einen Verbrauch von 6,5 l 100 km Dieselöl aufweist. Die Dieselmaschine verleiht dem Fahrzeug eine Spitzengeschwindigkeit von 100 km/h.

### Wußten Sie schon, daß...

... das Kardangelenk nicht von dem italienischen Gelehrten Geronimo Cardano erfunden wurde, wie oft irrtümlich angenommen wird? Es war bereits um 250 v. Chr. bekannt und wurde damals an ägyptischen Tragsesseln verwendet, die es ermöglichten, daß die Träger auch schräg über die Treppe gingen, ohne daß die Stellung des Stuhles verändert wurde.

... der griechische Mathematiker Archytas von Tarent um 440 v. Chr. die für den Kraftfahrzeugbau so wichtige Schraube — damals eine Art von Schraubennagel — erfunden hat. Erst der berühmte englische Maschinenbauer Whitworth führte 1857 ein systematische Gewindesystem ein, während das metrische Systeme international (S. I.) 1897 entwickelt wurde.

nteressantes, die zu erwartenden Neuheiten usw. zu informie- ›en. Ganz von selbst ergab sich dabei eine technische wie auch verkehrsbezogene Vorbereitung bzw. Schulung. Wichtige Grundinformationen sollten dem zukünftigen Kraftfahrer das Rüstzeug vermitteln, um ihm letztlich die Wahl des richtigen, damals immer noch sehr teuren und nicht ohne weiteres erhältlichen Fahrzeuges zu erleichtern.

Später wurden solche regelmäßig erscheinende Motorseiten bereits mit dem Blick auf die Insertion der erstarkten Autoindustrie und des regen Autohandels eingerichtet. Ursprünglich aber erfolgte ihre Gründung allein im Interesse einer objektiven Information, und der Kurier etwa lehnte eine Insertion in diesem Zusammenhang grundsätzlich ab.

Im Rahmen dieser Informationstätigkeit führte der Autor in Österreich auch die ersten Autotests ein, die er gleichzeitig soweit normierte, daß verschiedene Fahrzeuge aufgrund dieser Tests untereinander objektiv vergleichbar wurden. Die Gefahr subjektiver Bewertungen war groß, da jede Erfahrung mit modernen Konstruktionen fehlte. Auf diese Weise aber konnte eine Vergleichsbasis geschaffen werden.

Aber auch die erste wöchentliche Rundfunksendung für den Kraftfahrer im damals amerikanischen Sender Rot-Weiß-Rot wurde vom Autor gegründet und über Jahre betreut. Sie setzte sich vor allem mit dem Verhalten des Kraftfahrers im Verkehr sowie den mit den Jahren rasch anwachsenden Verkehrsproblemen in lockerer Weise auseinander.

Heute sind die regelmäßigen Beiträge der Motorjournalisten aus den Medien nicht mehr wegzudenken und in Tages- und Wochenzeitungen sowie Monatspublikationen auch ein wirtschaftlich bedeutender Faktor geworden. Er hilft nicht zuletzt mit, ihren Bestand zu sichern, was im Interesse der demokratischen Meinungsvielfalt zu begrüßen ist. Art und Ziele der Berichterstattung in diesen Beilagen, Rubriken, Sendungen usw. haben sich mit der ungeheuren Vielzahl der Automodelle und -typen von heute und deren technischen Feinheiten natürlich gewandelt. Nicht mehr Einzelpersonen, sondern mehr oder weniger umfangreiche Redaktionsteams bearbeiten die vielfältigen Aufgaben. Diese Motorbeilagen stellen einen wichtigen Bestandteil der einzelnen Blätter dar, auf die die Leser ebenso wenig verzichten wollen wie etwa auf die Sportbeilage.

Von größter Bedeutung ist es in diesem Zusammenhang aber auch, die Bemühungen der Autoindustrie um Problemlösungen für die Zukunft so weitgehend und eindeutig zu kommentieren, daß sie auch der einfache Leser versteht und annehmen kann. Ohne Auto geht nichts, aber mit einer vergifteten Umwelt geht auch nichts. Im Brennpunkt dieser beiden Tatsachen hat der Motorjournalist vor allem den Weg aufzuzeigen, der aus dem übermäßigen Rohstoffverbrauch und der Umweltbelastung herausführt...

Stojaspal-Gernhardt Radioreporter bei Ungarnmatch (S. 5)

WIENER KURIER

Trotz strengsten Polizeimaßnahmen

Wieder Agiotage — 300 S für Sitzplatz

Visumfreiheit mit Deutschland ab 15. Mai

Auch Briten an Auswertung beteiligt

Fünf Tote bei Explosion in Eibiswald

**Titelseite des „Wiener Kuriers“ vom 7. April 1954, in dem die unten faksimilierte Motorseite erschien.**

## Englische Novität: Ein Vierzylinder-Motorrad

Neuerdings wird aus England berichtet, daß eine britische Firma die Serienfertigung einer neuen Maschine aufzunehmen beabsichtigt, die durch einen Vierzylinder-Viertaktmotor mit einem Hubraum von 500 ccm betrieben werden wird, der eine Leistung von 32 PS haben soll. Die Kraftübertragung dieser Maschine erfolgt auf das gefederte Hinterrad mittels Vierganggetriebes über eine Kardanwelle. Als Bremsen werden die sich immer mehr durchsetzenden Vollnabenbremsen Anwendung finden. Interessant ist die Tatsache, daß bei dieser Maschine der Kraftstofftank über den Steuerkopf nach vorn verlängert wird und seinen Abschluß der Scheinwerfer bildet. Außerdem sind auf dem Tank der Tachometer und diverse Schalter angebracht. Es wird weiterhin angegeben, daß die Demontage dieser Maschine mit nur zwei Schlüsseln möglich ist und der Ausbau des kompletten Motorgetriebe-Aggregates von einem Nichtfachmann in zehn Minuten vorgenommen werden kann. Trotz der Vierzylinder-Viertaktmaschine wiegt die Maschine 140 Kilogramm. Die Höchstgeschwindigkeit wird mit 150 km/h angegeben. Der Preis beträgt ab Werk 243 Pfund.

## Kein Sicherheitsfortschritt seit der Erfindung der Vierradbremse

**Boston (UP).** C. Stewart Mead, ein Sachverständiger in der amerikanischen Verkehrs- und Betriebssicherung, hielt dieser Tage eine flammende Rede vor der amerikanischen Gesellschaft für den Fortschritt der Wissenschaft, in der er schwere Anklagen erhob. Sein besonderes Augenmerk galt den Automobilunfällen, die in den Vereinigten Staaten seit dem Auftauchen des ersten Automobils schon über einer Million Menschen den Tod gebracht haben. „Millionen von Dollar sind dafür ausgegeben worden, um das Automobil schneller zu machen. Doch es ist wenig dazu getan worden, um die Automobile in die Lage zu versetzen, schneller zu halten. Seit der Entwicklung der Vierradbremse vor 25 Jahren ist hier fast nichts mehr getan worden.“

## Leistungsprüfung für Kraftfahrer

**Wiesbaden (AP).** In Wiesbaden ist jetzt unter der Leitung von Dr. med. Götzinger ein Psychotechnisches Institut gegründet worden, in dem die Leistungsfähigkeit eines Kraftfahrers durch ein medizinisch-psychologisches Untersuchungsverfahren genau festgelegt werden soll. Die psychotechnische Kraftfahreignungsprüfung soll Unfallursachen klären helfen und Hilfsmittel bei der Erkennung von Fehlhandlungen und Leistungsschwächen sein, um rechtzeitig Abhilfe zu schaffen, aber auch die Grundlage für ein gerechtes Urteil geben zu können.

Der Wiesbadener Polizeipräsident sieht in einer solchen Kraftfahreignungsprüfung ein gutes Hilfsmittel, Kraftfahrer vor Erteilung des Führerscheines zu überprüfen und dadurch vorbeugende Maßnahmen zur Unfallverhütung zu schaffen.

# Unser Kurztest: Der Simca 9 Aronde

In der Reihe unserer Tests wollen wir heute einmal ein Fahrzeug vorstellen, das eine glücklich gelungene Kombination von Sport- und Tourenwagen darstellt: den Simca 9 Aronde, Baujahr 1954. Dieser Wagen verkörpert romanisches Temperament, wie man es auf technischem Gebiet selten charakteristischer findet.

Raummäßig ist der Simca ein bequemer vier- oder fünfsitziger Tourenwagen, fahrgestell- und motormäßig eine Sportwagenkonstruktion reinsten Wassers. Diese zwei Komponenten zu einer wirklich einheitlichen Konstruktion zu vereinigen, gelang dem Herstellerwerk restlos.

Die Fahreigenschaften sind ausgezeichnet. Auch bei starken Seitenwindböen bleibt der Wagen selbst bei Geschwindigkeiten von 90 und 100 km/h fahrstabil, obwohl man jeden geringsten Windstoß in der äußerst sensiblen Lenkung sofort spürt. Die Lenkung des Fahrzeuges ist überhaupt einiger Worte wert. Der Wagen lenkt sich ausgesprochen zügig. Jeder kleinste Stein, jede geringste Straßenunebenheit wird dem Fahrzeuglenker über die fast spielfreie Lenkung zwar vermittelt, ohne daß dies jedoch in Stöße, unangenehme Vibrationen oder sonstige, die Fahrzeugbedienung störende Momente ausartet. Der Kontakt zwischen Fahrzeugführer und Fahrbahn ist ein selten guter.

Die Übersetzung der Lenkung wurde dem sportlichen Charakter des Wagens angepaßt; also relativ kleine Lenkradbewegung bei relativ großem Radeinschlag, wodurch das

unangenehme Kurbeln in Kurven wegfällt. Wünschenswert, aber nicht unbedingt erforderlich wäre ein Lenkrad mit etwas größerem Durchmesser.

Ein anderer bemerkenswerter Faktor ist die gelungene Lösung der Radaufhängung, für die vorne als Federelemente Spiralfedern und hinten progressiv wirkende Halbelliptikfedern Verwendung finden, die durch hydraulische Stoßdämpfer gedämpft werden. Diese Fahrzeugabfederung stellt keine Novität dar und ist heute ebenso wie die Stoßdämpfung ein allgemein gebräuchliches Konstruktionselement. Es ist jedoch den Konstrukteuren gelungen, die Elemente auf das gesamte Fahrzeug so abzustimmen, daß ein Optimum an Fahreigenschaften bezüglich Straßenlage, Kurvenfestigkeit, vor allem aber Stoßfreiheit im Fahrbetrieb auch bei schlechtesten Straßen erreicht wurde.

### Erstklassige Verzögerungen

Die hydraulischen Bremsen passen sich dem schnellen Fahrzeug an und bewirken erstklassige Verzögerungen bei geringem Kraftaufwand während der Bedienung.

Der 1200-ccm-Vierzylindermotor verleiht dem Fahrzeug ein beachtliches Temperament. Die dynamisch ausgewuchtete, obengesteuerte Maschine arbeitet in jedem Drehzahlbereich vollkommen ruhig und schwingungsfrei und ist auch bei höchsten Geschwindigkeiten fast nicht zu hören.

Die Beschleunigungsfähigkeit des Motors läßt sich am besten an Hand von Messungen aufzeigen.

Beschleunigung 1. Gang von 0 bis 30 km/h: 5 Sekunden,
Beschleunigung 2. Gang von 10 bis 50 km/h: 6,5 Sekunden,
Beschleunigung 3. Gang von 25 bis 80 km/h: 13 Sekunden,
Beschleunigung 4. Gang von 50 bis 100 km/h: 20 Sekunden.
Beschleunigung durchgeschaltet von 0 bis 100 km/h: 26 Sekunden,
Beschleunigung durchgeschaltet von 0 bis 120 km/h: 41,5 Sekunden.

Festzustellen ist, daß die Maschine, die an und für sich hochtourig gefahren werden soll, auch im unteren Drehzahlbereich noch eine große Elastizität aufweist. So ist es möglich, das Fahrzeug im dritten Gang ab 15 km/h gut zu beschleunigen, ohne der Maschine damit weh zu tun. Für den vierten Gang gilt ab einer Geschwindigkeit von 25 bis 30 km/h das gleiche. Diese Eigenschaft erlaubt in der Stadt ein angenehmes Fahren.

### Guter Geschwindigkeitsdurchschnitt

Die Teststrecke war Wien—Semmering und zurück. Dabei gelang es, von Wien bis auf den Scheitelpunkt des Semmerings einen Stundendurchschnitt von 72 km/h zu fahren (einschließlich Semmering). Von Schottwien bis auf den Semmering — das entspricht einer Strecke von 10 km — konnte ein Schnitt von 60 km/h gefahren werden, was davon zeugt, daß der Wagen hohen Anforderungen an Straßenlage, Beschleunigungsfähigkeit und Kurvenfestigkeit gerecht wird. Es wäre noch zu bemerken, daß bei dieser hohen Geschwindigkeit in keinem Fall rasant gefahren wurde.

Die guten Durchschnitte, die erzielt werden können, liegen, abgesehen von den guten Fahreigenschaften, insbesondere in der Beschleunigungsfähigkeit. Der Durchschnittsverbrauch betrug bei der Schnittgeschwindigkeit von 72 km/h 8,7 Liter auf 100 km/h. Bei vernünftigem, jedoch nicht zu langsamem Überlandfahren muß es möglich sein, das Fahrzeug mit 7,5 Liter Kraftstoff auf 100 km zu betreiben.

Bezüglich der Innenausstattung muß gesagt werden, daß die Armaturen gut im Blickfeld des Fahrers liegen. Die Gestaltung des Armaturenbrettes würde man sich allerdings etwas geschmackvoller wünschen, was auch von der Tapezierung gilt. Wünschenswert wären noch anatomisch etwas richtiger gebaute Sitze. Platzmäßig kann keinerlei Anstand erhoben werden, ebenso bezüglich der Sicht, die nach allen Seiten gut ist.

### Keine störenden Geräusche

Ein auffälliges Moment ist, daß keinerlei störende Geräusche im Fahrzeuginneren zu bemerken sind, also weder Dröhnen noch Vibrationsgeräusche oder das vielen Fahrzeugen eigene Klappern. Dies, obwohl der zur Prüfung zur Verfügung gestellte Wagen bereits über 18.000 Kilometer im Vorführbetrieb hinter sich hatte, so daß es sich also keinesfalls um ein neues Fahrzeug handelte.

### Technische Daten

Motor: Obengesteuerter, wassergekühlter Vierzylinder-Viertakt-Ottomotor mit einem Hubraum von 1221 ccm. Leistung 45 PS bei 4400 U/min.

Kraftübertragung: Vierganggetriebe, zweiter, dritter und vierter Gang synchronisiert (Volantschaltung).

Bremsen: Verzögerung Fußbremse 7,5 m/sec², Handbremse 2,5 m/sec², spurhaltend

Garagemaße: Länge 4067 mm, Breite 1558 mm, Höhe 1522 mm, Bodenfreiheit 160 mm, Reifendimension 5,5 × 15. Gewicht (fahrbereit) 968 kg.

Ing. A. Buberl

## HINTER DEM Lenkrad NOTIERT

... sollen nicht immer nur Dinge werden, die unangenehm auffallen. Daß die repräsentativen Ölfirmen an den großen Straßen Österreichs immer mehr Großtankstellen errichten, wird vom Kraftfahrer als durchaus angenehm empfunden. Die eigentlichen Zapfstellen sind bei diesen Anlagen nur ein kleiner Teil der Gesamteinrichtung, denn zumeist nehmen Waschstationen, Abschmierdienst und die übrigen Serviceeinrichtungen einen weit größeren Raum ein. Das Neueste auf diesem Gebiet ist, daß solchen „Stationen“ ein Espresso oder eine Raststelle mit Büfett angeschlossen wird.

Seit einiger Zeit befindet sich beispielsweise bei Innsbruck ein ganz besonders schönes Exemplar dieser Gattung, dem außerdem noch ein Reisebüro und Baderäume angeschlossen sind.

Was aber die dort gebotenen Annehmlichkeiten ganz besonders unterstreicht, ist die Tatsache, daß das gesamte Personal, das in der Hochsaison aus etwa 18 Personen besteht — so weit wir Gelegenheit hatten, es kennenzulernen —, nicht nur technisch und kundendienstmäßig erstklassig geschult ist, sondern, daß die meisten der Leute auch verschiedene Fremdsprachen beherrschen. Darüber hinaus ist das Benehmen der Angestellten sowohl im Restaurant als auch an der Tankstelle gegenüber den Kraftfahrern ausgezeichnet. Auch dann, wenn das Fahrzeug als internationales Kennzeichen ein simples A trägt. Wenn das so weitergeht, wird das Reisen in Österreich sogar für Österreicher noch ein Vergnügen.

Ingab

## Neue Chrysler-Sportwagen

**Detroit (WK).** Die Chrysler Corporation kündigt zwei neue Sportwagen, den Plymouth Belmont und den Dodge Firearrow an. Beide Wagen sind Kabrioletts.

# Reklame, Annoncen und Affichen

Vor und noch viele Jahre nach dem ersten Weltkrieg, als Werbung noch Reklame, Anzeigen Annoncen und Plakate Affichen hießen, wurden andere Wege als heute gegangen, um das Publikum anzusprechen. Das Automobil war eine kostspielige Anschaffung, die nur für einen bestimmten Personenkreis in Frage kam. Da die Presse lange Zeit keineswegs ausreichend informierte, weil man das Auto vielfach immer noch als Belästigung empfand, wurde vor allem in eher aufwendigen, überregionalen Journalen durch ansprechende Annoncen für das neue Phänomen geworben, die oftmals von wahren Künstlern vorwiegend im Jugendstil gestaltet wurden. Das gilt auch für die mitunter bestechend schönen Plakate, die zu

Anfang vor allem den Rennankündigungen und Automobilausstellungen vorbehalten blieben, was sich erst nach und nach änderte.

Der Druckerei kam damals große Bedeutung zu, denn sie nahm sich meist generell der Gestaltung des Reklamematerials an. Vor allem hatte sie gute Grafiker an der Hand, die dann

ZWECKMÄSSIG ERDACHT – VORBILDLICH GESTALTET

**MERCEDES-BENZ**

# 5.290 Mark.

Daß es das heute noch gibt.

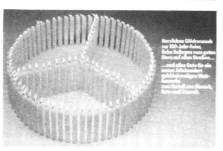

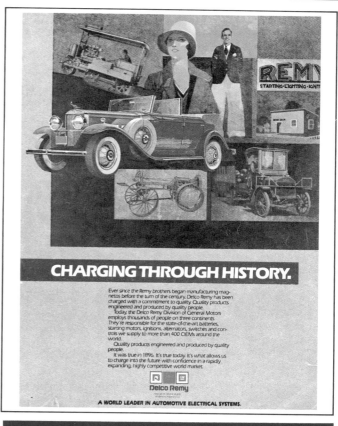

## CHARGING THROUGH HISTORY.

Ever since the Remy brothers began manufacturing magnetos before the turn of the century, Delco Remy has been charged with a commitment to quality. Quality products engineered and produced by quality people.

Today, the Delco Remy Division of General Motors employs thousands of people on three continents. They're responsible for the state-of-the-art batteries, starting motors, ignitions, alternators, switches and controls we supply to more than 400 OEMs around the world.

Quality products engineered and produced by quality people.

It was true in 1896. It's true today. It's what allows us to charge into the future with confidence in a rapidly expanding, highly competitive world market.

**Delco Remy**

**A WORLD LEADER IN AUTOMOTIVE ELECTRICAL SYSTEMS.**

# L I N C O L N

*Unvergesslicher Ausdruck moderner Romantik-Erfüllung aller Wünsche.*
*eine Symphonie von Schönheit, Kraft und Eleganz.*

FORD · MOTOR · COMPAGNY A. · G. · BERLIN · WESTHAFEN

DAS SPANISCHE KRAFTPAKET

# IBIZA SXi

In der Tat, ganz schön stark, was Sie da beim sportlich-extravaganten SXi (Design Giugiaro) alles für Ihr Geld* bekommen. Ein kraftvolles Motor-System Porsche mit Bosch-Einspritzanlage. Wahlweise mit 100 PS (Spitze 184, von 0 auf 100 in 10,8 Sek.) oder als 90-PS-Version (Kraftstoff bleifrei normal) mit geregeltem 3-Wege-Katalysator und ebenfalls sehr sportlichen Fahrleistungen. Dazu ein sportlich ausgelegtes 5-Gang-Getriebe, Fahrgast-Sicherheitszelle und Karosseriekonstruktion von Karmann, Front- sowie doppelte Heckspoiler, Leichtmetallfelgen, Color-Verglasung, seitliche Ausstellfenster hinten, zusätzlicher Außenspiegel auf der Beifahrerseite, Nebelscheinwerfer und Metallic-Lackierung in Schwarz. Die Liste der serienmäßigen Details geht noch weiter: tiefe Sportsitze mit stark ausgeprägter seitlicher Führung, geteilt (50:50) umlegbare Rückbank, sportlich gestyltes Cockpit mit Drehzahl- und Öldruckmesser; selbst elektrische Fensterheber und Zentralverriegelung gehören zu dem exklusiven Inklusive-Paket.

Ihre verständliche Neugierde befriedigen Sie am besten und schnellsten bei einer Probefahrt**. Rufen Sie uns an, oder schreiben Sie uns. Wir schicken Ihnen unverzüglich Händlerverzeichnis und Prospektmaterial.

* DM 19.800,– für die 100-PS-Version, DM 20.800,– für die 90-PS-Version mit Kat (jeweils unverbindliche Preisempfehlung, plus Überführung).
** Den IBIZA gibt's außerdem als junior, L, GL, GLi, GLX, GLXi und der Sol.

Name
Adresse

Bitte schicken an: SEAT Informations-Service, Postfach 19 03 07, 4000 Düsseldorf 11. Oder rufen Sie an zum Ortstarif 01 30/77 05.

**SEAT**

LEISTUNG, DIE ÜBERZEUGT.

Annoncen, Plakate, für Ausstellungen auch die stark gefragten Prospekte usw. gestalteten.

In den dreißiger Jahren war stilistisch vor allem die Neue Sachlichkeit gefragt, obwohl es aus dieser Zeit einige der schönsten, fast nach impressionistischer Manier gestalteten Plakate und Anzeigen gibt.

Nach dem Krieg bildete sich erst nach und nach die heutige Art der Werbung heraus, die in Bild und Schrift einen harmonischen Gesamteindruck vermittelt, der gleichzeitig das Image der Erzeugerfirma pflegt. Eine phantasievolle Autowerbung erleben wir heute wieder in der Fernsehwerbung.

# 12. VERVOLLKOMMNUNG DER AUTOKONSTRUKTION DURCH UMWELTZWÄNGE

Wenn das Auto auch viele technologische Spitzenleistungen in sich vereinigt, so ist es doch nicht eigentlich das technische Gerät, das den Menschen so fasziniert: Es ist die Erfüllung seiner hohen Ansprüche an sich selbst, die es realisiert.

Der Mensch ist seit Urzeiten auf Schnelligkeit programmiert. Ob nun während kriegerischer Auseinandersetzungen, auf der Flucht oder bei der Jagd — stets war sie eng verknüpft mit Sieg, Überleben und Rettung. Fast jeder sportliche Wettbewerb beweist, daß dieses Phänomen geradezu unverändert in jedem einzelnen lebendig ist, und tatsächlich kommt ihm bei drohender Gefahr auch heute noch volle Gültigkeit zu.

Mit dem Auto ist er endlich schneller, zusätzlich aber auch noch größer, stärker, leistungsfähiger und damit von vornherein erfolgreicher als je zuvor. Und dies alles ohne sonderliche körperliche Anstrengung und persönliche Fähigkeiten.

Etwas, das demnach zu weit mehr befähigt als es der eigentlichen Natur des Menschen entspricht, muß von vornherein außerordentlich positiv besetzt sein. Da die Impulse menschlichen Handelns und Entscheidens erwiesenermaßen überwiegend aus dem Unterbewußtsein und Gefühlsbereich kommen, liegt die Unentbehrlichkeit des Autos auf der Hand.

Wer das nicht gelten lassen will, der kann darüber hinaus eine beliebige Zahl rationaler Gründe für diese Unverzichtbarkeit ins Treffen führen, und sie werden fast alle nicht zu widerlegen sein.

Wenn es aber möglich war, einen so vielseitigen Problemlöser überhaupt zu schaffen, dann muß es auch gelingen, seine Fehler zu beherrschen, die heute noch in Form der Rohstofffrage und der Umweltbelastung bestehen. Letzten Endes bleibt deshalb nur eine möglichst totale Entgiftung und weitestgehende Heranführung an das Perpetuum mobile, ob nun in der Energiefrage (Einsatz von alternativen Konzepten) oder in der Produktion (größtmögliches Recycling).

Dieser Wettlauf mit den unerbittlichen Gesetzen der Natur hat mit dem Ölschock 1973 begonnen und muß auch weiterhin so ernst genommen werden wie er ist.

Wenn in den fünfziger und sechziger Jahren jemand auf einen möglichst niedrigen Kraftstoffverbrauch seines Wagens achtete, dann nur, weil ihn seine finanziellen Umstände dazu zwangen. Wer es sich einigermaßen leisten konnte, wechselte jährlich das Fahrzeugmodell. Aber auch diejenigen, denen die Mittel dazu eigentlich fehlten, taten gut daran, kleine und mittlere Wagen nach einer Fahrleistung von etwa 50—70.000 km am besten abzustoßen und auf einen Neuwagen umzusteigen, da dann im allgemeinen bereits mit Reparaturen gerechnet werden mußte. Es war ein bleibender Streitpunkt, ob es günstiger wäre, die damit verbundenen Kosten auf sich zu nehmen und den Wagen zu behalten, oder lieber gleich in ein neues Fahrzeug zu investieren.

Und dennoch blieb die Freude am Auto ungetrübt. Es war ziemlich egal, was es kostete: man wollte auf die faszinierende Erweiterung seiner Möglichkeiten und seines Aktionsradius' nicht mehr verzichten. Da konnte es auch nicht ausbleiben, daß es für viele zum Statussymbol und Kultobjekt wurde, denn der falsche Widerschein von so viel zugewonnener Kraft und Stärke mußte so manches labile Selbstbewußtsein irritieren.

Die Wirtschaft zog aus dieser „Autosucht" mehrfachen Nutzen: Der Leistungswille der Beschäftigten war notgedrungen groß und das Auto jedes einzelnen stellte an sich bereits einen aktiven Wirtschaftsfaktor dar, der vielfach auch noch unmittelbar im kommerziellen Rahmen zum Einsatz gelangte, während die gegebene Nachfrage last not least eine Schlüsselindustrie immer mehr anwachsen ließ.

Die Zerstörungen, die der zweite Weltkrieg mit sich brachte, hatten eine äußerst leistungsfähige Industrie erstehen lassen.

Als sich eine Befriedigung des dringenden Nachholbedarfes abzuzeichnen begann, wäre der Moment gekommen gewesen, die gegebene Wirtschaftssituation von Grund auf zu überdenken, wurde doch mit den Rohstoffen verschwenderisch wie nie zuvor umgegangen.

Die Wirtschaftsstrategien, vor allem in den USA, liefen jedoch durchwegs darauf hinaus, den Bedarf von Jahr zu Jahr zu steigern. Das hatte notgedrungen verminderte Qualität zur Folge. Mit der Zeit mußte die Industrie für den ausreichenden Bedarf sogar selbst sorgen, und das geschah in Form der Produktion von Gütern, die nur eine ganz bestimmte Zeit gebrauchsfähig bleiben durften.

Auch in die Autoindustrie hatte dieses Prinzip teilweise Eingang gefunden. So war es bezeichnend, daß der Chefkonstrukteur einer namhaften Automobilfabrik meinte, es wäre die ideale Lösung, auf die man zukonstruieren müsse, Autos zu schaffen, die 100.000 km ohne Reparatur fahren und dann schlagartig untauglich werden. Bisher sei das nur deshalb nicht gelungen, weil es schwierig sei, die einzelnen Teile auf die gleiche Lebensdauer abzustimmen.

Ende der sechziger Jahre wurden die ersten Zweifel an der Sinnhaftigkeit einer solchen Entwicklung laut.

Noch bevor 1973 der Ölschock die Welt überraschte, war ihm in Amerika bereits das Erwachen des Umweltbewußtseins vorausgegangen. Dort hatten sich Environment-Gruppierungen immer stärker bemerkbar gemacht. Kalifornien ergriff als erstes Land Maßnahmen gegen die Luftverschmutzung. Unter Hinweis auf ihre begrenzten Vorräte, verfügten daraufhin die

Förderländer eine Drosselung der Ölproduktion und gingen über Nacht in einer noch nicht dagewesenen, konzertierten Aktion mit den Ölpreisen drastisch in die Höhe. Völlig unvorbereitet sah sich damit die gesamte Wirtschaft wie auch jeder einzelne vor eine kritische Situation gestellt. Niemand konnte vorerst absehen, wie dramatisch sich die gedrosselte Belieferung, aber auch die starke Verteuerung von Heizöl und Treibstoff auswirken würden.

Angesichts dieser Zwangssituation, die jeden Fahrzeugbesitzer fühlbar beeinträchtigte und die Weltkraftfahrt plötzlich in eine bedrohliche Lage brachte, wurden weltweit autofreie Tage und andere Sparmaßnahmen verordnet und auch erprobt. Nach einer gewissen Beruhigung der Ölliefer- und Preissituation erwiesen sie sich allerdings letztlich wieder als entbehrlich. Die darauffolgende, annähernde Normalisierung war nicht zuletzt auf die reichlichen Ölfunde in der Nordsee zurückzuführen, deren kostspielige Förderung sich nun erst lohnte und unverzüglich in Angriff genommen wurde.

Der Schock aber, der der Autowelt 1973 vermittelt worden war, hat mehr in Bewegung gesetzt als es bei einer oberflächlichen Betrachtung den Anschein hat. So war die nun starke Belebung der Entwicklungsabteilungen in den Automobilwerken ein Vorteil, der — zumindest aus heutiger Sicht — so ungelegen gar nicht kam. Der Mangel an neuen Ideen, das Fehlen fast jeglicher Überlegung hinsichtlich Energieverbrauch und Umweltbelastung, die aber gerade aufgrund der Vollmotorisierung längst Beachtung verdient hätten, erfuhren nun zwangsweise eine unverzügliche Berücksichtigung. Vor allem begann die Autoindustrie nun alle Möglichkeiten ernsthaft und methodisch auszuschöpfen, um den Kraftstoffverbrauch rasch zu senken. Auch die Alternativen wurden ohne Zeitverlust intensiven Studien und Erprobungen unterzogen, und wenn es in dieser Richtung bis heute noch keinen durchschlagenden Erfolg gibt, dann mag das auch mit an den inzwischen wieder weit niedrigeren Ölpreisen liegen.

So experimentierten namhafte amerikanische und deutsche Produzenten bald nach 1973 sogar neuerlich mit Dampfmotoren (siehe Seite 51), deren vielfache Vorteile auch heute noch nicht geleugnet werden können. Ebenso widmen sich auf der ganzen Welt Wissenschaftler der Bereitstellung des Wasserstoffmotors, der allerdings immer noch Schwierigkeiten hinsichtlich des Treibstofftransports bereitet. Dennoch wird er allgemein als Motor der Zukunft betrachtet. Da er rückstandslos arbeitet, wäre er die Lösung für alle Umweltprobleme, die Verbrennungskraftmotoren heute noch bereiten.

Dem Elektro-, vor allem aber Solarantrieb werden zu Recht große Chancen eingeräumt (siehe Seite 72). Diese günstige Antriebsart kommt bei Bereitstellung leichterer und leistungsfähigerer Batterien als sie bisher in Anwendung sind, für einen Teil der Kraftfahrzeuge in Frage. Ein komfortabler und dabei fast emissionsfreier Betrieb wäre hier zu erwarten.

Eine zu wenig beachtete, heute bereits zur Verfügung stehende Problemlösung stellt der erprobte Hybridantrieb dar (siehe Seite 68), der benzin-elektrischen Betrieb vorsieht. Der Stadtbetrieb wird in diesem Fall mit dem umweltschonenden Elektroantrieb, der Fernverkehr mit dem Verbrennungskraftmotor bewerkstelligt.

# Erste Umwelterfolge

Das erste Resultat der massiven Herausforderung von 1973 war eine fast allgemeine Verbrauchsminderung bei den unmittelbaren Folgemodellen um durchschnittlich 10%. Aber der Ernst der Situation gebot die Entdeckung von Möglichkeiten, die die Verbräuche noch weit wirkungsvoller vermindern sollten, denn bald wurden auch die Forderungen nach einer Entlastung der Umwelt von Emissionen immer vehementer. Im Prinzip gilt: je niedriger der Verbrauch, desto niedriger die Emissionen. Aber wenn sich auch die Ölpreissituation inzwischen etwas entspannte — obwohl 1979 noch ein zweiter Ölschock den Glauben an eine echte Beruhigung abermals erschüttern sollte —, bemüht man sich seither um Einsparungen, wo immer es geht. Bis 1974 führten diese Bemühungen zu nicht weniger als um ca. 70% geringere Emissionen und 50% weniger Energieverbrauch. Wenn die Abgasfrage zusammen mit der Katalysatorfrage in den darauffolgenden Jahren die Konstruktionsbüros nicht so intensiv beschäftigt hätte, wären heute beim Verbrauch sogar noch weit günstigere Werte zu verzeichnen.

Vor allem trachtete man, das Wagengewicht möglichst herabzusetzen und wendete dazu eine neue Leichtbauweise an. Dem folgten Bemühungen um einen möglichst niedrigen Luftwiderstandsbeiwert der Karosserie, die — endlich — mehrfach sogar bis zur fast richtigen Stromlinie führten. Man nahm sich aber auch der Reibungswiderstände überall dort an, wo Teile in Bewegung sind, und verminderte sie mit Akribie. Daneben schuf man neue sparsame Motoren mit geringstmöglicher Schadstoffabgabe, deren Lärmentwicklung gleich mitreduziert wurde (Flüstermotoren).

In der Produktion gelangten nun vor allem bessere Materialien zum Einsatz und der Karosserieschutz erfuhr eine bedeutende Steigerung. Damit wurde den Fahrzeugen eine Langlebigkeit verliehen, die im Hinblick auf die einzusetzende Erzeugungsenergie ebenso wie das Recycling zu den drängenden Energie- und Umweltforderungen gehört. Wie Langzeituntersuchungen ergeben haben, sichern nur eine lange Einsatzperiode des einzelnen Wagens — in den neunziger Jahren soll sie 11 Jahre betragen —, ein niedriger Verbrauch sowie das anschließende Recycling der wertvollen Materialien die positive Energiebilanz eines Fahrzeuges.

# Technische Entwicklungen

Seit dem Ölschock gibt es zahlreiche erfolgreiche Versuche, den Verbrauch der Motoren auf ein Mindestmaß herabzusetzen. Je weiter dieser Prozeß fortschreitet, desto mühsamer wird er notgedrungen.

Der Fahrwiderstand eines Fahrzeuges ergibt sich bekanntlich aus Gewicht, Größe, Form und Rollwiderstand. Dazu kommt, daß der Luftwiderstand mit dem Quadrat zur Geschwindigkeit wächst und seine Überwindung sogar eine Motorleistung zur dritten Potenz erfordert. Diese beeinflußbaren Faktoren fanden bei den Bemühungen um sparsamen Verbrauch durch die Automobilfabriken eine umgehende Berücksichtigung. Allein die windschlüpfigen Karosserien von heute brachten bereits

WALD

viel, denn der Verbrauch beträgt beispielsweise bei einem Fahrtempo von 100 km/h bei $c_W$ = 0,5 14,1 l/100 km, bei $c_W$ = 0,3 aber nur mehr 9,4 l/100 km. Dadurch, daß die Verluste durch Maßnahmen in dieser Richtung vermindert werden konnten, gelangten bald sparsamere, leichtere Motoren mit kleineren Hubräumen und manchmal auch einer niedrigeren Zylinderzahl zum Einsatz.

Um 20 bis 25% leichtere Kolben ermöglichen höhere Leistungen, geringeren Verbrauch und bessere Laufruhe. Den Ökonomiekonzepten wurde aber auch durch ausgeklügelte Zündverstellkurven, spezielle Vergaser- und Einspritzanlagen, die den kritischen Kaltstart, Warmlauf- wie auch Kurzstreckenbetrieb beeinflussen, durch Schubabschaltung bzw. Abstellautomatiken entsprochen.

Beim modernen Motor geht es aber nicht nur um den möglichst niedrigen Verbrauch, sondern auch um die verbleibenden Abgase. Veränderliche Verdichtungsverhältnisse durch variable Verbrennungsräume wurden etwa von VW erforscht. Versuche mit Kolben mit sich selbsttätig hebenden und senkenden Böden wurden in den USA bald wieder aufgegeben. Mit der einfacheren Hochverdichtung über 10:1 hinaus erreicht man weit mehr. Sie erfordert allerdings elektronische Zündung mit stärkeren Funken und Regelungen mit „Klopfsensoren".

Viel erwartet man auch von Magerkonzepten. Zuverlässige Entflammung und ergiebige Verbrennung schaffen hier ähnliche Voraussetzungen wie bei der Hochverdichtung. Der „Fireball"-Motor etwa vereinigt beides. Sein Verdichtungsverhältnis beträgt 15:1. Auch mit der sogenannten „Schichtladung" wird experimentiert. Hierbei versucht man, eher fettes Gemisch in Zündkerzennähe zu zünden, wodurch der übrige, besonders

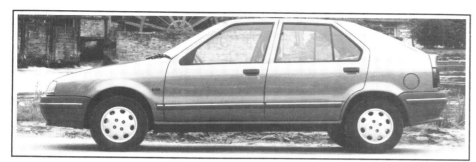

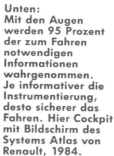

Unten:
Mit den Augen werden 95 Prozent der zum Fahren notwendigen Informationen wahrgenommen. Je informativer die Instrumentierung, desto sicherer das Fahren. Hier Cockpit mit Bildschirm des Systems Atlas von Renault, 1984.

Rechts:
Heute übliches Armaturenbrett, hier des Fiat Panda.

Rechts: 4. Generation der Bordcomputer beim BMW 735 i. Die gewünschten Informationen erscheinen auf Knopfdruck. Unten: Sachlich, informativ und übersichtlich ist die Instrumentierung des Lancia Prisma von 1987.

magere Rest der Zylinderfüllung leichter entflammt. Damit sind vor allem bessere Abgaswerte zu erreichen.

Für die Eliminierung von bis zu 95% der Schadstoffe aus dem Pkw-Benzinmotor sorgt inzwischen der Katalysator, der seit 1975 in den USA, später auch in Japan vorgeschrieben wurde, während er in Europa — außer Schweden und Österreich — zur freiwilligen Ausrüstung des Kraftfahrzeuges gehört. Ver-

5 Sitze mit großem Kofferraum

5 Sitze, 3 Rücksitze davon zwei nach hinten versetzt

5 Sitze, ein Rücksitz als Tisch umfunktioniert

5 Sitze, Vordersitze gedreht, ein Rücksitz als Tisch (2000 TXE 2000-1)

7 Sitze, fünf serienmäßig zwei als Zusatzausstattung

Der fortschrittliche Renault Espace von 1988, der mit mehreren Motoren angeboten wird, mit Innenraum-Variationen rechts. Links: Ford Orion von 1989, der mit verschiedenen Motoren geliefert wird, daneben Variationen der Innenraumgestaltung.

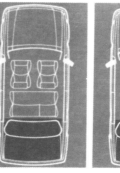

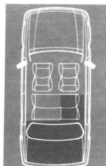

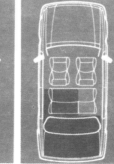

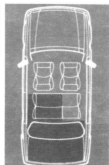

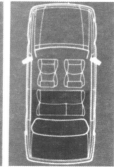

**Raumaufteilung des Honda City Cabriolets.**

Die Linienführung moderner Kleinwagen, deren Innenraumgestaltung so günstig wie nie zuvor ist, unterscheidet sich von den größeren Modellen vor allem durch die Heckpartie.

**Oben:** Citroën AX, 1988, fünftürig, fortschrittlichster Kleinwagen von Citroën, 40—49 kW/ 55—67 PS, 158—172 km/h.

**Rechts oben:** Suzuki Cervo Kombicoupé, 29 kW/40 PS.

**Links:** Innocenti 990 mit italienischem Design, japanischen Motoren und englischem Fahrwerk, 27—38 kW/ 37—52 PS, 125—145 km/h.

**Links:** Peugeot 205, Bestseller des Werkes, Benzin- und Dieselversionen, 40 kW/55 PS (Basismotor), 155 km/h.

**Zweiter von unten:** Skoda Favorit von 1989, 46 kW/62 PS, 150 km/h.

**Ganz unten:** Der Renault 5 — hier GTX — ist das meistverkaufte Modell der Firma, 54 km/73 PS, 170 km/h.

bessert wird hier vor allem die Langzeitstabilität werden müssen.

Bei höheren Zylinderzahlen strebt man auch nach einer teilweisen Abschaltung, um die schlechten Verbrauchswerte bei geringer Motorleistung zu verbessern. Versuche in dieser Richtung liefen in den USA ebenso wie in Europa. Eine Konsequenz aus dieser Überlegung ist es, anstelle eines größeren Motors zwei kleinere zu kombinieren. Einer davon übernimmt den normalen Fahrbetrieb, während der zweite für notwendige Zusatzleistungen herangezogen wird. Dieses System, das derzeit bei VW im Versuch läuft, hat den großen Vorteil, daß in Großserie gefertigte kleinere, leichtere Motoren zum Einsatz gelangen können, die auch kostengünstiger sind.

**Links:** FSM Polsky Fiat 126 p, 0,7 Liter-Motor, 19 kW/26 PS, 116 km/h.

**Unten:** Fiat 126, 0,7 Liter-Heckmotor mit 19 kW/ 26 PS, 116 km/h.

**Ganz unten:** Daihatsu Cuore, 32 kW/43 PS, 135 km/h.

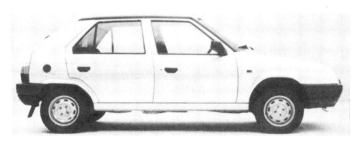

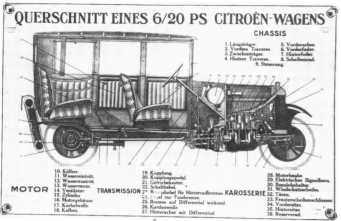

QUERSCHNITT EINES 6/20 PS CITROËN-WAGENS
CHASSIS

1. Längsträger.          5. Vorderachse.
2. Vordere Traverse.     6. Vorderfeder.
3. Zwischenträger.       7. Hinterfeder.
4. Hintere Traverse.     8. Scheibenrad.
           9. Steuerung.

MOTOR                    TRANSMISSION  KAROSSERIE

10. Kühler.              19. Kupplung.                    28. Motorhaube.
11. Wassereintritt.      20. Kupplungspedal.              29. Elektrisches Signalhorn.
12. Wasseraustritt.      21. Getriebekasten.              30. Benzinbehälter.
13. Wasserraum.          22. Schalthebel.                 31. Windschutzscheibe.
14. Ventilator.          23. Pedal für Hinterradbremse.   32. Türen.
15. Zylinder.            24. Pedal zur Fussbremse.        33. Fensterscheibenschließer.
16. Motorgehäuse.        25. Bremse auf Differential wirkend. 34. Vordersitze.
17. Kurbelwelle.         26. Kardanwelle.                 35. Hintersitze.
18. Kolben.              27. Hinterachse mit Differential. 36. Reserverad.

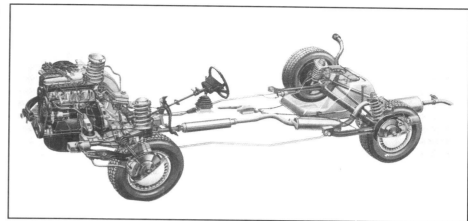

**Oben:** Längsschnitt durch den Citroën 6/20 PS, der den konstruktiven Aufbau eines Fahrzeuges aus den frühen zwanziger Jahren im Vergleich zu heutigen Konstruktionen verdeutlicht.

**Rechts oben:** Fahrgestell des vorderradgetriebenen Audi 100 von 1987.

**Darunter:** Fahrgestell des hinterradgetriebenen Volvo 780 von 1988.

**Unten:** Nissan Sunny Limousine, 40—88 kW / 54—120 PS, 160 km/h.

**Mitte:** Röntgendarstellung des Lancia Prisma mit Allradantrieb und drei Ausgleichsgetrieben.

**Unten:** Röntgendarstellung des Zwölfzylinder-Testarossa mit 287 kW / 390 PS und 290 km/h Spitze. Der verwendete Mittelmotor ist eher selten.

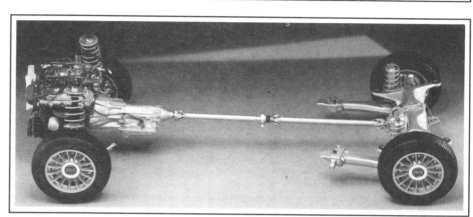

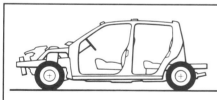

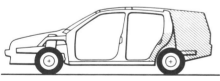

**Links:** Versuchsweise Gepäckraumgestaltungen von Fiat für gegebene Fahrzeuge. (Neuerdings gibt es bei Kleinwagen sogar Überlegungen, einen Teil des Kofferraums als Einkaufswagen abnehmbar zu gestalten.)

ferrari

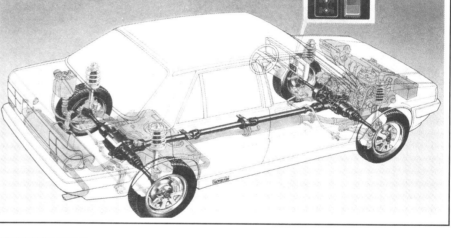

# Entwicklung der Form

ZEICHNUNGEN 1987
ING. ALFRED BUBERL

## 1900

Vor und um 1900 wurde die Formgebung des Automobils von der Jahrhunderte hindurch entwickelten Pferdekutsche dominiert und paßte sich erst allmählich an die selbstbewegliche Betriebsart an.

## 1925

Im ersten Viertel des 20. Jahrhunderts manifestierte sich bereits in groben Zügen die spezielle Automobilform. Es wurde jedoch in keiner Weise auf aerodynamische Linienführung geachtet. Automobile blieben vorläufig immer noch Transportmittel für Menschen.

## 1950

Allmählich wurde das Automobil zum universellen Transportmittel mit entsprechendem Fahrgastraum und größeren Unterbringungsmöglichkeiten für den persönlichen Gütertransport. Es zeigten sich auch Ansätze zur aerodynamischen Formgebung, wenn sie auch eher optisch als physikalisch richtig gestaltet war.

## 1975

Das Automobil hat nun im Prinzip eine nach jeder Richtung hin zufriedenstellende Form erreicht. Es war zum bequemen und schnellen Transportmittel für Mensch und Gut geworden. Die Aerodynamik wurde mehr und mehr beachtet, die Motoren sparsamer.

## 2000

Ansätze zur Form 2000 sind 1990 bereits erkennbar. Die Formentwicklung schreitet nur mehr in aerodynamisch richtiger Weise fort. Neue Motoren entlasten die Umwelt und beides führt zu großen Kraftstoffersparnissen. 300.000 und mehr Kilometerleistungen werden zunehmend zur Norm.

---

Besonders sinnvoll erweist sich diese Kombination bei Stadtomnibussen, die eine relativ hohe Anfahrleistung benötigen, dann aber eher nur in rollender Bewegung gehalten werden müssen.

Weltweit wird auch mit dem Keramikmotor experimentiert. Keramik weist eine geringe Wärmeleitung auf und müßte deshalb bei den hohen Temperaturen, die heute in modernen Motoren auftreten, Einsparungen ermöglichen, wie etwa beim Volumen der Kühlkreisläufe. Besondere Bedeutung hat Keramik bei der mehrfach in Erprobung befindlichen Gasturbine. Nissan und Isuzu sind um den Keramikmotor ebenso bemüht wie europäische Erzeuger. Porsche verwendet Keramik bereits in einem Katalysatormodell. Als problematisch erweist sich die Verbindung von Keramik und Metall bzw. die erforderlichen Klebemittel.

Der Vierventilmotor wiederum, der heute immer mehr im Kommen ist, bietet durch den besseren Gaswechsel mehr Leistung.

Konnte früher der Kompressor eher als Außenseiter der Automobilkonstruktion gelten, so muß heute die Aufladung von Motoren als Stand der Technik bezeichnet werden. Sie wird von fast allen Automobilfabriken angeboten und gilt für Benzin- ebenso wie für Dieselmotoren. Die Aufladung erfolgt heute über Turbolader, neuerdings über G-Lader, bald auch über Comprex-Lader (siehe unten).

Etliche Sparmodelle der letzten Jahre weisen mehrfach interessante Dreizylindermotoren auf wie der TPC (two passenger commuter), der „Zweiplatz-Pendler", von General Motors, mit einem 0,8-l-Dreizlindermotor, der nur 54 kg wiegen soll und 2,5 bis 3,5 l/100 km verbraucht. Auch Leyland schuf ein ähnliches Modell. Beachtenswert ist der Renault Vesta 2, ein Ökonomiemodell mit durchschnittlichen Systemen und Techniken, der 1987 für die Strecke Paris—Bordeaux mit zwei Personen bei 100,4 km/ Durchschnitt 1,94 l/100 km Superbenzin

1 Keramisches Material mit Platin belegt, 2 Stahlwolle zur Halterung, 3 Gehäuse.

1 Kontaktteil, 2 Stützkeramik, 3 Sondenkeramik, 4 Schutzrohr (abgasseitig), 5 elektrischer Anschluß, 6 Tellerfelder, 7 Schutzhülse (luftseitig), 8 Gehäuse (–), 9 Elektrode (+), 10 Elektrode (–).

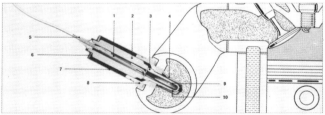

1909 ließ sich der Franzose Michel Frenkel „Verfahren und Apparat zur Desodorierung der Auspuffgase von Autos und anderen Fahrzeugen" patentieren. 1974 erprobte General Motors ein modernes Katalysatorsystem, dem eine ganze Reihe von Varianten folgte.
Im Prinzip erfolgt die katalytische Schadstoffsenkung in Form einer Nachverbrennung. Bei der Verbrennung von Benzin entstehen Gase, die Luftverschmutzungen enthalten. Die einzige heute praktikable Möglichkeit, ihren Anteil weitgehend zu senken, bietet der Dreiwege-Abgaskatalysator. Er ist ungefähr so groß wie ein Schalldämpfer und besitzt eine keramische Basis, die mit unzähligen kleinen Zellen durchsetzt ist, um die Oberfläche zu vergrößern, die wiederum mit einer dünnen Platin-Rhodium-Schicht versehen ist. Eine Lambda-Sonde sorgt für das erforderliche Kraftstoff-Luft-Verhältnis. Bleifreies Benzin ist die Voraussetzung für den klaglosen Katalysator-Betrieb.

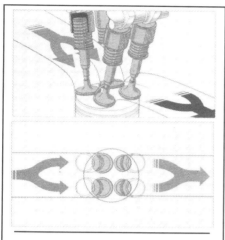

Vierventilanordnung im Toyota 1,6-Liter-Motor nach dem Querstromkonzept, wodurch ein dynamischer und geschmeidiger Motorlauf in allen Drehzahlbereichen erreicht wird, was sich auch im Verbrauch positiv niederschlägt.

Der neue Dieselmotor des Ford Orion von 1989 verbindet beachtliche Sparsamkeit mit längerer Lebensdauer. Er hat gegenüber dem 1,6-Liter-Varianten einen Leistungszuwachs von 11%. Der Verbrauch wird bei 90 km/h mit 4,1 Liter angegeben, bei 120 km/h mit 5,6 und im Stadtzyklus mit 6,1 Liter/100 km nach ECE.

verbrauchte. Der Motor ist gleichfalls ein Dreizylinder mit 716 cm³, 20 kW/27 PS bei 4.250 U/min. Auch japanische Firmen können auf mehrere Sparmotoren in Forschungswagen hinweisen.

VW wiederum trat mit dem Öko-Polo hervor, der mit 1,3 l Diesel/100 km bei einer Geschwindigkeit von 60 km/h und einem Höchstverbrauch von unter 3 Liter das Auslangen findet.

Der Dieselmotor erfuhr im Rahmen der neuen Bemühungen besondere Beachtung und wurde unversehens zur echten Konkurrenz des Benzinmotors. Er war plötzlich nicht mehr der Motor zweiter Kategorie, der zu laut war und stank, sondern konnte mit dem Ottomotor fast gleichziehen. Die Entwicklungsarbeit am Dieselmotor war zu Recht intensiv und führte zu Konstruktionslösungen, die die Vorteile dieses Systems weiterhin herausstrichen (siehe Seite 402). Heute wird er von fast allen europäischen Automobilmarken für das gleiche Fahrzeug zusammen mit einem Ottomotor angeboten. Und diese Anerkennung hat er mehr als verdient, ist er doch heute von vornherein fast so sauber „wie der Benzinmotor hinter dem Katalysator", wie es ein bekannter Konstrukteur ausdrückte.

Nach verschiedenen Prognosen wird der Dieselmotor in den

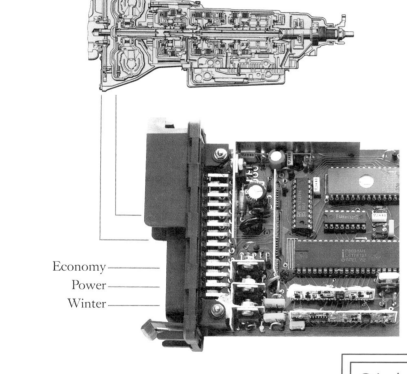

Economy ——
Power ——
Winter ——

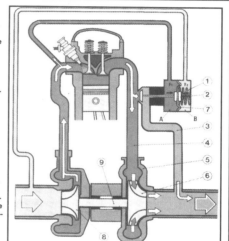

Hautpbestandteil jedes Turboladers sind zwei Räder, und zwar das Turbinenrad und das Verdichterrad, die durch eine Welle miteinander verbunden sind. Das Turbonenrad wird durch das Abgas angetrieben und verwertet damit die ansonsten verlorene Energie. Die Welle überträgt diese Bewegung auf das Verdichterrad, das durch Unterdruck-Frischluft ansaugt und diese durch seine hohe Drehzahl von bis zu 110.000 U/min. verdichtet. Wird der vorgegebene Höchstwert überschritten, dann leitet ein Regler das überschüssige Gas in den Auspuff. Die damit erreichte Aufladung bewirkt eine bessere Füllung der Verbrennungsräume, worauf das Drehmoment gesteigert und die Fahrleistung verbessert werden.

Unter der Wirkung der Feder 1 schließt das Ventil 2 die Verbindung zwischen den Leitungen 3 und 4 für die Verbrennungsgase, die somit vollständig dem Turbinengehäuse 5 zugeleitet werden. Das Turbinenrad 6 wird also mit der gesamten freigesetzten Energie beaufschlagt, dadurch optimaler Ladedruck in den Zylindern, der bei steigender Drehzahl zunimmt und bei max. Drehmoment (Drehzahl: 3.250 1/min) einen Höchstwert von 560 mbar erreicht. Gegen die vorwiegende Kraft der Feder 1, die das Ventil geschlossen hält, wirkt die sich aus dem Ladedruck in Kammer (A) ergebende Kraft F, die auf die Membran 7 drückt.
Der Unterdruck in Kammer B kompensiert den Druck der Feder gegen die Membran, auf die somit eine Kraft F2 wirkt, deren Richtung der Federkraft F entgegengesetzt ist und die folglich mit steigender Motordrehzahl die Wirkung der Feder auf das Ventil verringert.
Ist F > F1 + F2, bleibt das Ventil geschlossen (Motordrehzahl 3.250 1/min bei Vollast). Oberhalb des max. Drehmoments (Drehzahl: 3.250 1/min) erfolgt eine progressive Öffnung des Ventils: der Ladedruck fällt progressiv ab und erreicht 440 mbar bei 5.000 1/min. Ist F > F1 + F2, wird das Ventil progressiv geöffnet.

**Höhenverstellbares, körperanpassungsfähiges Lenkrad.**

**Anatomisch richtiger Schalensitz mit effizienter Seitenabstützung.**

**Oben:**
**Mit dem elektronisch gesteuerten Automatikgetriebe des Opel Senator von 1987 wurden folgende Ziele erreicht:**
**Verbesserung des Schaltkomforts, weniger Kraftstoffverbrauch, ruckfreie Beschleunigung und niedrigeres Geräuschniveau.**

## G-Lader

Der G-Lader ist eine mechanische Aufladeeinheit, die die Leistung des Motors erhöht. Über eine elektromagnetische Kupplung läßt sich der G-Lader zu- und abschalten. Diese Signale liefert das Steuergerät. Dazu werden Lasthebelstellung und Motordrehzahl verarbeitet und die Schaltpunkte nach Verbrauchs- und Abgaskriterien berechnet. Die Abschaltung bei Teillast sowie der gute Wirkungsgrad des Laders ermöglichen geringe Verbräuche.

In Verbindung mit einer Ladeluftkühlung eingesetzt, bewirkt der G-Lader höhere Mitteldrücke, niedrigeren Kraftstoffverbrauch und geringere $NO_x$-Emission.

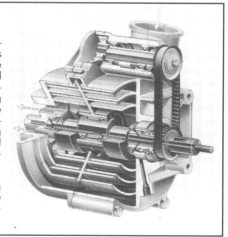

neunziger Jahren weiterhin an Boden gewinnen, wenn auch noch einige Entwicklungsarbeit zu leisten ist.

Im Bestreben, in absehbarer Zeit einen besonders umweltfreundlichen Motor zur Verfügung zu stellen, schuf VW den „Umwelt-Diesel" mit Turbolader und Katalysator. Mit ihm ist

es gelungen, die Partikelemissionen auf ein Mindestmaß zu reduzieren. Bei diesem neuen Dieselmotor drückt ein Abgasturbolader zusätzlich Luft in die Zylinder, ohne daß gleichzeitig die Einspritzmenge erhöht wird. Dadurch arbeitet der Motor mit Luftüberschuß und das eingespritzte Dieselöl verbrennt so vollständig, daß auch bei Vollast kein Ruß mehr im

# Die Schwungnutzautomatik

**Ein serienmäßiger VW-Golf-Diesel wurde vom Werk mit Schwungnutzautomatik ausgerüstet. Mit ihm wurden Verbrauchsmessungen über insgesamt 85.000 km vorgenommen.**

Die Schwungnutzautomatik — SNA — wurde aus der Philosophie heraus geschaffen, den Motor in den Betriebsphasen stillzusetzen, wenn keine Leistung von ihm gefordert wird. In diesem Fall wird von einem Servomotor die Kupplung geöffnet und die Kraftstoffzufuhr unterbrochen. Der Motor verbraucht in Halte- und Segelphasen keinen Kraftstoff und produziert weder Abgase noch Geräusche. Der Wiederstart erfolgt automatisch, wenn der Fahrer das Gaspedal niederdrückt oder bei einem Stop den ersten Gang einlegt.

Die elektronische SNA-Steuerung besteht im wesentlichen aus einem Mikroprozessor, der durch Sensoren mit Informationen über Lasthebelstellung, Motordrehzahl, Getriebestufe und Raddrehzahl versorgt wird, sowie einem pneumatischen Servomotor, der die konventionelle Kupplungspedalbetätigung ersetzt.

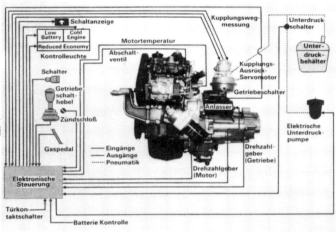

Eine Verminderung des Kraftstoffverbrauches ist von vornherein gleichbedeutend mit einer Verminderung der Schadstoffemissionen. Die Autoindustrie bemühte sich seit dem Ölschock um effi-

ziente Lösungen in dieser Richtung, aber nicht alle konnten die verdiente Anerkennung finden.

Diese Entwicklung, die sehr sinnvoll, logisch, physikalisch vernünftig und demnach letztlich auch erfolgversprechend ist wurde von Volkswagen vor einigen Jahren bis zur Produktionsreife entwickelt.

Hierbei handelt es sich um die Behebung eines unbewältigten technischen Problems, den prinzipiellen Schwachpunkt aller Autokonstruktionen, nämlich daß der Motor auch dann läuft Kraftstoff verbraucht, die Umwelt belastet und Lärm erzeugt wenn er zum eigentlichen Antrieb gar nicht notwendig ist. Er hilft sogar noch mit, die in das Fahrzeug eingebrachte kinetische Energie rascher und gründlicher zu vernichten als es oftmals wünschenswert wäre. Aber auch beim stehenden Fahrzeug, wie es im stockenden Großstadtverkehr und bei Kolonnenbildung im Überlandverkehr immer häufiger der Fall ist, wird von ihm ein Übermaß an negativer Leistung bei sinnloser Umweltbelastung Lärmentwicklung und Rohstoffvernichtung erbracht.

Mit dem bis zur Serie entwickelten Schwungnutzer, der erstmals in einem VW-Golf Verwendung fand, wird aus einer Zeit der technischen Sorglosigkeit und Fehleinschätzungen endlich etwas zurückgenommen, das bisher Krach, Gestank und erhöhte Kosten verursachte, also genau jene vernünftige Rückentwicklung, die alle Umweltsachverständigen freudig begrüßen müßten.

Die Schwungnutzautomatik ist denn auch durch und durch positiv zu bewerten. Allein der Fahrkomfort, den sie vermittelt, ist enorm. Das geht am besten daraus hervor, daß man etwa nach einem Tag ununterbrochener Stadtfahrt mit einem solcherart ausgestatteten Fahrzeug bedeutend geringere Ermüdungserscheinungen feststellt. Der Grund: Man muß allein schon 600—800 mal weniger kuppeln.

Neben den Umweltvorzügen und der Rohstoffersparnis muß außerdem die weit höhere Lebensdauer des Motors und sämtlicher involvierter Antriebselemente berücksichtigt werden, denn je nach Einsatzgebiet wird die Motorlaufzeit bis auf ein Drittel reduziert.

Wenn die Schwungnutzautomatik derzeit nur bei dieselangetriebenen Fahrzeugen eingesetzt werden kann, so liegt das daran daß der Dieselmotor unbedingt verläßlich anspringt — eine Voraussetzung für dieses System. Dazu kommt noch, daß die Schadstoffemission eines anspringenden Dieselmotors erheblich geringer ist als jene des Benzinmotors.

**Mit Hilfe der täglich aufgenommenen Fahrtschreiber-Diagramme wurde nachträglich eine zusätzliche Auswertung möglich (1—3).**

**Rechts: Diagrammausschnitt.**

**Links permanent laufender Motor (siehe schwarzer Balken) rechts Betrieb mit Schwungnutzer. Der aufgerissene Balken zeigt, wie oft der Motor automatisch außer Betrieb gesetzt wurde. Der Wagen rollte 56 Minuten = 66,6 km der 119 km langen Strecke mit stehendem Motor (zweimal hin und zurück).**

**1**
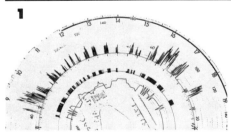

**2**
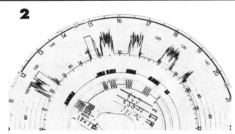

**3**

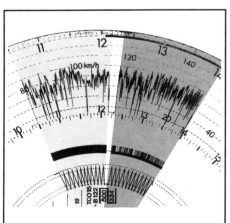

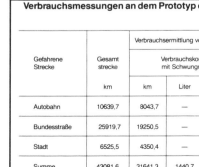

### Verbrauchsmessungen an dem Prototyp des VW Bio-Golf-Diesel 1600 cm³ mit 4+E-Gang-Getriebe

| Gefahrene Strecke | Gesamt strecke | Verbrauchsermittlung vom 04.02.85—31.12.85 | | | | (Pol. Kennzeichen WOB VU 15) | | | | Norm-verbrauch |
|---|---|---|---|---|---|---|---|---|---|---|
| | | Verbrauchskontrollmessung mit Schwungnutzautomatik | | | | Verbrauchskontrollmessung ohne Schwungnutzautomatik | | | | |
| | km | km | Liter | l/100 km | % | km | Liter | l/100 km | % | l/100 km |
| Autobahn | 10639,7 | 8043,7 | — | 5,7 [1] | + -0,0 | 2596,0 | — | 5,7 [1] | 100,0 | 6,2 (120km/h) |
| Bundesstraße | 25919,7 | 19250,5 | — | 4,0 | -16,7 | 6669,2 | — | 4,9 | 100,0 | 4,4 (90km/h) |
| Stadt | 6525,5 | 4350,4 | — | 4,5 | -31,8 | 2175,1 | — | 6,6 | 100,0 | 6,3 (Stadt) |
| Summe | 43081,6 | 31641,3 | 1440,7 | 4,5 | -15,1 | 11440,3 | 608,7 | 5,3 | 100,0 | — |

[1] Unsere Verbrauchsmessungen auf Autobahnen haben zwei Durchschnittswerte ergeben
6,2 l/100 km in der Standardausführung
5,7 l/100 km unter Verwendung des nachträglich eingebauten VDO Tempostat

Abgas sichtbar wird. Gleichzeitig bringt die vollständige Verbrennung bessere Energieausnutzung wie auch Leistung, und zwar 44 kW / 60 PS. Der vor dem Schalldämpfer eingebaute Katalysator beseitigt mehr als die Hälfte der unangenehm riechenden aromatischen Kohlenwasserstoffe und wandelt das giftige Kohlenmonoxid in ungiftiges Kohlendioxid um. Der damit ausgestattete Golf wird in Zukunft bei 90 km/h 4,6 l, bei 120 km/h 6,6 l und im Stadtzyklus 6,5 l/100 km verbrauchen.

Um das große Entwicklungspotential, das im Dieselmotor trotz aller Erfolge weiterhin vorhanden ist, noch intensiver

Die Erprobung der Schwungnutzautomatik im üblichen harten Wirtschaftsbetrieb — insbesondere im Großstadtverkehr — erfolgte durch den Autor mittels eines VW Golf Diesel 1600 cm³. Die Werte, die sich nach neun Monaten ergaben, wurden mehrfachen Überprüfungen unterzogen, da sie alle Erwartungen bei weitem und in vielfacher Hinsicht übertrafen (Meßstrecke insgesamt über 85.000 km).

Überall dort, wo die Verkehrsverhältnisse zum Halten zwingen, stellt der Motor automatisch ab. Die logische Konsequenz daraus ist, daß er auch dort automatisch abstellt, wo aufgrund der spezifischen Verkehrssituation der dem Fahrzeug innewohnende Schwung für ein Heranrollen an eine gesperrte Kreuzung, eine Baustelle oder ein sonstiges Hindernis ausreicht, und natürlich auch auf Gefällestrecken. Der Motor kann aber zu Bremszwecken jederzeit zugeschaltet werden.

VW hat die gestellte Aufgabe technisch in der Weise gelöst, daß der Motor — außer im 1. und Retour-Gang — bei Gaswegnehmen wegschaltet und das Fahrzeug gleichzeitig auf Freilauf geht. Das Fahrzeug rollt dann ohne Motorbremsung und Verbrauch.

Daraus resultiert ein weit geringerer Kraftstoffverbrauch bei entsprechend verminderter Schadstoffemission, Wegfall des Motorlärms und der Geruchsbelästigung. Sobald wieder Gas gegeben wird, startet der Motor, der Kraftschluß zwischen Motor und Antriebsrädern wird automatisch hergestellt und das Fahrzeug nimmt den normalen Betrieb wieder auf, ohne daß der Fahrer viel davon merkt. Sobald der Motor zum Bremsen benötigt wird (starkes Gefälle), kann er, wie erwähnt, jederzeit zugeschaltet werden.
Geschaltet wird halbautomatisch ohne Kupplungspedal. Der Kupplungsvorgang wird vielmehr über den händisch durchgeführten Schaltvorgang durch eine elektronische und mechanische Hilfseinrichtung den Fahrbedingungen vollautomatisch angepaßt, was durch eine Erleichterung der Handhabung gekennzeichnet ist. Daß der Betrieb des Fahrzeuges auf diese Weise leicht fällt und als sehr angenehm empfunden wird, hat eine Reihe von Personen, die jeweils nur zwei bis drei Minuten eingewiesen wurden, voll bestätigt.
Mit einem Prototyp aus Wolfsburg wurde zwischen 4. 2. und 18. 9. 1985 ausschließlich im praktischen Wirtschaftseinsatz eine Strecke von insgesamt 31.644,6 km zurückgelegt. Der Verbrauch an Dieselkraftstoff betrug 1.440,7 l, was einem Durchschnittsverbrauch von 4,6 l/100 km entsprach.

Die gefahrene Strecke gliedert sich wie folgt auf:
8.043,7 km Autobahn = 25,4%, durchschn. Verbrauch 6,2 l/100 km, 19.250,5 km Bundesstraße = 60,8%, durchschn. Verbrauch 4,0 l/100 km, 4.350,4 km Stadtbetrieb = 13,7%, durchschn. Verbrauch 4,5 l/100 km.
Gegenüber den Durchschnittsverbräuchen des regulären VW Golf Diesel 1600 cm³ ergab sich auf Autobahnen eine Ersparnis von 6,7 auf 6,2 l = 7,5% (was allerdings u. a. auch auf die bessere aerodynamische Formgebung gegenüber dem früher getesteten Vergleichsdiesel zurückzuführen ist). Bedeutender war der Unterschied im Verbrauch bereits auf Bundesstraßen, wo eine Ersparnis von 4,7 auf 4,0 l/100 km = 14,5% erreicht wurde. Die größte Überraschung bereiteten allerdings die Werte im Stadtbetrieb. Dort stürzte der Verbrauch von 6,8 l auf 4,5 l/100 km ab, was einer Kraftstoffeinsparung von 32,4% entsprach.

Dieser sensationell niedrige Verbrauch war darauf zurückzuführen, daß ca. 50% der Fahrstrecken ohne Motorantrieb zurückgelegt wurden. Vom Zeitaufwand her betrug die Betriebszeit für 100 km Stadtbetrieb 260 min, davon Motorlaufzeit nur 85 min, Stillstand 175 min, davon Rollzeit an Kreuzungen oder andere Hindernisse ebenfalls 85 min und Zwangsstops an Kreuzungen 59 min. Diese sinnvolle Betriebsweise bringt nicht nur die hohe Kraftstofferparnis, sondern — was im Stadtbereich noch bedeutender ist — während des Motorstillstandes entfällt jedes Geräusch (höchstens Fahrgeräusch während des Rollens), jede Emission und Geruchsbelästigung.
Bei einem Vergleichstest wurde eine 119 km lange Bundesstraßenstrecke einmal mit eingeschalteter, einmal mit weggeschalteter Schwungnutzautomatik in 1 h 40 min befahren, was trotz einer ganzen Reihe von verkehrsbedingten Schwierigkeiten einen Durchschnitt von 71,6 km/h ergab. Im ersten Fall betrug der Verbrauch 3,8 l/100 km, im zweiten 4,2 l/100 km, was einer Verbrauchsverminderung von 11,6% entsprach. Der Fahrtschreiber bestätigte, daß das Fahrzeug dabei über 66,6 km = 56 min — also mehr als die halbe Strecke — unter Nutzung des dem Fahrzeug jeweils innewohnenden Schwunges ohne Motorantrieb lief! Außerdem erbrachte dieser Test den Beweis, daß trotz Schwungnutzung die Fahrleistung des Fahrzeuges in keiner Weise beeinträchtigt wird.

Der Schwungnutzer stellt das voll funktionstüchtige und serienreife Produkt einer neuen Konstruktionsphilosophie im Automobilbau dar, die unter Berücksichtigung unserer Umwelt- und Energieprobleme den richtigen Weg in die Zukunft weist.

## SCHADSTOFFARME VERKEHRSBEWÄLTIGUNG IN DER GROSSTADT WIEN MIT VW GOLF 1600 CCM DIESEL MIT SCHWUNGNUTZAUTOMATIK (SNA)

| | Messungen 9.00 h—16.30 h | | Kontrollmessung 9.30 h—16.00 h | | Durchschnittsmeßwerte 9.00 h—16.30 h | |
|---|---|---|---|---|---|---|
| Messungen: Ing. A. Buberl 21.2.1985—26.9.1985 Abdruck, Vervielfältigung und Auszüge nur mit schriftlicher Genehmigung durch den Verlag | 21.2. Donnerstag | 50,3 km | 17.9. Dienstag** | 62,4 km | 21.2. Donnerstag | 53,3 km |
| | 25.2. Montag | 35,6 km | 18.9. Mittwoch | 32,3 km | 25.2. Montag | 35,6 km |
| | 26.2. Dienstag | 83,7 km | 24.9. Dienstag | 50,9 km | 26.2. Dienstag | 83,7 km |
| | 15.4. Montag | 51,6 km | 26.9. Donnerstag | 53,8 km | 15.4. Montag | 51,6 km |
| | 16.4. Dienstag | 61,5 km | | | 16.4. Dienstag | 61,5 km |
| | 18.4. Donnerstag | 52,1 km | | | 18.4. Donnerstag | 52,1 km |
| | 22.4. Montag | 56,1 km | | | 22.4. Montag | 56,1 km |
| | 2.5. Donnerstag | 64,2 km | | | 2.5. Donnerstag | 64,2 km |
| | 21.5. Dienstag | 56,0 km | | | 21.5. Dienstag | 56,0 km |
| | 22.5. Mittwoch | 58,4 km | | | 22.5. Mittwoch | 58,4 km |
| | | | | | 17.9. Dienstag | 62,4 km |
| | | | | | 18.9. Mittwoch | 32,3 km |
| | | | | | 24.9. Dienstag | 50,9 km |
| | | | | | 26.9. Donnerstag | 53,8 km |
| SUMME DER TAGES-KM | 10 TAGE | 569,5 km | 4 TAGE | 199,4 km | 14 TAGE | 768,9 km |
| Meßstrecke | 569,5 km | | 199,4 km | | 768,9 km | |
| Durchschnittsgeschwindigkeit | 23,8 km/h | | 21,2 km/h | | 23,1 km/h | |
| Notwendige Startvorgänge | wurden noch nicht gemessen | | 852 = je 234 m Fahrtstrecke 1 Start | | 852 = je 234 m Fahrtstrecke 1 Start | |
| Getankter Kraftstoff | 25,3 Liter | | 9,4 Liter | | 34,7 Liter | |
| Verbrauch | 4,4 l/100 km | | 4,7 l/100 km | | 4,5 l/100 km | |
| Gesamte Betriebszeit | 23 h 51 min = 1431 min = 100,0% | | 9 h 24 min = 564 min = 100,0% | | 33 h 15 min = 1995 min = 100,0% | |
| Motorlaufzeit | 8 h 24 min = 504 min = 35,2% | | 2 h 43 min = 164 min = 29,1% | | 11 h 08 min = 668 min = 33,5% | |
| Motorstehzeit | 15 h 27 min = 927 min = 64,8%* | | 6 h 40 min = 400 min = 70,9%* | | 22 h 07 min = 1327 min = 66,5% | |
| Fahrstrecke | 569,5 km = 100,0% | | 199,4 km = 100,0% | | 768,9 km = 100,0% | |
| Angetrieben | 295,2 km = 51,8% | | 97,4 km = 46,3% | | 387,6 km = 50,4% | |
| Unangetrieben (rollend) | 274,3 km = 48,2%* | | 107,0 km = 53,7%* | | ▾ 381,3 km = 49,6%* | |
| Gemess. Verbrauch Golf D Serie | 6,8 l/100 km = 100,0% | | 6,8 l/100 km = 100,0% | | 6,8 l/100 km = 100,0% | |
| Gemess. Verbrauch Golf SNA | 4,4 l/100 km = 35,3% Einsparung | | 4,7 l/100 km = 30,9% Einsparung | | 4,5 l/100 km = 33,8% Einsparung | |

* = ohne Kraftstoff, schadstofffrei und lärmvermindert        ** = siehe Tagesprotokoll vom 17.9. auf Seite 824

auszuschöpfen, haben europäische Automobilunternehmen ein gemeinsames Forschungsprogramm aufgestellt. Unter der Projektleitung von VW wollen Ingenieure von Fiat, Peugeot, Renault und Volvo die bislang noch unbekannten Vorgänge im Inneren der Dieselmotoren eingehend untersuchen. Durch die Entwicklung berührungsloser Laser-Meßtechnik und die Konstruktion leistungsfähiger Simulationscomputer ist es erstmals möglich, Kraftstoffeinspritzung und Verbrennungsvorgänge zu rekonstruieren. Das Ergebnis der auf vier Jahre angelegten Forschungsarbeiten könnte ein Dieseltriebwerk sein, das aufgrund optimierter Arbeitsprozesse weniger Schadstoffe produziert als bisher erhofft wird.

Das Forschungsprogramm trägt den Namen IDEA (Integrated Diesel European Action) und schließt auch die Mitarbeit zahlreicher europäischer Hochschulinstitute ein. In die Weiterentwicklung des Dieselmotors investieren die an dem IDEA-Projekt beteiligten Unternehmen in den nächsten Jahren insgesamt rund 15 Millionen Mark.

Hinsichtlich der Kraftübertragung erwartet man den umfassenden Durchbruch des in Amerika schon immer sehr belieb-

ren mit hoher Geschwindigkeit Vorteile mit sich bringt (siehe Seite 462).

Aber auch die Reifen haben eine fortschrittliche Entwicklung erfahren, die einerseits eine Verringerung des Reibungswiderstandes bis 5% bringt, andererseits aufgrund errechneter Profilgestaltung bei einer Reihe von Straßenzuständen bessere Haftung garantiert. Außerdem erweisen sich diese Reifen bei Aquaplaning weit verkehrssicherer als frühere Konstruktionen. Die optimierte Lamellengestaltung ermöglicht hohen Wassertransport auf nassen Straßen, und dies bei längerer Lebensdauer.

Was den Fahrzeugbau betrifft, heißt das Entwicklungsziel angesichts der geforderten Energieeinsparung leichteste Bauweise, die verstärkt den Einsatz immer leichterer und dünnerer Materialien bedingen wird. Nicht nur verschieden starke Karosseriebleche finden Verwendung, auch die Glasscheiben werden entweder dünner oder durch andere, leichtere Werkstoffe ersetzt. Hochfeste Stähle, Aluminium, Magnesium, Titan sowie insbesondere eine Vielzahl von Kunststoffen sol-

**Anhand eines Opel Kleinwagens wurde eine Studie über weitgehend flexible Innenausstattung realisiert, die in die Zukunft weist.**

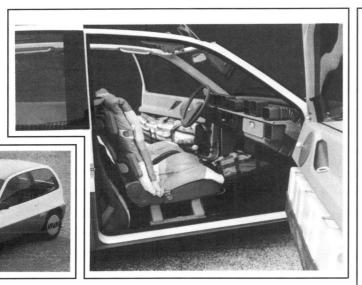

ten automatischen Getriebes, da nur mit Hilfe eines elektronisch geregelten Automatikgetriebes die Forderungen nach geringstmöglichem Kraftstoffverbrauch bei geringer Schadstoff- und Geräuschemission und erhöhtem Fahrkomfort zu erfüllen sind.

Als sehr zweckmäßig und sparsam erweist sich auch die Schubabschaltung bei Benzinmotoren. Sobald das Fahrzeug auf Schubbetrieb übergeht, wird die Kraftstoffzufuhr automatisch weggeschaltet, wodurch Rollstrecken schadstofffrei zurückgelegt werden. Sobald der Motor auf etwa 1.000 Umdrehungen abfällt, wird er automatisch in Betrieb gesetzt, was auch für das Auskuppeln gilt. Insbesondere im Stadtbereich werden hier merkbare Kraftstoff- und Schadstoffersparnisse erreicht.

Bei den üblichen Antriebsarten bzw. Fahrgestellkonstruktionen überwiegt bis auf einige Spezialkonstruktionen die Einzelradaufhängung. Der Trend zum vorderradangetriebenen Wagen kommt immer mehr zur Geltung, was auch für große und leistungsfähige Fahrzeuge gilt.

Seit einigen Jahren gelangt der Vierradantrieb zunehmend zum Einsatz, und zwar auch bei Fahrzeugen, die nicht speziell in schwierigem Gelände eingesetzt werden. Zur Anwendung gelangen der zuschaltbare und der permanente Vierradantrieb, wobei es dem Interessenten überlassen ist, die für ihn günstigere Art zu bevorzugen (siehe Seite 460).

Neuerdings wird von zahlreichen Firmen auch die Vierradlenkung angeboten, die vor allem beim Parken und beim Vorfah-

## Steyr Leichtdieselmotor M1

Gegenüber leistungsgleichen Ottomotoren können beim Einsatz des Dieselmotors mit Direkteinspritzung Verbrauchsreduktionen um 50—60% erzielt werden. Der verstärkte Einsatz solcher Dieselmotoren könnte demnach eine fühlbare Entlastung der Umwelt mit sich bringen und gleichzeitig die begrenzten Ressourcen schonen.

Davon ausgehend hat sich Steyr-Daimler-Puch um die Schaffung des „M1"-Leichtdieselmotors verdient gemacht. Bei diesem schnellaufenden Motor können aufgrund eines modernen Konzepts die Vorzüge des Dieselverfahrens voll zur Geltung gebracht werden. Die Entwicklungsziele für den Pkw-Dieselmotor mit Direkteinspritzung waren vor allem, nicht nur den Kammermotor zu ersetzen, sondern eine echte Alternative zum Ottomotor zu schaffen. Dazu waren Lösungen erforderlich, die die optimale Wirtschaftlichkeit bei minimaler Umweltbelastung sicherstellen. Wie

— Anwendung der Turboaufladung,
— Einsatz von Ladeluftkühlung (LLK),
— Einspritzsystem für direkte Einspritzung mittels Pumpedüse,
— Zuordnung der Strahlaufbereitung zur Luftbewegung,

— Anpassung der Zündzeitpunkte an die Abgasforderung,
— Anordnung einer Schallkapsel.

Das M1-Konzept basiert auf einer weitgehenden Integration von Schallkapsel und Motorstruktur. Das schallerregende Triebwerk ist körperschallisoliert im Motorgehäuse gelagert, das gleichzeitig die Ölwanne bildet. Diese „nasse" Unterkapsel vermindert die Schallabstrahlung des Grundmotors, ohne die Wärmeabgabe an die Luft (Fahrtwind) zu beeinträchtigen.

len Gewicht sparen helfen. Außerdem wird man statt Schrauben und Schweißen weit mehr Kleben, wie etwa die Windschutzscheibe. Immer glattere, fugenlose Fahrzeugoberflächen können die Aerodynamik weiter fördern. Auf diese Weise wird es zu weiteren Kraftstoffeinsparungen kommen.

Automobils prägen. Es kommt ihr aber allein schon deshalb größte Bedeutung zu, weil es ohne sie in Zukunft wahrscheinlich nicht möglich wäre, das Automobil als individuelles Massentransportmittel zu rechtfertigen und zu erhalten, und zwar vor allem hinsichtlich Energieverbrauch und Umweltschonung.

# Elektronik

Bis in die ersten sechziger Jahre war die Automobilkonstruktion wie auch -produktion im Prinzip eher als klassisch zu bezeichnen. Sie wurde in modifizierter, verbesserter, grundsätzlich aber gleicher Form wie schon zwischen den beiden Kriegen gehandhabt. Obwohl es zu diesem Zeitpunkt bereits entsprechende Einsatzgebiete für die Elektronik gab, war sie im Automobilbau nur vereinzelt präsent und in dieser Richtung auch kein Gesprächsthema. Erst allmählich begann sie auch hier Fuß zu fassen, worauf es bald zu einem sprunghaften Ansteigen ihres Einsatzes kam. Heute ist eine moderne Automobilkonstruktion ohne Elektronik so gut wie unvorstellbar und sie wird in Zukunft auch den Produktionsvorgang des

Bei der Fahrzeugelektronik geht es nicht zuletzt darum, durch Innovationen zur laufenden Optimierung der Betriebs- und Fahrsicherheit, der Umweltfreundlichkeit und des Komforts beizutragen. Eine bedeutende Rolle spielt die Verbesserung des Wirkungsgrades der Motoren und der Wirtschaftlichkeit des Gesamtfahrzeuges. Eine rasante Weiterentwicklung eröffnet hier den Weg für neue Systeme. Sie sollen etwa Selbstdiagnosemöglichkeiten im Fehlerfall bieten, ja sogar „Lernfähigkeit" zur Eigenkorrektur bei sich verändernden Systemparametern entwickeln. Auf diese Weise kann die Fahrzeugqualität Schritt für Schritt angehoben werden.

Dabei wird für den integrierten Schaltkreis, das Herzstück jedes elektronischen Gerätes, weiterhin ein hohes Entwicklungspotential für weiter steigende Integrationsdichte vorausge-

---

Damit ist zwangsläufig auch das angeflanschte Getriebe körperschallisoliert. Die Ergänzung der nassen Unterkapsel durch eine trockene obere Schallkapsel vermindert auch die Geräuschabstrahlung des Oberteiles des Grundmotors. Die mit diesem Schallkapselkonzept erzielten Ergebnisse sind im Vergleich zu heutigen Seriendieselmotoren hervorragend.

Die geforderten Leistungsziele konnten mit Hilfe eines Zylindervolumens von 0,533 l bei einer Bohrung von 85 mm und einem Hub von 94 mm mit einem Vierzylinder- bzw. Sechszylindermotor (Hubvolumen 2,1 bzw. 3,2 l) erreicht werden.

Zur Beurteilung der Eignung des M1-Dieselmotors, besonders im Hinblick auf Verbrauch, Schadstoff- und Geräuschemission, wurde er in verschiedene Pkw, leichte Nutzfahrzeuge und Sportboote eingebaut.

Die Schadstoffemissionen nach dem US-FTP-75-Test zeigten für das Versuchsfahrzeug Opel Senator mit Sechszylindermotor, daß die schärfsten in Europa bestehenden Bestimmungen mit sicherem Abstand eingehalten werden.

Die typischen Probleme der Diesel-Direkteinspritzverfahren gegenüber den Kammerverfahren sind unter anderem ein hoher Geräuschpegel durch steile Anstiege der Zylinderdrücke sowie höhere Emissionen von unverbrannten Kohlenwasserstoffen (HC) im Leerlauf und im niederen Lastbereich. Sie sind darauf zurückzuführen, daß ein Teil des Kraftstoffes auf die Brenn-

erzielt, der zu wesentlich geringeren Geräuschemissionen führt. Durch eine verbesserte Zerstäubung des Kraftstoffes und damit auch verbesserte Gemischbildung in Verbindung mit einer deutlichen Reduktion des Wandauftrages konnte andererseits die Emission der unverbrannten Kohlenwasserstoffe im Leerlauf und im niederen Lastbereich um den Faktor 3—4 reduziert werden.

Die Motorenreihe umfaßt Vier- und Sechszylindermotoren für Fahrzeuge als Saug- und Turbomotor mit oder ohne Ladeluftkühlung, mit denen ein Leistungsbereich von 49—121 kW abgedeckt wird. Die Geräuschabstrahlung beim Dieselmotor, besonders beim Direkteinspritzer, ist einer der Nachteile, die dessen Verwendung im Pkw erschweren.

Die wirksamste Maßnahme, um die Schallabstrahlung zu vermindern, ist die Anordnung einer Schallkapsel, die entweder als motornahe oder fahrzeugnahe Kapsel ausgebildet sein kann. In beiden Fällen ist auch das durch Körperschall erregte Getriebe in die Verkapselung einzubeziehen.

Die Weiterentwicklung des Motors in Richtung Leistungssteigerung ist erfolgsversprechend. Für die leistungsgesteigerte Fahrzeugversion mit 121 kW sind die in einem Versuchsfahrzeug der Type Jaguar XJ6 ermittelten Geräuschwerte mit einem M1-Sechszylindermotor im Vergleich zum Original-4,2-Liter-Ottomotor

**Links bis Mitte: Verkapselter und offener Steyr Leichtdieselmotor M1.**

**Daneben: Die neue Einspritzpumpendüse für den M1.**

**Unten: Schematische Darstellung des Einspritzvorganges beim sparsamen Dieselmotor M1 von Steyr.**

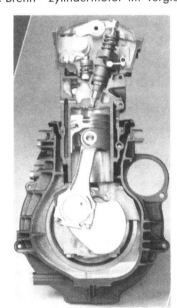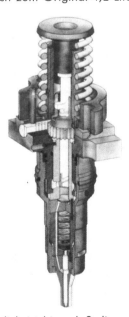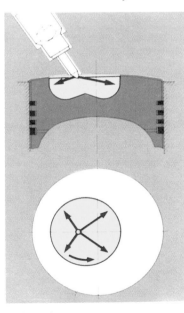

raumwände aufgetragen wird, der aufgrund der niedrigen Temperatur derselben nur langsam verdampft und damit zum Teil unverbrannt aus dem Auspuff tritt.

Beide Probleme konnten mit dem von Steyr-Daimler-Puch entwickelten Verfahren der „Modulierten Einspritzung" gelöst werden. Bei diesem Verfahren wird zu Beginn der Einspritzung, solange das Gemisch noch gezündet hat, Kraftstoff mit einer sehr kleinen Rate eingespritzt. Damit wird einerseits praktisch im gesamten Kennfeldbereich ein sanfter Druckanstieg

ermittelt worden. Wesentlich ist hier, daß diese Resultate bei identem Beschleunigungsverhalten erzielt wurden. Die Verbrauchswerte liegen dabei mit durchschnittlich 8,5 l/100 km bei etwa 60% der des Originalfahrzeuges.

Die Ergebnisse veranschaulichen deutlich, daß die ursprüngliche Zielsetzung, ein Dieseltriebwerk zu entwickeln, das bei erheblicher Verbrauchsreduzierung in Fahrleistung und Fahrkomfort dem Ottomotor nahekommt, erreicht wurde.

sehen. Bei der zweiten Generation der VLSI-MOS (VLSI = Very Large-Scale Integration, MOS = Metal Oxid Semiconductor)-Technik betrug sie 1984 800.000 Komponenten. Die immer kleiner werdenden Strukturen weisen jedoch immer höhere Arbeitsgeschwindigkeiten auf.

Elektroniksysteme werden heute auf folgenden Gebieten eingesetzt:

Antriebsmanagement: Motor- und Getriebesteuerung, also Antriebssteuerung einschließlich Allradantrieb sowie Antriebsschlupfregelung.

Fahrwerksmanagement: Brems-Antiblockiersysteme (ABS), Niveauregulierung, Federungs- und Stoßdämpferregulierung, Servolenkung bis hin zur Vierradlenkung.

Karosserieausstattung: Automatisierte Bedienungselemente wie Feuchtigkeitssensoren für Scheibenwischer, Fotosensoren für Abblendregelung, Aufprallsensoren für Airbag und Gur-

tenstrammer, aber auch Heizungs- und Klimatisierungsthermostat, Zentralverriegelung, Diebstahlwarnanlage usw.

Fahrerinformation: Instrumentierungssysteme einschließlich Bordrechner, zentrale Warnsysteme zur Eigendiagnose, Service-Intervallanzeigen, Navigationsgeräte, Autoradio, Autofunk usw.

Das Antiblockiersystem, das seinerzeit als Gemeinschaftsentwicklung von Daimler-Benz und Bosch entstanden ist, stellt zum Beispiel hochwertige Automobilelektronik dar. Ihm folgte das Teves-Antiblockiersystem von Ford, das im Modell Scorpio eingesetzt wird.

Eine der hochwertigsten Entwicklungen stellt etwa das Motormanagementsystem „Motronic" von Bosch dar. Hier werden nicht nur Treibstoff-Einspritzung und Zündung nach gespeicherten Kennfeldern bei allen Witterungsbedingungen und Höhenlagen gesteuert, sondern auch die enge Verzahnung einer elektronischen Ladedruckregelung für den Turbolader

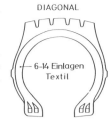

DIAGONAL

6-14 Einlagen Textil

**Beim Diagonal- oder konventionellen Reifen ist mehr als 40 Jahre der Auf-**

# Der Vierradantrieb

Beim Vierradantrieb werden alle vier Räder des Pkw angetrieben, während man unter Allradantrieb auch mehrere Räder, wie etwa beim Lkw oder Militärfahrzeug, versteht, wo bis zu acht Räder angetrieben werden können.

Bereits um die Jahrhundertwende trieb Porsche mit seinen Radnabenmotoren die Räder einzeln an. Es war nur logisch, daß das Militär sich für diese Antriebsart besonders interessierte, da der Allradantrieb seine Vorzüge im Gelände wie auch bei Schnee, Eis, Schotter, Schlamm und nicht zuletzt Sand zeigt. 1926 präsentierte Georges Latil den Traktor TL mit vier steuerbaren Antriebsrädern und Aufhängungen. 1937 stellte Mercedes das Militärfahrzeug G 5 vor, das — mit einem 45 PS-Einspritzmotor ausgestattet — bereits mit beachtlichen Leistungen aufzuwarten hatte und enorme Steigungen bei einer Belastung von 770 kg schaffte.

Im zweiten Weltkrieg war es vor allem der zahlreich eingesetzte Jeep, der die Vorzüge des Vierradantriebes nützte. 1961 wurde der Vierradantrieb auch bei Rennwagen aktuell. Den größten Erfolg aber brachte der neue Audi Quattro, der sich bei Rennen, vor allem aber auch als Reisewagen bewährte. Bald verfügte auch der Porsche 959 über einen permanenten Vierradantrieb ebenso wie etliche japanische Modelle, und nach und nach konnte jede namhaftere Automobilfabrik mit diesem Konstruktionsdetail aufwarten.

**Verteilergetriebe mit hydraulischer Lamellen- und Visko-Kupplung, die das Antriebsmoment zur Hinterachse ständig regelt.**

**Unten: Röntgendarstellung des Fahrgestells des vierradgetriebenen Opel Vectra von 1989.**

Der Vierradantrieb wird vor allem in zwei Versionen angeboten: dem zuschaltbaren Allradantrieb, der teilweise von Hand, aber auch automatisch mit Hilfe von Sensoren aktiviert wird, sowie dem permanenten Allradantrieb, bei dem stets alle vier Räder angetrieben werden.

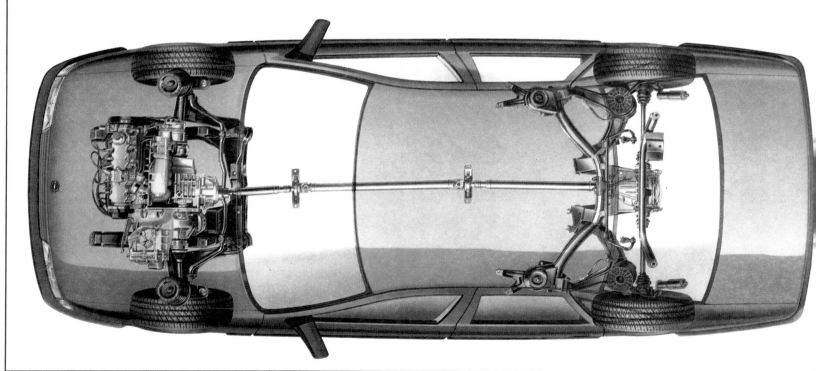

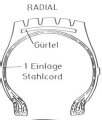

RADIAL
Gürtel
1 Einlage
Stahlcord

...au der Karkasse
...leich geblieben.
...ie besteht üblicher-
...weise aus gegen-

(BMW 745i und Porsche 944 Turbo). Dasselbe gilt für die elektronisch gesteuerte Getriebeautomatik von ZF und Bosch (BMW, Toyota, Renault). In Richtung Sicherheit weist die Antriebsschlupfregelung ASR (BMW, Porsche, Mercedes-Benz, Volvo), die zwangsläufig mit dem Antiblockiersystem ABS „verzahnt" ist.

Hierher gehört aber auch die Lambda-Regelung, eine Art „elektronische Sauerstoffnase" bei anspruchsvollen Katalysatorlösungen. Interessant ist ein Phasenwandler im Alfa-90-Motor, der die Anlaßnockenwelle zu verdrehen vermag. Einen beachtlichen Entwicklungssprung stellt aber auch die vollelektronisch gesteuerte Dieseleinspritzung bei Pkw-Dieselmotoren dar.

In die Zukunft weisen der Porsche 959, ein elektronischer Superstar, und das elektronisch geregelte Fahrdynamikkonzept mit ASO, ASR und 4Matic von Daimler-Benz, das elektrische Gaspedal mit elektronischem Motoreingriff von VDO u. v. a.

Hinsichtlich Sicherheit und Komfort eröffnen sich ebenfalls neue Dimensionen. Vier japanische Erzeuger wenden serienmäßig Systeme an, die in Abhängigkeit von der Fahrgeschwindigkeit die Beeinflussung von Federung und Dämpfung regeln. Elektronische Niveauregulierung bestimmt gleichzeitig die Leuchtweite der Scheinwerfer. Ähnlich verhält es sich mit der Federungsabstimmung (Porsche 959), die Reifendrucküberwachung sowie eine geregelte Servolenkung.

Die elektronische Karosserieausstattung sieht vor allem die Regelung von Heizung und Klima vor, aber auch die programmierbare Sitzverstellung, kombinierte Spiegeleinstellung, bei Regen automatisch einschaltender Scheibenwischer, die Fernschaltung von Zentralverriegelung oder Diebstahlwarnanlage mittels kleinem Sender am Schlüsselbund usw.

In Zukunft wird die Vielzahl an elektrischen Kabeln und Verbindungen im Kraftfahrzeug der Vergangenheit angehören. An ihre Stelle treten zwei Ringleitungen, die zentrale Befehlsstation und Schaltmodule für jede ansteuerbare Funktion. Eines der Hauptziele bleibt die umfassende Überwachung. Bei sämtlichen vorhandenen Flüssigkeiten sollen Menge und Temperatur kontrolliert werden. Aber auch Beleuchtung und Bremsanlage sowie die Elektronik selbst sind zu überwachen.
Um den Lenker nicht zu überlasten, gibt es sichtbare Informationen (Geschwindigkeit, Drehzahl), aber auch solche, die sich nur bei Gefahr melden, wie Treibstoffmangel, Fehler am Fahrzeug, Ausfall einer Beleuchtung. Auch Bordrechner können nützliche Werte liefern.

Wachsende Bedeutung wird Orientierungshilfen durch Navigationssysteme zukommen wie dem City-Pilot von VDO, der bis zu 99 Ziele im vorhinein speichern kann, aber auch eingegebene Ziele findet. Das Blaupunkt-System EVA (Elektronische Verkehrslotsen für Autofahrer) und das Philips-System CARIN (Car Information and Navigation) arbeiten mit Hilfe gespeicherter Landkarten, während das Bosch-System aufgrund des integrierten Kompasses funktioniert, was auch für das von Siemens und VW entwickelte System Navicomb gilt. Beim Auto-Scout sind zusätzlich Leithilfen vorgesehen. Japanische Firmen konzentrieren sich auf Satelliten-Navigation.

Beim Autoradio ist der Doppelempfänger, wie ihn zuerst Blaupunkt lieferte, erwähnenswert, der ständig mit Verkehrsnachrichten versorgt, ob nun neben einem laufenden Programm oder durch Selbsteinstellung.
Je stärker Elektronik im Kraftfahrzeug zum Einsatz gelangt, desto naheliegender ist die Frage nach ihrer Zuverlässigkeit. Selbstprüfenden Systemen ebenso wie der Kundendienst-Qualifikation in den Werkstätten wird daher große Bedeutung zukommen.

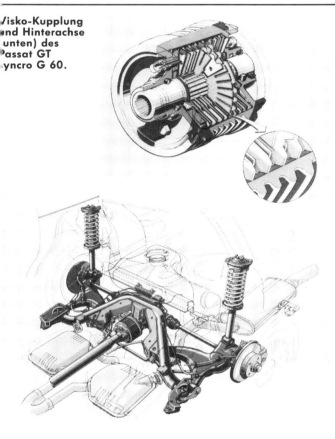

...isko-Kupplung
...nd Hinterachse
(...unten) des
...assat GT
...yncro G 60.

seitig gekreuzten Kordlagen. Dabei ist der Fadenwinkel der Gewebelagen wichtig: Ein spitzer Winkel (etwa 30°) zur Reifenebene vermittelt Pkw-Reifen sportliche, harte Fahreigenschaften. Bei etwa 40° hingegen ist der Reifen weich und in jeder Richtung nachgiebiger, wodurch der Rollwiderstand vergrößert wird. Er bietet gute Dämpfungseigenschaften und auf schlechten Straßen höheren Fahrkomfort.
Bei Radial-, Gürtel- oder Bandagereifen werden beide Wülste durch ein oder zwei Lagen Reifenkord radial verbunden. Damit wird ein besonders weich federnder Reifen erzielt. Durch einen fast undehnbaren „Gürtel" unter der Lauffläche, der aus mehreren Lagen Stahl- oder Textilkord besteht, ist der Gürtelreifen gegen kleine Unebenheiten der Straße empfindlicher. Gürtelreifen sind durch ein zusätzliches „R" (radial) in der Dimensionsbezeichnung gekennzeichnet (etwa 155 SR 15).
Vorteile gegenüber dem Diagonalreifen: höhere km-Leistung, bessere Griffigkeit und weitgehende Verhinderung des Aquaplaning-Effekts, höhere Kurvenstabilität auch bei hohen Geschwindigkeiten, höhere Spitzengeschwindigkeit und geringerer Kraftstoffverbrauch.

Abgesehen von den technischen Unterschieden hinsichtlich ...age des Triebwerks gibt es auch solche der Kraftverteilung. ...st bei teuren Rallye-Rennwagen die Leistung variabel auf die ...order- und Hinterräder verteilbar, liegt bei „normalen" Allrad...wagen aber meist fest. Entweder wird die Leistung zu 60 Pro...zent auf die Vorder- und zu 40 Prozent auf die Hinterachse ver...eilt, wo eigentlicher Frontantrieb vorliegt, oder es wird bei ...rontmotor und Hinterradantrieb eine Verteilung von etwa ...einem Drittel vorn und zwei Drittel hinten bevorzugt. Die Audi ...Quattro-Modelle weisen allerdings eine Verteilung von 50:50 ...auf.

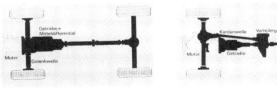

## Entwicklung neuer Öle

Die harten Betriebsbedingungen der neuen Motoren erfordern auch neue Motoröle, und das sind vor allem „Synthetics". Seit den frühen siebziger Jahren werden sie in zunehmendem Maß zur Schmierung von Kraftfahrzeugmotoren herangezogen. Die hohen Temperaturen der Neukonstruktionen, aber auch der nachgeschaltete Drei-Wege-Katalysator sowie Magerkonzepte — sie verursachen außerdem erhöhte Stickoxidbildung, die das Öl belastet — beschleunigen den Qualitätsabbau und führen zu einer vorzeitigen Alterung des Öles. Besondere Anforderungen stellen Motoren mit Abgas-Turboladern, da es hier leicht zu Wärmestau kommt. Aber auch die Dauerbelastung einer längeren Autobahnfahrt wirkt sich auf das Öl bereits nachteilig aus.
1977 gelangte das erste Leichtlauföl von Mobil unter der Bezeichnung „Mobil 1" auf den Markt, dem seither rund ein Dutzend weitere folgten, und ihre Zahl steigt immer noch an. Diese Öle werden auch den immer höheren Anforderungen der Zukunft gerecht werden, ja ihnen gehört die Zukunft.

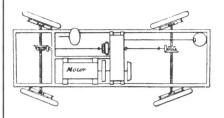

# Die Vierradlenkung

**Oben: Die Vierradlenkung ist nicht so neu wie es scheint. Es gab sie in einfacher Form bereits um 1920 wie die Darstellung des vorderradgetriebenen und vierradgelenkten Fahrzeuges zeigt (Zeichnung), dessen Hersteller unbekannt ist. Später wurden beide Konstruktionsdetails auch in einem Militärfahrzeug von Mercedes-Benz, dem 200 VGS, aus dem Jahr 1937 eingesetzt.**

Seit 1988 bieten zwei japanische Automobilhersteller Personenwagen mit Vierradlenkung an. Honda steuert den Lenkprozeß der Hinterräder durch ein dafür eigens entwickeltes mechanisches Lenkgetriebe, während Mazda anstelle der rein mechanischen Prozeßabwicklung ein mechanisch-elektronisch-hydraulisch kombiniertes Lenksystem anwendet. Durch diese Neuerung erfährt die Lenkbarkeit von Kraftfahrzeugen eine weitere Vervollkommnung, die vor allem im Stadtverkehr große Vorteile zu bieten hat.

Die Funktionsweise der Vierradlenkung ist folgende: Bei Geradeausfahrt und hohen Geschwindigkeiten wird die Fahrzeugstabilität durch besseres Ansprechen der Lenkung auf Steuerimpulse aufgrund des Paralleleinschlages aller vier Räder erheblich verbessert, was auch für glatte Fahrbahnen zutrifft.

Während höherer Fahrgeschwindigkeiten werden die Vorderräder und die Hinterräder mit verschiedenen Einschlagwinkeln in die gleiche Richtung eingeschlagen. Beim Ausscheren und Manövrieren des überholenden Fahrzeuges ergibt sich dabei ein reaktionsvermindernder Parallelverschub. Auch schnelles Kurvenfahren mit höherer Geschwindigkeit gewinnt an Stabilität. Die Hinterräder werden dann ebenfalls in dieselbe Richtung gelenkt wie die Vorderräder, was zu einem sichereren Kurvenverhalten auch auf verschneiten Straßen führt.

Bei niedrigeren Geschwindigkeiten, wie während des Einparkens, des Befahrens enger Straßen, platzbeschränktem Wenden usw., werden bei der Vierradlenkung die Hinterräder in die entgegengesetzte Richtung der Vorderräder eingeschlagen, wodurch der Wendekreis reduziert wird. Bei geringem Lenkaufwand wird dadurch optimale Manövrierbarkeit erreicht.

**Rechts: Bei höheren Geschwindigkeiten, wie etwa auf Freilandstraßen oder Autobahnen, werden die Hinterräder, wenn auch mit anderem Winkel, in den Lenkprozeß miteinbezogen, wodurch beim Vorfahren eine leichte Parallelverschiebung des Fahrzeuges gegeben ist, die sich auf die Präzision des Lenkvorganges und die Straßenlage positiv auswirkt.**

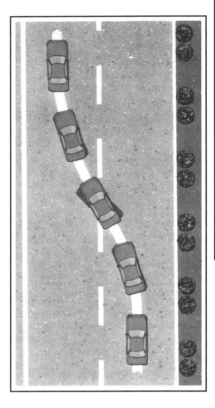

**Links und rechts: Stellung der Räder bei Vierradlenkung, entweder bei niedriger Fahrgeschwindigkeit wie im Stadtverkehr, oder aber in Einparksituation. Die in entgegengesetzter Richtung eingeschlagenen Räder bewirken bessere Wendigkeit des Fahrzeuges, und der Wendekreis wird wesentlich verkleinert.**

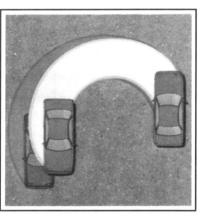

**Rechts: Darstellung der Fahrzeugsituation bei Vierradlenkung in einer Linkskurve: links gut kurvenradienangepaßt, rechts übliche Zweiradlenkung in derselben Kurve.**

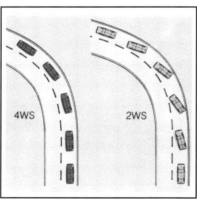

4WS

2WS

Bei der Herstellung synthetischer Öle werden die kompliziert gebauten Bestandteile des Erdöls zunächst in kleinere Einheiten gespalten und anschließend in Form einer chemischen Synthese wieder zu größeren, aber einheitlich aufgebauten Molekülen zusammengesetzt. Die auf diese Weise entstehenden, auf ihre Aufgabe genau abgestimmten Substanzen sind für die moderne Schmierung besonders geeignet. Ihre Vorteile sind vor allem die Herabsetzung der Reibung im Motor und damit auch eine Verminderung des Kraftstoffverbrauches, was gleichzeitig zu einem Leistungsgewinn führt. Bei Rennwagen etwa gewinnt man dadurch rund 10 PS. Diese Öle werden bei Kälte nicht so zähflüssig wie Mineralöle, enthalten kein Paraffin, schonen die Batterie und den Anlasser. Es sind Öle für jede Jahreszeit, die auch bei längeren Ölwechselintervallen gesteigerte Haltbarkeit, Langlebigkeit und einen niedrigeren Verbrauch zeigen.

# Internationale Autoindustrie

Nahm die europäische Automobilindustrie nach dem zweiten Weltkrieg die erste Stelle in der Welt-Automobilproduktion ein, so ging diese Phase nach 1970 zu Ende und stagniert seit-

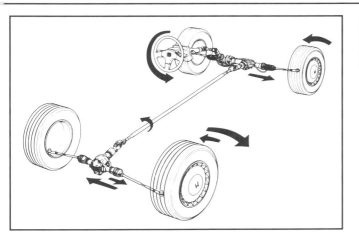

**Schematische Darstellung der Lenkvorgänge bei der Vierradlenkung des Honda 4 WS.**

**Mazda mit Vierradeinschlag bei niedriger Geschwindigkeit, etwa beim Ausfahren aus einer Parklücke nach vorn oder beim Einparken im Rückwärtsgang.**

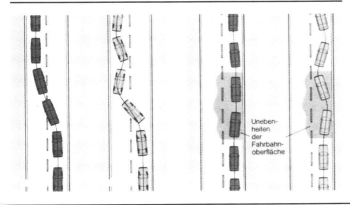

Unebenheiten der Fahrbahnoberfläche

**Hier wird deutlich, wieviel ausgeglichener die Vierradlenkung gegenüber der Zweiradlenkung bei verschiedenen Fahrsituationen im normalen Verkehr reagiert (jeweils linke Fahrzeugdarstellung Vierradlenkung).**

her. Japan stieg zur automobilen Weltmacht auf. War der Anteil Europas früher 39%, so beträgt er heute 28%, während ihn Japan von 19% auf 27% steigern konnte. Besonders drastisch wurde Großbritannien davon betroffen, dessen Produktion auf das halbe Volumen schrumpfte und das zum Nettoimporteur geworden ist. Gegenwärtig hat auch die französische Automobilindustrie mit Problemen zu kämpfen. Spanien konnte als einziges Land aufholen. Ein Zehntel der westeuropäischen Automobilproduktion entfällt derzeit auf dieses Land.

Nur Deutschland hält bisher die Stellung als weitaus größter Automobilproduzent Europas, der sogar seine Position ausbauen konnte, und zwar entfielen oberhalb der 2-Liter-Pkw etwa 1984 nicht weniger als 68,4% auf die Bundesrepublik Deutschland, während es 14 Jahre zuvor um 10% weniger waren. Bei schweren Lkw und Straßenzugmaschinen stieg der Anteil sogar auf das Doppelte, nämlich 54%.

In Amerika dürfte der Marktanteil japanischer Fahrzeuge in den neunziger Jahren auf etwa 40% anwachsen, wobei bereits teils in eigenen Automobilfabriken hergestellte, teils importierte Fahrzeuge zu berücksichtigen sind. Auch in Europa sollen japanische Produktionsstätten errichtet werden, und so wird die Gefahr einer Japanisierung der Automobilfertigung in den jeweiligen Ländern allgemein anwachsen. Die Erhaltung der internationalen Wettbewerbsfähigkeit erblickt man in Europa teils in der Errichtung von Schutzzöllen, überwiegend aber in einer gezielten Integrationspolitik.

Die Schwierigkeiten der deutschen Autoindustrie bestanden seit 1975 im Verlust von Exportmärkten an die japanischen Erzeuger. Da sich seit 1973 die Arbeitskosten je Stunde in der BRD verdreifacht haben, wurde in Rationalisierungsmaßnahmen investiert, was wiederum zu hohen Fixkosten führte, die auf die Preise abgewälzt werden mußten. Im gleichen Zeitraum haben sich die Arbeitskosten in den USA etwa nur verdoppelt, obwohl sie immer noch über der den deutschen liegen. Jene der japanischen Industrie wiederum haben sich im Zeitraum von 1970 bis 1983 zwar verfünffacht, liegen aber immer noch 25% unter dem deutschen Niveau.

Dieses Kostenproblem liegt in allen europäischen Industrieländern ähnlich, wenn auch mit graduellen Unterschieden. Dazu kommen überall erhöhte Kosten, die die preisliche Wettbewerbsfähigkeit stark belasten.

Dennoch beurteilt die Autoindustrie ihre eigenen Möglichkeiten nicht so schlecht. Da auf den traditionellen Märkten im Jahr 2000 voraussichtlich ca. 95% der Nachfrage allein vom Ersatzbedarf gekennzeichnet sein werden, wird international kein stärkerer Abbau des heutigen Produktionsvolumens gegeben sein. Allerdings erwartet man eine zunehmende Nachfrage nach höherwertigen Automobilen, was zu einem qualitativen Wachstum der europäischen Autoindustrie führen könnte.

Wie wenig die amerikanische Autoindustrie immer noch am Export teilnimmt, geht daraus hervor, daß nur 10% der in den Jahren zwischen 1976 und 1986 erzeugten 7,5 Millionen Fahrzeuge in den Export gingen. Dagegen exportierte die deutsche und die japanische Autoindustrie nicht weniger als etwa 55% ihrer Produktion, wobei sich Japan seit 1970 bei Klein- und Mittelklassewagen in einer ausgesprochenen Exportoffensive befindet. Inzwischen stellen die Japaner in allen Klassen hoch wettbewerbsfähige Fahrzeuge her und befinden sich technisch stets auf dem neuesten Stand. Im asiatisch-pazifischen Raum etwa haben andere Autoproduzenten keine Chance mehr.

Die amerikanische Autoindustrie hat sich nach dem zweiten Ölschock 1979 von der „Straßenkreuzer-Philosophie" verabschiedet. Erst Mitte der achtziger Jahre zeichnete sich eine neue Richtung ab, die unter anderem durch das Kleinwagenprojekt Saturn von General Motors gekennzeichnet war. Hier sollte, losgelöst von Konzernkonstrukteuren, aufgrund neuer Entwicklungsideen sowie Fertigungs-Montage-Verfahren bei Mitverantwortung der amerikanischen Automobilarbeitergewerkschaft UAW eine Art „Weltcar" geschaffen werden, das die japanische Kostenstruktur zu erreichen trachtet.

Wenn auch vermutet wird, daß die Schwellen- und Entwicklungsländer erst nach dem Jahr 2000 als Autoproduzenten stärker hervortreten werden, so ist es doch nicht unmöglich, daß

**Audi entwickelte das spezielle Gurtensystem „procon-ten", das bei Frontaufprall den Lenker vor Verletzungen durch die Lenksäule schützt. Wird bei mehr als 25 km/h der Antriebsblock nach hinten verschoben, dann strafft sich ein Edelstahlseil, das über Umlenkrollen geführt wird und das Lenkrad nach vorn zieht. Ein weiteres Seil spannt die Gurten.**

**Rechts oben: Mercedes schuf die erste Karosserie, bei der der seitenversetzte Frontalaufprall besondere Berücksichtigung findet.**

**Rechts: Das Interesse an Sicherheitsmaßnahmen nahm erst zu, als die Fahrgeschwindigkeit anstieg. Zuvor mußte nicht einmal bei Rennen der Verlust eines Rades unbedingt zur Katastrophe führen**

**Unten: Extreme Zeitlupe macht die Phasen bis zum völligen Aufblasen des Airbag von Mercedes-Benz sichtbar, und zwar bei 4/1000, 6/1000, 9/1000, 13/1000 und 26/1000 Sekunden nach der Auslösung.**

an anderer Stelle erwähnt, der kaufmännische Direktor von Lloyd noch 1954 auf die Frage nach dem Insassenschutz darauf hingewiesen, wer wolle denn schon an einen Unfall denken, wenn er sich in ein Auto setze, und das geflügelte Wort zitiert: „Sicherheit verkauft sich schlecht".

Umso beachtenswerter sind die Bemühungen von Daimler-Benz, die schon in den dreißiger Jahren um stabileren Flan-kenschutz, extrem steife Fahrzeugböden, eine geteilte Lenksäule usw. bemüht waren. Ab 1951 aber gab dieses Unternehmen bereits viel Geld für Forschung und Entwicklung aus, um nicht nur dem Fahrbetrieb und -komfort, sondern auch dem Insassenschutz den ihm zustehenden Platz einzuräumen. In diesem Jahr wurde die erste Sicherheitskarosserie patentiert und zwei Jahre später im Mercedes 180 verwendet und in Serie gebaut. Die Fahrzeugsicherheit wurde seither von diesem

# Insassenschutz

Der Insassenschutz erregte Jahrzehnte hindurch kaum das Interesse der Autoindustrie. Bei hochwertigen Fahrzeugen mochte sich eine gewisse Sicherheit aufgrund der allgemeinen Qualität ergeben, das Thema Sicherheit bzw. Insassenschutz war jedenfalls nicht gegeben. Erst durch Bela Barenyi (siehe Seite 317) wurde diese Seite der Autokonstruktion den Zeitgenossen bewußt gemacht und nach und nach nicht nur ernsthaft zur Debatte gestellt, sondern aufgrund eingehender Forschung schließlich den notwendigen technischen Lösungen zugeführt. Aber der Weg war lang, schwierig und nicht zuletzt auch sehr kostspielig. Obwohl dieser Prozeß heute immer noch nicht abgeschlossen ist, stellt er doch bereits einen unentbehrlichen Faktor in der Autokonstruktion dar.

Es ist das große Verdienst von Daimler-Benz, dem Insassenschutz gegenüber früher als alle anderen Hersteller aufgeschlossen gewesen zu sein, die sehr lange Zeit hindurch eine negative Befrachtung des Automobils befürchteten, sobald Sicherheitsfragen auch nur erörtert wurden. So hat, wie bereits

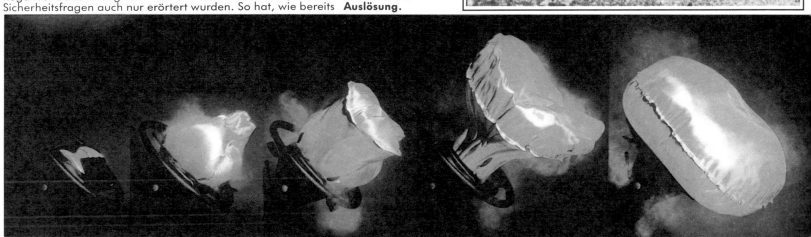

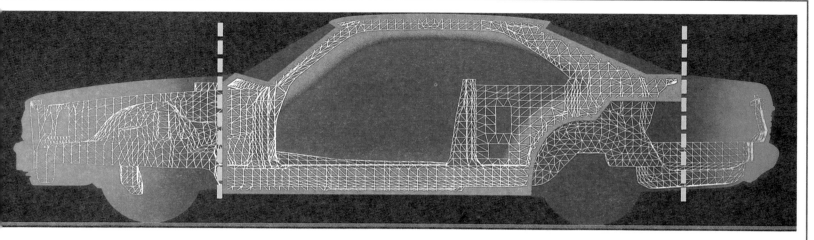

Unternehmen ebenso ernsthaft vorangetrieben wie die Verbesserung von Leistung und Komfort, womit Maßstäbe gesetzt wurden, denen sich andere Automobilhersteller nicht mehr verschließen konnten. Ab 1959 fanden auch erste Crash-Tests statt, die weitere Verbesserungen brachten. Das hat dazu geführt, daß die Begriffe „aktive und passive Sicherheit" heute Allgemeingut geworden sind und Verkaufsgespräche über die Sicherheit von Fahrzeugen kein negativ besetztes Thema mehr sind, sondern einen wichtigen Bestandteil der Käuferinformation darstellen.

Auch französische Firmen — wie etwa Renault — haben dem Insassenschutz große Aufmerksamkeit gewidmet, diesbezügliche Forschungen durchgeführt und auch sehr positive Resultate erzielt, die in ihre Konstruktionen eingeflossen sind.

Sicher ist, daß in Richtung Isassenschutz noch manches zu tun bleibt, aber die Forschung kostet allein durch die ständig notwendige Unfallsimulation enorm viel Geld. Daimler-Benz weist nicht zu Unrecht darauf hin, daß in Deutschland ein Viertel aller Steuern vom Auto stammen und von dieser Seite nichts unternommen wird, um auf dem Sicherheitsgebiet raschere Fortschritte zu ermöglichen.

Heute bestehen in fast allen Staaten entsprechende Sicherheitsvorschriften, die Beachtung erzwingen, wie etwa die Anbringung und Benutzung von Sicherheitsgurten. Es gibt auch kaum mehr eine Konstruktion, die kein Sicherheitslenkrad aufweist, eine Sicherheitszelle mit energieaufnehmender Front- und Heckpartie, Sicherheitskopfstützen, Vermeidung vorspringender Teile (innen und außen), aber auch geteilte Lenksäule, die beim Aufprall abknickt, der Airbag usw.

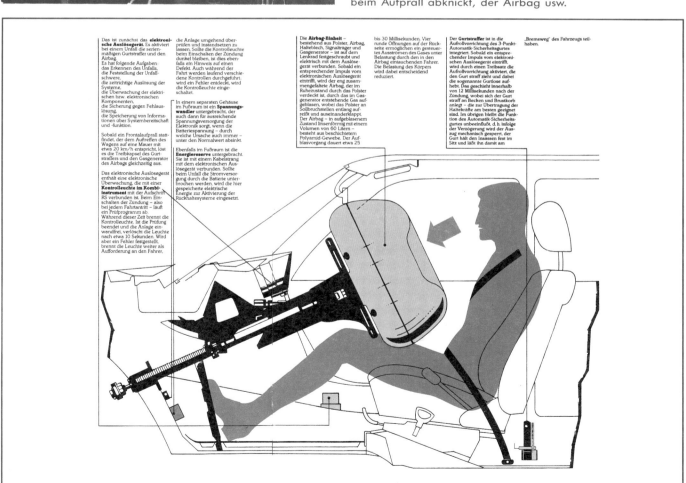

von dieser Seite auch bereits früher eine Konkurrenz für die angestammten Produktionsländer zu erwarten ist. Man denkt dabei vor allem an Südamerika, Asien, und dort insbesondere China.

Die europäische Autoindustrie wird in Zukunft vor allem durch das Maß an innovativen Entwicklungen bestimmt sein. Die Entwicklungsdynamik müßte wieder auf das Niveau etwa der späteren Nachkriegszeit angehoben werden, nicht zuletzt, um die noch anstehenden Energie- und Umweltprobleme noch rascher und besser in den Griff zu bekommen. Für die Entwicklung müßten zu diesem Zweck zumindest 10% des jeweiligen Budgets vorgesehen werden, wie es in der japanischen Autoindustrie üblich ist.

# Verkehr heute und morgen

Die Beziehungen zwischen Kraftfahrzeug und Straße beruhen auf einer interessanten Gegenseitigkeit, die beide erst zu dem werden ließen, was sie heute sind. Zu Beginn der Kraftfahrt brachte man ein unter ganz bestimmten Bedingungen funktionierendes technisches Gerät auf die Straße und in ein Verkehrssystem ein, das eigentlich neben dem Fußgängerverkehr überwiegend auf den Pferdefuhrwerksverkehr abgestimmt und ausgerichtet war. Die Möglichkeit der Anpassung an diese Gegebenheiten war beim Automobil jedoch aus ursächlichen Gründen gering, ja im Grunde unmöglich. Mit steigendem Autoverkehr wurden deshalb die vorhandenen Straßen automobilgerechter, was wiederum zu den ersten Verbesserungen hinsichtlich Komfort, vor allem aber Schnelligkeit der Automobile führte.

Mit der Schaffung der Schnellverkehrsstraßen und letztlich Autobahnen noch vor dem zweiten Weltkrieg aber erwies es sich, daß das Kraftfahrzeug nun seinerseits von den gebotenen Möglichkeiten überfordert war, was durch ungewohnte Schnelligkeit zu Motorschäden führte, die Unzulänglichkeit der Straßenlage so mancher Modelle erwies usw. Die Autobahnen waren deshalb nach dem zweiten Weltkrieg die grundlegende Voraussetzung für eine neue Fahrzeuggeneration, die sich diesen günstigen neuen Verkehrsgegebenheiten nun immer mehr gewachsen zeigte, und zwar durch höhere Fahrgeschwindigkeit, Standfestigkeit der Motoren, Verkehrssicherheit und Fahrkomfort.

Diese Entwicklung erfuhr von 1945—1970 eine konsequente Steigerung. Es war die Zeit der zunehmenden Freude am Kraftfahrzeug. Erst in den ersten siebziger Jahren gab es für alle Beteiligten ein plötzliches Erwachen, als sich die Frage stellte, ob die Erde überhaupt noch ausreichend Rohölvorräte aufzuweisen habe, um den stetig anwachsenden Verkehr auch in Zukunft ausreichend versorgen zu können. Und fast zur gleichen Zeit wurden in Kalifornien vehemente Forderungen nach größerer Umweltschonung erhoben.

Heute weiß man, daß es ein heilsamer Schock war, der plötzlich dazu zwang, hinsichtlich Fahrzeugkonstruktion ebenso wie -einsatz wesentlich umzudenken. Insbesondere in zwei Richtungen erwies sich das als vordringlich, nämlich hinsichtlich Großstadtverkehr und Schnellverkehr.

Legt der Großstadtverkehr den Einsatz möglichst kleiner, wendiger Fahrzeuge nahe, so zielt der Schnellverkehr eher in Richtung größerer Reisewagen mit hohen Spitzengeschwindigkeiten. In beiden Fällen liegt der Kraftstoffverbrauch überdurchschnittlich hoch — im Innenstadtverkehr durch die Schwierigkeit des Verkehrsablaufes, im Fernverkehr durch die hohen Motorleistungen des schnellbewegten Fahrzeuges.

## Großstadtverkehr

Der Autor hat sich eingehend mit den Einsatzbedingungen des modernen Automobils im Großstadtverkehr auseinanderge-

setzt, um überhaupt einmal genaue Kenntnisse über die Beanspruchung von Mensch und Maschine unter diesen Betriebsbedingungen zu erhalten.

Die Ergebnisse legen folgende Forderungen nahe:

Die Belastungen durch den Verkehr müssen durch eine durchgreifende Rationalisierung der Verkehrsinformationen, wie Beschilderung, Signalanlagen usw., auf ein absolutes Minimum reduziert werden. Dadurch würde gleichzeitig der Informa-

## Bessere Verkehrsregelung in den Städten

Aufgrund langjähriger Fahrversuche, Messungen und Detailuntersuchungen im Rahmen des normalen Wirtschaftsverkehrs im Großstadtbereich konnte immer wieder festgestellt werden, daß nicht nur zur Entlastung des Kraftfahrers dringend verkehrsangepaßte Vorschriften und Problemlösungen notwendig wären und endlich zur Anwendung gelangen sollten. Diese zeitangepaßteren Lösungen würden gleichzeitig Energie und Rohstoffe sparen helfen. Heute wäre ohne Schwierigkeiten ein erhöhter Einsatz elektronischer Meß- und Steuerungsanlagen möglich, der vor allem die weithin unbefriedigende Verkehrsregelung positiv beeinflussen sollte. Die Stadtverwaltungen müßten gerade auf diesem Gebiet endlich damit beginnen, auf die seit Jahrzehnten zunehmende Verkehrsdichte in angemessener Weise zu reagieren.

## Koordinierte Verkehrsregelung

Signale sind das Bindeglied zwischen den Verkehrsteilnehmern und der verkehrssteuernden Technik. Wegen der ständig steigenden Zahl von Fahrzeugen gestalten sich die Verkehrsverhältnisse vor allem in den Städten immer schwieriger. Sie erzwingen die maximale Ausnutzung der vorhandenen Verkehrsfläche und deren möglichst zweckmäßige Erweiterung, die naturgemäß hinter dem Anwachsen der Motorisierung zurückbleibt.

Der private Straßenverkehr benötigt in Österreich rund 12% des gesamten Energieverbrauches. Neben einer vernünftigen und wirtschaftlichen Fahrweise und sparsameren Autotypen könnten auch Verkehrslichtsignalanlagen mithelfen, diesen Energieverbrauch zu senken. Immerhin wird ein Drittel der insgesamt gefahrenen Kilometer in Österreich in geschlossenen Ortschaften zurückgelegt und unterliegt demnach dem Einfluß der Signalanlagen.

Die Frage nach einer möglichst zweckmäßigen Koordinierung benachbarter Straßenkreuzungen mit dem Ziel, im gesamten Straßenzug oder -netz einen möglichst guten Verkehrsablauf zu erreichen, ist fast so alt wie die Verkehrslichtsignalanlage selbst (erste elektrische Ampel 1920 in Detroit).

In großen Netzen herrschen jedoch wegen der engen Vermaschung der Anlagen äußerst komplizierte Verhältnisse, so daß der Aufbau einzelner Grüner Wellen für das Netz oft keinen Vorteil bringt, weil sich die Forderungen der kreuzenden Straßenzüge widersprechen. Die Koordinierung der Signalanlagen wird

*Unten: Diese Zusammenstellung zeigt Geschwindigkeit, Verbrauch, Fahr- und Standzeiten im Rahmen der permanent durchgeführten Messungen im üblichen Großstadtverkehr.*

### VERBRAUCHS- UND FAHRBETRIEBSAUFSCHLÜSSELUNG IM GROSSSTADTVERKEHR WIEN
Durchschnittliche Tagesbilanz

| Allgemeines | | | | Aufgeschlüsselter Fahrbetrieb im Stadtbereich | | | | | | | | | Durchschnittsgeschwindigkeit | | Stadtverbrauch ermittelt mit AUDI 100 CC 1800 ccm, 4-Zyl., 90 PS, Benzin Baujahr 1983 | | | | | | | |
|---|---|---|---|---|---|---|---|---|---|---|---|---|---|---|---|---|---|---|---|---|---|
| Datum | Bezirke | Uhrzeit | Std. | Zurückgelegte Strecke | Verkehrsbedingte Stopps | Durchschnittliche Strecke von verkehrsbedingtem Stopp zu Stopp | Fahrzeit — Stoppzeit | | Verkehrsbedingte Stoppzeit | | Fahrzeit + Stoppzeit | | | | Fahrzeit + Stoppzeit | Fahrzeit Stehzeit | Fahren Verbrauch | | Stehen Verbrauch (Leerlaufverbrauch ca. 1,5 l/h) | | Getankte Menge | Verbrauch Fahren + Stehen (Leerlaufverbrauch) |
| 1984 | Wien | von — bis | h | km | Anzahl | Meter | sec | % | sec | % | sec | % | km/h | km/h | Liter | % | Liter | % | Liter | % | l/100 km |
| 28. II. | 4-3-10-2-3-4-5-12-13-12 | 11—15 | 4 | 40,0 | 84 | 476,0 | 4158 | 68,3 | 1932 | 31,7 | 6090 | 100,0 | 23,6 | 34,6 | 2,8 | 77,8 | 0,8 | 22,2 | 3,6 | 100,0 | 9,0 |
| 1.III. | 12-10-12-1-2-20-21-2-3-5-10-12 | 9—15 | 6 | 62,7 | 109 | 579,5 | 5652 | 67,2 | 2753 | 32,8 | 8405 | 100,0 | 25,4 | 35,5 | 4,7 | 79,2 | 1,1 | 20,8 | 5,3 | 100,0 | 8,5 |
| 6.III. | 14-1-3-12-15-12 | 10—14 | 4 | 31,8 | 71 | 447,9 | 3180 | 67,6 | 1521 | 32,4 | 4701 | 100,0 | 24,4 | 36,0 | 1,8 | 75,0 | 0,6 | 25,0 | 2,4 | 100,0 | 7,8 |
| 7.III. | 22-10-3-12-10-18-15-1-3 | $11—17^{30}$ | $6^{30}$ | 74,5 | 118 | 631,4 | 4389 | 47,4 | 4872 | 52,6 | 9261 | 100,0 | 29,0 | 61,1 | 3,8 | 65,5 | 2,0 | 34,5 | 5,8 | 100,0 | 7,8 |
| 8.III. | 15-12-1-2-1-8-7-23-12 | $9—15^{34}$ | $6^{34}$ | 46,4 | 127 | 365,4 | 2540 | 32,6 | 5250 | 67,4 | 7790 | 100,0 | 21,4 | 65,8 | 1,9 | 46,3 | 2,2 | 53,7 | 4,1 | 100,0 | 8,8 |
| 13.III. | 7-12-14-15-8-1-2-20-3-12 | $8^{50}—14^{30}$ | $5^{40}$ | 55,3 | 91 | 607,7 | 4948 | 70,6 | 2062 | 29,4 | 7010 | 100,0 | 29,4 | 40,2 | 3,6 | 85,7 | 0,6 | 14,3 | 4,2 | 100,0 | 7,8 |
| Abrechnung über 6 Arbeitstage | | | $32^{44}$ | 310,7 | 600 | 516,6 | 24867 6h54' | 57,5 | 18390 5h06' | 42,5 | 43257 12h00' | 100,0 | 25,9 | 45,0 | 18,1 | 71,3 | 7,3 | 28,7 | 25,4 | 100,0 | 8,2 |

tionswert dieser Einrichtungen automatisch erheblich ansteigen und damit erst wirklich sinnvoll sein. Die Überlegung vieler Verkehrsplaner, den Verkehr so flüssig wie möglich zu halten, erweist sich nicht unbedingt als richtig. Die Forderung muß vielmehr heißen: Der Verkehr muß so ablaufen, daß ein Fahrzeug so rasch wie möglich aus dem Verkehrsfluß herausgenommen und zum gewünschten Parken gebracht werden kann. Jedes stehende Fahrzeug bringt nicht nur für den Betreiber einen wirtschaftlichen Gewinn, da er ja so rasch wie möglich an seinen Einsatzort zu gelangen trachtet, es bedeutet gleichzeitig geringeren Verbrauch und damit weniger Umweltbelastung, geringere Unfallgefahr, geringere Abnützung des Fahrzeuges, Schonung des Fahrers, vor allem aber all jener, die am bewegten Verkehr passiv mitleiden müssen.

Die Forderung nach dem möglichst raschen Abstellen des

Fortsetzung S. 470

nach Kriterien wie Wartezeit, Anzahl der Halte, Reisezeit usw. optimiert. Mit dem steigenden Einsatz von Prozeßrechnern zur Regelung des Verkehrs — vor allem in Großstädten — schafft man Möglichkeiten, einerseits die Signalisierung dem vorhandenen Verkehr anzupassen und andererseits den Verkehr durch die Signalisation so zu lenken, daß im großen ein flüssiger Gesamtablauf gewährleistet ist.
Welcher volkswirtschaftliche Gewinn jedoch durch verkehrsabhängige Regelungen erzielt werden könnte, geht aus folgendem Modell hervor:

Wenn eine städtische Modellkreuzung mit vier Zufahrten und einem täglichen Gesamtverkehrsaufkommen (Summe aller Kreuzungszufahrten) von 12.000 Personenkraftwagen angenommen wird und die Grünzeit-Aufteilung genau dem Verkehrsaufkommen entspricht, dann müßten von den 12.000 Fahrzeugen pro Tag rund 6.000 anhalten, da die Wahrscheinlichkeit, auf Grün oder Rot zu treffen, etwa 1 : 1 ist. Erfahrungsgemäß schwankt jedoch das Verkehrsaufkommen an den Zufahrten. Ein Anpassen an die ankommenden Fahrzeugpulks verringert daher die Zahl der Halte- und Wartezeiten.
Nimmt man nun an, daß durch eine verkehrsabhängige Regelung die Zahl der Halte nur um 10% zurückgeht, so ergibt sich eine Einsparung von 600 Haltevorgängen gegenüber dem Modell mit der Gleichverteilung.

Für das Wiederanfahren eines Kraftfahrzeuges wird nach Angaben der Autoindustrie ungefähr 20 ml Treibstoff zusätzlich verbraucht. Bei 600 Fahrzeugen je Tag ergibt dies 12 Liter Treibstoff pro Tag und Anlage. Da die Anlage 365 Tage im Jahr in Betrieb ist, bedeutet das eine jährliche Treibstoffeinsparung von 4.380 Liter, das sind rund (1984) 46.000 Schilling. Von den 6.000 Fahrzeugen, die an der Ampel halten müssen, sind 600 (ca. 10%) durch die Verkehrsabhängigkeit in ihrer Fahrt verbessert worden. Durch die Reduktion der Wartezeiten der restlichen 5.400 Fahrzeuge ergibt sich ebenfalls eine entsprechende Treibstoffersparnis.
Wenn bei jedem dieser Fahrzeuge nur 10 sec Wartezeit eingespart werden könnten, so sind dies 54.000 sec oder 900 min je Tag.

Ein Fahrzeug verbraucht während einer Stehzeit von 3 Minuten rund soviel Treibstoff wie bei einem Kilometer Fahrt, bei einem Durchschnittsverbrauch von 10 Liter / 100 km daher 0,1 Liter. Es können also je Ampel und Tag zusätzlich 30 Liter eingespart werden, das sind im Jahr 10.950 Liter bzw. 115.000 Schilling.
Bei Anwendung von Koordinierung und Verkehrsabhängigkeit dürften die Einsparungen durch Verringerung der Zahl der Halte etwa doppelt so hoch sein wie eingangs errechnet, d. h. durch eine koordinierte Anlage können jährlich 8.760 Liter Treibstoff bzw. 92.000 Schilling eingespart werden.
Bei 1.000 Anlagen — Wien besitzt ca. 800 —, von denen 80% koordiniert geschaltet sind, können jährlich folgende Treibstoffeinsparungen erzielt werden:

200 Anlagen Lokale Schaltung: Minimierung der Halte um 10%
 876.000 Liter =   9,2 Mio Schilling
200 Anlagen lokale Schaltung: Minimierung der Wartezeiten
 2.190.000 Liter = 23,0 Mio Schilling
800 Anlagen Koordinierte Schaltung: Minimierung der Halte um 20%
 7.008.000 Liter = 73,6 Mio Schilling
800 Anlagen Koordinierte Schaltung: Minimierung der Wartezeiten
 8.760.000 Liter = 92,0 Mio Schilling

Die Einsparungen, die durch die oben genannten Maßnahmen zu erzielen sind, betragen für je 1.000 Kreuzungen rund 198 Mio Schilling bzw. ca. 18,8 Mio Liter Treibstoff, der nicht verbrannt wird und damit auch nicht zur Umweltverschmutzung beiträgt.

Derzeit gibt es in Österreich ca. 2.500 Ampeln, d. h. es könnten 495 Mio Schilling bzw. 47 Mio Liter Treibstoff eingespart werden. Sollten in Österreich in Zukunft die in der BRD üblichen Werte von ca. 1.000 Einwohnern je Signalanlage erreicht werden, wären die zu erwartenden Werte 1.386 Mio Schilling bzw. 131,6 Mio Liter Treibstoff.

**Rechts oben und unten:** Um die Belastungen, denen Kraftfahrer — und Fahrzeug — im Großstadtverkehr ausgesetzt sind, einmal zu verdeutlichen, wurden aufgrund von Langzeitmessungen die aus diesen beiden Tabellen hervorgehenden Druchschnittswerte ermittelt.

| Alle Werte umgerechnet auf 100 km (Physische Belastung) | | |
|---|---|---|
| Fahrzeug | Mercedes 1900 D | VW Golf D Halbautomatik |
| Wegstrecke | 100 km | 100 km |
| Durchschnittsgeschwindigkeit | 20 km/h | 20 km/h |
| Verbrauch | 6,5 l/100 km | 9,4 l/100 km |
| Kupplungsbetätigung | 978 | 0 |
| Gaspedalbet. (Beschleunig.) | 237 | 710 |
| Strecke von Beschleunig. zu Beschleunig. | 187 m | 70 m |
| Anzahl v. Bremspedalbetätig. | 299   100% | 316   100% |
| Bremsungen bis zum Stillst. | 195   65% | 128   40% |
| Anzahl merkb. Lenkbeweg. | 162 | 254 |
| Strecke von Lenk. zu Lenkung | 274 m | 208 m |
| Strecke von Schaltung zu Schaltung | 107 m | 132 m |
| Anzahl der Schaltungen | 932   100% | 757   100% |
| Aufgegliedert: Leerlauf | 227   24,4% | 21   2,7% |
| 1. Gang | 213   22,9% | 231   30,5% |
| 2. Gang | 232   24,9% | 243   32,2% |
| 3. Gang | 169   18,9% | 165   21,8% |
| 4. Gang | 68   7,3% | 68   8,9% |
| 5. / E-Gang | —   — | 17   3,2% |
| Retourgang | 25   2,7% | 13   1,7% |

### Messungen im Großstadtverkehr Wien (Psychische Belastung)

Alle ausgewiesenen Angaben und Werte sind im normalen beruflichen Kfz-Einsatz aufgrund von Langzeit-Messungen über Hunderte gefahrene Kilometer an Werktagen in der Zeit von 10.00—16.00 Uhr ermittelt worden. Sie sind der besseren Vergleichbarkeit wegen für eine Strecke von 100 km berechnet worden.

| | |
|---|---|
| Wegstrecke 100 km | |
| Durchschnittsgeschwindigkeit | 23,8 km/h |
| Berufsbedingte Halte | 18 |
| Verkehrsbedingte Halte (alle) | 177 |
| Verkehrsbedingte Halte (Durchschnitt) | 35 sec. |
| Strecke von Halt zu Halt | 629 m |
| Strecke von Ampel zu Ampel | 481 m |
| Ampelhalt zu Ampeldurchfahrt | 40 : 60 |
| Anzahl der passierten Verkehrszeichen (alle) | 3240 |
| Anzahl der passierten Ampeln | 215 |
| Aufgegliedert | |
| Stopptafel | 15 |
| Nachrangtafel | 120 |
| Vorrangtafel | 64 |
| Fußgängerübergänge | 395 |
| Radwege | 7 |
| Einbahntafeln | 178 |
| Einfahrverbot | 140 |
| Haltestellen | 206 |
| Geschwindigkeitsbeschränkung | 62 |
| Überholverbot | 1 |
| Hinweistafeln (Sackg., Parkpl., Spital usw.) | 310 |
| Gebotstafeln (Baustelle, Bodenwellen usw.) | 237 |
| Wegweiser | 108 |
| Ortstafeln | 19 |
| „Bundesstraßen"-Tafel (Raum Wien) | 52 |
| Park- und Halteverbote | 1111 |

MESSUNGEN 1987
ING. ALFRED BUBERL

Rechte Seite:
Die Wolfsburger
Welle empfiehlt
hier eine
bestimmte
Geschwindigkeit,
um die nächste
Ampel ohne Halt
passieren zu
können.

Eine den notwendigen Erfordernissen entsprechende Verkehrslichtsignalanlage kostet ca. S 500.000,— mehr gegenüber einer normalen Signalanlage. Aus den Ersparnissen könnten jährlich 990 Ampeln auf den letzten Stand der Verkehrstechnik gebracht werden, d. h. in 2,5 Jahren wären die Ausgaben amortisiert und ein volkswirtschaftlicher Gewinn von 495 Mio Schilling/Jahr bei gleichbleibendem Treibstoffpreis und gleichbleibender Kfz-Anzahl gegeben.

Da bei diesen Signalanlagen der Morgen-, Abend- und Nachtverkehr automatisch berücksichtigt wird, sind auch die Berechnungen entsprechend.

Die Einsparungen sind eher vorsichtig kalkuliert. In der Praxis wird mehr zu erreichen sein (3 bis 5%).

Durch moderne Verkehrslichtsignalanlagen ist natürlich auch die Schaltung und Anbietung von Alternativrouten möglich. Hier ergibt sich zusätzlich die Möglichkeit von Treibstoffeinsparungen und zwar durch „Umwege".

Angenommen, eine Fahrtroute ist 10 km lang, wobei 5 km Stau vorhanden ist. Bei dem vorhin angenommenen Mittelwert von 10 Liter/100 km ergibt sich für die zügig durchfahrenen ersten 5 km ein Treibstoffverbrauch von 0,5 Liter. Im Stau wird ca. fünfmal soviel Treibstoff wie bei zügiger Fahrt verbraucht, demnach 2,5 Liter bzw. für 10 km 3 Liter.

Mit dem gleichen Treibstoffverbrauch könnte eine Umfahrung von 30 km signalisiert werden, die jedoch keinen Stau aufweist und auf jeden Fall umweltfreundlicher wäre. Jede kürzere Umlenkung ist dann bereits ein Gewinn an Umweltschonung und Kosten.

Grundsätzlich kann diese Art der Regelung durch eine zentrale Netzsteuerung mittels Computer gewährleistet werden. Die optimale Auswahl der individuellen Fahrtrouten könnte über Verkehrsdecoder im Autoradio bekanntgegeben werden. (Mg. G. Ertl, Gem. Wien.)

# Umweltschonender Verkehr der Zukunft

Staus und Warteschlangen kann der Kraftfahrer von sich aus kaum ausweichen, da ihm der Überblick über die Gesamt-Verkehrslage fehlt. Mit Hilfe der Elektronik wird man diese Hürde in Zukunft aber überwinden können, wodurch dem Verkehr einiges von seinen unangenehmsten Begleiterscheinungen genommen werden kann.

Siemens-Ingenieure haben ein neuartiges und äußerst flexibles Verkehrsleit- und Informationssystem namens Auto-Scout konzi

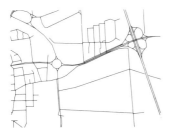

Mit dem EVA, dem „Elektronischen Verkehrslotsen für Autofahrer", wurde von Blaupunkt ein Ortungs- und Navigationssystem entwickelt, mit dessen Hilfe man im Straßenverkehr sein Ziel finden kann, ohne den Ort zu kennen. Auch auf Wegweiser muß dabei nicht mehr geachtet werden. Bevor der Fahrer seine Fahrt antritt, werden einfach die Code-Nummern von Start und Ziel einprogrammiert und das EVA-System übernimmt die Leitfunktion aufgrund des gespeicherten Stadtplanes.

piert und gemeinsam mit der Forschungsabteilung des Volkswagenwerkes eine Demonstrations- und Testanlage erstellt, die als „Wolfsburger Welle" erprobt wurde.

Bei diesem System übertragen Infrarot-Sender an den Ampelanlagen in Form einer „vierten Farbe" — des unsichtbaren Infrarot — Informationen auf einen im Fahrzeug installierten Empfänger. Sie geben damit dem Autofahrer die Position an, in der er sich mit seinem Wagen im Verhältnis zum „Grün" der Ampelschaltung befindet.

Ein Signalbild in der Schalttafel des Autos besteht aus je einer festen gelben und grünen Fläche, etwa wie ein hochkant abgebildetes Fußballfeld mit seinen zwei Spielhälften. Darin kennzeichnet ein beweglicher schwarzer Balken die Position des Automobils. Fährt der Wagen in der Grünphase zu schnell, wandert der schwarze Balken im Signalfeld aus dem grünen Bereich nach oben in das gelbe Feld und signalisiert damit dem Fahrer, daß er an der nächsten Ampel bei „Rot" ankommen wird. Bei Beachtung der Anzeige wird dagegen das erste Fahrzeug eines Pulks genau zu Beginn der Grünphase an der Kreuzung eintreffen und damit den verfügbaren Verkehrsraum bestmöglich nutzen.

Das ist bei einer normalen Grünen Welle nicht möglich, weil der in einem Pulk an erster Stelle liegende Autofahrer in der Regel nicht weiß, ob er zu langsam oder zu schnell fährt, um die Kreuzung „fliegend", also im frühest möglichen Moment, zu überqueren. Fährt er zu schnell, muß er bei „Rot" vor der Kreuzung halten, fährt er zu langsam, verschenkt er von anderen Fahrzeugen dringend benötigten Verkehrsraum.

Signalanlagen empfehlen zwar eine gleichmäßige Geschwindigkeit, die die Grüne Welle schlechthin ausmacht. Erfahrungsgemäß bewegt sich der Autofahrer aus Ungeduld oder Mißtrauen gegenüber der Geschwindigkeitsempfehlung dennoch meist zu schnell und damit außerhalb des Grünzyklus'.

Hier liegt der Vorteil der „Wolfsburger Welle", denn mit ihr steht die Information, die dem Fahrer mitteilt, wie er sich verhalten muß, will er bei „Grün" die nächste Ampel passieren, ständig zur Verfügung. Für den Autofahrer ist es außerdem einfacher, in einem breiten grünen Bereich der Anzeige bleiben zu können, als sich an eine feste Geschwindigkeitsempfehlung halten zu müssen.

Auch auf die Abgas-, Geräusch- und Verbrauchsbewertung eines Automobils in der Stadt nimmt die „Wolfsburger Welle" Einfluß. Unterstellt man eine mit ihr erreichbare, gleichbleibende Fahrgeschwindigkeit von 40 km/h und vergleicht sie mit der Durchschnittsgeschwindigkeit von 18,7 km/h, wie sie aus der gültigen Meßvorschrift, dem ECE-Stadtzyklus, resultiert, dann erreicht das einzelne Fahrzeug gegenüber dem ECE-Zyklus nicht nur die doppelte Fahrgeschwindigkeit (man wäre nur halb so lange unterwegs), sondern es würden auch der Verbrauch, die Abgase und das Geräusch erheblich verringert werden.

Die „Wolfsburger Welle" ermöglicht kontinuierlichen Verkehrsfluß, mindert damit Abgase, Geräusche und Verbrauch und erhöht durch intelligente Verkehrsführung die Leistungsfähigkeit des bestehenden Straßensystems.

## Autarke Navigation — Auto-Scout

Das Auto-Scout-System kann aber noch mehr und eignet sich sowohl für den inner- als auch außerstädtischen Bereich. Dabei wird die schon vorhandene Infrastruktur von Lichtsignal- und anderen Verkehrsbeeinflussungsanlagen in Städten und an Autobahnen genützt. Dieser wichtige wirtschaftliche Aspekt für die Einführung eines solchen Systems wird noch unterstützt durch die Möglichkeit, es schrittweise aufzubauen — von der autarken Navigation über verschiedene Stufen der Verkehrsleittechnik mit zentraler Steuerung bis zur Notruf- und Einsatzleit- sowie Kommunikationstechnik.

Basiskomponente ist eine einfache Navigationseinrichtung in den Fahrzeugen. Nach Eingabe der Fahrtzielkoordinaten — etwa einer Stadt- oder Landkarte entnommen — zeigt sie dem Fahrer die Himmelsrichtung und die Luftlinienentfernung an. Er verliert dadurch nie die Orientierung, muß aber selbst entscheiden, welche Straßen er benutzen will.

Die Navigationseinrichtung arbeitet mit einer Magnetfeldsonde, die — einer Kompaßnadel ähnlich — ständig den Winkel zwischen Fahrzeuglängsachse und dem nach Norden ausgerichteten Erdmagnetfeld mißt. Zusammen mit den Wegimpulsen des Tachometers errechnet der Bordrechner laufend Richtung und Entfernung der zurückgelegten Fahrtstrecke und zeigt dies auf dem Armaturenbrett mit Richtungspfeil an.

## Statische Verkehrsleittechnik

In der nächsten Aufbaustufe wird dem Fahrer eine genaue Fahrtroute empfohlen. Der Richtungspfeil, der bei der autarken Navigation nur die Himmelsrichtung zum Ziel anzeigt, erscheint beim Leitbetrieb nur noch dann — und zwar nach einem Gongsignal —,

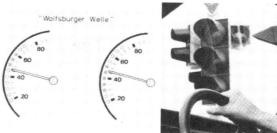

"Wolfsburger Welle"

wenn der Wagen die Fahrtrichtung ändern soll. Mit dieser Betriebsart können Fahrzeuge auf einige zehn Meter genau an ihr Ziel herangeführt werden.

Für diese und alle weiteren Ausbaustufen genügt es, etwa ein Viertel der vorhandenen Lichtsignalanlagen zu sogenannten Baken auszubauen. Dazu werden lediglich eine Flachbaugruppe mit der Bakenelektronik in die vorhandenen Schaltkästen eingeschoben und an die Ampelmasten kleine Infrarotsender montiert — für die „vierte Farbe" im Straßenverkehr, das unsichtbare Infrarot.

In das Auto sind hinter der Windschutzscheibe Infrarotempfänger installiert. Beim Nähern an eine mit einer Bake ausgerüstete Kreuzung empfangen sie innerhalb einer Sekunde alle Informationen, die sie für diese und alle weiteren Ausbaustufen benötigen. So zum Beispiel Daten, die den Verlauf aller wesentlichen Straßenzüge bis zu den nächsten Baken beschreiben, sowie Anweisungen, denen der Bordrechner an Hand der eingegebenen Zielkoordinaten die empfohlene Fahrtroute entnehmen kann.

Theoretisch lotst dieses System bis auf wenige Meter genau zum Fahrtziel. Das setzt allerdings eine entsprechend genaue Erfassung des Straßennetzes voraus. Häufig aber wird es genügen, nur die wichtigsten Hauptverkehrsstraßen mit einzubeziehen. Liegt dann das Fahrtziel in einem Wohngebiet neben einer Hauptverkehrsstraße, wird dem Fahrer per Richtungspfeil angezeigt, an welcher Kreuzung er sie verlassen soll. Von da ab führt ihn die autarke Navigation zum Ziel.

Diese automatische Umschaltung zwischen den beiden Betriebsarten macht das System sehr wirtschaftlich und erleichtert seine Einführung: Man kann die Infrastruktur dazu schrittweise installieren — zunächst in wichtigen Ballungsgebieten und in stark vermaschten Autobahnnetzen. Mit jeder Bake, mit jeder zusätzlich aufgenommenen Leitvektorkette, wächst die Leistungsfähigkeit des Systems. In den dazwischenliegenden Gebieten werden die Fahrer nicht im Stich gelassen; die autarke Navigation hilft ihnen weiter.

Neben dieser Reisezielführung gibt es auch noch die sogenannte „Objektzielführung". Hierzu sind im Bakenspeicher die Koordinaten von Objekten hinterlegt, die für Autoreisende wichtig sind: Tankstellen, Werkstätten, Parkhäuser, Telefonzellen, Hotels und Gaststätten, Krankenhäuser usw. Per Tastendruck und Codenummern wählt der Fahrer diese Objekte. Sein eigentliches Reiseziel wird zwischengespeichert, wodurch er zum nächstgelegenen gewünschten Objekt geführt wird.

## Dynamische Verkehrsleittechnik

Noch perfekter wird ein Verkehrsleitsystem, wenn es verkehrsabhängig arbeiten kann. Auch diese Betriebsart ist vorgesehen. Dazu nutzt das System die aktuellen Daten von Verkehrssignalrechnern, die bereits mit den Schaltgeräten der wichtigen Kreuzungen über Kabel verbunden sind. Verkehrssignalrechner gibt es heute praktisch in allen Großstädten. Sie können die Routenempfehlungen des Systems an die aktuelle Verkehrslage anpassen. An den Bordrechnern ändert sich dabei nichts. Beim dynamischen Leiten läuft alles genauso ab wie bei der statischen Leittechnik.

Auch die „Strategische Verkehrsführung" läßt sich jetzt verwirklichen. Orts- und Fernverkehr können dann mit entsprechenden Routenempfehlungen ebenso entflochten werden wie Personen- und Güterverkehr. Belange der Anlieger — etwa durch Verlagern der Verkehrsströme zur Nachtzeit — lassen sich wirksamer durchsetzen. Bei starkem Ferienverkehr kann man alternative Grenzübergangsstellen empfehlen. Bei zeitlich begrenzten Abbiegeverboten warnt man nur zu den Zeiten, in denen die Verbote gelten.

Die schon genannte Objektzielführung wird noch verfeinert: man fährt nur noch zu Tankstellen, Werkstätten und Gaststätten, die geöffnet, zu Parkhäusern und Hotels, die noch aufnahmefähig sind.

**Oben Mitte: Anzeige des einzuhaltenden Geschwindigkeitsbereiches im Tacho. Die Schaltzeiten der Ampel und andere Daten werden durch Infrarot-Sender am Ampelmast auf Infrarot-Empfänger im Fahrzeug übertragen.**

**Rechts oben: Radarähnliche Einrichtungen tasten Straßenrand und den Abstand zum vorderen Fahrzeug ab und erhöhen damit die Verkehrssicherheit bei schlechten Sichtverhältnissen erheblich.**

**Der schwarze Balken im Anzeigegerät vermittelt dem Fahrer, in welcher Position er sich innerhalb der Grünen Welle bewegt.**

Eine weitere Möglichkeit, die sich verwirklichen läßt, ist die „Kontinuierliche Verkehrsführung". In Straßenzügen mit koordinierter Lichtsignalsteuerung kann dem Autofahrer eine zusätzliche Orientierungshilfe geboten werden: In den Fahrzeugen wird laufend angezeigt, in welcher Phase der Grünen Welle sie sich befinden. So lassen sich die Anzahl der Stops vor Ampeln reduzieren.

## Notruf- und Einsatzleittechnik

Passiert ein entsprechend ausgerüstetes Fahrzeug z. B. eine Unfallstelle, können per Tastendruck die Positionskoordinaten der Unfallstelle im Bordrechner gespeichert und über einen zusätzlichen Rückkanal beim Vorbeifahren an der nächsten Bake übertragen werden. Die Meldung geht über den Verkehrsrechner sofort zur Rettungsleitstelle, wertvolle Zeit wird dadurch gewonnen.

Die Rettungsleitstelle ihrerseits kennt über Funk das Navigationsgerät den aktuellen Standort ihrer Rettungsfahrzeuge und kann das am günstigsten positionierte Fahrzeug zur Unfallstelle schicken.

Aber auch andere Fahrzeugflotten wie Taxis, Leihfahrzeuge, von Transport- und Zustelldiensten, von Polizei, Grenzschutz und Feuerwehren können mit dem Navigationssystem geortet werden. Über die Baken können aber auch Informationen an die Fahrzeuge übermittelt werden. Begriffe oder kurze Sätze wie „Stau in 5 km", „Umleitung bei..." oder „Richtgeschwindigkeit 100 km/h" usw. lassen sich etwa auf eine Anzeigezeile übertragen. Selbst Reiserufe kann man auf diesem Weg an die Autofahrer weitergeben.

Varianten des Auto-Scout-Navigationsgerätes sind praktisch produktionsreif. Die Infrarotübertragung von der Bake zum Fahrzeug wurde zwei Jahre lang getestet und hat sich gut bewährt. Alle Teilkomponenten sind mit heute erhältlichen Elektronikbauteilen wie etwa integrierten Schaltkreisen kostengünstig zu verwirklichen.

# Die „Automatische Verkehrsstrom-Steuerung"

Das AVS-Verkehrsleitsystem führt über die „Wolfsburger Welle" weit hinaus und läßt die Umweltprobleme, soweit sie das Auto tangieren, als überwindbar erscheinen.

Schon 1981 haben die VW-Ingenieure unter ihrem weitblickenden Entwicklungschef Prof. Dr. Ernst Fiala ein System konzipiert, das auf Autobahnen das elektronische Andocken an eine Leitschiene am Fahrbahnrand vorsieht. Diese Automatische Verkehrsstrom-Steuerung wird nicht nur vollelektronisch funktionieren, sie ermöglicht auch ein eisenbahnähnliches Konvoifahren außergewöhnlicher Präzision. Die elektronische Steuerung sorgt nicht nur für gleichmäßigen Abstand, sondern über Computer auch für die verkehrsgerechteste und energiesparendste Geschwindigkeit — bei gutem Wetter etwa 140 km/h. Das digitale Übertragungssystem in der Leitschiene lenkt, bremst und beschleunigt anstelle des Fahrers. Der Wagen läuft demnach an der Leitschiene so gut wie automatisch, unterstützt durch eine Autopilot-Vorrichtung wie in einem Jet. Der Fahrer kann die Hände vom Lenkrad nehmen und sich anderem widmen.

Allein die Windschatten- und Konvoifahren in einer dicht rollenden Kolonne bringt eine Verbrauchsminderung um 15%, und das auch dem Kolonnen-Ersten, da die gefederte Rolle nach dem elektronischen Andocken eine Schubenergie von 15 Kilopond auf den Wagen des jeweiligen Vordermannes überträgt, die sie weitergibt. Auf diese Weise wird kein Wagen benachteiligt.

Bei diesem System besteht die Möglichkeit, elektrische Energie über die Leitschiene direkt ins Fahrzeug zu übertragen, wodurch gleichzeitig das Problem der Stromspeicher-Kapazität beim Elektro-Kraftfahrzeug gelöst wäre. Wenn die Batterien während der Fahrt wieder aufgeladen werden können, steht ausreichende Energie für die Befahrung AVS-loser Strecken zur Verfügung. Es ist aber auch ein Mischbetrieb denkbar, bei dem von Benzin auf Methanol, Äthanol oder Gas umgeschaltet werden kann.

Die Möglichkeiten, die das AVS-System bietet, können derzeit noch gar nicht völlig überblickt werden, ganz abgesehen davon, daß der Bordcomputer Beorderungsmöglichkeiten bietet, die die Vervielfältigung der Zeit, die das Auto an sich bereits bewirkt, weiterhin fördern.

Die Vorteile dieses Systems sind demnach erhöhte Sicherheit, bessere Auslastung der Straße, Energieeinsparung durch vergleichsmäßige Geschwindigkeit, Einsatz von Elektrofahrzeugen, erhöhte Umweltfreundlichkeit usw.

Fahrzeuges bedingt entsprechende Flächen, um es verkehrsgerecht zum Ruhen bringen zu können. Als relativ brauchbare Lösung haben sich die diversen Kurzparkzonen erwiesen, wesentlich sinnvoller sind aber natürlich entsprechende Garagensysteme, seien es nun Hoch- oder Tiefgaragen. Sie weisen nur den Nachteil auf, daß sie nicht immer dort vorgesehen werden können, wo sie sinnvollerweise optimierende Wirkung bringen. Es hat sich nämlich herausgestellt, daß solche Abstellmöglichkeiten nur dann wirklich angenommen werden, wenn die Kraftfahrer keine größere Strecke zu Fuß zurückzulegen haben als 300 Meter. Garagensysteme, die sich außerhalb dieser Entfernung — also etwa am Rand eines Zentrums — befinden, werden nicht ausreichend benützt und verfehlen daher ihren Sinn.

Der flüssige Großstadtverkehr ist sicher dann sinnvoll, wenn für entsprechende Abstellmöglichkeiten gesorgt wird, erfordert aber auf jeden Fall eine Verminderung der Beschilderung, insbesondere aber Signaleinrichtungen mit effizienterer Schaltung als bisher.

Um entsprechende Möglichkeiten aufzuzeigen, hat sich der Autor Studienergebnisse einer zuständigen Dienststelle der Gemeinde Wien über automatische Signalanlagen beschafft, die bei einer Realisierung geradezu sensationelle Ergebnisse erbringen.

Zu ähnlichen Ergebnissen ist man aber auch bei Studien von VW in Wolfsburg gelangt, die letztlich in der „Wolfsburger Welle" ihren Niederschlag gefunden haben. Mit diesem System wird der Kraftfahrer genau darüber informiert, welches Fahrverhalten erforderlich ist, um innerhalb der grünen Welle einer Großstadt zu bleiben.

Aber nicht nur mehr oder weniger aufwendige elektronische Anlagen sind imstande, den Verkehrsfluß durch zeitgerechte und richtige Information des Kraftfahrers günstig zu beeinflussen, auch simple Minimalkosten verursachende Einrichtungen und Systeme würden bereits dazu beitragen, im Verkehrsstrom nicht zuletzt durch die zahlreichen Einbahnen sinnlos kreisende und die Umwelt belastende Fahrzeuge von der Verkehrsfläche zu bekommen. Ein Beispiel dafür ist ein vom Autor bereits vor Jahren entwickeltes Straßenbeschilderungssystem, das eine rasche und eindeutige Information über zu suchende Straßen und Hausnummern sicherstellt und viele unnütz gefahrene Kilometer vermeiden hilft. Es beruht vor allem darauf, dem an einer bestimmten Straße anlangenden Kraftfahrer Informationen darüber zu vermitteln, wie die von ihm gesuchte Hausnummer auf kürzestem Weg zu finden ist.

Alle diese passiven Maßnahmen zusammen würden nicht nur Millionen Liter Kraftstoff sparen helfen und damit die hohe Luftbelastung hintanhalten, sie könnten auch entsprechend dazu beitragen, den Verkehrsablauf in den Städten zu beruhigen, indem vor allem die Kontinuität entsprechend verbessert würde.

Aber auch die Autoindustrie ist in der Lage, durch konstruktive Maßnahmen auf den Verkehrsablauf im Stadtgebiet indirekt Einfluß zu nehmen, wobei das immer wieder geforderte reine Stadtauto eher Illusion bleiben dürfte, es sei denn, es wird auf einen Schiene/Straße-Verbund hingearbeitet, im Rahmen dessen ihm dann allerdings echte Zukunftschancen zukämen. Derzeit muß aber immer noch davon ausgegangen werden, daß Autos, die in der Stadt aufgrund ihrer technischen Einrichtungen wie auch ihrer Größe zufriedenstellend sind, auch im Schnellverkehr reüssieren können müssen. Das setzt Wendigkeit, gute Sichtverhältnisse nach allen Seiten und emissionsarmen Betrieb im Stadtbereich, angepaßte Geschwindigkeit, Verkehrssicherheit, ausreichenden Transportraum und ermüdungsfreien Betrieb im Autobahn- und hier meist Langzeitbetrieb voraus.

Der Automobilbau bietet in dieser Richtung bereits mehrfach leistungsfähige Modelle an, die sich etwa in Golfgröße bewegen. Sie weisen einerseits Außenabmessungen sowie Fahrleistungen auf, die als großstadtgerecht bezeichnet werden können, andererseits aber die Innenraum- und Ladekapazität, die sich auch über sehr große Strecken auf Fernverkehrsstraßen bewähren, ohne den Fahrer sonderlich zu ermüden.

Die parkfreundlichen Abmessungen dieser laderaumgünstigen, kombiähnlichen Fahrzeuge sind bezeichnend für die Basiskonstruktion des gefragten modernen Automobils, was nicht bedeutet, daß sie auch bereits in jeder Hinsicht als optimal gelten können. Sie gehörten vielmehr weit rascher als es tatsächlich erfolgt mit den jeweiligen Neuerungen hinsichtlich Umweltentlastung, aber auch Verkehrsvereinfachung und Sicherheit ausgestattet. Das ist weder eine Frage der serienreifen Entwicklung noch des guten Willens der Automobilfabriken — den haben sie ja mit der Schaffung einer Neuerung bewiesen —, sondern alle unterliegen weitgehend teils positiven, teils negativen Zwängen. Nicht selten sind es steuertechnische Gründe, die die zuständigen Behörden daran hindern, Maßnahmen zu fördern, die für Auto und Umwelt grundsätzlich von großem Interesse wären.

So ist es nicht verständlich, daß von staatlicher Seite immer noch keine Fahrzeuge gefordert werden, deren Verbrauch die Konstrukteure der Autoindustrie für den Großstadteinsatz auf ein Minimum reduziert haben. Zu Beginn der neunziger Jahre könnten bereits weit mehr Fahrzeuge betrieben werden, deren Verbrauch im Stadtbereich zwischen 3 und 4 Liter und weniger liegt, die aber auch im Überlandverkehr absolut brauchbare Fahrleistungen bringen und im Schnellverkehr immer noch nicht mehr als 5 l/100 km benötigen.

## Fernverkehr

Jener Verkehr, der sich auf den ortsverbindenden Bundesstraßen abwickelt, ist im allgemeinen unproblematisch, denn dieses Straßennetz ist relativ gut ausgebaut. Abgesehen vom kleinen Orts- oder unmittelbar ortsverbindenden Verkehr wird es vorwiegend für Mittelstreckenfahrten benützt. Eine Übermüdung des Fahrers kann hier von vornherein weitgehend ausgeschlossen werden, was der Verkehrssicherheit zugute kommt. Die Unfallstatistik wird hier allerdings durch nächtliche Gasthaus- und Discobesucher relativ stark belastet, was jedoch keine Rückschlüsse auf die Straßenqualität zuläßt, denn die Befahrung einer Bundesstraße ist wahrscheinlich die einfachste und angenehmste Art, sich im Verkehr fortzubewegen, und das gilt im Prinzip für jede Art von Kraftfahrzeug. Dazu kommt noch, daß die meisten Bundesstraßen auch im Winter gut geräumt sind und sogar weniger Schwierigkeiten bieten als Großstadtstraßen.

Als problematischer erweisen sich hier die von „Experten" immer wieder geforderten Geschwindigkeitsbeschränkungen, die insbesondere auf diesem Straßennetz zum Tragen kommen würden. Bei der meistgeforderten Beschränkung auf 80 km/h wird nicht bedacht, daß der weitaus größte Teil der auf Bundesstraßen verkehrenden Kraftfahrzeuge diese Geschwindigkeit im allgemeinen gar nicht erreicht. Nur einige Verkehrsteilnehmer können an die 100-km-Grenze herankommen, und es sind ausgesprochene Ausnahmen, wenn diese Geschwindigkeit überschritten wird.

## Autobahnen

Die Autobahnen sind absolute Schnellverkehrswege, als solche geplant und viel befahren. Sie ermöglichen Geschwindigkeiten bis über 200 km/h, was nicht bedeutet, daß sie auch gefahren werden sollen. Die etwa in Österreich vorgeschriebene Geschwindigkeitsbeschränkung auf 130 km/h erweist sich als gute Durchschnittslösung, die aus verschiedenen Gründen beibehalten werden sollte. Da das moderne Automobil verkehrsbezogen und maschinentechnisch in den weitaus meisten Fällen für Geschwindigkeiten zwischen 160 und 180 km/h ausgelegt ist, erweist sich eine Beschränkung auf 130 km/h als relativ hoher Sicherheitsfaktor im Fahrzeugbetrieb. Dadurch, daß die Motoren dann auch in einem durchaus sinnvollen Drehzahlbereich laufen, sind Verbrauch und Emission relativ günstig.

In welcher Weise sich zeitgemäße Kraftfahrzeugkonstruktionen und Autobahnen gegenseitig herausfordern und bedingen, wird beispielsweise am Audi 100 deutlich. Dieser relativ große

Hier ist das letzte Haus der Straße Nr. 73 bei nach rechts abfallender Numerierung.

Dieses Zusatzschild zur Straßenbezeichnung weist aus, daß die Straße mit 1 beginnend eine nach rechts steigende Numerierung aufweist.

Die Nummern sind nach rechts fallend, nach links steigend.

Die Nummer dieses Hauses ist 8, wobei die Numerierung nach rechts ansteigt.

PLANUNG 1975
ING. ALFRED BUBERL

Reisewagen wird im Gegensatz zu ähnlichen Modellen dieser Klasse aus früheren Jahren als Benziner nur mehr von einem 1.800 cm³ Vierzylinder-Viertaktmotor mit 66 kW/90 PS angetrieben, wobei der Durchschnittsverbrauch (Test über 80.000 km) 7,5 im Winterbetrieb und 6,8 l/100 km in der günstigeren Jahreszeit betrug, ein Verbrauch demnach, der fast einem Kleinwagen gleichzusetzen ist.

Worauf basiert nun dieser geringe Verbrauch? Vor allem hat man sich bei Audi mit äußerster Penibilität an eine für ein Serienfahrzeug sehr weitgehende aerodynamische Form ($c_w$-Wert = 0,35) herangearbeitet. Das betrifft nicht nur die große Linienführung, sondern es wurden auch die Fenster rahmenlos gestaltet und sonstige strömungsungünstige Karosseriedetails vermieden, um eine turbulenzfreie Luftführung zu erreichen. In Verbindung mit der Karosseriestellung zur Fahrbahnebene ergeben sich dann insbesondere bei hohen Fahrgeschwindigkeiten auf Autobahnen so günstige Werte, daß sie sich in einem besonders niedrigen Verbrauch niederschlagen. Dazu kommen noch eine optimale Motorkonstruktion, die Bemühungen um niedriges Gewicht (Einsatz von Aluminium) und schließlich möglichst geringe Roll- und Reibungswiderstände in der gesamten Fahrzeugkonstruktion.

Zusätzlich wurde vom Autor im Audi 100 ein Tempomat installiert, ein kleines elektronisches Hilfsgerät, das eigentlich in jedem Fahrzeug serienmäßig vorgesehen sein müßte. Sobald die gewünschte Geschwindigkeit erreicht ist, wird der Tempomat mit Knopfdruck eingeschaltet, worauf sie ungeachtet des unterschiedlichen Geländes eingehalten wird. Der Fahrer braucht demnach auf die Höchstgeschwindigkeitsgrenze nicht zu achten, da der Motor nun nur soweit beschleunigt oder verzögert wie dies das Gelände erfordert. Auch Vorfahren unterbricht die Wirkung dieses Automaten nicht. Nach dem Weggehen vom Gas wird wieder mit der eingegebenen Geschwindigkeit gefahren. Nur bei Betätigen des Brems- oder Kupplungspedals schaltet der Tempomat selbsttätig weg. Über diese Vorteile hinausgehend, hilft der Tempomat je nach individueller Fahrweise 0,5 bis 1 Liter Kraftstoff/100 km zu sparen.

## Verbesserungen der Fahrsicherheit

Die japanische Firma Subaru hat bereits vor Jahren für Pkw einen zuschaltbaren Vierradantrieb auf den Markt gebracht, der vor allem die Traktionsfähigkeit der Fahrzeuge auf schlechteren Straßen verbessert. Bald darauf wurde der permanente Vierradantrieb im Audi Quattro stark forciert, was ihm viele sportliche Erfolge brachte. Diese Konstruktion hat viele Nachahmer gefunden (siehe Seite 460).

Der Vierradantrieb läßt ein Fahrzeug bei hohen Geschwindigkeiten wie auf Schienen laufen, was für die Geradeausfahrt ebenso gilt — hier noch verstärkt — wie für das Befahren von Kurven. Auch in schwierigem Gelände und auf winterlichen Straßen zeigt er seine Vorzüge. Bei hohen Geschwindigkeiten aber verleitet er den Fahrer dazu, sein Fahrzeug sorgloser zu betreiben als es eigentlich gerechtfertigt ist, denn die Bremswege bleiben die gleichen wie beim Zweiradantrieb, wodurch sich heikle Situationen noch verschärfen, wie an die Grenze der Straßenhaftung gegangen wird. Gefahrensituationen hinsichtlich der Straßenlage werden dann nicht mehr rechtzeitig angezeigt, wodurch ein nicht entsprechend vorbereiteter Betreiber eventuell aufgrund eines falschen Sicherheitsbildes nicht mehr zeitgerecht reagieren könnte, und das gilt insbesondere auf Autobahnen ohne Geschwindigkeitsbeschränkung.

Die bereits im Abschnitt Großstadtverkehr erläuterte Vierradlenkung bringt im Schnellverkehr, insbesondere durch die Vorteile eines annähernden Parallelverschubes des Fahrzeuges, wesentlich weniger Reaktionskräfte in den Wagen als es bei der Zweiradlenkung der Fall ist und ermöglicht einen sichereren Lenkprozeß bei schnellem Überholen (siehe Seite 462).

Der Hebung der Verkehrssicherheit dient heute bei immer mehr Fahrzeugen das bereits serienmäßig vorgesehene Antiblockiersystem ABS, das auch bei Vollbremsung — auf welchem Straßenbelag auch immer — das Blockieren der Bremsen verhindert und vielmehr bis an die Grenze des Blockierens

herangeht. Das ergibt bestmögliche Bremsverzögerungswerte, während blockierende Räder den Bremsweg bekanntlich verlängern. Mit Hilfe von ABS bleibt ein Fahrzeug in allen Situationen lenkfähig, wodurch zu der idealen Bremsverzögerung auch noch eine maximale Aussteuerungsmöglichkeit hinzukommt. Diese unleugbaren Vorteile erfordern allerdings eine gründliche Gewöhnung an den Umstand, daß das nichtblockierende Bremssystem den Lenker im Extremfall aufgrund des gefühlsmäßig nicht effizienten Bremsvorganges in Panik versetzen kann. Das gilt vor allem bei höheren Geschwindigkeiten. Auf winterlichen Straßen verhilft bei Notbremsungen ohne ABS oftmals der sich vor den blockierenden Rädern bildende Schneekeil zu einer besseren Verzögerung, was bei ABS gleichfalls wegfällt.

So sinnvoll und wünschenswert sich einige Neuheiten der letzten Jahre erweisen, sie müssen erst so intensiv in das Bewußtsein des Fahrers eindringen, daß ihre optimalen Möglichkeiten ohne unerwünschte Beeinträchtigungen seiner Reaktionen voll zur Geltung gebracht und genützt werden können.

Der Einsatz der Elektronik hat beim Kraftfahrzeug vieles möglich gemacht, das früher rein technisch nicht gelöst werden konnte. Und diese Entwicklung wird weiter fortschreiten. Geradezu als unerläßlich erweist sich die Elektronik bei der Hebung der Sicherheit im Straßenverkehr. Aber auch eine weitgehende Entlastung des Fahrers ist durch den Einsatz elektronischer Anlagen im Kraftfahrzeug zu erwarten und wäre sogar heute schon möglich, wenn sich die zuständigen öffentlichen Stellen dazu bereitfinden könnten, in die Verbesserung des Verkehrs mehr zu investieren als es bisher der Fall war (siehe ab Seite 466).

Eher einfach, aber umso wirkungsvoller wäre gerade auf den schnellen Verkehrsstraßen der Einsatz elektronischer Abstandsanzeiger in jedem Fahrzeug, die durch akustische oder optische Signalgebung auch bei schlechtester Sicht anzeigen, ob man sich einem Hindernis nähert. Die zunehmend auftretenden Massenkarambolagen wären dadurch zum Großteil ein für allemal Vergangenheit. Allein eine Aufrechnung des hier jeweils entstehenden finanziellen Schadens erwiese bereits wie billig die Ausrüstung jedes Fahrzeuges mit einer solchen Anlage wäre. Damit könnte nicht nur die Verkehrssicherheit entscheidend angehoben, sondern ohne besondere Aufmerksamkeit durch den Fahrer auch der Verkehrsfluß verbessert werden.

Auch der immer noch unverändert bestehende Schwachpunkt bei den Sichtverhältnissen bzw. beim Außenspiegel wird mit Hilfe der Elektronik in Bälde behoben werden: Der tote Blickwinkel. Elektronische Abstandsanzeiger wie elektronische Außenspiegel werden eine Vielzahl heute geradezu unvermeidlicher Unfälle verhindern helfen.

Was immer noch aussteht, das ist jener Beitrag, den vor allem die Verwaltungen der Großstädte längst in die Beruhigung des Verkehrs zu investieren gehabt hätten. Es existieren seit vielen Jahren ausgezeichnete Verkehrssteuerungskonzepte, die eine echte Verkehrsdämpfung bewirken und das Angebot kurzzeitig zu benützenden, aber reichlicheren und billigeren Parkraumes vergrößern könnten. Vor allem werden in absehbarer Zukunft die auf einen praktischen Einsatz wartenden Leit- und Navigationssysteme von den Behörden mit zu installieren sein. Bedeutende Verkehrsplaner verlangen darüber hinaus zumindest 7% der Stadtstraßen als neue Ebenen, weil dann der Verkehr wieder normal fließen und Unfälle zur Hälfte vermieden, die Abgase um mehr als 70% und der Kraftstoffverbrauch um etwa 60% absinken würden. Jeder Mensch bewegt sich ein Leben lang in der Verkehrswelt, weshalb die gezielte Anpassung an die Gegebenheiten Menschenschutz und Umweltschutz zugleich wäre. Mehr als ein Vierteljahrhundert wurden die notwendigen Verkehrsmaßnahmen in den Städten durch negative politische Parolen und Wahlschlager „ersetzt". Inzwischen wuchs etwa in Westdeutschland der Autobestand von 4 auf über 16 Millionen an. Aber die autogerechten Straßen, auf denen das Auto seine optimalen Fähigkeiten beweist, münden in den Städten immer noch vor Labyrinthen, verstopften Kreuzungen im Gegenverkehr und engen Kurven, die Verbrauch und Abgaswerte unnötig erhöhen.

# Autobahn und Straßenbau

Hat Jahrzehnte hindurch vor allem der Anstieg der Motorisierung den Ausbau des Straßennetzes vorangetrieben, so üben das steigende Umweltbewußtsein ebenso wie die Schwierigkeiten der staatlichen Finanzierung großer Straßenbauten in den letzten Jahren eine einigermaßen dämpfende Wirkung aus. Wo das Verkehrsaufkommen die Aufnahmefähigkeit einer Straße oder eines bestimmten Straßennetzes allerdings ständig überschreitet, wird auch in Zukunft auf den Neubau von Straßen nicht verzichtet werden können. Außerdem wird man künftig mehr als bisher die Trennung von Orts- und Fernverkehr ebenso wie der verschiedenen Verkehrsarten noch stärker als bisher betreiben, wie etwa den Bau von Radwegen, Kreuzungsunterführungen usw.

Schnellstraßenbereich sowie insbesondere Ortsumgehungen, die dichtbesiedelte Wohngebiete entlasten sollen. Autobahnen werden mit wenigen Ausnahmen vor allem aufgrund von Projektierungen in Angriff genommen, die weiter zurückliegen. Aufgrund dieser Sachlage kann sich beim Ausbau allerdings mancherorts eine unterschiedliche Ausführung ergeben, die

Waren die Städte — man kann ruhig sagen — Jahrtausende hindurch bestrebt, möglichst viel Verkehr an sich zu ziehen, da das ihren Wohlstand fördern mußte, so hat sich diese Tendenz seit vielen Jahren ins Gegenteil umgekehrt. Wo es angeht, wird Verkehrsberuhigung angestrebt. Neubaumaßnahmen betreffen deshalb vor allem Netzerweiterungen im Autobahn- und

**Links ganz oben:**
Der typische Verkehr auf den ortsverbindenden Bundesstraßen, der sich mit maximal 100 km/h, durchschnittlich mit 70—80 km/h abwickelt.

**Oben:**
Deutsche Autobahn um 1970.

**Mitte:**
Für die Zukunft bereits absehbar ist der Fernverkehr mit an Leitschienen angedockten Fahrzeugen.

**Links:** Moderner Autobahnbau bzw. Reparaturen und Oberflächenerneuerungen mit Hilfe von Hochleistungsmaschinen.

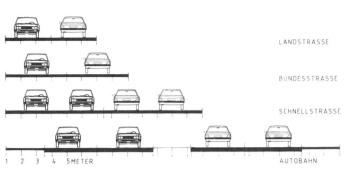

LANDSTRASSE

BUNDESSTRASSE

SCHNELLSTRASSE

AUTOBAHN

1 2 3 4 5METER

**Links:
Straßentypen und
Fahrbahnbreiten
für den
außerstädtischen
Verkehr.**

**Mitte unten:
Notrufsäule, wie
sie in Abständen
von 2 km an den
Autobahnen
vorgesehen ist.**

**Rechts: Moderne
Schallschutzmauer.
Die Anrainer
müssen immer
häufiger vor dem
Verkehrslärm
geschützt werden.**

**Unten: Zwischen
den Raststätten
werden den
Reisenden an den
Autobahnen in
größeren
Abständen
Parkplätze mit
Wasser und
sanitären Anlagen
geboten.**

sicher nicht als ideal zu bezeichnet ist. Als Schnellstraßen ausgeführte Strecken führen dann mitunter in echte Autobahnabschnitte über und — was weit gefährlicher ist — auch umgekehrt. Das betrifft unter Umständen auch Tunnelbauten, die einmal richtigerweise für jeden Autobahnstreifen gesondert ausgebildet wurden. In anderen Fällen aber wird ein schnellstraßenartiger Ausbau mit Verkehr und Gegenverkehr in ein einziges „Nadelöhr" gezwungen. Zugegebenermaßen bringt der reguläre Autobahnausbau etwa in gebirgigem Gelände beachtliche Schwierigkeiten mit sich und erfordert dementsprechend hohe Mittel. Aufgrund der unsicheren Verkehrslage aber, die nicht zuletzt durch die zu fahrenden unterschiedlichen Geschwindigkeiten bedingt ist, stellt ein solcher Ausbau eine ehestmöglich zu eliminierende Notlösung dar.

Wie risikovermindernd sich eindeutige Autobahnen gegenüber anderen Straßenausbauten auswirken, geht aus mehreren Studien hervor, die alle zu ähnlichen Ergebnissen gelangten: Gegenüber Straßen mit zwei Fahrstreifen wird die Zahl der durch Unfall Verletzten um 50% geringer, jene der Todesopfer sogar um 67%. Eine dreispurige Fahrbahn bringt zwar mehr Leistungsfähigkeit, aber die Zahl der Verletzten und der tödlichen Unfälle nimmt hier sogar noch zu, weshalb zweispurige Straßen nach Möglichkeit auf vier Spuren ausgebaut werden sollten.

Ähnlich verhält es sich mit der anzustrebenden Beseitigung höhengleicher Kreuzungen und Bahnübergänge. Beim Ausbau derartiger Engpaßstellen konnte man trotz der erforderlichen Investitionen ein vorteilhaftes Nutzen/Kosten-Verhältnis nachweisen, da Fahr- bzw. Reisezeit, Kraftstoffverbrauch und damit Umweltbelastung dadurch eine deutliche Verminderung erfahren.

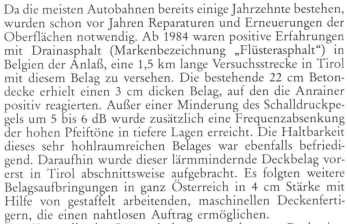

Da die meisten Autobahnen bereits einige Jahrzehnte bestehen, wurden schon vor Jahren Reparaturen und Erneuerungen der Oberflächen notwendig. Ab 1984 waren positive Erfahrungen mit Drainasphalt (Markenbezeichnung „Flüsterasphalt") in Belgien der Anlaß, eine 1,5 km lange Versuchsstrecke in Tirol mit diesem Belag zu versehen. Die bestehende 22 cm Betondecke erhielt einen 3 cm dicken Belag, auf den die Anrainer positiv reagierten. Außer einer Minderung des Schalldruckpegels um 5 bis 6 dB wurde zusätzlich eine Frequenzabsenkung der hohen Pfeiftöne in tiefere Lagen erreicht. Die Haltbarkeit dieses sehr hohlraumreichen Belages war ebenfalls befriedigend. Daraufhin wurde dieser lärmmindernde Deckbelag vorerst in Tirol abschnittsweise aufgebracht. Es folgten weitere Belagsaufbringungen in ganz Österreich in 4 cm Stärke mit Hilfe von gestaffelt arbeitenden, maschinellen Deckenfertigern, die einen nahtlosen Auftrag ermöglichen.

Zur Kontrolle der Lärmminderung wurden vor Baubeginn und nach Fertigstellung die Straßen mit Drainasphalt mit 80, 100 und 120 km/h befahren und dabei auch eine Terzbandanalyse durchgeführt. Die bisherigen Ergebnisse zeigen eine Lärmminderung gegenüber Beton von 4,5 bis 7,0 dB gegenüber Asphaltbeton AB 16 von 3,0 bis 3,5 dB, gegenüber Gußasphalt von 0,5 bis 3,0 dB.

Dazu kommt eine günstige Auswirkung auf die Verkehrssicherheit, und zwar entstehen kein Aquaplaning und keine Sprühfahnen. Dies aufgrund der hoch wasserverarbeitenden Beschaffenheit des Drainasphalts. Zusammen mit Lärmschutzwänden und -dämmen konnten entlang der Transitstrecke auf diese Weise verbesserte Lebensbedingungen für die Anrainer geschaffen werden.

Dieser Belag, der insbesondere ab 70—80 km/h seine geräuschdämpfenden Eigenschaften zur Geltung bringt, könnte demnach für heutige Verhältnisse als idealer Straßenbelag bezeichnet werden, und dies auch dann, wenn er sich bis zu 40—50% teurer stellt als der sonst übliche. Aufgrund dieser Eigenschaften wird er bereits breitflächig von den Gemeinden gefordert, und zwar auch dort, wo er fast nichts bringen kann (geringe Geschwindigkeiten, Straßen mit Geschwindigkeitsbeschränkungen, einmündende Ackerstraßen usw.). Es ist zu bedenken, daß durch verschmutzte Räder — besonders jene von Traktoren — auf die Straßendecke gebrachtes, lehmartiges Erdreich diesen hohlraumreichen Belag „zugehen" läßt. Die Hohlräume können bei niedrigen Temperaturen aber auch zu einem großflächigen Vereisen führen, wogegen nur die prophylaktische Aufbringung von relativ viel Salz eine Hilfe darstellt.

Das bedeutet, daß das Salz noch vor Vereisungen vorsorglich aufgebracht werden muß. Nicht zuletzt sind einige dieser Straßenbeläge nicht mehr recyclingfähig, wie es etwa bei gewöhnlichem Asphalt möglich ist, da dies Gummieinschlüsse, die hier zur Anwendung kommen, verhindern. So wünschenswert der Einsatz dieser Belagsart demnach wäre, so überlegt muß seine Anwendung erfolgen.

Der Straßenbau der letzten Jahre ist ganz allgemein durch Versuche mit Ersatzstoffen gekennzeichnet (auch Recycling), die fast in allen Ländern unternommen werden, von denen aber in nächster Zeit kaum einheitliche Ergebnisse zu erwarten sind.

# Schiene und Straße

Der Begriff „Verkehr" wurde mit den ersten Eisenbahnlinien geboren. Die Eisenbahn machte den Abbau wichtiger Rohstofflager ebenso wie die Ernährung der stark anwachsenden Weltbevölkerung möglich. Der Nachteil ihrer Abhängigkeit von Schiene und Gelände aber hat mit die Entwicklung des Kraftwagens gefördert, weil nur er die erforderlichen Zubringerdienste sicherstellen kann.

Die Notwendigkeit, mit der Eisenbahn so nahe wie möglich an die Erzeuger bzw. Empfänger heranzukommen, führte zwar im hochindustrialisierten Europa zu einem relativ engmaschigen Schienennetz, die geringe Wendigkeit eines Zuges jedoch, die nur durch Rangieranlagen und andere Einrichtungen einigermaßen gemildert werden kann, muß durch den richtigen Einsatz des Kraftwagens ausgeglichen werden. Heute umfaßt das Straßennetz etwa in Österreich ca. 200.000 km, das Schienennetz 6.500 km = 3,25%.

Bereits in den Jahren nach dem ersten Weltkrieg, als der Kraftwagentransport erstmals rasch anstieg, wurde es versäumt, zwischen Schiene und Straße ein gesundes Gleichgewicht herzustellen. Seither krankt das Verkehrssystem der ganzen Welt an einem unorganischen Neben- oder gar Gegeneinander. Und leider hat man auch nach dem zweiten Weltkrieg die Chance nicht genutzt,

die Aufgabenteilung dieser beiden Verkehrsmittel in der volkswirtschaftlich vorteilhaftesten Weise abzugrenzen und zu einem sinnvollen Zusammenwirken zu gelangen. Obwohl es soviel wie unmöglich ist, versäumte Gelegenheiten in dieser Richtung in absehbarer Zeit wieder auszugleichen, gibt es doch Bemühungen, die in Zukunft insbesondere eine Entlastung des Straßennetzes bewirken könnten.

Um zu einer generellen und effizienten Lösung des Problems Schiene—Straße zu gelangen, bedarf es jedenfalls noch einer Reihe weiterer Maßnahmen. Soweit es sich um den Lkw-Transitverkehr handelt, ist die Längsverladung auf den Waggons durchaus richtig, weil vom Verladebahnhof bis zum Entladebahnhof kein Fahrzeugwechsel stattfindet. Hier wäre es jedoch weit sinnvoller, nicht die ganzen Lkw zu transportieren, sondern nur das Ladegut, das am besten in Containern befördert werden sollte. Um eine ausreichende Straßenentlastung zu erreichen, ist allerdings ein erheblich höheres Zugsaufkommen notwendig, was sich aber beim vorhandenen Schienennetz und dem darauf bereits abzuwickelnden Verkehr als problematisch erweist. Hier müssen also neue Überlegungen bezüglich zusätzlichem Zugsaufkommen, mehr Schienensträngen usw. angestellt werden.

Was den sehr sinnvollen Pkw-Transport auf der Schiene betrifft, befinden wir uns heute immer noch im Stadium der Längsverladung. Sie erscheint aber für den Pkw-Transport uneffizient, da hier die Beförderung von A nach B ohne Zwischen-, Be- und Entlademöglichkeit erfolgt, was beim Individualverkehr jedoch ein dringendes Erfordernis darstellt.

Als zielführender werden sich hier deshalb die speziell dafür konstruierten Waggons erweisen, die innerhalb größerer Bahnhöfe die Möglichkeit eines raschen Fahrzeugwechsels von Straße auf Bahn und umgekehrt bieten (siehe Konstruktionszeichnungen des Autors). Die Ladevorgänge in den einzelnen Stationen mit Hilfe von Hubstaplern durchzuführen, wird auf Dauer nicht effizient und billig genug sein. Die optimale Lösung wäre die Querbeladung (siehe gleichfalls Konstruktionszeichnungen), für die sich der normale Pkw von heute aufgrund seiner Abmessungen nicht

Vor Jahren war man darum bemüht, den sinnvollen Container-Verkehr zu forcieren, der auch gleich den Schiffsverkehr mit eingeschlossen hätte, aber der Erfolg blieb mäßig.

Angesichts der prekären Umweltsituation jedoch kommt dem Problem Schiene—Straße heute besondere Bedeutung zu. In Österreich wurde relativ bald nach der Energiekrise mit der Einführung von Autoreisezügen begonnen und eine progressive Steigerung der Benützerzahlen erreicht. Seit 1984 wird die grenzüberschreitende „Rollende Landstraße" und eine zumindest teilweise Verlagerung des Transitverkehrs auf die Schiene propagiert. Die Voraussetzungen dafür wurden seither systematisch ausgebaut und sollen angesichts des Nachtfahrverbots für Lkw etwa innerhalb Tirols in Nord-Süd-Richtung verstärkt zum Tragen kommen. Allein durch die eher geringe Inanspruchnahme dieser Möglichkeit bis 1988 konnten an Luftverschmutzung nicht weniger als 300 Tonnen Stickoxid, 34 Tonnen unverbrannte Kohlenwasserstoffe, 30 Tonnen Kohlenmonoxid und die gleiche Menge Schwefeldioxid vermieden werden.

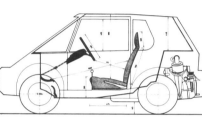

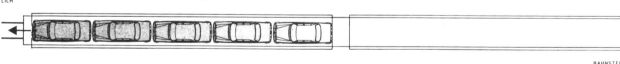

**Konstruktion eines City-Cars, das auf Reisezügen mitgenommen werden könnte, da es unter 3 m Länge aufweist und quer zur Fahrtrichtung auf Waggons auffahren kann. Unten dasselbe Fahrzeug im Schnitt und im Grundriß.**

AUTOVERLADUNG AUF DIE EISENBAHN

eignet. Für diesen Zweck wären vielmehr speziell konstruierte Fahrzeuge erforderlich, die aber in Komfort und Fahrleistung keinen Wunsch offen lassen dürften. Hier besteht auch die Möglichkeit, weitgehend Elektrofahrzeuge zum Einsatz zu bringen, die während des Bahntransports auch gleich mit Energie versorgt, also nachgeladen werden könnten, um am Einsatzort wieder voll einsatzfähig zu sein. Das allerdings ist echte Zukunftsmusik, die in absehbarer Zeit keine Realisation erfahren dürfte. Optimal wäre es aber derzeit, wenn wenigstens ein größerer Teil des Kraftfahrzeugbestandes als bewegliches und daher umweltfreundliches „Reisegepäck" befördert werden könnte. Möglicherweise wird die Umweltsituation diese Lösung sogar erzwingen, unabhängig von den damit verbundenen Kosten.

Der Autor hat vor etwa zehn Jahren einen speziellen Kleinwagen für das Schiene-Straße-Konzept entworfen, der links in vier Abbildungen dargestellt ist. Es handelt sich dabei um eine Neukarossierung bzw. Kürzung der Bodenplatte des noch im Handel befindlichen Fiat 126. Dieser Wagen wäre relativ rasch zu realisieren gewesen. Aufgrund der großen Fiat-Organisation hätte er international leicht beserviced werden können. Eine eigene Organisation hätte sich auf diese Weise erübrigt.

Der Vorteil, Autos heutiger Größe mittels Schrägverladung auf Eisenbahnwaggons zu transportieren, ist ein mehrfacher. Besonders in der schlechteren Jahreszeit können die Fahrzeuge in den geschlossenen Transportwaggons schneefrei und aerodynamisch richtig transportiert werden, die Fahrgäste können sich nach dem Ein- und Aussteigen aus dem Pkw im Waggon nach Belieben bewegen, am Zielbahnhof dadurch bereits im Fahrzeug sitzen und sofort bei Ausfahren der schwenkbaren Plateaus wegfahren. Außerdem besteht die Möglichkeit, die Vorteile der modernen Bahnservices in Anspruch zu nehmen, da der Autotransportzug durchgängig begehbar ist.

Die Gestaltung eines Autotransportwaggons ist aber auch in der Form vorstellbar, daß nur drei Fahrzeuge pro Waggon transportiert werden, wobei ein Coupé für die Insassen der Fahrzeuge vorgesehen ist.

**Oben: Konstruktion eines Autoreisewaggons, in dem 3 Autos bis 5 m Länge mit Hilfe von ausschwenkbaren Paletten als „Reisegepäck" mitgeführt werden, während die Insassen im gleichen Waggon in einem Abteil reisen können. Durchgang durch den ganzen Zug ist möglich.**

PLANUNG:
ING. ALFRED BUBERL
MASSTAB: 1:100
DATUM: 21. 6. 1987

## SCHEMATISCHE DARSTELLUNG DES SCHIENE-STRASSEVERBUNDES

### 1 STADIUM LÄNGSVERLADUNG

GESAMTBE-UND ENTLADUNG ZEITAUFWENDIG UND NUR AUF EINEM ABFAHR-UND EINEM ANKUNFTSBAHNHOF MÖGLICH NICHT AUF ALLEN STRECKEN DURCHFÜHRBAR OFFENER AUTOTRANSPORT NICHT VOLL WINTER-TAUGLICH

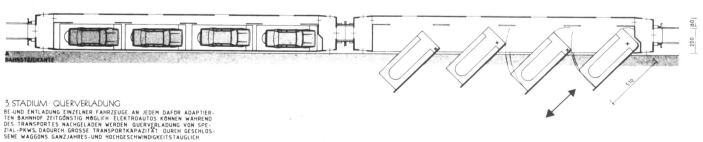

BAHNSTEIGKANTE

### 2 STADIUM SCHRÄGVERLADUNG

BE-UND ENTLADUNG EINZELNER FAHRZEUGE BIS ZU EINER LÄNGE VON 5 M MÖGLICH UND AN JEDEM DAFÜR ADAPTIERTEN BAHNHOF ZEITGÜNSTIG DURCHFÜHRBAR ELEKTROAUTOS KÖNNEN WÄHREND DES BAHNTRANSPORTES NACHGELADEN WERDEN DURCH GESCHLOSSENE WAGGONS JAHRESZEITEN-UND HOCHGESCHWINDIGKEISTAUGLICH

BAHNSTEIGKANTE

### 3 STADIUM QUERVERLADUNG

BE-UND ENTLADUNG EINZELNER FAHRZEUGE AN JEDEM DAFÜR ADAPTIERTEN BAHNHOF ZEITGÜNSTIG MÖGLICH ELEKTROAUTOS KÖNNEN WÄHREND DES TRANSPORTES NACHGELADEN WERDEN QUERVERLADUNG VON SPEZIAL-PKWS, DADURCH GROSSE TRANSPORTKAPAZITÄT DURCH GESCHLOSSENE WAGGONS GANZJAHRES-UND HOCHGESCHWINDIGKEISTAUGLICH

BAHNSTEIGKANTE

# Zukünftige Entwicklungen

Die Zukunft hat viele Gesichter heißt es, und das träfe auf die weitere Entwicklung des Kraftfahrzeuges im besonderen zu, gäbe es hier keine unabdingbaren Forderungen zu erfüllen. Obwohl sie zwar immer noch eine Fülle von Möglichkeiten offen lassen, ist damit doch ein Rahmen vorgegeben, in dem Prognosen eine gewisse Berechtigung haben.

Die wichtigsten Begrenzungen, die heute bereits bekannt sind und ihre Auswirkungen zeigen, werden auch in Zukunft dominieren. So führt kein Weg an den immer noch nicht ausreichend gelösten Energie- und Umweltfragen vorbei. Aber auch der in Zukunft noch zunehmende Verkehr wird sich weiterhin als schwierig erweisen und entsprechende Anpassungsvorgänge erzwingen. Wie auch schon in der Vergangenheit, ist es heute nicht vorauszusehen, welche Einflüsse von größeren politischen Veränderungen her wirksam werden könnten, wobei allein die Auswirkungen der grundlegenden Veränderungen in Osteuropa nicht ohne weiteres bereits heute zu deuten sind.

Wer zu Vereinfachungen neigt, der hat nicht so unrecht, wenn er meint, die Umweltprobleme wären etwa beim Ottomotor

## Mercedes „Auto 2000"

Die Entwicklung des Mercedes-Benz-Forschungs-Pkw von 1989 erfolgte in der Erkenntnis, daß gerade unter den veränderten Rahmenbedingungen der Zukunft ein bequemer Reisewagen erforderlich sein wird.
Eine großzügige Innenraumgestaltung, hoher Federungs-, Klima- und Geräuschkomfort, ausreichender Stauraum für Gepäck, hohe Anhängelasten und eine daraus folgende, angepaßte Motorisierung wurden zusammen mit weiter verbesserter Sicherheit und Wirtschaftlichkeit harmonisch in ein Gesamtkonzept integriert.

**Unten:**
Karosserie-Röntgendarstellung des „Auto 2000" von Mercedes-Benz.

**Ganz unten:**
Günstiger Luftwiderstand, hohe Sicherheit und Leichtbau charakterisieren die Karosserie. Der $c_w$-Wert liegt unter 0,3. Alternative Antriebsaggregate des komfortablen Reisefahrzeuges sind ein aufgeladener 3,3-Liter-V6-Dieselmotor, ein 3,8-Liter-V8-Ottomotor mit Zylinderabschaltung (Leistung jeweils 110 kW) sowie — als Option auf eine fernere Zukunft — eine Mercedes-Benz-Gasturbine nach der Zweiwellenbauart, von der eine Nutzleistung von 94 kW erwartet wird.

# Autos von heute für morgen

Auf den folgenden Seiten werden Spitzenmodelle der europäischen Autokonstrukteure erläutert, die sich entweder bereits auf dem Markt befinden oder als Forschungsfahrzeuge anläßlich der letzten internationalen Automobilausstellungen vorgestellt wurden.

Sie repräsentieren den letzten Stand der Automobiltechnik (1990), weisen aber bereits in vieler Beziehung in die Zukunft. In der gegenwärtigen oder in abgewandelter Form werden sie die zukünftige Automobilkonstruktion maßgebend mitbestimmen, indem sie die Grenzen der gegebenen technischen Möglichkeiten ausloten.

Anstelle einer eher unübersichtlichen Aufzählung des technisch Machbaren von heute und morgen wurde weitgehend auf die Information der Hersteller der einzelnen Modelle zurückgegriffen, da sie gleichzeitig die Sinnhaftigkeit der technischen Neuerungen besser wiedergeben.

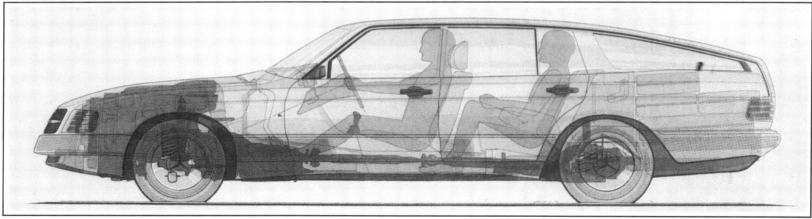

Der BMW 850i ist ein Spitzenprodukt der deutschen Automobilindustrie und setzt die Tradition des Herstellers fort. Der mit einem Zwölfzylindermotor ausgestattete Wagen leistet 220 kW/300 PS und erreicht damit eine abgeregelte Höchstgeschwindigkeit von 250 km/h. Um die Motorleistung sicher auf die Straße zu bringen ist ASC vorgesehen. Der $c_w$-Wert beträgt 0,29.

Daimler-Benz setzt bei seinen Sicherheitsforschungen u. a. den modernsten Fahrsimulator der Welt ein, der 25 Millionen DM gekostet hat. Dieser komplexe Prüfstand des Fahrens ermöglicht umfassende Forschungsarbeiten hinsichtlich aktiver Sicherheit, die alles berücksichtigen, was dem Fahrer widerfährt und ihm hilft, in kritischen Situationen Unfälle zu vermeiden. Das Ziel ist ein zuverlässiges Zusammenwirken von Fahrer, Fahrzeug und Umwelt mit Hilfe der Wirklichkeitstreue in jeder Situation, die der Simulator vermittelt. Da die Auswirkungen von komplexen Fahrzeugkomponenten beim Fahrverhalten damit erstmals beurteilt werden können, sollen Verbesserungen rascher Eingang in die Serienreife finden.

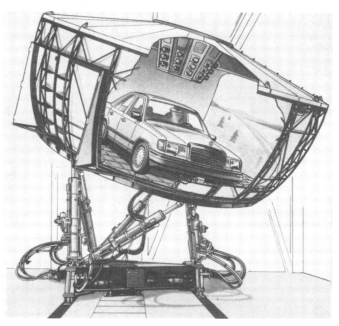

# BMW 850i

BMW präsentierte auf der IAA 1990 das — neben Mercedes — zweite deutsche Zwölfzylinder-Automobil der Gegenwart, sein neues Coupé BMW 850i, einen luxuriösen 2+2sitzigen Sportwagen und gleichzeitig die Optimierung aller Aspekte modernen Automobilbaues. Das Thema Gran Turismo wurde hier zukunftsorientiert aufgegriffen.

Als Automobil der Spitzenklasse wartet dieser BMW mit besonderen technischen Merkmalen und Daten auf: Der schon im 750i sehr positiv beurteilte Zwölfzylindermotor mit fünf Liter Hubraum, 220 kW/300 PS bei 5.200 min$^{-1}$ und einem maximalen Drehmoment von 450 Newtonmeter bei 4.100 min$^{-1}$ beschleunigt das 1.790-kg-Coupé in 6,8 Sekunden aus dem Stand auf Tempo 100 km/h. Die Höchstgeschwindigkeit ist elektronisch auf 250 km/h begrenzt. Dieses Aggregat erfüllt die höchsten Anforderungen an Laufkultur, Fahrleistung, Wirtschaftlichkeit und Abgasqualität.

Zielsetzung für die Konstruktion des Kurbelgehäuses war, maximales Potential für Motorfunktion und Lebensdauer mit niedrigem Motorgewicht zu verbinden, was durch Verwendung von Aluminium (AlSi16Cu4Mg) und einer Closed-Deck-Konstruktion mit besonders steifen Zylinderwänden erfüllt wird. Eisenbeschichtete Kolben laufen direkt auf den sehr harten Siliziumkristallen, die durch ein spezielles Ätzverfahren in den Zylinderlaufbahnen freigelegt werden.

Eine Besonderheit der verwendeten Leichtbaukolben stellt die zur Zündkerze hin verschobene, exzentrische Kolbenmulde dar. Diese trapezförmige Ausformung ergibt gemeinsam mit dem Volumen im Zylinderkopf und der nahezu zentral angeordneten Zündkerze eine besonders wirkungsgradbegünstigende Brennraumgeometrie. Geringer Kraftstoffverbrauch und niedrige Abgasemissionen sind das Ergebnis.

Wesentliche Merkmale der Zylinderköpfe sind die in einem engen Winkel von 14° angeordneten Ein- und Auslaßventile, die steilen Einlaßkanäle und der steife Ventiltrieb.

Mikroprozessorgesteuerte Motorelektronik ist bei BMW-Motoren schon seit zehn Jahren im Einsatz. Die neueste Generation DME 1.7 ist in Leistung und Funktion erweitert, Abmessungen und Gewicht jedoch reduziert.

**Unten:**
**Das Cockpit mit**
**der Mittelkonsole**
**weist die gleiche**
**fließende**
**Linienführung wie**
**die Karosserie**
**auf.**

mit Hilfe eines erhöhten Katalysatoreinsatzes zu lösen, während der Dieselmotor nach Ansicht von bedeutenden Konstrukteuren bis knapp an die Grenze der Sauberkeit herangeführt werden könne. Heute noch primäre Verkehrsfragen wiederum wären in Zukunft mit Hilfe eines mehrfachen Einsatzes elektronischer Hilfsmittel in den Griff zu bekommen.

Jeder dieser drei Fälle zeichnet sich allerdings heute noch durch Teilprobleme aus, die erst einer endgültigen Lösung zugeführt werden müssen. So wird bei den Motoren der Kraftstoffeinsatz weiterhin fühlbar zu senken sein und der Verkehr der Zukunft benötigt noch einiges mehr als nur die Hilfe der Elektronik, wie etwa Einsicht und Disziplin jedes einzelnen

Verkehrsteilnehmers, die über das bisher Erbrachte hinausgehen.

Dafür ist allerdings jetzt schon vorauszusehen, daß das Fahren in einem Kraftfahrzeug und das Bewegen im Verkehr den Lenker künftig weniger beanspruchen wird als das bisher der Fall war. Die Belastungen während des Fahrbetriebes sollen entscheidend verringert werden, wenn die Absichtserklärungen der Fahrzeugproduzenten ebenso realisiert werden wie jene der Verkehrsexperten.

Bei aller Vorsicht, die man gegenüber dem Wahrheitsgehalt von Prognosen an den Tag zu legen geneigt ist, sollte man nicht übersehen, daß ihnen letztlich keine ungerechtfertigte Bedeutung zukommt. Interessanterweise gibt es einige Voraussagen seriöser deutscher Institute und Firmen von internatio-

**Links:**
**In die neuartigen**
**Vordersitze sind**
**sämtliche Gurt-**
**elemente integriert.**
**Jeweils ideale**
**Körperum-**
**schlingung.**

**Rechts:**
**Schnitt durch den**
**5-Liter-Zwölf-**
**zylinder-V-Motor.**

**Links unten:**
**Blick in den**
**Motorraum.**

**Unten:**
**Röntgendarstellung**
**des BMW 850i**
**Coupé.**

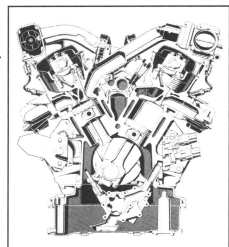

schen den fahrerischen Fähigkeiten und den Qualitäten des Zwölfzylinders.
Die Integral-Hinterachse zeichnet sich durch eine elastokinematische Achskonstruktion mit passiver Hinterachs-Lenkung aus.
Die Automatik-Version verfügt über die automatische Stabilitätskontrolle ASC, die hohe Fahrstabilität und damit sicheres Fahrverhalten ohne Durchdrehen der angetriebenen Räder bei Eis, Schnee oder ähnlichen Straßenbedingungen vermittelt.
Die automatische Stabilitäts- plus Traktionskontrolle (ASC+T) ist die für Fahrzeuge mit Schaltgetriebe weiterentwickelte Version dieser Technik. Sie wirkt mit dem ABS-System zusammen. Die Hinterradbremsen werden aktiv zur Schlupfbegrenzung eingesetzt. Über die ideale Spurhaltung beim Beschleunigen hinaus stellt diese Technik ein Optimum an Vortrieb (Traktion) dar.
Ein neuartiges Informationssystem in der Mittelkonsole stellt dem Lenker eine Vielzahl präziser Informationen zur Verfügung. Es ist auf einfache, schnelle Handhabung ausgelegt.
Zur Serienausstattung dieses Fahrzeugs gehören aerodynamisch geformte, beheizte Außenspiegel, eine Geschwindigkeitsregulierung, Klimaautomatik mit Partikelfilter, ergonomisches Gurtsystem im Fond sowie der Fahrerscheibenwischer mit geschwindigkeitsabhängig geregeltem Anpreßdruck. Die gegossenen Leichtmetallräder sind 16 Zoll groß und 7½ Zoll breit (Bereifung 235/50 ZR 16).

Die Hauptfunktionen der zwei Steuergeräte dieses Typs — getrennt für jede Zylinderbank — sind: Kennfeldgesteuerte Zündung und Einspritzung, Kaltstartsteuerung, Lambda-Regelung über beheizte Lambda-Sonde, Leerlaufregelung über Zündeingriff, Tankentlüftung über Aktivkohle-Filter, Warmlaufanreicherung, Beschleunigungsanreicherung, Schubabschaltung, Klopfschutzfunktion, Vernetzung der Funktionen von Elektronischer-Motor-Leistungsregelung (EML), Automatischer-Stabilitäts-Control (ASC), Elektronischer-Getriebe-Steuerung (EGS) und Abregelung der Höchstgeschwindigkeit, Katalysator-Schutzfunktion, Notlauffunktionen, Eigendiagnose, Fehlerspeicherung usw. Die permanente Signalüberwachung von nun 30 Funktionen erhöht Diagnosemöglichkeiten und zielsichere Wartung.
Beide DME-Steuergeräte sind zusammen mit dem EML-Steuergerät in einer verschlossenen Elektronikbox untergebracht.
Bodengruppe und Abgasanlage wurden aufeinander abgestimmt, große Katalysatorquerschnitte und geringe Strömungswiderstände miteinander in Einklang gebracht. Zwei getrennte Abgasstränge mit je drei Monolithen in Reihe sorgen für bestmögliche Abgasreinigung bei geringsten Drosselverlusten.
Neben der kultivierten Motorisierung sind weitere Neuheiten z. B. ein eigens für dieses Fahrzeug entwickeltes Sechsgang-Schaltgetriebe. Es sorgt für ein exaktes Zusammenspiel zwi-

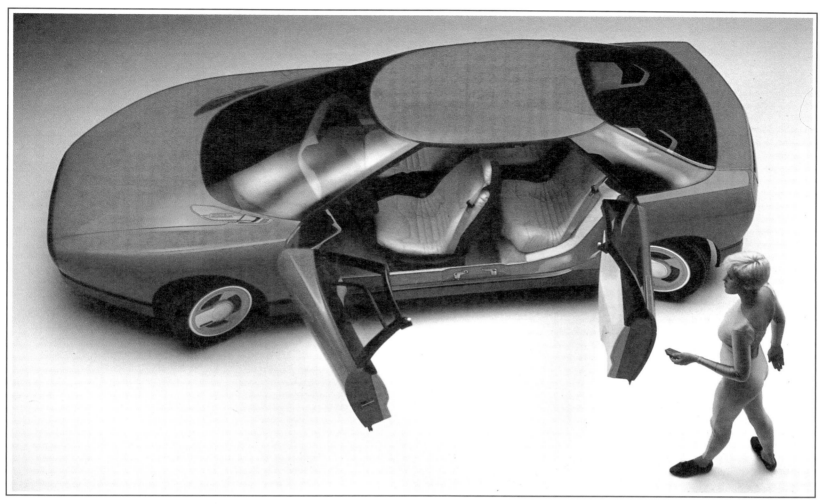

Hauptcharakteristika der Karosserie: fließende und glatte Formen, Gestaltung des Hecks mit einem Spoiler, dessen Stellung geschwindigkeitsabhängig ist. Die Türen können über Fernbedienung (vier Funktionen) mittels persönlichem Code geöffnet werden.

Jeweils vier Abstandsfühler in jedem Stoßfänger melden dem Fahrer durch eine Anzeige im Armaturenbrett alle Hindernisse, die sich in einer Entfernung von bis zu 1,4 m vor den Stoßfängern befinden.

Das rechteckige Lenkrad kann um 60° nach rechts oder links versetzt werden. Die Sicherheitsgurte sind in die Sitzgestelle integriert. Vorn und hinten werden die Sitze elektrisch eingestellt. Die Geschwindigkeitsanzeige erfolgt über einen holographischen

Spiegel. Der Zündschlüssel wurde durch eine kodierte Diebstahlsicherung ersetzt.

# Citroën Activa

Auf dem Pariser Automobilsalon 1988 wurde der Citroën Activa, ein viertüriger Forschungsprototyp mit vier Plätzen, vorgestellt. Dieses Modell sollte unterschiedliche Forschungsperspektiven für das Auto der Zukunft veranschaulichen. Basierend auf dem von Komfort und Sicherheit bestimmten Grundkonzept, haben die Stylisten von Citroën eine Karosserie entworfen, welche die Fortschritte veranschaulicht, die auf drei Gebieten von grundlegender Bedeutung erreicht wurden: Aerodynamik, Innenraumgestaltung, Ausstattung.
Länge 4,75 m, Breite 1,90 m, Höhe 1,27 m, $c_W$-Wert: 0,25.
Dieser Fahrzeugtyp stellt eine Synthese der Forschung und Untersuchungen dar, die Citroën in Zusammenarbeit mit der Technischen Direktion der PSA-Gruppe auf dem Gebiet der Entwicklung des Individualtransports durchgeführt hat.
So kam es, daß zwei Technologien zusammengebracht wurden: die Hochdruckhydraulik, ein Gebiet, auf dem Citroën führend ist, und die Elektronik im Auto. Das Ergebnis ist für Komfort und Straßenlage sehr vielversprechend: drei elektronische Rechner sind mit der Hydraulikzentrale gekoppelt und steuern die hydraulisch unterstützten Funktionen des Fahrzeugs (Federung, Lenkung, Bremsen).
Dieser Prototyp ist kennzeichnend dafür, daß die Marke sich nicht mit dem hohen Niveau zufrieden gibt, das sie auf dem Gebiet der Federung bereits erreicht hat, und entschlossen ist, bei der Beherrschung des Fahrverhaltens der Autos von morgen weiterhin eine führende Rolle zu spielen.

Motor und Getriebe sind zu einem Block vereinigt und vorn quer angeordnet. Der Sechszylinder-V-Motor mit 3 Liter Hubraum weist vier Ventile pro Zylinder und vier obenliegende Nockenwellen auf. Motorleistung 160 kW / 220 PS. Es handelt sich um einen Abkömmling des WM-Motors. Das Viergang-Automatik-Getriebe wird elektronisch gesteuert. Ein Verteilergetriebe teilt das Drehmoment des vierradangetriebenen Wagens auf je 50% vorn und hinten.
Dieser Prototyp stellt zwar ein Stück Zukunftsmusik dar, er demonstriert jedoch, daß sich die Bemühungen der Forschung von Citroën stets an den Konstanten Sicherheit und Komfort orientieren.

der Quergeschwindigkeit des Fahrzeuges ab.
Da jede einzelne Radstellung aufgrund verschiedener Parameter von einem Rechner bestimmt wird, kann mit diesem Experimentalsystem jede nur denkbare Radstellung rekonstruiert werden. Das macht die Erforschung aller Aspekte der Vierradlenkung möglich. Ein hydromechanischer Ausgleich sorgt für die erforderliche Sicherheit. Diese Lösung nimmt die Zukunft vorweg und geht weiter als alles, was bisher auf dem Gebiet der Vierradlenkung entwickelt worden ist. Teile und Technologien aus dem Bereich der Raumfahrt finden Verwendung.

Alle vier Räder können gelenkt werden. Der Einschlagwinkel eines jeden Rades wird von einem SAMM-Hydraulikmotor bestimmt.
Die Auslenkung der einzelnen Räder erfolgt über ein elektronisches Steuergerät, das über eine Hydraulikzentrale die einzelnen Stellmotoren steuert.
Der Einschlagwinkel des Rades hängt vom Einschlagwinkel und Einschlagtempo des Lenkrades, von der Geschwindigkeit, der Kurven- sowie

Die Federung des Prototyps wird vollständig elektronisch kontrolliert. Sie ändert die wichtigsten Parameter aufgrund von Informationen, die an verschiedenen Stellen im Fahrzeug erfaßt werden (Radreaktionen, Einschlag des Lenkrads, Bremsen usw.). Das System wirkt also auf Stoßdämpfer und Federrate ebenso wie auf den Radsturz.

Das bedeutet, daß alle unerwünschten Bewegungen eines herkömmlichen Fahrzeuges weitgehend reduziert, wenn nicht ausgeschaltet sind.

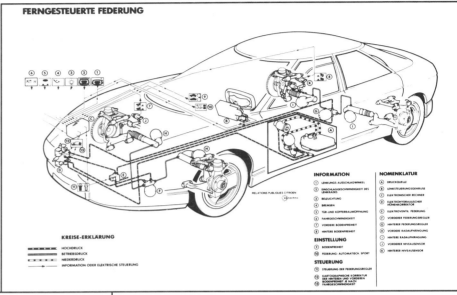

**FERNGESTEUERTE FEDERUNG**

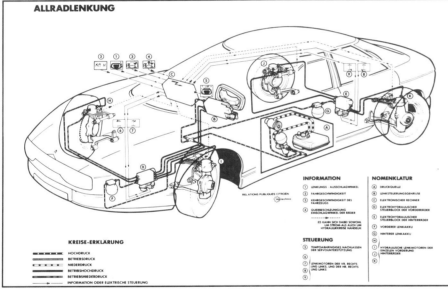

**ALLRADLENKUNG**

# IRVW-Futura

Mit IRVW-Futura setzte Volkswagen auf der IAA '89 eine mehr als 15 Jahre alte Tradition fort. Seit dem ESVWI von 1972 hat die VW-Forschung in unregelmäßigen Abständen Prototypen vorgestellt, an denen das technisch Machbare aufgezeigt wird. Am IRVW-Futura (IRVW steht für „Integrated Research Volkswagen") wird sichtbar, welche technischen Entwicklungen Serienautos in den nächsten zehn bis fünfzehn Jahren weiter verbessern könnten.

Mit dem Futura wird ein 2+2-Sitzer präsentiert, mit dessen Design eine neue Ästhetik für das Automobil gesucht wird und dessen Technik den zukünftigen Anforderungen an ein leises, sparsames, umweltschonendes Automobil mit hohem Komfort sowie großer aktiver und passiver Sicherheit entspricht.

Unter der ungewöhnlichen Karosserie steckt ein ungewöhnliches Antriebsaggregat. Es ist ein Benzinmotor mit Direkteinspritzung und mechanischem Lader, der sparsam wie ein Diesel, aber komfortabel wie ein Otto-Motor läuft. In einem Golf mit Fünfgang-Schaltgetriebe würde dieser Motor im Drittelmix nur 6 l/100 km verbrauchen. Dabei leistet dieser Vierzylinder immerhin 60 kW/82 PS.

Die Vierradlenkung des Futura verbessert die (aktive) Fahrsicherheit, indem sie — elektronisch gesteuert — Seitenwind, Spurrinnen, unterschiedlich griffige Fahrbahnen beim Bremsen, bei Beladung und Winterreifen ausgleicht.

Die VW-Vierradlenkung hilft außerdem beim Parken. Kompakte, strömungsgünstige Autos sind naturgemäß unübersichtlicher als die „eckigen Kisten" früherer Tage. Mit der wachsenden Zahl von Fahrzeugen auf unseren Straßen wird Parkraum immer knapper. Der Futura-Fahrer fährt an eine Parklücke heran und gibt per Knopfdruck das Kommando zum Parken. Dank E-Gas, Automatik-Getriebe und Abstandssensoren nach allen Seiten rangiert das Auto selbsttätig in die Lücke: Vorwärts oder rückwärts, in einem Zug oder sägend, je nachdem die Platzverhältnisse sind und immer so, daß der fließende Verkehr möglichst wenig gestört wird.

Dem Futura gehört die Zukunft, wenn man an die Vorschläge zur Fahrerinformation oder das automatische Einparken denkt. Auf die häufig gestellten Fragen nach Umweltverträglichkeit und Sicherheit geben Entwicklungen, wie der direkteinspritzende Benzinmotor oder der integrierte Kinder-Sicherheitssitz Antwort.

Schließlich enthält der Futura Komponenten, die als Weiterentwicklung bestehender Systeme gelten und deren Serienstart vom Verhältnis des erreichbaren Nutzens zu den Kosten abhängt. Beispiele hierfür sind die elektrische Servolenkung und das EBS-Bremssystem.

Der unter der ungewöhnlichen Karosserie befindliche Vierzylinder leistet 60 kW / 82 PS. Es ist ein 1,7-Liter-Benzinmotor mit Direkteinspritzung und mechanischem Lader, der sparsam ist, aber so komfortabel läuft wie ein Ottomotor. In einem Golf mit Fünfgang-Schaltgetriebe würde dieser Motor nur 6 l/100 km verbrauchen.

Von herkömmlichen Anzeigen ist an der Armaturentafel des Futura nichts mehr geblieben. Auf zwei „Display" genannten LCD-Bildschirmen erfährt der Fahrer, was er wissen muß. Permanent wird die Geschwindigkeit angezeigt, digital und gleichzeitig semianalog mit einem Tachometerbalken, der am Anfang nach unten und am Ende nach oben abknickt. Der waagrechte Teil markiert abhängig vom Straßenzustand und von der Verkehrssituation den empfohlenen Geschwindigkeitsbereich. Ein Drehzahlmesser lenkt nach Ansicht der Forscher unnötig ab. Daher erscheint der Tachometerbalken in den Farben Grün, Gelb oder Rot und signalisiert damit: Drehzahl normal, erhöht oder unzulässig hoch.

nalem Format, deren Ermittlungen über die zukünftige Motorisierung insofern Beachtung verdienen, als ihnen über die Bundesrepublik Deutschland hinausgehend mit geringen Einschränkungen Bedeutung auch für das übrige Europa zukommt. Nach diesen Prognosen bleibt der öffentliche Verkehr in der Zeit bis 2000 nahezu auf dem Stand der achtziger Jahre stehen, während der Individualverkehr im gleichen Zeitraum durch gesteigerte Verkehrsleistungen, vor allem in Ver-

Große Glasflächen bedeuten starke Innenraumaufheizung bei Sonnenschein. Diesem Problem begegnen die VW-Forscher mit einem neuartigen Wärmeschutzglas.

Vorder- wie Rücksitze bieten neben gutem Komfort sehr sicheren Seitenhalt. Der Futura weist auch hinten Einzelsitze mit integrierten Gurten auf. Im rechten Rücksitz steckt zudem ein Kindersitz. Mit wenigen Handgriffen kann er ausgeklappt werden. Dann bietet er Kindern zwischen 3 und 10 Jahren (je nach Körpergewicht) Schutz. VW will so die Benutzungsrate steigern. Heute finden sich nur in 3 Prozent aller Fahrzeuge Rückhaltesysteme für Kinder und sie werden nur bei 22 Prozent aller Fahrten benutzt.

Der Renault Mégane mit Vierradantrieb und Vierradlenkung besitzt elektronisch gesteuerte Stoßdämpfung und Niveauregelung. Er ist mit einem Dreiliter-Sechszylinder-V-Motor mit einer Leistung von 184 kW/250 PS bei 6.000 min⁻¹ ausgestattet, Höchstgeschwindigkeit 260 km/h, Verbrauch im Drittelmix 11,1 l/100 km.

**Unten:**
Der Mégane weist vier parkfreundliche, nach beiden Seiten öffnende Schiebetüren ohne Mittelträger und drehbare Vordersitze auf.

# Renault Mégane

Der Mégane ist das erste echte Forschungsfahrzeug von Renault, obwohl es in der Vergangenheit Forschungsfahrzeuge wie Eve oder Vesta und sogar Forschungsprojekte, die der Öffentlichkeit niemals vorgestellt worden sind, gegeben hat.

Mit der Entwicklung des Mégane wurde wahrscheinlich ein Rekord gebrochen: Erst im Jänner 1988 begann man mit der Planung und nach nur acht Monaten war der Mégane bereits straßentauglich. Die Entwicklungszeit war erheblich kürzer als bei allen bisher durchgeführten Projekten und übertraf vor allem in Konstruktion und Technologie alle bisherigen Entwicklungen.

Der 250 PS starke Dreiliter-V6-Turbomotor mit versetzten Kurbelzapfen ist eine Weiterentwicklung des V6-Turbomotors aus dem Renault 25. Er ist quer eingebaut, mit seitlich angeflanschtem Getriebe, ist mit einem umweltfreundlichen Drei-Wege-Katalysator ausgestattet und erfüllt die strengen US-Abgasnormen (US 83).

Ein Kupplungspedal gibt es beim Mégane nicht. Da die Valeo-Kupplung elektronisch betätigt wird, können die Gänge mit Hilfe eines kleinen Schalthebels eingelegt werden. Der Fahrer kann aber auch Automatikbetrieb wählen. Es stehen zwei Möglichkeiten offen: 1. Automatikbetrieb — die Schaltung erfolgt mit Hilfe eines Valeo-Elektronikgetriebes, 2. klassischer Schaltbetrieb — ohne Kupplungspedal.

Das umschaltbare Getriebe ist eine technische Besonderheit des Mégane. Die gewünschte Betriebsart — Automatik oder Handbetrieb — kann ganz einfach gewählt werden.

Das mit zwei Antriebswellen ausgestattete Fünfganggetriebe wurde speziell für Quermotoren mit integriertem Allradantrieb entwickelt.

Der Automatikbetrieb wird durch Drehen des Schalthebels aktiviert. Die Gangwahl übernimmt daraufhin eine mikroprozessorgesteuerte Elektronik-Einheit. Sie überträgt die Schaltbefehle nach einem ähnlichen System wie es seit 1981 von Renault in Automatikgetrieben eingesetzt wird.

Der Mégane hat einen integrierten permanenten Allradantrieb mit drei Differentialen und Viskokupplung. Das hintere Differential ist pneumatisch geregelt und wird bei Überschreiten einer bestimmten Drehzahl abgeschaltet. Die Kraftübertragung erfolgt durch eine hohle Gelenkwelle aus Karbonfaser.

Die Bremsanlage weist vier Scheibenbremsen auf, die durch spezielle aerodynamische Lufteinlässe gekühlt werden. Das ABS der vierten Generation ist von Bosch. Die Handbremse wird mit dem linken Fuß betätigt.

Die elektronische Servolenkung arbeitet geschwindigkeitsabhängig. Die Lenksäule ist elektronisch verstellbar. Das Lenkrad kann um maximal 40 mm eingezogen und um 19° hochgeschoben werden.

Die Hinterräder des Mégane sind lenkbar. Es handelt sich hier um eine hochentwickelte Vierrad-Lenkung. Bei hoher Geschwindigkeit lenken die Vorder- und Hinterräder gleichsinnig, bei geringer Geschwindigkeit gegensinnig. Dadurch ist das Fahrzeug im Stadtverkehr wendiger. Der Wendekreis verringert sich bei minimaler Geschwindigkeit — z. B. beim Rangieren — um fast einen Meter.

Die Vierrad-Lenkung erweist sich jedoch nicht nur für die Manövrierfähigkeit des Mégane von Vorteil. Ende 1987 wurde sie bereits in einem Forschungsfahrzeug (Renault 11 Turbo) erprobt. Dabei stellte sich eindeutig heraus, daß lenkbare Hinterräder vor allem ein Mehr an Sicherheit bedeuten. Das gilt insbesondere bei abruptem Spurwechsel, so z. B. auf der Autobahn, wenn man bei hoher Geschwindigkeit einem Hindernis ausweichen will. Die Hinterräder des Mégane werden von elektronisch gesteuerten Hydraulikzylindern gelenkt, wobei der Radeinschlag anhand von Lenkradwinkel und Fahrgeschwindigkeit berechnet wird.

Auch mit der Vierradlenkung lassen sich die physikalischen Gesetze der Fahrdynamik nicht aufheben, doch wenn sie ver-

bindung mit Freizeit und Urlaub, gekennzeichnet sein wird. Die Zunahme soll sogar nicht weniger als 34,2% betragen und der Fahrzeugbestand auf 31 Millionen anwachsen. Stand die jährliche Fahrleistung von Pkw 1983 bei 12.300 km, so soll sie im letzten Jahrzehnt dieses Jahrhunderts voraussicht-

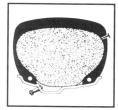

Mit Hilfe des Michelin-Notlaufsystems A.T.S. für Reifen von Michelin kann das Fahrzeug auch bei einer Reifenpanne weiterfahren. A.T.S. besteht aus einer festen Schaumstoffmasse, die sich je nach Reifendruck verdichtet oder ausweitet. Bei normalem Reifendruck ist die Masse komprimiert. In diesem Zustand unterscheiden sich Reifenverhalten oder -leistung

kaum von herkömmlichen Reifen. Bei einer Reifenpanne löst der abnehmende Reifendruck unverzüglich ein Ausdehnen der Schaumstoffmasse aus. Die Masse

füllt den gesamten Raum des Reifens aus. Während der normale Reifendruck bei 2 Bar liegt, gewährt A.T.S. einen Druck von mindestens 1,2 Bar. Das entspricht einer fast normalen

Reifendicke. Daher kann der Mégane seine Fahrt bei angepaßter Geschwindigkeit (90 bis 120 km/h) bis zu einer Werkstatt (bis zu hundert Kilometer entfernt) fortsetzen.

nünftig eingesetzt wird, bietet sie viele Vorteile. Als mögliche Zusatzausstattung stellt sie einen Sicherheitsvorteil für hochentwickelte Fahrzeuge dar und bietet in jeder Fahrsituation den besten Kompromiß zwischen Komfort und Straßenlage. Ein Fahrzeug profitiert bei niedriger Geschwindigkeit jedenfalls von der Wendigkeit, die die Vierradlenkung bietet.

Der Mégane hat eine niveauregelnde und „intelligente" Radaufhängung. Die Steuerung der Spezialstoßdämpfer mit Niveauregulierung erfolgt elektronisch. Die Elektronik-Einheit wählt je nach Farbahnbelag, -beschaffenheit und Geschwindigkeit automatisch zwischen den drei zur Verfügung stehenden Einstellstufen (weich, normal, hart). Immer steht die Sicherheit an erster Stelle. Muß auf der Autobahn, z. B. bei hoher Geschwindigkeit, einem Hindernis ausgewichen werden, so schaltet die zur Komfortsteigerung auf „weich" eingestellte Dämpfung sofort auf „hart".

Der im neuen Windkanal von St. Cyr gemessene cw-Wert des Mégane liegt bei 0,21 bzw. 0,22 (bei laufendem Motor). Das ist ein hervorragender Wert, der sich an den des Vesta II (0,19) und die cw-Werte von Renault allgemein anschließt, die weltweit mit zu den niedrigsten zählen.

Bei der Suche nach einer optimalen Fahrzeugaerodynamik testete man auch die Möglichkeit, ausfahrbare Wischerarme unter der Motorhaube verschwinden zu lassen.

Das Ausfahren der gewölbten Heckscheibe wirkt sich nur geringfügig auf den cw-Wert aus. Dieser liegt bei eingefahrener Heckscheibe nur einen Punkt niedriger. Der Einsatz von Rückblick-Kameras hat dagegen ein äußerst aerodynamisches Styling des Mégane möglich gemacht. Das gleiche gilt für die Scheibenwischerklappe der Frontscheibe, die den cw-Wert unabhängig von der Stellung der Wischerblätter (die in Ruhestellung versenkt werden) nicht beeinträchtigt.

Die Niveauregulierung erfolgt automatisch. Eine Elektronik-Einheit stimmt die Bodenfreiheit vorn und hinten unter Berücksichtigung der Zuladung und der Fahrtgeschwindigkeit auf die jeweilige Fahrbahn ab, wodurch eine kontinuierliche elektronische Steuerung der Fahrzeugaerodynamik erzielt wird.

Der Atlas-Bildschirm ist in der Mittelkonsole eingebaut. Als Lenk- und Navigationssystem wurde Atlas in den letzten fünf Jahren von Renault und TDF (Télédiffusion de France) entwickelt. Der Benutzer kann mit Hilfe von Atlas unterschiedliche Informationen anfordern. Auf dem Bildschirm werden beispielsweise Übernachtungsmöglichkeiten oder touristische Attraktionen der Region, Parkmöglichkeiten oder auf Compact Disc-Datenträgern eingegebene Digital-Karten angezeigt. Außerdem überprüft Atlas Reifendruck und Flüssigkeitsstände und reguliert die Klimaanlage. Atlas gibt Ratschläge oder sagt, was zu tun ist, wenn auf dem Armaturenbrett zum Beispiel eine Warnanzeige aufleuchtet.

Das 1986 auf dem Pariser Automobilsalon vorgestellte Atlas-System hat vor allem in Montreux (Schweiz) und Boulogne (Frankreich) seine Nützlichkeit bewiesen. Die externen Daten wurden in Echtzeit im Rundfunk übertragen. Atlas wird auch im Eureka-Projekt Carminat eingesetzt, an dem Renault und TDF mit Philips (Niederlande), R.T.I.C. (einer französischen Filiale von Philips) sowie Sagem zusammenarbeiten.

lich sinkende Tendenz aufweisen.

Der Anteil des Verkehrs am Endenergieverbrauch soll jedoch weiterhin 20% nicht übersteigen. Der Kraftstoffverbrauch wird im einzelnen demnach stark absinken. Man erwartet, daß der Einsatz von Flüssiggas, weit mehr aber Dieselkraftstoff,

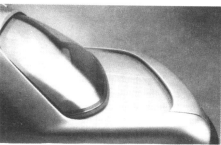

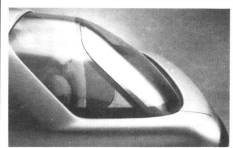
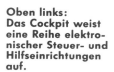

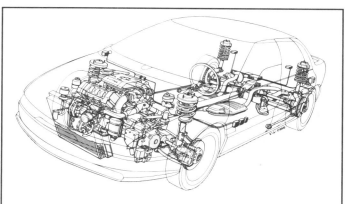

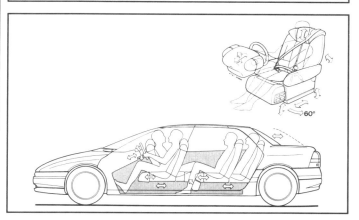

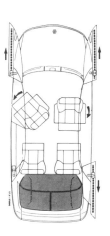

Links:
Die gewölbte Heckscheibe kann bei Bedarf um 35 cm nach hinten ausgefahren werden (zusätzlicher Raumgewinn).

Unten:
Röntgenbild der technischen Einrichtung, darunter die Fahrgastraumgestaltung.

Oben links:
Das Cockpit weist eine Reihe elektronischer Steuer- und Hilfseinrichtungen auf.

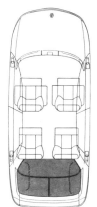

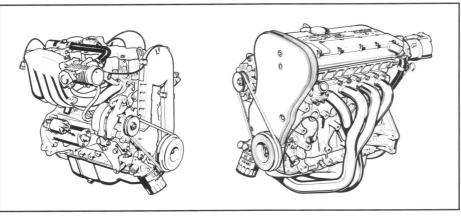

Für den Calibra stehen zwei schadstoffarme OHC-Aggregate zur Wahl, die modernsten Motorenbau repräsentieren. Die Querstrom-Zylinderköpfe sind aus Aluminium gefertigt. Der Kraftstoff wird computergesteuert eingespritzt. Das Leistungsangebot der beiden Zweiliter-Vierzylinder-Triebwerke: 85 kW/115 PS und 110 kW/150 PS als 16-Ventiler.

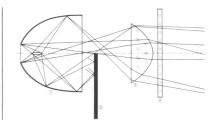

Durch eine spezielle Zuordnung von Reflektor (1), Spiegel (2), Linse (3) und Streuscheibe (4) nutzen die Calibra-Scheinwerfer die Lichtquelle optimal zur Ausleuchtung der Fahrbahn.

Unten:
Im Vergleich zu herkömmlichen Scheinwerfern (2) konnte die Lichtleistung der Calibra-Leucht-einheiten (1) erheblich gesteigert werden. Das Ellipsoid-System der zweiten Generation nutzt doppelt soviel Licht zur Fahrbahnausleuchtung wie bei konventionellen Paraboloid-Scheinwerfern.

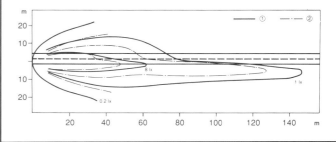

Bei der Konzeption des neuen Sport-Coupés Calibra stellten sich die Opel-Ingenieure die Aufgabe, anscheinend gegensätzliche Entwicklungsziele miteinander zu vereinen: Sportlichkeit und Komfort, Design und Funktion sowie Leistung und Ökonomie.

Aufgrund eines Radstandes von 2600 mm bietet der Calibra seinen Passagieren über-durchschnittliche Platzverhältnisse.

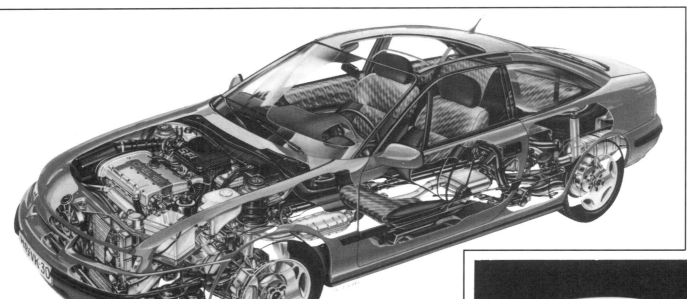

Mit $c_w = 0,26$ ist der Opel Calibra bestes Serien-Fahrzeug der Welt. Die Führungsposition beim $c_w$-Wert behält er auch bei Schräganströmung (Seitenwind) bei: Der dann Tangentialkraftbeiwert ($c_T$) genannte Wert zeigt einen ausgesprochen flachen Verlauf.

# Opel Calibra

Mit dem Calibra präsentierte Opel 1989 ein nach dem letzten Stand der Technik konstruiertes und produziertes viersitziges Sport-Coupé. Mit einem $c_w$-Wert von 0,26 weist der Calibra den niedrigsten Luftwiderstand aller Serien-Automobile auf, bietet aber großzügigen Platz und hohen Komfort. Zu den optischen Besonderheiten zählen die extrem flachen Scheinwerfer und die konsequente Keilform der Karosserie.

Für das Sport-Coupé stehen zwei Vierzylinder-Motoren mit geregeltem Katalysator zur Wahl: Calibra 2.0i mit 85 kW/115 PS und Calibra 16V mit 110 kW/150 PS und Vierventil-Technik.

Aufgrund seiner ausgefeilten Aerodynamik und des aufwendigen Fahrwerks mit Schräglenker-Hinterachse bietet das Sport-Coupé hohe Sicherheitsreserven. Serienmäßig ist der Calibra mit vier Scheibenbremsen (vorn innenbelüftet) und ABS ausgerüstet.

Zur umfangreichen Ausstattung zählen u. a. Servolenkung, Leichtmetallräder (16V: sechs Zoll x 15), Fünfgang-Sportgetriebe, elektrisch einstell- und beheizbare Außenspiegel, getönte, wärmedämmende Scheiben und eine geteilt umklappbare Rücksitzlehne.

Auf Wunsch kann der Calibra mit dem Allradantrieb der dritten Generation ausgerüstet werden, der auch im Vectra 4x4 zum Einsatz kommt. Außerdem bietet der Calibra in Verbindung mit dem 85-kW/115-PS-Motor wahlweise eine elektronisch geregelte Vierstufen-Automatik mit den Fahrprogrammen „Economy", „Sport" und „Winter".

Das Zubehörprogramm umfaßt u. a. eine Zentralverriegelung, elektrische Fensterheber, Diebstahlwarnsystem, Klima-Anlage, Bordcomputer, Check-Control-System und ein neuartiges Schiebe-Hebedach, das — elektrisch betätigt — über den hinteren Teil des Daches gleitet.

Besondere Aufmerksamkeit widmeten die Opel-Ingenieure und -Techniker bei der Entwicklung des neuen Sport-Coupés auch der weiteren Reduzierung der Betriebskosten durch geringen Kraftstoffverbrauch und Servicefreundlichkeit. Qualitätszuwachs durch Langzeit-Korrosionsschutz sowie moderne Konstruktions- und Fertigungsmethoden, zusätzliche Sicherheitselemente und zahlreiche technische Lösungen zur Schonung der Umwelt. Asbestfreie Kupplungs- und Bremsbeläge sowie cadmiumfreie Lacke sind weitere Merkmale des neuen Coupés.

ansteigt, Benzin jedoch seinen derzeitigen Anteil einbüßt, was u. a. ein Absinken des Verbrauchs ebenso wie geringere Fahrleistungen bedeutet. Auch für die stark zunehmenden Diesel-Pkw wird der Verbrauch im nächsten Jahrzehnt insgesamt eher gleich bleiben, da sie voraussichtlich leichter werden und ihr Betrieb dann noch sparsamer ist. Eine Entlastung des Mineralölmarktes erwartet man durch erhöhten Einsatz von Alkohol bzw. Methanol. Dabei soll Methanol nicht nur wie bereits jetzt zu 3% dem Vergaserkraftstoff beigemischt (BRD), sondern 1 bis 1,5 Millionen Personen- und Leichtnutzfahrzeuge sollen ausschließlich damit versorgt werden. Wegen des geringeren Heizwertes von Methanol muß jeweils die doppelte Menge mitgeführt werden und man muß damit rechnen, daß

**Ein Automobil wirkt vor allem durch seine äußere Form. Die Opel-Designer widmeten dem Innenraum aber nicht minder große Aufmerksamkeit. Er ist nicht nur**

**„Abteil" für die Passagiere, sondern auch Arbeitsplatz des Fahrers. Eine Faustregel besagt, daß der Fahrer nach einer Strecke von rund 10.000**

**Kilometer etwa 1.500 mal den Blinker, 150 mal den Scheibenwischer, 50.000 mal den Schalthebel, 30.000 mal das Bremspedal und 50.000 mal das**

**Kupplungspedal betätigt hat. Wichtige Faktoren für das Innenraum-Design sind deshalb Funktion, Ergonomie, Komfort, Sicherheit und Platzangebot.**

das austretende Formaldehyd im Abgas mit Hilfe eines einfachen Katalysators abzusenken sein wird.

Betrachtet man die Personengruppen, die in Zukunft laut Prognosen einen steigenden Bedarf an Pkw haben, dann wird schon heute deutlich, daß preiswerte Zweitwagen für Frauen

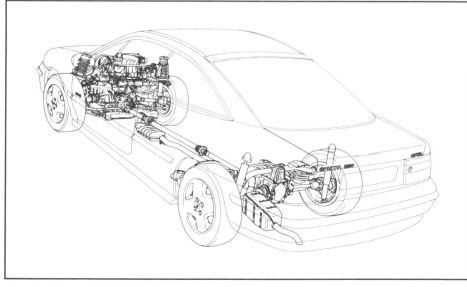

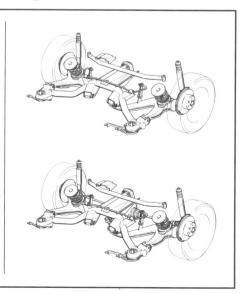

**Bei den Allrad-Versionen des Calibra regelt ein Verteilergetriebe mit Visco-Kupplung und Lamellen-Trennkupplung die Kraftübertragung auf die Hinterräder.**

**Rechts:
Alle Calibra-Versionen verfügen über eine Schräglenker-Hinterachse, die auf dem DSA-Konzept von Omega und Senator basiert. Oben mit Vorderradantrieb, unten mit Vierradantrieb.**

noch stärker als bisher gefragt sein dürften. Außerdem wird die Zahl der Ein- und Zweipersonenhaushalte ansteigen, wodurch beim Autokauf auf den verminderten Beförderungsbedarf zu achten sein wird. Weiters werden die Bedürfnisse der älteren Fahrzeuglenker mehr als bisher zu berücksichtigen sein, was sich vor allem auf die technische und allgemeine Inneneinrichtung auswirken sollte. Voraussichtlich wird demnach dem Kleinwagen mehr Bedeutung zukommen denn je, und zwar in der perfekten, komfortablen ebenso wie der einfacheren, preiswerten Konstruktion und Ausführung.

Es wäre daher denkbar, daß kompakte viersitzige Kleinwagen mit einem besonders reichen Angebot in der Innenraumausstattung, wie sie etwa der Prototyp des Kleinwagens Opel „Junior" darstellt, in Zukunft dem Bedarf sehr nahe kommen. Im Hinblick darauf, daß das Auto bis 2000 eine unverhältnismäßig starke Zunahme hinsichtlich des Freizeit- und Urlaubseinsatzes zu verzeichnen haben wird, erscheint vor allem die überkomplette Ausstattung des Junior mit Containern und Taschen sehr angepaßt. Stauräume in den Türen werden durch einen speziellen Fensterhebelmechanismus möglich. Darin erinnern sie übrigens an den seinerzeit so revolutionierenden „Mini". Aber es gibt auch noch Schubkästen unter den Vordersitzen sowie Mulden und Fächer am und im Armaturenbrett. Dabei präsentieren sich die Armaturen selbst als Modultechnik in Würfelform, die nach Wunsch und Bedarf ebenso aufsteckbar sind wie etwa die als Portable vorgesehene Musikanlage,

**Unten rechts:**
Die Röntgenzeichnung zeigt die Anordnung des Motors im Fahrgestell sowie den Vierradantrieb.
**Unten:**
Draufsicht auf den Oxia.

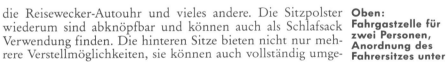

die Reisewecker-Autouhr und vieles andere. Die Sitzpolster wiederum sind abknöpfbar und können auch als Schlafsack Verwendung finden. Die hinteren Sitze bieten nicht nur mehrere Verstellmöglichkeiten, sie können auch vollständig umge-

**Oben:**
Fahrgastzelle für zwei Personen, Anordnung des Fahrersitzes unter

Berücksichtigung des optimalen Sichtwinkels und Zugriffs auf die Bedienungselemente.

**Ganz unten:**
Die aerodynamische Feinarbeit

am Oxia erfolgte im Windkanal S4 in St. Cyr mit einem maßstabgerechten Modell auf einem Fahrwerk. Zunächst wurde der Unterboden und die Kühlluft-

führung verbessert. Danach konnte durch Änderungen am Heckspoiler und an der allgemeinen Form ein Abgleich zwischen den vorn und hinten wirkenden Abtriebskräften erreicht werden.

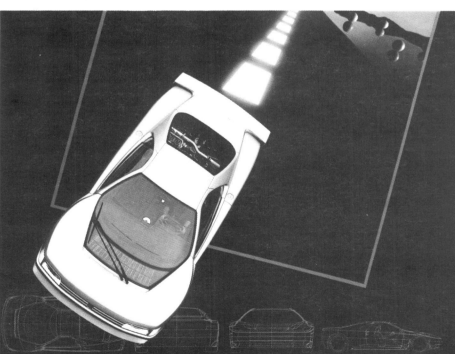

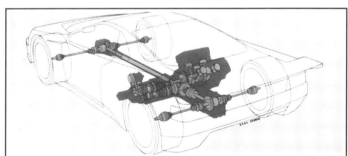

# Peugeot Oxia

Die gleichen Stylisten und Ingenieure, die tagtäglich an aktuellen und zukünftigen Modellen von Automobiles Peugeot arbeiten, haben nach Quasar von 1984 und Proxima von 1986 den neuen Prototyp „Oxia" vorbereitet.

Oxia ist, und dies unterscheidet ihn von anderen Fahrzeugen dieser Art, ein fahrtüchtiger Prototyp eines Coupé Grand Tourisme. 4,61 m Länge, 2,02 m Breite und 1,13 m Höhe mißt der Oxia, der bereits durch die äußere Form seine außergewöhnlichen Eigenschaften erkennen läßt.

Oxia ist kein Rennwagen, seine Fahrleistungen bedingten jedoch ein Karosseriedesign, das dem eines Sportwagen sehr ähnlich ist. Da der Motor quer vor der Hinterachse eingebaut ist, konnte die Motorhaube kurz und abfallend gestaltet werden. Sie geht in eine riesige, sehr flache Windschutzscheibe über.

Die Anordnung der Räder half „Überhänge" zu vermeiden und ermöglichte dadurch eine optimale Nutzung des umbauten Raumes für Fahrer und Beifahrer. Die Karosserie verbreitert sich zum Heck hin, das mit einem beweglichen Spoiler bestückt ist. Ein weiteres markantes Stilelement sind die großflächigen Seitenscheiben.

Die Karosserie des Oxia besteht aus einem Kohlefaser-Epoxy-Verbundwerkstoff, der auf eine Aluminium-Wabenstruktur aufgeklebt ist. Diese Materialien ermöglichten ein Design, das von zeitlos-klassischer Schönheit ist.

Bei der Gestaltung des Innenraums versuchten die Stylisten des PSA-eigenen Centre d'Etudes in La Garenne ein Interieur zu schaffen, das sowohl funktionell als auch elegant ist. Die Sitze sind elektrisch verstellbar. Fahrer und Beifahrer verfügen über 5-Punkt-Sicherheitsgurte.

Es versteht sich von selbst, daß in einem Auto der Zukunft die Elektronik eine besonders wesentliche Rolle spielt. Alle wichtigen Informationen werden über einen PC vermittelt, der mit Farbbildschirm, Diskettenlesegerät, Maus und alphanumerischer Tastatur kompatibel ist. Auch ein Funkgerät gehört zur Ausstattung des Oxia.

Der Computer steuert nicht nur die Klimaanlage — steht das Fahrzeug still, so wird mit Hilfe von 18 Solarzellen Frischluft zugeführt —, sondern ermöglicht auch den Zugang zu externen Datenbanken. Die außergewöhnliche Ausstattung von Oxia wird noch ergänzt durch eine aufwendige Stereoanlage.

Der V6-Motor (2849 cm³) mit zwei Turboladern und Sechsganggetriebe bringt eine Leistung von 500 kW/580 PS bei 8000 U/min. Diese Kraft wird über alle vier Räder auf die Straße gebracht. Permanenter Allradantrieb und Vierradlenkung, variable Sperrdifferentiale vorn und hinten sowie Antiblockiersystem sind für ein Fahrzeug dieser Kategorie selbstverständlich. Die Servolenkung arbeitet progressiv und die 17"-Räder sind mit den neuen MTM-Reifen von Michelin bestückt.

Und was bedeutet Oxia?

Oxia steht für eine Region des Planeten Mars: „Oxia Palus" (Längengrad 0, Breitengrad 0) ist der mögliche Ausgangspunkt für die Berechnung der Mars-Zeit.

Bei größeren Fahrzeugtypen könnten die den Bedürfnissen von Fahrer und Mitfahrenden angepaßten Variationsmöglichkeiten selbstverständlich noch vielfältiger ausfallen. Variabel wird voraussichtlich vor allem die Sitzanzahl bzw. in Anpassung an verschiedenste Beförderungsbedürfnisse der Transportraum sein. Man wird sich dabei vielfach am Wohnwagenkomfort orientieren, was wiederum an die erhöhten Freizeitbedürfnisse angepaßt erscheint. Allerdings werden dann auch endlich entsprechende Unterbringungsmöglichkeiten für die mitzuführenden Sportgeräte vorzusehen sein, da der bisherige Dachtransport dem Bestreben nach möglichst geringem Kraftstoffverbrauch zuwiderläuft.

Da die aerodynamische Linienführung im Interesse eines möglichst geringen Energieverbrauchs keine sonderlichen Veränderungen verträgt, wird sich der künftige Wettbewerb der Produzenten vor allem auf den technischen wie den Bedienungskomfort und die Ausstattung konzentrieren und hier weitgehend Erfolge und Mißerfolge entscheiden. Den spezifischen Wünschen und Bedürfnissen einer technisch versierten Gesellschaft könnte mit Hilfe von variationsreichen Baukastensystemen und anpassungsfähigem Zubehör entsprochen werden. Die sich heute bereits abzeichnenden Trends in diese Richtung zeigen jedenfalls einen Einfallsreichtum, der beachtlich ist und in der Vergangenheit vielfach vermißt wurde.

Das bedeutet aber nicht, daß an die Fahrzeugkonstruktionen der Zukunft ansonsten keine Forderungen zu stellen wären. So wird mit erhöhter Kritik zu rechnen sein, wenn die dem Kraftfahrzeug aus heutiger Sicht anhaftenden Nachteile nicht weitgehend ausgeschaltet werden können, obwohl in dieser Hinsicht meist automatisch nachgezogen wird und die einzelnen Konstruktionen bereits im normalen Entwicklungsgang ihre Schwächen verlieren.

Wenn auch an den primären Forderungen nach weniger Energieverbrauch, weniger Schadstoffabgabe und weniger Lärm bei der Schaffung und Gestaltung von Kraftfahrzeugen festgehalten werden muß, so wird es nicht zuletzt notwendig sein, mehr als bisher die durch Lernen und Erziehen nicht zu verändernden menschlichen Eigenschaften und Fähigkeiten zu berücksichtigen. Die Informationen über Fahrzeugführung und -zustände, die wechselnden Bedingungen der Fahrt usw. müssen erleichtert und erweitert werden. Das ist vor allem durch einen erhöhten Einsatz der Elektronik zu realisieren. Dabei wird allerdings zu beachten sein, daß die zu erfassende Informationsfülle den Fahrer nicht neuerlich überfordert. Das Angebot wird demnach jeweils eher spezifiziert sein müssen. Insbesondere die Navigation wird zu erleichtern sein, während Regelungsaufgaben in Zukunft durchwegs von der Elektronik zu übernehmen sein werden.

klappt werden, wodurch ein dreimal so großer Gepäckraum entsteht.

Diese Ausstattung erscheint heute in mancher Hinsicht vielleicht noch etwas ungewohnt, ist aber auf den Bedarf des kommenden Jahrzehnts, wie es scheint, weitgehend abgestimmt. Andere Konstruktionen, die für die Zukunft beispielgebend erscheinen, wurden insbesondere in konstruktiver und fertigungstechnischer Hinsicht neu überdacht, wie etwa der Volvo LDP2, und sehen anstelle der selbsttragenden Bauweise eine tragende Plattform vor. In sie werden die Vorderachse mit der Antriebseinheit sowie die Hinterachse integriert. Der kleine Kraftstofftank — der Verbrauch der Zukunft wird gering sein und daher auch die Tanks an Größe verlieren — ist im Tunnel zwischen den Sitzreihen untergebracht. Die bereits vorgefertigte Innenausstattung wird ebenso wie Dach- und Frontteil auf die Bodengruppe montiert, und für die Endmontage verbleiben nur mehr die noch fehlenden Außenteile. In diesem Zweisitzer von Volvo, der äußerlich den Eindruck eines kleines Kombi vermittelt, finden bei Bedarf zwei weitere Personen entgegen der Fahrtrichtung Platz, zu welchem Zweck eine Sitzbank umgeklappt werden muß. Die energiesparende Herstellungsmethode, die bei diesem Fahrzeug angewendet wird, könnte beispielgebend für die künftige Leichtbauweise sowie ein zeitsparendes Recycling sein.

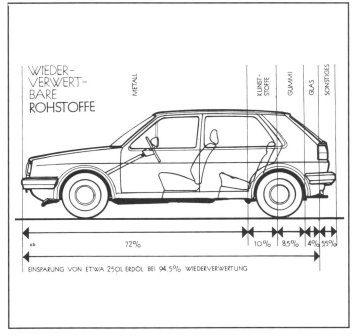

WIEDER-VERWERT-BARE ROHSTOFFE

METALL — 72%
KUNSTSTOFFE — 10%
GUMMI — 8,5%
GLAS — 4%
SONSTIGES — 55%

EINSPARUNG VON ETWA 250L ERDÖL BEI 94,5% WIEDERVERWERTUNG

Nicht zuletzt geht es um die längst fällige Integration in automatische Verkehrsleitsysteme und mehr Sicherheit sämtlicher Verkehrsteilnehmer. Hier wird es eines Verkehrssystem-Managements bedürfen, um die bereits bekannten und noch kommenden Systeme für sicherere und leistungsfähigere Straßen endlich auch tatsächlich zum sinnvollen Einsatz zu bringen.

Neben den unabdingbaren Forderungen nach möglichst geringem Energie- und Rohstoffeinsatz auch bei der Produktion wird dem wohldurchdachten Recycling nach langer Lebensdauer der Fahrzeuge weit mehr Aufmerksamkeit gewidmet werden als bisher. Heute denkt man bereits daran, daß der Kunde sein Schrottauto einfach wieder dem Firmenhändler zurückstellt — mit

Mark pro Tonne Eisenschrott, die heute für die Überreste eines Wagens bezahlt werden, könnten allein durch die 100 kg Kunststoffe und andere wertvolle Materialien, wie sie heute im Auto Verwendung finden, eine bedeutende Erhöhung erfahren. Sicher ist, daß in Zukunft auf ein ausgeklügeltes Recycling bereits bei der Autoproduktion nicht mehr verzichtet werden kann.

Die neuerliche Ölkrise Mitte 1990 hat deutlich gezeigt, daß in der Entwicklung alternativer Systeme die seit 1973 verflossene Zeit bei weitem zu wenig genützt worden ist, obwohl die Geschichte des Kraftfahrzeuges deutlich macht, daß von ihm bereits Wohlergehen und vielfach Weiterbestand einer stark anwachsenden Weltbevölkerung abhängen.

---

Die letzten Repräsentanten einer Ära, die ihre Wurzeln noch im klassischen Automobilbau der Zwischenkriegszeit hatten, haben sich mit Ende der achtziger Jahre verabschiedet.

Der VW-Käfer wurde zuletzt in Mexiko hergestellt, wo 1988 die Produktion des absoluten Weltmeisters nach einem halben Jahrhundert endgültig eingestellt wurde (siehe auch Seite 396).

Ein vor allem bei jungen Leuten beliebtes Fahrzeug, für die es ursprünglich allerdings nicht konzipiert wurde, war der Citroën 2CV mit dem Spitznamen „Ente", der bis Mitte 1990 in über 5 Millionen Stück hergestellt worden ist (siehe Seite 408).

Unwiderruflich im Ausklang befindet sich aber auch der aus der ehemaligen DDR stammende Trabant von IFA, der mitgeholfen hatte, nicht nur Ostdeutschland, sondern teilweise auch die übrigen Ostblockländer in gewisser Weise zu motorisieren. Seine Wurzeln waren die Zweitakt-Konstruktion von DKW aus der Vorkriegszeit. Bis zum Fallen der Mauer war

**Unten: Der frontgetriebene Trabant mit Kunststoffaufbau ist mit einem Zweizylinder-Zweitaktmotor mit 595 cm³ ausgestattet. Leistung 25 PS, 100 km/h.**

der „Trabi", wie er im Osten genannt wurde, nur nach jahrelangen Lieferzeiten erhältlich, erwies ich aber mit der Öffnung der Grenzen von heute auf morgen als unverkäuflich. Bis dahin war er in vielen Millionen Stück produziert worden. Obwohl Leistung und Komfort gering, die Verkehrsmittel minimal, die Umweltbelastung dagegen enorm waren, hat diese Konstruktion aufgrund des dringenden Bedarfes zwar nur wenig Anerkennung, notgedrungen aber ihre Abnehmer gefunden.

Das Ende dieser Fahrzeug-Epoche reicht bereits tief in einen Entwicklungsabschnitt hinein, der durch neue Konstruktionen gekennzeichnet ist, die in erster Linie die Beantwortung der wichtigen Umwelt-, Rohstoff- und Sicherheitsfragen verlangen, obwohl dabei auf hohen Komfort nicht verzichtet zu werden braucht. Diese dominierenden Vorgaben für Planung, Konstruktion und praktischen Einsatz werden das Kraftfahrzeug schließlich auf den einzig richtigen Weg zwingen.

„Pfandgeld" —, worauf die Wracks an der Produktionsstätte unter Schonung der zu gewinnenden Rohstoffe wieder auseinandergebaut werden. Man beabsichtigt sogar, fürs erste auf dem Gelände der gestoppten Wiederaufbereitungsanlage Wackersdorf das erste Werk dieser Art zu errichten. Die 260

Diese dritte Ölkrise sollte u. a. endlich zur Schaffung von — technisch vollendeten — Kleinwagen mit Verbräuchen von zwei bis drei Litern führen, die nicht zuletzt durch den weitgehenden Einsatz reproduzierbarer Kraftstoffe gleichzeitig umweltgerechter werden könnten.

---

# BILDNACHWEIS

Süddeutscher Verlag, Bilderdienst, München • Paul Pietsch Verlag GmbH+Co, Stuttgart • Ullstein Bilderdienst, Berlin • Bildarchiv Preussischer Kulturbesitz, Berlin • Archiv des Österreichischen Automobil-, Motorrad- und Touring Clubs, ÖAMTC, Wien • Archiv des Auto-, Motorrad- und Radfahrerbundes Österreichs, ARBÖ, Wien • Technisches Museum, Wien • Technisches Museum, München • Heeresgeschichtliches Museum, Wien • Archiv Graf Schönfeldt • Archiv Ing. Fritz Beranek • Archiv Erich Schmale • Museum der Stadt Wien • Der Motorwagen, Zeitschrift des Mitteleuropäischen Automobilvereines (Jahrhundertwende), Berlin • Braunbecks Sportlexikon (1910), Berlin • Rapiditas, 1923—1925, Palermo • Archive und Veröffentlichungen der internationalen Automobil-, Zubehör- und Nebenindustrie: Alfa Romeo, Audi, BMW, Bosch, Citroën, Daimler-Benz, Ferrari, Fiat, Ford, General Motors, Gräf & Stift, Honda, Jaguar, Lancia, Mazda, Mobil Oil, Opel, Peugeot, Porsche, Renault, Semperit, Shell, Steyr-Daimler-Puch, Suzuki, Toyota, Volkswagen, Volvo.

Der überwiegende Teil des Bildmaterials stammt aus dem Automobiltechnischen Archiv des Autors, das seit 1900 durch Übernahme zahlreicher privater Sammlungen ständig erweitert werden konnte.

Der besondere Dank gilt A. Hartlebens Verlag in Wien, der freundlicherweise die Wiedergabe von Auszügen aus dem Buch „Grundbegriffe des Automobilismus" von L. Baudry de Saunier (deutsche Übersetzung) wie auch Bildwiedergaben aus dem vierbändigen Werk „Der europäische Krieg und der Weltkrieg" gestattete.

Ebenso gebührt den noch lebenden Verwandten von Emil Ertl herzlicher Dank, die bereitwillig den Abdruck des Kapitels „Der Kilometerfresser" aus dem Buch „Geschichten aus meiner Jugend" ermöglichten.

Zwei Abbildungen durften mit freundlicher Genehmigung der Sigloch Edition, Künzelsau, aus „Geschichte des Automobils" von R. v. Frankenberg/ M. Matteucci entnommen werden.

# LITERATURVERZEICHNIS

für Leser, die an weiteren Informationen über die Geschichte des Automobils interessiert sind:

Automobilgeschichte in Bildern, AT Verlag, Aarau • Das Automobil, Verlag C. G. Beck, München • Automobil von A—Z, Südwest-Verlag GmbH & Co. KG, München • Die große Automobilenzyklopädie, BLV Verlagsgesellschaft, München—Wien—Zürich • Chronologie des Automobils, Zyklam-Verlag Markus Amann, Frankfurt • Deutsche Automobile 1886—1986, Unipart-Verlag, Stuttgart • Das große Buch des Automobils, Delphin-Verlag GmbH, München und Zürich • Autos — 100 Jahre Automobil in Wort und Bild, Neuer Kaiser Verlag Buch und Welt, Hans Kaiser, Klagenfurt • Geschichte des Automobils, Sigloch Edition, Künzelsau • Geschichte der Technik, Droemersche Verlagsanstalt Th. Knaurs Nachf., München/Zürich • Eine Jahrhundertliebe, Christian Verlag GmbH, München • Das Jahrhundert des Automobils, Südwest-Verlag GmbH & Co. KG, München • Klassische Autos, Wilhelm Heyne Verlag, München • Das große Mini-Buch, Heel-Verlag, Königswinter • Deutsche Kleinwagen, Bleicher Verlag, Gerlingen • Geliebte alte Automobile, Verlag Welsermühl, Wels • Kritik am Auto, Verlag Georg D. W. Callwey, München • Kühne Männer — Tolle Wagen, Motorbuch Verlag, Stuttgart • Das große ÖAMTC-Autobuch, Wien • Ruhmesblätter der Technik — F. M. Feldhaus, Leipzig • Illustrierte Geschichte des Straßenverkehrs, Manfred Pawlak Verlagsgesellschaft m.b.H., Herrsching • Siegfried Marcus — Lebensbild eines österreichischen Erfinders (E. Kurzel-Runtscheiner), ÖAMTC, Wien • Siegfried Marcus — Ein Erfinderleben (Gustav Goldbeck), VDI-Verlag, Düsseldorf • Damals als die Pferde scheuten (H. Seper), Österreichischer Wirtschaftsverlag, Wien • Österreichische Automobilgeschichte, Verlag Orac, Wien • Ferry Porsche, Motorbuch Verlag, Stuttgart